Die Bonus-Seite

Ihr Vorteil als Käufer dieses Buches

Auf der Bonus-Webseite zu diesem Buch finden Sie zusätzliche Informationen und Services. Dazu gehört auch ein kostenloser **Testzugang** zur Online-Fassung Ihres Buches. Und der besondere Vorteil: Wenn Sie Ihr **Online-Buch** auch weiterhin nutzen wollen, erhalten Sie den vollen Zugang zum **Vorzugspreis**.

So nutzen Sie Ihren Vorteil

Halten Sie den unten abgedruckten Zugangscode bereit und gehen Sie auf **www.galileodesign.de**. Dort finden Sie den Kasten **Die Bonus-Seite für Buchkäufer**. Klicken Sie auf **Zur Bonus-Seite / Buch registrieren**, und geben Sie Ihren **Zugangscode** ein. Schon stehen Ihnen die Bonus-Angebote zur Verfügung.

Ihr persönlicher **Zugangscode** khc9-ridb-qu6a-w8z7

Sibylle Mühlke

Adobe Photoshop CS5

Das Praxisbuch zum Lernen und Nachschlagen

Galileo Press

Liebe Leserin, lieber Leser,

wenn Sie unsere Autorin Sibylle Mühlke nach ihrer Meinung zur neuen Version von Photoshop fragen, werden Sie eine ganz eindeutige Antwort erhalten: Photoshop CS5 ist das beste Update, das es je gegeben hat. Ob es nun an den neuen Funktionen liegt oder an den unzähligen kleinen Verbesserungen von Funktionen und Dialogen, kann sie Ihnen vermutlich auch nicht sagen. Sicher ist aber, dass sie Photoshop CS5 in den letzten Wochen auf Herz und Nieren getestet hat und dabei wertvolle Praxistipps für Sie sammeln konnte, damit Sie sofort von Formgitter, Mischpinsel-Werkzeug & Co. profitieren können.

Aber auch, wenn Sie nicht direkt mit den neuen Funktionen loslegen wollen, sondern Photoshop von Grund auf erlernen möchten, sind Sie hier richtig. Denn unser Ziel bei der Planung dieses Buchs war es, Ihnen das gute Gefühl zu geben, bei der täglichen Arbeit mit Photoshop einen verlässlichen Begleiter zur Hand zu haben, der Ihnen alle Fragen zu Ihrer Bildbearbeitungssoftware beantwortet – egal, ob Sie Einsteiger sind oder schon länger mit Photoshop arbeiten. Alle Werkzeuge und Funktionen werden leicht verständlich und am praktischen Beispiel erklärt, die benötigten Beispielbilder finden Sie immer auf der Buch-DVD. Die durchdachte Struktur des Buchs und der ausführliche Index helfen Ihnen bei der Lösung jedes Problems. Zudem bietet das Buch zahlreiche praktische Extras, die Ihnen in allen erdenklichen Arbeitssituationen weiterhelfen werden: ein Glossar zum Nachschlagen wichtiger Fachbegriffe, Tastenkürzelübersichten und eine Referenzkarte, damit Sie noch effizienter arbeiten können, Übersetzungslisten der englischen Werkzeugbezeichnungen sowie eine randvolle DVD mit Video-Lektionen, Free- und Shareware u. v. m.

Und so hoffe ich, dass wir unser Ziel erreicht haben und Ihnen dieses Buch die Sicherheit bietet, die wir Ihnen geben wollten. Mein Tipp: Fangen Sie am besten gleich mit dem Lesen an, und finden Sie es heraus!

Ihre Katharina Geißler
Lektorin Galileo Design

katharina.geissler@galileo-press.de
www.galileodesign.de

Galileo Press • Rheinwerkallee 4 • 53227 Bonn

Auf einen Blick

Inhalt

ELDER STREET E1
ELDER STREET E1

Bester Service
Frühstück
Tartes & Torten
Kaffee aus eigener Rösterei
Feine Brände & gute Weine
Internationale Zeitungen
Broadband Internet
Gute Musik
Brinks Lesecafé
Kohlmarkt 8 • 10123 Musterburg • Täglich 9.30-23 Uhr

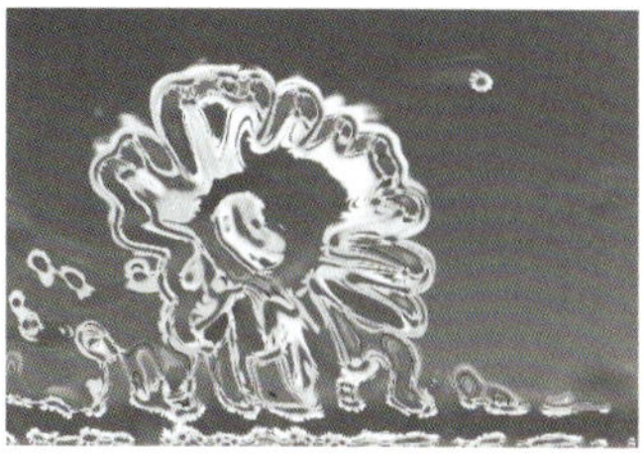

WEISS

Teil III Ebenen

Teil IV Auswählen, freistellen und maskieren

Teil V Korrigieren und optimieren

Teil IX Filter – kreativ & effektiv

Startklick!
Klick!
Klick!
STOP
Klick!
Klick!
Klick!
Klick!

Teil X Text und Effekte

Teil XII Bilder ausgeben

Workshops

Grundlagen

Der Umgang mit Dateien

Ebenen

Auswählen, freistellen und maskieren

Korrigieren und optimieren

Reparieren und retuschieren

Video-Lektionen

Video-Training 1: Photoshop-Techniken
In diesem Video-Training wird Ihnen das nötige Fachwissen am praktischen Beispiel erklärt: So erhalten Sie einen intuitiven Einstieg in die Arbeit mit Photoshop. Die Lektionen stammen aus dem Video-Training »Adobe Photoshop CS5 für Fortgeschrittene« (ISBN 978-3-8362-1570-1) von Pavel Kaplun und Marianne Deiters.

Video-Training 1: Diese Video-Lektionen finden Sie im Ordner VIDEO-TRAINING • PHOTOSHOP-TECHNIKEN auf der Buch-DVD.

Kapitel 1: Mit Kanälen arbeiten
1.1 Kanäle verstehen (14:20 Min.)
1.2 Kanalberechnungen (05:20 Min.)
1.3 Vollton-Farbkanäle (11:48 Min.)

Kapitel 2: Freistellungstechniken
2.1 Kanten verbessern (06:00 Min.)
2.2 Alpha-Freisteller erzeugen (06:36 Min.)
2.3 Freistellen mit Pfaden (07:35 Min.)

Kapitel 3: 3D-Grafik mit Photoshop Extended
3.1 3D-Objekte in Photoshop (03:07 Min.)
3.2 Hintergrund erzeugen (07:38 Min.)
3.3 3D-Elemente übertragen (04:42 Min.)
3.4 Materialien einsetzen (07:38 Min.)
3.5 Strukturen hinzufügen (03:39 Min.)
3.6 Die Schatten anpassen (02:25 Min.)

Video-Training 2: Photoshop und die digitale Fotografie
Ist Ihr Haupteinsatzgebiet von Photoshop die digitale Fotografie, erhalten Sie in diesem Video-Training einen ersten Einblick in die wichtigsten Techniken.
Die Lektionen stammen aus dem Video-Training »Adobe Photoshop CS5 für digitale Fotografie« (ISBN 978-3-8362-1577-0) von Maike Jarsetz.

Video-Training 2: Auch dieses Video-Training finden Sie auf der Buch-DVD im Ordner VIDEO-TRAINING.

Kapitel 1: Lichtverhältnisse meistern
1.1 Bildkontrast aufbauen (04:05 Min.)
1.2 Schatten richtig aufhellen (05:27 Min.)
1.3 Lichter herauskitzeln (05:59 Min.)

Kapitel 2: Farben gekonnt optimieren
2.1 Farben einfach einsetzen (06:53 Min.)
2.2 Motivfarben steigern (03:59 Min.)
2.3 Farbbalancen übertragen (04:51 Min.)

Kapitel 3: Retusche und Montage
3.1 Panoramen retuschieren (05:21 Min.)
3.2 Sanfte Flächenretusche (03:56 Min.)
3.3 Das Formgitterwerkzeug (09:03 Min.)

Vorwort

Bevor Sie mit der Lektüre beginnen, finden Sie hier alles, was Sie brauchen, um effektiv mit dem Buch zu arbeiten, sowie Hinweise auf weitere Ressourcen und ein paar persönliche Worte.

Über dieses Buch

»Photoshop CS5 – Das Praxishandbuch« eignet sich, wie der Titel schon verrät, als Handbuch: als umfassendes Nachschlagewerk, das Sie über einen langen Zeitraum begleiten soll. Es eignet sich jedoch auch gut zum Erlernen der Software – ob Sie nun bestehende Kenntnisse vertiefen und das Programm effizienter nutzen wollen oder sich als Einsteiger mit Photoshop befassen.

Alle Themen rund um die Bildbearbeitung werden gründlich besprochen. Sie lernen die zahlreichen Photoshop-Funktionen und -Werkzeuge ebenso kennen wie wichtige Hintergründe der Bildbearbeitung. So eignen Sie sich schnell das Wissen an, um eigenständig mit Photoshop zu arbeiten und Lösungen für eigene Anwendungsfälle zu entwickeln. Für Umsteiger von älteren Versionen bietet das Buch zudem eine schnelle Orientierung über die Neuerungen in der aktuellen Version CS5.

Mein Ziel war es, in diesem Buch nicht nur alles möglichst umfassend zu versammeln, was es über die Bildbearbeitung mit Photoshop zu sagen gibt – wichtig war mir vor allem, dass dieses Wissen tatsächlich relevant für die Praxis und Ihnen leicht zugänglich ist.

Was hat sich im Buch geändert? | Im Februar 2010 feierte Photoshop seinen zwanzigsten Geburtstag, und das dicke Photoshop-Praxishandbuch liegt jetzt immerhin in der vierten Auflage vor – worüber ich mich sehr freue.

Natürlich werden in dieser komplett aktualisierten und überarbeiteten Neuauflage **alle Neuerungen** von Photoshop CS5 und seinen »Programmpartnern« Bridge und Camera Raw ausführlich vorgestellt. Doch einige Änderungen im Buch sind besonders hervorzuheben.

Das Kapitel 1, »Photoshop CS5 – Highlights und schneller Einstieg«, gibt Ihnen nicht nur einen allgemeinen Überblick über die wichtigsten Neuerungen. Erfahrene Photoshop-User finden dort auch konkrete Tipps, wie Sie die neuen Funktionen anwenden können. Wer Photoshop bereits gut kennt, der kann nach der Lektüre des ersten Kapitels mit den neuen Tools **sofort produktiv arbeiten**. Natürlich werden alle Funktionen später nochmals ausführlich besprochen.

Viele Neuigkeiten gibt es rund um **Photoshops Malwerkzeuge**. Daher habe ich den Teil VIII dieses Buches, »Farbe und Farbveränderungen«, gründlich überarbeitet und ergänzt.

Völlig neu organisiert ist auch der Teil IX über **Filter**. In drei Kapiteln gebe ich Ihnen das notwendige Know-how an die Hand, um mit Filtern effektiv zu arbeiten. Außerdem helfe ich Ihnen dabei, sich in dem unübersichtlichen Filtermenü zurechtzufinden. Mächtige Spezialfilter stelle ich Ihnen ausführlich, zum Teil mit **neuen Schritt-für-Schritt-Workshops** vor.

Nicht nur die Dateien aus den Workshops, sondern auch fast alle anderen Bilder aus dem Buch finden Sie als **Übungsdateien auf der Buch-DVD**. So können Sie alle Anleitungen nachklicken und nachvollziehen. Bekanntlich lernt man Dinge, die man selbst einmal macht, besser als jene, über die man nur liest!

Das Buch brachte schon in der Vorauflage fast drei Kilo auf die Waage – dicker durfte es bei der Überarbeitung nicht mehr werden. Um alle neuen Funktionen mit aufzunehmen, musste ich kürzen. Das heißt jedoch nicht, dass nun etwas fehlt. Informationen zu selten gebrauchten Funktionen und weiterführende Workshops und Erklärungen finden Sie jetzt im **Online-Bereich zum Buch**.

Bonusbereich zum Buch
Genauere Informationen zum Online-Bonus finden Sie weiter unten.

Feedback erwünscht | Durch meine Arbeit als Online-Coach habe ich einen ganz guten Überblick darüber, was Photoshop-Anwender bewegt, welche Themen besonders schwierig sind und was besonders gefragt ist. Doch so ein Buch ist etwas anderes: Das interaktive Element fehlt. So freue ich mich, wenn Sie – die Leserinnen und Leser – mit mir in Kontakt treten. Über Galileo Press haben Sie die Gelegenheit, Wünsche, Anregungen und Kritik an mich loszuwerden. Ich freue mich über Ihr Feedback.

Ich wünsche Ihnen viel Freude und viele Aha-Erlebnisse bei der Arbeit mit dem Buch, beim Lesen und Ausprobieren.

Wie können Sie mit dem Buch arbeiten?

Gliederung

Funktionen und Befehle werden nicht stur »durchgeackert« – die Gliederung des Buches orientiert sich an alltäglichen Arbeitsabläufen und der Erledigung typischer Aufgaben mit Photoshop. Sie lernen Photoshops **Arbeitsfläche** im Detail kennen und erfahren alles, was man über das **Handling von Dateien** wissen muss.

Dem wichtigen Thema **Bildkorrektur** sind gleich zwei umfangreiche Teile des Buches gewidmet. Sie lernen die klassischen Korrekturwerkzeuge kennen, außerdem werden Tools und Funktionen speziell für **Digital-Fotografen** vorgestellt – zum Beispiel Photoshops CAMERA RAW-Funktion mit den neuen Tools für lokale Korrekturen. Wenn Sie mit **Montagen und Composings** arbeiten, können Sie sich hier umfassendes Wissen über die schnelle und effektive Arbeit mit Ebenen, Masken und Auswahlwerkzeugen aneignen. Viel **kreatives Potenzial** können Sie bei der Arbeit mit Malwerkzeugen entwickeln, und Sie können Ihr Fingerspitzengefühl bei der **Retusche** erproben. **Filter** – auch die komplexen Filterboxen wie VERFLÜSSIGEN oder der Blendenkorrekturfilter – werden Ihnen eingehend vorgestellt. Im Textkapitel erfahren Sie allerhand über **Typografie** und natürlich viel über **Texteffekte**. Sie lernen Tricks kennen, wie Sie mit störrischen Bézierkurven und Ankerpunkten perfekt geschwungene **Pfade** formen und wie Sie Ihre **Bilder im Web** oder für den **Druck** in optimaler Qualität ausgeben. Wenn Farbtreue bei der Reproduktion ein Thema für Sie ist, interessiert Sie sicherlich auch das Kapitel zum Thema **Farbmanagement**.

Sie können das Buch von vorn bis hinten durchlesen oder mithilfe der Verweise innerhalb des Buches zwischen verwandten Themen springen und sich so Ihren eigenen Lernpfad suchen. Das umfangreiche Register am Buchende ermöglicht das rasche Auffinden einzelner Themen.

Im Praxiskontext

Die einzelnen Funktionen und Menüpunkte werden im praktischen Kontext erklärt, und auf der begleitenden Buch-DVD finden Sie – neben zahlreichen anderen Inhalten – fast alle im Buch gezeigten Bilder. Sie können die dargestellten Arbeitstechniken und Befehle also gleich nachvollziehen. So ist Ihnen ein lebendiges und schnell in die eigene Arbeitspraxis umsetzbares Verstehen möglich.

Die Buch-DVD
Einen Überblick über den Inhalt der Buch-DVD finden Sie in Kapitel 43.

Haupttext und Seitenspalte

Die Seitenspalte bietet in Form von Anmerkungen und Textboxen zusätzliche Praxis-Informationen. Darin wird auf klassische Fehler hingewiesen, Sie lernen aber auch zeitsparende Tricks oder Workarounds zu typischen Problemlagen kennen. Besonders spannend sind dabei die über vierzig besonders gekennzeichneten Topp-Tipps: Diese Insider-Tipps helfen Ihnen, Ihre Arbeitsprozesse flüssiger zu gestalten und Zeit zu sparen. Nutzen Sie das Expertenwissen in der Seitenspalte gezielt dann, wenn Sie es brauchen – oder halten Sie sich an den Haupttext, wenn Sie sich zunächst in ein neues Wissensgebiet einarbeiten wollen.

Beachten Sie auch die Tipps für Umsteiger, die auf Neuigkeiten und Änderungen in der aktuellen Programmversion hinweisen. Sie sind mit einem CS5-Logo gekennzeichnet.

CS5 **Änderungen und Neuheiten in CS5 ...**

... sind im Buch mit diesem Symbol gekennzeichnet.

Schritt für Schritt

Besonders wichtige und besonders knifflige Themen werden in gesondert gekennzeichneten Schritt-für-Schritt-Anleitungen erklärt. Hier wird nahezu jeder Klick mit einem Bild illustriert und genauestens erklärt. Sie erkennen diese Tutorials im Buch an den roten Überschriften! Am Ende des Inhaltsverzeichnisses finden Sie eine Aufstellung aller Themen, zu denen es eine solche detaillierte Anleitung gibt.

Noch Fragen?

Im Info-Teil finden Sie ein Glossar, in dem Fachbegriffe aus der Bildbearbeitungswelt erläutert werden. Der Troubleshooting-Teil listet nicht nur Fragen, sondern vor allem auch die Antworten zu Themen und Problemen auf, die Sie bei der Arbeit unversehens ausbremsen können.

Informationen zu den einzelnen Werkzeugen und alle wichtigen Tastaturkürzel, die Sie auch im laufenden Buchtext finden, sind im Info-Teil in übersichtlicher Weise nochmals versammelt.

Online-Ressourcen zum Buch

Aktuelle Informationen und Ergänzungen zu den Buchthemen können Sie im Online-Bereich zum Buch unter *www.galileo-design.de/bonus-seite* nachlesen. Geben Sie einfach den Code von der vorderen Buchklappe ein und schon haben Sie Zugriff auf das Zusatzangebot. Wer nicht jedes Mal den Buch-Code eingeben will, kann sich auch bei Galileo mit einem eigenen Benutzerkonto anmelden und hat dann die Zusatzangebote aller seiner Bücher gemeinsam im Zugriff.

Danke schön!

Dieses Buch wäre ohne die Hilfe zahlreicher engagierter Beteiligter und Unterstützer nicht zustande gekommen.

Mein besonderer Dank gilt den Fotografinnen und den Fotografen, deren Bilder ich freundlicherweise nutzen durfte. Ohne ihre Großzügigkeit wäre dieses Buch sicherlich weniger schön geworden. (Neben den jeweiligen Bildern sind meine Quellen genauer genannt.) Hier sind besonders zu nennen:

- Andrea Jaschinski, vitamin-a-design, Berlin (*www.vitamin-a-design.de*)
- Jacqueline Esen, Fotografin und Galileo-Autorenkollegin (*www.betrachtenswert.com*)
- Nicole Zimmer, dieblen.de, Mannheim (*www.dieblen.de*)
- Onno K. Gent, Neuwesteel (*http://filapper.de*)

Ich danke auch dem beteiligten Team von Galileo Press und allen anderen, die hinter den Kulissen an diesem Buch mitgearbeitet haben. Allein hätte ich das nie geschafft!

Sibylle Mühlke

Teil I
Grundlagen

1 Photoshop CS5 – Highlights und schneller Einstieg

Üblicherweise steht bei Software-Rezensionen das **Resümee** erst am Schluss. Hier finden Sie es gleich am Anfang, damit Sie sich schnell ein Bild von den Neuerungen machen und entscheiden können, welche davon für Sie wichtig sind. Im Anschluss zeige ich Ihnen, wie die wichtigsten neuen Features funktionieren – in komprimierter Form ohne viel Blabla, so dass erfahrene Anwender gleich mit der Version CS5 loslegen können. Und in den späteren Kapiteln werden alle Neuerungen noch einmal detailliert vorgestellt.

1.1 Was gibt es Neues in Photoshop CS5?

Auf den ersten Blick sieht Photoshop CS5 nicht wesentlich anders aus als der Vorgänger: Die Benutzeroberfläche wurde ja schon beim CS4-Update umgebaut, und sie blieb nun weitgehend unverändert. Doch unter der Haube hat sich viel getan. Zunächst einmal ist Photoshop jetzt nicht nur für den PC, sondern auch für den Mac als native 64-Bit-Anwendung zu haben – das verspricht **mehr Performance** beim Bearbeiten großer Dateien. Und viele Funktionen wurden spürbar verbessert, für einige der aufwändigsten Bildbearbeitungsaufgaben wurden neue, vielversprechende Tools entwickelt. »Sparen wir den Anwendern Zeit« scheint die Anweisung an das Entwicklerteam von Photoshop CS5 gewesen zu sein. So zielen zwei der wichtigsten Neuerungen auf Bildbearbeitungs-Jobs, die bisher zu den zeitraubendsten und enervierendsten Aufgaben zählten: Freistellen und Retuschieren. Die neue smarte **Kantenerkennung** erleichtert das Auswählen und spätere Maskieren oder **Freistellen** von Objekten mit schwierigen Konturen wie etwa Haaren.

CS5

Auf Neuheiten wird mit dem Programmlogo in der Marginalspalte besonders hingewiesen!

Abbildung 1.1 ▶
Selbst bei strukturierten Hintergründen ...

Abbildung 1.2 ▶▶
... bewältigt die Kantenerkennung »haarige« Freistelljobs zügig und meist mit überzeugender Qualität.

Bild: Adobe

Und anders als frühere Tools für anspruchsvolle Freistellaufgaben – etwa der inzwischen entfallene Extrahieren-Filter – funktioniert die CS5-Kantenerkennung unkompliziert und recht effektiv. Mithilfe der **Inhaltssensitiv-Option**, die sich im FLÄCHE FÜLLEN-Dialog und beim Bereichsreparatur-Pinsel-Werkzeug versteckt, können Sie kleine und größere **Objekte aus Bildern verschwinden lassen**, ohne dass die dabei entstandenen »Löcher« von Hand nachgestempelt werden müssten. Bildstrukturen werden nahtlos fortgesetzt und füllen die Lücken auf. Das funktioniert selbst bei schwierigen Motiven meistens erstaunlich gut!

Bild: Adobe

▲ **Abbildung 1.3**
Das Herausretuschieren der Pflanze mit der Füllbefehlsoption INHALTSSENSITIV ...

▲ **Abbildung 1.4**
... hat tatsächlich weniger als eine Minute gedauert. Das Ergebnis ist überzeugend.

Hinter dem unscheinbaren Namen FORMGITTER verbrigt sich eine Funktion, mit deren Hilfe sich ausgewählte oder freigestellte **Bildelemente frei verbiegen** lassen. Insbesondere in Zusammenarbeit mit der inhaltssensitiven Retusche eignet sich FORMGITTER für Retuschen ebenso wie für freie Kreativjobs. Die Steuerungsmöglichkeiten sind sehr exakt, die Anwendung des Tools ist nicht besonders kompliziert. So lässt sich FORMGITTER schnell mit Gewinn einsetzen.

▲ **Abbildung 1.5**
FORMGITTER: Auf dem Rüssel des freigestellten Elefanten wurden vier Pins positioniert, die als Gelenke fungieren und mit der Maus verschoben werden können.

▲ **Abbildung 1.6**
Die Verformung wirkt absolut natürlich.

Für kreative Illustratoren gibt es Neuigkeiten in Sachen Pinsel & Co.: Das **Mischpinsel-Werkzeug** macht in Photoshop möglich, was bisher Spezialapplikationen wie Corel Painter vorbehalten war: das **Malen mit digitaler Farbe**. Anders als die bisherigen Pinselwerkzeuge kann der neue Mischpinsel die aufgetragene »Farbe« mit vorhandenen Bildpixeln mischen; dazu kommen **naturalistische Pinselspitzen** mit detaillierten Steuerungsoptionen und neuartiger Vorschau.

▲ **Abbildung 1.7**
Vorschau eines natürlichen Borstenpinsels beim Mischpinsel. Neigung und Drehung (links) und Borstenstruktur (Ansicht des Mauszeigers, rechts) sind jederzeit unter Kontrolle.

Häufig im Zusammenhang mit Mal- und Illustrationsaufgaben benutzte Werkzeuge wurden aufpoliert und sind nun eine sinnvolle Ergänzung für das neue Maltool MISCHPINSEL. So ist der **Umgang mit Farbwerten** jetzt einfacher geworden: Das Pipetten-Werkzeug bringt nun ein **Farbrad** mit, das deutlich anzeigt, welche Farbtonwerte aufgenommen wurden; ein **On-Screen-Farbwähler** ergänzt das herkömmliche Farbwähler-Fenster und beschleunigt die Farbauswahl erheblich. Die neue (und sehr irreführend benannte) **Zoom-Option** RAUER ZOOM erlaubt das schnelle Zoomen mit einem Mausschwenk – der Wechsel zwischen Detailansicht und dem Blick auf das große Ganze geht so ganz schnell.

Zudem hat Adobe nach eigenem Bekunden über 30 **Änderungswünsche von Usern** umgesetzt. Einige Beispiele: In vielen Dialogen sind die Default-Werte nun vernünftiger eingestellt als zuvor, es gibt einige kleine Verbesserungen beim Ebenenhandling, Bilder lassen sich jetzt leichter geraderichten, man kann alle

▲ **Abbildung 1.8**
Welche Farbe wurde aufgenommen? Der Farbring des Pipetten-Werkzeugs gibt Ihnen gute Kontrolle.

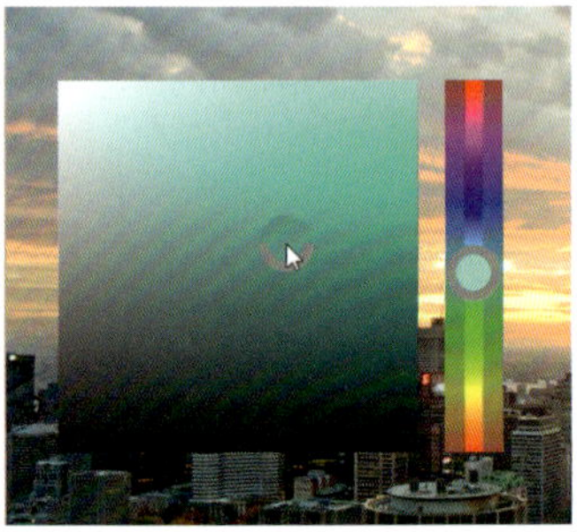

▲ **Abbildung 1.9**
Der On-Screen-Farbwähler – schnell zur Hand und leicht zu bedienen

geöffneten Dokumente auf einmal schließen und Änderungen speichern und 16-Bit-Bilder im JPG-Format sichern, ohne sie zuvor in den 8-Bit-Modus zu konvertieren. Kurzum: eine Reihe kleiner, doch wirkungsvoller Änderungen, die sich summieren und tatsächlich dafür sorgen, dass einem viele Arbeiten schneller von der Hand gehen.

In Sachen **Fotobearbeitung** hat Adobe vor allem bei HDR, der Objektivkorrektur und Camera Raw draufgelegt. **Fotos im HDR-Look** mit dem charakteristischen hohen Kontrastumfang, durchgezeichneten Details und kräftigen Farben sind nach wie vor beliebt, doch die Produktion echter HDR-Images (dafür werden ja immer mehrere, unterschiedlich belichtete Aufnahmen desselben Motivs benötigt) ist aufwendig. In Photoshop ist es mit der Funktion HDR-Tonung nun auch möglich, aus Einzelbildern HDR-Imitate zu erzeugen. Die Steuerungsmöglichkeiten sind differenziert – ob das gefälschte HDR-Bild überzeugt, liegt vor allem an der Qualität des Ausgangsfotos. Kräftig nachgebessert wurde auch der »echte« HDR-Dialog: Es gibt endlich vernünftige Steuerungsmöglichkeiten für Helligkeit, Schärfe, Sättigung und andere Bildparameter, außerdem lassen sich Geisterkonturen, die zum Beispiel bei Outdoor-HDR-Shootings durch vom Wind bewegte Objekte zustande kommen, automatisch entfernen. Auch die Algorithmen für die Ausrichtung der HDR-Teilbilder wurden verbessert. Die HDR-Bearbeitung wird einfacher und differenzierter.

Beim Filter Objektivkorrektur gibt es nun eine **automatische Korrektur der Objektivverzerrung**, und zwar auf Basis hinterlegter Objektiv-Profile. Sind die Daten des eigenen Objektivs nicht in Adobes Liste enthalten, kann mithilfe zusätzlicher Software ein eigenes Profil angefertigt werden.

Camera Raw bringt neben neuen Algorithmen für die Raw-Entwicklung – dem »Prozess 2010« – eine neue, recht leistungsfähige Funktion zur **Rauschreduzierung** mit. Nostalgisches Flair bekommen Raw-Images auf Wunsch durch **simuliertes Filmkorn** und mithilfe der nun deutlich **besser steuerbaren Vignettenfunktion**.

1.2 Der Schnelleinstieg für Profis

Wer schon lange mit Photoshop arbeitet, braucht keine langen Anweisungen, um die neuen Funktionen zu nutzen. In den folgenden Absätzen erhalten Sie alle Informationen, um mit den CS5-Highlights sofort loslegen zu können. Detailliertere Informationen erhalten Sie, wenn Sie den Querverweisen folgen.

1.2.1 Schwierige Freisteller verfeinern: Kantenerkennung

Insbesondere für Bildmontagen (etwa, wenn ein Motiv vor einen anderen Hintergrund gesetzt werden soll) sind exakte Freisteller notwendig. Schon in Photoshop CS4 wurde diese knifflige Aufgabe spürbar vereinfacht: mit der Maskenpalette, dem Dialog MASKE VERBESSERN und der verbesserten Farbbereichsauswahl. In CS5 kommt die smarte Kantenerkennung dazu. Drei neue Werkzeuge innerhalb der – identischen – Dialoge (Auswahl-)KANTE VERBESSERN und MASKE VERBESSERN erleichtern das Feintuning von Auswahlen und Masken spürbar.

Ihr Vorgehen sollte ungefähr so aussehen:

1. Als Erstes erstellen Sie eine **Grobauswahl** um das Objekt, das Sie freistellen möchten. Schnellauswahlwerkzeug (W) oder Lasso (L) bieten sich dazu an.
2. Klicken Sie nun auf den Button AUSWAHL VERBESSERN, oder nutzen Sie den Menübefehl AUSWAHL • KANTE VERBESSERN oder das Kürzel Strg+Alt+R bzw. ⌘+⌥+R. Auch, wenn Sie eigentlich eine Maske erzeugen wollen, gehen Sie am besten so vor: Sie können direkt im KANTE VERBESSERN-Dialog festlegen, wie Ihr Arbeitsergebnis ausgegeben wird.
3. Das Aussehen des Dialogfelds hat sich gegenüber den Vorversionen ein wenig geändert, die Funktionen unter KANTE ANPASSEN sind jedoch dieselben (und zunächst einmal nicht von Interesse). Stellen Sie unter ANSICHTSMODUS ein, wie das Vorschaubild dargestellt werden soll. Mithilfe der Tools Lupe und Hand innerhalb des Dialogfelds können Sie sich entscheidende Bildausschnitte zurechtrücken.
4. Interessant sind nun die Funktionen unter KANTENERKENNUNG. Stellen Sie zunächst einen recht hohen Wert auf dem RADIUS-Schieberegler ❻ ein. Der Wert sollte so hoch sein, dass Sie um das freizustellende Objekt deutlich einen Rand von Hintergrundpixeln erkennen, die es zu entfernen gilt. Je nach Bildgröße, Auflösung und Motiv können das Werte um die 10 Pixel oder auch 300 Pixel sein. Vor allem bei Motiven, die sowohl harte als auch weiche Übergänge zum Hintergrund aufweisen, ist die Option SMART-RADIUS ❺ hilfreich. Prüfen Sie, ob ein Zuschalten der Option das Ergebnis verändert. Ziehen Sie nun den Schieberegler langsam wieder zurück, und beobachten Sie dabei genau die Bildvorschau. Ziehen Sie so lange, bis die Vorschau das für Ihr aktuelles Motiv bestmögliche Freistell-Ergebnis zeigt. Details können, wenn nötig, im nächsten Schritt nachgebessert werden. Bei Bildern, die genügend Kontrast zwischen Hauptmotiv und Hintergrund aufweisen, ist manchmal keine Nachbearbeitung nötig.

Auswahl, Maske, ... ? Freie Wahl der Ausgabeoptionen
Mit der CS5-Version des Dialogs KANTE/MASKE VERBESSERN arbeiten Sie flexibler als bisher. Sie können festlegen, wie das Ergebnis Ihrer Verbesserungseinstellungen ausgegeben werden soll: als Maske, als Auswahl, als Ebene oder maskierte Ebene oder als neues Dokument mit oder ohne Maske.

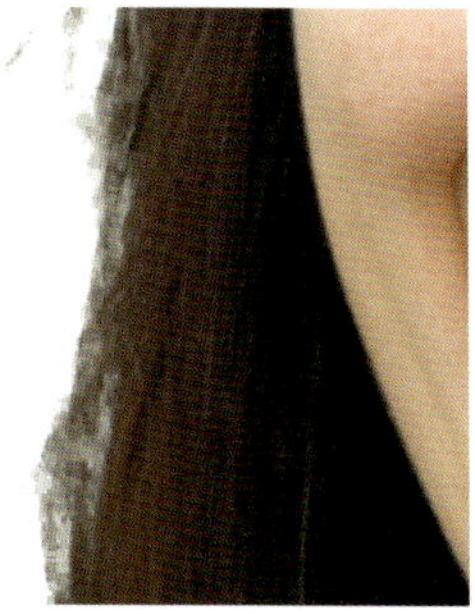

▲ **Abbildung 1.10**
Sieht die Objektkontur so rau wie hier aus, rücken Sie ihr mit dem RADIUS-VERBESSERN-WERKZEUG zu Leibe.

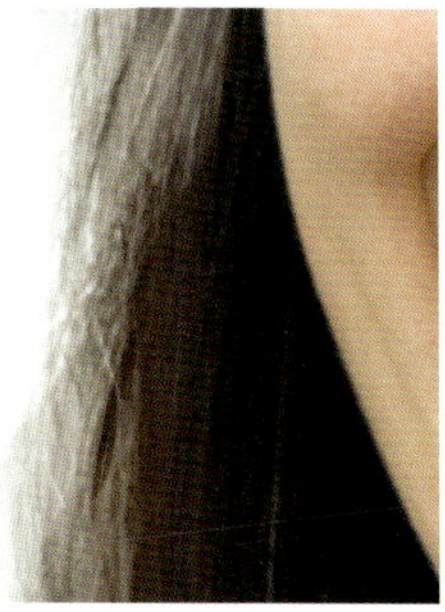

▲ **Abbildung 1.11**
Die Kontur wurde geglättet. Dabei sind aber auch Pixel aus dem inneren Bereich entfernt worden: Die Struktur der Haare ist zwar gut erkennbar, aber die Haare wirken entfärbt. Steuern Sie mit dem VERFEINERUNGEN-LÖSCHEN-WERKZEUG entgegen.

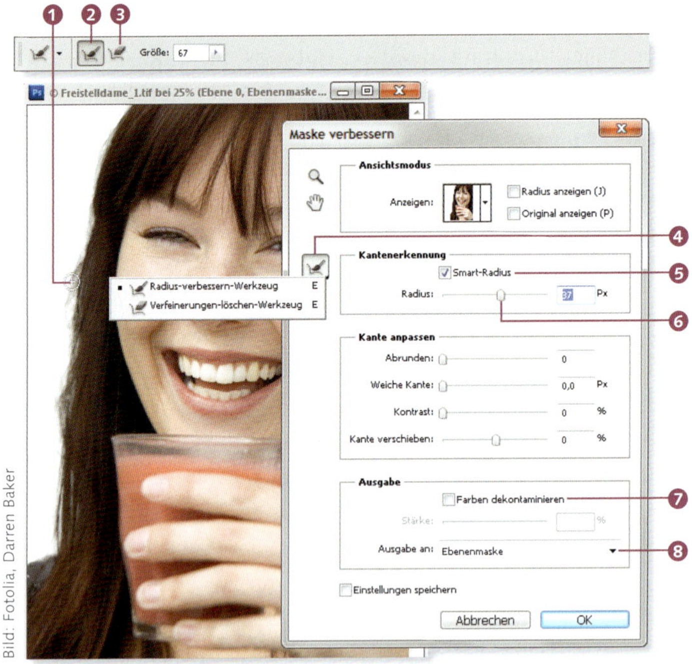

Bild: Fotolia, Darren Baker

Abbildung 1.12 ▶
Überarbeiteter Verbessern-Dialog: Das Radius-verbessern-Werkzeug wird gerade angewendet ❶. Um zwischen Radius verbessern ❷ und Verfeinerungen löschen ❸ umzuschalten, können Sie die Optionsleiste, das Dialogfeld oder die [Alt]/[⌥]-Taste nutzen.

Zum Weiterlesen: Kantenerkennung
Im Abschnitt 13.8, »Auswahltuning mit Live-Vorschau: Kante verbessern«, wird das Kante-verbessern-Werkzeug detailliert vorgestellt. Die neuartige Kantenerkennung erleben Sie in Abschnitt 13.12.1, »Freistellen per Automatik: Kante verbessern«, im Praxiseinsatz.

5. Zum Nachbessern der Kante nutzen Sie die Tools Radius verbessern und Verfeinerungen löschen (sie teilen sich einen Button ❹ und können auch über die Optionsleiste gesteuert werden ❷ und ❸). Benutzt werden sie wie Pinsel – man malt über die Objektkontur. Radius verbessern arbeitet unregelmäßige Konturen heraus, Verfeinerungen löschen glättet Kanten, die dabei zu rau geworden sind. Mit der zuschaltbaren Option Farben dekontaminieren ❼ werden störende Farbhalos entfernt.
6. Unter Ausgabe an ❽ legen Sie schließlich fest, wie das Resultat ausgegeben werden soll.

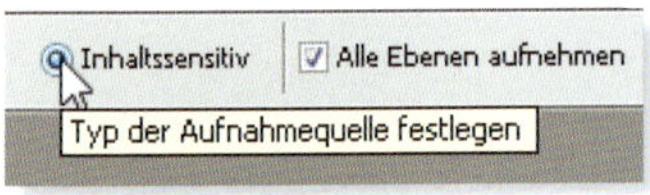

▲ **Abbildung 1.13**
Eine neue Option beim bekannten Bereichsreparatur-Pinsel erweitert die Möglichkeiten der Retusche beträchtlich.

1.2.2 Inhaltssensitive Retusche für Flächen und Details

Störende Objekte aus Bildern verschwinden zu lassen, das war bisher mühsame Kleinarbeit. Der retuschierte Bereich muss mit Bildpixeln aufgefüllt werden, die in Helligkeit, Farbe und Struktur nahtlos zu den Umgebungspixeln passen. Die Retuscheoption Inhaltssensitiv erledigt das automatisch. Das funktioniert nicht bei jedem Motiv gleich gut, doch alles in allem ist die inhaltssensitive Automatik-Retusche praxistauglich und enorm zeitsparend. Sie müssen nicht viel wissen, um die Funktion erfolgreich einzusetzen. Wenn Sie kleinere Bildpartien oder sehr detailreiche Motive – etwa wild verlegte Telefonkabel auf einer Fassade oder einen Zweig im Vordergrund eines Landschaftsbilds – retuschieren wollen, nutzen Sie den Bereichsreparatur-Pinsel (Kürzel

J) und klicken den Radiobutton Inhaltssensitiv an. Passen Sie die Pinselgröße an, und malen Sie über das störende Objekt.

Datei auf der Buch-DVD: »KensingtonMews.tif«

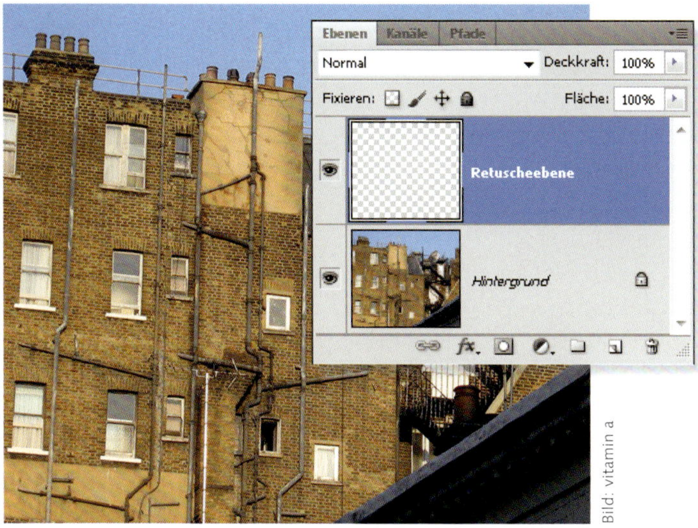

Bild: vitamin a

◂ **Abbildung 1.14**
Wenn Sie mit dem Bereichsreparatur-Pinsel arbeiten, haben Sie den Vorteil, auf einer eigenen Ebene retuschieren zu können. Aktivieren Sie dann auch die Option Alle Ebenen aufnehmen.

◂ **Abbildung 1.15**
Fassadensanierung à la Photoshop: Rohre und Kabel wurden mit dem Bereichsreparatur-Pinsel entfernt (rechter Gebäudeteil).

Um größere und weniger detaillierte Bildobjekte zu entfernen, erstellen Sie zunächst eine Auswahl, rufen dann den Dialog Fläche füllen auf (am schnellsten über ⇧+F5) und wählen dort Verwenden: Inhaltssensitiv.

1.2.3 Formgitter: Objekte anatomisch verbiegen

Hinter dem unspektakulären Namen Formgitter (im Menü Bearbeiten) verbirgt sich eine Funktion zum anatomisch korrekten Verbiegen und Verzerren von Bildelementen. Auf zuvor

Zum Weiterlesen: Inhaltssensitiv retuschieren
Mehr über inhaltssensitive Retusche erfahren Sie in Abschnitt 22.6, »Inhaltssensitive Retusche: Große und kleine Bildobjekte einfach verschwinden lassen«.

Formgitter anwenden, Hintergrund erhalten

Enthält Ihr Motiv einen Hintergrund, den Sie erhalten wollen? Dann wird Ihre Arbeit gleich viel schwieriger. Sie müssen dann in den meisten Fällen den Hintergrund retuschieren, da durch das Bewegen von Bildteilen Leerstellen entstehen. Sie können dazu die neuen Inhaltssensitiv-Tools und alle anderen Retuschewerkzeuge verwenden. Ihnen entsteht jedoch in jedem Fall zusätzliche Arbeit, die präzise ausgeführt werden muss und nicht bei jedem Motiv erfolgreich sein wird.

Zum Weiterlesen: Formgitter

In Abschnitt 22.11, »Naturalistisch verformen: Das Formgitter-Werkzeug«, lernen Sie das neue Tool ganz genau kennen.

freigestellte oder ausgewählte Objekte werden per Mausklick Pins positioniert; sie wirken dann wie Gelenke. Mit der Maus können die so präparierten Glieder anschließend frei bewegt werden. So können Sie größere Bildelemente manipulieren oder Details ausbessern. Die Handhabung des Formgitters ist recht unkompliziert – die meiste Arbeit machen wohl die vorbereitenden Schritte. Denn Sie brauchen eine präzise Auswahl um das Objekt, das per FORMGITTER bearbeitet werden soll, und in manchen Fällen auch eine Hintergrundretusche.

Ihre Arbeitsschritte:

1. Stellen Sie das Objekt frei, das Sie bearbeiten wollen. Das FORMGITTER-Tool kann Objekte auf Transparenz-Ebenen, Auswahlen und maskierte Objekte bearbeiten. FORMGITTER funktioniert außerdem bei Smart-Objekten – eine hervorragende Möglichkeit, um Ihr Bild zerstörungsfrei zu bearbeiten. Wandeln Sie also Ihr Bildobjekt in ein Smart-Objekt um.
2. Wählen Sie BEARBEITEN • FORMGITTER, um die Funktion zu starten. Sie sehen, dass sich das Bild mit einem Gitternetz überzieht. Unter DICHTE legen Sie fest, wie grob- oder engmaschig das Gitternetz ist. Ein feines Gitternetz arbeitet präzise, kostet jedoch auch viel Rechenzeit. Für die meisten Bilder genügt die Standard-Einstellung NORMAL.
3. Nun setzen Sie mittels Mausklicks die Pins ins Bild. Sie wirken einerseits wie Gelenke: An diesen Stellen können Sie das Bildelement verformen. Jede Bewegung betrifft jedoch die ganze Figur – genau deswegen wirkt die Verformung auch so naturalistisch. Pins wirken nicht nur wie Gelenke, sie stellen die Figur auch fest und machen die Bewegung starrer. Wenn Sie zu wenige Pins setzen, drehen Sie die ganze Figur; sind es zu viele, können unbeabsichtigt Verformungen entstehen. Das hört sich komplizierter an, als es ist – probieren Sie es einfach aus!
4. Der jeweils aktive Pin ist schwarz markiert. Sie können einen markierten Pin nun per Maus verschieben und damit das Objekt verformen oder mit `Entf` (oder per Kontextmenü) löschen, um die letzte Verschiebung rückgängig zu machen. Unter MODUS können Sie einstellen, wie starr die Verformung sein soll. Bei Retuschen, die naturalistisch wirken sollen, ist NORMAL in der Regel die beste Option. Der Modus VERZERREN deformiert die Bildobjekte meist ziemlich.
5. Wie bei allen Transformationen müssen Sie auch eine Formgitter-Transformation bestätigen, damit sie angewandt wird. Neben den bekannten Icons (Häkchen und »Parkverbot«) finden Sie in der Optionsleiste noch ein drittes: einen

kreisförmigen Pfeil. Damit können Sie alle Pins auf einmal löschen und die Transformation rückgängig machen, ohne das Formgitter-Tool zu verlassen.

Datei auf der Buch-DVD: »Reiterin.psd«

Bild: stockexchng, scotsxc

▲ **Abbildung 1.16**
Formgitter in Aktion. Sie sehen, dass das Pferd (als freigestelltes Smart-Objekt, siehe Abbildung 1.17) mit Pins an den Beinen und am Rumpf fixiert ist. Der Pferdekopf, der gerade bewegt wird, trägt nur einen Pin – andernfalls würde sich die Kopfform ungewollt verziehen.

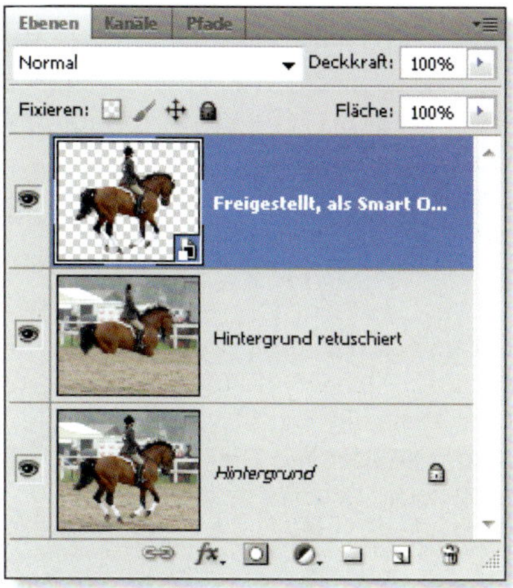

▲ **Abbildung 1.17**
Idealer Ebenenaufbau: ganz oben das freigestellte Motiv, das verbogen werden soll, als Smart-Objekt. Darunter eine retuschierte Version der Original-Hintergrundebene. Dort wurden Pferd und Reiterin nicht zur Gänze herausretuschiert, weil sie später weitestgehend von der bearbeiteten, freigestellten Ebene verdeckt sein werden. Als Hintergrundebene das Ausgangsbild (ist entbehrlich).

▲ **Abbildung 1.18**
Das Pferd soll ein wenig aufgerichtet und der Galopp dynamischer werden. Vor der Transformation ...

▲ **Abbildung 1.19**
... und danach. Zudem wurde der Hintergrund etwas weichgezeichnet, um das Hauptmotiv stärker zu betonen (und um unvermeidliche Retuschespuren zu kaschieren).

1.2.4 Knackig und kontraststark: HDR-Bilder

Die HDR-Optik mit ihrem hohen Kontrastumfang, den scharfen Details und knackigen Farben erfreut sich ungebrochener Beliebtheit. Dazu passend gibt es nun die Funktion HDR-Tonung. Sie macht auch ohne aufwendige Mehrfach-Belichtungsserien aus einzelnen Fotos Bilder mit HDR-Appeal. Außerdem hat Adobe den HDR-Dialog zu einem kompakten Kontrollpanel ausgebaut. Was müssen Sie wissen, um die neuen Funktionen erfolgreich anwenden zu können?

Datei auf der Buch-DVD: »venedig.tif«

Um die HDR-Tonung, das Werkzeug für »gefälschte« HDR-Images, mit Erfolg anzuwenden, ist eine höhere Bitzahl beim Ausgangsbild von Vorteil, jedoch nicht zwingende Voraussetzung. Wie funktioniert das?

Bild: Jacqueline Esen

▲ **Abbildung 1.20**
Solche Situationen sind eine Herausforderung für die Kamera: tiefe Schatten unter den Arkaden, draußen helles Sonnenlicht.

▲ **Abbildung 1.21**
Die HDR-Tonung verpasst dem Bild den Look dynamischer High-Definition-Bilder.

[HDR-Fotografie]
HDR heißt *High Dynamic Range* – hoher Kontrastumfang. HDR-Fotos können Motive mit demselben hohen Kontrastumfang abbilden, wie sie in der Realität vorkommen. Normalerweise scheitert hier die Kamera an dem, was das menschliche Auge problemlos wahrnehmen kann. Dafür ist ein aufwendiges Setting notwendig: Es müssen mehrere Abbildungen desselben Motivs mit unterschiedlicher Belichtung angefertigt werden, die anschließend übereinandergelegt und verrechnet werden.

1. Leider lässt sich HDR-Tonung weder als Einstellungsebene noch auf Smart-Objekte anwenden und die Datei wird auf die Hintergrundebene reduziert, bevor die Tonung beginnen kann. Sie sollten also eine Bildkopie erstellen, bevor Sie loslegen.
2. Wählen Sie Bild • Korrekturen • HDR-Tonung, um die Funktion zu starten.
3. Treffen Sie dann Ihre Einstellungen:
   - Unter Vorgabe liefert Adobe eine Reihe von Presets mit. Die können Sie gut als Startpunkt nutzen, um sie dann per Regler noch genauer an das Motiv und Ihren Geschmack anzupassen.
   - Mit den Reglern unter Leuchtkonturen beeinflussen Sie den Halo-Effekt um Konturen im Bild. Das ist mit den

leuchtenden Konturen vergleichbar, die beim zu starken Schärfen von Bildern auftreten.

- Der GAMMA-Wert regelt, wie stark der Kontrastumfang zwischen dunklen und hellen Partien des Bildes ist. Je höher der Wert ist, desto mehr Dramatik kommt ins Bild.
- BELICHTUNG wirkt – wie GAMMA – global und macht das Bild heller oder dunkler. Beide Regler sollten mit Vorsicht benutzt werden!
- DETAIL arbeitet, wie der Name schon sagt, Bilddetails heraus. Welche Einstellung am besten wirkt, hängt stark vom Motiv ab.
- Um TIEFEN und LICHTER des Bildes aufzuhellen oder abzudunkeln, gibt es ebenfalls zwei Regler.
- Die Einstellungen unter FARBE und die unter TONING-KURVE versteckte Gradationskurve wirken wie die altbekannten Korrektur-Werkzeuge.

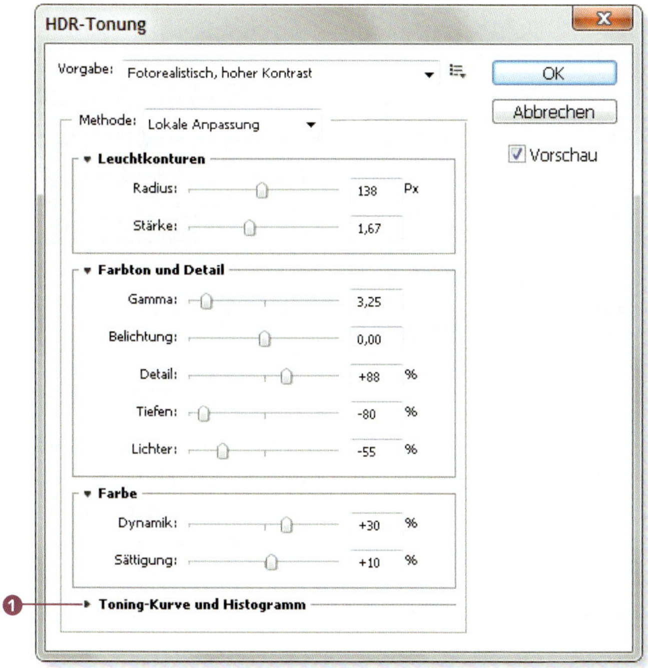

◀ **Abbildung 1.22**
Die Einstellungen im Dialog HDR-TONUNG. Ein Klick auf TONING-KURVE UND HISTOGRAMM 1 macht eine Gradationskurve mit unterlegtem Histogramm zugänglich.

Um ein richtiges HDR-Bild aus einer Serie verschieden belichteter Aufnahmen zu erstellen, fügen Sie zunächst Ihre Bilderserie zu einem HDR-Bild zusammen. Dazu können Sie in Bridge den bekannten Befehl WERKZEUGE • PHOTOSHOP • ZU HDR PRO ZUSAMMENFÜGEN nutzen. Oder Sie arbeiten direkt aus Photoshop mit der neuen **Mini Bridge**. Gestartet wird sie zum Beispiel mit einem Klick auf den »Mb«-Button in der Anwendungsleiste.

Zum Weiterlesen: HDR und falsche HDR-Images
Genaueres über die HDR-Bearbeitung und das Erzeugen von Bildern mit HDR-Look können Sie in Abschnitt 24.4, »HDR – Bilder mit realitätsgetreuem Luminanzumfang«, nachlesen.

Abbildung 1.23 ▶
So starten Sie die in Photoshop integrierte Mini Bridge.

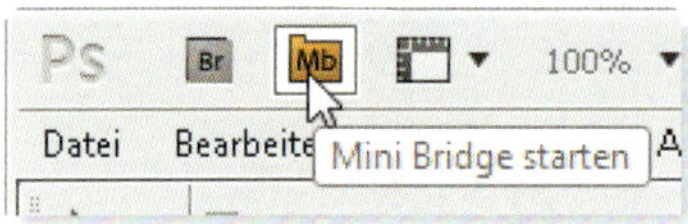

Im Mini-Bridge-Modul können Sie nun zum Ordner navigieren, der Ihre Bilderserie enthält. Dort wählen Sie sie aus und klicken auf den Befehl Photoshop • Zu HDR Pro zusammenfügen.

Gleichgültig, ob Sie Bridge oder Mini Bridge nutzen – nach dem Zusammenfügen der Bilder öffnet sich nun der HDR-Dialog automatisch. Die Einstellungsmöglichkeiten für echte HDR-Images sind weitgehend dieselben wie bei der HDR-Tonung.

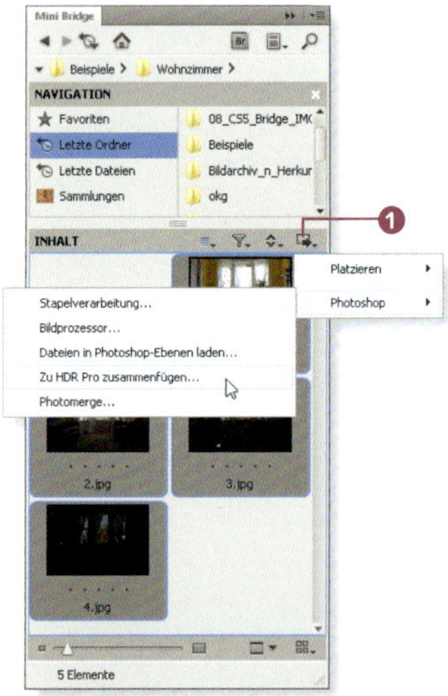

▲ Abbildung 1.24
Die aus der Bridge bekannten Befehle zur Bildverarbeitung in Photoshop verbergen sich bei der Mini Bridge hinter einem kleinen Button oberhalb des Inhalt-Bereichs ❶.

1.2.5 Fast vollautomatisch: Die Objektivkorrektur

Der Objektivkorrektur-Filter, der in den letzten Programmversionen in einem Untermenü versteckt war, ist nun wieder direkt unter dem Menüpunkt Filter zu finden. Neben einer Reihe von Verbesserungen hinter den Kulissen und kleineren Veränderungen bei den gewohnten Funktionen beinhaltet der Objektivkorrektur-Filter jetzt eine Auto-Korrektur. In vielen Fällen liefert die Automatik bereits gute Ergebnisse, in jedem Fall kann die Auto-Korrektur jedoch als solide Vorarbeit für kleine manuelle Korrekturen genutzt werden. Wie funktioniert das? Der Filter liest die EXIF-Daten der Datei aus und erkennt so, mit welchem Objektiv die Aufnahme gemacht wurde. Diese Information wird mit einer Profil-Datenbank abgeglichen, und das Bild wird entsprechend des hinterlegten Objektivprofils korrigiert. Anwenden lässt sich die Funktion ganz einfach:

1. Machen Sie aus Ihrer Bildebene ein Smart-Objekt, um den Filter reversibel anzuwenden und die Originaldaten zu schonen.
2. Starten Sie den Filter (Filter • Objektivkorrektur).
3. Legen Sie unter Korrektur fest, ob Verzerrung, Aberration oder Vignettierung korrigiert werden sollen.
4. Mit den Optionen Bild automatisch skalieren und Kante legen Sie fest, wie mit Leerstellen umgegangen wird, die durch die Verzerrung entstehen. Das ist nichts Neues, die Einstellungen gab es bereits in früheren Versionen des Filters.
5. Die automatische Berechnung startet sofort.

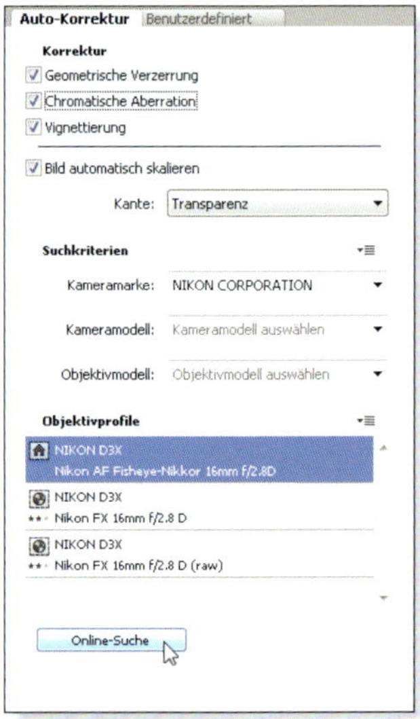

▲ Abbildung 1.25
Die neuen Autokorrektur-Funktionen im Objektivkorrektur-Filter.

Findet der Filter Ihre Objektivdaten nicht automatisch, kann die Korrektur nicht starten. Dann können Sie

- unter Suchkriterien Kameramarke, -modell und verwendetes Objektiv manuell einstellen oder
- auf den Button Online-Suche klicken, um die Adobe-Datenbank zu durchsuchen, die ständig aktualisiert wird.

Bild: Adobe

Datei auf der Buch-DVD: »lenscorrection.psd«

◂◂ Abbildung 1.26
Ein extremes Beispiel von Objektivverzerrung. Das Haus sieht aus, als hätte es einen Grundriss mit abgerundeten Ecken.

◂ Abbildung 1.27
Das Ergebnis der Auto-Korrektur. Die starke Verzerrung wurde zuverlässig entfernt. Zwar wirkt das Motiv immer noch etwas deformiert, das liegt jedoch an der extremen Aufnahmeperspektive beim Ausgangsbild .

1.2.6 Neues in Camera Raw

Adobes umfangreicher, leistungsfähiger Raw-Konverter Camera Raw bringt neben den bewährten Werkzeugen, die Sie schon aus den Vorversionen kennen, drei neue Funktionen mit: Sie können **Bildrauschen** nun erstaunlich effektiv entfernen. Dabei profitieren Sie natürlich auch von der größeren Datenmenge, die RAW-Images meist aufweisen. Sie können Digitalfotos nun ein **künstliches Filmkorn** und damit einen raueren, »authentischen« Look verpassen, und auch die Steuerungsmöglichkeiten für die **Vignettierung** wurden verbessert. Außerdem gibt es einen neuen Entwicklungsalgorithmus.

Während ENTRAUSCHEN (auf der Registerkarte DETAILS), FILMKORN (auf der neuen Registerkarte EFFEKTE) und die neuen Vignettierungsoptionen (unter OBJEKTIVKORREKTUR) so gut wie selbsterklärend sind und durch Ausprobieren schnell erschlossen werden können, muss ich über den neuen Algorithmus einige Worte verlieren. Denn hier ist in einigen Fällen Ihr Eingreifen als Nutzer gefragt und auch erforderlich. Wenn Sie frische, bisher unbearbeitete Raw-Images laden, merken Sie nichts von dem Wechsel; bei aufmerksamer Betrachtung fällt Ihnen vielleicht auf, dass Ihre entwickelten Raw-Bilder »irgendwie knackiger« aussehen. Problematisch wird es, wenn Sie Bilder im neuen Raw-Modul öffnen, die Sie zuvor schon einmal mit einer älteren Version von Camera Raw geöffnet haben. Ein kleiner Ausrufezeichen-Button am unteren rechten Rand des Vorschaufensters macht Sie darauf aufmerksam, dass Ihr Bild – noch – mit den Werten alten Raw-Entwicklungsalgorithmus (»Prozess 2003«) angezeigt wird. Mit einem Klick stellen Sie auf den neuen »Prozess 2010« um.

Eigene Profile erzeugen
Lässt sich für Ihr Objektiv kein Profil finden, können Sie auch ein eigenes erstellen und der Adobe-Datenbank hinzufügen. Die dazu notwendige Software und weitere Informationen finden Sie unter *http://labs.adobe.com/technologies/lensprofile_creator/.*

Zum Weiterlesen: Objektivkorrektur & Camera Raw
In Abschnitt 24.6 erfahren Sie mehr über die neuen Objektivkorrektur-Funktionen. Adobes Raw-Konverter wird in Kapitel 23, »Das Camera-Raw-Modul«, vorgestellt.

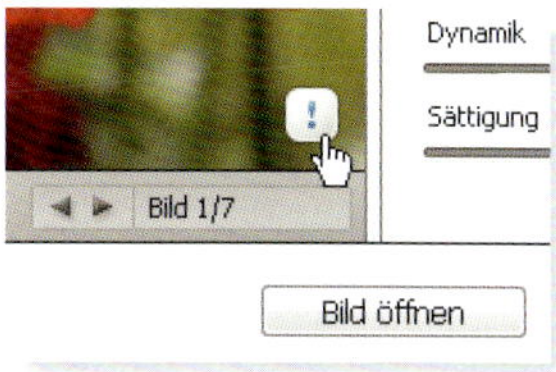

▴ Abbildung 1.28
Der Hinweis darauf, dass Ihr Bild mit älteren Camera-Raw-Versionen bearbeitet wurde

indem Sie auf einem trockenen Malgrund und mit geringen Mix- und Fluss-Werten verschiedene Einstellungen ausprobieren.

- Mix ❽ wirkt – zusammen mit der Nässe – auf das Mischungsverhältnis von aufgetragener Farbe und den Farben des Malgrundes. Ist der Mix-Wert hoch, ist die Farbe des Untergrundes stark zu sehen: Die aufgetragene Farbe ist bei hohen Mix-Werten manchmal kaum zu erkennen. Setzt man den Mix-Wert herab, tritt die aufgetragene Farbe stärker hervor.
- Fluss ❾ steuert, wie viele »Farbpigmente« aus dem Pinsel fließen. Man kann sagen, dass Fluss wie Terpentin in Ölmalfarbe wirkt. Ist der Fluss-Wert gering, erscheint der Malstrich heller und wirkt transparent – als sei die Farbe stark verdünnt worden. Bei hohen Werten ist der Farbauftrag kräftiger. In der Praxis wirken Fluss und Mix auf das Malergebnis oft gleich. Probieren Sie beide Einstellungen aus.

So viel zu den Optionen. Was Sie vielleicht noch wissen müssen, ist, wie Sie Farbe auf den Pinsel bekommen. Neben dem automatischen Laden des Pinsels während der Benutzung können Sie außerdem

- mit einer Volltonfarbe aus der Werkzeugleiste malen. Dazu müssen Sie *nicht* die Option Nur Volltonfarben laden aktivieren. Probieren Sie bei der Gelegenheit auch einmal den neuen On-Screen-Farbwähler aus. Sie starten ihn per [Alt]+[⇧] + Rechtsklick bzw. [⌥]+[⌘] + Rechtsklick.
- Drücken von [I] und ein Klick ins Bild wechselt kurzfristig zur Pipette – so können Sie Farbtöne aus dem Bild aufnehmen. Sobald Sie die [I]-Taste loslassen, sind Sie wieder beim Mischpinsel.
- Wenn Sie [Alt]/[⌥] gedrückt halten und dann ins Bild klicken, werden ebenfalls Farben von der Leinwand aufgenommen. Allerdings nicht – wie von der Pipette gewohnt – nur ein Farbton, sondern ein größerer Farbbereich aus dem Bild, ähnlich wie beim Stempel (genau dieses Verhalten wird durch Nur Volltonfarben laden unterdrückt).

Nun können Sie eigentlich schon losmalen und die Wirkungsweise des Mischpinsels erforschen.

2 Der Arbeitsbereich

Dieses Kapitel bietet Ihnen eine erste Orientierung über die einzelnen Bedienungselemente, ihr Zusammenspiel und die effektive Nutzung – die Basis für den kreativen und effizienten Einsatz von Photoshop.

Die Arbeitsumgebung von Photoshop – in der Adobe-Terminologie: der Arbeitsbereich – ist komplex und passt sich zudem an Ihre jeweiligen Tätigkeiten an. Das heißt, je nachdem, was Sie gerade tun, ändern sich die angebotenen Funktionen. Und wie Sie sehen werden, kann die Programmoberfläche auch von Ihnen selbst an Ihre eigenen Arbeitsgewohnheiten angeglichen werden, sodass ihr Aussehen variiert. Trotzdem lässt sich die Oberfläche von Photoshop schnell erfassen, und nach einer kurzen Eingewöhnungsphase können Sie die wichtigsten Elemente sicher handhaben.

Zum Weiterlesen: Arbeitsoberfläche anpassen
Die Photoshop-Arbeitsoberfläche lässt sich an verschiedene Anforderungen und Arbeitsstile anpassen – in CS5 noch einfacher als bisher. In Kapitel 5, »Arbeitsumgebung nach Maß«, erfahren Sie, wie das geht.

Erfahrene Benutzer, die von CS3 oder noch älteren Programmversionen zu Photoshop CS5 wechseln, müssen umlernen: Vor allem wegen der anders organisierten Bildkorrekturen – die nun nicht mehr mit Dialogboxen, sondern per Palette gesteuert werden – ändern sich altvertraute Arbeitsabläufe. Wer bereits mit der CS4-Version gearbeitet hat, kann sich in Photoshop CS5 schnell orientieren.

Die Arbeitsoberfläche unter Mac OS

Die Unterschiede zwischen Mac und PC sind nicht gravierend. Wer Photoshop am Mac beherrscht, kann auch mit der Windows-Version arbeiten und umgekehrt. Am Ende dieses Kapitels finden Sie einen Abschnitt zu betriebssystemspezifischen Besonderheiten.

2.1 Die Oberfläche kurz vorgestellt

Diese Bedienelemente stehen Ihnen zur Verfügung, um Photoshop zu steuern:

- Die **Anwendungsleiste** ❶ steht je nach Bildschirmauflösung und Breite der Arbeitsbereich-Umschalter entweder ganz oben im Fenster oder rechts neben der Menüleiste. Mit ihr verwalten Sie unterschiedliche Programm- und Dokumentansichten und wechseln zu Photoshops »Programmpartner«, dem Bildverwalter Adobe Bridge, oder bedienen die neue

Datei auf der Buch-DVD: »BlaueKlammern_dieblende.jpg«

Mini Bridge. Weiter rechts finden Sie den – in CS5 überarbeiteten – Arbeitsbereich-Umschalter ❼.

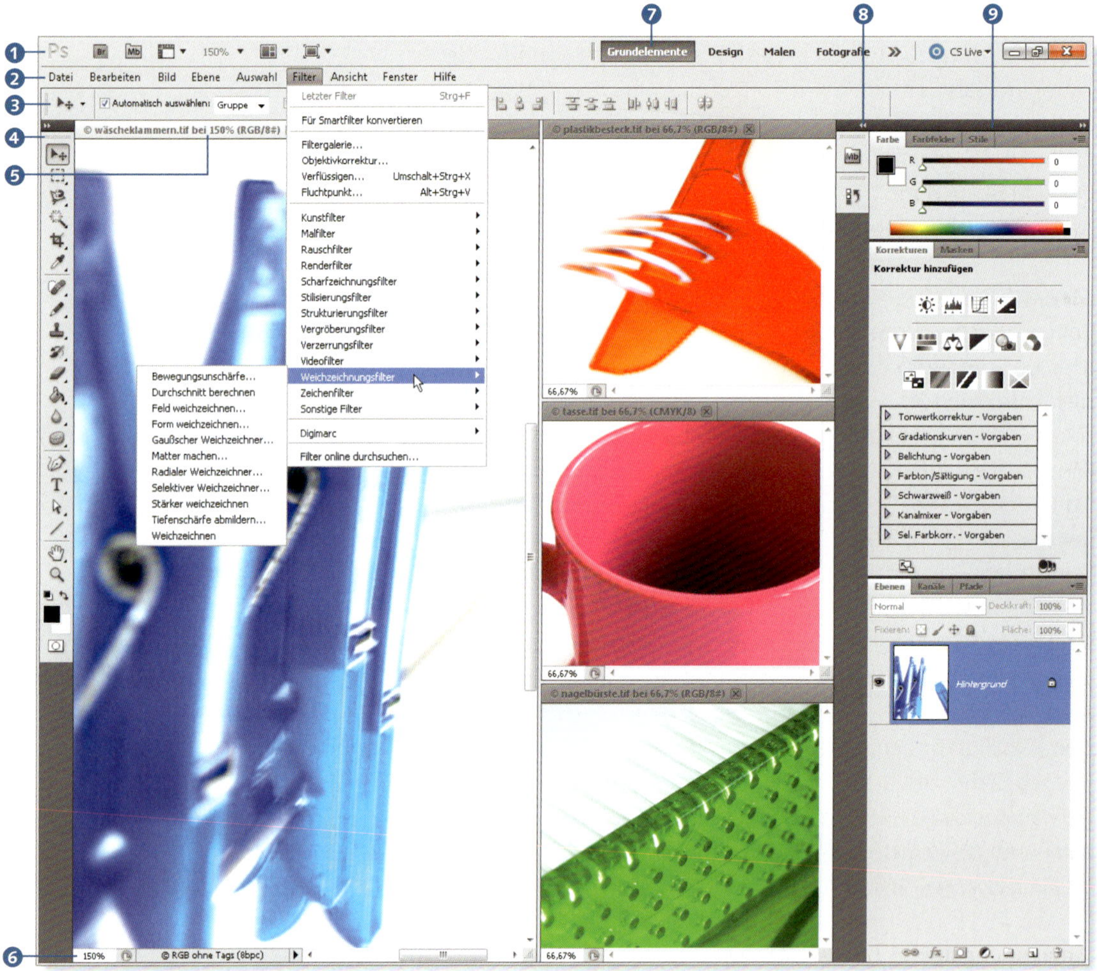

Bild: dieblen.de

▲ **Abbildung 2.1**
Photoshop CS5 unter Windows. Beim Arbeitsbereich fallen die Änderungen gegenüber der Vorversionen zunächst kaum auf.

Zum Weiterlesen: Dokumente in Tabs verwalten
Mehr über die neuen getabbten Dokumente und ihre Verwaltung erfahren Sie in Abschnitt 3.2, »Bildanzeige«.

- Darunter befinden sich die **Menüleiste** ❷ mit ihren ausklappbaren Menüs …
- … und die **Optionsleiste** ❸, die sich meist auch über die gesamte Breite des Programmfensters erstreckt. Sie liegt unterhalb von Menü- und Anwendungsleiste. Gelegentlich wird diese Leiste auch »Steuerungsbedienfeld« genannt.
- Die **Werkzeugleiste** ❹ ist standardmäßig am linken Rand angedockt. Sie wird in der offiziellen Adobe-Terminologie auch »Werkzeugbedienfeld« genannt.
- Im rechten Bereich des Bildschirms sehen Sie die **Paletten** ❾ (»Bedienfelder«). Die Paletten lassen sich verschieben,

zu eigenen Gruppen anordnen oder auch zu einem Symbol minimieren ❽, sodass sie wenig Platz einnehmen, aber schnell erreichbar sind.

Dies sind Ihre wichtigsten Instrumente. Dazu kommen noch ein oder mehrere Dokumentfenster, die seit der Version CS4 in platzsparenden Tabs ❺ organisiert sind. Tab-Titel und Statusleiste ❻ jedes Dokuments präsentieren wichtige Informationen zum Dokument in Kurzform. Das Ganze ist auf dem neutral grauen Arbeitsbereich angeordnet.

Menüs | Die Bedienung des Menüs sollte Ihnen keine Schwierigkeiten bereiten. Photoshops Menüleiste wird bedient wie Menüs in vielen anderen Programmen auch: Funktionen, die aktuell nicht angewendet werden können, sind auch nicht anklickbar und werden hellgrau dargestellt. Untermenüs lassen sich per Mouse-over aufklappen. In den Menüs finden Sie viele Funktionen zum Umgang mit Dateien und für Operationen, die sich jeweils auf das gesamte Bild auswirken und oftmals auf Berechnungen im Hintergrund basieren.

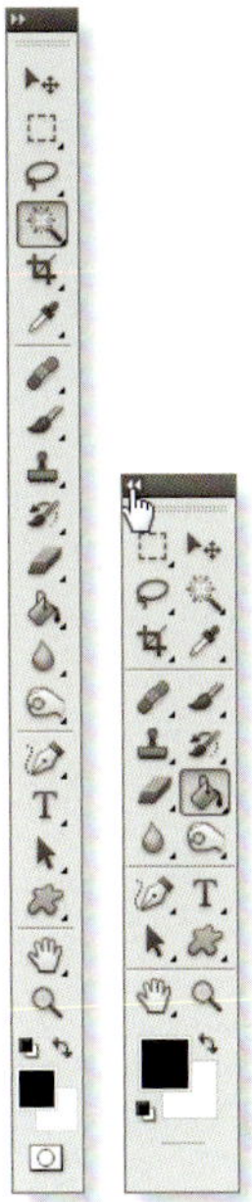

▲ **Abbildung 2.2**
Links sehen Sie die schmale Standardansicht der Werkzeugpalette, rechts die aus den älteren Versionen gewohnte zweispaltige Ansicht. Mit einem Klick auf den kleinen Doppelpfeil ganz oben stellen Sie die Ansicht um.

Werkzeuge | Ganz gleich in welcher Ansicht der Werkzeugleiste Sie arbeiten: Die Werkzeuge wechseln Sie einfach, indem Sie das jeweilige Icon in der Leiste anklicken oder ein Tastenkürzel eingeben. Die Funktionen der einzelnen Werkzeuge lassen sich oftmals leicht aus den Symbolen ableiten. Mit den Photoshop-Werkzeugen bearbeiten Sie oft gezielt einzelne Bildpixel, geben Text ein oder rufen Hilfsinstrumente wie beispielsweise den Zoom oder das Linealwerkzeug auf.

Anwendungsleiste | In der Anwendungsleiste sind alle Funktionen versammelt, die Sie brauchen, um die Darstellung von Dokumenten auf dem Bildschirm zu steuern. Neben altbekannten Funktionen, die Sie auch in Menüs oder der Werkzeugleiste finden – beispielsweise zum Einblenden von Bildschirmlinealen und Hilfslinien oder zum Zoomen der Bildansicht – gibt es hier auch einige Neuheiten: so z. B. den Befehl zum Drehen der Bildschirmansicht und einen Schnellschalter, um geöffnete Dokumente auf dem Arbeitsbereich anzuordnen.

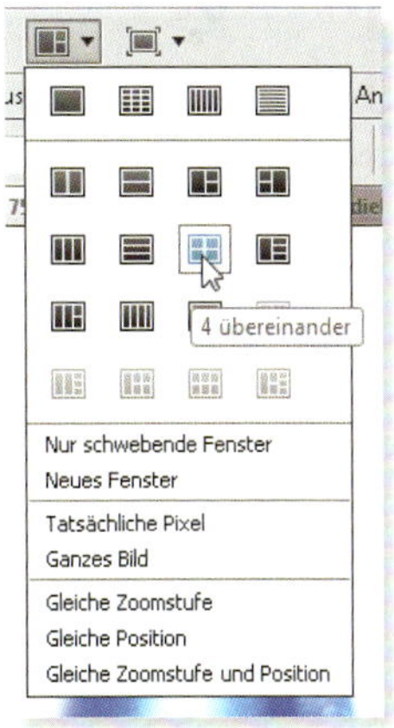

▲ **Abbildung 2.3**
Wer oft mit vielen Bildern parallel arbeitet, kann mit dieser Liste enorm viel Zeit sparen: Die optimale Dokumentanordnung ist mit einem Klick eingestellt.

Optionsleiste | Die Optionsleiste – zuweilen auch Steuerungsbedienfeld genannt – verändert sich je nachdem, welches Werkzeug gerade aktiv ist. Hier können Sie die Wirkung der Werkzeuge genauer justieren.

Umständliche Terminologie
Egal, ob dies der Übersetzung geschuldet ist oder dem Wunsch, technisch möglichst korrekte Bezeichnungen zu finden: Die offiziellen Namen vieler Programmelemente sind sperrig. Zudem ändern sich die Bezeichnungen von Version zu Version. Dennoch lohnt es sich, die richtigen Namen zu kennen, denn die Suchfunktionen in Adobe-Hilfequellen nehmen es damit ganz genau. Auch bei der Suche nach unabhängigen Wissensressourcen im Web lohnt es sich zu wissen, wie die Tools und Befehle richtig heißen.

Zum Weiterlesen: Paletten nutzen und anpassen
Mehr über die effiziente Nutzung von Paletten lesen Sie in Abschnitt 2.6, »Paletten: Wichtiges handlich«.

Schrift auf der Arbeitsfläche zu klein?

Wenn Sie schlechte Augen haben oder mit extrem hoher Monitorauflösung arbeiten, ist die Schriftgröße in Paletten, QuickInfos und der Optionsleiste vielleicht etwas klein für Sie. Das kann geändert werden: Rufen Sie die Voreinstellungen auf (Strg+K bzw. ⌘+K). Auf der Tafel Benutzeroberfläche (Strg+2/⌘+2) können Sie unter UI-Schriftgrad drei verschiedene Größen einstellen. UI heißt *User Interface* – zu Deutsch *Benutzeroberfläche*. Klein ist der Standard. Die Änderung wird nach dem nächsten Start von Photoshop wirksam.

Paletten | In den Paletten sind wichtige Kontroll- und Hilfsinstrumente untergebracht. So gibt die Ebenen-Palette – in Abbildung 2.1 ganz unten rechts zu sehen – Auskunft über den Bildaufbau, die Korrekturen-Palette (rechts Mitte) ist Ihre Schaltzentrale für Bildkorrekturen, und der Farbregler (rechts oben) ist eine Möglichkeit, Farben festzulegen – zum Beispiel für den Farbauftrag beim Pinseln. Es gibt aber noch viel mehr Paletten. Mit Klicks auf die Registerkarten in den Palettengruppen, auf die kleinen Palettensymbole (❽ in Abbildung 2.1) oder über das Menü Fenster bestimmen Sie, welche Paletten sichtbar sind.

Titel- und Statusleiste von Dokumenten | Titel- ❶ und Statusleiste ❷, die Sie oberhalb und unterhalb jedes Dokuments finden – gleichgültig, ob als schwebendes Fenster oder in Tabs – liefern Ihnen wichtige Informationen zur Datei und helfen Ihnen dabei, sich im Programm zu orientieren.

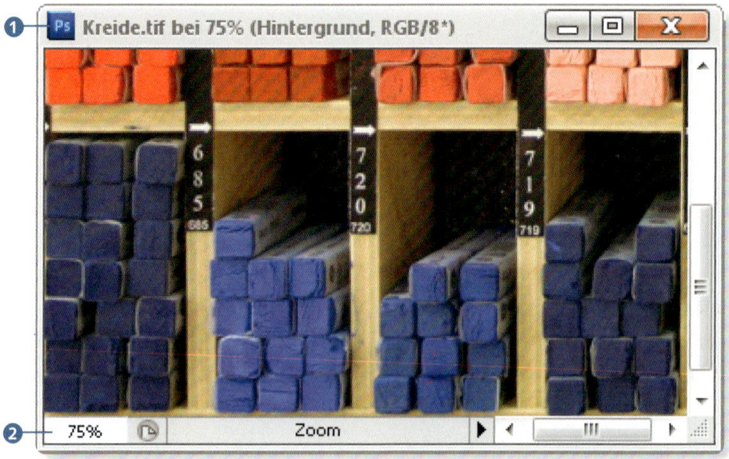

Bild: Onno K. Gent

▲ **Abbildung 2.4**
Die Dokument-Titelleiste zeigt Basisdaten des Bilds auf einen Blick (hier ein schwebendes Dokumentfenster).

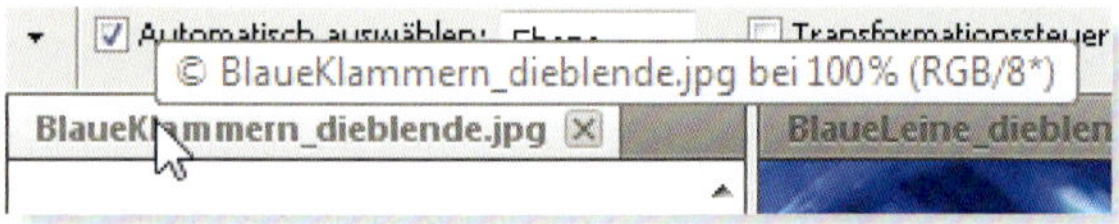

▲ **Abbildung 2.5**
Bei getabbten Dokumenten ersetzen Infos in den Karteireitern die Titelleisten. Ist der Platz zu eng für alle Daten, geben QuickInfos Auskunft.

2.2 Die Menüleiste: Die solide Arbeitsbasis

Die Funktionen der Menüleiste bilden das solide Grundgerüst der Bildbearbeitung. In den Hauptmenüs samt Unterkategorien sind die wichtigsten Programmfunktionen untergebracht.

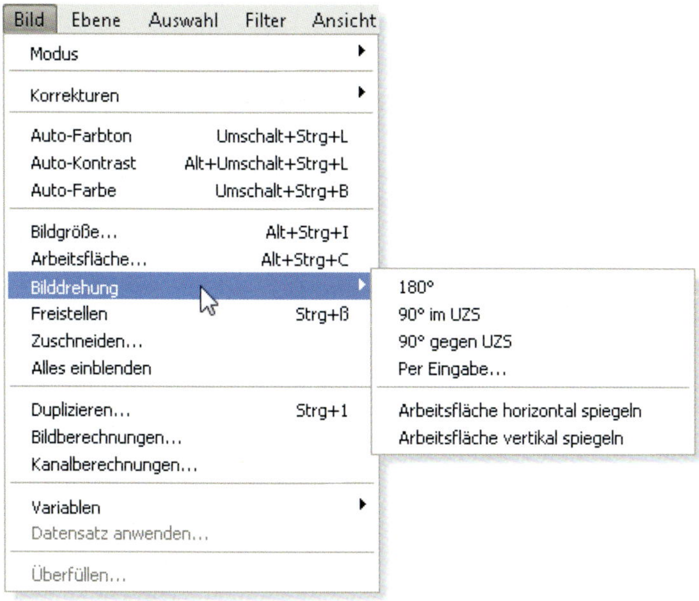

◂ **Abbildung 2.6**
Photoshop-Menüs funktionieren so wie die Menüs in vielen anderen Applikationen auch.

2.2.1 Das Menü »Datei«

Im Menü Datei befinden sich alle Befehle zur Steuerung und Verwaltung von Dateien und der Programmumgebung. Viele Funktionen ähneln dem, was auch in anderen Anwendungen Standard ist: Dateien öffnen, speichern und drucken. Dazu kommen noch recht umfangreiche Funktionen zum Import und Export von Dateien sowie Automatisierungsbefehle und Befehle für den Wechsel zu anderen Adobe-Komponenten wie Bridge, Device Central und einigen der neuen Online-Funktionen.

Mac-Spezialität: Das Menü »Photoshop«

Nur bei Macs findet sich in der Menüleiste – rechts vom Apfel-Menü, das in allen Anwendungen sichtbar ist – der zusätzliche Menüpunkt Photoshop. Das Photoshop-Menü beinhaltet neben einigen Standardbefehlen, die vom Betriebssystem zur Verfügung gestellt werden, vor allem Programminfos und Befehle zur Konfiguration. In der Windows-Version sind diese Befehle unter Bearbeiten oder unter Hilfe zu finden.

2.2.2 Das Menü »Bearbeiten«

Unter dem Menüpunkt Bearbeiten finden Sie eine bunte Mischung aus Arbeitshilfen, Programmeinstellungen sowie erste Befehle zur Veränderung von Bildebenen. Die Optionen Rückgängig und Verblassen beziehen sich auf Ihre letzten Arbeitsschritte. Hier finden Sie auch die Standards Ausschneiden, Kopieren und Einfügen sowie Befehle zu Werkzeugkomponenten, zum Arbeiten mit Text und Befehle, um eigene Muster, Farben, Effekte und ähnliche Vorgaben zu verwalten. Außerdem

Ebenenfunktionen im »Bearbeiten«-Menü
Zwar verfügt Photoshop über ein eigenes Ebenen-Menü. Doch einige Ebenen-Funktionen – zum Ausrichten und Überblenden von Ebenen – sind sich im Menü BEARBEITEN untergebracht und nicht im EBENE-Menü, wo man sie wohl zuerst suchen würde.

finden Sie hier die Grundeinstellungen, um Ihr Programm anzupassen, sowie die wichtigen Funktionen zum Farbmanagement.

2.2.3 Das Menü »Bild«

Das Menü BILD enthält wichtige Befehle der digitalen Bildbearbeitung. Hier können Sie die Bildgröße ändern und die Bild-Arbeitsfläche drehen oder vergrößern. Unter KORREKTUREN (in älteren Photoshop-Versionen: ANPASSUNGEN) versammeln sich die Klassiker der Bildkorrektur, mit denen Sie schlechten Kontrasten oder Farbstichen beikommen und kreativ arbeiten können. Allerdings ist die Bedeutung des KORREKTUREN-Menüs seit der CS4-Version in den Hintergrund gerückt: In der leistungsfähigen Korrekturen-Palette sind die wichtigen Befehle schneller zugänglich.

Die Palette »Korrekturen«

Umsteiger von älteren Photoshop-Versionen müssen umlernen. Seit der Version CS4 hat Adobe die Arbeitsabläufe bei der Bildkorrektur umorganisiert. Die neue KORREKTUREN-Palette ist nun das Herzstück aller Bildkorrekturen. Funktionen und voreingestellte Settings sind dort mit einem schnellen Klick erreichbar. Gleichzeitig ersetzt die Palette die bisher üblichen Dialogfenster und hilft bei der Verwaltung von Einstellungsebenen. Bildkorrekturen ohne Einstellungsebene sind kaum mehr möglich. **Mehr zum Thema** erfahren Sie in Teil VI, »Reparieren und retuschieren«.

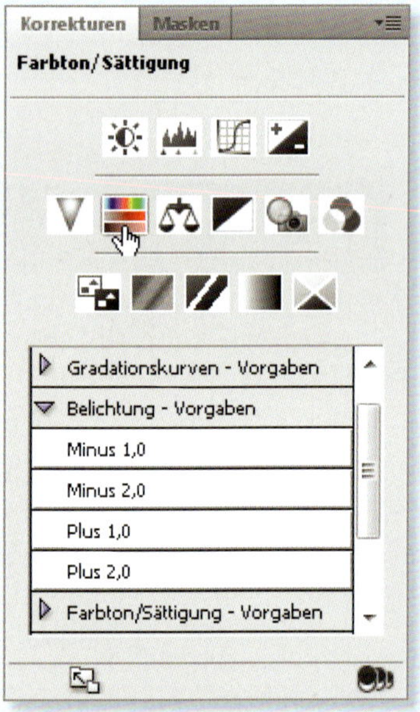

▲ **Abbildung 2.7**
In der neuen Korrekturen-Palette erreichen Sie Korrekturfunktionen mit einem Klick.

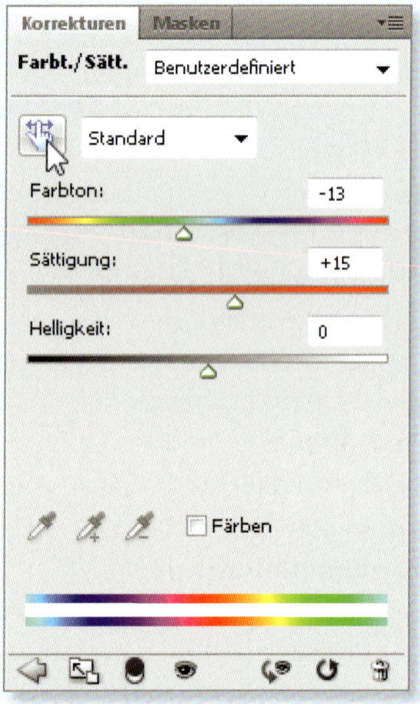

▲ **Abbildung 2.8**
Korrektureinstellungen werden direkt in der Palette vorgenommen.

2.2.4 Das Menü »Ebene«

Ebenen sind in Photoshop omnipräsent. Sie ermöglichen ein flexibles Arbeiten und den Aufbau komplexer Composings. Dementsprechend üppig ist das Menü EBENE ausgestattet. Eng mit Ebenen verbunden sind Ebenen- und Vektormasken, die Sie ebenfalls über dieses Menü ansteuern können. Außerdem finden Sie hier alle Befehle, um besondere Ebenen – wie Smart-Objekte, Füll- oder Einstellungsebenen – zu verwalten und zu bearbeiten.

2.2.5 Das Menü »Auswahl«

Das Prinzip der Auswahl ist für Photoshop ebenso wichtig wie das Ebenen-Konzept. Das Menü AUSWAHL ist eine Ergänzung zu den Auswahlwerkzeugen in der Toolbox. Hier können Sie Ihre Auswahlen modifizieren und speichern.

2.2.6 Das Menü »Filter«

Das Menü FILTER bietet für fast jeden kreativen Zweck und auch für ernsthafte Korrekturen das richtige Werkzeug.

2.2.7 Das Menü »Ansicht«

Die unter ANSICHT versammelten Befehle beziehen sich auf die Darstellung des aktuellen Bildes und rufen verschiedene Helfer und Extras wie Raster oder Lineale auf. Viele der Befehle aus diesem Menü sind in der neuen Anwendungsleiste schneller zugänglich!

2.2.8 Das Menü »Fenster«

Mit den Befehlen unter FENSTER steuern Sie das Aussehen Ihrer Arbeitsumgebung. Sie legen zum Beispiel fest, welche Paletten eingeblendet sind, und verwalten verschiedene Arbeitsbereich-Layouts.

2.2.9 Das Menü »Hilfe«

HILFE ist der letzte Menüpunkt. Hier finden Sie Programminfos und Support. Zu den wichtigsten Themen stellt Adobe schon vorgefertigte Fragen und Antworten bereit. Schneller als per Menübefehl gelangen Sie mit der Taste [F1] zu Adobes Hilfe- und Supportcenter – seit der Version CS4 nicht mehr lokal auf Ihrem Rechner, sondern online. Neben verschiedenen Tipps und Infomedien können Sie sich von dort die »klassische« Programmhilfe als PDF-Datei herunterladen. Diese steht dann auch im Offline-Modus zur Verfügung.

Zum Weiterlesen: Hilfe zur Adobe-Hilfe

In Kapitel 3, »Nützliche Helfer«, finden Sie mehr Informationen zu Adobes Hilfsangebot.

2.2.10 Kontextmenüs: Klicks sparen

Es ist charakteristisch für die Programmorganisation von Photoshop, dass oftmals viele (Arbeits-)Wege zum selben Ziel führen. Das heißt, dass Sie oft zwei oder mehr Möglichkeiten haben, um einen Befehl aufzurufen oder ein Werkzeug zu aktivieren.

So gibt es neben der Menüleiste noch einen weiteren Weg, um Menübefehle oder auch einige der gängigsten Werkzeugoptionen aufzurufen: die Kontextmenüs. Kontextmenüs zeigen auf einen Klick diejenigen Befehle an, die zum jeweils aktiven Werkzeug oder zu der Arbeitssituation passen, in der sich das Bild befindet. So machen Kontextmenüs Funktionen und Befehle schnell zugänglich und sparen umständliche Mehrfachklicks.

Wie rufe ich ein Kontextmenü auf? | Setzen Sie Ihren Mauszeiger ins geöffnete Bild, und klicken Sie mit der rechten Maustaste (Windows) oder Klick + `Ctrl` (Mac). Es erscheint dann eine Liste mit einer Auswahl von Optionen und Befehlen.

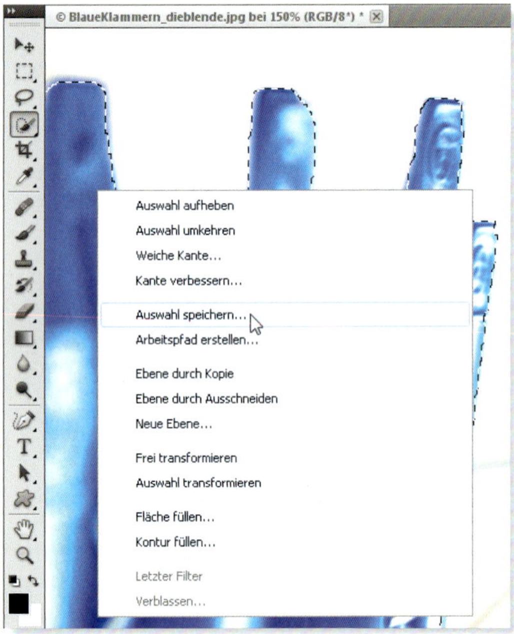

Abbildung 2.9 ▶
Hier sehen Sie das Auswahl-Kontextmenü. Sie erkennen an der Strichellinie im Bild, dass eine Auswahl erzeugt wurde. Das Schnellauswahlwerkzeug (in der Werkzeugleiste oben sichtbar) ist aktiv. Im Kontextmenü erscheinen die zur aktuellen Bildsituation passenden Befehle.

Wie kann ich erkennen, wo ein Kontextmenü angeboten wird?

Die meisten Kontextmenüs erreichen Sie über einen Klick auf die Bildfläche, die Bildtitelleiste und auf einige Paletten. Irgendwelche Hinweise auf ihr Vorhandensein gibt es nicht. Mit testweisen Rechtsklicks bzw. am Mac `Ctrl` + Klicks können Sie sich die Kontextmenüs nach und nach aneignen. Hier im Buch weise ich im konkreten Zusammenhang natürlich immer darauf hin. Jene Kontextmenüs, die in Ihrer täglichen Photoshop-Praxis eine Rolle spielen, beherrschen Sie dann schnell!

Wo gibt es Kontextmenüs? | Auch bei Paletten funktioniert dieses Prinzip in vielen Fällen. Insbesondere die wichtige Ebenen-Palette ist mit Kontextmenüs geradezu gespickt – je nach Mauszeigerposition lassen sich hier verschiedene Menübefehle aufrufen. Im Zweifelsfall gilt: ausprobieren. Und natürlich weise ich hier im Buch an passender Stelle stets auf nützliche Kontextmenüs – und andere Abkürzungen – hin.

2.3 Die Werkzeugpalette: Alles griffbereit

2.3.1 Werkzeuge finden und aufrufen

Das Werkzeugbedienfeld, in der Alltagssprache meist Werkzeugleiste, Werkzeugpalette oder Toolbox genannt – ist am linken Rand des Photoshop-Programmfensters angedockt. Es lässt sich, wie schon erwähnt wurde, schmaler oder breiter machen. Und wie alle anderen Paletten können Sie auch die Werkzeugleiste aus dem Andockbereich herausziehen. Dazu fassen Sie sie oben – an dem schmalen dunkelgrauen Streifen – mit der Maus an und ziehen. Sie können die Werkzeugleiste dann frei auf der Arbeitsfläche positionieren oder bei den übrigen Paletten auf der rechten Seite des Programmfensters andocken.

Die Metaphern, die Adobe für die Werkzeuge gewählt hat, entstammen der klassischen Illustration oder der Fotografie und sind recht anschaulich, daher ist das schnelle Auffinden des benötigten Tools ganz leicht.

▲ **Abbildung 2.10**
Wenn Sie mit der Maus an ein Werkzeug heranfahren, blendet Photoshop den Namen ein und gibt so Hinweise zur Funktion. Nebenbei können Sie so die Tastenkürzel lernen.

Werkzeuptipps | Wenn Sie sich nicht sicher sind, welchen Zweck ein Werkzeug hat, verweilen Sie einfach kurz mit der Maus auf dem jeweiligen Button – ein erklärender Werkzeugtipp (»QuickInfo«) wird eingeblendet.

Sie vermissen die Anzeige der Werkzeugtipps?
Oder wollen Sie sie unterbinden? Auch das kann eingestellt werden. Klicken Sie dazu auf BEARBEITEN • VOREINSTELLUNGEN (am Mac: PHOTOSHOP • VOREINSTELLUNGEN) und dann links auf BENUTZEROBERFLÄCHE. Dort finden Sie die Option QUICKINFO ANZEIGEN, die sich per Häkchen ein- und ausschalten lässt. Schneller erreichen Sie den VOREINSTELLUNGEN-Dialog über Strg+K (unter Mac OS ⌘+K).

Statusleiste | Die jeweils an der unteren Bildkante positionierte Statusleiste kann ebenfalls genutzt werden, um sich über die Funktion des aktuell aktiven Werkzeugs Klarheit zu verschaffen. Klicken Sie dazu auf den kleinen schwarzen Pfeil ❶ und dann auf EINBLENDEN • AKTUELLES WERKZEUG. Fortan wird angezeigt, wie das gerade aktive Werkzeug heißt.

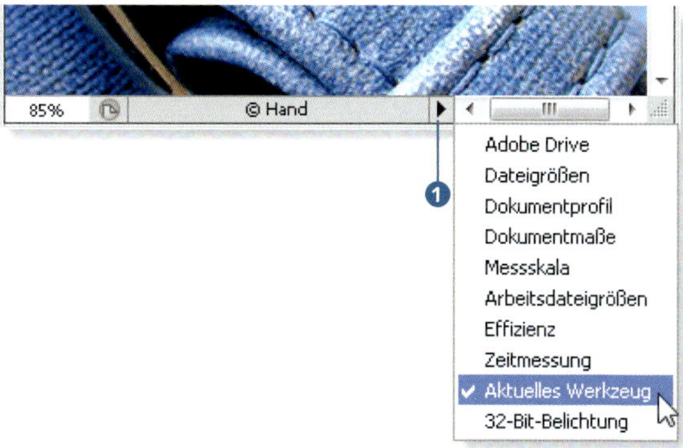

◄ **Abbildung 2.11**
Was in der Bild-Statusleiste angezeigt wird, kann von Ihnen festgelegt werden. Für Einsteiger am interessantesten ist die Option AKTUELLES WERKZEUG.

Werkzeug aktivieren | Das Aktivieren der einzelnen Werkzeuge ist einfach – ein Klick auf den Button mit dem jeweiligen Symbol genügt, und für flotteres Arbeiten gibt es Tastenkürzel. Fast alle der Werkzeug-Schaltflächen haben in der unteren rechten Ecke einen etwas unscheinbaren schwarzen **Pfeil**. Dies ist der Hinweis darauf, dass Sie auch noch verwandte Unterwerkzeuge aufrufen können. Diese verborgenen Werkzeuge aktivieren Sie, indem Sie die Maus mit gedrückter linker Maustaste auf dem jeweiligen Werkzeug-Button halten. Dann öffnet sich ein Untermenü, und Sie können das benötigte Unterwerkzeug per Mausklick anwählen.

Abbildung 2.12 ▶
Viele der Symbole in der Werkzeugpalette verbergen mehr als ein Werkzeug. Ähnliche Werkzeuge sind zu Werkzeuggruppen zusammengefasst und lassen sich über ein Untermenü erreichen; hier am Beispiel des Pinsel-Werkzeugs. Die Untermenüs geben auch Auskunft über das zuständige Tastenkürzel.

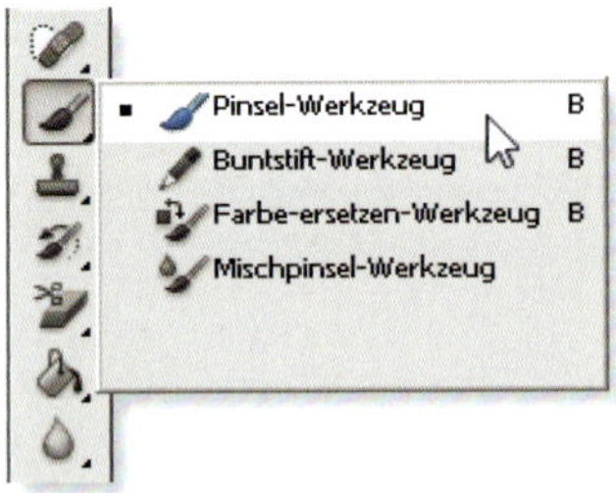

Schnelle Tastenkürzel für Werkzeuge | Werkzeuge können Sie natürlich auch per Tastaturkürzel aktivieren. Untermenüs und Werkzeug-QuickInfos zeigen die zuständigen Werkzeugkürzel an. Diese zu lernen, lohnt sich in jedem Fall, denn sie erweisen sich in der Praxis als echte Zeitsparer. Das oben liegende Werkzeug (in unserem Fall der Pinsel mit dem Kürzel »B« wie »Brush«) öffnet sich durch einmaliges Drücken der Taste [B], das Unter-Werkzeug BUNTSTIFT durch zweimaliges Drücken der Taste [B]; das Tool FARBE ERSETZEN – Sie erraten es schon – öffnet sich durch dreimaliges Drücken und der Mischpinsel durch viermaliges Drücken.

Falls das nicht funktioniert, prüfen Sie bitte die Voreinstellungen ([Strg]/[⌘]+[K]). Auf der Tafel ALLGEMEIN ist dann die Option UMSCHALTTASTE FÜR EIN ANDERES WERKZEUG aktiviert. Die versteckten Werkzeuge lassen sich mit dieser Einstellung durch [⇧] und Drücken ihres entsprechenden Tastenkürzels aktivieren, also beispielsweise [⇧]+[B], um durch die verborgenen Pinsel-Werkzeuge zu navigieren.

Temporärer Wechsel zu anderem Werkzeug

Mithilfe der Werkzeug-Shortcuts lässt sich nicht nur flott zwischen verschiedenen Werkzeugen wechseln. Wenn Sie die entsprechende Buchstaben-Taste gedrückt halten, können Sie während der Arbeit temporär zu anderen Werkzeugen wechseln. Wenn Sie die Taste loslassen, ist wieder das Werkzeug aktiv, das Sie zuvor in Gebrauch hatten. Hört sich kompliziert an? Ist es nicht! Beispiele: Sie retuschieren grade etwas und wollen sich ein kritisches Detail schnell heranzoomen? Drücken Sie [Z], und das Lupe-Werkzeug ist kurz aktiviert. Sie hantieren mit dem Pinsel-Werkzeug und wollen eine im Bild vorhandene Farbe als Malfarbe aufnehmen? Drücken Sie [I], und wechseln Sie damit zum Farbaufnahme-Werkzeug.

2.4 Die Werkzeuge und ihre Funktion

Die Anordnung der Werkzeuge in der Werkzeugpalette orientiert sich mehr oder weniger an deren Funktion, was Nutzern die Orientierung erleichtert. In vier großen Gruppen sind die Arbeitsinstrumente zusammengefasst, daneben sind noch einige »Einzelgänger« zu finden (Abbildung 2.13 zeigt die einzelnen Gruppen der Photoshop-Standardversion farbig markiert).

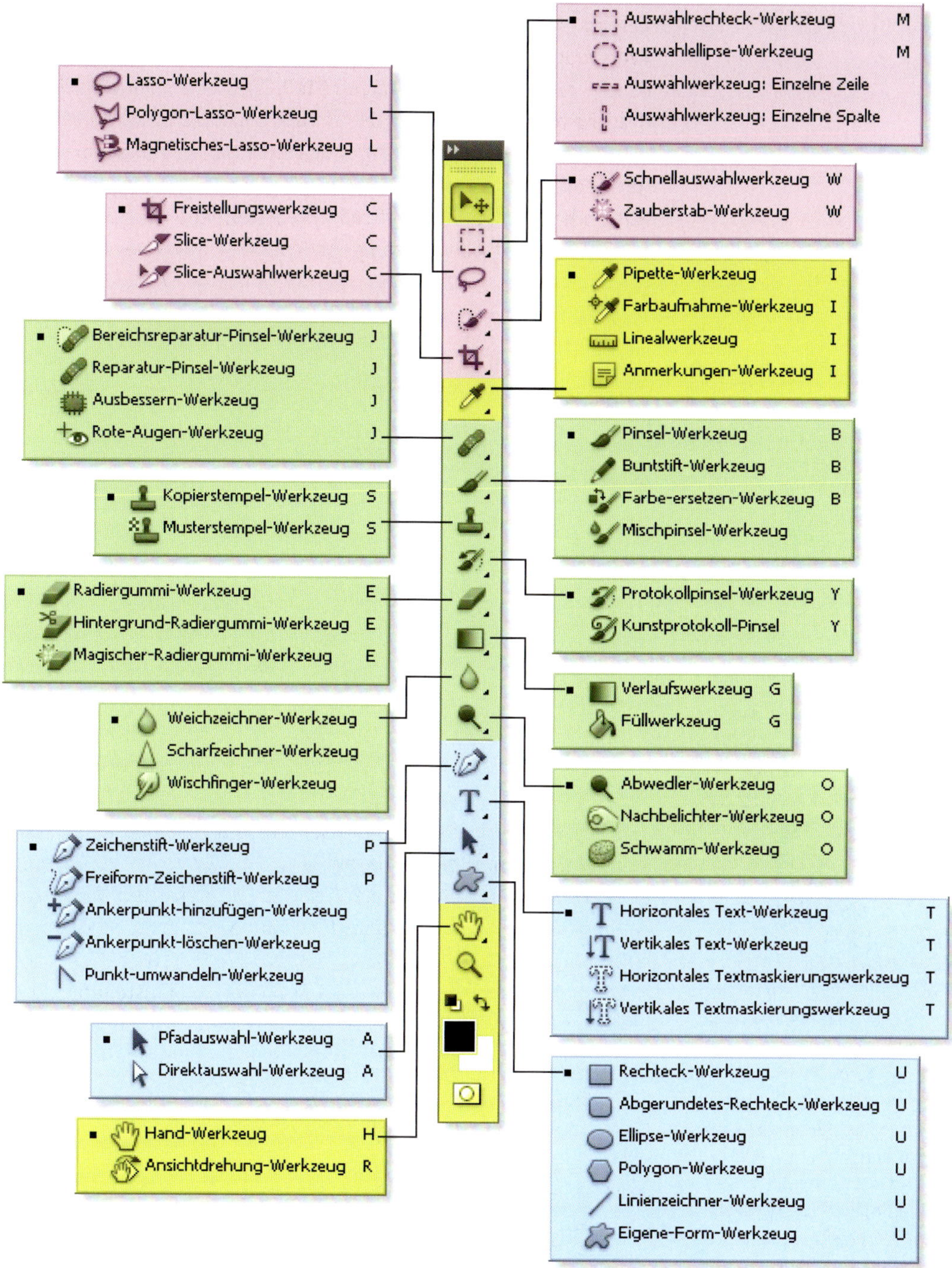

▲ **Abbildung 2.13**
Die Werkzeugpalette mit allen Unterwerkzeugen und den korrekten Bezeichnungen. Die einzelnen funktionalen Werkzeuggruppen sind farbig hervorgehoben. Keine Unterwerkzeuge haben das Verschieben-Werkzeug (ganz oben) und das Lupe-Werkzeug (unterer Bereich).

Icon	Werkzeug	Kürzel
	Verschieben-Werkzeug	V
	Auswahlrechteck-Werkzeug	M
	Auswahlellipse-Werkzeug	M
	Auswahlwerkzeug: Einzelne Zeile	–
	Auswahlwerkzeug: Einzelne Spalte	–
	Lasso-Werkzeug	L
	Polygon-Lasso-Werkzeug	L
	Magnetisches-Lasso-Werkzeug	L
	Schnellauswahlwerkzeug	W
	Zauberstab-Werkzeug	W
	Freistellungswerkzeug	C
	Slice-Werkzeug	C
	Slice-Auswahlwerkzeug	C
	Pipette-Werkzeug	I
	Farbaufnahme-Werkzeug	I
	Linealwerkzeug	I
	Anmerkungen-Werkzeug	I
	Bereichsreparatur-Pinsel	J
	Reparatur-Pinsel-Werkzeug	J
	Ausbessern-Werkzeug	J
	Rote-Augen-Werkzeug	J
	Pinsel-Werkzeug	B
	Buntstift-Werkzeug	B
	Farbe-ersetzen-Werkzeug	B
	Mischpinsel-Werkzeug	B
	Kopierstempel-Werkzeug	S
	Musterstempel-Werkzeug	S
	Protokollpinsel-Werkzeug	Y
	Kunstprotokoll-Pinsel	Y
	Radiergummi-Werkzeug	E
	Hintergrund-Radiergummi	E
	Magischer-Radiergummi	E
	Verlaufswerkzeug	G
	Füllwerkzeug	G
	Weichzeichner-Werkzeug	–
	Scharfzeichner-Werkzeug	–
	Wischfinger-Werkzeug	–
	Abwedler-Werkzeug	O
	Nachbelichter-Werkzeug	O
	Schwamm-Werkzeug	O
	Zeichenstift-Werkzeug	P
	Freiform-Zeichenstift-Werkzeug	P
	Ankerpunkt-hinzufügen-Werkzeug	–
	Ankerpunkt-löschen-Werkzeug	–
	Punkt-umwandeln-Werkzeug	–
	Horizontales Text-Werkzeug	T
	Vertikales Text-Werkzeug	T
	Horizontales Textmaskierungswerkzeug	T
	Vertikales Textmaskierungswerkzeug	T
	Pfadauswahl-Werkzeug	A
	Direktauswahl-Werkzeug	A
	Rechteck-Werkzeug	U
	Abgerundetes-Rechteck-Werkzeug	U
	Ellipse-Werkzeug	U
	Polygon-Werkzeug	U
	Linienzeichner-Werkzeug	U
	Eigene-Form-Werkzeug	U
	Hand-Werkzeug	H
	Ansichtdrehung-Werkzeug	R
	Zoomwerkzeug	Z
	Standardfarben für Vorder- und Hintergrund wiederherstellen	D
	Vorder- und Hintergrundfarbe tauschen	X
	Anzeige und Einstellung für Vordergrund-/Hintergrundfarbe	–
/	Im Standard-/Maskierungsmodus bearbeiten	Q

▲ **Tabelle 2.1**
Die Werkzeuge aus der Werkzeugpalette und ihre Icons

2.4.1 Universale Helfer

Wichtige Hilfswerkzeuge, die Sie bei jeder Photoshop-Sitzung unzählige Male nutzen, sind in der Werkzeugleiste prominent platziert – nämlich ganz oben und ganz unten, wo man sie sofort findet. In der Übersichtsgrafik 2.13 sind sie gelb hervorgehoben.

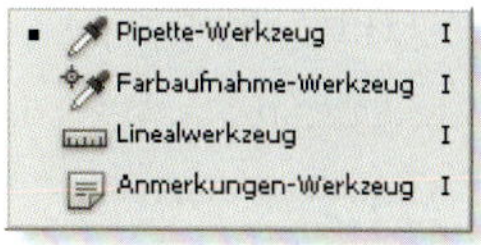

▲ **Abbildung 2.14**
Flyout-Werkzeugmenü zur Pipette

Verschieben-Werkzeug | Mit dem Verschieben-Werkzeug können Sie die **Position** von ausgewählten Bereichen, Bildebenen, Masken oder Hilfslinien innerhalb des Bildes ändern – es gehört bestimmt zu den meistgenutzten Werkzeugen im Photoshop-Alltag.

Anmerkungen-Werkzeug mit eigener Palette

Dank der eigenen Palette (öffnen Sie sie per FENSTER • ANMERKUNGEN) lassen sich Photoshop-Anmerkungen gut verwalten.

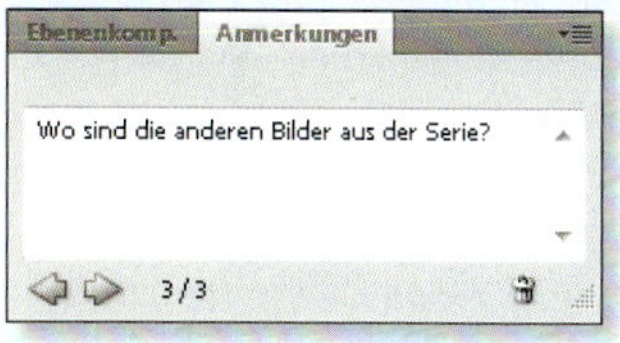

▲ **Abbildung 2.15**
Mit der Anmerkungen-Palette kann man die Bildnotizen zügig durchblättern und auch löschen.

Farbwerte und Entfernungen messen | An zweiter Stelle finden Sie die Pipette und das Farbaufnahme-Werkzeug. Mit beiden Tools können Sie einen oder mehrere Farbtöne direkt aus Ihrem Bild aufnehmen, Farbwerte ermitteln oder als »Malfarbe« einstellen. Mit dem Linealwerkzeug (früher »Messwerkzeug« genannt) können Sie den Abstand zwischen zwei Punkten im Bild und auch Winkel messen. Es unterstützt Sie bei der genauen Platzierung von Elementen im Bild.

Anmerkungen | Wer zur Vergesslichkeit neigt oder einem Kollegen eine Notiz zum Bild hinterlassen will, kann sich der digitalen Version des Klebezettels bedienen. Anmerkungen werden fest mit der Bilddatei verbunden, können also nicht verloren gehen. Sie lassen sich leicht wieder entfernen und werden nicht mitgedruckt. Sie funktionieren allerdings nur für Dateien im PSD-Format. Das Werkzeug für Audio-Anmerkungen aus älteren Photoshop-Versionen wurde schon in CS4 gestrichen.

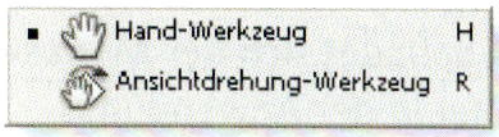

Dokumentansicht verschieben oder drehen | Die Hand verschiebt die Bildansicht im Dokumentfenster und hilft Ihnen so vor allem bei großen Formaten, stets den richtigen Bildausschnitt vor Augen zu haben. Auf Wunsch lässt sich die Bildansicht auch kippen – für knifflige Illustrations- und Retuschearbeiten ist das ganz praktisch. Dazu nutzen Sie das Ansichtdrehung-Werkzeug. Beide Werkzeuge wirken sich nur auf die Ansicht des Bildes, nicht auf das Bild selbst aus.

Zoom | Mithilfe des Zoomwerkzeugs können Sie die Ansicht Ihres Bildes verkleinern oder vergrößern.

Zum Weiterlesen: Bildausschnitt
In Abschnitt 3.2, »Bildanzeige«, erfahren Sie Näheres zum Thema Bildausschnitt.

Vorder- und Hintergrundfarbe | Die Farbauswahlfelder ermöglichen Ihnen die Kontrolle und schnelle Einstellung Ihrer aktuellen

Unscheinbare Option mit großer Retuschewirkung

Eine der spanndendsten Neuerungen von CS5 verbirgt sich hinter der Option INHALTSSENSITIV des Bereichsreparatur-Pinsels. Die inhaltssensitive Retusche ermöglicht das automatische, blitzschnelle Herausretuschieren von Bildobjekten, die vor strukturierten Hintergründen stehen – in überzeugender Qualität. Die gleiche Option findet sich auch im Dialog FLÄCHE FÜLLEN. Auf diese Weise lassen sich auch größere Bildbereiche retuschieren.

Datei auf der Buch-DVD: »Aussenamt.tif«

Sein Kollege, der Musterstempel, dient eher zur gewollten Verfremdung eines Bildes und zum Erzeugen neuer Muster. Photoshop ist ja nicht nur ein Programm, mit dem Bilder aufbereitet werden – man kann es auch als Bildermaschine einsetzen und mit programmeigenen Mitteln neue, ganz eigene Bilder schaffen. Diese können dann beispielsweise als Hintergrund einer Website oder in Text-Bild-Kompositionen eingesetzt werden.

▲ **Abbildung 2.20**
Laternen vor gemauerter Fassade entfernen? Das geht mit inhaltssensitiver Retusche ganz schnell.

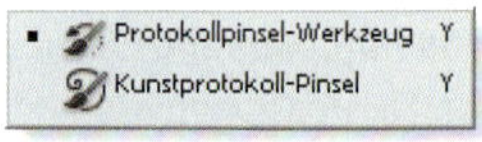

Auch der Protokollpinsel gehört zu den nützlichen Retuschehelfern. Mit ihm können Sie frühere Bildstadien gezielt ins Bild »zurückmalen«. Der Kunstprotokoll-Pinsel wirkt noch stärker verfremdend.

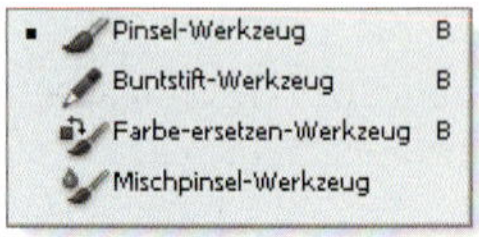

Pinsel und Radiergummi | Der Pinsel und der darunter liegende Buntstift sind die eigentlichen Malwerkzeuge, die Sie mit der Maus oder auch einem Grafiktablett steuern können. Zum Retusche- wie zum kreativen Einsatz eignet sich das Farbe-ersetzen-Werkzeug, das ebenfalls unter dem Pinsel versteckt ist.

Eine Neuerung in CS5 ist das Mischpinsel-Werkzeug. Mit ihm lassen sich nicht nur Bildpixel aufmalen – es ist auch möglich, die aufgetragene (digitale) Farbe mit dem Maluntergrund zu vermischen. In Abschnitt 25.2.5 wird das neue Tool vorgestellt.

Abbildung 2.21 ▶
Das Ausgangsfoto

Abbildung 2.22 ▶▶
Imitation natürlicher Malfarbe – erzeugt mit Photoshops neuem Mischpinsel

Referenzkarte: Photoshop CS5

Galileo Design

Werkzeuge und ihre Tastenkürzel

Werkzeug	Icon	Kürzel
Abgerundetes-Rechteck-Werkzeug		U
Abwedler		O
Ankerpunkt-hinzufügen-Werkzeug		–
Ankerpunkt-löschen-Werkzeug		–
Anmerkungen-Werkzeug		I
Ansichtdrehung-Werkzeug		R
Ausbessern-Werkzeug		J
Auswahlellipse		M
Auswahlrechteck		M
Bereichsreparatur-Pinsel		J
Buntstift		B
Direktauswahl-Werkzeug		A
Eigene-Form-Werkzeug		U
Ellipse-Werkzeug		U
Farbaufnahme-Werkzeug		I
Farbe-ersetzen-Werkzeug		B
Freiform-Zeichenstift-Werkzeug		P
Freistellungswerkzeug		C
Füllwerkzeug		G
Hand		H
Hintergrund-Radiergummi		E
Im Standard-/Maskierungsmodus bearbeiten		Q
Kopierstempel		S
Kunstprotokoll-Pinsel		Y
Lasso		L
Linealwerkzeug		I
Linienzeichner		U
Magischer-Radiergummi		E
Magnetisches-Lasso		L
Mischpinsel		B

Werkzeug	Icon	Kürzel
Musterstempel		S
Nachbelichter		O
Pfadauswahl-Werkzeug		A
Pinsel		B
Pipette		I
Polygon-Lasso		L
Polygon-Werkzeug		U
Protokollpinsel		Y
Punkt-umwandeln-Werkzeug		–
Radiergummi		E
Rechteck-Werkzeug		U
Reparatur-Pinsel		J
Rote-Augen-Werkzeug		J
Scharfzeichner		–
Schnellauswahlwerkzeug		W
Schwamm		O
Slice-Auswahlwerkzeug		C
Slice-Werkzeug		C
Standardfarben für Vorder- und Hintergrund		D
Textmaskierungswerkzeug (horizontal/vertikal)		T
Text-Werkzeug (horizontal/vertikal)		T
Verlaufswerkzeug		G
Verschieben-Werkzeug		V
Vorder- und Hintergrundfarbe tauschen		X
Weichzeichner		–
Wischfinger		–
Zauberstab		W
Zeichenstift		P
Zoomwerkzeug		Z

Hilfsmittel

	Windows	Mac
Alle Extras ein-/ausblenden	Strg + H	⌘ + H
Ausrichten	⇧ + Strg + ,	⇧ + ⌘ + ,
Hilfslinien ein-/ausblenden	Strg + ,	⌘ + ,
Hilfslinien sperren	Strg + Alt + ,	⌘ + ⌥ + ,
Lineale ein-/ausblenden	Strg + R	⌘ + R
Raster ein-/ausschalten	⇧ + Strg + Alt + ,	⇧ + ⌥ + ⌘ + ,

Fenster aufrufen

	Windows	Mac
Aktionen	F9	⌥ + F9
Ebenen	F7	F7
Farbe	F6	F6
Info	F8	F8
Pinsel	F5	F5

Tägliche Handgriffe

	Windows	Mac
Kurzfristig zum Hand-Werkzeug wechseln (auch aus anderen Werkzeugen und Dialogen!)	Leertaste	Leertaste
Kurzfristig zum Verschieben-Werkzeug wechseln	Strg	⌘
Kurzfristig zum Pipette-Werkzeug wechseln	Alt	⌥
Kurzfristig zum Zoom-werkzeug wechseln	Leertaste + Strg zum Vergrößern Leertaste + Alt zum Verkleinern	Leertaste + ⌘ zum Vergrößern Leertaste + ⌥ zum Verkleinern
Alle Paletten ausblenden/einblenden	⇧ + ⇥	⇧ + ⇥
Paletten, Werkzeugleiste und Optionsleiste ausblenden/einblenden	⇥	⇥
In Dialogfeldern: alle Werte zurücksetzen, ohne das Dialogfeld zu verlassen	Alt – macht aus dem Button Abbrechen den Befehl Zurücksetzen	⌥ – macht aus dem Button Abbrechen den Befehl Zurücksetzen
Letzten Filter nochmals anwenden (mit den zuletzt benutzten Einstellungen)	Strg + F	⌘ + F
Einstellungs-Dialog des letzten Filters nochmals aufrufen	Strg + Alt + F	⌘ + ⌥ + F
Filterwirkung verblassen	Strg + ⇧ + F	⌘ + ⇧ + F
Pinselspitze vergrößern	#	#
Pinselspitze verkleinern	Ö	⇧ + #

Referenzkarte aus:
Sibylle Mühlke, »Adobe Photoshop CS5«, ISBN 978-3-8362-1586-2

Galileo Design

Der Radiergummi und seine spezialisierten Varianten Hintergrund- und magischer Radiergummi entfernen Pixel aus dem Bild.

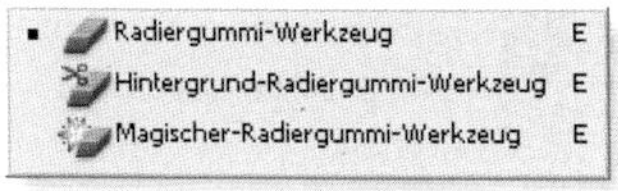

Füll- und Verlaufswerkzeug | Große Flächen müssen nicht von Hand ausgemalt werden. Dazu eignen sich das Füllwerkzeug (für massive Farbflächen) und das Verlaufswerkzeug (für Farbverläufe) besser. Eine zentrale Rolle kommen den Verläufen auch in Photoshops »Effektmaschine«, den Ebeneneffekten, zu, und auch bei der Arbeit mit Masken lassen sie sich gut einsetzen.

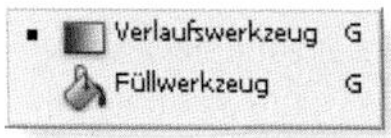

Weichzeichner, Scharfzeichner, Wischfinger | Mit dem Weichzeichner, Scharfzeichner und Wischfinger kann der Schärfegrad einzelner Bildpartien punktuell verändert werden.

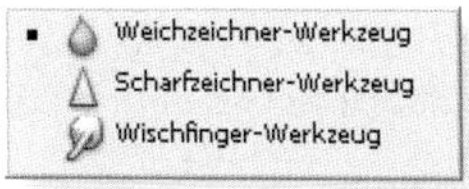

Abwedler, Nachbelichter, Schwamm | Mit den Werkzeugen Abwedler, Nachbelichter und Schwamm können Sie die Helligkeit und Sättigung einzelner Bildpixel regulieren. Diese Werkzeuge kommen bei Retuschen oder auch bei der Detailarbeit an Montagen zum Einsatz.

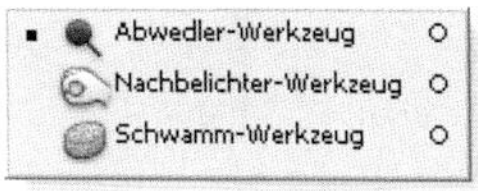

2.4.4 Bearbeiten von Vektorebenen

Schließlich finden Sie in der Werkzeugleiste auch noch Werkzeuge zur Bearbeitung von Vektorebenen (in der Übersichtsgrafik 2.13 blau dargestellt). Photoshop ist zwar vorrangig auf das Bearbeiten sogenannter Bitmap-Bilder ausgerichtet, die aus einzelnen Bildpunkten (Pixeln) aufgebaut sind. Daneben kann es jedoch auch Vektorgrafiken verarbeiten. Ein Ersatz für Spezialprogramme wie Illustrator, das nicht mehr weiterentwickelte FreeHand oder CorelDraw ist es aber nicht!

Zum Weiterlesen: Vektoren & Co.
Mehr über Vektoren und Pfade finden Sie in den Kapiteln 33 bis 35.

Die Werkzeuge, die für das Bearbeiten von Vektordaten eine Rolle spielen, sind in einem handlichen Viererblock zusammengefasst.

Zum Weiterlesen: Texteingabe, Textgestaltung, Texteffekte
Dem Thema Text wurde ein eigener Abschnitt gewidmet (siehe Teil X).

Text-Werkzeug | Das Text-Werkzeug mit seinen Unterwerkzeugen ist ein komfortables und mächtiges Tool. Daher ist Photoshop inzwischen nicht nur das Programm der Wahl, wenn es um das Erstellen von Texteffekten geht, sondern kann auch für kleinere Layoutaufgaben eingesetzt werden.

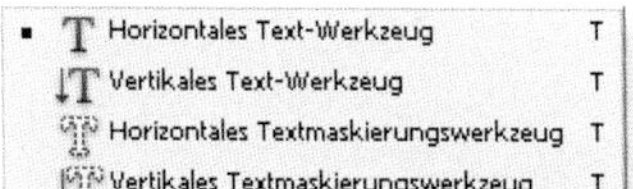

Formwerkzeuge | Das Formwerkzeug mit seinen sechs Varianten ermöglicht Ihnen das Erstellen eigener oder das Anwenden vorgefertigter Vektorformen. Formen können überall dort eingesetzt werden, wo das Verkleinern und Vergrößern eines Bildobjekts ohne Qualitätsverlust gefragt ist.

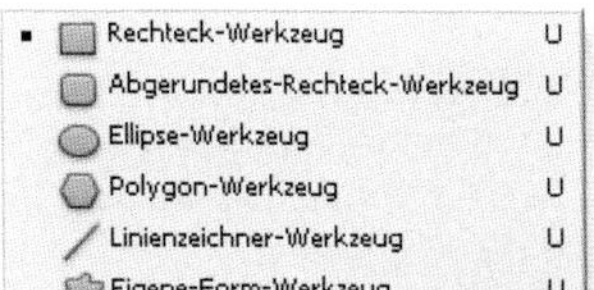

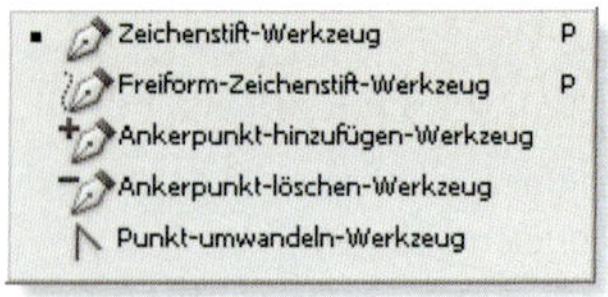

Zeichenstift | Mit dem Zeichenstift und den ergänzenden Unterwerkzeugen zeichnen Sie gerade Linien oder geschwungene Kurven. Einsetzen können Sie das Zeichenwerkzeug für das Erzeugen einfacher vektorbasierter Illustrationen, zum Erstellen von Pfaden, für die Modifikation von (Vektor-)Formen oder auch als zusätzliches Auswahlwerkzeug.

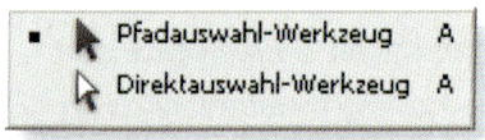

Pfeilwerkzeuge | Die Pfeilwerkzeuge mit den umständlichen Namen Pfadauswahl-Werkzeug und Direktauswahl-Werkzeug helfen Ihnen, die mit dem Zeichenstift oder dem Formwerkzeug erstellten Zeichenobjekte zu bearbeiten.

Alle Werkzeuge im Blick
Auf der Referenzkarte zum Buch finden Sie eine Übersicht mit allen Photoshop-Werkzeugen, den zugehörigen Icons und Tastaturkürzeln.

2.5 Die Optionsleiste: Das Werkzeug feinjustieren

Ein weiteres wichtiges Element der Photoshop-Programmoberfläche ist die Optionsleiste (zuweilen auch als »Steuerungsbedienfeld« bezeichnet). Mit ihrer Hilfe können Sie die Wirkungsweise nahezu aller Werkzeuge differenziert regulieren. Sie befindet sich üblicherweise direkt unterhalb der Menüleiste, kann aber mit der Maus an eine andere Position gezogen werden.

Ihre auffälligste Eigenschaft: Die Optionsleiste ist **kontextabhängig**, das heißt, ihre Gestalt und die angebotenen Optionen hängen davon ab, welches Werkzeug gerade aktiv ist. Sobald Sie von einem Werkzeug zum anderen wechseln, ändern sich die in der Optionsleiste angebotenen Einstellungsmöglichkeiten.

Abbildung 2.23 ▼
Die Optionen für das Füllwerkzeug mit verschiedenen Eingabemöglichkeiten

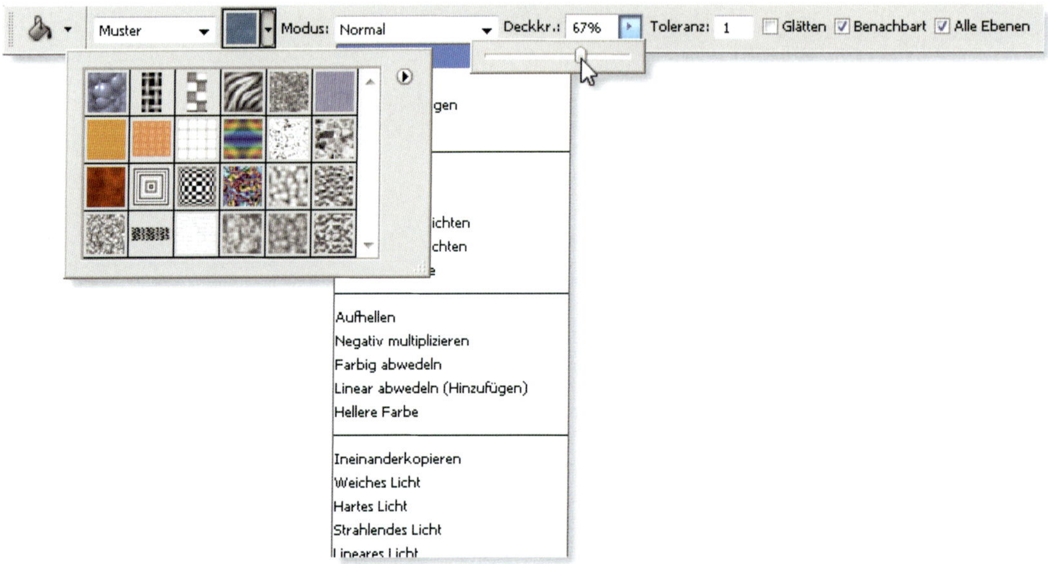

Handhabung der Optionsleiste | Die Handhabung ist nicht weiter schwierig. In der Optionsleiste – wie übrigens auch in einigen Paletten und Dialogfeldern – können Sie Werte auf verschiedene Art und Weise festlegen: Zunächst einmal per Auswahl aus Dropdown-Listen. Diese Listen können ganz unterschiedlich aussehen: kurz oder umfangreich, und oft gibt es auch Listen mit kleinen Vorschaubildern. Bisweilen werden auch Popup-Schieberegler angezeigt, die per Maus bewegt werden. Sie geben Werte durch direktes Eintippen einer Zahl in ein Eingabefeld ein oder nutzen eine Checkbox, die per Mausklick aktiviert oder deaktiviert werden muss – mit dem »kleinen Häkchen«. Worauf es bei den unterschiedlichen Eingaben ankommt, erfahren Sie im Zusammenhang mit den einzelnen Werkzeugen! Siehe hierzu auch Abschnitt 2.7, »Werte eingeben«.

TOPP-TIPP: Optionsleiste stellt sich nicht automatisch zurück

Wenn Sie Optionen für ein Werkzeug umgestellt haben, bleiben die neuen Werte so lange wirksam, bis sie erneut von Hand geändert werden. Was sich zunächst trivial anhört, bremst den Arbeitsfluss oft unverhofft ab, wenn man vorherige Optionsänderungen nicht mehr im Kopf – und im Blick! – hat. Treten also »unerklärliche Phänomene« beim Anwenden von Werkzeugen auf, liefert ein Kontrollblick in die Optionsleiste oft die naheliegende Erklärung und eine Lösung.

2.6 Paletten: Wichtiges handlich

Die Paletten sind Kontroll- und Steuerelemente, beschleunigen häufige Handgriffe oder geben Ihnen wichtige Informationen zum aktuellen Dokument. Über zwanzig Paletten bietet Photoshop in der aktuellen Programmversion CS5 an. Trotz der Zusammenfassung zu Palettengruppen (im Adobe-Jargon: »Bedienfeldgruppen«) beanspruchen die Paletten schnell zu viel Raum auf der Arbeitsfläche und schränken den Platz für zu bearbeitende Dokumente ein. Da man aber selten alle vorhandenen Paletten gleichzeitig braucht, gibt es in Photoshop zahlreiche Möglichkeiten, um die Anzahl und Größe der angezeigten Paletten zu variieren.

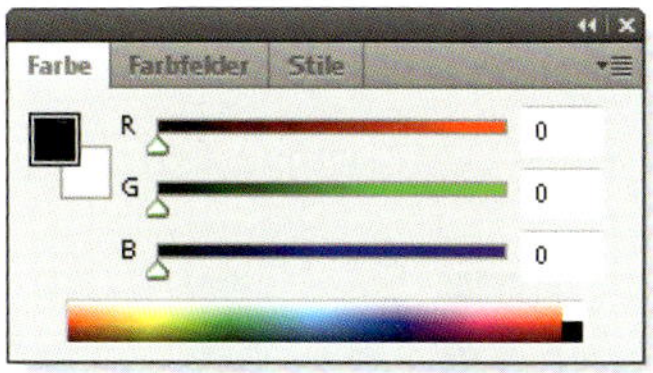

▲ **Abbildung 2.24**
Beispiel für eine Palettengruppe – ein Verbund aus mehreren Paletten. Die Paletten lassen sich durch Klicks auf die jeweilige Registerkarte nach vorn holen.

2.6.1 Welche Paletten sind sichtbar?

Welche der Paletten bzw. Palettengruppen zur Benutzung bereitliegen, bestimmen Sie selbst.

Zwischen den Paletten einer Palettengruppe wechseln Sie durch Klicks auf die Registerkarte. Dadurch bringen Sie die Palette, die Sie brauchen, nach vorn.

Oft finden Sie nicht nur ein Sortiment von Palettengruppen am rechten Bildschirmrand, Sie sehen dort auch eine Reihe von Symbolen. Ein Klick auf das Symbol klappt die jeweilige Palette – mitsamt ihrem Gruppennachbarn – nach links aus. Auch hier helfen QuickInfos, die anfangs ungewohnten Piktogramme zu entschlüsseln.

Tabelle 2.2 ▶
Paletten und ihre Symbole

Palette	Icon
Absatz-Palette	
Aktionen-Palette	
Animation-Palette (Zeitleiste)	
Anmerkungen-Palette	
Ebenen-Palette	
Ebenenkomp.-Palette	
Farbe-Palette	
Farbfelder-Palette	
Histogramm-Palette	
Info-Palette	
Kanäle-Palette	
Kopierquelle-Palette	
Korrekturen-Palette	
Masken-Palette	
Messprotokoll-Palette	
Mini Bridge	
Navigator-Palette	
Pfade-Palette	
Pinsel-Palette	
Pinselvorgaben-Palette	
Protokoll-Palette	
Stile-Palette	
Werkzeugvorgaben-Palette	
Zeichen-Palette	

Mehr Informationswert: Palettentitel

Wenn Ihnen die Palettensymbole nicht aussagekräftig genug erscheinen, können Sie den Symbolbereich auch noch ein wenig verbreitern. Dann werden zusätzlich die Titel der Paletten eingeblendet. Ein Klick auf das Doppelpfeil-Icon der geöffneten Palette ❶ minimiert die Palettengruppe nach Gebrauch wieder zum Symbol.

▲ **Abbildung 2.25**
Palettensymbole lassen sich breiter ziehen und zeigen dann ihre Funktion im Klartext an.

Abbildung 2.26 ▶
Eine zum Symbol verkleinerte Palette (hier der Navigator) ist mit einem Mausklick verfügbar.

Abbildung 2.27 ▶▶
Ein Klick auf den zweifachen Pfeil ❷ oder das Symbol ❸ minimiert die Palettengruppe erneut.

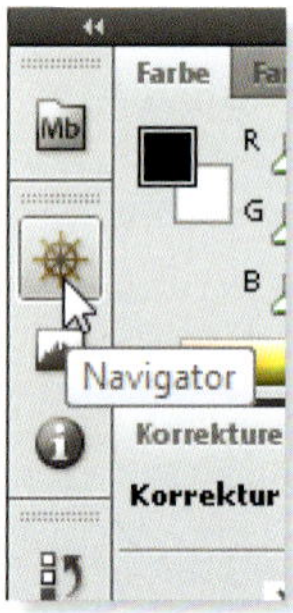

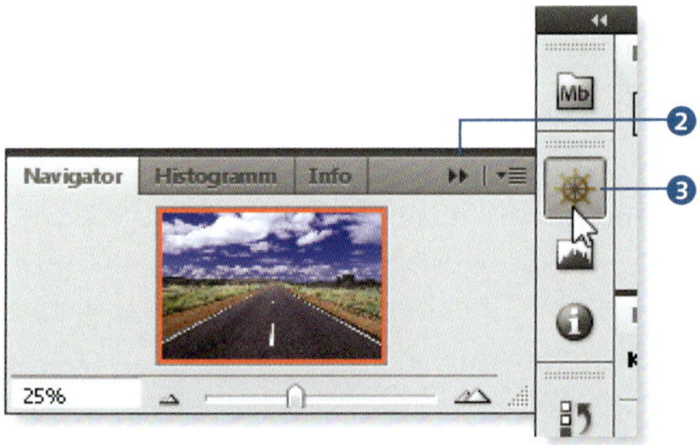

Unter dem Menüpunkt Fenster können Sie nicht nur alle verfügbaren Paletten von Absatz bis Zeichen ein- und ausblenden, sondern auch die Werkzeugpalette und die Optionsleiste. Ganz unten im Menü sehen Sie auch die Namen des oder der aktuell geöffneten Dokumente. Ein kleines Häkchen (hier bei »AustralianRoad.tif«) zeigt an, welches Dokument aktuell aktiv ist.

Die am häufigsten gebrauchten Paletten kann man auch mit den Funktionstasten aufrufen – und ebenso schnell wieder vom Bildschirm verschwinden lassen.

Kürzel Windows/Mac	Bewirkt
F5	Blendet die **Pinsel-Palette** ein und aus.
F6	Blendet den **Farbregler** ein und aus.
F7	Blendet die **Ebenen-Palette** ein und aus.
F8	Blendet die **Info-Palette** ein und aus.
F9 bzw. auf dem Mac ⌥+F9	Blendet die Aktionen-Palette ein und aus.

▲ **Tabelle 2.3**
Tastenkürzel einiger Paletten

▲ **Abbildung 2.28**
Das umfangreiche Menü Fenster ist die wichtigste Hilfe, um festzulegen, welche der zahlreichen Paletten eingeblendet sein sollen.

TOPP-TIPP: Freie Arbeitsfläche ohne Paletten – Funktionen leicht zugänglich

Wenn Sie einmal gänzlich freien Blick auf Ihr Bild benötigen, müssen Sie Ihre Paletten nicht einzeln über das Fenstermenü ausblenden. Hier gibt es zwei hilfreiche Shortcuts:

- ⇥+⇧ blendet alle aktuell aktiven Paletten auf einmal aus (und wieder ein).
- ⇥ blendet alle Paletten inklusive der Options- und Werkzeugpalette aus.

So können Sie schnell Platz für große Bilder schaffen: Geöffnete Dokumentfenster verbreitern sich sofort auf Bildschirmgröße, sobald Sie die Paletten ausblenden.

Selbst ausgeblendet sind die Paletten schnell zugänglich! Nähern Sie den Mauszeiger der dunklen Linie am rechten Bildschirmrand: Der gesamte Verband der Paletten klappt auf. Sie können Ihre Einstellungen wie gewohnt vornehmen. Wenn Sie die Maus aus dem Palettenbereich entfernen, verschwinden diese wieder.

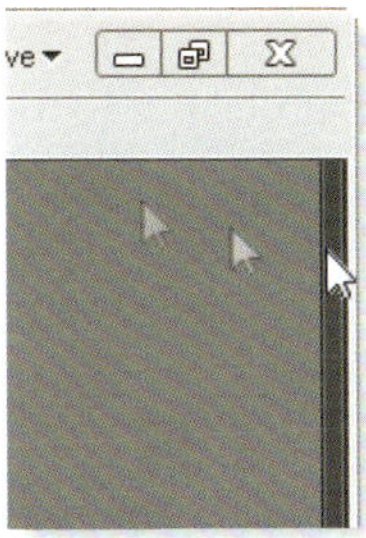

▲ **Abbildung 2.29**
Fahren Sie mit der Maus über den dunklen Streifen, um ausgeblendete Paletten kurzzeitig wieder hervorzuholen.

2.6.2 Grundfunktionen in allen Paletten

So unterschiedlich die Aufgaben sind, die Sie mithilfe der verschiedenen Paletten erledigen – das grundlegende Funktionsprinzip ist gleich, und vielen Schaltflächen und Symbolen begegnen Sie immer wieder.

Sie lernen die einzelnen Paletten mit ihren speziellen Funktionen in späteren Kapiteln noch genauer kennen. Wenn Sie die Grundfunktionen kennen, kommen Sie aber schon recht weit und können Ihre ersten Schritte in Photoshop unternehmen!

Zum Weiterlesen: Palettenkombinationen nach Maß
Wie Sie die Paletten für Ihre Bedürfnisse optimieren, erfahren Sie in Kapitel 5, »Arbeitsumgebung nach Maß: Programmelemente anpassen«.

Zusammengefasst | In der Regel sind mehrere einzelne Paletten zu Gruppen zusammengefasst. Über die Karteireiter wechseln Sie zwischen den einzelnen Paletten hin und her – ein Klick auf den Namen bringt die jeweilige Palette in den Vordergrund.

Angedockt | Standardmäßig sind die Paletten am rechten Rand der Arbeitsfläche angedockt. Sie können einzelne Paletten oder ganze Palettengruppen jedoch auch mit der Maus aus dem Dock herausziehen und als frei schwebendes Fenster an einer anderen Stelle des Arbeitsbereichs ablegen.

Zum Weiterlesen: Paletten neu gruppieren
Es ist möglich, sich für verschiedene Bildbearbeitungsaufgaben eigene Palettenkonstellationen zusammenzustellen und diese zu sichern. Wie das geht, erfahren Sie in Abschnitt 5.1, »Paletten organisieren«.

Palettenmenü | Fast alle Paletten haben ein zusätzliches Palettenmenü (»Seitenmenü«), in dem Sie weitere Befehle und Optionen finden. Ein Klick auf das dezent kleine Icon rechts oben  öffnet dieses Menü. Hier befinden sich oft Befehle, mit denen Sie die von Ihnen selbst definierten Farben, Effekte und Ähnliches sichern, aber auch sinnvolle Funktionsergänzungen oder Voreinstellungen für die Palette speichern können.

Palettenhöhe ändern | Die Palettenkonstellation ist flexibel, und so sind im Palettendock am rechten Bildschirmrand ganz unterschiedliche Kombinationen anzutreffen. Bei einigen der möglichen Palettenkombinationen – nicht bei allen – können Sie auch die Höhe mancher Paletten verändern. Wie fast alle Anpassungen im Zusammenhang mit Paletten geht das ganz einfach durch Anfassen und Ziehen mit der Maus. Positionieren Sie die Maus auf einem der dunkelgrauen »Trennbalken«, und ziehen Sie die Maus nach oben oder unten. Auf diese Weise lassen sich manche Paletten etwas vergrößern, sodass Sie wichtige Inhalte besser sehen können.

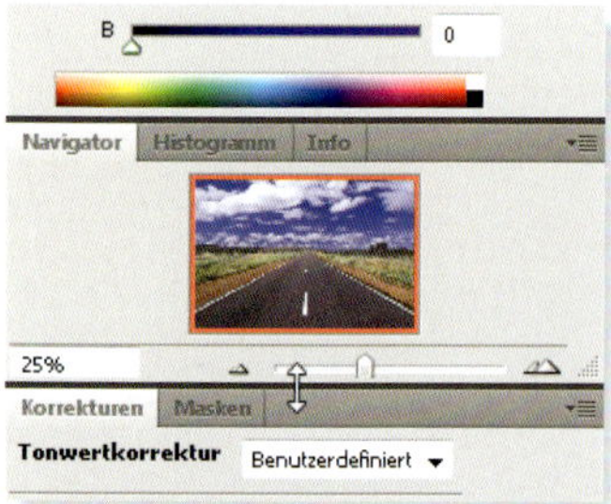

▲ **Abbildung 2.30**
Hier wird gerade die Palette Navigator vergrößert, damit für die Bildvorschau mehr Platz ist.

Durch seitliches Ziehen können Sie Paletten auch in der Breite verändern – in der Praxis ist dies jedoch selten ein Zugewinn, weil in der Regel nur die graue Grundfläche der Paletten vergrößert wird, nicht jedoch die Funktionselemente. Eine Ausnahme stellt die Korrekturen-Palette dar.

Paletten minimieren | Wenn Ihnen die Größenänderung per Mauszeiger nicht genügt, um Platz zu schaffen, können Sie mit einem Klick die Palette minimieren. Dazu gibt es zwei Möglichkeiten:

- einen Doppelklick im Titelbereich der Palettengruppe in das neutrale, graue Feld (also dorthin, wo kein Karteireiter ist)
- oder einen Doppelklick auf einen der Karteireiter

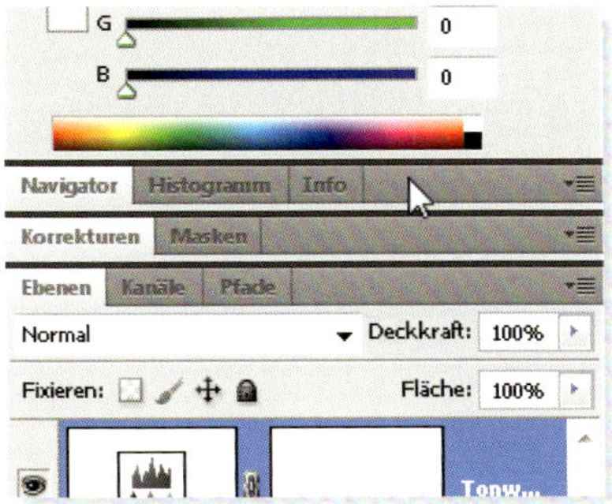

▲ **Abbildung 2.32**
Minimieren von Paletten per Doppelklick in den grauen Titelbereich. Bei den minimierten Paletten sind nur noch die Registerkarten sichtbar.

Mehr Platz für wichtige Funktionen: Korrekturen-Palette vergrößern

Die Korrekturen-Palette versammelt nicht nur Icons, mit denen Sie die Korrekturwerkzeuge schnell erreichen. Sie ersetzt auch die bisherigen Dialogfelder der Korrekturtools, steckt also voll wichtiger Eingabefelder, Regler, Kurven und mehr. Damit deren Bedienung nicht zu unbequem wird, lässt sich diese Palette **mitsamt aller Steuerungselemente** auf Knopfdruck vergrößern: Nutzen Sie dazu den Button am unteren Ende der Palette.

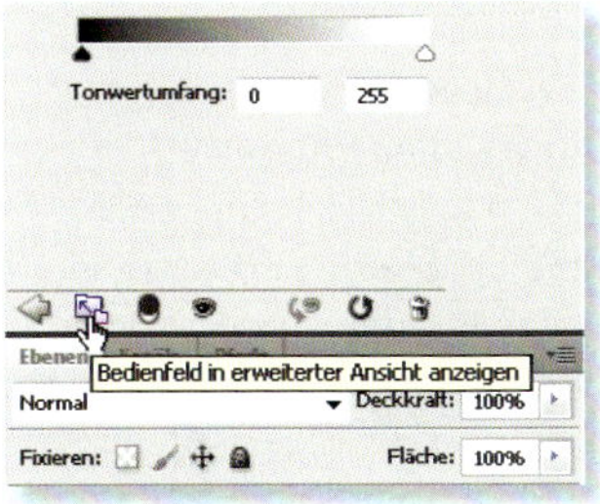

▲ **Abbildung 2.31**
Die Korrekturen-Palette kann – inklusive ihrer Funktionselemente – auf Knopfdruck vergrößert werden.

Paletten schließen | Wenn Sie eine Palette oder eine Palettengruppe gar nicht mehr auf dem Desktop haben wollen, können Sie sie schließen.

- Benutzen Sie das Kontextmenü im Titelbereich der Palettengruppe. Sie aktivieren es per Rechtsklick bzw. `Ctrl` + Klick. Der Befehl REGISTERKARTENGRUPPE SCHLIESSEN schließt die ganze Palettengruppe; der Befehl SCHLIESSEN schließt nur die aktuell aktive Palette.

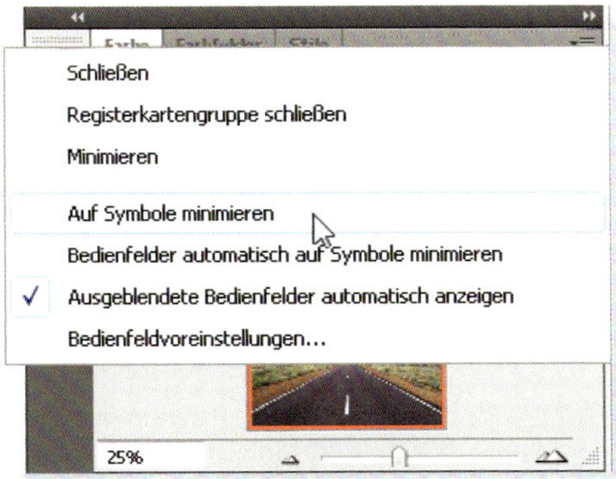

◂ **Abbildung 2.33**
Das Kontextmenü erlaubt es Ihnen, einzelne Paletten oder vollständige Palettengruppen zu minimieren oder zu schließen.

Arbeitsbereiche verwalten

Die Verwaltung verschiedener Arbeitsbereiche ist in CS5 noch einfacher geworden: Vordefinierte und eigene Arbeitsbereiche sind nun – wie bisher schon in Bridge – in einer Menüleiste angeordnet und schnell zu erreichen. Mehr dazu lesen Sie in Abschnitt 5.4, »Arbeitsbereiche nach Maß«.

- Im Menü FENSTER finden Sie die Titel aller Paletten. Aktive Paletten sind per Häkchen gekennzeichnet. Wenn Sie hier Häkchen entfernen, wird nicht nur die entsprechende einzelne Palette aus dem Dock ausgeblendet, sondern auch alle anderen Paletten aus derselben Palettengruppe.
- Um die Palettenkonstellation komplett in den Ausgangszustand zurückzuversetzen, klicken Sie auf den doppelten Pfeil ❶ neben dem Arbeitsbereich-Umschalter. Dort wählen Sie [AKTUELLER ARBEITSBEREICH] ZURÜCKSETZEN. Im Nu sind Ihre Paletten wieder in der Ausgangsposition.

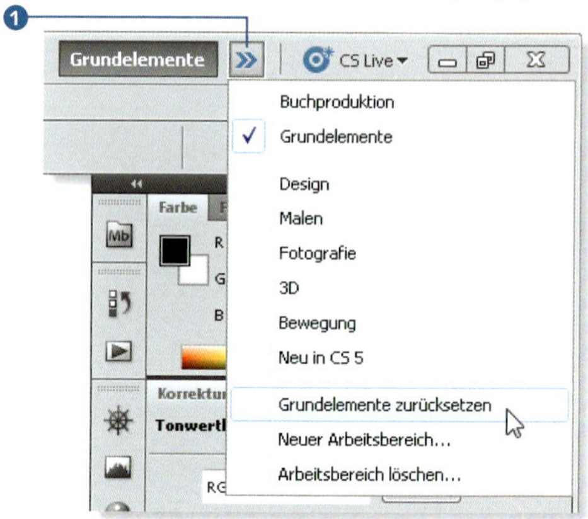

Abbildung 2.34 ▸
Hier wird gerade der Arbeitsbereich GRUNDELEMENTE in seine alte Ordnung zurückgebracht.

2.6.3 Gemeinsame Funktionen und Schaltflächen

Neben diesen Fensterfunktionen gibt es noch eine Reihe von weiteren gemeinsamen Funktionen und Schaltflächen, die Sie in unterschiedlichen Konstellationen bei den verschiedenen Paletten immer wieder antreffen – meist am unteren Rand der Paletten, so wie Sie es in Abbildung 2.35 am Beispiel der AKTIONEN-Palette sehen.

Neues Objekt | Ein leeres Blatt Papier ❹ symbolisiert den Befehl NEUES OBJEKT ERSTELLEN. Welches »neue Objekt« das ist, richtet sich nach dem Kontext der jeweiligen Palette: In der Ebenen-Palette fügt das NEU-Icon eine neue Ebene ein, in der Kanäle-Palette erstellt es einen neuen Kanal usw.

»Ordner« mit Palettenobjekten anlegen | Paletten verwalten Ihre wichtigsten Arbeitshilfsmittel und Bildkomponenten. Das werden schnell recht umfangreiche Listen. Damit Ihnen die Übersicht nicht verloren geht, können Sie beispielsweise Ebenen oder Aktionen in sogenannten Gruppen – oder Sets – organisieren. Das Funktionsprinzip ähnelt den Dateiordnern, wie sie auch in Dateiverwaltungsprogrammen wie zum Beispiel dem Windows

Explorer benutzt werden: Zum Beispiel kann ein Set in der Aktionen-Palette zahlreiche einzelne Aktionen aufnehmen, während eine Ebenengruppe einzelne Ebenen enthält. Solche Gruppen können je nach Bedarf geöffnet oder geschlossen werden. Das »Dokumentenmappe«-Icon ❸ erzeugt eine neue Gruppe für Palettenobjekte.

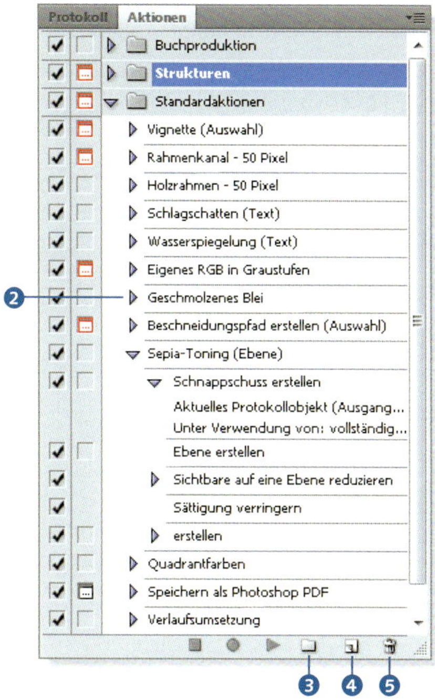

◂ **Abbildung 2.35**
Die Aktionen-Palette mit drei verschiedenen Gruppen. Die Gruppe»Standardaktionen« ist geöffnet und zeigt die dort abgelegten Aktionen (die ihrerseits durch einen Klick auf den Pfeil aufgeklappt werden könnten und dann die einzelnen Arbeitsschritte zeigen).

Platz sparen | Solche kleinen Pfeile ❷ treten – in leicht variierender Form – immer dann auf, wenn Inhalte einer Palette platzsparend angeordnet werden, also zum Beispiel bei Sets und Gruppen. Per Klick auf den Pfeil lassen sich die Sets und andere »Organisationseinheiten« auf- und zuklappen. Im offenen Zustand kann auf deren Inhalt zugegriffen werden.

Löschen | Diese Schaltfläche ❺ spricht für sich selbst: Ein Klick auf den Papierkorb löscht das aktuell aktive Element. Alternativ können Sie auch das zu löschende Palettenobjekt mit der Maus auf das Papierkorb-Symbol ziehen.

Auge | Auch das Icon Auge ist mehrfach anzutreffen. Es beeinflusst die Sichtbarkeit von Palettenobjekten und zeigt gleichzeitig ihren Sichtbarkeitsstatus an. Ein Klick auf das Auge blendet beispielsweise Ebenen oder Kanäle aus, ein erneuter Klick auf das nun leere Auge-Kästchen blendet sie wieder ein.

Sätze, Sets, Gruppen

Offenbar tut sich Adobe mit der Benennung der »Paletten-Ordner« schwer. Für Umsteiger aus älteren Versionen könnte das Anlass zur Verwirrung sein. Bei ihrem erstmaligen Auftreten in der Version 6 hießen die Ordner noch »Sätze«, in der Version 7 dann »Sets«. Seit CS3 spricht man von »Gruppen« – die aber von den Palettenverbunden, die ebenfalls »Gruppen« heißen, zu unterscheiden sind!

2.7 Werte eingeben

Sie haben nun schon die wichtigsten Elemente der Photoshop-Arbeitsfläche kennengelernt. Dort können Sie Werte auf verschiedene Art und Weise festlegen. Vielfach ist die Funktion der Eingabebereiche selbsterklärend – es gibt jedoch einige spezielle Funktionen in Photoshop, die sich nicht auf den ersten Blick erschließen.

Wie also geht es, das Eingeben von Werten in Paletten, Dialogfelder und in der Optionsleiste?

Zum Weiterlesen: Gestaltungsmittel übersichtlich verwalten
In solchen Listen mit Vorschau-Icons werden Pinsel, Muster, Effekte und ähnliche Gestaltungsressourcen verwaltet. (Alle zusammen finden Sie unter BEARBEITEN • VORGABEN-MANAGER). Auch eigene Einstellungen können Sie so sichern. Mehr zu diesem Thema erfahren Sie in Abschnitt 5.5.

Dropdown-Listen | Eine gängige Eingabeart ist die Auswahl aus Dropdown-Listen. Diese Listen können ganz unterschiedlich aussehen: kurz oder umfangreich, und auch Listen mit kleinen Vorschaubildern gibt es oft. Um Einstellungen oder Befehle aus einer solchen Liste auszuwählen, genügt ein Klick auf den Listeneintrag. Einige der Listen müssen durch einen weiteren Mausklick an einer beliebigen Stelle der Arbeitsfläche wieder eingeklappt werden.

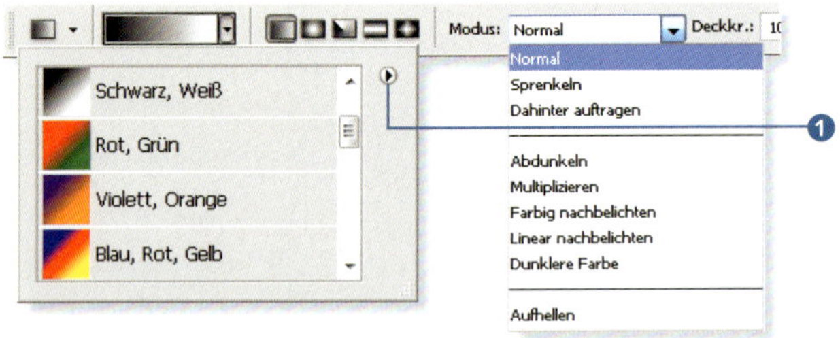

Abbildung 2.36 ▸
Verschiedene Dropdown-Listen. Bei Listen mit Vorschau-Icons – wie hier den Verläufen – kann auch das Listenlayout über ❶ verändert werden (hier sehen Sie die Anzeige GROSSE LISTE).

Schieberegler | Eingaben sind auch mithilfe von (Popup-)Schiebereglern möglich, die per Maus bewegt werden.

▴ Abbildung 2.37
Solche Schieberegler sind überall in Photoshop anzutreffen.

Doppelpfeil | Der Doppelpfeil ist die schnellere Bedienungsalternative: Wenn Sie den Mauszeiger über dem Titel eines Schiebereglers oder Popup-Schiebereglers bewegen, verwandelt er sich in einen Doppelpfeil mit Zeigefinger. Nun können Sie die Maus nach links oder nach rechts bewegen und damit auch den Wert verändern. (Diese Funktion steht nicht für alle Schieberegler zur Verfügung.)

▴ Abbildung 2.38
Bewegen des Zeigefinger-Mauscursors als Bedienungsalternative für Popup-Regler

Eintippen oder Anklicken | Natürlich funktioniert auch das direkte Eintippen eines Wertes.

Schlussendlich gibt es noch die sogenannten **Checkboxen** und **Radiobuttons**, die per Mausklick aktiviert oder deaktiviert werden.

▲ **Abbildung 2.39**
Kaum Erklärungsbedarf erfordern die *Checkboxen*, mit denen eine Option kurzerhand aktiviert oder deaktiviert werden kann (hier die Option AUSGERICHTET), und *Radiobuttons*, bei denen Sie eine von mehreren Optionen wählen können (hier MUSTER oder AUFGENOMMEN).

Im-Bild-Korrektur | Bei Bildkorrekturen gibt es neben den üblichen Eingabemöglichkeiten eine sehr intuitive Steuerung: die Im-Bild-Korrektur. Sie steht für die Tools SCHWARZWEISS, GRADATIONSKURVE und FARBTON/SÄTTIGUNG zur Verfügung. Dabei steuern Sie die Korrekturwerte direkt durch Mauszeigerbewegung über der Bildfläche.

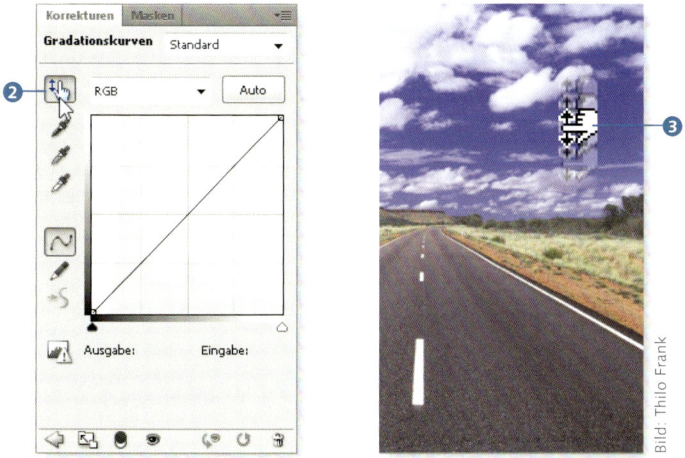

▲ **Abbildung 2.41**
Die Im-Bild-Korrektur am Beispiel der Gradationskurve. Nach Aktivierung des entsprechenden Buttons ❷ können die Werte durch Klick und Mausbewegung ❸ gezielt verändert werden. Die Gestalt des Mauszeigers deutet an, in welche Richtung die Maus bewegt werden muss, damit die Korrektur durchgeführt wird – bei der Gradationskurve auf- und abwärts.

2.8 Tastaturbefehle: Hilfreiche Abkürzung per Tastatur

Als gute Alternative zum Hantieren mit Maus und Menüs können Sie in vielen Fällen auch festgelegte Tastaturbefehle nutzen (auch *Shortcuts* oder *Tastenkürzel* genannt). Shortcuts beschleunigen den Arbeitsfluss beträchtlich, sodass es sich durchaus lohnt, sie sich nach und nach anzueignen.

TOPP-TIPP: Steuerung mit Pfeiltasten

Auch hier gibt es eine nützliche Arbeitserleichterung: Markieren Sie die Zahlen mit der Maus, dann können Sie den Wert stufenlos mit den Tasten [↑] (erhöht den Wert) und [↓] (senkt ihn) verändern.

Diese Möglichkeit ist zu empfehlen, wenn Sie einen Parameter verändern, dessen Auswirkungen Sie jederzeit im Blick behalten müssen. Das trifft zum Beispiel bei typografischer Feinarbeit an Schriften zu. So müssen Sie das Auge keinen Moment vom Bild nehmen.

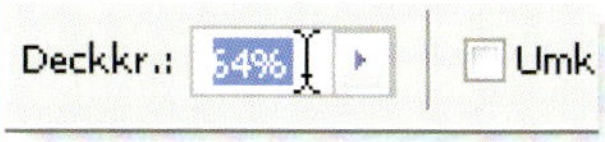

▲ **Abbildung 2.40**
Wenn die Ziffer in einem Eingabefeld markiert ist, können Sie den Zahlenwert auch per Tastatur mit den Pfeiltasten steuern.

Tastaturbefehle nachschlagen

Eine ausführliche Shortcut-Übersicht für PC und Mac finden Sie auf der Referenzkarte zum Buch. Ausgewählte Shortcuts zu einzelnen Werkzeugen und Arbeitstechniken sind auch hier im Buch im jeweiligen Arbeitskontext zu finden. Sie lassen sich über den Index auffinden. Nicht zuletzt ist auch die Adobe-Hilfe eine gute Adresse zum Nachschlagen von Tastenkürzeln. Mit dem Kürzel [F1] gelangen Sie zur Webpräsenz des Photoshop-Supports. Dort gibt es eine Online-Suche in ständig aktualisierten Dokumenten. Sie können sich auch eine PDF-Version der Hilfedokumente herunterladen.

Zum Weiterlesen: Eigene Kürzel festlegen
Wenn Ihnen die serienmäßig angebotenen Tastenkürzel nicht ausreichen, können Sie auch eigene Shortcuts definieren. Mehr dazu erfahren Sie in Abschnitt 5.3, »Eigene Tastaturbefehle definieren«.

Hinweis

Alle Tastenkürzel in diesem Buch wurde mit größter Sorgfalt getestet. Dennoch kann es trotzdem sein, dass sie auf einer speziellen Photoshop-Installation nicht funktionieren – zum Beispiel, weil manche Kürzel von anderen Applikationen belegt sind. In einem solchen Fall sollten Sie das Tastenkürzel dann neu festlegen.

TOPP-TIPP: Tastenkürzel zur Übersicht ausdrucken

Sie legen sich bei der Arbeit gern gedruckte Dokumentationen neben die Tastatur? Über BEARBEITEN • TASTATURBEFEHLE und dort den Button ZUSAMMENFASSEN können Sie sich alle aktuellen Tastaturbefehle in einer HTML-Datei speichern lassen. Diese Datei lässt sich dann lokal speichern. Sie kann im Browser geöffnet, durchsucht und gedruckt werden.

Es gibt Tastenkürzel, um

- Werkzeuge aufzurufen oder zu wechseln. Hier reicht meist ein einzelner Buchstabe.
- Menübefehle aufzurufen. Dazu werden zumeist Kombinationen von Buchstaben plus Sondertasten wie [Alt], [Strg] (am Mac entsprechend [⌥] oder [⌘]) oder [⇧] genutzt.
- Paletten einzublenden (mit den schon genannten Funktionstasten [F5] bis [F9]).
- häufig gebrauchte Klicks und Befehle durch schnellere Eingaben zu ersetzen. Ein Beispiel: der schon erwähnte [⇆]-Druck, der Paletten bzw. die Werkzeug- und Optionsleiste aus- und einblendet.

Viele dieser Kürzel können Sie während der Arbeit mit Photoshop fast en passant lernen: Nicht nur in der QuickInfo und den Untermenüs der Werkzeuge, auch in der Menüleiste wird auf bestehende Shortcuts verwiesen, die Ihnen so immer wieder vor Augen geführt werden. Eine ganze Reihe anderer Kürzel für flüssiges Arbeiten lässt sich nicht so schnell aus dem Programm selbst erschließen – die müssen Sie richtig lernen. Aber es lohnt sich, denn oft sind gerade diese die effektivsten kleinen Helfer.

2.9 Dokumente: Registerkarten oder Fenster

Seit der Version CS4 hat sich die Organisation von Dokumenten grundlegend geändert. Bilder erscheinen nicht mehr in frei schwebenden Fenstern – die bei der Arbeit mit mehreren Dokumenten gleichzeitig mehr oder weniger mühsam nebeneinander ausgerichtet werden mussten –, sondern in Registerkarten mit Karteireitern, den sogenannten »Tabs«. Diese Registerkarten lassen sich leicht ausrichten und machen die Arbeit mit mehreren Dokumenten einfacher. Chaotisches Fenstergewirr gehört der Vergangenheit an.

Abbildung 2.42 ▼
Dokumente in Tabs sorgen für eine aufgeräumte Arbeitsfläche.

Bilder: istockphoto

Natürlich sind schwebende Fenster weiterhin möglich – etwa, wenn Sie ein Tab aus dem Verband herausziehen. Sagt Ihnen die Arbeit mit den Tabs generell nicht zu, können Sie diese in den VOREINSTELLUNGEN (Strg+K bzw. ⌘+K) unter BENUTZEROBERFLÄCHE (Strg+2 bzw. ⌘+2) deaktivieren. Entfernen Sie das Häkchen bei der Option DOKUMENTE ALS REGISTERKARTEN ÖFFNEN.

Zum Weiterlesen: Dokumenttabs
Ausführliche Informationen zum Arbeiten mit Dokumenttabs finden Sie in Abschnitt 3.1, »Dokumente, Fenster und Registerkarten«.

2.9.1 Dokumenttitel: Bilddaten jederzeit im Blick

Egal, ob Sie Ihre Bilder in Tabs oder – wie aus früheren Photoshop-Versionen gewohnt – in frei schwebenden Fenstern anzeigen lassen: Der Dokumenttitel ist einen genauen Blick wert. Er bietet wichtige Bildinformationen auf engem Raum.

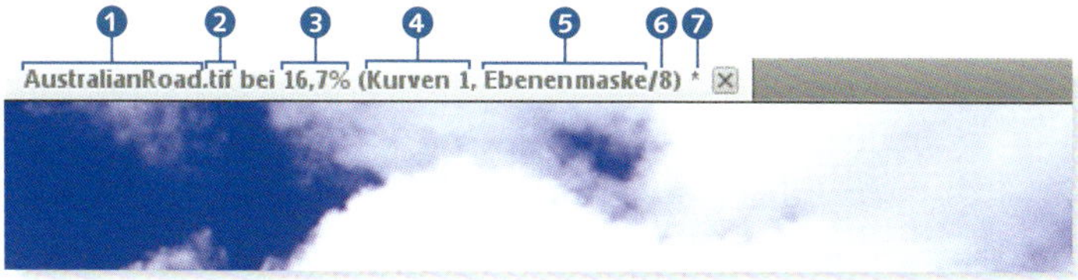

▲ **Abbildung 2.43**
Ob in Tabs oder den herkömmlichen schwebenden Fenstern – der Dokumenttitel zeigt wichtige Dokumenteigenschaften auf einen Blick.

Dateiname | Als Erstes wird der Dateiname ❶ (hier »AustralianRoad«) angezeigt. Das kann wichtig sein, wenn Sie zum Beispiel mehrere ähnliche Bildversionen bearbeiten! Wenn – so wie hier – in den Metadaten der Datei hinterlegt wurde, dass diese urheberrechtlich geschützt ist, erscheint außerdem ein kleines ©-Zeichen.

Dateiformat | In welchem der zahlreichen möglichen Grafik-Dateiformate ❷ Ihr Bild vorliegt, sehen Sie ebenfalls in der Titelleiste (hier: TIF). Welches Dateiformat für Ihr Bild das beste ist, richtet sich nach dem geplanten Verwendungszweck und auch nach dem Inhalt des Bildes.

Urheberrecht
Auch ohne ein solches © genießen Bilder urheberechtlichen Schutz. Das Symbol kann allerdings ein mahnender Fingerzeig für potenzielle Bilderdiebe darstellen. Sie weisen es einer Datei über DATEI • DATEIINFORMATIONEN zu. Den Befehl finden Sie in Photoshop und in Bridge.

Zoomstufe | Die dann folgende Prozentangabe bezeichnet die Zoomstufe ❸ des Bildes, das heißt die Darstellung auf dem Bildschirm. Die eigentliche Bildgröße ändert sich durch Veränderung des Bildzooms nicht. Es gibt einige Arbeiten am Bild, die man am besten in der 100%-Ansicht, also bei 1:1-Darstellung, ausführt. Die Bildecke unten links wiederholt diese Information noch einmal. Dort können Sie auch selbst einen Wert eingeben, um die Zoomstufe zu ändern.

Titelleisten-Info auch bei kleinen Formaten

Bei kleinen Bildformaten oder geringer Zoomstufe, wenn das Dokumentfenster zu klein ist, um alle Titelleisten-Infos anzuzeigen, hilft es, die Maus über die Titelleiste zu halten: Dann werden alle Informationen eingeblendet.

Bildebene | In den Klammern können Sie als Erstes sehen, welche **Bildebene** ❹ (hier eine Ebene mit dem Titel »Kurven 1«) – und, wenn vorhanden, ob die **Ebenenmaske** ❺ – aktiv ist. Diese Angabe ist extrem wichtig, um nicht irrtümlich die falsche Ebene oder Maske zu verändern. Auch die Ebenen-Palette liefert hierzu entscheidende Informationen.

Modus | Es gibt unterschiedliche Methoden, um Farben in Bilddateien zu beschreiben und im Druck und am Bildschirm zu reproduzieren. Welche Methode dies aktuell ist, verrät die Angabe **Modus** (wird bei der Beispielabbildung 2.43 nicht angezeigt, weil eine Ebenenmaske im Dokument aktiv ist).

Bit pro Farbkanal | Die dann folgende Zahlenangabe zeigt an, wie viele Bit pro Farbkanal ❻ aufgewendet werden, um die Bildinformationen zu speichern. In Abbildung 2.43 ist es die gängigste Größe: 8 Bit. Ein 8-Bit-RGB-Bild kann über 16 Millionen Farben darstellen, in Bildern mit mehr Bit können noch mehr Farben gezeigt werden werden. Allerdings bringt eine nachträgliche Umwandlung z. B. von 8 Bit in ein 16-Bit-Bild keine Veränderung – die zusätzlichen Farbinformationen müssen von Anfang an vorhanden sein.

Speicherstatus und Farbprofil des Bildes | Die letzte Information ❼ der Titelleiste ist verschlüsselt und gibt Informationen über den Speicherstatus. Allerdings muss man genau hinsehen.

- Ein Sternchen * ganz *am Ende* der Titelinformationen zeigt an, dass im Bild ungespeicherte Änderungen vorliegen.

Abbildung 2.44 ▸
Die Position des dezenten Sternchens ist entscheidend. Ein Stern am Ende der Titelzeile bedeutet: Das Bild wurde geändert, aber noch nicht gespeichert.

- Symbole *in der Klammer*, direkt hinter der Bitzahl sind wohl nur für fortgeschrittene Nutzer interessant, die sich bereits mit dem Farbmanagement auseinandergesetzt haben (in Kapitel 37 erfahren Sie mehr über Farbmanagement).

2.9.2 Statusleiste: Detaillierte Informationen

Die Statusleiste am unteren Rand jedes Bilddokuments enthält diverse nützliche Informationen zu Dateigröße, Bildmaßen und Ähnlichem – also Daten, auf die man im Arbeitsfluss ab und zu schnell zugreifen will, ohne sich erst durch die Menüs zu klicken.

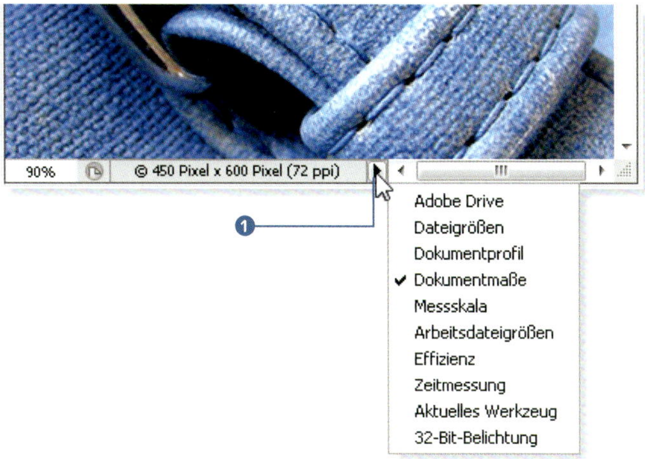

▲ **Abbildung 2.45**
Ein Klick auf den kleinen schwarzen Pfeil ❶ öffnet eine Liste, aus der Sie wählen können, welche Anzeige die Statusleiste zeigt.

Adobe Drive | ADOBE DRIVE ist eine von Adobe zur Verfügung gestellte Technologie, die die Integration von Digital-Asset-Management-Systemen (DAM) von Drittherstellern in die Creative Suite ermöglichen soll. Adobe Drive gehört nicht zum Standard-Funktionsumfang von Photoshop. Dessen Zusatzfunktionen stehen nur zur Verfügung, wenn Adobe Drive (zusammen mit dem Verbindungsmodul des DAM-Anbieters) auf dem Rechner des Endanwenders installiert ist.

Dateigrößen | DATEIGRÖSSEN zeigt an, wie groß (in KB, nicht in Pixel oder Zentimeter!) das jeweilige Bild ist, bezieht sich also auf die **Datenmenge** der Datei. Diese Information ist wichtig, wenn Sie für Medien mit begrenztem Speicherplatz produzieren oder wenn das Bild für den Einsatz im Web gedacht ist und nicht zu groß werden darf.

Dokumentprofil | DOKUMENTPROFIL verrät, welches Farbprofil ins Bild eingebettet ist. Diese Information ist vor allem für die Druckvorstufe wichtig.

Dokumentmaße | DOKUMENTMASSE bezieht sich nun endlich auf die Bildgröße. Angezeigt werden Kantenlänge und Bildauflösung.

Linktipp:
Adobe Version Cue in der CS5
Die Adobe-eigene DAM-Lösung Version Cue wurde mit CS5 eingestellt. Adobe Drive ist kein vollwertiger Ersatz, sondern nur eine Schnittstelle für DAM-Lösungen anderer Anbieter (die ohnehin längst etabliert sind). Zurzeit ist es schwierig, konkrete Informationen über Adobe Drive zu bekommen. Selbst Adobes TechNotes geben nur spärliche Auskunft. Immerhin hat Adobe unter *http://adobe.com/de/products/creativesuite/versioncue* eine FAQ für bisherige Version-Cue-Anwender zusammengestellt.

Pixel, cm, mm? Standard-Maßeinheit festlegen

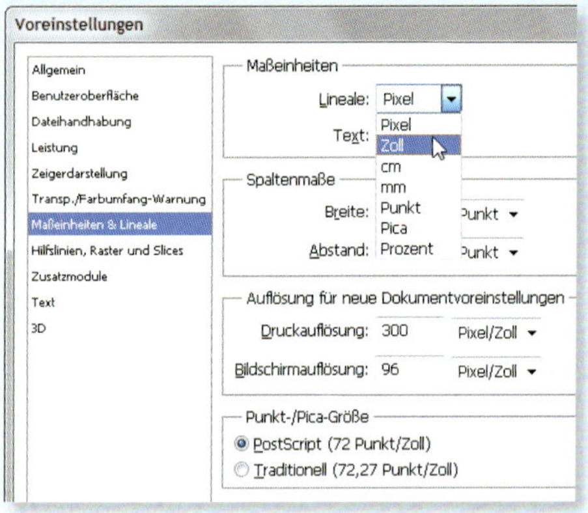

Unter Voreinstellungen • Masseinheiten & Lineale legen Sie fest, ob Pixel, Zentimeter oder Millimeter das Maß aller Dinge in Ihrer Photoshop-Arbeit sind. Welche Einstellung die beste Wahl ist, richtet sich nach Ihrem Arbeitsgebiet: Webdesigner geben der Einheit Pixel den Vorzug; für die Druckvorstufe sind auch Zentimeter und Millimeter wichtig.

◂ **Abbildung 2.46**
Voreinstellungen zu den Maßeinheiten

Arbeitsdateigrößen | Die Arbeitsdateigrössen beziehen sich auf die Auslastung Ihres Rechners durch Photoshop bzw. auf die Nutzung der Rechnerressourcen durch Photoshop. Eine typische Anzeige sieht so aus: »Arbeitsspeicher: 98,3 MB/ 3,61 GB«. Der erste Wert zeigt die Menge Arbeitsspeicher (RAM) an, die aktuell vom Programm verwendet wird, um alle geöffneten Bilder anzuzeigen. Die Zahl auf der rechten Seite steht für den gesamten Arbeitsspeicher, der für das Verarbeiten von Bildern zur Verfügung steht.

Effizienz | Auch die Effizienz bezieht sich auf die Rechnerleistung. Der Wert bezeichnet die Zeit in Prozent, die Photoshop tatsächlich für das Ausführen eines Vorgangs und nicht für das Lesen aus dem oder Schreiben in den sogenannten virtuellen Speicher verwendet. Idealerweise liegt der Wert immer bei 100%. Ist er notorisch darunter, kann das ein Hinweis darauf sein, dass der Arbeitsspeicher Ihres Rechners zu klein für das aktuelle Arbeitsvorhaben ist. Photoshop wird dadurch langsamer.

Zeitmessung | Zeitmessung zeigt an, wie viel Zeit Photoshop brauchte, um den letzten Befehl oder Vorgang auszuführen.

Aktuelles Werkzeug | Aktuelles Werkzeug verrät, wie das gerade aktive Werkzeug heißt. Eine gute Möglichkeit, um sich mit der Photoshop-Terminologie vertraut zu machen!

32-Bit-Belichtung | 32-Bit-Belichtung ist nur verfügbar, wenn im Dokumentfenster ein sogenanntes High-Dynamic-Range-Bild (HDR-Bild) mit 32 Bit pro Kanal angezeigt wird. Die Option passt die Bildschirmanzeige an HDR-Bilder an.

TOPP-TIPP: Infos kompakt auf Mausklick

Sie müssen nicht ständig zwischen den verschiedenen Statusleisten-Einstellungen jonglieren, um die wichtigsten Bild-Informationen vor Augen zu haben. Ein Klick auf die Statusleiste mit gehaltener [Alt]-Taste (am Mac: [⌥]) öffnet ein kleines Info-Feld.

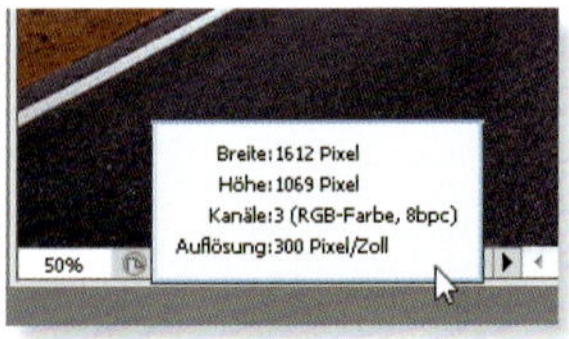

▴ **Abbildung 2.47**
Der schnelle Klick zu wichtigen Infos

2.10 Unterschiede – Windows und Mac

Die Unterschiede zwischen der Mac- und der PC-Version sind nicht gravierend. Wer Photoshop am Mac beherrscht, kann auch mit der Windows-Version arbeiten und umgekehrt. Wo Unterschiede auftreten, weise ich im Buchtext gesondert darauf hin.

▼ **Abbildung 2.48**
Die Mac-Oberfläche mit aktivem Anwendungsrahmen

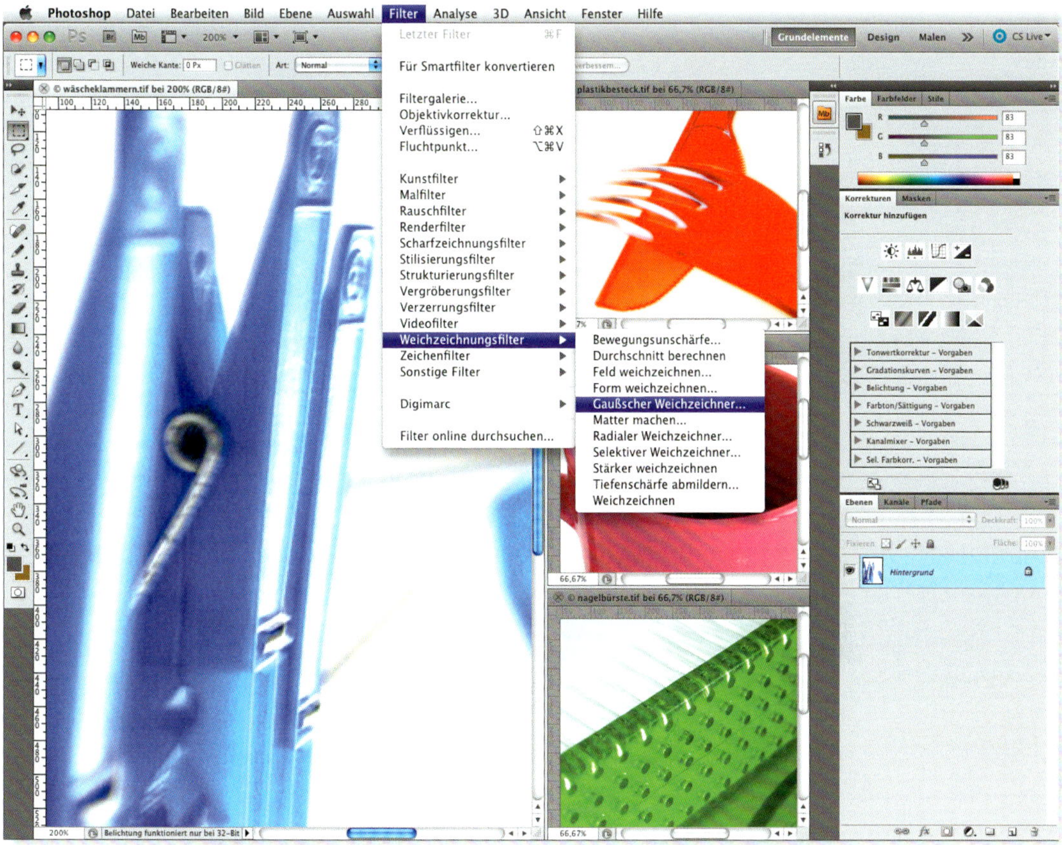

Bild: dieblen.de

2.10.1 Die Arbeitsoberfläche

Die augenfälligste Besonderheit beim Mac: Neben dem »Apfel«-Menü, das in allen Applikationen zu finden ist, enthält die Photoshop-**Menüleiste** den zusätzlichen Menüpunkt PHOTOSHOP. In diesem Menü finden Sie eine Reihe von Befehlen, die in der Windows-Version unter BEARBEITEN untergebracht oder unter HILFE zu finden sind.

Die **Anwendungsleiste** ist unter Mac OS als eigenständige Funktionseinheit zwischen Menü- und Optionsleiste positioniert. Über das Menü FENSTER können Sie sie ein- und ausblenden – das geht nur am Mac, nicht unter Windows. Und auf Wunsch hat Photoshop auch am Mac ein – eigentlich OS-untypisches – **Anwen-**

Getabbte Dokumentfenster? Anwendungsrahmen muss aktiv sein
Wenn Sie am Mac Ihre Dokumente in Tabs anzeigen wollen, müssen Sie den Anwendungsrahmen in jedem Fall aktivieren (FENSTER • ANWENDUNGSRAHMEN)! Im Betriebsmodus ohne Anwendungsrahmen gibt es keine »Karteireiter«, sondern nur die herkömmlichen frei schwebenden Dokumentfenster.

dungsfenster, in dem alle Programmelemente zu einer Einheit zusammengefasst sind. Sie können es mit dem Befehl FENSTER • ANWENDUNGSRAHMEN ein- und ausschalten. Der neutral graue Programmhintergrund verdeckt andere Applikationen und den Inhalt des Mac-Schreibtischs und sorgt so für eine aufgeräumte Arbeitsumgebung. Der Anwendungsrahmen fasst alle Photoshop-Komponenten auch funktionell zu einer Einheit zusammen: Applikationsfenster müssen nicht mehr einzeln vorgeholt und ausgerichtet werden und können nicht unbeabsichtigt »verschwinden«. Die Arbeit mit verschiedenen Programmen, mehreren Dokumenten und an zwei Monitoren wird so spürbar erleichtert.

2.10.2 Shortcuts und Kontextmenü

Die Shortcuts unter Mac OS und Windows sind fast gleich. Wegen der **unterschiedlichen Tastaturen** ist ein wenig Umdenken nötig.

- Die [⇧]-Taste bzw. Umschalttaste wird unter Windows und Macintosh gleich benutzt – es gibt **keine Unterschiede**.
- Auch bei der Bedienung der [Alt]-Taste gibt es **wenige Unterschiede**: Die Windows-Nutzern vertraute [Alt]-Taste wird in der Mac-Terminologie gern auch Wahltaste genannt und durch dieses Symbol [⌥] dargestellt. Die Wirkung ist unter Windows und Mac aber gleich.
- Wo Sie am Windows-Rechner [Strg] drücken, benutzen Sie unter Mac OS analog die Befehlstaste (auch Apfeltaste genannt): [⌘].
- Zum Löschen wird unter Windows die Taste [Entf] verwendet, unter Mac OS nehmen Photoshopper dazu die [←].
- Unter Mac OS gibt es **einige Kontextmenüs weniger** als am Windows-Rechner. Das Kontextmenü wird auf beiden Systemen per Rechtsklick geöffnet. Falls Sie am Mac noch mit einer Ein-Tasten-Maus arbeiten, nutzen Sie [Ctrl]+Klick.

2.10.3 Systemnahe Befehle und Funktionen

Unterschiede gibt auch es bei betriebssystemnahen Befehlen und Funktionen wie dem Speichern und Öffnen von Dateien:

Während unter Windows die **Dateiendung** (*.tif*, *.psd*, *.jpg* etc.) zwingend zur Datei gehört und auch immer zur Datei geschrieben wird, kann man Photoshop unter Mac OS per Voreinstellung daran hindern, diese Dateiendung an den Dateinamen anzufügen. Unter Mac bleiben solche Dateien weiterhin benutzbar, Windows-Nutzer werden dann allerdings Schwierigkeiten haben, die Datei zu öffnen.

Der Befehl ÖFFNEN ALS..., der das Problem fehlender Dateiendungen umschifft, ist folglich auch nur unter Windows verfügbar.

3 Nützliche Helfer

Photoshop enthält eine Reihe von Funktionen, Werkzeugen und Paletten, die Ihnen eine genaue Kontrolle Ihrer Arbeitsschritte ermöglichen und für Effizienz sorgen. Denn wer arbeitet schon gern unnötig umständlich oder im »Blindflug«? Auch für erfahrene Anwender gibt es bei den altbewährten Basistools viele Neuigkeiten zu entdecken!

3.1 Dokumente, Fenster und Registerkarten

Die Arbeitsfläche von Photoshop CS5 wirkt aufgeräumt und übersichtlich. Das liegt unter anderem an der Anordnung geöffneter Dokumente. Diese erscheinen standardmäßig nämlich nicht mehr in autonomen, schwebenden Fenstern, sondern in Tabs, also Registerkarten. Zusammen mit den Befehlen zum Ausrichten geöffneter Bilder bieten diese eine enorme Erleichterung für die parallele Arbeit mit mehreren Dokumenten! Im Kleinen findet dieses Prinzip schon seit Langem bei Photoshops Paletten Anwendung, vertraut ist es außerdem von Webbrowsern. Allerdings leisten Photoshops Dokumenttabs mehr als die bekannten Browsertabs.

Dateien auf der Buch-DVD: »wald.jpg«, »biene.jpg«, »grashüpfer.jpg«, »mohnkapsel.jpg«

3.1.1 Tabs aktivieren und sortieren

Tabs ansteuern | Wenn Sie mehr als ein Bild öffnen, werden Dokumentfenster standardmäßig als Registerkarten angezeigt. Jeweils ein Bild ist vorne – also sichtbar –, und von den anderen sehen Sie lediglich die Karteireiter.

Bilder: Frank Gaebler

▲ **Abbildung 3.1**
Dokumente in Registerkarten sorgen für Übersicht – auch bei zahlreichen geöffneten Dokumenten. Das Ausrichten erfolgt in Sekundenschnelle per Knopfdruck.

Um ein Bild zu aktivieren und nach vorne zu bringen,

- können Sie dessen Karteireiter anklicken – der intuitivste, doch nicht unbedingt der schnellste Weg, vor allem, wenn Sie oft zwischen Ihren Bildern springen.
- Oder Sie wählen den Dateinamen im Menü Fenster aus. Dies setzt jedoch klar unterscheidbare Dateinamen voraus!
- Sehr flüssig lässt sich mit Shortcuts arbeiten: Strg+⇥ bzw. Ctrl+⇥ am Mac springt weiter nach **rechts**, mit ⇧+Strg+⇥ bzw. ⇧+Ctrl+⇥ am Mac springen Sie zum vorherigen Bild nach **links**.
- Wenn Sie mehr Dokumente geöffnet haben, als sich auf der Bildschirmbreite in Karteireitern darstellen lassen, sehen Sie am rechten Rand der Tab-Leiste einen doppelten Pfeil. Ein Klick darauf öffnet eine Liste mit allen geöffneten Dokumenten. Das Anklicken einzelner Bildtitel bringt die jeweils angewählten Bilder nach vorne.

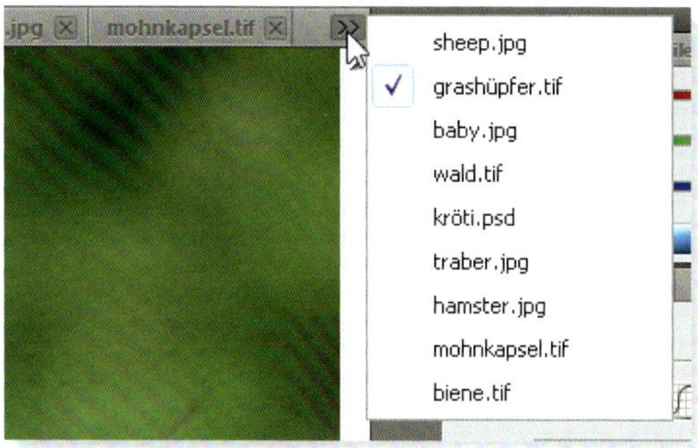

◀ **Abbildung 3.2**
Auch platzsparende Tabs verbrauchen Raum auf dem Monitor. Sind mehr Dokumente offen, als sich anzeigen lassen, führt ein Klick auf den Doppelpfeil zu einer Bilderliste.

Sortierreihenfolge ändern | Die Reihenfolge der Registerkarten (und damit der Dokumente) können Sie jederzeit ändern. Dazu greifen Sie den Karteireiter mit der Maus und ziehen ihn an die gewünschte Postion. Achten Sie dabei darauf, die Mausbewegung genau horizontal auszuführen. Ansonsten ziehen Sie das Bild aus der Tabgruppe heraus, und es wird zu einem schwebenden Fenster oder verschwindet hinter einer anderen Registerkarte.

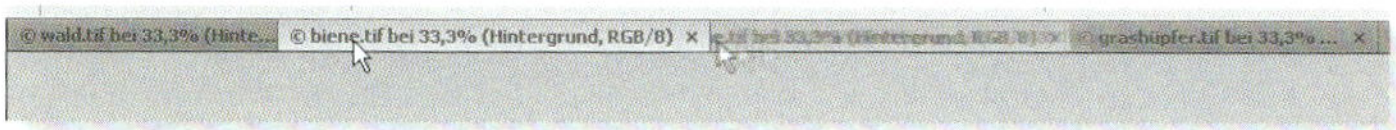

▲ **Abbildung 3.3**
Durch horizontales Ziehen lässt sich die Reihenfolge getabbter Bilder ändern.

3.1.2 Geöffnete Dokumente per Knopfdruck ausrichten

Fenster und Fensterinhalte auf der Arbeitsfläche anzuordnen war in älteren Photoshop-Versionen immer etwas mühsam. Das ist nun anders. In der Anwendungsleiste finden Sie einen Button , der Ihnen viel Arbeit abnimmt. Aus einer Liste mit kleinen Übersichtsgrafiken können Sie das geeignete Anordnungsschema wählen. Klicken Sie einfach darauf: Ihre geöffneten Dokumente werden entsprechend der Miniaturdarstellung ausgerichtet.

Auch den Darstellungsmaßstab – die Zoomstufe – und die Position des Bildinhalts innerhalb der Dokumentgrenzen können Sie mithilfe dieser Liste anpassen.

3.1.3 Geöffnete Dokumente manuell anordnen

Bei der Arbeit mit Dokumenten in Registerkarten sind Sie nicht auf die automatischen Sortierhilfen beschränkt. Sie können sich Ihre Registerkartengruppen auch selbst zusammenstellen. Das wichtigste Prinzip dabei ist Drag & Drop – also Ziehen und Fallenlassen. Indem Sie einen Karteireiter mit der Maus anfassen und ziehen, können Sie das Dokument aus dem Verbund befreien. Es wird dann zu einem frei schwebenden Fenster. Ebenso

CS5

Verbessertes Kürzel
Wenn Sie mehrere ungesicherte Dokumente über Alt+Strg+W bzw. ⌥+⌘+W auf einmal schließen wollen, freuen Sie sich bestimmt über die Option AUF ALLE ANWENDEN, die im Speichern-Dialog angehakt werden kann. Auf diese Weise werden alle Bilder ohne erneute Nachfrage gespeichert und geschlossen.

Freischwebende Fenster automatisch ausrichten
Mit den Befehlen unter FENSTER • ANORDNEN können Sie auch frei schwebende Fenster ausrichten. Das ist jedoch viel zeitraubender als das automatische Ausrichten von Tabs!

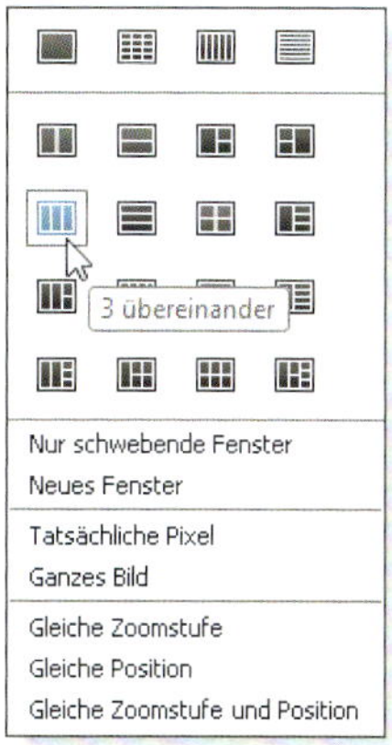

▲ **Abbildung 3.4**
Die QuickInfos auf der Liste DOKUMENTE ANORDNEN sind falsch übersetzt. Dafür sind die Mini-Grafiken jedoch sehr anschaulich.

bekommen Sie ein Dokument auch wieder in die Registerkartengruppe hinein: Um ein frei schwebendes Dokumentfenster zu positionieren, ziehen Sie es einfach an den gewünschten Platz. Leuchtende blaue Streifen zeigen Ihnen dabei mögliche Andockstellen an. Sobald ein blauer Streifen erscheint, können Sie die Maustaste loslassen. Das Dokument wird an der entsprechenden Stelle in die Registerkartengruppe eingegliedert. Auf diese Weise lassen sich unterschiedliche Ordnungsmuster erzeugen.

Am schnellsten machen Sie sich mit der Funktion vertraut, indem Sie ein paar beliebige Dokumente öffnen und testhalber in verschiedenen Konstellationen anordnen. Die wichtigsten Kniffe und Möglichkeiten zeigt Ihnen der folgende Workshop.

Schritt für Schritt: Dokumente manuell anordnen

1 Die Ausgangslage

Dateien auf der Buch-DVD: »BSP1.png«, »BSP2.png«, »BSP3.png«, »BSP4.png«

Der Eindeutigkeit halber wurden hier vier leicht zu unterscheidende, einfache Beispielbilder gewählt. Alle wurden geöffnet und mithilfe der Liste Dokumente anordnen ausgerichtet.

Abbildung 3.5 ▸
Die Dokumente wurden automatisch ausgerichtet.

2 Fensterbreiten verändern

Wenn Sie für ein Dokument etwas mehr Platz benötigen, als es die automatische Anordnung vorsieht, können Sie es ganz einfach an den »Stegen« zwischen den Registerkarten anfassen und ziehen. Notgedrungen wird dabei für benachbarte Dokumente der Raum etwas enger.

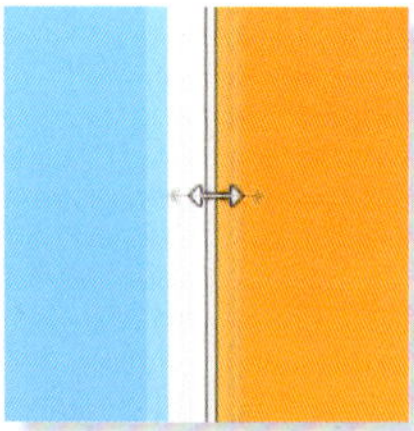

▲ **Abbildung 3.6**
Manuelles Verändern der Fenstergröße

3 Ein Dokument aus dem Verband herausziehen

Um ein Dokument als frei schwebendes Fenster anzuzeigen oder neu zu positionieren, fassen Sie es am Karteireiter und ziehen es nach unten von den anderen Karteireitern weg.

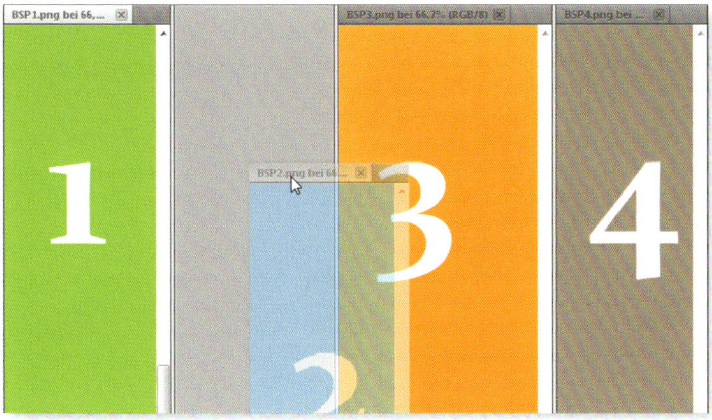

▲ **Abbildung 3.7**
Ein Dokument wird aus den Tabs gelöst.

Sobald Sie den Mauszeiger loslassen, liegt das Bild als freies Fenster vor den übrigen Dokumenten. Diese bleiben weiterhin in Tabs organisiert: Die Anordnung der Registerkarten hat sich automatisch an die veränderten Platzverhältnisse angepasst.

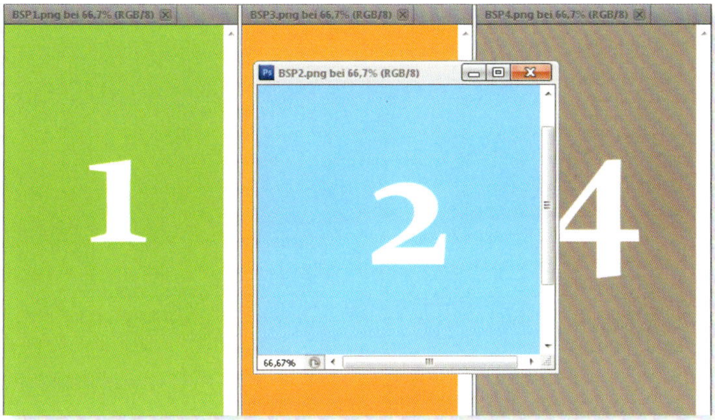

▲ **Abbildung 3.8**
Das Dokument befindet sich nun in einem eigenen Fenster.

4 Fenster zwischen zwei Tabs andocken

Um das freie Fenster an anderer Stelle im Tabverband zu positionieren, fassen Sie es an der Titelleiste und schieben es an die gewünschte Stelle. Achten Sie dabei genau auf die leuchtenden blauen Bereiche. Diese markieren die Stelle, an der Ihr Fenster angedockt wird.

Sie können schwebende Fenster an vertikalen oder horizontalen »Stegen« zwischen Registerkarten andocken und so das Anordnungsschema verändern.

Drag & Drop von Bildinhalten

Wer ganze Bildebenen oder Auswahlen von einem Dokument in ein anderes transferiert, zum Beispiel für Montagen, benutzt dafür oft die bewährte Technik »Ziehen und Fallenlassen«. Das scheint bei Bildern in Registerkarten auf den ersten Blick schwierig – ist es aber nicht. Aktivieren Sie das Verschieben-Werkzeug und die Bildebene, deren Inhalt Sie verschieben wollen. Setzen Sie die Maus über das zu verschiebende Objekt – auf der Bildfläche, nicht in der Ebenenpalette –, und fassen Sie es durch Drücken der linken Maustaste an. Bewegen Sie den Mauszeiger über den Karteireiter des Zieldokuments, und halten Sie ihn dort, bis sich das Dokument zeigt. Positionieren Sie das Objekt über dem Bild, und lassen Sie den Mauszeiger los. Die Darstellung des Vorgangs wirkt so, als würde der Bildinhalt verschoben und nicht kopiert, doch das täuscht. Der Bildinhalt wird kopiert. Mehr über Transfers von Bildinhalten erfahren Sie in Abschnitt 10.3, »Die Ebenen-Palette: Ihre Steuerzentrale«.

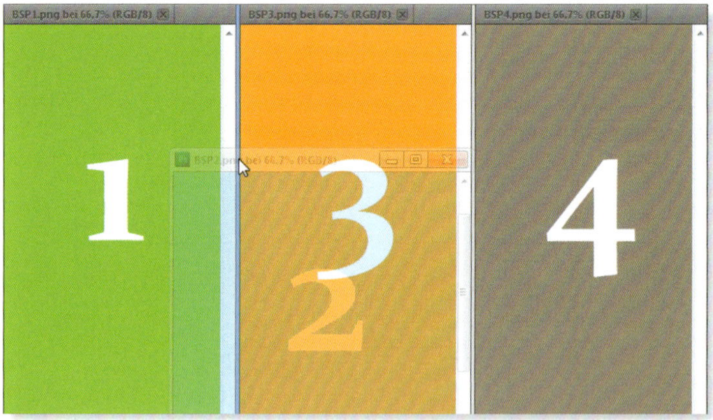

Abbildung 3.9 ▶
Andocken zwischen zwei Tabs

5 **Mehrere Dokumente in einer Tabgruppe**

Eine Registerkarte enthält nicht zwingend nur ein Dokument. Es ist auch möglich, mehrere Dokumente zu einer Registerkartengruppe zusammenzufassen. Dazu ziehen Sie das lose Fenster über den Titel einer Registerkarte (nicht über einen der Trennstege). Sobald der Titelbereich blau aufleuchtet, können Sie die Maustaste loslassen.

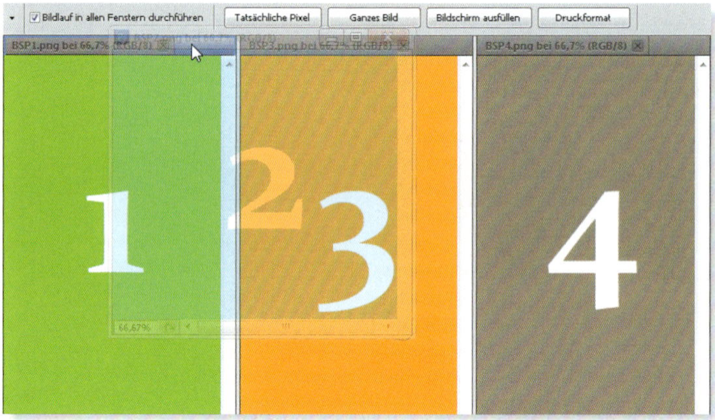

Abbildung 3.10 ▶
Die Bilder »1« und »2« sollen zu einer Registerkartengruppe zusammengefasst werden.

Registerkartengruppen verhalten sich so wie einzelne Registerkarten. Sie werden genauso aktiviert und verwaltet. Bei Platzmangel machen Titellisten die Dokumente zugänglich.

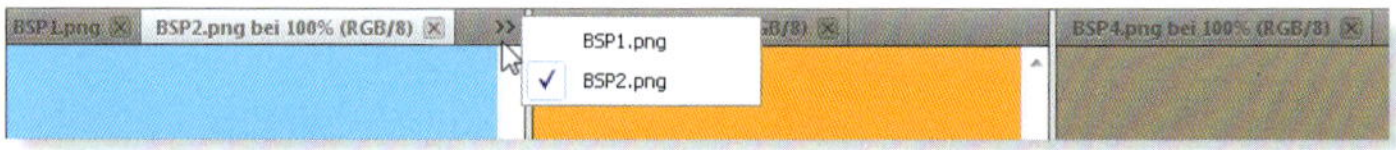

▲ **Abbildung 3.11**
Auf den ersten Blick sind nur drei Dokumente geöffnet. Wer aber genauer hinsieht, erkennt, dass sich das Bild 1 hinter dem Bild 2 verbirgt. Die beiden sind zu einer Registerkartengruppe geworden.

6 Registerkartengruppen als Fenster

Registerkartengruppen können ebenso wie einzelne Registerkarten wieder aus dem Tabverband herausgezogen und als schwebende Fenster auf der Arbeitsfläche positioniert werden. Das ist manchmal ganz praktisch, wenn man parallel mit zwei unterschiedlichen Bilderserien arbeitet.

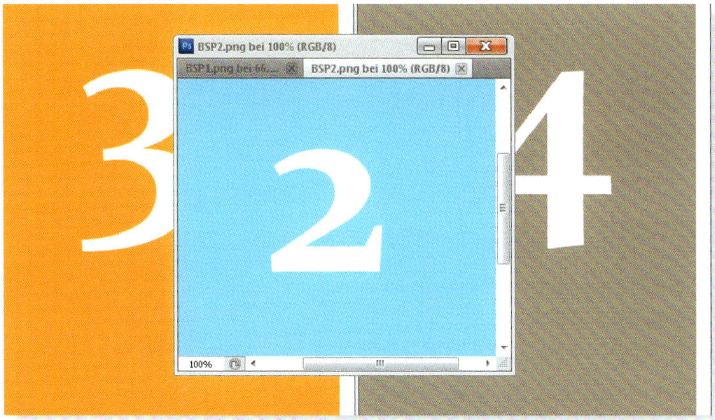

◀ **Abbildung 3.12**
Registerkartengruppe als frei schwebendes Fenster

3.1.4 Fenster zu Registerkarten machen – und umgekehrt

Wenn Sie mehrere Dokumente auf einmal als Fenster anzeigen oder wieder in Tabs zurückverwandeln wollen, ist Drag & Drop vielleicht etwas mühsam. Mit diesen Befehlen sind Sie schneller!

- Fenster • Anordnen • Alle in Registerkarten zusammenlegen macht alle schwebenden Fenster wieder zu Tabs.
- Nützlich ist der Befehl Alle in Registerkarten zusammenlegen auch, wenn Sie Ihre Dokumente irrtümlich so zusammengeschachtelt haben, dass Ihnen kurzfristig der Überblick verloren gegangen ist. Er sortiert nämlich auch dann alle geöffneten Dokumente säuberlich in einzelne Registerkarten, wenn sie vorher schon in Gruppen angeordnet waren.
- Der Menübefehl Fenster • Anordnen • Nur schwebende Fenster löst alle Tabs auf und zeigt die geöffneten Bilder als Fenster an.
- Dasselbe macht der Befehl Nur schwebende Fenster aus der Liste Dokumente anordnen (siehe Abbildung 3.4).

3.1.5 Voreinstellungen für Registerkarten

In den Voreinstellungen gibt es viele Möglichkeiten, um das Programmverhalten an den eigenen Arbeitsfluss anzupassen. Manchmal ist die Abhilfe für ein kleines, lästiges Problem in einer leicht zu übersehenden Checkbox versteckt. Das gilt auch für die Arbeit mit Tabs und Fenstern.

Vorsicht beim Maximieren frei schwebender Fenster (Windows)

Ein altvertrauter Handgriff aus alten (Windows-)Photoshop-Versionen: Ein Klick auf den Maximieren-Button eines schwebenden Fensters schaltet in den Maximierten Bildmodus um, und das Dokument nimmt automatisch den verfügbaren freien Platz auf der Arbeitsfläche ein. In CS5 gibt es diesen Bildmodus nicht mehr. Stattdessen dehnt der Klick das Fenster so weit aus, dass alle funktionalen Programmelemente verdeckt sind. Also besser: Maus weg vom Maximieren-Button!

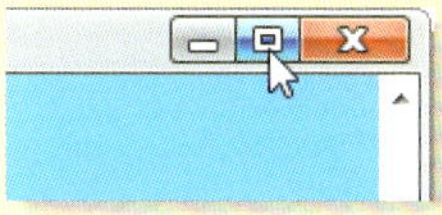

▲ **Abbildung 3.13**
Für viele Windows-Photoshopper ein Routineklick, in CS5 jedoch nicht zu empfehlen.

Herkömmliche Dokumentfenster als Standard | Die Arbeit mit Dokumenten in Tabs hat – vor allem, wenn man parallel mit mehreren Bildern hantiert – eigentlich nur Vorteile. Wenn Sie dennoch generell mit Dokumenten in Fenstern arbeiten wollen, deaktivieren Sie unter BEARBEITEN/PHOTOSHOP • VOREINSTELLUNGEN • BENUTZEROBERFLÄCHE (Strg/⌘+K+2) die Optionen DOKUMENTE ALS REGISTERKARTEN ÖFFNEN ❶ und ANDOCKEN SCHWEBENDER DOKUMENTFENSTER AKTIVIEREN ❷.

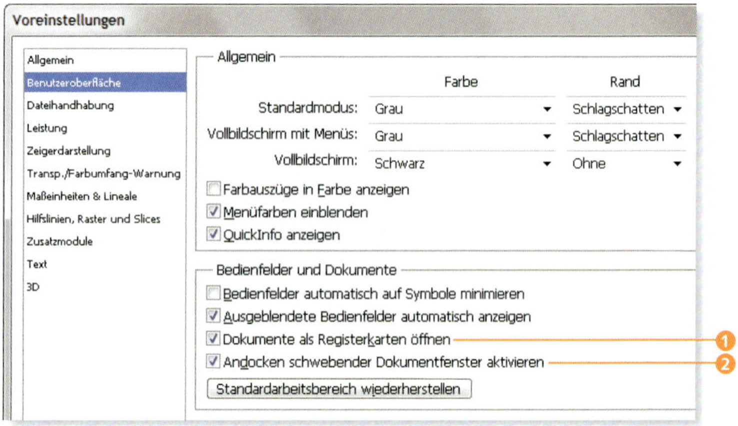

Abbildung 3.14 ▸
Dokumente und Paletten (Bedienfelder) verhalten sich ähnlich, daher werden die Optionen zusammengefasst.

Neue Bilder als autonome Fenster öffnen | Registerkarten erleichtern die parallele Arbeit mit mehreren Dokumenten. Oft sind dies Bilder einer Serie, die man korrigiert, anpasst oder anderweitig bearbeitet. Nicht immer will man, dass weitere Bilder beim Öffnen zwischen die Registerkarten einer solchen Serie eingeordnet werden. In diesem Fall ist es hilfreich, unter BEARBEITEN/PHOTOSHOP • VOREINSTELLUNGEN • BENUTZEROBERFLÄCHE die Optionen DOKUMENTE ALS REGISTERKARTEN ÖFFNEN kurzzeitig zu deaktivieren. Neue Dokumente werden dann als schwebende Fenster geöffnet und können – mittels Drag & Drop – ihrerseits zu Registerkartengruppen zusammengefasst werden.

3.1.6 Ein Dokument in zwei Fenstern

Die Sortierfunktionen und Registerkarten zielen darauf ab, mehrere Dokumente möglichst günstig nebeneinander zu zeigen. Es gibt jedoch auch den umgekehrten Bedarfsfall: Manchmal möchte man ein Dokument in zwei Fenstern nebeneinander zeigen. Sinnvoll ist dies zum Beispiel dann, wenn man ein Bild beim Bearbeiten gleichzeitig in zwei verschiedenen Ansichten beobachten möchte.

Die Funktion NEUES FENSTER macht es möglich, ein Bild in zwei Dokumentfenstern zu öffnen. Sie finden den Befehl in der

Liste Dokumente Anordnen. Im Menü unter Fenster • Anordnen • Neues Fenster für [Dokumentname] können Sie zusätzlich festlegen, welches Dokument auf diese Weise angezeigt werden soll.

Bild: Adobe

◄ **Abbildung 3.15**
Gleichzeitiger Blick auf das Detail und eine Übersicht? Der Befehl Neues Fenster macht es möglich.

Unabhängige Bildkopie mit dem Befehl »Bild duplizieren«

Der Befehl Duplizieren – zu finden im Menü Bild – ist eine gute und sehr schnelle Methode, um eine genaue Kopie eines geöffneten Bildes (einschließlich aller Ebenen, Masken und Kanäle) zu erstellen. Duplizieren erstellt eine **eigene, selbstständige Datei** (nicht bloß eine zweite Ansicht), die mit der Ausgangsdatei nicht mehr gekoppelt ist und separat bearbeitet werden kann. In einem kleinen Dialog können Sie gleich einen neuen Bildnamen vergeben.

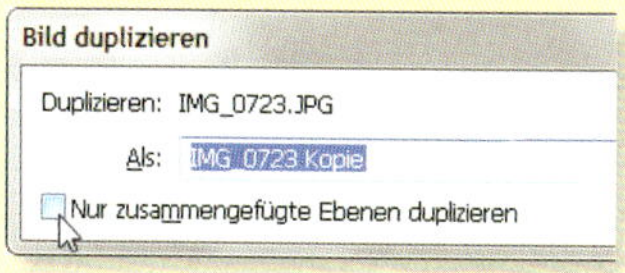

▲ **Abbildung 3.16**
Sofern Ihr Bild Ebenen enthält und diese im Duplikat auftauchen sollen, müssen Sie die Option Nur zusammengefügte Ebenen duplizieren deaktivieren.

Obwohl Sie dann zwei Dokumentfenster sehen, sind dies nicht zwei verschiedene Bilder, sondern lediglich **zwei Ansichten desselben Bildes**. Jeder Arbeitsschritt, den Sie durchführen, wird in beiden Fenstern angezeigt. Typische Nutzungssituationen sind z. B.:

- Sie arbeiten mit Masken und brauchen sowohl einen Blick auf das Detail (hohe Zoomstufe) als auch eine Komplett-Ansicht. Um speziell die Arbeit mit Masken zu unterstützen, können Kanäle in jeder Bildansicht separat ein- und ausgeblendet werden.
- Sie bereiten ein Bild für den Druck vor und wollen während der Arbeit auch abschätzen, wie es im Druckfarbmodus CMYK wirkt. Die zweite Ansicht kann via Ansicht • Farbproof zumindest annähernd zeigen, wie die Farben im Druck wirken.

3.2 Bildanzeige: Gezoomt, gedreht und in Position gerückt

Egal, ob Sie nun ihre Dokumente in Registerkarten oder lieber in autonomen Fenstern anzeigen lassen – wichtig ist, dass Sie Ihre Bilder allzeit gut im Blick haben. Manchmal müssen Sie Ihr Bild stark vergrößern, um Einzelheiten genau zu erkennen. Oder Sie brauchen eine verkleinerte Anzeige für die Gesamtübersicht. Sie müssen sich einen bestimmten Bildausschnitt ins Blickfeld holen.

Zum Weiterlesen: Masken
Mehr über Masken lesen Sie in Kapitel 14, »Ebenenmasken & Co.«.

Bildlineal liefert Anhaltspunkte

Nicht nur der Prozentwert in der Titelleiste des Bildes gibt Hinweise auf die Zoomstufe des Bildes. Auch das Bildlineal ist ein guter Anhaltspunkt, denn dessen Skala passt sich natürlich an die unterschiedlichen Bildmaßstäbe an. Um das Lineal einzublenden, tippen Sie Strg+R (Mac: ⌘+R), nutzen den Button EXTRAS ANZEIGEN in der Anwendungsleiste oder gehen über ANSICHT • LINEALE. Ob das Lineal Pixel, Zentimeter oder Millimeter anzeigt, stellen Sie unter VOREINSTELLUNGEN • MASSEINHEITEN & LINEALE ein.

Und für knifflige Detailarbeiten können Sie Ihre Arbeitsfläche sogar schräg legen. Bildzoom, Bilddrehung und das Navigieren in großformatig angezeigten Bildern funktionieren in Dokumenttabs und Dokumentfenstern gleich. In diesem Abschnitt erfahren Sie, wie Sie sich die richtige Ansicht schnell einstellen.

3.2.1 Bildpixel und Monitorpunkte

Sie haben es bereits im vorangehenden Kapitel 2, »Der Arbeitsbereich«, erfahren: Der aktuelle Abbildungsmaßstab oder auch die Zoomstufe eines Bildes wird in der Titelleiste eines Tabs oder Fensters angezeigt. Was steckt dahinter?

Eine Anzeige wie 50% oder 67,7% in der Titelleiste bedeutet nicht, dass das tatsächliche Bild verkleinert wurde – dafür gibt es eigene Befehle. Die Prozentangaben beziehen sich lediglich auf die **Darstellung** des Bildes auf dem Bildschirm und sind unabhängig von der tatsächlichen Pixel- oder Zentimetergröße, in der es vorliegt.

Bild: Frank Gaebler

▲ **Abbildung 3.17**
1:1-Ansicht (100%) ...

▲ **Abbildung 3.18**
... und in der stark gezoomten Bildansicht. In der Vergrößerung werden die einzelnen Pixel, aus denen das Bild besteht, sichtbar.

Datei auf der Buch-DVD: »grashüpfer.jpg«

Um zu verstehen, was die unterschiedlichen Maßstäbe bedeuten, muss man sich kurz vor Augen halten, dass nicht nur das Bild aus einzelnen Bildpunkten (den Pixeln) aufgebaut ist, sondern dass auch der Monitor, auf dem das Bild dargestellt wird, mit Bildpunkten arbeitet. Die Bildpunkte des Monitors sind aus technischen Gründen immer gleich groß. Ein Abbildungsmaßstab von 100% bedeutet dann, dass jeder Monitorpunkt exakt ein Bildpixel darstellt. Nur dann sehen Sie die Bildpixel also im »Originalzustand«!

Zum Weiterlesen: Bilddarstellung, Monitor-Bildpunkte und Pixel
Mehr zum Thema lesen Sie in Kapitel 6, »Bildbearbeitung: Fachwissen«.

Kleinere oder größere Abbildungsmaßstäbe als 100% haben immer zur Folge, dass mehr oder weniger als ein ganzer Bildpixel je Monitorpixel angezeigt wird. Die Originalpixel werden für die Darstellung auf dem Bildschirm umgerechnet. Photoshop muss dann zum Beispiel 0,5 oder 1,3 Bildpixel mit einem Monitorbildpunkt darstellen und die Bilddarstellung erst errechnen. Zwar wurde die Grafikqualität schon in Photoshop CS4 erheblich gesteigert (siehe nächster Abschnitt) – doch an diesen grundlegenden technischen Gegebenheiten hat sich nichts geändert.

Verbesserte Darstellungsqualität mit OpenGL | Seit der Programmversion CS4 nutzt Photoshop den Grafikkartenstandard OpenGL. Die Darstellungsqualität von Bildern am Monitor wurde damit spürbar verbessert. Vergrößerte oder verkleinerte Bildansichten sind auch bei »krummen« Zoomwerten scharf, das Zoomen geht flüssiger, Bildansichten können sogar gedreht werden, ohne dass hässliche »Pixeltreppchen« an Objektkanten im Bild auftreten – die Bilder, die Sie unter der Maus haben, sehen deutlich besser aus. Voraussetzung dafür ist allerdings, dass Sie über eine halbwegs aktuelle Grafikkarte verfügen, die OpenGL unterstützt und über mindestens 128 MB RAM verfügt. In manchen Fällen erscheint beim ersten Programmstart eine Hinweisbox, in der Sie von Photoshop dazu aufgefordert werden, Ihren Grafikkartentreiber zu aktualisieren. Bei einigen Systemen müssen zudem die OpenGL-Funktionen erst aktiviert werden. Dazu gehen Sie in den VOREINSTELLUNGEN (Strg/⌘+K) zu den Einstellungen unter LEISTUNG (Strg/⌘+4) und setzen ein Häkchen bei OPENGL AKTIVIEREN.

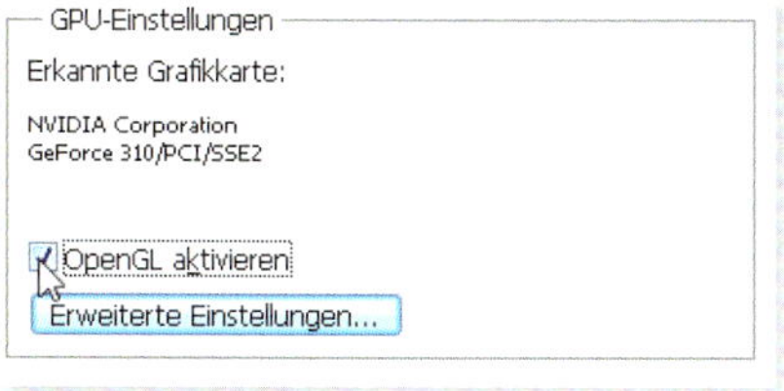

▲ **Abbildung 3.20**
Wenn unter GPU-EINSTELLUNGEN die Bezeichnung Ihrer Grafikkarte eingeblendet wird, sollten die OpenGL-abhängigen Features auf Ihrem Rechner grundsätzlich funktionieren. Eventuell müssen Sie sie noch per Häkchen aktivieren.

Wann ist eine möglichst genaue Bildanzeige gefragt? | Bei manchen Arbeitsschritten ist es wichtig, dass Sie sich ein möglichst genaues Bild von den Bilddetails machen können. Besonders,

Pixelraster

Bei starker Vergrößerung werden nicht nur die einzelnen Bildpixel deutlich sichtbar. Wer so stark zoomt, muss meist pixelgenau arbeiten. Um das zu erleichtern, wird zusätzlich ein Pixelraster eingeblendet. Mit dem Befehl ANSICHT • EINBLENDEN • PIXELRASTER können Sie es verschwinden lassen.

▲ **Abbildung 3.19**
Eingeblendetes Pixelraster als Hilfe bei Detailarbeiten. Es erscheint bei Zoomstufen über 500%.

OpenGL-Troubleshooting

Die verbesserte Grafik ist mehr als nur eine schicke Bildanzeige. Viele **Photoshop-Funktionen** hängen laut Adobe direkt von der Leistung der Grafikkarte ab – und können unter Umständen nicht zur Verfügung stehen, wenn die Grafikkarte Probleme macht. Dies betrifft etwa die geglättete Darstellung bei allen Zoomfaktoren, den stufenlosen Zoom, die Bilddrehung und anderes.

Über den Menüpunkt HILFE • GPU gelangen Sie direkt zu einer TechNote von Adobe, in der häufige Probleme – und die Lösungen – erklärt werden. Eine noch aktuellere Version des Dokuments gibt es (auf Englisch) unter *http://kb2.adobe.com/cps/404/kb404898.html.*

wenn Sie die verbesserte Bilddarstellung nicht nutzen können, sind »krumme« Ansichtsprozente wie 66,7 oder 33,3 % problematisch, weil Einzelheiten des Bildes unter Umständen nicht korrekt angezeigt werden. Und auch eine stark vergrößerte oder verkleinerte Bilddarstellung kann die Ansicht verfälschen. Aus diesem Grund ist die Einstellung 100% die beste, wenn es um eine möglichst realistische Einschätzung von Bildschärfe und -qualität geht.

Schalten Sie auf die 100%-Ansicht,

- wenn Sie das Bild scharfzeichnen wollen.
- wenn Sie Bildfehler wie optisches Rauschen oder schlichte Fussel (vom Fotoscan) entfernen müssen.
- wenn Sie Filter anwenden, deren Auswirkungen eher subtil sind, so zum Beispiel Körnungs- oder Strukturfilter.

3.2.2 Zoom: Die Bildanzeige verändern

Die Bildansicht zu vergrößern oder zu verkleinern ist wohl einer der häufigsten Handgriffe beim Arbeiten mit Photoshop, denn für manche Arbeitsschritte muss man das Bild stark vergrößert anzeigen, für einige braucht man die Übersicht über das Gesamtbild oder eben die Vollansicht von 100 %. Entsprechend zahlreiche Möglichkeiten gibt es, um die Anzeige des aktuellen Bildes zu verändern. Das wichtigste Werkzeug dabei ist das durch die Lupe symbolisierte **Zoomwerkzeug** (Shortcut: Z).

Dazu kommen noch eine ganze Reihe von Shortcuts und Optionen. So ist für nahezu jede Arbeitssituation und verschiedene Arbeitsvorlieben etwas dabei.

Mit der Maus ins Bild | Wenn Sie bei aktivem Zoomwerkzeug mit der Maus ins Bild klicken, wird die Anzeige **vergrößert**. Halten Sie die Maustaste so lange gedrückt, bis die gewünschte Vergrößerungsstufe erreicht ist.

- Wenn Sie beim Klicken ins Bild zusätzlich Alt (unter Mac OS: ⌥) gedrückt halten, wird das Bild **verkleinert**.
- Wenn Sie beim Klicken ins Bild zusätzlich ⇧ gedrückt halten, wird die Ansicht **aller geöffneten Bilder vergrößert**.
- Drücken Sie während des Klickens ⇧+Alt/⌥, wird die Ansicht **aller offenen Dokumente verkleinert**.

Ein **Plus- oder Minuszeichen** im Inneren des Lupen-Symbols zeigt an, ob das Bild mit dem nächsten Mausklick vergrößert oder verkleinert wird. Ist keine weitere Vergrößerung/Verkleinerung mehr möglich, bleibt die Lupe leer.

Geändertes Zoomverhalten: Gleitender Zoom

Wer von CS3 oder noch älteren Versionen auf CS5 umsteigt, muss sich an ein neues Zoomverhalten gewöhnen. Sofern Ihr Rechner OpenGL-fähig ist, sollte die Bildansicht während des Zoomens sanft und stufenlos größer oder kleiner werden. Hektische Mehrfachklicks sind nicht mehr nötig. Wenn Sie sich an diesen sanften ANIMIERTEN ZOOM ① gar nicht gewöhnen können, können Sie ihn unter VOREINSTELLUNGEN • ALLGEMEIN bzw. mit Strg/⌘+K deaktivieren.

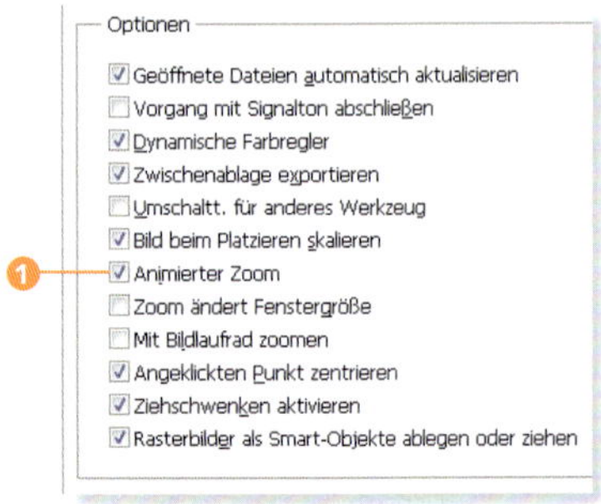

▲ **Abbildung 3.21**
Das Zoomverhalten von Photoshop lässt sich über die VOREINSTELLUNGEN genau steuern.

▲ **Abbildung 3.22**
Beim nächsten Mausklick wird die Bildansicht hochgezoomt. (Die Darstellung des Lupe-Mauszeigers ist in diesen Bildern vergrößert.)

▲ **Abbildung 3.23**
Verkleinerung des Abbildungsmaßstabes mit dem nächsten Klick

▲ **Abbildung 3.24**
Das Bild hat seine maximale Vergrößerung erreicht (3200 %).

Wesentliche Bildinhalte im Blick behalten | Bei großen Vergrößerungen verliert man naturgemäß den Blick für das Ganze und manchmal auch die Orientierung im Bild. Dem können Sie durch geschickten Umgang mit der Lupe vorbeugen. Dazu gibt es zwei Tricks:

- Klicken Sie genau auf den Bildbereich, den Sie sich vergrößert ansehen wollen. Er ist in der vergrößerten Ansicht dann mittig. Gerade bei starker Vergrößerung spart Ihnen das mühsames Scrollen. Bedingung: In den Voreinstellungen ist die Option Angeklickten Punkt zentrieren aktiv (Abbildung 3.21).
- Neu in Photoshop CS5 ist der raue Zoom. Die Funktion können Sie per Checkbox in den Zoom-Optionen ein- und ausschalten. Der Name ist offenkundig ein Übersetzungsfehler, denn die Option bewirkt ein durch Mausbewegungen gesteuertes, stufenloses Zoomen – das genaue Gegenteil von »rau«. Bewegen Sie die Maus bei gehaltener (linker) Maustaste waagerecht über das Bild.
  - Um einzuzoomen (die Bilddarstellung zu **vergrößern**), bewegen Sie die Maus nach **rechts**.
  - Um auszuzoomen (die Bilddarstellung zu **verkleinern**), bewegen Sie die Maus nach **links**.

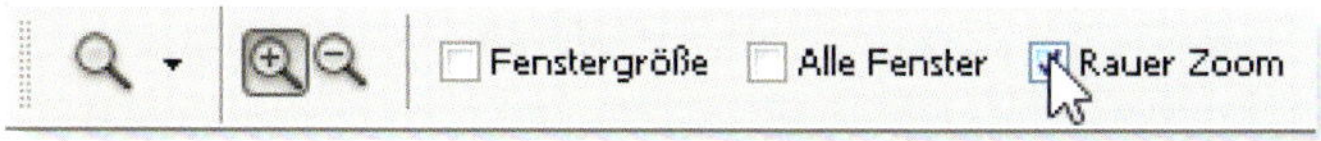

▲ **Abbildung 3.25**
Der sogenannte »raue Zoom« ist eine neue, sehr intuitive Zoomtechnik in CS5.

- Ist Rauer Zoom **inaktiv**, können Sie auch folgende herkömmliche Methode verwenden: Ziehen Sie bei gehaltener Maus-

▲ **Abbildung 3.26**
Der Bereich innerhalb der gestrichelten Linie ❶ wird vergrößert, sobald Sie die Maustaste loslassen. Das funktioniert jedoch nur, wenn die Option Rauer Zoom deaktiviert ist.

taste einen Rahmen auf – genau dieser Bereich wird dann vergrößert angezeigt. Gleichzeitig wird das Dokumentfenster auf die maximal mögliche Größe gebracht (wie groß es dann ist, hängt von der Position der Paletten ab; Paletten werden von Dokumentfenstern nicht überlappt).

Shortcuts | Auch wer lieber mit der Tastatur als mit der Maus arbeitet, kann die Bildansicht einfach ändern. Hierzu gibt es eine ganze Reihe von Shortcuts:

- Die Tastenkürzel [Strg]+[+] bzw. [⌘]+[+] vergrößern das Bild stufenweise.
- Die Tastenkürzel [Strg]+[-] bzw. [⌘]+[-] verkleinern das Bild ebenfalls stufenweise.

Diese Kürzel funktionieren auch, wenn das Zoomwerkzeug nicht aktiviert ist.

Lernen lohnt
Für Bildzooms lohnt sich das Einüben der Tastenkürzel besonders, denn so können Sie die Bildansicht leicht ändern, ohne dass der eigentliche Workflow durch die Veränderung der Bildansicht unterbrochen wird. Wer sich die Shortcuts nicht merken kann, kann die wichtigsten im Menü Ansicht nachsehen.

Zoomen aus anderen Werkzeugen | Nicht immer denkt man daran, vor jedem Wechsel in ein anderes Werkzeug oder vor dem Aufrufen eines Dialogfeldes die passende Zoomstufe einzustellen. Sie müssen den Vorgang jedoch nicht abbrechen – zwei Shortcuts bringen Rettung: Sie können die Lupe auch kurzzeitig aufrufen, ohne umständlich zum Zoom-Tool umzuschalten.

- Um die Vergrößerungslupe aufzurufen, drücken Sie unter Windows [Strg] + Leertaste), am Mac [⌘] + Leertaste.
- Um die Verkleinerungslupe zu aktivieren, sind [Alt] + Leertaste bzw. am Mac [⌥] + Leertaste die Shortcuts der Wahl.

Diese Shortcuts funktionieren aus vielen Werkzeugen heraus und sind auch aus den meisten Dialogfeldern heraus wirksam. Sie müssen dann aber immer noch mit der Maus ins Bild klicken, um das Zoomen auszulösen – die Tastenkürzel wechseln nur zum Zoomwerkzeug.

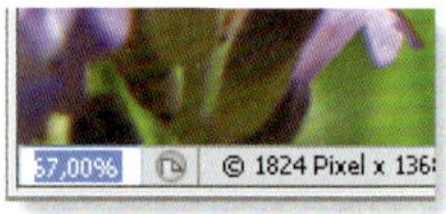

▲ **Abbildung 3.27**
Tippen Sie den gewünschten Zoom-Prozentwert einfach ein. Das Bestätigen mit [↵] oder der nächste Mausklick wenden die Eingabe an.

Eingabe im Dokumentrahmen | Die Prozentangabe, die Sie in der linken unteren Ecke jedes Dokumentfensters sehen, ist nicht nur eine weitere Kontrolle der aktuellen Zoomstufe, sondern vor allem eine weitere Eingabemöglichkeit. Sie funktioniert unabhängig davon, welches Werkzeug aktiviert ist.

Dokumentfenster mitwachsen lassen | In Photoshop haben Sie die Wahl, ob Sie Dokumente immer in Tabs oder in den frei schwebenden Dokumentfenstern anzeigen lassen. Sofern Sie mit

Tabs arbeiten, ist der folgende Absatz irrelevant – er bezieht sich lediglich auf die herkömmlichen schwebenden Dokumentfenster.

Sie können festlegen, wie sich der Dokumentrahmen während des Zoomens verhält: Soll er seine Ausgangsgröße behalten, auch wenn das Bild größer (oder kleiner) wird, oder soll er »mitwachsen«? Ersteres kann sinnvoll sein, wenn Sie an einem kleinen Bildschirm oder mit mehreren Ansichten desselben Bildes arbeiten, hat aber oft zur Folge, dass Sie sich den Rahmen noch mit der Maus größer ziehen müssen. Das ist zwar nur ein Handgriff, kann aber den Arbeitsschwung ganz schön bremsen. Sollen die Bildrahmen mitskalieren, aktivieren Sie in der **Optionsleiste** des Zoomwerkzeugs FENSTERGRÖSSE ②.

▼ **Abbildung 3.28**
Die Optionen des Zoomwerkzeugs

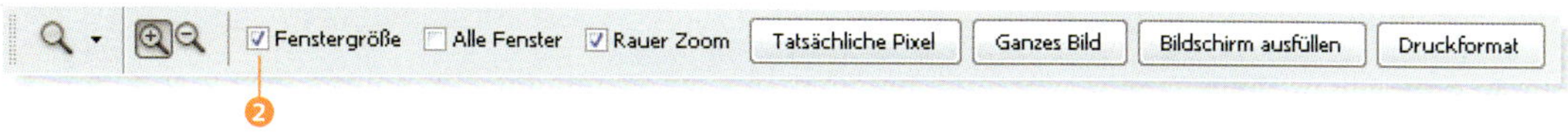

Wenn Sie **per Tastaturkürzel zoomen**, steht Ihnen diese Optionsleiste nicht zur Verfügung. Sie haben dann zwei verschiedene Möglichkeiten:

- Entweder Sie erweitern die bekannten Shortcuts noch: Alt+Strg++ und Alt+Strg+- (Win) bzw. ⌥+⌘++ und ⌥+⌘+- (Mac OS) vergrößern und verkleinern das Bild und den Dokumentenrahmen.
- Oder Sie **ändern die Voreinstellungen**: Unter PHOTOSHOP/BEARBEITEN • VOREINSTELLUNGEN • ALLGEMEIN (Strg/⌘+K) finden Sie den Punkt ZOOM ÄNDERT FENSTERGRÖSSE, den Sie anklicken müssen. Dann können Sie wie gewohnt mit dem Zoomwerkzeug und den bekannten Tastenkürzeln hantieren – der Bildrahmen skaliert immer mit.
  Wollen Sie dieses Verhalten anschließend **ausnahmsweise einmal unterbinden**, halten Sie beim Skalieren der Bilddarstellung einfach zusätzlich Alt bzw. ⌥ gedrückt.

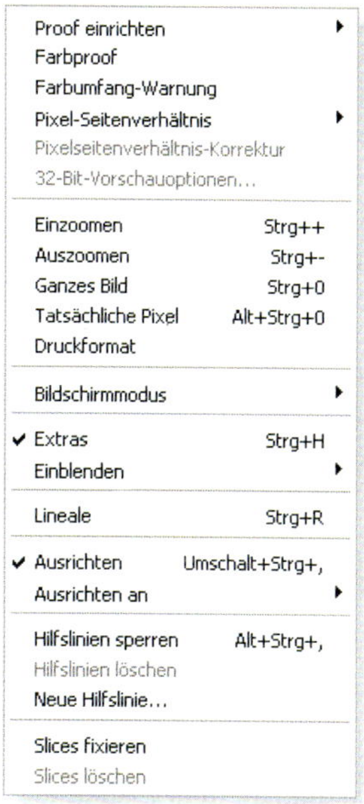

▲ **Abbildung 3.29**
Zum täglichen Gebrauch ist das Zoomen über das Menü ANSICHT zu langwierig. Zum Nachschlagen von Shortcuts ist es aber brauchbar.

Schnell auf 100 % | Wie Sie bereits gelesen haben, ist die 100%-Ansicht – bisweilen auch »Vollansicht« oder »1:1-Ansicht« genannt – für viele Arbeiten besonders wichtig. Daher gibt es spezielle Funktionen, um sie schnell einzustellen:

- Ein Doppelklick auf die Lupe in der Werkzeugleiste bringt das Bild auf 100 %.
- Der passende Shortcut: Drücken Sie Alt+Strg+0 oder ⌥+⌘+0.
- TATSÄCHLICHE PIXEL ist ein Befehlsbutton, den Sie in der Zoomwerkzeug-Optionsleiste finden. Auch im ANSICHT-Menü ist der Befehl vertreten.

Druckgröße ganz genau
Wenn Ihnen die DRUCKFORMAT-Vorschau zu vage erscheint, sehen Sie unter BILD • BILDGRÖSSE nach. Unter dem Punkt DOKUMENTGRÖSSE können Sie die Druckgröße in cm, mm und anderen Maßeinheiten nachsehen.

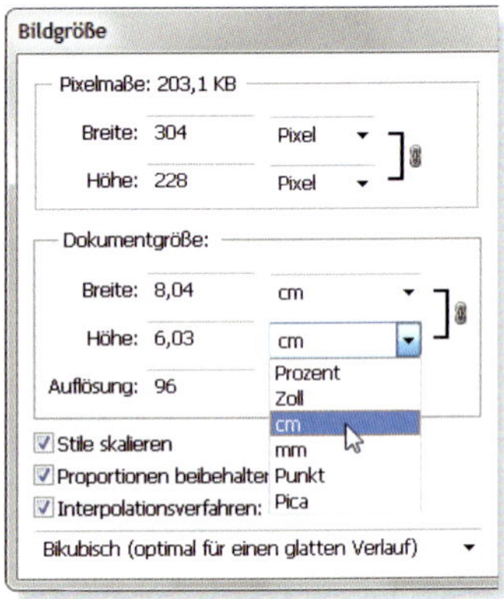

▲ **Abbildung 3.30**
Handfeste Angaben zur Druckgröße eines Bildes finden Sie im Dialog BILDGRÖSSE.

- Bei aktivem Zoomwerkzeug gibt es zudem ein Kontextmenü, das unter anderem den Befehl TATSÄCHLICHE PIXEL enthält, der Sie zur 1:1-Ansicht bringt.

Alles im Blick: Bildschirmgröße | Sehr oft brauchen Sie auch eine Ansicht des Bildes, bei der Sie das gesamte Bild überblicken können, in der das Bild aber auch nicht kleiner sein soll als nötig – z. B. beim Beschneiden. Optimal ist es, wenn das Bild gerade den Bildschirm ausfüllt. Je nach Bild- und Monitorgröße sind unterschiedliche Prozentzahlen erforderlich. Sie müssen jedoch nicht lange herumexperimentieren – auch hier gibt es schnelle Wege.

- Der Button BILDSCHIRM AUSFÜLLEN in der Zoomwerkzeug-Optionsleiste zoomt das Bild so, dass es den Bildschirm optimal ausfüllt.
- Alternativ gibt es auch ein Tastenkürzel: Strg+0 (am Mac: ⌘+0).
- Das Kontextmenü und das Menü ANSICHT bieten hierzu den Befehl GANZES BILD.
- Auch ein Doppelklick auf das Hand-Werkzeug führt zur gewünschten monitorfüllenden Bild-Gesamtansicht.

Wie groß wird gedruckt? | Eine Option ist noch ungeklärt: Der Button DRUCKFORMAT bringt das Bild auf eine Bildschirmgröße, die der späteren Druckgröße ungefähr entspricht (auch im Kontext- und ANSICHT-Menü).

Was wollen Sie tun?	Windows	Mac
Zoomwerkzeug aktivieren	Z	Z
Bildansicht vergrößern	Strg+\+	⌘+\+
Bildansicht verkleinern	Strg+-	⌘+-
Bildansicht in allen Dokumenten vergrößern	Klick mit der Lupe ins Bild + ⇧	Klick mit der Lupe ins Bild + ⇧
Bildansicht in allen Dokumenten verkleinern	Klick mit der Lupe ins Bild + Alt+⇧	Klick mit der Lupe ins Bild + ⌥+⇧
Bildansicht mit Bildfenster vergrößern	Strg+Alt++	⌘+⌥++
Bildansicht mit Bildfenster verkleinern	Strg+Alt+-	⌘+⌥+-
Wenn in den Voreinstellungen ZOOM ÄNDERT FENSTERGRÖSSE aktiv ist und schwebende Fenster genutzt werden, die Größenänderung kurzfristig abstellen	⇧	⇧
Bildansicht auf 100% stellen	Strg+Alt+0 (Null)	⌘+⌥+0 (Null)

▲ **Tabelle 3.1**
Zoom-Tastaturbefehle auf einen Blick

Was wollen Sie tun?	Windows	Mac
Maximale Bildgröße auf dem Monitor (Bildschirmgröße) darstellen	Strg+0 (Null)	⌘+0 (Null)
Zoomwerkzeug kurzzeitig aus anderen Werkzeugen aufrufen und vergrößern	Leertaste + Strg	Leertaste + ⌘
Zoomwerkzeug kurzzeitig aus anderen Werkzeugen aufrufen und verkleinern	Alt + Leertaste (bzw. Strg+Alt + Leertaste bei der Bearbeitung von Text)	⌥ + Leertaste (bzw. ⌘+⌥ + Leertaste bei der Bearbeitung von Text)

▲ **Tabelle 3.1**
Zoom-Tastaturbefehle auf einen Blick (Forts.)

3.2.3 Hand-Werkzeug: Die Bildansicht verschieben

Trotz der differenzierten Möglichkeiten, die Größe der Bilddarstellung festzulegen, bleibt immer noch die Aufgabe, den richtigen Bildausschnitt ins Dokumentfenster zu holen, denn die mit Photoshop bearbeiteten Bilder können viel größer sein als Fenster oder Tab – selbst auf dem geräumigsten Monitor! Das **Hand-Werkzeug** (Tastenkürzel: H) ist ein effizientes Hilfsmittel dazu.

Die Hand kommt immer dann sinnvoll zum Einsatz, wenn das eigentliche Bild größer ist als der Dokumentrahmen. Mit diesem Werkzeug schieben Sie das Bild – wie einen Bogen Papier auf der Tischplatte – im Dokumentfenster oder in der Registerkarte herum. Das könnten Sie zwar auch mit den Bildlaufleisten (Scroll-Leisten) erledigen, mit dem Hand-Werkzeug arbeiten Sie jedoch erheblich schneller!

Wie das Zoomwerkzeug wird das Hand-Werkzeug auch dann oft gebraucht, wenn gerade ein anderes Werkzeug aktiv ist. Per **Leertaste** erreichen Sie die hilfreiche Hand schnell, selbst wenn Sie gerade ein anderes Tool benutzen. Außer beim Bearbeiten von Text klappt dieser Trick immer. Sobald Sie die Leertaste loslassen, landen Sie wieder bei Ihrem zuletzt verwendeten Werkzeug.

Bilder mit Schwung herumwerfen

Auf den nüchternen Namen »Ziehschwenken« hört eine der spaßigeren Photoshop-Funktionen. Großformatige und stark gezoomte Bilder lassen sich mit dem Hand-Werkzeug nämlich nicht nur brav über die Arbeitsfläche schieben, sondern auch mit Schwung herumwerfen. Geben Sie bei gedrückter Maustaste und aktivem Hand-Werkzeug der Bildfläche einen kräftigen Schubs – Sie werden sehen!

Das funktioniert nur bei Dokumenten, bei denen Teile des Bildes nicht angezeigt werden können – also bei großen Bildern in kleineren Tabs oder Fenstern. Wenn das Ziehschwenken bei Ihnen gar nicht funktioniert, schauen Sie in den VOREINSTELLUNGEN (Strg/⌘+K) nach, ob die Option ZIEHSCHWENKEN AKTIVIEREN angeklickt ist.

Der richtige Bildausschnitt in Sekundenschnelle | Wer stark vergrößerte – oder einfach sehr große – Dokumente bearbeitet, kennt das Problem: Sich den jeweils richtigen Bildausschnitt ins Fenster zu holen, kann die eigentliche Arbeit ziemlich ausbremsen. Für solche Fälle bietet Photoshop eine großartige Abkürzung. Durch simples Drücken der Taste H und Drücken der Maustaste wechselt die Bildansicht aus der gezoomten Detailperspektive kurzzeitig zum ganzen Bild. Ein feiner Rahmen zeigt proportional korrekt die Dimensionen des bisherigen Bildausschnitts an. Diesen Rahmen können Sie bei gehaltener Maustaste über das Bild verschieben. Sobald Sie H und die Maustaste loslassen,

Datei auf der Buch-DVD: »funkienblüte.jpg«

erscheint der gewählte Ausschnitt in der zuvor benutzten Vergrößerungsstufe im Dokumentrahmen (Tab oder Fenster).

Bild: Frank Gaebler

▲ **Abbildung 3.31**
Ein stark gezoomtes Bild. Im Dokumentfenster ist nur dieser Ausschnitt sichtbar.

▲ **Abbildung 3.32**
H-Taste und Mausbewegung wechseln zu dieser Ansicht. Mit dem verschiebbaren Rahmen – der genau so proportioniert ist wie der bisherige Ausschnitt – kann ein neuer Bereich für die Anzeige festgelegt werden.

Was wollen Sie tun?	Windows	Mac
Hand-Werkzeug aufrufen	H	H
Hand-Werkzeug kurzzeitig aus anderen Werkzeugen heraus aufrufen	Leertaste	Leertaste
Handwerkzeug auf alle Bilder gleichzeitig anwenden	⇧ + Leertaste	⇧ + Leertaste
Bildausschnitt hochschieben	Bild ↑	⇞
Bildausschnitt herunterschieben	Bild ↓	⇟
Bildausschnitt langsam hochschieben	⇧+Bild ↑	⇧+⇞
Bildausschnitt langsam herunterschieben	⇧+Bild ↓	⇧+⇟
Bildausschnitt nach links schieben	Strg+Bild ↑	⌘+⇞
Bildausschnitt nach rechts schieben	Strg+Bild ↓	⌘+⇟
Bildausschnitt zur linken oberen Bildecke schieben	Pos1	↖
Bildausschnitt zur rechten unteren Bildecke schieben	Ende	↘
Kurzfristig ganzes Bild mit Positionsrahmen einblenden	H + Maustaste drücken	H + Maustaste drücken

▲ **Tabelle 3.2**
Tastaturbefehle zum Bildlauf auf einen Blick

Bei der parallelen Arbeit mit mehreren Bildern kommt es vor, dass Zoomstufe, Bildposition und -drehung bei allen Dokumenten verändert werden müssen. Das müssen Sie nicht manuell für jedes Dokument einzeln einstellen. Die drei Werkzeuge Lupe, Hand und Ansichtdrehung-Werkzeug haben jeweils eine Option, um die nächste Änderung der Darstellungsweise gleichzeitig auf alle geöffneten Bilder anzuwenden. Auch nachträglich können Sie für alle geöffneten Bilder in einem Schwung Zoomstufe, Position oder Drehung einstellen. Die Voraussetzung dafür ist, dass bei einem der Bilder die gewünschte Darstellung schon eingestellt ist. Das Dokument muss aktiv sein, seine Einstellungen sind maßgebend für die Anpassung. Stellen Sie also zunächst dort die Vergrößerung ein, die auf alle Bilder angewendet werden soll. Legen Sie dann fest, welcher Bildbereich angezeigt werden soll, und drehen Sie, wenn nötig, die Ansicht. Danach können Sie die Befehle aus der Liste Dokumente anordnen oder dem Menü unter Fenster • Anordnen nutzen, um alle Bilder gleich anzeigen zu lassen.

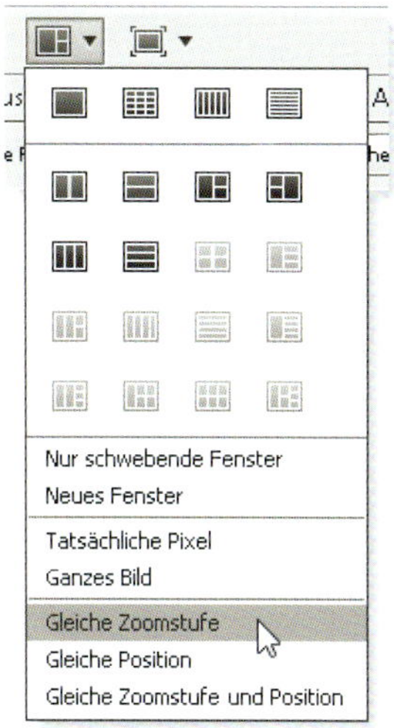

▲ **Abbildung 3.33**
In der Liste Dokumente anordnen finden sich auch Befehle, um die Ansicht mehrerer Bilder gleichzeitig einzustellen.

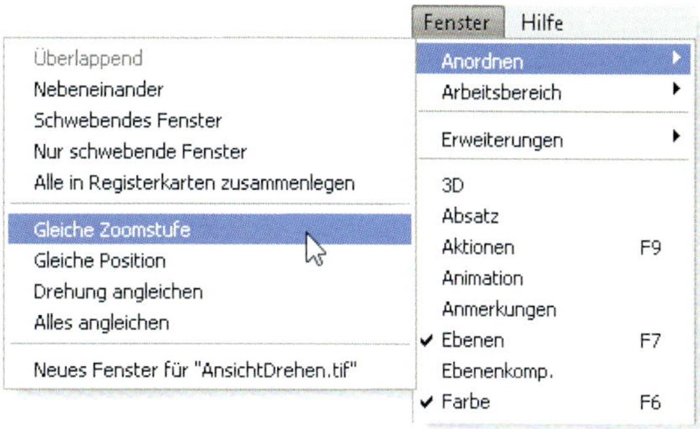

▲ **Abbildung 3.34**
Unter Fenster • Anordnen gibt es noch weitergehende Befehle.

- Mit dem Befehl Gleiche Zoomstufe bringen Sie alle geöffneten Bilder in denselben Abbildungsmaßstab.
- Mit Gleiche Zoomstufe und Position bekommen alle geöffneten Bilder denselben Abbildungsmaßstab und auch dieselbe Position im Dokumentfenster. Im Menü Fenster • Anordnen ist diese Funktion leider nicht mehr zu finden, aber in der Liste

Dokumente anordnen (Button in der Anwendungsleiste) gibt es sie noch.

- ▶ Mit Gleiche Position bleibt der Vergrößerungsmaßstab unverändert, aber die Position der Bilder in den Dokumentfenstern wird angeglichen.
- ▶ Drehung angleichen (nur unter Fenster • Anordnen) ändert allein die Drehung aller geöffneten Dokumente.
- ▶ Alles angleichen (nur unter Fenster • Anordnen) wirkt sich auf alle Ansichtseigenschaften (Zoom, Position, Drehung) aus.

3.2.4 Die Bildansicht drehen

Jeder, der auf Papier zeichnet, kennt das: bei schwierigen Arbeiten wird das Blatt schräg gelegt. In Photoshop geht das auch digital: Sie können die Bildansicht drehen. Das Bild selbst wird dabei nicht transformiert, denn diese Drehung betrifft nur die Ansicht! Möglich wird es durch OpenGL und das Ansichtdrehung-Werkzeug (Kürzel: [R]). Sie finden es in der Werkzeugleiste als Unterwerkzeug der bekannten Hand. Wenn Sie Photoshop Extended benutzen, sollten Sie genau hinsehen, denn es besteht Verwechslungsgefahr mit den 3D-Rotationswerkzeugen.

Wenn das Werkzeug aktiv ist, wird im Dokumentfenster eine Kompassrose eingeblendet, sobald Sie die Maus ins Bild setzen. Die lässt sich sehr intuitiv per Maus drehen, und mit ihr dreht sich die gesamte Bildansicht. Auch Werkzeuge, die Sie dann anwenden, erscheinen gekippt.

Bild: Fotolia, James Steidl

Abbildung 3.35 ▶
Das Drehen per Maus geht schnell!

Um **genaue Gradzahlen** einzugeben, nutzen Sie die Optionsleiste:

1. Hier können Sie den Drehwinkel numerisch eintippen oder an einem kleinen Gradmesser mit der Maus ziehen.
2. Ansicht zurücksetzen rückt das Bild wieder gerade, ebenso wie ein Klick auf [Esc].
3. Alle Fenster drehen kippt alle geöffneten Dokumente gleichzeitig.

◂ **Abbildung 3.36**
Optionen des Ansichtdrehung-Werkzeugs. Ziehen am Gradmesser verändert die Bildposition.

3.2.5 Navigationshilfe in Palettenform: Der Navigator

Über Fenster • Navigator erreichen Sie die Navigator-Palette. Darin sind die Funktionen von Hand, Zoom und eine Bildausschnitt-Kontrolle zusammengefasst. Durch die CS4-Neuerungen in Sachen Dokumentanzeige ist die Navigator-Palette fast entbehrlich geworden (siehe Kapitel 3.2.3, Abschnitt »Der richtige Bildausschnitt in Sekundenschnelle«).

▴ **Abbildung 3.37**
Die Navigator-Palette im Einsatz. Das Beispieldokument wird im Fenster nicht komplett angezeigt. Der sichtbare Dokumentausschnitt ist hier rot markiert.

Die wichtigste Funktion der Navigator-Palette erschließt sich auf den ersten Blick: Sie zeigt bei großformatigen oder stark gezoomten Bildern, welcher Bildausschnitt aktuell im Dokumentfenster zu sehen ist. Das Vorschaufenster des Navigators zeigt das gesamte Bild, und ein roter Rahmen markiert den Bereich, der im Dokumentfenster sichtbar ist.

Funktionen | Die Palette hilft jedoch auch, Zoomstufe und Bildausschnitt festzulegen. Die Funktionen im Überblick:

- Das Verschieben des Navigator-Rahmens ❹ mit der Maus verschiebt gleichzeitig den Bildausschnitt im Dokumentfenster.
- Wenn Sie dabei zusätzlich [⇧] drücken, werden Rahmen und Bildausschnitt genau senkrecht oder waagerecht bewegt.
- Auch ein Klick an eine beliebige Stelle des Navigator-Vorschaufensters manövriert den Rahmen dorthin und bewegt den Bildausschnitt entsprechend.
- Sie können im Navigator-Rahmen links unten einen neuen Wert für den Abbildungsmaßstab eintippen ❻. Vergessen Sie nicht, die Eingabe mit [↵] zu bestätigen.

- Stufenlos verstellen lässt sich der Bildmaßstab per Schieberegler ❺. Und auch Klicks auf die Landschaftssymbole rechts und links des Schiebers vergrößern bzw. verkleinern stufenweise.

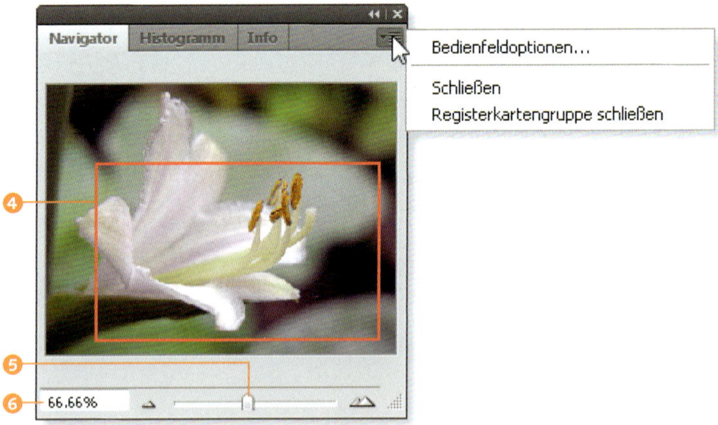

Abbildung 3.38 ▸
Über die Bedienfeldoptionen können Sie die Farbe des Rahmens ändern – bei vorwiegend roten Bildmotiven ist das ganz sinnvoll.

- Navigator-Lupe: Wenn Sie bei gehaltener [Strg]- bzw. [⌘]-Taste über das Navigator-Fenster fahren, erscheint eine Lupe. Nun können Sie, wie vom Zoomwerkzeug bekannt, einen Rahmen per Maus aufziehen und damit das Bild gleichzeitig heranzoomen und den gezeigten Ausschnitt festlegen.
- Ein [Strg]-Klick bzw. [⌘]-Klick in das Navigator-Fenster vergrößert genau den angeklickten Bereich auf die maximale Zoomstufe.

»Modus« in Photoshop

Der Begriff »Modus« taucht in Photoshop wiederholt auf. Der Bildschirmmodus – um den es hier geht – sollte nicht mit dem Befehl BILD • MODUS verwechselt werden! Tatsächlich bezeichnet »Bildmodus« die Art der Farbbeschreibung in einer Datei. Bekannte Bildmodi sind CMYK und RGB. »Modi« treffen Sie in Photoshop auch noch andernorts an: zum Beispiel als Modus der Pixelverrechnung bei Mal- und Füllwerkzeugen und als Maskierungsmodus. Bezeichnet werden damit ganz unterschiedliche Dinge! Lassen Sie sich nicht verwirren.

3.3 Verschiedene Bildschirmmodi des Arbeitsbereichs

Um Bilder anzusehen, können Sie nicht nur zwischen verschiedenen Zoomstufen wählen, sondern auch kurzzeitig Elemente von der Photoshop-Arbeitsfläche ausblenden und für einen neutralen Hintergrund sorgen. Das erleichtert die Beurteilung von Bildern enorm! Bei Farbkorrekturen kann das sinnvoll sein, denn die Bildschirmanzeige der Bildfarben ist zwar nicht Ihre einzige Kontrollmöglichkeit (und auch nicht die zuverlässigste), aber dennoch sehr wichtig. Auch für die Präsentation von Arbeitsergebnissen am Bildschirm macht sich der Vollbildmodus gut.

Neben den schon genannten Möglichkeiten, einfach Paletten auszublenden, gibt es in Photoshop noch spezielle Ansichtsfunktionen, die **Bildschirm-** oder **Ansichtsmodi**. Sie lassen sich über die Anwendungsleiste oder mittels Shortcut [F] (für »Full Screen«)

einstellen. Außerdem können Sie auch mit den Menübefehlen unter ANSICHT • BILDSCHIRMMODUS arbeiten.

Standardmodus | Der STANDARDMODUS ist der übliche Arbeitsmodus mit grauer Arbeitsfläche, Menü- und Optionsleiste oben und Paletten an den Seiten. Der Dokumentbereich passt sich dynamisch dem vorhandenen Platz an: Große Dokumente verbreitern sich automatisch, sobald zum Beispiel Paletten eingeklappt werden. Die Abbildungen 2.1 und 2.48 in Kapitel 2 sind Beispiele für Photoshop im Standardmodus.

Vollbildmodus mit Menüleiste | Im VOLLBILDMODUS MIT MENÜLEISTE wird nur der Dokumentrahmen ausgeblendet. Alle Werkzeuge und Funktionen bleiben weiterhin benutzbar, so auch die bekannten Zoom-Tastaturbefehle. So kommen Sie schnell zu einer Ansicht, die die Bildschirmfläche optimal ausnutzt.

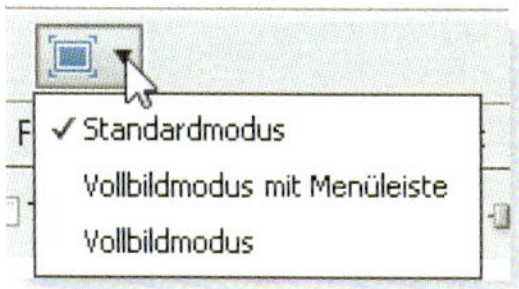

▲ **Abbildung 3.39**
In der Anwendungsleiste finden Sie die Befehle für den Bildmodus.

Zur Erinnerung: Weitere Elemente ausblenden
Wenn Sie zusätzlich die Werkzeug- und Optionsleiste und die Paletten loswerden wollen – was oft sinnvoll ist –, drücken Sie ⇥. Strg/⌘+R blendet die Bildlineale aus und ein.

Bilder: Adobe

▲ **Abbildung 3.40**
VOLLBILDMODUS MIT MENÜLEISTE: Das Bild geht hinter den Paletten weiter, kann aber mit dem Hand-Werkzeug verschoben werden.

Bild verschwunden?
Vorsicht, im Bildschirmmodus VOLLBILD MIT MENÜLEISTE kann ein Bild beim Ziehschwenken ganz aus dem Sichtfeld rutschen. Ein Doppelklick auf das Icon des Hand-Werkzeugs zentriert es wieder.

Vollbildmodus | Der Vollbildmodus hält, was er verspricht: Alle Programmelemente sind ausgeblendet, nichts lenkt vom Bild ab. Mit F oder Esc beenden Sie den Zustand und kehren wieder in den Standardmodus zurück.

Abbildung 3.41 ▸
Der Vollbildmodus. Paletten und Werkzeugleiste werden eingeblendet, wenn Sie die Maus dem rechten oder linken Rand nähern.

TOPP-TIPP: Arbeitsflächenfarbe ändern

Das nüchterne Neutralgrau der Arbeitsfläche ist ein guter Hintergrund, um Bilder zu beurteilen. Es vermeidet falsche Farbeindrücke. Sie können in allen Bildschirmmodi die Farbe Ihrer Standard-Arbeitsfläche jedoch auch ändern. Schwarz und Weiß sind ebenfalls gute Hintergründe zur Einschätzung von Fotos. Eine farbige Arbeitsfläche ist sinnvoll, um ein Bild vor einer speziellen Hintergrundfarbe zu testen, und kann Sie retten, wenn Sie Bilder bearbeiten, die selbst grau in grau sind. Klicken Sie mit der rechten Maustaste (Mac-Alternative: Ctrl + Klick) irgendwo in den grauen Arbeitsflächenbereich. Ein Kontextmenü lässt Ihnen dann die Wahl zwischen Schwarz, Weiß und eigenen Farben. EIGENE FARBE AUSWÄHLEN öffnet den Farbwähler. Suchen Sie eine Farbe aus, und bestätigen Sie mit OK – und die Arbeitsfläche hat die gewünschte Farbe.

Mit dem Kontextmenü kommen Sie auch wieder zum gewohnten GRAU zurück, und der Befehl BENUTZERDEFINIERT führt Sie zur letzten individuell eingestellten Farbe zurück.

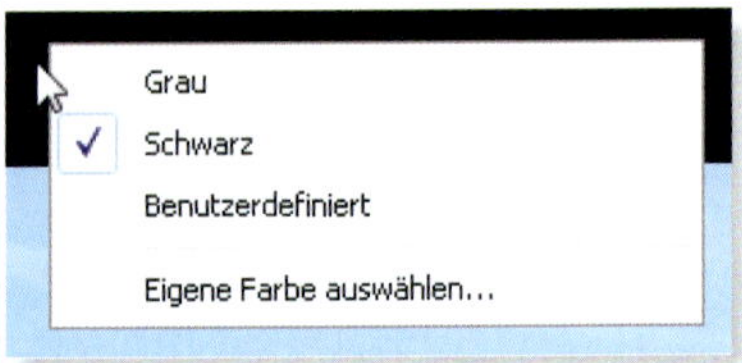

◂ Abbildung 3.42
Kontextmenü zum Umfärben der Arbeitsfläche (Das Hellblau ist Teil eines Bildes.)

Zum Weiterlesen: Farben festlegen
Der Farbwähler ist das mächtigste Instrument zum Festlegen von Farben. Andere Möglichkeiten zur Farbauswahl sind die Paletten FARBFELDER oder FARBE. Mehr zur Einstellung von Farben lesen Sie in Teil VIII, »Farbe und Farbveränderungen«.

3.4 Die Info-Palette: Farben und Maße unter Kontrolle

Der Befehl FENSTER • INFO oder ein Tastendruck auf [F8] blendet die Informationen- oder Info-Palette ein. (Hier lässt Adobe ausnahmsweise einmal beide Schreibweisen gelten.) Die Info-Palette zeigt eine Fülle von Informationen zu Ihrer aktuellen Datei an – Koordinaten, Farbwerte, die Größe von Auswahlen und vieles andere. Sie ergänzt sich mit den verschiedensten Werkzeugen.

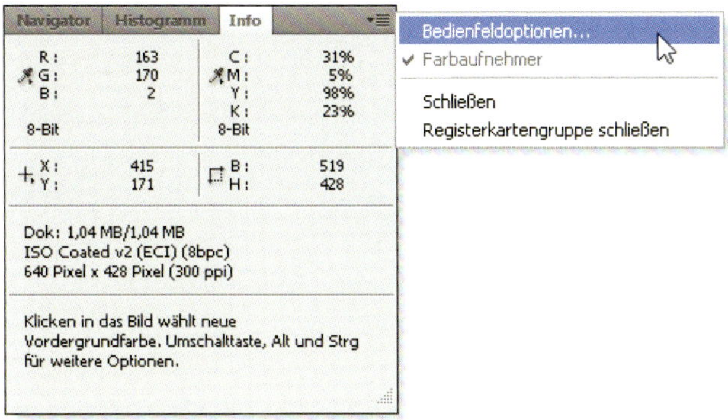

◂ **Abbildung 3.43**
Die Info-Palette. Was dort genau angezeigt wird, richtet sich nach dem gerade aktiven Werkzeug, der Position des Mauszeigers und den eingestellten Optionen.

Optionen | Mit den Optionen legen Sie Maßeinheiten und Farbmodelle fest, die Photoshop anzeigen soll. Dort können Sie auch die Anzeige der Palette um weitere Informationen erweitern. Sie erreichen das Dialogfeld über den Befehl BEDIENFELDOPTIONEN aus dem Seitenmenü der Palette.

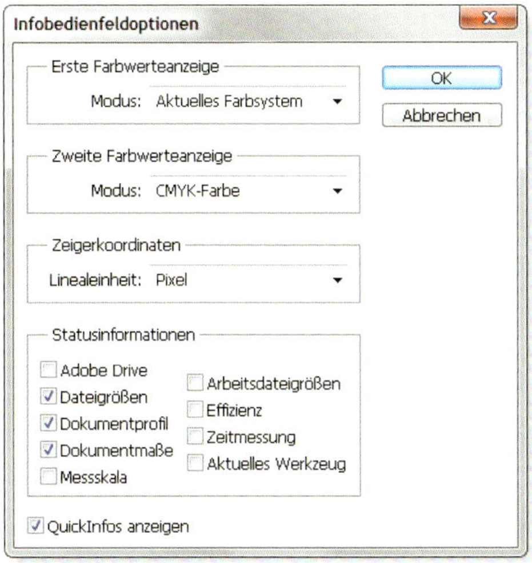

▴ **Abbildung 3.44**
Die INFOBEDIENFELDOPTIONEN

Optionen der Info-Palette schneller erreichen

Wenn Ihnen der Weg zu den Bedienfeldoptionen einige Klicks zu lang ist, können Sie alternativ auch die mikroskopisch kleinen Schaltflächen direkt auf der Palette benutzen.

▴ **Abbildung 3.45**
Der Klick auf eines der winzigen Dreiecke neben den Werkzeugsymbolen führt ebenfalls zu den Optionen.

Optionen für die Farbwert-Anzeige | Im oberen Bereich der Info-Palette werden die Farbwerte angezeigt. Dafür gibt es gleich zwei Anzeigefelder, sodass Sie die Möglichkeit haben, die Farben des Bildes in zwei unterschiedlichen Farbsystemen anzeigen zu lassen.

Wenn Sie der Anzeige in der Info-Palette andere Farbsysteme als die Standardeinstellung zugrunde legen wollen, müssen Sie in den Optionen die Einstellungen unter Erste Farbwerteanzeige und Zweite Farbwerteanzeige ändern. Sinnvoll ist es jedoch, wenn eine der beiden Anzeigen das aktuelle Farbsystem zeigt, das heißt das Farbsystem, das dem geöffneten Bild zugrunde liegt.

- Die Optionen Graustufen, RGB, HSB, CMYK und Lab bezeichnen Farbsysteme bzw. Bildmodi, und die Option Webfarbe meint die Beschreibung der Farben im Hexadezimalsystem (Beispiel: # CC6633). Solche Farbnotierungen werden im Webdesign benutzt.
- Für Druckprofis interessant ist die Option Gesamtfarbauftrag. Der dort angezeigte Prozentwert ist die Addition aller CMYK-Prozentwerte aller Farbkanäle. Dieser Wert darf nicht zu hoch sein; der Maximalwert variiert je nach bedrucktem Material.
- Fast zwangsläufig kommt es zwischen der Bildschirmanzeige und dem gedruckten Bild zu Farbabweichungen. Man versucht daher mit verschiedenen Mitteln, das Aussehen der gedruckten Farben auf dem Bildschirm vorwegzunehmen, damit es nicht zu Überraschungen kommt. Ein Mittel ist die Einstellung Proof-Farbe. Ist diese Option aktiv, werden auch die CMYK-Werte angezeigt, allerdings unter zusätzlicher Berücksichtigung der Farbeinstellungen und der dem Bild zugewiesenen Profile.
- Die Option Deckkraft soll die Deckkraft der aktuellen Ebene anzeigen.

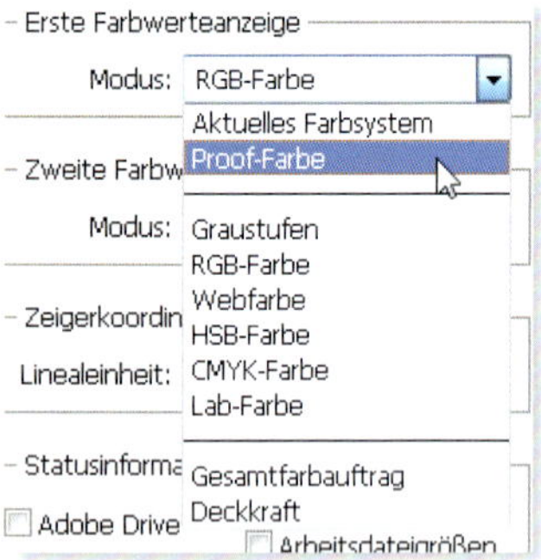

▲ **Abbildung 3.46**
Optionen zur Anzeige der Farbwerte in der Info-Palette

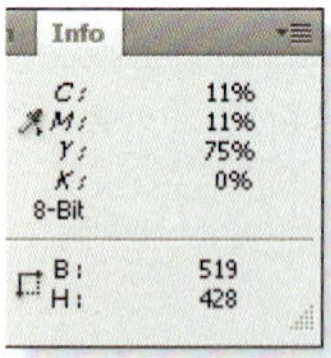

▲ **Abbildung 3.47**
Die Anzeige der Proof-Farbwerte rechts oben. Sie ist von der normalen CMYK-Anzeige durch die Kursivschrift zu unterscheiden.

Zum Weiterlesen: Farbsysteme, Farbreproduktion
Mehr zu Farbsystemen und Farbmodi und ihrer Bedeutung für die Bildbearbeitung und Reproduktion erfahren Sie in Kapitel 6, »Bildbearbeitung: Fachwissen«. Mehr über die sachgerechte Vorbereitung von Dateien für den Druck erfahren Sie in Teil XII, »Bilder ausgeben«.

Farbkontrolle bei der Vorbereitung von Bildern für den Druck | Bilder für die professionelle Druckreproduktion müssen üblicherweise im Farbsystem CMYK vorliegen. Viele Grafiker ziehen es jedoch vor, zunächst im Farbsystem RGB zu arbeiten, weil manche Arbeitsschritte dann etwas leichter sind und weil bei RGB-Bildern mehr Funktionen von Photoshop zur Verfügung stehen. Die Umwandlung in ein CMYK-Bild erfolgt erst ganz zum Schluss. Allerdings sind die beiden Farbsysteme RGB und CMYK nicht genau deckungsgleich – es kann passieren, dass eine Farbe, die in RGB gut aussieht, später im CMYK-Druck gar nicht darstellbar ist!

Um solchen Fällen vorzubeugen, können eine parallele Anzeige von RGB- und CMYK-Werten in der Info-Palette und ein gelegentlicher Kontrollblick darauf sinnvoll sein. Wenn Sie mit der Maus über eine »verdächtige« Stelle im Bild fahren, werden in CMYK nicht darstellbare RGB-Farben in der Info-Palette mit einem kleinen Ausrufezeichen gekennzeichnet.

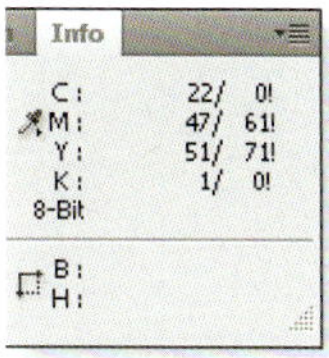

▲ **Abbildung 3.48**
Die Ausrufezeichen hinter den CMYK-Werten signalisieren, dass diese Farbe im Druck nicht originalgetreu wiedergegeben werden kann.

Messwerte | Auch für Einsteiger interessant und von Anfang an sinnvoll nutzbar sind die Messwerte in den beiden unteren Anzeigefeldern der Info-Palette:

- Wenn Sie mit der Auswahlellipse oder dem Auswahlrechteck arbeiten, zeigt die Info-Palette die Breite (B:) und Höhe (H:) der Auswahl an.
- Beim **Transformieren einer Ebene** können Sie hier anhand der Koordinaten (X:/Y:) die Position der transformierten Ebene im Bild, deren Größenveränderung in Prozent sowie eventuelle Neigungs- und Zerrungswinkel ablesen.
- Beim **Erstellen von Verläufen** können mithilfe der Info-Palette die Größe des gefüllten Bereichs und der Winkel des Verlaufs genau kontrolliert werden.

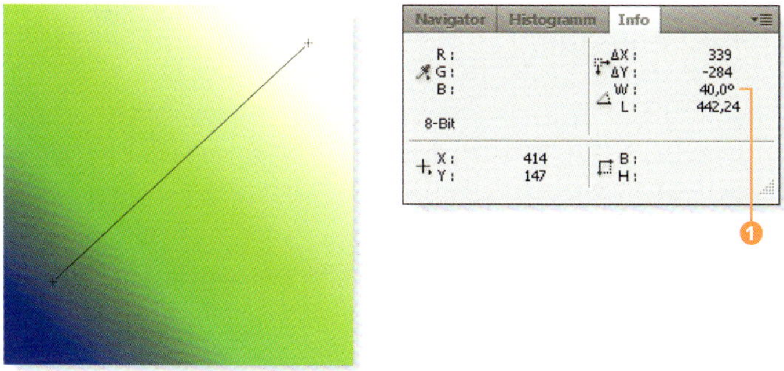

◀ **Abbildung 3.49**
Farbverläufe können mithilfe der Info-Palette gradgenau **1** angelegt werden.

- Auch bei der Verwendung des Werkzeugs **Linienzeichner** sehen Sie die Koordinaten der Anfangs- und Endpunkte, Winkel und Distanzen.

Statusinformationen | Den Inhalt des Feldes im unteren Bereich der Info-Palette (siehe Abbildung 3.43) bestimmen Sie selbst. Hier können verschiedene Statusinformationen angezeigt werden. Nehmen Sie die Einstellungen dazu im Optionsdialog der Bedienfeldoptionen unter STATUSINFORMATIONEN vor. Die Optionen selbst sind dieselben wie auch in der Statusleiste von Bildern.

QuickInfos | Ganz unten in der Info-Palette können kurze Hinweise zum gerade aktiven Werkzeug eingeblendet werden. Dazu muss die Option QuickInfos anzeigen in den Optionen per Häkchen aktiviert sein. Diese Funktion ist recht nützlich, um sich mit den Werkzeugen und Werkzeug-Shortcuts vertraut zu machen.

3.5 Lineal, Hilfslinien, Raster und Spalten: Ausrichten und Messen

Beim Ausrichten von Bildelementen und Text reicht das Augenmaß für exakte Ergebnisse nicht aus. In Photoshop stehen Ihnen verschiedene Hilfsfunktionen zur Verfügung, um das pixelgenaue Ausrichten zu vereinfachen.

3.5.1 Lineale am Bildrand

Auf einigen Screenshots im Buch haben Sie es vielleicht schon gesehen: das Lineal am linken und oberen Rand eines jeden Bildes. Das Lineal ist eine gute Hilfe für die Platzierung von Elementen im Bild, es ergänzt hervorragend die Hilfslinien, die ich Ihnen im nächsten Absatz vorstelle, und ein kurzer Blick auf das Lineal hilft, sich schnell über die Dimensionen und den Zoom-Maßstab des Bildes zu orientieren. Es funktioniert in Registerkarten und in schwebenden Fenstern.

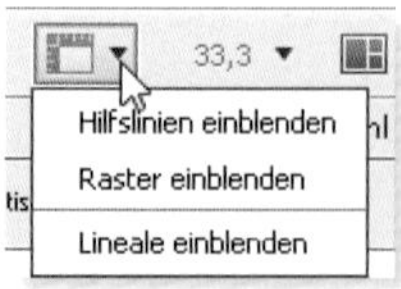

▲ **Abbildung 3.50**
Nicht alle, aber die wichtigsten Extras erreichen Sie schnell über diesen Button.

Lineal anzeigen | Ein- und Ausblenden können Sie das Lineal mit Strg+R bzw. ⌘+R, mit dem Menübefehl Ansicht • Lineale und mit dem Button Extras einblenden aus der Anwendungsleiste.

Um das Lineal an die eigenen Bedürfnisse anzupassen, gibt es zwei wichtige Möglichkeiten:

- Sie können die Maßeinheit verstellen.
- Sie können den Ursprung des Lineals ändern.

Maßeinheit ändern | Um die Maßeinheit zu verändern, rufen Sie wiederum die Voreinstellungen (Strg/⌘+K) auf und gehen dann zu Masseinheiten & Lineale.

Was Sie dann sehen, ist fast selbsterklärend. Die Einstellung Pixel eignet sich besonders gut, wenn Sie Bilder für den Einsatz am Monitor (Internet, CD-ROM, Bildschirmpräsentationen u. Ä.) produzieren. Zentimeter und Millimeter eignen sich eher, wenn Sie Bilder für die Druckvorstufe bearbeiten. Punkt und Pica sind typografische Maßeinheiten, mit denen Schriftgrößen bezeichnet werden.

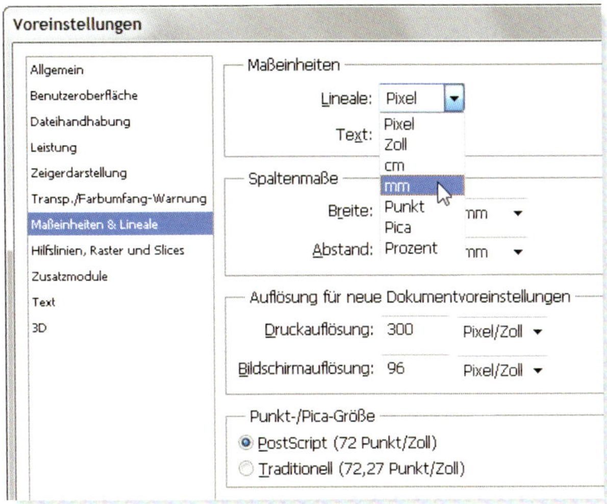

▲ **Abbildung 3.51**
Verstellen der Maßeinheit für Lineale

Globale Auswirkung der geänderten Maßeinheit

Welche Maßeinheit in den Voreinstellungen eingestellt wird, ist nicht nur für die Bildrand-Lineale relevant. Gleichzeitig beeinflussen Sie damit die Standard-Voreinstellung in vielen Dialogboxen, der Optionsleiste und zum Beispiel auch für das Linealwerkzeug.

Der Hintergedanke dabei ist: Wer einem bestimmten Maßsystem den Vorrang gibt, tut dies vor allem, weil Bilder medienspezifisch (für die Bildschirm- oder Druckausgabe) produziert werden sollen, und dann braucht er das entsprechende Maß nicht nur bei den Linealen.

Der Ursprung des Lineals | Der Ursprung des Lineals (gewissermaßen der Nullpunkt) lässt sich einfach ändern, indem Sie den Mauszeiger auf den Schnittpunkt beider Lineale in der oberen linken Ecke des Dokumentrahmens platzieren und mit gedrückter Maustaste herausziehen.

Bild: Fotolia, gourmecana

Datei auf der Buch-DVD: »obst.tif«

◂ **Abbildung 3.52**
Der Ursprung der Lineale wird verändert.

▲ **Abbildung 3.53**
Neue Ursprungspunkte sind gesetzt.

▲ **Abbildung 3.54**
Um den Ursprung wieder zurückzusetzen, genügt ein Doppelklick auf den linken oberen Lineal-Schnittpunkt.

Ausrichten des Nullpunkts an schon vorhandenen Hilfslinien

Wenn im Bild bereits Hilfslinien vorhanden sind, können Sie den Linealursprung auch daran ausrichten. Führen Sie die gestrichelten »Ursprungslinien« des Lineals langsam mit der Maus an die Hilfslinie heran. Sie spüren dann ein sanftes Einrasten an den Hilfslinien – dann können Sie die Maus loslassen. Unter Ansicht • Ausrichten an muss dazu bei Hilfslinien ein Häkchen gesetzt sein (Standardeinstellung).

3.5.2 Messen und gerade richten: Das Linealwerkzeug

Wenn Sie die Maße eines Bildgegenstandes ermitteln wollen, können Sie Photoshops Linealwerkzeug (Tastaturbefehl [I]) einsetzen, das sich unter der Pipette und dem Farbaufnehmer versteckt. Das Linealwerkzeug misst **Streckenlängen** und **Winkel**. Die Ergebnisse der Messung können Sie in der Optionsleiste und der Info-Palette ablesen. Die bei der Messung erzeugten Linien werden nicht mitgedruckt!

Optionen des Linealwerkzeugs | Die X- und Y-Koordinaten ❶ bezeichnen den Anfangspunkt der Messstrecke. Angegeben wird auch, wie lang die auf den X- und Y-Achsen zurückgelegte Strecke ist ❷. B bezeichnet den horizontalen, H den vertikalen Abstand. Das ist nicht die Länge der Messlinie!

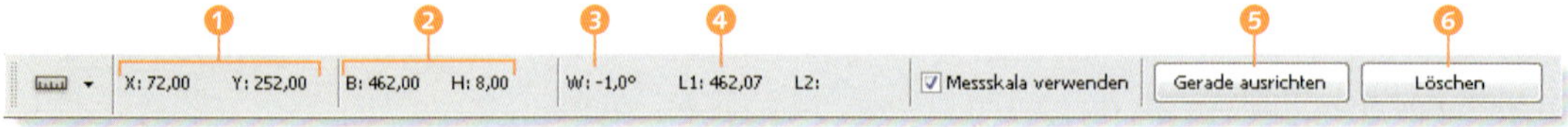

▲ **Abbildung 3.55**
Ergebnisse einer Messung

Während die ersten zwei Maße eher abstrakt und in der täglichen Arbeit nicht so aufschlussreich sind, ist der Wert unter »W« ❸ schon interessanter: Er bezeichnet den **relativen Winkel einer Messlinie zur Horizontalen**. Damit können Sie zum Beispiel kontrollieren, ob Sie die Messlinie tatsächlich genau senk- oder waagerecht gezogen haben.

Die Werte unter »L« ❹ beziehen sich nun auf die tatsächliche **Streckenlänge**(n). Ein zweiter D-Wert wird nur angezeigt, wenn eine aus zwei Messstrecken bestehende Winkelmessung vorgenommen wurde.

Ein Klick auf die Schaltfläche Löschen ❻ in der Optionsleiste entfernt die Messlinien endgültig. Alternativ können Sie die Linie auch einfach per Maus über die Bildgrenzen herausziehen.

CS5

Gerade ausrichten ❺ begradigt und beschneidet das Bild. Sie können damit Bilder im Nu gerade richten und gleichzeitig beschneiden, etwa wenn der Horizont einer Landschaftsaufnahme schief liegt. Mehr dazu weiter unten.

Wie wird gemessen? | Um die **Länge einer Strecke** zu ermitteln, klicken Sie einmal ins Bild und ziehen dann den Mauszeiger bei gehaltener linker Maustaste über die auszumessende Strecke. Wenn Sie am Ende ankommen, lassen Sie die Maus los. Wenn Sie beim Ziehen die [⇧]-Taste drücken, steht die Messlinie genau senkrecht, waagerecht oder in einem 45°-Winkel.

Um **Winkel** zu schon bestehenden Messlinien auszumessen, doppelklicken Sie auf eine schon bestehende Linie und ziehen den Zeiger an die gewünschte neue Position. In der Optionsleiste werden die Längen oder Winkel dann angezeigt.

Sobald Sie zu einem anderen Werkzeug wechseln, wird die Messlinie ausgeblendet. Wenn Sie zum Linealwerkzeug zurückkehren, erscheint sie wieder.

Messen per Auswahl und Info-Palette

Mit dem Linealwerkzeug bietet Photoshop zwar auch ein spezialisiertes Tool zum Feststellen von Kantenlängen, doch manchmal ist man schneller, wenn man das Auswahlrechteck zusammen mit der Info-Palette als Messinstrument nutzt. Das ist oft sehr nützlich beim Erstellen von Entwürfen für Webseiten. Und auch die Außenmaße unregelmäßig geformter Auswahlen werden hier angezeigt.

Messlinie modifizieren | Sie können auch eine einmal gezogene Messlinie modifizieren:

- Ein Ziehen des Endpunktes per Maus verlängert oder verkürzt die Linie.
- Ein Verschieben der Linie ist ganz einfach. Dazu fassen Sie die Linie in der Mitte per Maus an und bewegen sie.

CS5-Neuheit: Bilder ausrichten und beschneiden | Das Ausrichten von Bildern gehört zu den Routineaufgaben – schließlich passiert es während des Fotografierens leicht, dass Horizonte und andere wichtige Bildachsen nicht ganz im Lot sind. Bisher waren dazu mehrere Arbeitsschritte erforderlich: das Ausrichten des Bildes und anschließend das Beschneiden überstehender Bildecken.

Bild: Fotolia, Galina Barskaya

Datei auf der Buch-DVD: »Begradigen.jpg« (Das Bild auf der DVD ist aus rechtlichen Gründen nicht das hier abgebildete, die Funktion arbeitet damit aber genauso gut.)

◂ **Abbildung 3.56**
Beim Geraderichten des Motivs entstehen zwangsläufig überstehende Bildecken.

Die Funktion Gerade ausrichten erledigt beides in einem. Die Anwendung ist ganz einfach:

- Öffnen Sie das betreffende Bild, rufen Sie das Linealwerkzeug , [I] auf, und ziehen Sie eine Lineallinie über der annähernd senkrechten oder waagerechten Bildachse, die gerade gerichtet werden soll (Abbildung 3.57).
- Mit der Maus können Sie bei Bedarf den Anfangs- und den Endpunkt der Linie noch etwas verschieben, falls diese noch nicht richtig positioniert ist.
- Klicken Sie auf den Button Gerade ausrichten in der Optionsleiste. Das Bild wird ausgerichtet und beschnitten (Abbildung 3.58).

Zum Weiterlesen: Mehr Möglichkeiten zum Bildbeschnitt
Photoshop bietet noch mehr Funktionen für das schnelle und ganz präzise Ausrichten und Beschneiden von Bildern. In Kapitel 20 stelle ich sie Ihnen vor.

▲ **Abbildung 3.57**
Ausrichten mit dem Linealwerkzeug: Ziehen Sie eine Lineallinie entlang der Bildachse, die begradigt werden soll.

▲ **Abbildung 3.58**
Ein Klick auf den Button GERADE AUSRICHTEN richtet die Horizontlinie – hier die Fußleiste – gerade und beschneidet das Bild, alles in einem Arbeitsgang.

Ansichtdrehung-Tool als Vorschau-Instrument
Es ist nicht immer ganz leicht zu entscheiden, in welcher Richtung ein Bild gedreht werden soll. Bevor Sie ein Bild endgültig drehen und beschneiden, können Sie das Ansichtdrehung-Werkzeug verwenden, um zu prüfen, wie Ihr Foto am besten wirkt.

Farbe der Hilfslinien einstellen

Die Standardfarbe für Hilfslinien ist Cyan. Sollte diese Farbe sich einmal nicht bewähren, weil sie sich zu wenig vom Bild abhebt, können Sie sie in den VOREINSTELLUNGEN unter HILFSLINIEN, RASTER UND SLICES ändern.

3.5.3 Hilfslinien: Exaktes Ausrichten

Hilfslinien können von Ihnen selbst im Bild positioniert werden. Sie dienen als Ausrichtungshilfe für verschiedene Bild- und Textelemente. Sie bleiben beim Drucken des Bildes unsichtbar.

Hilfslinien freihändig erstellen | Der schnellste Weg zur Hilfslinie führt über das Lineal – nicht über das Linealwerkzeug, sondern über das Lineal am Bildrand. Am schnellsten blenden Sie es über das Tastaturkürzel `Strg`/`⌘`+`R` ein. Dann können Sie die benötigten Hilfslinien einfach mit der Maus aus den Linealen herausziehen – vertikale Linien aus dem vertikalen Lineal, horizontale Linien aus dem horizontalen Lineal. Sie können auch aus dem vertikalen Lineal horizontale Hilfslinien herausziehen und umgekehrt. Halten Sie dazu einfach `Alt` bzw. `⌥` gedrückt, während Sie die Hilfslinie aus dem Lineal ziehen. Auf Bildschirmen, die mit Paletten und anderen Fenstern zugestellt sind, ist diese Option ganz praktisch!

Hilfslinien exakt positionieren | Um Hilfslinien an eine bestimmte Position zu bringen, können Sie das schon vorgestellte Linealwerkzeug und natürlich auch das Lineal zu Hilfe nehmen. Auch die Info-Palette zeigt die genaue Lage der Linie an, solange Sie diese mit der Maus noch festhalten, und bietet eine gute Orientierung.

Eine weitere Möglichkeit ist das Menü ANSICHT • NEUE HILFSLINIE. Damit rufen Sie ein kleines Dialogfeld auf, in dem Sie die genaue Position festlegen können.

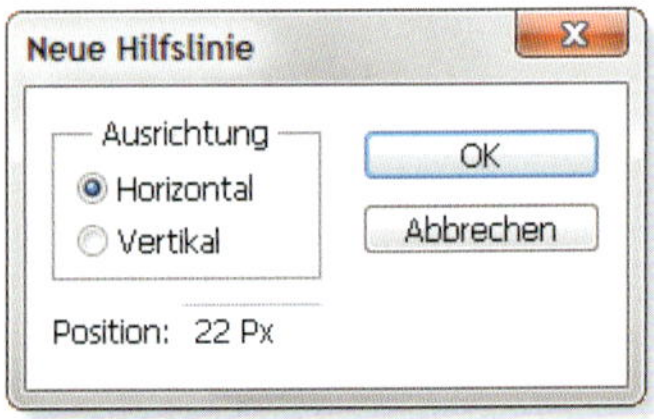

▲ **Abbildung 3.59**
Pixelgenaue Hilfslinien-Positionierung via Dialogfeld

Hilfslinien ein- und ausblenden | Das schnellste Mittel für das (kurzfristige) Ausblenden und Wiedereinblenden von Hilfslinien ist allerdings der Shortcut [Strg]+[,] ([⌘]+[,] unter Mac OS) – er ist wesentlich schneller als der Weg durch die Menüs!

Hilfslinien und Raster gehören zu den sogenannten **Extras**. Extras sind verschiedene hilfreiche Bildschirmelemente, die nicht gedruckt werden, aber Ihre Arbeit unterstützen. In der Anwendungsleiste können Sie die wichtigsten – Hilfslinien, Lineale und Raster – ein- und ausblenden.

Hilfslinien verschieben | Auch nachträglich können Sie Hilfslinien verschieben. Dazu muss das Verschieben-Werkzeug (Shortcut: [V]) aktiv sein – dann lässt sich die Hilfslinie ohne Weiteres anfassen und bewegen.

Wenn Sie das Verschieben-Werkzeug nur für einen Handgriff brauchen, müssen Sie nicht das Werkzeug wechseln: Drücken Sie einfach die [Strg]-Taste (Mac OS: [⌘]). Damit ist das Verschieben-Werkzeug kurzfristig aktiv: Sie können die Hilfslinie verschieben und danach wieder mit dem bisherigen Werkzeug weiterarbeiten. Auch hier kehren [Alt] bzw. [⌥] die Ausrichtung der Hilfslinie um: Wenn Sie die Taste beim Verschieben einer Hilfslinie drücken, verwandeln Sie eine horizontale in eine vertikale Linie – und umgekehrt.

Hilfslinien fixieren | Um das unbeabsichtigte Verschieben von Hilfslinien zu unterbinden, wählen Sie den Befehl Ansicht • Hilfslinien sperren ([Alt]+[Strg]+[,] (Windows) oder [⌥]+[⌘]+[,] auf dem Mac).

Hilfslinien löschen | Um alle Hilfslinien eines Bildes zu entfernen, gehen Sie am besten wieder den Weg über das Menü Ansicht • Hilfslinien löschen. Einzelne Hilfslinien können Sie einfach aus dem Dokumentbereich herausziehen, wenn Sie sie nicht mehr brauchen.

Hilfslinien (ent)magnetisieren | Wie erwähnt sind Hilfslinien – und einige andere Elemente wie zum Beispiel Auswahllinien oder Ebenenkanten auch – leicht magnetisch, sodass Text- oder Bildebenen, Auswahl- und Textrahmen und auch einige Werkzeuge automatisch an ihnen haften, wenn sie in ihre Nähe geschoben werden. Wenn Sie etwas pixelgenau positionieren wollen, kann dieses automatische Ausrichten zuweilen lästig sein. Es lässt sich abstellen unter Ansicht • Ausrichten ([Strg]+[⇧]+[,] unter Windows oder [⌘]+[⇧]+[,] unter Mac OS).

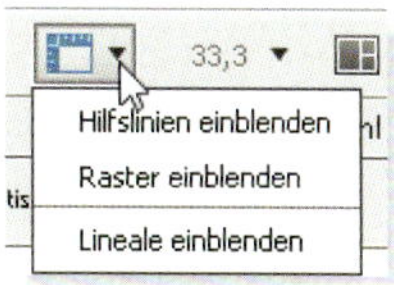

▲ **Abbildung 3.60**
Die wichtigsten Extras erreichen Sie rasch über die Anwendungsleiste.

Alle Extras kurzzeitig ausblenden

Wenn Sie nicht nur die Hilfslinien, sondern auch andere Extras und Hilfselemente wie Auswahllinien, Farbaufnehmer-Werte, Pfade, Raster oder Anmerkungen aus einem Bild ausblenden wollen, ist der Tastaturbefehl [Strg]/[⌘]+[H] der richtige.

Welche Extras überhaupt mit [Strg]+[H] bzw. [⌘]+[H] aufgerufen werden, bestimmen die Einstellungen unter Ansicht • Einblenden.

Hilfslinien genau einrasten lassen

Die Hilfslinien bleiben genau dort liegen, wo Sie die Maus loslassen – manchmal auch *zwischen* den Pixel- oder Millimeterangaben auf dem Lineal. Dadurch können Sie später Probleme beim Ausrichten von Objekten bekommen. Um das zu unterbinden, drücken Sie die [⇧]-Taste, während Sie die Hilfslinie herausziehen. Die Hilfslinie richtet sich dann an den aktuellen Linealunterteilungen (Pixel, cm oder mm) aus.

Kurzfristig unterdrücken können Sie den »Magnetismus« von Hilfslinien, aber auch von Dokumentkanten oder Ebenen und anderen Objekten, indem Sie [Strg] bzw. [Ctrl] beim Arbeiten gedrückt halten (bei aktivem Verschieben-Werkzeug).

Unter Ansicht • Ausrichten an können Sie festlegen, welche Photoshop-Elemente generell über diese Ausrichten-Funktion verfügen.

Intelligente Hilfslinien: Automatisch zur Stelle | Neben den von Ihnen zu positionierenden "normalen" Hilfslinien mit Ausrichten-Funktion gibt es noch die sogenannten intelligenten Hilfslinien (in älteren Programmversionen hießen sie »magnetische Hilfslinien«). Sie erscheinen automatisch im Bild, wenn Sie Bildobjekte auf separaten Ebenen bewegen, eine Form zeichnen, Textebenen verschieben usw. – kurzum, immer dann, wenn es etwas auszurichten gibt. Die intelligenten Hilfslinien haben (im Unterschied zu den normalen Hilfslinien) die Farbe Magenta. Sie verschwinden, sobald Sie mit dem Ausrichten fertig sind und die Maus loslassen.

Datei auf der Buch-DVD: »zitronen-montage.psd«

Bild: dieblen.de

Abbildung 3.61 ▸
Beim Ausrichten – hier ist es der mittlere Textblock – werden intelligente Hilfslinien ① automatisch eingeblendet.

3.5.4 Raster einstellen und nutzen

Wenn Sie viele Orientierungslinien brauchen und Ihnen das Anlegen zahlreicher Hilfslinien zu mühsam ist, sollten Sie mit dem Raster arbeiten. Es hat ähnliche Eigenschaften wie die Hilfslinien auch:

- Es ist nicht druckbar.
- Rasterlinien sind leicht magnetisch – auch Hilfslinien bleiben am Rastergitter »kleben«.

Der Extra-Button der Anwendungsleiste ist für die Anzeige zuständig. Der schnelle Shortcut ist: Alt+⇧+Strg+, bzw. ⌥+⇧+⌘+, (Raster ein- und ausblenden).

Wiederum über die Voreinstellungen • Hilfslinien, Raster und Slices nehmen Sie Einstellungen zum Feintuning von Rasterdarstellung und Rasterweite vor.

▼ **Abbildung 3.62**
Hilfslinienfarben und Raster lassen sich an den eigenen Bedarf anpassen.

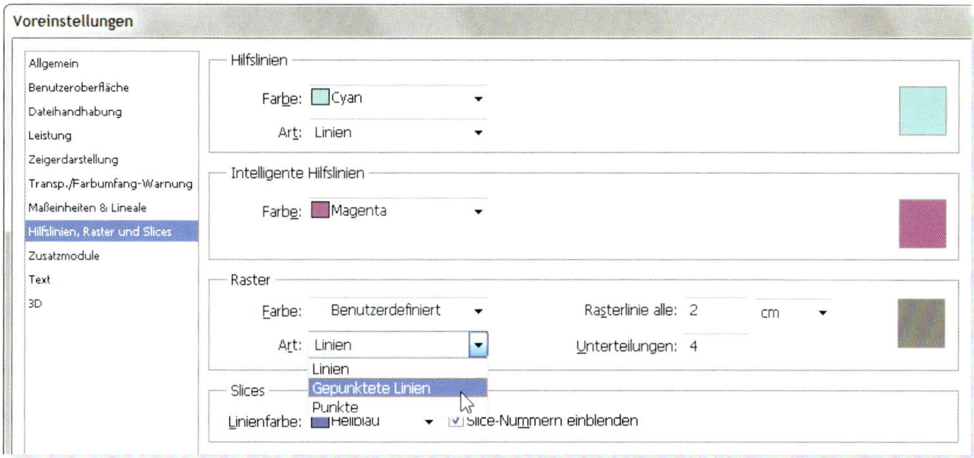

Mit der Position des Linealursprungs können Sie auch die Positionierung des Rastergitters beeinflussen und so exakt an Ihr Projekt anpassen.

Hilfslinien, Raster und Entwurfstechnik

Sie sollten nicht zu früh in der Entwurfsphase beginnen, sich das Dokument mit Hilfs- und Rasterlinien einzugrenzen. Ein zu früh eingesetztes Gitter beeinträchtigt die Kreativität ganz erheblich und führt oft zu starren, unlebendigen Entwürfen.

◄ **Abbildung 3.63**
Text-Bild-Montage mit eingeblendetem Raster

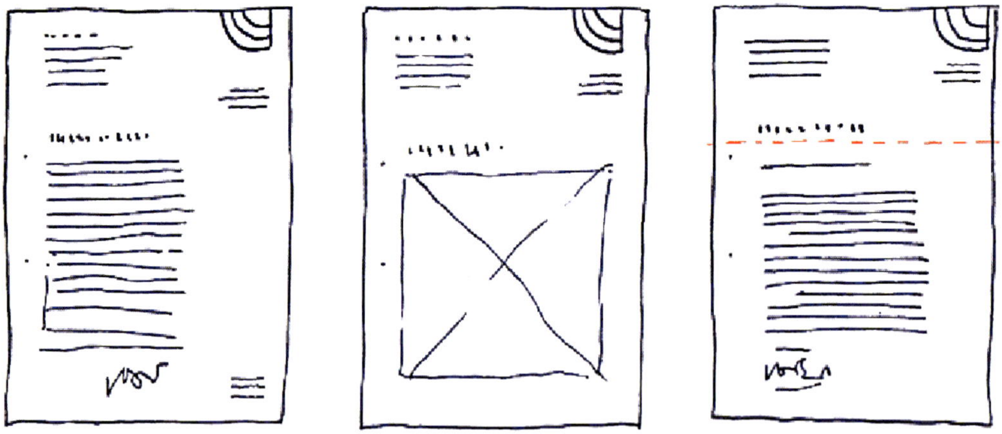

▲ **Abbildung 3.64**
Hilfslinien und Raster eignen sich nicht so gut, um Layout-Aufteilungen zu entwickeln. Hier sind Handzeichnungen oft besser!

Was wollen Sie tun?	Windows	Mac
Lineale ein- und ausblenden	Strg + R	⌘ + R
Linealwerkzeug aktivieren	I	I
Hilfslinien ein- und ausblenden	Strg + ,	⌘ + ,
Alle Extras ein- und ausblenden	Strg + H	⌘ + H
Aus vertikalem Lineal eine horizontale Hilfslinie herausziehen (und umgekehrt)	Alt	⌥
Beim Verschieben vertikale in horizontale Hilfslinie verwandeln (und umgekehrt)	Alt	⌥
Hilfslinien fixieren	Strg + Alt + ,	⌘ + ⌥ + ,
Ausrichten-Funktion (»Magnetismus«) bei der Arbeit mit dem Verschieben-Werkzeug kurzfristig aufheben	Strg	⌘
Aus anderem Werkzeug kurzfristig zum Verschieben-Werkzeug wechseln	Strg	Ctrl
Raster ein- und ausblenden	Alt + ⇧ + Strg + ,	⌥ + ⇧ + ⌘ + ,

▲ **Tabelle 3.3**
Tastenkürzel für Lineale, Hilfslinien und Raster

3.6 Hilfe holen: Adobes Hilfs- und Lernangebote

Photoshop ist ein komplexes und vielseitiges Programm. Kaum jemand kennt jeden Trick und hat alle Funktionen im aktiven Repertoire. Deswegen gehört in das Kapitel »Nützliche Helfer« auch der Verweis auf Adobes gut sortierten Know-how-Pool. Viele Anwender kennen nur den Griff zur F1- oder Hilfetaste – doch Adobe bietet seinen Anwendern inzwischen viel mehr als nur eine nüchterne Programmdokumentation.

Offline-Hilfe für alle Fälle: Programmdokumentation als PDF
Unter *http://help.adobe.com/de_DE/photoshop/cs/using/photoshop_cs5_help.pdf* können Sie sich ein PDF mit der Dokumentation herunterladen. Diese funktioniert garantiert auch offline und lässt sich gut durchsuchen und navigieren.

3.6.1 Die Adobe-Help-Anwendung

Über F1 (bzw. Hilfetaste) oder die Menübefehle PHOTOSHOP-HILFE und SUPPORT-CENTER FÜR PHOTOSHOP (unter Windows im HILFE-Menü, unter Mac im PHOTOSHOP-Menü) starten Sie Adobe Help, eine eigenständige kleine Anwendung mit eigenem Programmfenster. Das Fenster ist zweigeteilt: Auf der rechten Seite finden Sie die Programmdokumentation 2, links ein Suchfeld 1, mit dessen Hilfe Sie Inhalte von Adobe und aus der Adobe-Community (Blogs, Foren, Tutorials usw.) durchsuchen können. Zur Qualitätskontrolle bei der Community-Suche nutzt Adobe einen speziellen Suchalgorithmus, außerdem wird der Community-Pool auch manuell bearbeitet und Nutzerfeedback ausgewertet, sodass nicht wahllos jede Website mit Photoshop-Content in den Suchergebnissen landet. Funktionieren tut die Hilfe nur, wenn der Rechner online ist.

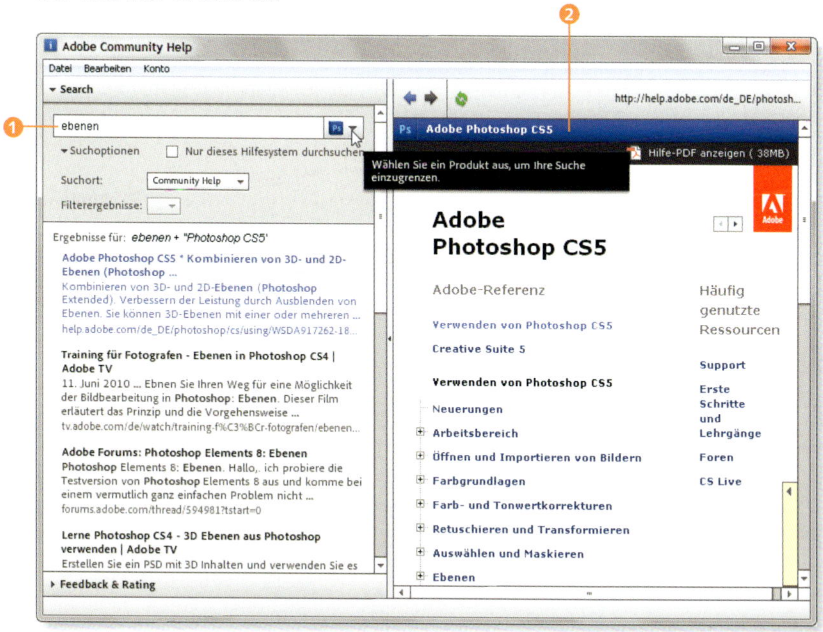

◄ Abbildung 3.65
Photoshops Hilfecenter – links die Community-Suche, rechts die Dokumentation

Das Hilfecenter in seinem eigenen Programmfenster sieht zwar sehr chic aus, in der Praxis lahmt die Anwendung jedoch bisweilen. Vor allem die Updates der Inhalte und der dahintersteckenden Technologie Adobe AIR dauern manchmal einen Moment – Zeit, die man nicht hat, wenn man bloß schnell ein Photoshop-Detail nachschlagen will. Wer sich von dieser Lösung dauerhaft genervt fühlt, kann alternativ den Webbrowser als bevorzugtes Anzeigetool festlegen. Die Inhalte sind dieselben, Sie umgehen damit nur die Nutzung der Anwendung Adobe Help. So können Sie den Anzeigemodus umstellen:

1. Starten Sie das Hilfecenter, etwa über `F1`, `Hilfetaste` oder den Befehl PHOTOSHOP-HILFE.
2. Klicken Sie dort auf BEARBEITEN • VOREINSTELLUNGEN ❶.
3. Aktivieren Sie unter VERFÜGBARKEITSMODUS die Option HILFE IM BROWSER ÖFFNEN ❷.

Abbildung 3.66 ▼
Die Anzeige der Programmhilfe im Browser geht meist zügiger. So lässt sich die Browseranzeige als Standard festlegen.

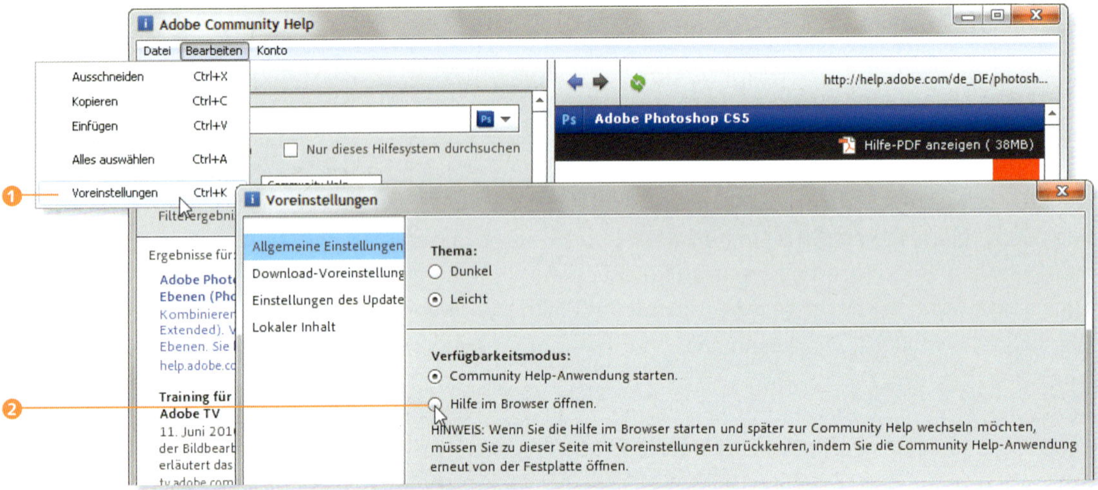

Wenn Sie die Anwendung Adobe Help danach erneut in Betrieb nehmen wollen, können Sie sie nicht mehr aus Photoshop starten. Wählen Sie dazu

- unter Windows START • ALLE PROGRAMME • ADOBE HELP.
- unter Mac OS FINDER • PROGRAMME • ADOBE HELP.

Wer die Hilfe im Browser und das AIR-basierte Hilfecenter **parallel nutzen** will, der kann sich auch einfach folgende Links als Bookmarks setzen:

- *http://help.adobe.com/de_DE/photoshop/cs/using/index.html* führt zur Programmdokumentation.
- *http://www.adobe.com/de/support/photoshop/* führt zum Support-Center mit der Community-Suche.

FAQ zur Community Help
Die Mitwirkung der Anwender bei der Community Help ist ausdrücklich erwünscht – in Form von Kommentaren oder sogar eigenen Beiträgen. Details werden in diesen FAQ erklärt: *http://community.adobe.com/help/profile/faq.html*

Zum Weiterlesen: Adobes Online-Services für kollaboratives Arbeiten

CS5 Kreativarbeit ist häufig Teamwork. Doch nicht immer arbeiten alle Mitglieder eines Projektteams am selben Ort. Schon seit geraumer Zeit erweitert Adobe das Angebot für die ortsübergreifende, kollaborative Zusammenarbeit. In CS5 wurde die Anbindung an diese Online-Services verbessert und erweitert. Über den Button CS Live (im Programmfenster rechts oben) gelangen Sie direkt zu den Online-Diensten **CS Review**, **Adobe Story** und **Acrobat.com**. Adobe Story ist ein Online-Scriptwriting-Tool und vor allem zur Zusammenarbeit mit dem Schnittprogramm Premiere gedacht. Doch CS Review, ein Werkzeug zum schnellen Austausch von Arbeitsergebnissen, und Acrobat.com, ein ganzes Konglomerat von Online-Diensten inklusive Meetingraum, sind auch für teamarbeitende Photoshop-Nutzer interessant. Im Zusatzangebot auf der Bonus-Seite zum Buch finden Sie nähere Informationen (*www.galileodesign.de*).

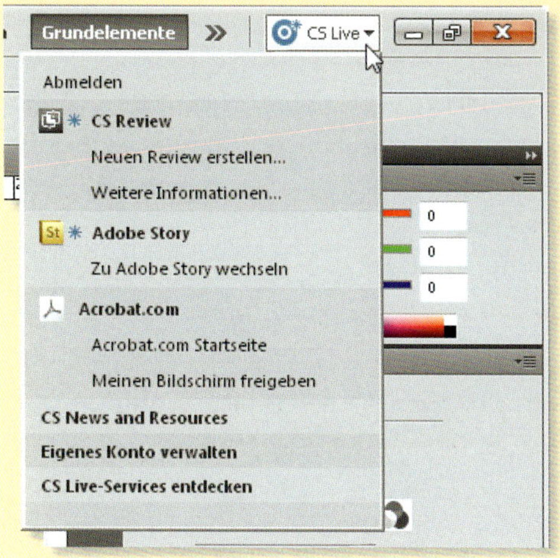

◂ **Abbildung 3.67**
Über den Button CS Live erreichen Sie Adobes Online-Services direkt aus den CS5-Anwendungen.

3.6.2 Weitere Online-Ressourcen

Die Zeiten, da es zur kostspieligen Software eine schriftliche Dokumentation gab, liegen schon eine Weile zurück. Doch Adobe lässt seine Anwender nicht im Regen stehen – statt der in klassischem Techsprech verfassten Programm-Manuals gibt es zahlreiche Online-Wissensquellen.

Palette als Link-Sprungbrett
Über Fenster • Erweiterungen • CS News and Resources blenden Sie eine eigene Palette ein, deren Links Sie auf direktem Wege zu ihrem Browser und dort ins Adobe Lab, zu den (deutschsprachigen) Videos und zu CS Review führen.

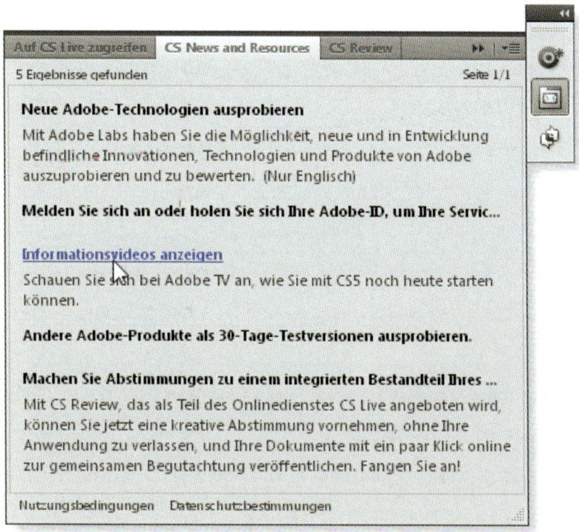

◂ **Abbildung 3.68**
Direkt aus Photoshop zu Adobes Info-Pool

Englisch-Könner im Vorteil
Die deutschen und englischen Inhalte sind nicht deckungsgleich, und oftmals liefert die englischsprachige Adobe-Site mehr und aktuellere Informationen.

TechNotes als RSS-Feed
Wer gar nichts verpassen möchte, kann Adobes TechNotes als Feed abonnieren: *http://www.adobe.com/support/rss/*

Vorteile der Registrierung

Bei der Benutzung von Adobes Informationsangeboten wird man ab und zu – recht unaufdringlich – gefragt, ob man sich registrieren möchte. Zwingend notwendig ist eine Adobe-ID nicht. Die Infoangebote kann man auch unregistriert nutzen. Eine Registrierung ist jedoch recht praktisch. Sie ist schnell erledigt, sie gilt wirklich für den gesamten Adobe-Online-Kosmos und verschafft einem einige echte Vorteile: Bei fast allen Adobe-Angeboten steigen Bedienungskomfort und Funktionsumfang.

Video-Bibliotheken | Wer sich erst einmal einen Überblick über Photoshops Funktionen verschaffen oder sich schnell in Programmneuerungen einarbeiten möchte, sollte Adobes Videochannel einen Besuch abstatten.

- Unter *http://tv.adobe.com/de/product/photoshop/* finden Sie Lehrvideos zu alten und neuen Features auf Deutsch.
- Die Adresse *http://tv.adobe.com/product/photoshop/* führt zu den englischsprachigen Videos.

Troubleshooting mit TechNotes | Keine Software-Anwendung ist völlig fehlerlos – auch das schönste Bildbearbeitungsprogramm der Welt ist es nicht. Ab und zu hakt es bei Photoshop. Abhilfe lässt sich oft mithilfe der detaillierten Anweisungen in Adobes TechNotes schaffen. Erreichbar sind diese über die Support-Hauptseite.

- Den Einstieg zum deutschsprachigen Photoshop-Support finden Sie unter *http://www.adobe.com/de/support/photoshop/*. Unter PROBLEMBEHEBUNG sehen Sie eine Liste der TechNotes.
- Geballtes Know-how auf Englisch gibt es unter *http://www.adobe.com/support/photoshop/*, die TechNotes sind unter TOP ISSUES gelistet.

Updates und Testversion | Haben Sie ein wichtiges **Update** versäumt, können Sie sich die benötigten Dateien unter *http://www.adobe.com/de/downloads/updates/* herunterladen. Die URL *www.adobe.com/go/downloads_de* ist die erste Adresse für Testversionen und Gratissoftware von Adobe.

Für Experimentierfreudige: Adobe Labs | Adobe Labs ist – wie der Name schon nahelegt – Adobes Entwicklungslabor für neue Technologien und Produkte. Hier gibt es unter anderem **Plug-ins** und andere, sinnvolle **Ergänzungen** für Photoshop sowie ein Diskussionsforum: *http://labs.adobe.com/technologies/photoshop/*.

4 Arbeitsschritte zurücknehmen, Bildstadien konservieren

Fehler macht jeder – aber Photoshop kann sie wieder rückgängig machen! Die Protokollfunktion, wenn sie sinnvoll eingesetzt wird, macht es Ihnen leicht, frühere Arbeitsstadien wiederherzustellen und Fehler wieder zurückzunehmen. Außerdem zeige ich Ihnen hier Tipps und Tricks für reversible Arbeitstechniken. Denn Trial and Error ist wohl eine der meistgebrauchten Methoden. Es lässt sich entspannter arbeiten, wenn man weiß, wie man falsche Arbeitsschritte wieder rückgängig macht.

4.1 Arbeitsschritte zurücknehmen

Für den schnellen Gebrauch und um einen bzw. nur wenige Schritte zurücknehmen, bietet sich die Nutzung folgender Tastatur- und Menübefehle an.

- Um den letzten Arbeitsschritt wieder zurückzunehmen, drücken Sie Strg+Z (am Mac: ⌘+Z) oder wählen im Menü BEARBEITEN • RÜCKGÄNGIG.
- Sie wollen diese Rücknahme rückgängig machen? Ein erneutes Drücken von Strg+Z bzw. ⌘+Z stellt den gelöschten Arbeitsschritt auch wieder her.
- Um mehrere Arbeitsschritte hintereinander zurückzunehmen, drücken Sie mehrfach Strg+Alt+Z bzw. ⌘+⌥+Z (oder über das Menü: BEARBEITEN • SCHRITT ZURÜCK).
- Um diese so gelöschten Arbeitsschritte wiederherzustellen, drücken Sie ⇧+Strg+Z bzw. ⇧+⌘+Z (Menübefehl: BEARBEITEN • SCHRITT VORWÄRTS).

Diese Befehle sind jedoch nur als schnelle **Soforthilfe** zu verstehen: Nach dem Schließen des Bildes sind alle hier genannten Möglichkeiten, um zurückzugehen, verloren. Nach dem Zwischenspeichern sind der Befehl und der entsprechende Shortcut SCHRITT ZURÜCK nicht mehr aktiv; RÜCKGÄNGIG funktioniert aber noch.

Was ist »ein Arbeitsschritt«?

Ein Schritt zurück – das wird von Photoshop bisweilen sehr eng ausgelegt. Beim Retuschieren, Radieren oder Malen setzt man das Werkzeug meist sehr oft ab und erneut an, bis eine Retusche sitzt oder eine Illustration geglückt ist. So etwas wird von Photoshop aber schon als »viele verschiedene Arbeitsschritte« interpretiert. Daher gilt: Bei der Arbeit mit Mal- und Retuschewerkzeugen ist es immer nur der wirklich letzte Schritt bzw. Pinselstrich, der zurückgenommen werden kann.

Zum Weiterlesen: Protokoll-Palette als Alternative
Wenn Sie mehrere Arbeitsschritte vor- und zurückgehen wollen, können Sie auch mit der **Protokoll-Palette** arbeiten, die gute Übersichtlichkeit mit leichter Bedienbarkeit vereint. Mehr darüber erfahren Sie in Abschnitt 4.3, »Die Protokoll-Palette«.

Wie viele Schritte geht es überhaupt zurück? | Die Anzahl der Arbeitsschritte, die Photoshop zum Zurückgehen konserviert, ist begrenzt. Standardmäßig sind es 20 Protokollschritte, die zurückgegangen werden können – alles, was weiter zurückliegt, hat Photoshop dann »vergessen«. Besonders bei Arbeiten wie dem Malen oder Retuschieren oder auch bei der Arbeit mit manchen Filtern wie z. B. dem Verflüssigen sind diese 20 Schritte recht schnell »aufgebraucht«.

Diesen Wert kann man jedoch erhöhen (bis zu 1 000 Protokollobjekte sind möglich). Dies geschieht wiederum in den VOREINSTELLUNGEN (Strg / ⌘ + K), diesmal in der Rubrik LEISTUNG (Strg / ⌘ + 4).

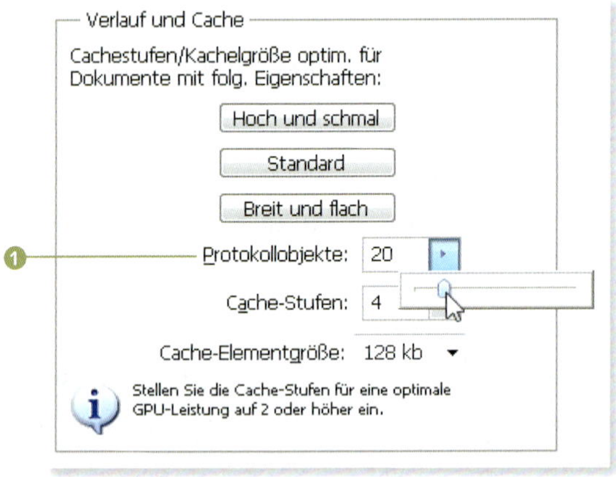

Abbildung 4.1 ▸
PROTOKOLLOBJEKTE legt fest, wie viele Arbeitsschritte rückgängig gemacht werden können.

Wie Sie sich denken können, nimmt das Vorhalten früherer Arbeitsstadien eines Bildes, die dann wiederhergestellt werden, viel Arbeitsspeicher in Anspruch. Ist unter PROTOKOLLOBEKTE ❶ ein hoher Wert eingetragen, kann sich die Bearbeitungsgeschwindigkeit spürbar verlangsamen. Mithilfe der schon vorgestellten Statusanzeige EFFIZIENZ (siehe Kapitel 2.9.2, Abschnitt »Effizienz«) können Sie die Balance zwischen möglichst hoher Anzahl von Protokollobjekten und akzeptabler Arbeitsspeicher-Auslastung finden.

Zurück zur letzten Version | Sind Ihnen alle letzten Bearbeitungsschritte komplett danebengegangen, gibt es nur eins: Stellen Sie den Zustand direkt nach dem Öffnen des Bildes oder direkt nach dem letzten Speichern wieder her. Für diese Radikallösung wählen Sie DATEI • ZURÜCK ZUR LETZTEN VERSION oder F12.

4.2 Einstellungen und Regler in die Ausgangsposition bringen

Die Einstellungen, die Sie in Photoshops Dialogfeldern vornehmen können, sind zum Teil recht komplex. Daher gibt es auch hier zwei Möglichkeiten, um Einstellungen zurückzunehmen – **vor** der Anwendung der Funktion und ohne das Dialogfeld schließen zu müssen. Nutzen Sie diese Funktion, wenn Sie sich in der Fülle der Einstellungsmöglichkeiten verheddert haben und neu anfangen möchten.

- Strg/⌘+Z funktionieren auch hier in den meisten Fällen. Das lässt sich z. B. beim Fluchtpunkt- oder beim Verflüssigen-Filter und bei anderen Dialogen, die viel »Pinselarbeit« beinhalten, sinnvoll einsetzen.
- Das Drücken von Alt bzw. ⌥ bewirkt bei vielen Dialogboxen, dass die Schaltfläche Abbrechen – sonst zuständig für das Verlassen des Dialogfelds – sich in einen Zurücksetzen-Button verwandelt. Wenn Sie den anklicken, werden alle bisher vorgenommenen Einstellungen zurückgesetzt. Der Dialog bleibt jedoch geöffnet. Das Verlassen und ein zeitaufwendiger Neustart des Dialogfelds entfallen.

▲ **Abbildung 4.2**
Normalerweise führt der Befehl Abbrechen zum Verlassen des Dialogs (hier als Beispiel der Filter Matter machen).

▲ **Abbildung 4.3**
Das Drücken von Alt/⌥ hat die Zurücksetzen-Schaltfläche erzeugt.

Photoshops Korrekturwerkzeuge wie Gradationskurve, Farbton/Sättigung oder Tonwertkorrektur werden seit der Version CS4 nicht mehr über Dialogfenster, sondern allesamt über die Palette Korrekturen gesteuert. Dort funktioniert der oben beschriebene Trick nicht. Stattdessen gibt es einen kleinen Button am Fuß der Palette, mit dessen Hilfe Sie Ihre Einstellungen zurücksetzen können.

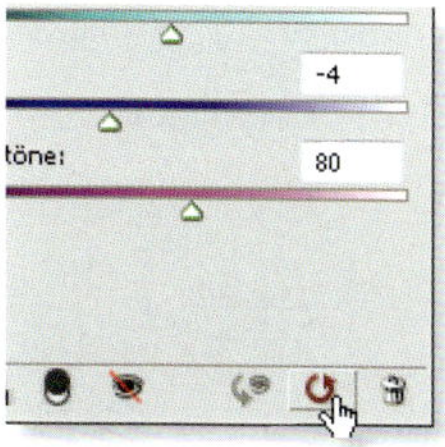

▲ **Abbildung 4.4**
In der Korrekturen-Palette werden die Regler auf Knopfdruck zurückgesetzt.

4.3 Die Protokoll-Palette

In der Protokoll-Palette finden Sie eine akribische Aufzeichnung Ihrer letzten Arbeitsschritte. Das Protokoll bleibt so lange erhalten, wie das Bild geöffnet ist – Zwischenspeichern ist kein Problem, aber mit dem Schließen des Bildes wird das Protokoll gelöscht. Aufgezeichnet werden alle Änderungen am Bild, nicht jedoch Änderungen an Voreinstellungen, Vorgaben oder Paletten.

Zum Weiterlesen: Arbeitsfläche und Paletten einrichten, Vorgaben verwalten
Mehr zu Änderungen an Paletten und anderen Elementen der Arbeitsfläche lesen Sie in Kapitel 5, »Arbeitsumgebung nach Maß: Programmelemente anpassen«; mehr zum Konservieren von Vorgaben mit dem Vorgaben-Manager finden Sie in Abschnitt 5.5.

4.3.1 Funktionsumfang

Gegenüber den oben genannten (Tastatur-)Befehlen bietet die Protokoll-Palette einigen Bedienungskomfort, ist allerdings auch nicht so schnell bei der Hand. Was können Sie mit ihr anfangen?

- Sie können auf sehr einfache Art und Weise **Arbeitsschritte zurücknehmen** und wieder vorangehen und behalten dabei sogar eine gute Übersicht.
- Mit sogenannten **Schnappschüssen** können Sie wichtige Arbeitsstadien des Bildes festhalten und zu diesen zurückgehen, selbst wenn die maximale Anzahl der Protokollschritte schon ausgeschöpft ist.
- Vor manchen wichtigen Arbeitsschritten legt Photoshop selbst einen Schnappschuss an, beispielsweise beim Abspielen mancher Aktionen (gespeicherte Befehlsabfolgen).
- Zusammen mit dem **Protokollpinsel** macht sich die Protokoll-Palette bei Retuschen und im kreativen Einsatz nützlich.

4.3.2 Einen Schritt zurück, einen vor

Sie rufen die Protokoll-Palette mit dem Befehl Fenster • Protokoll auf oder bringen sie durch einen Klick auf das Symbol oder den Karteireiter im entsprechenden Paletten-Fenster nach vorne.

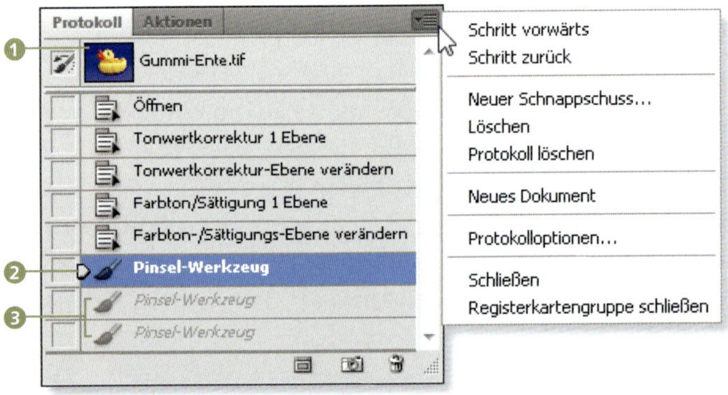

Abbildung 4.5 ▸
Hier wurden bereits einige Arbeitsschritte durchgeführt. Bei einem frisch geöffneten Bild ist die Protokollliste natürlich leer.

Ganz oben in der Protokoll-Palette ❶ sehen Sie bereits den ersten Schnappschuss. Er wird automatisch mit dem Öffnen des Bildes erstellt.

Der zuletzt ausgeführte Arbeitsschritt steht in der Protokoll-Palette immer ganz unten, und der älteste Arbeitsschritt steht in der Liste oben. In der Adobe-Terminologie heißen diese Arbeitsschritte – die ja immer mit einem bestimmten Bildzustand verbunden sind – **Status**.

Jeder Status trägt den Namen des dabei verwendeten Werkzeugs oder Befehls. Wird ein Werkzeug oder Befehl wiederholt angewendet, wird dieselbe Bezeichnung wiederholt.

Kein Start-Schnappschuss gewünscht?

Wenn Sie unterbinden wollen, dass Photoshop beim Öffnen eines Bildes automatisch einen Schnappschuss erstellt, können Sie dies in den Optionen der Protokoll-Palette abstellen. Sie erreichen die Optionen über den Palettenmenü-Befehl Protokolloptionen.

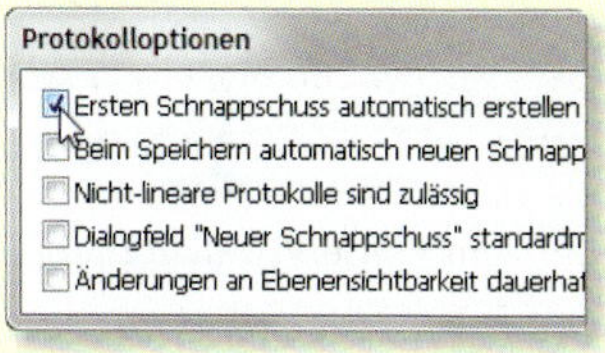

▲ **Abbildung 4.6**
Protokolloptionen

Zu früherem Bildstatus zurückkehren | Um nun zu einem früheren Bildstatus zurückzukehren, haben Sie mehrere Möglichkeiten:

- Klicken Sie auf den Namen des entsprechenden Bildstatus, den Sie wiederherstellen wollen.
- Verschieben Sie den kleinen Regler am linken Palettenrand ❷ nach oben oder unten.
- Wenn Sie mit Schnappschüssen arbeiten (mehr dazu unten), können Sie auch den Regler auf einen Schnappschuss ziehen oder den Schnappschuss anklicken, um das entsprechende Bildstadium wiederherzustellen.
- Etwas umständlich ist folgendes Vorgehen: Sie können auch das bekannte Menü Bearbeiten oder das Seitenmenü der Palette benutzen. Wählen Sie die Befehle Schritt vorwärts oder Schritt zurück.

Sobald Sie eine dieser Operationen ausgeführt haben, werden die Punkte, die auf den so ausgewählten Protokolleintrag folgen, nur noch hellgrau (inaktiv) angezeigt ❸. Im Bild selbst sehen Sie, dass diese Arbeitsschritte unwirksam gemacht wurden. Das Bild erscheint nun wieder in einer früheren Form. Das erleichtert die Kontrolle über die Rücknahme von Arbeitsschritten.

Solange Sie Ihre Arbeit am Bild noch nicht fortgesetzt haben, können Sie mithilfe des Reglers, der Menübefehle oder indem Sie die Status anklicken, immer noch vor- und zurückgehen und dabei die Änderungen am Bild beobachten.

Wenn Sie direkt weiterarbeiten, werden die mithilfe der Protokoll-Palette zunächst lediglich *deaktivierten* Bildstadien tatsächlich *verworfen* – also gelöscht. Sie arbeiten dann vom gewählten Status aus weiter.

Irrtümlich verworfenen Protokoll-Status retten

Wenn Sie durch Weiterbearbeiten des Bildes einen Protokoll-Status (und Bildstadien) bereits gelöscht haben, können Sie mit den Menübefehlen Bearbeiten • Rückgängig bzw. Schritt zurück diese letzten Arbeitsschritte zurücknehmen. Das Protokoll wird dann ebenfalls wiederhergestellt.

4.3.3 Protokollschritte entfernen

Um Ihren Speicher zu entlasten und um die Protokoll-Palette aufzuräumen, können Sie Arbeitsschritte aus der Protokollliste löschen. Das Löschen eines Status entfernt die folgenden Status mit! Dazu haben Sie verschiedene Möglichkeiten:

- Wenn Sie einen Status auf den Button Papierkorb ziehen, werden dieser und alle auf ihn folgenden Status entfernt.
- Klicken Sie den Namen des Status an, und benutzen Sie den Befehl Löschen aus dem Palettenmenü.

4.3.4 Das gesamte Protokoll leeren

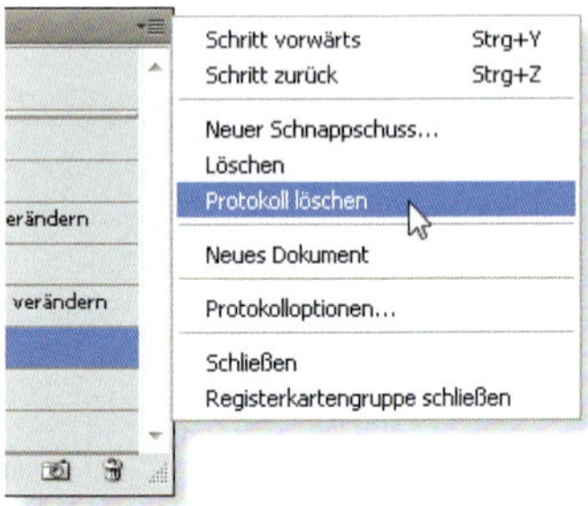

▲ **Abbildung 4.7**
Das Protokoll per Palettenmenü löschen

Wenn Ihr Rechner spürbar lahmt, können Sie auch die gesamte Protokollliste löschen.

- Bearbeiten • Entleeren • Protokolle löscht die Protokollliste **unwiderruflich**, lässt aber das Bild unangetastet. Das Protokoll steht dann natürlich nicht mehr zur Verfügung, auch die Menübefehle Bearbeiten • Rückgängig etc. funktionieren dann nicht mehr.
- Wählen Sie Protokoll löschen aus dem Palettenmenü der Protokoll-Palette. Auch das löscht die gesamte Liste, ohne das Bild zu ändern. Allerdings wird dabei der Arbeitsspeicher nicht entlastet. Dafür lässt sich dieser Schritt allerdings über Bearbeiten • Rückgängig wieder rückgängig machen.
- Wenn Sie beim Protokoll löschen per Palettenmenü zusätzlich Alt/⌥ gedrückt halten, wird das Protokoll endgültig gelöscht.

4.3.5 Nicht-lineare Protokolle

Bisher kennen Sie nur Wege, um Arbeitsschritte linear vor- und zurückzugehen. Diese Linearität können Sie mit der Protokoll-Palette jedoch auch durchbrechen. Damit ist es möglich, auch einzelne Protokoll-Status (bzw. Bearbeitungsstadien des Bildes) zu modifizieren oder zu löschen, ohne dass die nachfolgenden Status dadurch verworfen würden. Sie müssen dazu als Erstes die **Protokolloptionen ändern** (siehe Abbildung 4.8). Damit haben Sie nun folgende Möglichkeiten:

- Sie können – per Papierkorb oder mit einer der anderen der beschriebenen Methoden – einen **einzelnen Status aus der Protokollliste löschen**, ohne dass alle folgenden Status mitgelöscht werden.
- Sie können **einzelne Arbeitsschritte modifizieren**, indem Sie einzelne Status markieren und dann das Bild an dieser Stelle neu bearbeiten. Die auf den markierten (und modifizierten) Status folgenden Schritte stehen weiterhin zur Verfügung.

Die letzten, modifizierenden Arbeitsschritte tauchen dann am Ende der Protokoll-Palette auf.

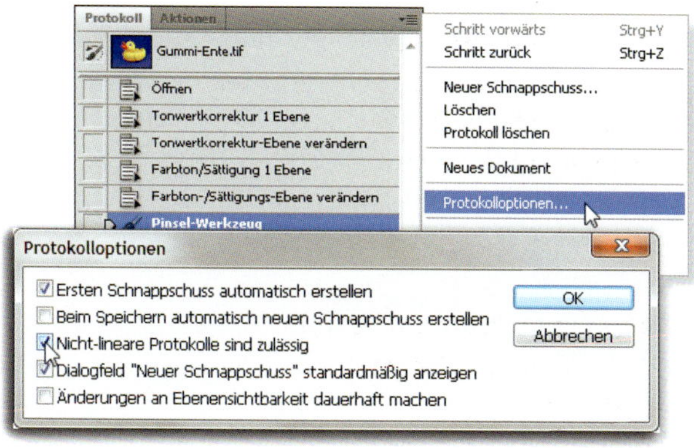

◂ **Abbildung 4.8**
In den Protokolloptionen können Sie auch die strenge Linearität von Protokollen aufheben. Aktivieren Sie die Option Nicht-lineare Protokolle sind zulässig.

Das hört sich erst einmal gut an, doch birgt die Option auch **Nachteile**: So wird die Protokoll-Palette dadurch schnell unübersichtlich. Die großen Vorteile der Palette gegenüber den einfachen Schritt-zurück-Befehlen sind ihre Übersichtlichkeit und der Bedienkomfort. Diese Vorteile gehen mit Gebrauch der Option Nicht-lineare Protokolle sind zulässig verloren. Die oftmals bessere Alternative: Erstellen Sie für wichtige und interessante Bildstadien Schnappschüsse!

4.3.6 Arbeit mit Schnappschüssen

Ein Schnappschuss ist nichts weiter als die Momentaufnahme Ihres Bildes in einem bestimmten Bearbeitungsstadium. Schnappschüsse bleiben bis zum endgültigen Schließen des Bildes für die Dauer einer Arbeitssitzung erhalten. Sinnvoll ist ihre Anwendung vor der Durchführung von Arbeitsschritten, deren Ergebnis nicht ganz vorhersehbar ist. Das trifft auf manche Filterkombinationen zu oder auf Arbeiten, die viel handwerkliches Geschick erfordern und schnell »verhunzt« werden – so zum Beispiel Retuschen. Schnappschüsse ermöglichen es Ihnen, schneller zu früheren Stadien zurückzukehren, als es mit dem Durcharbeiten endlos langer Protokolllisten möglich ist.

Achtung: Jüngere Arbeitsstadien gehen verloren

Das Zurückgehen mittels Schnappschuss wirkt wie das Zurückgehen mittels Protokoll-Status. Das heißt auch: Wenn Sie einen Schnappschuss benutzen, um ein früheres Bildstadium zu aktivieren, werden alle jüngeren Status aus der Protokollliste gelöscht. Ausnahme: Die Option Nicht-lineare Protokolle sind zulässig ist aktiviert.

Schnappschuss erzeugen | Der Weg zum Schnappschuss führt über die Schaltfläche Neuen Schnappschuss erstellen ❶ am Fuß der Protokoll-Palette. Die Schnappschuss-Abbildung erscheint dann als Miniatur im oberen Bereich der Palette.

Namen vergeben | Die Nummerierung der Schnappschüsse ist nicht sonderlich zweckmäßig, da man auf den Bildminiaturen nicht besonders viel erkennen kann. Daher ist ein Umbenennen der Schnappschüsse sehr zu empfehlen. Dazu doppelklicken Sie einfach auf den bisherigen Namen des Schnappschusses, tippen den neuen Namen ein, und drücken die Eingabetaste: fertig.

Abbildung 4.9 ▸
Einen Schnappschuss korrekt zu benennen dauert nur wenige Augenblicke.

TOPP-TIPP: Nach dem Umbenennen Protokoll auf richtigen Status setzen

Nach dem Umbenennen eines Schnappschusses ist dieser auch aktiv; das heißt, das Bild zeigt dessen Stadium. Achten Sie auf den kleinen Regler am linken Palettenrand! Sie müssen also den Regler erst wieder auf den letzten Status zurücksetzen, wenn Sie den Verlust von Protokoll-Status (und Arbeitsschritten) verhindern wollen!

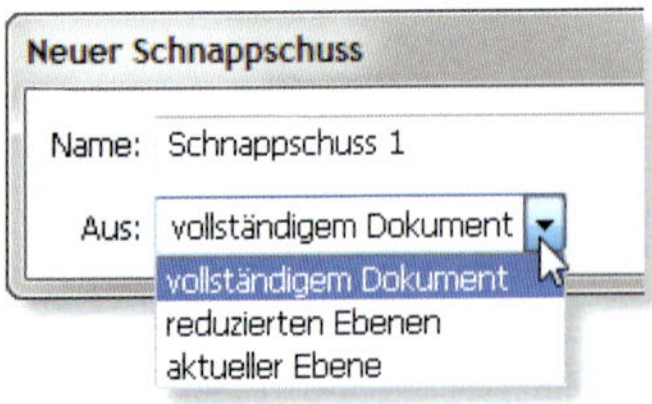

▴ **Abbildung 4.10**
Woraus soll der Schnappschuss erstellt werden?

Dialog aufrufen | Weil das nachträgliche manuelle Umbenennen von Schnappschüssen einen hohen »Das muss ja mal schiefgehen«-Faktor hat und weil es auch zur konsequenteren Namensvergabe erzieht, empfiehlt es sich, in den Protokolloptionen eine Änderung vorzunehmen. Aktivieren Sie in den Protokolloptionen den Punkt Dialogfeld »Neuer Schnappschuss« standardmässig anzeigen.

Nun wird bei jedem neuen Schnappschuss gleich ein Dialogfeld eingeblendet. Dort können Sie sofort den Namen vergeben und zudem festlegen, was überhaupt in den Schnappschuss aufgenommen wird.

- Aus: vollständigem Dokument ist die Standard- und oft die beste Einstellung. Alle Bildebenen werden berücksichtigt.
- Aus: reduzierten Ebenen erstellt einen Schnappschuss von allen Ebenen, diese werden aber im Schnappschuss auf eine einzige Ebene reduziert. Das verringert zwar die Größe der Bilddatei, kann aber die Bearbeitungsmöglichkeiten drastisch einschränken – was der ursprünglichen Intention der Schnappschüsse wohl zuwiderläuft.
- Aus: aktueller Ebene knipst lediglich die zum Zeitpunkt des Schnappschusses aktive Ebene. Im Prinzip ist das eine gute Idee, sie macht das Protokoll-Handling allerdings etwas schwierig (Verwirrungsgefahr!).

Neues Dokument aus Schnappschuss | Außerdem besteht die Möglichkeit, aus Schnappschüssen neue Dokumente anzulegen, die dann natürlich auch dauerhaft gespeichert werden können. Zwar ist die Verwaltung von Parallelversionen eines Bildes oder

Projekts als Standard-Arbeitsweise zu aufwendig – in Einzelfällen ist sie aber durchaus nützlich. Hier genügt ein einfacher Klick auf den Button ganz links unten in der Protokoll-Palette.

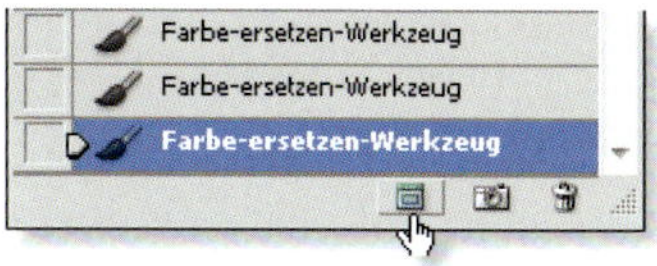

▲ **Abbildung 4.11**
So einfach kommen Sie zu einem eigenständigen Dokument aus einem beliebigen Arbeitsstadium.

Was wollen Sie tun?	Windows	Mac
Einen Arbeitsschritt zurücknehmen bzw. wiederholen	Strg+Z	⌘+Z
Zurückgenommenen Arbeitsschritt wiederherstellen	⇧+Strg+Z	⇧+⌘+Z
Mehrere Arbeitsschritte zurückgehen	Alt+Strg+Z	⌥+⌘+Z
Mehrere Arbeitsschritte vorgehen	⇧+Strg+Z	⇧+⌘+Z
Zurück zur zuletzt abgespeicherten Bildversion	F12	F12
Einstellungen in Dialogfeldern zurücknehmen, ohne den Dialog zu schließen	Alt (verwandelt die Schaltfläche Abbrechen in Zurücksetzen)	⌥ (verwandelt die Schaltfläche Abbrechen in Zurücksetzen)
Protokoll-Palette: **Rückwärts** durch Bildstadien navigieren	Alt+Strg+Z	⌥+⌘+Z
Protokoll-Palette: **Vorwärts** durch Bildstadien navigieren	⇧+Strg+Z	⇧+⌘+Z
Schnappschuss umbenennen	Doppelklick auf Schnappschuss-Miniatur	Doppelklick auf Schnappschuss-Miniatur
Protokollliste **reversibel** löschen	Protokoll löschen (im Menü der Protokoll-Palette)	Protokoll löschen (im Menü der Protokoll-Palette)
Protokoll **endgültig** löschen	Alt+Protokoll löschen (im Menü der Protokoll-Palette)	⌥+Protokoll löschen (im Menü der Protokoll-Palette)

◂ **Tabelle 4.1**
Arbeitsschritte zurücknehmen – Tastaturbefehle

4.4 Umsichtig arbeiten

Die Protokollfunktionen sind eine gute Sache – nicht immer jedoch reichen sie aus. Um Arbeitsschritte auch dann rückgängig zu machen, wenn die Protokollfunktion nicht mehr greift (also zum Beispiel, nachdem das Bild bereits geschlossen und das Protokoll gelöscht wurde), muss meist sehr viel Zeit aufgewandt werden – zudem kann das Bild bleibende Beschädigungen davontragen. Sie sollten auch im Hinterkopf behalten, dass Sie von Ihrem digitalen Bild kein Negativ haben, von dem Sie beliebig neue »Abzüge« machen können. Es empfiehlt sich also in jedem Fall eine Arbeitsweise, die Rücknahmemöglichkeiten noch über Protokoll & Co. hinaus erlaubt.

Photoshop bietet dazu zahlreiche Funktionen an. Ich werde Sie im Buch immer wieder darauf hinweisen – hier bekommen Sie die wichtigsten Tipps gebündelt vorab.

Originale behalten | Behalten Sie immer ein Original des Bildes zurück: Originalbilder sind quasi Ihre digitalen Negative. Sie sollten sie ebenso sorgsam behandeln wie die Filmstreifen aus Analogfotografie-Zeiten. Bearbeiten Sie nur Kopien des Originals. Vor Experimenten können Sie auch via BILD • DUPLIZIEREN eine (weitere) Kopie anlegen und dann diese Kopie versuchsweise bearbeiten.

Mit Ebenenkopien arbeiten | Es gibt eine Reihe von Photoshop-Techniken, deren Wirkung selbst versierte Nutzer nicht genau voraussagen können oder die leicht verpfuscht werden können. Dazu gehören zum Beispiel Retuschen. Bearbeiten Sie im Zweifelsfall immer eine Kopie der Ebene, und lassen Sie die Originalebene zunächst noch im Bild. Das Verfahren macht auch den Vorher-nachher-Vergleich einfacher und hilft Ihnen, das Arbeitsergebnis besser zu beurteilen.

Weitere Tipps | Nutzen Sie separate Ebenen auch, um Pinselstriche, Verläufe und Ähnliches ins Bild zu bringen. Machen Sie außerdem bei kniffligen Arbeiten fleißig Schnappschüsse in der Protokoll-Palette. Und ein letzter Tipp: Nutzen Sie Photoshops Möglichkeiten zur »zerstörungsfreien Bildbearbeitung«. Dazu gehören vor allem Einstellungsebenen und Smartfilter. Außerdem können viele Retusche- und das neue Mischpinsel-Werkzeug auf einer separaten, leeren Bildebene angewandt werden, wenn die jeweilige Werkzeugoption ALLE EBENEN aktiviert wurde.

Zum Weiterlesen
Mehr über Einstellungsebenen können Sie in Kapitel 10, »Ebenen«, erfahren. Wie Smartfilter funktionieren, lesen Sie in Kapitel 28, »Besser filtern«. Den Mischpinsel lernen Sie in Abschnitt 25.2.5, die Retuschetools in Kapitel 22 kennen.

Abbildung 4.12 ▸
Die Option ALLE EBENEN, hier beim Mischpinsel

Die folgenden Abbildungen zeigen die Option im praktischen Einsatz.

◀ **Abbildung 4.13**
Das Ausgangsbild

▲ **Abbildung 4.14**
Hier wurde der Mischpinsel mit aktiver Option Alle Ebenen auf einer leeren Ebene angewandt, die über der Bildebene liegt. Die Originalpixel bleiben unverändert, …

▲ **Abbildung 4.15**
… und der Maleffekt wird lediglich auf der transparenten Ebene eingefügt.

5 Arbeitsumgebung nach Maß: Programmelemente anpassen

Photoshop ist gewissermaßen der »Spezialist für alles« – ganz unterschiedliche Bildbearbeitungsaufgaben lassen sich mit dem Programm bewältigen. Entsprechend üppig ist die Arbeitsoberfläche bestückt. Damit Sie verschiedenste Projektaufgaben jederzeit effektiv erledigen können, lassen sich fast alle Elemente der Programmoberfläche differenziert einstellen. Das reicht von der Anordnung der Paletten bis hin zu individuellen Menüs und Tastaturbefehlen. Lesen Sie hier, wie Sie dabei vorgehen – um das Potenzial von Photoshop vollends auszuschöpfen.

5.1 Paletten organisieren

Paletten sind eines Ihrer wichtigsten Arbeitsinstrumente. Entsprechend viele Möglichkeiten bietet Photoshop, um sie anzupassen. Sie können

- die Position der Paletten frei wählen,
- Palettengruppen nach Wunsch zusammenstellen,
- Paletten zu handlichen Stapeln verbinden,
- sie als Symbol platzsparend ablegen und
- die Anordnung von Paletten und Symbolen im Palettendock verändern.

Durch angepasste Palettenkonstellationen können Sie alltägliche Handgriffe um einige Klicks schlanker machen und Ihren Arbeitsbereich effektiver ausnutzen. Das Prinzip ist einfaches Drag & Drop, also mit der Maus bei gehaltener linker Maustaste ziehen und dann loslassen. Wie Sie es bereits vom Hantieren mit Dokumenttabs kennen, zeigen auch bei den Paletten blaue Leuchtstreifen an, wo das schwebende Element angedockt werden kann.

▲ **Abbildung 5.1**
Die Anordnung von Paletten und Palettengruppen kann durch Drag & Drop beliebig variiert werden. Blaue Leuchtstreifen geben Orientierung beim Andocken.

5.1.1 Paletten(gruppen) ab- und andocken

Paletten und Palettengruppen aus dem Dock befreien | Standardmäßig kleben die meisten Paletten in ihrem Verankerungsbereich – dem Dock – am rechten Bildschirmrand, und links ist die Werkzeugpalette abgelegt. Sie können Paletten aber von dort auch herausziehen und als schwebende Palettenfenster anzeigen lassen. Das Lösen von Paletten, Palettengruppen oder Symbolen aus dem Palettendock ist außerdem der erste Schritt zum Umorganisieren und Neuordnen Ihrer Paletten.

Nicht an der Dockbegrenzung ziehen
Der dunkelgraue Bereich der obersten Palette symbolisiert den Verankerungsbereich (»Dock«). Wenn Sie dort anfassen, können Sie die Palette nicht herausziehen. So klappen Sie allenfalls alle Paletten zu oder ziehen alle aktiven Paletten des Docks vom Dock weg.

Palettengruppen bewegen | Sie können Palettengruppen auf Ihrer Arbeitsfläche verschieben, indem Sie den neutralen Bereich des Titels – wo keine Reiter sind – mit dem Mauszeiger anfassen. So lässt sich der ganze Verband aus dem Dock lösen und an einer anderen Stelle der Arbeitsfläche deponieren. Sie können die Palettengruppe dann an einer anderen Stelle wieder ins Dock hereinziehen (siehe den nächsten Abschnitt) oder an jeder beliebigen Stelle des Arbeitsbereichs fallen lassen.

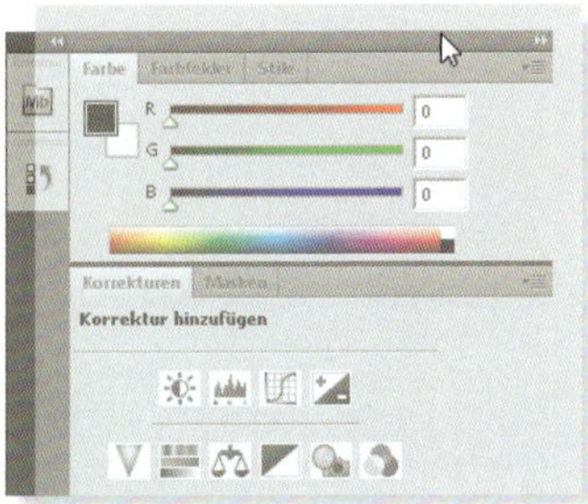

▲ **Abbildung 5.2**
Der Palettenverband wird an seine neue Position gezogen.

▲ **Abbildung 5.3**
Um eine Palettengruppe zu bewegen, »fassen« Sie sie im neutralen Bereich des Titels an.

Einzelne Paletten bewegen | Um einzelne Paletten – nicht die Gruppe – zu bewegen, müssen Sie sie mit der Maus am jeweiligen Karteireiter anfassen. Auch einzelne Paletten können Sie überall fallen lassen oder an anderen Stellen des Palettendocks ablegen.

▲ **Abbildung 5.4**
Um eine einzelne Palette zu bewegen, fassen Sie sie am Karteireiter.

Auf diese Art können Sie Paletten, die sehr oft angeklickt werden, direkt neben Ihr Bild legen. So sparen Sie im Laufe der Zeit einige Meter, die Sie sonst mit der Maus zurücklegen müssten.

Fertig zum Andocken | Um solche frei schwebenden Paletten, Palettengruppen oder Symbole erneut an die anderen Paletten anzudocken, ziehen Sie sie einfach an die gewünschte Stelle. Blaue Linien zeigen Ihnen an, wo Sie das Objekt fallen lassen können.

- Sie können einzelne Paletten in die bisherige oder eine andere Gruppe hereinziehen oder an anderer Stelle im Verankerungsbereich andocken.
- Sie können auch komplette Palettengruppen an nahezu jeder beliebigen Stelle des Verankerungsbereichs ablegen. So können Sie auch die Reihenfolge von Palettengruppen innerhalb des Docks verändern.

5.1.2 Noch mehr Platz: Palettensymbole

Zum Symbol minimierte Paletten lassen sich genau wie maximierte Paletten durch Ziehen und Ablegen manipulieren. Der Symbolbereich ist ganz ähnlich aufgebaut wie die maximierten Paletten. Auch hier kann man zwischen einzelnen Paletten (den Symbolen) und Palettengruppen (den »Fächern« innerhalb des Symbolbereichs) unterscheiden.

- Zum Symbol minimierte Paletten können aus dem Dockbereich herausbewegt werden.
- Um eine Palette oder auch Palettengruppe wieder in den Symbolbereich einzugliedern, bewegen Sie das Element einfach wieder mit der Maus über den Symbolbereich. Sie können die Palette(ngruppe) an jeder beliebigen Stelle des Symbolbereichs deponieren und so auch die Anordnung der Symbole verändern. Hierbei müssen Sie genau auf die blaue Markierung achten!

Größenänderung bei frei schwebenden Paletten

Wenn Sie bei frei schwebenden Paletten an der schraffierten Ecke unten rechts mit der Maus anfassen, können Sie sie stufenlos größer oder kleiner ziehen. (Das ist nicht für alle Paletten vorgesehen.)

▲ **Abbildung 5.5**
Größe ändern bei frei schwebenden Palettenfenstern

Paletten am linken Bildrand andocken
Übrigens verfügt die Werkzeugpalette über ähnliche Eigenschaften wie das Palettendock am rechten Bildschirmrand. Wenn Sie wollen, können Sie also auch links an die Werkzeugpalette weitere Paletten »ankleben«.

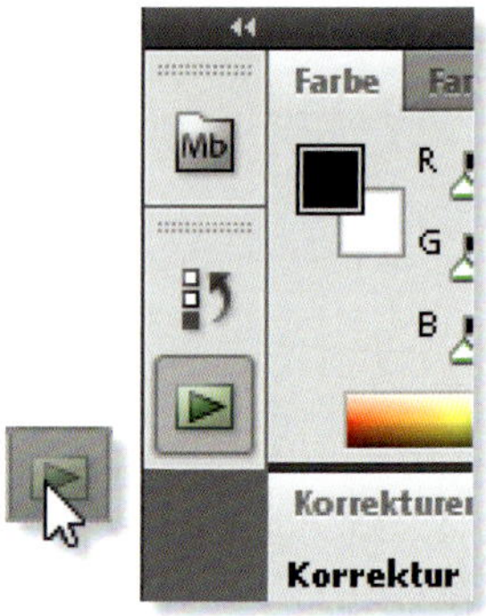

▲ **Abbildung 5.6**
Ein Palettensymbol – hier AKTIONEN – wird aus dem Verband herausgezogen.

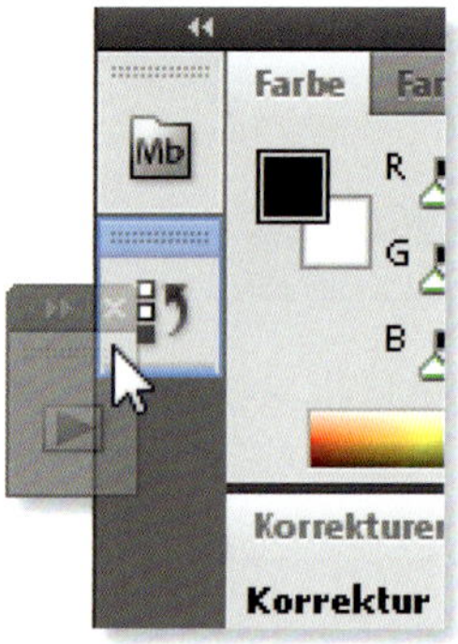

▲ **Abbildung 5.7**
Die zum Symbol minimierte Palette wird ins Dock geschoben.

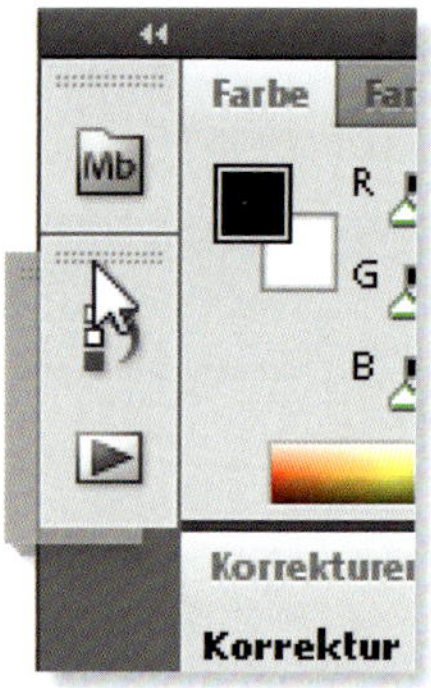

▲ **Abbildung 5.8**
Wenn Sie Symbol*gruppen* bewegen wollen, müssen Sie die punktierte Fläche oben in einem der »Fächer« anfassen.

5.1.3 Neu gemischt

Nach all dem Drag & Drop sollte nun eigentlich schon klar sein, dass Sie sich auf diese Art und Weise auch neue Palettengruppen zusammenstellen können.

Eigene Palettengruppen | Ziehen Sie die einzelnen Paletten einfach so hin und her, bis Sie den idealen Mix für Ihre Arbeitssituation gefunden haben. Übrigens: Um die **Reihenfolge** der Paletten bzw. Karteireiter innerhalb einer Gruppe zu verändern, brauchen Sie die Paletten nicht wieder aus der Gruppe herauszuziehen. Es genügt, einen Reiter anzufassen und nach rechts oder links zu bewegen.

Paletten stapeln | Wie Sie bereits wissen, lassen sich Paletten mit der Maus an jeden beliebigen Platz der Arbeitsfläche ziehen. Wenn Sie mehrere freie Paletten auf der Arbeitsfläche liegen haben, können Sie sie zu einem Stapel zusammendocken. So lassen sich mehrere Paletten schnell en bloc verschieben. Das ist ganz praktisch, wenn Sie öfter Ihre Paletten bewegen müssen – Sie sparen sich das Hin- und Herziehen mehrerer Paletten. Um Paletten zu stapeln, ziehen Sie eine Palette oder eine Palettengruppe auf den unteren Rand eines anderen Palettenobjekts. Durch einfaches Ziehen lösen Sie diese Verbindung auch wieder.

Wenn Sie zahlreiche Paletten außerhalb des Docks ablegen, bringen Sie sich allerdings auch um die Vorteile des Dock-Konzepts: um das Minimieren oder Maximieren aller Paletten mit einem Klick (in den dunkelgrauen Kopfbereich des Docks) und um einen aufgeräumten Arbeitsbereich.

CS5 **Photoshop merkt sich Palettenpositionen**
Eine angenehme Neuerung in CS5: Auch nach dem Neustart des Programms und selbst dann, wenn Sie zwischendurch mit dem Arbeitsbereichs-Umschalter mehrfach andere Arbeitsbereiche aufgerufen haben, vergisst Photoshop die Palettenposition nicht. Sie können also Standard-Arbeitsbereiche ganz leicht an Ihre Bedürfnisse anpassen.

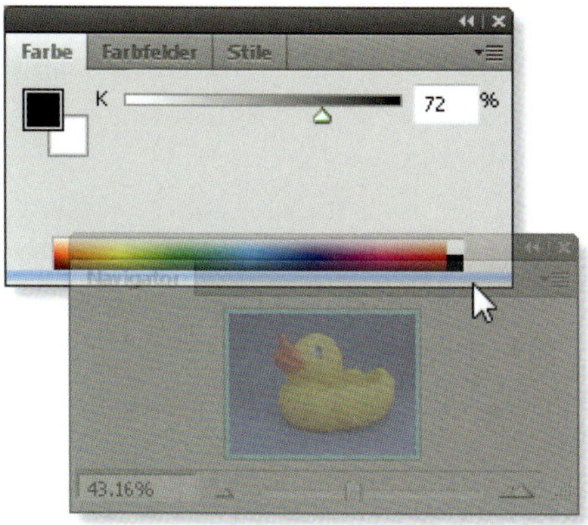

▲ **Abbildung 5.9**
Die Navigator-Palette soll an die obere Palettengruppe angekoppelt werden. Beachten Sie wieder den blauen Rand der Palette!

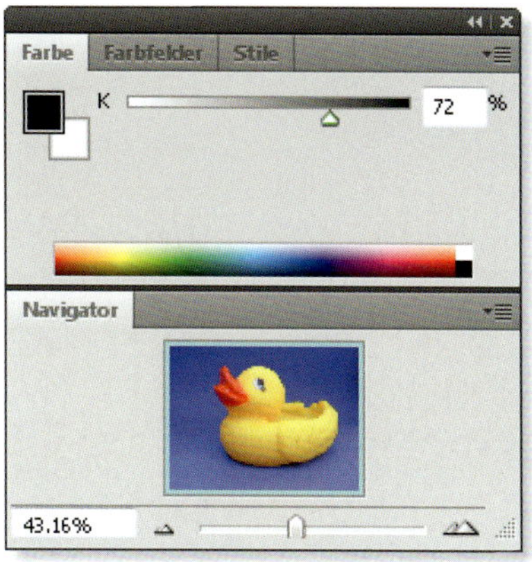

▲ **Abbildung 5.10**
So zusammengekoppelte Paletten(gruppen) lassen sich bequem zusammen verschieben – das ist praktisch, wenn man mit zwei Monitoren arbeitet.

5.2 Werkzeuge anpassen

Optionen und Eigenschaften für ein Werkzeug einzustellen kann manchmal etwas länger dauern. Da sind diverse Werte festzulegen, Klicks zu setzen ... Wenn Sie alle Werte für ein Werkzeug eingestellt haben, das Sie in dieser Form öfter brauchen, können Sie dessen Eigenschaften auch sichern und später, ohne viel zu klicken, erneut darauf zugreifen. Die Lösung heißt Werkzeugvorgaben.

5.2.1 Werkzeugvorgaben

Sie erreichen die Werkzeugvorgaben für das aktuelle Werkzeug immer in der Optionsleiste ganz links. Sie können sie aber auch als Palette aufrufen – entweder per Symbol oder via FENSTER • WERKZEUGVORGABEN.

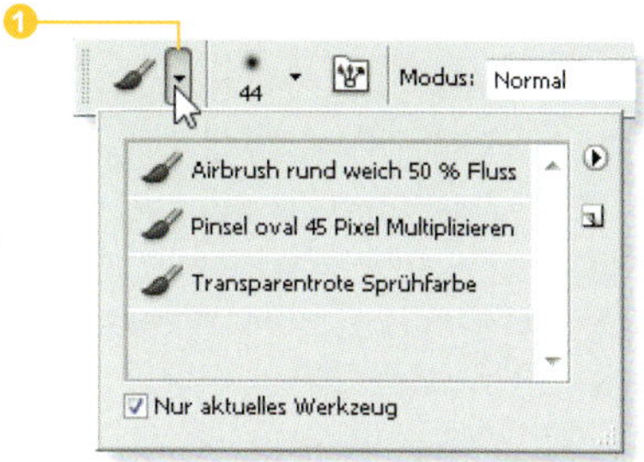

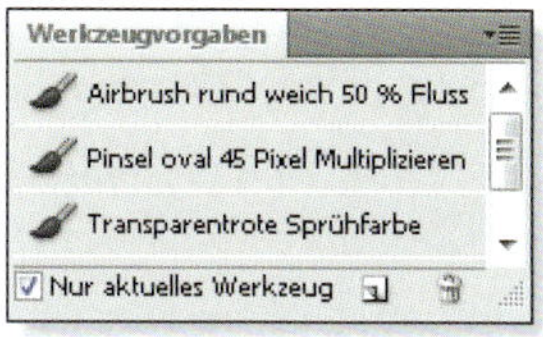

◀◀ **Abbildung 5.11**
Die Werkzeugvorgaben in der Optionsleiste (hier beim Pinsel-Werkzeug). Die Position des Mauscursors 1 zeigt an, wie Sie die Werkzeugvorgaben aus der Optionsleiste öffnen.

◀ **Abbildung 5.12**
Die Palette WERKZEUGVORGABEN

Egal, ob Sie die Palette oder das ausgeklappte Menü der Optionsleiste verwenden, die Bedienungsweise ist ganz ähnlich. Die Palette ist praktischer, wenn Sie Ihre gesammelten

Fertige Vorgaben
Für manche Werkzeuge liefert Adobe fertige Werkzeugvorgaben gleich mit.

Werkzeugeinstellungen sortieren wollen. Für den schnellen Zugriff im Alltag eignet sich der Zugriff über die Optionsleiste aber besser.

Werkzeugvorgaben erstellen | Das Hinzufügen neuer Werkzeugvorgaben ist ganz einfach. Nehmen Sie zuerst die gewünschten Einstellungen für das Werkzeug vor. Dann klappen Sie die Liste aus der Optionsleiste auf. Oder rufen Sie die Palette auf, und klicken Sie auf das Icon NEU . Es erscheint ein Dialogfeld, in das Sie einen Namen für die Werkzeugeinstellungen eingeben.

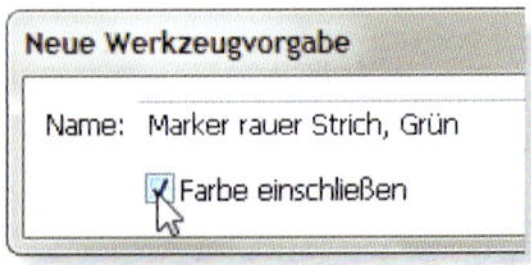

▲ **Abbildung 5.13**
Bei einigen Werkzeugen (Pinsel, Buntstift u. Ä.) gibt es noch die Zusatzoption FARBE EINSCHLIESSEN.

Werkzeugvorgaben aktivieren | Beim erneuten Aufruf der Werkzeugvorgaben – gleichgültig ob über die Optionsleiste oder als Palette – ist Ihre Werkzeugeinstellung dann der Liste hinzugefügt und kann mit einem Klick aufgerufen werden.

Üblicherweise werden allein die Vorgaben für das aktuell aktive Werkzeug angezeigt, aber wenn Sie das Häkchen von NUR AKTUELLES WERKZEUG ❶ entfernen, können Sie sich alle Vorgaben anzeigen lassen. So haben Sie von jedem beliebigen Werkzeug aus Zugriff auf Ihre Vorgaben – die Liste wird aber auch ein wenig unübersichtlicher.

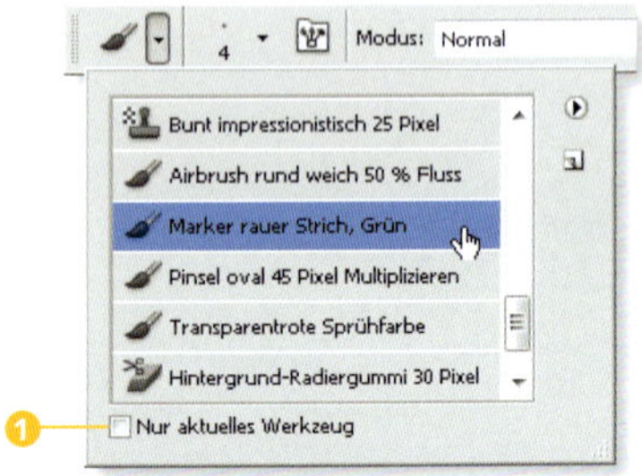

▲ **Abbildung 5.14**
Werkzeug mit den zuvor gespeicherten Optionen aktivieren

Werkzeugvorgaben bearbeiten | Auch das Umbenennen oder Löschen von Werkzeugvorgaben ist einfach. Ein Rechtsklick (am Mac: `Ctrl` + Klick) auf den Namen der Vorgabe ruft ein kurzes Kontextmenü mit den nötigen Befehlen auf.

▲ **Abbildung 5.15**
Löschen oder Umbenennen der Vorgabe über das Kontextmenü

5.3 Eigene Tastaturbefehle definieren

Wenn Ihnen die serienmäßig angebotenen Tastenkürzel nicht ausreichen, können Sie auch eigene Shortcuts einrichten oder bestehende Kürzel ändern. Das entsprechende Dialogfeld erreichen Sie gleich auf drei Wegen:

- über BEARBEITEN • TASTATURBEFEHLE
- mit dem umständlichen Tastaturbefehl `Alt`+`⇧`+`Strg`+`K` bzw. `⌥`+`⇧`+`⌘`+`K`
- über FENSTER • ARBEITSBEREICH • TASTATURBEFEHLE UND MENÜS. Dort wählen Sie die Registerkarte TASTATURBEFEHLE.

5.3.1 Tastaturbefehle erstellen und ändern

Wie auch immer Sie die Dialogbox erreichen: Sie können dort eigene Befehle festlegen und verwalten. Wie viele andere Arbeitsmittel und Vorgaben in Photoshop sind auch die Tastaturbefehle in sogenannten **Sets** 2 organisiert. Diese Sets kann man sich als übergeordnete Ordner vorstellen, in denen die einzelnen Befehle untergebracht sind. Ein vorgefertigtes Set mit Tastaturbefehlen gibt es sowieso, und Sie können weitere Sets mit Shortcuts hinzufügen – zum Beispiel aufgaben- oder personenbezogen.

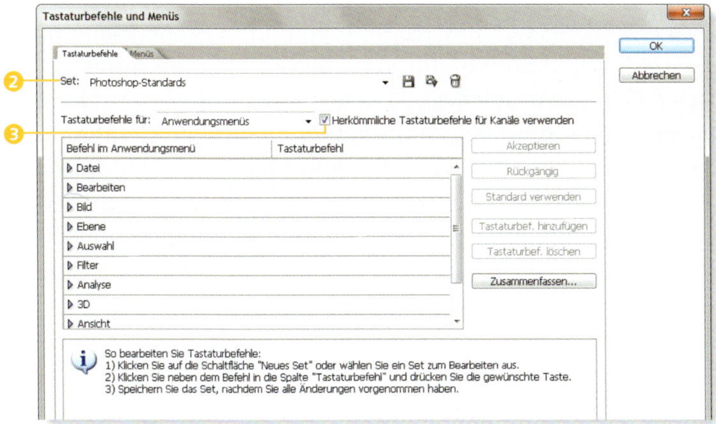

▲ **Abbildung 5.16**
Dialogfeld zum Einrichten eigener Tastaturbefehle

CS5 Herkömmliche Kanal-Shortcuts einstellen
Seit der Version CS4 haben sich die Shortcuts fürs Ansteuern der einzelnen Farbkanäle verändert. Viele Poweruser haben die gewohnten Kürzel vermisst. In CS5 gibt es nun eine einfache Möglichkeit, den Prä-CS4-Zustand wiederherzustellen. Aktivieren Sie im Tastaturbefehle-Dialog die Option HERKÖMMLICHE TASTATURBEFEHLE FÜR KANÄLE VERWENDEN 3.

Schritt für Schritt: Eigene Tastaturbefehle festlegen

1 Set auswählen

Legen Sie unter SET fest, welchen Tastaturbefehlssatz Sie modifizieren wollen. Sie sehen in der Liste die mitgelieferten Standard-Shortcut-Sets, aber auch – wenn vorhanden – von Ihnen angelegte Sets. Meist ist PHOTOSHOP-STANDARDS die beste Wahl (in der Abbildung sind bereits drei selbst erzeugte Sets zu erkennen).

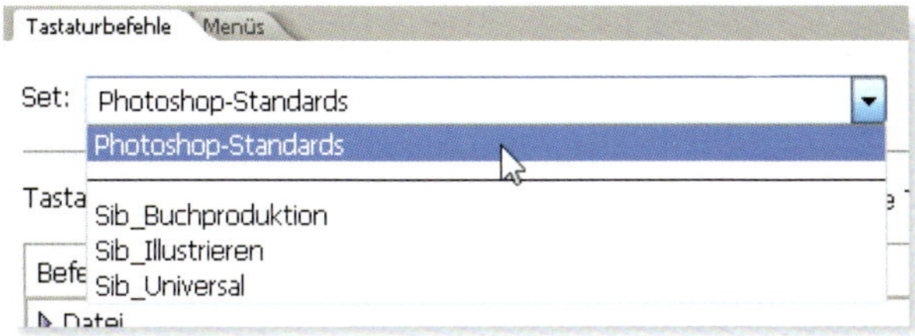

◄ **Abbildung 5.17**
Liste der verfügbaren Kürzel-Sets. Hier gibt es schon einige eigene.

2 Welche Tastenkürzel sollen geändert werden?

Wählen Sie dann unter TASTATURBEFEHLE FÜR aus, ob Sie die Shortcuts für ANWENDUNGSMENÜS (also Befehle der Menüleiste), BEDIENFELDMENÜS oder WERKZEUGE ändern wollen.

Abbildung 5.18 ▸
Welche Befehle sollen verändert werden?

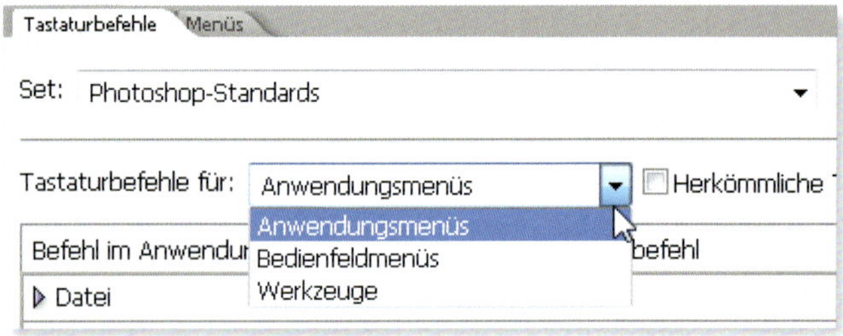

3 Befehle auswählen

Wenden Sie nun Ihre Aufmerksamkeit der großen Befehlsliste zu. Die Anordnung der Befehle ist dieselbe wie in den Photoshop-Menüs. Mittels kleiner Dreiecksschaltflächen können Sie auch hier Listen auf- und zuklappen. So gelangen Sie zu den Befehlen, die den Untermenüs entsprechen. Rechts daneben sehen Sie die zugehörigen Shortcuts. Wo kein Tastaturbefehl eingetragen ist, gibt es auch (noch) keinen. Auch bestehende Tastaturbefehle können leicht geändert werden.

Abbildung 5.19 ▸
Die Befehle sind in derselben Reihenfolge angeordnet wie im Photoshop-Menü.

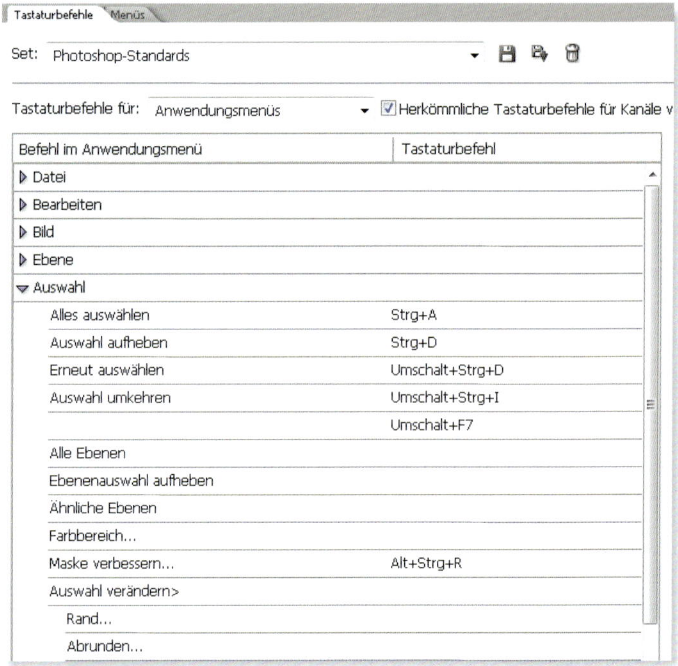

Standard wiederherstellen

Wenn Sie eine bestehende Tastaturbelegung für einen Befehl verändert haben und die Standardbelegung wiederherstellen wollen, nutzen Sie den Button Standard verwenden (in Abbildung 5.20 ist er inaktiv, weil die Änderung noch nicht bestätigt wurde). Der Button funktioniert logischerweise nicht, wenn Sie einem Befehl, der bisher gar kein Standardkürzel hatte, einen Shortcut zugewiesen haben.

4 Eintrag vornehmen

Um Einträge vorzunehmen, genügt ein Doppelklick auf das entsprechende Tastenkürzel oder – wenn noch kein Shortcut vergeben wurde – auf die leere Fläche in der betreffenden Zeile. Beachten Sie die Hinweise im unteren Bereich des Dialogfeldes!

Geben Sie dann ein neues Kürzel ein. Das tun Sie nicht durch Eintippen der einzelnen Buchstaben (»S-t-r-g-+-Y«), sondern einfach durch Betätigen der gewünschten Tasten.

Schwierige Kürzelsuche

Es ist nicht einfach, sich für neue Tastaturbefehle handliche Kürzel auszudenken, die man sich auch noch gut merken kann. Beim Mac bietet sich die `Ctrl`-Taste an. Wenn Sie nicht gerade Bandwurm-Shortcuts mit vier und mehr Komponenten kreieren wollen, kommen Sie nicht darum herum, ein Tastenkürzel von einem selten genutzten Befehl zu löschen, um es einem Befehl zuzuordnen, der für Sie wichtiger ist.

5 Konflikte vermeiden

Falls der Tastaturbefehl, den Sie eingegeben haben, bereits einem anderen Werkzeug zugewiesen ist, erscheint ein Warnhinweis ❹.

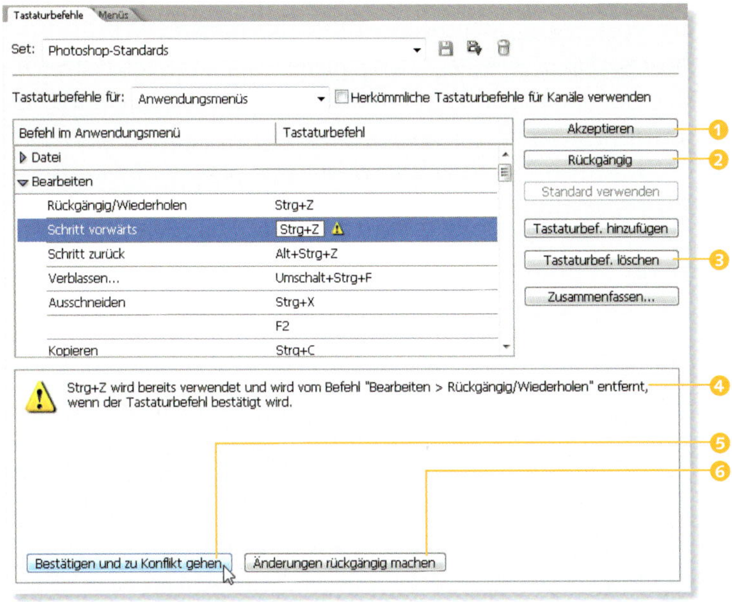

◀ **Abbildung 5.20**
Vor dem Vergeben des neuen Tastenkürzels wird bei Konflikten gewarnt.

Sie haben nun vier Möglichkeiten, diesen Konflikt aufzulösen:

- Wenn Sie den **Tastaturbefehl trotzdem verwenden** möchten, klicken Sie auf Akzeptieren ❶. Die bisherige Zuordnung des Tastenkürzels wird dann ungültig.
- Wenn Sie lieber ein **anderes Tastenkürzel suchen** wollen, klicken Sie auf Änderungen rückgängig machen ❻.
- Klicken Sie auf Bestätigen und zu Konflikt gehen ❺, um die eben getätigte Eingabe zu bestätigen und dem anderen Befehl, der bisher mit diesem Shortcut verbunden war, ein neues Kürzel zuzuordnen.
- Wenn Sie doch lieber die **zuletzt gespeicherte Änderung zurücknehmen** wollen, klicken Sie auf Rückgängig ❷. Das Dialogfeld wird dabei nicht geschlossen.

6 Tastenbelegungen löschen

Achtung: Der Button Tastaturbef. löschen ❸ entfernt auch andere, bereits gespeicherte Shortcuts – eigene wie vorgefertigte!

Zum Weiterlesen: Menüs anpassen

Auch die Erscheinungsweise der Menüs können Sie verändern. Einzelne Menübefehle lassen sich farbig hervorheben, um sie auf einen Blick zu finden, können aber auch ganz zum Verschwinden gebracht werden. Wie das geht, lesen Sie im Zusatzangebot auf der Bonus-Seite zum Buch (*www.galileodesign.de*).

Speicherort nicht ändern

Sie sollten den von Photoshop standardmäßig vorgeschlagenen Speicherort für Tastaturbefehlssets im Speicherdialog nicht ändern, es kann sonst Probleme mit dem Funktionieren der Befehle geben. Wenn Sie wissen wollen, wo solche Vorgaben gespeichert werden, lesen Sie in Abschnitt 5.5.3, »Speicherorte für Vorgaben«, nach.

7 Geänderte Tastaturbefehlssets speichern

Nun müssen die Änderungen noch gespeichert werden. Dazu haben Sie wiederum verschiedene Möglichkeiten.

Änderungen am aktuellen Tastaturbefehlsset speichern Sie, indem Sie auf die Schaltfläche ALLE ÄNDERUNGEN IM AKTUELLEN TASTATURBEFEHLSSATZ SPEICHERN (oben im Dialogfeld) klicken.

Wenn Sie einen eigenen Satz modifiziert haben, werden die Änderungen **ohne Nachfrage** übernommen. Haben Sie einen der Photoshop-Standardbefehlssätze verändert, erscheint ein Speicherdialog, der Sie auffordert, den Satz unter einem neuen Namen zu speichern. Auf diese Art bleibt der Originalsatz mit Tastenkürzeln immer erhalten.

Es ist auch möglich, einen veränderten eigenen Tastenkürzelsatz unter einem neuen Namen (also als neuen Satz) zu speichern – und nicht bloß zu überschreiben. Dazu klicken Sie auf die Schaltfläche NEUES SET AUS AKTUELLEM TASTATURBEFEHLSSATZ ERSTELLEN und geben dann einen neuen Namen ein.

8 Tastenkürzelsets löschen

Um ein Set zu löschen, wählen Sie es aus der Liste unter SET aus und klicken dann auf das Papierkorb-Symbol. Nur eigene Sets können entfernt werden, nicht die Photoshop-Standardsets.

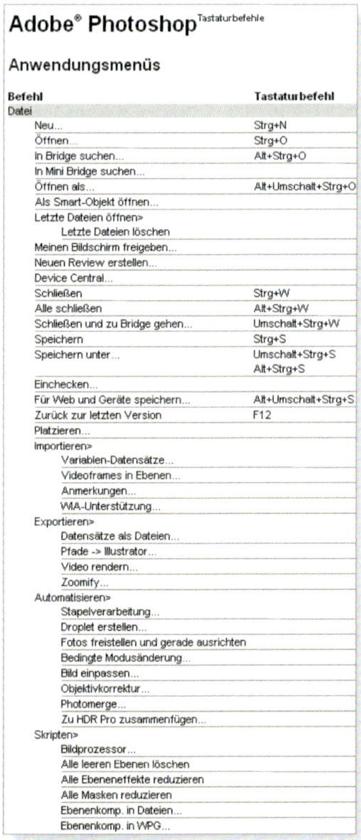

Adobe® Photoshop Tastaturbefehle

Anwendungsmenüs

Befehl	Tastaturbefehl
Datei	
Neu...	Strg+N
Öffnen...	Strg+O
In Bridge suchen...	Alt+Strg+O
In Mini Bridge suchen...	
Öffnen als...	Alt+Umschalt+Strg+O
Als Smart-Objekt öffnen...	
Letzte Dateien öffnen>	
Letzte Dateien löschen	
Meinen Bildschirm freigeben...	
Neuen Review erstellen...	
Device Central...	
Schließen	Strg+W
Alle schließen	Alt+Strg+W
Schließen und zu Bridge gehen...	Umschalt+Strg+W
Speichern	Strg+S
Speichern unter...	Umschalt+Strg+S Alt+Strg+S
Einchecken...	
Für Web und Geräte speichern...	Alt+Umschalt+Strg+S
Zurück zur letzten Version	F12
Platzieren...	
Importieren>	
Variablen-Datensätze...	
Videoframes in Ebenen...	
Anmerkungen...	
WIA-Unterstützung...	
Exportieren>	
Datensätze als Dateien...	
Pfade -> Illustrator...	
Video rendern...	
Zoomify...	
Automatisieren>	
Stapelverarbeitung...	
Droplet erstellen...	
Fotos freistellen und gerade ausrichten	
Bedingte Modusänderung...	
Bild einpassen...	
Objektivkorrektur...	
Photomerge...	
Zu HDR Pro zusammenfügen...	
Skripten>	
Bildprozessor...	
Alle leeren Ebenen löschen	
Alle Ebeneneffekte reduzieren	
Alle Masken reduzieren	
Ebenenkomp. in Dateien...	
Ebenenkomp. in WPG...	

▲ **Abbildung 5.21**
Tastenkürzel in der HTML-Befehlsliste

5.3.2 Dokumentation der Tastaturbefehle

Mit Photoshop können Sie das aktuell angezeigte Tastaturbefehlsset als HTML-Datei exportieren und im Webbrowser anzeigen lassen. Klicken Sie dazu auf den Button ZUSAMMENFASSEN rechts neben der Befehlsliste.

Die übersichtlichen HTML-Befehlslisten lassen sich einfach ausdrucken oder zur Information an Teamkollegen weitergeben. Übrigens können Sie auch die Dateien, in denen Shortcuts (oder andere Einstellungen) gespeichert sind, zwischen Rechnern austauschen. Sie müssen nur darauf achten, sie immer in den passenden Photoshop-Ordner zu legen. Die Keyboard-Shortcuts werden im Dateiformat **.kys** abgelegt:

- Unter **Mac OS** liegen Sie im Ordner BENUTZER/[BENUTZERNAME]/LIBRARY/APPLICATION SUPPORT/ADOBE/ADOBE PHOTOSHOP CS5/PRESETS/[KEYBOARD SHORTCUTS],
- unter **Windows Vista** und **Windows 7** in BENUTZER/[BENUTZERNAME]/APPDATA/ROAMING/ADOBE/ADOBE PHOTOSHOP CS5/PRESETS/KEYBOARD SHORTCUTS] und
- unter **Windows XP** in DOKUMENTE UND EINSTELLUNGEN/[BENUTZERNAME]/ANWENDUNGSDATEN/ADOBE PHOTOSHOP CS5/PRESETS [KEYBOARD SHORTCUTS].

5.4 Arbeitsbereiche nach Maß

Photoshops Funktionsvielfalt erlaubt es, völlig unterschiedliche Aufgaben zu erledigen: klassische Bildkorrektur, Retusche, kreative Illustrationsjobs, das Vorbereiten von Dateien für den Druck oder das Erstellen grafischer Elemente für Websites sind nur einige der möglichen Tätigkeitsfelder. Für jeden dieser Bereiche werden ganz unterschiedliche Werkzeuge, Befehle und Paletten benötigt. Um die Arbeit so effizient wie möglich zu machen, kann der Photoshop-Arbeitsbereich angepasst, in der bestehenden Konstellation gespeichert und immer wieder neu aufgerufen werden. So sind die benötigten Palettenkonstellationen für verschiedene Jobs jeweils schnell zur Hand.

CS5 Arbeitsbereiche übersichtlich verwalten
Über den neuen Arbeitsbereich-Umschalter sind die Arbeitsbereiche schneller erreichbar. Und Photoshop merkt es sich dauerhaft, wenn die vorgefertigten Arbeitsbereiche modifiziert wurden. Das Anlegen eigener Arbeitsbereiche ist dadurch nur noch in Spezialfällen notwendig.

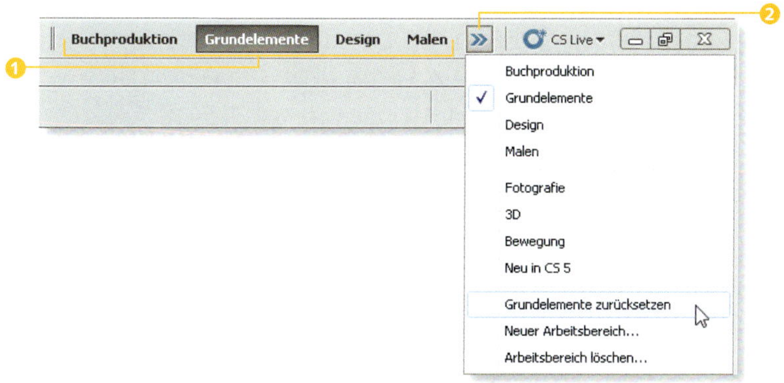

◄ **Abbildung 5.22**
Der Arbeitsbereich-Umschalter besteht aus einer (erweiterbaren) Leiste mit Schaltflächen ❶ und einem Menü, das Sie über den Doppelpfeil ❷ erreichen.

Für die häufigsten Bildbearbeitungs-Aufgaben werden vorkonfigurierte Arbeitsbereiche bereitgestellt. Sie unterscheiden sich durch die Anordnung der Paletten, teilweise auch durch die Menügestaltung.

Arbeitsbereich umschalten | Zum Wechseln des Arbeitsbereichs genügt ein Klick auf den Namen des jeweiligen Arbeitsbereichs in der Umschalter-Leiste. Werden dort nicht alle Arbeitsbereiche gezeigt, können Sie

- den Doppelpfeil ❷ nutzen, um das entsprechende Menü aufzuklappen,
- oder den Bereich ❸ vergrößern, der für die Schaltflächen zur Verfügung steht.

Alternativ können Sie auch die Befehle unter Fenster • Arbeitsbereich nutzen.

▼ **Abbildung 5.23**
Wenn Sie mehr Platz für die Arbeitsbereich-Schalter brauchen, ziehen Sie die Begrenzungsdoppellinie einfach weiter nach links.

Vorgefertigtes Set für Photoshop-Umsteiger
Für erfahrenere Nutzer, die sich mit den Änderungen von Photoshop CS5 vertraut machen wollen, ist das Set NEU IN CS 5 praktisch: Hier sind alle neuen Befehle und Funktionen in Blau hervorgehoben.

Arbeitsbereich anpassen und zurücksetzen | Wenn Sie an der Anordnung der Paletten eines Arbeitsbereichs etwas ändern, merkt sich Photoshop das – auch, wenn Sie zwischenzeitlich zu anderen Arbeitsbereichen umschalten. Wenn Sie Ihre Änderungen wieder zurücknehmen und den Standard herstellen wollen, wählen Sie den Befehl [NAME DES ARBEITSBEREICHS] ZURÜCKSETZEN aus dem »Doppelpfeil«-Menü.

Eigene Arbeitsbereiche erstellen | In der Regel kommt man mit den von Adobe mitgelieferten Arbeitsbereichen aus, insbesondere, da man diese ja ohne Weiteres modifizieren kann. Will man sich für spezielle Anforderungen einen eigenen Arbeitsbereich einrichten und speichern, lässt sich das mit wenigen Klicks erledigen.

- **Alles einrichten**: Stellen Sie sich Paletten, Tastaturkürzel und Menüsätze so zusammen, wie Sie sie brauchen.
- **Arbeitsbereich sichern**: Mit dem Befehl NEUER ARBEITSBEREICH (im »Doppelpfeil«-Menü oder unter FENSTER • ARBEITSBEREICH) öffnen Sie ein kleines Dialogfenster. Dort können Sie einen Namen für den Arbeitsbereich vergeben und außerdem festlegen, ob Sie auch Tastaturbefehle oder Menüeigenschaften mit aufnehmen wollen.
- **Arbeitsbereich aktivieren**: Der neue Arbeitsbereich taucht nun als Schaltfläche sowohl in der Arbeitsbereich-Umschalter-Leiste als auch im Menü FENSTER • ARBEITSBEREICH auf.

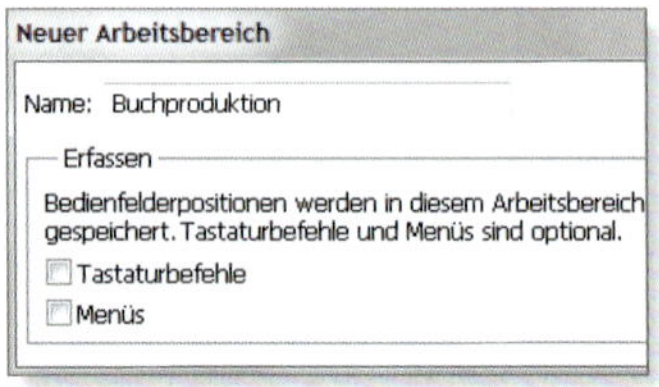

▲ **Abbildung 5.24**
Versuchen Sie, eindeutige Namen für Ihre Arbeitsbereiche zu finden.

Arbeitsbereiche löschen | Klicken Sie auf den Befehl ARBEITSBEREICH LÖSCHEN, und legen Sie im folgenden Dialog fest, welcher Arbeitsbereich bzw. welche Arbeitsbereiche entfernt werden sollen. Nach einer kurzen Sicherheitsabfrage werden diese Arbeitsbereichseinstellungen dann endgültig gelöscht.

▲ **Abbildung 5.25**
Wenn Sie wollen, können Sie alle selbst definierten Arbeitsbereiche auf einen Schlag löschen.

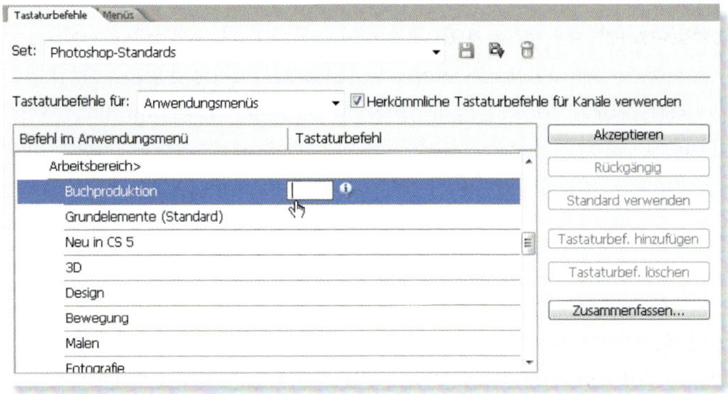

◂ Abbildung 5.26
Sie können für Arbeitsbereiche auch Tastenkürzel vergeben. Wie das genau geht, lesen Sie in Abschnitt 5.3, »Eigene Tastaturbefehle definieren«.

5.5 Farbfelder, Muster, Stile & Co: Kreativressourcen organisieren

Neben den Werkzeugen, Menübefehlen und Paletten gehören Photoshops Kreativressourcen zu den unentbehrlichen Arbeitsmitteln. Zusammengefasst werden sie unter dem prosaischen Namen **Vorgaben**. Zu den Vorgaben gehören schiere Arbeitshilfen wie Aktionen oder Werkzeugvorgaben, jedoch auch Kreativbausteine wie Farbfelder, Formen, Muster, Stile (Ebeneneffekte) oder Verläufe. Die meisten dieser Vorgaben lassen sich sehr vielseitig anwenden und sind in Photoshop an unterschiedlichen Stellen präsent. So gehören beispielsweise Kollektionen mit vorgefertigten Mustern zum Lieferumfang von Photoshop, eigene Muster können hinzugefügt werden. Muster lassen sich mit dem Füllwerkzeug auf Flächen auftragen, sind als Ebenenstil verfügbar (Musterüberlagerung), helfen, die Kontur von Spezialpinseln zu formen oder verbessern das Retuscheergebnis beim Reparatur-Pinsel – und dies sind nur einige Beispiele.

All diese Hilfsmittel müssen natürlich so organisiert werden, dass sie ohne langes Suchen schnell zur Hand sind. Photoshops Ordnungsprinzip ist für alle Vorgaben gleich: ob es sich nun um Farbfelder, Effekte, Muster, Pinselspitzen oder andere Vorgaben handelt – sie sind in Kollektionen, den sogenannten **Bibliotheken** organisiert. Jede Bibliothek enthält eine Reihe verschiedener, einzelner Ebenenstile, Farbfelder, Muster oder sonstiger Vorgaben. Zugriff auf die Bibliotheken und ihre Inhalte haben Sie ...

- direkt im jeweiligen **Verwendungskontext**, etwa in Werkzeugoptionsleisten, in Paletten oder Dialogboxen. Für alltägliche Handgriffe reichen die Verwaltungsmöglichkeiten, die Sie hier finden, aus.
- im sogenannten **Vorgaben-Manager**, einem Verwaltungstool, das Ihnen mehr Möglichkeiten und Arbeitskomfort gibt.

Zum Weiterlesen: Muster
Mehr über das Füllwerkzeug erfahren Sie in Abschnitt 26.1. Informationen über den Ebenenstil Musterüberlagerung finden Sie in Abschnitt 32.2.9. Details zur Pinselkonfiguration gibt es in Abschnitt 25.3.

Vorgaben im kreativen Einsatz
Wie sich Photoshops Vorgaben kreativ anwenden lassen, erfahren Sie in den späteren Kapiteln dieses Buches. Hier geht es zunächst nur um deren effektive Verwaltung. Wenn Sie noch nie mit Vorgaben wie etwa Aktionen, Effekten, Farbfeldern oder Verläufen gearbeitet haben, ist dieses Verwaltungskapitel für Sie vermutlich eher von geringem Interesse. Nutzen Sie gegebenenfalls den Index, um zu den entsprechenden Kapiteln zu navigieren und etwas über die praktische Anwendung von Vorgaben zu erfahren.

Ich erkläre Ihnen hier exemplarisch, wie die Vorgabenverwaltung funktioniert. Die Vorgehensweise funktioniert für alle Vorgaben nach demselben Prinzip. Am Ende dieses Kapitels zeige ich Ihnen außerdem, wie Sie Vorgaben aus älteren Photoshop-Versionen übernehmen und mit Teamkollegen austauschen können.

5.5.1 Paletten, Dialogfelder & Co: Vorgaben da verwalten, wo man sie braucht

Vorgaben sind an vielen Stellen in Photoshop anzutreffen. Die Abbildungen 5.27 bis 5.29 zeigen einige Bespiele. Wie Sie sehen, ist die Präsentation der Muster an allen Stellen im Programm gleich.

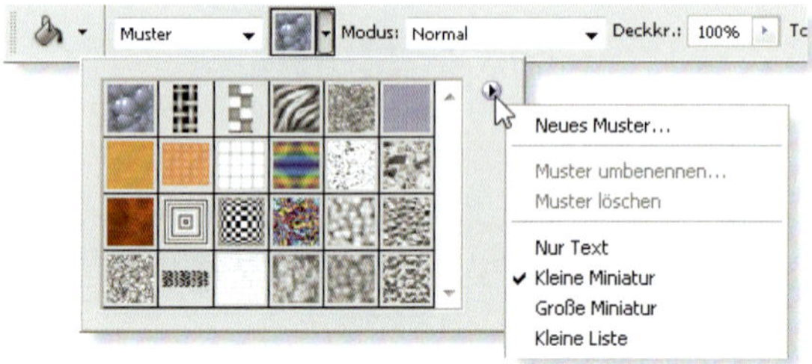

Abbildung 5.27 ▸
Hier sind Vorgaben als Muster in der Optionsleiste des Fülleimers anzutreffen.

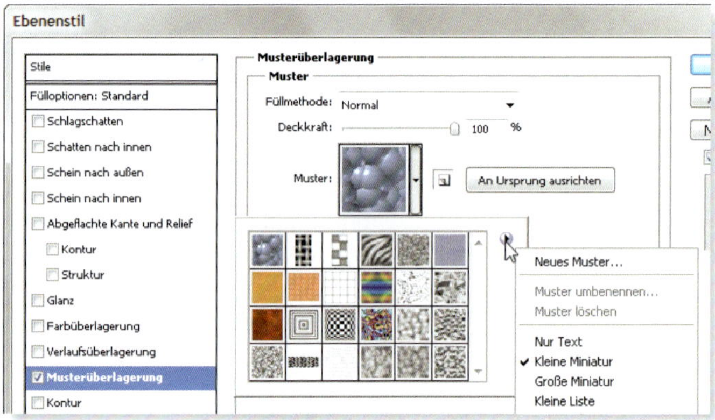

Abbildung 5.28 ▸
Bei den Ebenenstilen spielen Vorgaben ebenfalls eine Rolle.

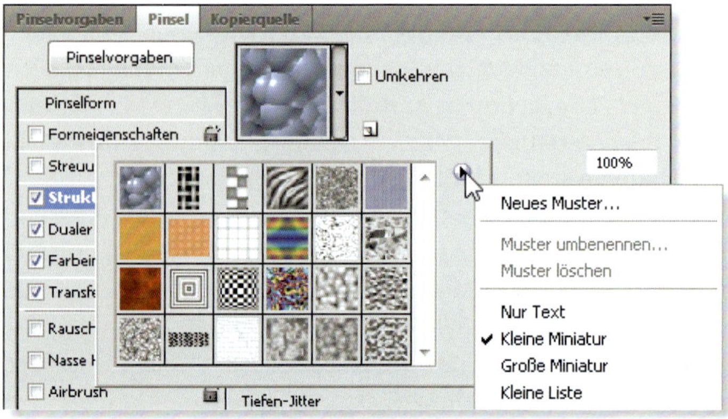

Abbildung 5.29 ▸
Muster in der Pinsel-Palette

Seitenmenü | Unentbehrlich für die Verwaltung der Vorgaben – ganz gleich, ob sie nun in den Werkzeugoptionen, in einem Dialogfeld oder als Palette anzutreffen sind – ist das Seitenmenü. Sie erreichen es per Klick auf den kleinen Pfeil-Button ❷. Bei Vorgaben, die in einer Palette verwaltet werden (Aktionen, Farbfelder, Pinsel, Stile, Werkzeugvorgaben) finden Sie dieselben Funktionen im Palettenmenü ❶. Dort finden Sie alle Befehle, um sich in Kollektionen schnell zurechtzufinden.

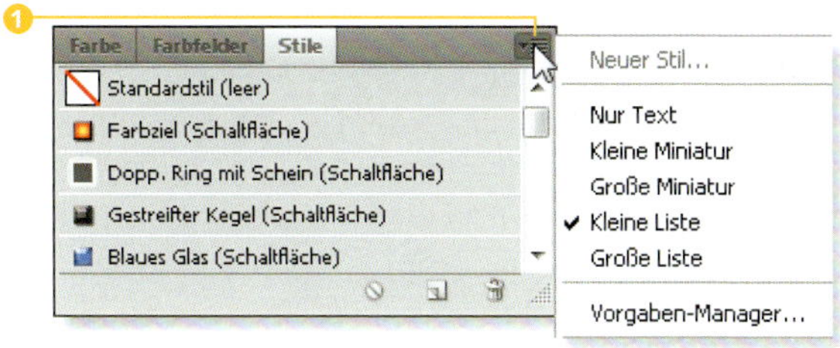

◂ **Abbildung 5.30**
Manche Vorgaben werden in Paletten verwaltet. Dann finden Sie die wichtigsten Verwaltungsbefehle im Palettenmenü.

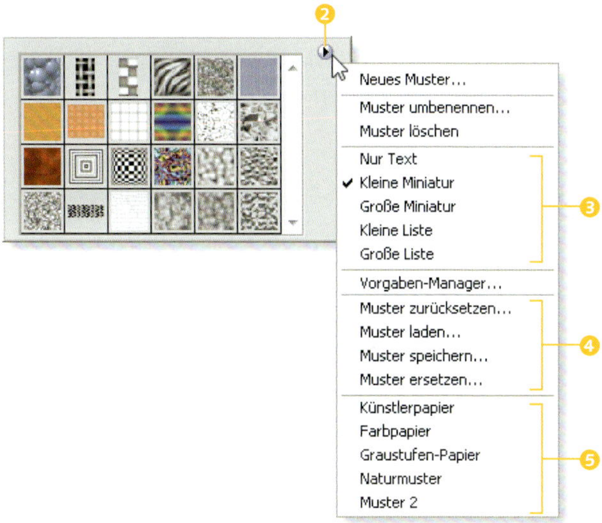

◂ **Abbildung 5.31**
Das Seitenmenü übernimmt die Verwaltungsfunktionen für Vorgaben. Sie erreichen es über den kleinen Pfeil rechts oben.

Listenansicht einstellen | Unter ❸ können Sie zwischen verschiedenen **Ansichten der Vorgabenliste** wechseln.

- Bei der Ansicht Nur Text scheitert die Orientierung zuweilen an den nicht sonderlich aussagekräftigen Namen der Inhalte.
- Kleine Miniatur ist oft die ungünstigste Ansicht, denn die Miniaturen sind zu klein, um aussagekräftig zu sein.
- Große Miniatur ist platzraubend.
- Kleine Liste präsentiert zahlreiche Inhalte, ohne dass viel gescrollt werden muss. Eine Textbeschreibung plus ein kleines Bild sind eine gute Gedankenstütze.
- Große Liste ist schon wieder etwas unhandlicher, bietet aber auch aussagekräftigere, weil größere Bilder.

▲ **Abbildung 5.32**
Liste der Stile in der Stile-Palette, Ansicht NUR TEXT

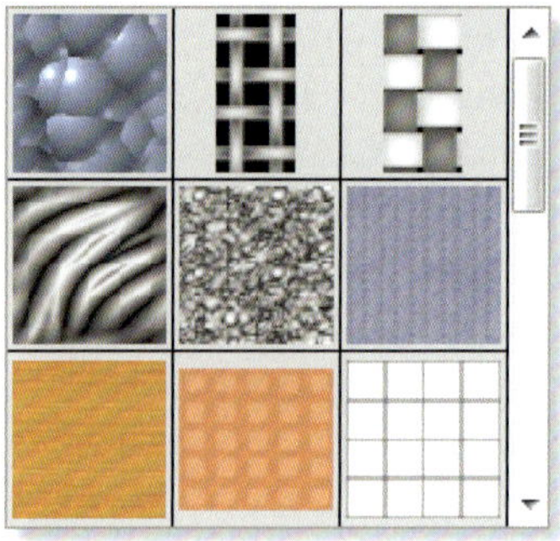

▲ **Abbildung 5.33**
Die Ansicht GROSSE MINIATUR

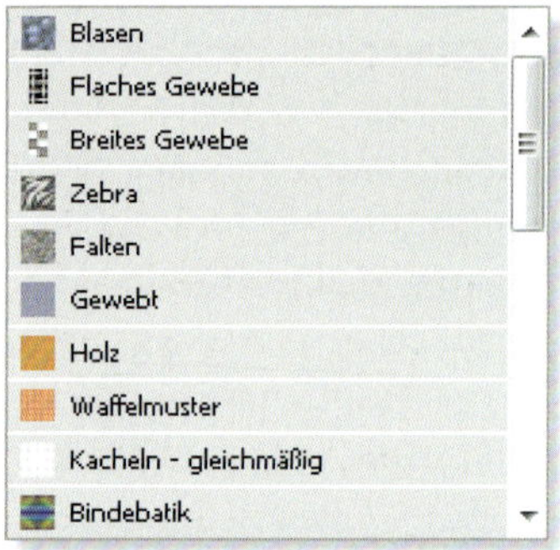

▲ **Abbildung 5.34**
Die Ansicht KLEINE LISTE

Bibliotheken laden | In der Regel werden nie alle Inhalte aller existierenden Bibliotheken in den Listen angezeigt – dann würden die Listen nämlich schnell sehr lang und unübersichtlich werden. Stattdessen können Sie sich eine oder mehrere Bibliotheken in die Listen laden. Dort stehen sie dann zum Direktzugriff bereit. Zu diesem Zweck stehen die Befehle unter ❹ und ❺ zur Verfügung.

Am unteren Ende der Liste ❺ finden Sie eine Übersicht der zur Verfügung stehenden Bibliotheken (in Abbildung 5.31 sehen Sie etwa eine Liste mit Muster-Bibliotheken). Wenn Sie auf einen der aufgeführten Bibliotheksnamen klicken, werden Sie zunächst gefragt, wie Photoshop beim Laden der Bibliothek in die Liste vorgehen soll. Sie können eine neue Bibliothek

- an die bestehende Bibliothek anfügen (Befehl ANFÜGEN, die Liste wird dann länger)
- oder die bereits geladene Bibliothek durch eine neue ersetzen (OK klicken).

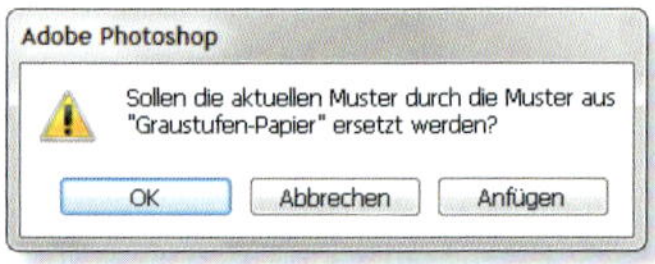

▲ **Abbildung 5.35**
Wie soll mit der neu geladenen Muster-Bibliothek verfahren werden?

Mit den Befehlen unter ❹ können Sie auch direkt bestimmen, was Photoshop mit den Bibliotheken machen soll.

- [VORGABE] ZURÜCKSETZEN... stellt die Standardeinstellungen wieder her.
- [VORGABE] LADEN... öffnet den jeweiligen Vorgabenordner. Die ausgewählte Bibliothek wird dann an die bestehende Liste angehängt.
- [VORGABE] ERSETZEN... ersetzt die aktuelle Bibliothek durch eine neu ausgewählte.

Zum Weiterlesen: Wo sind die Vorgaben gespeichert?
Beim Arbeiten mit Bibliotheken wird Photoshop Sie nicht immer zuverlässig zum richtigen Verzeichnis lotsen. In Abschnitt 5.5.3, »Speicherorte für Vorgaben«, erfahren Sie, an welcher Stelle auf Ihrer Festplatte die Bibliotheken abgelegt sind.

Bibliotheken ändern | Sie können auch Änderungen an den geladenen Bibliotheken durchführen.

- Neue [Vorgabe] fügt ein neues Muster, einen Stil, ein Farbfeld usw. an die aktuelle Liste an. Details zum Vorgehen finden Sie auch in den Kapiteln zu den jeweiligen Themen.
- Mithilfe von [Vorgabe] umbenennen können Sie einer Vorgabe einen neuen Namen geben.
- [Vorgabe] löschen entfernt eine Vorgabe aus der Liste.

Um solche Änderungen an einer Bibliothek dauerhaft zu sichern, nutzen Sie den Befehl [Vorgabe] speichern ... Der Befehl führt Sie zu einem Speicher-Dialog, in dem Sie die Bibliothek, die Sie durch eigene Einstellungen verändert haben, unter einem neuen Namen sichern können. Das ist sinnvoll, da eigene Einstellungen sonst beim unbedachten Zurücksetzen leicht verloren gehen.

5.5.2 Erhöhter Verwaltungskomfort mit dem Vorgaben-Manager

Der Vorgaben-Manager bietet mehr Verwaltungskomfort und den zentralen Zugriff auf alle eigenen Ressourcen. Neben den Befehlen, die Sie bereits kennen, stehen Ihnen weitergehende Funktionen für die Verwaltung von Vorgaben zur Verfügung. Änderungen, die Sie im Vorgaben-Manager durchführen, wirken sich im gesamten Programm aus, das heißt an allen Stellen, an denen Sie auf die jeweilige Vorgabe zugreifen können. Sie erreichen den Vorgaben-Manager über Bearbeiten • Vorgaben-Manager oder über das Seitenmenü von Paletten, Dialogboxen oder Optionsleisten, in denen Vorgaben vorkommen.

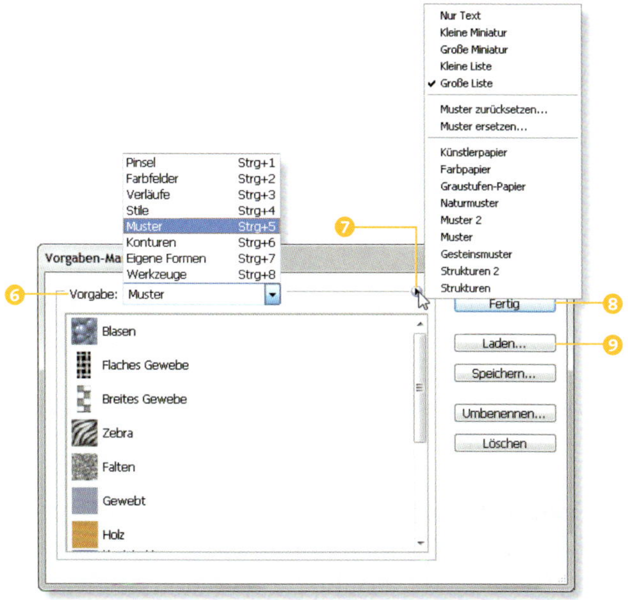

◂ **Abbildung 5.36**
Im Vorgaben-Manager können Sie alle Kreativ-Vorgaben 6 bequem verwalten. Das Seitenmenü 7 des Vorgaben-Managers und die Buttons rechts enthalten die bereits bekannten Befehle.

Wählen Sie zunächst unter VORGABE 6, welche Vorgaben Sie modifizieren wollen. Laden Sie ggf. die Bibliothek (Button LADEN 9), die Sie bearbeiten möchten, nehmen Sie Ihre Einstellungen vor, und bestätigen Sie diese mit dem Button FERTIG 8. Ihre Änderungen werden sofort wirksam.

Die Reihenfolge von Elementen ändern | Sie können die Reihenfolge von Elementen in einer Bibliothek durch einfaches Verschieben ändern. Dazu fassen Sie das Element mit der Maus an und ziehen es an seinen neuen Platz in der Liste – so wie Sie es auch mit Ebenen in der Ebenen-Palette machen. Bei häufig gebrauchten Vorgaben sparen Sie sich unter Umständen langes Scrollen.

Löschen von Elementen | Einfacher ist auch das Löschen von einzelnen Elementen aus Vorgabenbibliotheken. Das ist besonders dann sinnvoll, wenn Sie eigene Bibliotheken anlegen wollen, die keines der bereits vorgegebenen Elemente enthalten sollen.

- **Einzelne Elemente** löschen Sie, indem Sie sie markieren und dann den LÖSCHEN-Button betätigen. Alternativ klicken Sie bei gehaltener [Alt]- bzw. [⌥]-Taste auf das Element in der Liste, das Sie entfernen wollen.
- Praktisch ist, dass Sie auch **mehrere Elemente** auf einen Schlag löschen können. Nutzen Sie dazu die [Strg]- bzw. [⌘]-Taste, um mehrere einzelne Elemente auszuwählen. Eine Reihe zusammenhängender Listeneinträge markieren Sie am schnellsten, indem Sie mit gehaltener [⇧]-Taste das erste und letzte Element der Reihe anklicken. Benutzen Sie dann den Button LÖSCHEN.

Namen der Vorgabenordner

Übrigens hat jede Vorgabenart ein eigenes Dateiformat, vor allem erkennen Sie die unterschiedlichen Vorgabentypen jedoch an den Ordnern, in denen Sie gesichert sind. Die Ordner haben englische Namen – hier die Übersetzung:

- *Brushes* – Pinsel, Werkzeugspitzen
- *Color Swatches* – Farbfelder
- *Contours* – Konturen (mehr über Konturen folgt in Kapitel 32, »Ebenenstile«)
- *Custom Shapes* – Formen
- *Gradients* – Verläufe
- *Patterns* – Muster
- *Styles* – Stile, Ebenenstile, Ebeneneffekte
- *Tools* – Werkzeugvorgaben

Neue Bibliotheken erstellen | Sie können auf einfache Weise mit ausgewählten Elementen einer schon bestehenden Bibliothek eine neue Bibliothek erstellen. Dazu gehen Sie wie folgt vor: Markieren Sie die Elemente, die in die neue Bibliothek übernommen werden sollen. Klicken Sie auf SPEICHERN, und geben Sie den Namen und den Speicherort ein. Diese neue Bibliothek können Sie dann später weiter anpassen. Achtung: Nur wenn Sie die neue Bibliothek im Standard-Vorgabenordner ablegen, wird deren Name dann im unteren Bereich der Seitenmenüs aufgeführt.

5.5.3 Speicherorte für Vorgaben

Die Frage, wo die Dateien mit Farbfeld-, Muster-, Stil- und anderen Bibliotheken landen, ist keineswegs trivial. Sie benötigen diese Information, wenn Sie Ihre Bibliotheken auf einen anderen Rechner übernehmen wollen, wenn Sie sie für den besseren Gruppenworkflow weitergeben oder wenn Sie Vorgaben nach einem Programm-Update weiter nutzen wollen.

Ganz gleich, um welche Vorgabe es sich handelt – Photoshop unterscheidet zwischen den mit dem Programm mitgelieferten Vorgaben und den von Ihnen selbst definierten. Sie werden standardmäßig in zwei verschiedenen Ordnern gespeichert. Diese Aufteilung kann zu Irritationen führen, wenn man z. B. eine neue Bibliothek laden möchte und die gewohnten Standardbibliotheken nicht zu finden sind. Daher finden Sie hier eine Übersicht der Standardpfade. Die **programmeigenen** Vorgaben

- finden Sie unter **Mac OS** im Verzeichnis BENUTZER/[BENUTZERNAME]/LIBRARY/PREFERENCES/ADOBE PHOTOSHOP CS5 SETTINGS.
- Bei **Windows XP** liegen Adobe-Vorgaben unter DOKUMENTE UND EINSTELLUNGEN/[BENUTZERNAME]/ANWENDUNGSDATEN/ADOBE/ADOBE PHOTOSHOP CS5/ADOBE PHOTOSHOP CS5 SETTINGS.
- Bei **Windows 7 und Vista** werden die programmeigenen Voreinstellungen unter BENUTZER/[BENUTZERNAME]/APPDATA/ROAMING/ADOBE/ADOBE PHOTOSHOP CS5/ADOBE PHOTOSHOP CS5 SETTINGS abgelegt.

Wohin mit den Vorgaben?

Wer ganz genau wissen will, wo welche Vorgabe gespeichert wird, findet im Netz unter *http://kb2.adobe.com/de/cps/828/cpsid_82893.html* eine Übersicht über die jeweiligen Speicherorte.

Selbst gemachte Vorgaben werden an anderer Stelle gespeichert.

- Bei **Mac OS** landen vom Nutzer erzeugte Vorgaben im Ordner BENUTZER/[BENUTZERNAME]/LIBRARY/APPLICATION SUPPORT/ADOBE/ADOBE PHOTOSHOP CS5/PRESETS/[FUNKTIONSNAME].
- Unter **Windows XP** werden sie in DOKUMENTE UND EINSTELLUNGEN/[BENUTZERNAME]/ANWENDUNGSDATEN/ADOBE PHOTOSHOP CS5/PRESETS [FUNKTIONSNAME] gespeichert.
- **Windows 7** und **Vista** legen Nutzervorgaben unter BENUTZER/[BENUTZERNAME]/APPDATA/ROAMING/ADOBE/ADOBE PHOTOSHOP CS5/PRESETS/[FUNKTIONSNAME] ab.

Linktipp: Studio Exchange

Im Web gibt es zahlreiche Möglichkeiten, um sich von anderen Nutzern angefertigte Vorgaben herunterzuladen und so das eigene Sortiment zu erweitern. Eine gut durchsuchbare und reich bestückte Tauschbörse finden Sie unter dem Dach von Adobe: *http://www.adobe.com/cfusion/exchange/*

6 Bildbearbeitung: Fachwissen

Dieses Kapitel erklärt Ihnen unentbehrliche Grundlagen für die Arbeit mit Pixeln, Bits und Bytes. Was ist eigentlich ein digitales Bild? Wieso gibt es so viele verschiedene Dateiformate für Bilder? Was fange ich mit dpi, RGB und GIF an? In diesem Abschnitt erhalten Sie wichtiges Grundlagenwissen zur Bildbearbeitung, das Sie nicht nur für Photoshop brauchen, sondern auch für digitale Fotografie, beim Scannen und beim Einsatz anderer Kreativprogramme.

6.1 Pixel und Vektoren

Es gibt zwei grundlegend verschiedene Konzepte, um digitale Informationen in ein darstellbares Bild zu überführen: Pixel und Vektoren. Beide Verfahren haben ihre Vorzüge und typischen Schwächen. Damit Sie die verschiedenen Grafiktypen in Photoshop sicher und erfolgreich handhaben können, benötigen Sie Wissen über die Hintergründe!

6.1.1 Pixel – Punkt für Punkt

Pixelbilder (auch Bitmap- oder Rasterbilder genannt) zerlegen die grafische Information in einzelne, quadratische Bildpunkte, die Pixel. Jedem einzelnen Pixel sind seine Koordinaten und ein Farbwert zugeordnet. In der Vergrößerung oder nach unsachgemäßer Handhabung erinnert der Aufbau eines Pixelbildes an ein Mosaik.

Einsatz | Pixelbilder kommen zum Einsatz, wenn feinste Nuancen und Details dargestellt werden sollen und dabei Fotoqualität gewünscht wird. Sie liefern eine gute Bildqualität, und zudem sind sie recht leicht zu erstellen: Scanner oder Digitalkameras geben immer Pixelbilder aus.

Bild: Fotolia, Chantal Seigneurgens

▲ **Abbildung 6.1**
Zwei verschiedene Konzepte der Bildberechnung: Aus einzelnen Bildpunkten aufgebautes Pixelbild …

Bild: Adobe

▲ **Abbildung 6.2**
… und durch Kurven definierte Vektorgrafik.

Nachteile | Ganz unproblematisch ist dieser Grafiktyp jedoch nicht. Pixelbilder sind nachtragend – das heißt, sie können nicht beliebig geändert werden, ohne dass sich das negativ auf die Bildqualität auswirkt. Ein mehrfach koloriertes Bildobjekt behält hässliche Ränder früherer Farben zurück, und ähnlich wird eine nicht gelungene Retusche durch weiteres Pinseln eher schlechter als besser. Auch einen Wechsel von Bildmodus und Auflösung sollte man nur einmal vornehmen. Photoshop wirkt dieser Problemlage entgegen, indem Techniken geboten werden, mit denen die sensiblen Bildpixel selbst möglichst wenig verändert werden. Dazu gehören unter anderem Bildebenen, Einstellungsebenen, Masken und die Filtergalerie. Damit sind Arbeitsschritte in gewissem Grad umkehrbar.

Größenänderung | Schwierig bleiben Veränderungen an der Größe oder der Auflösung eines Pixelbildes. Eine bereits vorhandene Bilddatei gibt den Bildinhalt immer mit einer festgelegten Anzahl von Pixel-»Mosaiksteinen« in einer fixen Größe wieder. Will man das Bild nun vergrößern, fehlen schlichtweg Pixel. Diese fehlende Bildinformation kann zwar von Photoshop annäherungsweise hinzugerechnet werden, das ist aber kein gleichwertiger Ersatz für die originäre Bildinformation. Das Verkleinern ist nicht ganz so kritisch, aber auch hier können unkontrolliert Bilddetails verloren gehen, weil Pixel beim Herunterrechnen der Datei gelöscht werden.

Datenmenge | Ein weiterer Nachteil der Pixelbilder ist die große Datenmenge, die das Konzept der einzelnen Bildpunkte mit sich bringt. Um diesen Schwachpunkt aufzufangen, wurden unterschiedliche Methoden der Datenkompression erfunden, die in einigen Bilddateiformaten zur Verfügung stehen.

6.1.2 Vektoren – schlicht und unverwüstlich

Bei Vektorbildern wird die Grafik nicht aus Bildpunkten aufgebaut, sondern aus mathematisch definierten Ankerpunkten sowie den Kurven, die diese Punkte verbinden (eben den Vektoren), und den daraus berechneten Flächen. Mit Vektoren lassen sich zwar durchaus komplexe Objekte realisieren, auf fotorealistisch feine Farbabstufungen muss man allerdings verzichten. Dafür sind Vektorbilder sehr robust. Aufgrund ihrer Definition durch abstrakte Formeln sind Vektorbilder unabhängig von der Auflösung, mit der sie erstellt wurden. Sie können beliebig in der Größe verändert werden, ohne dass bei Bildschärfe oder Detailtreue Einbußen hingenommen werden müssen. Und auch die zehnte Änderung der Farbe schadet einer Vektordatei nicht. Der Speicherbedarf einer Vektorgrafik ist geringer als bei Bitmaps und ganz unabhängig von der Größe des Bildes.

▲ **Abbildung 6.3**
Während sich beim Pixelbild in der Vergrößerung die einzelnen Bildpunkte deutlich zeigen ...

▲ **Abbildung 6.4**
... bleibt eine Vektorgrafik dank ihrer mathematisch definierten Kurven immer scharf und ist auflösungsunabhängig.

Dateien auf der Buch-DVD: »spatz.tif«; Vektorgrafik: »Vogel2.ai«, »Vogel4.ai«

Einsatz | Vektorgrafiken werden immer dann eingesetzt, wenn es auf Bildschärfe oder stufenlose Skalierbarkeit ankommt. Auch wo geringe Dateigrößen gefragt sind, kommen Vektoren zum Einsatz, so zum Beispiel bei Flash-Filmen oder Webseiten, die mit Macromedia Flash erstellt wurden.

6.1.3 Und wo steht Photoshop?

Zwei ganz unterschiedliche Verfahren gibt es also, um grafische Informationen zu beschreiben und mehr oder weniger ansehnliche Bilder zu erzeugen. Entsprechend spezialisiert ist die Software zur Bearbeitung der Bilder: Es gibt ausgesprochene Vektorexperten – dazu gehören alle Layout- und Grafikprogramme wie Quark, InDesign oder PageMaker und FreeHand, Illustrator oder CorelDraw. Photoshop hingegen ist ein Bildbearbeitungsprogramm und – wie seine Kollegen Paint Shop Pro, PhotoImpact, GIMP und andere – für die Bearbeitung von Pixelbildern ausgelegt.

Photoshop und Vektoren | In geringem Umfang kann Photoshop auch Vektordaten verarbeiten und erzeugen. Vektorgrafiken aus anderen Programmen können importiert werden. Beim Öffnen werden sie allerdings »gerastert«, das heißt, in Bitmaps umgewandelt. Zudem kann Photoshop auch eigene Vektorobjekte erstellen. Auch Text wird in Photoshop als Vektorebene angelegt und bietet damit – geeignete Drucker vorausgesetzt – eine hohe Druckschärfe und verlustfreie Skalierbarkeit.

6.2 Bildgröße und Auflösung

6.2.1 Entscheidende Größe: Die Pixelmenge

Die Auflösung und die Pixelanzahl, die ein Bild überhaupt hat, sind entscheidende Eigenschaften von Pixelbildern. Die Pixelmenge eines Pixelbildes kann nicht ohne Weiteres verändert, vor allem nicht vergrößert werden. Wird die ursprüngliche Pixelmenge eines Bildes vergrößert, müsste Photoshop neue Pixel »dazuerfinden«. Neue Bildinformationen kommen durch diese Operation nicht hinzu! Daher wirkt sich eine solche Skalierung keinesfalls qualitätsverbessernd aus – oft leidet das Bild sogar darunter. Das schafft Begrenzungen für die spätere Verwendung von Pixelbildern, denn die Pixelanzahl ist ein wichtiges Qualitätskriterium. Ein Bild, das von vornherein in geringer Größe und niedriger Auflösung vorliegt, kann nicht als Vorlage für einen riesigen Kunstdruck hoher Qualität dienen. Der umgekehrte Fall ist schon eher denkbar: Kleinerrechnen lassen sich Bilder leichter. Grundsätzlich gibt es für ein Bild mit großem Pixelbestand viel mehr Einsatzmöglichkeiten als für kleine Bilder.

So viele Bilddaten wie möglich auf den Kamerachip

Wohl alle Digitalkameras bieten die Möglichkeit, festzulegen, in welcher Größe Bilder aufgenommen werden sollen. Wenn Sie hier den größtmöglichen Wert einstellen, wird zwar Ihr Speicherchip schneller voll, dafür bekommen Sie jedoch Bilder, die Ihnen hinsichtlich der späteren Reproduktion wenig(er) Beschränkungen auferlegen.

6.2.2 Was ist Auflösung?

Neben der schieren Pixelmenge eines Bildes ist der Parameter **Auflösung** das Maß (fast) aller Dinge in der Bildbearbeitung. Zuweilen werden diese Begriffe auch – nicht ganz korrekt – synonym benutzt.

Dem zentralen Begriff Auflösung begegnen Sie an allen wichtigen Stationen des Publikationsprozesses:

- Bereits bestehende Bilder liegen in einer bestimmten Größe und Auflösung vor, der **Bildauflösung**.
- Beim Neu-Anlegen von Dateien müssen Sie ebenfalls die gewünschte Auflösung und die Bildgröße einstellen.
- Auch Drucker und Monitore arbeiten jeweils mit einer eigenen Auflösung (**Ausgabeauflösung**).
- Als **Eingabeauflösung**: Ein Scan erfolgt mit einer bestimmten Auflösung, die Sie – im Rahmen des beim jeweiligen Gerät technisch Möglichen – festlegen.

Auflösung = Pixelanzahl?

Umgangssprachlich werden die Begriffe »Auflösung« und »Pixelanzahl« nicht immer sauber getrennt. **Hoch aufgelöst** ist für viele ein Synonym für eine hohe Pixelmenge. Davon zu trennen ist Auflösung als Bezeichnung für die **Menge von Bildpunkten** auf einer bestimmten Strecke.

Die Auflösung ist eine Größe, um die Sie beim Bildbearbeiten nicht herumkommen – auch wenn Sie gerade nicht den Photoshop-Dialog Bildgrösse unter dem Mauszeiger haben!

Bildpunkt und Längenmaß | Zwei Größen und ihr Verhältnis zueinander sind für die Bildauflösung entscheidend: die Bildpunkte, aus denen ja jedes Pixelbild aufgebaut ist, und ein Längenmaß. Da die Welt des computerbasierten Desktop-Publishings amerikanisch dominiert ist, ist die Maßeinheit das **Inch** (1 Inch entspricht 2,54 cm). Die Auflösung legt nun fest, wie viele Bildpunkte sich auf der Strecke von einem Inch befinden.

PPI und DPI | Bezeichnet wird die Auflösung mit **ppi** – Pixel per Inch – und **dpi** – Dots per Inch. Mit der Angabe ppi soll die Auflösung von Bilddateien benannt werden, der Wert meint also die in einer Bilddatei zur Verfügung stehende Informationsmenge. dpi bezeichnet eigentlich die Auflösung von Eingabe- und Ausgabegeräten, also von Scannern, digitalen Kameras oder Druckern. In der Praxis werden die Begriffe nicht mehr so sauber getrennt – dpi hat sich längst als universale Maßeinheit eingeschlichen.

LPI und LPCM | Im Zusammenhang mit der Auflösung ebenfalls wichtig sind noch **lpi** oder **lpcm** – Lines per Inch oder per Zentimeter. Mit diesem Wert haben Sie zu tun, wenn Sie für den professionellen Druck arbeiten. Er bezeichnet die Rasterweite von Vierfarbdrucksachen. Die Werte sind stark von der Papierart und der Qualität abhängig, die man erzielen möchte. In Deutschland rechnet man meist mit lpcm. Dieses Buch ist beispielsweise mit einem sogenannten 60er-Raster (60 lpcm) gedruckt, Ihre Tageszeitung mit 30–40 lpcm, und bei einer Zeitschrift sind es 54–70 lpcm.

Inch und Zoll bei Photoshop

Adobe hat sich schon seit dem Erscheinen der Creative Suite 2 in der deutschen Fassung von der Maßeinheit **Inch** verabschiedet. In den Dialogfeldern, die mit Bildauflösung zu tun haben, wird nun durchweg der deutschsprachige Begriff **Zoll** benutzt – eine etwas unverständliche Entscheidung, denn Inch ist ein gut eingeführter Begriff, an dem man in der Bildbearbeitungswelt ohnehin nicht vorbeikommt. Doch keine Sorge, das Maß ist dasselbe. Ob Inch oder (Adobe-) Zoll, Sie hantieren immer mit 2,54 Zentimetern.

6.2.3 Auflösung für die Druckerei

Die Bildauflösung (als »Pixelmenge pro Strecke«!) ist vor allem wichtig, wenn Sie für den Druck produzieren. Die Auflösung wirkt sich darauf aus, wie groß das Bild auf dem Papier wiedergegeben wird (siehe die folgenden Abbildungen) und hat außerdem direkten Einfluss auf die Qualität des gedruckten Bildes. Je mehr Pixel pro Inch vorhanden sind, umso feiner sind die einzelnen Bildpunkte. Hoch aufgelöste Bilder können auch sehr feine Bilddetails gut wiedergeben, ergeben also eine gute Druckqualität.

Hier kommt auch wieder die absolute Pixelmenge ins Spiel: Damit eine Bilddatei in ausreichend hoher Auflösung – also mit vielen Bildpunkten – auch gedruckt noch eine akzeptable Größe hat, muss die Pixelanzahl des Ausgangsbildes ausreichend hoch sein. Ein Bild, das nur 350 × 233 Pixel groß ist, kann zwar hoch aufgelöst sein, ergibt dann jedoch nur einen Druck von Briefmarkengröße.

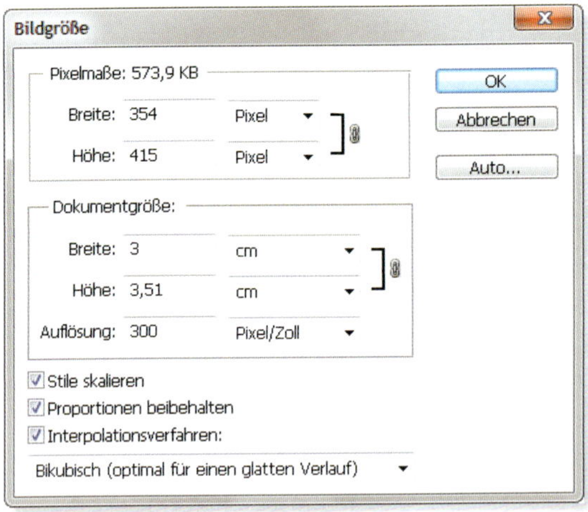

Abbildung 6.5 ▸
Der Bildgrösse-Dialog von Photoshop: Schon sein Layout macht klar, dass Auflösung und Bildmaße – hier in Zentimetern, andere Einheiten sind natürlich wählbar – eng zusammenhängen.

Bild: dieblen.de

▴ Abbildung 6.6
Dreimal dasselbe Bild, drei verschiedene Auflösungen. Die Pixelmaße sind jedes Mal gleich: 1096 × 1284 Pixel. Bei einer Auflösung von 72 ppi ist das Bild im Druck so groß, dass hier nur ein Ausschnitt gezeigt werden kann.

▴ Abbildung 6.7
Das gleiche Bild mit demselben Pixelmaß von 1096 × 1284. Die Auflösung liegt jetzt bei 150 ppi, die Bildpixel sind nun schon wesentlich kleiner, und damit »schrumpft« auch die gedruckte Reproduktion.

▴ Abbildung 6.8
Hier das Ergebnis bei 300 ppi, einer gängigen Bildauflösung für den professionellen Druck. Das Pixelmaß liegt immer noch bei 1096 × 1284. In der hohen Auflösung rückt fast das gesamte Bild ins Blickfeld, die Qualität ist gut.

Auflösung und Druckprozess | Warum muss eine Datei in einer hohen Auflösung vorliegen, damit das gedruckte Ergebnis zufriedenstellend aussieht? Während die Bildpunkte eines zeitgemäßen Monitors jede Farbe des sichtbaren Spektrums annehmen können, stehen in gewerblichen Druckverfahren in der Regel nur vier Farben zur Verfügung, um das gesamte Farbspektrum abzubilden.

Mischfarben werden im Vierfarbdruck aus den Grundfarben Cyan, Magenta, Gelb und Schwarz erzeugt. Farb- und Helligkeitsabstufungen müssen also simuliert werden. Daher werden Fotos und andere Halbtonbilder im professionellen Druck in einzelne Rasterpunkte zerlegt.

◀ **Abbildung 6.9**
Ein Beispiel für ein gerastertes Bild in starker Vergrößerung. Deutlich zu erkennen ist, dass unterschiedlich große Rasterpunkte in einem Gitternetz angeordnet sind. Dieses sogenannte **amplitudenmodulierte Raster** ist typisch für die Bildausgabe professioneller Druckmaschinen.

Für dieses Druckverfahren ist viel Bildinformation, also eine hohe Bildauflösung nötig, denn beim Erzeugen des Rasters kommt es zu Verlusten. Die Zahl der Bildpunkte muss höher liegen als die der Druck-Rasterpunkte. Wie hoch genau, ist in der Druckindustrie umstritten – die Empfehlungen für diesen sogenannten **Samplingfaktor** (auch »Sicherheitsfaktor« genannt) bewegen sich zwischen 1,4- bis zweimal höher.

Hört sich kompliziert an? Hier hat sich eine Faustregel eingebürgert, mit der Sie bei den meisten Standard-Druckjobs gut arbeiten können: **300 ppi für den Druck**. Beispielsweise wurden die Bilder für dieses Buch mit einer Auflösung von 300 ppi an die Druckerei gegeben. Übrigens – die Regel »Viel hilft viel« ist falsch! Eine überhöhte Auflösung bläht die Datenmenge einer Datei über Gebühr auf und kann sogar der Bildqualität schaden.

6.2.4 Auflösung für den Tintenstrahldrucker

Auch Office-Drucker haben nur eine begrenzte Menge tatsächlicher Farben in ihren Kartuschen, die das Farbspektrum nicht abdecken. Fehlende Farben oder Grauwerte müssen auf anderem Wege erzeugt werden. Dabei kommt wiederum das Rasterverfahren zum Einsatz, allerdings ist das Druckbild ganz anders als bei einer großen Druckmaschine.

Abbildung 6.10 ▶
Hier sehen Sie ein Raster, das dem Druckbild eines Inkjet-Druckers entspricht (»**frequenzmoduliert**«).

Hier sind die einzelnen Druckpunkte gleich groß und locker verstreut, es gibt kein feststehendes Rastergitter. Der Vorteil eines solchen Rasters ist, dass auch Drucker mit einer niedrigeren Geräteauflösung Bilder detailreich wiedergeben können. Und auch die Bildauflösung kann hier niedriger sein. *150–200 ppi reichen meist aus, um gute Ergebnisse zu erzielen.*

6.2.5 Auflösung für Foto-Prints

Auch digitale Bilderdienste verlangen meist Dateien mit 300 ppi, seltener 200 ppi. Die folgenden Tabellen sollen Ihnen helfen, die erforderlichen Dateigrößen (Pixelmaße) für verschiedene Print-Formate zu ermitteln.

Tabelle 6.1 ▼
Print-Größen, erforderliche Dateigrößen und Mindest-Kameraauflösung für 3:4-Formate

3:4-Formate	Verlangte Auflösung: 300 dpi		Verlangte Auflösung: 200 dpi	
Größe des »Abzugs« (cm)	**Erforderliche Dateigröße (Pixel)**	**Kameraauflösung (Megapixel)**	**Erforderliche Dateigröße (Pixel)**	**Kameraauflösung (Megapixel)**
10 × 13	1181 × 1535	1,8	787 × 1024	0,8
11 × 15	1299 × 1772	2,2	866 × 1181	1,0
13 × 17	1535 × 2008	3,0	1024 × 1339	1,4
20 × 27	2362 × 3189	7,2	1575 × 2126	3,2
30 × 40	3543 × 4724	16,0	2362 × 3150	7,1
40 × 50	4724 × 5906	26,7	3150 × 3937	11,9
50 × 65	5906 × 7677	43,3	3937 × 5118	19,3
60 × 80	7087 × 9449	63,9	4724 × 6299	28,4

2:3-Formate	Verlangte Auflösung: 300 dpi		Verlangte Auflösung: 200 dpi	
Größe des »Abzugs« (cm)	Erforderliche Dateigröße (Pixel)	Kameraauflösung (Megapixel)	Erforderliche Dateigröße (Pixel)	Kameraauflösung (Megapixel)
9 × 13	1063 × 1535	1,6	709 × 1024	0,7
10 × 15	1181 × 1772	2,0	787 × 1181	0,9
13 × 18	1535 × 2126	3,2	1024 × 1417	1,4
20 × 30	2362 × 3543	8,0	1575 × 2362	3,6
30 × 45	3543 × 5315	18,0	2362 × 3543	8,0
40 × 60	4724 × 7087	32,0	3150 × 4724	14,2
50 × 75	5906 × 8858	49,9	3937 × 5906	22,2
60 × 90	7087 × 10630	71,9	4724 × 7087	32,0

▲ Tabelle 6.2
Print-Größen, erforderliche Dateigrößen und Mindest-Kameraauflösung für 2:3-Formate

6.2.6 Auflösung für den Screen-Einsatz

Wenn Sie sich schon einmal ein wenig mit dem Faktor Auflösung beschäftigt oder selbst Bilder für das Internet vorbereitet haben, wird das Folgende Sie vermutlich etwas erstaunen. Denn es gilt schon fast als eiserne Regel: »Bilder für das Web müssen eine Auflösung von 72 ppi haben.« Das stimmt jedoch so nicht! Machen wir die Probe aufs Exempel, und betrachten wir drei Fassungen einer Datei, jeweils mit den Pixelmaßen 600 × 450 Pixel, mit der Auflösung 72 ppi, 180 ppi und 300 ppi. In der Ansicht Druckformat in Photoshop wird vorweggenommen, wie unterschiedlich diese drei verschieden aufgelösten Bilder im Druck ausfallen würden.

Dateien auf der Buch-DVD: »Zwirn_72.jpg«, »Zwirn_180.jpg« und »Zwirn_300.jpg«

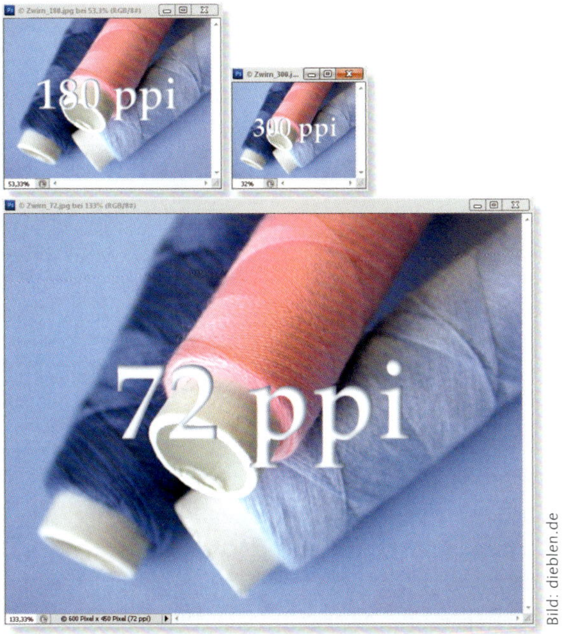

◄ Abbildung 6.11
Die Ansichtsoption Druckformat gibt einen Eindruck von der späteren Druckgröße einer Datei.

Im Webbrowser stellt sich das ganz anders dar. Sie werden staunen!

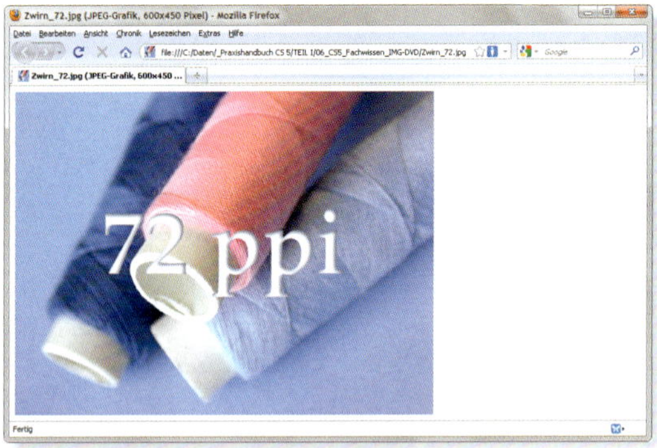

Abbildung 6.12 ▸
Das Bild mit 72 ppi, der »idealen Webauflösung«, Pixelmaß: 600 × 450.

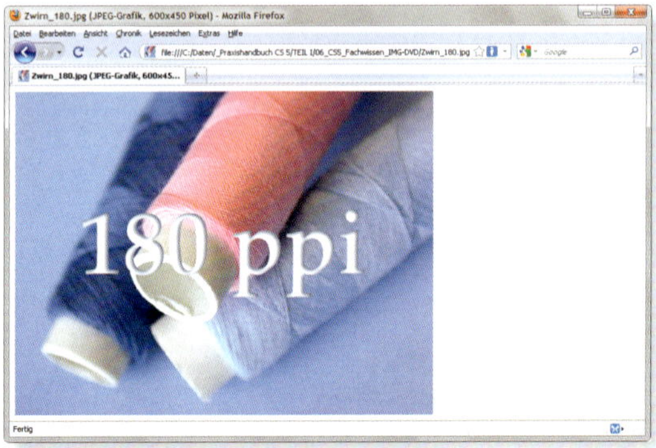

Abbildung 6.13 ▸
Immer noch 600 × 450 Pixel, bei einer Auflösung von 180 ppi (mit dieser Auflösung liefern viele Digicams ihre Bilder aus).

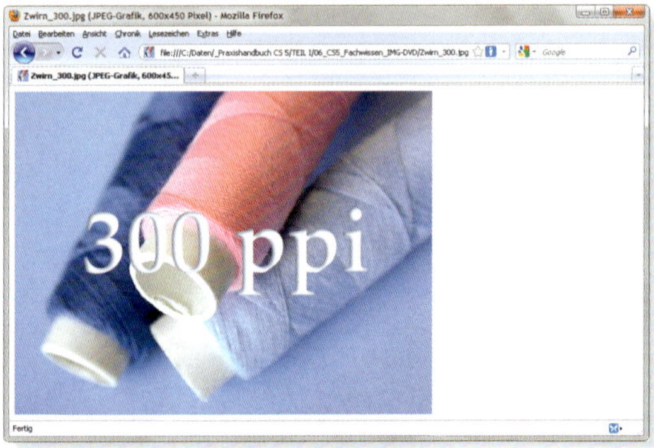

Abbildung 6.14 ▸
Dasselbe Bild in der Druckauflösung 300 ppi sieht im Browser nicht anders aus als die geringer aufgelösten Varianten.

Das Bild wird in allen drei Fällen gleich dargestellt. Nun könnte die absolute Größe des Bildes – also das, was Sie ermitteln, wenn Sie ein Maßband an den Bildschirm halten – auf einem anderen Bildschirm, abhängig vom eigenen Auflösungsvermögen des darstellenden Systems, wieder anders ausfallen. Aber das ist vollkommen gleichgültig. In der Welt des Screendesigns ist es nicht weiter wichtig, ob ein Bild auf dem Bildschirm mit 3 cm, 3,5 cm oder 6 cm Kantenlänge angezeigt wird. Es ist relevant, dass die Relation zu den anderen Elementen auf dem Bildschirm immer gleich bleibt. Und da alles, was auf dem Bildschirm erscheint, denselben Systemvorgaben unterworfen ist wie das angezeigte Bild, reichen die Pixelangaben eigentlich aus. Die Bilderreihe bestätigt es.

Der Grund für die »72-ppi-Legende« ist teils historisch, teils dem Bemühen um gute Bildqualität geschuldet. 72 dpi muss einmal so etwas wie die Standard-Systemauflösung gewesen sein. Wenn man auf einem solchen System eine Datei mit 72 ppi Auflösung anzeigen lässt, entspricht ein Bildpixel einem Bildpunkt, den der Bildschirm erzeugt. Hinsichtlich der Reproduktionsqualität kann das vorteilhaft sein. Außerdem würde in diesem Fall tatsächlich eine Datei mit 3 cm Kantenlänge in 3 cm Größe auf dem Bildschirm erscheinen. Ein vermeintlicher Vorteil, der – wie oben schon erwähnt – irrelevant ist.

Was ist also die beste Auflösung für Webbilder? | Der »Standardmonitor« mit einer »Standardauflösung« ist längst Vergangenheit. Die Auflösungen für Desktop-Monitore und Notebooks variieren stark, es gibt unterschiedliche Seitenverhältnisse, von mobilen Geräten ganz zu schweigen. Der Idealfall »Bildauflösung gleich Systemauflösung« ist also kaum zu erreichen.

Eine Bildauflösung, die der Monitorauflösung recht nahe kommt, ist hinsichtlich der Darstellungsqualität keine schlechte Idee (für die *Bildmaße* auf dem Schirm ist die Auflösung – im Gegensatz zum Druck – irrelevant, wie die Bilderreihe links bestätigt). Nun gibt es aber keine verbindlichen Standards für die Systemauflösung. 72 ppi ist nicht falsch – schließlich sind Millionen Bilder mit dieser Auflösung im Internet zu sehen. Kategorisch diese Auflösung für Webbilder zu fordern, ist jedoch unnötig, denn der Standard, auf den sich diese Angabe bezieht, existiert wie gesagt nicht mehr (oder hat vielleicht auch nie wirklich existiert). Sie können also nur mit Näherungswerten arbeiten. Tendenziell sind zeitgemäße Systeme auch schon etwas höher aufgelöst als 72 ppi. Mit **Werten zwischen 72 und 100 ppi** fahren Sie gut.

6.3 Grundlagen zur Farbe

Grundkenntnisse in der Farbentheorie sind für das gezielte und erfolgreiche Anwenden von Farb- und Bildkorrekturen, über die Sie noch mehr erfahren werden, notwendig. Zudem muss der Bildmodus auf den späteren Verwendungszweck der Datei abgestimmt sein.

Bei einem so wichtigen Thema lohnt es sich, ein wenig weiter auszuholen. Ich skizziere Ihnen zunächst kurz die für das Verständnis wichtigen physikalischen Grundlagen der Entstehung von Farbe. Danach stelle ich Ihnen verschiedene Farbmodelle vor, die entwickelt wurden, um Farbe darstellbar und universal beschreibbar zu machen, und ich zeige Ihnen, wie diese Farbmodelle in Photoshop umgesetzt werden, welche Charakteristika die einzelnen Bildmodi haben und was Sie bei Modusänderungen beachten müssen.

6.3.1 Wie entsteht Farbe? Wie wird sie beschrieben?

Diese Frage ist nur auf den ersten Blick lapidar. Farbe ist keine feste physikalische Größe wie Länge oder Gewicht, sie entsteht erst – unter Einwirkung von sichtbarem Licht – im Auge des Betrachters. Dies kann auf verschiedene Art geschehen: additiv oder subtraktiv. Die beiden verschiedenen Farbsysteme – und auch die Vermittlung zwischen ihnen – betreffen den Publikationsprozess und damit die Bildbearbeitung unmittelbar, wie sich noch zeigen wird.

▲ **Abbildung 6.15**
Die additive Mischung der drei Grundfarben Rot, Grün und Blau des RGB-Modells ergibt Weiß. Die Sekundärfarben sind Cyan, Magenta und Gelb.

Additives Farbsystem: Lichtfarben | Lichtfarben sehen wir, weil eine Lichtquelle Licht unterschiedlicher Farbe – genauer gesagt unterschiedlicher Wellenlänge – abgibt. Nach diesem Prinzip erzeugen beispielsweise Computerbildschirme und Fernsehgeräte Farben. Die Grundfarben dieses Farbsystems sind Rot, Grün und Blau. Durch das Übereinanderblenden von rotem, grünem und blauem Licht in verschiedenen Anteilen und Intensitäten entstehen Mischfarben. Werden alle drei Grundfarben in voller Intensität gemischt, ergibt sich **Weiß**.

▲ **Abbildung 6.16**
Die Grundfarben des CMY-Modells werden subtraktiv gemischt. Werden alle Prozessfarben mit maximalem Anteil gemischt, ergibt sich (theoretisch) Schwarz.

Subtraktives Farbsystem: Körperfarben | »Farbe« ist ein doppeldeutiger Begriff, der nicht nur einen bestimmten Tonwert meint, sondern auch etwas, das man in Eimern oder Tuben kaufen kann, ein stoffliches Produkt. Da hier keine eigene strahlende Lichtquelle vorhanden ist, muss die Farbe auf andere Weise zustande kommen als bei den Lichtfarben. Man spricht hier von Körperfarben. Farbe entsteht dadurch, dass ein Körper (beispielsweise ein bedrucktes Blatt Papier) nur bestimmte Wellenlängenbereiche des Lichtes, das auf ihn trifft, wieder abgibt und andere absorbiert – daher die Bezeichnung »subtraktiv«. Die Grundfarben sind Cyan, Magenta und Gelb. Liegen die drei Farben übereinander, werden alle Lichtbestandteile verschluckt, und es entsteht **Schwarz**.

6.3.2 Farbmodelle

Um Farbinformationen zu berechnen und zu übermitteln, wurden im Laufe der Zeit verschiedene Standard-Farbmodelle entwickelt, also gewissermaßen unterschiedliche Methoden der Notation von Farbwerten, die sich dann auch auf die Interpretation von Farbe durch verschiedene Geräte wie Bildschirme, Druckmaschinen oder Kameras auswirken. Diese Farbmodelle sind nicht spezifisch für Photoshop, sondern betreffen die gesamte Publishing-Branche. Gängig sind die folgenden Farbmodelle:

- RGB
- CMYK
- Lab (auch L*a*b oder LAB)
- HSB

Geräteabhängige Beschreibung | Die Farbmodelle RGB und CMYK lehnen sich eng an die oben beschriebenen Farbsysteme – Lichtfarben und Körperfarben – an und sind auf die entsprechenden Geräte im Publikationsprozess ausgelegt:

- RGB ist ein Modus, der im Zusammenhang mit Lichtfarben und additiver Farbmischung eingesetzt wird, also zum Beispiel auf Bildschirmen, bei Scannern und Digicams.
- CMYK wird eher für den **professionellen** Druck verwendet. (Desktop-Tintenstrahler funktionieren in der Regel auf Basis des Farbmodells RGB.)

Das individuelle Ein- und Ausgabegerät hat auf das Aussehen der Farben gravierenden Einfluss. Ein RGB-Wert bestimmt zwar, wie intensiv eine RGB-Leuchtquelle strahlt, doch je nach Gerät variiert die so erzielte Farbe. Wer einmal im Elektronikhandel gesehen hat, welch unterschiedliche Farben eine Reihe von Fernsehgeräten oder Computerbildschirmen produziert, versteht das Problem. Und ein CMYK-Wert legt nicht eine bestimmte Farbe fest, sondern lediglich, wie viel Druckfarbe auf das Papier aufgebracht wird. Hier spielen auch Papier- und Farbqualitäten noch eine Rolle für das Ergebnis. RGB- und CMYK-Werte beschreiben also eigentlich keine Farben, sondern sind Reproduktionsanweisungen für Geräte, die Farben erzeugen.

Daher nennt man die in den Farbmodellen RGB und CMYK beschriebenen Farben **geräteabhängig**. So kann Farbtreue unter Umständen ein Problem sein – es ist nicht immer einfach, die Farben, die man am Monitor sieht, 1:1 auf das Papier zu bringen. Trotz dieser Schwäche sind die Farbmodelle CMYK und RGB im Publikationsprozess fest etabliert. In Photoshop werden Sie mit diesen Bildmodi am häufigsten arbeiten.

Zum Weiterlesen: Bessere Farbkonsistenz
In Kapitel 37, »Farbmanagement«, erfahren Sie, welche Maßnahmen möglich sind, um von den digitalen RGB-Daten bis zum gedruckten Bild eine bessere Farbkonsistenz zu erzielen.

Geräteunabhängige Beschreibung | Neben diesen geräteabhängigen Farbmodellen gibt es auch Versuche, Farben **geräteunabhängig** zu beschreiben, also in einem Farbmodell, das rein mathematisch tatsächlich eine Farbe und nicht nur die Leuchtkraft eines Monitorpixels oder eine Quantität Druckerfarbe definiert. Dazu gehören Lab und HSB. Die Vorteile liegen auf der Hand:

- Der Gestalter hätte mehr Sicherheit über den tatsächlichen Farb-Output.
- Die Beteiligung verschiedener Geräte im Publishing-Prozess – über den Scanner, den Monitor des Gestalters bis hin zur Druckmaschine – würde kein Problem mehr darstellen. Die unterschiedlichen Ausgabeeigenschaften der einzelnen Geräte fielen nicht ins Gewicht, und es müsste auch nicht mehr zwischen verschiedenen Bildmodi gewechselt werden.

Trotz dieser Pluspunkte haben sich diese Modelle im Produktionsprozess bisher noch nicht durchgesetzt.

6.4 Bildmodus und Farbtiefe in der Bildbearbeitung

6.4.1 Der (Bild-)Modus in Photoshop

In Photoshop werden die Farben, die von einer Datei dargestellt werden können, durch den Modus (auch als »Bildmodus« oder »Farbmodus« bezeichnet) festgelegt. Sie können Bilder von einem in einen anderen Modus bringen (konvertieren).

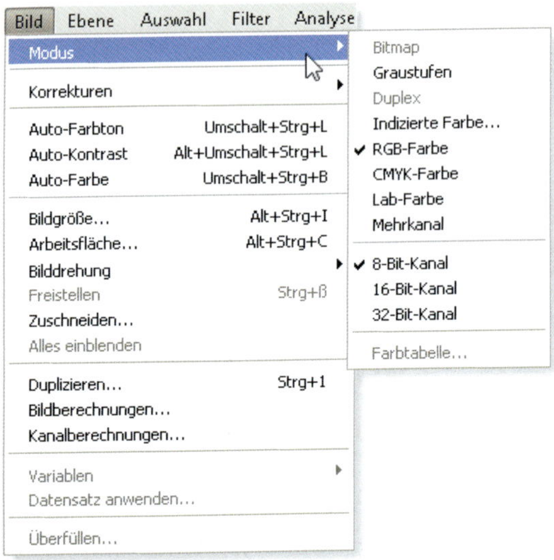

Abbildung 6.17 ▸
Unter Bild • Modus finden Sie die in Photoshop verfügbaren Modi. Dies ist auch das Menü, mit dem Sie Moduskonvertierungen durchführen.

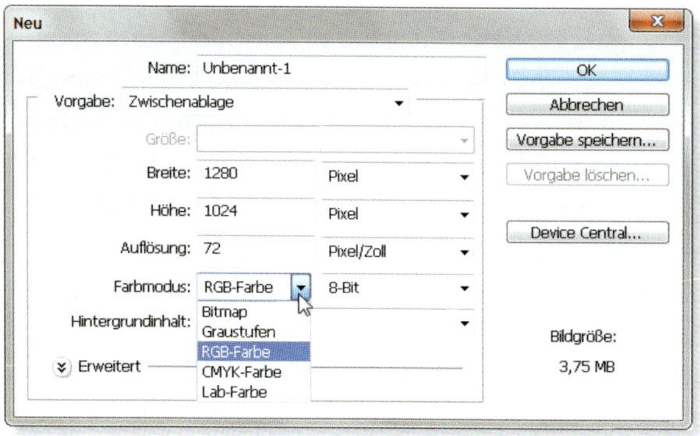

◀ **Abbildung 6.18**
Auch beim Erzeugen neuer Dateien müssen Sie sich entscheiden, in welchem Modus die neue Datei angelegt wird.

Viele der Bildmodi, die in Photoshop anzutreffen sind, basieren auf den oben vorgestellten Standard-Farbmodellen. Photoshop stellt außerdem noch einige spezielle Farbausgabemodi bereit (Indiziert, Duplex, Mehrkanal).

Abhängig vom Bildmodus variieren

- Anzahl und Aussehen der **Farbkanäle**,
- damit zusammenhängend die sogenannte **Farbtiefe**, das heißt, die in Bit ausgedrückte Datenmenge eines Bildes,
- die **Dateigröße** und
- die **Menge** der darstellbaren Farben.

Welcher Modus der geeignetste ist, richtet sich nach dem geplanten Einsatzzweck des Bildes – Sie erfahren mehr dazu unter den einzelnen Modi.

6.4.2 Terminologie

Eigentlich ist alles ganz einfach:

- Es gibt zwei verschiedene Möglichkeiten, wie Farbe physikalisch entstehen kann. Diese werden meist **Farbsysteme** genannt: additiv und subtraktiv.
- Darauf basieren unterschiedliche **Farbmodelle**. Das sind Methoden der Be- und Umschreibung von Farbe. Diese Farbmodelle sind grundlegend für die Funktionsweise von Geräten, die Farbe aufzeichnen oder erzeugen, also zum Beispiel Scanner, Monitore oder Drucker: RGB, CMYK, L*A*B, HSB.
- Auch eine konkrete Bilddatei greift natürlich zwangsläufig auf eines der Farbmodelle zurück. Nur heißt es dann nicht mehr Farbmodell. Stattdessen spricht man davon, dass eine Datei in einem bestimmten **Modus**, **Bild-** oder **Farbmodus** vorliegt.
- Ein **Farbraum** umfasst die Gesamtheit aller Farben, die in einem Farbmodell vorkommen können. Farbräume werden häufig in dreidimensionalen Farbraummodellen dargestellt und auch berechnet.

Zur Erinnerung: Bildtitelleiste als Informationsquelle

Am Bildschirm ist dem schieren Bild meist nicht auf Anhieb anzusehen, in welchem Modus es vorliegt. Schnellen Aufschluss bietet die **Bildtitelleiste**. Sie zeigt unter anderem an, in welchem Bildmodus und welcher Farbtiefe eine geöffnete Datei vorliegt (in diesem Fall RGB, 8 Bit). Außerdem erfahren Sie den Dateinamen und Dateityp (hier: tif) und sehen, in welcher Zoomstufe Ihr Bild derzeit angezeigt wird (hier: 75%).

▲ **Abbildung 6.19**
Viele wichtige Informationen auf kleinem Raum: die Titelleiste

Terminologisch werden Farbsystem, Farbmodell, Farbmodus und Farbraum jedoch meist nicht unterschieden. Oft werden die Begriffe mehr oder weniger synonym verwendet. Nun wissen Sie aber wenigstens, was dahintersteckt!

6.4.3 Was sind Farbkanäle?

Aufschluss über den aktuellen Bildmodus und seine Besonderheiten liefert auch Photoshops **Kanäle-Palette**. Sie rufen sie über FENSTER • KANÄLE oder per Klick auf den entsprechenden Karteireiter auf.

Kanäle sind kein Photoshop-Spezifikum, sondern die interne Berechnungsgrundlage für die Farbinformationen jedes Bildes. Jede Datei hat einen oder mehrere Farbkanäle, in denen die Farbinformationen des Bildes abgelegt sind. Die Standard-Farbkanäle eines Bildes werden automatisch mit dem Öffnen der Datei in der Kanäle-Palette angezeigt. Anders als der Name vermuten lässt, präsentieren sich Farbkanäle in der Regel als **Graustufenbilder**.

8 Bit je Kanal | In Photoshop können auch Bilder mit einer höheren Informationsdichte (siehe Abschnitt 6.4.13, »8 Bit, 16 Bit, 32 Bit«) verarbeitet werden. Der Standard ist aber, dass für jeden Kanal 8 Bit zur Verfügung stehen, um die Helligkeit bzw. Intensität festzulegen, mit der die entsprechende Farbe im Bild vertreten ist. Das entspricht 256 (2^8 im binären Zahlensystem) verschiedenen Graustufen in jedem Farbkanal. Bei mehreren Farbkanälen potenziert sich die Zahl der im Bild möglichen Farben natürlich.

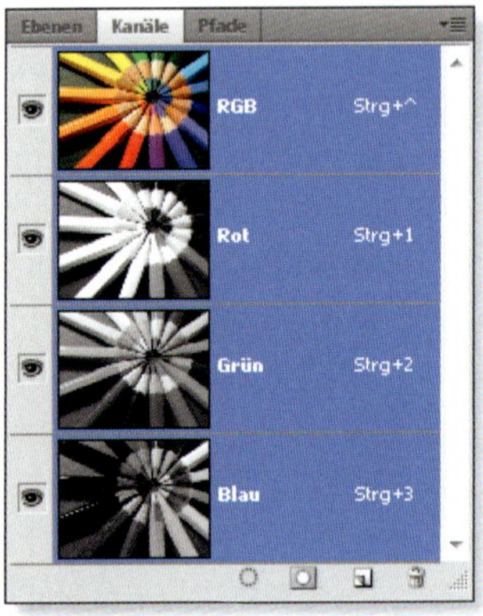

Abbildung 6.20 ▶
Neben den drei Kanälen, die die Farbinformation der Datei enthalten, wird in der Kanäle-Palette an oberster Stelle immer noch der sogenannte Composite-Kanal mit dem bunten Gesamtbild angezeigt.

Die Zahl der Kanäle variiert je nach Bildmodus. Im RGB-Modus gibt es z.B. drei Kanäle, und ein Farbpixel kann im Bildmodus RGB (drei Farbkanäle!) schon 2^{24} Farbzustände haben, das sind ungefähr 16,7 Millionen Farben. Im CMYK-Modus gibt es vier Kanäle, nämlich jeweils einen für jede Grundfarbe. Auch die Art und Weise, wie die Farbinformation in einzelne Kanäle aufgegliedert ist, ist in den verschiedenen Bildmodi unterschiedlich – dazu unten mehr.

Weitere Kanäle | Neben den Standard-Farbinformationskanälen können in einer Datei noch weitere, von Ihnen selbst erstellte Kanäle vorhanden sein. Außer im Bildmodus Bitmap können jedem Bild eigene Kanäle hinzugefügt werden; insgesamt unterstützt Photoshop über 50 Kanäle je Bild. Allerdings können diese zusätzlichen Kanäle nicht in jedem Dateityp gespeichert werden, und sie können unter Umständen beim Speichern der Datei verloren gehen (mehr dazu bei den einzelnen Dateitypen).

- In **Alphakanälen** können Auswahlen und Masken gespeichert und bearbeitet werden. Auch Alphakanäle werden automatisch in Graustufen angelegt.
- Für spezielle Druckeffekte können auch noch **Volltonfarbkanäle** (in älteren Photoshop-Versionen hießen sie »Rasterfarbtonkanäle«) hinzugefügt werden.

Dateien auf der Buch-DVD: »plastikbesteck.tif«, »nagelbürste.tif«, »wäscheklammern.tif« und »tasse.tif«

Darstellung von RGB-Kanälen | Sie können Farbkanäle gezielt für Ihre Arbeit einsetzen oder mit ihrer Hilfe die Qualität eines Bildes objektiver beurteilen. Mit ein wenig Übung können Sie den Zusammenhang zwischen den Grauwerten der einzelnen Farbkanäle und den Farben im Bild erkennen. Insbesondere bei RGB-Bildern ist das gar nicht so schwer.

Bild: dieblen.de

▲ **Abbildung 6.21**
Farbdarstellung im Bild und Kanaldarstellung – hier am Beispiel eines RGB-Bildes.

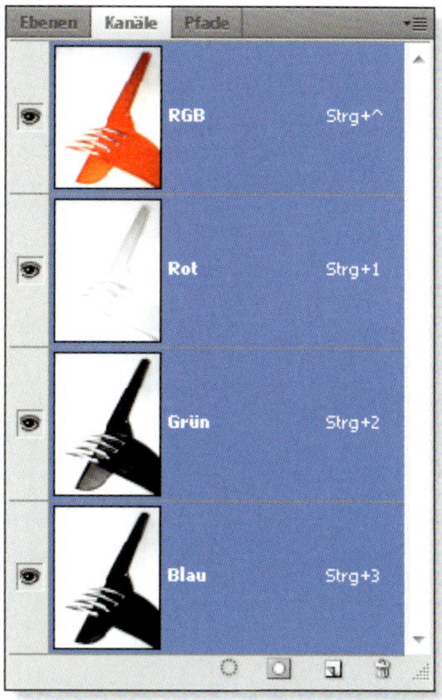

▲ **Abbildung 6.22**
Der Rotkanal strahlt hier am hellsten. Das Bild enthält nur sehr wenig Grün und Blau.

Bild: dieblen.de

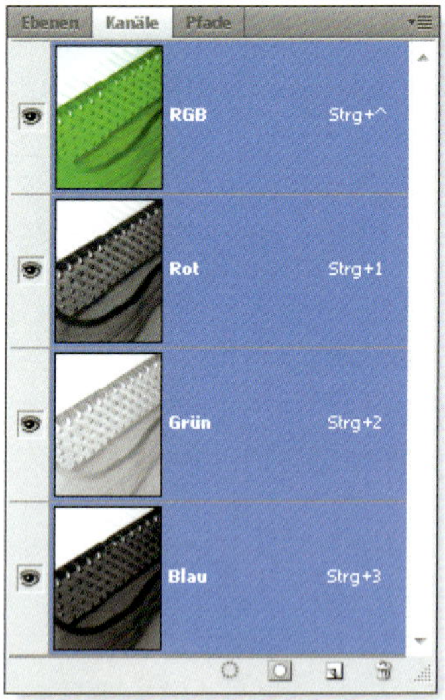

▲ **Abbildung 6.23**
Die grüne Nagelbürste ...

▲ **Abbildung 6.24**
... wird durch einen hellen Grünkanal dargestellt. Der Rot- und Blaukanal sind deutlich dunkler, das heißt, diese Farben sind weniger stark vertreten.

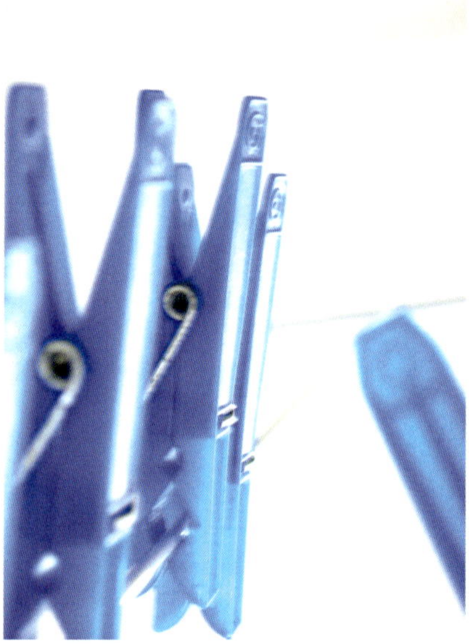

Bild: dieblen.de

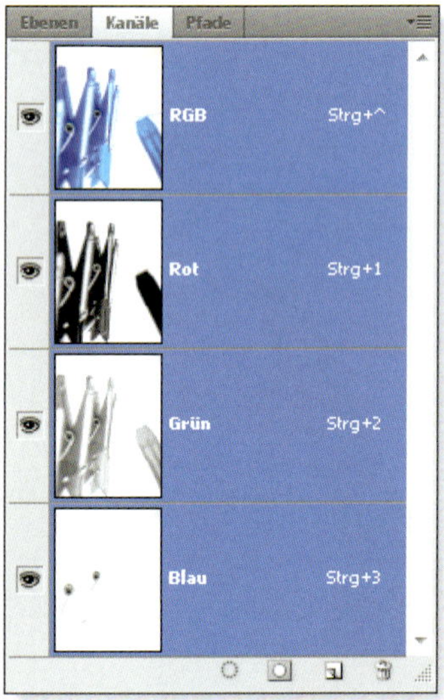

▲ **Abbildung 6.25**
Und das Blau der Klammern ...

▲ **Abbildung 6.26**
... ist so intensiv, dass im Blaukanal des Bildes kaum noch etwas zu sehen ist.

Darstellung von CMYK-Kanälen | Bei CMYK-Dateien ist die Beschreibung und Kanal-Darstellung in den Farbkanälen übrigens umgekehrt – hier bedeutet ein heller Tonwert, dass von der Farbe nur ein geringer Anteil vorhanden ist, und dunkle Bereiche zeigen an, dass die Farbe stark vertreten ist. Sie werden wohl eher selten in die Verlegenheit kommen, die Farbkanäle von CMYK-Dateien zu bearbeiten. Allerdings wirkt sich dieser Umstand auch auf einige Dialogfelder aus, die spezielle Anzeigeoptionen für CMYK-Dateien haben.

Bild: stockexchng, Ulla Kapala

▲ **Abbildung 6.27**
Eine pinkfarbene Tasse in fast reinem Magenta ...

▲ **Abbildung 6.28**
... wird beim CMYK-Bild in der Kanäle-Palette durch einen dunklen Magenta-Kanal beschrieben.

6.4.4 RGB – der Bildbearbeitungsstandard

Benannt ist das Farbmodell RGB nach seinen Grundfarben Rot, Grün und Blau. Monitore reproduzieren Farbe in diesem Modus, und auch Eingabegeräte wie beispielsweise Scanner oder Digicams arbeiten ebenfalls auf Grundlage von RGB.

Farbumfang | Der Farbumfang von RGB – die Menge der darstellbaren Farben – ist so groß, dass das für Menschen sichtbare Farbspektrum nahezu vollständig dargestellt werden kann. Jede der drei einzelnen RGB-Komponenten kann einen Wert zwischen 0 (Schwarz) und 255 (Weiß) annehmen. Sind die drei Werte von R, G und B gleich, entsteht neutrales Grau.

Beispielbild RGB | In einem Beispielbild habe ich vier verschiedene Farbwerte gemessen. Notiert werden sie dann so:

Miniaturbilder in Paletten: Größe einstellen

Einige Paletten in Photoshop – so auch die Kanäle-Palette – zeigen Bildminiaturen an, die z. B. den einzelnen Kanälen entsprechen. Standardmäßig sind diese Miniaturen recht klein. Ihre Größe lässt sich jedoch im Palettenmenü mit dem Befehl Bedienfeldoptionen ändern. Paletten mit großen Miniaturen verschaffen mehr Einsicht (wie die Screenshots in diesem Abschnitt zeigen), verbrauchen aber auch viel Platz auf der Arbeitsfläche.

- Der hölzerne Teil des Buntstifts ❶ wird mit R 220, G 151, B 97 beschrieben.
- Das Orange ❷ wird als R 242, G 128, B 1 notiert.
- Das Schwarz ❸ hat die Werte R 0, G 0, B 0. Der Farbwert zeigt auch, dass es sich wirklich um Schwarz und nicht bloß um einen sehr dunklen anderen Farbton handelt.
- Der blau-violette Stift ❹ hat die Werte: R 68, G 79, B 163.

Datei auf der Buch-DVD: »BuntstiftSortiment.jpg«

Abbildung 6.29 ▸
Diesem Beispielbild werden Sie noch mehrfach begegnen. Die Farbwerte wurden jeweils in der Mitte der markierten Stellen ermittelt. Der Farbbalken unterhalb des Bildmotivs zeigt ein neutrales Grau sowie reines Cyan, Magenta und Gelb.

Wann verwendet man Bilder im RGB-Modus? | RGB ist der Bildmodus, mit dem Sie bei der Bildbearbeitung die wenigsten Schwierigkeiten haben. Photoshop – und andere Software, in der Bilder verarbeitet werden – kann mit Bildern in diesem Modus am besten umgehen. Und beim Bildimport aus Scanner oder Kamera ersparen Sie sich qualitätsverschlechternde Modusänderungen, denn die Bilder liegen schon im Modus RGB vor.

RGB eignet sich hervorragend als **Standard- und Arbeitsmodus** und ist außerdem der Modus der Wahl, wenn

- Bilder im Web publiziert werden (viele Browser können Bilder in anderen Farbmodi nicht wiedergeben) oder
- Bilder am heimischen Inkjet-Drucker ausgegeben werden sollen.

Manche Photoshop-Funktionen sind nicht in allen Bildmodi verfügbar!

Die Bildbearbeitungsfunktionen von Photoshop stehen **nur im Modus RGB** in vollem Umfang zur Verfügung. Wenn Sie feststellen, dass einige oder alle Filter nicht funktionieren, Textebenen sich anders verhalten als gewöhnlich oder sonstige irritierende Phänomene auftreten – dann kontrollieren Sie den Modus, in dem das Bild vorliegt, das Sie gerade bearbeiten wollen.

6.4.5 CMYK – der Druckprofi

Die Grundfarben im Farbmodell CMYK sind Cyan, Magenta und Gelb (Yellow), ganz ähnlich wie beim subtraktiven Farbsystem.

Allerdings ist hier eine vierte Farbe hinzugekommen, nämlich Schwarz (abgekürzt mit *Key*, daher das K). Der Grund: Nur mit den idealen Farben der Theorie ergeben sich aus CMY alle Farben. In der Praxis zeigt sich jedoch, dass reale Farben nicht rein genug sind, um aus der Mischung der drei Grundfarben tatsächlich Schwarz zu erhalten – es entsteht nur ein schmuddeliger Braunton. So wird noch Schwarz als echte Druckfarbe hinzugefügt, um Bildern hinreichende Tiefe zu verleihen, aus CMY wird daher CMYK.

Prozentwert | Im Farbmodus CMYK wird jedem Bildpixel ein Prozentwert zwischen 0 und 100 für jede der vier Grundfarben zugewiesen. Die hellsten Farben haben niedrige Prozentwerte, dunkle Farben höhere Prozentwerte. Reines Weiß entsteht in CMYK-Bildern, wenn der Wert aller vier Komponenten 0% ist.

Beispielbild CMYK | Für die Beispiel-Buntstifte, nun im CMYK-Modus, ergeben sich dann folgende Werte:

- Das Hellbraun ❶ hat die Werte C 14%, M 47%, Y 65%, K 0%.
- Der Orangeton ❷ wird durch C 0%, M 60%, Y 98%, K 0% festgelegt.
- Das Schwarz ❸ ist C 86%, M 85%, Y 79%, K 100%.
- Der blaue Stift ❹ hat die Werte C 82%, M 74%, Y 0%, K 0%.

◂ **Abbildung 6.30**
Das Musterbild in CMYK-Farben

Zum Weiterlesen: Farbaufbau in CMYK-Bildern
Es gibt mehr als eine Möglichkeit, um aus den vier Prozessfarben Cyan, Magenta, Gelb und Schwarz die Bildfarben zu mischen. Wie der sogenannte Farbaufbau aussieht, richtet sich nach dem Motiv, dem Druckverfahren und -papier. Mehr darüber lesen Sie in Kapitel 38, »Dateien für den professionellen Druck«.

In der Kanäle-Palette von Photoshop sind bei CMYK-Bildern vier Farbkanäle zu sehen: für jede Farbe ein Kanal. Dazu kommt als fünfter wiederum der Composite-Kanal hinzu. Jeder der vier Farbkanäle hat eine Datentiefe von 8 Bit, ein CMYK-Pixel hat also eine Datentiefe von 32 Bit. Jeder Farbkanal entspricht beim Vierfarbdruck einer Druckplatte. CMYK eignet sich also bestens, um Bilder für den professionellen Druck vorzubereiten.

Farbumfang | Der Farbumfang von CMYK ist kleiner als der von RGB. Das heißt, im Modus CMYK können weniger Farben dargestellt werden als in RGB. Wandelt man ein Bild von RGB in den CMYK-Modus um, verändert Photoshop solche Farben und bringt sie automatisch in den CMYK-Farbraum. Am Monitor wirken CMYK-Bilder daher etwas matter als RGB-Bilder. Auch ist die Farbdarstellung am Bildschirm keine besonders präzise Vorschau für die späteren Druckfarben.

Farbverschiebungen erkennen | Verfolgen können Sie diese Farbverschiebung, wenn Sie die Farbumfang-Warnung einblenden, und zwar über ANSICHT • FARBUMFANG-WARNUNG (⇧+Strg+Y bzw. ⇧+⌘+Y).

Abbildung 6.31 ▸
Die Photoshop-Funktion FARBUMFANG-WARNUNG (zu finden unter dem Menüpunkt ANSICHT) zeigt mit grauer Farbe, welche Farben bei der Konvertierung in CMYK verändert würden.

Wann verwendet man Bilder im CMYK-Modus? | CMYK ist der Standardmodus, wenn Sie Bilder für den professionellen Vierfarbdruck produzieren. Darüber, ob man in so einem Fall ein Bild gleich im CMYK-Modus anlegen soll oder ob es besser ist, es erst am Ende der Arbeit von RGB zu konvertieren, sind die Meinungen geteilt: Die Arbeit in CMYK hat den Vorteil, dass man das Endergebnis direkt vor Augen hat. Andererseits ist der Funktionsumfang von Photoshop unter RGB größer. Da es ganz verschiedene Formen der Umrechnung von CMYK in RGB gibt und nicht jede CMYK-Konvertierung für jedes Druckverfahren geeignet ist, arbeitet man mit RGB auch offener und flexibler.

6.4.6 Lab – der geräteunabhängige Modus

Das bekannteste geräteunabhängige Farbmodell ist Lab (auch LAB oder L*a*b geschrieben). Hier werden Farben nicht aus drei oder vier Grundfarben berechnet, sondern aus einem **Luminanzkanal** (Helligkeitskanal) (**L**) und zwei **Farbkanälen** (**a**, **b**), die die Buntheit der Farben speichern.

Es ist schwierig, die Besonderheit des Lab-Modus anhand des Musterbildes hier drucktechnisch wiederzugeben. Umso auffallender stellen sich die Lab-Kanäle dar. Die Trennung von Farb- und Helligkeitsinformationen führt zu einer ganz anderen Form der Farbumschreibung als in den bisher bekannten Modi.

▲ **Abbildung 6.32**
Der Luminanzkanal L

▲ **Abbildung 6.33**
Der Farbkanal a

▲ **Abbildung 6.34**
Der Farbkanal b

Farbumfang | Anders als RGB und CMYK wird in Lab auch die menschliche Farbwahrnehmung berücksichtigt. Der Farbumfang von Lab ist sehr groß, er umfasst alle Farben, die in CMYK und RGB erzeugt werden können.

Wann kommt Lab zum Tragen? | Wie schon erwähnt, spielt dieses Farbmodell in der praktischen Arbeit kaum eine Rolle. Der Bildmodus Lab bleibt eher ein Exot – nicht zuletzt auch deswegen, weil viele Photoshop-Funktionen nicht zugänglich sind, wenn ein Bild in Lab vorliegt. Allerdings liegt das Farbmodell vielen internen Prozessen in Photoshop zugrunde – beispielsweise der Konvertierung von RGB- in CMYK-Bilder. Zudem bietet sich dieser Bildmodus für einige spezielle Bildkorrekturen wie z. B. das Schärfen an.

6.4.7 HSB – kein Modus, aber ein Farbmodell

HSB ist ein weiteres Modell, um Farbe geräteunabhängig zu beschreiben. Es beschreibt Farbe durch die drei Parameter Farbton (**H**ue), Sättigung (**S**aturation) und Helligkeit (**B**rightness). Wie das Lab-Modell orientiert sich auch HSB an der menschlichen

Farbwahrnehmung. Definiert werden die Farben in Werten zwischen 0 und 360, die eine Position auf dem Standard-Farbkreis angeben. Das hört sich komplizierter an, als es ist, denn die Photoshop-Farbwerkzeuge ermöglichen einen intuitiven Umgang mit HSB-Farben.

Als Bildmodus steht HSB nicht zur Verfügung – kennen sollten Sie das Farbmodell trotzdem, denn in Photoshop begegnen Sie HSB immer wieder, so zum Beispiel beim Festlegen eigener Farben. Dazu stehen Ihnen in Photoshop gleich zwei Werkzeuge zur Verfügung:

- der großformatige Farbwähler und

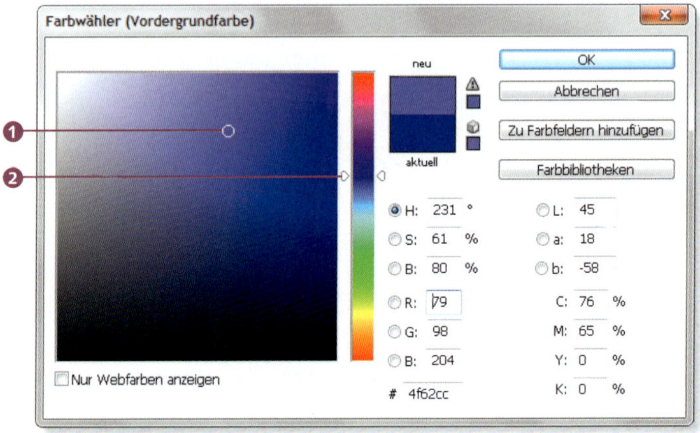

Abbildung 6.35 ▸
Im Farbwähler haben Sie alle Farbsysteme gleichzeitig im Blick und können eigene Farben durch Zahleneingabe, frei durch Klicken ins Farbspektrum ❶ oder durch Verschieben des Reglers ❷ festlegen.

- die handlichere Farbe-Palette (erreichbar über Fenster • Farbe oder mit dem Kürzel F6).

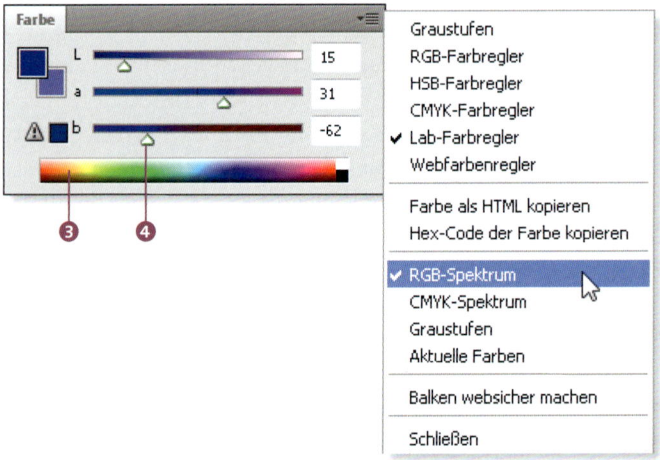

Abbildung 6.36 ▸
Die Farbe-Palette ist kompakter und blockiert nicht so viel Bildschirmplatz wie der Farbwähler. Über das Seitenmenü können Sie zwischen den verschiedenen Farbmodellen wechseln. Auch hier können Sie Farben durch Zahleneingabe, Klicken auf das Farbspektrum ❸ oder durch Verschieben der Farbregler ❹ festlegen.

Auch die Bildkorrektur-Werkzeuge Farbton/Sättigung und Farbbalance arbeiten intern nach dem Prinzip HSB.

6.4.8 Der Bildmodus Graustufen – 256-mal Grau

Die bisher vorgestellten farbigen Bildmodi hatten alle eine Datentiefe zwischen 24 und 32 Bit bei drei bis vier Farbkanälen à 8 Bit. Es ist aber auch möglich, Bilder mit einer geringeren Datentiefe zu erstellen und zu reproduzieren. So enthält ein Graustufenbild nur einen Kanal à 8 Bit, das heißt, 256 Graustufen stehen zur Verfügung.

Graustufen | In Photoshop wird die Luminanz – die Helligkeit – der einzelnen Graustufen in Prozentwerten zwischen 0 % (Weiß) und 100 % (Schwarz) definiert; bisweilen findet man auch Angaben zwischen 0 und 255, ähnlich wie bei RGB-Farben.

▲ **Abbildung 6.37**
Hier unterscheiden sich das Bild …

▲ **Abbildung 6.38**
… und seine Abbildung im einzigen Kanal gar nicht voneinander. Mit einer Datentiefe von nur 8 Bit und einem Kanal sind Graustufendateien sehr klein.

So lauten die Werte an den Messpunkten:

- Der hölzerne Schaft des Buntstifts ❶ bekommt einen Grauwert von 46 %.
- Der bisherige Orangeton ❷ wird im Graustufenbild mit 49 % umschrieben.
- Schwarz ❸ hat erwartungsgemäß 100 %.
- Der dunkelblaue Stift ❹ hat nun den Grauwert 79 %.

Diese 256 Helligkeitsabstufungen reichen in der Regel aus, um eine zufriedenstellende Darstellung zu erreichen.

Dateien auf der Buch-DVD: »HiddenseeFarbig.tif« und »HiddenseeSW.tif«

Bild: S. Mühlke

▲ **Abbildung 6.39**
So wird aus diesem Farbbild ...

▲ **Abbildung 6.40**
... ein ganz passables Graustufenbild mit 256 Tonwerten. Das Auge ist auch damit zufrieden.

Sie können Farbbilder aller Modi und Strichbilder (Bitmaps) in Graustufenbilder konvertieren. Die ursprünglichen Farbinformationen gehen dabei allerdings unwiderruflich verloren, sodass bei einer Rückkonvertierung ein Schwarzweißbild bleibt.

Zum Weiterlesen: Bessere Schwarzweißbilder
Die Änderung des Bildmodus ist die schlechteste Möglichkeit, um aus Farbbildern Schwarzweißbilder zu machen. Der Moduswechsel sollte erst am Ende der Umwandlung stehen. Welche Werkzeuge Sie für eine kontrollierte Modusänderung nutzen können, lesen Sie in Kapitel 27, »Das Spiel mit Farbe und Schwarzweiß«.

Wann verwendet man Graustufenbilder? | Eingesetzt werden Graustufenbilder, wenn es darum geht, Kilobyte zu sparen, oder auch aus ästhetischen Gründen. Zudem ist der Bildmodus GRAUSTUFEN auch die Grundlage für eine weitere Konvertierung in Duplex- oder Bitmap-Bilder (Strichbilder).

6.4.9 Bitmap-Modus – für Strichbilder

Strichbilder – in Photoshop **Bitmap** genannt – kommen mit einer noch geringeren Datenmenge zur Bildbeschreibung aus als Graustufenbilder, nämlich mit einem Bit. Ein Pixel kann dann nur noch entweder schwarz oder weiß sein. Wie bei Graustufenbildern auch gibt es hier nur einen Kanal. Im Gegensatz zu allen anderen Bildmodi können Sie bei Bitmaps Alphakanäle nicht selbst hinzufügen, und der Funktionsumfang von Photoshop ist ebenfalls sehr stark eingeschränkt. Verschiedene Graustufen werden in Bildern im Bitmap-Modus durch Rastermuster vorgetäuscht (siehe Abbildung 6.43 und 6.44).

Unter BILD • MODUS • BITMAP finden Sie das Dialogfeld, in dem Sie das gewünschte Raster genauer einstellen können. Bedenken Sie aber, dass ein Bild vor der Modusänderung in ein Bitmap-Bild schon als Graustufenbild vorliegen muss.

▲ **Abbildung 6.42**
Eines der möglichen Rastermuster, um fehlende Graustufen im Bildmodus BITMAP zu ersetzen.

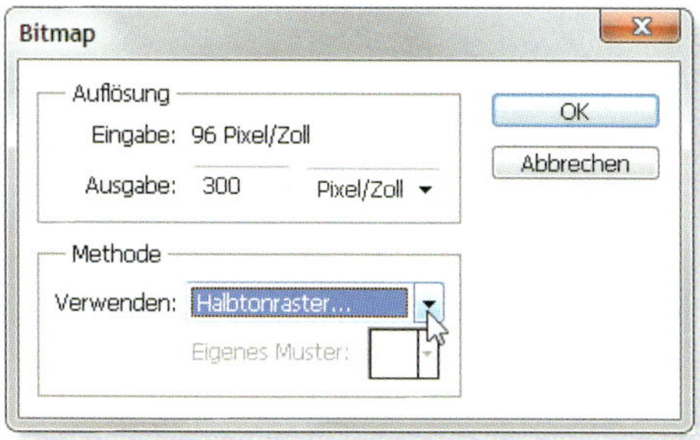

▲ **Abbildung 6.43**
Das Dialogfeld zur Einstellung eines Bitmap-Rasters. Unter METHODE stellen Sie ein, wie Ihr Bild gerastert werden soll.

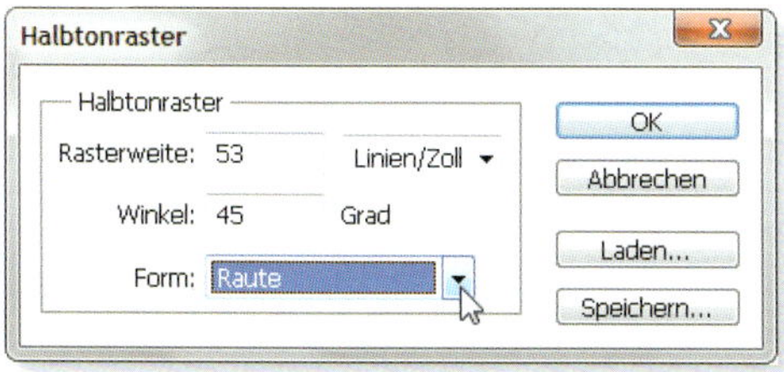

▲ **Abbildung 6.44**
Anschließend legen Sie eventuell weitere Rastereinstellungen fest.

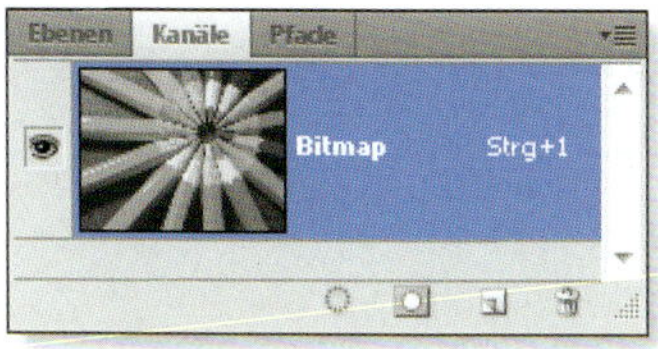

▲ **Abbildung 6.41**
Auch im Bitmap-Modus gibt es nur einen Kanal. Die Dateien werden noch kleiner als in Graustufen.

TOPP-TIPP: Schwellenwert 50%

Wenn Ihre Zeichnung im Graustufenmodus vorliegt und Sie verhindern wollen, dass Ihr Bild bei der Modusänderung ein Rastermuster bekommt, wählen Sie unter VERWENDEN die Einstellung SCHWELLENWERT 50% – Sie erhalten dann ein ungerastertes Bild, wobei der Schwellenwert festlegt, welche Grauwert-Pixel beim Konvertieren schwarz und welche weiß werden. Strichzeichnungen, bei denen es auf Kantenschärfe ankommt, können von der Bitmap-Einstellung SCHWELLENWERT unter Umständen profitieren.

Wann verwendet man den Bitmap-Modus? | Geeignet ist der Bitmap-Modus für Strichzeichnungen, und hier ist es sinnvoll, schon beim Scannen diesen Modus vorzugeben. Der Bitmap-Modus ist eigentlich eher der klassische Modus für Scans von Text oder Zeichnungen als ein Modus, mit dem Bildbearbeiter oft umgehen würden.

6.4.10 Indizierte Farben – Farbmodus für das Web

Der Modus Indizierte Farben ist vor allem für Dateien mit der Endung GIF typisch. GIF ist ein Dateiformat, das speziell für Internet-Bilder entwickelt wurde. Aufgebaut sind Bilder im indizierten Modus wie Graustufenbilder: Nur ein Kanal und 8 Bit Farbtiefe, d. h., maximal 256 Farben sind möglich. Diese radikale Farbreduzierung bekommt nicht jedem Motiv gleich gut.

Abbildung 6.45 ▶
Die Buntstifte im Modus Indizierte Farben könnten dann zum Beispiel so aussehen – die Farben sind nicht realistisch und erinnern eher an »Malen nach Zahlen«, aber die geringe Dateigröße ist dem geplanten Internet-Einsatz angemessen.

Unter Modus • Indizierte Farben finden Sie ein Dialogfeld mit verschiedenen Einstellungsmöglichkeiten. Damit legen Sie fest, nach welchen Parametern die ursprünglichen Farben des Bildes reduziert werden. Je nach Einstellung können Bilder mit indizierten Farben recht unterschiedlich ausfallen.

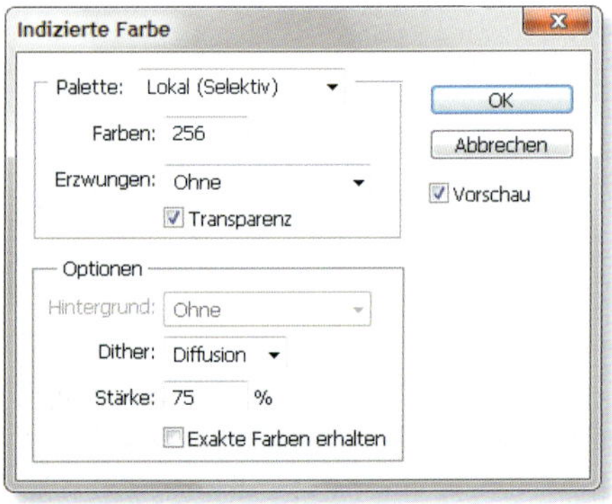

Abbildung 6.46 ▶
Die Einstellungen, um ein Bild in den indizierten Farbmodus zu bringen

Wann sollte man im Modus »Indizierte Farbe« arbeiten? | Wie schon erwähnt wurde, ist der Modus INDIZIERTE FARBE kennzeichnend für das Internet-Dateiformat GIF. In der Praxis werden Sie jedoch selten in die Verlegenheit kommen, ein Bild von Hand in den indizierten Modus zu konvertieren. Wenn Sie Bilder im Web-Dateiformat GIF speichern, werden sie automatisch in diesen Modus gebracht. Wenn Ihnen ein indiziertes Bild zur Weiterbearbeitung vorliegt, sollten Sie es zuerst in den RGB-Modus bringen, denn im indizierten Modus stehen in Photoshop nur sehr wenige Funktionen zur Verfügung.

▲ **Abbildung 6.47**
Auch Bilder im Modus INDIZIERT haben nur einen Kanal.

6.4.11 Duplex und Mehrkanal – »Farbige Graustufen«

Beim normalen CMYK-Vierfarbdruck sollen durch die Farbmischung möglichst zahlreiche Farbabstufungen erzeugt werden. Beim Duplex-Druck mit Sonderfarben legen Sie genau fest, mit welchen Farben Ihr Bild gedruckt wird – in Photoshop können Sie aus umfangreichen Listen verschiedener Druckfarbenhersteller auswählen. Erzeugt werden dann keine echten Farbbilder, sondern farbige Graustufenbilder. Photoshop bietet hierfür zwei verschiedene Bildmodi an: MEHRKANAL und DUPLEX. Beides sind keine Arbeitsmodi – Sie sollten Bilder immer erst ganz am Schluss konvertieren.

Duplex | Im Modus DUPLEX können Sie Bilder mit einer einzigen Sonderfarbe (Simplex), mit zwei (Duplex), drei (Triplex) oder vier Farben (Quadruplex) anlegen.

▲ **Abbildung 6.48**
Das bekannte Beispielbild als Simplexbild ...

▲ **Abbildung 6.49**
... und als Duplex aus zwei Farben

Datentiefe Duplex

Duplexbilder sind – egal ob sie aus einer, zwei, drei oder vier Sonderfarben aufgebaut sind –, obwohl sie farbig sind, einkanalig und ähneln einem schlichten Graustufenbild. Daher kommen Duplexbilder mit einer Datentiefe von 8 Bit aus.

▲ **Abbildung 6.50**
Ob mit einer, zwei oder drei Farben: Der Duplex-Modus hat immer nur einen Kanal.

Duplex erzeugen | Wenn Sie ein Duplex erzeugen wollen, muss das Bild erst im Graustufenmodus vorliegen. Im Dialogfeld Duplex haben Sie zahlreiche Einstellungsmöglichkeiten, sodass Duplexbilder immer anders aussehen können.

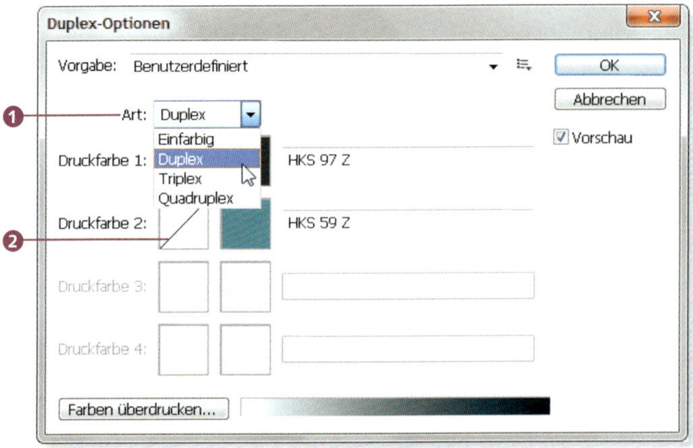

▲ **Abbildung 6.51**
Das Dialogfeld Duplex-Optionen

Unter Art ❶ legen Sie fest, aus wie vielen Farben das Duplex gedruckt wird. Im Gegensatz zu den Bildmodi RGB, CMYK oder Lab haben Sie im Duplexmodus keinen direkten Zugriff auf die einzelnen Bildkanäle. Daher werden auch die einzelnen Kanäle über die Duplexkurven ❷ im Duplex-Dialogfeld bearbeitet. Duplexkurven funktionieren ähnlich wie Gradationskurven.

Mehrkanalmodus | Noch weitergehende Möglichkeiten für den Druck mit Sonderfarben haben Sie im Mehrkanalmodus. Sie können Duplex- und CMYK-Bilder in diesen Modus konvertieren. Dabei wird der Duplexkanal in mehrere Kanäle – sogenannte **Volltonfarbkanäle** – aufgesplittet. CMYK-Kanäle bleiben erhalten. Danach können Sie weitere Kanäle mit Sonderfarben hinzufügen, um zusätzliche Druckplatten festzulegen.

Abbildung 6.52 ▸
Unser Beispielduplex hat nach dem Konvertieren in den Mehrkanalmodus dann eine solche Kanäle-Palette. Die Namen der einzelnen Kanäle bezeichnen die ihnen zugewiesene (Druck-)Farbe.

Wann verwendet man die Modi Duplex und Mehrkanal? | Duplex und Mehrkanal sind für den professionellen Druck gedacht. Sie sind die Modi der Wahl, wenn Sie ein Bild aus mehreren Farben aufbauen und diese Farben so originalgetreu wie möglich reproduziert werden sollen – zum Beispiel für Firmenlogos. Der Mehrkanalmodus bietet darüber hinaus interessante Möglichkeiten, um drucktechnische Effekte – zum Beispiel durch den Einsatz stark glänzenden UV-Lacks auf vereinzelten Bildpartien – zu erzielen.

6.4.12 Änderungen zwischen Modi

Änderungen zwischen Modi sind schnell gemacht, sie erfolgen über die Menübefehle unter Bild • Modus. Bei einer Modusänderung werden die Farbwerte des Bildes jedoch unwiderruflich geändert – auch bei einer Rückkonvertierung können sie nicht wiederhergestellt werden.

Vorsichtsmaßnahmen | Aus diesem Grund sollten Sie folgende Maßnahmen ergreifen:

- Bearbeiten Sie ein Bild so weit, wie es möglich ist, im Originalmodus, in dem Sie es bekommen haben. Bilder aus modernen Scannern und Digicams liegen ohnehin immer im für Bildbearbeiter freundlichen Modus RGB vor, in dem die volle Bandbreite der Photoshop-Funktionen verfügbar ist.
- Bevor Sie ein Bild konvertieren, sollten Sie eine Archivkopie erstellen. Bei digitalen Bildern haben Sie ja kein Negativ, von dem Sie immer neue Abzüge erstellen können – hüten Sie die Originalfassung Ihrer Bilder gut! Das gilt auch vor Änderungen an Größe und Auflösung.
- Wenn Ihr Bild aus mehreren Bildebenen mit unterschiedlichen Füllmethoden aufgebaut ist, sollten Sie diese vor der Modusänderung auf die Hintergrundebene reduzieren. Der Grund: Die Wirkung der unterschiedlichen Füllmethoden kann sich mit der Moduskonvertierung ändern.

6.4.13 8 Bit, 16 Bit, 32 Bit

Alles bisher Gesagte bezog sich auf Dateien in verschiedenen Modi, aber immer mit einer Farbtiefe von 8 Bit je Kanal. Nur die Menge der vorhandenen Kanäle – und damit die Gesamt-Farbtiefe – variierte von Modus zu Modus. 8-Bit-Bilder sind (noch) die mit Abstand am häufigsten gebrauchten. Seit der Programmversion CS baut Adobe jedoch auch die Unterstützung von Bildern mit mehr als 8 Bit je Kanal immer weiter aus.

Die Unterstützung für Bilder mit 16 Bit ist inzwischen recht gut, das heißt, viele Photoshop-Funktionen stehen Ihnen auch bei 16-Bit-Bildern zur Verfügung. 16-Bit-Bilder werden zum

Nicht nachträglich!

Natürlich bringt es nichts, wenn ein 8-Bit-Bild nachträglich in ein Bild mit höherer Bitzahl pro Farbkanal umgewandelt wird. Das ist zwar möglich, aber die ursprünglich vorhandenen Farbinformationen werden dadurch ja nicht vermehrt! Es bleibt also alles beim Alten: Eine bessere Farbdifferenzierung wird nicht erreicht.

Beispiel von leistungsfähigen Profi-Scannern erzeugt oder können aus manchen Digitalkameras importiert werden. Sie können in den Modi RGB, CMYK, Lab, Graustufen oder Mehrkanal vorliegen.

Mehr Bit je Kanal, das bedeutet

- feinere Farbdifferenzierung und
- größere Dateien.

Beim Bearbeiten solcher Bilder – z. B. bei der Skalierung oder Farbkorrektur – kommt es bei Bildern mit höherer Farbtiefe nur selten zu sichtbaren Qualitätseinbußen. Das hört sich gut an, hat aber auch einige Nachteile: Nicht alle Dateiformate können Bilder mit mehr als 8 Bit pro Kanal abspeichern, und auch viele Anwendungen verweigern die Verarbeitung von solchen Dateien. Während es wenig Effekt hat, die Datentiefe eines Bildes hochzurechnen, können Änderungen nach unten also durchaus sinnvoll sein, wenn man die problemlose Austauschbarkeit von Bildern gewährleisten und den vollen Funktionsumfang von Photoshop ausschöpfen will.

Zum Weiterlesen

Mehr über HDR-Bilder lesen Sie in Kapitel 24, »Werkzeuge für Fotografen«.

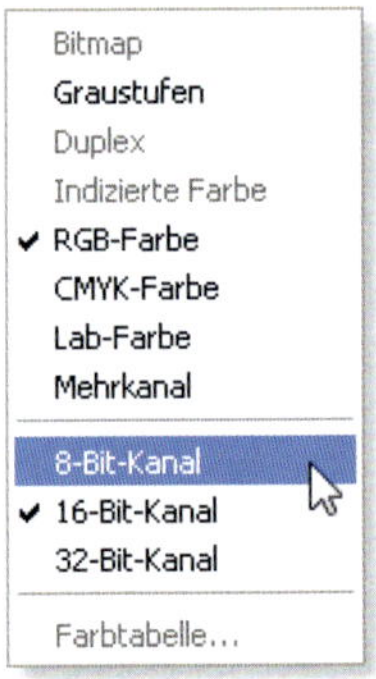

▲ **Abbildung 6.53**
Von 16 Bit zu 8 Bit pro Kanal konvertieren

High Dynamic Range | Auch 32-Bit-Bilder (sogenannte HDR-Bilder – für High Dynamic Range) können in Photoshop bearbeitet werden; in der Version CS5 hat Adobe die HDR-Funktionen weiter ausgebaut. Allerdings können solche Bilder nach wie vor nur eingeschränkt mit den gewohnten Werkzeugen und Befehlen bearbeitet werden.

In der klassischen Bildbearbeitung spielen HDR-Bilder bisher nur eine untergeordnete Rolle. HDR-Bilder werden vor allem für Kinofilme, 3D-Grafiken und in manchen Bereichen der professionellen Fotografie eingesetzt. In Photoshop können sie mithilfe mehrerer Fotos erstellt werden, die mit unterschiedlicher Belichtung aufgenommen wurden (via Datei • Automatisieren • Zu HDR Pro zusammenfügen).

Bitzahl konvertieren | Um Bilder zwischen 8 und 16 Bit zu konvertieren, wählen Sie die Befehle Bild • Modus • 16-Bit-Kanal bzw. Bild • Modus • 8-Bit-Kanal.

6.5 Datenkompression

Vor der Betrachtung der verschiedenen Dateiformate schauen wir uns zunächst noch unterschiedliche Verfahren zur Kompression von Bildern an.

Nur allzu häufig wird die Kompression von Dateien mit dem Dateiformat selbst verwechselt. Als Kompression wird ein Verfahren bezeichnet, mit dem Daten komprimiert gespeichert werden. Dateiformate nutzen Kompressionen, sind aber nicht damit gleichzusetzen.

6.5.1 Unkomprimierte Speicherung

Bei der unkomprimierten Speicherung werden Bilder Pixel für Pixel auf die Festplatte geschrieben. Dabei wird das Bild meist zeilenweise, von links nach rechts und von oben nach unten auf die Festplatte geschrieben. Speichert man zum Beispiel eine A4-Seite, die mit 300 dpi auf der Festplatte liegt, ergibt sich eine Pixelgröße von 2480 × 3508 Pixel. Wird das Bild im RGB-Modus gesichert, so belegt jedes Pixel 3 Byte Speicherplatz. Durch Multiplikation der Werte 2480 × 3508 × 3 ergibt sich ein Speicherplatzbedarf von 26.099.520 Byte, rund 25 Megabyte. Dieser Speicherplatzbedarf mag für die Arbeit am lokalen Rechner kein Problem darstellen; spätestens wenn das Bild per Mail an jemanden verschickt wird, empfiehlt es sich, die Verwendung einer Kompression in Erwägung zu ziehen.

6.5.2 Verlustfreie Kompression: RLE, ZIP, LZW

Die Verwendung von verlustfreien Kompressionsverfahren empfiehlt sich vor allem zur Speicherung von Projektdaten und zur Weitergabe von qualitativ hochwertigen Dateien für die Reproduktion bzw. Weiterbearbeitung.

Prinzip | Das Prinzip der verlustfreien Kompression besteht in der Zusammenfassung von Daten. Dies kann man sich sehr einfach anhand einer Zeichenkette vorstellen. Soll die Zeichenkette »aaaaaaa« verlustfrei komprimiert werden, so liefert das RLE-Verfahren zum Beispiel das Ergebnis »a7«. Dabei steht an erster Stelle das Zeichen, direkt danach die Anzahl der Wiederholungen. Natürlich können anstelle des Buchstabens auch Farbwerte in Bildern auf diese Weise komprimiert werden. Zugegebenermaßen ist dies die einfachste Art der verlustfreien Kompression. Es gibt hoch entwickelte Mustererkennungsverfahren, die das zu speichernde Bild nach unterschiedlichsten sich wiederholenden Bildinhalten absuchen und Ähnlichkeiten in Bildern speichern.

[ZIP]
ZIP ist so etwas wie das Schweizer Taschenmesser unter den Kompressionsverfahren. Neben der Verwendung in unterschiedlichen Bilddateiformaten wird dieses Verfahren auch bei Kompressions-Utilitys wie zum Beispiel WinZip für die kompakte Speicherung beliebiger Daten genutzt.

[CCITT]
Ein weiteres Verfahren ist das CCITT-Verfahren, das ursprünglich für die Fax-Übertragung entwickelt wurde. Es wird für die Speicherung von PDF- und Photoshop EPS-Dateien im Bitmap-Modus verwendet.

Anwendungsgebiete | Meist werden flächige Bilder mit wenigen Farbabstufungen sehr gut mit diesen Verfahren komprimiert. Fotos hingegen, die aus einer Vielzahl von Farben bestehen, können in den meisten Fällen nicht so stark reduziert werden.

Vereinfacht gesagt ist das der Grund dafür, dass in Fotografien das Zusammenfassen der Bildinformation zu Blöcken gleicher Muster schwerer fällt.

Welche Kompressionsverfahren gibt es? | Häufig zur Anwendung kommende verlustfreie Kompressionsverfahren sind zum Beispiel die Kompressionen

- **RLE** (**R**un**l**ength **E**ncoding),
- **ZIP** (die Abkürzung ist eigentlich keine, sondern das englische Wort für »Reißverschluss«) oder
- **LZW** (nach seinen Schöpfern Abraham **L**empel, Jacob **Z**iv und Terry **W**elch benannt).

Dabei handelt es sich um mathematische Verfahren zur verlustfreien Kompression. Diese kommen innerhalb von unterschiedlichen Dateiformaten zur Anwendung. So kann zum Beispiel das GIF-, TIFF- und das PDF-Format eine LZW-Kompression von Bilddaten durchführen, obwohl es sich um unterschiedliche Dateiformate handelt.

6.5.3 Verlustbehaftete Kompression: JPEG

Speichert man Fotos mit Millionen von Farben, so werden viele der Farbabstufungen vom menschlichen Auge gar nicht wahrgenommen. Vielmehr reagiert das Auge auf Helligkeitsänderungen in einem Bild.

JPEG-Verfahren | Auf dieser Tatsache baut das JPEG-Verfahren auf. Es wird von der Arbeitsgruppe ISO/IEC JTC1 SC29/WG 1, besser bekannt als **J**oint **P**hotographic **E**xperts **G**roup, seit Anfang der 70er-Jahre entwickelt und basiert auf einem Verfahren, bei dem das Bild in Farbblöcke von 8×8 Pixel zerlegt wird. JPEG verändert die Farbe der Blöcke so, dass möglichst viele gleiche Pixelblöcke im Bild entstehen. Diese können platzsparend zusammengefasst werden. Beim JPEG-Verfahren können unterschiedliche Kompressionsstufen eingestellt werden. Je höher die Kompression, desto kleiner die Datei. Mit höherer Kompressionsrate sinkt aber auch die Bildqualität.

Das JPEG-Verfahren wurde für die Speicherung von Fotos entwickelt. Es ist nur schlecht zur Kompression von flächigen Grafiken, scharfen Linien oder Grafiken mit wenigen Farben geeignet. Denn dabei kommt es vermehrt zur Bildung von **Kompressionsartefakten**. Dabei handelt es sich um Störungen im Bild, die vor der Kompression nicht vorhanden waren und durch die komprimierte Speicherung hinzugefügt werden. JPEG ist bei geringen

[JPEG 2000]
Das JPEG-Verfahren ist nicht das einzige existierende Verfahren zur verlustbehafteten Kompression von Bildern, aber das gebräuchlichste. Eines der seit einiger Zeit immer wieder heiß diskutierten neuen Formate nennt sich **JPEG 2000**. Dieses wird seit 1996 entwickelt und wahrscheinlich zum neuen Quasi-Standard erkoren. Darüber wird wohl die nächste Zeit Klarheit bringen. Für mehr Informationen zu JPEG 2000 werfen Sie einen Blick auf die Homepage der JPEG unter *www.jpeg.org*.

Qualitätseinstellungen dafür bekannt, sichtbare Blöcke in Bildern zu verursachen. Aber auch das sogenannte Moskito-Rauschen und die Schattenbildung bei Farbübergängen sind wohlbekannte JPEG-Artefakte.

◂ **Abbildung 6.54**
Für flächige Grafiken ist das JPEG-Verfahren weniger geeignet. Das Moskito-Rauschen hat seinen Namen von den pixeligen Störungen rund um scharfe Bildkanten, die wie Moskitos oder umherschwirrende Mücken aussehen.

6.6 Dateiformate für Bilder

6.6.1 Wozu gibt es verschiedene Dateiformate?

Bilddateien können in zahlreichen verschiedenen Dateiformaten vorliegen und gespeichert werden. Die Liste von Formaten ist lang: PSD und TIFF, JPEG, GIF und PNG, PDF, EPS, DCS und BMP, WMF und PICT ... Diese Vielfalt hat einerseits den quasi historischen Grund, dass es für die Entwicklung von Dateiformaten keine verbindlichen Standards gibt und zahlreiche Software-Hersteller eigene Formate lanciert haben. Diese Formatvielfalt ist aber auch ein Versuch, Bilder so zu berechnen, dass ein möglichst breites **Aufgabenspektrum** abgedeckt wird, denn nicht jedes Format leistet dasselbe. Unter den Dateiformaten gibt es Spezialisten für verschiedene Einsatzgebiete.

Wo liegt der Unterschied zwischen den Dateiformaten? | Das unsichtbare »Innenleben« der Dateien, also der Dateiaufbau und die Art der Bildberechnung, ist ganz verschieden. Die trockenen Details des Dateiaufbaus brauchen Sie nicht zu kümmern – entscheidend ist, was die unterschiedlichen Dateiformate in Hinblick

Nur eine Handvoll Formate sind wichtig
Sie müssen nicht über jedes der zahllosen Dateiformate Bescheid wissen oder es einsetzen. Eine Handvoll Formate, mit denen alle Aufgaben gut abgedeckt sind, haben sich inzwischen als Quasi-Standard eingebürgert. Die wichtigsten stelle ich Ihnen hier ausführlich vor, und in Abschnitt 6.6.9, »Dateiformate im Überblick«, finden Sie eine umfangreiche Übersichtstabelle mit noch mehr Formaten.

auf die Unterstützung von Photoshop-Funktionen, die Kompatibilität zu anderen Anwendungen und die Datenkompression leisten. Ihre wichtigste Leitlinie beim Auswählen des richtigen Speicherformates ist, was Sie mit der Datei noch vorhaben, also der geplante **Einsatzbereich** des Bildes.

- Welche Eigenschaften und Funktionen der mit Photoshop erzeugten Datei können in einem bestimmten Dateiformat dauerhaft gesichert werden? Und welche Dateieigenschaften wollen Sie erhalten?
- Ist der Transfer der Dateien in andere Anwendungen nötig und, wenn ja, ist er problemlos möglich? Können die Dateien mühelos weiterbearbeitet und korrekt reproduziert werden?
- Einige Dateiformate setzen Datenkompression ein, um die Datenmenge einer Datei zu verringern. Einige Kompressionsmethoden arbeiten verlustfrei, andere sind *lossy*, das heißt, sie bringen Verluste an Bildqualität mit sich. Manche Kompressionsarten funktionieren im Hintergrund, für andere stehen in Photoshop Steuerungsinstrumente zur Verfügung. Welche Kompressionsmethoden bieten die einzelnen Dateiformate? Wie wichtig ist eine geringe Größe der zu speichernden Datei?

6.6.2 PSD – Photoshops »Hausformat«

Um Bilder zu erstellen und zu bearbeiten, sollten Sie ein Dateiformat wählen, das alle Photoshop-Funktionen und alle Dateieigenschaften unterstützt. Ebenso wichtig ist, dass das Bild beim (Zwischen-)Speichern keinen Qualitätsverlust durch Kompression erleidet. Diese Anforderungen erfüllt das genuine Photoshop-Format PSD.

Unterstützte Photoshop-Funktionen | Das Format PSD erlaubt es Ihnen, nicht nur das Bild selbst, sondern auch sämtliche Informationen mitzuspeichern, die für die Bearbeitung des Bildes relevant sind. Dazu gehören alle Arten von Ebenen, Alphakanäle und darauf basierende Masken und Auswahlen sowie Pfade – alles in allem die Basis für komfortables und flexibles Arbeiten. PSD unterstützt außerdem Transparenz und alle Bild- und Farbmodi. Dazu gehören auch Photoshop-Spezialitäten wie der Duplex-, der Lab- und der Mehrkanalmodus, die von vielen anderen Dateiformaten nicht verarbeitet werden können.

Kompression | PSD-Dateien sind sehr groß. Eine Datenkompression ist nicht möglich, aber auch nicht unbedingt nötig, da PSD ein internes Dateiformat ist und selten für den Datenaustausch genutzt wird.

Einsatzbereich | PSD ist das ideale Arbeitsformat, in dem Sie Ihre Dateien erstellen. Für die Übergabe an andere Anwendungen oder den Einsatz im Web können PSD-Dateien problemlos in spezialisierte Formate gebracht werden. Oft ist es dann sinnvoll, eine Kopie des Bildes als PSD-Datei zurückzubehalten – für nachträgliche Änderungen. Der Austausch von PSD mit anderen Adobe-Programmen ist problemlos. Wenn Sie nichts anderes vorgeben, werden neue Dateien von Photoshop automatisch als PSD gespeichert.

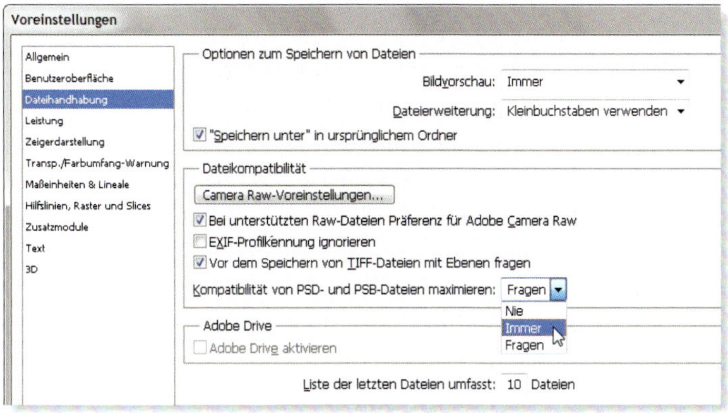

◂ **Abbildung 6.55**
Wenn Sie in den Voreinstellungen (unter Dateihandhabung) die PSD-Kompatibilität maximieren (Dropdown-Liste), können Dateien besser von älteren Programmversionen gelesen werden, werden aber auch größer.

6.6.3 PSB – große Bilder

Das Format PSB – auch **großes Dokumentformat** genannt – ist eine weitere Photoshop-Spezialität. Es hat weitestgehend dieselben Eigenschaften wie PSD, aber die zusätzliche Fähigkeit, auch sehr, sehr große Dokumente aufnehmen zu können. Während ältere Photoshop-Versionen und zahlreiche andere Anwendungen Dateien bis maximal 2 GB oder 30.000 Pixel Kantenlänge speichern und verarbeiten können, hat Adobe mit PSB ein Dateiformat geschaffen, das Dokumente mit bis zu 300.000 Pixeln in jeder Abmessung unterstützt.

- Unterstützte Photoshop-Funktionen: wie bei PSD
- Kompression: wie bei PSD

Einsatzbereich | PSB ist ein Format für sehr große Dateien, zum Beispiel HDR-Dateien. Allerdings kann es bisher nur von Photoshop ab der Programmversion CS – und keiner anderen Anwendung sonst – gelesen werden. Das schränkt die Verwendbarkeit stark ein.

Die Alternative zu PSB

Das altbewährte TIFF ist ebenfalls in der Lage, sehr große Dateien – bis zu 4 GB – zu speichern. Zwar können nicht alle Anwendungen solche Riesendateien öffnen, aber immerhin ist TIFF als solches nicht an ein bestimmtes Programm gebunden.

6.6.4 TIFF – der Austauschprofi

TIFF – manchmal werden Sie auch die Schreibweise TIF sehen – unterstützt ähnlich wie PSD zahlreiche Photoshop-Funktionen und funktioniert mit so gut wie allen Programmen und unter allen Betriebssystemen. Da es als Austauschformat entwickelt wurde, besteht hier die Möglichkeit zur Datenkompression, um die Dateien klein zu halten.

Unterstützte Photoshop-Funktionen | Alphakanäle und somit auch Masken und Auswahlen können mitgespeichert werden, ebenso Beschneidungspfade. Transparenz und Ebenen bleiben erhalten, wenn das TIFF mit Photoshop gespeichert und geöffnet wird.

Kompression | Anders als die großen PSD-Dateien können Sie TIFFs wahlweise unkomprimiert oder komprimiert abspeichern, und Sie haben auch noch die Wahl zwischen verschiedenen Kompressionsverfahren. Zum Einsatz kommen LZW und die ZIP-Komprimierung. Beide Verfahren arbeiten verlustfrei, d.h., die Datenkompression führt nicht zu einer Verschlechterung der Bildqualität.

In Photoshop steht für das TIFF-Format auch die Option JPEG-KOMPRIMIERUNG zur Verfügung, allerdings können nicht alle anderen Programme mit diesem Extra umgehen.

Einsatzbereich | TIFF kann von so gut wie allen Bildbearbeitungs- und Seitenlayoutprogrammen bearbeitet werden und ist daher das Format der Wahl für die Druckvorstufe und natürlich auch dann, wenn Bilddaten zur weiteren Bearbeitung weitergegeben werden.

6.6.5 GIF – bewährter Internet-Veteran

An Grafiken im Internet werden besondere Anforderungen gestellt: Sie müssen von allen Browsern problemlos interpretiert werden und für die Darstellung ihres Motivs mit einer möglichst geringen Datenmenge auskommen, um die Übertragungszeiten kurz zu halten.

Eines der ältesten Webgrafikformate ist GIF. GIF-Dateien sind sehr klein, müssen aber mit maximal 256 Bildfarben auskommen. Die Farbinformationen werden ökonomisch in einer dateiinternen Farbtabelle abgelegt.

Unterstützte Photoshop-Funktionen | Photoshop-Funktionen werden vom GIF-Format nicht unterstützt. Mit Transparenz und Animation bietet das Format GIF allerdings interessante Optionen für den Webeinsatz. In Kapitel 36, »Bilder für das Internet optimieren«, erfahren Sie, wie Sie GIF- und JPEG-Dateien für den

Internet-Einsatz optimieren. Dort können Sie auch nachlesen, wie Sie GIFs animieren.

Datei auf der Buch-DVD: »Apfel_hg.tif«

Kompression | Als echte Web-Experten werden GIFs – zusätzlich zur Farbreduktion – auch komprimiert, und zwar durch die verlustfreie LZW-Kompression, auf die Sie aber keinen Einfluss haben. Weiter vermindern lässt sich die Dateigröße von GIFs durch Einschränkungen der Farbtabelle, die der Bilddarstellung zugrunde liegt. Nicht alle GIFs brauchen 256 Farben, um akzeptabel auszusehen! Photoshop bietet dazu gute Einstellungsmöglichkeiten mit gleichzeitiger Kontrolle der Ergebnisse an.

▲ **Abbildung 6.56**
Transparente Pixel ermöglichen es, Bildobjekte optisch aus der vorgegebenen Rechteckform zu lösen und Bilder mit scheinbar unregelmäßigen Konturen zu erstellen. Das Bild im Originalzustand: Der Hintergrund wurde dann auf transparent gesetzt ...

▲ **Abbildung 6.57**
... und so als optisch frei schwebendes Bildelement in einem einfachen Web-Layout eingesetzt.

Einsatzbereich | GIF ist ein klassisches »Endformat«, in das Sie Ihre Datei bringen, wenn Sie mit der Bearbeitung fertig sind. Aufgrund der begrenzten Anzahl darstellbarer Farben ist GIF für Fotos und andere Halbtonbilder nicht geeignet. Flächige Bilder mit wenig Farbnuancen werden jedoch sehr gut wiedergegeben, und Konturen bleiben schön scharf. Wenn Sie Zeichnungen, Logos oder Texte ins Web bringen wollen, ist GIF also das Format der Wahl. Aufgrund der möglichen Transparenz eignen sich GIFs auch gut für Buttons und alle anderen Elemente, die nicht einfach vier Ecken haben sollen.

6.6.6 JPEG – Halbtonbilder für das Web

JPEG bezeichnet ursprünglich einen bestimmten Kompressionsalgorithmus. Dateien dieses Typs, die die Endung jpg, jpeg oder – seltener – jpe haben, sind eine Anwendung dieses Algorithmus. Das JPEG-Format kann pro Bild bis zu 16,7 Millionen Farben speichern, das ist praktisch das gesamte vom menschlichen Auge wahrnehmbare Spektrum. Auch JPGs werden von allen Browsern problemlos reproduziert.

Unterstützte Photoshop-Funktionen | Anders als beim GIF sind Transparenz und Animation nicht möglich, dafür sind aber mehr Bildmodi möglich: Das Format unterstützt Graustufen, CMYK und RGB. Einige Browser haben allerdings mit der Reproduktion von CMYK-Bildern Schwierigkeiten – hier ist RGB besser geeignet. Nicht mitspeichern können Sie Photoshop-Alphakanäle – Masken und Auswahlen gehen daher beim Speichern verloren, ebenso Ebenen.

Kompression | Die JPEG-Kompression ist sehr effektiv. Die Stärke der Kompression lässt sich in Photoshop differenziert einstellen. Das ist auch sinnvoll, denn die JPEG-Kompression ist

Achtung: JPEG ist kein Arbeitsformat

Viele Digitalkameras geben Bilder als JPGs aus, und auch zunehmend mehr Bildagenturen, die ihr Angebot über das Web vertreiben, verschicken JPGs. Wenn Sie mit JPEG-Dateien arbeiten, sollten Sie aber Folgendes beachten: Die JPEG-Datenkompression greift bei **jedem** (Zwischen-)Speichern – dadurch potenzieren sich die Nebenwirkungen, und die Bildqualität kann sich schnell verschlechtern. Wenn Ihnen ein Bild, das Sie bearbeiten möchten, als JPEG vorliegt, sollten Sie es als Erstes in das besser geeignete Format PSD bringen. Die Konvertierung ist problemlos und nicht mit Qualitätsverlusten verbunden.

verlustbehaftet. Das heißt nicht, dass jedes JPEG schlecht aussieht. Sichtbare Verluste entstehen vor allem bei starker Kompression. An scharfen Konturen und glatten Farbflächen werden dann kleine Quadratmuster sichtbar (Kompressionsartefakte), und Kanten fransen optisch aus.

Einsatzbereich | Um Halbtonbilder wie Fotos ins Internet zu bringen, ist das Format hervorragend geeignet. Bilder mit großen, gleichmäßigen Farbflächen und scharfen Bildkanten – beispielsweise Logo-Schriftzüge oder einfache Zeichnungen – werden aufgrund des Kompressionsverfahrens nur unsauber wiedergegeben. Auch um unbearbeitete Bilder zu **archivieren**, kann man das »schmale« JPEG-Format nutzen.

6.6.7 EPS – zwischen den Welten

Sie wissen schon, dass Photoshop auch vektorbasierte Bildinformationen erzeugen kann. Dann liegen Pixel- und Vektordaten in einer einzigen Datei vor (die mit einem pixelorientierten Programm erstellt wurde). Um diese Informationen aufzunehmen, reichen die pixelorientierten Dateiformate nicht immer aus, vor allem, wenn die Daten an einen Druck-Dienstleister weitergegeben werden sollen. Hier bietet sich neben dem – begrenzt geeigneten – TIFF das besonders spezialisierte Format EPS (Encapsulated PostScript) an. PostScript ist eine von Adobe entwickelte Drucker-Befehlssprache.

Ein Speichern im EPS-Format verwandelt das Bild in eine PostScript-Programmdatei, die ausschließlich zur Weiterverwendung in Layout-Programmen und vor allem zum Drucken oder Ausbelichten gedacht ist. EPS-Dateien können nur auf speziellen, PostScript-fähigen Druckern gedruckt werden, die diese Dateien interpretieren. Das hört sich wie ein umständlicher Umweg an, jedoch hat das Format den Vorteil, dass es unabhängig von Anwendungen und Betriebssystemen auf verschiedensten Druckmaschinen bestmöglichste Ergebnisse erzielt.

Unterstützte Photoshop-Funktionen | Neben den Bitmap-Bilddaten können in einer EPS-Datei auch Vektorinformationen, Text und Beschneidungspfade konserviert werden. Photoshop-Ebenen und Alphakanäle werden von EPS nicht unterstützt – als EPS sollten Sie also nur das speichern, was wirklich fertig ist. Photoshop kann EPS-Dateien zwar schreiben, aber nur mit Einschränkungen öffnen: Mitgespeicherte Vektorinformationen werden beim Öffnen in Bitmap-Daten verwandelt (gerastert).

Kompression | Geringe Dateigrößen zu erreichen ist nicht das Ziel, das mit dem EPS-Format verfolgt wird. Universelle Austauschbarkeit und das Erreichen des bestmöglichen Druckergebnisses stehen im Vordergrund. Eine Kompression ist daher nicht vorgesehen.

Einsatzbereich | EPS ist ein Dateiformat, mit dem Sie als Photoshop-Einsteiger eher am Rande zu tun haben werden; es ist in der professionellen Druckvorstufe beheimatet. EPS bewältigt Bilder, die gleichzeitig Text und Vektorebenen und fein nuancierte Fotos enthalten. Die Vektorinformationen bleiben erhalten und verlieren so ihre Schärfe nicht.

6.6.8 PDF – mehr als portable Dokumente

PDF, das Portable Document Format, ist ebenfalls eine Erfindung von Adobe. Mit der weltweiten Verbreitung des kostenlosen Acrobat Readers hat sich PDF als ein Format etabliert, in dem Dokumente plattformunabhängig, kompakt und in ansprechendem Layout vor allem im Web präsentiert werden. Neben dieser Funktion hat das Format PDF große Bedeutung als Austauschformat für den professionellen Druck.

Unterstützte Photoshop-Funktionen | PDF ist eine Weiterentwicklung von EPS und hat ganz ähnliche Eigenschaften. Das Format kann Vektoren und Pixelinformationen in einem Dokument zusammenfassen. PDF-Dokumente lassen sich problemlos zwischen verschiedenen Software-Plattformen austauschen.

Kompression | PDF hat von Haus aus schlankere Daten als EPS; eine Kompression kann zusätzlich vorgenommen werden. Dazu bietet Photoshop die Verfahren JPEG (verlustbehaftet) und Zip (verlustfrei) an.

Einsatzbereich | Wie EPS-Dateien sind PDFs sehr gut geeignet, um Bilder zu speichern, die Vektor- und Bitmap-Daten enthalten. Das können einfache Composings, Schriftsätze oder ganze Layouts sein. Seine Eigenschaften prädestinieren das PDF-Format für die Druckvorstufe. Gerade kleine Dienstleister kommen oft besser mit PDF-Dateien als mit EPS zurecht. Und auch mit Photoshop erstellte PDFs können im Web eingesetzt werden; beispielsweise wenn Sie ansprechend gestaltete Unterlagen zum Herunterladen anbieten wollen. Wollen Sie also Dateien, die Vektorinformationen enthalten, **weitergeben**, sind EPS und mehr noch PDF die Formate der Wahl. Das Photoshop-Format PSD kann diese Informationen zwar ebenso gut aufnehmen, lässt sich aber nicht mit allen Anwendungen und Plattformen öffnen.

6.6.9 Dateiformate im Überblick

In der folgenden Tabelle finden Sie überblickartig alle wichtigen Informationen zu den genannten Dateiformaten: Kompressionsmöglichkeiten, Austauschbarkeit, besondere Merkmale und Hinweise zum optimalen Einsatz.

Erweiterung	Name des Formats	Kompression	Austauschbarkeit	Merkmale	Einsatzzweck
.bmp	Bitmap – das Dateiformat hat nichts mit dem gleichnamigen Bildmodus zu tun.	Keine oder RLE (verlustfrei)	Typisches Windows-Format	Kein CMYK	Manche Belichtungsdienste für digitale Fotos verlangen Daten im Bitmap-Format.
.eps	Encapsulated PostScript	Wahlweise mit JPEG-Kompression (verlustbehaftet)	Gut in der DTP-Sphäre. Benutzt PostScript, aber kann nicht von allen einfacheren Anwenderprogrammen ausgegeben werden.	Kann Vektorinformationen enthalten.	Klassisches Druckvorstufen-Format
.gif	CompuServe Graphics Interchange	Ja. Bringt Bilder in den indizierten Modus mit 256 Farben. Bei Bildern mit weniger Farben ist die Kompression verlustfrei. GIF bietet zahlreiche Einstellungsmöglichkeiten und Optionen für die bestmöglichen Ergebnisse.	Ja, jedoch kein Arbeitsformat.	Nur wenige Photoshop-Funktionen können bei GIFs angewendet werden. Wenn eine Bearbeitung unvermeidlich ist, erst Modusänderung vornehmen! Pixel können transparent gesetzt werden (aber nicht halbtransparent), Animationen sind möglich (oft bei Bannerwerbung).	Sehr kleines Format, das von allen Browsern interpretiert werden kann. Webformat, speziell für Bilder mit wenigen Farbabstufungen.

Erweiterung	Name des Formats	Kompression	Austauschbarkeit	Merkmale	Einsatzzweck
.jpg, jpeg	Joint Photographic Experts Group	Ja. JPEG ist gleichzeitig die Bezeichnung des Formats und des Kompressionsalgorithmus. Immer verlustbehaftet. Neuspeichern erhöht den Verlust. Verschiedene Qualitätsstufen und Optionen sind möglich.	Ja, ist aber kein Arbeitsformat.	RGB, CMYK, Graustufen. Alphakanäle (und damit Masken und Auswahlen) sind nicht möglich.	Speicherplatzsparend. Format für die Darstellung von Fotos im Internet. Wird in hoher Qualitätsstufe auch als Archivformat genutzt (Bilddatenbanken).
j2k, jp2	JPEG 2000	Wahlweise verlustfreie oder verlustbehaftete Kompression	Viele Anwendungen können es nicht öffnen. In Photoshop muss ein entsprechendes Plug-in installiert werden.	Eine Weiterentwicklung von JPEG. Leider noch nicht sehr verbreitet.	Dient vor allem als speicherplatzsparendes Archivformat.
.pdf	Portable Document Format	Möglich; es gibt verschiedene Methoden mit oder ohne Verlust.	Hervorragend, wurde als Austauschformat entwickelt.	Es gibt schon verschiedene Standards. Kann Vektorinformationen und Pixelinformationen enthalten und auch wichtige Informationen für den Druckprozess (Farbprofile).	Wenn Layouts originalgetreu erhalten werden sollen und wenn es auf gute Austauschbarkeit ankommt. Lesbar mit dem kostenlosen Adobe Reader. Entwickelt sich zum Druckvorstufen-Profi.
.png	Portable Network Graphics	Verlustfrei	Wird leider noch nicht von allen Browsern unterstützt.	Das PNG-Format unterstützt RGB-, indizierte Farb-, Graustufen- und Bitmap-Bilder ohne Alphakanäle. PNG kann Transparenz in Graustufen- und RGB-Bildern erhalten. Ohne Animationen. Kann mehrere Transparenzabstufungen speichern.	Webformat
.psb	Großes Dokumentformat	Nein	Nur mit Photoshop CS	Unterstützt alle Photoshop-Merkmale.	Besonders große Dateien, die lediglich in CS bearbeitet werden.

Erweiterung	Name des Formats	Kompression	Austauschbarkeit	Merkmale	Einsatzzweck
.psd	Photoshop Document Format	Nein	Mit anderen Adobe-Produkten. Für den Austausch mit alten Programmversionen müssen Sie ggf. in den Voreinstellungen die Kompatibilität maximieren; kein Problem beim Austausch zwischen Windows und Mac.	Unterstützt alle Photoshop-Merkmale.	Arbeitsformat
.tif, .tiff	Tagged Image File Format	Nach Wahl ohne oder mit Kompression. LZW und Zip-Kompression (verlustfrei), JPEG-Kompression (verlustbehaftet)	Als Austauschformat entwickelt. Allerdings sind mittlerweile sehr viele Varianten möglich, daher ist die Austauschbarkeit unter Umständen leicht eingeschränkt. Manche anderen Anwendungen haben Schwierigkeiten, Photoshop-TIFFs mit ZIP- oder JPEG-Kompression zu lesen.	Unterstützt Ebenen, Pfade, viele Farbmodi und mehrere Alphakanäle in einer Datei.	Arbeitsformat mit guter Kompatibilität

Teil II
Der Umgang mit Dateien

7 Dateien anlegen, öffnen und speichern

Ist ein ganzes Kapitel nötig, um zu erklären, wie man Dateien öffnet und speichert? Ja: Wegen der Vielzahl unterschiedlicher Dateiformate, weil Photoshop Vektorformate importieren kann und weil es – Stichwort Smart-Objekte und Platzieren – besondere Funktionen dafür gibt, gibt es zu diesem Thema viel zu sagen!

7.1 Dateien öffnen und importieren

Nahezu alle Befehle zum Umgang mit Dateien finden Sie unter dem Menüpunkt Datei, unter anderem auch die Befehle zum Öffnen von Dateien. Das Öffnen eines schon bestehenden Dokuments ist nicht weiter schwierig, es geschieht stets über das Dialogfeld gleichen Namens. Sie erreichen es auf mehreren Wegen:

- Sie finden den Befehl Datei Öffnen (erwartungsgemäß) im Menü Datei.
- Der Shortcut zum Öffnen der Datei ist [Strg]+[O] bzw. [⌘]+[O].
- Auch ein Doppelklick in die leere graue Photoshop-Arbeitsfläche ist möglich. Am Mac müssen Sie dazu den Anwendungsrahmen aktiviert haben.

Die schnellsten Wege zur gewünschten Datei | Unter Datei • Letzte Dateien öffnen erreichen Sie eine Liste mit Ihren zuletzt genutzten Dateien. Wie viele Dateien dort angezeigt werden, ändern Sie wiederum in den Voreinstellungen ([Strg]/[⌘]+[K]) unter Dateihandhabung ([Strg]/[⌘]+[3]).

7.1.1 Der Dialog »Öffnen«

Egal, welchen Weg Sie einschlagen, Sie sehen dann in jedem Fall ein Dialogfeld wie in Abbildung 7.1.

Effektive Bildverwaltung mit Bridge und Mini Bridge
Mit dem Kürzel [Alt]+[Strg]+[O] bzw. [⌥]+[⌘]+[O] starten Sie Adobes Bildverwalter **Bridge** – ein effektives Ansichts- und Verwaltungswerkzeug. Neu in CS5 ist die **Mini Bridge**, eine Bonsai-Version der großen Bridge, die direkt in Photoshop als Palette geöffnet werden kann. Mehr über beide Tools lesen Sie in Kapitel 8, »Adobe Bridge: Die Ordnungsmacht«.

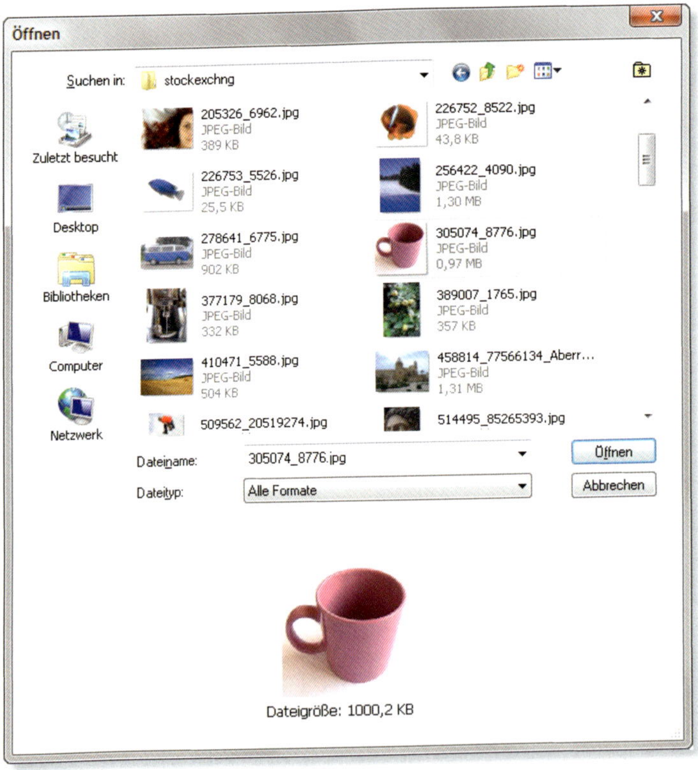

▲ **Abbildung 7.1**
Der Öffnen-Dialog

Mehrere Dateien öffnen

Sie können auch mehrere Dateien gleichzeitig öffnen, wenn diese im gleichen Ordner liegen. Halten Sie einfach [Strg] bzw. [⌘] oder [⇧] gedrückt, während Sie die gewünschten Bilder durch Mausklicks anwählen. Aber Vorsicht: Wenn Sie gleichzeitig mehrere große, speicherintensive Bilder öffnen, kann Ihr Rechner unter Umständen schnell an den Rand seiner Kapazität kommen. Und anders als in Bridge werden Sie von Photoshop nicht gewarnt, wenn Sie irrtümlich einen dicken Dateienstapel öffnen.

Das Dialogfeld sollte Ihnen wenig Schwierigkeiten machen – es unterscheidet sich nicht wesentlich von den Öffnen-Dialogfenstern anderer Programme. Unter Suchen in können Sie Ihre Festplatte durchsuchen, im darunterliegenden Fenster werden jeweils die Ordnerinhalte angezeigt. Wenn Sie eine Datei anwählen, wird ein kleines Vorschaubild gezeigt. Auf OK klicken – fertig.

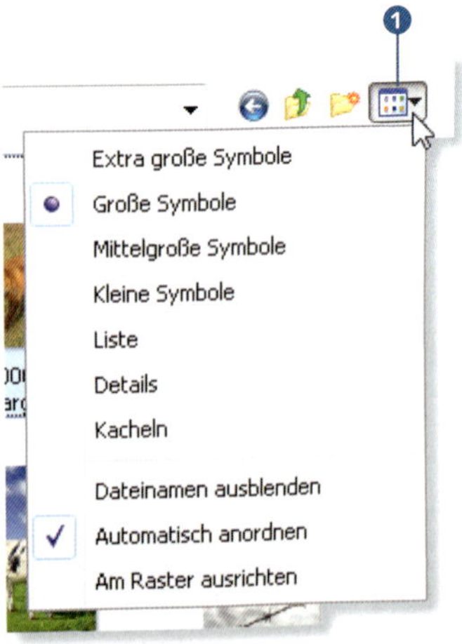

▲ **Abbildung 7.2**
Verschiedene Detail-Ansichtsoptionen für die aufgelisteten Dateien

Ansichtsvarianten für mehr Durchblick | Wenn Sie umfangreiche Ordner verwalten, hilft Ihnen vielleicht die Detailansicht ❶, um schneller zur gewünschten Datei zu kommen. Dort eröffnen sich Ihnen weitere Sortierkriterien: Sie können sich beispielsweise Ihre Dateien nach Datum sortiert anzeigen lassen.

Eine weitere Möglichkeit, um die Übersicht zu behalten, ist die Auswahl lediglich eines bestimmten Dateityps, und zwar im Dropdown-Feld Dateityp (Windows) bzw. Format (Mac). Üblicherweise ist hier Alle Formate eingestellt. Wenn Sie nun ein bestimmtes Dateiformat aus der Liste auswählen, werden nur diejenigen Dateien angezeigt, die in diesem Format vorliegen – alle anderen werden ausgeblendet.

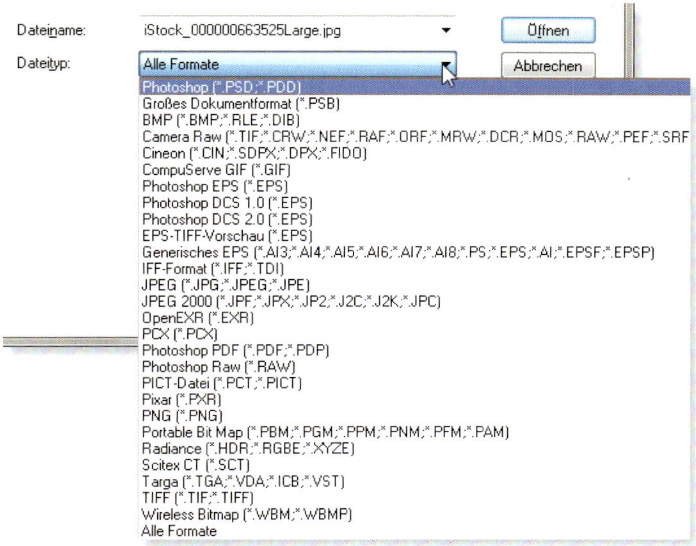

◂ **Abbildung 7.3**
Welches Dateiformat hat die gesuchte Datei? Die Liste unter Dateityp grenzt die angezeigten Dateien ein und erleichtert die Orientierung.

7.1.2 Unbekannte oder unlesbare Dateiformate öffnen

Mit Photoshop können Sie auch versuchen, Bilder in einem Dateiformat öffnen zu lassen, das Sie selbst festlegen. Den Befehl ÖFFNEN ALS gibt es nur unter nur Windows (Kürzel Strg+Alt+⇧+O). Sie sollten ihn dann einsetzen, wenn Photoshop das Dateiformat nicht erkennt, Sie aber den Verdacht haben, dass es sich um eine Bilddatei handelt. So ein Fall kann beim Dateiaustausch zwischen Mac- und Windows-Rechnern eintreten, weil einige ältere Mac-Applikationen das – für Windows unverzichtbare – Formatkürzel im Dateinamen nicht mitübermitteln.

Zusatzmodule für exotische Dateiformate

Die Liste der Dateitypen, die Photoshop öffnen kann, ist schon beeindruckend lang. Fehlt Ihnen dennoch ein Dateiformat, sollten Sie nach einem Zusatzmodul fahnden. Auf Ihrer Installations-DVD befindet sich ein Ordner namens ZUGABEN. Interessant ist für Sie die Datei »Opt.ZusatzmoduleBitteLesen.pdf«. Darin finden Sie genaue Informationen zur Installation verschiedener Zusatzmodule. Die Plug-ins für bisher nicht unterstützte Dateiformate finden Sie in Ihrem Programmordner unter PLUGINS/FILE FORMATS.

7.1.3 PDF-Dateien importieren

Wie Sie bereits wissen, ist das PDF-Format ein sehr vielseitiges Dateiformat: Es kann Text und Bild enthalten, Vektor- und Pixeldaten, zahlreiche Zusatzinformationen, und außerdem können PDF-Dokumente selbstverständlich mehrseitig sein. Um es den Nutzern zu ermöglichen, aus umfangreichen PDF-Dokumenten nur Teile – einzelne Seiten oder Bilder – zu öffnen, ist Photoshops ÖFFNEN-Dialog für PDFs etwas umfangreicher. Ganz streng genommen werden die PDFs auf diese Art und Weise auch nicht einfach geöffnet, sondern importiert.

Dies gilt allerdings nur für PDFs, die mit Adobe Acrobat erzeugt wurden – sogenannte generische PDFs. Auch mit Photoshop lassen sich Dateien als PDF speichern. Wie das geht, lesen Sie in Abschnitt 7.4.7, »Speicheroptionen für Photoshop-PDF«. Das Photoshop-PDF-Format unterscheidet sich ein wenig von

Acrobat Reader
Die PDF-Importfunktion von Photoshop ist ganz klar auf die Bearbeitung von PDF-Dateien ausgelegt. Zum einfachen Öffnen und Lesen ist der Acrobat Reader die bessere Wahl.

den anderen PDFs. Photoshop-PDFs werden mit dem Befehl DATEI ÖFFNEN sofort geöffnet, ohne dass Sie noch etwas einstellen müssten.

> **PDF-Import nicht bei den Importfunktionen suchen!**
>
> Adobe sorgt an dieser Stelle für Konfusion – nicht wenige Nutzer suchen vergeblich nach dem Befehl »PDF-Import«. Aber den gibt es nicht. Auch wenn die Funktion »Importieren« heißt und diese Bezeichnung unübersehbar im Dialogtitel zu lesen ist: Gestartet wird der PDF-Import-Dialog über DATEI • ÖFFNEN – **nicht** über IMPORTIEREN.

Der Dialog »PDF importieren« | Sobald Sie im ÖFFNEN-Dialog ein (generisches) PDF-File ausgewählt haben, erscheint ein weiteres, umfangreiches Dialogfeld.

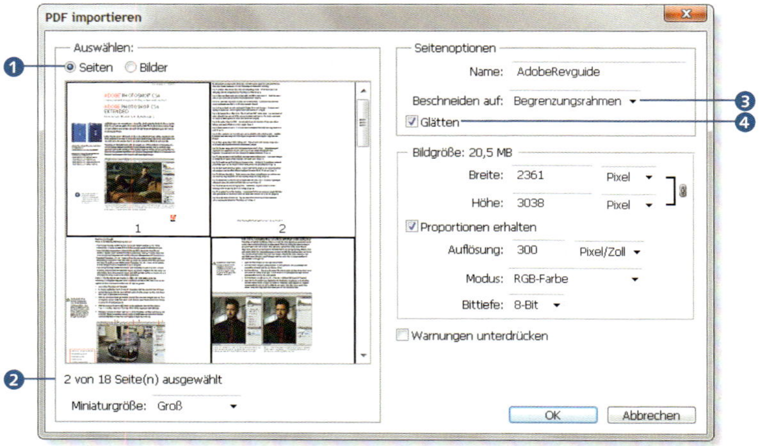

Abbildung 7.4 ▸
Der Dialog zum Öffnen bzw. Importieren von PDF-Dateien in Photoshop

Als Erstes sollten Sie entscheiden, ob Sie Bilder oder ganze Seiten aus dem PDF in Photoshop öffnen wollen. Das tun Sie unter AUSWÄHLEN ❶.

Wählen Sie dann im Vorschaufenster die Bilder oder Seiten aus, die in Photoshop geöffnet werden sollen. Um mehrere Elemente auszuwählen, halten Sie [⇧] gedrückt. Es ist etwas schlecht zu erkennen, welche Elemente nun schon ausgewählt sind (ein schwarzer Rand um die entsprechenden Miniaturen zeigt es an), aber unter dem Vorschaufenster sehen Sie, wie viele Seiten oder Bilder bereits ausgewählt sind ❷. Die MINIATURGRÖSSE können Sie auch dort verstellen.

Die Parameter AUFLÖSUNG, MODUS und BITTIEFE sollten Ihnen nun keine Schwierigkeiten machen. Interessant in den Seitenoptionen ist allerdings die Einstellung BESCHNEIDEN AUF ❸. Damit legen Sie fest, wie die ausgewählten PDF-Elemente importiert werden sollen. Die jeweiligen Befehle sind der PDF-Produktion entlehnt bzw. beziehen sich auf Dateiattribute, die dem PDF schon während seiner Produktion zugewiesen wurden.

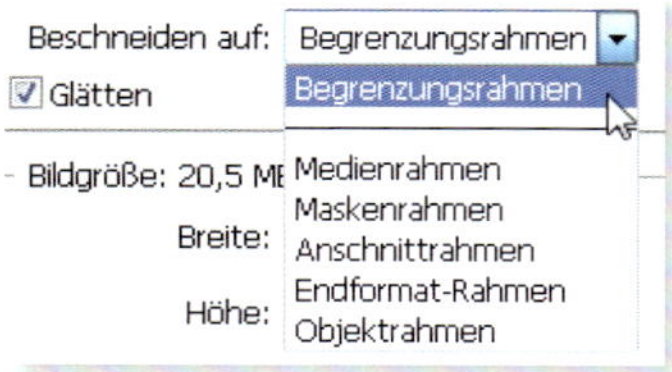

▲ Abbildung 7.5
Die Optionen unter BESCHNEIDEN AUF

- BEGRENZUNGSRAHMEN: Beschneidet das Originalformat sehr stark. Verwendet wird der kleinstmögliche rechteckige Bereich, der alle Text- und Grafikelemente der Seite enthält. Leere Bereiche werden entfernt.

- Medienrahmen: Erhält die Originalgröße.
- Maskenrahmen: Schneidet die Bilder oder Seiten auf den Beschneidungsbereich der PDF-Datei zu.
- Anschnittrahmen: Schneidet das PDF beim Importieren auf einen Bereich zu, der vorher in der PDF-Datei definiert wurde – z. B. zum Beschneiden, Falzen und Zuschneiden.
- Endformat-Rahmen: Verwendet den Bereich, der für die endgültige Seitengröße vorgesehen ist.
- Objektrahmen: Öffnet die Bilder oder Seiten in der Größe, die in der PDF-Datei schon vorher zum Platzieren der Daten in andere Anwendungen definiert wurde.

Entscheiden Sie nun noch, ob Sie Glätten ❹ aktivieren wollen. Dann erstellt ein Klick auf OK mehrere Einzeldokumente auf der Arbeitsfläche.

▲ **Abbildung 7.6**
Glättung gibt es auch bei Schriften. Hier ohne ...

Glättung | Dem Begriff »Glättung« begegnen Sie in Photoshop – und überhaupt bei der Bearbeitung von Pixelbildern – oft, denn er hängt mit einer grundlegenden »Konstruktionsschwäche« von Pixelbildern zusammen: Aus eckigen Bildpixeln lassen sich keine völlig glatten Rundungen formen. Besonders bei niedrigen Auflösungen werden unschön gezackte Treppenkanten sichtbar. Um diesem Effekt entgegenzuwirken, wird die Glättung eingesetzt. Dabei werden die Kantenpixel halbtransparent gesetzt, um so einen weicheren Übergang zur Hintergrundfarbe zu erzielen. Dadurch entsteht der optische Eindruck glatterer Kanten. Bisweilen geht aber auch eine leichte Unschärfe damit einher.

Bei Schriften wird die Glättung oft auch **Anti-Aliasing** genannt. Weil sich dort Unschärfen besonders ungünstig auswirken, gibt es sogar verschiedene Glättungsstärken, aus denen Sie wählen können.

▲ **Abbildung 7.7**
... und derselbe Buchstabe mit Glättung. Die Vergrößerung zeigt im Detail das dahintersteckende Prinzip.

7.1.4 Als Smart-Objekt öffnen

Ein wichtiges Arbeitsprinzip von Photoshop sind Ebenen: Wie dünne Folien werden unterschiedliche Bildinhalte und sogar Korrekturschichten übereinandergelegt. Dem Bild selbst sieht man die Ebenen nicht an, beim Arbeiten ermöglicht das Konzept Flexibilität.

Smart-Objekte sind besondere Ebenen, die zerstörungsfrei bearbeitet werden können. Sowohl Pixelbilder als auch Vektorbilder können zum Smart-Objekt werden. Die Bilddaten des Ursprungsbildes, aus dem ein Smart-Objekt erzeugt wurde, bleiben immer erhalten – auch wenn das Smart-Objekt verkleinert, vergrößert, gedreht, beschnitten oder mit Filtern bearbeitet wird.

Datei auf der Buch-DVD: »Gummi-Ente.tif«

Zum Weiterlesen: Smart-Objekte
Lesen Sie die Abschnitte über Pixel- und Vektorbilder und Auflösung in Kapitel 6, »Bildbearbeitung: Fachwissen«, um die Vorteile von Smart-Objekten zu verstehen. Mehr über Smart-Objekte in der Praxis lesen Sie in Kapitel 10, »Ebenen«. Das Konzept spielt außerdem eine Rolle bei den Smartfiltern von Photoshop, die in Kapitel 28, »Besser filtern«, vorgestellt werden.

So ist das zerstörungsfreie Bearbeiten der Ebene (des Smart-Objekts) möglich: Jeder Arbeitsschritt kann jederzeit wieder rückgängig gemacht oder aber wiederholt werden. Bei Bedarf können Smart-Objekt-Ebenen auch in gewöhnliche Pixelebenen verwandelt werden (EBENE • RASTERN • SMART-OBJEKT), der Befehl ist allerdings eine Einbahnstraße.

Mit dem Befehl DATEI • ALS SMART-OBJEKT ÖFFNEN wird aus einer bestehenden Datei eine neue Datei mit einer Smart-Objekt-Ebene erzeugt. Die Ausgangsdatei bleibt unverändert. Die neue Datei mit dem Smart-Objekt trägt denselben Namen wie die Ausgangsdatei, erweitert um den Zusatz »als Smart-Objekt-1«. (Weitere Smart-Objekte mit derselben Quelldatei werden fortlaufend durchnummeriert.)

Bild: Fotolia, Lori Martin

▲ **Abbildung 7.8**
Der Dokumenttitel verrät, dass es sich hier um ein (bisher noch nicht gesichertes) Smart-Objekt handelt, dessen Quelldatei den Titel »Gummi-Ente« trägt.

▲ **Abbildung 7.9**
In der Ebenen-Palette erkennen Sie Smart-Objekte an dem kleinen Symbol 1 in der Bildminiatur.

Dateien auf der Buch-DVD: »Schatten.tif«, »Schriftzeichen.eps«

7.1.5 Dateien als Smart-Objekt platzieren

Neben dem regulären Öffnen können Sie Dateien auch platzieren. Mit dem PLATZIEREN-Befehl setzen Sie eine Datei in ein weiteres, bereits geöffnetes Bild ein – und zwar als Smart-Objekt. Die Ausgangsdatei kann eine Vektor- oder Pixelgrafik sein. In jedem Fall erleichtert Ihnen das Smart-Objekt das Einpassen der eingefügten Grafik in die Photoshop-Datei, denn Smart-Objekte lassen sich verlustfrei hin- und herskalieren und transformieren, ohne dass die Bildqualität leidet. Smart-Objekte mit einem Vektorbild als Ursprung können ohne Qualitätsverlust beliebig skaliert werden – anders als Vektorgrafiken, die beim Einfügen gerastert (in Pixelebenen verwandelt) wurden. Auch Smart-Objekte mit einem Pixelbild als Quelle können beliebig ohne Qualitätseinbußen skaliert werden, sofern die Ausgangsgröße der Quelldatei nicht überschritten wird. Und natürlich lassen sich auf platzierte Smart-Objekte auch alle anderen üblichen Arbeitsschritte zerstörungsfrei anwenden:

- Transformationen: Sie können ein Smart-Objekt skalieren, drehen, neigen, verzerren, verkrümmen oder perspektivisch transformieren.
- Zerstörungsfrei filtern: Smartfilter können jederzeit verändert werden.
- Anwenden von Ebenenmasken auf Smart-Objekt-Ebenen

Platzieren aus Bridge

Auch der Dateiverwalter Adobe Bridge kann Dateien platzieren. Dank der Bildvorschau sehen Sie genau, um welche Datei es sich handelt. Besonders, wenn Sie Dateien mit kryptischen Namen vor sich haben, ist das von Vorteil. Öffnen Sie wie gewohnt die erste Datei (die, in der das Bild platziert werden soll) in Photoshop. Wechseln Sie dann zu Bridge, suchen Sie dort die gewünschte zweite Datei, und wählen Sie den Befehl DATEI • PLATZIEREN • IN PHOTOSHOP.

Vorgehensweise | Bevor Sie beginnen, muss bereits die Datei, in die das Objekt platziert werden soll, in Photoshop geöffnet sein. Dann rufen Sie den Befehl DATEI • PLATZIEREN auf und wählen die gewünschte Grafik. Je nachdem, welchen Dateityp Sie zu platzieren versuchen, reagiert Photoshop unterschiedlich:

- Dateien in Pixelformaten (also JPG, TIFF und ähnliche) und EPS-Dateien werden sofort mit Positionsrahmen in die Datei eingefügt.
- Wenn Sie eine PDF- und Illustrator-Datei platzieren wollen, erscheint ein Dialogfeld, das dem PDF-Import-Dialog stark ähnelt.

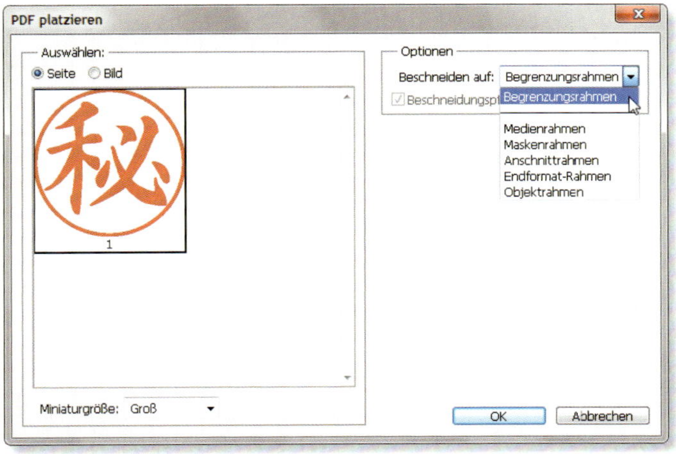

◄ **Abbildung 7.10**
Der Dialog PDF PLATZIEREN erscheint, wenn Sie PDF- und AI-Dateien platzieren.

▲ **Abbildung 7.11**
Das Schriftzeichen lag als EPS vor und wird in dem Pixelbild platziert.

Platzierte Objekte einpassen | Die von Ihnen ausgewählte Datei wird in der Mitte des bereits geöffneten Bildes eingefügt. Sie steht in einem Begrenzungsrahmen, mit dessen Hilfe Sie Position und Größe der Grafik ändern können.

Auch über die Optionsleiste können Sie Position und Größe des platzierten Objekts verändern. Egal, ob Sie die Grafik drehen, verschieben, skalieren oder gar nicht verändern – in jedem Fall müssen Sie das Platzieren **abschließen**. Dazu genügt ein Klick auf das kleine Häkchen ❷ am rechten Rand der Optionsleiste (oder die [↵]-Taste). Das kleine Parkverbots-Icon ❶ daneben bricht die ganze Aktion ab (alternativ drücken Sie [Esc]).

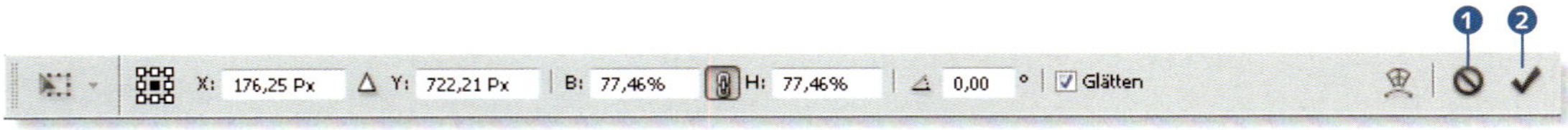

▲ **Abbildung 7.12**
Mit der Maus können Sie den Begrenzungsrahmen nach Augenmaß ziehen und drehen. Die Optionsleiste erlaubt Ihnen ganz genaue Eingaben für die Anpassung der zu platzierenden Grafik.

7.1.6 Vektor-Dateien öffnen und rastern

Sie können Vektordaten – genauer gesagt EPS-Dateien und Dateien aus Illustrator (Dateiendung ».ai«) – in Photoshop auch einfach öffnen. Dabei werden diese allerdings gerastert, also in Pixeldateien umgewandelt. Damit verlieren sie ihre Auflösungsunabhängigkeit. Deshalb ist die Arbeit mit Smart-Objekten diesem Verfahren eigentlich vorzuziehen.

Allgegenwärtige Transformationsrahmen
Solche Transformationsrahmen wie hier beim Platzieren finden Sie in Photoshop unter anderem auch beim Transformieren von Auswahlen, beim Transformieren von Ebenen, beim Beschneiden von Bildern und bei der Anpassung von Textrahmen (bei Absatztext). In Kapitel 10, »Ebenen«, können Sie mehr über deren Handhabung erfahren.

Vektor-Dialog | Wollen Sie eine Datei mit Vektordaten als eigene Datei öffnen, gehen Sie zunächst so vor wie gehabt. Sie aktivieren das schon bekannte Menü DATEI • ÖFFNEN und wählen die Datei aus. Dann erhalten Sie eine Dialogbox, in der Sie aufgefordert werden, Auflösung, Größe, Bildmodus und Glättung festzulegen.

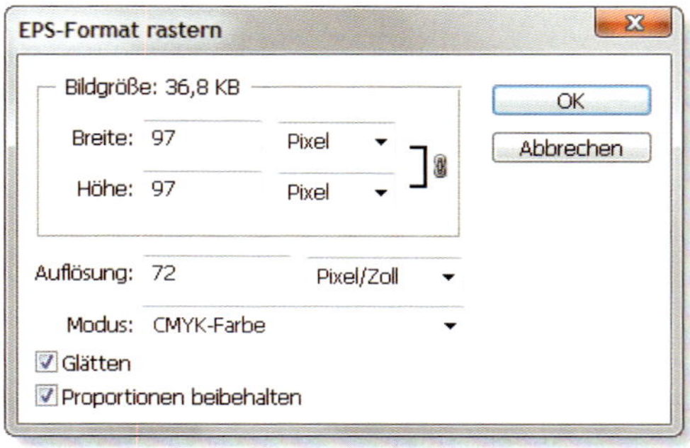

Abbildung 7.13 ▶
Öffnen einer Datei mit Vektorinformationen – hier am Beispiel einer EPS-Datei

Mit GLÄTTEN werden die stufigen Kanten entfernt, die entstehen, wenn Vektoren in ein Pixelmosaik überführt werden. Glätten erzeugt einen sanfteren Übergang zwischen den Objektkanten und benachbarten Pixeln. Der Befehl PROPORTIONEN BEIBEHALTEN verhindert, dass das Bildobjekt beim Öffnen in Photoshop verzerrt wird. Wenn die Option deaktiviert ist, richten sich die

Proportionen nach Ihrer Höhen- und Breitenangabe; das Motiv wird dann unter Umständen verzerrt.

Nach Ihren Vorgaben wird die Datei dann **gerastert** (auch: **gerendert**). Das heißt, die Vektordaten werden in Pixeldaten umgewandelt – und verlieren dabei natürlich ihre günstigen Vektoreigenschaften wie die verlustfreie Skalierbarkeit. Auch eventuell im Original vorhandene Bildebenen gehen beim Rastern verloren. Anschließend können Sie die Datei mit allen gewohnten Photoshop-Funktionen normal weiterbearbeiten.

Illustrator-Dateien in Photoshop weiterbearbeiten

Bei den Importmöglichkeiten, die Photoshop für AI-Dateien anbietet, gehen viele Illustrator-typische Dateielemente verloren. In Photoshop sind diese dann nicht mehr editierbar. Wenn Sie mit einer Illustrator-Datei in Photoshop mehr anstellen wollen, als Smart-Objekte oder eine gerasterte Version zu erlauben, müssen Sie schon in Adobe Illustrator ansetzen. Komplexe Vektorobjekte wie Verläufe oder Verlaufsgitter gehen beim Import verloren. Bei günstigem Dateiaufbau lassen sich Text oder einfach gefüllte Vektorformen jedoch nach Photoshop hinüberretten. In jedem Fall müssen Sie dazu von Illustrator aus den Export als PSD-Datei veranlassen. Dazu nutzen Sie den Befehl DATEI • EXPORTIEREN. Achten Sie dann beim Festlegen der Exportoptionen darauf, das Farbmodell der Datei nicht zu verändern, sonst gehen eventuell vorhandene Ebenen verloren.

Copy & Paste von Illustrator-Dateien | Sie können Grafiken aus Illustrator auch per Copy & Paste in Photoshop einfügen. Ob diese Datei dann beim Einfügen automatisch gerastert wird oder nicht, müssen Sie zuvor in den **Illustrator-Voreinstellungen** festlegen:

- Um eine Grafik beim Einfügen in Photoshop sofort automatisch zu rastern, deaktivieren Sie die Optionen PDF und AICB (KEINE TRANSPARENZUNTERSTÜTZUNG).
- Aktivieren Sie beide Optionen, wenn Sie die Wahl haben wollen, wie Ihre Datei eingefügt wird.

7.2 Bilder digitalisieren: Tipps zum Scannen

Sie können Bilder mit Ihrer Scannersoftware auf den Rechner importieren und dann einfach mit Photoshop öffnen. Es ist jedoch auch möglich, die Bilder **direkt aus Photoshop zu scannen**. Dazu benötigen Sie eine sogenannte TWAIN-Schnittstelle, die zwischen Photoshop und der installierten Scan- oder Kamerasoftware »dolmetscht«. In älteren Photoshop-Versionen gehörte das TWAIN-Plug-in zum Programmumfang, seit CS5 muss es eigens nachinstalliert werden. Dieses und andere Module, die dem Versionssprung zum Opfer gefallen sind, können Sie auf der Adobe-Site herunterladen. Dort finden Sie auch Informationen zur Installation.

- Für Windows: *http://www.adobe.com/support/downloads/detail.jsp?ftpID=4688*
- Für Mac OS: *http://www.adobe.com/support/downloads/detail.jsp?ftpID=4687*

Damit alles klappt, muss natürlich außerdem Ihr Scanner angeschlossen und dessen mitgelieferte Treiber-Software installiert sein. Danach ist alles ganz einfach:

Bilder mit Adobe Bridge von der Digicam holen

Um Bilder von der Digitalkamera zu holen, ist nicht Photoshop, sondern sein Programmpartner Bridge die beste Wahl. Sie starten Bridge mit dem Tastaturkürzel [Alt]+[Strg]+[O] bzw. [⌥]+[⌘]+[O] oder mit einem Klick auf das Bridge-Icon in Photoshops Anwendungsleiste.

Wählen Sie in Bridge den Befehl DATEI • FOTOS AUS KAMERA LADEN. Ganz genau wird Bridge in Kapitel 8, »Adobe Bridge: Die Ordnungsmacht«, erklärt.

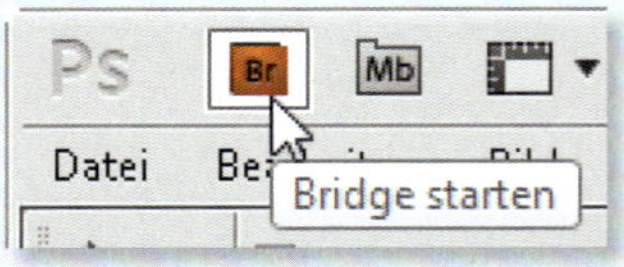

▲ **Abbildung 7.14**
Bridge aus Photoshop starten

1. Gerät auswählen: Wenn Sie zum allerersten Mal Bilder aus einer Kamera oder vom Scanner importieren, wählen Sie DATEI • IMPORTIEREN... • TWAIN AUSWÄHLEN. Sie finden dann eine Liste aller auf Ihrem System installierten TWAIN-unterstützten Geräte und müssen dort eines anklicken. Bei allen folgenden Importen brauchen Sie dann nur noch den Weg DATEI • IMPORTIEREN ... • [NAME DES GERÄTS] zu gehen.
2. Scannen: Die Scanoberfläche, die Sie dann zu sehen bekommen, ist nicht Photoshop-spezifisch, sondern sieht je nach installierter Scansoftware anders aus und bietet unterschiedliche Einstellungsmöglichkeiten. Scannen Sie wie gewohnt. Für Scanprogramme wird das Bild anschließend direkt in Photoshop geöffnet.

Mehrere Bilder auf einmal scannen | Wenn Sie größere Mengen an Fotos oder anderen Dokumenten digitalisieren wollen, können Sie auch mehrere Vorlagen zusammen auf das Scannerglas legen und dann nacharbeiten.

Ausgegeben wird bei solchen »Massenscans« eine Datei, die mehrere Bilder enthält. Das akkurate Zerlegen in Einzeldateien ist ein echter Zeitfresser. Glücklicherweise gibt es in Photoshop eine Automatikfunktion, die Ihnen dabei hilft.

1. Aktivieren Sie die Bildebene, auf der die Bilder liegen, in der Ebenen-Palette. Wenn Sie nur einige Bilder aus dem Scan isolieren wollen, wählen Sie sie aus (das Rechteck-Auswahlwerkzeug (Kürzel [M]) ⬚ bietet sich dazu an).
2. Wählen Sie dann DATEI • AUTOMATISIEREN • FOTOS FREISTELLEN UND GERADE AUSRICHTEN.
3. Die Bilder des Scans werden nun verarbeitet. Das kann eine Weile dauern. Dann wird jedes Bild in einem eigenen Fenster geöffnet.

Datei auf der Buch-DVD: »GruppenscanFotos.tif«

Bilder: vitamin a

▲ **Abbildung 7.15**
Die Ausgangsdatei: Zwei Bilder wurden zusammen eingescannt.

Bessere Ergebnisse bei »Massenscans« | Bessere Ergebnisse bekommen Sie beim gemeinsamen Scannen von Fotos, wenn Sie jeweils Bilder mit ähnlicher Helligkeit und Farbcharakteristik auf das Scannerglas legen. Damit die Beschnitt-Automatik funktionieren kann, müssen außerdem die Bildgrenzen klar erkennbar sind. Wenn der Kontrast zwischen Scannerdeckel und Bildkanten nicht ausreicht, decken Sie die Bilder während des Scanvorgangs mit einem Blatt Papier oder einem neutral gefärbten Karton ab. Auch mit zu kleinteiligen Gruppenscans kann die Freistell-Automatik nicht umgehen. Wenn Sie versehentlich Flusen mitgescannt haben, hilft retuschieren. Tipps dazu finden Sie in

Abschnitt 23.13, »Reparieren und retuschieren mit Camera Raw«, und in Kapitel 22, »Reparatur- und Retuschetools«.

7.3 Eine neue Datei anlegen

Im Grunde ist das Erzeugen einer neuen Datei nicht schwer: Ein Mausklick öffnet das Dialogfeld, die erforderlichen Einstellungen sind schnell gemacht – fertig. Die Tücke steckt im Detail, und ein wenig Hintergrundwissen ist unbedingt nötig, um einer Bilddatei von Anfang an die richtigen Eigenschaften zuzuweisen. **Auflösung** und **Bildmodus** sind die Parameter, die Sie im Griff haben müssen, um die für den jeweiligen Zweck geeignete Datei zu erzeugen.

Mit welcher Auflösung scannen?

Wenn der Verwendungszweck des Bildes noch ungeklärt ist, erstellen Sie einen möglichst hoch aufgelösten Scan – so halten Sie sich alle Möglichkeiten (inklusive einer Vergrößerung des Bildes) offen. Dabei sollten Sie allerdings die Leistungsgrenze Ihres Scanners – die *optische* Auflösung (nicht die *interpolierte*!) – berücksichtigen. Bei Angaben wie »1200 × 600 dpi« entspricht der niedrigere Wert der Scanauflösung, die Sie nicht überschreiten sollten. Eine höhere Scanauflösung bringt dann keine besseren Resultate mehr.

Wenn Sie für den Druck scannen und das Bild nicht vergrößert wird, liegen Sie meist mit 300 ppi richtig. Soll ein Bild aber zusätzlich vergrößert werden, müssen Sie ein wenig rechnen: *Ideale Dateiauflösung × Vergrößerungsmaßstab = optimale Scanauflösung*

7.3.1 Der Dialog »Neu«

Es gibt zwei Wege, um die Dialogbox aufzurufen, mit der Sie eine neue Datei anlegen:

- den Weg über die Menüpunkte Datei • Neu
- mithilfe des Tastaturkürzels Strg/⌘+N

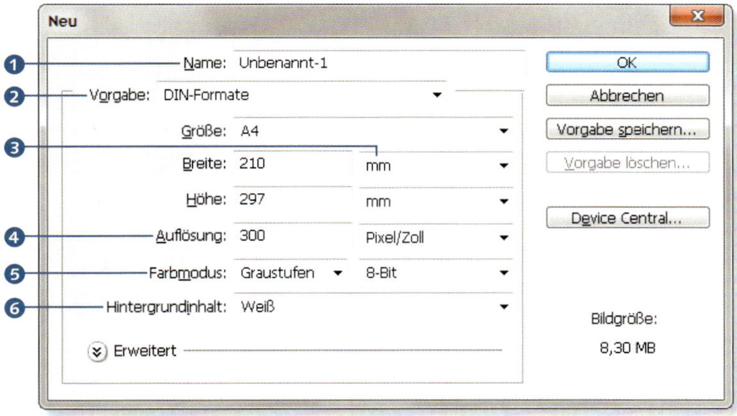

◀ **Abbildung 7.16**
Das Dialogfeld zum Anlegen einer neuen Datei

Datei benennen | Unter Name ❶ können Sie bereits hier einen aussagekräftigen Dateinamen vergeben. Beachten Sie aber, dass Ihre Datei trotzdem noch nicht gesichert ist: Das Speichern müssen Sie in einem weiteren Arbeitsschritt erledigen!

Bildgröße | Um die Bildgröße festzulegen, gibt es mehrere Möglichkeiten. Ist unter Vorgabe ❷ in der Dropdown-Liste Benutzerdefiniert eingestellt (was standardmäßig der Fall ist), können Sie Breite und Höhe der Datei von Hand eintragen.

Vorgaben auswählen | In Photoshop ist jedoch auch eine Reihe von oft verwendeten Maßen für Druck und Webgrafik hinterlegt. Das ist ziemlich praktisch, weil man natürlich nicht alle DIN- und sonstigen Standardmaße im Kopf hat. Um diese Voreinstellungen zu erreichen, klappen Sie zunächst die Liste unter VORGABE aus. Dort finden Sie alle wesentlichen Produktionsbereiche.

Wenn Sie Ihre Auswahl getroffen haben, werden die infrage kommenden Maße im Feld GRÖSSE direkt im NEU-Dialog präsentiert (so wie in Abbildung 7.16 zu sehen). Leider sind nicht alle Maße an europäische Verhältnisse angepasst, z. B. entsprechen die vorgegebenen Foto-Abmessungen in Zoll nicht unseren Formaten.

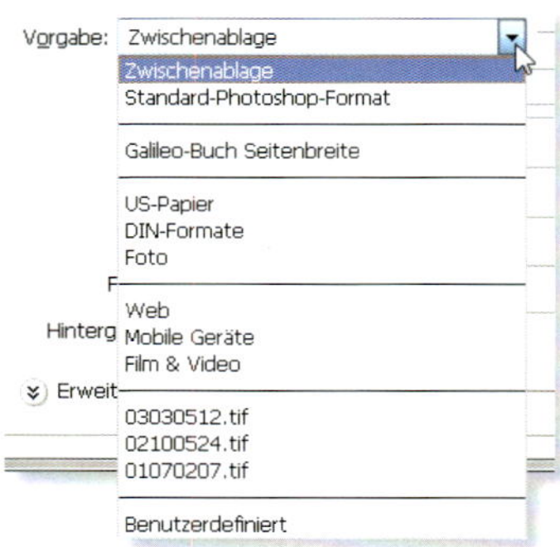

Abbildung 7.17 ►
Vorgaben zum Erzeugen neuer Dateien. Interessantes Detail: Aktuell geöffnete Bilder und der Inhalt der Zwischenablage stehen hier ebenfalls zur Verfügung, um eine neue Datei mit denselben Parametern anzulegen.

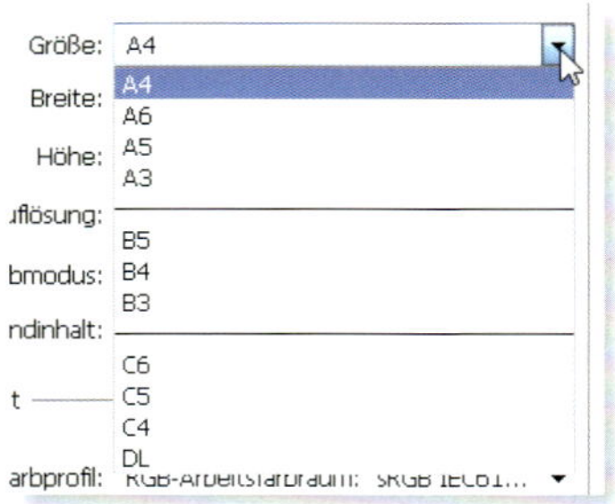

Abbildung 7.18 ►►
Unter GRÖSSE können Sie Ihr Wunschformat wählen, hier die DIN-Formate. Alle anderen Eingaben werden dann automatisch angepasst.

Maßeinheiten vorgeben | Wenn Sie die Werte manuell eingeben, achten Sie auch darauf, dass Sie die richtige Maßeinheit ❸ einstellen. Zur Auswahl stehen Pixel, Zoll, cm, mm, Punkt und Pica.

Zum Weiterlesen: Eigene Vorgaben speichern, Datentiefe, Farbmodus
Wie Sie der Liste eigene Voreinstellungen hinzufügen, lesen Sie weiter unten in einer kurzen Anleitung. Begriffe wie Datentiefe und Farbmodi sollten Ihnen nach der Lektüre von Kapitel 6, »Bildbearbeitung: Fachwissen«, keine Schwierigkeiten mehr bereiten.

Auflösung | Der nächste Punkt ist die AUFLÖSUNG ❹. Auch hier können Sie einen Wert ins Eingabefeld eintippen. Wenn Sie zuvor eine Dateigröße aus der Vorgabenliste gewählt haben, ist hier meist schon die passende Auflösung eingetragen.

Farbmodus | Unter FARBMODUS ❺ stellen Sie ein, nach welchem Farbmodell die Bildfarben berechnet werden sollen bzw. welche Datentiefe Ihr Bild haben soll.

Hintergrundinhalt | Der Punkt HINTERGRUNDINHALT ❻ legt fest, wie die erste Ebene des neuen Bildes gefüllt ist: WEISS und TRANSPARENT sind nicht erklärungsbedürftig, HINTERGRUNDFARBE bezieht sich auf Ihre Einstellung in der Werkzeugleiste.

Erweitert | Wenn Sie im Dialogfenster NEU nun noch ERWEITERT anklicken, erhalten Sie zusätzliche Optionen: FARBPROFIL bezieht sich auf das Farbmanagement des Bildes. Das PIXEL-SEITENVERHÄLTNIS ist interessant, wenn Sie Bilder für Videos produzieren: Dann können Sie mit nichtquadratischen Pixeln arbeiten. Für alle anderen Fälle ist QUADRATISCHE PIXEL die richtige Einstellung.

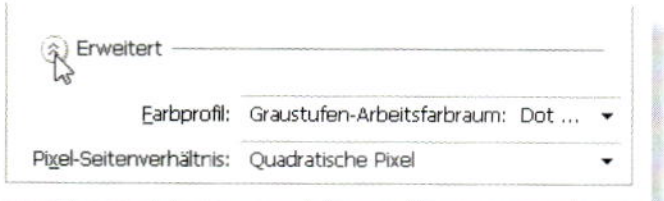

▲ **Abbildung 7.19**
Erweiterte Dateioptionen im NEU-Dialog

Eigene Dokumentvorgaben anlegen | Die Voreinstellungsgrößen, die Sie am häufigsten brauchen, können Sie auch als eigene Voreinstellungen anlegen. Sie finden sie dann in der Liste und können so schnell

1. Werte festlegen: Starten Sie den Dialog DATEI • NEU, und geben Sie Ihre Werte ein.
2. Vorgabe speichern: Wenn Sie alle gewünschten Dateieigenschaften eingetragen haben, klicken Sie auf den Button VORGABE SPEICHERN. Es erscheint ein Dialog, in dem Sie nochmals festlegen können, welche der festgelegten Dokumenteigenschaften Sie tatsächlich in die Vorgabe übernehmen wollen. Dort legen Sie außerdem den Namen der neuen Vorgabe fest.

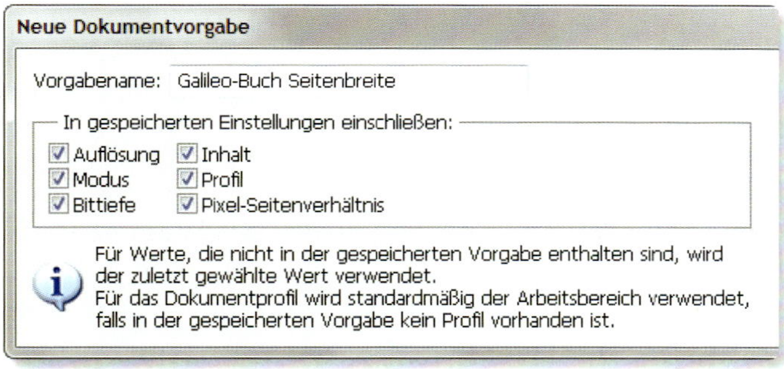

▲ **Abbildung 7.20**
Bei der Namensvergabe lohnt es sich, einen Moment nachzudenken. Sobald Sie mehr als eine Handvoll Vorgaben verwalten, wird es sonst schnell unübersichtlich.

3. Vorgaben verwenden: Beim nächsten Neuanlegen einer Datei sind Ihre Vorgaben unter dem von Ihnen festgelegten Namen in der Vorgabenliste vertreten.
4. Nicht benötigte Vorgaben löschen: Mit dem Button VORGABE LÖSCHEN können Sie Ihre Vorgaben auch wieder aus der Liste entfernen.

Zum Weiterlesen: Farbprofile
In Kapitel 37 zum Thema Farbmanagement erfahren Sie mehr über die Bedeutung von Farbprofilen.

Hintergrundinhalt und Ebenentypus

Wenn Sie hier WEISS oder HINTERGRUNDFARBE einstellen, wird eine neue Datei mit einer Hintergrundebene erzeugt. Ist Ihre Einstellung TRANSPARENT, verfügt Ihre neue Datei über eine reguläre, transparente Bildebene (Hintergrundebenen können nicht transparent sein). Mehr über Ebenen und Hintergrundebenen lesen Sie in Abschnitt 10.2, »Ebenentypen«.

▲ **Abbildung 7.21**
Die benutzerdefinierte Vorgabe taucht sofort nach dem Speichern in der Liste auf.

7.4 Dateien speichern

7.4.1 Verfügbare Speicherbefehle

Photoshop bietet zum Speichern unter dem Menüpunkt DATEI verschiedene Möglichkeiten an: SPEICHERN und SPEICHERN UNTER sowie FÜR WEB UND GERÄTE SPEICHERN – ein eigenes, mächtiges Werkzeug.

Zum Weiterlesen: Weboptimiert speichern
Das webgerechte Speichern, bei dem die Balance zwischen Dateigröße und Bildqualität gehalten werden muss, ist ein sehr umfangreiches Thema. Lesen Sie mehr darüber in Kapitel 36, »Bilder für das Internet optimieren«.

Alle Speicherbefehle finden Sie wiederum im Menü DATEI.

- Der Befehl SPEICHERN (schnell zu erreichen über [Strg]+[S] bzw. [⌘]+[S]) speichert Änderungen an einer aktuellen Datei. Die alte Dateiversion wird dann ohne weitere Abfragen durch das Programm überschrieben.
- SPEICHERN UNTER... ([⇧]+[Strg]+[S] für Windows-Nutzer, [⇧]+[⌘]+[S] am Mac) ruft den umfangreichen SPEICHERN-Dialog auf, in dem Sie verschiedene Speicheroptionen festlegen können.
  Der umfangreiche Dialog SPEICHERN UNTER erscheint automatisch, wenn Sie eine Datei überhaupt zum ersten Mal speichern wollen oder wenn Sie eine Datei in einem Format speichern wollen, das die aktuellen Eigenschaften der Datei nicht aufnehmen kann (zum Beispiel ein JPEG-Bild, dem zusätzliche Ebenen hinzugefügt wurden).

Wenn Sie das Dateiformat gewählt haben, können Sie in den meisten Fällen während des Speichervorgangs weitere Speicheroptionen festlegen, um die Datei an Ihre Erfordernisse anzupassen.

7.4.2 Die Speicheroptionen

Die Speicheroptionen, die ich Ihnen hier vorstelle, sind nicht bei allen Dateiformaten vollständig verfügbar. Wenn Sie eine Datei im PSD-Format speichern, stehen Ihnen aber alle Optionen zur Verfügung.

Im ausführlichen Dialog SPEICHERN UNTER können Sie Dateiname, Speicherort und -format festlegen. Unter den SPEICHEROPTIONEN stellen Sie ein, welche Dateieigenschaften mitgespeichert werden sollen. Zudem finden Sie hier Optionen für das Farbmanagement und die »Speicherformalien«.

Den Umgang mit den Speicheroptionen macht Photoshop Ihnen leicht: Die Optionen, die notwendig sind, um alle in der jeweiligen Datei vorhandenen Informationen zu erfassen, sind bereits mit einem Haken aktiviert. Die Eigenschaften, die in der aktuellen Datei nicht vorhanden sind, können auch nicht als Optionen gewählt werden.

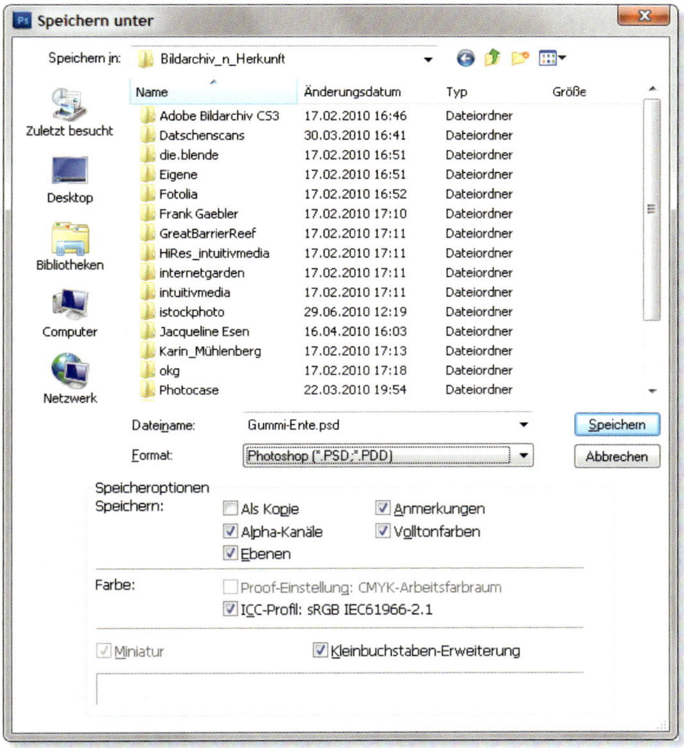

◂ **Abbildung 7.22**
Adobes Speicherdialog

Wenn Sie eines dieser Merkmale beim Speichern abwählen, obwohl es in der Datei vorhanden ist, erhalten Sie einen unübersehbaren Warnhinweis und können die Datei nur als Kopie der geöffneten Originaldatei sichern.

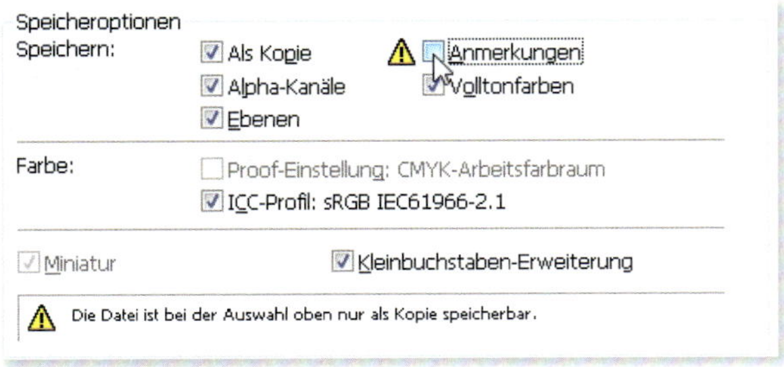

◂ **Abbildung 7.23**
Photoshop interveniert, bevor Sie wichtige Informationen durch unbedachtes Abwählen von Dateimerkmalen oder ein ungeeignetes Dateiformat verlieren. Die kleinen Warndreiecke zeigen an, welche Datei-Eigenschaften durch Ihre aktuellen Speichereinstellungen gefährdet sind.

Kopie | Als Kopie speichert eine Kopie der Datei im aktuellen Zustand. Dabei bleibt die Version geöffnet, die Sie gerade bearbeiten. Sie bearbeiten also weiterhin die Version der Datei, die Sie bisher unter der Maus hatten – die Kopie verschwindet unberührt im Speicher. Darin unterscheidet sich Photoshop von vielen anderen Programmen. Die Option Als Kopie steht auch für fast alle Dateiformate zur Verfügung.

Alpha-Kanäle | In den Alpha-Kanälen sind Auswahlen und Masken konserviert. Mit dem Deaktivieren der Option ALPHA-KANÄLE werden sie unwiderruflich aus der Datei entfernt. Dadurch sparen Sie zwar ein wenig Speicherplatz, weil die Datei schlanker wird, verlieren aber wichtige Informationen, die Sie für eine spätere Bearbeitung des Bildes noch dringend brauchen könnten.

Ebenen | Wenn Sie EBENEN abwählen, rechnet Photoshop alle sichtbaren Bildebenen Ihres Bildes auf eine Hintergrundebene herunter, und unsichtbare Ebenen werden gelöscht. Dieser Vorgang kann nicht zurückgenommen werden. Wenn Sie tatsächlich alle Bildebenen miteinander verschmelzen wollen, sollten Sie das lieber in der Ebenen-Palette erledigen – hier sind die Kontrollmöglichkeiten besser.

Zum Weiterlesen: Ebenen und Kanäle
Photoshops Ebenentechnik, Masken und Alpha-Kanäle lernen Sie in Teil III, »Ebenen«, näher kennen!

Anmerkungen | ANMERKUNGEN sind digitale Notizen am Bild. Sie sind ganz praktisch für eigene Kommentare oder auch für Nachrichten an die Kollegen, die das Bild weiterbearbeiten. Die Anmerkungen können im PSD-Format und in PDF-Dateien gespeichert werden. In der Anmerkungen-Palette (FENSTER • ANMERKUNGEN) lassen sie sich betrachten oder editieren.

Volltonfarben | VOLLTONFARBEN schließlich legt fest, ob eventuell von Ihnen angelegte Kanäle mit Sonderfarben mitgespeichert werden. Das Deaktivieren der Option entfernt bestehende Volltonfarbkanäle dauerhaft aus dem Bild.

Farbe | Unter FARBE finden Sie zwei Punkte zum Farbmanagement eines Dokuments. Sie wissen bereits, dass die im Produktionsprozess wichtigsten Farbsysteme RGB und CMYK geräteabhängig sind und zudem unterschiedliche Farbräume abdecken. In Photoshop ist ein komplexes Farbmanagementsystem integriert. Damit soll gewährleistet werden, dass Farben auf verschiedenen Geräten konsistent wiedergegeben werden – vom Scannen bis zum Druck.

Zum Weiterlesen: Farbmanagement
Ziehen Sie Kapitel 37, »Farbmanagement«, zurate, wenn Sie mehr darüber wissen wollen, wie man farbtreue Scans oder Ausdrucke erzeugt.

Die Einstellungen beim Speichern einer Datei sind nur eine von vielen Möglichkeiten, in dieses System einzugreifen. Hier Änderungen vorzunehmen ist in jedem Fall nur etwas für erfahrene Anwender. Im Zweifelsfall ist es besser, kein Farbprofil in die Datei einzubetten als ein falsches!

Miniatur | Die Option MINIATUR ist normalerweise immer gewählt, aber ausgegraut. Diese Option bettet eine Miniatur-Voransicht des Bildes in die Datei ein. Wenn Sie hauptsächlich mit

Photoshop, Bridge oder einem anderen speziellen Bildbetrachter arbeiten, brauchen Sie diese Miniatur eigentlich nicht, denn dort funktioniert die Voransicht sowieso. Interessant wird die Option, wenn ein fremder, nicht für Bilddateien ausgelegter Dateibrowser für die Bildverwaltung genutzt wird. Unter VOREINSTELLUNGEN • DATEIHANDHABUNG finden Sie den Punkt BILDVORSCHAU. Dort können Sie das Standardverhalten von Photoshop beim Speichern ändern. Mit der Einstellung IMMER liegen Sie auf der sicheren Seite, denn die Bildminiatur kostet nicht viel Speicherplatz – ihr Fehlen hingegen kann im entscheidenden Moment Ärger bereiten.

Kleinbuchstaben-Erweiterung | KLEINBUCHSTABEN-ERWEITERUNG schließlich legt fest, ob eine Dateiendung nun beispielsweise »PSD« oder »psd«, »GIF« oder »gif« lautet. Besonders dann, wenn Sie Ihre Datei im Web einsetzen wollen, ist eine konsequente Kleinschreibung angeraten, da viele Internet-Server zwischen Klein- und Großbuchstaben differenzieren und durch voneinander abweichende Schreibweisen Fehlermeldungen produziert werden können.

7.4.3 TIFF-Speicheroptionen

Die Optionen, die Sie schon vom PSD-Format kennen, stehen auch für TIFF-Dateien zur Verfügung. Wenn Sie das Speichern per Buttonklick bestätigt haben, wird ein weiteres Dialogfeld eingeblendet.

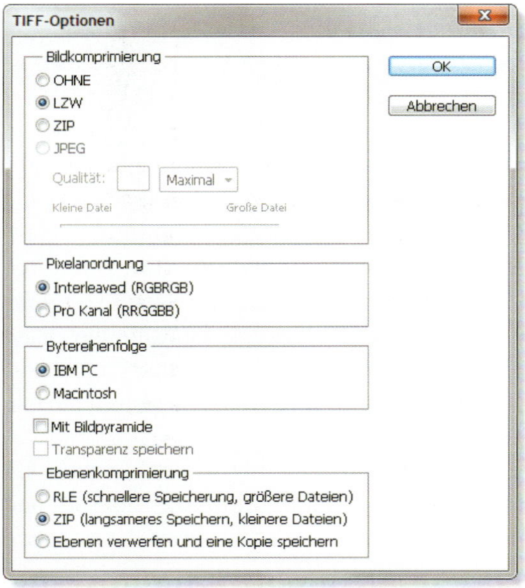

◄ **Abbildung 7.25**
Weitergehende Speichereinstellungen für Dateien im TIFF-Format

TOPP-TIPP: Kompatibilität bei PSD- und PSB-Dateien

Die Dateiformate PSD und PSB sind proprietäre Formate von Adobe. Zumindest PSD kann jedoch auch von einigen anderen Anwendungen angezeigt werden. Unter dem Menüpunkt VOREINSTELLUNGEN (Strg/⌘+K) und dort auf der Registerkarte DATEIHANDHABUNG (Strg/⌘+3) lässt sich die PSD/PSB-Kompatibilität mit älteren Photoshop-Versionen und anderen Applikationen erhöhen. Allerdings nimmt die Dateigröße dadurch zu. Und die Option hilft Ihnen nicht unbedingt, wenn beim Erstellen der Datei eine Funktion zum Einsatz kam, die in älteren Photoshop-Versionen schlichtweg fehlt!

Ist in den VOREINSTELLUNGEN die Option KOMPATIBILITÄT VON PSD- UND PSB-DATEIEN MAXIMIEREN: FRAGEN aktiv, taucht während des Speicherns noch eine kleine entsprechende Abfrage auf.

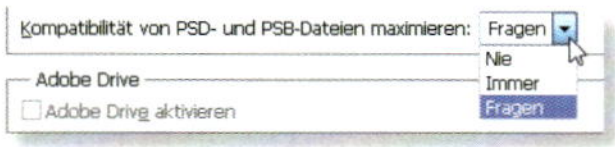

▲ **Abbildung 7.24**
Hier werden Kompatibilitätsregeln festgelegt.

Bildkomprimierung | Zunächst wählen Sie die BILDKOMPRIMIERUNG: LZW und ZIP arbeiten verlustfrei, die JPEG-Kompression ist verlustbehaftet und kann mithilfe des Schiebereglers dosiert werden. LZW ist hier die Einstellung der Wahl – sie ist verlustfrei und auch im Austausch mit anderen Applikationen unkompliziert.

Pixelanordnung | Unter PIXELANORDNUNG wird beim Schreiben von TIFF-Dateien in Photoshop standardmäßig die INTERLEAVED-Kanalreihenfolge verwendet. Theoretisch können Dateien in der PRO KANAL-Reihenfolge jedoch schneller gelesen und geschrieben werden, und auch hinsichtlich der Komprimierung soll diese Reihenfolge Vorteile bieten. Beide Kanalreihenfolgen sind mit älteren Versionen von Photoshop abwärtskompatibel. Ob andere Programme mit »Pro-Kanal«-TIFFs umgehen können, ist wieder eine andere Frage.

Kompatibilität für TIFF-Dateien

Eigentlich ist TIFF ein ideales Austauschformat für Dateien, bei denen Ebenen, Kanäle und ähnliche Eigenschaften erhalten bleiben sollen. Es kann von zahlreichen anderen Anwendungen gelesen werden und legt Sie nicht für alle Zeiten auf die Adobe-Welt fest.

Allerdings ist beim Umgang mit den Einstellungsmöglichkeiten beim TIFF-Speichern Vorsicht geboten. Adobe Photoshop reizt die Möglichkeiten, die das Dateiformat TIFF bietet, weit aus. Das hat zur Folge, dass andere Programme unter Umständen nicht mit allen Photoshop-TIFFs umgehen können. Besonders problematisch sind die ZIP- und die JPEG-Komprimierung, Transparenz und Bildpyramide sowie mitgespeicherte Ebenen – ganz unabhängig davon, welche Ebenenkompression Sie auswählen.

Wenn Sie zur Vergesslichkeit neigen, können Sie in den VOREINSTELLUNGEN (Strg/⌘+K) unter DATEIHANDHABUNG (Strg/⌘+3) bei der Option VOR DEM SPEICHERN VON TIFF-DATEIEN MIT EBENEN FRAGEN ein Häkchen setzen. Dann erhalten Sie jedes Mal einen Hinweis, bevor Sie sich an das potenziell problematische Speichern von Ebenen-TIFFs machen.

Bytereihenfolge | Ob Sie unter BYTEREIHENFOLGE dann IBM PC oder MACINTOSH wählen, ist in der Praxis meist wenig relevant – Photoshop kommt immer mit beiden Versionen zurecht.

Bildpyramide und Transparenz | Die Option MIT BILDPYRAMIDE kann sinnvoll sein, wenn Sie das Bild in Layoutprogrammen wie zum Beispiel Adobe InDesign weiterbearbeiten wollen. Damit wird das TIFF-Bild in mehreren unterschiedlichen Auflösungen innerhalb einer einzigen Datei gespeichert. Das ermöglicht das schnelle Laden der Grafik in Ihr Layoutprogramm. Diese Option kostet allerdings erheblichen Speicherplatz.

Wenn transparente Bereiche des Bildes auch in anderen Anwendungen transparent erscheinen sollen, muss TRANSPARENZ SPEICHERN aktiviert sein.

Ebenenkomprimierung | Sofern Ihr Bild mehrere Ebenen enthält, bietet Photoshop-TIFF unter EBENENKOMPRIMIERUNG die Möglichkeit, diese zu erhalten und ebenfalls zu komprimieren. Beide angebotenen Kompressionsmethoden sind im Austausch mit Nicht-Adobe-Anwendungen problematisch. Denn hier werden von Photoshop stillschweigend auch Beschneidungspfade sowie mehrere Alphakanäle mitgespeichert, wenn sie im Bild vorhanden sind. Diese Eigenschaften werden jedoch nicht von allen Programmen unterstützt.

Auf der sicheren Seite bleiben Sie, wenn Sie sich beim TIFF-Speichern auf die Optionen LZW-Kompression beschränken und bei der PIXELANORDNUNG bei INTERLEAVED bleiben! Die Option

Bytereihenfolge hat in der Praxis geringe Auswirkungen, die können Sie einfach ignorieren.

7.4.4 GIF-Speicheroptionen

Für das Erzeugen von Dateien in den Webformaten GIF und JPEG stehen in Photoshop zwei Möglichkeiten zur Verfügung:

- die Auswahl von GIF, JPG oder PNG im Speicherdialog unter Format
- sowie das mächtige Tool Für Web und Geräte speichern (erreichbar über Datei • Für Web und Geräte speichern bzw. mit dem Monster-Shortcut [Alt]+[⇧]+[Strg]+[S] bzw. [⌥]+[⇧]+[⌘]+[S]).

Universalformat TIFF als Alternative

Eine Alternative zum proprietären Format PSD – besonders zur langfristigen Dateisicherung und zur Datenweitergabe – ist das Dateiformat TIFF. Es unterstützt ebenfalls sehr viele Dateifeatures und kann im Gegensatz zu PSD von vielen anderen Nicht-Adobe-Anwendungen gelesen werden.

Mit dem Webspeichern-Tool haben Sie erheblich differenziertere Möglichkeiten, um das Aussehen und die Qualität Ihrer Datei zu beeinflussen, und können auch auf mehr webspezifische Optionen zugreifen. Wenn es mal schnell gehen muss, tut es allerdings auch der normale Speicherdialog.

Die größte Herausforderung beim Erzeugen von GIFs ist es, dass dieses Format nicht alle Farben des sichtbaren Spektrums wiedergeben kann. Alle im Bild vertretenen Farben werden auf maximal 256 Farben reduziert. Nach welchem Muster das nun geschieht, können Sie einstellen.

Zum Weiterlesen: Weboptimiert speichern

Wie Sie das Webspeichern-Werkzeug bedienen und aus Ihren Bildern gute Qualität bei geringer Dateigröße herausholen, können Sie in Kapitel 36, »Bilder für das Internet optimieren«, nachlesen.

Der Dialog zum Speichern von GIFs | Das Dialogfeld ist identisch mit den Einstellungen für indizierte Bilder.

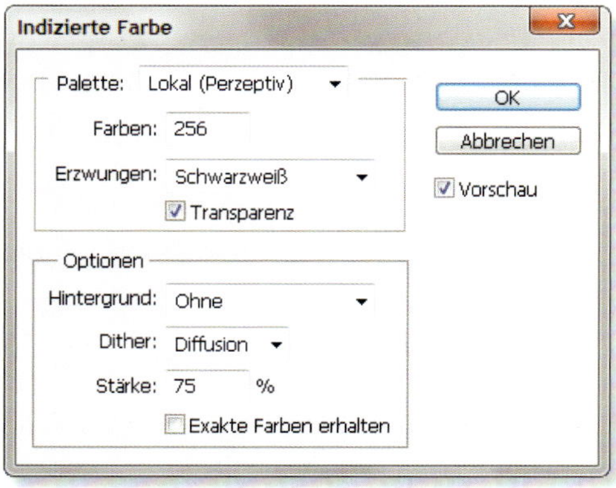

◄ **Abbildung 7.26**
Nachdem Sie im Speichern-Dialog unter Format die Option GIF bzw. CompuServe GIF gewählt und bestätigt haben, erscheint dieses Dialogfeld.

Unter Palette können Sie aus verschiedenen vordefinierten Farbpaletten wählen. An diese werden die vorhandenen Bildfarben dann angepasst. Die Einstellung Lokal (Selektiv) ist meistens gut geeignet. Farben meint die Anzahl der im Bild verbleibenden Farben. Je weniger Farben es sind, desto kleiner wird die Datei!

Vorschau aktivieren

Achten Sie darauf, dass das Häkchen beim Punkt VORSCHAU gesetzt ist. Dann können Sie das Aussehen Ihres Bildes prüfen, noch während Sie verschiedene Einstellungen ausprobieren. Das gilt bei vielen Photoshop-Funktionen!

Mit ERZWUNGEN legen Sie fest, welche Farben unbedingt erhalten werden sollen.

Sollen transparente Partien des Bildes auch im GIF-Format erhalten bleiben, muss das Kontrollfeld TRANSPARENZ auch aktiviert sein.

DITHER ist der Versuch, die begrenzte Farbanzahl durch körnig gerasterte Mischfarben wieder wettzumachen. Sie können das Dithering aktivieren, zwischen verschiedenen Dithermustern wählen und es in einigen Fällen per Prozentwert auch dosieren. Oft führt das jedoch nicht zu befriedigenden Ergebnissen. Bilder mit vielen Farbabstufungen sollten Sie besser in einem anderen Dateiformat (JPEG!) speichern.

Der Punkt HINTERGRUND ist nur aktiv, wenn Ihr Bild Transparenz enthält. Sie brauchen diese Funktion, wenn Sie ein teilweise transparentes Bild auf einer Webseite platzieren. Sie hilft Ihnen, auffällige Farbränder und »Pixeltreppen« an den Kanten von transparenten und deckenden Bildteilen zu vermeiden. Stellen Sie hierzu die Farbe ein, die der späteren Hintergrundfarbe der Webseite entspricht.

▲ **Abbildung 7.27**
Diffusions-Dither (hier leicht vergrößert dargestellt) im GIF-Format. Farbnuancen werden durch punktierte Farbflächen simuliert.

7.4.5 JPEG-Speicheroptionen

Die Optionen zum Speichern eines JPEG-Bildes unterscheiden sich deutlich von den GIF-Optionen. Der Grund ist das unterschiedliche Kompressionsverfahren.

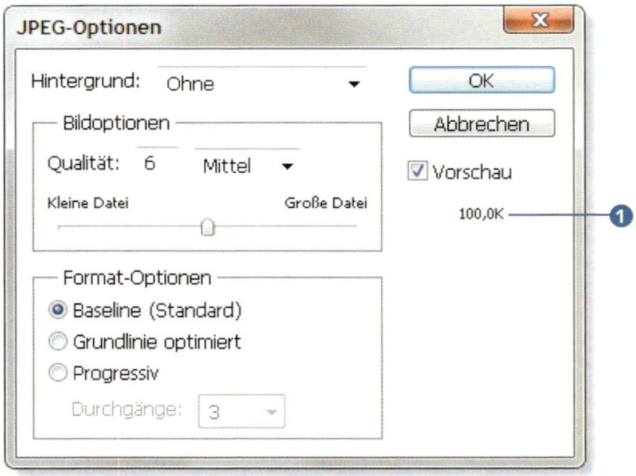

▲ **Abbildung 7.28**
Wollen Sie Ihr Bild als JPEG speichern, erhalten Sie diesen Dialog. Auch beim Erzeugen von JPEGs sind Sie mit dem Webspeichern-Tool besser bedient.

Bildoptionen | Die sicherlich wichtigste Einstellung nehmen Sie unter BILDOPTIONEN vor. Hier wird die Stärke der Kompression reguliert. Ein hoher Wert erzeugt ein Bild in guter Qualität, aber auch eine große Datei. Ist der Wert niedrig, kann sich die Bildqualität verschlechtern, doch die Datei wird kleiner. Rechts unterhalb der Buttons wird dann auch angezeigt, wie »schwer« Ihre Datei wird ❶.

Format-Optionen | Die Format-Optionen beziehen sich auf den Webeinsatz. Sie sollten hier Baseline (Standard) wählen – mit Grundlinie optimiert haben manche Browser derzeit noch Probleme. Progressiv bewirkt, dass das Bild erst unscharf in den Browser geladen und nach und nach (hier: in drei Durchgängen) verbessert wird.

7.4.6 EPS-Speicheroptionen

Für das EPS-Format empfiehlt es sich, im Voraus mit dem Dienstleister abzustimmen, mit welchen Speicheroptionen die Datei übergeben werden soll.

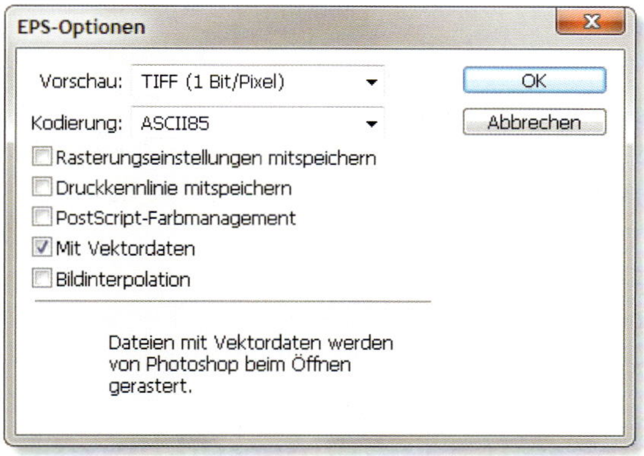

◂ **Abbildung 7.29**
Die EPS-Optionen

Vorschau | Der Punkt Vorschau bezieht sich auf die Darstellung des Bildes im Layoutprogramm, mit dem es weiterbearbeitet wird. Ist keine Vorschau mitgespeichert, werden EPS-Dateien dort nur durch eine leere Platzhalter-Box angezeigt. Die Einstellung TIFF sollte auch beim Austausch zwischen Windows und Mac keine Probleme bereiten. 1 Bit/Pixel liefert nur eine grobe Schwarzweiß-Voransicht, 8 Bit/Pixel ein farbiges Vorschaubild.

EPS-Kodierung | Mit der Option Kodierung wird festgelegt, in welcher Form die Daten an den PostScript-Drucker ausgegeben werden. Die **ASCII-Kodierung** ist zwar sehr robust und wenig anfällig für Fehler, kostet jedoch viel Speicher und Prozessorzeit. Die **binäre Kodierung** ist vor allem am Mac gebräuchlich und liefert die Daten in wesentlich schlankerer Form – sie wird leider nicht von allen Anwendungen unterstützt. Die **JPEG-Kodierung** verschlankt die Datei ein wenig zulasten der Qualität und kann auch nicht von allen PostScript-Geräten umgesetzt werden.

Rasterungseinstellungen mitspeichern | Die Optionen RASTERUNGSEINSTELLUNGEN MITSPEICHERN und DRUCKKENNLINIE MITSPEICHERN steuern Spezifikationen des professionellen Drucks. Deren Einsatz sollten Sie ebenfalls unbedingt mit Ihrem Drucker absprechen!

PostScript-Farbmanagement | Das POSTSCRIPT-FARBMANAGEMENT sollten Sie nur dann aktivieren, wenn Sie das Bild nicht in ein Dokument mit eigenen Farbmanagement-Einstellungen platzieren wollen.

Mit Vektordaten | Mit der Option MIT VEKTORDATEN können Sie festlegen, ob Sie Text- und Vektorebenen erhalten wollen – wenn vorhanden. In Photoshop werden Vektordaten beim erneuten Öffnen der EPS-Datei aber in jedem Fall gerastert.

Bildinterpolation | Die BILDINTERPOLATION schließlich soll die Ausgabequalität von niedrig aufgelösten Bildern durch Kantenglättung verbessern.

Photoshop-PDF

Mit Photoshop erzeugte PDFs können Dateiinformationen wie Ebenen, Alpha-Kanäle, Volltonfarbenkanäle oder Anmerkungen enthalten. Sie können zur erneuten Bearbeitung in neueren Photoshop-Versionen einfach erneut geöffnet werden. Es ist nicht notwendig, Photoshop-PDFs zu importieren (der Importdialog wurde bereits in Abschnitt 7.1.3 vorgestellt). Nutzer älterer Photoshop-Versionen (vor CS2) können Photoshop-PDF-Dateien über einen Umweg öffnen: Wählen Sie den Befehl DATEI ÖFFNEN ALS (Windows) oder DATEI ÖFFNEN (Mac OS) und anschließend unter FORMAT die Einstellung GENERISCHES PDF.

7.4.7 Speicheroptionen für Photoshop-PDF

PDF ist ein sehr leistungsfähiges und flexibles Dateiformat, das neben dem eigentlichen Inhalt eine Vielzahl weitergehender Informationen enthalten kann. Das reicht von Sicherheitseinstellungen und verschiedenen Kompressionsmethoden für Bilder bis zu eingebetteten Schriften, Informationen zum Farbmanagement und Konvertierungsanweisungen und vielem mehr. Zahlreiche unterschiedliche Konstellationen von Eigenschaften in einem PDF-Dokument sind möglich.

Inzwischen haben Sie beim Erstellen von PDF-Dateien mit Photoshop fast so viele Möglichkeiten wie mit dem genuinen PDF-Programm Adobe Acrobat. Damit können Sie auch PDFs erstellen, die von großen Druckmaschinen problemlos verarbeitet werden können. Dementsprechend umfangreich fällt das Dialogfeld in Photoshop aus. In fünf verschiedenen Bereichen steuern Sie die PDF-Eigenschaften. Die »Navigation« ❸ am linken Rand bringt Sie dabei zu den weiteren Optionen, falls Sie dort noch etwas verändern möchten.

Grundlegende Vorgaben einstellen | Unter Adobe PDF-Vorgabe ❶ finden Sie Settings mit Einstellungen, die Eigenschaften, Qualität und Dateigröße des späteren PDF steuern. Maßgeblich ist hier wie so oft der geplante Verwendungszweck der PDF-Datei. Alle anderen Einstellungen in den fünf verschiedenen Bereichen des Dialogfelds sind optionales Feintuning bzw. dienen dem Zweck, eigene Vorgaben zu entwickeln.

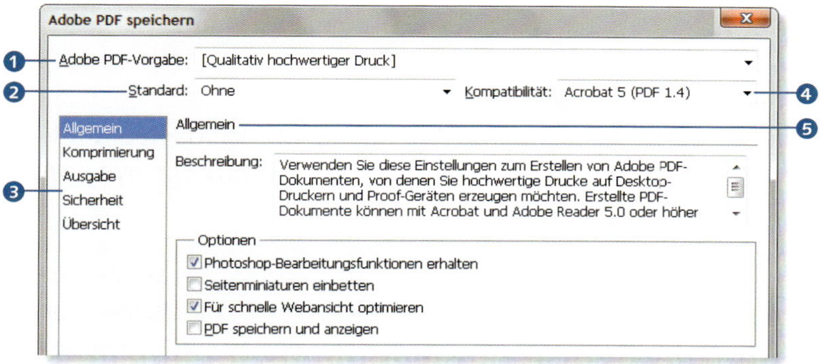

▲ **Abbildung 7.31**
Die wichtigsten Einstellungen finden Sie unter Allgemein.

Die Arbeit mit fertigen Vorgaben hat zwei Vorteile: Sie sparen sich viele Klicks beim Zusammenstellen der gewünschten Optionen, und – wichtiger noch – Sie verringern das Risiko falscher Konfigurationen. Die wichtigsten Voreinstellungen kurz vorgestellt:

- Druckausgabequalität: Gute Qualität hat beim Erstellen der PDF-Datei mit dieser Vorgabe höchste Priorität. Sie enthalten alle Informationen, die beispielsweise für den Digitaldruck notwendig sind, allerdings sind sie nicht mit dem PDF/X-Standard kompatibel. Diese PDF-Dateien können in Acrobat 5.0 und Acrobat Reader 5.0 (und höheren Versionen) geöffnet werden.
- Kleinste Dateigrösse ist für den Online-Datenaustausch konzipiert. Automatisch sind PDFs, die mit diesen Einstellungen erzeugt wurden, mit Acrobat- und Acrobat-Reader-Versionen bis herunter zur Version 5 kompatibel, eignen sich also gut für die Verteilung in die Breite.
- Qualitativ hochwertiger Druck bezieht sich nicht auf den gewerblichen Druck, sondern auf die Ausgabe auf Desktop-Druckern.
- PDF/X ist ein PDF-Unterformat, das speziell für die Ausgabe auf großen Druckmaschinen konzipiert wurde; es gibt verschiedene Versionen. Unter Standard ❷ können Sie noch weitergehende PDF/X-Eigenschaften festlegen.

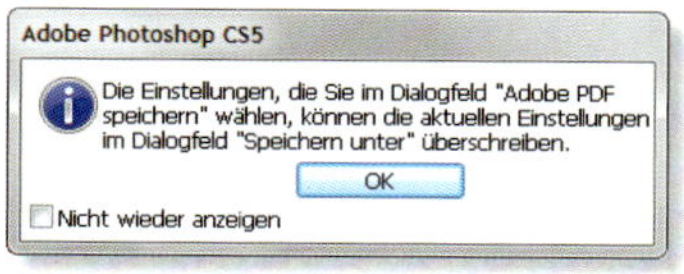

▲ **Abbildung 7.30**
Warnmeldung: Die PDF-Einstellungen werden beim Erstellen des PDF in jedem Fall angewandt, auch wenn Sie im allgemeinen Speicherdialog abweichende Angaben gemacht haben. Photoshop räumt den PDF-Einstellungen mehr Gewicht ein.

Beschreibung als Gedächtnisstütze
Der Text im Feld unter Beschreibung kann bearbeitet werden. Das ist dann sinnvoll, wenn Sie die Vorgaben ändern und sich einige Stichpunkte zu den modifizierten Einstellungen notieren wollen. Wenn Sie die Vorgabe später speichern und erneut abrufen, erleichtert das die Orientierung.

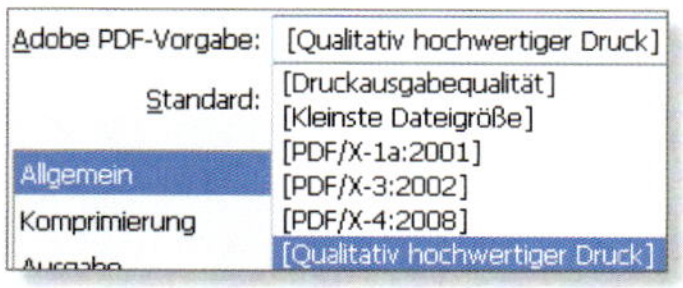

▲ **Abbildung 7.32**
Die von Adobe angebotenen PDF-Vorgaben

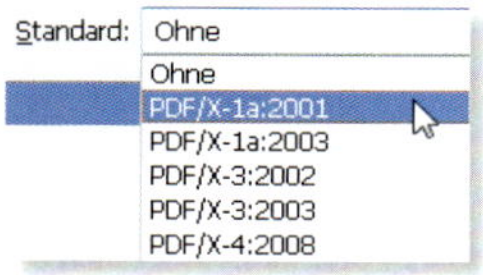

▲ **Abbildung 7.33**
Weitergehende Einstellungen zu PDF-X unter Standard

Linktipp: PDF-Know-how

PDF_Zone ist ein herstellerunabhängiges Web-Magazin. Sie finden dort Informationen auf Expertenniveau zu den verschiedenen PDF-Spezifikationen (neben dem hier erwähnten PDF-X für die Druckvorstufe gibt es noch andere Formatvarianten, die bekannteste ist PDF-A für Archivierungszwecke), Neuigkeiten und ein Forum. (*http://www.pdfzone.de*).
PDF-X-Report versammelt Tools, Downloads und Links zum Thema, unter anderem auch zu verschiedenen PDF-Mailinglisten. Die Site ist gemischt Deutsch/Englisch (*http://www.pdfx3.org*).

Neben dem unter Umständen fehlerträchtigen Zusammenklicken eigener Vorgaben-Konstellationen haben Sie weitere Möglichkeiten, um das Sortiment der PDF-Vorgaben zu erweitern. Im Photoshop-Ordner Extras finden Sie **weitere Vorgaben**, zum Beispiel für barrierefreie PDFs. Der Ordner Extras befindet sich

- unter Windows Vista und Windows 7 üblicherweise im Verzeichnis ProgramData\Adobe\AdobePDF.
- unter Windows XP im Verzeichnis Dokumente und Einstellungen\All Users\Anwendungsdaten\Adobe\Adobe PDF.
- unter Mac OS in Library/Application Support/Adobe PDF.

Diese Dateien müssen in den Ordner Einstellungen bzw. Settings kopiert werden. Dieser liegt im selben Verzeichnis wie der Extras-Ordner.

Wenn Sie Dateien produzieren, die an eine Druckerei gegeben werden sollen, sollten Sie unbedingt vorher mit Ihrem Drucker sprechen, wie das PDF beschaffen sein soll. Es ist nicht unwahrscheinlich, dass Sie von Ihrer Druckerei bereits eine fertige Datei mit Voreinstellungen bekommen, die Sie ebenfalls in dem Einstellungen- bzw. Settings-Ordner ablegen. Üblicherweise spricht man übrigens eher von **Joboptions** und nicht unbedingt von einer Adobe-PDF-Vorgabe, wie im Dialogfeld angegeben.

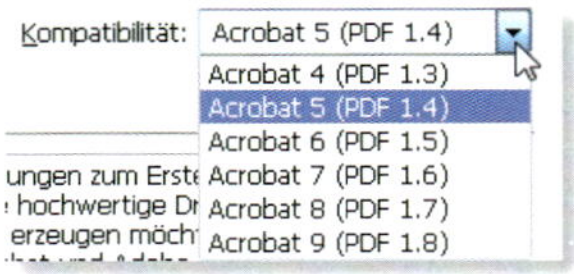

▲ **Abbildung 7.34**
Zu welchem PDF-Format und welcher Acrobat-Version soll die neue Datei kompatibel sein?

Kompatibilitätseinstellungen | Interessant sind auch die Kompatibilitätseinstellungen ❹. Das Dateiformat PDF wird kontinuierlich weiterentwickelt, daher ist Kompatibilität ein wichtiges Thema! Je nach gewählter Einstellung verändern sich auch die weiteren Speicheroptionen, die noch zur Verfügung stehen.

Was welche Kompatibilitätseinstellung bewirkt, entnehmen Sie bitte der folgenden Tabelle.

Tabelle 7.1 ▼
PDF-Kompatibilität

Acrobat 4.0 (PDF 1.3)	Acrobat 5.0 (PDF 1.4)	Acrobat 6.0 (PDF 1.5)	Acrobat 7.0 (PDF 1.6), 8.0 (PDF 1.7) und 9.0 (PDF 1.8)
PDFs, die mit dieser Kompatibilitätsstufe gespeichert wurden, lassen sich mit Acrobat und Acrobat Reader ab Version 3 öffnen und lesen.	PDFs, die mit dieser Kompatibilitätsstufe gespeichert wurden, lassen sich mit Acrobat und Acrobat Reader ab Version 3 öffnen. Funktionen, die nur in höheren Versionen vorhanden sind, können jedoch verloren gehen oder nicht richtig funktionieren.	Die meisten PDFs können mit Acrobat und Acrobat Reader ab Version 4 geöffnet werden. Es ist allerdings möglich, dass einige neuere Dateieigenschaften nicht richtig funktionieren oder verloren gehen.	Die meisten PDFs können mit Acrobat und Acrobat Reader ab Version 4 geöffnet werden. Es ist allerdings möglich, dass einige neuere Dateieigenschaften nicht richtig funktionieren oder verloren gehen.

Acrobat 4.0 (PDF 1.3)	Acrobat 5.0 (PDF 1.4)	Acrobat 6.0 (PDF 1.5)	Acrobat 7.0 (PDF 1.6), 8.0 (PDF 1.7) und 9.0 (PDF 1.8)
ICC-Farbmanagement wird unterstützt.	ICC-Farbmanagement wird unterstützt.	ICC-Farbmanagement wird unterstützt.	ICC-Farbmanagement wird unterstützt.
Vor dem Konvertieren in PDF 1.3 müssen alle **Transparenzen** reduziert werden, da sie nicht unterstützt werden.	Transparenz ist möglich, im Distiller können die Transparenzfunktionen jedoch eingeschränkt sein.	Transparenz ist möglich, im Distiller können die Transparenzfunktionen jedoch eingeschränkt sein.	Transparenz ist möglich, im Distiller können die Transparenzfunktionen jedoch eingeschränkt sein.
Ebenen werden noch nicht unterstützt.	Ebenen werden noch nicht unterstützt.	Kann Ebenen enthalten, wenn die PDF-Dateien mit Anwendungen erstellt wurden, die speziell das Erstellen von PDFs mit Ebenen unterstützen (Illustrator und InDesign ab Version CS und natürlich Photoshop).	Kann Ebenen enthalten, wenn die PDF-Dateien mit Anwendungen erstellt wurden, die speziell das Erstellen von PDFs mit Ebenen unterstützen (Illustrator und InDesign ab Version CS und natürlich Photoshop).
Seitengröße: maximal 114,3 cm Höhe/Breite	Seitengröße: maximal 508 cm Höhe/Breite	Seitengröße: maximal 508 cm Höhe/Breite	Seitengröße: maximal 508 cm Höhe/Breite
Einbettung von Multibyte-Fonts (notwendig **für asiatische Schriftzeichen**): möglich	Einbettung von Multibyte-Fonts (notwendig für asiatische Schriftzeichen): möglich	Einbettung von Multibyte-Fonts (notwendig für asiatische Schriftzeichen): möglich	Einbettung von Multibyte-Fonts (notwendig für asiatische Schriftzeichen): möglich
Sicherheitseinstellungen: 40-Bit-RC 4	Sicherheitseinstellungen: 128-Bit-RC 4	Sicherheitseinstellungen: 128-Bit-RC 4	Sicherheitseinstellungen: 128-Bit-RC 4 und 128-Bit-Advanced Encryption Standard (AES)

▲ **Tabelle 7.1**
PDF-Kompatibilität (Forts.)

Allgemein | Unter ALLGEMEIN ❺ finden Sie ein Beschreibungsfeld und einige Options-Checkboxen. Damit legen Sie vor allem die PDF-Eigenschaften fest, die den Bedienungskomfort betreffen.

- PHOTOSHOP-BEARBEITUNGSFUNKTIONEN ERHALTEN erhält – wie der Name schon nahelegt – Photoshop-typische Features wie Ebenen, Alphakanäle etc. Das ist für eine eventuelle spätere Weiterverarbeitung in Photoshop praktisch, schränkt die Kompatibilität jedoch wieder ein: PDFs mit dieser Option können nur in Photoshop-Versionen ab CS2 (oder höher) geöffnet werden.
- SEITENMINIATUREN EINBETTEN betrifft die Weiterverarbeitung in Adobe Illustrator. Die Miniatur wird dann in einigen Dialogfeldern angezeigt.

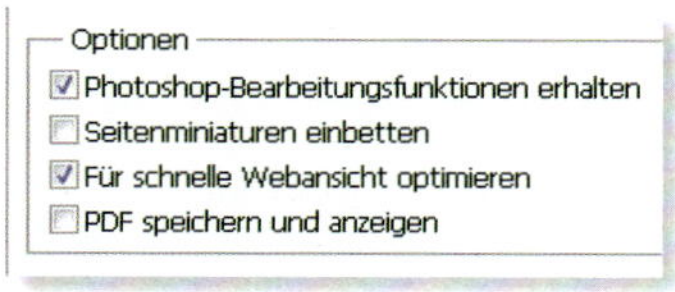

▲ **Abbildung 7.35**
Die Optionen unter ALLGEMEIN

- Für schnelle Webansicht optimieren ist besonders sinnvoll in Kombination mit der Vorgabe Kleinste Dateigrösse, also für den Webeinsatz der PDFs.
- PDF speichern und anzeigen bewirkt, dass das neue File nach dem Speichern – das Sie aber noch extra erledigen müssen – in dem PDF-Programm angezeigt wird, das auf Ihrem Rechner als Standard festgelegt wurde.

Zum Weiterlesen: JPEG-Kompression
Hintergrundwissen zur JPEG-Kompression finden Sie in Kapitel 6, »Bildbearbeitung: Fachwissen«.

Komprimierung | Anders als beim TIFF vertragen sich alle vorgeschlagenen Methoden ❷ in der Regel gut mit anderen Anwendungen. Ob Sie verlustfrei (ZIP) oder verlustbehaftet (JPEG) speichern wollen, liegt ganz bei Ihnen. Wählen Sie JPEG, können Sie sich noch zwischen verschiedenen Bildqualitäten respektive Kompressionsstufen entscheiden ❶.

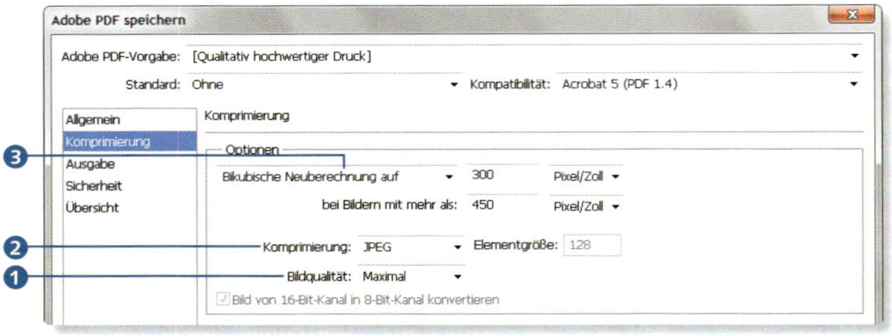

Abbildung 7.36 ►
Verschiedene Komprimierungseinstellungen: Hier können Sie nochmals auf Größe und Qualität des PDFs Einfluss nehmen.

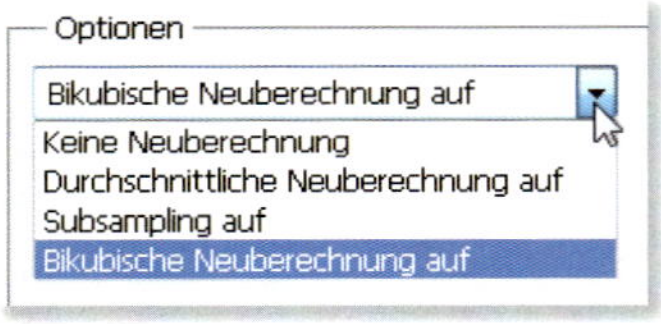

▲ Abbildung 7.37
Neuberechnungsoptionen

Die Option Neuberechnung ❸ ist vor allem dann wichtig, wenn Sie das PDF ins Internet stellen wollen, denn sie ermöglicht eine höhere Komprimierung. Konkret bedeutet eine Neuberechnung, dass die ursprüngliche Pixelmenge im Bild reduziert und beim Öffnen des Bildes neu errechnet wird.

Unbedingt sollten Sie die Option abwählen und auf Keine Neuberechnung stellen, wenn Sie in hohen Qualitäten drucken wollen. Meist führt die Einstellung Bikubische Neuberechnung auf zu besten Ergebnissen, die Berechnung dauert jedoch recht lange. Ziemlich flott arbeitet Subsampling auf, es liefert aber besonders bei Fotos keine guten Resultate. Bilder mit glatten Kanten können von dieser Methode profitieren. Bei der Methode Durchschnittliche Neuberechnung auf werden neue Pixel durch Mitteln der Farbwerte der benachbarten Pixel hinzugefügt.

Ausgabe | Die Einstellungen unter Ausgabe richten sich vor allem an Druckvorstufen-Profis und andere Anwender, die mit PDF/X und mit Farbmanagement arbeiten. Hierbei ist die Rücksprache mit der Druckerei dringend zu empfehlen!

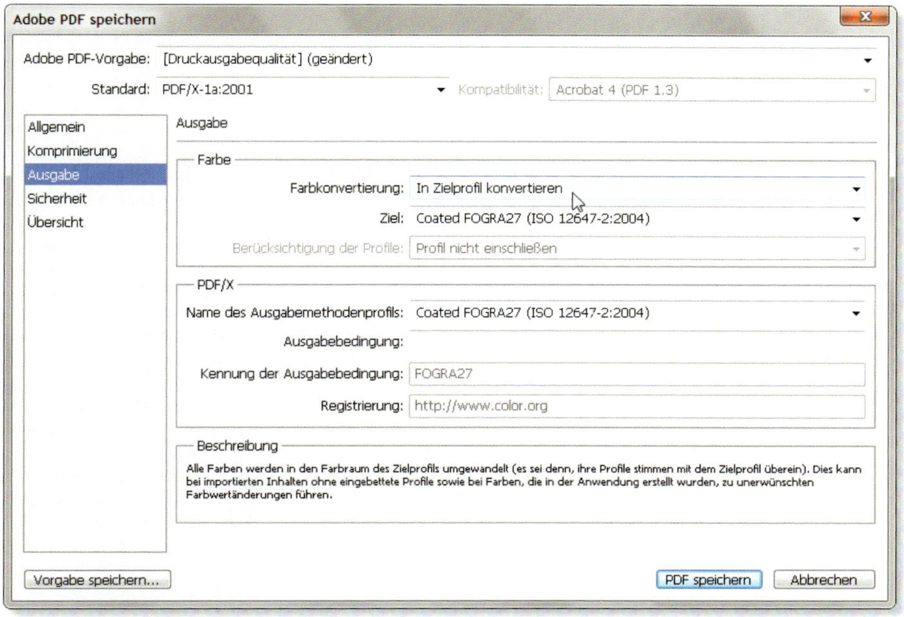

▲ **Abbildung 7.38**
Wer die Einstellungen unter Ausgabe anfasst, sollte sich in jedem Fall gut mit dem Farbmanagement auskennen.

Sicherheit | Ein großer Vorzug des PDF-Formats ist, dass der Zugriff auf das Dokument differenziert geregelt werden kann. Unter Sicherheit können Sie Kennwörter für das Öffnen, aber auch für einzelne Bearbeitungsschritte wie das Drucken und die Druckqualität oder das Bearbeiten einzelner Seiten oder Formularfelder vergeben.

Übersicht | Unter Übersicht können Sie nochmals all Ihre Einstellungen en bloc prüfen. Das ist auch eine gute Maßnahme, wenn Sie sich entscheiden, die Vorgaben abzuspeichern!

Kennwörter sichern

Denken Sie unbedingt daran, PDF-Kennwörter sicher aufzubewahren. Es gibt **keine** Möglichkeit, ein einmal vergebenes und dann in Vergessenheit geratenes Kennwort aus dem Dokument zu extrahieren – das Dokument wird dann schlicht unbrauchbar.

Speichern | Wenn Sie mit Ihren Einstellungen fertig sind, haben Sie drei Vorgehensmöglichkeiten – in Gestalt von drei Buttons am unteren Rand des Dialogfensters.

- PDF speichern speichert die Datei als PDF.
- Ein Klick auf Abbrechen verwirft die Einstellungen und schließt das Dialogfenster.
- Mit dem Befehl Vorgabe speichern (im Dialogfeld unten links) werden Ihre Einstellungen als »Joboption« gesichert und sind dann später in der Vorgabenliste abrufbar.

Einmal gespeicherte **Joboptions** können Sie nun Ihrerseits weitergeben oder auch erneut verwenden. Das Ziel der Arbeit mit Joboptions ist es, auf Basis der gespeicherten Vorgaben einheitliche PDFs zu erzeugen.

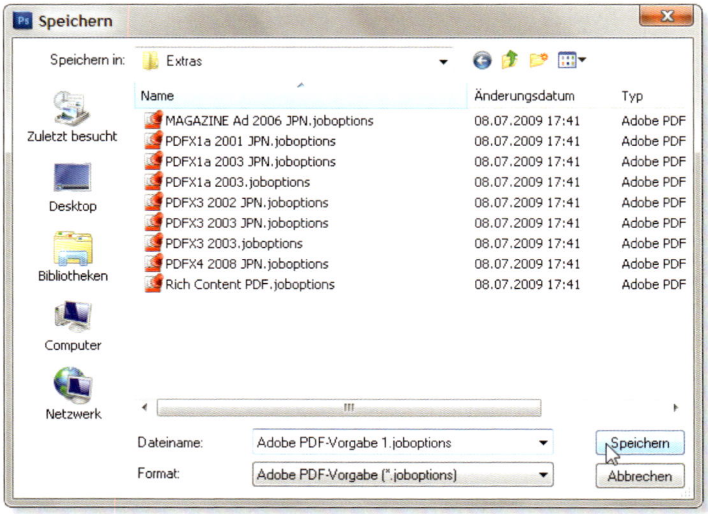

Abbildung 7.39 ▸
Vorgabe respektive Joboption speichern: Auch hier empfiehlt es sich, aussagekräftige Namen zu vergeben. Der vorgegebene Speicherort sollte ebenfalls nicht geändert werden.

Die hier gespeicherten Dateien erscheinen dann im Menü Adobe-PDF-Vorgaben und sind auch in anderen Applikationen der Creative Suite verfügbar.

7.4.8 Tastenkürzel für das Speichern, Öffnen und Schließen von Dateien

Was wollen Sie tun?	Windows	Mac
Datei öffnen	Strg + O	⌘ + O
Datei anlegen	Strg + N	⌘ + N
Bridge öffnen	Alt + Strg + O	⌥ + ⌘ + O
Öffnen als...	⇧ + Alt + Strg + O	–
Datei schließen	Strg + W	⌘ + W
Alle Dateien schließen	Alt + Strg + W	⌥ + ⌘ + W
Datei speichern	Strg + S	⌘ + S
Datei speichern unter	Alt + Strg + S	⌥ + ⌘ + S
Für Web und Geräte speichern	⇧ + Alt + Strg + S	⇧ + ⌥ + ⌘ + S
Zurück zur letzten Version gehen	F12	F12
Dateiinformationen anzeigen	⇧ + Alt + Strg + I	⇧ + ⌥ + ⌘ + I

▲ **Tabelle 7.2**
Arbeit mit Dateien – Tastaturbefehle

8 Adobe Bridge: Die Ordnungsmacht

Wer viel fotografiert oder Bilder aus fremden Quellen hortet, kennt solche Probleme: Ein Bild, das man sucht, ist plötzlich unauffindbar, komplette Bilderordner ruhen ungenutzt im Festplattengrab, weil ihre Existenz schlicht in Vergessenheit geraten ist, und den Ordner, der 200 Dateien mit den Dateinamen *img_891098.jpg* bis *img_891289.jpg* enthält, klappt man besser schnell wieder zu, weil es aussichtslos scheint, Ordnung zu schaffen. Und wie soll man aus einer Serie von zwanzig Bildern die drei besten aussuchen und vor allem später noch wiederfinden?

All diese und noch einige andere Aufgaben können Sie mit dem Bildverwaltungs-Tool Adobe Bridge effizient erledigen. Zwar nimmt Ihnen Bridge die Arbeit nicht komplett ab – die notwendige Disziplin zum konsequenten Benennen, Sortieren und Katalogisieren von Bildern müssen Sie selbst aufbringen. Doch mit Bridge steht Ihnen ein leistungsfähiges Werkzeug zur Verfügung, das auch den professionellen Ansprüchen von Vielfotografierern und Bildersammlern genügt.

Fotos lassen sich leicht importieren und zügig sichten; verschiedene Markierungen dienen zur Klassifizierung von Bildern, Meta-Informationen wie zum Beispiel zum urheberrechtlichen Status eines Bildes oder Suchschlagwörter können dauerhaft abgelegt und gesucht werden. Dazu kommen eine Nutzeroberfläche, die sich flexibel an nahezu jede Aufgabe anpassen lässt, und eine gute Anbindung an Photoshop und andere Creative-Suite-Applikationen.

8.1 Die Arbeitsoberfläche kurz vorgestellt

Starten | Sie öffnen Bridge über das Menü DATEI • IN BRIDGE SUCHEN (Alt+Strg+O bzw. ⌥+⌘+O) und schneller noch über das Bridge-Icon in der Anwendungsleiste.

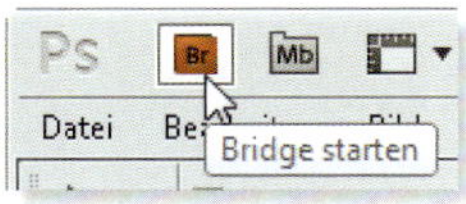

▲ **Abbildung 8.1**
Der schnelle Weg zu Bridge

Bridge-Palette in Photoshop

Eine Neuheit in CS5 ist die MINI BRIDGE: eine Miniaturversion der großen Bridge, die als Palette direkt in Photoshop aufgerufen werden kann. In Abschnitt 8.11, »Mini Bridge – viel Funktion auf kleinem Raum«, lernen Sie das neue Tool im Detail kennen.

Sie können Bridge auch als Solo-Programm starten, ohne zuerst Photoshop oder eine andere Applikation der Creative Suite aufzurufen. Die Bridge lässt sich sogar so konfigurieren, dass sie bei jedem Rechnerstart automatisch mit gestartet wird. Wählen Sie dazu in den *Bridge*-VOREINSTELLUNGEN (Kürzel ebenfalls [Strg]/[⌘]+[K]) die Tafel ERWEITERT, und setzen Sie dort ein Häkchen bei der Option BRIDGE BEI ANMELDUNG STARTEN.

Im Bridge-Arbeitsfenster fällt als Erstes die Dreiteilung ins Auge: An beiden Seiten sehen Sie Paletten mit verschiedenen Funktionen: Links befinden sich Paletten, die Ihnen helfen, Dateien und Ordner wiederzufinden, rechts Paletten mit weitergehenden Bildinformationen. Anders als in Photoshop können diese Paletten allerdings nicht frei schwebend abgelegt werden. In der Mitte liegen Bildminiaturen, die den Inhalt des jeweils aktuellen Ordners anzeigen.

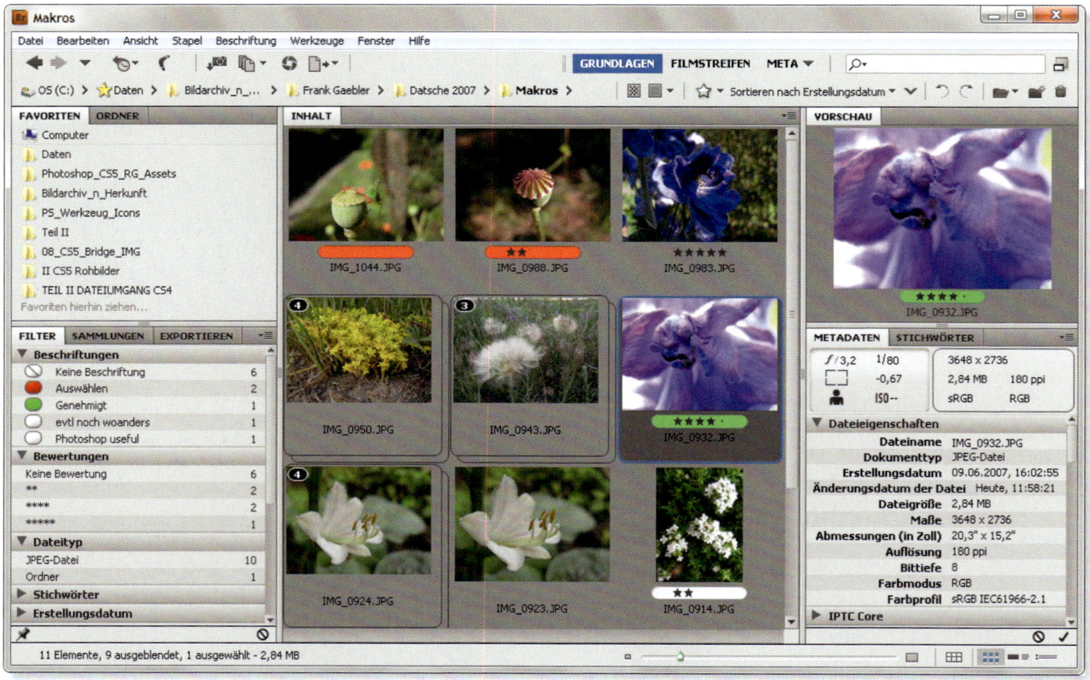

▲ Abbildung 8.2
In der Grundlagen-Ansicht ist das Bridge-Fenster dreigeteilt. Die Arbeitsoberfläche kann jedoch angepasst werden.

Die Anwendungsleiste im oberen Bereich enthält Schaltflächen zur Navigation, zum Wechseln der Arbeitsbereich-Ansicht und ein Suchfeld. Am unteren Rand des Programmfensters finden Sie Funktionen, um die Darstellung der Bildminiaturen zu beeinflussen.

Ordner und Favoriten | Links oben finden Sie unter FAVORITEN eine Reihe von Programm- und Ordner-Icons, und mithilfe des Registers ORDNER können Sie auch durch die Ordnerstruktur Ihres Rechners navigieren.

Filter und Sammlungen | Unterhalb der beiden Navigationsregister FAVORITEN und ORDNER finden Sie die FILTER – hier nicht als Kreativfunktion zur Bildverfremdung, sondern als Hilfsmittel zur Dateisuche! Mit dieser neuen und meiner Meinung nach wirklich hilfreichen Funktion behalten Sie auch in gut bestückten Ordnern die Übersicht über Ihre Bilder.

Die SAMMLUNGEN-Palette (in CS4 hieß sie noch KOLLEKTIONEN) erscheint auf den ersten Blick nicht sehr spektakulär, doch ermöglicht sie die Unabhängigkeit vom Ordnersystem. Bridge-Sammlungen sind virtuelle Ordner, in denen Dateien gesammelt werden können, auch wenn sie tatsächlich an unterschiedlichen Orten gespeichert sind. In der Palette SAMMLUNGEN werden sie verwaltet (mehr dazu folgt unten).

▲ **Abbildung 8.3**
Welche Bilder sollen im Miniaturfenster angezeigt werden? Mit den Dateifiltern lässt sich festlegen, welche Bilder im INHALT-Fenster angezeigt werden.

Metadaten und Stichwörter | Auf der rechten Seite sehen Sie eine Palette mit einem zusätzlichen Vorschaufenster, darunter die beiden Paletten zur Verwaltung und Bearbeitung von Metadaten und Stichwörtern – Zusatzinformationen zum Bild, die Ihnen ein schnelles Auffinden erleichtern (STICHWÖRTER) und wichtige Bildinformationen unwiderruflich an das Bild heften (METADATEN, z. B. zum Bildautor).

CS5 **Neue Palette: Exportieren**
Neu an Bord ist die Palette EXPORTIEREN. Mit deren Hilfe können Sie Bilder als JPG-Dateien exportieren und dabei verschiedene Export-Jobs mit unterschiedlichen Zielorten und JPG-Einstellungen festlegen. Mehr zum Thema lesen Sie in Abschnitt 8.5, »Mit Ordnern und Dateien arbeiten«.

8.2 Der passende Arbeitsplatz für jede Aufgabe: Bridge anpassen

Bildverwaltungsaufgaben sind vielfältig. Bridge ist es auch. Ob Sie nun viele Bilder auf einmal im Blick haben wollen oder ob Ihr Augenmerk kleinsten Details gilt, ob Sie Bilder sichten, katalogisieren oder in einer Bildergalerie publizieren wollen – das Bridge-Arbeitsfenster kann durch zahlreiche Ansichtsoptionen und Einstellungen zur Gestaltung der Arbeitsfläche nahezu beliebig verändert und an jede Aufgabe angepasst werden. Die Einstellungsmöglichkeiten sind so ausdifferenziert und zahlreich, dass es sich lohnt, sie genau anzusehen.

▲ **Abbildung 8.4**
Die Palette VORSCHAU erfüllt zwei Funktionen: Kleine Bildminiaturen können Sie hier ggf. etwas größer sehen. Und Sie erkennen mit einem Blick, welche Dateien im INHALT-Fenster aktuell ausgewählt sind (hier zwei Bilder gleichzeitig).

8.2.1 Zwischen Arbeitsbereichen umschalten

Bridge bringt ab Werk schon eine ganze Reihe vorkonfigurierter Arbeitsbereiche für verschiedene Aufgaben mit, zwischen denen

Sie bequem umschalten können. Die gezeigte Palettenkonstellation, die Größe der Miniaturen, eingeblendete Details und sogar die Größe des Programmfensters variieren je nach eingestelltem Arbeitsbereich.

Der schnellste Weg, um zwischen verschiedenen Arbeitsbereichen umzuschalten, ist die Anwendungsleiste. Hier finden Sie eine Reihe von Begriffen wie GRUNDLAGEN, FILMSTREIFEN oder METADATEN – dies sind Schaltflächen. Draufklicken genügt!

Abbildung 8.5 ►
Nicht alle Arbeitsbereiche sind per Button repräsentiert. Die übrigen finden Sie im Menü. Hier sehen Sie neben den mitgelieferten Arbeitsbereichen auch eigene (»Buchproduktion«).

Sie können in Bridge auch eigene Arbeitsbereiche sichern – so wird die Buttonreihe schnell recht lang, sodass sich einige der Schaltflächen dem Blick und dem raschen Zugriff entziehen. Ein Klick auf das unauffällige kleine Dreieck 1 rechts neben den Arbeitsbereich-Umschaltern klappt ein Menü aus. Dort finden Sie alle Arbeitsbereiche. Die passenden Shortcuts können Sie ebenfalls nachschauen – da sich die Belegung der Shortcuts mit eigenen gesicherten Arbeitsbereichen ändert, sind diese in keiner Dokumentation vorhanden. Dasselbe Menü erreichen Sie auch mit dem Menübefehl FENSTER • ARBEITSBEREICH.

8.2.2 Arbeitsbereiche speichern

Die vorkonfigurierten Arbeitsbereiche sind nicht die einzige Anpassungsmöglichkeit von Bridge. Sie können Paletten und die Anzeige der Miniaturen zusätzlich »per Hand« konfigurieren. Wenn Sie ein eigenes Bridge-Layout gefunden haben, das Ihnen gefällt, lässt sich dies auch speichern. Denkbar ist auch die Erstellung verschiedener Layouts für verschiedene Aufgaben oder Nutzer.

- Klicken Sie auf den kleinen Pfeil 1 rechts neben den Arbeitsbereich-Schaltflächen, um das Arbeitsbereich-Menü zu öffnen, oder wählen Sie FENSTER • ARBEITSBEREICH. Klicken Sie dann auf den Befehl NEUER ARBEITSBEREICH, um die aktuellen

Arbeitsbereich-Umschalter anpassen

Wenn Sie dauerhaft mehr Raum für die Arbeitsplatz-Umschalter schaffen wollen, ziehen Sie an der punktierten Begrenzungslinie links von der Buttonreihe. Die Buttons rücken nach. Außerdem lässt sich die Position der einzelnen Buttons per Drag & Drop verändern. Fassen Sie dazu einfach einen der Buttons mit der Maus, und ziehen Sie ihn an die gewünschte Stelle.

▲ **Abbildung 8.6**
Dauerhaft mehr Platz für Arbeitsbereich-Buttons: Verschieben Sie die Begrenzungslinie.

▲ **Abbildung 8.7**
Die Schaltfläche AUSGABE wird an eine andere Stelle der Umschalter-Leiste gezogen.

Einstellungen zu sichern. Vergeben Sie einen Namen für den Arbeitsbereich, und legen Sie fest, ob auch die Position des Bridge-Fensters und die Sortierreihenfolge der Miniaturen im Ansichtsfenster als Eigenschaften gesichert werden sollen.

- Standardarbeitsbereiche zurücksetzen ist die Rettung, wenn Sie einen schon gespeicherten Arbeitsbereich – gleichgültig, ob Bridge-Standard oder selbst definiert – durch nachträgliche Veränderungen »vergurkt« haben. Klicken Sie auf diesen Befehl, und der Arbeitsbereich sieht wieder so aus, wie Sie ihn gespeichert hatten.
- Arbeitsbereich löschen führt zu einem kleinen Dialog, in dem Sie festlegen können, welchen Ihrer eigenen Arbeitsbereiche Sie loswerden wollen.

Schnell mehr Platz für Bildminiaturen schaffen
Die ⇆-Taste blendet alle Paletten mit einem Schlag aus – und wieder ein.

8.2.3 Paletten verändern

Wenn Ihnen die vorgefertigten Arbeitsplatz-Varianten nicht genügen, können Sie Bridge noch mit weiteren Maßnahmen anpassen.

▲ **Abbildung 8.8**
Der Vorschaubereich wird durch Ziehen an der unteren Begrenzung vergrößert.

Paletten minimieren | Doppelklicken Sie auf die Karteireiter der einzelnen Paletten, um das jeweilige Fenster zu minimieren. Die Palette wird zusammengefaltet, und die übrigen Paletten haben dann mehr Platz! Ein erneuter Klick auf die Reiter vergrößert das Fenster wieder. Mit den Befehlen unter Fenster können Sie Paletten ebenfalls ein- und ausblenden.

Paletten vergrößern und verkleinern | Indem Sie an den horizontalen oder vertikalen »Trennbalken« zwischen den einzelnen Bereichen der Arbeitsfläche ziehen, können Sie die Aufteilung jederzeit verschieben und so zum Beispiel für ein größeres Vorschaufenster oder mehr Platz bei den Metadaten sorgen.

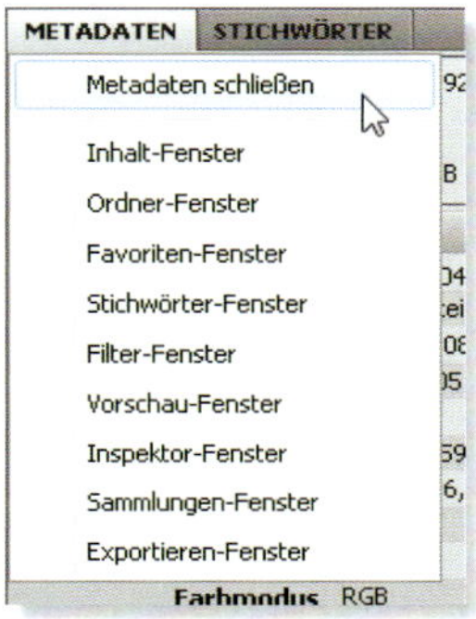

▲ **Abbildung 8.9**
Schließen einer Palette (hier: Metadaten)

Paletten ausblenden | Um eine Palette komplett auszublenden, setzen Sie einen Rechtsklick (oder Ctrl + Klick) auf den Palettenreiter. Im Kontextmenü wählen Sie dann den Befehl [Palettenname] schliessen. Alternativ können Sie auch die Befehle im Fenster-Menü nutzen. Über dieses Menü bekommen Sie auch ausgeblendete Paletten wieder auf die Arbeitsfläche zurück.

Anordnung der Paletten ändern | Zwar gibt es in Bridge keine frei schwebenden Paletten, wie Sie es aus Photoshop gewohnt sind. Die Anordnung der Paletten kann jedoch verändert werden. Fassen Sie einfach die Palette mit der Maus am Karteireiter an, und ziehen Sie sie an den gewünschten Ort. Wie in Photoshop auch zeigen blau leuchtende Markierungen an, an welcher Stelle die Palette angedockt wird. Paletten können zu einzelnen Palettengruppen gezogen werden oder darunter und dazwischen angedockt werden.

8.2.4 Bildanzeige anpassen

Auch das, was im Bridge-Hauptfenster (Karteireiter INHALT) zu sehen ist, können Sie beeinflussen. Die Bildanzeige ist schließlich die Hauptsache bei einem Bildbetrachter!

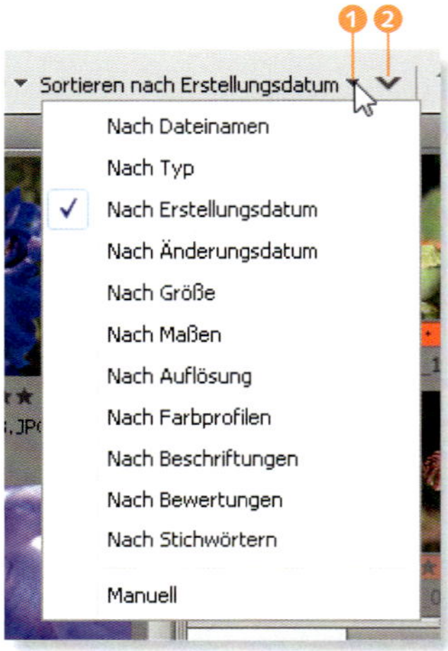

▲ **Abbildung 8.10**
In welcher Reihenfolge sollen die Ordnerinhalte angezeigt werden?

Sortierung der Miniaturen | Zunächst einmal können Sie unter SORTIEREN NACH... in der Anwendungsleiste festlegen, nach welchem Kriterium die Bilder des Ordners angeordnet sein sollen. Ein kleiner Pfeil ❶ klappt die entsprechende Liste aus. Der kleine Winkel (»Pfeil nach unten« ❷) ändert außerdem die Sortierreihenfolge – aufsteigend oder absteigend. Neben diesen Sortierschlüsseln haben Sie außerdem die Möglichkeit, die Ordnung der Miniaturen durch Ziehen mit der Maus zu ändern.

Größe der Miniaturen | Die Größe der Bildminiaturen können Sie auf verschiedenen Wegen beeinflussen. Am intuitivsten funktioniert das über den Schieberegler am unteren Rand des Programmfensters. Seine Bedienung leuchtet sofort ein: Regler ❹ nach links: kleinere Miniaturen; Regler nach rechts: größere Miniaturen.

Zudem können Sie die beiden Symbole rechts und links des Reglers nutzen, um die Spaltenanordnung der Miniaturen zu ändern. Ein Klick auf das kleine Symbol ❸ reduziert die Größe der Miniaturen so, dass eine Spalte mehr angezeigt wird. Das große Symbol ❺ vergrößert die Miniaturen genau so weit, dass eine Spalte weniger zu sehen ist.

Abbildung 8.11 ►
Der Schieberegler verbirgt mehr Funktionen als vermutet.

Wie viele Bildinformationen wollen Sie sehen? | Neben dem Schieber für die Miniaturgröße sehen Sie noch vier weitere sehr kleine Schaltflächen. Damit stellen Sie ein, mit wie vielen Zusatzinformationen – und damit verbunden, in welcher Anordnung – Sie die Miniaturen ansehen wollen.

- Der *zweite* Button von links ordnet die Bildvorschauen als Miniatur an und liefert nur wenige Zusatzinformationen. Standardmäßig sehen Sie nur die Dateinamen, und wenn Sie Wertungen und Beschriftungen vergeben haben, auch diese.

Miniaturgröße per Tastenkürzel ändern
Sie können die Größe der Miniaturen auch mithilfe von Shortcuts beeinflussen.
Strg + ⌘ + + (Plus) macht die Miniaturen größer,
Strg + ⌘ + - (Minus) verkleinert sie.

◂ **Abbildung 8.12**
Anzeige ALS MINIATUR – viel Bild, wenig Dateiinformationen

- Der *erste* Button von links funktioniert nur in Kombination mit der Miniatur-Ansicht. Er heißt MINIATURRASTER DURCH KLICKEN SPERREN und verhindert, dass Miniaturen am Fensterrand »abgeschnitten« gezeigt werden. Er sorgt also dafür, dass alle Miniaturen jederzeit vollständig im Bild sind.

Bridge-Farben ändern

Sind Sie noch nicht mit der Bridge-Ansicht zufrieden? Dann werfen Sie in jedem Fall auch einen Blick in die Bridge-Voreinstellungen (wie in Photoshop über BEARBEITEN • VOREINSTELLUNGEN und die Kürzel Strg+K bzw. ⌘+K). Unter ALLGEMEIN finden Sie zum Beispiel Einstellungen zur Bridge-Hintergrundfarbe und zur Farbe der Hervorhebungen.

◂ **Abbildung 8.13**
Das Gitternetz zeigt, dass die Anzeigeoption MINIATURANSICHT SPERREN gewählt wurde.

- Der dritte Button von links, INHALT ALS DETAILS ANZEIGEN, löst die Miniaturen aus der bisherigen Anordnung – zwangsläufig, denn nun werden eine Menge zusätzlicher Informationen eingeblendet.

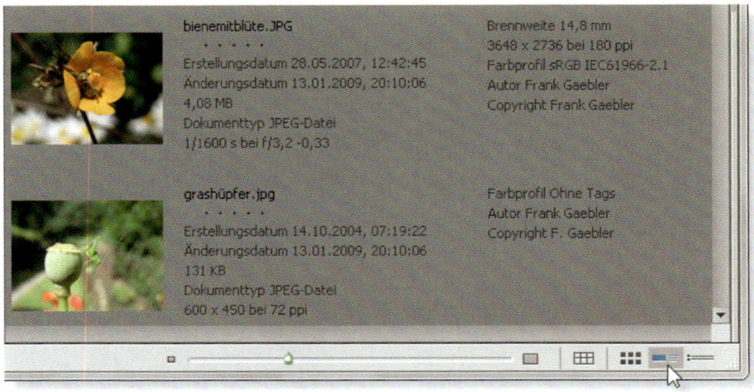

Abbildung 8.14 ▸
Inhalt als Details anzeigen – hier passen die Bilder nur noch untereinander.

- Der vierte Button schließlich – Inhalt als Liste anzeigen – eignet sich vor allem für Situationen, in denen man häufig schnell zwischen verschiedenen Sortierungen springt. Das Klicken auf eine der Spaltenüberschriften ❶ sortiert die Bilder nach der jeweiligen Kategorie. Beim aktuellen Sortierkriterium sehen Sie wieder den Pfeil ❷, mit dem sich die Reihenfolge umkehren lässt (auf-/absteigend). Mit einem Rechtsklick (bei Mac-Ein-Tasten-Mäusen: Ctrl + Klick) auf die Titelleiste öffnen Sie ein Kontextmenü ❸, in dem weitere Optionen zur Verfügung stehen.

▲ Abbildung 8.15
Umschalten zur Listenansicht

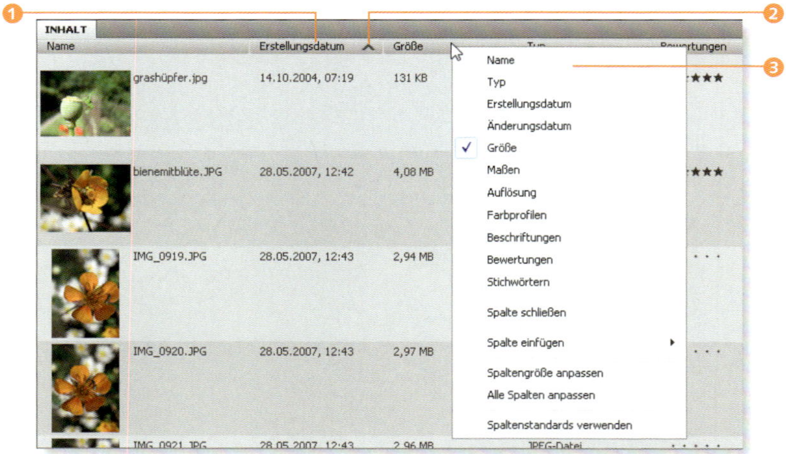

Abbildung 8.16 ▸
Wie wird sortiert? Die Anordnung der Liste kann leicht geändert werden.

Darstellungsqualität der Bildvorschau | Die Vorschau der Bilder im Inhalt-Fenster muss von Bridge zunächst errechnet werden. Das merken Sie zum Beispiel dann, wenn Sie einen sehr großen Ordner zum ersten Mal öffnen. Es dauert dann eine Weile, bis die Bilder angezeigt werden. Aus diesem Grund haben Sie die Möglichkeit, die Darstellungsqualität der Bildvorschauen zu verändern. Etwas schlechtere Miniaturen beschleunigen den Rechenvorgang, etwas bessere lassen ein verlässlicheres Urteil hinsichtlich der tatsächlichen Fotoqualität zu. In der Anwendungsleiste schalten Sie zwischen unterschiedlichen Qualitäten um.

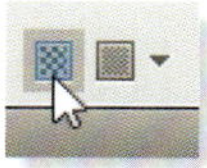

▲ **Abbildung 8.17**
Der Button Schnelle Suche durch Bevorzugung eingebetteter Bilder sorgt dafür, dass Ordnerinhalte schnell angezeigt werden.

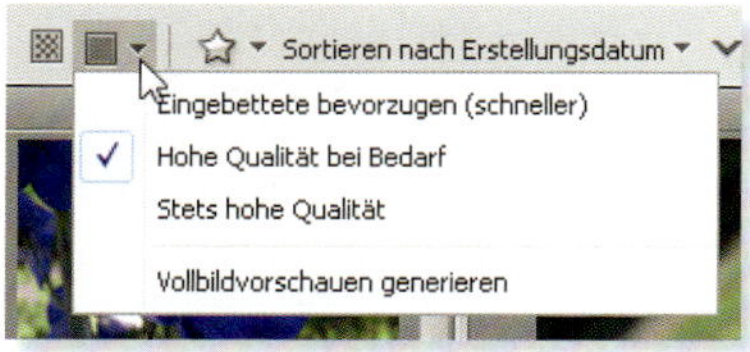

◄ **Abbildung 8.18**
Detail-Optionen zur Vorschauqualität

8.3 Ansichtsmodi

Neben all diesen Anpassungsmöglichkeiten können Sie Bridge auch klein zusammenfalten, damit es stets zur Hand ist, oder Ihre Bilder im bildschirmfüllenden Präsentationsmodus zeigen.

8.3.1 Kompaktmodus und Ultrakompaktmodus

Der normale Ansichtsmodus, den Sie aus allen bisherigen Screenshots kennen, ist für größere Datei-»Verwaltungsaufträge« der komfortabelste. So nimmt das Bridge-Fenster allerdings recht viel Platz ein.

Ansicht • Kompaktmodus ist – wie der Name nahelegt – eine besonders kompakte Ansicht. Sie erreichen diese Ansicht auch mit dem Shortcut [Strg]+[↵] bzw. [⌘]+[↵] oder über das Icon ganz rechts oben in der normalen Ansicht. Das Besondere: In der Kompaktansicht ist Bridge immer im Bildvordergrund und kann nicht von Paletten oder anderen Bildschirmelementen überdeckt werden.

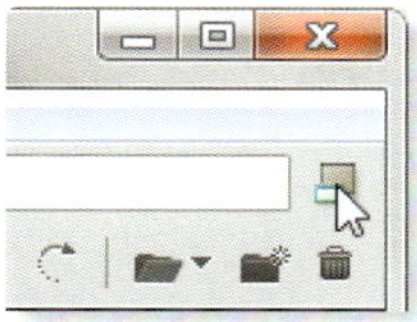

▲ **Abbildung 8.19**
Wechsel zum Kompaktmodus

◄ **Abbildung 8.20**
Bridge in der Kompaktansicht. Und es geht sogar noch schmaler: Ein Klick auf den Button neben dem Suchfeld ④ führt zum Ultrakompaktmodus. Der Button ⑤ bringt Bridge wieder auf seine normale Größe zurück.

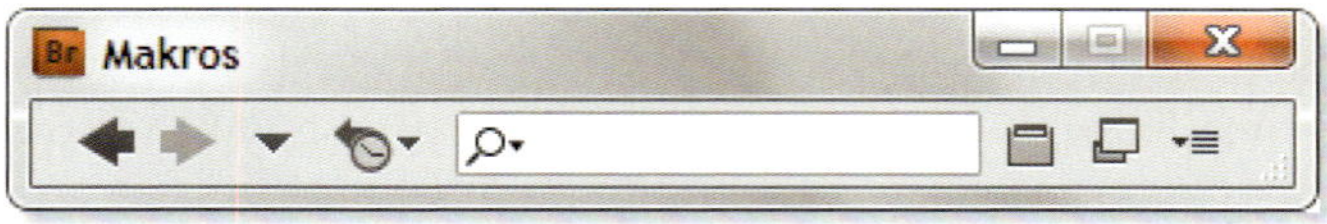

Abbildung 8.21 ▸
Ultrakompakt ist Bridge kaum noch zu gebrauchen. Praxistauglicher ist die neue CS5-MINI BRIDGE (mehr dazu in Abschnitt 8.11).

8.3.2 Präsentation

ANSICHT • PRÄSENTATION ([Strg]/[⌘]+[L]) startet eine Diashow des aktuellen Ordners. Im Vollbildmodus vor neutral grauem Hintergrund, gänzlich ohne störende Schaltflächen, wird ein Bild nach dem nächsten eingeblendet. ANSICHT • PRÄSENTATIONSOPTIONEN führt zu weitergehenden Einstellungen.

Die Präsentation wird über Tastenkürzel gesteuert. Während sie läuft, können Sie sich jederzeit mit dem Kürzel [H] eine Übersicht über die zur Verfügung stehenden Funktionen und ihre Tastenbelegung einblenden lassen. Die wichtigsten sind:

- Präsentation starten: [Strg]/[⌘]+[L]
- Steuerungsbefehle einblenden: [H]
- Präsentation beenden: [Esc]
- Pause/Weiter: Leertaste
- Bildzoom: [+]/[-]. Bei manchen Mäusen lässt sich dazu auch das Scrollrad nutzen.
- Zur nächsten Seite blättern: [→]
- Zur vorigen Seite blättern: [←]
- Dialog PRÄSENTATIONSOPTIONEN einblenden: [L]

Vorschau für Bewegtbilder und Audio

In Bridge CS5 gibt es jetzt eine Vollbildvorschau für dynamische Medien wie AVI-, SWF-, FLV- und F4V-Dateien. Um diese zu aktivieren, klicken Sie auf die betreffende Datei und wählen ANSICHT • VOLLBILDVORSCHAU. Die Wiedergabe beginnt sofort. Klicken Sie auf den kleinen Pause-Button, um die Wiedergabe anzuhalten, und auf den Play-Button, um sie erneut zu starten. Ein Klick auf das Loop-Icon aktiviert bzw. deaktiviert die wiederholte Wiedergabe, und mithilfe des Lautsprecher-Icons lässt sich die Lautstärke regeln. Mit [Esc] kommen Sie zur Bridge zurück. Das Ganze funktioniert auch für Audio-Dateien.

8.4 Ordner und Dateien schnell finden

Die Festplatten werden größer und größer, die Bilder zahlreicher und die Ordnerhierarchien immer verzwickter. In ausgedehnten Ordnersystemen zu navigieren ist enervierend, aber unumgänglich. Bridge versucht, diese lästige Pflicht zu erleichtern.

Lieblingsordner: Die Palette »Favoriten« | Klar, die erste Adresse, um einen bestimmten Ordner zu finden, ist die Palette ORDNER. Sie ist aber nicht die beste, denn dort haben Sie Ihr komplettes Dateisystem vor sich. Besser geht das mit den FAVORITEN. Dort können Sie Ihre bevorzugten Ordner in einer Liste anordnen. Einige Ordner sind dort schon voreingestellt, und natürlich können Sie Ihre FAVORITEN auch selbst festlegen. Die Ordnerstruktur innerhalb der FAVORITEN-Palette beeinflusst übrigens nicht Ihr tatsächliches Dateisystem auf der Festplatte. Die Favoriten-Ordner sind lediglich Verknüpfungen.

Der einfachste Weg, um ein Element zu den FAVORITEN hinzuzufügen, ist **Drag & Drop**. Sie können Ordner und einzelne

Favoriten-Vorauswahl verändern

In den Bridge-Voreinstellungen ([Strg]/[⌘]+[K]) unter ALLGEMEIN können Sie festlegen, welche der betriebssystem-typischen Favoriten angezeigt werden sollen.

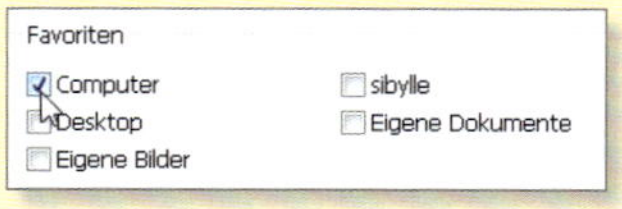

▴ **Abbildung 8.22**
Welche Standardordner sollen in den FAVORITEN erscheinen?

Dateien aus dem INHALT-Fenster in die Favoritenliste ziehen, aber auch Elemente aus der Palette ORDNER. Da sich die Paletten FAVORITEN und ORDNER standardgemäß ein Fach teilen und sich gegenseitig verdecken, kann es sinnvoll sein, die Ordner-Palette zunächst an einen anderen Ort zu bugsieren, um Ordner direkt herüberzuziehen (Abbildung 8.23). Doch Vorsicht: Die Drag&Drop-Methode ist etwas fehleranfällig, denn man kann auch einen Favoriten-Ordner unversehens in einen anderen Favoriten-Ordner ziehen – und ihn dann lange suchen.

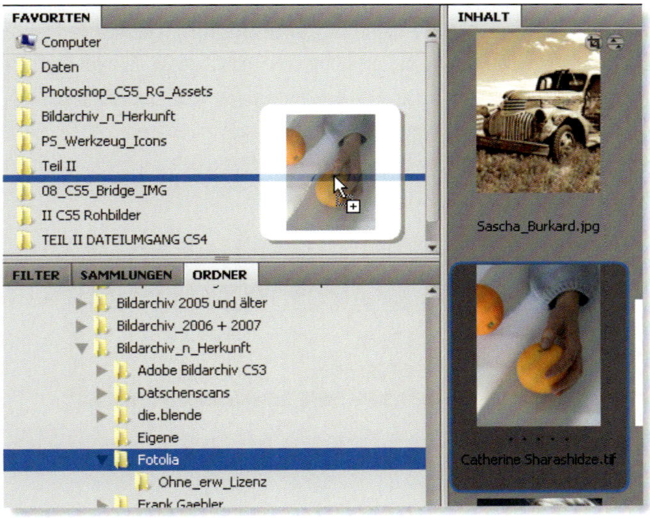

◂ **Abbildung 8.23**
Favoritenliste erweitern. Hier wird eine Datei aus dem INHALT-Fenster herübergezogen. Sie sehen außerdem, dass die ORDNER-Palette unterhalb der FAVORITEN-Palette abgelegt wurde. So können Sie Elemente auch direkt von der ORDNER-Palette zu den FAVORITEN ziehen.

Die Alternative ist das **Kontextmenü** an dem Ordner, den Sie gern in die Favoriten aufnehmen möchten. Beide Methoden stehen auch zur Verfügung, um Ordner(verknüpfungen) wieder aus den Favoriten herauszubekommen.

Pfadleiste | Wer über das zeitraubende Durchklicken von Ordnerbäumen stöhnt, wird sich über die Pfadleiste freuen. Denn sie zeigt Ihnen nicht nur im Stil einer Breadcrumb-Webnavigation, wo innerhalb der Ordnerhierarchie Sie sich befinden, sie birgt auch Funktionen.

▾ **Abbildung 8.24**
Die Pfadleiste von Bridge

- Das Anklicken eines Ordnernamens in der Pfadleiste führt zu diesem Ordner hin.
- Ein Rechtsklick (bzw. Ctrl + Klick) öffnet ein Kontextmenü. Darin werden alle Unterordner des Ordners gezeigt, den Sie

Dateibestand automatisch durchwühlen lassen: Schnellsuche

Einfacher geht es kaum: Suchbegriff ins Eingabefeld schreiben, [↵], fertig. Ein neues Fenster mit den Suchergebnissen legt sich vor das Miniaturfenster. Frühere Suchläufe lassen sich mittels Liste wiederholen (siehe Abbildung 8.26 – Aufklappen mit Klick auf die kleine Lupe im Suchfeld). Die Bridge-Suchmaschine findet Dateinamen und Dateinamensteile und Meta-Tags im aktiven Ordner. Unter Mac OS ist hier auch Spotlight integriert, unter Windows die Windows-Desktopsuche (sofern sie installiert wurde). Die betriebssystem-eigenen Suchengines suchen zusätzlich nach Ordnernamen und durchstöbern den gesamten Dateibestand. Eine Dateisuche mit verfeinerten Optionen finden Sie unter BEARBEITEN • SUCHEN ([Strg]/[⌘]+[F]).

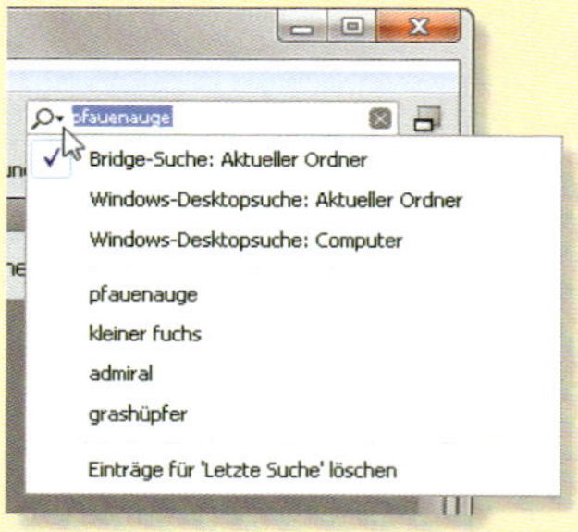

▲ **Abbildung 8.26**
Die Bridge-Suche ist sehr leistungsfähig, aber nur dann, wenn man ihr genug zum Auswerten gibt: Klare Dateinamen, Stichwörter oder Meta-Tags machen ihren Einsatz erst sinnvoll.

angeklickt haben – und mit einem weiteren Klick auf einen der Ordnernamen können Sie direkt dorthin navigieren.

- Ziehen Sie einen Ordner aus dem Inhalt-Fenster auf die Pfadleiste, um ihn in Bridge aufzurufen.
- Sie können auch Ordner aus dem Windows-Explorer (Windows) bzw. dem Finder (Mac OS) auf die Pfadleiste ziehen. Der betreffende Ordner wird dann in Adobe Bridge geöffnet.

Flache Ansicht | Der Befehl ELEMENTE IN UNTERORDNERN ANZEIGEN (ebenfalls im Pfadleisten-Kontextmenü) führt zur sogenannten **flachen Ansicht**: Dabei wird der Inhalt aller Unterordner auf einmal angezeigt. Es sieht so aus, als würden diese Unterordner gar nicht existieren und alle Dateien zusammen im übergeordneten Ordner liegen. Bei umfangreichen Ordnern kann es eine Weile dauern, bis alle Dateien und Unterordner in der flachen Ansicht geladen sind.

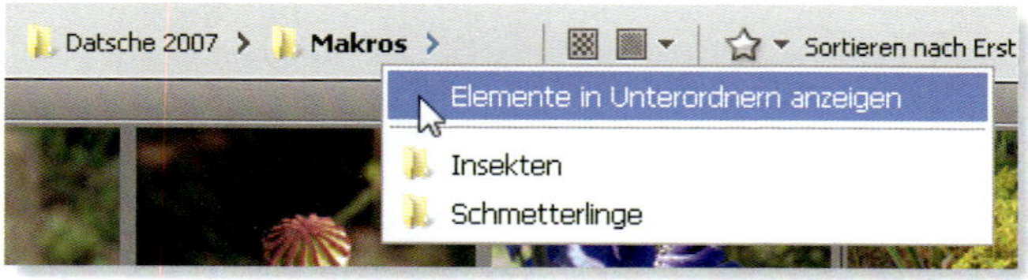

▲ **Abbildung 8.25**
Über die Pfadleiste gelangen Sie per Kontextmenü schnell zu Unterordnern.

Für ein manuelles Durchforsten ist die flache Ansicht bestimmt nicht geeignet, wohl aber, um automatische Suchläufe – zum Beispiel mit dem DURCHSUCHEN-Feld – durchzuführen. Dann sparen Sie sich das Öffnen zahlreicher Unterordner und wiederholte Suchvorgänge.

Icons | Die winzigen Icons der Anwendungsleiste sind eine gute Navigationshilfe.

- Die Pfeile [◆◆] erlauben ein schnelles Vor- und Zurückblättern in den zuletzt genutzten Ordnern.
- Mit dem kleinen »Pfeil nach unten« [▶] öffnen Sie eine Liste, über die sich flott die Ordner in der Hierarchie über dem aktuellen Ordner erreichen lassen. Außerdem sind dort alle FAVORITEN aufgeführt.
- Das Icon mit der Uhr [🕓] führt zu einer Liste, in der die zuletzt angesehenen Ordner aufgeführt sind. Und wenn Sie den Befehl ALLE ZULETZT VERWENDETEN DATEIEN anklicken, werden diese auch im Vorschaufenster angezeigt.

- Ein Klick auf den kleinen Bumerang holt Photoshop wieder nach vorne.
- In der Anwendungsleiste *ganz rechts* finden Sie außerdem ein kleines Ordner-Icon mit dem typischen Ausklapp-Pfeil. Dort verbirgt sich ein Menü, mit dessen Hilfe Sie schnell zu den zehn zuletzt genutzten Dateien springen können.

▲ **Abbildung 8.27**
Navigationshilfen *links* in der Anwendungsleiste

Was wollen Sie tun?	Windows	Mac
In der Palette Ordner zum nächsten Eintrag nach **oben/unten** gehen	↑/↓	↑/↓
In der Palette Ordner zur hierarchisch nächsthöheren **Ordnerebene** gehen	Strg+↑	⌘+↑
In Miniaturen: Ein Objekt nach **oben/unten** gehen	↑/↓	↑/↓
In Miniaturen: Ein Objekt nach **rechts/links** gehen	→/←	→/←
In Miniaturen: Zum **ersten/letzten** Objekt gehen	Pos1/Ende	Home/End
In Miniaturen: **Objekte neben dem aktiven Objekt der Auswahl hinzufügen** (oben, unten, rechts, links davon)	⇧+↑/↓/→/←	⇧+↑/↓/→/←

▲ **Tabelle 8.1**
Tastaturbefehle für die Navigation in Ordnern und Miniaturen

8.5 Mit Ordnern und Dateien arbeiten

Die Leistungsfähigkeit von Bridge erschöpft sich nicht im Navigieren durch Ordner. Auch das Erzeugen neuer Ordner, das Bewegen von Ordnerinhalten, der Im- und Export von Dateien und natürlich das Öffnen sind möglich.

Dateien gezielt in einer Anwendung öffnen

Viele Grafikdateien lassen sich mit mehr als nur einer Adobe-Anwendung öffnen. Auch ohne die Standards dauerhaft zu verändern, können Sie gezielt festlegen, mit welcher. Wählen Sie Datei • Öffnen mit, gefolgt vom Namen der Anwendung, in der die Datei geöffnet werden soll, oder ziehen Sie die Datei auf eines der Anwendungssymbole auf Ihrem Desktop oder Dock.

8.5.1 Dateien öffnen

Der selbstverständlichste Handgriff – das Öffnen von Dateien, die zuvor in Bridge gesichtet wurden – erfordert einige Erklärungen. Schließlich gibt es zahlreiche verschiedene Dateiformate, und Bridge arbeitet nicht nur mit Photoshop, sondern auch mit anderen Adobe-Anwendungen zusammen. Deswegen stehen Ihnen zum Öffnen von Dateien verschiedene Befehle zur Verfügung:

- Doppelklicken Sie auf eine Dateiminiatur.
- Oder markieren Sie eine oder mehrere Dateien im Inhalt-Fenster und
- wählen Sie den Menübefehl Datei • Öffnen oder
- drücken Sie die [↵] (Windows) bzw. den [↵] (Mac OS) oder
- drücken Sie [Strg]- und die [↓]-Taste (Windows) oder [⌘]- und die [↓]-Taste (Mac OS).

In InDesign verknüpfte Dateien
Bridge CS5 wartet mit einem interessanten Feature für InDesign-Nutzer auf. Bei InDesign-Dokumenten, die verknüpfte Dateien enthalten, kann man sich die verknüpften Dateien und deren Metadaten anzeigen lassen. Das funktioniert jedoch nur mit InDesign-CS5-Daten. Ein kleines Kettenicon oben rechts an der Miniatur der .indd-Datei zeigt an, ob verknüpfte Dateien vorhanden sind. Die verknüpften Dateien können Sie sich nun auf zweierlei Weise anzeigen lassen. Im Fach Verknüpfte Dateien in der Metadaten-Palette sehen Sie Namen und Pfade der verknüpften Dateien. Und wenn Sie das Kontextmenü der jeweiligen Datei aufrufen, sehen Sie den Befehl Verknüpfte Dateien anzeigen. Damit können Sie sich die Dateien im Inhalt-Fenster anzeigen lassen.

▲ **Abbildung 8.28**
Ein Rechtsklick (oder [Ctrl] + Klick) auf eine Bildminiatur öffnet geeignete Dateien im Raw-Converter von Adobe Bridge.

Wenn Sie eine dieser Aktionen ausführen, wird die ausgewählte Datei (bzw. die Dateien) in der Anwendung geöffnet, die dafür als Standard vorgesehen ist. Die gängigen Dateiformate für Pixelbilder werden standardmäßig in Photoshop geöffnet. Unter Bearbeiten • Voreinstellungen ([Strg]/[⌘]+[K]) können Sie auf der Tafel Dateitypzuordnungen diese Standardeinstellungen ändern.

Raw-Dateien, TIFF und JPG in Camera Raw öffnen | Sie können Fotos auch in Adobes Camera-Raw-Modul öffnen. Das funktioniert nicht nur für genuine RAW-Files, sondern auch für JPG- und TIFF-Dateien. Zwar verfügen JPG und TIFF nicht über so viele Bildinformationen wie echte Kamera-Rohdaten. Dennoch lassen sich die smarten Funktionen des Raw-Moduls manchmal auch hier mit Gewinn anwenden. Auch hier kommt es aufs Detail an, denn die Creative Suite bringt zwei (baugleiche) Raw-Konverter mit: Einer gehört zu Photoshop, der andere zu Bridge. Oft ist es günstiger, das Camera-Raw-Modul von Bridge zu nutzen, denn dann kann Photoshop parallel weitergenutzt werden.

- Ein Doppelklick auf eine RAW-Datei (funktioniert so nicht bei JPG und TIFF) öffnet diese im Camera-Raw-Tool von *Photoshop*.
- Um eine (RAW-, JPG- oder TIFF-Datei im Raw-Konverter von *Bridge* zu öffnen, wählen Sie Datei • In Camera Raw öffnen, nutzen den Shortcut [Strg]+[R] oder das Kontextmenü einer Bildminiatur.

8.5.2 Alltägliche »Ordnerjobs«

Ordner erzeugen | Um neue Ordner anzulegen, nutzen Sie den Button Neuer Ordner, wählen Datei • Neuer Ordner ([Strg]+[⇧]+[N] bzw. [⌘]+[⇧]+[N]) oder rechtsklicken ([Ctrl]-klicken) irgendwo auf eine graue Partie des Miniaturenfensters. Im Kontextmenü gibt es den Befehl Neuer Ordner.

Elemente löschen | Um Ordner oder Dateien zu löschen, klicken Sie auf die unvermeidliche Mülltonne, markieren die Ordner und drücken [Strg]+[Entf] bzw. [⌘]+[←] oder wählen wiederum den Weg über Datei • Löschen.

▲ **Abbildung 8.29**
In Bridge gibt es auch für Standard-»Ordnerjobs« einige selbsterklärende Miniaturbuttons. Sie sind ziemlich abgelegen rechts oben in der Anwendungsleiste angebracht.

Elemente neu benennen | Um Ordnern oder Dateien neue Namen zuzuweisen, klicken Sie mit der rechten Maustaste (oder gehaltener [Ctrl]-Taste) auf den Dateinamen unter der Miniatur und wählen im Kontextmenü Umbenennen. Unter Windows wechseln auch das Kürzel [F2] und ein zielgenauer (!) Linksklick auf den Dateinamen in den Umbenennen-Modus.

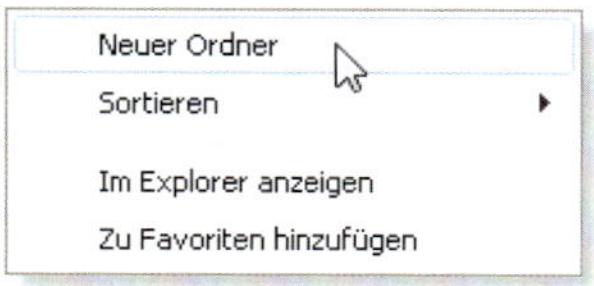

▲ **Abbildung 8.30**
Das Kontextmenü, wenn man auf leere Bereiche im Miniaturenfenster von Bridge klickt

◄ **Abbildung 8.31**
Zum Umbenennen schreiben Sie direkt unter der Miniatur.

Wenn Sie auf diese Art die Namen mehrerer nebeneinander angeordneter Dateien ändern möchten, können Sie auch Shortcuts nutzen (siehe Tabelle 8.2). Sie müssen dann nicht für jede Datei extra das Namensschreibfeld aktivieren. Das hört sich langweilig an, aber in der Praxis sind diese Kürzel genial!

Was wollen Sie tun?	Windows	Mac
Bei aktiviertem Umbenennen-Modus einer Datei: die nächste Datei umbenennen	[⇥]	[⇥]
Bei aktiviertem Umbenennen-Modus einer Datei: die vorherige Datei umbenennen	[⇧]+[⇥]	[⇧]+[⇥]

◄ **Tabelle 8.2**
Tastaturbefehle zum Umbenennen

Dateien stapelweise umbenennen | Nicht selten kommt es vor, dass man eine Menge Bilder auf einmal umbenennen muss. Mit der Funktion Stapel-Umbenennung können Sie die Kriterien der Umbenennung festlegen.

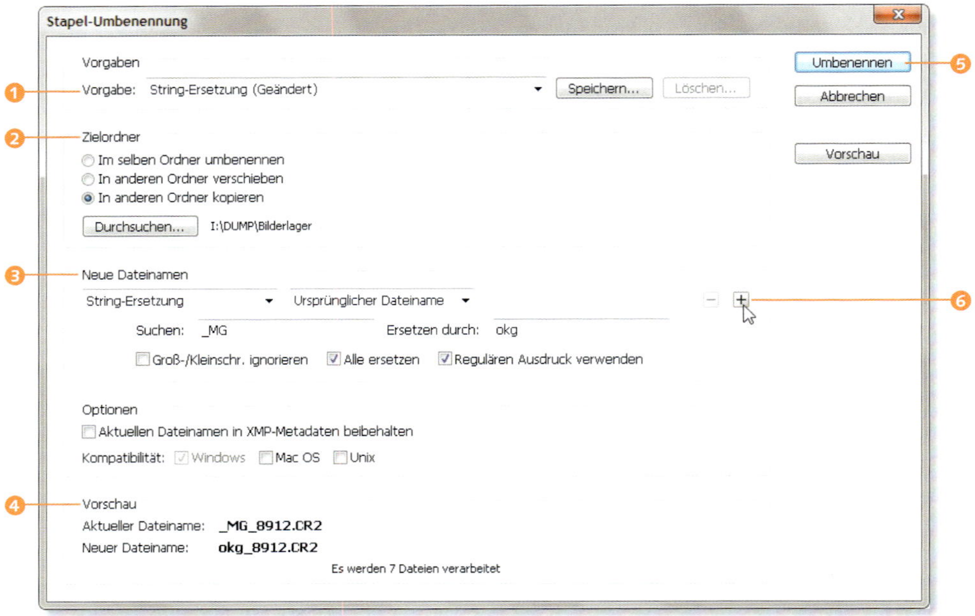

Abbildung 8.32 ▲
Über die Einstellungen unter ZIELORDNER lässt sich die STAPEL-UMBENENNUNG auch als Datei-Kopiermaschine einsetzen.

1. Um mehrere Dateien auf einmal umzubenennen, wählen Sie sie zunächst aus.
2. Dann rufen Sie das Dialogfenster STAPEL-UMBENENNUNG auf – entweder über den Befehl WERKZEUGE • STAPEL-UMBENENNUNG oder mit dem Kürzel Strg/⌘+⇧+R.
3. Legen Sie die gewünschten Optionen fest, und starten Sie die Umbenennung mit UMBENENNEN ❺. Der Befehl SPEICHERN sichert Ihre Einstellungen zur späteren Verwendung. Sie finden sie unter VORGABE ❶.

Die meisten der Umbenennen-Optionen sind leicht verständlich:

- Unter ZIELORDNER ❷ stellen Sie ein, ob die umbenannten Dateien im Ausgangsordner abgelegt werden sollen, ob sie in einen anderen Ordner verschoben werden oder ob Kopien der Originale erzeugt werden.
- Unter NEUE DATEINAMEN ❸ legen Sie fest, wie die neuen Dateinamen beschaffen sein sollen. Sie können eigenen Text eingeben oder Elemente aus den Menüs auswählen.
- Das Klicken auf die kleinen Buttons »Plus« und »Minus« ❻ fügt weitere Eingabefelder für Namensbestandteile hinzu oder löscht sie.

Im unteren Bereich des Dialogs ❹ sehen Sie, wie alte und neue Dateinamen aussehen, wenn die von Ihnen eingestellten Muster zur Umbenennung angewandt werden.

Neu in CS5: Reguläre Ausdrücke | Die Stapel-Umbenennung beherrscht in CS5 auch reguläre Ausdrücke. Stellen Sie dazu unter Vorgabe die Option String-Ersetzung ein. Reguläre Ausdrücke (auch »Regular Expressions« oder kurz »RegEx« genannt) sind Zeichenfolgen mit festen syntaktischen Regeln, die nicht nur in Bridge, sondern auch in vielen anderen Applikationen für Suchen-und-Ersetzen-Routinen eingesetzt werden. Mit RegEx lassen sich etwa Dateinamen-Präfixe, numerische Namensbestandteile oder die ersten Buchstaben eines Dateinamens (etwa das leidige IMG_ oder MG_) ändern. Um alle Möglichkeiten von RegEx zu nutzen, sollten Sie sich ein wenig mit Programmierung oder mit Linux auskennen, denn die Notation der Suchstrings ist nicht gerade intuitiv. Zudem können in Bridge per RegEx gefundene Namensbestandteile nur durch Texteingaben, nicht aber durch laufende Nummern oder Ähnliches ersetzt werden. RegEx in Bridge sind eine gute Idee, die in CS6 hoffentlich weiter ausgebaut wird. (Dasselbe wünscht man sich für die Dokumentation. Eine detaillierte Anleitung sucht man bei Adobe bisher vergebens.)

CS5

Elemente verschieben | Um eine Datei oder einen Ordner zu verschieben, nutzen Sie

- entweder das Kontextmenü einer Datei oder eines Ordners. Dazu klicken Sie auf die Miniatur des zu verschiebenden Elements und wählen im Kontextmenü den Befehl Verschieben nach.

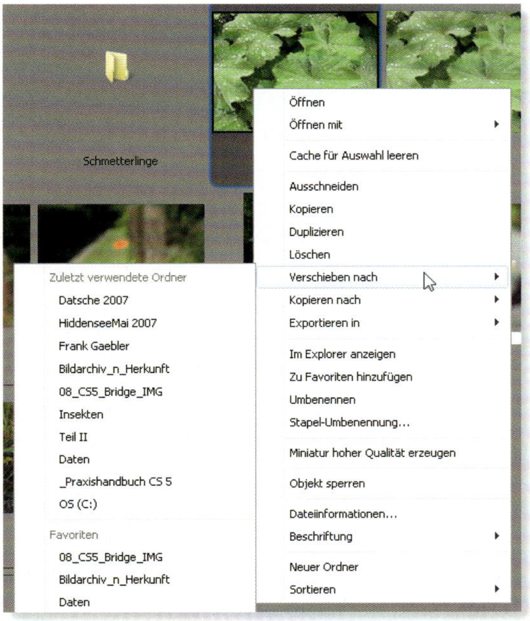

◂ **Abbildung 8.33**
Das Kontextmenü einer Dateiminiatur enthält zahlreiche hilfreiche Befehle, unter anderem, um Dateien an andere Orte zu verschieben oder zu kopieren.

- oder die Methode Drag & Drop mit der Maus. Sie können Objekte innerhalb des Inhaltsfensters verschieben (zum Beispiel in einen vorhandenen Unterordner) oder auch in Ordner, die Sie über die Favoriten- oder Ordner-Palette erreichen.

Interessant für die Ziehen-Methode ist der Befehl Fenster • Neues synchronisiertes Fenster (Strg+Alt+N bzw. ⌘+⌥+N). Damit wird ein zweites Bridge-Fenster geöffnet. Der Transfer zwischen verschiedenen Ordnern ist so unter Umständen einfacher.

Elemente kopieren | Um Dateien oder Ordner an einen anderen Ort zu kopieren, ziehen Sie sie bei gehaltener Strg/⌥-Taste in den neuen Ordner, wählen Bearbeiten • Kopieren oder nutzen das Kontextmenü (Abbildung 8.33).

Ansicht aktualisieren
Mit F5 können Sie die Ansicht von Ordnern und Verzeichnisbäumen aktualisieren, wenn Sie einige der oben beschriebenen Operationen durchgeführt haben.

Dateien duplizieren | Lediglich dupliziert, aber nicht verschoben werden Dateien mit dem Befehl Bearbeiten • Duplizieren (Strg+D bzw. ⌘+D).

8.6 Dateien als JPG exportieren

Wer regelmäßig größere Mengen von Dateien aus dem Digicam-Fundus oder anderen Quellen für das Web aufbereiten muss, freut sich bestimmt über die neue JPG-Exportfunktion von Bridge. Zu finden ist die Funktion in der Exportieren-Palette (falls nicht aktiv: Fenster • Exportieren-Fenster).

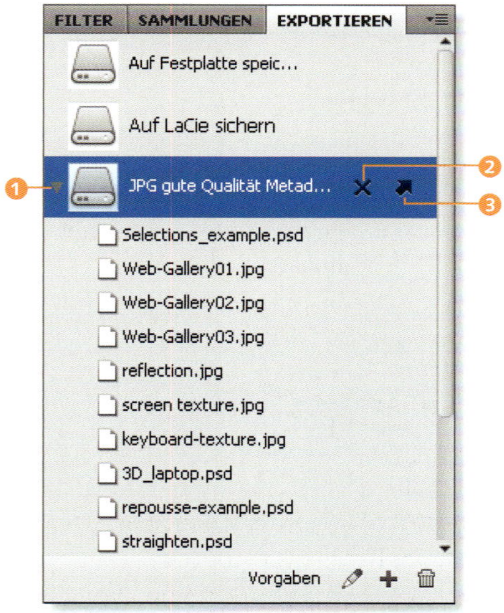

Abbildung 8.34 ▸
Die Exportieren-Palette. Die einzelnen Exportjobs nennt Adobe »Module«. Hier sind drei davon und einige Dateien in der Export-Warteschlange zu sehen.

Die Bedienung ist annähernd narrensicher. Wer mit den JPG-Eigenschaften und den JPG-Speicheroptionen in Photoshop vertraut ist, hat sich hier schnell eingearbeitet.

Das Funktionsprinzip der EXPORTIEREN-Palette ist schnell erklärt: Sie erzeugen mithilfe der Plus-Schaltfläche [+] am unteren Rand der Palette eigene Export-Jobs mit den von Ihnen gewünschten JPG-Eigenschaften (etwa Qualität, Skalierung, Metadaten und Speicherort), die dann als Module auf der Palette auftauchen. Mithilfe des Buttons lassen sich Export-Jobs nachträglich verändern: das Klicken auf den Mülleimer löscht das markierte Modul.

Um Dateien als JPG zu exportieren, markieren Sie sie im INHALT-Fenster und ziehen das ganze Bündel einfach auf das betreffende Modul-Icon (Abbildung 8.35).

Die Dateien stehen dann in der Warteschlange (in Abbildung 8.34 beim Modul JPG GUTE QUALITÄT METADATEN zu sehen), werden aber noch nicht sofort exportiert. Das gibt Ihnen die Gelegenheit, auch noch andere Ordner nach Bildern zu durchforsten, die Sie dem aktuellen Exportauftrag hinzufügen. Erst ein Klick auf die Schaltfläche AUFTRAG EXPORTIEREN ❸ startet den Export. Sie sehen während des Exports ein kleines Fenster mit Fortschrittsbalken. Um zu kontrollieren, welche Dateien bereits bei einem Modul auf den Export warten, klicken Sie auf den kleinen Aufklapp-Pfeil ❶. Um alle Dateien aus der Export-Warteschlange zu entfernen, klicken Sie auf das x-Symbol ❷. Um eine einzelne Datei aus der Liste zu entfernen, fahren Sie mit der Maus rechts in die betreffende Zeile oder klicken die Datei an. Sie können die Datei dann löschen (wieder per x-Symbol ❹) oder in Bridge nochmals genauer unter die Lupe nehmen ❺.

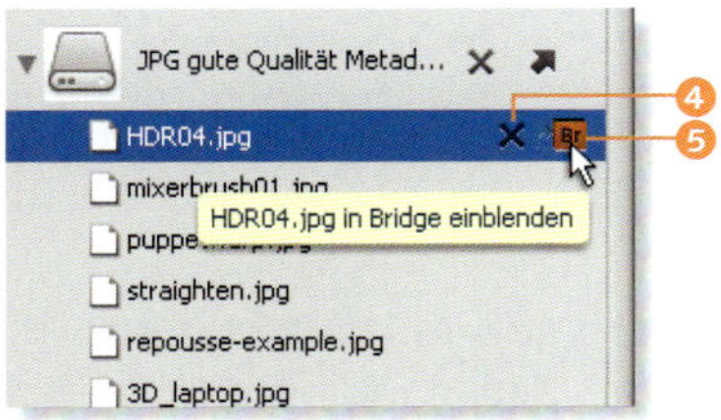

◂ **Abbildung 8.36**
Wenn Sie den Mauszeiger in die Nähe einzelner Dateinamen in der Exportwarteschlange bringen (oder dorthin klicken), werden Verwaltungsoptionen eingeblendet.

8.7 Dateien importieren und sichten

8.7.1 Dateien von der Digicam

Die Stärke von Adobe Bridge liegt im Sichten, Suchen, Bewerten und Sortieren von Bildern und in der Bearbeitung und Verwaltung von Metadaten. Schritt eins ist natürlich der Import von Dateien

Zum Weiterlesen: JPG
Informationen zum Dateiformat JPG finden Sie in Abschnitt 6.6, »Dateiformate für Bilder«, und in Kapitel 36, »Bilder für das Internet optimieren«.

Schaltflächen inaktiv ?

Die Buttons am Fuß der Exportieren-Palette funktionieren nur, wenn eines der Module in der Palette angeklickt (markiert) ist. Wenn Sie Ihr erstes Modul anlegen, müssen Sie einmal auf das mitgelieferte Standard-Modul AUF FESTPLATTE SPEICHERN klicken. Bei späteren Veränderungen ist es gleichgültig, welches Modul Sie zu diesem Zweck wählen.

▴ **Abbildung 8.35**
Hier werden Fotos auf das Exportmodul (graue Hervorhebung) gezogen.

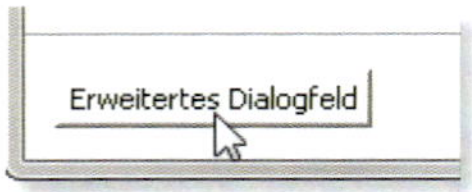

▲ **Abbildung 8.37**
Erst in der erweiterten Dialogansicht zeigt der Foto-Downloader seine wahren Stärken.

aus der Kamera. Das geht in Bridge in der Regel ganz problemlos, ohne dass die Kamerasoftware benutzt werden muss. Schließen Sie Ihre Kamera an, und wählen Sie Datei • Fotos aus Kamera laden, oder klicken Sie auf das Kamera-Icon in der Anwendungsleiste. Der Foto-Downloader, der sich dann öffnet, ist recht karg, aber auch weitgehend selbsterklärend. Seine Qualitäten offenbart er, wenn man auf den Button Erweitertes Dialogfeld klickt.

Wenn Sie hier die Importeinstellungen geschickt ausreizen, sparen Sie sich anschließend viel Sortier- und Verwaltungsarbeit!

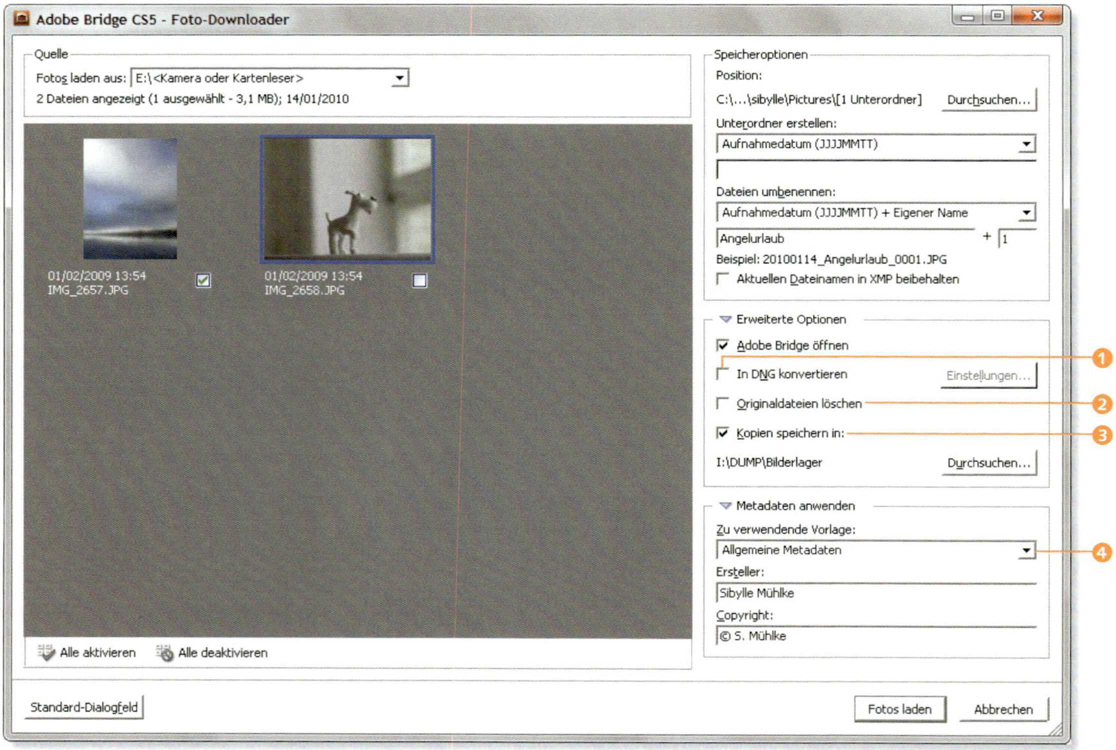

▲ **Abbildung 8.38**
Der Foto-Downloader in der erweiterten Ansicht. Er zeigt nicht nur Miniaturen aller Bilder auf der Kamera, sondern enthält auch smarte Importoptionen.

In einem Vorschaufenster, das alle Bilder der Kamera anzeigt, können Sie genau festlegen, welche Bilder importiert werden sollen:

- Bei den Einstellungen zu Speicherposition, Unterordnern und Dateinamen können Sie vordefinierte Datumssets nutzen oder – was oft sinnvoller ist – eigene Namen plus eine durchlaufende Seriennummer vergeben.
- Kopien speichern in ❸ ist *die* Option für Backup-Schluderer. Sie erlaubt Ihnen nämlich, in einem Arbeitsgang die Dateien von der Kamera auf Ihren Rechner zu importieren

und gleichzeitig eine Kopie der Kamerafiles auf ein externes Backup-Medium zu schreiben. Unter Durchsuchen legen Sie den Speicherort für die Dateikopien fest.

- Originaldateien löschen ❷ leert den Speicherchip Ihrer Kamera. Nutzen Sie diese Option nur, wenn Sie tatsächlich alle Dateien von Ihrer Kamera auf den Recher transferiert haben!
- Wenn Sie mit Raw-Dateien arbeiten und diese lieber im herstellerunabhängigen Rohdatenstandard DNG sichern (statt im kamera-eigenen Raw-Format), aktivieren Sie In DNG konvertieren ❶.
- Außerdem können Sie den Bildern Metadaten-Vorlagen, die Sie zuvor in Photoshop oder Bridge definiert haben, direkt zuweisen ❹.

Zum Weiterlesen: Camera Raw
Das Thema Kamera-Rohdaten kommt in Kapitel 23, »Das Camera-Raw-Modul«, ausführlich zur Sprache. Dann geht es auch noch einmal um Bridge.

8.7.2 Die erste Durchsicht

Wie Sie sich möglichst flott zwischen Miniaturen bewegen, können Sie Tabelle 8.1, »Tastaturbefehle für die Navigation in Ordnern und Miniaturen«, entnehmen. Doch was dann? Bei frisch importierten Dateien sollten Sie sofort die Spreu vom Weizen trennen. Denn je mehr »B-Pictures« Ihre Ordner verstopfen, desto geringer ist Chance, dass Sie mit den wirklich guten Fotos sinnvoll arbeiten. Bridge unterstützt Sie beim systematischen Sichten auch größerer Dateibestände.

Zurückweisen statt löschen | Das Löschen von Dateien ist endgültig, zumindest, wenn Sie auch Ihren Betriebssystem-Papierkorb geleert haben. Eine Alternative ist das Zurückweisen von Dateien. Wählen Sie die Datei oder die Dateien aus, die Sie nicht mehr mögen, und drücken Sie dann den Shortcut [Alt]+[Entf] bzw. [⌥]+[←]. Der passende Menübefehl ist Beschriftung • Zurückweisen. Die Dateien verschwinden dann aus der Anzeige. Zum Ansehen zurückgewiesener Dateien wählen Sie Ansicht • Zurückgewiesene Dateien anzeigen. Diese Methode können Sie anwenden, wenn Sie nicht ganz sicher sind, ob Sie diese Dateien wirklich nicht mehr brauchen. Mit Ansicht • Keine Beschriftung können Sie das Zurückweisen wieder annullieren.

Drehen | Bei einigen Kameras werden als Hochformat fotografierte Bilder auf der Seite liegend importiert. Mit den Dreh-Buttons der Symbolleiste können solche Bilder in 90°-Schritten **gedreht** werden.

Wenn Sie ein Bild gleich um 180° drehen wollen, müssen Sie den Weg über das Menü Bearbeiten gehen.

▲ **Abbildung 8.39**
Bilder drehen

Fehlen Filter-Kategorien?
Wie so oft in Photoshop & Co. sorgen kleine dreieckige Pfeile wieder für Ordnung und klappen einzelne Bereiche der Dateifilter-Liste auf und auch wieder zu. Angezeigt werden jeweils nur die Kategorien, für die im aktiven Ordner auch Bilder vorhanden sind. Wenn Sie also z. B. noch gar keine Beschriftungen und Wertungen vergeben haben, fehlen diese Kategorien in der Übersicht.

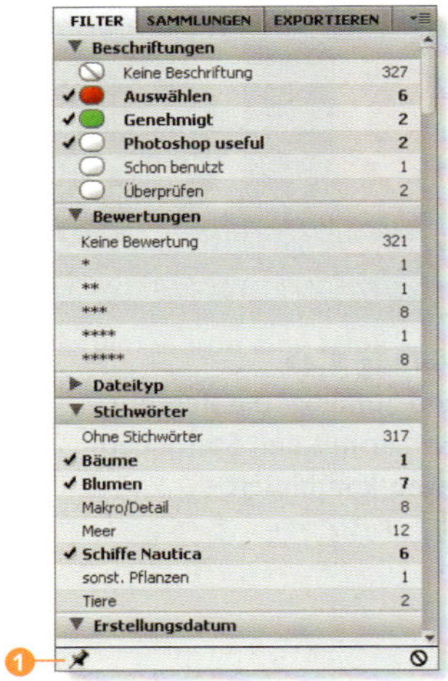

▲ **Abbildung 8.43**
Kleine Häkchen zeigen an, welche Filterkategorien aktiviert wurden.

Alle Filter auf einmal entfernen

Wenn Sie mehrere Filter aktiviert haben und sie wieder unwirksam machen wollen, müssen Sie nicht Häkchen für Häkchen wegklicken. Nutzen Sie den Shortcut Strg+Alt+A bzw. ⌘+⌥+A, um alle Filter zu entfernen.

Format, Datum der letzten Änderung, Dateityp, aber auch Ihre eigenen Wertungen und Beschriftungen sowie Stichwörter.

Dateifilter verwenden | Der Gebrauch des Dateifilters ist nun denkbar einfach: Klicken Sie einfach die Kategorien an, deren entsprechende Dateien Sie ansehen wollen. Sie können mehrere Kategorien kombinieren. Sind zwei oder mehr Eigenschaften aktiv, werden sie mit dem Operator »und« kombiniert. Wenn Sie dann gar keine Miniatur im Ansichtsfenster sehen, enthält der Ordner keine Datei, die der gewählten Konstellation entspricht. »Oder«-Suchen sind über den Dateifilter leider nicht möglich.

Üblicherweise gelten solche Filtereinstellungen immer nur für den aktiven Ordner – sobald Sie in einen anderen Ordner wechseln, werden alle Dateifilter entfernt. Wenn Sie auf das Icon »Markierungsnadel« 1 klicken, passiert das nicht. Es sorgt dafür, dass der Filter auch beim Durchsuchen anderer Ordner aktiv bleibt. Allerdings müssen Sie zuerst auf das Nadel-Icon klicken und erst danach die gewünschten Filterkriterien festlegen. Anders herum funktioniert es nicht!

8.7.5 Schönes Bilderkarussell: Überprüfungsmodus

Mit dem Überprüfungsmodus bietet Ihnen die Bridge eine Ansichtsoption im Vollbild, in der Sie nicht durch Bedienungselemente von Ihren Dateien abgelenkt werden. Elementare Bearbeitungsaufgaben sind möglich. Mit Strg/⌘+B (oder Ansicht • Überprüfungsmodus) starten Sie den Modus, und mit Esc (oder der Schaltfläche »X« unten rechts 7) brechen Sie ihn wieder ab. Wenn Sie vorher mehrere Bilder eines Ordners auswählen, werden nur diese angezeigt, ansonsten der komplette Ordnerinhalt.

- Die Rechts/links-Pfeile 3 auf dem Bildschirm oder Ihre Tastatur-Pfeile bewegen das Karussel in beide Richtungen.
- Sie können auch einzelne Bilder direkt anklicken, um sie nach vorne zu holen, oder Bilder ziehen.
- Der nach unten weisende Pfeil 2 auf dem Screen nimmt Bilder aus dem Karrussel heraus (sie werden aber nicht gelöscht).
- Das Kontextmenü 4 ist Ihre größte Hilfe bei der Bewertung und Beschriftung von Bildern. Auch die meisten der oben genannten Shortcuts funktionieren im Überprüfungsmodus.
- Die Lupe aktivieren Sie hier durch einen Klick auf das Icon unten rechts 5.
- Außerdem können Sie Sammlungen erstellen 6 – mehr dazu folgt weiter unten.

▲ **Abbildung 8.44**
Vor allem macht die karussellähnliche Bildanzeige Spaß!

8.8 Viele Fotos: Die Übersicht behalten

Viele Ordner, zahllose Dateien – selbst jemandem, der seinen Dateibestand regelmäßig pflegt, diszipliniert sortiert und mit Namen versieht, kann der Datenwust über den Kopf wachsen. Bridge enthält zwei praktische Funktionen, mit denen Sie innerhalb von Ordnern, im Miniaturenfenster und ordnerübergreifend leichter die Übersicht wahren können.

8.8.1 Bilder in Stapeln

Die Bilderstapel gibt es bereits seit der Version CS3. Die Funktion eignet sich gut für Digitalfotografen, die ein Motiv in zahlreichen Variationen aufnehmen. Ähnliche Bilder lassen sich so gut beisammenhalten und blockieren in der Miniatur-Übersicht nicht allzu viel Raum. Außerdem ist es möglich, gestapelte Dateien gleichzeitig zu bearbeiten.

Die Funktion Stapel – nicht zu verwechseln mit der Stapelverarbeitung von Photoshop – hat einen eigenen Menüpunkt. Sie ist einfach zu bedienen, spart Platz und erleichtert Ihnen das Sortieren, Sichten und Bearbeiten von Dateien mit Bridge ungemein.

Dateien stapeln | Um mehrere Dateien zu einem Stapel zusammenzufassen, wählen Sie sie zunächst aus. Wie in vielen anderen Anwendungen ermöglichen Strg/⌘ oder ⇧ auch in Bridge die Auswahl mehrerer Objekte. Mit dem Befehl Stapel • Als Stapel gruppieren (Strg/⌘+G) werden dann die gewählten Bilder zu einem handlichen Bilderpacken zusammengefasst.

Ist ein Stapel ausgewählt, sind alle enthaltenen Bilder auch im Ansichtsfenster (und der Vorschaupalette) zu sehen. Vor allem in der Filmstreifen-Ansicht ist das sehr praktisch!

Abbildung 8.45 ▸
Sie müssen genau hinsehen – hier ist nur das *oberste* Bild des Stapels aktiv.

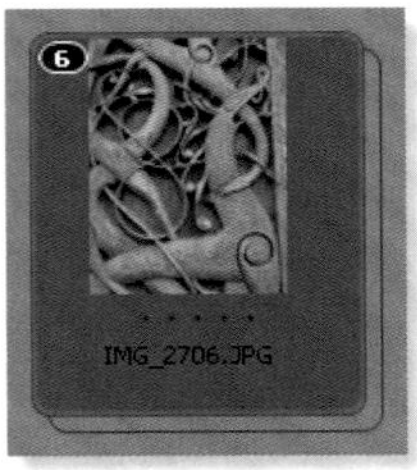

Abbildung 8.46 ▸▸
Um einen *kompletten* Stapel zu aktivieren, müssen Sie beim Anklicken Alt/⌥ drücken oder unten rechts auf die Kante des Stapelsymbols (auf das »unterste Bild«) klicken.

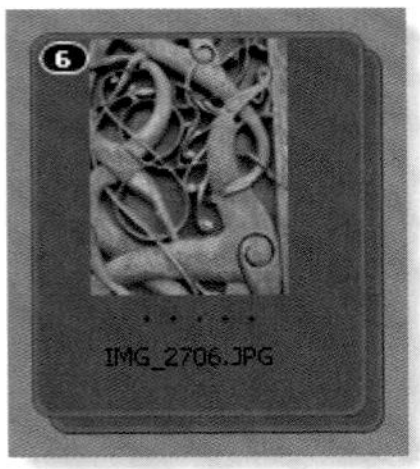

Überblick im Stapel | Die Ziffer am Stapel-Icon (hier: 6) zeigt an, wie viele Dateien im Stapel enthalten sind. Wenn Sie auf die Zahl klicken, entfaltet sich der Stapel auch und zeigt die Miniaturen wieder nebeneinander. Der Befehl Stapel • Stapel zusammenfalten oder ein erneuter Klick auf die Zahl schiebt die Miniaturen wieder zum Stapel zusammen.

▲ Abbildung 8.47
Ein Klick auf die Zahl legt die Miniaturen der gestapelten Dateien wieder nebeneinander, löst aber die Stapelzuordnung nicht endgültig.

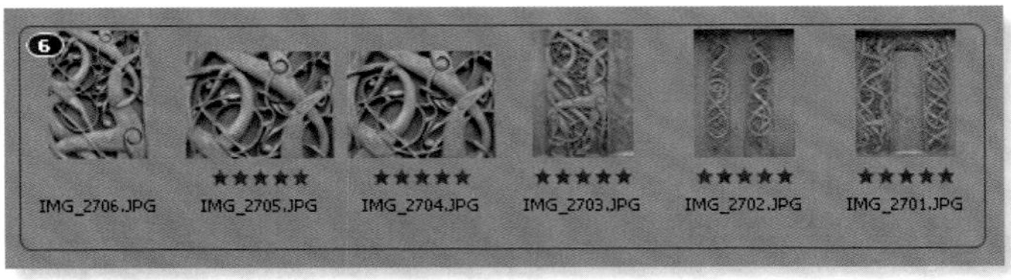

▲ Abbildung 8.48
Der ausgeklappte Stapelinhalt

Stapel lösen | Um die Zuordnung aller Bilder zu einem Stapel endgültig zu lösen, wählen Sie Stapel • Aus Stapelgruppierung lösen bzw. Strg+⇧+G bzw. ⌘+⇧+G. Einzelne Bilder können Sie ganz einfach aus einem aufgefalteten Stapel mit der Maus herausziehen.

Doch Stapel sind mehr als nur eine praktische Art der Dateisortierung. Bridge-Befehle, die Sie auf eine einzelne Datei anwenden können, gelten genauso für einen aktiven Stapel, zum Beispiel Bewertungen oder die Vergabe von Metadaten (mehr dazu erfahren Sie in Abschnitt 8.9).

Automatisches Stapeln
Der Befehl STAPEL • AUTOMATISCHE STAPELANORDNUNG FÜR PANORAMA/HDR soll Bilderserien, die für Panoramen oder HDR-Montagen entstanden sind, automatisch erkennen und in Stapeln zusammenfassen. Im Test hat die Automatik Serien nicht immer zuverlässig erkannt. Viele Bilder blieben ungestapelt, und in einigen Fällen wurden Fotos auch ungerechtfertigterweise einer Serie zugeschlagen. Bisher ist manuelles Stapeln also wohl besser.

8.8.2 Sammlungen

Durch zunehmend größere Speichermedien ist das Durchklicken von Ordnerhierarchien zu einer zeitaufwendigen Beschäftigung geworden. Sammlungen und Smart-Sammlungen machen es möglich, sich vom verschachtelten System der Ordner, Unterordner und Unter-Unterordner zu lösen und Dateien *ordnerübergreifend* zu organisieren. Sammlungen sind virtuelle Ordner, in denen Dateien gesammelt werden, obwohl sie tatsächlich in ganz verschiedenen physikalischen Festplatten-Ordnern abgelegt sind. Smart-Sammlungen wachsen bei sich veränderndem Datenbestand sogar den Nutzervorgaben gemäß mit. Die Bedienung der Sammlungen-Palette ist einfach, der Effekt verblüffend!

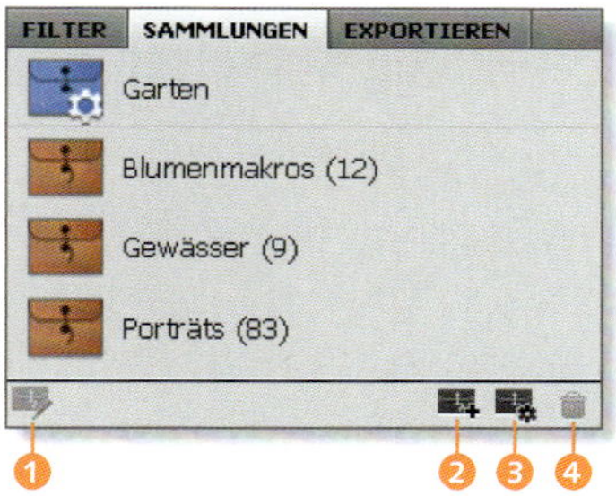

◂ **Abbildung 8.49**
Sammlungen werden mit bräunlichen, Smart-Sammlungen mit blauen Symbolen dargestellt.

Um eine Sammlung zu erstellen,

1. klicken Sie am unteren Rand der Palette auf das Icon NEUE SAMMLUNG ❷, vergeben einen Namen und
2. wählen dann im Miniaturenfenster eine oder mehrere Dateien aus, die Sie einfach auf das Sammlungssymbol ziehen.

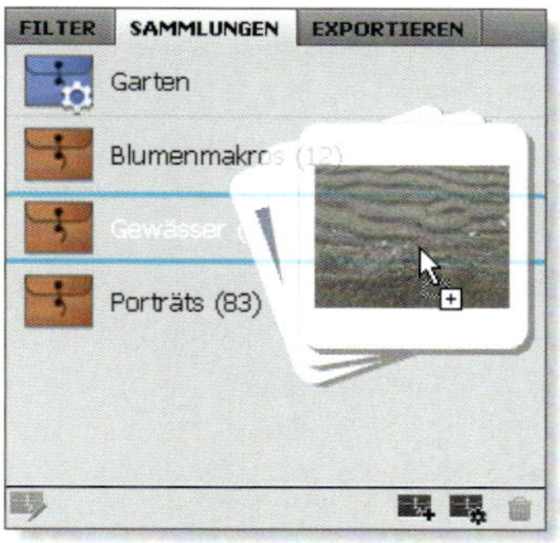

▴ **Abbildung 8.50**
Das Bestücken einer Sammlung: In dieser Weise können Sie auch eine vorhandene Sammlung mit zusätzlichen Dateien füllen.

Sie können aber auch umgekehrt vorgehen: Sie wählen erst Dateien aus und erzeugen danach die neue Sammlung. Nach einer kleinen Abfrage werden die ausgewählten Dateien gleich der Sammlung hinzugefügt.

Um bestehende Sammlungen mit Bildern zu ergänzen, nutzen Sie ebenfalls die Ziehen-Methode.

Sie können so auch Dateien von einer Sammlung in die andere ziehen. Dabei werden die Dateien allerdings kopiert, nicht verschoben. Es ist ja gerade das Konzept der Sammlung, Dateien aus verschiedensten Orten zusammenzufassen, ohne dass diese tatsächlich örtlich verschoben werden müssen.

Explorer und Finder nutzen

Das Drag & Drop funktioniert übrigens auch applikationsübergreifend: Sie können auch Dateien aus dem Windows Explorer oder dem Finder (Mac OS) in eine Sammlung hereinziehen!

Löschen | Um Dateien aus einer Sammlung zu löschen, wählen Sie sie im Miniaturenfenster aus und nutzen den Button Aus Sammlung entfernen, oder Sie verwenden die bekannten Befehle zum Löschen oder Zurückweisen.

Um Sammlungen zu löschen (nicht die darin versammelten, tatsächlichen Dateien!), klicken Sie auf den Mülleimer ❹.

Smart-Sammlungen – intelligenter Dateizuwachs | Neben den normalen Sammlungen gibt es auch Smart-Sammlungen. Nach von Ihnen festgesetzten Kriterien ändert sich der Inhalt einer Smart-Sammlung automatisch und aktualisiert sich gemäß Ihres Dateibestandes.

Um eine Smart-Sammlung zu erzeugen, klicken Sie auf den Button Neue Smart-Sammlung ❸. Dann erscheint ein Dialogfeld, in dem Sie festlegen können, welchen Kriterien die Dateien entsprechen sollen, um in der neuen Smart-Sammlung zu landen. Der Dialog gleicht dem Suchen-Dialog.

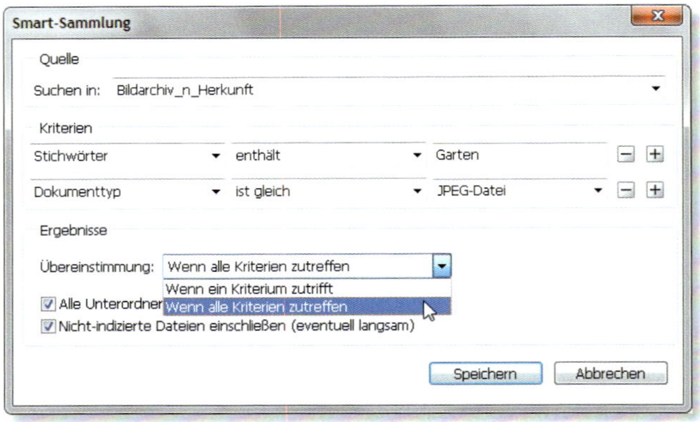

Abbildung 8.51 ►
Im Dialog Smart-Sammlung legen Sie detailliert fest, welche Dateien erfasst werden sollen.

Sie können die Kriterien für Smart-Sammlungen auch nachträglich jederzeit ändern: Ein Klick auf das Icon Smart-Sammlung bearbeiten ❶ ruft die Dialogbox erneut auf.

8.9 Jede Menge Bildinformationen: Metadaten und Stichwörter

Metadaten sind sehr differenzierte Suchhilfen beim Katalogisieren von Bildern. Sie liefern wichtige Informationen zu den Aufnahmebedingungen – die Kamera hinterlegt solche Informationen in der Datei. Außerdem können urheberrechtliche Angaben ebenso in die Datei geschrieben werden wie Stichwörter, die die Verwaltung mit Bridge erleichtern.

Woher kommen Metadaten? | Viele der Metadaten werden schon beim Fotografieren automatisch angelegt, z. B. Angaben zu Kamera und Belichtungszeiten und Dateieigenschaften wie Farbraum, Bildgröße oder Bitanzahl (Farbtiefe). Und auch das wohl jedem geläufige Erstellungsdatum gehört zu den Metadaten. In der Bildansicht in Photoshop oder anderswo sind die Metadaten natürlich nicht zu sehen, wohl aber in Bridge und vielen anderen Bildverwaltungstools.

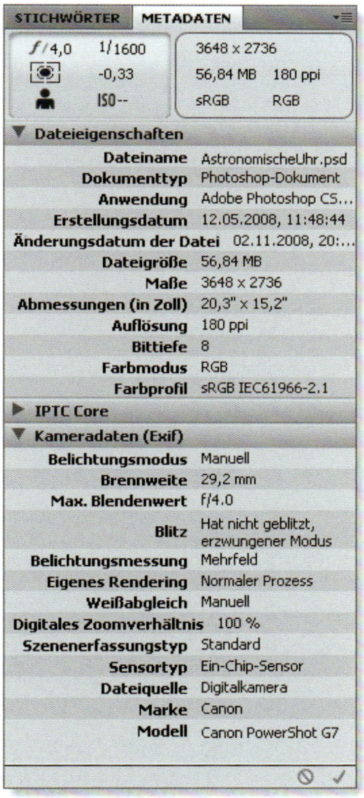

◂ **Abbildung 8.52**
Metadaten: Neben Kamera- und Bilddaten ist hier vieles möglich. Klicks auf die kleinen Dreieckspfeile öffnen weitere Bereiche.

Metadaten-Palette | In der Metadaten-Palette finden Sie nützliche Angaben zu Dateieigenschaften oder Kameradaten zum Zeitpunkt der Aufnahme – diese sind nicht veränderbar –, aber auch Eingabefelder zum Selbst-Ausfüllen. Vor allem die Bearbeitung der IPTC-Daten ist fast für jedermann sinnvoll.

IPTC-Daten | Diese Funktion sollten Sie unbedingt nutzen, wenn Sie Bilder aus Webdatenbanken verwenden oder selbst Bilder öffentlich machen. So können Sie deren Herkunft zurückverfolgen und sich gegebenenfalls nochmals über Ihre Nutzungsrechte informieren und eigene Rechte kommunizieren.

Den Metadaten-Wust reduzieren

Die standardmäßig eingeblendeten Formularfelder für Metadaten sind zahlreich. Auch Informationen für hochspezialisierte Anwendungen, die man im Alltag selten braucht (z. B. wie DICOM-Angaben für medizinische Bilddaten), können in den Metadaten untergebracht werden. In den Bridge-Voreinstellungen auf der Tafel Metadaten können Sie regeln, welche Metadaten Sie künftig sehen bzw. zum Ausfüllen angeboten bekommen wollen.

[IPTC]
IPTC ist ein internationaler Standard für Bild-Metadaten, der vor allem für die Niederlegung von Urheberinformationen entwickelt wurde.

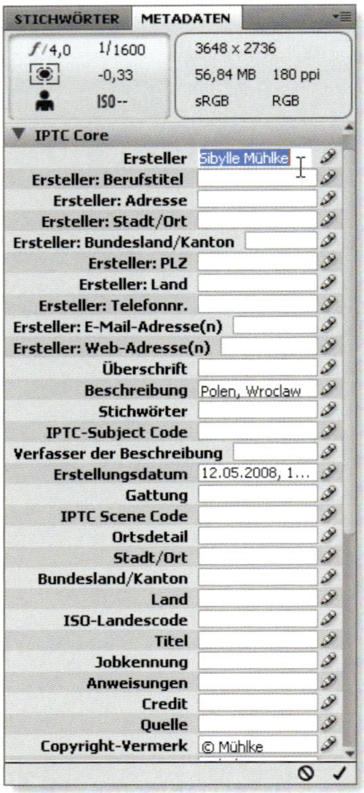

▲ **Abbildung 8.55**
Das Ändern von Metadaten ist ganz einfach.

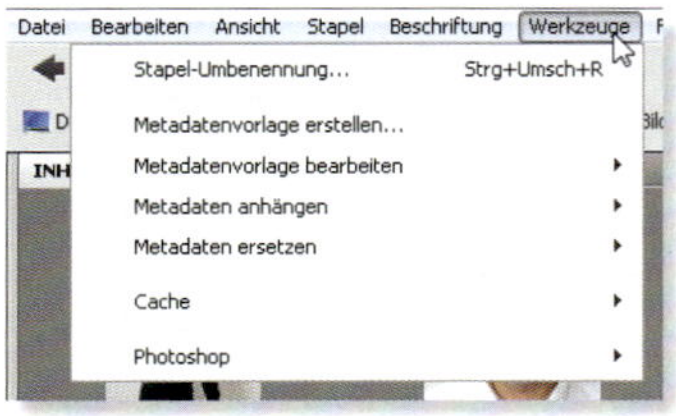

▲ **Abbildung 8.56**
Im Menü WERKZEUGE finden Sie alle Befehle, um Metadatenvorlagen zu verwalten.

Metadaten ändern | Änderungen von Metadaten führen Sie ganz einfach durch, indem Sie in das Datenfeld klicken, das Sie bearbeiten wollen. Sie können dann direkt in die Zeilen schreiben. Mit [Tab] springen Sie zum jeweils nächsten Eingabefeld. Am Fuß der Palette finden Sie die Buttons BESTÄTIGEN und ABBRECHEN für die so durchgeführten Änderungen. Alternativ können Sie aber auch [↵] und [Esc] drücken.

▲ **Abbildung 8.53**
Bestätigen einer Eingabe (oder [↵])

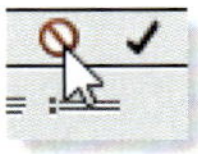

▲ **Abbildung 8.54**
Eingabe abbrechen (oder [Esc]): Diesen Symbolen werden Sie auch in Photoshop noch öfter begegnen.

Wenn Sie vor der Eingabe mehrere Dateien markiert haben, werden die Metadaten aller Dateien zusammen geändert.

Metadatenvorlagen | Die Bedienung der Palette METADATEN ist zwar nicht besonders schwierig – die immer gleichen Felder tippselnd auszufüllen, ist allerdings zeitraubend und auf die Dauer auch recht nervig. Und eigentlich kommt man doch mit wenigen unterschiedlichen Sets an Metadaten gut durchs (Fotografen-)Leben. Um Metadaten zügig an Dateien anheften zu können, bietet Adobe Metadatenvorlagen an. Sie können eigene Datensätze speichern und später mit wenigen Klicks auf Dateien anwenden. Das Erstellen von **Metadatenvorlagen** ist einfach:

1. Als Erstes wählen Sie den Menübefehl WERKZEUGE • METADATENVORLAGE ERSTELLEN oder klicken im Seitenmenü der Metadaten-Palette auf den Befehl METADATENVORLAGE ERSTELLEN.
2. Es öffnet sich der umfangreiche Dialog METADATENVORLAGE ERSTELLEN. Tragen Sie dort zunächst einen Namen für das neue Metadatenset ein. Hier gilt wie immer: prägnante, kurze Bezeichnungen sparen Ihnen später im Arbeitsalltag Zeit.
3. Im Hauptteil des Dialogs finden Sie die gleichen Eingabefelder, die Sie bereits von der Metadaten-Palette kennen. Füllen Sie diejenigen Felder aus, die Sie ins neue Metadatenset aufnehmen wollen. Damit diese Daten später den Dateien wirklich als Metadaten zugewiesen werden, müssen Sie außerdem ein Häkchen vor der jeweiligen Kategorie setzen.
4. Wenn Sie fertig sind, schließen Sie Ihre Eingabe mit SPEICHERN ab.

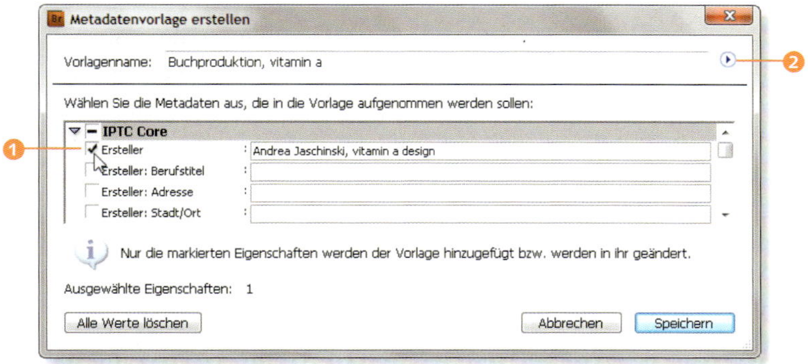

▲ **Abbildung 8.57**
Der Dialog Metadatenvorlage erstellen. Sie müssen unbedingt Häkchen vor den Eigenschaften setzen ①, die in die Vorlage übernommen werden sollen.

Metadatenvorlagen löschen

Im Bridge-Menü Werkzeuge finden Sie alle wichtigen Befehle, um Metadatenvorlagen zu erzeugen, zu ändern und auf Dateien anzuwenden. Nur der Befehl zum Löschen fehlt. Dazu starten Sie erneut den Dialog Metadatenvorlage erstellen. Klicken Sie auf den Pfeil oben rechts ② und wählen Sie den Befehl Vorlagenordner anzeigen. Es öffnet sich der systemtypische Dateibrowser (Windows Explorer oder Finder), in dem Sie die Vorlagendatei auf die übliche Weise löschen können.

Sie können nun von allen Stellen, an denen die Vergabe von Metadaten möglich ist, auf Ihre Vorlagen zugreifen und sie mit Dateien verknüpfen. Der Befehl Metadaten anhängen ist im Seitenmenü ▾☰ der Metadaten-Palette und im Menü Werkzeuge zu finden. Im *Photoshop*-Dialog Dateiinformationen (Sie starten ihn mit dem Kürzel ⇧+Strg+Alt+I bzw. ⇧+⌘+⌥+I oder über das Datei-Menü) finden Sie außerdem eine Dropdown-Liste mit Ihren Vorlagen.

8.9.1 Stichwörter verwalten

Stichwörter sind hervorragend geeignet, um Dateien automatisch zu Gruppen zusammenzufassen und zu suchen. Wenn Sie zum Beispiel auf der Suche nach einem bestimmten Motiv sind, können Sie sich – vorausgesetzt, Sie haben Ihre Bilder zuvor als Stichwörter indiziert – alle Bilder anzeigen lassen, denen der gesuchte Begriff zugeordnet ist. Der Umgang mit Stichwörtern ist recht einfach.

Stichwörter anlegen | Sie können einem Bild theoretisch auch im IPTC-Kern Stichwörter zuweisen. Das Verfahren ist jedoch fehlerträchtig und mühsam. Wenn Sie sich vertippen und zum Beispiel statt »Landschaft« »Ladnschaft« schreiben, wird Ihr »Ladnschaftsbild« auf der Suche nach dem Stichwort »Landschaft« selbstverständlich nicht angezeigt.

Damit die Stichwortvergabe konsistent ist und zu besten Suchergebnissen führt, müssen Sie Stichwörter zuvor in einer Liste niederlegen. Innerhalb der Liste können Sie Ihre Stichwörter der Übersichtlichkeit halber auch zu Kategorien zusammenfassen. Um ein **neues Stichwort** in die Liste einzufügen, klicken Sie auf die Plus-Schaltfläche ❷. Das leere Feld, das dann erscheint, überschreiben Sie einfach mit dem gewünschten Namen, dann bestätigen Sie die Eingabe – fertig.

Um Stichwörter aus der Liste zu **entfernen**, ziehen Sie sie auf das Papierkorb-Icon.

Unterstichwörter anlegen | Um einem bereits bestehenden Stichwort ein untergeordnetes Stichwort zuzuordnen, aktivieren Sie zunächst den Begriff und klicken dann auf die Schaltfläche »Plus mit Häkchen« ❸. Auf diese Weise lassen sich auch verschachtelte Stichwort-Kategorien erzeugen.

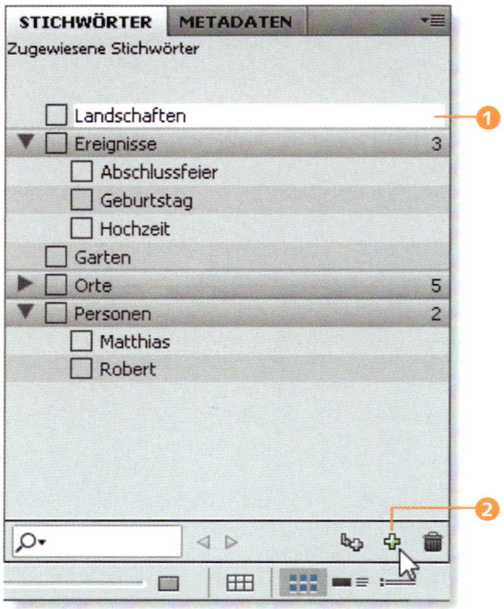

▲ **Abbildung 8.58**
Ein neues Stichwort ❶ wurde durch einen Klick auf das Neues-Stichwort-Icon ❷ erzeugt.

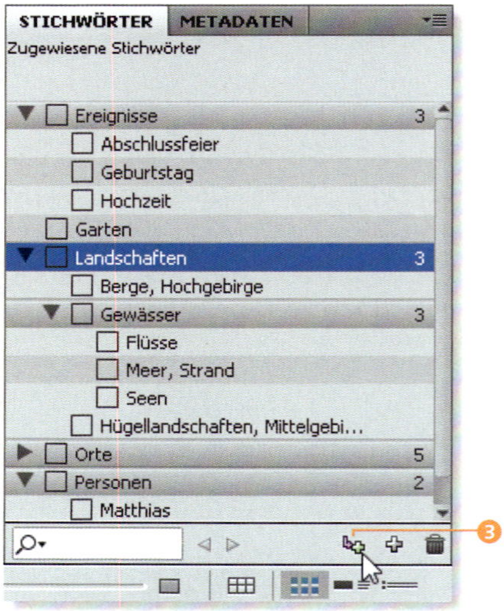

▲ **Abbildung 8.59**
Erzeugen untergeordneter Stichwörter ❸. Allzu tief sollten Sie Stichwörter nicht verschachteln, wenn Sie die Übersicht nicht verlieren wollen.

Stichwörter umbenennen | Wenn Sie ein Stichwort umbenennen wollen, nutzen Sie das Kontextmenü. So lassen sich alle Stichwörter umbenennen – auch bereits vergebene, die Sie schon in Gebrauch haben. Die Änderung bezieht sich allerdings ausschließlich auf die Liste – wenn Sie bereits Dateien mit dem Stichwort versehen haben, wird es dort nicht geändert!

Suche nach Stichwörtern | Das kleine Suchfeld am Fuß der Stichwortpalette hilft Ihnen bei der Suche nach Stichwörtern – nicht nach Dateien, sondern in der Stichwortliste! Dadurch können unnötige Doppelungen und Uneindeutigkeiten vermieden werden. Bevor Sie beispielsweise das Stichwort »England-Reise«

vergeben, könnten Sie einmal überprüfen, ob es nicht schon die Stichwörter »England« oder »Urlaub« gibt...

▲ **Abbildung 8.60**
Vertippt? Nicht präzise genug formuliert? Das Umbenennen von Stichwörtern per Kontextmenü ist ganz einfach. Bei Stichwörtern, die bereits in Gebrauch sind, sollten Sie vorsichtig ein. Die Liste ist ja Ihre Gedächtnisstütze dafür, welche Begriffe es überhaupt schon gibt!

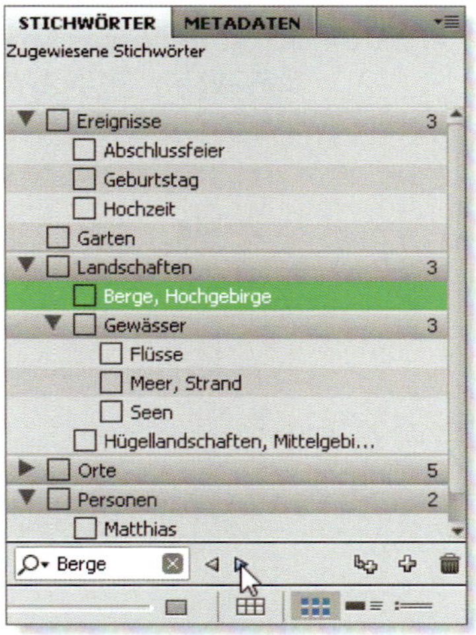

▲ **Abbildung 8.61**
Ergebnis der Stichwortsuche: Der gefundene Begriff ist hervorgehoben. Die Pfeile neben dem Suchfeld ermöglichen den Zugang zu den letzten Suchvorgängen.

Auch die Schnellsuche (am oberen Rand des Dialogfelds) kann Stichwörter auswerten, ebenso die Suche unter Bearbeiten • Suchen und Smart-Sammlungen.

Stichwörter zuweisen | Um einer Datei oder mehreren Dateien ein Stichwort zuzuweisen, wählen Sie die Bilder in der Übersicht aus und klicken dann in der Liste auf das Kontrollkästchen neben dem jeweiligen Stichwort. Der Begriff erhält ein Häkchen, nachdem er erfolgreich zugewiesen wurde. Auch ganze Stichwort-Sets können Sie auf diese Weise mit einem Bild verknüpfen. Häufig verwendete Stichwort-Kombinationen können Sie zweckmäßigerweise gleich zu Sets zusammenfassen.

Stichwörter von einer Datei entfernen | Um ein Stichwort wieder von einer Datei zu entfernen, wählen Sie die Datei wiederum im Ansichtsfenster an und klicken in der Stichwort-Palette auf das Häkchen neben dem zu löschenden Stichwort.

Dateien mit Stichwörtern suchen | Wenn Sie diese Form der Verschlagwortung konsequent anwenden, können Sie bald Ihre

Etwas Geduld, bitte
Bei der Stichwort- und Metadatenvergabe werden die Dateiheader umgeschrieben, und das kann – besonders wenn mehrere Dateien auf einmal verarbeitet werden – eine Weile dauern. In dieser Zeit kann Bridge »einfrieren«; das ist aber normal.

ersten erfolgreichen Suchdurchgänge starten. Mit BEARBEITEN • SUCHEN ([Strg]/[⌘]+[F]) erreichen Sie die Bildersuche. Damit können Sie nach allen möglichen Kriterien suchen – unter anderem auch nach bestimmten Stichwörtern – und sich so bestimmte Bildergruppen gezielt anzeigen lassen.

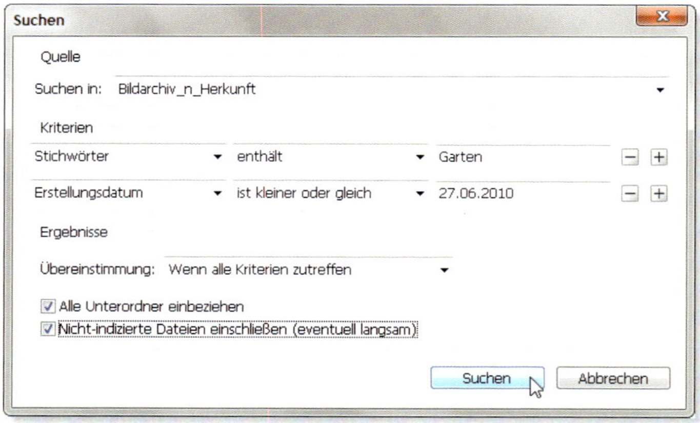

Abbildung 8.62 ▶
Mit der Suche ernten Sie den Lohn Ihrer Stichwort-Mühen.

Außerdem finden Sie die Stichwörter auch unter den Dateifiltern wieder, sofern es schon Dateien mit diesem Stichwort im aktiven Ordner gibt.

8.10 Optionen für den Notfall

Manchmal startet Bridge endlos langsam, stürzt sofort nach dem Start wieder ab, friert ein oder produziert einen Absturz beim Versuch, das Programm zu schließen. Es gibt zwei bekannte Ursachen für solches Fehlverhalten, die recht einfach zu beheben sind.

Startskripte deaktivieren | Wenn Bridge startet, werden im Hintergrund auch zahlreiche weitere Startskripte geladen, die die Zusammenarbeit mit anderen Creative-Suite-Komponenten ermöglichen oder erleichtern. Das ist jedoch sehr ressourcenintensiv. Wohlweislich hat Adobe eine Möglichkeit eingebaut, diese Last zu verringern. In den Bridge-Voreinstellungen können Sie unter STARTSKRIPTE nicht benötigte Skripte deaktivieren.

Einstellungen zurücksetzen | Eine zweite Fehlerquelle können ein überlaufender Miniaturcache oder Probleme mit Ihrem aktuellen Arbeitsbereich sein. Drücken Sie sofort, nachdem Sie Bridge gestartet haben – noch bevor sich das Programmfenster öffnet

– [⇧]+[Strg]+[Alt]; unter Mac funktioniert es mit [⇧]+[⌘]+[⌥]. Es öffnet sich der Dialog Einstellungen zurücksetzen, mit dessen Hilfe Sie Bridge wieder in den Urzustand versetzen können, in dem es stabil laufen sollte.

8.11 Mini Bridge – viel Funktion auf kleinem Raum

Wer schon mit älteren Photoshop-Versionen gearbeitet hat, erinnert sich vielleicht noch an den »Dateibrowser« – einen Bildbetrachter, der direkt in Photoshop integriert war. Mit der ersten CS-Version kam dann Bridge als eigenständige Applikation, und der Dateibrowser verschwand von der Bildfläche. Nun, in der CS5-Version gibt es wieder einen Bildbetrachter in Photoshop (sowie InDesign und InCopy): die Flash-basierte Mini Bridge, die übrigens nicht ganz eigenständig arbeitet, sondern permanent mit der großen Bridge kommuniziert.

CS5 **Die kleine Schwester von Bridge**
Eine Miniversion der Bridge können Sie als Palette direkt in Photoshop öffnen.

8.11.1 Mini Bridge starten

Sie starten die Mini Bridge über das »Mb«-Icon in der Anwendungsleiste, über den Befehl Fenster • Erweiterungen • Mini Bridge oder über Datei • In Mini Bridge suchen. Mini Bridge öffnet sich als Palette – und sie kann wie alle anderen Paletten vergrößert, minimiert, eingeklappt oder ganz geschlossen werden.

Wenn Sie die Mini Bridge das erste Mal während einer Arbeitssitzung aufrufen, sehen Sie wahrscheinlich keine Benutzeroberfläche wie in Abbildung 8.66, sondern eine weitgehend leere graue Fläche mit einigen einsamen Icons darauf. In diesem Fall hat die Mini Bridge noch keine Verbindung zu Adobe Bridge aufgenommen und kann nichts anzeigen. Klicken Sie auf das »Foto«-Icon Dateien durchsuchen (1), um Ihren Dateibestand zu durchsuchen und zur normalen Mini-Bridge-Ansicht zu wechseln.

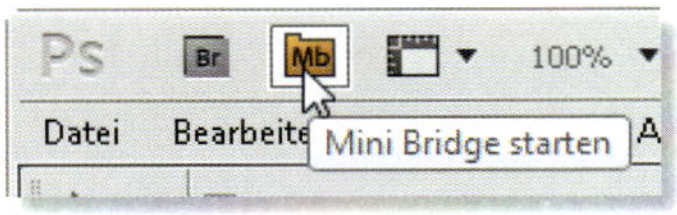

▲ **Abbildung 8.63**
Aufrufen der Mini Bridge

▲ **Abbildung 8.64**
Das Flash-Panel Mini Bridge funktioniert nicht ohne die große Bridge im Hintergrund. Ein Klick auf das Foto-Icon startet die Kommunikation.

8.11.2 Arbeitsoberfläche und Funktionen

Wenn Sie bereits mit der großen Bridge gearbeitet haben, kommen Ihnen die meisten Elemente der Mini Bridge sicherlich bekannt vor. Es handelt sich hier schließlich um eine reduzierte Version der großen Bridge. Mit der Mini Bridge können Sie zu Ihren Dateien und Ordnern navigieren, Dateien gezielt suchen, die angezeigten Bilder sortieren und filtern und zwischen verschiedenen Anzeigemodi umschalten; Sie haben Zugriff auf verschiedene Photoshop-Funktionen und können das Erscheinungsbild der Mini Bridge beeinflussen.

Den Start beschleunigen

Wenn Sie der zusätzliche Klick auf Dateien durchsuchen nervt, können Sie das Verhalten der Mini Bridge dauerhaft ändern. Rufen Sie das Palettenmenü auf, und klicken Sie dort auf Einstellungen. Unter dem Punkt Starten von Bridge wählen Sie die Option Bridge automatisch starten und die Suche fortsetzen. Mit einem Klick auf den Home-Button kehren Sie zur gewohnten Mini-Bridge-Ansicht zurück.

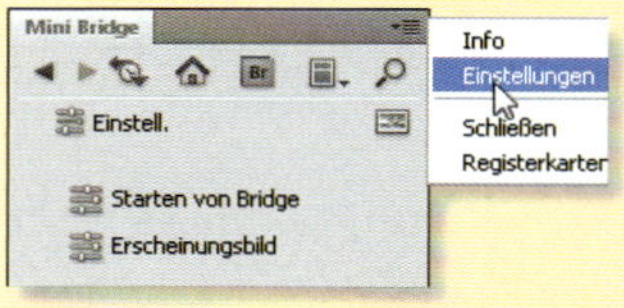

▲ **Abbildung 8.65**
Grundlegende Verhaltensweisen von Mini Bridge legen Sie unter Einstellungen fest.

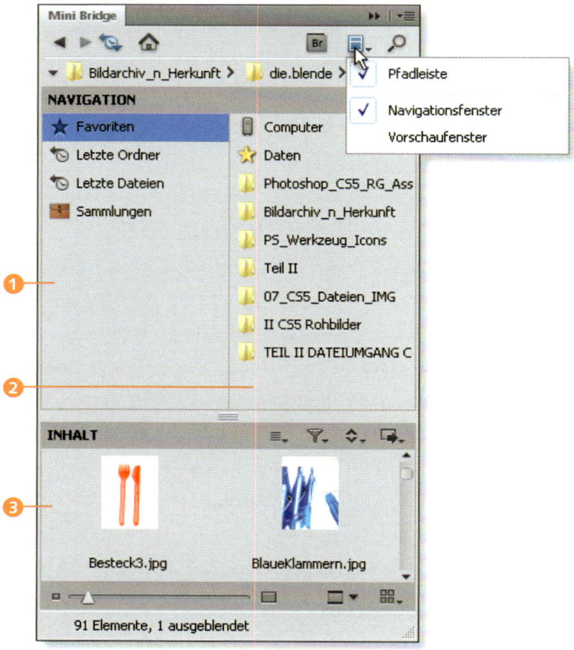

▲ **Abbildung 8.66**
Die Mini Bridge mit den wichtigsten Grundelementen (Das Vorschaufenster ist ausgeblendet.)

Im oberen Bereich der Bridge finden Sie vor allem Funktionen zur Navigation im Ordnersystem, unten sehen Sie die Miniaturen. Dazwischen liegt eine Vielzahl von Schaltflächen und Befehlen – die Mini Bridge ist förmlich mit Funktionen gespickt. Doch wer Bridge kennt, der wird sich in der Mini Bridge schnell zurechtfinden und umgekehrt.

Dateien finden | Die Mini Bridge soll Ihnen helfen, benötigte Dateien schneller und direkt in Ihrer Anwendung zu finden. Entsprechend üppig ist die Mini Bridge mit Navigationshilfen ausgestattet.

Zum Weiterlesen: Favoriten und Sammlungen
Mini Bridge zeigt Favoriten und Sammlungen aus Bridge an, es ist außerdem möglich, per Drag & Drop einzelne Elemente hinzuzufügen. Wie Sie mit Bridge Ihre Favoriten verwalten und Sammlungen bestücken, lesen Sie in Abschnitt 8.4, »Ordner und Dateien schnell finden«, und Abschnitt 8.8.2, »Sammlungen«.

- Der Bereich Navigation (Adobe nennt die einzelnen Segmente übrigens »Pods«) ist in zwei Hälften geteilt. Links 1 stellen Sie ein, was gezeigt werden soll – etwa Ihre Favoriten, zuletzt benutzte Ordner und Dateien oder Sammlungen. In der rechten Hälfte 2 werden dann genau diese Ordner, Dateien oder Sammlungen eingeblendet. Wenn Sie eines der Elemente anklicken, sehen Sie die Inhalte unten im Inhalt-Pod 3.
- Auch mit dem schon aus Bridge bekannten Uhr-Icon können Sie zu den zuletzt genutzten Ordnern oder Dateien springen.

- Mit den beiden Pfeil-Icons blättern Sie zwischen den in MINI BRIDGE zuletzt gezeigten Ordnern und Dateien hin und her.
- Wie in der Bridge können Sie auch Elemente der Pfadleiste anklicken, um zum jeweiligen Ordner zu springen.
- Das Lupen-Icon startet eine schnelle Suchfunktion. Sie können dabei wahlweise den Suchalgorithmus von Bridge verwenden oder die Suche Ihres Betriebssystems.

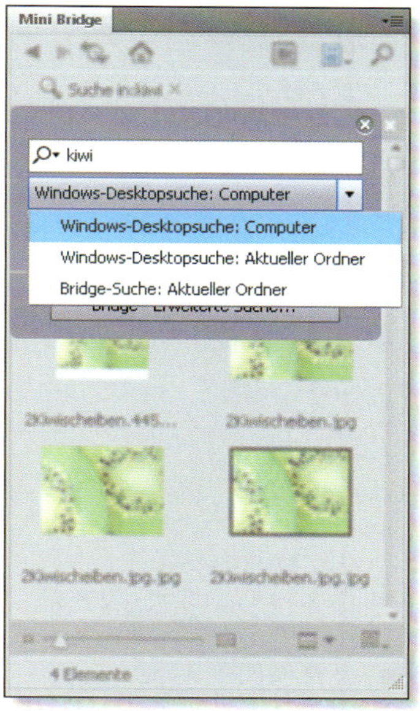

▲ **Abbildung 8.67**
Mit der Mini-Bridge-Suche (Klick auf das Lupen-Icon) können Sie den aktuellen Ordner oder Ihren ganzen Rechner durchsuchen.

Optionen zur Datei-Anzeige | Der große Vorteil der MINI BRIDGE ist, dass die durchsuchten Dateien als Miniaturvorschau angezeigt werden. Sie können so die benötigte Datei mit einem Blick und viel schneller finden, als es beim Durchlesen langer Dateinamenslisten im herkömmlichen ÖFFNEN-Dialog möglich wäre. Welche Dateien in der MINI BRIDGE wie angezeigt werden, können Sie genau einstellen.

- Mit einem Schieberegler am unteren Rand der MINI BRIDGE stellen Sie die Größe der Miniaturen ein.

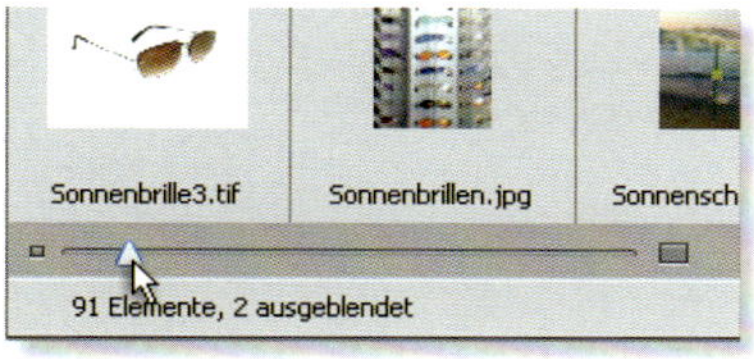

◀ **Abbildung 8.68**
Wie groß sollen die Miniaturen gezeigt werden?

- Die Schaltfläche ANSICHT (ebenfalls unterhalb der Miniaturen zu finden) führt zu einem kleinen Menü. Mit den enthaltenen Befehlen legen Sie fest, wie die Bilder im INHALT-Pod angezeigt werden.
  Häufig sehr nützlich ist die Option ELEMENTE IN SEITEN ANZEIGEN. Ist sie aktiv, können Sie das Inhaltsfenster mithilfe von Pfeil-Buttons durchblättern und sparen sich kilometerlanges Quer-Scrollen.

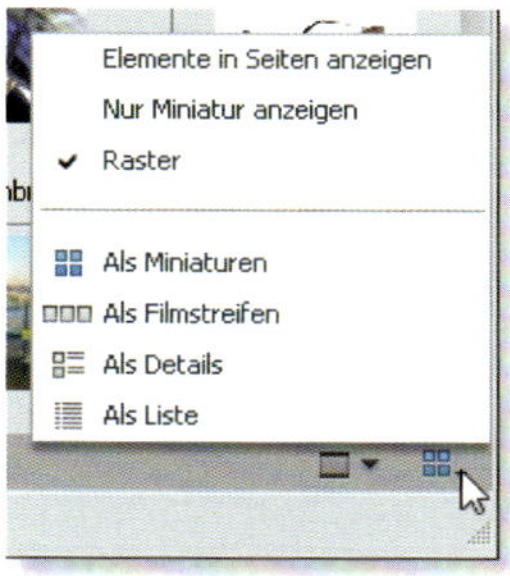

▲ **Abbildung 8.69**
Die Ansichtsoptionen der MINI BRIDGE ähneln denen der Bridge (siehe Abschnitt 8.2.4, »Bildanzeige anpassen«).

◀ **Abbildung 8.70**
ELEMENTE IN SEITEN ANZEIGEN: Pfeil-Buttons unterhalb des (hier sehr langen und schmalen) INHALT-Pods sind eine gute Alternative zum Scrollen.

Am oberen Rand des Inhalt-Pods finden Sie weitere Menü-Icons, mit deren Hilfe Sie genauer festlegen können, welche Dateien Ihnen gezeigt werden.

Mit den Befehlen des Menü-Icons Auswählen können Sie festlegen, ob im Inhalt-Pod nur Grafik-Miniaturen oder auch andere Dateien angezeigt werden. Außerdem lässt sich hier die Ansicht aktualisieren, und Sie können Auswahlen von Miniaturen de-/aktivieren.

- Die Funktion Dateifilter kennen Sie bereits aus Bridge (wenn nicht, lesen Sie in Abschnitt 8.7.4, »Filter: Volle Ordner gut im Griff«, mehr darüber). Sie funktioniert hier ähnlich, allerdings können Sie nicht nach Dateieigenschaften wie Erstellungsdatum, Dateityp oder Dateimaßen filtern. Die Mini Bridge liest nur die Sternchenwertung und die Bewertungen aus, die Sie zuvor in Bridge vergeben haben. In Mini Bridge können Sie keine Bewertungen oder Beschriftungen vergeben.
- Mithilfe der Sortierbefehle legen Sie fest, in welcher Reihenfolge die Dateiminiaturen angezeigt werden.

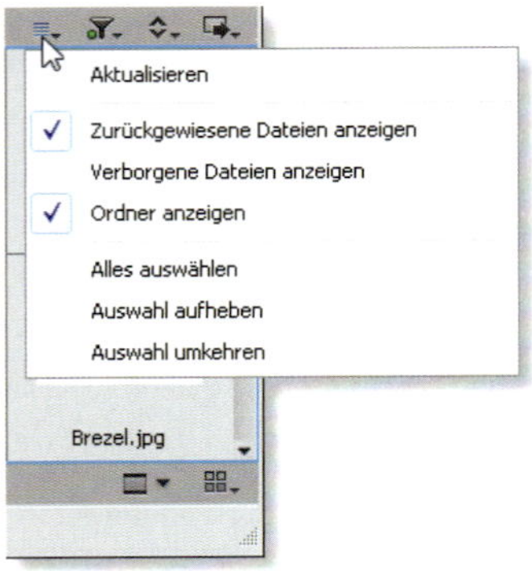

▲ **Abbildung 8.71**
Wollen Sie auch andere Miniaturen sehen oder nur Grafik-Dateien?

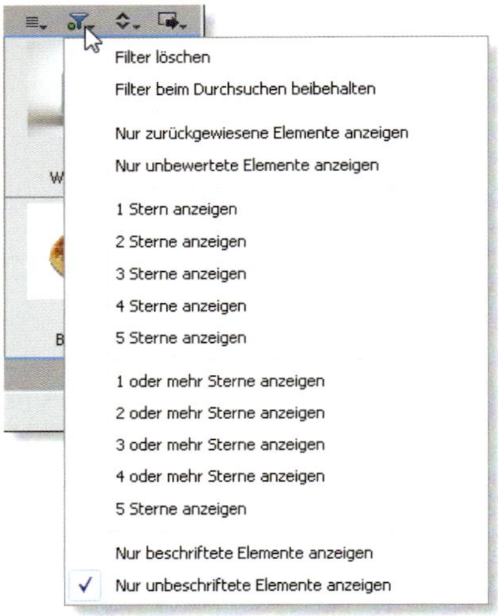

▲ **Abbildung 8.72**
Mini Bridge kann Bewertungen und Beschriftungen auslesen, unterscheidet bei letzteren allerdings nicht nach der *Art* der Beschriftung, sondern lediglich, *ob* eine Datei zuvor in Bridge beschriftet wurde.

▲ **Abbildung 8.73**
Gerade im kleinen Vorschaufenster der Mini Bridge kann die richtige Sortierung maßgeblich sein, um schnell die gewünschte Datei zu finden.

Details im Blick: Vollbild & Co. | Das Platzangebot in der Mini Bridge reicht oft nicht aus, um entscheidende Bilddetails zu erkennen. Sie können von der Mini Bridge aus die schon aus Bridge bekannten Ansichtsmodi Diashow und Betrachtungsmodus (das »Bilderkarussell«) starten, indem Sie auf den kleinen Pfeil *neben* dem Icon Vorschau klicken (Abbildung 8.74). Und außerdem gibt es zwei zusätzliche Befehle, die Sie so aus Bridge nicht kennen.

Sie können sich vom ausgewählten Bild eine **Vorschau innerhalb der** Mini Bridge anzeigen lassen. Das ist zwar oft immer noch nicht besonders großformatig, jedoch ein guter Ersatz für das sperrige Vorschau-Pod. Dazu

- klicken Sie auf den kleinen Pfeil neben dem Vorschau-Icon und wählen im Menü den Befehl Vorschau
- oder Sie klicken einfach auf das Vorschau-Icon selbst
- oder Sie nutzen das Kürzel ⇧ + Leertaste.

Um eine **Vollbildvorschau in Photoshop** anzuzeigen,

- klicken Sie auf den kleinen Pfeil neben dem Vorschau-Icon und wählen im Menü den Befehl Vollbildvorschau
- oder Sie nutzen das Kürzel »Leertaste«.

Mit Dateien arbeiten | Grundlegende Arbeiten im Ordnersystem, wie sie mit Bridge möglich sind, können Sie mithilfe der Mini Bridge nicht durchführen. Doch die wichtigsten Befehle für die Arbeit mit Dateien stehen Ihnen auch hier zur Verfügung.

- Um eine Datei zu **öffnen**, nutzen Sie einen Doppelklick auf die Miniatur oder rufen das Kontextmenü der Miniatur auf. Dort finden Sie Befehle, um eine Datei in anderen Creative-Suite-Applikationen (wenn vorhanden) oder in Camera Raw zu öffnen. Außerdem können Sie Dateien einfach mit Drag & Drop auf die Photoshop-Arbeitsfläche ziehen.
- Dateien lassen sich **umbenennen**, indem Sie im Inhalts-Pod direkt auf einen Dateinamen klicken und dann den neuen Namen eingeben. Achten Sie darauf, das Kürzel für den Dateityp unversehrt zu lassen. Alternativ können Sie auch den Kontextmenü-Befehl Umbenennen nutzen.
- Sie können außerdem **Sammlungen und Favoriten ergänzen**. Zum Einsatz kommt auch hier Drag & Drop: Fassen Sie die gewünschten Elemente, und lassen Sie sie einfach über der gewünschten Sammlung oder dem Favoriten-Ordner fallen. Um neue Sammlungen oder Favoriten zu erzeugen, brauchen Sie allerdings wieder die große Bridge. (Mehr dazu finden Sie in Abschnitt 8.4 unter »Lieblingsordner: Die Palette ›Favoriten‹« und in Abschnitt 8.8.2, »Sammlungen«).

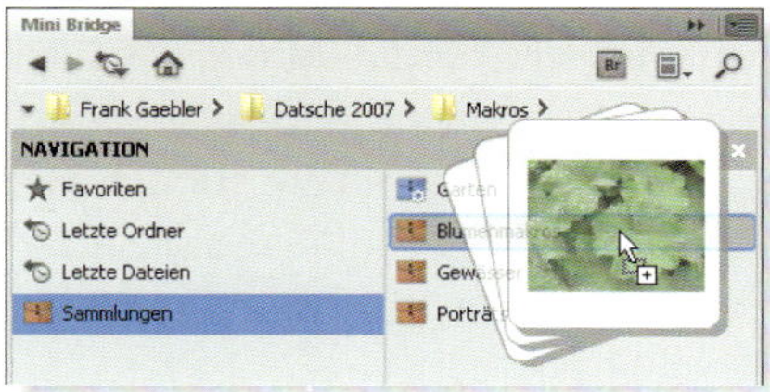

◂ **Abbildung 8.77**
Eine zuvor mit Bridge erzeugte Sammlung per Drag & Drop ergänzen

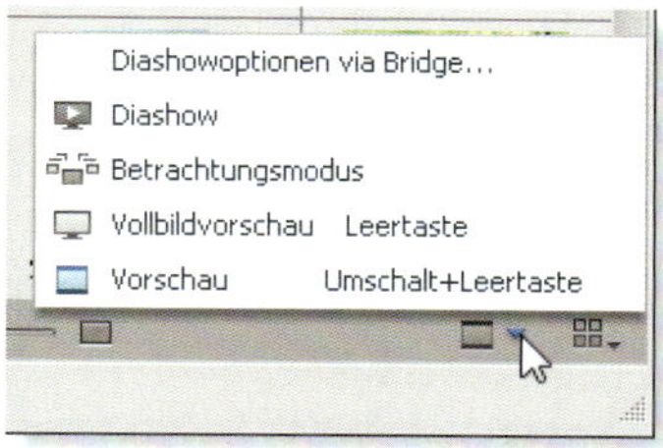

▴ **Abbildung 8.74**
Sehen Sie genau hin: So öffnen Sie das Menü mit den Vorschau-Befehlen (Klick auf den kleinen Pfeil rechts neben dem Icon) …

▴ **Abbildung 8.75**
… und so aktivieren Sie die Vorschau in Mini Bridge (Klick auf das quadratische Icon).

▴ **Abbildung 8.76**
Das temporäre Vorschau-Fenster innerhalb der Mini Bridge. Mit Schliessen kehren Sie zur gewohnten Ansicht zurück.

Mehr Platz für die Mini Bridge

Die MINI BRIDGE ist eine gute Sache, aber im praktischen Gebrauch ist sie doch immer ein wenig zu klein. Verbreitert man die Palette, lässt sie sich besser benutzen, versperrt jedoch unter Umständen auch den Blick auf die Dokumente, die man gerade unter der Maus hat. Ein ziemlich guter Platz für die MINI BRIDGE ist oft der untere Bildschirmrand. Lösen Sie die Palette aus dem Dockbereich am rechten Bildschirmrand, und ziehen Sie sie zum unteren Bildschirmrand, bis Sie dort einen blau leuchtenden Streifen sehen. Sie können die Maustaste loslassen, die MINI BRIDGE wird neu angedockt. Manchmal müssen Sie die MINI BRIDGE ein ganzes Stück über den Bildschirmrand hinaus schieben, bis der blaue Signalstreifen erscheint – aber es funktioniert!

- Einige der praktischen Befehle zur **automatischen Verarbeitung von Dateien** finden Sie auch in der MINI BRIDGE, verborgen hinter dem Icon EXTRAS oberhalb der Bildminiaturen.

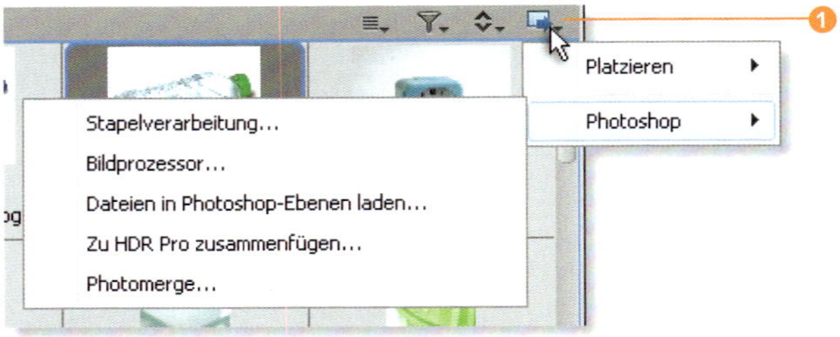

▲ **Abbildung 8.78**
Hinter dem EXTRAS-Icon verbergen sich eine Reihe nützlicher Automatik-Befehle.

Dort gibt es außerdem einen Befehl, um eine zuvor in der MINI BRIDGE ausgewählte Miniatur in einem anderen – bereits in Photoshop geöffneten – Bild zu PLATZIEREN (1).

Das Aussehen der Mini Bridge | Der Platz in der MINI BRIDGE ist knapp. Deswegen empfiehlt es sich, nicht benötigte Elemente auszublenden. Dazu können Sie die Befehle unter BEDIENFELDANSICHT nutzen. Einige der Pods (Funktionselemente) der MINI BRIDGE lassen sich auch einfach durch einen Klick auf das kleine X-Symbol ausblenden.

Zum Weiterlesen: Platzieren

Beim Platzieren wird eine Datei in eine weitere, bereits geöffnete Datei importiert, jedoch nicht als Pixelebene, sondern als Smart-Objekt. Der Vorteil: Smart-Objekte lassen sich ohne Qualitätsverluste transformieren und skalieren. Das ist praktisch bei Montagen, wo eingefügte Objekte oft hin- und hertransformiert werden müssen, bis alles sitzt. Mehr zum Thema finden Sie in Abschnitt 7.1.5., »Dateien als Smart-Objekt platzieren«.

▲ **Abbildung 8.79**
Das Vorschaufenster blockiert meist zu viel Platz. Ein Klick auf das kleine »X« blendet es aus.

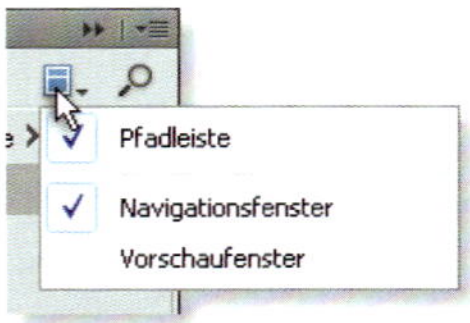

▲ **Abbildung 8.80**
So bekommen Sie ausgeblendete Funktionselemente wieder in die MINI BRIDGE herein.

Sie können außerdem die Trennstege zwischen den einzelnen Bereichen der MINI BRIDGE anfassen und bewegen, um die Aufteilung zu verändern. Und wenn Sie die Mini-Bridge-Palette größer oder kleiner ziehen, ändert sich die Anordnung der Pods automatisch.

9 Automatismen in Photoshop und Bridge

Lehnen Sie sich zurück, und lassen Sie für sich arbeiten: Photoshop und sein »Programmpartner« Bridge leisten Hilfe bei stumpfsinnigen Routineaufgaben verschiedenster Art – entweder durch effektive Unterstützung oder indem sie Ihnen die Arbeit gleich ganz abnehmen. Sie müssen dem Programm nur zeigen, wie es das tun soll – sprich, Ihre Einstellungen vornehmen.

Web-Galerie nicht mehr in Photoshop
Wenn Sie von Photoshop CS3 auf CS5 umsteigen, vermissen Sie möglicherweise die Funktion zum Erzeugen von Web-Fotogalerien. In Photoshop steht sie schon seit CS4 nicht mehr zur Verfügung, sondern nur noch in Bridge. Dafür wurde die Bedienung vereinfacht, und es gibt zeitgemäßere Layouts.

9.1 Bildpräsentation am Screen: Web-Galerie mit Bridge

Mit der Web-Galerie von Bridge können Sie Bilder für Screen-Präsentationen in Galerien zusammenfassen. Diese lassen sich dann als CD oder DVD brennen oder ins Internet hochladen. Ob für Kunden oder Freunde, als Urlaubsalbum oder als hochprofessionelle Präsentation: mit der Web-Galerie-Funktion von Bridge haben Sie die Wahl zwischen zahlreichen vorgefertigten Galerie-Layouts, die sich individuell anpassen und direkt aus Adobe Bridge per FTP ins Web hochladen lassen.

Um zu den Web-Galerie-Funktionen zu gelangen, müssen Sie das Adobe-Ausgabemodul starten. Dazu haben Sie mehrere Möglichkeiten:

- Klicken Sie auf das kleine Icon Ausgabe  in der Anwendungsleiste,
- klicken Sie den Arbeitsbereich-Umschalter Ausgabe oder
- sehen Sie unter Fenster • Arbeitsbereich nach, welches Tastaturkürzel für das Umschalten zur Ausgabe-Ansicht zuständig ist. (Die Shortcuts zum Umschalten der Arbeitsbereiche sind nicht fix, sondern ändern sich, wenn Sie eigene Arbeitsbereiche definiert haben.)

Der Arbeitsbereich »Ausgabe« steht nicht zur Verfügung?

Wenn der Arbeitsbereich Ausgabe im Arbeitsbereich-Menü nicht angezeigt wird, ist wahrscheinlich das notwendige Startskript deaktiviert. Aktivieren Sie in den Voreinstellungen (Strg/⌘+K) unter Startskripte die Einstellung Adobe-Ausgabemodul (Adobe Output Module). Gegebenenfalls ist danach noch ein Neustart von Bridge erforderlich.

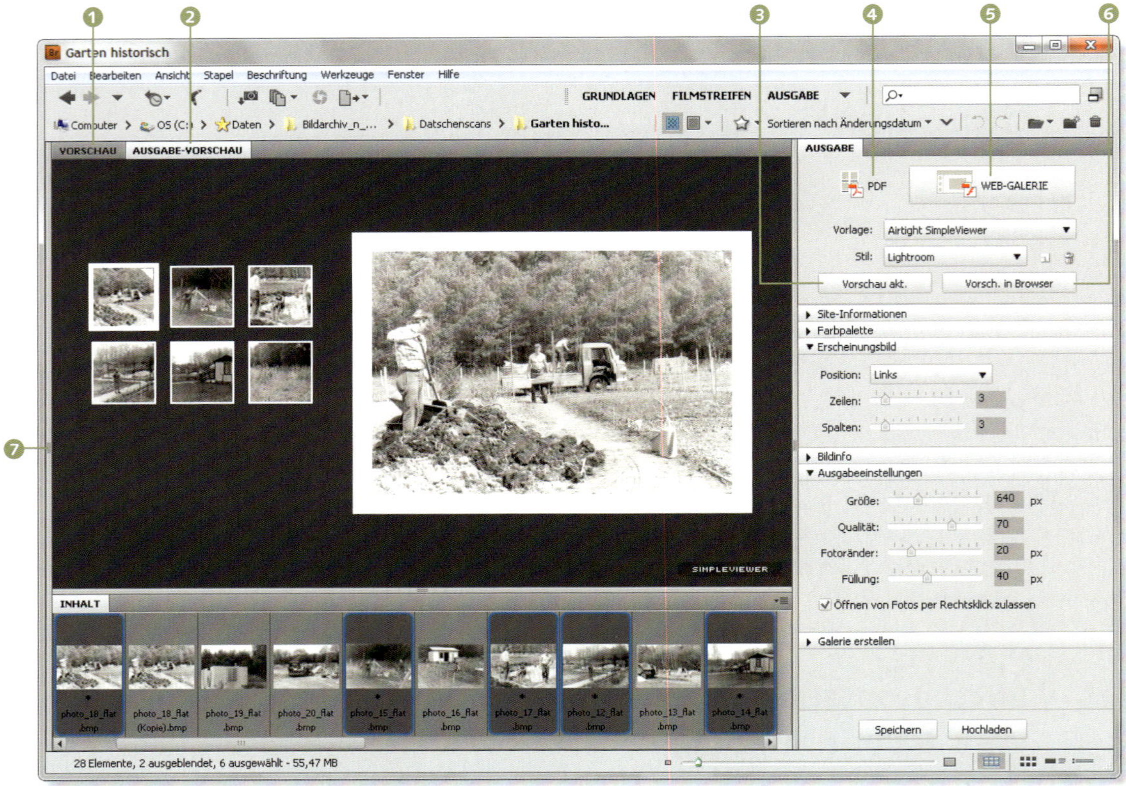

▲ **Abbildung 9.1**
Der Bridge-Bildschirm in der Ausgabe-Ansicht

Der Ausgabebildschirm sieht dann ungefähr so aus wie in Abbildung 9.1. Damit Sie sich möglichst schnell orientieren und die Funktion effizient einsetzen können, folgt hier eine Übersicht:

- Rechts sehen Sie die Palette Ausgabe, mit der Sie Web-Galerien ❺ sowie Präsentationen und »Kontaktabzüge« (mehrere Bilder auf einem Blatt versammelt) in PDF-Form ❹ erstellen können. Durch Klicken auf die jeweiligen Schaltflächen wechseln Sie zwischen den beiden Funktionen.
- Die Palette Vorschau ❶ ist immer zu sehen, und die Ausgabe-Vorschau ❷ erscheint, sobald Sie auf den Button Vorschau akt.(ualisieren) ❸ angeklickt haben.
- Für Webgalerien können Sie sich auch eine Browservorschau ❻ anzeigen lassen, doch für das Konfigurieren eines eigenen Galerie-Layouts ist die Vorschau in Bridge meist praktischer.

9.1.1 Bilder auswählen und Layout festlegen

Wechseln Sie nun durch Anklicken des entsprechenden Buttons im Ausgabe-Modul zur Web-Galerie-Funktion.

Platz schaffen für das Vorschaufenster

Damit für die Vorschauansicht möglichst viel Raum ist, können Sie die Paletten Favoriten und Ordner ausblenden, indem Sie auf den Trennsteg ❼ doppelklicken. Hier sind manchmal mehrere Anläufe notwendig, bis der Klick registriert wird (die Maus muss dabei genau über dem Trennsteg stehen). Alternativ können Sie den Steg einfach etwas zur Seite ziehen oder durch Rechtsklicks auf die Reiter den Kontextmenü-Befehl ...ausblenden aufrufen.

Zum Weiterlesen: PDF

Mehr über die speziellen PDF-Ausgabemöglichkeiten in Bridge lesen Sie in Abschnitt 9.2, »Bilddateien zu PDF«.

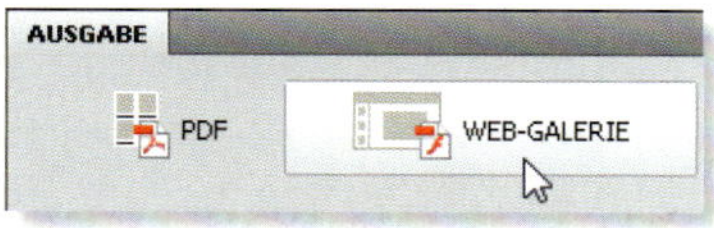

◂ **Abbildung 9.2**
Zur Web-Galerie-Funktion des Ausgabe-Moduls

Um dann festzulegen, welche Bilder überhaupt in die Web-Galerie aufgenommen sollen, markieren Sie sie in der INHALT-Palette. Wenn Sie in Ihre Galerie Bilder aufnehmen wollen, die über mehrere Ordner verteilt sind, empfiehlt es sich, mit Sammlungen oder Smart-Sammlungen zu arbeiten.

Unter VORLAGE ❽ wählen Sie ein Layout für Ihre Webgalerie. In den folgenden Arbeitsschritten können Sie es weiter anpassen. Die meisten der hier angebotenen Layouts sind Flash-basiert, eine HTML-Galerie ist jedoch auch dabei. Für manche der Galerievorlagen können Sie Ihre Auswahl weiter verfeinern. Bedienen Sie sich dazu der Liste unter STIL ❾. Mit einem Klick auf VORSCHAU AKT.(UALISIEREN) ❿ wird innerhalb von Bridge eine Vorschau des ausgewählten Galerie-Layouts angezeigt.

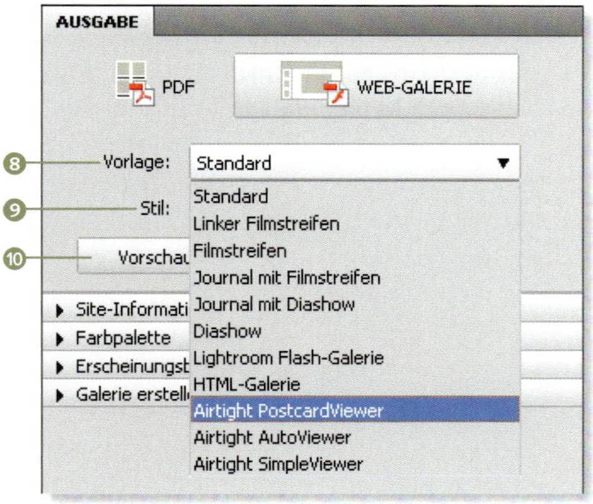

▴ **Abbildung 9.3**
Es gibt elf verschiedene VORLAGEN für Web-Galerien, und eine weitere Individualisierung ist möglich.

Experimentierphase mit wenigen Bildern | Solange die Galerie noch nicht endgültig gespeichert ist, können Sie immer noch weitere Bilder hinzufügen: Markieren Sie einfach *alle* gewünschten Bilder – die zuerst gewählten und die ergänzenden –, und lassen Sie erneut eine Vorschau berechnen. Sie können durch Ziehen der Bilder in der Inhaltspalette auch die Reihenfolge der Bilder in der Galerie ändern.

Vor allem, wenn Sie verschiedene Layouts ausprobieren, empfiehlt es sich, zunächst mit wenigen Bildern zu starten und

Zum Nachlesen: Sammlungen
Sammlungen sind virtuelle Ordner, in denen Bilder, die an verschiedenen Orten gespeichert sind, zusammengefasst werden können. Wie sie genau funktionieren, können Sie in Abschnitt 8.8.2, »Sammlungen«, nachlesen.

Eigene Layouts als Templates sichern

CS5 In CS5 ist es nun auch endlich möglich, modifizierte Layouts zu speichern und später erneut zu verwenden. Klicken auf das NEU-Icon neben STIL öffnet einen Dialog zur Namensvergabe. Die gespeicherten Templates finden Sie dann in der Liste unter STIL wieder. Allerdings nur, wenn die richtige Vorlage eingestellt ist. Das heißt, wenn Ihr Template beispielsweise eine Variation der Vorlage LINKER FILMSTREIFEN ist, finden Sie es nur dann in der STIL-Liste, wenn unter VORLAGE auch LINKER FILMSTREIFEN eingestellt ist. Man muss sich also merken, welche Vorlage man modifiziert hat, um das eigene Layout später wiederzufinden – eine etwas umständliche Lösung.

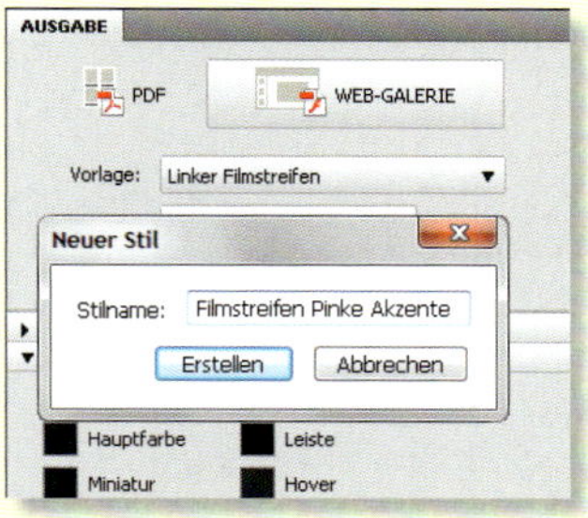

▴ **Abbildung 9.4**
Speichern von Vorlagen für Web-Galerien und PDF-Ausgabe

den Rest der Bilder erst später hinzuzufügen. Jeder Klick auf den Aktualisieren-Button führt nämlich dazu, dass neben dem Aussehen der Galerie auch alle enthaltenen Bilder neu berechnet werden. Und das kann bei einer umfangreichen Galerie geraume Zeit in Anspruch nehmen.

9.1.2 Individuelle Anpassungen

▲ **Abbildung 9.5**
Die kleinen Dreiecke sind Schaltflächen: Ein Klick, …

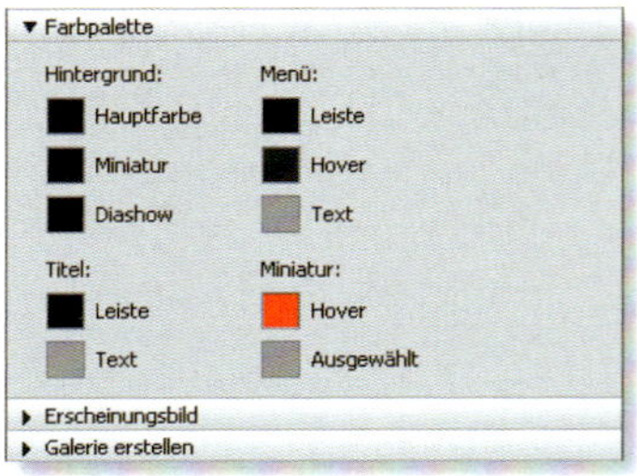

▲ **Abbildung 9.6**
… und die Optionen sind erreichbar.

Als die Web-Galerie noch über Photoshop erstellt wurde, musste man sich noch durch eine Vielzahl von Dialogboxen hangeln, um die wichtigen Optionen zu erreichen. In der Bridge-Webgalerie ist das glücklicherweise anders: Die wichtigsten Einstellungen sind jetzt leicht erreichbar und schnell zu ändern. Die möglichen Einstellungen sind in vier Optionskategorien unterteilt, und mit Klicks auf die winzigen Dreieckssymbole (Pfeile) lassen sich die Einstellungen öffnen.

Beachten Sie, dass die angezeigten Optionen von der Vorlage abhängig sind, die Sie ganz oben eingestellt haben. In den folgenden Abbildungen habe ich mich für die Optionen der Galerie Standard entschieden. Aber auch, wenn Sie eine andere Vorlage wählen, sind die Einträge in den einzelnen Kategorien meist intuitiv bedienbar. Im Zweifelsfall heißt es hier einfach: Ausprobieren!

Site-Informationen | Site-Informationen sind Textinformationen, die – je nach gewähltem Layout – an unterschiedlichen Stellen der späteren Galerie-Site auftauchen.

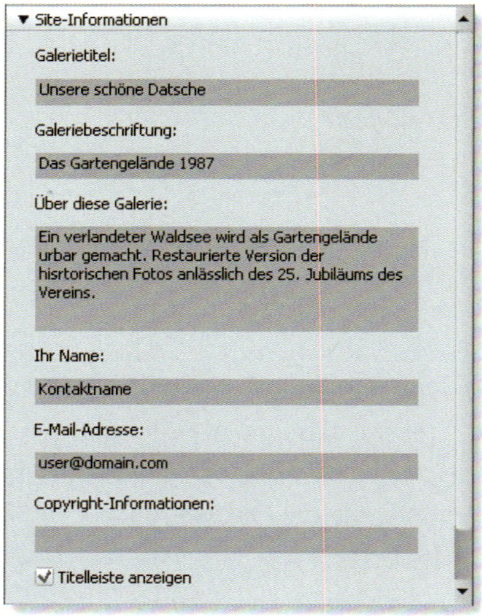

Abbildung 9.7 ▶
Site-Informationen – diese Informationen sollten Sie in jedem Fall ändern, sonst erscheinen die Adobe-Standard-Texte in Ihrer späteren Galerie.

Galerietitel und Galeriebeschriftung sind im Kopfbereich der Galerie-Site zu lesen.

Unter Über diese Galerie können Sie einen erklärenden Text zu Ihrer Galerie eintragen. Er erscheint bei den meisten Galerietypen auf einer separaten Seite – es gibt also erheblich mehr Raum für Text, als das kleine Eingabefeld suggeriert.

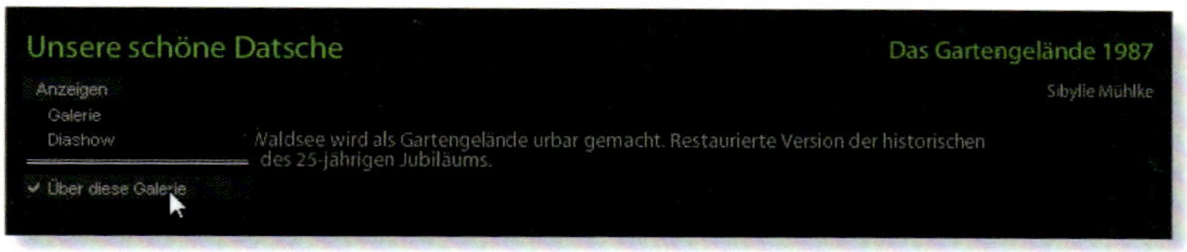

▲ **Abbildung 9.8**
Über eine Mininavigation der fertigen Galerie kann die Sammlungsbeschreibung geöffnet werden. Sie erscheint auf einer eigenen Seite.

Die Kontaktinformationen (Name und E-Mail-Adresse) erscheinen in Form von Links auf der späteren Galerie-Site. Wo die Angabe unter Copyright-Informationen landen, ist unklar – die Adobe-Hilfe gibt dazu keine Informationen, und wiederfinden konnte ich diese Information bei keinem der Galerietypen.

Farbpalette | Die Farbe einzelner Elemente des von Ihnen gewählten Layouts können Sie unter Farbpalette anpassen.

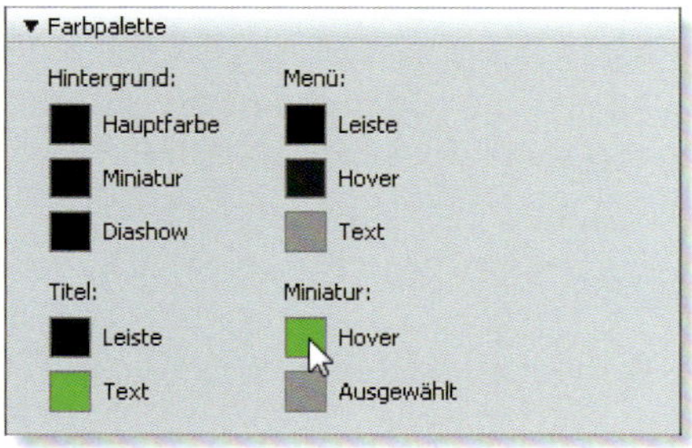

▲ **Abbildung 9.10**
Ein Klick auf eines der Farbfelder ruft den Farbwähler auf, in dem Sie eine neue Farbe einstellen können.

Auf den ersten Blick erscheint die Farbanpassung einfach: Farbfeld anklicken, Farbe im Farbwähler aussuchen, Ok-Button, erledigt. Doch leider müssen Sie hier mit dem Farbwähler arbeiten, den das Betriebssystem von Haus aus mitbringt. Damit ist es nicht möglich, Farbwerte aus einem Bild »aufzupicken«, wie man es vom luxuriösen Photoshop-Farbwähler kennt. Sollten Sie also die Farben Ihrer Galerie an die Farbstimmung eines Ihrer Fotos anlehnen wollen, müssen Sie es erst in Photoshop öffnen, die Farben mittels Pipette und Farbwähler bestimmen, die Farbwerte notieren und dann hier eintragen.

Der Galerietitel ergibt nicht das Title-Tag!

Der Eintrag unter Galerietitel ist nicht identisch mit dem HTML-Title-Tag. Um den späteren Seitentitel der HTML-Seite (Title-Tag) zu generieren, der dann zum Beispiel auch als Titel des Browserfensters in der Taskleiste erscheint, müssen Sie in der Optionskategorie Galerie erstellen den Eintrag Name der Galerie ändern.

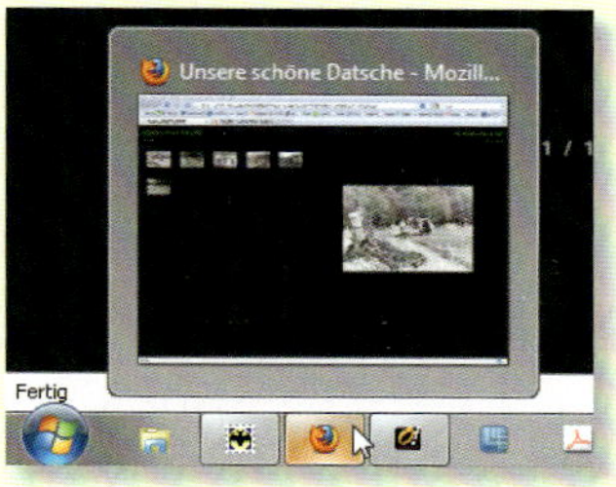

▲ **Abbildung 9.9**
Was hier erscheint, ist vom Title-Tag einer Webseite abhängig, und das beeinflussen Sie in Bridge unter Galerie erstellen.

Änderungen aktualisieren

Etwaige Änderungen am Layout sind nicht automatisch im Vorschau-Fenster zu sehen. Sie müssen immer erst den Aktualisieren-Button anklicken, bevor Sie die Auswirkungen Ihrer Änderungen sehen können.

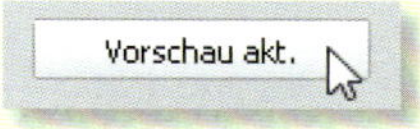

▲ **Abbildung 9.11**
Anzeige aktualisieren

Zum Weiterlesen: Farben festlegen
Mehr über den Farbwähler und das Pipettenwerkzeug lesen Sie im achten Teil dieses Buches, in Kapitel 25, »Mit Photoshop malen«.

Erscheinungsbild | Unter dem Titel ERSCHEINUNGSBILD sind alle Angaben zur Größe und Anordnung der Miniaturen versammelt. In einigen Galerie-Templates ist auch ein Umschalten zur Diaschau vorgesehen. Wie die einzelnen Bilder dabei angezeigt werden, legen Sie ebenfalls unter ERSCHEINUNGSBILD fest. Die meisten Optionen sind selbsterklärend.

Einige Galerie-Templates bringen allerdings eine Option LAYOUT ① mit, deren Funktionsweise nicht auf den ersten Blick verständlich ist.

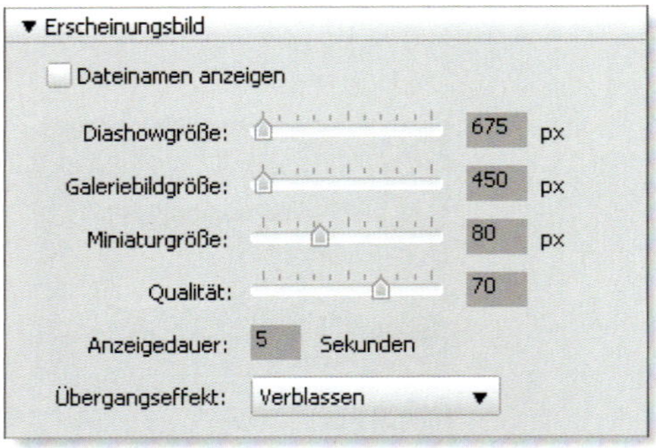

▲ **Abbildung 9.12**
Welche Einstellungen hier zur Verfügung stehen, hängt von der gewählten Galerie-Vorlage ab.

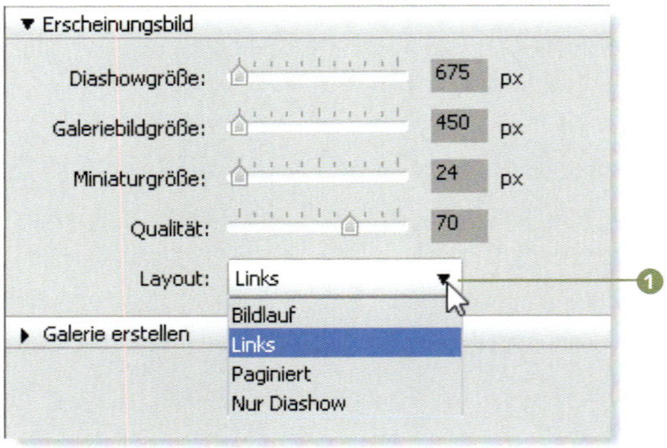

▲ **Abbildung 9.13**
LAYOUT-Einstellungen unter ERSCHEINUNGSBILD – sie regeln, wo etwaige Thumbnails angezeigt werden.

Fehlende Bilder in der Vorschau
Wundern Sie sich nicht, wenn in der Vorschau oder Browser-Vorschau Bilder fehlen: Hier werden immer nur die ersten zwanzig Bilder angezeigt, auch wenn Ihre Galerie mehr Bilder enthalten sollte. Wenn Sie Web-Galerie oder PDF speichern, werden jedoch alle von Ihnen gewählten Bilder berücksichtigt.

Unter LAYOUT legen Sie fest, ob und an welcher Position innerhalb der Galerie die Bildminiaturen (Thumbnails) gezeigt werden:

- BILDLAUF blendet die Bild-Thumbnails unterhalb des gerade aktiven Fotos ein.
- LINKS blendet die Bild-Thumbnails auf der linken Seite ein.
- PAGINIERT bietet sich vor allem dann an, wenn Ihre Galerie viele Bilder enthält und Sie die Vorschaubilder nicht allzu klein anzeigen lassen wollen.
- Wenn Sie NUR DIASHOW einstellen, enthält das Layout gar keine Thumbnails mehr.

9.1.3 Lokal sichern oder per FTP ins Netz: Galerie erstellen

Wenn Sie alle Einstellungen fertig haben, sollten Sie ein letztes Mal die Galerie-Vorschau prüfen, diesmal vielleicht sogar im Browser. Dazu klicken Sie auf VORSCH.(AU) IN BROWSER.

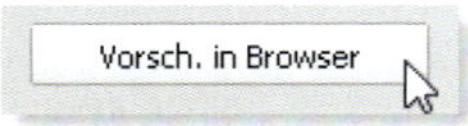

▲ **Abbildung 9.14**
Vor dem Veröffentlichen der Galerie kann ein Test im Browser nicht schaden.

Unter GALERIE ERSTELLEN finden Sie alle Befehle zum endgültigen Erstellen, Sichern und eventuellen Veröffentlichen Ihrer Galerie. Sie können die Galerie wahlweise lokal auf Ihrem Rechner sichern, um sie später beispielsweise auf eine CD zu brennen, oder sie direkt aus Bridge per FTP auf Ihren Webspace hochzuladen. Der Upload ins Netz lässt sich natürlich auch später mit Ihrem eigenen FTP-Programm erledigen.

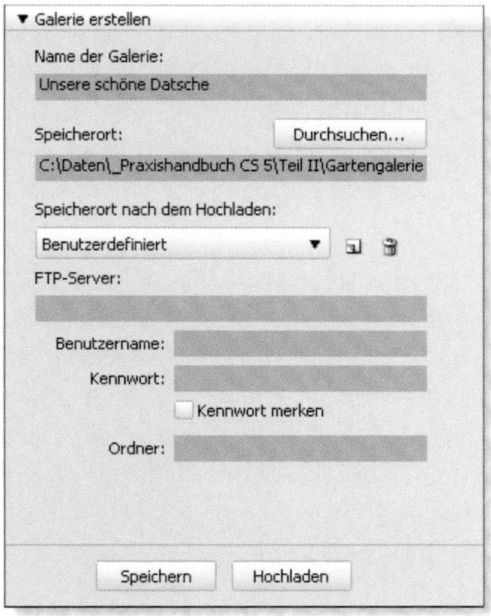

◂ **Abbildung 9.15**
Galerie endgültig erstellen, sichern und publizieren

Falls Sie es noch nicht getan haben, geben Sie jetzt Ihrer Galerie einen Namen. Er erscheint später in der Titelleiste des Browsers (siehe Abbildung 9.9).

Lokal sichern | Wenn Sie Ihre Galerie auf der eigenen Festplatte speichern wollen, legen Sie den Speicherort fest, indem Sie mit Durchsuchen zum gewünschten Ordner navigieren. Ein Klick auf den Button Speichern erstellt und sichert die Galerie. Wenn Ihre Galerie umfangreich ist, kann dieser Prozess eine Weile dauern!

FTP-Upload | In den Feldern unter FTP-Upload können Sie Ihre FTP-Daten eintragen. Wie bei anderen FTP-Clients auch benötigen Sie die Serveradresse, Ihren Nutzernamen und Ihr Passwort. Die Angabe eines entfernten Ordners (Ordner auf dem Server, den Sie gerade ansteuern) ist optional. Bridge versucht sogar beim Upload einen neuen Ordner zu erstellen, wenn ein Ordner mit dem angegebenen Namen noch nicht existiert. Ob das funktioniert, hängt wiederum von den Servereinstellungen ab. Sie können einmal eingetragene FTP-Verbindungsdaten auch speichern. Klicken Sie auf das Neu-Icon, wenn Sie alle Felder ausgefüllt haben. Der Eintrag wird der Liste hinzugefügt. Ein Klick auf den Mülleimer löscht den aktuellen Eintrag wieder aus der Liste. Ein Klick auf den Hochladen-Button startet Galerie-Erstellung und Upload.

Praxisnutzen des Bridge-Uploads
Da Sie beim Upload mit Bridge zu keinem Zeitpunkt die Ordnerstruktur Ihres Servers zu sehen bekommen, gleicht das Hochladen einem Blindflug – was nicht jedermanns Sache ist. Lokal gesichert werden auf diese Art hochgeladene Galerien nicht. Und wer über eigenen Webspace verfügt, hat wohl auch ein FTP-Programm parat. So erscheint die Arbeitsweise, die Daten erst auf der Festplatte zu speichern und sie dann mit einem externen FTP-Client hochzuladen, als die bessere Variante.

9.2 Bilddateien zu PDF: Kontaktabzüge und PDF-Präsentation mit Bridge

Sie können Bilder mithilfe des Bridge-Ausgabemoduls auch in eine PDF-Datei packen. Je nach verwendeten Layout-Einstellungen kann das dabei entstehende PDF-File dann als papiersparende Ausdruck-Möglichkeit (mit mehreren Bildern auf einem Bogen) oder als Präsentation genutzt werden. PDF-Präsentationen können mit dem kostenfreien Programm Adobe Reader und anderen PDF-Betrachtern angesehen werden:

Starten Sie das Ausgabemodul, und klicken Sie dann in der Palette AUSGABE auf das PDF-Icon.

▲ **Abbildung 9.16**
Ausgabe-Einstellungen für PDF aufrufen

Die Arbeitsfläche ist dann so aufgeteilt wie beim Erstellen einer Web-Galerie. Lediglich die Ausgabepalette am rechten Bildschirmrand sieht etwas anders aus. Auch sonst ähnelt die Verfahrensweise der Arbeit mit dem Web-Galerie-Tool: Bilder aussuchen, Einstellungen vornehmen, Vorschau, eventuell Einstellungen korrigieren, kontrollieren und Ergebnis speichern.

9.2.1 Bildauswahl und Grund-Layout

Als Erstes müssen Sie wiederum festlegen, welche Bilder in das PDF aufgenommen werden sollen – am besten per INHALT-Palette. Danach können Sie sich an die Einstellungen machen.

Unter VORLAGE können Sie aus einer Liste auswählen, wie Ihr PDF aussehen soll. Die am häufigsten gebrauchten Seitenlayouts sind hier bereits vertreten, und ein Feintuning ist natürlich möglich.

PDF-Ausgabe ersetzt Kontaktabzug & Co.

Die altbekannten *Photoshop*-Funktionen KONTAKTABZUG, BILDPAKET und PDF-PRÄSENTATION stehen in der Photoshop-Standardinstallation nicht mehr zur Verfügung. Ersetzt wurden die Features durch die PDF-Ausgabe in Bridge. Wenn Sie die alten Funktionen unbedingt verwenden wollen, können Sie sich die notwendigen Plug-ins auf der Adobe-Site herunterladen:

- Windows: *http://www.adobe.com/support/downloads/detail.jsp?ftpID=4688*
- Mac OS: *http://www.adobe.com/support/downloads/detail.jsp?ftpID=4687*

Die Download-Pakete enthalten auch die notwendigen Informationen zur Installation.

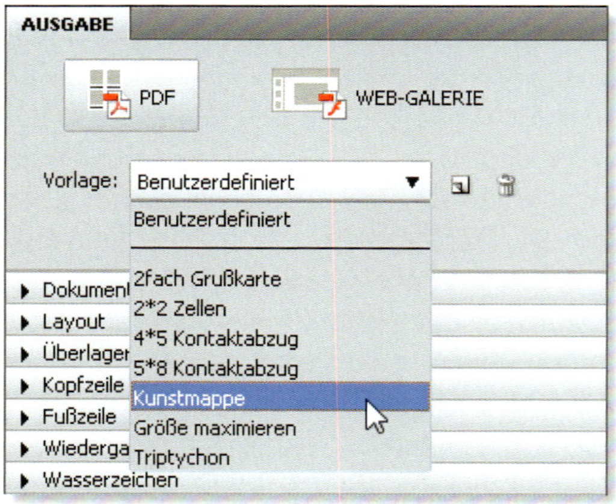

▲ **Abbildung 9.17**
Unter VORLAGE legen Sie das grundlegende Aussehen Ihrer Datei fest.

Welche Vorlage am besten passt, richtet sich vor allem nach dem geplanten Verwendungszweck des PDF. Durch die folgende

Feineinstellung lässt sich zwar noch einiges ändern, doch über VORLAGE treffen Sie Ihre erste wichtige Layout-Entscheidung. Durch geschickte Vorlagenauswahl halten Sie den Anpassungsaufwand in Grenzen.

- 2FACH GRUSSKARTE bildet jeweils zwei Bilder auf einer Seite ab. Nach dem Beschnitt der gedruckten Version wäre die Verwendung zum Beispiel als Klappkarte (mit Falz links) denkbar.
- 2*2 ZELLEN geht mit dem vorhandenen Platz immer noch recht großzügig um: Vier Bilder teilen sich eine Seite.
- 4*5 KONTAKTABZUG und 5*8 KONTAKTABZUG bilden, ganz wie die nichtdigitalen Vorbilder, eine Auswahl mehrerer Bilder *en miniature* in mehreren Reihen auf einer Seite ab. Kontaktabzüge von digitalen Bildern eignen sich gut als Einleger für Archiv-DVDs oder CDS – man kann sich schnell einen Überblick über den Inhalt verschaffen, ohne das Medium im Rechner zu starten.
- KUNSTMAPPE ist sicherlich die beste Auswahl, wenn Sie einzelne Bilder groß in Szene setzen wollen, zum Beispiel bei einer **Präsentation**: Ein einzelnes Bild wird so auf dem Blatt positioniert, dass es gut wirken kann – also mit genügend Weißraum.
- Auch bei GRÖSSE MAXIMIEREN landet ein Bild auf einer Seite – allerdings werden Querformate dabei gedreht. Jedes Bild wird so groß dargestellt wie möglich.
- TRYPTICHON bildet eine Spalte mit drei Bildern.

9.2.2 Dokumenteigenschaften

Wie auch beim Web-Galerie-Tool können Sie Einstellungen für die Dokumenteigenschaften in mehreren Kategorien vornehmen. Die Fächer klappen Sie wiederum per Pfeil-Schaltfläche auf.

Unter DOKUMENT legen Sie wichtige PDF-Angaben fest. Für die SEITENVORGABE ❶ und GRÖSSE ❷ werden DIN- und andere Standardformate angeboten, Sie können jedoch auch eigene Werte eingeben (beim Drucken kann das zu Problemen führen). Unter QUALITÄT ❸ bestimmen Sie die Reproduktionsqualität und damit implizit die Dateigröße: Dass hier HOHE QUALITÄT für Druck-PDFs am besten geeignet ist und GERINGE QUALITÄT eher webtaugliche Dateien erzeugt, ist fast schon selbstverständlich.

Wer es gern farbig mag, findet unter HINTERGRUND ❹ die richtige Option – ein Klick auf das Kästchen öffnet den Farbwähler des jeweiligen Betriebssystems. Sie können außerdem den Ausdruck des PDFs unterbinden oder die Datei mit einem Passwort gegen unbefugte Zugriffe schützen.

Zum Nachlesen: PDF-Format
Allgemeine Informationen zum PDF-Format finden Sie in Abschnitt 6.6, »Dateiformate für Bilder«. Informationen zum Speichern von Photoshop-PDFs gibt es in Abschnitt 7.4, »Dateien speichern«.

[Weißraum]
»Weißraum« ist der Leerraum oder die unbedruckte Fläche eines Layouts. Layouts mit viel Weißraum wirken meist edel, aufgeräumt und großzügig.

Viele Bilder, mehrseitiges PDF
Wenn Sie mehr Dateien ausgewählt haben, als im jeweiligen Layout auf ein Blatt passen, werden dem späteren PDF entsprechend mehr Seiten angehängt, die dann im selben Layout mit den übrigen Dateien gefüllt werden. In der Vorschau in Bridge sehen Sie jedoch immer nur die erste Seite.

Bild: Sibylle Mühlke

▲ **Abbildung 9.18**
Bei einer Diashow-Präsentation beispielsweise kann ein farbiger Hintergrund edel wirken.

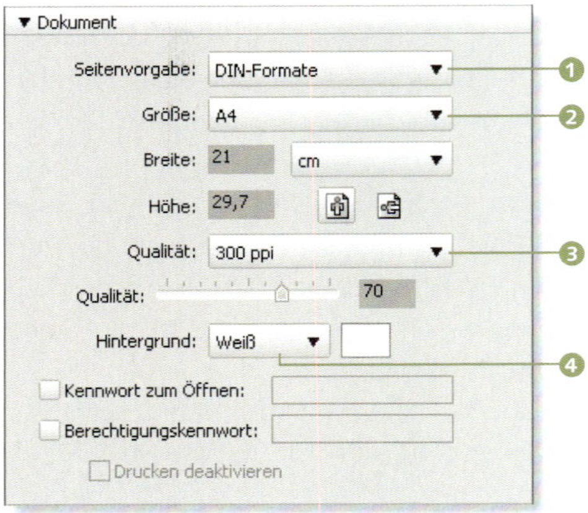

Abbildung 9.19 ▶
Die Dokumenteinstellungen sind leicht verständlich.

Achtung: (kein) Automatisches Reset der Optionen

Nicht alle Optionen stellen sich auf die Standards zurück. So bleiben zum Beispiel die Einstellungen für die Hintergrundfarbe oder den Wasserzeichen-Text erhalten und werden bei späterer Nutzung des PDF-Ausgabe-Tools auch auf neue Projekte angewandt. Während man dies bei der Hintergrundfarbe recht schnell sieht, bleiben Wasserzeichen zuweilen unbemerkt. Andere Optionen (wie zum Beispiel die Anzeige des Dateinamens) muss man bei jedem Durchgang erneut *ab*wählen, weil sie sich stets von selbst wieder aktivieren.

9.2.3 Was kommt aufs Blatt? Bilder und Texte

In den Kategorien Layout, Überlagerungen und Wasserzeichen legen Sie fest, was auf den späteren PDF-Seiten zu sehen sein soll: die Anzahl und Anordnung der Bilder oder Miniaturen und etwaige Zusatzinformationen in Textform. Diese Einstellungen können Sie für Präsentationen ebenso wie für Kontaktabzüge und andere »Sammelseiten« nutzen. (Zur Kategorie Wiedergabe siehe Abschnitt 9.2.4.)

Bilder und Zwischenräume: Layout | Unter Layout bestimmen Sie die Anzahl und die Ausrichtung der gezeigten Bilder. Mit Bildplatzierung legen Sie fest, ob zuerst Zeilen oder zuerst Spalten gefüllt werden. Diese Einstellung ist vor allem für Layouts interessant, bei denen viele Bilder auf einer Seite angeordnet werden.

- Unter Zeilen und Spalten bestimmen Sie die Anzahl der Zeilen und Spalten.
- Die Angaben Horizontal und Vertikal beziehen sich auf die Abstände zwischen den Bildern.
- Oben, Unten, Links und Rechts wirken sich auf die Abstände des Bilderblocks zu den Seitenrändern aus. In der Regel sind Sie mit den voreingestellten Abständen gut bedient.
- Die Option Automatischer Zeilenabstand hilft Ihnen meist eher weiter als aufwendiges manuelles Einstellen aller Abstände.
- Drehen f(ür) opt(imale) Platznutz(ung) ist beim Layout Maximale Grösse automatisch aktiv. Es kann aber auch von Ihnen zugeschaltet werden.

Ein Foto mehrfach auf der Seite

Sie vermissen die Photoshop-CS3-Funktion Bildpaket? Die Option Ein Foto pro Seite wiederholen (Abbildung 9.20) gibt dasselbe Bild mehrfach auf einer Seite aus. Sie ist ein vollwertiger Ersatz für das Bildpaket – und viel einfacher zu bedienen.

Dateinamen, Kopf- und Fußzeilen | Unter dem missverständlichen Titel Überlagerungen legen Sie fest, ob Dateinamen unterhalb der Bilder eingeblendet werden sollen.

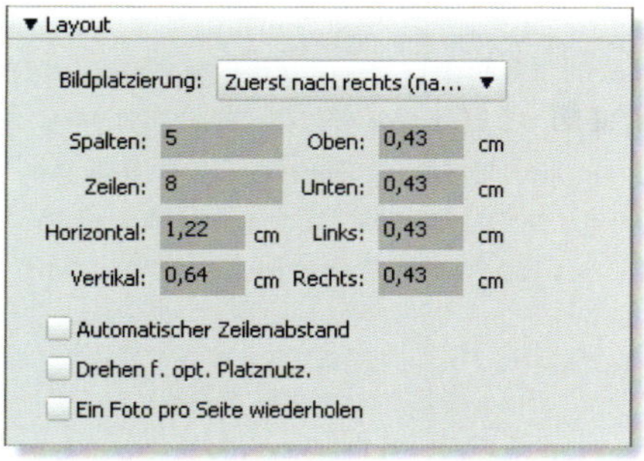

▲ **Abbildung 9.20**
Hier können Sie bestehende Layouts variieren oder sich eigene zusammenstellen.

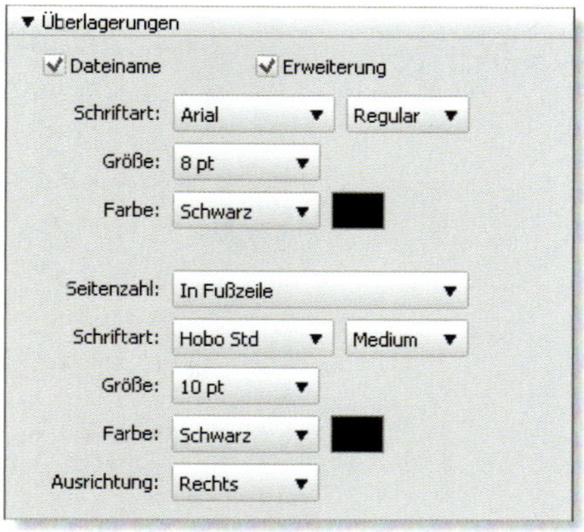

▲ **Abbildung 9.21**
Informationen wie Dateiname, -typ und Seitenzahlen können ergänzt werden. Wie, das legen Sie unter ÜBERLAGERUNGEN fest.

Die Funktion für Kopf- und Fußzeilen (Abbildung 9.22) ist erst in einem der Bridge-Updates enthalten. Bei der normalen Installation ist sie noch nicht dabei. Mit dem Befehl HILFE • AKTUALISIERUNGEN können Sie Bridge auf den neuesten Stand bringen.

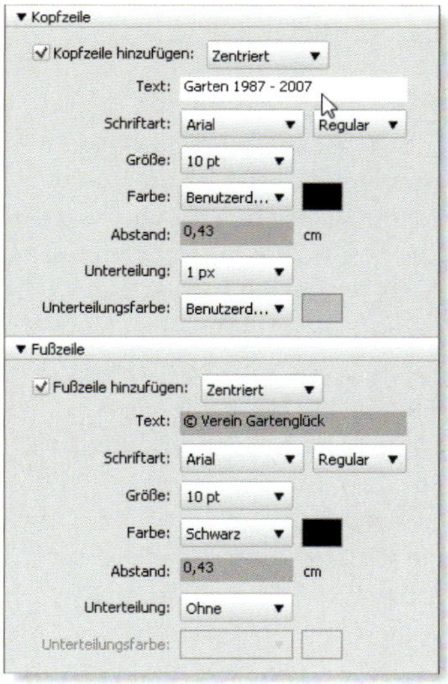

▲ **Abbildung 9.22**
Was soll in die Kopf- und Fußzeilen der PDF-Seiten?

Wider den Bildklau: Wasserzeichen | Als unmissverständliche Markierung und Mittel gegen unbefugte Bildnutzung lassen sich wahlweise Texthinweise oder Grafiken in die PDFs integrieren. Sie können festlegen, ob Sie das Wasserzeichen über die gesamte Seite legen oder ob jedes im PDF abgebildete Bild mit einem Wasserzeichen versehen wird (Option AUF JEDEM BILD PLATZIEREN).

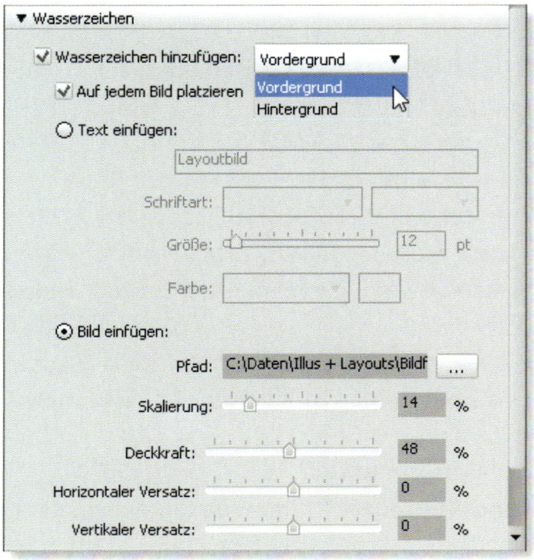

CS5 Grafikbasierte Wasserzeichen
In CS5 können Sie nicht nur Text, sondern auch Pixelbilder als Wasserzeichen einfügen.

◀ **Abbildung 9.23**
Das Wasserzeichen kann genau angepasst werden.

9.2.4 Wiedergabe-Optionen für PDF-Präsentationen

Mit Bridge erstellte PDF-Präsentationen sind mehr als nur ein Durchklicken von Bildern – sie laufen wie eine Diaschau ab. Unter WIEDERGABE können Sie detailliert einstellen, wie lange jede Seite zu sehen ist, ob die Präsentation geloopt wird (SCHLEIFE NACH LETZTER SEITE – unendlich wiederholtes Abspielen) und mit welchen visuellen Effekten der Bildübergang gestaltet werden soll. Auf Wunsch wird die Präsentation auch im Vollbildmodus abgespielt.

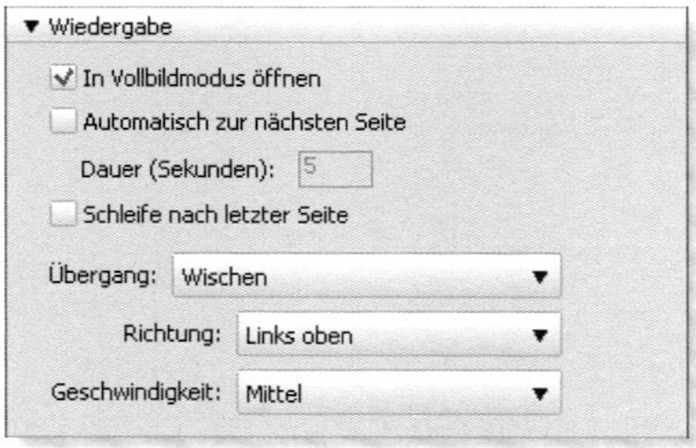

Abbildung 9.24 ▸
Vor allem zum Bildübergang gibt es viele Einstellungen.

PDF-Vollbildmodus
Übrigens: Den Vollbildmodus können Sie beim Betrachten der PDF-Präsentation durch Drücken der Esc-Taste jederzeit verlassen.

PDF erstellen und sichern | Wenn Sie mit allen Einstellungen fertig sind, klicken Sie unten auf der Ausgabe-Palette auf SPEICHERN und legen den gewünschten Speicherort fest. Wenn Sie zuvor ein Häkchen bei PDF SPEICHERN UND ANZEIGEN gesetzt haben, wird das fertiggestellte PDF gleich in der PDF-Applikation (Adobe Acrobat oder Adobe Reader) geöffnet.

Abbildung 9.25 ▸
PDF-Erstellung zum Abschluss bringen

9.3 Automatiktool für Fotografen: Bildprozessor

Der Bildprozessor ist für den Bedarf des Dateien importierenden Fotografen maßgeschneidert: Er erledigt eine Reihe lästiger Aufgaben im Handumdrehen. So starten Sie ihn:

- in **Photoshop** unter DATEI • SKRIPTEN • BILDPROZESSOR
- in **Bridge** unter WERKZEUGE • PHOTOSHOP • BILDPROZESSOR

Zwischen den beiden Versionen gibt es nur minimale Unterschiede.

9.3.1 Was kann der Bildprozessor?

Das hilfreiche Tool lässt sich auf Camera-Raw-Dateien, JPEGs und PSD-Dateien anwenden und schlägt mehrere Fliegen mit einer Klappe:

- Der Bildprozessor ändert Dateiformate und Bildgrößen automatisch.
- Er kann Dateien ruck, zuck in webgerechte JPEGs konvertieren.
- Er schreibt Urheberrechtshinweise in die Dateien.
- Er kann Camera-Raw-Einstellungen auf mehrere Bilder hintereinander anwenden.

Die besondere Stärke des Bildprozessors ist, dass er Ausgangsdateien *gleichzeitig* in unterschiedliche Ziel-Dateiformate überführen kann. Er eignet sich vor allem für Dateien, die ohnehin immer zusammen in einem Ordner landen – zum Beispiel beim Import aus einer Kamera –, oder für einzelne, geöffnete Dateien.

9.3.2 Der Dialog »Bildprozessor«

Wie bei den anderen Dialogboxen für die automatische Bildverarbeitung sollten Sie sich auch im Dialog Bildprozessor von oben nach unten durch die Einstellungen arbeiten.

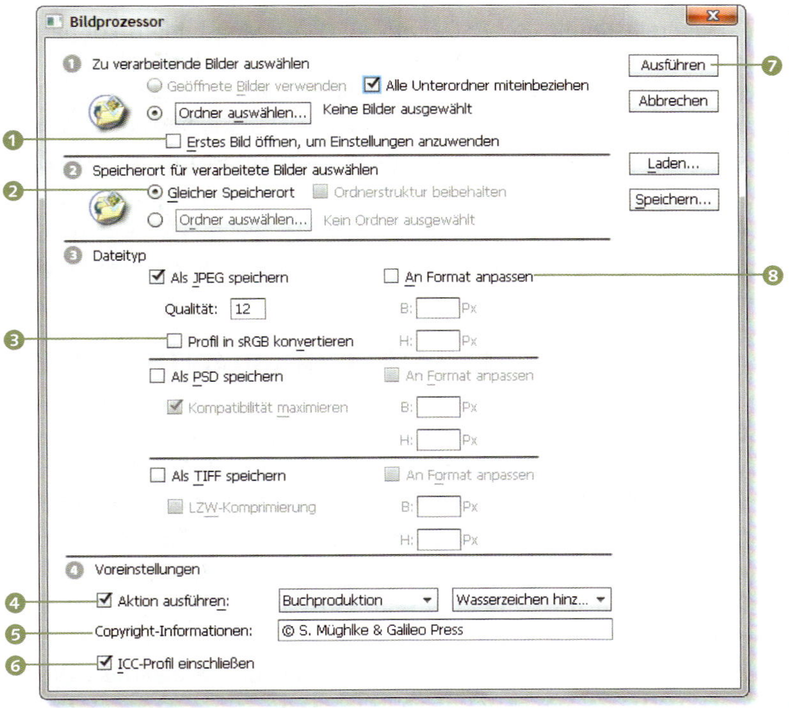

◀ Abbildung 9.26
Der Bildprozessor-Dialog aus Photoshop – selbst der unaufmerksamste Nutzer soll hier mit Ziffern narrensicher hindurchgeführt werden.

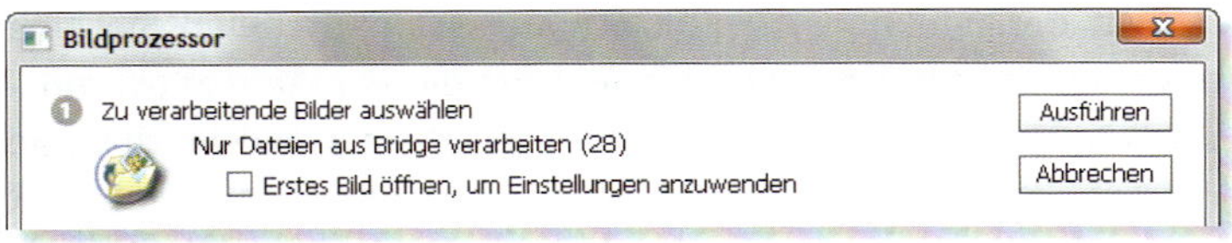

◀ Abbildung 9.27
In der Bridge-Version des Dialogs gibt es eine geringe Abweichung: Die zu verarbeitenden Bilder legen Sie per Auswahl in Bridge fest. Wie viele Bilder ausgewählt sind, wird angezeigt (hier: 28).

Bearbeitungsschritte können dann im Einzelnen nachvollzogen werden. Hier ist das am Beispiel von HOLZRAHMEN – 50 PIXEL zu sehen.

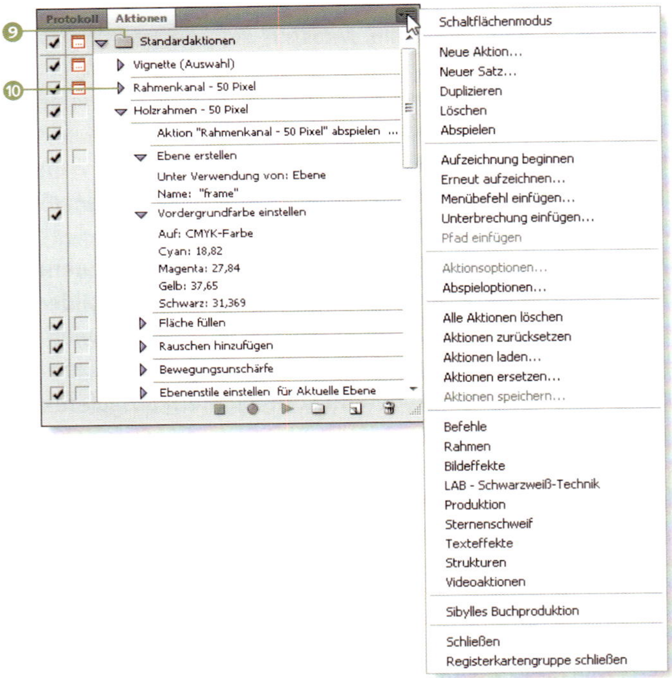

▲ **Abbildung 9.29**
Die Aktionen-Palette. Photoshop liefert eine Reihe fertiger Aktionen mit. Im Seitenmenü finden Sie Befehle zum Verwalten der Aktionen und Abspieloptionen.

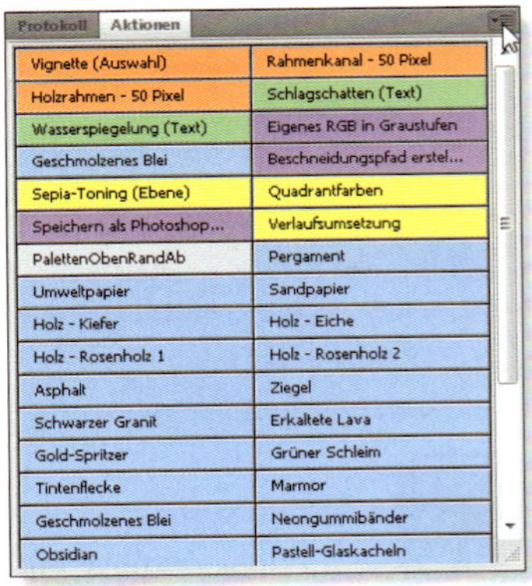

▲ **Abbildung 9.30**
Die Aktionen-Palette im Schaltflächenmodus. Die durch Ordnersets vorgegebene Struktur ist einer langen Reihe von Buttons gewichen. Buttons für die Aufnahme gibt es nicht mehr.

9.4.1 Funktionsprinzip

Das Funktionsprinzip der Aktionen ist einfach: Sie führen die Befehle, die Sie in die Aktion aufnehmen wollen, exemplarisch an einem Bild durch und zeichnen sie dabei auf. Dazu stehen die Buttons am unteren Rand der Aktionen-Palette zur Verfügung, die nicht umsonst an die Stopp- und Play-Knöpfe eines Kassettenrekorders erinnern. Danach können Sie die Befehlsfolge mit einem Knopfdruck auch auf andere Bilder anwenden.

9.4.2 Aktionen aufzeichnen

Achten Sie beim Aufzeichnen darauf, dass nicht der sogenannte »Schaltflächenmodus« (erreichbar per Seitenmenü) aktiv ist. Denn dann erscheinen alle Aktionen als Buttons, die das Zuweisen von Aktionen erleichtern sollen, das Definieren neuer Aktionen aber unmöglich machen.

Schritt für Schritt: Aktionen aufzeichnen und ausführen

1 Vorbereitungen

Erstellt werden soll eine Aktion, die die Bildauflösung ändert und die Datei anschließend im Format PSD speichert. Diese Aktion kann man gut anwenden, wenn man JPEG-Bilder aus der Digicam importiert hat und in ein arbeitsfreundliches Dateiformat bringen will. Sie können später Aktionen nahezu beliebiger Komplexität erzeugen; dieses Beispiel genügt jedoch, um Sie mit der Aktionen-Palette vertraut zu machen.

Öffnen Sie ein Bild, an dem Sie die Befehlsfolge für die Aufzeichnung exemplarisch durchführen, und – natürlich – die Aktionen-Palette.

Aktionen-Reihenfolge

Durch einfaches Drag & Drop in der Liste, die Sie in der Aktionen-Palette sehen, können Sie die Reihenfolge von Aktionssätzen und Aktionen und sogar von Befehlen innerhalb einer Aktion ändern. Wobei das Verschieben von Befehlen innerhalb einer Aktion deren Wirkung stark beeinflussen kann. Hier ist also Vorsicht geboten.

2 Neues Aktionsset anlegen

Sie können direkt eine neue Aktion anlegen. Diese wird dann dem Standardset hinzugefügt. Das ist allerdings nur die zweitbeste Möglichkeit: erstens aus Ordnungsgründen, und zweitens können so abgelegte Aktionen leicht verloren gehen, wenn die Palette auf die Standardeinstellungen zurückgesetzt wird. Es ist also günstiger, Sie legen erst ein eigenes Set an, in das Sie dann Ihre Aktion speichern. Dazu benutzen Sie die Schaltfläche NEUEN SATZ ERSTELLEN.

In einem Dialogfenster können Sie einen Namen vergeben. Sie finden das Set dann – noch leer – in der Aktionen-Palette wieder.

▲ **Abbildung 9.31**
Neuen Satz anlegen: Hier wird gerade der Name eingetragen.

▲ **Abbildung 9.32**
Der neu erzeugte (noch leere) Satz in der Aktionen-Palette

3 Neue Aktion anlegen

Aktivieren Sie den neuen Aktionssatz, und klicken Sie in der Aktionen-Palette auf das Icon NEU.

Dann müssen Sie nur noch einen Titel für die neue Aktion vergeben und unter SET den Speicherort festlegen. Mit FUNKTIONSTASTE können Sie eine der F-Tasten für diese Aktion reservieren. FARBE bezieht sich auf die Darstellung der Aktion im Schaltermodus. Sie können die Eigenschaften einer Aktion oder eines Sets auch später noch verändern – ein Doppelklick auf den Namen der Aktion erlaubt es, den Namen zu ändern; ein Klick bei gehaltener [Alt]/[⌥]-Taste führt auch zu weitergehenden Einstellungen.

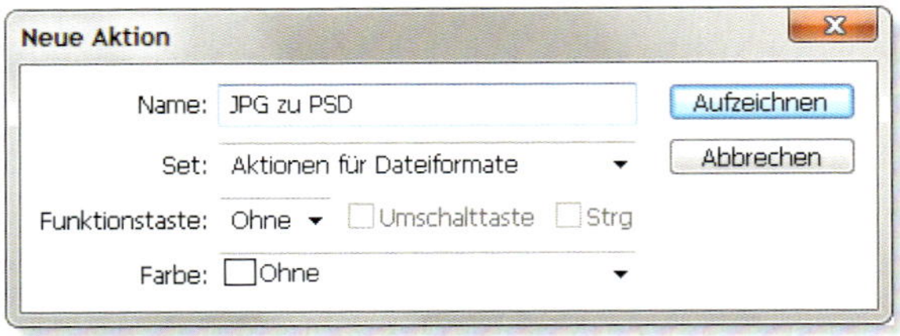

Abbildung 9.33 ▸
Eigenschaften der neuen Aktion. Der Eintrag Farbe bezieht sich auf die Darstellung im Schaltflächenmodus.

4 Die Aufzeichnung läuft!

Der runde Button am Fuß der Aktionen-Palette leuchtet nun rot. Das heißt, alles, was Sie ab jetzt mit Photoshop machen, wird als Bestandteil der Aktion aufgezeichnet.

Und zwar wirklich alles – wenn Sie einen Arbeitsschritt zu viel machen und ihn wieder löschen, ist auch dies Bestandteil der Aktion. Zwar lassen sich Aktionen auch nachbearbeiten, aber es ist natürlich günstiger, wenn man die Aktion vorher einmal »übt«, um so etwas zu vermeiden.

Ich wähle nun den Befehl Datei • Speichern unter, speichere meine Musterdatei – Sie können ein beliebiges Bild nehmen – im Dateiformat PSD ab und schließe sie.

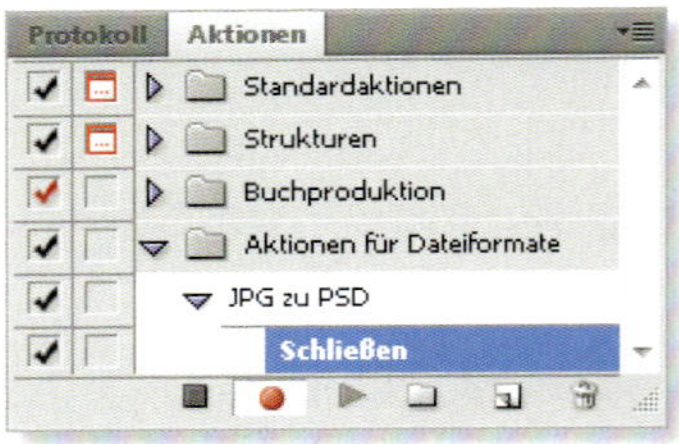

▴ Abbildung 9.34
Aufnahme läuft…

5 Aufzeichnung abschließen

Um die Aufzeichnung der Aktion abzuschließen, genügt ein Klick auf den Quadrat-Button. In der Aktionen-Palette ist nach erfolgreicher Aufzeichnung die neue Aktion zu sehen.

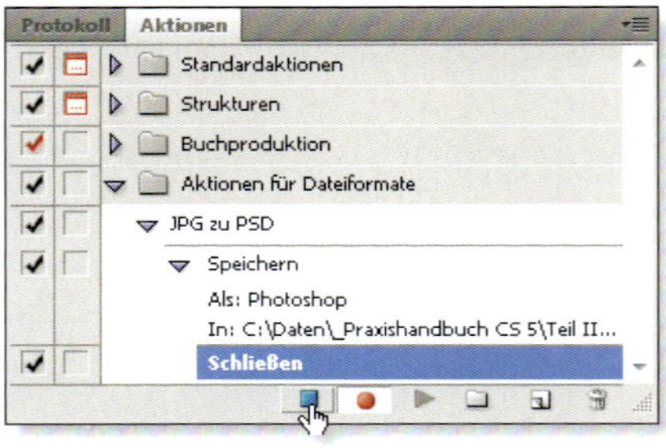

Abbildung 9.35 ▸
Beenden der Aufzeichnung durch Klick auf den Stop-Button

6 Überflüssige Arbeitsschritte oder Aktionen löschen

Sie haben irrtümlich doch einen falschen oder überflüssigen Arbeitsschritt in die Aktion eingebaut – oder wollen Sie womöglich gar eine ganze Aktion loswerden? Die Schaltfläche mit dem Papierkorb-Icon [🗑] dient wiederum dazu, einzelne Befehle oder ganze Aktionen zu löschen.

7 **Aktion auf andere Bilder anwenden**

Um eine Aktion nun auf andere Bilder anzuwenden, öffnen Sie die Bilder, wählen die Aktion in der Palette durch Anklicken aus und klicken dann in der Aktionen-Palette auf den pfeilförmigen Play-Button. Die in der Aktion gespeicherten Befehle werden nun auf das geöffnete Dokument angewendet.

TOPP-TIPP: Mehrere Aktionen kombinieren

Sie können auch mehrere Aktionen kombinieren. Nutzen Sie dann entweder Strg/⌘ oder ⇧, um mehrere Aktionstitel aus der Aktionen-Palette gleichzeitig auszuwählen.

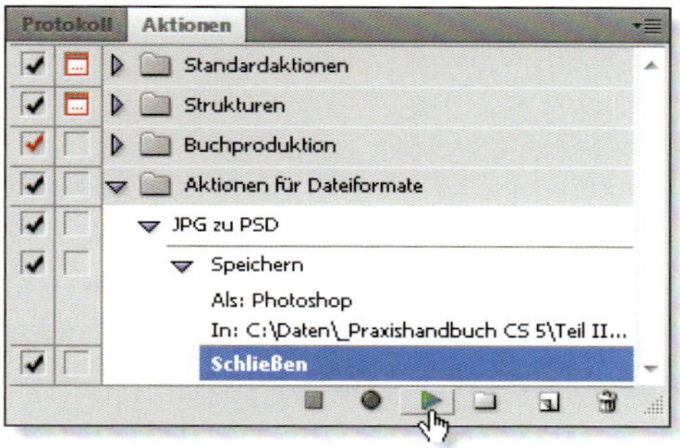

◂ **Abbildung 9.36**
Aktion auf weitere Dokumente anwenden

Effiziente Methoden, um Aktionen auf eine größere Menge Bilder gleichzeitig anzuwenden, lernen Sie in Abschnitt 9.7, »Stapelverarbeitung: Aktionen auf viele Bilder anwenden«, kennen.

Zum Weiterlesen: Aktionen effektiv verwalten

Um Adobes mitgelieferte und Ihre eigenen Aktionen und Sets zu verwalten, nutzen Sie die Befehle im Palettenmenü (erreichbar über das Icon). Die Verwaltung von Aktionen funktioniert genau so wie bei anderen kreativen Ressourcen innerhalb von Photoshop. Eine detaillierte Einführung in das Management solcher »Vorgaben« finden Sie in Abschnitt 5.5, »Farbfelder, Muster, Stile & Co.: Kreativressourcen organisieren«.

9.5 Fußangeln und Fehlersuche bei Aktionen

Aktionen aufzuzeichnen ist zwar eigentlich ganz einfach – in der Praxis kommt es aber immer wieder zu Pannen. Wie man die häufigsten Fußangeln umgeht, erfahren Sie hier.

9.5.1 Zahleneingaben wirklich durchführen

Wenn Sie in Ihrer Aktion Befehle vorsehen, bei denen ein bestimmter Wert eingegeben werden soll – beispielsweise beim Skalieren von Bildern – und Ihr Beispielbild, mit dem Sie die Aktion aufzeichnen, zufällig schon die passende Größe hat, reicht es nicht aus, nur das Dialogfeld zu öffnen und auf Ok zu klicken. Dann wird die Aktion später genau das tun – aber keine Werte auf andere Bilder anwenden. Also müssen Sie die gewünschten Werte, die in der Aktion aufgezeichnet werden sollen, tatsächlich in die Zahlenfelder eintragen und dann erst bestätigen.

9.5.2 Rahmenbedingungen als Fehlerquelle

Vielfach hängen die Ergebnisse einer Aktion von den konkreten Dateieigenschaften ab – so wirkt beispielsweise ein Gaußscher Weichzeichner der Stärke »4« bei einer 72-ppi-Datei anders als auf ein hochaufgelöstes 300-ppi-Bild. Auch Programmeinstellungen wie die aktuelle Vorder- und Hintergrundfarbe oder welche Bildebene aktiv ist, haben Einfluss auf die Aktion und können eine Ursache dafür sein, wieso das Ergebnis nicht das gewünschte ist. Wenn Sie speziell bei Zahleneingaben in Dialogfelder individuelle Steuerungsmöglichkeiten für jede Datei brauchen, sollten Sie modale Steuerbefehle (siehe Abschnitt 9.6.1, »Eigene Eingaben in Aktionen«) einsetzen.

9.5.3 Maßeinheiten

Werkzeuge oder Dialogboxen, bei denen man einen Wert eingibt und auch noch per OK bestätigt, hängen von den aktuell unter Voreinstellungen • Masseinheiten & Lineale (Strg/⌘+K, dann Strg/⌘+7) festgelegten Einheiten ab. Werden hier zwischen Aufzeichnung und Anwendung der Aktion Änderungen vorgenommen, kann es zu Überraschungen kommen. Wenn Sie eine Aktion aufzeichnen, die auf Bilder mit verschiedenen Größen angewendet werden soll, empfiehlt es sich, als Linealeinheit »Prozent« festzulegen. So wird die Aktion immer an derselben relativen Position im Bild abgespielt.

9.5.4 Bildgröße bei unterschiedlich großen Ausgangsdateien per Aktion ändern

CS5

Um die Bildgröße bei gemischten Quer- und Hochformaten festzulegen, empfiehlt es sich, den Photoshop-Befehl Datei • Automatisieren • Bild einpassen zu verwenden. **Neu in Photoshop CS5** ist die Option Nicht vergrössern: Damit wird unterbunden, dass eine Datei, deren Ausgangsmaße geringer sind als die im Dialog eingetragenen Werte größer skaliert wird.

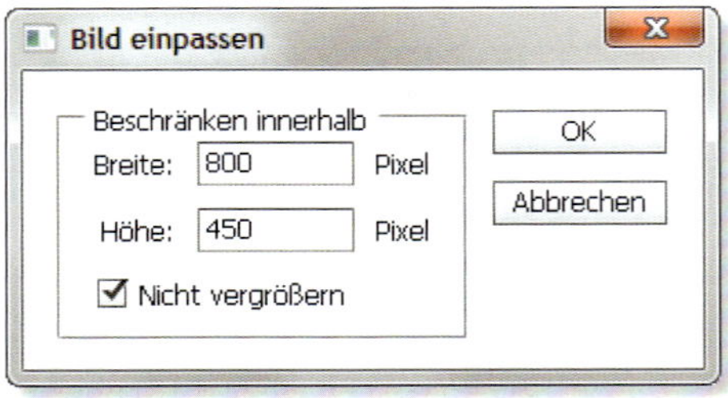

Abbildung 9.37 ▸
Vor allem in Zusammenarbeit mit der Stapelverarbeitung großer Mengen von Dateien ist Bild einpassen hilfreich.

9.5.5 Modusänderung nur nach Bedarf

Eine häufige Anforderung ist es auch, per Aktion den Bildmodus zu ändern. Wenn alle zu bearbeitenden Bilder im selben Modus vorliegen, ist das noch einfach per Aktion machbar. Schwierig wird es bei Bildern in verschiedenen Modi, wenn man sinnlose oder überflüssige Modusänderungen vermeiden und den

Moduswechsel auf einige Ausgangsmodi eingrenzen will. Die Funktion BEDINGTE MODUSÄNDERUNG (in Photoshop zu finden unter DATEI • AUTOMATISIEREN) stellt eine einfache Lösung dazu dar.

Unter QUELLMODUS stellen Sie ein, welche Modi oder welcher Modus von der Modusänderung in der Aktion betroffen sein soll. Die Schaltfläche ALLES wählt alle Modi aus, OHNE wählt sie ab. Unter ZIELMODUS stellen Sie ein, in welchen Modus die Dateien gebracht werden sollen.

Wenn Sie eine bedingte Modusänderung in eine Aktion aufnehmen wollen, starten Sie einfach das Aufzeichnen der Aktion, öffnen diesen Dialog, nehmen Ihre Einstellungen vor und klicken auf OK. Beim nächsten Ausführen der Aktion wird die Modusänderung durchgeführt. Die bedingte Modusänderung ist auch hervorragend geeignet, um in der Stapelverarbeitung (siehe Abschnitt 9.7) verwendet zu werden.

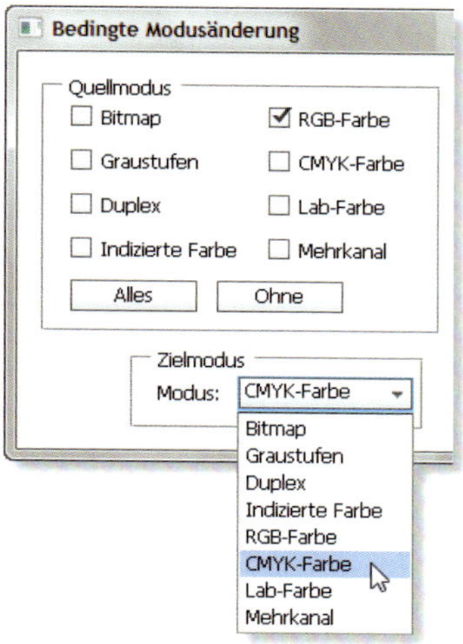

▲ **Abbildung 9.38**
Mit wenigen Klicks zur gesteuerten Modusänderung

9.5.6 Dateinamen

Wenn Ihre aufgezeichnete Aktion den Befehl SPEICHERN UNTER enthält, darf auf keinen Fall auch ein Dateiname vergeben werden – diesen Namen würden dann alle mit der Aktion behandelten Dateien bekommen. Einen Speicherordner können Sie auf diese Weise allerdings festlegen.

9.5.7 Abspielgeschwindigkeit festlegen

Manchmal hakt es besonders bei komplexen Aktionen, ohne dass beim Abspielen die Ursache klar wird. Dann kann es hilfreich sein, die Abspielgeschwindigkeit der Aktion zu reduzieren. Der Befehl ABSPIELOPTIONEN... aus dem Menü der Aktionen-Palette bringt Sie zu den erforderlichen Einstellungen.

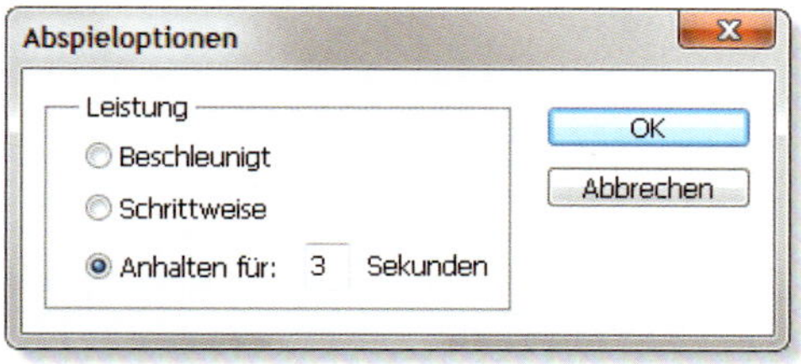

◀ **Abbildung 9.39**
Wie schnell soll die Aktion ausgeführt werden?

- ▶ BESCHLEUNIGT ist die Standardeinstellung, die Sie im störungsfreien Betrieb auch beibehalten sollten. Oft können Sie nicht im Einzelnen am Bildschirm nachvollziehen, was mit dem Bild passiert, weil die Arbeitsschritte so schnell vorbeiflackern.
- ▶ Die Option SCHRITTWEISE führt die Befehle langsamer hintereinander aus und aktualisiert das Bild, bevor mit dem

nächsten Befehl in der Aktion fortgefahren wird. Hier können Sie gut verfolgen, was mit dem Bild geschieht.

- Mit der Option ANHALTEN FÜR können Sie auch noch festlegen, ob und wie lange Photoshop zwischen der Ausführung der einzelnen Befehle einer Aktion wartet.

9.6 Feintuning für Aktionen

Photoshop bietet eine Reihe von Möglichkeiten, um Aktionen besser an Ihre Bedürfnisse anzupassen und um sie flexibler zu handhaben.

9.6.1 Eigene Eingaben in Aktionen: Modale Steuerelemente

Leider lassen sich nicht alle Arbeitsschritte so gut in Aktionen verwenden wie die Dateiformatänderung aus dem Beispiel oben. Einige Befehle sollten nicht einfach abgespult werden, sondern wirken besser, wenn sie den Gegebenheiten des Bildes angepasst werden. Notwendig ist das bei allen Operationen, die von der Bildgröße oder -auflösung (zum Beispiel bei Schärfungen nach der Skalierung) oder dem Motiv abhängig sind, oder in Fällen, in denen Sie sich selbst noch etwas kreativen Gestaltungsspielraum geben wollen. Das gilt natürlich auch für das Speichern von Dateien, wenn Sie einen eigenen Dateinamen vergeben müssen. (Ein beim Aufzeichnen der Aktion einmal festgelegter Name würde allen Bildern zugewiesen, auf die die Aktion angewendet wird!)

Mit nur einem Klick räumen Sie sich selbst die Möglichkeit ein, eigene Einstellungen während des Abspielens der Aktion vorzunehmen. Dazu müssen Sie die Aktion, der diese Funktion hinzugefügt werden soll, aufklappen. Am Anfang jeder »Zeile« in der Aktionen-Palette sehen Sie zwei Kästchen: links ein Kästchen mit einem kleinen Haken, den Sie zunächst nicht verändern sollten, rechts standardmäßig ein leeres Kästchen. Wenn Sie einmal auf eines der leeren Kästchen klicken, wird dem betreffenden Befehl ein sogenanntes **modales Steuerelement** hinzugefügt. Das heißt, beim nächsten Abspielen der Aktion öffnet sich das Dialogfeld zu dem Befehl, den Sie mit einem modalen Steuerelement versehen haben, und Sie können dort Ihre Eingaben machen.

Ein erneuter Klick auf das Icon setzt den Steuerbefehl wieder außer Kraft. Wenn Sie auf das rote Icon vor einer Aktion klicken, werden alle modalen Steuerbefehle, die in der Aktion vorhanden sind, auf einmal deaktiviert.

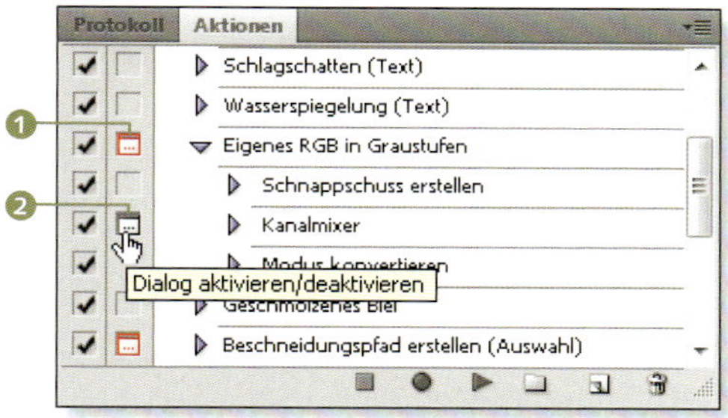

◂ **Abbildung 9.40**
Aktionen, die Befehle mit Steuerelementen enthalten, sind durch rote Icons ❶ in Form eines stilisierten Dialogfeldes gekennzeichnet. Vor den jeweiligen Befehlen stehen graue Icons ❷ und signalisieren, dass modale Steuerelemente eingefügt wurden.

9.6.2 Nicht aufzuzeichnende Menübefehle in die Aktion aufnehmen

Eine ganze Reihe von Werkzeugen und Menübefehlen (wie Mal- und Retuschewerkzeuge, Werkzeugoptionen und Ansichts- und Fensterbefehle) kann regulär nicht in Aktionen aufgezeichnet werden. Im Seitenmenü der Palette finden Sie den Befehl MENÜBEFEHL EINFÜGEN. Mit seiner Hilfe ergänzen Sie Menübefehle, die sich der regulären Aufzeichnung entziehen, in Aktionen.

Das Integrieren eines solchen Menübefehls in eine Aktion ist ganz einfach. Zeichnen Sie zunächst die Aktion auf – ohne diesen Befehl. Überlegen Sie dann, an welcher Stelle der Menübefehl eingefügt werden soll. Soll er am Ende einer Aktion eingefügt werden, wählen Sie in der Palette den Namen der Aktion aus. Soll er in die Aktion zwischen bestehende Befehle eingefügt werden, aktivieren Sie in der Aktionen-Palette den Befehl, nach dem der Menübefehl eingesetzt werden soll.

Wählen Sie dann im Seitenmenü der Aktionen-Palette den Befehl MENÜBEFEHL EINFÜGEN. Es erscheint dann ein kleines Fenster mit einem Hinweis MENÜBEFEHL: KEINE AUSWAHL.

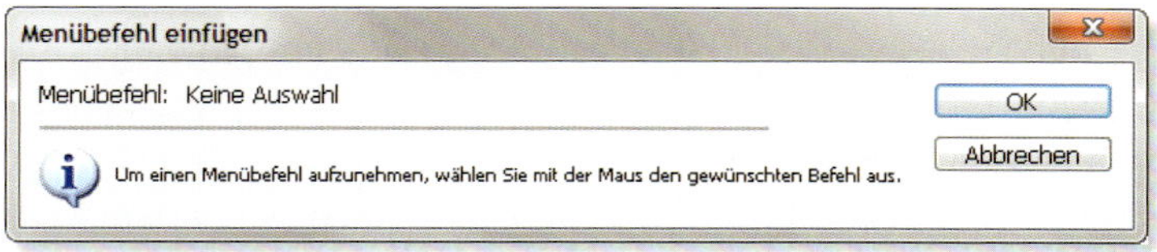

◂ **Abbildung 9.41**
Nun können Sie den Menübefehl einfügen.

Dieses Fenster klicken Sie zunächst *nicht* weg! Stattdessen führen Sie nun den Befehl aus, der in der Aktion ausgeführt werden soll, oder aktivieren das Werkzeug, das Sie in der Aktion anwenden wollen. Werte für den Befehl oder Eingaben mit einem Werkzeug werden in der Aktion nicht aufgezeichnet. Sie brauchen sie also beim Einfügen des Menübefehls noch nicht einzugeben, sondern erst beim Abspielen der Aktion. Klicken Sie erst dann in dem Fenster MENÜBEFEHL EINFÜGEN auf OK. Eingefügte Menübefehle werden in der Aktionen-Palette durch dasselbe Icon angezeigt wie modale Steuerelemente.

9.6.3 Memo-Fenster integrieren: Unterbrechung einfügen

Wenn Sie in der Aktion noch eine Gedächtnisstütze brauchen, können Sie auf ähnliche Weise eine sogenannte *Unterbrechung* einfügen. Dann wird während des Abspielens der Aktion ein Fenster eingeblendet, das die Instruktionen oder Hinweise zeigt, die Sie sich vorher selbst geschrieben haben. Dazu wählen Sie aus dem Seitenmenü der Aktionen-Palette den Befehl UNTERBRECHUNG EINFÜGEN. Es öffnet sich ein Eingabefeld, in das Sie Ihren Text schreiben können.

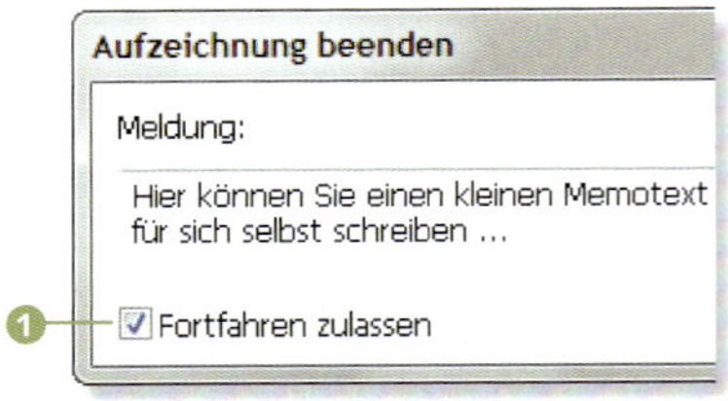

▲ **Abbildung 9.42**
Der Text, den Sie hier einfügen, wird beim nächsten Abspielen der Aktion in einem Info-Popup gezeigt.

Achten Sie beim Anlegen einer Unterbrechung unbedingt darauf, dass FORTFAHREN ZULASSEN ❶ aktiviert ist – ansonsten kommt Ihre Aktion zu einem jähen Ende, weil dem Info-Fenster der Button WEITER fehlt. In der Aktionen-Palette erscheint die Unterbrechung dann als ANHALTEN. Auch eingefügte Unterbrechungen können kurzfristig de-/aktiviert werden, genauso wie normale Schritte einer Aktion.

9.6.4 Bestehende Aktionen variieren

Um neue Aktionen zu erstellen, müssen Sie nicht immer eine komplette Neuaufzeichnung erstellen – Sie können auch bestehende Aktionen modifizieren. Gerade bei komplexeren Aktionen kann sich das durchaus lohnen. Am besten **duplizieren** Sie eine bestehende Aktion einfach, bevor Sie sie verändern. Es genügt, dazu die betreffende Aktion in der Aktionen-Palette mit der Maus zu greifen und über das NEU-Icon per Drag & Drop zu ziehen.

Aktionen ergänzen oder modifizieren | Sie können Aktionen jederzeit um neue Befehle ergänzen oder bestehende Befehle erneut aufzeichnen, um Einstellungen zu modifizieren. Legen Sie dazu als Erstes fest, an welcher Stelle der Aktion der neue Befehl eingefügt werden soll. Wenn er am Ende einer Aktion eingefügt werden soll, wählen Sie den Namen der Aktion aus. Wenn ein neuer Befehl nach einem schon vorhandenen Befehl eingefügt werden soll, wählen Sie diesen aus. Klicken Sie dann auf die Schaltfläche AUFZEICHNUNG BEGINNEN, oder wählen Sie im Seitenmenü der Palette den Befehl AUFZEICHNUNG BEGINNEN.

Abbildung 9.43 ▶
Der Button AUFZEICHNUNG BEGINNEN startet das Aufzeichnen einer neuen Aktion oder fügt Schritte in bestehende Aktionen ein.

Führen Sie die Befehle aus, die Sie in die Aktion integrieren wollen. Sie werden aufgezeichnet. Wenn Sie fertig sind, klicken Sie auf die Schaltfläche AUFZEICHNUNG BEENDEN, um die Aufzeichnung zu stoppen.

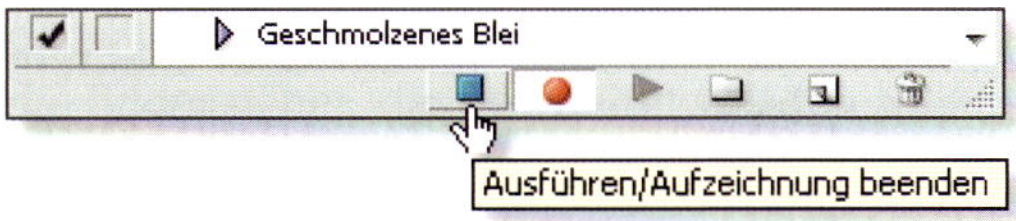

◂ **Abbildung 9.44**
Der Stopp-Button beendet die Aufzeichnung oder Ausführung von Aktionen.

Vor allem, wenn Sie die Eingaben von Werten oder modale Werkzeuge verändern wollen, ist auch der Befehl ERNEUT AUFZEICHNEN (aus dem Palettenmenü) hilfreich. Sie können einen einzelnen Schritt oder eine ganze Aktion neu aufzeichnen und dabei die bisherigen Eingaben oder Werte ändern.

Arbeitsschritte entfernen | Um Arbeitsschritte von einer Aktion auszuschließen, haben Sie zwei Möglichkeiten. Entweder Sie ziehen den jeweiligen Befehl auf das Löschen-Icon – dann ist er unwiderruflich aus der Aktion **entfernt**. Alternativ können Sie Befehle temporär **deaktivieren**. Dazu müssen Sie nur den kleinen Haken vor dem betreffenden Arbeitsschritt entfernen; er wird dann beim nächsten Abspielen der Aktion nicht ausgeführt. Ein erneuter Klick in das (nun leere) Feld aktiviert den Befehl wieder.

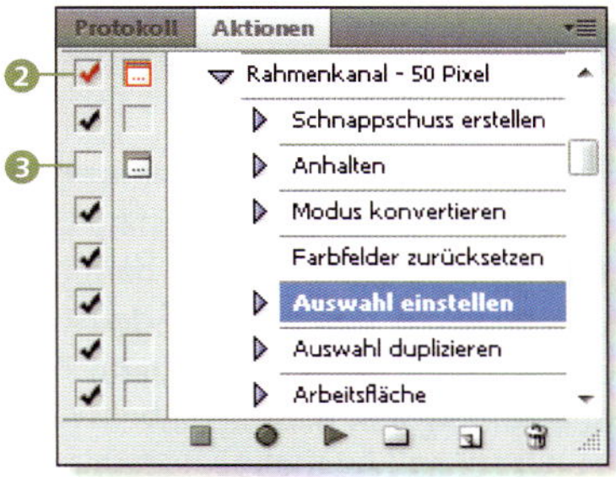

▴ **Abbildung 9.45**
Wurden Schritte einer Aktion deaktiviert ❸, wird dies zusätzlich vor dem Namen der Aktion mit einem roten Häkchen ❷ angezeigt. So können Sie auch bei einer eingeklappten Aktion erkennen, dass Schritte ausgelassen werden.

Was wollen Sie tun?	Windows	Mac
Aktuellen Befehl aktivieren und alle anderen deaktivieren oder **alle Befehle** aktivieren	Alt drücken und auf das Häkchen neben einem Befehl klicken	⌥ drücken und auf das Häkchen neben einem Befehl klicken
Aktuelles modales Steuerelement einschalten und zwischen allen anderen modalen Steuerelementen wechseln	Alt drücken und auf das Steuerelement-Icon klicken	⌥ drücken und auf das Steuerelement-Icon klicken
Aktion ausführen	Strg + Doppelklick auf Aktion	⌘ + Doppelklick auf Aktion
Alle Befehle einer Aktion anzeigen/verbergen	Alt + Klick auf das Dreieck	⌥ + Klick auf das Dreieck
Einzelnen Befehl aus einer Aktion ausführen	Befehl markieren, Strg + Klick auf die AUSFÜHREN-Schaltfläche (Play-Button)	Befehl markieren, ⌘ + Klick auf die AUSFÜHREN-Schaltfläche (Play-Button)
Neue Aktion erstellen und ohne Bestätigung aufzeichnen	Alt + Klick auf die Schaltfläche NEUE AKTION (runder Button)	⌥ + Klick auf die Schaltfläche NEUE AKTION (runder Button)

◂ **Tabelle 9.1**
Tastaturbefehle für die Arbeit mit Aktionen auf einen Blick

- **Wann sollten Sie Option aktivieren?**
  Die Option muss aktiv sein, wenn in der Aktion ÖFFNEN-Befehle enthalten sind, mit denen spezifische Dateien zur Verarbeitung festgelegt werden und Sie *andere* als die ursprünglich beim Aufzeichnen der Aktion benutzte Dateien per Stapelverarbeitung bearbeiten möchten.
- **Wann muss die Option deaktiviert sein?**
  - Wenn die Aktion *keine* ÖFFNEN-Befehle enthält, muss die Option deaktiviert werden. Ist sie aktiv, obwohl in der Aktion gar kein ÖFFNEN-Befehl aufgezeichnet wurde, kann die Stapelverarbeitung nicht ablaufen!
  - Sie müssen die Option unbedingt deaktivieren, wenn in der Aktion *zusätzliche* Dateien geöffnet werden. Also nicht jene Datei(en), die selbst das Ziel der Bearbeitung durch die Aktion sind, sondern Dateien, die für die Aktion benötigt werden. Ein klassisches Beispiel: Ein Logo soll per Aktion als Wasserzeichen in andere Dateien eingefügt werden. Dann muss während der Aufzeichnung der Aktion auch irgendwann die Datei mit dem Logo geöffnet, damit dieses in die eigentlich bearbeitete Datei herüberkopiert werden kann. In solchen Fällen führt das Aktivieren der Option DATEIEN NUR ÖFFNEN ... zu Komplikationen bei der Stapelverarbeitung.
  - Wenn die Aktion nur auf bereits geöffnete Dateien angewendet werden soll (Einstellung GEÖFFNETE DATEIEN unter QUELLE), müssen Sie die Option ebenfalls deaktivieren.

Ziel | Unter ZIEL ❸ legen Sie fest, wohin die bearbeiteten Dateien gespeichert werden oder ob die Originale überschrieben werden sollen.

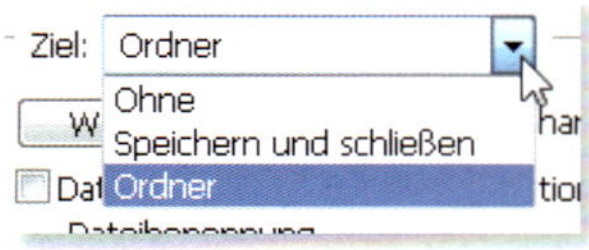

▲ **Abbildung 9.48**
Einstellungen unter ZIEL

- OHNE lässt die Dateien geöffnet, wenn in der Aktion selbst kein ausdrücklicher Speichern-Befehl enthalten ist.
- SPEICHERN UND SCHLIESSEN speichert die Änderungen an den Originaldateien und schließt diese dann. Eventuelle Speichern-Befehle in der Aktion werden dann aber übersprungen!
- ORDNER legt einen bestimmten Zielordner fest. Wenn dies ein neuer Ordner sein soll, sollten Sie ihn vor dem Aufrufen der Stapelverarbeitung anlegen.

Fehlerquelle »Dateien nur speichern, wenn Aktionsset Befehl ›Speichern‹ oder ›Speichern unter‹ enthält« | Beim Speichern von Dateien, die per Aktion plus Stapelverarbeitung verändert werden, existiert dasselbe Grundproblem wie beim Öffnen: Speichereinstellungen in der Aktion können die korrekte Ausführung der Stapelverarbeitung behindern. Deswegen gibt es für das Speichern ebenfalls eine etwas umständlich benannte und nicht auf den ersten Blick durchschaubare Option, sie heißt DATEIEN NUR SPEICHERN, WENN AKTIONSSET BEFEHL »SPEICHERN« ODER »SPEICHERN UNTER« ENTHÄLT. Mit ihr stellen Sie sicher, dass per Stapelverarbeitung veränderte Dateien unter dem gewünschten Namen gespeichert werden und in dem Ordner landen, den Sie im STAPELVERARBEITUNG-Dialog unter ZIEL angegeben haben. Übrigens werden beim Aktivieren der Option nicht alle während der Aktion aufgezeichneten Speicheroptionen übergangen, sondern nur die Einstellungen zu Dateinamen und Speicherort. In der Aktion getroffene Einstellungen zu Dateiformat und Dateioptimierung werden berücksichtigt!

- **Wann sollten Sie Option aktivieren?**
  Aktivieren Sie unbedingt DATEIEN NUR SPEICHERN, WENN AKTIONSSET BEFEHL »SPEICHERN« ODER »SPEICHERN UNTER« ENTHÄLT, wenn Sie bei der Aufzeichnung der Aktion eine Datei mit dem Befehl SPEICHERN UNTER gesichert haben – wenn die Aktion also einen Speicherbefehl enthält, mit dem Name und Speicherort festgelegt werden. Ist dies der Fall und die Option ist *deaktiviert*, wird die Datei, die Sie ursprünglich beim Aufzeichnen der Aktion verwendet haben, nacheinander mit allen Dateien überschrieben, die Sie per Stapelverarbeitung verändern wollen. Am Ende erhielten Sie nur für die letzte Datei des Stapels ein korrektes Ergebnis (weil diese von keiner folgenden Datei überschrieben wird). Ist die Option *aktiv*, werden die im STAPELVERARBEITUNG-Dialog festgelegten Einstellungen zu Ziel und eventuellen Dateinamensänderungen verwendet; die ursprünglichen Befehle in der Aktion werden übergangen.
- **Wann muss die Option deaktiviert sein?**
  Wenn in der Aktion *keine* Befehle zum Speichern festgehalten sind, müssen Sie die Option deaktivieren. Andernfalls werden die verarbeiteten Dateien von der Stapelverarbeitung nicht gesichert.

Dateibenennung | Unter DATEIBENENNUNG ❹ können Sie vorgeben, wie der neue Dateiname zusammengesetzt sein soll. Hier sind ganz unterschiedliche Konstellationen möglich, wie die abgebildete Liste zeigt. Achten Sie darauf, dass die Dateierweiterung (jpg, psd, pdf ...) nicht fehlt!

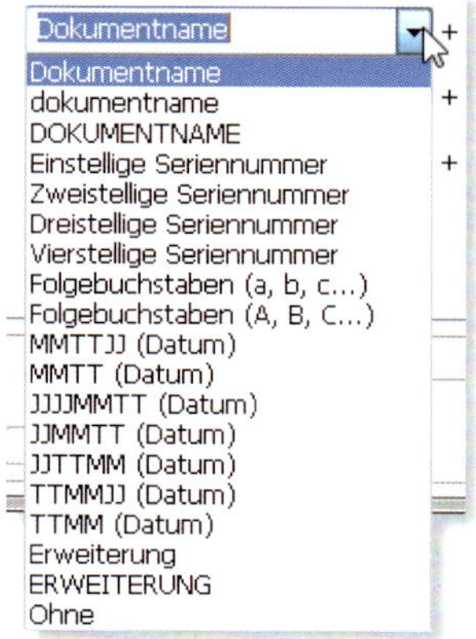

▲ **Abbildung 9.49**
Sie können Ihre Dateien automatisch benennen lassen.

Kompatibilität | KOMPATIBILITÄT betrifft die Schreibkonvention für Dateinamen. UNIX ist auch zu empfehlen, wenn man Dateien

Achtung! Testlauf empfehlenswert

Auch bei gut durchdachten Einstellungen kann mal etwas danebengehen. Im schlimmsten Fall sind dann Ihre Originaldateien mit den Befehlen einer nicht plangemäß funktionierenden Aktion überschrieben. Es empfiehlt sich immer, die Stapeleinstellungen mit einer kleinen Menge von Dateien zu testen, bevor man den Befehl dann auf umfangreiche Ordner loslässt.

für das Web abarbeiten lässt! FEHLER ist selbsterklärend. Für größere Stapel ist es oft günstiger, die Fehler in eine Protokolldatei schreiben zu lassen. Die Stapelverarbeitung kann dann wenigstens weiterlaufen – mit der Einstellung ANHALTEN wird sie bisweilen schnell ausgebremst, und wenn Sie nach zwei Stunden wiederkommen, sind die Dateien immer noch unbearbeitet.

Wenn Sie nun auf OK klicken, legt Photoshop los – und Sie können sich zurücklehnen.

9.8 Aktionen per Droplet anwenden

Wer es ganz eilig hat, kann Aktionen auch per Droplet anwenden. Droplets sind kleine Java-Programme, die Sie mit Photoshop erzeugen. Sie können dann Dateien und/oder ganze Ordner im externen Datei-Manager auf diese ausführbare Droplet-Datei ziehen (siehe Abbildung 9.52) – der Rest läuft automatisch ab. Droplets eignen sich besonders gut für Aktionen, bei denen Sie wenig Kontrolle brauchen und die Sie routinemäßig auf größere Bildmengen anwenden.

9.8.1 Ein Droplet erstellen

Schritt eins besteht wiederum darin, die passende Aktion zu erstellen. Sobald diese fertig ist, rufen Sie über DATEI • AUTOMATISIEREN • DROPLET ERSTELLEN... das Dialogfenster auf. Sie können natürlich auch eine beliebige Aktion aus Ihrem Bestand nehmen.

Abbildung 9.50 ▼
Der Droplet-Dialog erinnert stark an das Dialogfenster STAPELVERARBEITUNG – und ist ja auch tatsächlich ähnlich: In beiden Fällen werden Aktionen nach einem bestimmten »Rezept« auf ausgewählte Dateien angewendet.

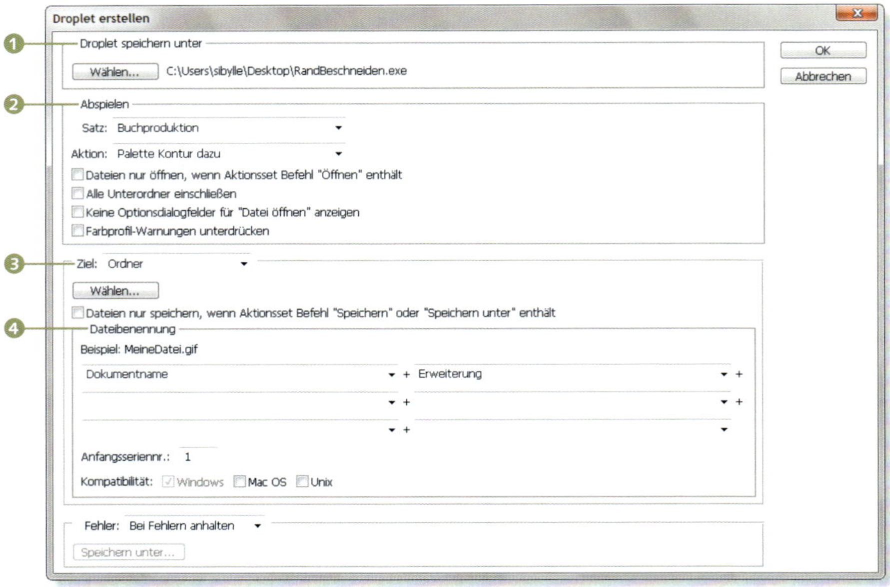

- Unter DROPLET SPEICHERN UNTER ❶ stellen Sie ein, wo das Droplet gespeichert werden soll. Das kann Ihr Desktop bzw. Schreibtisch oder auch ein Dateiordner sein. Wählen Sie einfach einen gut erreichbaren Ort auf Ihrem Computer.
- Unter ABSPIELEN ❷ legen Sie fest, welche Aktion im Droplet verwendet werden soll. Sie können hier nur solche Aktionen zur Verwendung einstellen, die auch in der Aktionen-Palette geladen sind.

Abspielen | Anschließend bestimmen Sie die Ausführungsoptionen:

- Die Option DATEIEN NUR ÖFFNEN, WENN AKTIONSSET BEFEHL »ÖFFNEN« ENTHÄLT funktioniert bei Droplets genau so wie bei der Stapelverarbeitung. Sie bewirkt, dass sich die ÖFFNEN-Befehle in der Aktion auf diejenigen Dateien beziehen, auf die Sie das Droplet anwenden, und nicht auf die Dateinamen, die in der Aktion angegeben wurden. Die Option muss deaktiviert werden, wenn die Aktion ausschließlich für geöffnete Dateien gelten soll oder wenn in der Aktion ÖFFNEN-Befehle für weitere Dateien enthalten sind, die von der Aktion benötigt werden.
- ALLE UNTERORDNER EINSCHLIESSEN verarbeitet Dateien auch in Unterordnern.
- KEINE OPTIONSDIALOGFELDER FÜR »DATEI ÖFFNEN« ANZEIGEN ist für die Anwendung von Droplets auf Camera-Raw-Bilddateien gedacht.
- FARBPROFIL-WARNUNGEN UNTERDRÜCKEN deaktiviert die Anzeige von Farbprofilmeldungen und sollte wiederum abgewählt werden, um das Ausführen der Aktion zu beschleunigen.

Ziel | Unter ZIEL ❸ stellen Sie ein, wohin die bearbeiteten Dateien gespeichert werden sollen:

- Ist OHNE aktiviert, bleiben die Dateien geöffnet, und Änderungen werden nur dann gespeichert, wenn die Aktion einen eigenen Speicherbefehl enthält.
- SPEICHERN UND SCHLIESSEN speichert die neuen Dateien an ihrem aktuellen Speicherort und überschreibt dabei die Originaldateien.
- Mit ORDNER legen Sie fest, dass die verarbeiteten Dateien an einem anderen Ort gespeichert werden. Klicken Sie auf WÄHLEN, um den Zielordner zu spezifizieren.

▲ **Abbildung 9.51**
In Windows-Explorer und im Mac-Finder wird das fertige Droplet im zuvor angegebenen Ordner angezeigt. Sie erkennen es an dem Symbol und dem von Ihnen vergebenen Namen.

▲ **Abbildung 9.52**
So einfach kann die Verarbeitung von Dateien mit einem Droplet sein: Mehrere (sieben) Dateien werden auf das Droplet-Icon gezogen.

Auch hier gibt es wieder die Option Dateien nur speichern, wenn Aktionsset Befehl »Speichern« oder »Speichern unter« enthält. Sie wirkt wie bei der Stapelverarbeitung. Wenn die Aktion einen eigenen Befehl Speichern unter enthält, **aktivieren** Sie Dateien nur speichern.... Damit stellen Sie sicher, dass die Dateien in dem von Ihnen unter Ziel angegebenen Ordner gespeichert werden (bzw. im Quellordner, wenn Sie zuvor die Option Speichern und Schliessen ausgewählt haben). Wenn die im Droplet verwendete Aktion keinen Befehl Speichern unter enthält, werden Dateien nicht gespeichert!

Dateibenennung | Unter Dateibenennung ❹ können Sie wiederum festlegen, nach welchem Muster Dateinamen für die veränderten Dateien gebildet werden, und unter Fehler haben Sie dieselben Möglichkeiten wie bei der Stapelverarbeitung auch.

Wenn Sie jetzt auf OK klicken, wird das Droplet erzeugt.

9.8.2 Droplet anwenden

Um Droplets anzuwenden, muss Photoshop zunächst nicht einmal geöffnet sein. Ziehen Sie einfach die Datei oder gleich den ganzen Ordner, den Sie mit der im Droplet enthaltenen Aktion bearbeiten wollen, auf das Droplet-Symbol, und lassen Sie die Datei oder den Ordner dort los. Photoshop wird – falls es noch nicht geöffnet ist – starten und die Datei(en) gemäß Ihrer Konfiguration bearbeiten.

Teil III

Ebenen

10 Ebenen

Ebenen sind *die* Photoshop-Arbeitstechnik schlechthin und die wichtigste Grundlage kreativen und flexiblen Arbeitens. In diesem Abschnitt erfahren Sie, wie Sie auf komfortable Weise komplexe Composings aus vielen einzelnen Bildelementen aufbauen und wie Sie Bildteile separat bearbeiten, ohne dass der Rest des Bildes beeinflusst wird.

10.1 Das Prinzip

10.1.1 Schicht für Schicht

Jedes Bild, das in Photoshop geöffnet oder neu angelegt wird, besteht aus mindestens einer Ebene. Weitere Ebenen können in fast unbegrenzter Zahl hinzugefügt werden. Die Grenze des Machbaren wird somit weniger vom Programm als von der Kapazität Ihres Rechners bestimmt, denn die Größe einer Datei steigt rapide an, je mehr Ebenen vorhanden sind.

Datei auf der Buch-DVD: »UrbanerAbend.tif«

◂ **Abbildung 10.1**
Im Bild selbst sind die unterschiedlichen Bildebenen nicht erkennbar.

Zur Erinnerung: Nicht alle Dateiformate unterstützen Ebenen

Sie können Ebenen in Photoshop in den meisten Dateiformaten und in allen Farbmodi mit Ausnahme von Bitmap, Indiziert und Mehrkanal **anlegen**. Allerdings eignen sich nicht alle Dateiformate, um Ebenen dauerhaft zu **speichern**. Das können nur PSD, PDF und TIF.

Vorteile von Ebenen | Die Vorteile von Ebenen sind unschätzbar: Ebenen ermöglichen das separate Bearbeiten, Verschieben, Kopieren, Verändern und Korrigieren einzelner Bildteile, ein einfaches Anbringen von Änderungen auch bei komplexen Kompositionen, das Herstellen von Bildvarianten und kreatives Experimentieren.

Was sind Ebenen? | Sie können sich Ebenen wie übereinandergeschichtete Folien vorstellen. Jede der Folien kann ganz oder teilweise mit Pixeln gefüllt sein, und auch die Deckkraft von Pixeln auf einer Ebene lässt sich stufenlos ändern. Ebenen mit so verringerter Deckkraft oder nur teilweise mit Bildpixeln gefüllte Ebenen (im Beispielbild die Ebene »Vogelschwarm«) lassen die Inhalte darunterliegender Ebenen erkennen (im Beispiel die Hintergrundebene). Die Reihenfolge der Ebenen in der Ebenen-Palette entspricht der Schichtung der Ebenen im Bild und ist für das Aussehen des Gesamtbildes maßgeblich. Zudem können Sie festlegen, ob und wie die Pixel übereinanderliegender Ebenen miteinander verrechnet werden (Stichwort: **Füllmethode**, siehe das gleichnamige Kapitel 12).

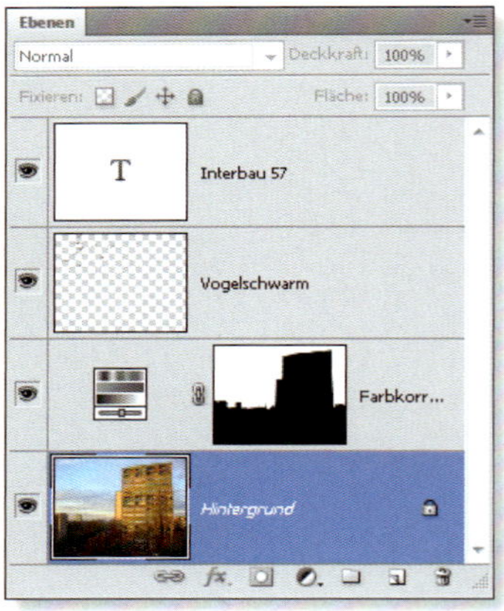

▲ **Abbildung 10.2**
Die Ebenen-Palette von Abbildung 10.1.

▲ **Abbildung 10.3**
Die schematische Bilddarstellung offenbart, dass die einfache Foto-Text-Komposition von Abbildung 10.1 schon aus vier Ebenen besteht.

10.1.2 Ebenentransparenz, Ebenendeckkraft

Einem reinen Bild kann man die Ebenen, aus denen es zusammengesetzt ist, nicht ansehen – und auch nicht immer die Deckkraft der Bildpixel. Erst ein Blick in die Ebenen-Palette offenbart die Ebenenstruktur.

Ebenentransparenz | Beim Betrachten der Palette des Bildes »UrbanerAbend.tif« fällt auf, dass die Ebenenminiatur der Ebene »Vogelschwarm« ein grau-weißes **Schachbrettmuster** enthält (Abbildung 10.2). Damit wird die – tatsächlich nicht darstellbare – Ebenentransparenz symbolisiert. Die Ebene enthält einige wenige deckende Pixel (die Vögel), ist ansonsten aber durchsichtig und lässt die Pixel der darunterliegenden Hintergrundebene mit der Stadtlandschaft sehen. Auch auf Bildflächen wird die Transparenz mit einem Schachbrettmuster dargestellt, wenn keine weiteren gefüllten Ebenen im Bild vorhanden sind.

Deckkraft bei mehreren Ebenen gleichzeitig ändern

Eine erfreuliche Neuerung in CS5: Sie können nun die Deckkraft mehrerer Ebenen oder Ebenengruppen gleichzeitig ändern. Markieren Sie die Ebenen oder Gruppen mit gehaltener Strg/⌘-Taste in der Ebenen-Palette, und stellen Sie die Deckkraft wie gewohnt per Slider oder Zahleneingabe ein. Auch die Füllmethode lässt sich nun für mehrere ausgewählte Ebenen gleichzeitig verändern.

Dateien auf der Buch-DVD: »buddha-transparent.tif«, »buddha-halbtransparent.tif«

Bild: Fotolia, Andreas Koch

▲ **Abbildung 10.4**
Darstellung eines Bildes mit deckenden und transparenten Pixeln. Es besteht nur aus einer Ebene – gäbe es noch Ebenen unterhalb der Ebene mit dem Buddha, wäre nicht das Transparenz-Schachbrett, sondern der Inhalt dieser Ebenen zu sehen.

▲ **Abbildung 10.5**
Die dazugehörige Ebenen-Palette

Ebenendeckkraft | Es ist auch möglich, die Deckkraft von Bildpixeln einer Ebene herabzusetzen. Das grau-weiße Schachbrett scheint dann nur durch. Liegt unter der deckkraftreduzierten Ebene eine weitere Bildebene, wird diese sichtbar. Liegt unterhalb der Ebene, deren Deckkraft gesenkt wurde, keine weitere Ebene, ist wieder das grau-weiße »Schachbrett« zu sehen.

▲ **Abbildung 10.6**
Hier liegen die Buddha-Figur und ein hellblauer Hintergrund auf zwei getrennten Ebenen. Die Ebene »Blauer Hintergrund« ist in der Deckkraft auf 70% reduziert. Das Schachbrettmuster ist daher leicht zu sehen.

Abbildung 10.7 ▲
Die dazugehörige Ebenen-Palette

10.2 Ebenentypen

Datei ohne Hintergrundebene anlegen

Wenn Sie mit dem Befehl Datei • Neu ein neues Bild erzeugen und dort unter Hintergrundinhalt die Option Transparent wählen, wird Ihre neue Datei mit einer leeren, transparenten Bildebene angelegt – die obligatorische Hintergrundebene entfällt.

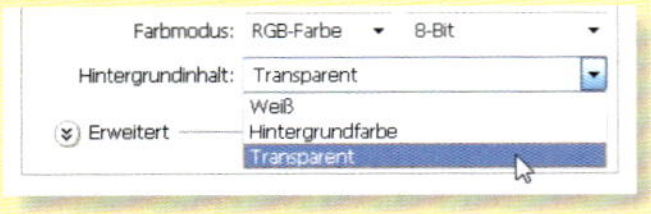

▲ **Abbildung 10.8**
Erzeugen einer neuen Datei: Hintergrundinhalt wählen.

In Photoshop arbeiten Sie mit verschiedenen Ebenentypen, die sich hinsichtlich möglicher Inhalte, Bearbeitungsmöglichkeiten und Einsatzzwecke voneinander unterscheiden.

10.2.1 Bildebenen

»Normale« Bildebenen (wie im Beispiel von Abbildung 10.2 die Ebene »Vogelschwarm« oder in Abbildung 10.7 die Ebenen »Buddha« und »Blauer Hintergrund«) sind der mit Abstand am häufigsten genutzte Ebenentyp. Bildebenen enthalten Pixelinformationen oder Transparenz und lassen sich mit allen Funktionen und Werkzeugen bearbeiten.

10.2.2 Hintergrundebenen

Die Hintergrundebene ist immer die unterste Ebene einer Datei. Sie erkennen sie auch am kursiv geschriebenen Ebenentitel *Hintergrund*. Pro Bild kann es nur eine Hintergrundebene geben.

Hintergrundebenen unterscheiden sich in einigen Details von normalen Bildebenen: Sie können nicht transparent sein, und nicht alle Arbeitstechniken sind auf sie anwendbar. So können Deckkraft und Füllmethode von Hintergrundebenen nicht verändert werden, man kann keine Ebnenenstile zuweisen, und auch beim Löschen von Pixeln gibt es eine Besonderheit (siehe unten). Außerdem lassen sich Hintergrundebenen nicht transformieren. Gedacht sind sie wohl als eine Art »Mal-Leinwand«. Es ist jedoch auch möglich, Bilder ganz ohne Hintergrundebene, ausschließlich mit anderen Ebenentypen, zu erstellen. Allerdings haben manche anderen Anwendungen Schwierigkeiten, Dateien ohne reguläre Hintergrundebene zu verarbeiten.

Datei auf der Buch-DVD: »MannImAnzug.tif«.
Hinweis: Die im Beispielbild sichtbare Auswahllinie ist in dieser Übungsdatei gespeichert. Um sie erneut zu aktivieren, öffnen Sie die Datei, wählen AUSWAHL • AUSWAHL LADEN und dann unter KANAL: BILDHINTERGRUND. Details zum Thema lesen Sie in Abschnitt 13.10, »Auswahlen speichern und laden«.

Pixel von Hintergrundebenen entfernen und auffüllen | Es ist unmöglich, einzelne Bildpixel von Hintergrundebenen zu löschen, denn Hintergrundebenen unterstützen keine Ebenentransparenz. Bei den bisherigen Programmversionen wurden aus der Hintergrundebene ausgeschnittene Flächen ohne weitere Nachfrage mit Pixeln in der aktuell eingestellten Hintergrundfarbe aufgefüllt.

CS5

▲ **Abbildung 10.9**
Das bisherige Verhalten von Photoshop: Wenn Sie versuchten, Bildpixel von einer Hintergrundebene auszuschneiden (Auswahllinie ist erkennbar), ...

▲ **Abbildung 10.10**
... wurde die Ebene mit Pixeln in der aktuell eingestellten Hintergrundfarbe aufgefüllt (hier violette Pixel).

Mit dem Update auf CS5 gibt es hier eine Änderung. Zwar ist Transparenz bei Hintergrundebenen weiterhin unmöglich. Doch wenn Sie in Photoshop CS5 versuchen, Teile einer Hintergrundebene auszuschneiden, erscheint der Dialog FLÄCHE

▲ **Abbildung 10.11**
Eingestellte Farben in der Werkzeugleiste

Zum Weiterlesen: Inhaltssensitiv füllen

Im bekannten Dialog FLÄCHE FÜLLEN heißt die spannendste neue Option INHALTSSENSITIV. Ausführliches dazu in Abschnitt 22.6, »Inhaltssensitive Retusche«.

FÜLLEN (Abbildung 10.13). Dort können Sie selbst wählen, wie die »Löcher« in der Hintergrundebene aufgefüllt werden sollen. Neben den altbekannten Optionen finden Sie in der Dropdown-Liste unter VERWENDEN eine neue Einstellungsmöglichkeit: INHALTSSENSITIV. Wird diese Einstellung gewählt, versucht Photoshop die ausgeschnittenen Partien mit Bildpixeln aufzufüllen, die zu den Umgebungspixeln passen. Je nach Bildmotiv klappt das mehr oder weniger gut.

Bild: Jacqueline Esen

▲ **Abbildung 10.12**
Neues Verhalten beim Löschen von Hintergrundpixeln in CS5: Teile der Hintergrundebene sind bereits ausgewählt. Will man diese löschen, …

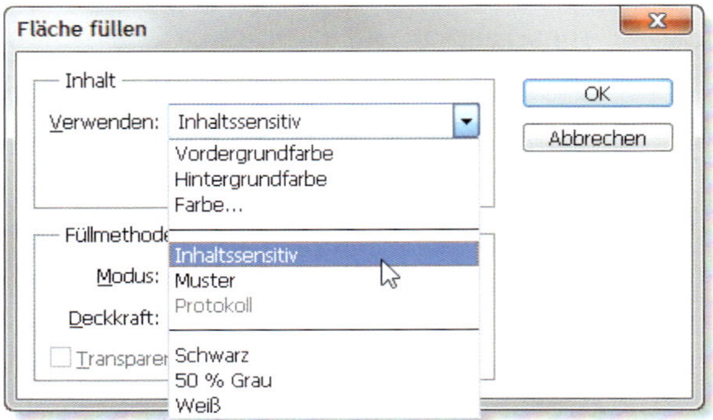

▲ **Abbildung 10.13**
… erscheint der bekannte FLÄCHE FÜLLEN-Dialog. Unter VERWENDEN gibt es neben den bekannten Optionen etwas Neues: Wenn Sie INHALTSSENSITIV einstellen, …

Abbildung 10.14 ▶
… errechnet Photoshop aus den Umgebungspixeln eine neue Füllung, die sich – je nach Motiv mehr oder weniger nahtlos – ins Bild einfügt.

Hintergrundebenen in normale Ebenen umwandeln, Hintergrundebenen erzeugen | Bei Bedarf können Hintergrundebenen schnell in normale Ebenen transformiert werden. Dazu reicht es, wenn Sie in der Ebenen-Palette auf den Ebenennamen doppelklicken und die Bezeichnung »Hintergrund« durch einen neuen Namen ersetzen – damit wird automatisch auch der Ebenenstatus geändert.

Um aus gewöhnlichen Bildebenen eine Hintergrundebene zu erstellen, reicht die Umbenennung nicht. Hier müssen Sie den Menübefehl Ebene • Neu • Hintergrund aus Ebene aufrufen.

10.2.3 Textebenen

Textebenen erkennen Sie an dem großen »T« in der Ebenenminiatur. In Abbildung 10.2 ist die oberste Ebene eine Textebene (»Interbau 57«). Wenn Sie Text in ein Bild einfügen, besteht diese Schrift aus Pixeln – bei vergrößerter Bildansicht werden die typischen zackigen Pixelkanten sichtbar. Tatsächlich besteht Text in Photoshop jedoch aus mathematisch definierten Formen (Vektoren!), die die einzelnen Zeichen einer Schrift beschreiben. Dadurch sind Schriften verlustfrei skalierbar und ergeben trotz der »pixeligen« Bildschirmdarstellung ein scharfes Bild im Druck – vorausgesetzt, Dateiformat und Drucker stimmen.

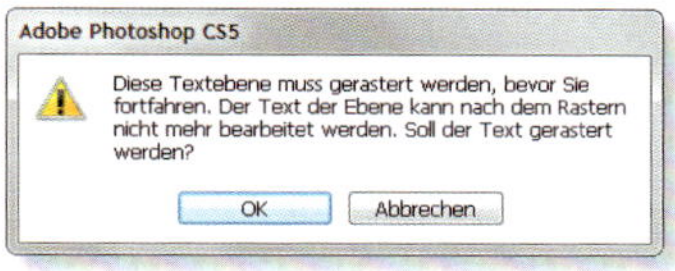

▲ **Abbildung 10.15**
Wenn Sie Filter auf Textebenen anwenden wollen, schlägt Photoshop automatisch das Rastern vor.

Textebenen lassen sich so verschieben und skalieren wie normale Ebenen auch. Für die Anwendung mancher Befehle und der meisten Filter müssen Textebenen jedoch in einen anderen Ebenentyp umgewandelt werden. Dazu gibt es zwei Möglichkeiten:

- Sie können Textebenen in normale, pixelbasierte Bildebenen verwandeln (»rastern«). Sie lassen sich dann filtern und mit allen gängigen Tools verändern. Der Text verliert dabei jedoch seine Editierbarkeit – weder der Textinhalt noch die Textgestaltung können dann noch verändert werden. Bei einigen Operationen wird Ihnen dieses Vorgehen automatisch vorgeschlagen (Abbildung 10.15), Sie können aber auch den Menübefehl Ebene • Rastern • Text nutzen.
- Wenn Sie Textebenen mit Filtern bearbeiten wollen, sind Smart-Objekte eine gute Alternative zum gerasterten Text – vor allem, wenn Sie sich noch nicht sicher sind, ob der Text nicht später doch noch verändert werden muss. Smart-Objekt-Texte lassen sich (mit einem kleinen Umweg) auch nachträglich editieren. Und die Filterwirkung lässt sich bei Smart-Objekten ja ohnehin jederzeit nachjustieren.

Zum Weiterlesen: Textebenen und »smarter« Text
Mehr über Textebenen erfahren Sie in Kapitel 31, »Text erstellen und gestalten«. Und in Abschnitt 11.4, »Unterschätzte Datencontainer: Smart-Objekte«, zeige ich Ihnen, wie Sie die Quelldaten von Smart-Objekten bearbeiten. Die dort beschriebene Arbeitstechnik können Sie nutzen, um Text-Smart-Objekte auch nach dem Filtern zu editieren.

10.2.4 Smart-Objekte

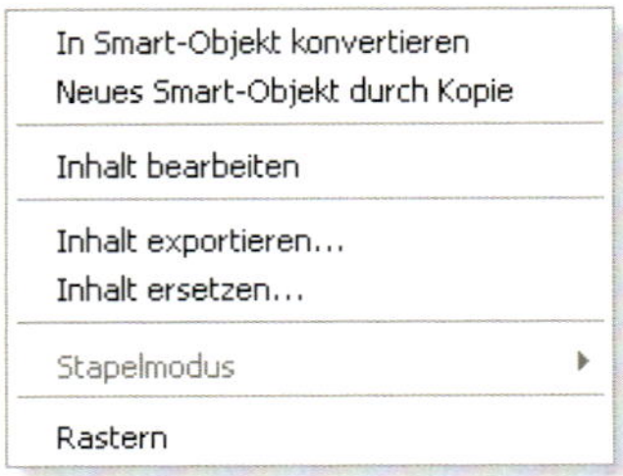

▲ **Abbildung 10.16**
Das Untermenü Smart-Objekte (unter Ebene) enthält einige wirklich praktische Funktionen.

Smart-Objekte sind eigentlich gar keine richtigen Ebenen, sondern »Container«, in die Sie Pixel- oder Vektordaten aus einer anderen Datei (z. B. einer Photoshop- oder Adobe Illustrator-Datei) einbetten können. Smart-Objekte werden aber in der Ebenen-Palette und natürlich auch im Bild selbst angezeigt. Nicht alle, aber einige Arbeitstechniken sind auf Smart-Objekte anwendbar: Transformationen, Ebenenstile, Änderungen der Deckkraft und der Füllmethode und Verkrümmungen. Darüber hinaus gibt es spezielle Bearbeitungsoptionen, die Sie im Menü unter Ebene • Smart-Objekte finden.

Erzeugt werden Smart-Objekte, indem Sie Dateien platzieren oder Adobe-Illustrator-Dateien per Kopie in eine Photoshop-Datei einfügen. Auch bestehende Ebenen lassen sich in Smart-Objekte umwandeln.

Die Befehle dafür finden Sie unter Ebene • Smart-Objekte, im Kontextmenü und im Palettenmenü der Ebenen-Palette.

Mehrere Ebenen auf einen Schlag in Smart-Objekte verwandeln

Seit CS4 können Sie mehrere markierte Ebenen auf einmal in Smart-Objekte verwandeln – in den Vorversionen ging das nur mit einzelnen Ebenen.

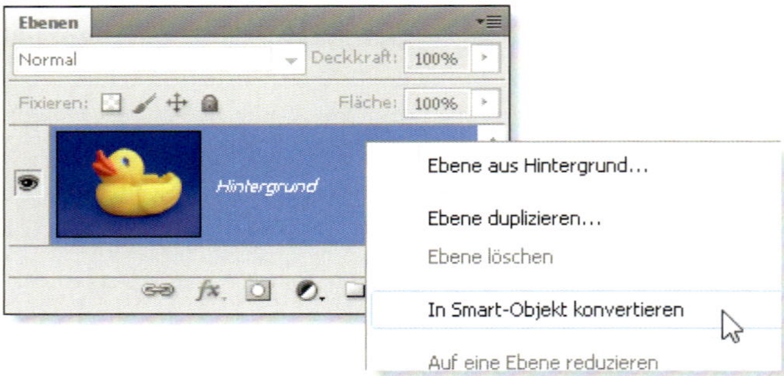

▲ **Abbildung 10.17**
Eine Ebene wird per Kontextmenü in ein Smart-Objekt verwandelt.

▲ **Abbildung 10.18**
Eine Smart-Objekt-Miniatur in der Ebenen-Palette. Rechts unten sehen Sie das charakteristische Symbol.

Die Arbeit mit Smart-Objekten bietet sich immer dann an, wenn das Ausgangsformat in Photoshop nicht voll editierbar wäre (z. B. bei Dateien aus Illustrator), wenn eine im Smart-Objekt eingebettete Datei unbeschadet erhalten werden soll oder wenn mehrere Versionen (»Instanzen«) rationell bearbeitet werden müssen. Auch zusammen mit Filtern sind die aus Bildebenen erzeugten Smart-Objekte von Nutzen, denn sie ermöglichen den zerstörungsfreien Einsatz von Filtern.

Zum Weiterlesen: Smart-Objekte und Smartfilter
Mehr über Smart-Objekte in der Praxis erfahren Sie im folgenden Kapitel »Fortgeschrittene Ebenentechniken«. Details über das zerstörungsfreie Filtern mit Smart-Objekten lesen Sie in Kapitel 28, »Besser filtern«.

10.2.5 Einstellungsebenen

Einstellungsebenen können keine eigenen Bildpixel enthalten, sie sind vielmehr **Korrekturebenen**, die es ermöglichen, die jeweils darunter liegenden Ebenen zu verändern, ohne dass deren Originalpixel verändert würden. Nahezu alle normalen Korrektur- und

Bildbearbeitungsfunktionen, die Sie unter Bild • Korrekturen finden, lassen sich auch als Einstellungsebene anlegen.

War bisher die Ebenen-Palette Ihre wichtigste Steuerungszentrale für Einstellungsebenen, ist es nun die Korrekturen-Palette. Mit ihr erzeugen und verwalten Sie die Einstellungsebenen, und dort nehmen Sie auch die Korrektureinstellungen selbst vor.

1. Das Klicken auf eines der Icons ❶ (Abbildung 1.19) erzeugt eine neue Einstellungsebene oberhalb der aktiven Bildebene.
2. Für einige Korrekturen sind auch fertige Vorgaben ❷ (Einstellungs-Presets) vorhanden – alternativ können Sie auch diese anklicken.
3. Anschließend erscheint die neue Einstellungsebene in der Ebenen-Palette (Abbildung 10.21), gleichzeitig schaltet die Korrekturen-Palette um: Sie können dort die Korrektureinstellungen vornehmen (Abbildung 10.20).

Umsteiger von CS3, aufgepasst! Die Einstellungsebenen wurden neu organisiert

Einstellungsebenen gehören zu den Features, bei denen sich bereits in Photoshop CS4 richtig viel geändert hat. Sie haben nun eine eigene Palette (Korrekturen), mit der sich Einstellungsebenen erzeugen und verwalten lassen. Die bisher üblichen Dialogfenster spielen nur noch eine geringe Rolle – auch das Justieren der Einstellungsebenen erledigen Sie nun per Palette. Dazu gibt es einige ganz neue Korrekturfunktionen.

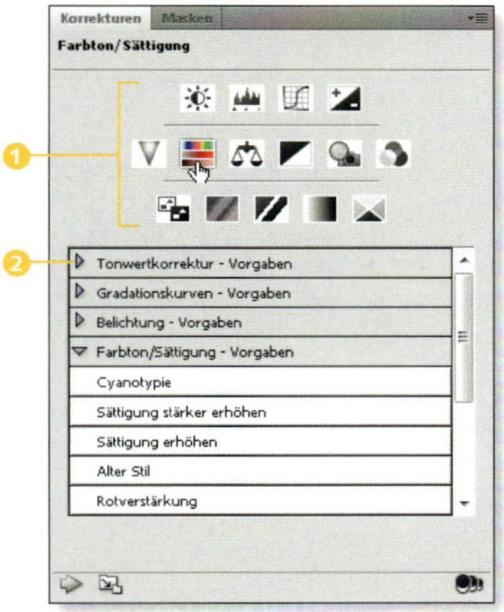

▲ **Abbildung 10.19**
Die Korrekturen-Palette kennt zwei Betriebszustände: die Auswahl einer Korrekturfunktion per Button (hier Farbton/Sättigung) oder Preset ...

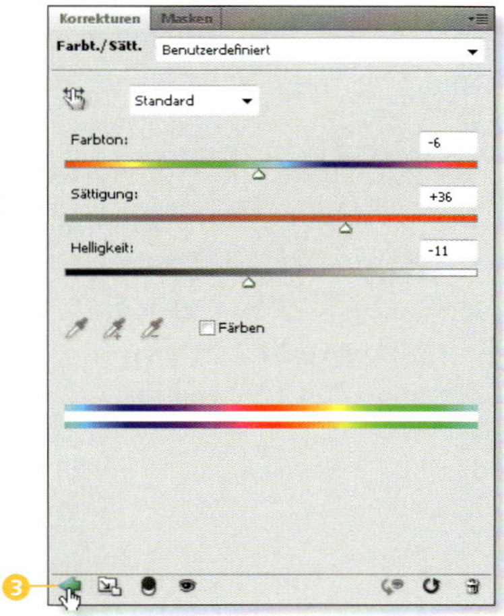

▲ **Abbildung 10.20**
... und die Feineinstellung der Korrekturen. Mit dem kleinen Pfeil-Button ❸ links unten können Sie zur anderen Ansicht umschalten.

▲ **Abbildung 10.21**
Einstellungsebene in der Ebenen-Palette. Die Ebenenmaske ❹ ist bei jeder neuen Einstellungsebene »serienmäßig« dabei.

Sie können nach wie vor Einstellungsebenen auch mit dem bekannten Minibutton  aus der Ebenen-Palette erzeugen. Dabei öffnen sich jedoch nicht – wie aus Vorversionen gewohnt – die Dialogboxen mit Korrektureinstellungen. Es wird, wie ab CS4 üblich, eine neue Einstellungsebene erzeugt, die Sie jedoch dann über die Palette Korrekturen steuern.

Durch den Einsatz von Einstellungsebenen, die wie ein Korrekturfilter auf die darunterliegende(n) Ebene(n) wirken, lassen

Zum Weiterlesen
Detailwissen zum Thema Einstellungsebenen finden Sie in Teil VI, »Reparieren und retuschieren«.

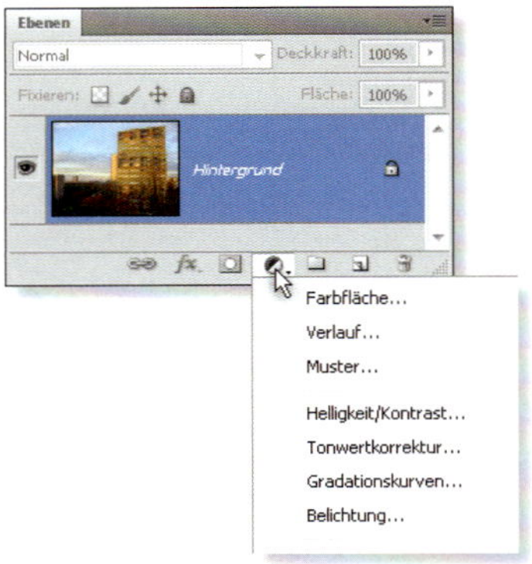

▲ **Abbildung 10.22**
Erzeugen einer Einstellungsebene in traditioneller Manier per Ebenen-Palette

sich verschiedene Bildkorrekturen an einer Datei durchspielen, ändern und zurücknehmen, ohne dass das Bild Schäden davonträgt. Im Beispielbild vom Anfang dieses Kapitels ist die Ebene »Farbkorr. Himmel« eine Einstellungsebene. Mit ihr wurden die im Original etwas blassen Farben des Himmels lebhafter gemacht.

Einstellungsebenen lassen sich in beliebiger Anzahl anlegen und miteinander kombinieren und können in den Dateiformaten TIFF und PSD mitgespeichert werden.

Werkzeug-Verwechslungsgefahr

Verwechseln Sie die Auswahlwerkzeuge (Tastaturkürzel: M) Auswahlrechteck und Auswahlellipse nicht mit den ähnlich benannten und durch ein ähnliches Symbol dargestellten Formwerkzeugen – und umgekehrt!

10.2.6 Formebenen

Formebenen enthalten wie Textebenen auch Vektorinformationen, sind stufenlos verlustfrei skalierbar und beim Drucken auf einem PostScript-Drucker immer scharf. Sie legen neue Formebenen mit den Zeichenstift-Werkzeugen (Shortcut: U) an:

Zeichenstift und Freiform-Zeichenstift oder mit den Formwerkzeugen Rechteck-Werkzeug, Abgerundetes-Rechteck-Werkzeug, Ellipse-Werkzeug, Polygon-Werkzeug, Linienzeichner-Werkzeug oder dem Eigene-Form-Werkzeug.

Formebenen können mit Verläufen, Mustern oder Pixeln einer einzigen Farbe gefüllt sein. Sie werden beispielsweise eingesetzt, um Buttons für Webseiten oder einfache Logos zu erstellen. Im Beispielbild vom Kapitelanfang (»UrbanerAbend.tif«) ist keine Formebene enthalten, wohl aber in Abbildung 10.23.

Datei auf der Buch-DVD: »FormebenenBeispielbildLayer.tif«

▲ **Abbildung 10.23**
Aufbau eines kleinen Website-Navigationsentwurfs mit Formebenen

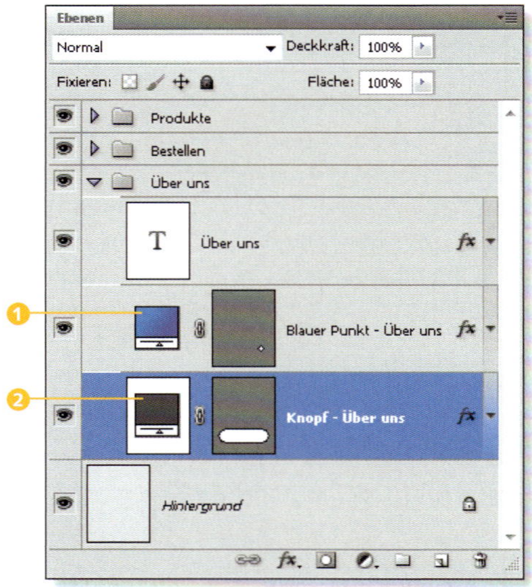

▲ **Abbildung 10.24**
Sie sehen in der Ebenen-Palette – unter anderem – eine verlaufsgefüllte 1 und eine pixelgefüllte Formebene 2.

Komponenten | Formebenen bestehen aus zwei Komponenten: der eigentlichen Form, die mit einer Vektormaske definiert ist, und der Füllung. Diese zwei Komponenten werden auch in der Ebenen-Palette grafisch dargestellt. Für jede Formebene ist links ein Symbol für die jeweilige Füllung ❸ und rechts die Vektormaske ❹ zu sehen.

Zum Weiterlesen: Einstellungsebenen und Masken
Mehr über Einstellungsebenen lesen Sie in Kapitel 15, »Regeln für eine gute Korrektur«, und mehr über Masken finden Sie in Kapitel 14, »Ebenenmasken & Co.«

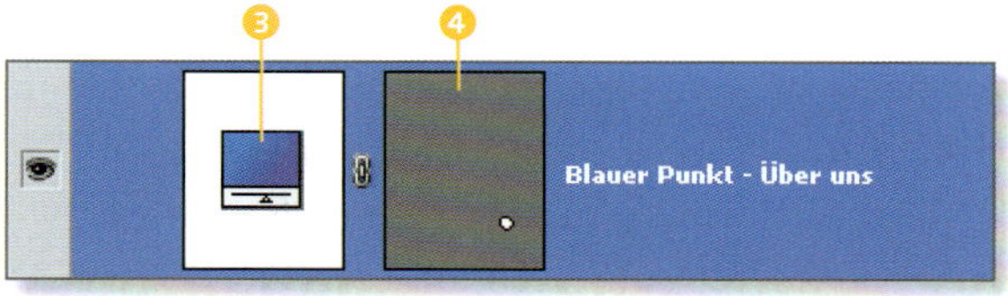

▲ **Abbildung 10.25**
Die zwei Komponenten sind für Formebenen zwingend. Die Vektormaske definiert die dargestellte Form (hier einer der blauen Punkte). Ohne Maske wären Formebenen über die ganze Bildfläche voll deckend.

10.2.7 Ebenengruppen

Da die Ebenentechnik so viele Vorteile hat und es für zahlreiche verschiedene Zwecke spezialisierte Ebenen gibt, wird meist ausgiebig Gebrauch von Ebenen gemacht. Sehr schnell mutieren Ebenen-Paletten zu unhandlich langen Listen. Damit Ihnen die Übersicht nicht verloren geht, können Sie Ebenen in Ebenenordnern – den sogenannten Ebenengruppen – zusammenfassen.

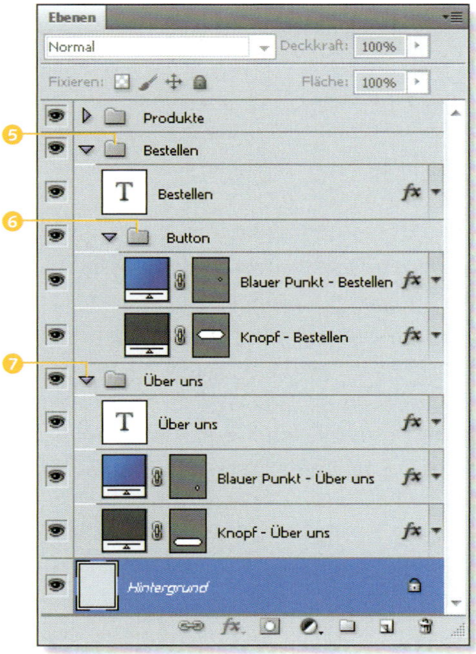

◀ **Abbildung 10.26**
Ebenen-Palette mit Ebenengruppen

Die Gruppen funktionieren ähnlich, wie Sie es von der Ordnerstruktur Ihres Rechners her kennen: Es gibt Ordner 5 und Unterordner 6, die verschiedene Typen von Ebenen enthalten können. Mit den kleinen Pfeilen 7 lassen sich Ordner aufklappen und zeigen ihren Inhalt dann an oder können platzsparend eingeklappt werden.

Viele Palettenbefehle und Operationen, die auf einzelne Ebenen anwendbar sind – wie beispielsweise das Duplizieren, Verschieben, Löschen, Ein- und Ausblenden oder Verbinden –, lassen sich genauso auch auf Gruppen anwenden. Mehr über die effektive Verwaltung von Ebenen mit Gruppen (und mehr) erfahren Sie in Kapitel 11, mehr über allgemeine Befehle, die für Ebenen und Gruppen gleichermaßen gelten, finden Sie in den folgenden Absätzen.

10.3 Die Ebenen-Palette: Ihre Steuerzentrale

Datei auf der Buch-DVD: »Aquarium.tif«

▲ **Abbildung 10.27**
Die meisten der Befehle, die Sie unter Ebene finden, lassen sich schneller über die Ebenen-Palette ansteuern.

Die Bearbeitungsmöglichkeiten für Ebenen sind nahezu unbegrenzt. Ebenen lassen sich innerhalb eines Bildes verschieben, kopieren, skalieren, neu stapeln oder von einem Bild ins andere bringen. Die Eigenschaften von Ebenenpixeln – Deckkraft und Füllmethode – können ebenfalls verändert werden. Und natürlich können Werkzeuge, Filter und Effekte auf die Ebenen angewandt werden. Wie das geht, erfahren Sie in den folgenden Abschnitten.

Um mit Ebenen zu arbeiten, stehen Ihnen die Ebenen-Palette und die Menübefehle unter Ebene zur Verfügung. Das weitaus wichtigere Instrument für den Umgang mit Ebenen ist dabei die Ebenen-Palette. Sie ist ein schnelles und effektives Arbeitsmittel. Zudem brauchen Sie die Ebenen-Palette immer als Kontrollinstrument, denn nur sie gibt Auskunft über die im Bild vertretenen Ebenenarten, deren Reihenfolge, eventuelle Sonderfunktionen wie Ebeneneffekte oder Masken und vieles mehr.

Jede Ebene eines Bildes wird durch eine eigene Zeile in der Ebenen-Palette symbolisiert. Darin zu sehen sind: eine Miniaturansicht (»Thumbnail«) des Ebeneninhaltes, der Name der Ebene sowie Informationen über etwaige zusätzliche Ebeneneigenschaften wie Verriegelung, vorhandene Effekte oder Masken. Sie erfahren aus der Ebenen-Palette auch, welche Deckkraft und Füllmethode eine Ebene hat; Sie sehen, ob es zu Gruppen zusammengefasste Ebenen gibt, und Sie können die Gruppen auf- und zuklappen.

Die Ebenen-Palette auf einen Blick

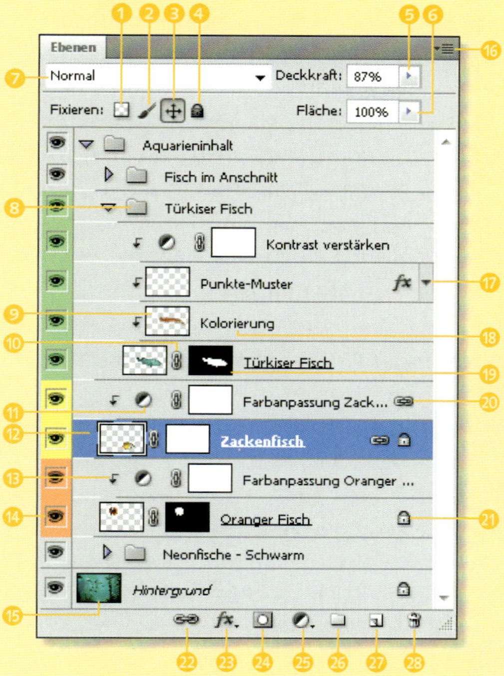

▲ **Abbildung 10.28**
Die Ebenen-Palette im Detail – hier am Beispiel einer Aquarium-Montage

Bilder: Frank Gaebler, Jose Assenco (stock.exchg), Peter Gustafson (stock.exchg), Rick Hawkins (stock.xchng), Stephen Mcsweeny (Fotolia)

▲ **Abbildung 10.29**
Das Bild zur Palette (Fischkundler mögen das Durcheinander der Arten verzeihen!)

1. Transparente Pixel fixieren
2. Bildpixel fixieren
3. Position fixieren
4. Alles fixieren
5. Deckkraft der Ebenenpixel einstellen (wirkt *auch* auf etwaige Ebeneneffekte)
6. Deckkraft der Ebenenpixel einstellen (wirkt *nicht* auf etwaige Ebeneneffekte)
7. Füllmethode der Ebene
8. Ebenengruppe
9. Ebenenminiatur mit transparenten Objekten
10. Verbindung zwischen Ebene und Maske
11. Einstellungsebene
12. Aktivierte Ebene (hervorgehoben)
13. Ebene mit Schnittmaske
14. Sichtbarkeit der Ebene
15. Hintergrundebene
16. Palettenmenü aufrufen
17. Diese Ebene ist mit einem Ebenenstil ausgestattet.
18. Ebenenname
19. Ebenenmaske
20. Diese Ebenen sind verbunden.
21. Ebenenfixierung wird angezeigt.
22. Ebenen verbinden
23. Ebene mit Ebenenstil versehen
24. Ebene mit Ebenenmaske versehen
25. Füllebene oder Einstellungsebene erstellen
26. Neue Gruppe erstellen
27. Neue Ebene erstellen
28. Ebene löschen

Die gesamte Ebenen-Palette ist eng besetzt mit Kontextmenüs, Schaltflächen und Funktionen. Rechtsklicks (bzw. `Ctrl`-Klicks) auf verschiedene Bereiche der Ebenenzeilen sind der schnellste Zugang zu den wichtigsten Befehlen und Optionen. Daher ist es wichtig, dass Sie beim Klicken genau sind.

Am oberen und unteren Rand der Palette finden Sie die wichtigsten Schaltflächen. Im Seitenmenü (16) gibt es einige zusätzliche Befehle, und auch die Funktionen, die Sie über Kontextmenüs und das Ebenen-Menü erreichen, sind hier nochmals untergebracht. Zudem gibt es wieder zahlreiche Tastaturkürzel zu lernen, mit denen Sie schnell mit Ebenen arbeiten.

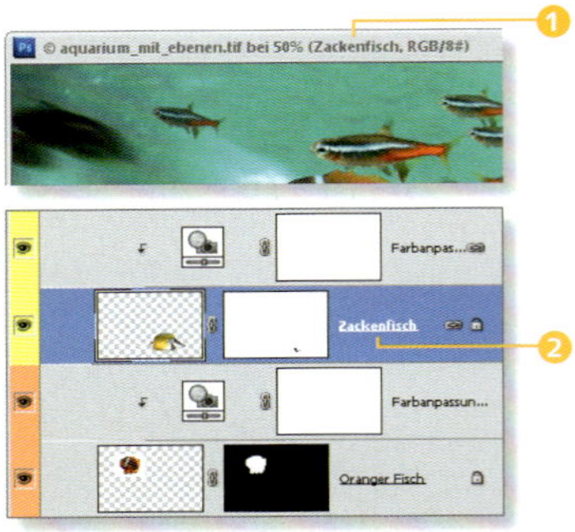

▲ **Abbildung 10.30**
Welche Ebene ist aktiv? Bildtitelleiste und Ebenen-Palette geben Aufschluss.

10.3.1 Welche Ebene oder Gruppe wird bearbeitet?

Die wichtigste Frage für das Bearbeiten von Ebenen ist, welche Ebene aktiv ist, denn fast alle Arbeitsschritte wirken sich nur auf die jeweils aktive Ebene aus. Die **Markierung** (2) einer Ebene oder Gruppe oder von mehreren Ebenen oder Gruppen zeigt – in Abbildung 10.28 ist dies die Ebene »Zackenfisch« –, dass alle folgenden Bearbeitungsschritte sich nun auf diese Ebene auswirken. Auch ein Blick in die Bildtitelleiste (1) zeigt, welche Ebene oder Gruppe aktuell aktiv ist.

10.3.2 Ebene anwählen

Um von einer Ebene in die andere zu wechseln, gibt es wiederum mehrere Wege:

- Ein einfacher **Klick** in die betreffende Zeile der Ebenen-Palette ist wohl die üblichste und auch treffsicherste Methode, um Ebenen oder Gruppen zu aktivieren. Bei den folgenden Tricks kann es passieren, dass Sie versehentlich die falsche Ebene erwischen.
- In den **Optionen des Verschieben-Werkzeugs** `V` gibt es die Optionen AUTOMATISCH AUSWÄHLEN: EBENE und AUTOMATISCH AUSWÄHLEN: GRUPPE (Auswahl per Liste).

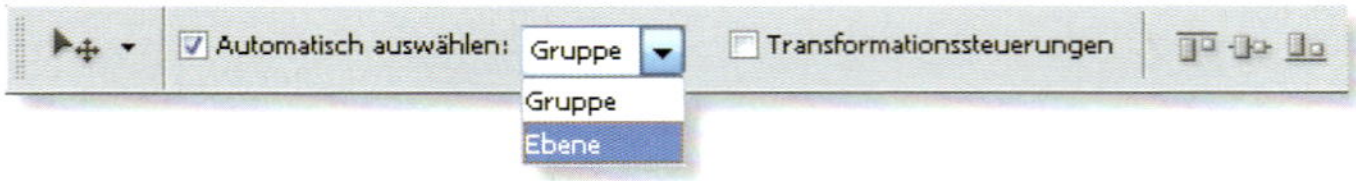

▲ **Abbildung 10.31**
Die Optionen des Verschieben-Werkzeugs

Sind diese Optionen aktiviert, brauchen Sie nur noch mit dem Verschieben-Werkzeug an eine Stelle ins Bild zu klicken, und die Ebene oder Gruppe, die Sie unter dem Mauszeiger haben, ist zur Bearbeitung aktiviert. Das funktioniert jedoch bei kompliziert geschichteten Bildern nicht immer gut.

TOPP-TIPP: Welche Ebene enthält was?

Wenn Sie unsicher sind, welche Elemente eines Bildes überhaupt auf eigenen Ebenen liegen und welche Bildobjekte sich bereits auf einer gemeinsamen Ebene befinden, aktivieren Sie ANSICHT • EINBLENDEN • EBENENKANTEN. Der Inhalt der jeweils aktiven Ebene wird dann mit einem blauen Rahmen umgeben.

▲ **Abbildung 10.32**
Eingeblendete Ebenenkante

- Wenn Sie das Verschieben-Werkzeug schon aktiviert haben: Eine weitere Möglichkeit ist ein **Rechtsklick** (Ctrl+Klick) ins Bild – Sie erhalten dann eine Liste mit allen Ebenen- und Gruppennamen in Mausnähe, mit deren Hilfe Sie schnell zur gewünschten Ebene oder Gruppe springen können.
- Sie können sich auch per **Tastenkürzel** durch die Ebenen-Palette hangeln. Diese Shortcuts sollten Sie unbedingt lernen, Sie werden sie oft brauchen! Mit Alt/⌥+. (Punkt) wechseln Sie zur Ebene oberhalb der zuletzt aktiven Ebene, und mit Alt/⌥+, (Komma) geraten Sie in die Ebene unterhalb der zuletzt aktiven Ebene.

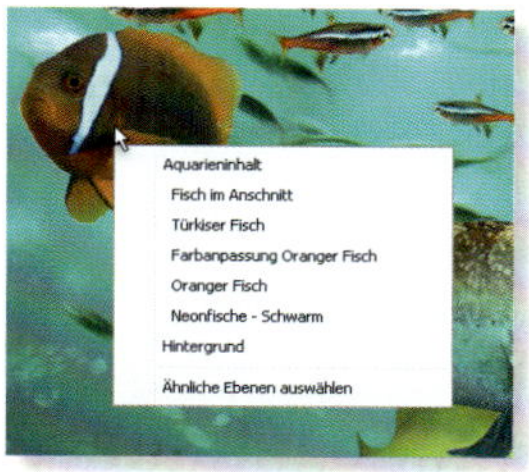

▲ **Abbildung 10.33**
Diese schnelle Möglichkeit, sich durch die Ebenen zu hangeln, funktioniert nur, wenn Sie bei der Namensvergabe zuvor sehr diszipliniert waren. Hier im Bild: die Namen einiger Ebenen und Gruppen dieses Bildes.

Mehrere Ebenen oder Ebenengruppen aktivieren | Sie können auch mehrere Ebenen oder Ebenengruppen auf einmal auswählen. Das ist wichtig, wenn Sie Ebenen oder Gruppen gemeinsam bearbeiten oder verbinden wollen. Die Befehle dazu haben sich ins Auswahl-Menü verirrt.

- Der Befehl Auswahl • Alle Ebenen aktiviert alle Ebenen, die in der Ebenen-Palette (und folglich auch im Bild) vorhanden sind.
- Mit Auswahl • Ebenenauswahl aufheben können Sie die Ebenen wieder deaktivieren.
- Wenn Sie lediglich Ebenen einer Sorte – zum Beispiel alle Textebenen oder alle Einstellungsebenen – auswählen wollen, aktivieren Sie eine dieser Ebenen und wählen dann Auswahl • Ähnliche Ebenen. Es lohnt sich, sich diesen Befehl zu merken: Spätestens dann, wenn Sie Ihre erste umfang- und ebenenreiche Datei aufräumen wollen, können Sie ihn sicherlich gebrauchen.
- Auch Tastaturbefehle gibt es, um mehrere Ebenen – oder Ebenengruppen – auf einmal zu aktivieren: Wenn Sie Strg/⌘ drücken und dann in die Ebenen-Palette klicken, können Sie **beliebige** Ebenen aktivieren. Wenn Sie Alt/⌥ gedrückt halten, können Sie mehrere **aufeinanderfolgende** Ebenen auf einmal aktivieren, indem Sie die erste und die letzte Ebene anklicken.
- Auch die schon erwähnten Optionen des Verschieben-Werkzeugs ▸✥, Automatisch auswählen: Ebene und Automatisch auswählen: Gruppe, aktivieren mehrere Ebenen auf einen Schlag. Da diese Funktionen jedoch mit einem Klick entweder alle Ebenen unter dem Mauszeiger oder die jeweils zuoberst liegende Gruppe erfassen, sind sie nicht sonderlich präzise.

Werkzeug funktioniert scheinbar nicht? »Komische« Ergebnisse?

Wenn eine Ebene oder Gruppe ausgewählt ist, wird sie bearbeitet – diesem Prinzip folgt Photoshop manchmal recht rigide, gleichgültig ob die Ebenen womöglich gerade ausgeblendet sind, die Ebenendeckkraft auf »0« heruntergestellt ist oder ob ein anderes Bildelement die Ebeneninhalte verstellt. Das führt bisweilen zu unerwünschten Überraschungseffekten. Wenn Sie versuchen, ein Werkzeug oder einen Filter anzuwenden, ohne dass etwas passiert oder sich völlig unerwartete Ergebnisse einstellen, ist der Grund dafür sehr häufig, dass die falsche Ebene oder Gruppe aktiv ist. Haben Sie also immer die Ebenen-Palette im Blick!

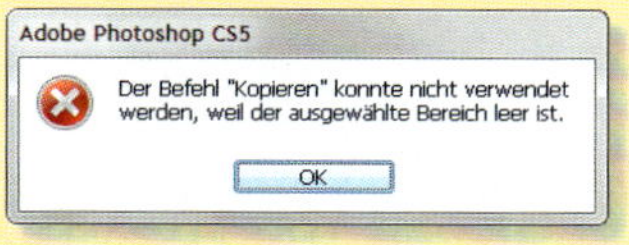

▲ **Abbildung 10.34**
Nicht immer werden Sie gewarnt, wenn Sie auf der falschen Ebene herumwerkeln.

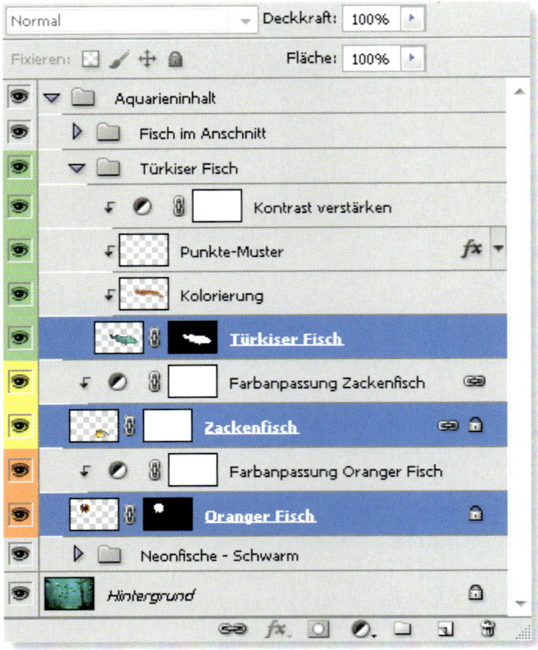

▲ **Abbildung 10.35**
Mehrere Ebenen oder Gruppen wurden auf einmal aktiviert.

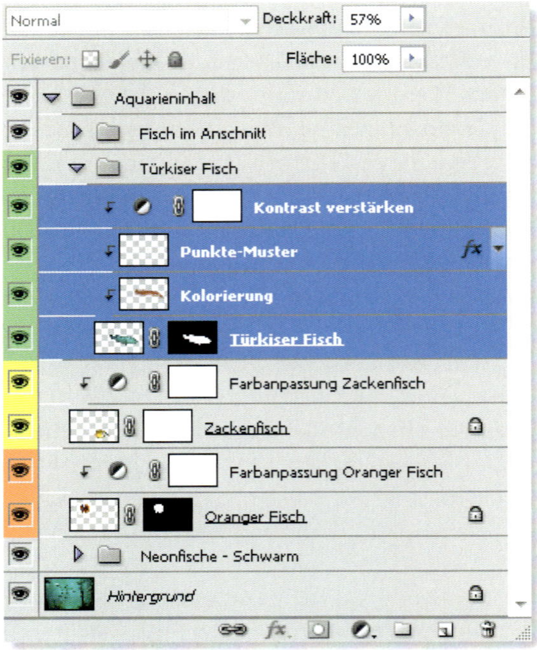

▲ **Abbildung 10.36**
Mehrere *aufeinanderfolgende* Ebenen wurden auf einmal aktiviert.

Zum Weiterlesen: Ebenen dauerhaft verbinden
Das Markieren bzw. Aktivieren mehrerer Ebenen zusammen ist nur temporär. Wie Sie mehrere Ebenen dauerhafter miteinander verbinden, lesen Sie in Abschnitt 10.3.9, »Ebenen und Gruppen dauerhaft verbinden«.

Zum Weiterlesen: Ebeneninhalt auswählen
Mit diesen Befehlen aktivieren Sie die Ebenen zur Bearbeitung. In der Ebenen-Palette erscheinen sie dann markiert. Sie erzeugen damit keine Auswahl der Bildpixel! Wie das geht, lesen Sie in Teil IV, »Auswählen, freistellen und maskieren«.

Wozu mehrere Ebenen gleichzeitig markieren? | Photoshop erlaubt Ihnen, verschiedene Arbeitsschritte auf *alle* Ebenen anzuwenden, die in der Ebenen-Palette markiert – also aktiviert – sind. Sie sparen dadurch Zeit und arbeiten effektiver!

Mehrere markierte Ebenen eines Bildes lassen sich

- in Deckkraft und Füllmethode ändern,
- gemeinsam verschieben,
- gemeinsam transformieren,
- aneinander ausrichten,
- in andere Bilder transferieren
- und zusammen in Smart-Objekte verwandeln.
- Ebeneneffekte können schnell auf mehrere markierte Ebenen gleichzeitig angewandt werden.
- Mehrere markierte Ebenen sind die Grundlage für das Anlegen von Ebenengruppen und von verbundenen Ebenen.

Jedoch lassen sich Aktivitäten, bei denen die originalen Ebenenpixel verändert werden (so zum Beispiel das Malen, Retuschen und Bildkorrekturen), immer nur auf eine, nämlich die aktive Bildebene anwenden.

Was wollen Sie tun?	Windows	Mac
Zur **nächsthöheren** Ebene im Ebenen-Schichtaufbau springen	Alt + . (Punkt)	⌥ + . (Punkt)
Zur **nächstunteren** Ebene im Ebenen-Schichtaufbau springen	Alt + , (Komma)	⌥ + , (Komma)
Zur **obersten** Ebene im Ebenen-Schichtaufbau springen	⇧ + Alt + - (Minus)	⇧ + ⌥ + - (Minus)
Zur **untersten** Ebene im Ebenen-Schichtaufbau springen	Alt + - (Minus)	⌥ + - (Minus)
Zusätzlich zur aktuell aktiven auch noch die **darüberliegende Ebene** aktivieren	⇧ + Alt + . (Punkt)	⇧ + ⌥ + . (Punkt)
Zusätzlich zur aktuell aktiven auch noch die **darunterliegende Ebene** aktivieren	⇧ + Alt + , (Komma)	⇧ + ⌥ + , (Komma)
Mehrere Ebenen oder Gruppen auf einmal aktivieren	Mit Strg in der Ebenen-Palette entsprechende Ebenen(gruppen) per Maus auswählen	Mit ⌘ in der Ebenen-Palette entsprechende Ebenen(gruppen) per Maus auswählen
Mehrere aufeinanderfolgende Ebenen oder Ebenengruppen auf einmal aktivieren	Mit ⇧ in der Ebenen-Palette die erste und die letzte Ebene(ngruppe) anklicken, die Sie aktivieren wollen	Mit ⇧ in der Ebenen-Palette die erste und die letzte Ebene(ngruppe) anklicken, die Sie aktivieren wollen

▲ **Tabelle 10.1**
Tastaturbefehle für das Aktivieren von Ebenen auf einen Blick

10.3.3 Sichtbarkeit von Ebenen und Gruppen

In der Ebenen-Palette ganz links sehen Sie neben jedem Ebenen-Thumbnail und jeder Ebenengruppen-Miniatur ein Augensymbol. Durch einfaches Klicken auf eines der Augen können Sie die zugehörige Ebene oder Ebenengruppe aus dem Bild ein- und ausblenden.

Das Ein- und Ausblenden einer Ebene oder Gruppe bezieht sich nur auf deren Sichtbarkeit im Bild, aber entfernt sie nicht. Beim Drucken oder Überführen in ein anderes Dateiformat, das Ebenen nicht unterstützt, werden ausgeblendete Ebenen und Gruppen nicht angezeigt – sie werden also behandelt, als gäbe es sie gar nicht.

▲ **Abbildung 10.37**
Mit einem Klick können Sie Ebenen oder Gruppen aus der Bildansicht ausblenden.

Mehrere Ebenen oder Gruppen ausblenden | Um mehrere Ebenen oder Gruppen auf einmal auszublenden, müssen Sie nicht zigmal klicken. Es genügt, wenn Sie mit gehaltener Maustaste die Reihe der Augensymbole entlangfahren. Auf dieselbe Art und Weise blenden Sie die Ebenen wieder ein.

Zum Weiterlesen: Ebenensichtbarkeit effektiver verwalten
Mit der Palette EBENENKOMP. ermöglicht Photoshop das Sichtbarmachen mehrerer Ebenen und Gruppen mit einem einzigen Mausklick. Mehr darüber erfahren Sie in Abschnitt 10.6, »Ebenenkompositionen«.

TOPP-TIPP: Die Gruppe oder Ebene ist eingeblendet und trotzdem nicht zu sehen?

Wenn Sie eine eingeblendete Ebene oder Gruppe im Bild nicht finden, kontrollieren Sie folgende Punkte:

- Wie hoch ist die Deckkraft der Ebene oder Gruppe?
- Befinden sich eventuell andere Ebenen davor?
- Haben Sie die Pixel, die ursprünglich auf dieser Ebene waren, unbeabsichtigt auf eine andere Ebene manövriert?
- Ist die Ebene versehentlich aus dem Bild geschoben worden?

Alle Ebenen oder Gruppen bis auf eine ausblenden | Es gibt auch einen Befehl, der alle Ebenen oder Gruppen bis auf eine bestimmte ein- oder ausblendet. Eine solche Ansicht wird häufig gebraucht, um einzelne Elemente einer Komposition genau zu prüfen und nachzubearbeiten – oder um Ebenen in umfangreichen Dateien wiederzufinden, wenn Ihnen die Übersicht abhanden gekommen ist. Klicken Sie bei gehaltener [Alt]-Taste (am Mac: [⌥]) auf das Augensymbol der Ebene oder Ebenengruppe, die Sie alleine sehen wollen. Alle übrigen Ebenen und Gruppen werden dann ausgeblendet. Ein erneuter Klick auf das Auge blendet sie wieder ein.

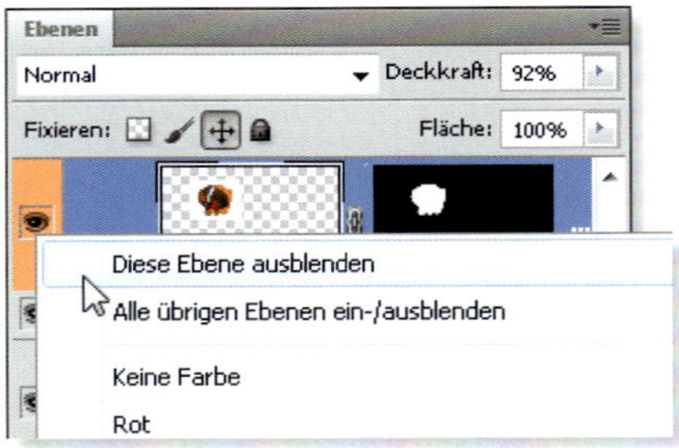

▲ **Abbildung 10.38**
Auch ein Rechtsklick bzw. [Ctrl]+Klick auf das Auge fördert Befehle zutage, mit denen sich auf einen Schlag alle Ebenen(gruppen) außer einer ein- und ausblenden lassen.

Was wollen Sie tun?	Windows	Mac
Mehrere untereinanderliegende Ebenen(gruppen) ein- oder ausblenden	Mit gehaltener Maustaste Augen-Icons »abfahren«	Mit gehaltener Maustaste Augen-Icons »abfahren«
Alle *anderen* sichtbaren Ebenen(gruppen) außer der aktuell aktiven ein-/ausblenden	[Alt] + Klick auf das Auge	[⌥] + Klick auf das Auge
Nur diese Ebenen(gruppe) oder alle Ebenen(gruppen) ein-/ausblenden	Klick auf das Auge	Klick auf das Auge

▲ **Tabelle 10.2**
Tastaturbefehle für das Einblenden und Ausblenden von Ebenen(gruppen) auf einen Blick

10.3.4 Ansichtsoptionen in der Palette

Auch die Darstellung der Miniaturen können Sie verändern. Ein Rechtsklick (Windows) oder [Ctrl]+Klick (Mac OS) auf eine der Ebenenminiaturen öffnet ein Kontextmenü, mit dem Sie unter anderem die Miniaturgröße ändern können.

Dieselben Einstellungsmöglichkeiten bietet das Dialogfeld EBENENBEDIENFELDOPTIONEN. Sie erreichen es über das Palettenmenü und dort über den Befehl BEDIENFELDOPTIONEN.

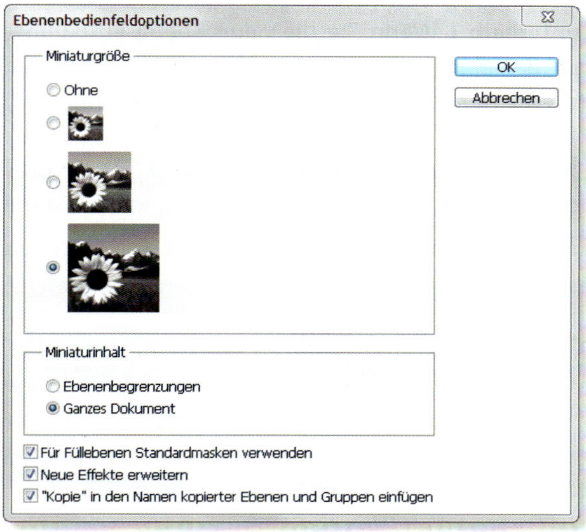

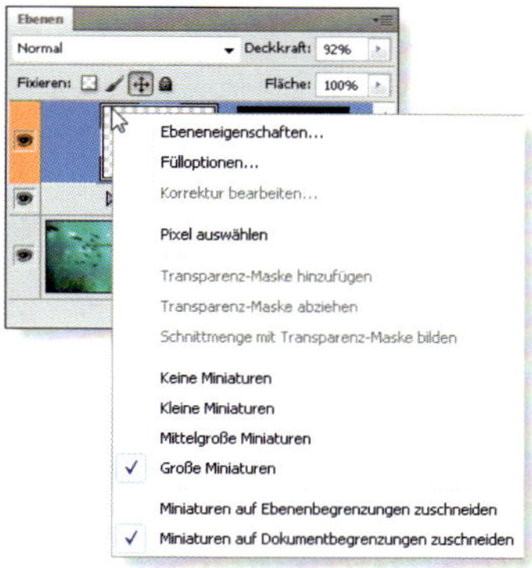

▲ **Abbildung 10.39**
Miniaturgröße via Kontextmenü ändern

◀ **Abbildung 10.40**
Über das Dialogfeld müssen Sie auch gehen, wenn im Bild lediglich die Hintergrund-Palette vorhanden ist – dann funktioniert der Kontextmenü-Klick nicht.

Miniaturinhalt | Die Einstellung unter MINIATURINHALT ist vor allem bei Bildern interessant, deren Ebenen nur vergleichsweise kleine deckende Bereiche – also Bildelemente – enthalten.

Wenn Sie statt der Standardeinstellung GANZES DOKUMENT die Einstellung EBENENBEGRENZUNGEN wählen, können Sie in den Ebenenminiaturen besser sehen, was der jeweilige Inhalt der Ebene ist. Allerdings erkennt man auf den Miniaturen so nicht, welche Position im Bild die einzelnen Elemente haben, und auch Proportionen werden nicht korrekt angezeigt.

▲ **Abbildung 10.41**
Miniaturinhalt auf Ebenenbegrenzungen zugeschnitten – man sieht etwas mehr vom Ebeneninhalt, aber hat keine Vorstellung von den Größenrelationen.

10.3.5 Neue Ebene

Eine neue, leere Ebene anzulegen ist recht einfach.

Die schnellste Methode ist ein Klick auf das NEU-Icon am Fuß der Ebenen-Palette. Dadurch wird eine neue Ebene eingefügt – oberhalb der aktiven Ebene. Eine so erstellte neue Ebene ist transparent (ohne Bildinhalte), wie Sie dann auch in der Ebenen-Palette erkennen können: Das Ebenen-Thumbnail trägt das bekannte grau-weiße Würfelmuster.

Eine weitere Möglichkeit, um eine neue leere Ebene anzulegen, ist die Tastenkombination [⇧]+[Strg]+[N] (Windows), für Mac OS: [⇧]+[⌘]+[N]. Sie erhalten auf diesem Weg dann automatisch das Dialogfeld, in das Sie gleich den Ebenennamen eintragen können.

▲ **Abbildung 10.42**
Miniaturinhalt auf Dokumentbegrenzungen zugeschnitten – man ahnt die Position des Objekts im Bild.

eingefügt werden soll: Sofern weitere Dateien geöffnet sind, kann ein Ebenenduplikat auch direkt dort erstellt werden. So sparen Sie sich gegebenenfalls das Verschieben der frisch duplizierten Ebene oder Gruppe in ein anderes Bild.

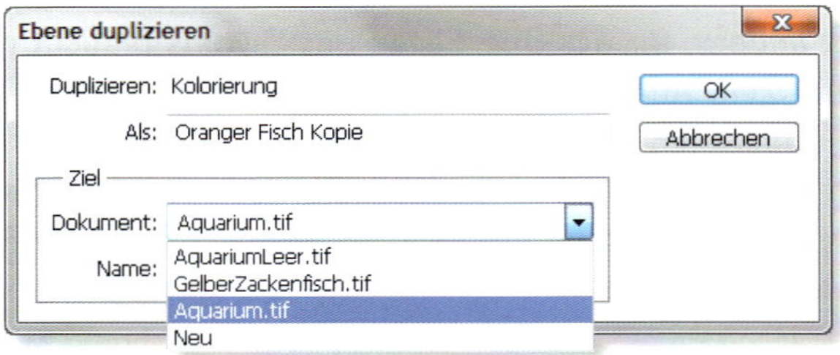

Abbildung 10.45 ▶
Wo soll das Ebenenduplikat landen? Zur Auswahl stehen das Ausgangsbild, alle anderen aktuell geöffneten Dateien oder eine ganz neue Datei.

- Wenn Sie bei aktivem **Verschieben-Werkzeug** [V] die Ebenen bewegen und zusätzlich [Alt]/[⌥] drücken, wird automatisch ein Ebenenduplikat erstellt und bewegt.

Nachdem Sie Ebenen oder Gruppen dupliziert haben, wird Ihnen auffallen, dass im Bild selbst nichts verändert worden ist. Das liegt daran, dass Ebenenduplikate immer an genau derselben Stelle eingefügt werden wie die Ausgangsebene. Die Ebeneninhalte sind übereinandergestapelt und decken sich gegenseitig ab. Sie müssen also die Ebenen noch verschieben, um alle neuen Inhalte im Blick zu haben.

Datei auf der Buch-DVD: »Scrabble.tif«

TOPP-TIPP: Zahlreiche Ebenen-Duplikate per Tastenkürzel

Wenn Sie die Pfeiltasten benutzen und dabei [Alt] (bzw. [⌥]) gedrückt halten, werden – kontinuierlich! – Ebenenduplikate angelegt. Auch hier können Sie wiederum ergänzend [⇧] drücken, um statt in 1-Pixel- in 10-Pixel-Schritten voranzukommen. Sie können z. B. diese Funktion nutzen, um Bewegung darzustellen.

▲ **Abbildung 10.46**
Aus drei Spielsteinen …

Bild: Fotolia, Vapetrac

▲ **Abbildung 10.47**
… wird mit wenigen Handgriffen ein ganzer Stapel. Durch Verschieben der Ebenen gegeneinander entstand ein realistischer Effekt.

10.3.7 Neue Bildinhalte: Ebenen oder Gruppen aus anderen Bildern einkopieren

Ebenen und Gruppen können auch von einem Bild in ein anderes gezogen (streng genommen: hinüberkopiert) werden. Sie können dabei verschiedene Wege wählen:

- per Drag & Drop mit der Maus
- mit Copy & Paste (Kopieren und Einfügen)
- durch Duplizieren und Festlegen eines anderen geöffneten Bildes als Zieldokument

Wie Sie auch vorgehen – als Erstes müssen beide Bilder geöffnet werden: das Bild, aus dem Sie Ebenen oder Gruppen kopieren möchten, und das Bild, in das sie eingefügt werden sollen. Ob Sie dabei Tabs oder frei schwebende Fenster verwenden, ist gleichgültig.

Drag & Drop: aus der Ebenen-Palette ins Bild | Um eine Ebene oder Gruppe mit der Maus in ein anderes Bild zu ziehen, bewegen Sie den Mauszeiger in der Ebenen-Palette auf die Ebene oder Gruppe, die Sie hinüberkopieren wollen, halten die Maustaste gedrückt und ziehen die Maus aus dem Bereich der Ebenen-Palette heraus. Dabei ist es gleichgültig, welches Werkzeug aktiv ist. Der Mauszeiger wird zu einer Greifhand, die eine transparente Vorschau-Version der Ebene (oder Gruppe) »festhält«. Bewegen Sie dann die Greifhand über das Bild, in das die Ebene oder Gruppe eingefügt werden soll, und lassen Sie dort die Maustaste einfach los. Das neue Bildobjekt wird eingefügt.

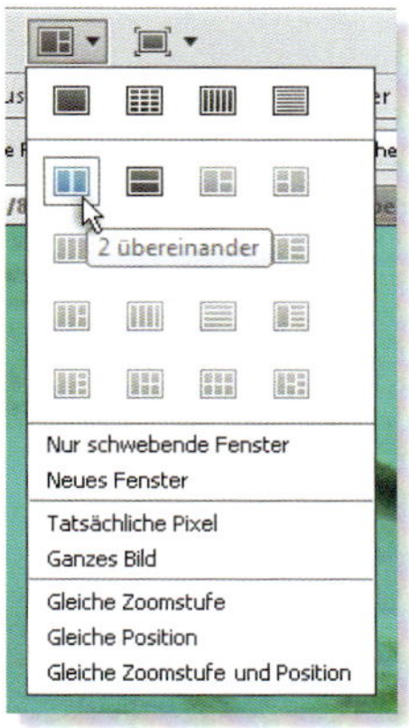

▲ **Abbildung 10.48**
Am einfachsten machen Sie sich Drag&Drop-Aktionen, wenn Sie Ihre Dokumente so ausrichten, dass beide sichtbar sind. Wenn Sie mit Tabs arbeiten, nutzen Sie dazu den entsprechenden Button in der Anwendungsleiste!

Dateien auf der Buch-DVD: »AquariumLeer.tif«, »GelberZackenfisch.tif«

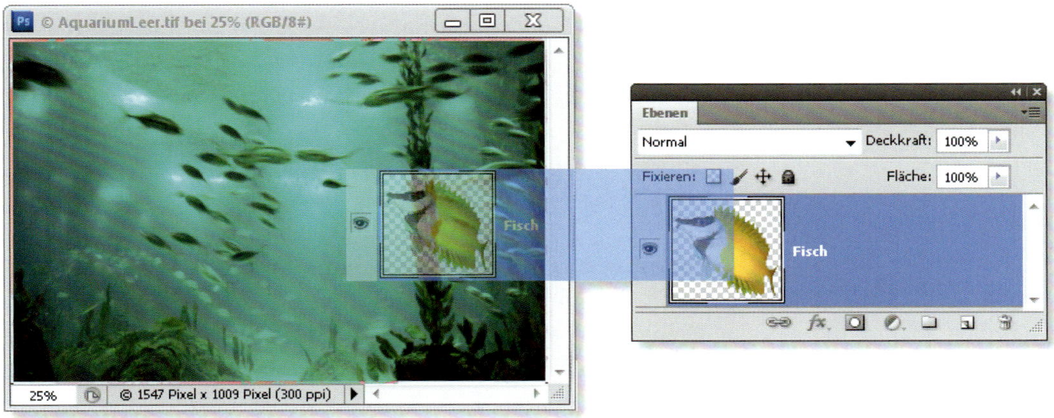

▲ **Abbildung 10.49**
Das Bild »GelberZackenfisch.tif« ist aktiv, und eine Kopie der Ebene »Fisch« wird gerade ins Aquarium-Bild bugsiert. Das Ebenenoriginal verbleibt in der Ausgangsdatei.

Mehr als eine Ebene bewegen
Wollen Sie mehrere Ebenen oder Gruppen zusammen in ein anderes Bild hinüberziehen, genügt es, sie vorher gemeinsam zu aktivieren.

Drag & Drop: Von Bild zu Bild | Sie können Ebeneninhalte auch direkt von Bild zu Bild ziehen – also einfach, indem Sie direkt auf das Bild klicken, das gewünschte Element so »anfassen« und in ein anderes Bild ziehen. Das klappt allerdings nur bei aktivem Verschieben-Werkzeug [V] . Das Verfahren funktioniert bei Ebenen oder Gruppen gleichermaßen, allerdings kann es bei komplexen Kompositionen passieren, dass Sie versehentlich das falsche Objekt erwischen.

Abbildung 10.50 ▸
Hinüberkopieren einer Bildebene in ein anderes Bild mit dem Verschieben-Werkzeug. Auch wenn es so aussieht, als würde die Ebene tatsächlich in das andere Bild *gezogen*: Es wird lediglich eine *Kopie* erstellt; das Original bleibt unversehrt.

TOPP-TIPP: Position übernehmen

Wenn Sie die [⇧]-Taste gedrückt halten, während Sie eine Ebene in ein anderes Bild ziehen, landet die Ebene im neuen Bild an genau derselben Stelle wie im alten Bild. Bedingung: Beide Bilder sind gleich groß und haben dieselbe Auflösung.

Drag & Drop: Verdeckte Bilder in Tabs | Sie müssen Registerkarten oder schwebene Fenster nicht unbedingt so arrangieren, dass beide Bilder sichtbar sind. Auch bei der Ansicht in Tabs, wenn ein Bild das andere verdeckt, ist Drag & Drop möglich. So funktioniert der Transfer:

1. Das Verschieben-Werkzeug muss aktiv sein.
2. »Fassen« Sie die Ebene direkt im Dokumentfenster an. Das Herüberziehen von der Ebenen-Palette funktioniert in diesem Fall nicht!
3. Ziehen Sie die Ebene mit dem Verschieben-Werkzeug beherzt in Richtung des Karteireiters des inaktiven Bildes, und halten Sie die Maus gegebenenfalls einen Moment darüber, bis das Bild nach vorne kommt.
4. Sie können die Maus dann loslassen. Das Objekt wird im Zielbild abgelegt.

Ebeneninhalte bewegen per Copy & Paste | Kopieren und Einfügen ist manchmal die schnellere Möglichkeit, um **einzelne Ebenen** (keine Gruppen) in ein neues Bild zu kopieren. Dabei kommt die Zwischenablage Ihres Rechners zum Einsatz. Dieses Copy&Paste-Verfahren wird so häufig eingesetzt, dass Sie sich die Shortcuts in jedem Fall merken sollten. Ich benutze diese Technik gerne, wenn es ganz schnell gehen soll.

1. Die erste Bedingung ist, dass Sie die **Ebenenpixel** (nicht nur die Ebenenzeile in der Palette), die Sie ins zweite Bild

übertragen wollen, auswählen. Dazu muss natürlich die gewünschte Ebene aktiv sein, dann bietet sich der Tastaturbefehl Strg+A bzw. ⌘+A (das »A« steht für »Alles auswählen«) an. Enthält die Ebene auch transparente Flächen, ist ein Klick in die entsprechende Ebenenminiatur mit gehaltener Strg/⌘-Taste ein guter Weg zur Auswahl aller deckenden Pixel (mehr zum Thema finden Sie in Kapitel 13, »Auswahlen«).
2. Nun **kopieren** Sie die ausgewählten Ebeneninhalte. Am schnellsten ist wiederum die Arbeit per Tastaturkürzel, diesmal mit Strg+C bzw. ⌘+C.
3. Um die Ebene dann in das zweite Bild **einzufügen**, klicken Sie in dessen Titelleiste – damit das Bild aktiv ist – und drücken dann Strg+V (unter Windows; Macianer drücken ⌘+V). Die Ebene wird dann oberhalb der aktiven Ebene eingefügt.

Alternativ können Sie auch das Menü Bearbeiten benutzen, das Befehle zum Kopieren und Einfügen enthält.

Ebenen ragen über die Dokumentränder hinaus | Ebenen hören nicht zwangsläufig an den Kanten des Dokumentfensters auf. Beim Kopieren von Ebenen zwischen unterschiedlichen Bildern oder nach Ebenentransformationen kommt es öfter vor, dass man eine Ebene in einer Datei hat, die größer ist als die eigentlichen Dokumentgrenzen. Die Ebene bleibt auf dieser Größe, bis

- das gesamte Bild beschnitten wird – zum Beispiel mit dem Freistellungswerkzeug mit Auswahl • Alles auswählen (Strg+A bzw. ⌘+A) oder Bild • Freistellen.
- die Ebene per Ebenentransformation skaliert wird.
- oder das Bild in einem Dateiformat gespeichert wird, das Ebenen nicht unterstützt.

Sie können jedoch auch **die Bildfläche vergrößern**, um Platz für übergroße Ebenen zu schaffen:

- Durch Anfügen von Pixeln an das Bild mit dem Befehl Bild • Arbeitsfläche (Alt+Strg+C bzw. ⌥+⌘+C) werden übergroße Ebenen ins Bild gerückt.
- Der Befehl Bild • Alles einblenden ist eine schnelle Möglichkeit, um die Arbeitsfläche gerade so zu vergrößern, dass alle Inhalte der größten Ebene ins Bild gerückt werden. Dabei werden zusätzliche Pixel an die Hintergrundebene angefügt. Deren Farbe entspricht der aktuellen Hintergrundfarbe.

Drag & Drop aus der Mini Bridge

CS5 Mini Bridge ist eine Neuerung in CS5 (Ausführliches darüber finden Sie in Abschnitt 8.11, »Mini Bridge – viel Funktion auf kleinem Raum«). In Palettenform lässt sich eine Miniaturversion des Dateibrowsers Adobe Bridge direkt auf der Oberfläche von Photoshop parken. Und damit ist eine neue Variante des Dateien-Drag&Drop möglich: Sie können Vorschauminiaturen direkt aus Mini Bridge herausziehen und in Photoshop fallen lassen. Ist dort bereits eine andere Datei geöffnet, wird das herübergezogene Bild als Smart-Objekt eingefügt. Ist kein Bild in Photoshop geöffnet, wird die aus Bridge herübergezogene Datei in Photoshop geöffnet.

Datei auf der Buch-DVD: »DomdachHimmel.tif«

Die Übergröße einer Ebene muss kein Problem darstellen – Sie können sie frei verschieben und bei Montagen herumexperimentieren, bis Sie den richtigen Sitz gefunden haben. Allerdings bleiben solche Überstände auch von Operationen wie dem Löschen von Pixeln und anderen Arbeitsschritten unbeeinflusst.

▲ **Abbildung 10.51**
Eine Bildebene mit Wolken wurde in das Bild gezogen und teilweise maskiert (damit das Hauptmotiv, der Dom, sichtbar bleibt), um das Bild interessanter zu gestalten. Nun wird die Himmelsebene ...

▲ **Abbildung 10.52**
... mit dem Verschieben-Werkzeug bewegt, bis die richtige Position gefunden ist. (Achten Sie auf den Mauszeiger im Screenshot.)

▲ **Abbildung 10.53**
Ebenenaufbau des Beispielbilds. Die Verbindung zwischen Maske und Ebene wird per Mausklick gelöst.

Vorsicht beim Verschieben maskierter Ebenen | Wenn Sie die Position maskierter Ebenen ändern wollen, müssen Sie zuvor die Verbindung zwischen Ebene und Maske lösen 1. Sonst wird auch die Maske verschoben und passt dann nicht mehr zu den Gegebenheiten des Bildes.

10.3.8 Ebenen oder Gruppen löschen

Sie haben eine Ebene zu viel dupliziert, haben überzählige »Experimentalstadien« oder wollen Ebenen oder Gruppen aus anderen Gründen loswerden? Ein guter Grund ist zum Beispiel, die Dateigröße und damit auch Bearbeitungszeiten zu reduzieren.

Das Löschen von Ebenen und Gruppen geht am schnellsten mit der Entf-Taste (←-Taste am Mac). Ebene oder Gruppe markieren, ein Tastendruck – fertig. Das klappt übrigens seit der Version CS4 auch dann, wenn Sie mehrere Ebenen oder Gruppen zusammen aktiviert haben.

Wenn Sie lieber mit Drag & Drop arbeiten, können Sie das Papierkorb-Icon  am unteren Rand der Ebenen-Palette nutzen. Dabei können Sie auf zweierlei Weise vorgehen:

- Entweder Sie fassen eine oder mehrere Ebenen oder Gruppen mit gedrückter linker Maustaste an und ziehen sie in den Papierkorb
- oder Sie klicken auf das Papierkorb-Icon, um aktive Ebenen oder Gruppen zu löschen.

Beim Ziehen in den Papierkorb verschwinden die betreffenden Ebenen oder Gruppen sofort. Beim Anklicken des Icons gibt es immerhin noch eine kleine Sicherheitsabfrage. Drücken der Taste [Alt]/[⌥] unterdrückt die Sicherheitsabfrage. Achtung: Auch **ausgeblendete** Ebenen und Gruppen werden so gelöscht!

Etwas umständlicher gestaltet sich das Löschen per Palettenmenü oder Ebenen-Menübefehl.

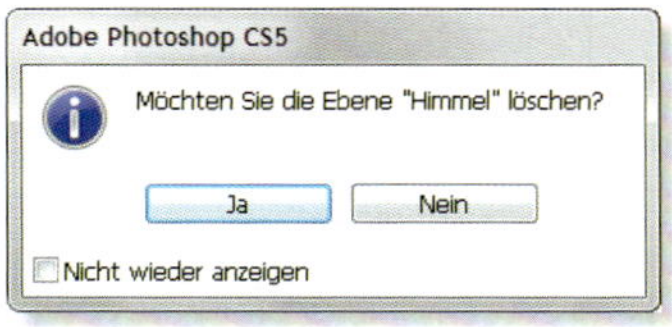

▲ **Abbildung 10.54**
Wenn Sie den Papierkorb anklicken, gibt es vor dem endgültigen Entfernen der Ebene (oder Gruppe) wenigstens noch eine Sicherheitsabfrage.

Dateien aufräumen – ausgeblendete Ebenen löschen | Eine häufige Arbeitssituation: Man hat ein wenig herumexperimentiert und eine ganze Menge ausgeblendeter, nicht mehr benötigter Ebenen im Bild. Um in einem solchen Fall gründlich aufzuräumen, können Sie den Befehl Ebene • Löschen • Ausgeblendete Ebenen nutzen. Welche Ebenen *aktiviert* sind, ist bei der Anwendung des Befehls Ausgeblendete Ebenen löschen übrigens irrelevant.

Leere Ebenen automatisiert entfernen
Wenn sich in Ihrem Dokument leere Ebenen befinden, können Sie die automatisch aufspüren und entfernen lassen. Wählen Sie den Befehl Datei • Skripten • Alle leeren Ebenen löschen.

10.3.9 Ebenen und Gruppen dauerhaft verbinden

Verbundene Ebenen erkennen Sie an einem Kettensymbol in den entsprechenden Zeilen der Ebenen-Palette. Auf verbundene Ebenen lassen sich dieselben Operationen anwenden wie auch auf gemeinsam aktivierte Ebenen. Der Unterschied: Der Zusammenhang der verbundenen Ebenen bleibt so lange bestehen, bis Sie selbst die Verbindung aufheben. Ein durch Aktivierung hergestellter Ebenenverbund hat hingegen nur temporären Bestand, bis eine andere Ebene, Gruppe oder Ebenenkonstellation aktiviert wird.

Um Ebenen zu verbinden, müssen sie zunächst in der Ebenen-Palette aktiviert (markiert) werden. Danach können Sie sie mit einem Klick auf die Kettensymbol-Schaltfläche am Fuß der Ebenen-Palette verbinden oder voneinander lösen. Sie können zwei oder mehr Ebenen oder Gruppen auf diese Art verbinden. Die verbundenen Elemente müssen auch nicht in der Ebenen-Palette übereinander liegen. Ein kleines quer liegendes Kettensymbol in der Ebenenzeile weist dann darauf hin, dass eine Ebene mit anderen Elementen verbunden ist. Es wird allerdings nur angezeigt, wenn mindestens eines der verbundenen Elemente auch aktiviert ist.

Löschen ist irreversibel

Beim Löschen der Ebenen und Gruppen ist immer Vorsicht geboten – es kann nicht durch raschen Zugriff auf den Papierkorbinhalt rückgängig gemacht werden, wie Sie es vielleicht vom Windows-Desktop, dem Mac-Papierkorb oder aus Ihrem Mail-Programm kennen. Wenn Sie Ihr Bild entschlacken, aber sicherheitshalber die Ebene oder Gruppe behalten wollen, können Sie beispielsweise vor dem Löschen mit dem Befehl Ebene duplizieren oder Gruppe duplizieren eine eigene Datei erzeugen, die eben jene Ebene oder Gruppe enthält.

zusätzlich die ⇧-Taste gedrückt halten, erfolgt das Verschieben in Zehn-Pixel-Schritten. Um die Richtung einer Verschiebung auf 15°-Schritte (oder ein Vielfaches von 15° – also eine genau senkrechte oder waagerechte Bewegungsrichtung) zu beschränken, halten Sie beim Ziehen der Ebene mit der Maus die ⇧-Taste gedrückt.

Zum Weiterlesen: Ebenen automatisch ausrichten und positionieren
In Photoshop gibt es neben dem freien Verschieben auch Befehle, um **Ebenenkanten** säuberlich aneinander auszurichten. Mehr dazu finden Sie in Abschnitt 11.1 »Ebenenkanten ausrichten und verteilen«. Außerdem gibt es in Photoshop Funktionen zum automatischen **inhaltsbasierten** Ausrichten von Ebenen. Mehr dazu lesen Sie in Abschnitt 24.1, »Inhaltssensitiv: Ebenen automatisch ausrichten«.

10.3.12 Anordnung von Ebenen und Gruppen verändern

Die Reihenfolge der Ebenenzeilen in der Palette entspricht der Schichtung der Ebenen und Gruppen im Bild. Und die hat auf die Sichtbarkeit einzelner Bildteile gravierenden Einfluss, da die deckenden Pixel der jeweils oberen Ebenen die unteren Ebenen überdecken.

Drag & Drop | Um die Ebenenreihenfolge zu verändern, gibt es mehrere Möglichkeiten. Die schnellste Variante ist das Verschieben per Drag & Drop. Fassen Sie dazu einfach die Ebene, die Sie verschieben wollen, in der Palette mit gedrückter linker Maustaste an, und ziehen Sie die Ebene an die gewünschte Position in der Palette. Ein schwarzer Balken zeigt die jeweils aktuelle Position an. Auf diese Weise können Sie auch Ebenen nachträglich in schon bestehende Gruppen bugsieren.

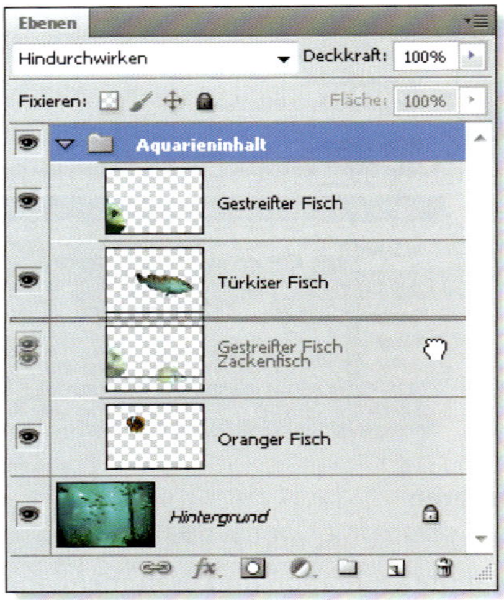

Abbildung 10.59 ▸
Ebenen oder Gruppen innerhalb der Palettenanordnung zu verschieben, sollte Ihnen keine Schwierigkeiten machen, wenn Sie bereits eine Ebene erfolgreich von Bild zu Bild transferiert haben.

Menü | Alternativ können Sie auch das Menü benutzen. Unter Ebene • Anordnen finden Sie fünf Befehle zum Verschieben der Ebenen – meiner Meinung nach ist das allerdings ein im Alltag zu umständlicher Weg.

- IN DEN VORDERGRUND (⇧+Strg+Ä bzw. ⇧+⌘+ß) positioniert die aktuell aktive Ebene in der Ebenenreihenfolge ganz oben.
- IN DEN HINTERGRUND (⇧+Strg+# bzw. ⇧+⌘+#) bringt die aktive Ebene in der Ebenenreihenfolge ganz nach hinten. Wenn eine Hintergrundebene vorhanden ist, bleibt diese die unterste Ebene. Die nach hinten gestellte Ebene wird dann die zweite Ebene von unten.
- SCHRITTWEISE NACH VORNE (Strg+Ä bzw. ⌘+ß) bringt die aktive Ebene einen Schritt in der Ebenenschichtung nach oben.
- SCHRITTWEISE NACH HINTEN (Strg+# bzw. ⌘+#) bringt die aktive Ebene in der Ebenenschichtung einen Schritt nach unten.
- UMKEHREN dreht die Reihenfolge zuvor in der Palette markierter Ebenen um. Der Befehl kann nur dann funktionieren, wenn zuvor mehr als eine Ebene markiert wurde.

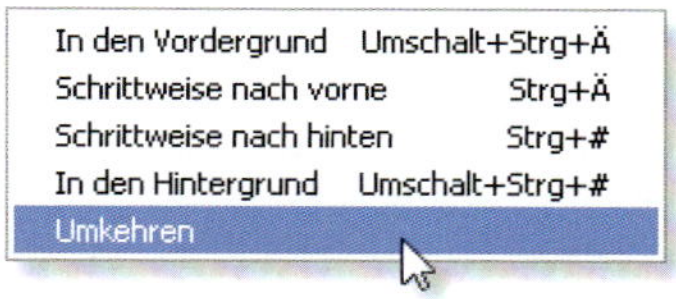

▲ **Abbildung 10.60**
Die Befehle und Tastaturkürzel unter EBENE • ANORDNEN

10.3.13 Ebenen und Gruppen reduzieren

Ein Bild mit vielen Ebenen und Ebenengruppen braucht viel Speicherplatz, und auch bei gutem Ebenenmanagement werden solche Dateien schnell unübersichtlich. So ist es bei allen Vorteilen, die die Ebenentechnik bietet, manchmal auch angeraten, einige oder alle Ebenen zusammenzufügen. Bei Photoshop heißt dies **reduzieren**.

Auch Ebenengruppen lassen sich so zusammenrechnen. Es ist ein sehr häufiger Handgriff, die Ebenen einer Gruppe zu einer Einzelebene zusammenzulegen.

Das Reduzieren von Ebenen können Sie mithilfe der Ebenen-Palette erledigen. Und natürlich gibt es auch hierfür ein paar nützliche Tastaturkürzel.

Sie können differenzieren, ob Sie alle vorhandenen Ebenen auf eine (Hintergrund-)Ebene reduzieren wollen oder ob Sie nur einzelne Ebenen miteinander verschmelzen wollen.

Wollen Sie **alle** Ebenen und Gruppen zusammenfügen,

- wählen Sie im Palettenmenü den Befehl AUF HINTERGRUNDEBENE REDUZIEREN
- oder benutzen das Menü EBENE und dort den entsprechenden Befehl.

Eine sehr interessante Variante des Befehls AUF HINTERGRUNDEBENE REDUZIEREN ist das sogenannte »Stempeln« von Ebenen. Dabei werden alle Ebenen auf eine neue, zusätzliche Ebene reduziert. **Die Ausgangsebenen bleiben jedoch intakt.**

TOPP-TIPP: »Sicherungskopien« der Datei vor dem Reduzieren anlegen

Ist eine Datei erst einmal auf die Hintergrundebene zusammengerechnet, ist es kaum oder nur mit großem Zeitaufwand möglich, grundsätzliche Änderungen an der Komposition durchzuführen. Die unschlagbaren Vorteile der Ebenentechnik – flexibles Arbeiten, freies Experimentieren mit unterschiedlichen Gestaltungsmöglichkeiten, frei editierbarer Text, einfaches Ausbessern von Fehlern ... – sind bei reduzierten Bildern verloren. Aus diesem Grund kann es sinnvoll sein, vor dem Reduzieren von Ebenen ein Duplikat der Datei zu erzeugen, bei der die Ebenen intakt belassen werden. Unbedingt ist das zu empfehlen, wenn Sie ein Bild in einen anderen Modus bringen, aber eventuell später noch weiterbearbeiten wollen – manche Moduswechsel gehen mit einem zwangsweisen Reduzieren der Ebenen einher.
Es lohnt sich auch, über ein einheitliches Namenssystem für reduzierte und »ebenenhaltige« Dateien nachzudenken. Das erspart Ihnen im Zweifelsfall viel Sucharbeit.

- Merken Sie sich dazu den Shortcut ⇧+Strg+Alt+E (Windows) oder ⇧+⌘+⌥+E (Mac OS). Ebenengruppen werden hier wie Ebenen behandelt.
- Sie können die Wirkung dieses Befehls einschränken und auf diese Art und Weise nur einige Ebenen »stempeln«, indem Sie nur eingeblendete Ebenen zu einer neuen Ebene verrechnen lassen. Dazu klicken Sie – wieder mit gehaltener Alt/⌥-Taste – auf den Befehl Ebene • Sichtbare auf eine Ebene reduzieren. Alternativ können Sie die gewünschten Ebenen in der Palette markieren und dann (mit Alt/⌥-Taste!) Ebene • Auf eine Ebene reduzieren wählen.

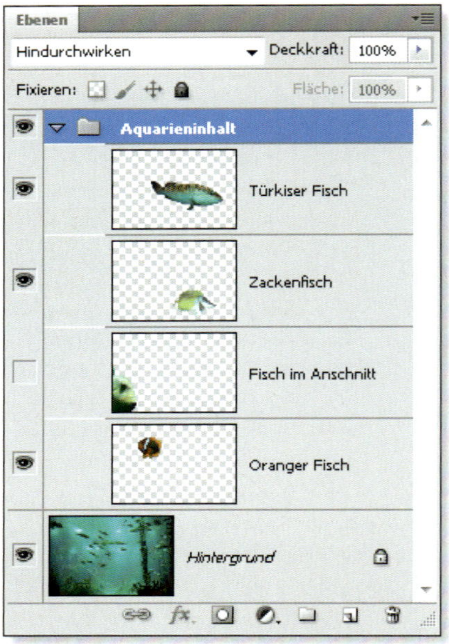

▲ **Abbildung 10.61**
Vor dem Stempeln: Die Ebene »Fisch im Anschnitt« ist ausgeblendet, alle anderen Ebenen sind eingeblendet, und der Ordner »Aquarieninhalt« ist aktiv.

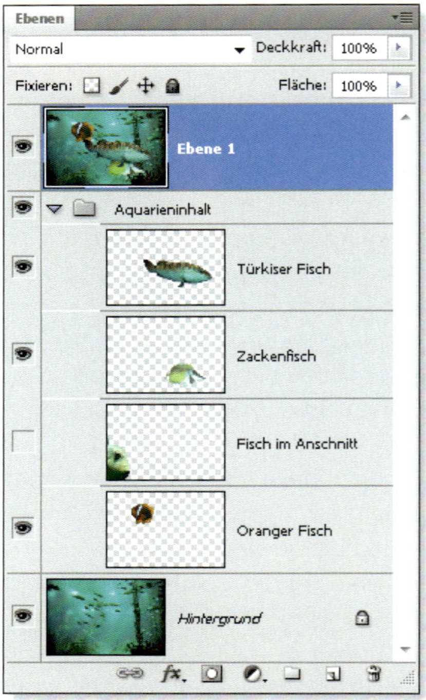

▲ **Abbildung 10.62**
Danach: Aus den eingeblendeten Ebenen des Bilds wurde eine neue Ebene erstellt; abgelegt wird sie oberhalb des zuletzt aktiven Elements. Die ursprünglichen Ebenen sind unverändert.

- Um lediglich zwei Ebenen auf diese Art und Weise zu verschmelzen und die Originalebenen zu erhalten, wählen Sie bei gehaltener Alt/⌥-Taste den Befehl Ebene • Auf eine Ebene reduzieren. Diese Möglichkeiten sind natürlich nicht geeignet, um die Dateigröße zu reduzieren, können sich aber als nützlich erweisen, um weitere Bearbeitungsschritte auszuprobieren, die sich nur auf eine Ebene beziehen sollen.

Bestimmte Ebenen reduzieren | Wenn Sie nur manche Ebenen des Bildes verschmelzen wollen, haben Sie differenziertere Möglichkeiten. Diese Befehle zum Reduzieren von Ebenen sind über den Menüpunkt EBENE und über das Menü der Ebenen-Palette erreichbar. Schneller sind Sie jedoch meist mit den Shortcuts!

- Sie können das Augensymbol nutzen: Entfernen Sie es von den Ebenen, die *nicht* reduziert werden sollen, und klicken Sie im Seitenmenü SICHTBARE AUF EINE EBENE REDUZIEREN (die Tastaturkürzel dazu: Strg+⇧+E oder am Mac ⌘+⇧+E). Welche Ebene bei diesem Verfahren aktiv ist, spielt keine Rolle.
  Dieser Weg birgt allerdings die Gefahr, dass irrtümlich eine Ebene mit reduziert wird, die eigentlich noch bearbeitet werden sollte – für Sie bedeutet das viel Mühe oder vielleicht sogar einen unumkehrbaren Fehler.
- Ein anderer Weg ist, diejenigen Ebenen, die reduziert werden sollen, per Maus in der Ebenen-Palette zu markieren und dann den Befehl AUF EINE EBENE REDUZIEREN (Strg+E bzw. ⌘+E) zu wählen. Dabei ist es völlig gleichgültig, an welcher Position in der Ebenen-Palette die Ebenen liegen und ob andere, nicht markierte Ebenen dazwischenliegen.
- Ist in der Ebenen-Palette aktuell nur eine einzige Ebene markiert, verschmilzt der Befehl Strg+E bzw. ⌘+E diese aktive Ebene mit der darunterliegenden. Alternativ können Sie den Seitenmenübefehl MIT DARUNTER LIEGENDER AUF EINE EBENE REDUZIEREN verwenden.

Gruppen reduzieren | Gruppen lassen sich mit den bisher genannten Befehlen ebenso gut bearbeiten – sie werden wie Ebenen behandelt. Es ist aber auch möglich, nur einzelne Ebenen aus Gruppen mit anderen Ebenen zu verschmelzen.

Um aus einer Gruppe eine einzige Ebene zu machen, markieren Sie die betreffende Gruppe und wählen den Befehl GRUPPE ZUSAMMENFÜGEN aus dem Palettenmenü oder dem EBENE-Menü. Auch hier ist der Tastaturbefehl wiederum Strg+E bzw. ⌘+E. Je nachdem, welche Konstellation in der Ebenen-Palette vorliegt, wechselt dieses Kürzel seine Funktion – es steht jedoch immer für schnelles Reduzieren einiger Bildebenen.

TOPP-TIPP: Vorsicht bei Ebenen mit unterschiedlichen Füllmethoden

Die Art und Weise, wie die Pixel übereinandergeschichteter Ebenen miteinander interagieren, kann unterschiedlich sein. Dafür verantwortlich ist die Ebenen-Füllmethode, die Sie zum Beispiel mit der Dropdown-Liste in der Ebenen-Palette einstellen (Standardeinstellung: NORMAL). Enthält Ihr Bild Ebenen mit unterschiedlichen Füllmethoden, ist es beim Reduzieren von Ebenen möglich, dass sich das Aussehen des Bildes radikal ändert, weil die Füllmethode der reduzierten Ebenen nicht bei allen Reduzieren-Befehlen erhalten bleibt. Diesbezüglich gänzlich risikolos ist der Befehl AUF HINTERGRUNDEBENE REDUZIEREN. Bei den anderen Techniken kann es zu Pannen kommen.

Tabelle 10.4 ►
Tastaturbefehle zum Reduzieren von Ebenen und Gruppen auf einen Blick

Was wollen Sie tun?	Windows	Mac
Markierte Ebene(ngruppe) mit darunterliegender Ebene(ngruppe) auf eine Ebene reduzieren	Strg+E	⌘+E
Mehrere markierte Ebenen(gruppen) auf eine Ebene reduzieren	Strg+E	⌘+E
Markierte Gruppe auf eine Ebene reduzieren (Gruppe zusammenfügen)	Strg+E	⌘+E
Alle sichtbaren Ebenen(gruppen) auf eine Ebene reduzieren. Wenn im Bild eine Hintergrundebene vorhanden ist, werden Ebenen auf die Hintergrundebene reduziert.	Strg+⇧+E	⌘+⇧+E
Eine Kopie aller sichtbaren Ebenen auf eine neue Zielebene reduzieren (Ebenen »stempeln«)	⇧+Strg+Alt+E	⇧+⌘+⌥+E

10.4 Ebenenmanagement: Ebenen benennen, kennzeichnen und sortieren

10.4.1 Namensvergabe

Neue Ebenen, für die Sie nicht direkt beim Anlegen einen Namen vergeben, werden einfach automatisch durchnummeriert. Ebenen, die dupliziert werden, behalten ihren angestammten Namen – mit dem oder ohne den Zusatz »Kopie«. Ebenen, die aus anderen Dateien eingefügt werden, ändern ihren Namen nicht.

Der wichtigste Schritt, um einzelne Ebenen oder Gruppen schnell in der Palette wiederzufinden, besteht darin, sie konsequent sofort zu benennen. Ein wenig Disziplin muss man dafür schon aufbringen, denn der Arbeitsfluss wird durch zwei, drei Extra-Mausklicks unterbrochen. Allerdings lohnt sich der Aufwand, denn eine gut organisierte Ebenen-Palette spart Zeit und Nerven.

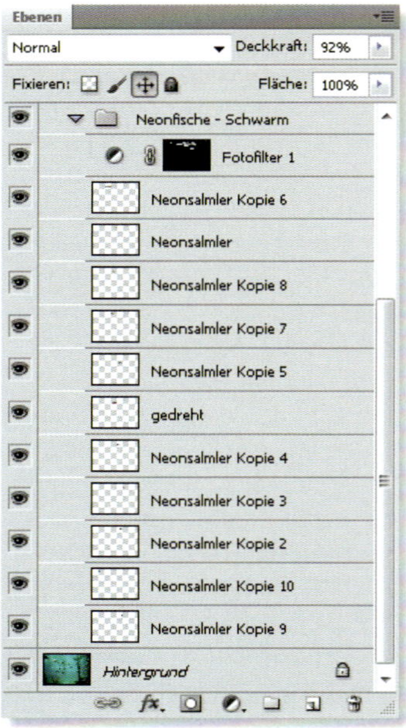

▲ **Abbildung 10.63**
Schlechtes Ebenenmanagement rächt sich. Sich in einem solchen Ebenenaufbau zu orientieren und auf Anhieb die richtige Ebene zu aktivieren, ist nicht einfach.

Sie sparen sich das Ändern automatisch vergebener Ebenen- oder Gruppennamen, wenn Sie gleich beim Erzeugen aussagekräftige Titel vergeben. Dazu gibt es in Photoshop ein kompaktes Dialogfeld, in dem Sie neben dem Titel auch die Hervorhebungsfarbe in der Ebenen-Palette, die Füllmethode und die Deckkraft und andere Eigenschaften festlegen können. Wenn Sie Ebenen oder Gruppen per Menübefehl oder via Palettenmenü erzeugen, erscheint der Dialog automatisch. Doch wer macht das schon? In der Praxis nutzt man zum Erzeugen oder Duplizieren von Ebenen und Gruppen doch meist die Icons Neu und Neue Gruppe am unteren Rand der Ebenen-Palette. Und dabei bekommen Sie das Fenster zur Namensvergabe normalerweise nicht zu sehen. Ein Kürzel schafft Abhilfe. Drücken Sie [Alt]/[⌥], während Sie auf eine der Schaltflächen klicken – dann öffnet sich umgehend der Dialog Neue Gruppe oder Neue Ebene.

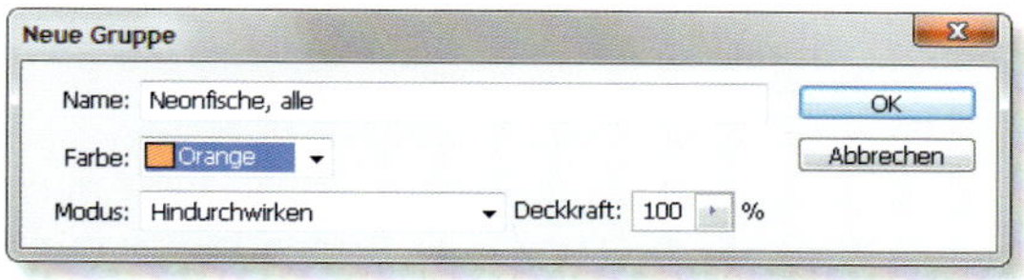

◂ **Abbildung 10.64**
Im Dialog Neue Gruppe legen Sie die Eigenschaften von Gruppen schon während der Erstellung fest. Für Ebenen funktioniert das genauso!

Ebene nachträglich benennen | Um eine Ebene oder Gruppe nachträglich zu benennen, müssen Sie auf den Ebenentitel oder Gruppentitel doppelklicken – und zwar *genau* auf den Titel (andernfalls rufen Sie das Dialogfeld Ebenenstile auf). Sie haben dann direkt die Möglichkeit, den neuen Namen einzutippen.

Ist ein bestehender Titel sehr kurz, hat man manchmal Schwierigkeiten, den entscheidenden Doppelklick zum Umbenennen genau auf der Schrift zu platzieren. Dann hilft ein Rechtsklick (Windows, bei Mac OS: [Ctrl] + Klick) in die umzubenennende Ebenenzeile. Es öffnet sich ein Kontextmenü, mit dem Sie ein Dialogfeld aufrufen, in dem Sie schließlich einen neuen Namen eintragen können.

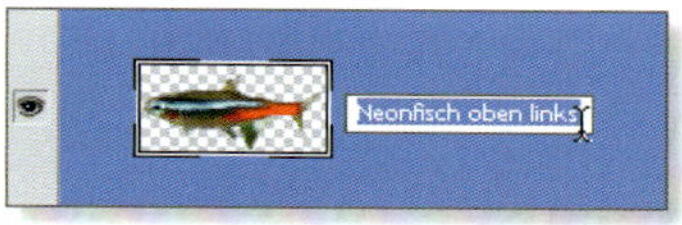

▴ **Abbildung 10.65**
Namenseingabe direkt in der Ebenen-Palette

10.4.2 Ebenen wiederfinden

Zwei Optionen des Verschieben-Werkzeugs können Ihnen helfen, auch im unbetitelten Ebenenchaos eine bestimmte Ebene wiederzufinden.

- Ist Ebene automatisch wählen in der Optionsleiste aktiv, reicht ein Klick auf das Bildobjekt, dessen Ebene Sie suchen. Die gesuchte Ebene wird dann in der Ebenen-Palette markiert. Diese Option sollten Sie tunlichst deaktivieren, wenn Sie sie nicht mehr brauchen. Es passiert sonst sehr schnell, dass man eine schon fertig positionierte Ebene irrtümlich verschiebt!
- Die schnellere und unkompliziertere Lösung: Klicken Sie mit aktivem Verschieben-Werkzeug und bei gehaltener [Strg]-Taste (Windows, bei Mac OS: [⌘]) auf das zu bearbeitende Objekt im Bild. Auch dann wird die Ebene in der Palette automatisch aktiviert.

Beide Methoden funktionieren nicht, wenn in einer komplexen Montage mehrere Ebenenobjekte direkt übereinander stehen – Photoshop springt dann zur jeweils obersten Ebene, und das ist ja nicht immer die gesuchte.

Wenn Sie wissen wollen, welche Inhalte die aktive Ebene überhaupt aufweist, wählen Sie entweder den schon genannten Befehl ANSICHT • EINBLENDEN • EBENENKANTEN oder Sie aktivieren das Verschieben-Werkzeug ([V]) und wählen dort in der Optionsleiste die Option TRANSFORMATIONSSTEUERUNGEN. Dann erscheint um die Ebene im Bild ein kleiner Rahmen, der die Bildgegenstände der jeweils aktiven Ebene im Bild hervorhebt.

Ebenen außerhalb des Bildausschnitts wiederfinden | Es ist auch möglich, Ebenen ganz aus dem Bild herauszuschieben – was natürlich keine empfohlene Arbeitstechnik darstellt. Um Ebenen nur kurz auszublenden, sollten Sie lieber das Augensymbol in der Ebenen-Palette nutzen.

Abbildung 10.66 ▸
Photoshop warnt Sie nicht, wenn Sie im Begriff sind, Ebenen aus dem sichtbaren Bildausschnitt zu bugsieren.

▲ Abbildung 10.67
Die Ebenenminiatur gibt Auskunft über die Position der verschobenen Ebene. Ebenen, die ganz aus dem Bild geschoben wurden, werden in den Miniaturen jedoch nicht mehr angezeigt.

Dennoch lässt es sich nicht immer vermeiden, dass Ebenen völlig aus dem sichtbaren Bereich eines Dokuments verschwinden. Besonders dann, wenn Sie großformatige Ebenen in ein Bild einfügen und sie dann stark verkleinern, kann es passieren, dass der Ebeneninhalt außer Sicht gerät. Mit einer der drei Methoden bekommen Sie Ihre verloren gegangene Ebene garantiert wieder zu fassen:

- Wählen Sie den Menübefehl BILD • ALLES EINBLENDEN. Es wird automatisch so viel Arbeitsfläche an das Bild angestückelt, dass alle Ebeneninhalte vollständig zu sehen sind. Dieses Verfahren geht schnell, zieht jedoch meist das Beschneiden der erweiterten Hintergrundebene nach sich, wenn das Bild wieder auf das Ausgangsmaß gebracht werden soll.
- Zoomen Sie die Bildansicht kleiner, sodass viel graue Arbeitsfläche drumherum zu sehen ist – irgendwo dort muss die

außer Sicht geratene Ebene ja sein. Wechseln Sie dann zum Verschieben-Werkzeug (Kürzel: V) , und aktivieren Sie die Option TRANSFORMATIONSSTEUERUNGEN. Der Transformationsrahmen verrät Ihnen die Ebenenposition. Klicken Sie mit der Maus in die Fläche innerhalb des Rahmens (nicht jedoch auf einen der »Anfasser«), halten Sie die Maus gedrückt, und ziehen Sie Rahmen und Ebene zurück über die Bildfläche.

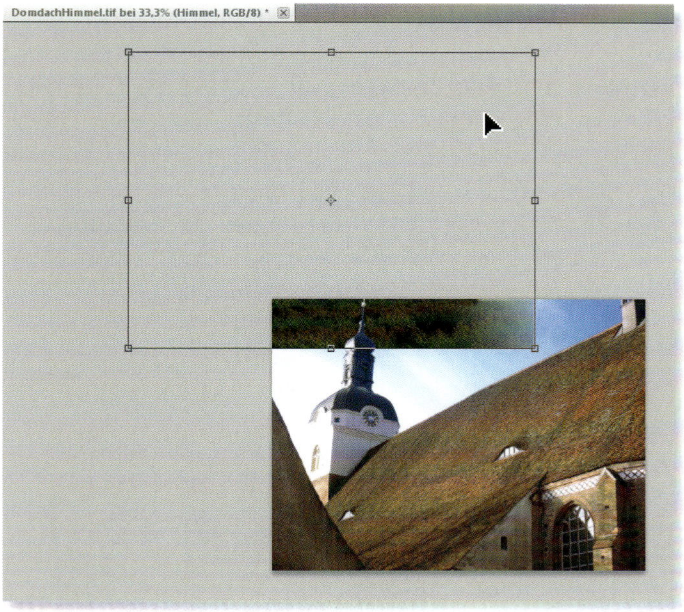

◀ **Abbildung 10.68**
Transformationssteuerungen zeigen die Ebenengrenzen auf der Photoshop-Arbeitsfläche. Wenn Sie innerhalb des Quadrats klicken und ziehen (nicht an der Begrenzungslinie!), wird die Ebene ohne Transformation verschoben.

- Markieren Sie die Hintergrundebene und die verlorene Ebene nacheinander in der Ebenen-Palette. Wechseln Sie zum Verschieben-Werkzeug . In der Optionsleiste sehen Sie eine Reihe von Buttons zum Ausrichten. Klicken Sie auf den zweiten und fünften von links. Die verlorene Ebene wird nun über der Hintergrundebene zentriert.

10.4.3 Farbkodierung

Die richtige Namensvergabe ist jedoch nicht alles: Zusätzlich können Sie den Ebenen und Gruppen innerhalb der Palette eine farbige Kodierung zuweisen. Das geht über die Kontextmenü-Befehle EBENENEIGENSCHAFTEN oder GRUPPENEIGENSCHAFTEN und – schneller – per Rechtsklick (Windows) bzw. Ctrl + Klick (Mac OS) *genau* auf das Augensymbol der Ebenen-Palette.

Damit können Sie zum Beispiel Ebenen mit einer bestimmten Funktion oder auch Ebenen in verschiedenen Entwurfsstadien farblich kennzeichnen (z. B. Gelb für »Experimente«, Orange für

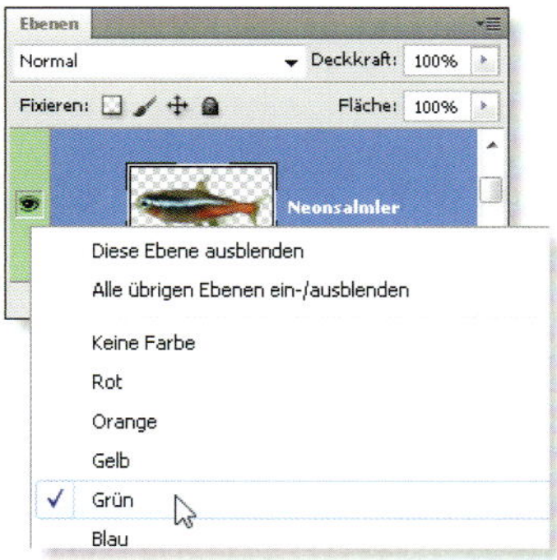

▲ **Abbildung 10.69**
Farbkodierungen lassen sich an Ebenen oder Gruppen mit einem Klick anbringen.

fertige Konzeptteile ...). Oder Sie setzen die Farben als simple Assoziationshilfen ein, die sich beispielsweise an der Farbe der Bildobjekte orientieren.

Auch im regulären Menü EBENE finden Sie die Befehle zum Festlegen von Ebenen- und Gruppeneigenschaften wieder. In der täglichen Praxis ist das Hantieren mit dem Menü allerdings viel zu umständlich – die Palette bleibt das wichtigste Arbeitsinstrument für den Umgang mit Ebenen(gruppen).

10.5 Ebenengruppen: Praktische Ordner

Gruppen (sie heißen in älteren Photoshop-Versionen **Ebenensets** oder **Ebenensätze**) sind eine sehr effektive Art, um Ebenen zu organisieren. Gruppen können – wie kleine Dateiordner – mehrere Ebenen aufnehmen. Dementsprechend erinnert auch das Icon  an bekannte Dateiordner-Symbole.

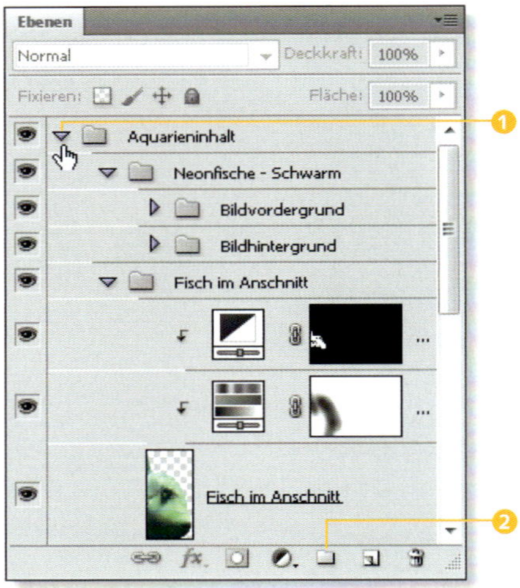

Abbildung 10.70 ▸
Gruppen schaffen Ordnung auf der Ebenen-Palette. Per Pfeil ① lassen sich die Sets aus- und wieder einklappen. Damit werden umfangreiche Paletten kürzer und sind leichter zu handhaben. Unten sehen Sie den Button zum Erstellen eines neuen Sets ②.

Neben dem Ordnungsaspekt bieten Ebenengruppen auch Bearbeitungskomfort: Alle Ebenen in einer Gruppe lassen sich zusammen verschieben, ein- und ausblenden, mit einer gemeinsamen Maske versehen, duplizieren (und dann beispielsweise abändern, um eine zweite Version zu erstellen) oder transformieren.

10.5.1 Ebenengruppen erstellen und löschen

Wie kommen Sie also zu so einem praktischen Ebenenordner? Und wie werden Ebenengruppen verwaltet?

- Wenn Sie **bestehende Ebenen zu einer Gruppe zusammenfassen** wollen, müssen Sie die Ebenen zunächst gemeinsam markieren. Anschließend wählen Sie im Seitenmenü der Palette NEUE GRUPPE AUS EBENEN, vergeben einen Namen und bestätigen mit OK.

- Auch das **Anlegen von leeren Ebenengruppen** ist möglich. Nutzen Sie dazu den Befehl NEUE GRUPPE aus dem Seitenmenü oder den Ordner-Button am unteren Palettenrand.
- Um eine neue Ebene direkt in einer schon bestehenden Gruppe zu erzeugen, muss die Gruppe geöffnet (»aufgeklappt«) sein, bevor Sie auf das NEU-Icon klicken.
- Sie können einzelne Ebenen auch **nachträglich** mit der Maus in eine Gruppe hineinziehen – und auf dem gleichen Weg wieder herausnehmen oder in den Papierkorb befördern.
- Gruppen lassen sich wie einzelne Ebenen in der Ebenen-Palette – und damit in der »Folienschichtung« im Bild – **verschieben**. Ebenen innerhalb einer Gruppe können ebenfalls umgeschichtet und wie gewohnt bearbeitet werden.
- Zum **Löschen** von Gruppen können Sie den Mülleimer oder ein Kontextmenü nutzen (Rechtsklick bzw. Ctrl+Klick auf die Gruppe). Sie haben dann die Wahl, ob nur der Gruppen*ordner* entfernt wird und die darin enthaltenen Ebenen »freigesetzt« werden oder ob die Gruppe samt enthaltener Ebenen gelöscht wird.

Elemente aus Gruppen herausbugsieren

Sie können Ebenen (und Gruppenordner) per Drag & Drop in der Ebenen-Palette bewegen und damit die Ebenenanordnung verändern. Das gilt auch für Elemente innerhalb von Gruppen. Das Maushandling ist dabei jedoch manchmal etwas schwierig, insbesondere dann, wenn Sie Elemente aus Gruppen herausziehen wollen. In solchen Fällen können Sie sich mit den Menübefehlen unter EBENE • ANORDNEN behelfen. Diese befördern auch die widerspenstigsten Elemente aus einer Gruppe auf die nächsthöhere Hierarchieebene.

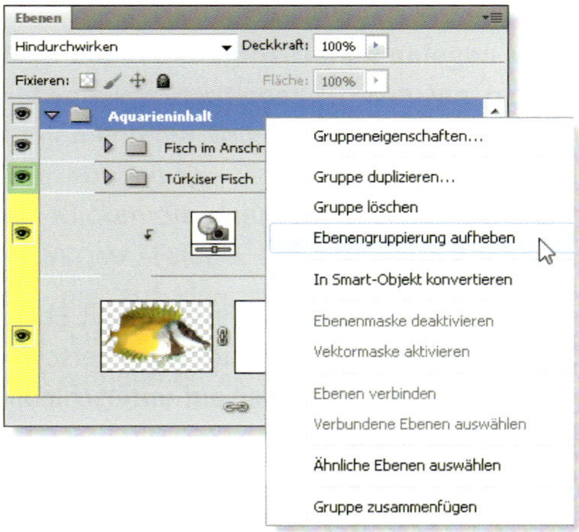

◂ **Abbildung 10.71**
Löschen von Gruppen per Kontextmenü. Mit dem Befehl EBENENGRUPPIERUNG AUFHEBEN bewirken Sie ein direktes Löschen des Gruppenordners (ohne den Inhalt zu löschen).

Verschachtelte Gruppen | In der Manier von Ordnern und Unterordnern können Ebenengruppen auch ineinandergeschachtelt werden. Mehr als zwei oder drei Ordnungslevel machen die Ebenen-Palette dann aber schnell unhandlich.

Um solche Schachtel-Gruppen anzulegen,

- können Sie bestehende Gruppen markieren und über den Seitenmenübefehl NEUE GRUPPE AUS EBENEN in eine

ein Doppelklick auf die Komp.-Zeile in der Palette. Damit werden die Optionen erneut aufgerufen.

Um eine **neue Situation in der Datei festzuhalten**, können Sie entweder eine neue Komposition anlegen oder eine bestehende Komposition aktualisieren. Nutzen Sie dazu den runden Doppelpfeil ③ (oder EBENENKOMP. AKTUALISIEREN im Palettenmenü).

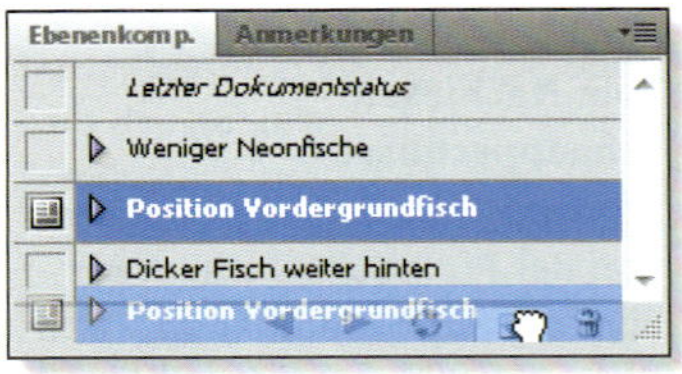

▲ **Abbildung 10.74**
Kompositionen duplizieren. Alternativ benutzen Sie die Befehle aus dem Seitenmenü der Palette.

Ebenenkomposition duplizieren | Eine solche Komposition lässt sich einfach duplizieren, um sie dann zu modifizieren. Das funktioniert ähnlich wie beim Duplizieren von Ebenen durch Ziehen des KOMP.-Eintrages auf das NEU-Icon. Alternative: Benutzen Sie den Befehl aus dem Seitenmenü.

Ebenenkomposition aktivieren | Um eine bestimmte Komposition zu aktivieren, müssen Sie das bis dahin leere Kästchen vor der jeweiligen Komposition anklicken. Ein Icon ① zeigt an, welche Komposition gerade aktiv, also im Bild zu sehen ist.

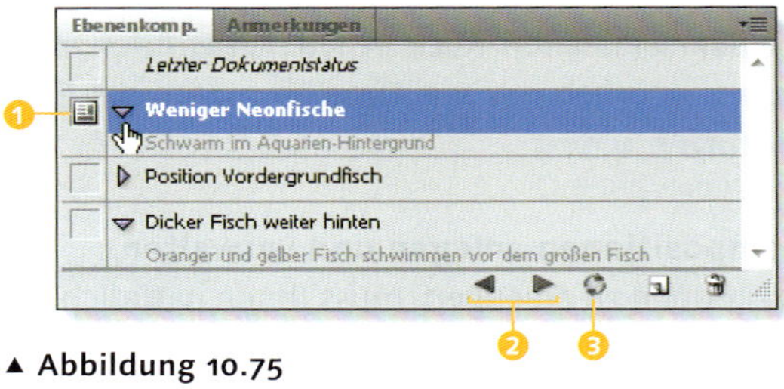

▲ **Abbildung 10.75**
Die wichtigsten Funktionen. Anklicken der kleinen Dreiecke fördert den Kommentar zur betreffenden Ebenenkomposition zutage, falls Sie zuvor einen eingegeben haben.

Mit den Pfeiltasten ② (oder Befehlen des Palettenmenüs) können Sie in den verschiedenen Kompositionen **blättern**.

Ebenen aus Ebenenkompositionen löschen | Damit das Konzept der Ebenenkompositionen – Aufzeichnen bestimmter Ebenenstadien zum erneuten leichten Aufruf – funktioniert, ist es entscheidend, wie mit dem (irrtümlichen oder beabsichtigten) Löschen von Ebenen umgegangen wird, die zuvor in einer Komposition aufgezeichnet wurden. Wenn Ebenen entfernt oder gelöscht werden, erhalten Sie in der Ebenenkomp.-Palette in jedem Fall eine Warnmeldung. Sie können dann entweder die Komposition(en) erneut aktualisieren oder die Meldung löschen. Das Löschen der Warnung entfernt aber nicht die Ursache der Warnmeldung, sondern nur die Meldung selbst!

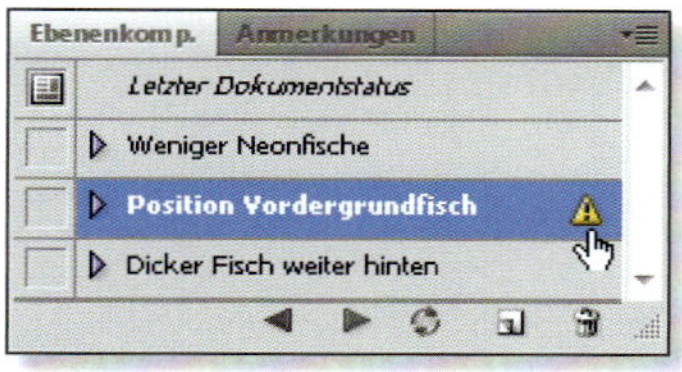

▲ **Abbildung 10.76**
Um Warnungen zu entfernen, müssen Sie auf das kleine Warndreieck in der Palette klicken.

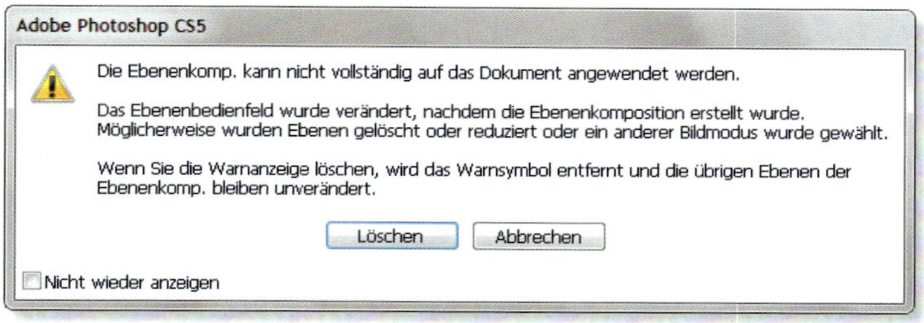

▲ **Abbildung 10.77**
Es öffnet sich dann dieser Dialogkasten.

Ebenenkompositionen exportieren | Wenn Ihnen in den Ebenenkompositionen abgelegte Bildversionen gut gefallen, können Sie auf einfache Art und Weise daraus autonome Dateien erzeugen. Aus jeder Komposition lässt sich automatisch eine eigene Bilddatei erzeugen. Sie benutzen dazu den Befehl Datei • Skripten • Ebenenkomp. in Dateien. Den Dateityp und einige Eigenschaften können Sie in einer Dialogbox festlegen. Den Rest erledigt Photoshop dann von allein.

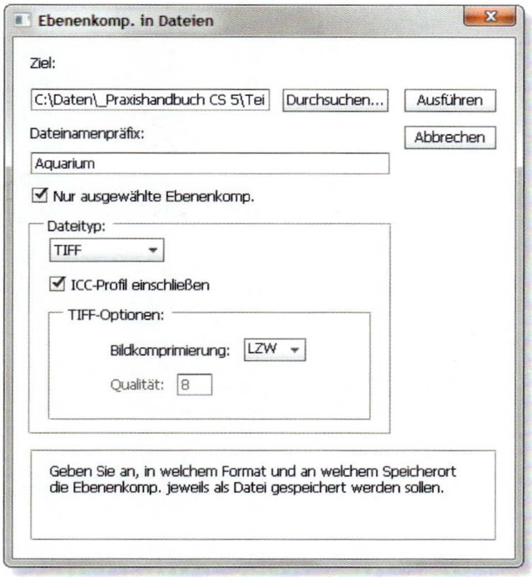

▲ **Abbildung 10.78**
Hier legen Sie den Dateinamen, den Speicherort und den Dateityp fest. Sie können auch bestimmen, ob nur eine – die ausgewählte – oder alle Kompositionen zu neuen Dateien verarbeitet werden.

Einzelne Ebenen in Dateien exportieren

Sie müssen nicht unbedingt eine Ebenenkomposition erzeugen, um auf einfache Art aus Ebenen eigene Dateien zu erzeugen. Der Befehl Datei • Skripten • Ebenen in Dateien exportieren produziert aus den einzelnen Ebenen einer Datei eigenständige Dateien.

Keine Ebenenkomp. in Web-Galerien

Unter Datei • Skripten finden Sie auch noch den Befehl Ebenenkomp in WPG. Damit konnte man in CS3 Web-Fotogalerien aus den Kompositionen erzeugen. Die Web-Galerie-Funktion gibt es jedoch nur noch in Bridge, und in aktuellen Photoshop-Versionen produziert der Befehl eine Fehlermeldung.

11 Fortgeschrittene Ebenentechniken

Das Anlegen, Verwalten und Bearbeiten von Ebenen haben Sie nun gelernt. In diesem Kapitel widmen wir uns der praktischen Anwendung dieser Fähigkeiten, und ich zeige Ihnen, wie Sie verschiedene Ebenenkonstellationen eines Bildes verwalten.

11.1 Ebenenkanten ausrichten und verteilen

11.1.1 Ausrichten per Button-Klick

Hilfslinien, automatische Hilfslinien und Raster sind Hilfsmittel, um Ebenen aneinander auszurichten. Häufig bedeutet das akkurate Ausrichten anhand solcher Linien jedoch mühsame Fummelei – selbst wenn Hilfslinien & Co. dank der Option ANSICHT • AUSRICHTEN AN leicht magnetisch sind und die Ebenen dort leicht haften bleiben.

In der Optionsleiste des Verschieben-Werkzeugs (Kürzel V) finden Sie jedoch zwei Gruppen von Buttons, die Ihnen das genaue Ausrichten und Verteilen von Ebenen enorm erleichtern.

◂ **Abbildung 11.1**
Eine ganze Gruppe hilfreicher Buttons finden Sie in den Optionen des Verschieben-Werkzeugs. Die ersten sechs 1 dienen zum **Ausrichten** von Ebenen aneinander, die zweite Abteilung 2 **verteilt** Ebenen.

Ebenen in eine Linie bringen | Um mit den Ausrichten-Buttons – also den ersten sechs Buttons – Ebenen auszurichten, müssen mindestens zwei Ebenen markiert sein. Dann klicken Sie auf einen der Buttons, und schon sind die Ebenen in Position gebracht. Die von Adobe vorgegebene Benennung der Buttons (»horizontal, vertikal«) ist ein wenig verwirrend, aber eigentlich sind die Symbole der Buttons ziemlich eindeutig. So lassen sich die Buttons intuitiv einsetzen. Aber Achtung – die Ausrichten-Befehle funktionieren nicht, wenn Ebenen verriegelt sind.

Zum Nachlesen: Hilfslinien, Rasterlinien
Mehr über diese und andere Helferlein für den Photoshop-Alltag lesen Sie in Kapitel 3, »Nützliche Helfer«.

Referenzebene bestimmen

Wenn Ebenen aneinander ausgerichtet werden, muss – logischerweise – immer eine Ebene als Referenzebene dienen, an der die anderen ausgerichtet werden. Wenn Sie nichts weiter unternehmen, wählt Photoshop die Referenzebene automatisch. Beim Ausrichten der linken Kanten ist es z. B. immer die Ebene, die am weitesten links steht; beim Ausrichten der unteren Kanten ist es die Ebene, die (im Bild, nicht in der Palette) zuunterst positioniert ist, usw. Wenn Sie eine andere Ebene als Referenzebene festlegen wollen, müssen Sie den Ebeneninhalt auswählen (Ebene aktivieren und dann am schnellsten mit [Strg]/[⌘]+[A]). Eine Ausnahme ist die Hintergrundebene: Beim Zentrieren von Bildelementen kann sie als Referenz fungieren, ohne zuvor ausgewählt zu werden.

Auf dieselbe Weise können Sie auch vollständige Ebenengruppen aneinander ausrichten.Wenn nur eine Ebenengruppe aktiviert ist und Sie dann die AUSRICHTEN-Buttons einsetzen, werden **alle Ebenen innerhalb der Gruppe** ausgerichtet.

Und Sie können Ebenen nicht nur aneinander, sondern auch mithilfe einer **Auswahllinie** positionieren. Dazu legen Sie im Bild eine Auswahl an und wählen dann die Ebene aus, die Sie an der Auswahl ausrichten möchten. Anschließend benutzen Sie wiederum die Ausrichten-Buttons.

Vertikal ausrichten | »Vertikale Ausrichtung« bedeutet, dass die Ebenen sich auf der vertikalen Achse nach oben oder unten bewegen; die horizontale Position bleibt erhalten.

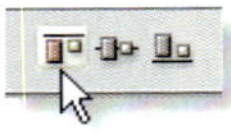

Richtet die **Oberkanten** der ausgewählten Ebenen am jeweils obersten Pixel aller ausgewählten Ebenen oder an der obersten Kante der Auswahlbegrenzung aus.

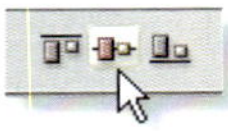

Richtet die **vertikalen Mitten** der ausgewählten Ebenen an den vertikalen Mitten aller ausgewählten Ebenen oder an der vertikalen Mitte der Auswahlbegrenzung aus.

Richtet die **Unterkanten** der ausgewählten Ebenen am jeweils unteren Pixel aller ausgewählten Ebenen oder an der untersten Kante der Auswahlbegrenzung aus.

Horizontal ausrichten | »Horizontale Ausrichtung« heißt, die Ebenen bewegen sich auf der horizontalen Achse nach rechts oder links.

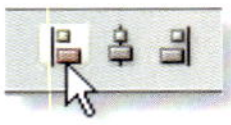

Der Button richtet die **linken Kanten** der ausgewählten Ebenen am äußersten linken Pixel in der Ebene ganz links oder an der äußersten linken Kante der Auswahlbegrenzung aus.

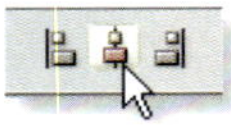

Dieser Button richtet die **Mitten** der markierten Ebenen bzw. der Auswahllinie aneinander aus.

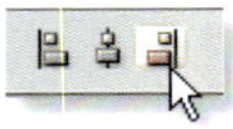

Richtet die **rechten Kanten** der ausgewählten Ebenen am äußersten rechten Pixel in der Ebene ganz rechts oder an der äußersten rechten Kante der Auswahlbegrenzung aus.

◂◂ **Abbildung 11.2**
Markieren Sie alle Ebenen einschließlich der Hintergrundebene, klicken Sie auf den Button An horizontaler Mittelachse ausrichten, …

◂ **Abbildung 11.3**
… und schon stehen die Buttons in einer Linie und sind außerdem zentriert.

11.1.2 Ebenen verteilen

Die sechs Schaltflächen weiter rechts in der Optionsleiste des Verschieben-Werkzeugs helfen Ihnen, Ebenen gleichmäßig zu verteilen. Es müssen mindestens drei Ebenen aktiviert sein, damit das Verteilen funktioniert. Etwaige Hintergrundebenen dürfen dabei nicht aktiviert sein. Als **Referenz** dient beim Verteilen die Position der jeweils äußeren Ebenen, also die oberste und unterste beziehungsweise die ganz rechts und links stehende Ebene. Meist ist es also notwendig, zumindest die Referenzelemente per Hand exakt auszurichten.

Datei auf der Buch-DVD: »VierButtons.tif«

Keine pixelgenauen Abstände

Zur Erinnerung: Zwischen den beiden Referenzebenen werden die übrigen Ebenen gleichmäßig verteilt. Ein genaues Ausrichten nach Pixeln, Zentimetern oder anderen Maßeinheiten (»30 Pixel Abstand zwischen allen Elementen«) ist leider nicht möglich.

Mittelachse | Die folgende Gruppe von Buttons verteilt Ebenen um die vertikale Mittelachse:

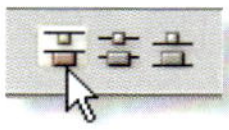

Obere Kanten verteilt die markierten Ebenen ausgehend von den **oberen Pixeln** jeder Ebene.

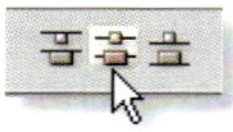

Vertikale Mittelachse verteilt die Ebenen ausgehend von den **Ebenenmitten**.

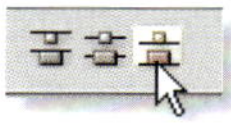

Untere Kanten verteilt die markierten Ebenen ausgehend von den **unteren Pixeln** jeder Ebene.

Die nächste Gruppe von Buttons ordnet Ebenen um die horizontale Achse herum an:

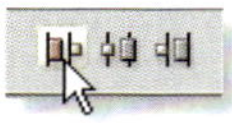

Linke Kanten verteilt die markierten Ebenen ausgehend vom **linken Rand** jeder Ebene.

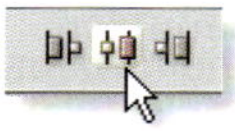

Horizontale Mittelachse verteilt die Ebenen ausgehend von der **horizontalen Mitte** jeder Ebene.

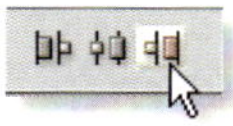

Rechte Kanten verteilt die markierten Ebenen ausgehend vom **rechten Rand** jeder Ebene.

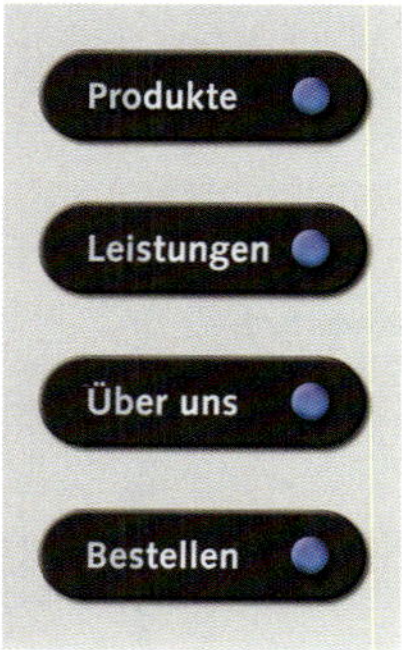

▴ **Abbildung 11.4**
Die Ebenen »Produkte« und »Bestellen« wurden nach oben und unten verschoben. Ein Klick auf Um vertikale Mittelachse verteilen sorgt dann für gleichmäßige Abstände.

Abbildung 11.8 ▶
Die Einstellung INTERPOLATIONSVERFAHREN legt fest, nach welcher Rechenmethode beim Transformieren interpoliert wird.

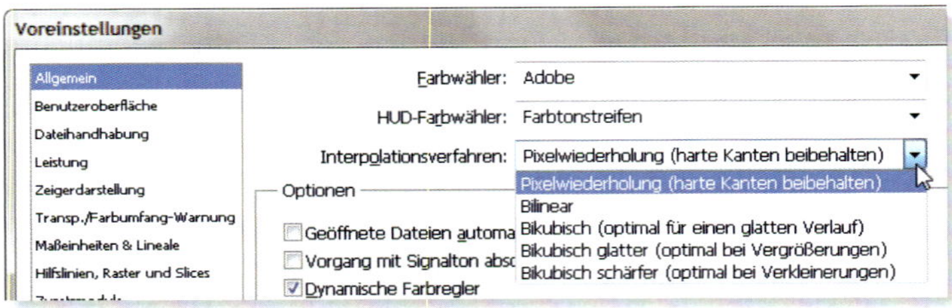

- PIXELWIEDERHOLUNG ist immer dann die Methode der Wahl, wenn Sie Bildobjekte mit harten Kanten haben, die ihre Schärfe nicht verlieren dürfen. Diese Interpolationsmethode wurde zum Beispiel verwendet, um die vergrößert dargestellten Mauszeiger zu erzeugen, die Sie an verschiedenen Stellen im Buch sehen.
- BIKUBISCH und die Varianten BIKUBISCH GLATTER und BIKUBISCH SCHÄRFER sind gut, wenn Sie bei Montagen Fotoelemente einpassen.
- BILINEAR vergleicht Nachbarpixel miteinander, um daraus die neuen Bildpixel zu berechnen. Dies erfolgt ähnlich wie bei der bikubischen Methode, jedoch nicht so gründlich. Diese Berechnung soll schneller gehen, in der Praxis sind die Ergebnisse jedoch oft von unzureichender Qualität.

Nur einmal transformieren | Wenn Sie die bikubische Methode verwenden – und das ist bei der Arbeit mit pixelbasierten Halbtonbildern wie Fotos nahezu unumgänglich –, dann wird der Bildinhalt mit jeder Transformation etwas unschärfer. Sie sollten also zunächst alle benötigten Transformationsbefehle ausführen und diese dann in einem Schritt bestätigen, anstatt jede Transformation separat anzuwenden und zu bestätigen. Und wenn eine Transformation einmal nicht ganz passt, sollten Sie nicht hin und her transformieren. Stattdessen empfiehlt sich der Befehl BEARBEITEN • SCHRITT ZURÜCK.

Diese Einschränkung gilt nicht für Formebenen und Textebenen – Vektordaten sind bekanntlich unempfindlich gegenüber Skalierungen und Transformationen, auch wenn diese mehrfach durchgeführt werden.

Zum Weiterlesen: Verkrümmter Text
Um Textebenen bei voller Editierbarkeit zu verkrümmen, gibt es noch einen speziellen Befehl (siehe Abschnitt 35.4.1, »Verzerrter Text bei voller Editierbarkeit ...«).

Arbeit mit Smart-Objekten | Ganz unbesorgt können Sie sein, wenn Sie eine Pixelebene vor der Transformation in ein Smart-Objekt verwandeln. Smart-Objekt-Ebenen lassen sich skalieren, drehen, neigen, verzerren, perspektivisch transformieren (seit CS4) und verkrümmen, ohne dass die Bildqualität leidet, denn die Umwandlung wirkt sich nicht auf die Originaldaten aus.

Zum Weiterlesen: Smart-Objekte
Mehr über Smart-Objekte erfahren Sie im letzten Abschnitt dieses Kapitels.

11.2.2 Ebenenobjekte skalieren

Die Inhalte des Transformationsrahmens – hier ein freigestellter Ballon – per Maus und Augenmaß zu skalieren, sollte Ihnen keine Schwierigkeiten mehr bereiten. Sie kennen das Verfahren bereits vom Platzieren und Beschneiden.

Datei auf der Buch-DVD: »heissluftballon.tif«

Bild: Fotolia, elemental imaging

▲ **Abbildung 11.9**
Der typische Transformationsrahmen

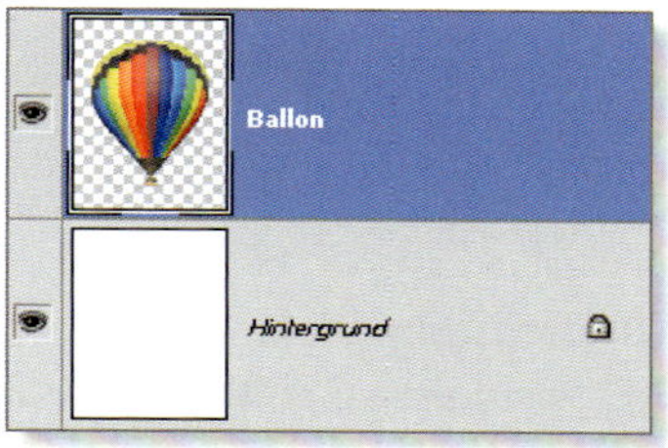

▲ **Abbildung 11.10**
Ebenenaufbau des Demobildes. Der freistehende Ballon wird transformiert.

▲ **Abbildung 11.11**
Seitengriff: Er ändert Höhe *oder* Breite.

Proportionen verändern | Das Ziehen an den Seitengriffen ❷ des Transformationsrahmens verändert nur die entsprechende Seite und damit auch stark die Proportionen des Bildelements.

Breite und Höhe verändern | Das Ziehen an den Eckgriffen ❶ des Rahmens verändert gleichzeitig die Breite *und* die Höhe des Rahmens und des umfangenen Objekts.

Wenn Sie währenddessen noch die [⇧]-Taste gedrückt halten, bleibt das Verhältnis von Breite und Höhe erhalten. Alternativ können Sie auch die Verketten-Schaltfläche in der Optionsleiste aktivieren.

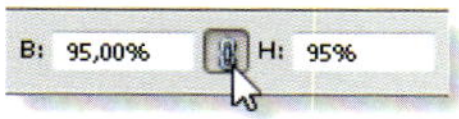

▲ **Abbildung 11.12**
Ein Klick auf das Verketten-Symbol erhält die Seitenproportionen des skalierten Objekts.

11.2.3 Ebenenobjekte drehen

Auch dieses Verfahren kennen Sie schon. Anhand der Ecken können Sie Ihr Objekt auch drehen. Sie müssen sich der Eckmarkierung dabei mit etwas Mausfeingefühl von außen nähern, dann erscheint ein gerundeter Pfeil mit zwei Spitzen ❹. Mit diesem Pfeil können Sie nun Ihr Objekt frei drehen. Die Drehung variieren können Sie, indem Sie mit der Maus den Drehpunkt ❸ verschieben.

▲ **Abbildung 11.13**
Eckgriff: Er ändert Höhe *und* Breite.

Abbildung 11.14 ►
Mithilfe des Anfassers lässt sich das Ebenenobjekt einfach drehen.

▲ **Abbildung 11.15**
Unscheinbare Schaltfläche mit großer Wirkung: Hier können Sie durch Klicken den Drehmittelpunkt festlegen.

Drehmittelpunkt | Gradgenaue Drehungen stellen Sie in der Optionsleiste ein ❼.

Auch dort können Sie die Position des Drehmittelpunkts verändern, nämlich durch Klicken auf eines der kleinen Quadrate des Symbols links ❺. Beachten Sie, welches der kleinen Quadrate aktuell schwarz ausgefüllt ist! Die X- und Y-Werte geben die Position des Drehpunktes (Referenzpunkt) pixelgenau an.

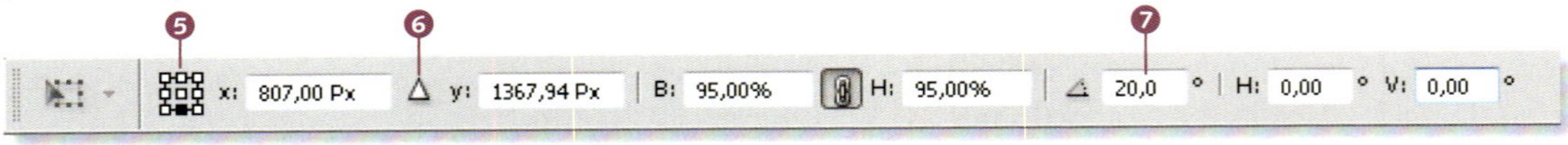

Abbildung 11.16 ▲
Optionsleiste für Transformationen

Transformationsrahmen mit Inhalt verschieben | Wenn Ihnen die Position Ihres Bildelements nicht gefällt, können Sie es schon während der Transformation verschieben. Positionieren Sie den Mauszeiger innerhalb des Transformationsrahmens – nur nicht an den Drehpunkt –, und ziehen Sie den Rahmen an die gewünschte Position im Bild.

In der Optionsleiste können Sie Eingaben beim X- und Y-Wert nutzen, um die Position des zu transformierenden Objekts zu ändern. Besonders interessant ist dabei die Möglichkeit, relative Werte einzugeben – so können Sie die neue Position Ihres Objekts im Verhältnis zur aktuellen Position festlegen. Dazu klicken Sie einfach auf das kleine Dreiecksymbol ❻ zwischen den Werten.

11.2.4 Neigen

Um die folgenden drei Funktionen mit der Maus anzuwenden, müssen Sie einige Tastaturkombinationen im Hinterkopf haben.

Neigen lässt sich ein Objekt, indem Sie Strg+⇧ (bzw. ⌘+⇧) drücken und mit der Maus an einem der **Seitengriffe** (nicht an den Ecken) des Transformationsrahmens anfassen. Der Transformationsrahmen nimmt die Gestalt eines Parallelogramms an – und sein Inhalt ändert sich entsprechend.

Für Bilder wie das Beispielfoto ist eine solche Transformation nicht so sinnvoll. Sie kann aber gewinnbringend eingesetzt werden, wenn perspektivisch verzerrt werden soll.

Das Verzerren per Optionsleiste ist recht umständlich, weil Sie dabei alle Werte verändern müssen. Das Arbeiten mit Maus und Augenmaß ist hier viel besser geeignet.

▲ **Abbildung 11.17**
Ebenenobjekt neigen

11.2.5 Verzerren relativ zum Mittelpunkt

Das Verzerren relativ zum Mittelpunkt (Strg+Alt bzw. ⌘+⌥, Anfassen an beliebigem Griff) wirkt besonders spektakulär, wenn Sie an den Griffen der Seitenmitte anfassen. Dann können Sie Ihr Bildobjekt um den Mittelpunkt drehen. Bei geeigneten Gegenständen wirkt das fast wie eine dreidimensionale Drehung.

▲ **Abbildung 11.18**
Verzerren relativ zum Mittelpunkt

Frei verzerren | Zum freien Verzerren drücken Sie Strg bzw. ⌘, fassen mit der Maus an einem beliebigen Griff des Transformationsrahmens an und ziehen in die gewünschte Richtung.

Perspektivisches Verzerren | Diese Funktion leistet gute Dienste zum Entzerren von Architekturbildern oder für nachträglich simulierte Perspektive. Merken müssen Sie sich die lange Tastenkombination ⇧+Strg+Alt (Windows) oder ⇧+⌘+⌥ (Mac OS). Oft ist es bei solchen Operationen notwendig, die Ecken des Transformationsrahmens – samt Bildinhalt – über die Grenzen des sichtbaren Bildausschnitts hinweg bis über den grauen Fensterhintergrund zu ziehen. Sorgen Sie also schon vorher dafür, dass das Bild in einer Zoomstufe angezeigt wird, die genügend Raum dafür lässt.

Datei auf der Buch-DVD: »PotsdamerPlatz.jpg«

Bild: vitamin a

▲ **Abbildung 11.19**
Das Ausgangsbild

◀ **Abbildung 11.20**
Perspektivisches Verzerren. Der Transformationsrahmen wird über den sichtbaren Bildbereich hinaus gezogen.

11.2.6 Verkrümmen

Mit BEARBEITEN • TRANSFORMIEREN • VERKRÜMMEN oder über einen Klick auf das entsprechende Symbol weit rechts in der Transformationsoptionsleiste wechseln Sie zur Funktion VERKRÜMMEN.

Mit einem einfachen Gitternetz, dessen Linien, Ecken und Kreuzungspunkte Sie per Maus verschieben können, lassen sich Bildgegenstände verformen. So wird zum Beispiel dieser Ballon noch bauchiger gemacht.

Zum Weiterlesen: Ergänzende und alternative Techniken
Wird eine solche Transformation auf die gesamte Ebene angewandt, fehlen nach der Transformation an den Ecken oft Bildinhalte – das Motiv wird häufig nicht nur auseinandergezogen, wie in Abbildung 11.20 zu sehen, sondern oft auch zusammengeschoben. Hier kann das Beschneiden- und in manchen Fällen auch das Stempel-Werkzeug helfen (Kapitel 22, »Reparatur- und Retuschetools«). Eine gute Alternative zum perspektivischen Verzerren ist die Funktion FILTER • VERZERRUNGSFILTER • OBJEKTIVKORREKTUR.

Abbildung 11.21 ▶
Verkrümmen von Ebenenobjekten – ziehen Sie einfach an den Griffen.

11.2.7 Menübefehle für Transformationen

Im Menü unter BEARBEITEN • TRANSFORMIEREN finden Sie dieselben Transformationsschritte noch einmal. Das ist besonders praktisch für die verschiedenen Verzerrungen, deren Shortcuts schlecht zu merken sind. Rufen Sie die gewünschte Transformationsart über das Menü auf, und benutzen Sie dann wie gewohnt die Maus. Daneben können Sie über das Menü auch einige häufig gebrauchte Drehungen und Spiegelungen schnell und präzise erledigen. Dazu genügt ein Klick auf den jeweiligen Menübefehl.

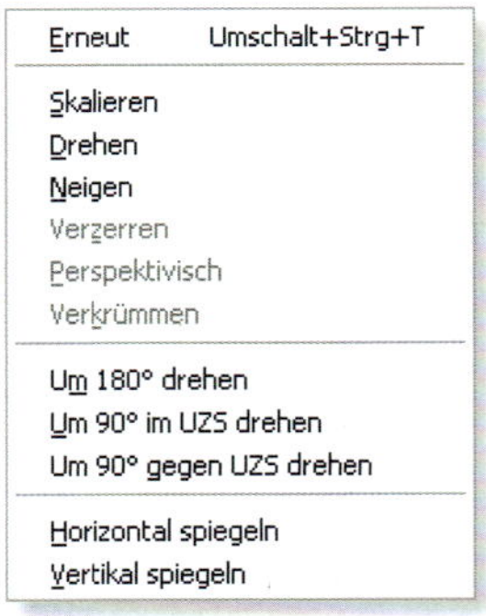

▲ Abbildung 11.22
Menübefehle zum Transformieren

Nachteil | Das Transformieren mit Menübefehlen hat einen Nachteil: Sie können die Transformationsart nicht fließend wechseln, so wie es beim freien Transformieren durch Gebrauch verschiedener Shortcuts möglich ist. Wenn Sie beispielsweise PERSPEKTIVISCH VERZERREN gewählt haben, müssen Sie zunächst diese Transformation abschließen, um dann noch zu SKALIEREN oder zu DREHEN. Da Mehrfach-Transformationen tunlichst zu vermeiden sind, sollten Sie in solchen Fällen besser zum freien Transformieren (und der Shortcut-Liste) greifen.

Transformation wiederholen | Sehr praktisch ist allerdings der Befehl ERNEUT ([⇧]+[Strg]+[T] bzw. [⇧]+[⌘]+[T]). Mit ihm lassen sich gelungene Transformationen nicht nur auf weitere Ebenen, sondern auch auf andere Bilder übertragen.

Noch weiter geht das lange, aber in manchen Situationen sehr praktische Kürzel [⇧]+[Strg]+[Alt]+[T] bzw. [⇧]+[⌘]+[⌥]+[T]. Mit ihm wird die zuletzt aktive Ebene dupliziert, und die zuletzt genutzte Transformation wird auf das Duplikat angewendet. Der Befehl funktioniert auch bei Auswahlbereichen: Sie werden dupliziert – allerdings nicht auf einer eigenen Ebene – und transformiert.

Zum Weiterlesen: Verwandte Techniken
Um Bildgegenstände zu verformen, bietet sich auch der komplexe Filter VERFLÜSSIGEN an (Abschnitt 22.10, »Der Verflüssigen-Filter: Als Spielzeug unterschätzt«). Auch die Filter unter FILTER • VERZERREN können sinnvoll genutzt werden. Mehr dazu erfahren Sie in Kapitel 29, »Orientierung im Filter-Dschungel«.

Was wollen Sie tun?	Windows	Mac
Transformieren aufrufen	[Strg]+[T]	[⌘]+[T]
Beim Skalieren Proportionen erhalten	[⇧] + an den **Ecken** des Transformationsrahmens ziehen	[⇧] + an den **Ecken** des Transformationsrahmens ziehen
Neigen	[Strg]+[⇧] + an den **Seiten** des Transformationsrahmens ziehen	[⌘]+[⇧] + an den **Seiten** des Transformationsrahmens ziehen
Drehen in 15°-Schritten	[⇧] gedrückt halten	[⇧] gedrückt halten
Verzerren relativ zum Mittelpunkt	[Strg]+[Alt] + an **beliebigem Griff** des Transformationsrahmens ziehen	[⌘]+[⌥] + an **beliebigem Griff** des Transformationsrahmens ziehen
Frei verzerren	[Strg] + an **beliebigem Griff** des Transformationsrahmens ziehen	[⌘] + an **beliebigem Griff** des Transformationsrahmens ziehen
Perspektivisch verzerren	[⇧]+[Strg]+[Alt] + an **Ecken** des Transformationsrahmens ziehen	[⇧]+[⌘]+[⌥] + an **Ecken** des Transformationsrahmens ziehen
Transformation bestätigen (und anwenden)	[↵]	[↵]
Transformation abbrechen	[Esc]	[Esc]
Die letzte Transformation auf einem neuen Objekt wiederholen	[⇧]+[Strg]+[T]	[⇧]+[⌘]+[T]
Gleichzeitig Objekt duplizieren und letzte Transformation erneut anwenden	[⇧]+[Strg]+[Alt]+[T]	[⇧]+[⌘]+[⌥]+[T]

◀ **Tabelle 11.1**
Tastaturbefehle für Ebenentransformationen auf einen Blick

11.3 Schnittmasken und Aussparung

Datei auf der Buch-DVD: »Paprika.tif«

▲ **Abbildung 11.23**
So sieht das Ausgangsbild – ohne Einstellungsebene – aus.

11.3.1 Schnittmasken – das Funktionsprinzip

Bei vielen Gelegenheiten ist das Anordnen von Ebenen zu sogenannten Schnittmasken hilfreich. Es kommt zur Anwendung, wenn Sie in Ihrer Palette mehr als zwei Ebenen haben und dafür sorgen wollen, dass sich eine Ebene nur auf die *direkt* unter ihr liegende Ebene bezieht – nicht auf die anderen Ebenen darunter. Ich zeige Ihnen das Prinzip anhand einer Datei mit zwei Bildebenen und einer Einstellungsebene Farbton/Sättigung. Anhand der Wirkung der Einstellungsebene können Sie erkennen, wie Schnittmasken wirken.

▲ **Abbildung 11.24**
Eine Einstellungsebene Farbton/Sättigung wurde erzeugt. Sie liegt oberhalb beider Ebenen und ist noch nicht zur Schnittmaske gruppiert. Daher wirkt sie auf beide Bildebenen.

▲ **Abbildung 11.25**
Der Bildaufbau: Zwei separate Bildebenen. Die farbverändernde Einstellungsebene »Blau gefärbt« ist noch nicht als Schnittmaske gruppiert – beide darunterliegenden Bildebenen werden verändert. Lediglich die grünen Stängel sind mit einer Ebenenmaske vor Veränderung geschützt.

▲ **Abbildung 11.26**
Die färbende Einstellungsebene wurde mit der Ebene direkt unter ihr (»Gelbe Paprika«) zu einer Schnittmaske angeordnet. Die Farbänderung wirkt jetzt allein auf diese Ebene. Die Ebene mit der roten Paprika bleibt unverändert.

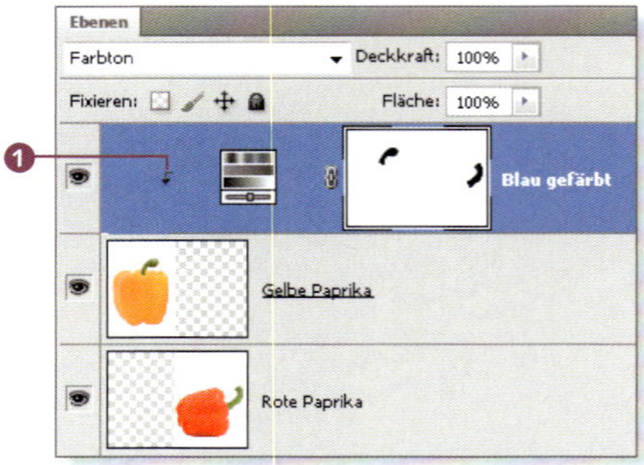

▲ **Abbildung 11.27**
In der Ebenen-Palette stellt sich eine Schnittmasken-Gruppe so dar. Die Einrückung der Einstellungsebene und der kleine Pfeil ❶ zeigen die Schnittmaske an.

Benutzt werden Schnittmasken oft bei Einstellungsebenen, bei Retuschen oder auch beim kreativen Gestalten mit Schrift. Das Grundprinzip ist, dass sich die Inhalte der zur Schnittmaske angeordneten Ebene oder Ebenen nur dort zeigen, wo die darunterliegende Ebene (*Basisebene*) ebenfalls Pixel aufweist. Die deckenden Pixel der unteren Ebene wirken als Schnittmaske. Schnittmasken sind übrigens keine Masken in dem Sinne, wie sie später in diesem Buch besprochen werden!

11.3.2 Schnittmasken anlegen

Ebenen zu Schnittmasken zusammenzufassen ist ganz einfach:

- Der schnellste Weg führt wieder einmal über die Ebenen-Palette: Setzen Sie den Mauszeiger bei gehaltener [Alt]-Taste (Windows) bzw. [⌥]-Taste (Mac OS) in der Ebenen-Palette genau zwischen zwei Ebenen. Sobald sich das Symbol des Mauszeigers ändert, klicken Sie darauf. Auf die gleiche Art und Weise lösen Sie die Gruppierung auch wieder auf.
- Mit [Strg]+[Alt]+[G] bzw. [⌘]+[⌥]+[G] wird die markierte Ebene mit der darunterliegenden Ebene zu einer Schnittmaske zusammengefasst oder wird eine bestehende Schnittmaskenkonstellation wieder aufgelöst.
- Die Menüalternative: Aktivieren Sie in der Ebenen-Palette eine Ebene, und wählen Sie die Befehle EBENE • SCHNITTMASKE ERSTELLEN. Dadurch wird die aktive Ebene mit der darunterliegenden zu einer Schnittmaske zusammengefasst. Mit EBENE • SCHNITTMASKE ZURÜCKWANDELN bringen Sie die Ebene wieder in die reguläre Anordnung.
- Wenn Sie Ebenen oder Einstellungsebenen per Menü anlegen, werden Sie automatisch gefragt, ob diese zur Schnittmaske gruppiert werden sollen.

▲ **Abbildung 11.28**
Der Doppelkreis mit Pfeil zeigt an, dass Sie den Mauszeiger auf der Trennlinie zwischen den Ebenen richtig positioniert haben und die Ebenen nun (ent-)gruppiert werden können.

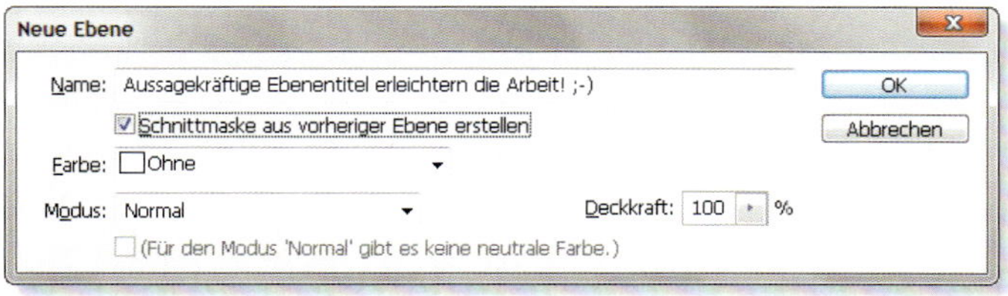

◀ **Abbildung 11.29**
Automatische Abfrage beim Anlegen von Ebenen oder Einstellungsebenen per Menübefehl

Text-Bild-Effekte mit Schnittmasken | Interessante Effekte lassen sich mit gruppiertem Text erzielen. Legen Sie eine Schrift *unter* eine Bildebene, und gruppieren Sie die beiden [Strg]+[Alt]+[G] bzw. [⌘]+[⌥]+[G] zur Schnittmaske. Dort, wo die darunterliegende Ebene transparente Pixel enthält, ist das Foto ausgeblendet – die Schrift ist also nun »fotogefüllt«. Dazu kommt eine

Dateien auf der Buch-DVD: »berlinschriftzug.tif«, »obst_schriftzug.tif«, »Natururlaub.tif«

weitere Ebene als Hintergrund für den Schriftzug. Für eine bessere Lesbarkeit bekam der Text in unserem Beispiel zusätzlich einen Ebeneneffekt.

Bild: vitamin a

▲ **Abbildung 11.30**
Die berühmte »Berliner Luft«, in Text und Bild festgehalten

▲ **Abbildung 11.31**
Oben das Foto, mit der Textebene zur Schnittmaske gruppiert, dann die Textebene mit einem Effekt, ganz unten weißer Hintergrund.

Sie können in dieser Manier auch mehrere Ebenen übereinander anordnen. In jedem Fall zeigen sich die Pixel der so angeordneten Ebenen nur dort, wo die Basisebene ebenfalls Pixel aufweist.

Bilder: dieblen.de

▲ **Abbildung 11.32**
Mehrere Ebenen mit Schnittmaske

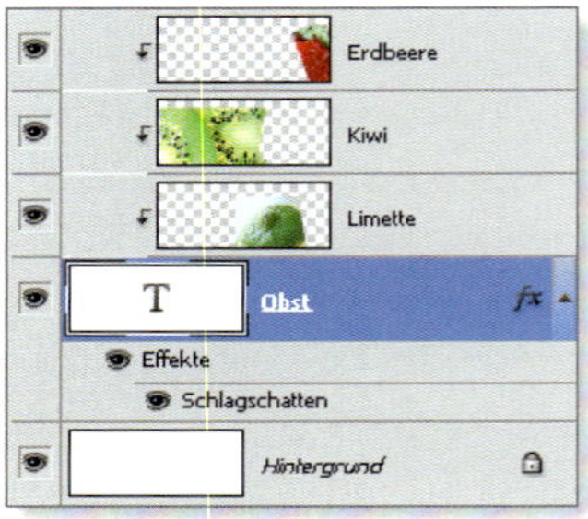

▲ **Abbildung 11.33**
Die Ebenen-Palette zum Obst-Beispiel

Die unten liegende und die oberen Ebenen einer Schnittmaskenkonstellation lassen sich gegeneinander verschieben. Das ist sehr nützlich, um z. B. einen passenden Bildausschnitt in einer Textzeile zu zeigen.

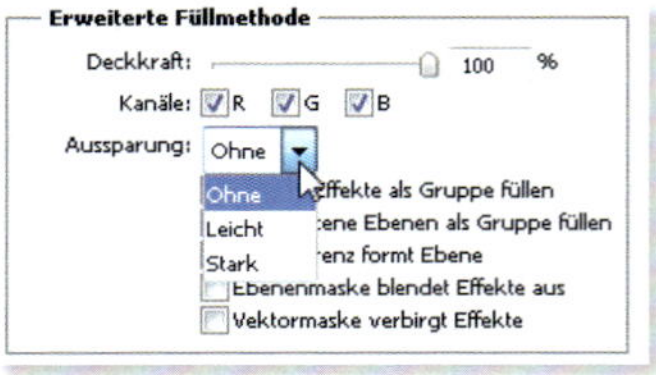

▲ **Abbildung 11.34**
Aussparungsoptionen im Dialog Ebenenstil

11.3.3 Aussparung und Aussparungsoptionen

Für das Erstellen ähnlicher Kompositionen wie der im Bild »Berlin« (Abbildung 11.30) gezeigten gibt es noch differenziertere Möglichkeiten, nämlich die erweiterte Füllmethoden-Eigenschaft Aussparung. Über die Dialogbox Ebenenstil legen Sie die Optionen fest. Sie erreichen diesen Dialog durch Doppelklick auf den neutralen Bereich einer Ebene in der Ebenen-Palette oder über den »fx«-Button *fx* in der Ebenen-Palette.

Die Grundidee beim Aussparen ist, dass die Pixel der oben liegenden Ebene benutzt werden, um einen Bereich zu definieren, der die Ebenen darunter optisch durchbohrt. Wie intensiv diese

Durchbohrung wirkt, legen Sie wiederum mit den Aussparungsoptionen fest.

▲ **Abbildung 11.35**
Die Ausgangskonstellation. Die oberste Ebene wurde mit der Aussparungsoption LEICHT versehen und hat außerdem einen hellen Kontureffekt.

Maßgeblich für das spätere Aussehen der Komposition ist auch hier wiederum die Schichtung der Ebenen. Und das Ganze funktioniert nur, wenn Sie die Deckkraft der oberen Ebene durch Verstellen der FLÄCHE-Deckkraft an der Ebenen-Palette senken. Die normale Option DECKKRAFT muss aber auf 100 % stehen bleiben! Außerdem ist es zwingend erforderlich, dass die unterste Ebene tatsächlich eine Hintergrundebene ist. Dann rufen Sie den EBENENSTIL-Dialog auf und legen dort die Aussparungsoptionen fest.

▲ **Abbildung 11.36**
Dasselbe Bild mit gesenkter FLÄCHE-Deckkraft. Die deckenden Pixel der Textebene durchbrechen nun die mittlere Ebene (Wölkchen) und lassen die Hintergrundebene erscheinen.

Wie wirken die Aussparungsoptionen genau? | Damit Sie die Aussparungsoptionen gezielt einsetzen können, müssen Sie wissen, was sie bewirken:

- Die Option OHNE erstellt keine Aussparung. Dies ist die Standardeinstellung.
- LEICHT erstellt eine Durchbohrung bis zur Hintergrundebene (so wie in unserem Beispiel). Wenn die Ebenen in einer Gruppe zusammengefasst werden, wirkt die leichte Aussparung jedoch nur bis auf die unterste Ebene dieser Gruppe. Sind die Ebenen zu einer Beschnittmaske angeordnet, wirkt die »Durchbohrung« bis zur Basisebene.

- Mit der Option Stark erreichen Sie in jedem Fall eine Aussparung bis zur Hintergrundebene – gleichgültig, welche Ebenenkonstellationen in der Datei sonst noch vorliegen. Wenn keine Hintergrundebene vorhanden ist, wird in jedem Fall bis zur Transparenz durchbohrt.

Abbildung 11.37 ▸
So würde das Bild mit reduzierter Fläche-Deckkraft, aber ohne spezielle Aussparungsoption aussehen. Von der Textebene sind alle Pixel ausgeblendet, lediglich der Ebeneneffekt – die helle Kontur – ist noch sichtbar. Die Hintergrundebene kommt nicht ins Bild.

Die Wirkung der drei verschiedenen Optionen und der notwendige Ebenenaufbau erscheinen auf den ersten Blick kompliziert, aber wenn man das Prinzip einmal verstanden hat, kann man mit dieser Funktion sehr schnell interessante Composings erzeugen. Die obere Ebene muss ja auch nicht immer ein Text sein: Ein Logo oder eine andere Pixelebene eignen sich ebenso gut!

▴ Abbildung 11.38
Sie erkennen Smart-Objekte in der Ebenen-Palette an dem Vierecks-Symbol unten rechts.

11.4 Unterschätzte Datencontainer: Smart-Objekte

Smart-Objekte sind eine besondere Art von Ebenen: Sie »merken« sich nach einer Bearbeitung ihr früheres Aussehen. Das ist möglich, weil die Originalversion der Daten eines Smart-Objekts in das Dokument eingebettet ist, das das Smart-Objekt enthält. Ein Smart-Objekt ist gewissermaßen ein Container, in dem eine Instanz der originalen Daten zur Bearbeitung abgelegt ist. Diese Originaldaten sind zunächst für den Bearbeiter unsichtbar, können jedoch mit einem kleinen Umweg (siehe den Workshop »Smart-Objekte in der Praxis: Rote Sonnen« weiter unten) auch verändert werden. Grundlage von Smart-Objekten können Pixel- oder Vektordaten sein. Die meisten Photoshop-Nutzer kennen Smart-Objekte hauptsächlich von der Verwendung mit Filtern. Tatsächlich können diese jedoch mehr.

Masken bei Smart-Objekten

Smart-Objekte lassen sich – wie andere Ebenentypen – mit Masken versehen. Bis Photoshop CS3 war es allerdings nicht möglich, Maske und Smart-Objekt zu verbinden. Das Verschieben von Smart-Objekten bereitete deswegen häufig Probleme. Seit CS4 ist dieses Manko behoben, und auch Smart-Objekte können jetzt mit ihrer Maske verbunden werden.

▴ Abbildung 11.39
Ein maskiertes Smart-Objekt

Vorteile von Smart-Objekten | Das Containerprinzip ermöglicht die **zerstörungsfreie Bearbeitung** der Smart-Objekte, denn die originalen Bilddaten bleiben ja erhalten. Das heißt, Bildoperationen, die sich auf die Bildpixel *an und für sich* qualitätsmindernd auswirken, können auf Smart-Objekte angewandt werden, ohne dass ein Qualitätsverlust auftritt. In einigen Fällen machen Smart-Objekte eigentlich unumkehrbare Arbeitsschritte reversibel. Außerdem erweisen sich Smart-Objekte als **Beschleuniger für**

Ihren Workflow, und in einigen Fällen stellen sie Workarounds für Arbeitstechniken dar, die sonst gar nicht möglich wären. Sehr nützlich sind Smart-Objekte zum Beispiel

- bei Ebenen-Transformationen
- bei der Anwendung von Filtern (Smartfiltern)
- für das Skalieren des gesamten Bildes
- bei Farbraum-Änderungen (via BILD • MODUS)
- beim Beschneiden von Bildern, wenn ein neuer Bildauschnitt gefunden werden soll
- Wenn Sie ein Smart-Objekt mehrfach duplizieren, können Sie alle Duplikate auf einen Schlag ändern, indem Sie die Quelle bearbeiten (diese Abhängigkeit von Smart-Objekten und ihrer Datenquelle kann jedoch auch ausgeschlossen werden).
- Textebenen lassen sich mit Filtern bearbeiten und bleiben trotzdem editierbar.

Zum Nachlesen: Smart-Objekt-Basiswissen
Grundlegendes über Smart-Objekte finden Sie auch in Abschnitt 10.2, »Ebenentypen«.

11.4.1 Smart-Objekte erzeugen

Um Smart-Objekte zu erzeugen, gibt es eine Fülle verschiedener Wege.

Um **Ebenen** in Smart-Objekte zu transformieren, aktivieren Sie eine oder mehrere Ebenen

- und wählen dann den Befehl EBENE • SMART-OBJEKTE • IN SMART OBJEKT KONVERTIEREN,
- nutzen das Kontextmenü der Ebenen-Palette oder
- den Befehl FILTER • FÜR SMARTFILTER KONVERTIEREN.

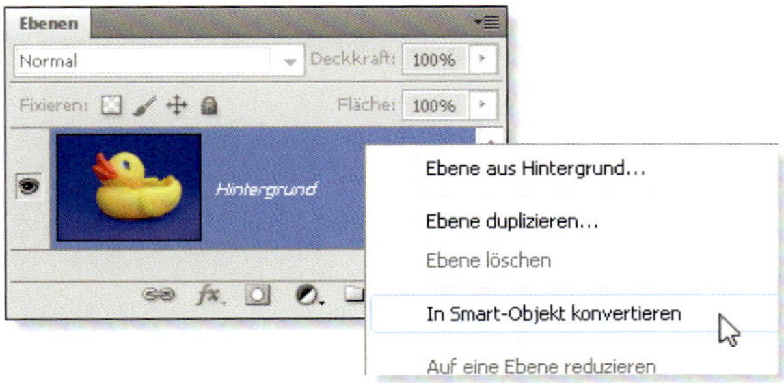

◂ **Abbildung 11.40**
Das Kontextmenü der Ebenen-Palette ist der schnellste Weg, um aus einer Ebene ein Smart-Objekt zu erzeugen (Rechtsklick bzw. Ctrl+Klick in den neutralen Bereich der Ebene).

- Der Befehl DATEI • PLATZIEREN fügt Pixel- oder Vektordaten als Smart-Objekt in eine bereits geöffnete Datei ein.
- **Dateien** können Sie direkt als Smart-Objekt öffnen. Dazu wählen Sie den Befehl DATEI • ALS SMART-OBJEKT ÖFFNEN. Geöffnet wird dann ein Duplikat der Originaldatei, dessen Ebenen in ein Smart-Objekt verwandelt wurden.
- **Illustrator-Ebenen** können Sie auch mit Drag & Drop oder per EINFÜGEN-Befehl als Smart-Objekt in ein Photoshop-Dokument einsetzen.

Zum Nachlesen: Dateien als Smart-Objekte
Mehr zum Platzieren und Öffnen als Smart-Objekt finden Sie in Kapitel 7, »Dateien anlegen, öffnen und speichern«.

11.4.2 Mit Smart-Objekten arbeiten

Camera Raw und Smart-Objekte

Wenn Sie RAW-Daten aus Ihrer Kamera verarbeiten, können Sie diese standardmäßig in Photoshop als Smart-Objekt öffnen lassen. Sie müssen dazu lediglich innerhalb des Camera-Raw-Moduls im Dialog ARBEITSABLAUF-OPTIONEN ein Häkchen setzen. Mehr zum Thema Camera Raw finden Sie in Kapitel 23, »Das Camera-Raw-Modul«.

Viele Arbeitstechniken funktionieren bei Smart-Objekten ebenso wie bei gewöhnlichen Bildebenen – nur eben mit dem Zwischenschritt, dass die Ebene zuerst in ein Smart-Objekt verwandelt wird. Dazu muss also nicht mehr viel gesagt werden. Doch das Konzept hat auch Grenzen: Diejenigen Werkzeuge, bei denen üblicherweise die Bildpixel direkt modifiziert werden – beispielsweise Pinsel, Retuschewerkzeuge wie der Stempel, der Abwedler oder das Wischfinger-Werkzeug –, können auf Smart-Objekte nicht ohne Weiteres angewandt werden. Auch Farbänderungen von Objekten sind nicht so einfach möglich.

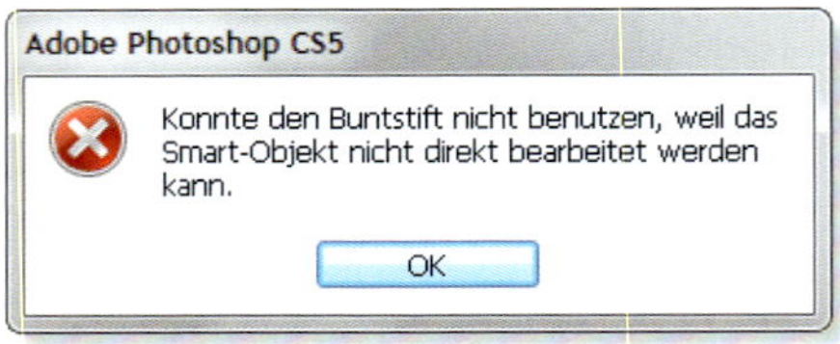

Abbildung 11.41 ▸
Den Versuch, ein Smart-Objekt zu retuschieren, quittiert Photoshop mit einem Warnhinweis.

In solchen Situationen schlägt Photoshop meist vor, das Smart-Objekt zu rastern, also wieder in eine normale Pixelebene zu überführen. Dabei verlieren Smart-Objekte alle speziellen Bearbeitungseigenschaften: Durchgeführte Änderungen werden nun endgültig auf die Ebene oder die Datei angewandt. Manchmal können Sie das Rastern jedoch auch umgehen, wenn Sie die Befehle unter EBENE • SMART-OBJEKTE nutzen. Wie das geht – und wie Sie die Möglichkeiten von Smart-Objekten voll nutzen – erfahren Sie in den folgenden Workshops.

Speichern lassen sich Dateien mit Smart-Objekten in den Dateiformaten PSD und TIFF. Auch das PDF-Format kann mit den Datencontainern umgehen.

Smart-Objekt zurückwandeln | Um aus einem Smart-Objekt wieder eine Pixelebene zu machen,

- nutzen Sie den Menübefehl EBENE • RASTERN • SMART-OBJEKT
- oder denselben Befehl im Kontextmenü der Ebenen-Palette,
- oder Sie reduzieren die Datei auf eine Hintergrundebene.

11.4.3 Smarte Duplikate und der Austausch von Inhalten

Aus diesem Foto soll eine kleine postkarten-ähnliche Montage gemacht werden. Das Besondere ist dabei die Arbeitsmethode: Zum Einsatz kommen vorzugsweise Smart-Objekte. Diese ermöglichen ein zerstörungsfreies und rationelles Arbeiten – und das, obwohl zahlreiche Transformationen angewendet und insgesamt acht Bildobjekte angepasst und ausgetauscht werden sollen!

Bild: Fotolia, Radovan Kraker

◄ **Abbildung 11.42**
Das Ausgangsbild. Was man hier kaum sieht: Es besteht aus zwei Ebenen – unterhalb des Fotos liegt eine gelbe Hintergrundebene.

Schritt für Schritt: Smart-Objekte in der Praxis: Sonnige Urlaubspostkarte

1 Fotoebene in Smart-Objekt umwandeln

Als Erstes muss das Foto verkleinert und positioniert werden, damit Platz für die weiteren Montage-Elemente ist. Es gibt keine feste Vorgabe für das Fotoformat. Um Spielraum für Experimente zu haben, wird es zunächst in ein Smart-Objekt transformiert.

Dateien auf der Buch-DVD: »PostkartenGrundlage.psd«, »SonneZackig.psd«, »SonneVerspielt.psd«

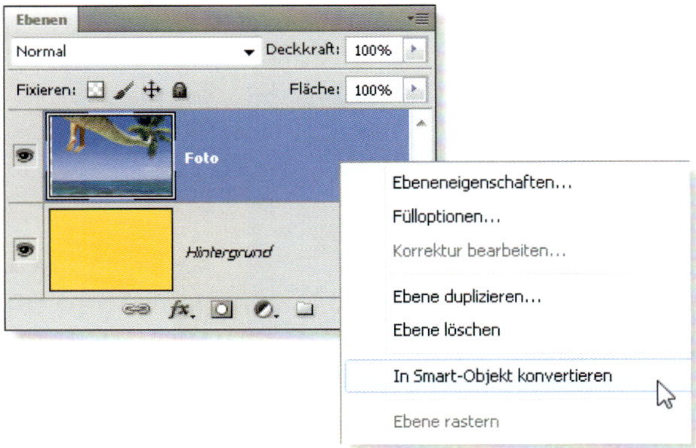

◄ **Abbildung 11.43**
Die Fotoebene wird zum Smart-Objekt.

2 Foto anpassen und positionieren

Transformieren Sie das Foto so, dass an den Rändern ein breiter gelber Streifen sichtbar wird. Da Sie mit einem Smart-Objekt arbeiten, müssen Sie sich um Qualitätsverluste bei der Transformation keine Gedanken machen und können später jederzeit weitere Anpassungen vornehmen. Richten Sie das Foto mittig über der Hintergrundebene aus.

Ausrichten nach Augenmaß: Wenn Sie möchten, können Sie das Bild nach dem Zentrieren ein Stückchen nach oben schieben,

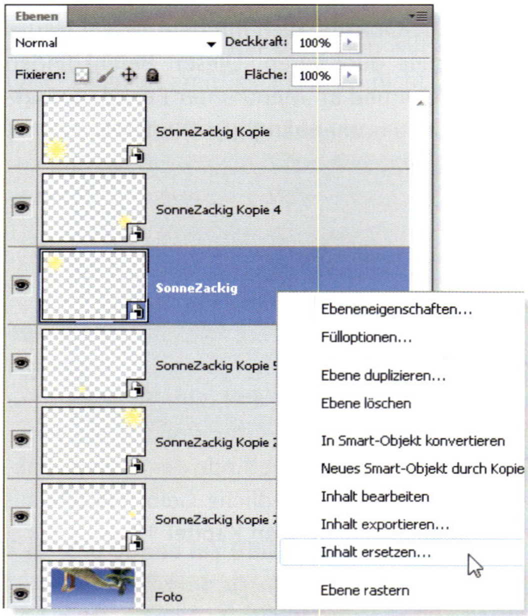

Abbildung 11.49 ▸
Dieser Befehl spart Ihnen in aufwendigen Kompositionen viel Zeit.

7 Neues Smart-Objekt wählen und einsetzen

Es erscheint das bekannte PLATZIEREN-Dialogfenster. Navigieren Sie zu dem Ordner, in dem Sie die Datei »SonneVerspielt.psd« abgelegt haben, und wählen Sie diese Datei aus. Sofort erscheint die andere Sonnenform im Bild: ebenfalls achtmal, in derselben Position und mit den gleichen Eigenschaften wie die zackigen Sonnenvarianten.

Abbildung 11.50 ▸
Detailanpassungen an Größe, Drehwinkel und Position der neuen Sonnen werden unter Umständen wegen der veränderten Form notwendig – mehr Arbeit haben Sie mit dem Austausch jedoch nicht!

8 Arbeitsergebnis sichern

Speichern Sie Ihre Übungsdatei, Sie brauchen Sie gleich noch für den zweiten Workshop dieses Abschnitts. ■

11.4.4 Quelldaten von Smart-Objekten bearbeiten

Mit Smart-Objekten kann man eine Menge anstellen. Doch wie schon erwähnt wurde, verweigern viele Photoshop-Werkzeuge den Dienst am Smart-Objekt. In der Regel passiert das immer dann, wenn nicht das Smart-Objekt, sondern dessen Inhalt, die Originaldaten, das Ziel eines bildbearbeiterischen Eingriffs wären – also eigentlich bei fast allen Werkzeugen, mit denen Sie üblicherweise direkt auf den Bildpixeln arbeiten. Es gibt allerdings einen Umweg, auf dem so etwas doch geht.

Nehmen Sie sich für den folgenden Workshop nochmals die Sonnenpostkarte vor.

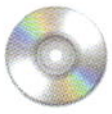

Wenn Sie keine Zeit haben, den ersten Workshop nachzubauen, können Sie anstelle Ihrer eigenen Postkartenversion die Datei »Sonnenpostkarte.psd« nutzen.

Schritt für Schritt: Smart-Objekte in der Praxis: Rote Sonnen

1 Zugriff auf die originalen Daten

Wählen Sie den Befehl Inhalt bearbeiten im Kontextmenü der Ebenen-Palette oder im Menü unter Ebene • Smart-Objekte.

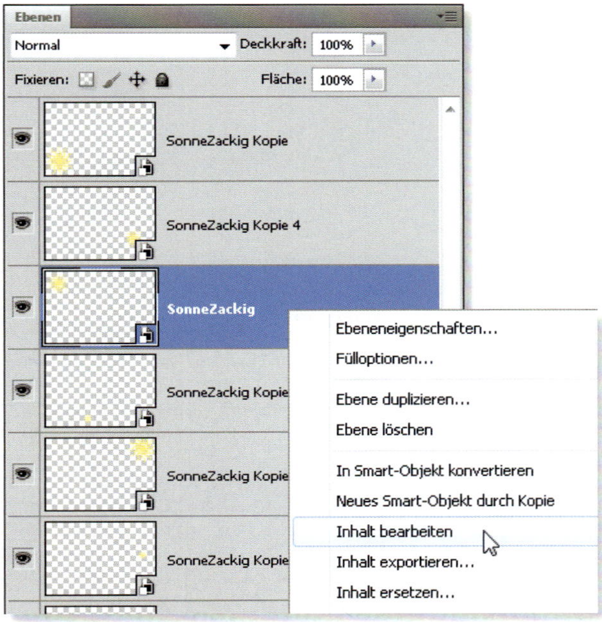

◂ **Abbildung 11.51**
So kommen Sie an die eigentlichen Daten.

2 Dialogbox quittieren

Was Sie dann sehen, ist eine Dialogbox mit exakten Anweisungen. Sie ist eine gute Gedächtnisstütze, denn das folgende Verfahren ist etwas umständlich. Klicken Sie auf Ok.

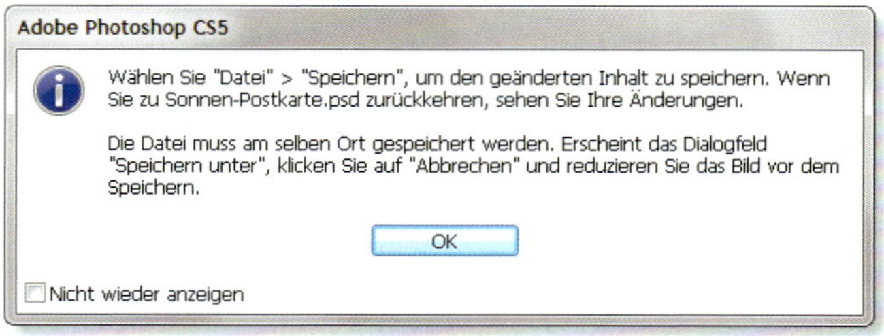

Abbildung 11.52 ▸
Nicht wieder anzeigen sollten Sie hier nicht aktivieren, denn der Dialog ist eine wertvolle Gedächtnisstütze!

3 Die Datei mit den Smart-Objekt-Daten öffnet sich

Sie haben nun zwei geöffnete Dateien auf der Arbeitsfläche: die Postkartenversion mit den Smart-Objekten und eine weitere Datei mit den Daten, die im Smart-Objekt eingebettet sind, also gewissermaßen die Datenquelle. Je nachdem, auf welche Weise das Smart-Objekt erzeugt wurde, sieht diese anders aus. Die vorgegebenen Dateiformate können variieren. Manchmal öffnet sich auch Illustrator und gibt die Datei dort zur Bearbeitung frei. In diesem Fall erscheint eine PSD-Datei mit einer Füllebene.

Abbildung 11.53 ▸
Die Grundlage der Smart-Objekte im Postkartenbeispiel

4 Daten bearbeiten: Farbe ändern

Nun können Sie die Quelldatei bearbeiten. Die Änderungen werden dann auf alle *abhängigen* Smart-Objekte übertragen. In diesem Beispiel soll eine Farbänderung durchgeführt werden, doch andere – auch viel kompliziertere – Arbeitsschritte sind natürlich möglich.

Doppelklicken Sie auf das farbige Symbol ❶ in der Ebenen-Palette. Der Farbwähler öffnet sich, und Sie können die gewünschte neue Farbe festlegen. In diesem Workshop habe ich einen dunklen Orangeton mit den RGB-Werten 255/128/84 verwendet.

5 Änderung sichern

Nun brauchen Sie die geänderte Datei mit den Smart-Objekt-Quelldaten nur noch zu speichern. Ändern Sie dabei keinesfalls den von Photoshop automatisch gewählten Speicherort oder den vorgegebenen Namen. Der einfache Befehl DATEI • SPEICHERN (Strg/⌘+S) ohne irgendwelche Änderungen der Vorgaben ist unkompliziert und vermeidet Fehler. Das tatsächliche Ausgangsdokument für die Smart-Objekte (in unserem Beispiel »SonneVerspielt.psd«) bleibt übrigens unberührt: Photoshop erzeugt eine eigene Datei und legt sie automatisch in einem temporären Ordner ab. Sie wird später nicht mehr gebraucht. Schließen müssen Sie diese Arbeitsdatei jedoch nicht: Sie können sie geöffnet halten, wenn Sie noch weitere Änderungen oder Experimente mit dem Aussehen der Smart-Objekte durchführen wollen. Sie müssen Ihre »Datendatei« jedoch nach jeder Änderung erneut speichern, um die Auswirkungen in der Datei mit den Smart-Objekten zu sehen.

Wichtig: Sofern Ihre Bearbeitungen aufwendiger waren als hier im Beispiel und Sie dabei neue Ebenen erzeugt haben, müssen Sie diese vor dem Speichern auf eine Hintergrundebene reduzieren – sonst funktionieren die Smart-Objekte nicht mehr.

6 Änderungen werden sichtbar

Sobald Sie nun zu Ihrem eigentlichen Dokument zurückkehren, werden dort die Änderungen sichtbar.

◂ **Abbildung 11.54**
Dass die Sonne unten rechts nicht rot dargestellt wird, ist kein Fehler bei der Aktualisierung, sondern liegt an der zuvor gewählten Füllmethode.

7 Mögliche Fehlerquellen

Nicht immer reagieren alle Smart-Objekte wie gewünscht auf solche Änderungen. Das liegt meist daran, dass die Abhängigkeiten zwischen den Smart-Objekt-Duplikaten nicht so sind wie angenommen. Leider zeigt Photoshop die beiden unterschiedlichen

Zum Weiterlesen: Smart-Objekte und Smartfilter
Eine weitere unschätzbare Anwendungsmöglichkeit für Smart-Objekte sind Smartfilter – also Photoshop-Filter, die zerstörungsfrei auf Smart-Objekte angewendet und jederzeit editiert und dosiert werden können. Wie sie funktionieren, lesen Sie in Kapitel 28, »Besser filtern«.

Möglichkeiten auch nicht an. Wenn Sie so eine kollektive Änderung von Eigenschaften durchführen wollen, müssen alle Smart-Objekte auf eine Quelle zurückgehen und mit ihr verbunden sein (siehe dazu den Punkt »4. Mehr Sonne: Smart-Objekt duplizieren« im Workshop zuvor). Fehlerquelle Nummer zwei: Sie haben das Speichern vergessen, oder die Bearbeitungsversion der Datei enthält Ebenen. ■

12 Füllmethoden: Pixel-Interaktion zwischen Ebenen

Bei der Arbeit mit Ebenen muss man sich nicht auf simples »Stapeln« beschränken. Die sogenannten Füllmethoden erlauben zahlreiche »Special Effects« – von subtilen bis zu ganz offensichtlichen Ergebnissen. Füllmethoden lassen sich für kreative Aufgaben ebenso nutzen wie bei korrigierenden Eingriffen. Und das funktioniert nicht nur bei Ebenen. Auch bei Retuschen und Illustrationen können Sie die knapp 30 unterschiedlichen Pixel-Verrechnungsmethoden anwenden. Wer hier die Übersicht über deren Wirkung behält, hat es beim gezielten Einsatz leichter.

12.1 Was ist die Füllmethode?

Die Bildpixel übereinanderliegender Ebenen liegen nicht nur simpel übereinander – sie können auch auf unterschiedliche Weise miteinander verrechnet werden, indem Sie die Füllmethode ändern. Die Füllmethode bezieht sich immer auf das Verhältnis zweier direkt übereinanderliegender Ebenen oder auf andere Weise übereinandergeschichteter Pixel, und es ist in der Regel die Einstellung für die obere Ebene oder die oberen Pixel, die geändert werden muss.

Datei auf der Buch-DVD: »Kornblume.tif«

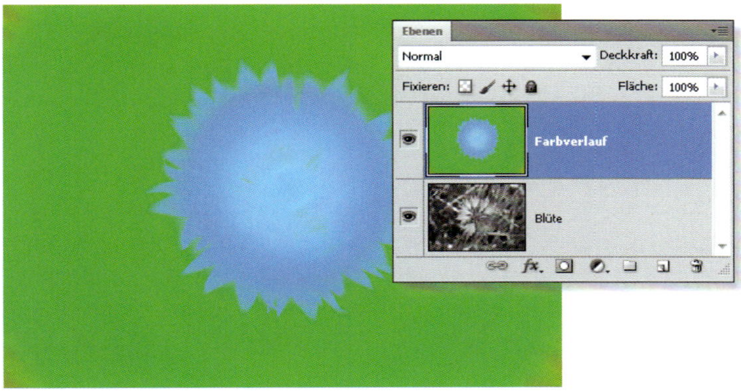

◂ **Abbildung 12.1**
Das unspektakuläre Ausgangsbild. Der Blick in die Ebenen-Palette zeigt, dass die Datei mehr zu bieten hat als einen Farbverlauf. Das Verändern der Füllmethode über die Ebenen-Palette ist denkbar einfach. Sie aktivieren die obere Ebene …

Bild: Sibylle Mühlke

Abbildung 12.2 ►
... und wählen für diese aus der Dropdown-Liste 1 in der Ebenen-Palette eine neue Füllmethode aus. Damit bekommt Ihr Bild ein (oft überraschendes) neues Outfit. Hier wurde die Füllmethode von NORMAL auf FARBE umgestellt. Der grünblaue Farbverlauf mischt sich mit dem darunter liegenden Schwarzweißbild zur kolorierten Version einer Blüte.

Die Pixelmischung beeinflussen können Sie jedoch nicht nur in der Ebenen-Palette, sondern auch beim Auftragen von Farbpixeln mit Mal- und Retuschewerkzeugen, bei vielen Ebeneneffekten und in verschiedenen anderen Tools (man spricht dann auch vom **Blendmodus** oder von der **Blendmethode** – ein anderer Begriff für die gleichen Berechnungen).

Das Prinzip wird Sie also von ganz einfachen Eingriffen bis hin zu Photoshop-Expertentechniken begleiten. Daher lohnt es sich in jedem Fall, sich damit auseinanderzusetzen. Sie können durch gezielte Anwendung der verschiedenen Füllmethoden beispielsweise Ihre Retuscheergebnisse optimieren, bei Illustrationen überraschende Effekte erzielen und bei Montagen Ihren Bildern den letzten Schliff geben, indem Sie Lichtverhältnisse subtil anpassen oder ganz neue Beleuchtungsverhältnisse inszenieren.

Deckkraft und Füllmethode bei mehreren Ebenen gleichzeitig ändern
In CS5 können Sie die Deckkraft und Füllmethode mehrerer Ebenen gleichzeitig ändern. Markieren Sie die Ebenen mit gehaltener Strg/⌘-Taste in der Ebenen-Palette, dann stellen Sie die Deckkraft und Füllmethode wie gewohnt ein. Bei Ebenengruppen können Sie auf diese Weise die Deckkraft für mehrere Objekte auf einmal verändern. Als Füllmethode bietet sich für Gruppen sowieso die Standardeinstellung HINDURCHWIRKEN an: Dabei bleiben die Füllmethoden der in der Gruppe enthaltenen Ebenen wirksam.

12.1.1 Wichtige Begriffe

Gleichgültig, ob Sie sie in der Ebenen-Palette oder für ein Werkzeug auswählen – Füllmethoden sind nichts anderes als verschiedene, vordefinierte Rechenoperationen. Gerechnet wird mit den Farbwerten der übereinanderliegenden Pixel.

- Die unten liegenden Pixel fungieren als **Ausgangsfarbe**.
- Die darüberliegenden Pixel fungieren als **Füllfarbe**.
- Zusammen mischen sich die Pixel zur **Ergebnisfarbe**.

Diese Termini sollten Sie sich merken, um den folgenden Ausführungen besser folgen zu können! In den Abschnitten namens »Wirkung« lesen Sie jeweils, welche Pixelberechnung erfolgt, und in den Abschnitten namens »Praktischer Einsatz« sind jeweils einige typische Verwendungszwecke der jeweiligen Füllmethode beschrieben. Natürlich können Sie selbst auch neue Verwendungsmöglichkeiten erfinden.

12.1.2 Füllmethoden im Überblick

Was passiert bei der Pixelberechnung genau? Wie können die verschiedenen Modi sinnvoll angewandt werden? Hier finden Sie zu jeder Füllmethode eine Kurzbeschreibung und eine kleine Testbildreihe, die die Wirkungsweise veranschaulicht. Sicherlich müssen Sie die folgende Übersicht nicht komplett im Kopf haben; zur Orientierung und zum Nachschlagen ist sie aber nützlich. Die Ausgangsbilder sehen Sie in Abbildung 12.3.

Datei auf der Buch-DVD: »füllmethoden_testfile.tif«

Bilder: vitamin a, dieblen.de

▲ Abbildung 12.3
Fünf verschiedene Konstellationen aus jeweils zwei Ebenen sollen im Folgenden die Wirkung der unterschiedlichen Füllmethoden demonstrieren. Hier sehen Sie die Testbildebenen in unbearbeiteter Form.

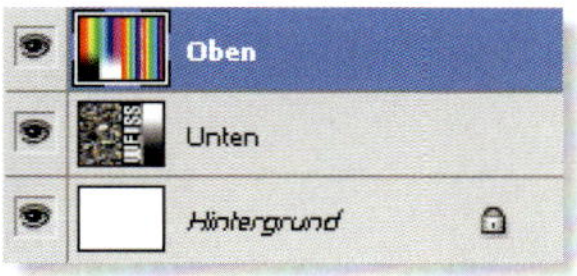

▲ Abbildung 12.4
Ebenenaufbau der Testdatei

▲ Abbildung 12.5
Erste Orientierung: Füllmethoden, die auf ähnlichen Berechnungen basieren, sind in der Liste zu Gruppen zusammengefasst.

Unter den über zwanzig Ebenenfüllmethoden, die Adobe anbietet, auf Anhieb die richtige zu finden, ist nicht immer einfach. Sie werden wohl nicht ganz ums Experimentieren herumkommen, doch ist es gut, wenigstens in etwa zu wissen, was die einzelnen Füllmethoden bewirken. Als erster Anhaltspunkt zur Orientierung kann Ihnen die Anordnung der verschiedenen Füllmethoden in der Auswahlliste dienen, die hier zu Gruppen zusammengefasst sind. Wenn Ihnen Ihr Arbeitsergebnis mit der Füllmethode aus einer Gruppe gefällt, lohnt es sich, die anderen Füllmethoden derselben Gruppe auch einmal auszuprobieren!

Andere Wirkung der Füllmethoden in anderen Bildmodi

Die Liste der verschiedenen Füllmethoden ist im Bildmodus RGB am längsten. In anderen Modi stehen nicht alle Füllmethoden zur Verfügung – und sie können auch anders wirken als hier beschrieben.

12.2 Der Standard und ein Exot

In der ersten »Abteilung« der Füllmethodenliste finden Sie die neutrale Füllmethode Normal und das in der Praxis sehr selten eingesetzte Sprenkeln.

12.2.1 Normal

Wirkung | NORMAL ist die meistbenutzte Standardeinstellung, mit der auch bei allen Beispielen in diesem Buch bisher gearbeitet wurde. Eine Verrechnung der übereinanderliegenden Pixel findet nicht statt. Die unten liegende Ebene ist vollständig von den Pixeln der oberen Ebene verdeckt, außer wenn diese in der Deckkraft reduziert wurden.

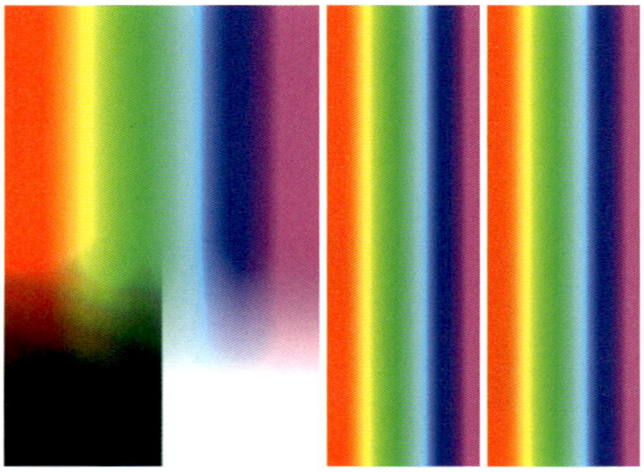

▲ **Abbildung 12.6**
Füllmethode NORMAL, DECKKRAFT 100%

▲ **Abbildung 12.7**
Füllmethode NORMAL, DECKKRAFT 70%

Standardfüllmethode für Ebenengruppen

Die Füllmethode für Ebenengruppen ist standardmäßig HINDURCHWIRKEN. Diese Einstellung bewirkt, dass die Gruppe an sich keine eigenen Fülleigenschaften besitzt. Die Fülleigenschaften der in der Gruppe enthaltenen Ebenen können jedoch auch auf Ebenen unterhalb der Gruppe wirken. Wenn Sie für Gruppen eine andere Füllmethode als HINDURCHWIRKEN einstellen, werden Füllmethoden von Ebenen innerhalb der Gruppe nicht auf Ebenen außerhalb der Gruppe angewendet. Auch Einstellungsebenen (die als Korrekturebenen fungieren) bleiben in ihrer Wirkung dann auf die Ebenen innerhalb der Ebenengruppe beschränkt.

Praktischer Einsatz | Genutzt wird NORMAL immer dann, wenn keine besonderen Effekte gebraucht werden oder erwünscht sind – also sehr oft.

12.2.2 Sprenkeln

Wirkung | SPRENKELN funktioniert mit Ebenentransparenz. Wenn die Ebene, auf die Sie diese Füllmethode anwenden, keine Transparenz enthält, sehen Sie keinen Unterschied zu NORMAL. Je geringer die Deckkraft und je höher die Transparenz der Ebene ist, desto stärker werden Pixel der unteren Ebene eingestreut. Der Effekt funktioniert bei Objekten, die transparente Bereiche enthalten, und mit kompletten Ebenen, bei denen die Deckkraft herabgesetzt wurde.

Praktischer Einsatz | Im Einsatz bei Montagen ist SPRENKELN selten sinnvoll, es eignet sich aber ganz gut für den flächigen Farbauftrag per Airbrush oder um Mallinien eine stärkere Buntstift-Optik zu geben.

◄ **Abbildung 12.8**
Füllmethode SPRENKELN, DECKKRAFT 75 %

12.3 Abdunkeln & Co.

Die folgenden fünf Ebenenmodi in der Liste – ABDUNKELN, MULTIPLIZIEREN, die zwei Nachbelichter und DUNKLERE FARBE – haben gemeinsam, dass sie das Bild tatsächlich abdunkeln. Die Unterschiede liegen im Detail.

12.3.1 Abdunkeln

Wirkung | Hier werden die Pixel von Ausgangsfarbe (unten!) und Füllfarbe (oben!) auf ihren Helligkeitswert hin abgeglichen, und die jeweils dunkleren Pixel werden dann als Ergebnis ausgegeben. Wenn beide Ebenen denselben Inhalt haben, zeigt sich keine Veränderung.

Praktischer Einsatz | Sinnvoll kann der Einsatz dieses Blendmodus sein, wenn Sie dunkleren Text auf eine stark strukturierte, helle bis mittlere Unterlage (z. B. in ein Foto) montieren wollen. Der Text geht dann mit dem Untergrund eine Verbindung ein, ohne seine Lesbarkeit zu verlieren. Auch für das Erstellen leicht abgedunkelter Textboxen – um die Lesbarkeit von Text auf Fotos zu verbessern – ist Abdunkeln gut geeignet. Und wenn Sie eine Montage erstellen, bei der Bildebenen mit weißem Hintergrund verwendet werden, können Sie diesen Hintergrund mit einem Mausklick loswerden, indem Sie die Füllmethode der oberen Ebene auf Abdunkeln setzen.

Abbildung 12.9 ▸
Füllmethode Abdunkeln, Deckkraft 100 %

Datei auf der Buch-DVD: »zitruspressen.tif«

TOPP-TIPP: Weiße Hintergründe loswerden und aufwendiges Freistellen umgehen

Die hellen Bereiche der Ebene mit der pinkfarbenen Zitronenpresse verdecken Bildteile der unten liegenden Ebene mit der grünen Zitruspresse. Zur Verdeutlichung sind hier die Ebenenkanten sichtbar gemacht.

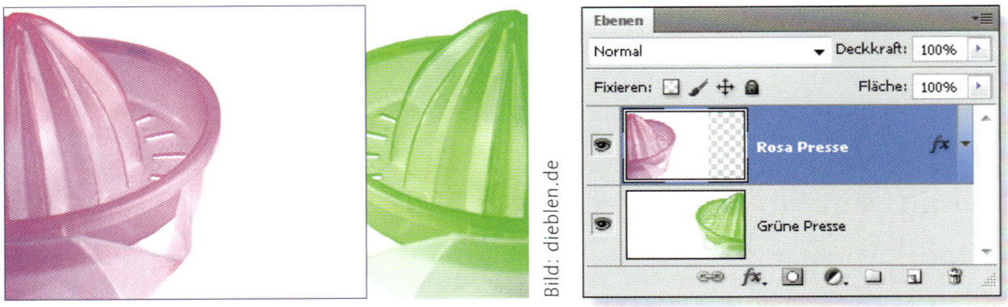

▲ Abbildung 12.10
So sieht das Bild zu Beginn aus.

Indem die Füllmethode der oberen Ebene umgestellt wird, verschwinden die hellen Kanten im Nu. Aufwendiges Freistellen entfällt. Leider funktioniert dieser Trick nur, wenn Weiß auf Weiß (wenigstens annähernd) montiert wird.

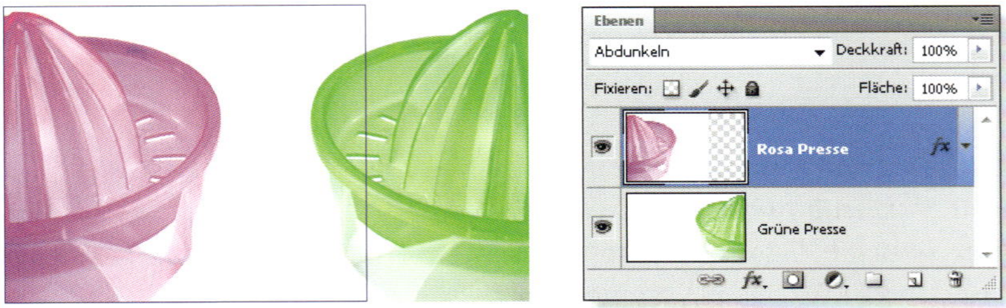

▲ Abbildung 12.11
Das Ergebnis durch Änderung der Füllmethode

12.3.2 Multiplizieren

Wirkung | MULTIPLIZIEREN basiert tatsächlich auf Pixel-Multiplikationen. Zugrunde liegen wiederum die Helligkeitswerte der übereinanderliegenden Pixel. Schwarz als Füllfarbe ergibt am Ende immer Schwarz, Weiß bewirkt keine Veränderung. Anders als bei ABDUNKELN ändert sich hier das Ergebnis auch dann, wenn die multiplizierten Ebenen identisch sind. MULTIPLIZIEREN dunkelt stärker ab als ABDUNKELN, wirkt aber auch gleichmäßiger. Sie können die Abdunkelungswirkung von MULTIPLIZIEREN – und überhaupt die Wirkung von Ebenenfüllmethoden – auch gut dosieren, indem Sie die Deckkraft der jeweils oberen Ebene reduzieren.

Praktischer Einsatz | MULTIPLIZIEREN ist ein oft gebrauchter Modus, der gut geeignet ist, um weiche Schattenpartien zu erstellen. Zum Beispiel wird der Ebeneneffekt SCHLAGSCHATTEN so erstellt. Zudem eignet sich MULTIPLIZIEREN auch als schneller Bildkorrektor bei zu hellen Fotos. Auch beim Illustrieren und Zeichnen lässt sich diese Füllmethode für eine lebendigere Liniengestaltung anwenden: Die Wirkung entspricht etwa einem lasierenden Farbauftrag oder übereinandergelagerten Marker-Strichen.

◄ **Abbildung 12.12**
Füllmethode MULTIPLIZIEREN, DECKKRAFT 100%

12.3.3 Farbig nachbelichten

Wirkung | Wer sich mit Fototechnik auskennt, dem ist Nachbelichten ein Begriff: Schwache Bildpartien werden im Labor ein zweites Mal belichtet, dabei wird die Eigenfarbe verstärkt. In Photoshop ist der Effekt ganz ähnlich. Auf Grundlage der Helligkeits- und Sättigungsinformationen der Füllfarbe wird der Kontrast der Ausgangsfarbe verstärkt, wodurch das Ergebnis dunkler wird. Strahlende Farben und harte Kontraste sind für FARBIG NACHBELICHTEN charakteristisch. Eine Nachbelichtung mit Weiß bewirkt keine Änderung.

Praktischer Einsatz | FARBIG NACHBELICHTEN kann genutzt werden, um einzelne Bildpartien gezielt aufzuhellen oder um farbige Beleuchtungseffekte zu simulieren. Es ist auch gut geeignet, um futuristische Effekte zu erzielen.

Abbildung 12.13 ▸
Füllmethode FARBIG NACHBELICHTEN, DECKKRAFT 100%

12.3.4 Linear nachbelichten

Wirkung | LINEAR NACHBELICHTEN arbeitet ähnlich wie das farbige Nachbelichten. Hier wird allerdings nicht der Kontrast der unteren Ebene verstärkt, sondern ihre **Helligkeit reduziert**. LINEAR NACHBELICHTEN führt zu weniger strahlenden Ergebnissen als FARBIG NACHBELICHTEN, die Farben haben aber mehr Brillanz als bei MULTIPLIZIEREN.

Praktischer Einsatz | Wie bei FARBIG NACHBELICHTEN.

Abbildung 12.14 ▸
Füllmethode LINEAR NACHBELICHTEN, DECKKRAFT 100%

12.3.5 Dunklere Farbe

Wirkung | Hier werden die Farbwerte von Füll- und Ausgangsfarbe verglichen. Gezeigt wird jeweils die Farbe mit dem niedrigeren Wert. Mit dem Modus DUNKLERE FARBE ist die Ergebnisfarbe keine Mischung aus Füll- oder Ausgangsfarbe, sondern eine der beiden – nämlich die dunklere Farbe.

Praktischer Einsatz | Mit dieser Methode können Sie die Wirkung von Einstellungsebenen dosieren. Sie kommt auch im Werkzeug KANALBERECHNUNGEN zum Einsatz und wird für kreative Effekte verwendet.

◂ **Abbildung 12.15**
Füllmethode DUNKLERE FARBE, DECKKRAFT 100 %

12.4 Aufhellen und Verwandtes

Auch bei der folgenden Gruppe von Füllmethoden ist der Name der ersten – AUFHELLEN – Programm. Alle fünf machen das Bild heller.

12.4.1 Aufhellen

Wirkung | AUFHELLEN ist das genaue Gegenteil von ABDUNKELN – von der zugrunde liegenden Mathematik ebenso wie vom Ergebnis her. Dabei bestimmt wiederum die Helligkeit der Füllebene, wie deutlich das Bild aufgehellt wird: Helle Farben bewirken eine starke, dunkle eine weniger starke Aufhellung.

Praktischer Einsatz | AUFHELLEN macht sich – wie ABDUNKELN auch – in Text-Bild-Kompositionen nützlich und kann eingesetzt werden, um Text besser lesbar zu machen.

12.4.5 Hellere Farbe

Wirkung | HELLERE FARBE ist das Pendant zu DUNKLERE FARBE. Wiederum werden die Farbwerte von Füll- und Ausgangsfarbe verglichen, aber diesmal wird die Farbe mit dem höheren Wert gezeigt. Mit dem Modus HELLERE FARBE ist die Ergebnisfarbe keine Mischung aus Füll- oder Ausgangsfarbe, sondern eine der beiden – nämlich die hellere Farbe.

Praktischer Einsatz | Mit HELLERE FARBE dosieren Sie die Wirkung von Einstellungsebenen. Die Methode kommt im Werkzeug KANALBERECHNUNGEN und für kreative Effekte zum Einsatz.

Abbildung 12.20 ▸
Füllmethode HELLERE FARBE, DECKKRAFT 100%

12.5 Ineinanderblenden je nach Helligkeit

Die zahlreichen Füllmethoden in der folgenden Rubrik kombinieren nun die Arbeitsweise der bereits vorgestellten aufhellenden Modi mit denen der abdunkelnden Modi, je nachdem, wie hell oder dunkel die Pixel der Füllfarbe sind. Der Effekt kommt dem Ineinanderblenden zweier Bilder nahe, wie man es etwa beim Stadtspaziergang beobachten kann, wenn sich die Umgebung in einem Schaufenster spiegelt.

12.5.1 Ineinanderkopieren

Wirkung | INEINANDERKOPIEREN (in älteren Photoshop-Versionen als ÜBERLAGERN bezeichnet) kombiniert MULTIPLIZIEREN und NEGATIV MULTIPLIZIEREN. Dabei werden die Farben der unten liegenden Pixel nicht ersetzt, sondern mit den darüber aufgetragenen Pixeln vermischt.

Praktischer Einsatz | Die Füllmethode INEINANDERKOPIEREN eignet sich sehr gut, um Muster oder Farben auf schon vorhandene Pixel aufzutragen, wobei Lichter und Tiefen der unteren Ebene erhalten bleiben. Die Ergebnisse sind recht brillant.

◂ **Abbildung 12.21**
Füllmethode INEINANDERKOPIEREN, DECKKRAFT 100 %

12.5.2 Weiches Licht

Wirkung | WEICHES LICHT erzielt einen Effekt, der an das Beleuchten eines Bildes durch eine diffuse (mitunter farbige) Lichtquelle erinnert. Als »Lichtquelle« fungiert hier die obere Ebene mit der neu aufgetragenen Farbe, als »Bild« die untere Ebene. Je nach Helligkeit der oberen Pixel wird das Gesamtergebnis aufgehellt oder abgedunkelt.

Praktischer Einsatz | Simulieren von Beleuchtungseffekten, Kolorationen mit zurückhaltender Wirkung.

◂ **Abbildung 12.22**
Füllmethode WEICHES LICHT, DECKKRAFT 100 %

12.5.3 Hartes Licht

Wirkung | HARTES LICHT arbeitet ähnlich wie WEICHES LICHT, ist jedoch schärfer in der Wirkung – mehr wie ein Spotlicht.

Praktischer Einsatz | Der Effekt eignet sich beispielsweise zum Hinzufügen von Glanzlichtern und harten Schatten in ein Bild. Wenn der Farbauftrag heller ist, werden Lichter erzeugt, und mit dunklerem Farbauftrag können Schattenpartien stärker herausgearbeitet werden. Das Malen mit reinem Schwarz erzeugt reines Schwarz, das Malen mit reinem Weiß erzeugt auch Weiß als Ergebnisfarbe.

Abbildung 12.23 ▶
Füllmethode Hartes Licht, Deckkraft 100 %

12.5.4 Strahlendes Licht

Wirkung | Strahlendes Licht wedelt Farben ab oder belichtet sie nach – verstärkt oder verringert also den Farbkontrast. Als imaginäre Lichtquelle fungiert hier wieder die obere Ebene. Ist diese heller als 50%iges Grau, wird das Bild durch Verringern des Kontrasts ebenfalls heller. Sind die oberen Pixel dunkler als 50%iges Grau, wird das Bild durch Erhöhen des Kontrasts dunkler.

Praktischer Einsatz | Harte Kontraststeigerung, Montagen mit lebhaften Farben, Simulierung lebhafter Beleuchtungseffekte. In Lichtern und Tiefen können feine Farbabstufungen verloren gehen (Zeichnungsverlust).

Abbildung 12.24 ▶
Füllmethode Strahlendes Licht, Deckkraft 100 %

12.5.5 Lineares Licht

Wirkung | Lineares Licht wirkt ähnlich wie Strahlendes Licht, kombiniert aber *lineares* Abwedeln und Nachbelichten und verändert daher die Helligkeitswerte – nicht den Farbkontrast – der unteren Ebene. Wenn die Füllfarbe heller als 50%iges Grau ist, wird das Bild insgesamt heller. Wenn die Füllfarbe dunkler als 50%iges Grau ist, wird das Bild dunkler.

Praktischer Einsatz | Wie Strahlendes Licht eignet sich auch dieser Blendmodus ganz gut, um Beleuchtungseffekte in ein Bild zu bringen.

▲ **Abbildung 12.25**
Füllmethode Lineares Licht, Deckkraft 100%

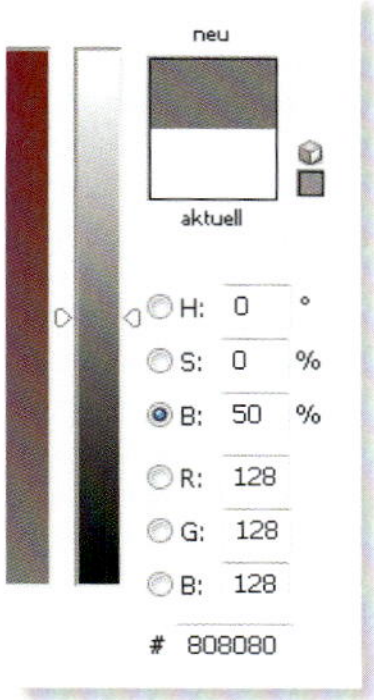

▲ **Abbildung 12.26**
So stellen Sie 50%iges Grau im Farbwähler ein. Für das Hantieren mit Füllmethoden ist es ganz gut, wenn man ungefähr einschätzen kann, welcher Tonwert (Helligkeitswert) diesem Grau entspricht, denn für die Wirkung vieler Füllmethoden ist dieser Tonwert maßgeblich.

12.5.6 Lichtpunkt

Wirkung | Lichtpunkt mischt die übereinanderliegenden Pixel nicht wirklich zusammen, sondern ersetzt die Pixel der unteren Ebene durch Bildpixel der oberen Ebene. Ausschlaggebend dafür, ob und wie die Ersetzung stattfindet, sind die Tonwerte der oberen Ebene: Ist diese hell, werden dunkle Pixel der unteren Ebene ersetzt, und helle Pixel bleiben unverändert. Ist die obere Ebene dunkler, werden helle Pixel ersetzt, und dunkle Pixel bleiben unversehrt.

Praktischer Einsatz | Eine vernünftige Verwendung drängt sich mir nicht auf. Vielleicht finden Sie bei einer komplexen Komposition durch Herumprobieren einmal eine Einsatzmöglichkeit für diese Füllmethode. Adobe selbst gibt sich hier auch sehr lakonisch: »Diese Option ist für zusätzliche Spezialeffekte in Bildern nützlich«, heißt es im Hilfetext.

Abbildung 12.27 ▸
Füllmethode Lichtpunkt, Deckkraft 100 %

12.5.7 Hart mischen

Wirkung | Hart mischen produziert Bilder mit großzügigen Flächen in maximal acht Farben, die stark an GIFs erinnern.

Praktischer Einsatz | Vielleicht ist dieser Blendmodus als Ergänzung zur Tontrennung gedacht (unter Bild • Korrekturen und als Einstellungsebene), mit der man einen ähnlichen Effekt erzielt.

Abbildung 12.28 ▸
Füllmethode Hart mischen, Deckkraft 100 %

12.6 Umkehreffekte

Bei den folgenden vier Füllmethoden ist wiederum die Helligkeit der oberen Ebene ausschlaggebend für die Wirkung. Kombiniert werden Farbsubtraktion und die Invertierung (Umkehrung) von Farben.

12.6.1 Differenz

Wirkung | Weiß auf der oberen Ebene bewirkt die Farbumkehrung, Schwarz wirkt neutral und ändert gar nichts, und die Tonwerte dazwischen führen zu einer mehr oder weniger starken Subtraktion der Farbwerte.

Praktischer Einsatz | Auf den ersten Blick wirken die Ergebnisse dieser Füllmethode kurios, sie lassen sich aber bei Composings oder Logo-Entwürfen bisweilen gut einsetzen, um farbige Konturen zu erzeugen. Diese Füllmethode kann auch tatsächlich eingesetzt werden, um Differenzen zwischen Kanälen (z. B. Masken) oder Ebenen aufzuspüren. (Ein Anwendungsfall wäre, wenn Sie aus einem großen Bild einen Teil herauskopiert und geringfügig geändert haben und das Stück nun wieder an Ort und Stelle einsetzen wollen. Ist die obere Ebene auf DIFFERENZ gestellt, erscheinen identische und deckungsgleiche Bildteile schwarz.)

◂ Abbildung 12.29
Füllmethode DIFFERENZ, DECKKRAFT 100%

12.6.2 Ausschluss

Wirkung | AUSSCHLUSS ist dem Differenzmodus sehr ähnlich, wirkt jedoch etwas weicher und kontrastärmer.

Praktischer Einsatz | Wie bei DIFFERENZ.

◂ Abbildung 12.30
Füllmethode AUSSCHLUSS, DECKKRAFT 100%

12.7 Farbe, Sättigung und Helligkeit separieren

Die letzten vier Füllmethoden gehören vielleicht zum Nützlichsten, was die lange Liste zu bieten hat, obwohl sie auf den ersten Blick sehr unspektakulär erscheinen. Jede Farbe lässt sich durch die Parameter **Farbton**, **Sättigung** und **Luminanz** (also: Helligkeit) umschreiben. Bei Dateien im Bildmodus RGB sind diese Farbeigenschaften untrennbar miteinander verbunden. Mithilfe dieser Füllmethoden können sie separat bearbeitet werden. Das bringt Vorteile bei zahlreichen Retusche- und Korrekturtechniken.

12.7.1 Farbton

Wirkung | FARBTON erhält Luminanz und Sättigung der Ausgangsfarbe und trägt nur den Farbton der Füllfarbe auf. Bei farbig überlagerten Graustufenbildern ändert sich nicht viel – weiter unten werden Sie noch ein anschaulicheres Anwendungsbeispiel finden.

Praktischer Einsatz | Dezente Kolorationen, auch eine oft gebrauchte Füllmethode für Retuschen und lokale Farbkorrekturen, zum Beispiel bei der Arbeit mit dem Farbe-ersetzen-Werkzeug B .

Abbildung 12.37 ▸
Füllmethode FARBTON, DECKKRAFT 100 %

12.7.2 Sättigung

Wirkung | Trägt lediglich die Sättigung der Füllfarbe auf. Helligkeit und Farbton der Ausgangsfarbe bleiben unverändert erhalten. Der Auftrag von neutralem Grau (das eine Sättigung gleich null hat) zeigt keine Wirkung.

Praktischer Einsatz | Diese Füllmethode liegt beispielsweise dem Schwamm-Werkzeug [O] zugrunde. Auch manuelle Korrekturen der Sättigung sind durch Pixelauftrag auf einer separaten Ebene möglich.

◂ **Abbildung 12.38**
Füllmethode SÄTTIGUNG, DECKKRAFT 100%

12.7.3 Farbe

Wirkung | In älteren Photoshop-Versionen hatte diese Füllmethode noch den längeren, aber deutlicheren Namen »Farbton/ Sättigung«. Hier werden die Eigenschaften der Blendmodi FARBTON und SÄTTIGUNG kombiniert.

Praktischer Einsatz | FARBE eignet sich gut zum Kolorieren von Schwarzweißbildern oder zum Herstellen von gewollten »Farbstichen«. Diese Füllmethode steht bei Mal- und Retuschewerkzeugen ebenfalls zur Verfügung und kann dabei gewinnbringend eingesetzt werden.

◂ **Abbildung 12.39**
Füllmethode FARBE, DECKKRAFT 100%

12.7.4 Luminanz

Wirkung | LUMINANZ ist die Umkehrung des Modus FARBE. Die Ergebnisfarbe wird aus dem Farbton und der Sättigung der Ausgangsfarbe und der Helligkeit der Füllfarbe erzeugt.

Zum Weiterlesen: Praxisanwendung von Luminanz
In Kapitel 21, »Bilder schärfen«, lernen Sie die Füllmethode LUMINANZ im Praxiseinsatz kennen.

Praktischer Einsatz | Diese Methode ist für Montagen weniger geeignet, aber ein hervorragendes Hilfsmittel, wenn es darum geht, allein die Luminanzwerte von Ebenen zu verändern – das ist beispielsweise beim Schärfen eine wichtige Anforderung. Sie ist außerdem ein sehr wichtiger Bestandteil zahlreicher Retusche-Tools.

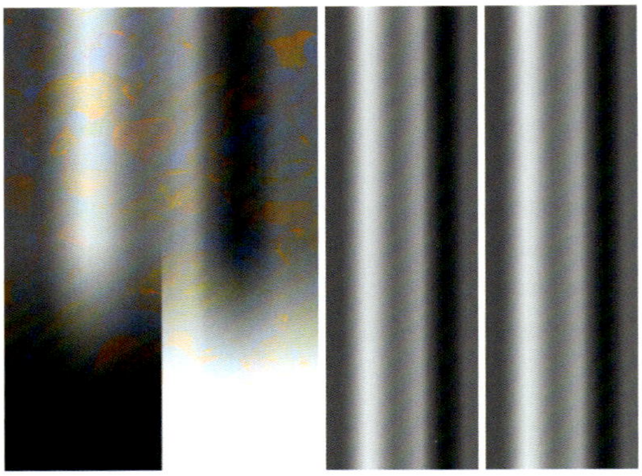

Abbildung 12.40 ▶
Füllmethode LUMINANZ, DECKKRAFT 100%

Tabelle 12.1 ▶
Tastaturbefehle für die Arbeit mit Ebenenfüllmethoden auf einen Blick

Was wollen Sie tun?	Windows	Mac
Durch Füllmethoden navigieren: in der Liste abwärts	Bei aktiver Drop-down-Liste in der Ebenen-Palette: ↓-Taste	Bei aktiver Drop-down-Liste in der Ebenen-Palette: ↓-Taste
Durch Füllmethoden navigieren: in der Liste aufwärts	Bei aktiver Drop-down-Liste in der Ebenen-Palette: ↑-Taste	Bei aktiver Drop-down-Liste in der Ebenen-Palette: ↑-Taste
Füllmethode NORMAL	⇧+Alt+N	⇧+⌥+N
Füllmethode SPRENKELN	⇧+Alt+I	⇧+⌥+I
Füllmethode DAHINTER AUFTRAGEN (nur Pinsel)	⇧+Alt+Q	⇧+⌥+Q
Füllmethode LÖSCHEN (nur Pinsel)	⇧+Alt+R	⇧+⌥+R
Füllmethode ABDUNKELN	⇧+Alt+K	⇧+⌥+K
Füllmethode MULTIPLIZIEREN	⇧+Alt+M	⇧+⌥+M
Füllmethode FARBIG NACHBELICHTEN	⇧+Alt+B	⇧+⌥+B
Füllmethode LINEAR NACHBELICHTEN	⇧+Alt+A	⇧+⌥+A
Füllmethode DUNKLERE FARBE	Ohne Kürzel	Ohne Kürzel
Füllmethode AUFHELLEN	⇧+Alt+G	⇧+⌥+G

Schnell durch die Liste

Ist die Füllmethoden-Liste aktiv, können Sie direkt mit den Pfeiltasten Ihrer Tastatur durch die einzelnen Füllmethoden springen: eine gute Technik, um schnell und ohne viel zu klicken verschiedene Einstellungen auszuprobieren.

Was wollen Sie tun?	Windows	Mac
Füllmethode Negativ multiplizieren	[⇧]+[Alt]+[S]	[⇧]+[⌥]+[S]
Füllmethode Farbig abwedeln	[⇧]+[Alt]+[D]	[⇧]+[⌥]+[D]
Füllmethode Linear abwedeln	[⇧]+[Alt]+[W]	[⇧]+[⌥]+[W]
Füllmethode Hellere Farbe	Ohne Kürzel	Ohne Kürzel
Füllmethode Ineinanderkopieren	[⇧]+[Alt]+[O]	[⇧]+[⌥]+[O]
Füllmethode Weiches Licht	[⇧]+[Alt]+[F]	[⇧]+[⌥]+[F]
Füllmethode Hartes Licht	[⇧]+[Alt]+[H]	[⇧]+[⌥]+[H]
Füllmethode Strahlendes Licht	[⇧]+[Alt]+[V]	[⇧]+[⌥]+[V]
Füllmethode Lineares Licht	[⇧]+[Alt]+[J]	[⇧]+[⌥]+[J]
Füllmethode Lichtpunkt	[⇧]+[Alt]+[Z]	[⇧]+[⌥]+[Z]
Füllmethode Hart mischen	[⇧]+[Alt]+[L]	[⇧]+[⌥]+[L]
Füllmethode Differenz	[⇧]+[Alt]+[E]	[⇧]+[⌥]+[E]
Füllmethode Ausschluss	[⇧]+[Alt]+[X]	[⇧]+[⌥]+[X]
Füllmethode Subtrahieren	Ohne Kürzel	Ohne Kürzel
Füllmethode Unterteilen	Ohne Kürzel	Ohne Kürzel
Füllmethode Farbton	[⇧]+[Alt]+[U]	[⇧]+[⌥]+[U]
Füllmethode Sättigung	[⇧]+[Alt]+[T]	[⇧]+[⌥]+[T]
Füllmethode Farbe	[⇧]+[Alt]+[C]	[⇧]+[⌥]+[C]
Füllmethode Luminanz	[⇧]+[Alt]+[Y]	[⇧]+[⌥]+[Y]

◂ **Tabelle 12.1**
Tastaturbefehle für die Arbeit mit Ebenenfüllmethoden auf einen Blick (Forts.)

12.8 Ebenenfüllmethoden in der Praxis

Für die Anwendung der Ebenenfüllmethode gibt es unzählige Möglichkeiten, die ich hier nicht alle präsentieren kann. In den folgenden Schritt-für-Schritt-Anleitungen zeige ich Ihnen exemplarisch einige Arbeitstechniken, die sich mit verschiedenen Füllmethoden realisieren lassen.

12.8.1 Ebene auf Ebene: Schnellreparatur

Eine schnelle Korrektur für kontrastschwache, flaue Bilder lässt sich per Ebenenduplikat und Füllmethode erreichen – manchmal sogar auch in Fällen, in denen Tonwertkorrektur, Gradationskurve & Co. nicht mehr weiterhelfen, zum Beispiel bei der Restaurierung alter Fotos oder bei Bildern, die zu lange belichtet wurden. So geht das Schritt für Schritt.

Füllmethoden ohne Kürzel – ein Workaround

Allmählich scheinen Adobe die Tastaturkürzel für neue Füllmethoden auszugehen. Für Dunklere Farbe und Hellere Farbe (die seit CS3 mit an Bord sind) und die CS5-Neuzugänge Subtrahieren und Unterteilen gibt es keine Shortcuts. Wenn Sie diese Füllmethoden trotzdem mit Kürzeln ansteuern wollen, können Sie zunächst zur in der Liste benachbarten Füllmethode wechseln. Mit [⇧]+[Alt]+[0] (Null) bzw. [⇧]+[⌥]+[0] (Null) springen Sie in der Liste eine Position höher, mit [⇧]+[0] (Null) eine Position nach unten.

Datei auf der Buch-DVD: »JiangJingiie.tif«

Zum Weiterlesen: Histogramme
Mehr über Histogramme, wie man sie liest und welche Korrekturen möglich und angemessen sind, erfahren Sie in Kapitel 15, »Regeln und Hilfsmittel«.

Schritt für Schritt: Flaue, zu helle Bilder kräftiger machen

1 Notwendige Korrekturen vornehmen

Bei diesem schnellen Korrekturtrick sollen die Originalebene und ein Duplikat miteinander verrechnet werden. Aus diesem Grund empfiehlt es sich, vorher eventuelle Farbstiche und andere Fehler zu entfernen, da sie sich sonst potenzieren.

Das Beispielbild wirkt sehr hell und etwas flau. Klassische Bildkorrekturen wie Tonwertkorrektur und Gradationskurven verbessern das Bild nicht zufriedenstellend. Die schwachen Farben lassen sich nicht reparieren. Das Histogramm, das Sie rechts neben dem Bild sehen, zeigt auch, warum das so ist: Das Bild enthält sehr wenige Mitteltöne und viele Lichter.

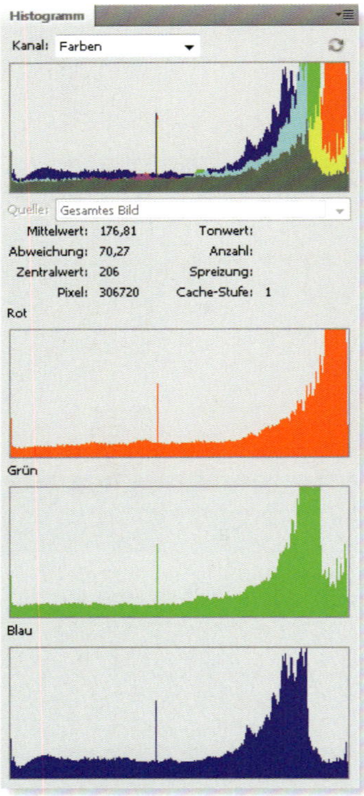

Bild: Jiang Jingiie, Fotolia

▲ **Abbildung 12.41**
Das Bild sieht leider hell und flau aus.

2 Bildebene duplizieren

Erstellen Sie ein Ebenenduplikat. Es muss oberhalb der Originalebene liegen.

Abbildung 12.42 ▶
Sie legen ein Ebenenduplikat an, indem Sie die Originalebene auf das Neu-Icon ziehen.

3 Ebenenfüllmethode wählen, Deckkraft einstellen

Nun stellen Sie die Ebenenfüllmethode für die obere Ebene ein. Da dieses Bild vor allem zu hell und schwach wirkt, ist MULTIPLIZIEREN eine gute Wahl. Mit dem Einstellen der Ebenendeckkraft wird die Wirkung der »Korrektur« reguliert.

▲ **Abbildung 12.43**
Das vorläufige Endergebnis: Der Teint sieht prima aus, die Haare und Teile des Hintergrunds sind etwas zu dunkel geworden.

▲ **Abbildung 12.44**
Stellen Sie den Modus auf MULTIPLIZIEREN, und setzen Sie die Deckkraft herunter.

Andere Anwendungsmöglichkeiten für Ebenenduplikate | Ebenenduplikate lassen sich aber auch noch in anderen Fällen gewinnbringend einsetzen:

- Bei Bildern mit schlappen Kontrasten können Sie ähnlich vorgehen – hier hilft allerdings meist eine der Füllmethoden aus der Reihe der »Licht«-Berechnungen.
- Zu dunkle Bilder lassen sich manchmal mit einer der aufhellenden Füllmethoden verbessern. Eine solche Schnellkorrektur funktioniert nicht bei jedem Bild. Einen Versuch ist es aber allemal wert!
- Das Prinzip »Ebene duplizieren plus Füllmethode« kann Ihnen auch helfen, eine schnelle Scharfzeichnung mit guten Ergebnissen zu erreichen (ohne Konvertierung nach Lab). Dazu zeichnen Sie die obere, duplizierte Ebene scharf und stellen sie auf die Füllmethode LUMINANZ (siehe Kapitel 21, »Bilder schärfen«).

12.8.2 Licht und Schatten gezielt auftragen

Nicht immer muss das *gesamte* Bild abgedunkelt oder aufgehellt werden oder stärkere Kontraste bekommen. Salz und Pfeffer fast jeder Bildkomposition ist die Belichtung – Licht und Schatten können einzelne Bildteile betonen und so den Blick des Betrachters lenken, sie bestimmen den Raumeindruck und geben Bildmontagen einen natürlichen Anstrich. (Eine falsche Lichtführung kann eine Montage schnell entlarven!) Lernen Sie im folgenden

Verfeinerung via Maske

Mithilfe von Ebenenmasken können Sie diese Arbeitstechnik mit wenig Aufwand verfeinern. Grobes Pinseln genügt meist, um Teile der oben liegenden Ebene abdecken, die das Bild sonst zu dunkel machen, Alternativ können Sie auch per AUSWAHL • FARBBEREICH die Tiefen des Bildes auswählen (siehe Abschnitt 13.6, »Farbbereiche auswählen«, und Kapitel 14, »Ebenenmasken & Co.«).

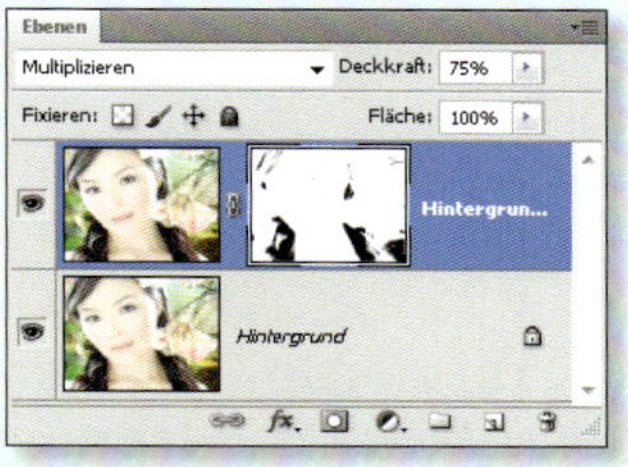

▲ **Abbildung 12.45**
Die obere Ebene hat jetzt eine Maske. Die dunklen Bereiche der Maske blenden den Inhalt der Ebene aus, sodass dort das Multiplizieren nicht wirkt. Resultat: Haare und andere kritische Bereiche werden nicht weiter abgedunkelt.

Schritt-für-Schritt-Tutorial, wie Sie die Lichtverhältnisse eines Bildes gezielt verändern und sogar farbiges Licht vortäuschen können.

Schritt für Schritt: Malen mit Licht und Schatten – mit Füllmethoden

1 Aufgabenstellung klären

Mithilfe der Ebenenfüllmethode lassen sich sowohl Lichter als auch Schattenpartien verstärken oder anlegen. Je nach Aufgabe und den Gegebenheiten des Bildes müssen Farbe und Füllmethode ausgewählt werden. Die hier gezeigte Technik eignet sich für Arbeiten an feinen Details ebenso wie für die großzügige Gestaltung von Landschaften und Ähnlichem mit Licht und Schatten. Hier soll ein Porträt mit einigen Sonnenflecken versehen werden, um die lachenden Gesichter stärker zu betonen.

Datei auf der Buch-DVD: »MutterundKind.jpg«

Bild: Cory Dockren, Fotolia

Abbildung 12.46 ▸
Lichtretuschen sollen nie gegen das Motiv durchgeführt werden, das funktioniert nicht. Sonnenflecken auf den Gesichtern würden gut zum Rest des Fotos passen.

2 Füllmethode und Farbe auswählen

Einzelne Bildpartien gezielt aufhellen können Sie mit den Ebenenfüllmethoden Farbig abwedeln und Linear abwedeln. Auch die »Licht«-Füllmethoden können aussichtsreiche Kandidaten für diesen Zweck sein. Welche Füllmethode besser wirkt, ist meist nur durch Ausprobieren am konkreten Bild zu klären.

Maßgeblich für das realistische Aussehen der Belichtung ist die aufgetragene Farbe. Arbeiten Sie mit neutralen Grautönen, wenn die Farbigkeit des Bildes nicht verändert werden soll. Beim Abwedeln gilt: Je heller das aufgetragene Grau ist, desto stärker wird auch das Bild aufgehellt. Die Ebenendeckkraft gibt eine Möglichkeit zur Feinjustierung, ungefähr sollte der Grauwert aber schon stimmen.

Neutrale Grautöne können Sie über den Farbwähler einstellen. Anhand der RGB- oder der HSB-Werte lässt sich schnell prüfen, ob das Grau keinen Farbstich hat. Die RGB-Werte müssen alle identisch sein ❷, und bei den HSB-Werten darf nur unter B ein Wert eingetragen sein: Die Werte H und S müssen auf 0 stehen ❶.

Eine Alternative ist die Palette Farbfelder. Hier können Sie vorgefertigte neutrale Grautöne schnell anwählen.

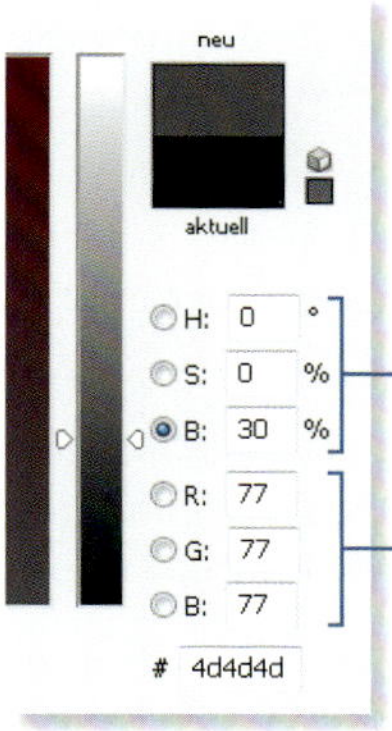

▲ **Abbildung 12.47**
Mit diesem Grauwert wurde gemalt. Der Wert bei »B« (*Brightness*, Helligkeit) hilft Ihnen einzuschätzen, wie stark das Bild aufgehellt wird.

▲ **Abbildung 12.48**
Grautöne in der Farbfelder-Palette anwählen

3 Pinsel und Pinseloptionen wählen

Aufgetragen wird die Farbe per Pinsel. Weiche, große Pinselspitzen ❸ wirken in der Regel besser – Sie können ohnehin recht großzügig arbeiten und meist auf überexakte Pinseleien verzichten. Mit dem Seitenmenü ❺ lässt sich auch die Darstellung der Pinselliste einstellen. Ich habe hier für mehr Informationen Grosse Liste gewählt und mich dann für einen Airbrush-Pinsel entschieden.

Bei kleinteiligeren Arbeiten kann es günstig sein, die Deckkraft der aufgetragenen Farbe schon in den Optionen etwas herunterzusetzen ❻. Durch übereinander aufgetragene Malstriche erzielt man dann meist eine natürliche und lebendige Lichtwirkung. Wenn Sie eine größere einheitliche Farbfläche erzeugen wollen, sollten Sie die Deckkraft des Farbauftrags nicht reduzieren.

Mit feinen Pinselspitzen können zuletzt vorsichtig ergänzende Glanzlichter und Details aufgetragen werden, am besten auf einer extra Ebene. Der Modus des Farbauftrags bleibt übrigens Normal ❹ – Sie arbeiten hier allein mit der Ebenenfüllmethode!

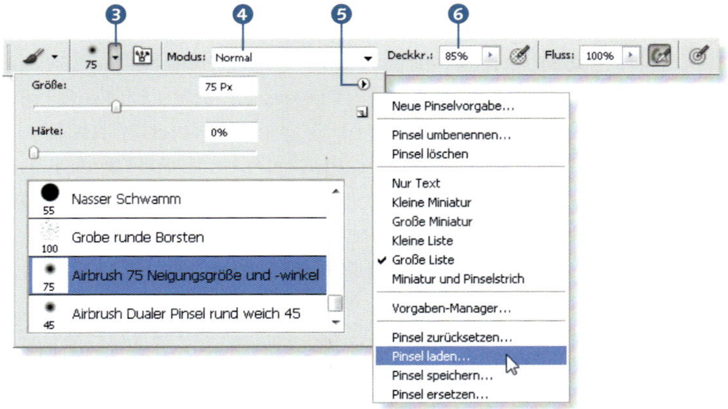

Abbildung 12.49 ▸
Pinseloptionen

4 Ebene(n) anlegen und Füllmethode einstellen

Diesmal arbeiten Sie nicht mit einem Ebenenduplikat, sondern pinseln auf einer oder mehreren Ebenen oberhalb der Originalebene. Legen Sie also eine neue Ebene an, und stellen Sie auch gleich die Füllmethode ein – sonst haben Sie nicht so eine gute Kontrolle über das Ergebnis. Ich habe mich nach einigen Tests für FARBIG ABWEDELN entschieden. Hier müssen Sie aber von Fall zu Fall neu entscheiden – es gibt keine Patentrezepte.

5 Losmalen!

Tragen Sie nun das »Licht« auf das Bild auf. Mit einem dicken Pinsel habe ich beherzt einige Lichtstreifen aufgemalt (hier zur besseren Veranschaulichung mit 100% Ebenendeckkraft). Für eine realistische Retusche kann die Ebenendeckkraft am Schluss noch gesenkt werden.

▲ Abbildung 12.50
Sonnenflecken entstehen durch Pinselauftrag.

▲ Abbildung 12.51
Arbeiten mit der Füllmethode FARBIG ABWEDELN

6 Nachbessern per Weichzeichner

Im Moment wirkt der Lichtschein noch zu kantig, obwohl mit einem weichen Pinsel gearbeitet wurde. Das lässt sich leicht durch Weichzeichnung lösen. Eine komplette Ebene bearbeiten Sie am besten mit einem weichzeichnenden Filter (unter FILTER • WEICHZEICHNUNGSFILTER); kleineren Partien können Sie auch gut mit dem Weichzeichner-Werkzeug aus der Werkzeugleiste zu Leibe rücken. Es wird wie ein Pinsel gehandhabt.

◄ **Abbildung 12.52**
Ich habe mit dem RADIALEN WEICHZEICHNER gearbeitet. Eine etwas neutralere Alternative wäre der GAUSSSCHE WEICHZEICHNER.

7 Endergebnis – und mögliches Feintuning

Das Bild ist nun partiell aufgehellt und wirkt ganz gut. Sollte die Aufhellwirkung immer noch zu stark sein, können Sie die Deckkraft der oberen Ebene einfach etwas heruntersetzen.

◄▲ **Abbildung 12.53**
Das Ergebnis: Das Bild wirkt deutlich freundlicher.

Bildpartien dunkler machen oder buntes Licht imitieren | Sie können auch Bildteile in den Schatten stellen – oder Licht- und Schattenauftrag kombinieren. Um Bilder abzudunkeln, benutzen Sie am besten FARBIG NACHBELICHTEN und LINEAR NACHBELICHTEN. Beim Nachbelichten fungiert Weiß als neutrale Farbe, die

die untere Ebene nicht verändert. Je dunkler die aufgetragene Füllfarbe ist, umso stärker wirkt die Nachbelichtung.

Das Ganze funktioniert nach demselben Prinzip auch mit farbigem Licht. Hier ist Ihr Experimentiergeist allerdings stärker gefragt: Sowohl bei der Lichtfarbe als auch bei der Füllmethode müssen Sie ein wenig mehr herumprobieren, um realistische Ergebnisse zu erzielen.

Bilder: iStockphoto.com

▲ **Abbildung 12.54**
Dieser Männerkopf …

▲ **Abbildung 12.55**
… wurde ins Clubleben …

▲ **Abbildung 12.56**
… einmontiert …

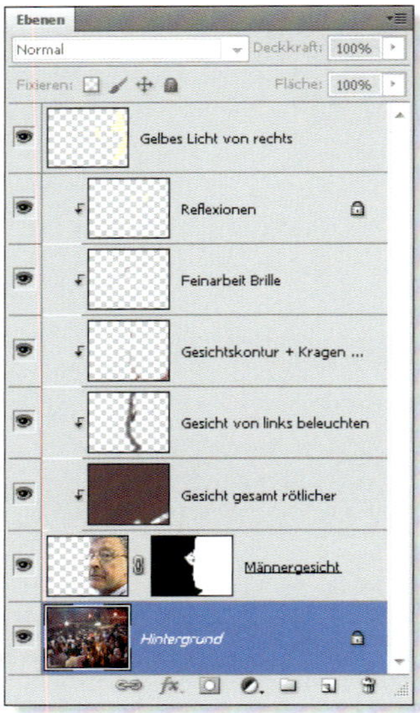

▲ **Abbildung 12.57**
… und mithilfe zahlreicher farbiger Retusche-Ebenen an die Lichtverhältnisse angepasst.

12.8.3 Füllmethode plus Einstellungsebene

Füllmethoden lassen sich auch vortrefflich auf Einstellungsebenen anwenden. So können Sie zum Beispiel bei Tonwertkorrektur- oder Gradationskurven die Füllmethode auf LUMINANZ umstellen, wenn ausdrücklich nicht gewünscht ist, dass diese Korrekturen die Bildfarben verändern – eine Luminanz-Einstellungsebene wirkt dann nur auf die Tonwerte des Bildes, zum Beispiel die Kontraste. Umgekehrt wirken FARBTON/SÄTTIGUNG-Einstellungsebenen oft natürlicher, wenn sie mit der Füllmethode FARBTON, WEICHES LICHT oder INEINANDERKOPIEREN angewandt werden. Und auch für kreative Bildverfremdungen lässt sich das Gespann »Einstellungsebene plus Ebenenfüllmethode« gut nutzen, zum Beispiel, um sehr kontrastreiche Bilder mit harten Konturen und klaren Farben zu erzeugen.

Datei auf der Buch-DVD: »Seesicht.tif«

Bild: S. Mühlke

Abbildung 12.58 ▶
Meerblick mit Strandgräsern – ganz nett, aber kontrastarm und nicht besonders spannend.

◄ **Abbildung 12.59**
Eine Einstellungsebene SCHWARZWEISS wurde über das Bild gelegt. Die Füllmethode WEICHES LICHT sorgt für den gewünschten Effekt: Das Bild erscheint farbig, die Kontraste sind deutlich verstärkt.

▲ **Abbildung 12.60**
Das Endergebnis. Die Farben sind kühler und leicht verfremdet, der grafische Charakter der Gräser wird betont.

12.8.4 Bildelemente in Montagen anpassen

Weitere Anwendungen für die Füllmethode können Sie selbst erfinden. Es müssen auch nicht immer Ebenenduplikate oder eigene neue Ebenen sein, die Sie mit der Füllmethode bearbeiten. Auch bereits bestehende Bildelemente auf verschiedenen Ebenen können mithilfe der Fülloptionen besser aneinander angepasst werden und geben so Montagen den letzten Schliff. Hier haben Sie großen Spielraum – je nachdem, welchen Effekt Sie erzielen wollen.

Kontrastverstärker
Sie können alle Füllmethoden aus der »Licht«-Abteilung (INEINANDERKOPIEREN, WEICHES LICHT, HARTES LICHT, LICHTPUNKT usw.) in vielen Situationen als kontrastverstärkendes Mittel nutzen.

12.9 Erweiterte Füllmethoden: Noch mehr Steuerungsmöglichkeiten

Neben den verschiedenen Ebenenfüllmethoden, die Sie über die Ebenen-Palette ansteuern und bei einigen Werkzeugen antreffen, gibt es noch genauere Einstellungen zur Pixelverrechnung: die

Datei auf der Buch-DVD: »Winterbaum.tif«

Teil IV
Auswählen, freistellen und maskieren

13 Auswahlen

In diesem Kapitel erfahren Sie, wann und wie Sie Photoshops Auswahlwerkzeuge einsetzen und wie Sie auch komplizierte Bildobjekte freistellen. Sie erhalten hier eine Reihe von kreativen Anleitungen und alltagstauglichen Tipps.

13.1 Grundlegendes über Auswahlen

Auswahlen sind immer dann unverzichtbar, wenn Sie nicht das gesamte Bild oder eine gesamte Ebene bearbeiten wollen, sondern nur einen Bildausschnitt.

Datei auf der Buch-DVD: »gummiente.tif«

▲ **Abbildung 13.1**
Die gestrichelte Auswahllinie zeigt, dass die Gummiente ausgewählt wurde. Sie könnte jetzt zum Beispiel vom Bildhintergrund getrennt werden.

13.1.1 Überblick über die Auswahlwerkzeuge

In Photoshop gibt es insgesamt zehn Auswahlwerkzeuge für verschiedene Zwecke und einen eigenen Menüpunkt Auswahl.

Dazu kommen noch der Hintergrund-Radiergummi (Shortcut E – wie »Eraser«) und die Funktion MASKIERUNGSMODUS in der Werkzeugleiste (auch als »Quick Mask« bekannt, Kürzel Q) als schnelle Hilfe für besonders knifflige Aufgaben wie das Trennen von Bildobjekten von ihrem Hintergrund.

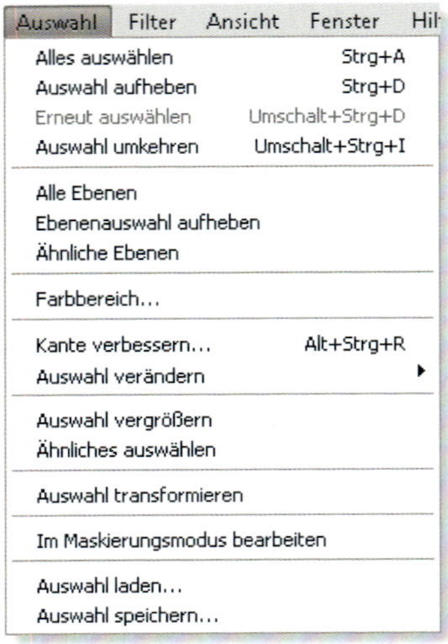

▲ **Abbildung 13.2**
Das Menü AUSWAHL bietet zahlreiche Befehle zum Verfeinern und Weiterbearbeiten von Auswahlen.

Die Vielfalt von Auswahlwerkzeugen und -funktionen belegt, wie wichtig die Arbeitstechnik ist, und verweist gleichzeitig auf ein grundlegendes Problem im Zusammenhang mit Auswahlen: Während für uns klar ist, was auf einem Bild der Hintergrund und was das auszuwählende Hauptelement ist, kennt Photoshop immer nur Pixel. Um verschiedene Bildelemente mithilfe einer Auswahllinie bei erträglichem Arbeitsaufwand voneinander abzugrenzen, sind die Werkzeuge unterschiedlich spezialisiert.

Mit den verschiedenen Auswahlwerkzeugen und -befehlen haben Sie schon eine gute Unterstützung, um recht genaue Auswahlen anzulegen:

- FARBBEREICH (im AUSWAHL-Menü)
- Zauberstab
- Schnellauswahlwerkzeug
- Lasso
- Polygon-Lasso
- magnetisches Lasso
- »geometrische Auswahlwerkzeuge«: Auswahlrechteck
- Auswahlellipse
- und einzelne Zeile
- und Spalte

13.1.2 Auswahlwerkzeuge kombinieren

Sie können auch verschiedene Auswahlwerkzeuge miteinander kombinieren. Wie Sie genau vorgehen müssen, hängt vom Bild selbst ab und davon, was Sie vorhaben. Für eine partielle Bildkorrektur muss eine Auswahl oft nicht 100% passgenau sein. Für Montagen oder das Freistellen eines Bildobjekts sollte jedoch genau gearbeitet werden. Vielfach müssen Auswahlen, die mithilfe der Werkzeuge angelegt wurden, mit Masken, dem Maskierungsmodus oder Pfaden noch nachbearbeitet werden, um wirklich exakt genug zu sein. Daher ziehen es manche Anwender vor, nicht zu viel Zeit in die mit den Auswahlwerkzeugen erstellte Auswahl zu stecken. Stattdessen nutzen sie die Werkzeuge eher für eine Grobauswahl und arbeiten dann mit Ebenenmasken im Maskierungsmodus nach. Seit der Version CS3 gibt es außerdem noch das sehr leistungsfähige Tool KANTE VERBESSERN, ein Werkzeug für das Feintuning von Auswahlen per Schieberegler und Zahleneingabe.

Zum Weiterlesen: Auswahlen nachbearbeiten
Probate Hilfsmittel zum Nachbearbeiten von Auswahlen sind die Funktion KANTE VERBESSERN in der Optionsleiste der Auswahlwerkzeuge (Abschnitt 13.8, »Auswahltuning ...«), der Maskierungsmodus (Abschnitt 13.12.3, »Quick Mask: Auswahlen detailgenau anpassen«) und Ebenenmasken (Kapitel 14, »Ebenenmasken & Co.«).

Bild: Onno K. Gent

▲ **Abbildung 13.3**
Grobauswahl: Die Kuh wurde mit einer ersten, groben Auswahl vom Hintergrund isoliert. Die Kontur ist noch recht ungenau, Reste des ursprünglichen Hintergrunds ❶ sind sichtbar.

▲ **Abbildung 13.4**
Nachbesserung im Detail. Die Konturen sind genauer, Restpixel vom Hintergrund wurden entfernt.

Datei auf der Buch-DVD: »kühe.tif«

[Alphakanal]
Der Alphakanal ist ein 8-Bit-Kanal, der von einigen Bildverarbeitungsprogrammen für die Bildmaskierung oder für zusätzliche Farbinformationen reserviert wird. Er wird ebenfalls verwendet, um einen bestimmten Transparenzgrad eines Bildes zu definieren, sodass ein anderes Bild unter dem darüberliegenden durchscheinen kann.

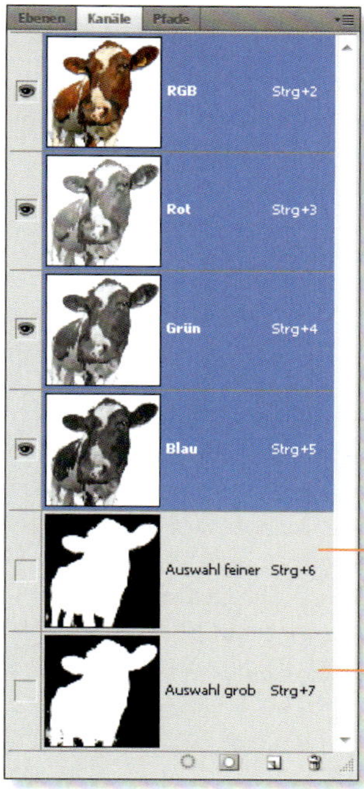

▲ **Abbildung 13.5**
Im Kuhbild sind die Grob- ❸ und die Feinauswahl ❷ gespeichert worden. In der Kanäle-Palette sind die entsprechenden Alphakanäle zu sehen.

13.1.3 Funktionsprinzipien

Mit welchem Tool auch immer Sie Ihre Auswahl erzeugt haben, die Funktionsprinzipien sind stets dieselben:

- Normalerweise beziehen sich Auswahlen immer nur auf die aktive Bildebene. Ausnahmen sind der Befehl Auswahl • Farbbereich und die Option Alle Ebenen aufnehmen des Zauberstabs und seines Nachbarn, des Schnellauswahlwerkzeugs.
- Sobald eine Auswahl im Bild vorliegt, können nur noch die ausgewählten Bereiche bearbeitet werden – der Rest ist vor Bearbeitungen geschützt.
- Sie erkennen eine Auswahl an der »Ameisenlinie« rund um den ausgewählten Bereich.
- Auswahlen basieren auf Alphakanälen und können darin auch gespeichert werden, sofern das Dateiformat Alphakanäle unterstützt. Ansonsten ist eine nicht gespeicherte Auswahl verloren, sobald sie deaktiviert wird.
- Teilweise ausgewählte Pixel: Bildpixel können nicht nur die Zustände »ausgewählt« oder »nicht ausgewählt« annehmen, sondern sie können auch teilweise ausgewählt sein, wie es zum Beispiel auch bei einer weichen Auswahlkante der Fall ist. Die Wirksamkeit einer Auswahl kann also unterschiedlich moduliert sein. Teilweise ausgewählte Bildpixel haben eine verminderte Deckkraft, wenn man den Auswahlbereich ausschneidet und an anderer Stelle einfügt, oder nehmen auf der Auswahl basierende Bearbeitungen nicht voll an.

Erfolgreich ausgewählte Bildbereiche können Sie kopieren und dann

- erneut in die Datei einfügen,
- in ein anderes Bild verschieben oder
- auf eigene Ebenen bringen. Das ist die Grundlage fast aller Montagen.

Dateien auf der Buch-DVD: »ClematisVorher.tif«, »ClematisNachher.tif«, »SkateboarderMontage.tif«, »KürbiswagenVorher.tif«, »KürbiswagenNachher.tif«

Kurzum, Auswahlen sind unverzichtbar für viele ernsthafte Bildbearbeitungsaufgaben. Einige Beispiele sehen Sie im Folgenden.

Bild: Sibylle Mühlke

Abbildung 13.6 ▸ *Kopieren und Einfügen* per Auswahl: Original ...

Abbildung 13.7 ▸▸ ... und Montage. Die einzelnen Blütenkopien wurden außerdem transformiert und teilweise weichgezeichnet.

Bild: Fotolia, Nicolas Kelen

Bild: vitamin a

Abbildung 13.8 ▸ Bildgegenstände mithilfe einer Auswahl *ausschneiden und montieren*: Der Skateboardfahrer wurde vom Hintergrund gelöst ...

Abbildung 13.9 ▸▸ ... und in eine andere Kulisse verschoben.

Ebenso können Sie ausgewählte Bildbereiche kreativ bearbeiten und gezielt korrigieren.

Bild: Onno K. Gent

◄◄ **Abbildung 13.10**
Gezielte Korrekturen verschiedener Bildbereiche. Hier sollte das Hauptmotiv, die Kürbisse, stärker betont werden.

◄ **Abbildung 13.11**
Zunächst wurde der Bildhintergrund ausgewählt, unschärfer und heller gemacht. Mit derselben, jedoch umgekehrten Auswahl wurden die Farben der Kürbisse aufgefrischt.

13.2 Allgemeine Auswahlbefehle und -optionen

Die beste Kenntnis von Auswahloptionen und Spezialwerkzeugen nutzt nichts, wenn Sie die grundlegenden Funktionen nicht beherrschen. Daher finden Sie hier eine Übersicht der wichtigsten Befehle in Kurzform. Weitere Befehlslisten finden Sie bei den einzelnen Werkzeugen und Arbeitshinweisen.

13.2.1 Strategisch auswählen

Mit dem Befehl Auswahl • Auswahl umkehren (Tastenkürzel: ⇧+Strg+I bzw. ⇧+⌘+I) ist es ganz einfach, ausgewählte und nicht ausgewählte Bereiche zu vertauschen. Das eröffnet interessante strategische Perspektiven: Sie wählen nicht in jedem Fall den Bildbereich aus, den Sie später tatsächlich mit der Auswahl erfassen wollen, sondern den, der am leichtesten auszuwählen ist. Mit Auswahl umkehren erreichen Sie dann schnell Ihr eigentliches Auswahlziel.

Was wollen Sie tun?	Windows	Mac
Alles auswählen	Strg+A	⌘+A
Eine bestehende Auswahl löschen	Strg+D	⌘+D
Erneut wählen (aktiviert die zuletzt aufgehobene Auswahl erneut)	⇧+Strg+D	⇧+⌘+D
Auswahl umkehren	⇧+Strg+I	⇧+⌘+I

▲ **Tabelle 13.1**
Die wichtigsten Tastaturbefehle für die Arbeit mit Auswahlen auf einen Blick

Datei auf der Buch-DVD: »Tulpe.psd«

Bild: dieblen.de

▲ **Abbildung 13.12**
Wozu der Befehl Auswahl umkehren nützlich ist: Um ein Objekt wie z. B. diese Blume per Auswahl zu erfassen, wählt man zunächst den relativ einheitlichen Hintergrund aus und kehrt diese Auswahl dann um.

Tabelle 13.1 ►
Die wichtigsten Tastaturbefehle für die Arbeit mit Auswahlen auf einen Blick (Forts.)

Was wollen Sie tun?	Windows	Mac
Ausgewählte Bildbereiche löschen (Unwiderruflich – ein Maskieren ist besser.)	Entf	←
Nachträglich weiche Auswahlkante hinzufügen	Strg + Alt + D	⌘ + ⌥ + D
Auswahllinie (und andere Extras) ausblenden	Strg + H	⌘ + H

13.2.2 Auswahlbereiche ersetzen, addieren, subtrahieren oder Schnittmengen bilden

Mit den Auswahlwerkzeugen legen Sie Auswahlbereiche per Mausklick fest (Zauberstab), zeichnen die Auswahlen (Lassowerkzeuge) oder ziehen geometrische Auswahlbereiche auf (Auswahlellipse und Auswahlrechteck). Gleichgültig, mit welchem Werkzeug Sie arbeiten – Sie können mit Photoshop auch festlegen, wie sich weitere Auswahlbereiche innerhalb des Bildes zu einer schon bestehenden Auswahl verhalten. So können Sie Auswahlbereiche (und damit auch verschiedene Auswahlwerkzeuge) in unterschiedlicher Weise kombinieren. Dazu benutzen Sie die kleinen Buttons im linken Bereich der Optionsleiste. Sie sind bei fast allen Auswahlwerkzeugen vorhanden.

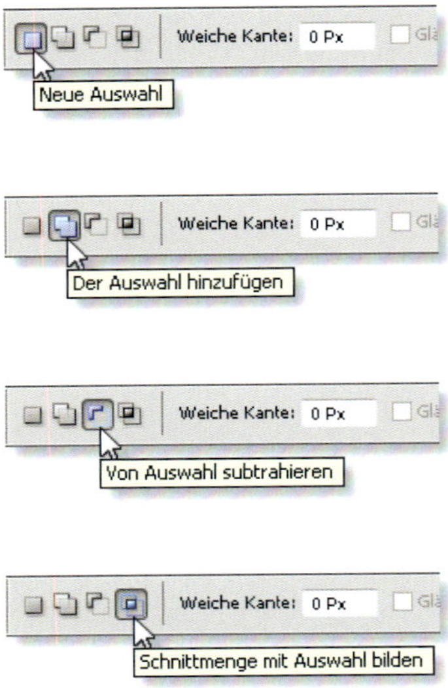

▲ **Abbildung 13.13**
Fast alle Auswahlwerkzeuge haben links in der Optionsleiste vier Minibuttons, mit denen Sie festlegen, wie Auswahlbereiche kombiniert werden.

Datei auf der Buch-DVD: »BunterBall.jpg«

Neue Auswahl | Wenn Sie Neue Auswahl anklicken, ersetzt die neue Auswahl den bestehenden Auswahlbereich – es ist also immer nur eine Auswahl vorhanden.

Bild: Fotolia, Flavia Bottazzini

▲ **Abbildung 13.14**
Eine Auswahl ist bereits im Bild vorhanden (orangefarbenes Ballsegment). Ist nun der Button Neue Auswahl aktiv …

▲ **Abbildung 13.15**
… und wird eine zweite Auswahl im Bild angelegt (blaues Ballsegment), wird die *vorherige Auswahl gelöscht*. Gearbeitet wurde hier mit dem Magnet-Lasso.

Der Auswahl hinzufügen | Der Befehl Der Auswahl hinzufügen ermöglicht das Anlegen von mehr als einem Auswahlbereich im Bild, ohne dass die vorhergehende Auswahl verschwindet. Wenn sich zwei Auswahlbereiche überlappen, werden sie zu einem einzigen Auswahlbereich addiert. Das ist gut geeignet, um Auswahlbereiche zu vergrößern oder um mehrere unverbundene Auswahlen in einem Bild anzulegen.

▲ **Abbildung 13.16**
Mehrere *unabhängige Auswahlbereiche*: Hier wurde zunächst Der Auswahl hinzufügen aktiviert, dann wurden nacheinander drei Ballsegmente (orange, blau, gelb) ausgewählt.

▲ **Abbildung 13.17**
Auswahlbereiche verbinden: Auch hier wurde mit Der Auswahl hinzufügen gearbeitet, allerdings mit dem Ziel, einen einzigen, größeren Auswahlbereich anzulegen (mit mehrfachen Zauberstab-Klicks).

Von Auswahl subtrahieren | Die zweite Auswahloption subtrahiert einen Bereich von der ersten Auswahl, wenn sich die Auswahlbereiche überschneiden. Gibt es keine Überschneidung, bleibt die erste Auswahl unverändert. Mit dieser Option können Sie beispielsweise Fehlstellen (versehentlich ausgewählte Bereiche) ausbügeln oder gezielt einzelne Bereiche aus einer Auswahl ausnehmen.

Schnittmenge mit Auswahl bilden | Wenn Sie Schnittmenge mit Auswahl bilden wählen, bilden die Auswahlbereiche, sofern sie sich überlappen, eine Schnittmenge. Diese Option ist besonders interessant bei der Arbeit mit Auswahlen und Masken oder wenn Sie eine abgespeicherte Auswahl verfeinern wollen.

Die erste Auswahl anzulegen ist mit jeder Option möglich | Um die erste Auswahl im Bild anzulegen, müssen Sie nicht eigens zur Option Neue Auswahl wechseln – das funktioniert mit

TOP-TIPP: Auswahl-Cursor zeigt aktive Option an

Je nachdem, welche der vier Auswahloptionen aktiv ist, erscheint ein anderes zusätzliches Symbol am Auswahl-Cursor:

- Der »blanke« Auswahl-Cursor zeigt an, dass Neue Auswahl aktiv ist.
- Ein Pluszeichen neben dem Cursor weist auf die Einstellung Der Auswahl hinzufügen hin.
- Ein Minuszeichen steht für Von Auswahl subtrahieren.
- Ein kleines X steht für die Option Schnittmenge mit Auswahl bilden.

jeder Auswahl-Kombinationsoption. Erst wenn bereits eine Auswahl vorhanden ist und weitere Auswahlen hinzugefügt werden, kommt die Wirkung der Optionen zum Tragen.

Sie können jederzeit zwischen den verschiedenen Auswahloptionen und auch zwischen den verschiedenen Werkzeugen wechseln. Und Sie müssen nicht unbedingt die Schaltflächen in der Optionsleiste bedienen, um zwischen den verschiedenen Optionen umzuschalten – es gibt wiederum eine Reihe nützlicher Shortcuts.

Was wollen Sie tun?	Windows	Mac
Eine Neue Auswahl erstellen (entfernt eine eventuell bestehende Auswahl)	Auswahlwerkzeug normal benutzen	Auswahlwerkzeug normal benutzen
Der Auswahl hinzufügen	Auswahlwerkzeug benutzen, dabei [⇧] drücken	Auswahlwerkzeug benutzen, dabei [⇧] drücken
Von Auswahl subtrahieren	Auswahlwerkzeug benutzen, dabei [Alt] drücken	Auswahlwerkzeug benutzen, dabei [⌥] drücken
Schnittmenge mit Auswahl bilden	Auswahlwerkzeug benutzen, dabei [Alt]+[⇧] drücken	Auswahlwerkzeug benutzen, dabei [⌥]+[⇧] drücken

▲ **Tabelle 13.2**
Tastaturbefehle für Auswahloptionen auf einen Blick

13.2.3 Toleranz

Toleranz ist ein Parameter, den Sie bei einigen Auswahlwerkzeugen wie dem Zauberstab und der Auswahl nach Farbbereich antreffen, aber auch zum Beispiel im Zusammenhang mit dem Füllwerkzeug (Shortcut: [G]) oder dem Farbe-ersetzen-Werkzeug [B] – eben immer, wenn die Farbe der schon vorhandenen Bildpixel für die Anwendung eines Werkzeugs relevant ist. Damit legen Sie fest, wie sensibel ein Werkzeug auf Farbabweichungen reagieren soll. So können Sie auch Flächen auswählen oder jene mit dem Fülleimer des Farbe-ersetzen-Werkzeugs bearbeiten, die nicht völlig monochrom sind, sondern Farbschattierungen aufweisen.

- Je niedriger der eingestellte Toleranz-Wert ist, desto weniger unterschiedliche Farbnuancen werden berücksichtigt.
- Je höher die Toleranz ist, desto mehr Farbabweichungen werden in die Auswahl eingeschlossen.

Datei auf der Buch-DVD: »Nelkenwurz.tif«

▲ **Abbildung 13.18**
Auswahl der gelben Blüte per Zauberstab, TOLERANZ: 12. Hier muss man zwar in jedem Fall mit mehreren Mausklicks operieren, um alle Gelbnuancen zu erfassen – mit dem hier verwendeten niedrigen Toleranzwert wären jedoch unzählige Mausklicks notwendig. Es ist kaum möglich, eine geschlossene Auswahlfläche anzulegen.

▲ **Abbildung 13.19**
Einige Mausklicks in die Blüte mit dem Toleranzwert 50. Diese Toleranzstufe ist für das Bild zu hoch: Es sind bereits Bereiche des Hintergrundes mit erfasst worden.

Welcher der »richtige« Toleranzwert ist, hängt natürlich von Ihrem Ziel und den Kontrasten und Farbabstufungen im jeweiligen Bild ab – die Einstellung erfordert ein wenig Erfahrung und Ausprobieren. Für die meisten Alltagsjobs kommt man mit Werten zwischen 20 und 30 gut aus. Das Ändern der Toleranz ist auch während der Arbeit möglich, zum Beispiel zwischen verschiedenen Zauberstab-Klicks. So kann die Wirkung des Werkzeugs optimal an die Gegebenheiten im Bild angepasst werden.

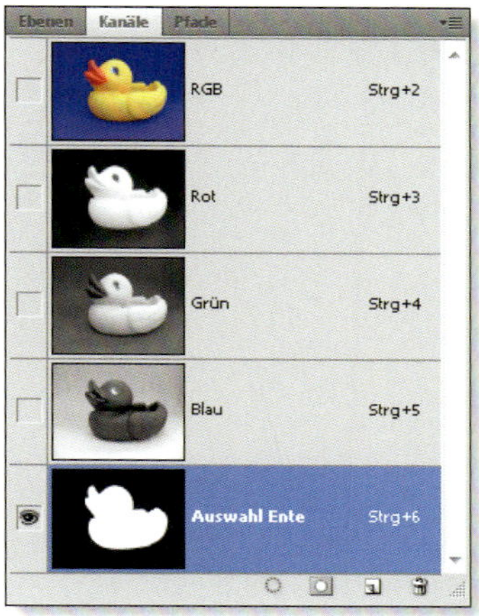

▲ **Abbildung 13.20**
Eine gespeicherte Auswahl wird als Alphakanal abgelegt. Blendet man nun diesen ein und die übrigen Kanäle aus (Augensymbole!), wird die Auswahl im Bild mit Schwarz und Weiß und Graustufen angezeigt.

13.2.4 Weiche Kante

Normalerweise sind Auswahllinien, die Sie mit einem Auswahlwerkzeug ziehen, »hart« und trennen ausgewählte und nicht ausgewählte Bildbereiche scharf voneinander ab.

◄ **Abbildung 13.21**
Harte Grenze zwischen ausgewählten und nicht ausgewählten Bereichen. So stellt sich eine Auswahl der oben abgebildeten Gummiente im Alphakanal der Datei dar. Schwarz und Weiß bezeichnen ausgewählte bzw. nicht ausgewählte Bildteile. Die Bereiche sind sauber voneinander getrennt.

▲ **Abbildung 13.22**
Die Option Weiche Kante – hier in der Optionsleiste des Lasso-Werkzeugs

Photoshop bietet aber auch eine Option an, mit der Auswahlkanten weicher angelegt werden können. Die Option Weiche Kante erlaubt es Ihnen, einen Übergangsbereich von ausgewählten zu nicht ausgewählten Bildbereichen zu definieren. Sie finden die Option Weiche Kante bei den »geometrischen« und den Lasso-Auswahlwerkzeugen direkt in der Optionsleiste. Hier müssen Sie den gewünschten Wert *vor* dem Anlegen der Auswahl eintippen.

Welcher Wert der richtige ist, richtet sich wiederum ganz nach den Gegebenheiten des aktuell bearbeiteten Bildes und Ihrem Arbeitsvorhaben. Dabei sollten Sie allerdings die Bildauflösung im Hinterkopf behalten: Bei einem niedrig aufgelösten Web-Bild ist eine weiche Kante von 10 Pixeln schon recht breit, bei einem 300-ppi-Bild nicht.

Weiche Kante nachträglich hinzufügen | Sie können die Option Weiche Kante beim jeweiligen Auswahltool aktivieren, *bevor* Sie die Auswahl erzeugen. Bei fertiger, noch aktiver Auswahllinie geht das auch nachträglich:

- Entweder mit dem Befehl Auswahl • Auswahl verändern • Weiche Kante oder unter Windows mit dem Tastaturkürzel [Alt]+[Strg]+[D] ...

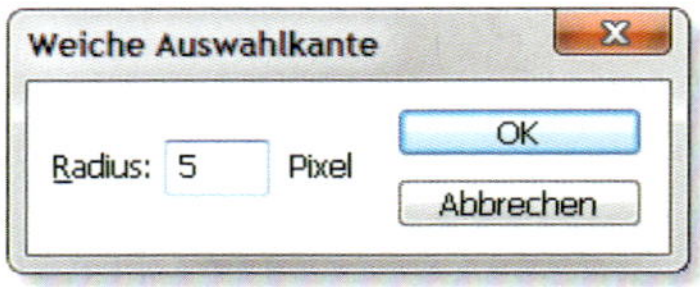

▲ **Abbildung 13.23**
Sie können genau festlegen, um wie viele Pixel die bestehende Auswahl »erweicht« werden soll.

- ... oder mithilfe des Dialogs Kante verbessern. Sie starten ihn über den gleichnamigen Button in der Auswahlwerkzeug-Optionsleiste oder via Auswahl • Kante verbessern ([Alt]+[Strg]+[R] bzw. [⌥]+[⌘]+[R]). Die Vorteile: Kante verbessern verfügt über eine Live-Bildvorschau, außerdem stehen weitere interessante Nachbearbeitungsoptionen zur Verfügung. Mehr Informationen zu diesem Tool finden Sie in Abschnitt 13.8. »Auswahltuning ...«.

Wurde Weiche Kante angewendet, wird automatisch ein Transparenzverlauf an der Auswahl-Außenkante erzeugt, der die Ränder der Auswahl weichzeichnet, und zwar in der Breite, die Sie zuvor festgelegt haben.

Weiche Kante per Shortcut am Mac

Das Tastenkürzel [⌥]+[⌘]+[D] ist am Mac schon vom System für das Ausblenden des Docks vergeben. Sobald Sie diese Zuordnung systemseitig deaktivieren, steht der Shortcut zum Start des Dialogfelds Weiche Auswahlkante in Photoshop zur Verfügung.

Wählen Sie dazu Systemeinstellungen • Tastatur • Tastaturkurzbefehle • Dashboard & Dock und entfernen Sie den Haken bei Ausblenden des Docks.

Der gestrichelten Auswahllinie selbst sieht man nicht an, ob die Auswahl eine weiche Kante hat – nur bei sehr starker Weichzeichnung und eher eckigen Auswahlobjekten ist sie durch gerundete Ecken an der Auswahllinie erkennbar. Richtig sichtbar wird die weiche Kante, wenn eine Auswahl verschoben oder gefüllt wird. Wenn Sie einen Auswahlbereich bearbeiten – also zum Beispiel korrigieren –, kann die weiche Kante dazu beitragen, den Übergang zwischen ausgewählten, bearbeiteten und unbearbeiteten Bildpartien fließender zu machen. Für freigestellte Bildpartien kann sie als ästhetisches Stilmittel eingesetzt werden, um die Übergänge zwischen freigestelltem Objekt und (neuem) Bildhintergrund fließender zu gestalten.

▲ Abbildung 13.24
So würde die Auswahl der Entenkontur mit der Option Weiche Kante aussehen.

Bild: Fotolia, Christophe Denis

▲ Abbildung 13.25
Und so wirkt eine weiche Kante bei der Gestaltung von Bildrändern.

Datei auf der Buch-DVD: »Erdbeere.jpg«

Übrigens: Die Option Weiche Kante wirkt nur auf Auswahllinien, die sich im Bildinneren befinden. Teile einer Auswahllinie, die direkt an den Außenkanten des Bildes liegen, werden nicht weichgezeichnet.

Bild: dieblen.de

▲ Abbildung 13.26
Auswahl mit Weicher Kante. Der Auswahllinie kann man nicht ansehen, ob sie hart oder weich ist. Allenfalls ungenaue Konturen – wie hier am Blatt rechts außen – können ein Hinwies auf weiche Kanten sein.

13.2.5 Glätten

Die Option Glätten, die für das Auswahlellipse-Werkzeug, den Zauberstab und die drei verschiedenen Lassos zur Verfügung steht, wirkt ähnlich wie Weiche Kante. Nur ist der abgesoftete Bereich kleiner, und sein Umfang kann von Ihnen nicht selbst definiert werden. Die Auswahloption rückt – wie die Glättung von gerasterten EPS-Dateien oder Schriften – dem Problem der (Nicht-)Darstellbarkeit von glatten Rundungen mittels eckiger Pixel zu Leibe, das auch bei Auswahlen auftreten kann. Rechteckige Auswahlen benötigen keine Glättung. Folglich ist dort die Option nicht vorhanden. Entweder Sie aktivieren die Option *vor* dem Anlegen der Auswahl oder Sie nutzen die Einstellungen im

Kante-verbessern-Dialog, um die Auswahllinie nachträglich zu glätten.

Wann sollten Sie mit der Glättungsoption arbeiten? | Vorteilhaft ist das Glätten bei Auswahlen, die viele Rundungen enthalten und als Grundlage einer Montage dienen sollen. Hier kann die Glättung dem Effekt entgegenwirken, dass das ausgewählte, isolierte und woanders einmontierte Element aussieht wie grob mit der Schere beschnitten.

Datei auf der Buch-DVD: »Möwe.tif«

Deaktivieren sollten Sie diese Option, wenn es um exaktes Auswählen insbesondere kleiner und kantiger Objekte geht.

Bild: Onno K. Gent

Abbildung 13.27 ▲
Der blaue Himmel grenzt sich deutlich vom Hauptmotiv ab und kann so leicht vom Zauberstab erfasst werden.

13.3 Der Zauberstab

Der Zauberstab ist das intuitivste aller Auswahlwerkzeuge. Er ist dafür konzipiert, zusammenhängende Bildbereiche mit unregelmäßigen Formen auszuwählen, die aber eine ähnliche Farbe haben. Die Auswahl wird aufgrund der Farbähnlichkeit mit dem angeklickten Pixel erstellt.

13.3.1 Zauberstab-Optionen

Die Optionsleiste bietet Ihnen die Möglichkeit, den Zauberstab an verschiedene Gegebenheiten im Bild anzupassen.

Toleranz, Glätten und die Auswahl-Kombinationsoptionen sind Ihnen nun schon bekannt. Neu sind hier die Optionen Benachbart und Alle Ebenen aufnehmen.

▲ Abbildung 13.28
Die Optionen für den Zauberstab

Benachbart ❶ kann die Wirkung des Zauberstabs vollkommen verändern. Ist sie aktiv (Standardeinstellung), werden nur die Farben ausgewählt, die unmittelbar aneinandergrenzen. Ist die Option deaktiviert, werden farbähnliche Pixel im gesamten Bild ausgewählt. Die Wirkung des Zauberstabes gleicht dann dem Werkzeug Farbbereich, allerdings ohne dessen genaue Ergebniskontrolle.

Alle Ebenen aufnehmen ❷ legt fest, ob allein die aktive Ebene oder alle vorhandenen Bildebenen berücksichtigt werden.

TOPP-TIPP: Geheime Zauberstab-Option

Eine wenig bekannte Zusatzoption für den Zauberstab verbirgt sich in den Optionen des **Pipetten-Werkzeugs**. Dort legen Sie fest, wie groß der Aufnahmebereich der Pipette ist, das heißt, wie groß der Bereich ist, der mit jedem Klick in das Bild aufgenommen und analysiert wird.

Diese Option wirkt sich auch auf den Zauberstab aus. Wenn Sie mit dem Zauberstab kleinteilige Bildbereiche aus niedriger aufgelösten Bildern auswählen wollen, sollten Sie den Wert 1 Pixel einstellen. Für größere Auswahlflächen und hohe Bildauflösungen sind größere Aufnahmebereiche besser geeignet.

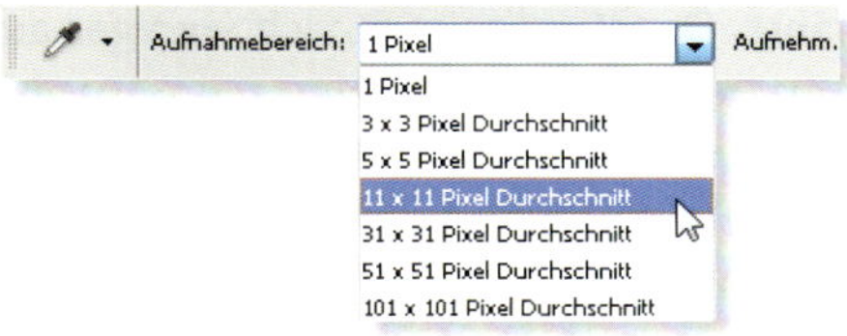

▲ **Abbildung 13.29**
Wie groß ist der Aufnahmebereich? Die Pipetten-Option wirkt sich auch auf den Zauberstab aus! In CS3 sind bei dieser Option höhere Werte neu hinzugekommen.

13.3.2 Die Bedienung des Zauberstabs

Den Zauberstab zu bedienen ist leicht: Aktiviert wird er durch einen Klick in die Werkzeugleiste oder mit dem Shortcut [W]. (Kleine Gedankenstütze: Denken Sie an die englischen Begriffe **W***izard* (Zauberer) oder *Magic* **W***and* (Zauberstab).) Zuerst legen Sie die Werkzeugoptionen fest. Mit jedem Klick ins Bild analysiert das Werkzeug dann die Bildpixel und erstellt beziehungsweise modifiziert eine Auswahl. Selten schafft man es, einen Bildbereich mit einem Zauberstab-Klick auszuwählen – es empfiehlt sich, die Option Der Auswahl hinzufügen zu aktivieren. Während der Arbeit ist es auch möglich und in vielen Fällen ratsam, den Toleranzbereich zu variieren.

Zum Weiterlesen: Arbeiten mit der Quick Mask
Wie Sie mit der Quick Mask arbeiten und unter anderem Farbton und Deckkraft der Abdeckungsfarbe ändern, lesen Sie in Abschnitt 13.12.3, »Quick Mask: Auswahlen detailgenau anpassen«.

Was ist ausgewählt? | Gerade bei Auswahlen, die sehr »zerfasert« sind, wie es bei Zauberstab-Auswahlen vorkommt (vergleichen Sie die Auswahl der Blüte in Abbildung 13.18 und 13.19), verliert man schon einmal die Übersicht darüber, welche Bildbereiche nun ausgewählt und welche nicht ausgewählt sind. Hier hilft ein kurzzeitiger Wechsel in den **Maskierungsmodus** [◙] (Quick Mask – Shortcut [Q] oder ein Klick auf das Icon in der Werkzeugleiste).

Und auch die Vorschau unter Kante verbessern kann Ihnen natürlich helfen, den Umfang der getroffenen Auswahl zu beurteilen. Mehr dazu erfahren Sie weiter unten.

▲ **Abbildung 13.30**
Nicht ausgewählte Bereiche werden im Maskierungsmodus standardmäßig mit roter, halbtransparenter Abdeckung dargestellt. Die Abdeckung symbolisiert, dass die so gekennzeichneten Bereiche vor Bearbeitung geschützt sind. Alles andere ist ausgewählt und kann bearbeitet werden.

Pinselgröße anpassen | Sehr produktivitätssteigernd wirken sich auch die Kürzel aus, mit denen man im laufenden Betrieb die Pinselgröße anpassen kann.

- Die Taste [#] vergrößert die Werkzeugspitze schrittweise.
- Die Taste [Ö] bzw. [⇧]+[#] am Mac verkleinert sie.

Tabelle 13.3 ▶
Tastaturbefehle für das Schnellauswahlwerkzeug auf einen Blick

Was wollen Sie tun?	Windows	Mac
Schnellauswahlwerkzeug aufrufen	[W]	[W]
Bereiche zu bestehender Auswahl hinzufügen	automatisch	automatisch
Bereiche von bestehender Auswahl subtrahieren	[Alt]	[⌥]
Zurück in den Auswahl-Hinzufügen-Modus	[⇧]	[⇧]
Werkzeugspitze verkleinern	[Ö]	[⇧]+[#]
Werkzeugspitze vergrößern	[#]	[#]

13.5 Die Lasso-Werkzeuge: Auswahlkanten selbst zeichnen

Datei auf der Buch-DVD: »Feuerzeug.jpg«

Die Lasso-Werkzeuge arbeiten nach einem ganz anderen Prinzip als der Zauberstab: Hier treffen Sie Ihre Auswahl nicht durch Klick in die Fläche, sondern Sie **umzeichnen** den Bildbereich, den Sie auswählen wollen, mit der Maus. Es gibt drei verschiedene Varianten des Werkzeugs, die auf unterschiedliche Aufgaben spezialisiert sind:

- Das **einfache Lasso** eignet sich für grobe Auswahlen um unregelmäßig geformte Bildbereiche.
- Das **Polygon-Lasso** ist ein Spezialist für Auswahlbereiche mit geraden und gewinkelten Kanten.
- Das **magnetische Lasso** kann selbstständig Farbunterschiede zwischen Pixeln erkennen und markiert die Kanten angrenzender Farbbereiche. Es eignet sich besonders gut für die Auswahl von Objekten mit hinreichend Kontrast zu den umgebenden Bildpixeln.

Bild: dieblen.de

Abbildung 13.36 ▲
So ein Bild ist ein Fall für die Lasso-Werkzeuge – bei diesem Motiv reichen die Farbunterschiede nicht aus, um Zauberstab oder Schnellauswahlwerkzeug erfolgreich zur Anwendung zu bringen. Hier wurde die Auswahl mit Polygon- und Magnet-Lasso erstellt. Unten wird gerade mithilfe des Buttons Von Auswahl subtrahieren eine kleine Korrektur der Auswahllinie angebracht.

13.5.1 Das einfache Lasso

Das einfache Lasso (Kürzel: [L]) eignet sich sehr gut, um eine Grobauswahl anzulegen, die dann später noch verfeinert werden kann. Ganz präzise Auswahlen fallen damit eher schwer, dafür ist es aber in der Anwendung unkompliziert und schnell. Wenn Sie eine wirklich genaue Auswahllinie brauchen, ist das

Magnet-Lasso, ergänzt um die Quick Mask oder die Funktion KANTE VERBESSERN, besser.

Das gewöhnliche Lasso kommt mit nur wenigen allgemeinen Auswahloptionen aus. Eigene spezielle Optionen braucht es nicht.

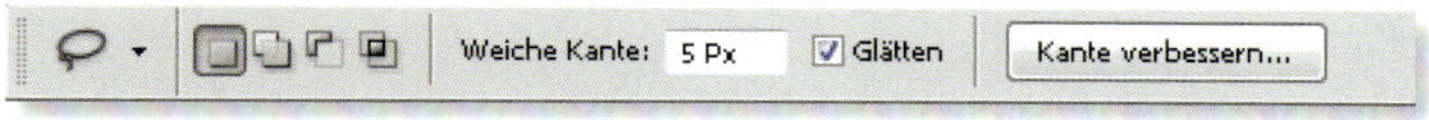

▲ **Abbildung 13.37**
Übersichtlich: die Lasso-Optionen

Datei auf der Buch-DVD: »Theaterpärchen.tif«

Bild: vitamin a

▲ **Abbildung 13.38**
Grobe Auswahl mit dem einfachen Lasso. Diese Theaterzuschauer sollen in ein anderes Bild montiert werden. Bevor man sich an die knifflige Feinauswahl macht, werden die zwei Figuren zunächst grob ausgewählt, kopiert und provisorisch in das neue Bild eingefügt, um zu prüfen, ob die Montage stimmig wäre.

Wie arbeitet man mit dem Lasso? | Bei der Arbeit mit dem Lasso brauchen Sie ein gutes Mausgefühl. Eine hohe Zoomstufe erleichtert in vielen Fällen das Anlegen einer Auswahl. Zu komplizierte Konturen kann man mit dem Tool nicht bewältigen.

Stellen Sie als Erstes wiederum die Optionen ein. Sobald Sie dann mit der Maus in das Bild fahren, verwandelt sich der Mauszeiger in ein kleines Lasso-Symbol. Die nach unten zeigende Spitze des Lassos zeigt an, wo Ihre Markierungslinie gezeichnet wird. Klicken Sie dorthin, wo Ihre Auswahl beginnen soll, halten Sie die Maustaste gedrückt, und umfahren Sie mit der Maus das auszuwählende Objekt. Orientieren Sie sich an der Auswahllinie, die beim Zeichnen dargestellt wird. Sobald Sie den Ausgangspunkt der Auswahllinie erreicht haben, geben Sie die Maustaste wieder frei. Der Startpunkt wird dann automatisch mit dem Endpunkt verbunden – die Auswahl ist fertig. Achten Sie darauf, die Maustaste nicht zu früh loszulassen. Andernfalls kann es passieren, dass der Auswahlbereich einfach von diesem Punkt ausgehend mit einer Geraden geschlossen wird!

TOPP-TIPP: Darstellung des Werkzeug-Cursors

Wenn Ihnen die Ansicht der Mauszeiger als Werkzeug-Symbol zum Arbeiten nicht präzise genug erscheint, können Sie die Darstellung des Mauscursors ändern. Dazu müssen Sie wiederum die VOREINSTELLUNGEN (Strg/⌘+K) bemühen und dort die Rubrik ZEIGERDARSTELLUNG (Strg/⌘+4). Unter ANDERE WERKZEUGE können Sie dann von STANDARD auf FADENKREUZ umschalten. Mit der Einstellung lässt sich genauer arbeiten, aber Sie verlieren auch eine wichtige Orientierung über das aktuell aktive Werkzeug.

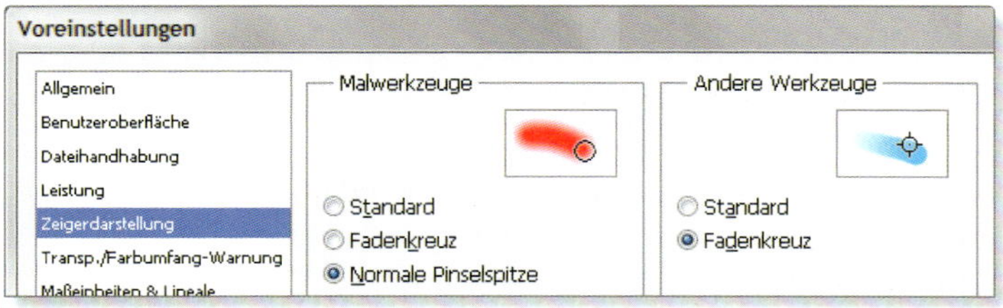

◀ **Abbildung 13.39**
Ändern der Mauscursor-Darstellung für alle Werkzeuge (außer den Malwerkzeugen)

Tabelle 13.4 ▶
Tastaturbefehle für das Lasso-Werkzeug auf einen Blick

Was wollen Sie tun?	Windows	Mac
Lasso aufrufen	L	L
Kurzzeitiger Wechsel vom Lasso- zum Polygon-Lasso-Werkzeug (funktioniert auch umgekehrt)	Alt gedrückt halten	⌥ gedrückt halten
Mit Polygon-Lasso erstellte Auswahl-Ankerpunkte entfernen	Entf	←
Auswahlbereich endgültig schließen	Maus loslassen	Maus loslassen

13.5.2 Polygon-Lasso – für Ecken und Kanten

Das Polygon-Lasso (Kürzel: L) ist das Auswahlwerkzeug der Wahl, wenn Objekte mit geraden Linien und unterschiedlichen Winkeln ausgewählt werden müssen. Motive wie das Stoppschild aus Abbildung 13.40 sind dankbare Objekte für das Polygon-Lasso.

Datei auf der Buch-DVD: »stop.jpg«

Bild: Fotolia, Fritz Langmann

Abbildung 13.40 ▶
Schematisierte Darstellung: Diese Abbildung zeigt Ihr Vorgehen mit dem Polygon-Lasso. Vor jeder Richtungsänderung der Kontur müssen Sie einmal klicken, um das aktuelle Liniensegment zu verankern und eine neue Richtung einzuschlagen.

Die Optionsleiste des Polygon-Lassos bietet keine Neuigkeiten mehr. Die Arbeitsweise unterscheidet sich jedoch deutlich vom normalen Lasso! Das Polygon-Lasso eignet sich für Auswahlbereiche, die viele Geraden und Ecken aufweisen und wenige Rundungen haben: Hier wird die Auswahl durch einzelne Linien erstellt. Mit **Mausklicks** erstellen Sie – später unsichtbare – Befestigungspunkte für diese Linien.

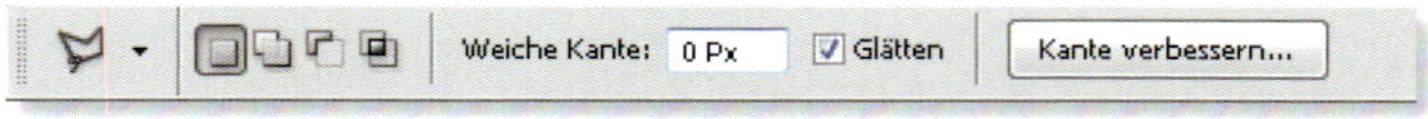

Abbildung 13.41 ▶
Polygon-Lasso-Optionen

Auswahlbereich schließen | Der Auswahlbereich wird automatisch geschlossen, wenn Sie wieder beim Startpunkt angekommen sind. Sie können ihn jedoch auch selbst schließen. Wenn Sie einen der folgenden Schritte durchführen, wird der Auswahlbereich »auf dem kürzesten Wege« geschlossen:

- Doppelklick
- Klick bei gehaltener Strg- bzw. ⌘-Taste

Was wollen Sie tun?	Windows	Mac
Polygon-Lasso aufrufen	L	L
Letzten Ankerpunkt entfernen (kann die Gestalt der Auswahllinie gravierend verändern)	Entf	←
Auswahl-Liniensegmente exakt im 45°-Winkel ziehen (oder in Vielfachen von 45°)	⇧	⇧
Kurzzeitiger Wechsel vom Polygon- zum normalen Lasso (funktioniert auch umgekehrt)	Alt gedrückt halten und mit der Maus ziehen	⌥ gedrückt halten und mit der Maus ziehen
Auswahlbereich endgültig schließen	Doppelklick oder Strg+Klick	Doppelklick oder ⌘+Klick
Vorgang abbrechen	Esc	Esc

▲ **Tabelle 13.5**
Tastaturbefehle für das Polygon-Lasso-Werkzeug auf einen Blick

13.5.3 Das magnetische Lasso

Das magnetische Lasso kombiniert die Fähigkeit des Zauberstabs zur »Bilderkennung« mit dem freihändigen Zeichnen der Auswahllinie, die dem normalen Lasso zu eigen ist.

Das Magnet-Lasso eignet sich zur Auswahl von Bildpartien, die sich gut von ihrer Umgebung abheben. Auch mit komplexen Formen wird es bei einigem Zeitaufwand und akribischer Arbeitsweise fertig.

Außerdem lässt es sich vergleichsweise komfortabel bedienen, und Sie müssen nicht ständig mit der Nase am Monitor kleben, um die Auswahllinie genau zu platzieren: Das Magnet-Lasso erkennt Kontrastunterschiede im Bild und erstellt seine Auswahllinie automatisch entlang dieser Kanten.

Bild: Onno K. Gent

TOPP-TIPP: Auswahl über ganzen Arbeitsbereich ausdehnen

Nicht nur die Bildfläche selbst kann bei der Arbeit mit Photoshop und beim Umgang mit Auswahlwerkzeugen bearbeitet werden. Auch die graue Arbeitsfläche ist (be)nutzbar. Gerade bei der Arbeit mit dem Polygon-Lasso-Werkzeug ist das manchmal recht nützlich: Sie können dann ideale Auswahllinien auch über den Bildrand hinaus ziehen. Die gestrichelte Auswahl-Begrenzungslinie wird zwar nicht über der Arbeitsfläche angezeigt, ist dort aber virtuell vorhanden. Bedingung: Die Bildansicht sollte kleiner gezoomt sein als die gesamte Arbeitsfläche und soll nicht unmittelbar vom Dokumentrahmen umschlossen sein.

Bild: vitamin a

▲ **Abbildung 13.42**
Sie können Auswahllinien über die Dokumentgrenzen hinausziehen.

Datei auf der Buch-DVD: »RosaBlütenstern.tif«

◀ **Abbildung 13.43**
Bilder wie diese Blüte sind dank guter Kontraste ein Fall für das Magnet-Lasso. An die geringeren Kontraste im unteren Bereich kann das Werkzeug während der Arbeit flexibel angepasst werden.

Optionen des magnetischen Lassos | Neben den schon bekannten Optionen finden Sie hier vier neue Einstellungen:

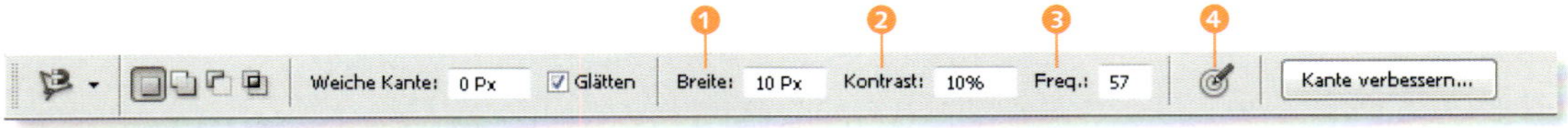

Abbildung 13.44 ▲
Zahlreiche Optionen ermöglichen die Anpassung des Magnet-Lassos an unterschiedliche Bildsituationen.

Breite ❶ bestimmt, wie breit der Bereich rechts und links des Mausweges ist, in dem nach kontrastierenden Pixeln gesucht wird (der sogenannte »Erkennungsabstand«). Bilder, bei denen sich das gewünschte Auswahlobjekt gut von seiner Umgebung abhebt, können mit einem höheren Breitewert bearbeitet werden. Dann muss das Bildelement auch nicht penibel nachgezeichnet, sondern kann locker mit der Maus umfahren werden. Auch detailreiche Auswahlobjekte sollten Sie möglichst mit höherem Breite-Wert umfahren, wenn die Bildverhältnisse das zulassen. Sie sparen sich dann manche akribische Kurve mit der Maus.

Der Kontrast ❷ legt fest, wie empfindlich Photoshop auf Kontraste im Erkennungsbereich reagiert. Ein hoher Wert bewirkt, dass nur sehr kontrastreiche Kanten erkannt werden. Ist der Wert niedrig, werden auch kontrastärmere Kanten berücksichtigt. Darunter leidet dann natürlich unter Umständen die Genauigkeit der Auswahl – für wirklich kontrastarme Bilder ist das Magnet-Lasso trotz dieser Einstellungsmöglichkeit nicht geeignet.

Freq. (Frequenz) ❸ bezieht sich auf die zwischendurch gesetzten Befestigungspunkte. Ein hoher Wert ist für sehr kurvige Motive besser; bearbeiten Sie Objekte mit vielen Geraden, reicht ein niedrigerer Wert.

Die Funktion Zeichenstiftbreite ❹ richtet sich an Grafiktablett-Nutzer, die statt mit der Maus mit einem speziellen Stift arbeiten. Ist dieser Button gedrückt, wird der Wert Breite mit zunehmendem Druck des Eingabestifts auf das Tablett erhöht. Das funktioniert natürlich nur mit aktuellen Grafiktabletts, die diese Photoshop-Funktion unterstützen.

TOP-TIPP: Breite des Erkennungsabstandes anzeigen

Wenn Sie die Feststelltaste ⇪ arretieren, wird der Mauszeiger während des Umzeichnens eines Bildbereichs nicht als das übliche Lasso-Icon dargestellt, sondern zeigt als Kreis die Breite des Erkennungsabstandes an – eine geniale Kontrollmöglichkeit, die Sie unbedingt nutzen sollten! Dieser Schritt kann nicht im laufenden Betrieb ausgeführt werden.

Handhabung | Die Handhabung ist ähnlich wie bei den anderen Lasso-Tools auch. Sie müssen klicken, um den Anfangspunkt festzulegen. Fahren Sie dann um den auszuwählenden Bereich herum – der Abstand richtet sich nach der Deutlichkeit der Kontraste und der eingestellten Breite. Es ist diesmal nicht nötig, die Maustaste gedrückt zu halten! Solange der Kontrast zwischen auszuwählendem Bildteil und dessen Umgebung stark genug ist, macht es auch nichts, wenn Sie versehentlich »daneben zeichnen«, denn das magnetische Lasso sucht sich die Objektkontur selbst. Die Befestigungspunkte, die Sie beim Polygon-Lasso durch

Klicks selbst setzen müssen, werden hier automatisch erstellt. Sie können aber auch an kritischen Stellen durch Klicken eigene Befestigungspunkte setzen. Wenn Sie wieder am Startpunkt angekommen sind, wird das Lasso-Symbol mit einem kleinen Kreis versehen. Er symbolisiert, dass die Auswahl nun geschlossen ist. Klicken Sie, oder drücken Sie [↵], um zu bestätigen – Ihre Auswahl ist dann fertig.

Fehlerkorrektur | Beim Magnet-Lasso werden die Ankerpunkte der Markierungslinie (aus der nach Abschließen des Vorgangs die Auswahllinie wird) durch kleine Quadrate dargestellt. Der jeweils letzte Ankerpunkt wird durch ein schwarzes Quadrat repräsentiert, die schon fertigen Ankerpunkte durch kleine Quadrat-Umrisslinien. Dieses Detail ist maßgeblich für das Ausbessern von Fehlern.

- **Wenn das letzte Stück Ihrer Linie die falsche Richtung einschlägt**, bewegen Sie den Mauszeiger, ohne zu drücken, zurück bis zu der Stelle, an der die Linie noch passt, oder bis zum letzten »festen« Ankerpunkt. Dort erzeugen Sie dann durch Klicken eigene Ankerpunkte und arbeiten sich mit weiteren Klicks über die schwierige Passage hinweg.
- Durch Drücken von [Entf] bzw. [←] können Sie auch **fixierte Ankerpunkte entfernen**. Sie können dann am letzten Ankerpunkt neu ansetzen und der Linie eine bessere Richtung geben.
- **Gegenmaßnahmen bei zu vielen Fehlern**: Wenn sich Fehler häufen, ist es ratsam, entweder die FREQUENZ zu erhöhen oder die BREITE zu senken – oder beides. Ein zu hoher Frequenzwert erschwert allerdings Korrekturen.

Auswahl schließen | Um die Auswahl zu schließen, haben Sie dieselben Möglichkeiten wie beim Magnet-Lasso auch: die Linie an den Startpunkt zurückführen, Doppelklick oder [Strg] bzw. [⌘] und Klick.

Leistungsgrenzen des Magnet-Lassos | In der Beschreibung liest es sich zunächst so, als böte Adobe mit seinem Magnet-Lasso die Lösung für die meisten Auswahlprobleme. In der Praxis zeigt sich jedoch schnell, dass schnelles und genaues Arbeiten auch mit diesem Tool nicht immer zu machen ist. Oft erwischt das Werkzeug die ideale Konturlinie nicht. Besonders bei Bildern, die bereits scharfgezeichnet wurden, oder bei Bildern mit Artefakten oder starker Körnung versagt das Lasso.

Fliegender Werkzeugwechsel

Sie können **kurzzeitig** vom normalen Lasso zum Polygon-Lasso umschalten, ohne das Werkzeug in der Werkzeugleiste wechseln zu müssen. So können Sie einfach zwischen geraden und frei gezeichneten Auswahllinien umschalten und die Vorzüge beider Tools kombinieren. Drücken Sie einfach die [Alt]-Taste (Windows) oder die [⌥]-Taste (Mac OS), während Sie arbeiten – es erfolgt der Wechsel zum Polygon-Lasso-Tool, bis Sie die Taste wieder loslassen. Klicken Sie dann auf die gewünschte Anfangs- und Endposition der geraden Liniensegmente. Das Ganze funktioniert auch umgekehrt, um aus dem Polygon-Lasso ins einfache Lasso zu wechseln.

Um solcherart angelegte Linien-Ankerpunkte (und damit auch ganze Polygon-Segmente) zu löschen – zum Beispiel, wenn eine Linie nicht richtig sitzt –, drücken Sie die Taste [Entf] bzw. [←].

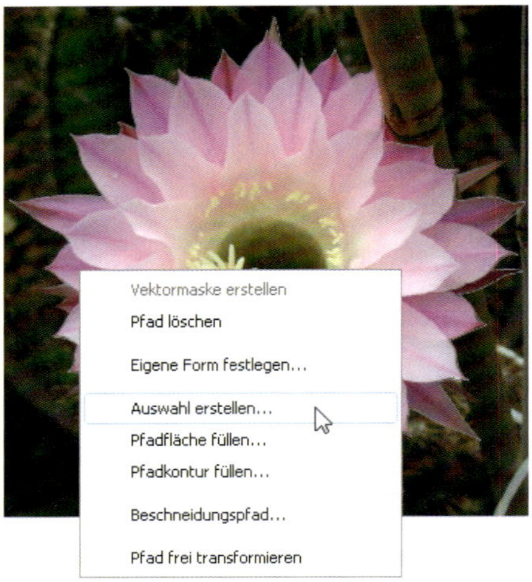

▲ **Abbildung 13.47**
Hier wurde bereits eine Pfadlinie gezeichnet (im Screenshot schlecht erkennbar). Das Kontextmenü ist dann der schnellste Weg, um aus einem Pfad eine Auswahl zu machen.

▲ **Abbildung 13.48**
Optionen für das Erzeugen einer Auswahllinie aus einem Pfad

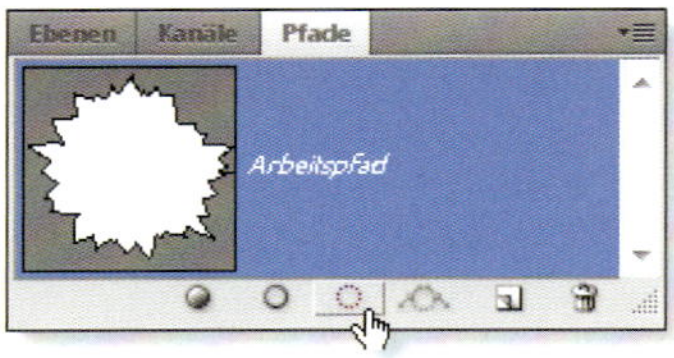

▲ **Abbildung 13.49**
Auch mithilfe der Pfade-Palette können Sie einen Pfad in eine Auswahl verwandeln.

Alternativ können Sie aus dem mit dem Freiform-Zeichenstift-Werkzeug erstellten Pfad eine Auswahl erstellen, indem Sie die kleine Schaltfläche PFAD ALS AUSWAHL LADEN in der Pfade-Palette anklicken.

13.6 Farbbereiche auswählen

13.6.1 Arbeitsweise und Optionen

Den Befehl FARBBEREICH finden Sie im AUSWAHL-Menü. Die Funktionsweise ähnelt der des Zauberstabes: Die Bildfarben werden per Mausklick analysiert, und entsprechend dieser Analyse werden Auswahlbereiche erzeugt oder modifiziert.

Datei auf der Buch-DVD: »Leuchtturm.tif«

Bild: Thilo Frank

Abbildung 13.50 ▶
Die Auswahl nach Farbbereich ermöglicht ein präzises Anpassen des Auswahlbereichs – wichtig zum Beispiel bei feinen Bilddetails wie dem Leuchtturmgeländer.

Das Dialogfeld »Farbbereich« | Das üppig ausgestattete Dialogfeld von AUSWAHL • FARBBEREICH bietet erheblich mehr Bedienungskomfort als der Zauberstab und hat darüber hinaus einige Funktionen, die der Zauberstab nicht aufweist: Sie können auch voreingestellte Farbtöne und Tonwertbereiche (Lichter, Mitteltöne und Tiefen) auswählen, nicht nur durch Klicks aufgenommene Farben. Mit seinem Vorschaufeld erlaubt das Dialogfeld Ihnen eine bessere Kontrolle der Auswahl, was es – gegenüber dem Zauberstab – auch für schwierige Auswahljobs qualifiziert.

Zudem können Sie den Befehl auch auf bereits erstellte Auswahlen anwenden, also damit eine Auswahl verfeinern. Sie sollten von dieser Möglichkeit Gebrauch machen, um per Vorauswahl kritische Bereiche von der Farbbereichsauswahl auszuschließen.

Wenn Sie die gewünschten Einstellungen im Dialogfeld vorgenommen haben, klicken Sie einfach ins Bild oder in das kleine Vorschaufenster innerhalb des Dialogs, um Bildbereiche auszuwählen. Die Optionen können laufend angepasst werden.

»Farbbereich« auch bei Masken
Den Dialog FARBBEREICH können Sie auch auf Masken anwenden, um diese zu verfeinern. Über die Masken-Palette haben Sie direkten Zugriff. Mehr dazu finden Sie in Abschnitt 14.3.4, »Das Wunderwerkzeug für komplizierte Masken: ›Farbbereich‹«.

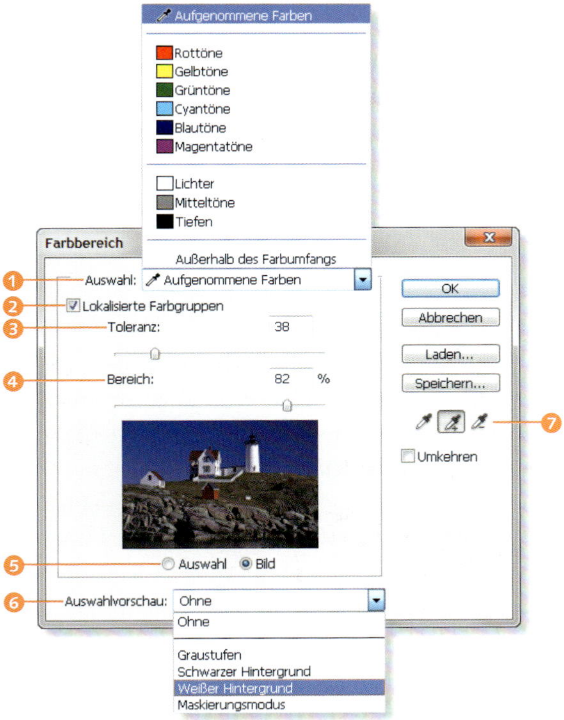

◀ **Abbildung 13.51**
Das Dialogfeld FARBBEREICH mit ausgeklappten Menülisten

Welcher Farbbereich ausgewählt wird, stellen Sie oben im Dropdown-Menü AUSWAHL 1 ein.

- Der Standard AUFGENOMMENE FARBEN ist für Fotos oft die beste Möglichkeit.

- Wird einer der einzelnen Töne (ROTTÖNE, GELBTÖNE, GRÜNTÖNE ...) gewählt, erstellt das Werkzeug eine Auswahl, die nicht nur den jeweils gesättigten Rot-, Gelb- oder Grünton etc. erfasst, sondern auch die jeweiligen Farbanteile in anderen Farben. Wenn Sie hier zum Beispiel GELBTÖNE auswählen und die Einstellung auf ein Bild anwenden, dessen Rotnuancen viel Gelb enthalten, sind auch diese teilweise ausgewählt.
- LICHTER, MITTELTÖNE und TIEFEN: Hier wird die Helligkeit – nicht die Farbe – einzelner Bildbereiche der Auswahl zugrunde gelegt.
- AUSSERHALB DES FARBUMFANGS funktioniert nur bei Lab- und RGB-Bildern und zeigt Farben im Bild an, die außerhalb des Bereichs liegen, der im Vierfarbdruck dargestellt werden könnte.

Farbwarnung per Menübefehl
Wenn Sie nicht den Umweg über das Farbbereich-Werkzeug gehen wollen, um sich nicht-druckbare Farben anzeigen zu lassen, können Sie den Befehl ANSICHT • FARBUMFANG-WARNUNG (⇧+Strg+Y bzw. ⇧+⌘+Y) nutzen.

Die TOLERANZ ❸ ist das wichtigste Instrument, um die Wirkung des Werkzeugs zu regulieren. Die Einstellung hängt davon ab, wie stark die Kontraste Ihres Bildes sind.

Mit der Option LOKALISIERTE FARBGRUPPEN ❷ grenzen Sie die Farbbereichsauswahl auf Regionen nahe Ihrer Mausklicks ein. Der Bereichs-Slider ❹ dient der Feinabstimmung; mit ihm steuern Sie, wie nah oder wie weit weg eine Farbe von den Punkten sein muss, die Sie angeklickt haben, um in die Auswahl eingeschlossen zu werden.

Die Pipetten ❼ bestimmen, ob die verschiedenen angeklickten Farbbereiche einander ersetzen, addiert oder subtrahiert werden. Direkt unterhalb der Pipetten gibt es auch eine Option, um die Auswahl direkt umzukehren. Wenn Sie das einmal vergessen – es gibt auch einen Menübefehl dazu, den Sie nachträglich anwenden können.

13.6.2 Alternative Ansichten des Dialogfelds

Der Screenshot oben zeigt die Standardansicht des Dialogfeldes. Je nach eingestellter Ansicht ❺ kann sich dessen Aussehen wandeln. So können Sie die Auswahlvorschau gut auf die Gegebenheiten Ihres Bildes abstimmen.

- Sie können wählen, ob Sie im **Vorschaufenster** eine Voransicht der Auswahl sehen wollen (so wie oben zu sehen – Einstellung AUSWAHL) ...
- oder ob dort das Bild, so wie es ist, gezeigt werden soll (Einstellung BILD).

Auswahlvorschau | Im letzten Fall ist es sinnvoll, noch per Drop-down-Liste eine AUSWAHLVORSCHAU ❻ dazuzuschalten. Sie wird dann direkt im Bild angezeigt. Gerade bei kleinteiligen Motiven ist das eine gute Lösung, denn das kleine Vorschaubild innerhalb der Dialogbox reicht für die genaue Kontrolle nicht immer aus.

Ähnlich wie beim Dialog KANTE VERBESSERN haben Sie die Wahl zwischen vier verschiedenen Voransichten, die alle die ausgewählten bzw. nicht ausgewählten Bereiche in verschiedener Weise visualisieren. Das Prinzip ist jedoch immer ähnlich: Der ausgewählte Bereich ist freigelegt, der nicht ausgewählte Rest des Bildes ist in unterschiedlicher Art und Weise maskiert. Die Maskierung deutet den Schutz der nicht ausgewählten Bildteile vor Bearbeitung an. Jede Vorschau bietet einen anderen Blick auf die erstellte Auswahl – welche die beste ist, ist auch vom Motiv abhängig. MASKIERUNGSMODUS hat den Vorteil, dass man das Bild selbst mit im Blick hat. GRAUSTUFEN zeigt am besten, wie stark die Auswahl auf die Bildpixel wirken würde.

Zum Weiterlesen: Kante verbessern

Wie Sie Auswahlen automatisiert erstellen lassen, lesen Sie in Abschnitt 13.8, »Auswahltuning mit Live-Vorschau: Kante verbessern«.

▲ **Abbildung 13.52**
Vorschau GRAUSTUFEN – je nach Motiv ist der ausgewählte Bereich schlecht von den nicht ausgewählten Bildteilen zu unterscheiden.

▲ **Abbildung 13.53**
Vorschau SCHWARZER HINTERGRUND – für dieses Motiv zu dunkel.

▲ **Abbildung 13.54**
Vorschau WEISSER HINTERGRUND zeigt die ausgewählten Bereiche deutlich.

▲ **Abbildung 13.55**
Vorschau MASKIERUNGSMODUS. Hier haben Sie das Bild und die Auswahl gleichzeitig im Blick.

Hinderliche JPEG-Artefakte

Die JPEG-Kompression kann in Bildern kleinteilige Viereckmuster hinterlassen. Solche Kompressionsartefakte sind ein häufiges Hindernis bei der Anwendung des Werkzeugs FARBBEREICH. Selbst scheinbar homogene Farbflächen können solche Artefakte aufweisen und entziehen sich der schnellen erfolgreichen Farbbereichsauswahl.

Zum Weiterlesen: Auswahlen laden und speichern

Für das Speichern und Laden fertiger Auswahlen sind immer die Befehle AUSWAHL • AUSWAHL SPEICHERN und AUSWAHL • AUSWAHL LADEN zuständig. Mehr darüber lesen Sie in Abschnitt 13.10, »Auswahlen speichern und laden«.

Wenn sie sich bewährt hat, können Sie Ihre Optionskonstellation auch für den erneuten Zugriff sichern. Mit den Buttons LADEN und SPEICHERN wird nämlich nicht Ihre erstellte Auswahl gespeichert und wieder ins Bild geladen, wie man annehmen könnte, sondern die aktuelle Werkzeugeinstellung. Gespeichert wird sie in Form einer Datei mit der Endung **.axt**. Merken Sie sich den Speicherort für erneute Aufrufe!

Darstellung der Auswahlvorschau weiter anpassen | Bei einigen Motiven wäre die Auswahlvorschau MASKIERUNGSMODUS wünschenswert. Sie funktioniert jedoch dann nicht richtig, wenn die rote Maskenfarbe mit roten Motivteilen kollidiert und so keine verlässliche Vorschau möglich ist. Mit einem Umweg über die Quick Mask [◘] können Sie die Eigenschaften der Voransicht MASKIERUNGSMODUS ändern.

Dazu müssen Sie die Voransicht der Quick Mask (also des Maskierungsmodus selbst) ändern. Sie wirkt sich dann auch auf den Dialog FARBBEREICH aus. Erstellen Sie dazu in einem beliebigen Bild eine beliebige Auswahl, und wechseln Sie mit [Q] in den Quick-Mask-Modus. In der Kanäle-Palette erscheint dann ein zusätzlicher Alphakanal mit dem kursiv gestellten Titel MASKIERUNGSMODUS, in dessen Miniatur Sie doppelklicken.

▲ **Abbildung 13.56**
Ein Doppelklick hier führt zu den Ansichtsoptionen für Masken.

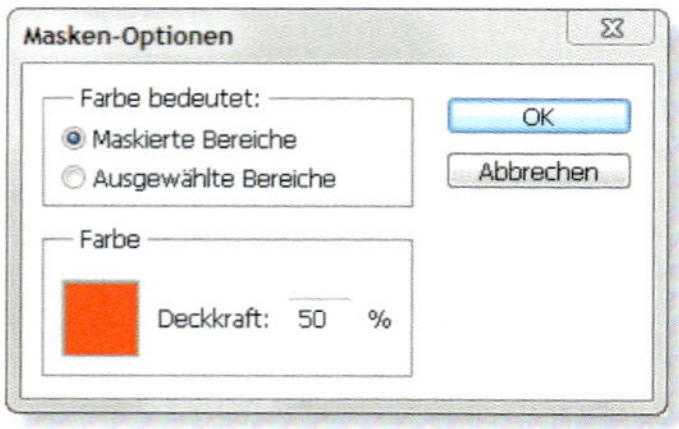

▲ **Abbildung 13.57**
Einstellung der Vorschau-Optionen für die Quick Mask und das Dialogfeld FARBBEREICH

- Ein Klick auf das Farbfeld ruft den Farbregler auf, in dem Sie andere Farben festlegen.
- Die DECKKRAFT kann numerisch eingegeben werden.

- Farbe bedeutet: Maskierte Bereiche ist die (Standard-)Einstellung. Sie legt fest, dass die *nicht* ausgewählten Bereiche in der Quick Mask und der Farbbereich-Vorschau abgedeckt sind.
  Diese Einstellung zu verändern ist nicht unbedingt sinnvoll: Sie können die Qualität einer Auswahl besser beurteilen, wenn die ausgewählten Bereiche eben nicht abgedeckt dargestellt werden. Zudem birgt eine Umstellung ziemliche Verwirrungsgefahr: Die Standardeinstellung entspricht der Logik von Auswahlen und Masken besser als die Einstellung Farbe bedeutet: Ausgewählte Bereiche.

Die Einstellungen, die Sie hier vornehmen, gelten für Quick Mask, Farbbereichsauswahl und alle anderen Masken in Photoshop. Sie bleiben bis zur nächsten Änderung gültig.

13.7 Rechteck und Ellipse: Geometrische Auswahlen

13.7.1 Optionen und Funktionsweise

Eine Technik, mit der sich recht schnell und unkompliziert arbeiten lässt, sind die »geometrischen« Auswahlen. Die Werkzeuge dafür – Auswahlrechteck, Auswahlellipse, einzelne Zeile und Spalte – finden Sie in der Werkzeugleiste ganz oben links. Der passende Shortcut ist M.

▼ **Abbildung 13.58**
Die Optionen für die Auswahlellipse

Die meisten Optionen kennen Sie von anderen Werkzeugen. Neu ist hier die Option Art. Damit können Sie festlegen, ob

- Ihre Auswahl frei aufgezogen werden soll (Normal),
- ob die Seiten eine bestimmte Proportion zueinander haben sollen (Festes Seitenverhältnis) oder
- ob sie ein festes Maß (Feste Größe) aufweisen sollen. Die Maßeinheit für die Feste Größe – px, mm oder cm – können Sie hier frei eintragen.

Funktionsweise | Die Funktionsweise der Tools ist einfach: Aktivieren Sie ein Werkzeug, und legen Sie die Optionen fest. Bewegen Sie die Maus ins Bild, und ziehen Sie bei gehaltener Maustaste die gewünschte Form auf. Maus loslassen – fertig!

13.7.2 Praxisnutzen

Die »geometrischen« Auswahlwerkzeuge werden – anders als die bisher vorgestellten Tools – nur in seltenen Fällen dazu verwendet, bestimmte Bildelemente für die gezielte Korrektur, Retusche oder andere Weiterbearbeitung auszuwählen. Dafür sind sie jedoch unentbehrliche Helfer für viele Photoshop-Alltagsaufgaben.

Dateien auf der Buch-DVD: »Gluehbirne.tif«, »BrinksKaffee.tif«

Rahmenlinien für kleine Layouts anlegen | Mithilfe der »geometrischen« Auswahlwerkzeuge können Sie einen runden, ovalen oder eckigen Rahmen erstellen, was nützlich für kleine Layoutjobs und verschiedene Composings ist.

Dazu erzeugen Sie zunächst eine Rechteck- oder Ellipse-Auswahl, die der gewünschten Rahmenlinie entspricht. Es empfiehlt sich außerdem, für die Kontur eine gesonderte Ebene anzulegen – so können Sie Position, Deckkraft und Füllmethode später noch korrigieren. Bei aktiver Auswahl rufen Sie nun den Dialog KONTUR FÜLLEN auf. Nutzen Sie dazu den Menübefehl BEARBEITEN • KONTUR FÜLLEN oder das Kontextmenü des Auswahlwerkzeugs.

Bild (Tasse): dieblen.de

▲ **Abbildung 13.59**
Diese Konturlinie entstand mithilfe einer Rechteckauswahl.

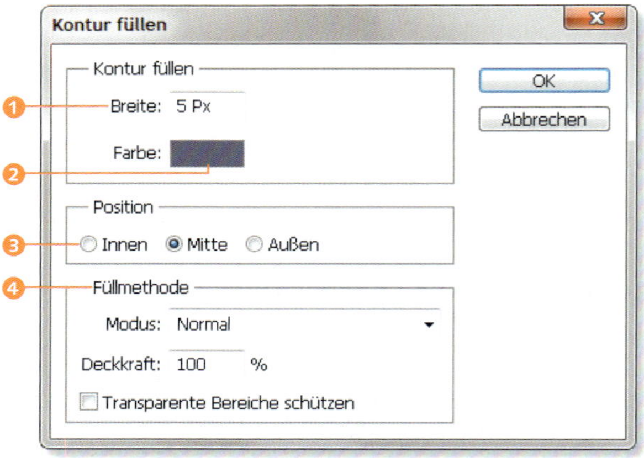

Abbildung 13.60 ▶
Einstellungen unter KONTUR FÜLLEN

Unter ❶ stellen Sie die gewünschte Breite der Linie ein und wählen die Farbe aus. Standardmäßig erscheint hier die Vordergrundfarbe. Durch einen Klick in das Farbfeld starten Sie den Farbwähler ❷. Unter ❸ legen Sie fest, an welcher Stelle der Auswahllinie der Rahmen platziert werden soll. Gerade bei kleineren Bildern oder breiten Linien ist das von Bedeutung. Unter ❹ können Sie DECKKRAFT und FÜLLMETHODE festlegen. Das ist allerdings nicht notwendig, wenn Sie ohnehin mit einer extra Ebene arbeiten – Sie sind ohnehin flexibler, wenn Sie später die Ebeneneigenschaften bearbeiten. Die Option TRANSPARENTE BEREICHE SCHÜTZEN muss deaktiviert sein, wenn Sie auf einer leeren – transparenten! – Ebene arbeiten.

Bild: dieblen.de

▲ **Abbildung 13.61**
Hier sorgt ein abgedunkeltes Rechteck für bessere Lesbarkeit der hellen Schrift und setzt einen Akzent im Layout.

Auswahl mit Farbe füllen | Geometrische Auswahlen eignen sich auch hervorragend, um damit Farbflächen anzulegen, auf die etwa Text platziert werden kann. Das funktioniert fast genauso wie das Erzeugen von Konturlinien. Wieder benötigen Sie als Erstes eine leere Ebene und eine Auswahl – das kann eine geometrische Auswahl sein oder auch eine anders geformte. Als Nächstes wählen Sie aus dem (Kontext-)Menü FLÄCHE FÜLLEN (⇧+← oder ⇧+F5). Sie erhalten dann eine Dialogbox, die sich Ihnen leicht erschließen sollte: Sie können einstellen, wie Ihre Auswahl gefüllt wird und DECKKRAFT und FÜLLMETHODE festlegen.

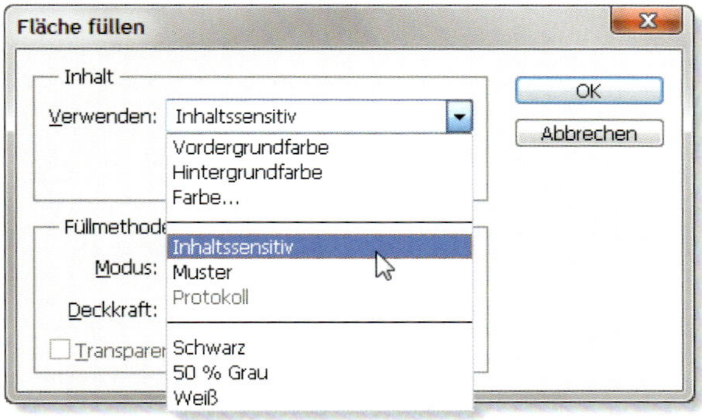

◄ **Abbildung 13.62**
Der Dialog FLÄCHE FÜLLEN. Sie können zwischen soliden Farben, Mustern oder – neu in CS5 – inhaltssensitiver Füllung entscheiden.

Es gibt viele Gelegenheiten, um solche Flächen anzuwenden. Versuchen Sie auch einmal, wie mit Farbe gefüllte Flächen wirken, wenn sie auf Grundlage einer Auswahl mit WEICHER KANTE erstellt wurden.

Bilder beschneiden | Vor allem das Auswahlrechteck-Werkzeug (M) macht sich beim Beschneiden von Bildern nützlich. Denn Sie können nicht nur eine bestimmte Bildgröße einstellen – das geht beim Freistellungswerkzeug (C) schließlich auch – sondern auch **Größenverhältnisse** wie etwa 2:3 oder 3:4 festlegen. Ziehen Sie die passende Auswahl auf. Mit dem Befehl BILD • FREISTELLEN wird Ihr Bild dann in der gewünschten Proportion gekappt. Bei der Arbeit mit dem Auswahlrechteck-Werkzeug läuft man auch nicht Gefahr, dass das Bild versehentlich neu berechnet wird. (Ausführliches über das Freistellungswerkzeug finden Sie in Abschnitt 20.1.2, »Das Freistellungswerkzeug«.)

Zum Weiterlesen: Inhaltssensitive Füllung
Auch, wenn sie gut versteckt scheint: Die Option INHALTSSENSITIV gehört zu den spektakulären Neuerungen in Photoshop CS5. Sie eröffnet völlig neue Möglichkeiten für die Retusche. In Kapitel 1, »Photoshop CS5 – Highlights und schneller Einstieg«, erhalten Sie einen Überblick, und in den Abschnitten 22.5 und 22.6 stelle ich Ihnen die Funktion ausführlich vor.

Ebenen präzise beschneiden | Die Werkzeuge EINZELNE ZEILE und EINZELNE SPALTE (ohne Tastenkürzel) sind Spezialisten für

Präzisionsarbeit. Mit Ihnen können Sie zum Beispiel den ungenauen Beschnitt von Bildebenen pixelgenau nachbessern. Markieren Sie den Bereich, der gelöscht werden soll, und löschen Sie unerwünschte Kantenpixel (per [Entf]-Taste bzw. [←]-Taste am Mac). Viele Screenshots in diesem Buch wurden so auf Maß gebracht.

Was wollen Sie tun?	**Windows**	**Mac**
Auswahlrechteck-Werkzeug oder Auswahlellipse-Werkzeug aufrufen	[M]	[M]
Exaktes Quadrat aufziehen – funktioniert nur mit der Option NEUE AUSWAHL	Halten Sie beim Aufziehen der Form [⇧] gedrückt.	Halten Sie beim Aufziehen der Form [⇧] gedrückt.
Exakten Kreis aufziehen – klappt nur mit der Option NEUE AUSWAHL	Halten Sie beim Aufziehen der Form [⇧] gedrückt.	Halten Sie beim Aufziehen der Form [⇧] gedrückt.
Auswahlform von der Mitte aus aufziehen	[Alt]	[⌥]
Exaktes Quadrat von der Mitte aus aufziehen	[Alt]+[⇧]	[⌥]+[⇧]
Exakten Kreis von der Mitte aus aufziehen	[Alt]+[⇧]	[⌥]+[⇧]
Auswahlform (vor dem Abschließen des Vorganges) bewegen	Halten Sie die Maustaste gedrückt, und drücken Sie zusätzlich die Leertaste.	Halten Sie die Maustaste gedrückt, und drücken Sie zusätzlich die Leertaste.
Fertige Auswahlform in 1-Pixel-Schritten bewegen (bei aktivem Auswahlwerkzeug)	[↑], [↓], [←], [→]	[↑], [↓], [←], [→]
Fertige Auswahlform in 10-Pixel-Schritten bewegen (bei aktivem Auswahlwerkzeug)	[⇧]+[↑], [⇧]+[↓], [⇧]+[←], [⇧]+[→]	[⇧]+[↑], [⇧]+[↓], [⇧]+[←], [⇧]+[→]

▲ **Tabelle 13.7**
Tastaturbefehle für das Rechteck- und Ellipsen-Auswahlwerkzeug auf einen Blick

13.8 Auswahltuning mit Live-Vorschau: Kante verbessern

Trotz der Vielfalt der Auswahlwerkzeuge, die in Photoshop zur Verfügung stehen – nicht in allen Fällen passt eine Auswahl auf Anhieb.

Bild: Fotolia, ikophotos

▲ **Abbildung 13.63**
Auf den ersten Blick ein unproblematisches Auswahlobjekt. Die Person scheint vom tiefblauen Himmel klar abgegrenzt.

▲ **Abbildung 13.64**
Bei näherer Betrachtung zeigt sich, dass die Grenze zwischen Haaren und Himmel diffus ist – eine Herausforderung beim Auswählen.

Unregelmäßige Objektkanten, geringer Kontrast zwischen ausgewähltem Objekt und Hintergrund sowie raue oder unscharfe Kanten machen Auswahlen schwierig. In Photoshop haben Sie daher auch verschiedene Möglichkeiten, um Auswahlen nachzubessern.

- Unter Auswahl • Auswahl verändern gibt es eine Reihe von Menübefehlen (mehr dazu finden Sie im folgenden Abschnitt).
- Besonderen Bearbeitungskomfort bietet Ihnen jedoch die Funktion Kante verbessern.

Starten können Sie die hilfreiche Toolbox mit dem Button Kante verbessern, den alle Auswahlwerkzeuge in der Optionsleiste haben. Alternativ können Sie den Menübefehl Auswahl • Kante verbessern oder den Shortcut Alt+Strg+R bzw. ⌥+⌘+R nutzen.

Mit den Funktionen von Kante verbessern können Sie die Qualität einer bereits erzeugten Auswahllinie überprüfen und die Kontur weiter an das Bildobjekt anpassen. Dank differenzierter Vorschaueinstellungen lässt sich die Wirkung Ihrer Einstellungen direkt im Bild beobachten. Kante verbessern ist eine echte Alternative zum Nachbearbeiten einer Auswahl von Hand per Quick Mask, außerdem lässt sich das Tool – dann unter dem Namen Maskenkante bzw. Maske verbessern, jedoch mit den gleichen

CS5 **Haarige Freisteller mit »Kante verbessern«**
Die erweiterten Radius-Funktionen und die neue Option Ausgabe werten das Kante-Verbessern-Tool stark auf: Sie können damit nun auch schwierige Freistellaufgaben erledigen. Wie das genau geht, lesen Sie in Abschnitt 13.12.1, »Freistellen per Automatik: Kante verbessern«.

▲ **Abbildung 13.65**
Der schnelle Klick zum Auswahltuning.

Funktionen – auch auf richtige Ebenenmasken anwenden (mehr darüber finden Sie in Kapitel 14, »Ebenenmasken & Co.«).

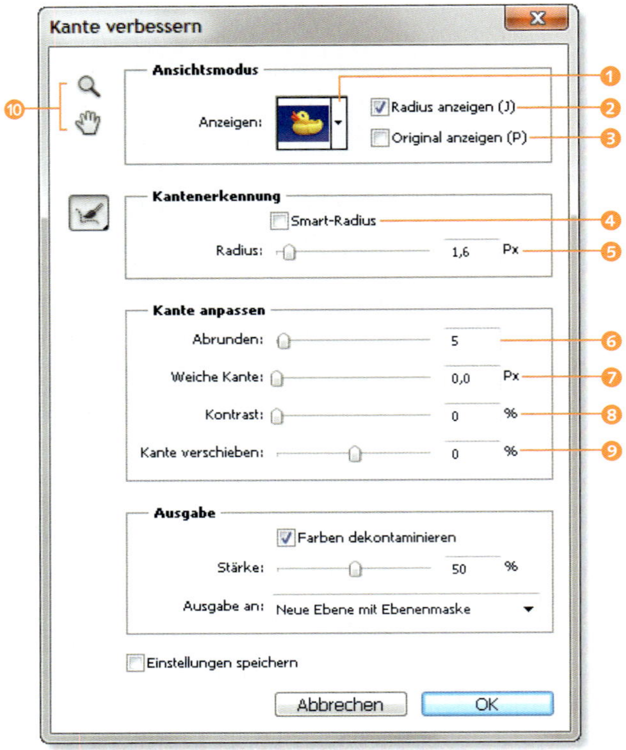

Abbildung 13.66 ▸
Das in CS5 erweiterte Dialogfeld KANTE VERBESSERN

Wie bei vielen Dialogfeldern sollten Sie sich auch hier von oben nach unten durcharbeiten. Sie können mit den Schiebereglern oder per Zahleneingabe arbeiten.

- RADIUS ❺ legt fest, wie breit der Bereich ist, in dem das Werkzeug überhaupt die Kantenverfeinerung durchführt. Höhere Radien empfehlen sich bei Motiven, deren Kantenbereich sehr diffus ist, zum Beispiel bei Haaren oder einfach unscharfen Motiven; geringe Werte sorgen für schärfere Auswahlkanten. RADIUS ist die feiner wirkende Variante von WEICHE KANTE.
  - Nutzen Sie die Option RADIUS ANZEIGEN (J) ❷, um die Wirkung Ihrer Radius-Einstellung besser zu beurteilen.
  - Wenn SMART-RADIUS ❹ aktiv ist, überlassen Sie dem Tool die Regie über die Kantengestaltung. Sie brauchen diese Option eher für Freistellaufgaben (siehe Abschnitt 13.12.1, »Freistellen per Automatik: Kante verbessern«). Lassen Sie sie also lieber deaktiviert, wenn Sie lediglich Ihre Auswahl ein wenig anpassen wollen.

- Abrunden 6 zieht eine gezackte Auswahllinie gewissermaßen ein wenig straff. Anstelle kantiger Konturen entsteht eine mehr oder weniger stark gerundete Linie.
- Die Verfeinerungsfunktion Weiche Kante 7 unterscheidet sich nicht von der oben bereits erklärten gleichnamigen Option: Sie macht Auswahlkanten weich und sorgt für einen fließenden Übergang zwischen ausgewählten und nicht ausgewählten Bildpartien.
- Kontrast 8 zeichnet Auswahlkanten schärfer. Dieser Befehl soll verhindern, dass aufgrund hoher Radien Störungen im Bereich der Auswahlkante auftreten. Sie müssen also beide Regler gegeneinander austarieren.
- Der Slider Kante verschieben 9 verkleinert oder vergrößert den Auswahlbereich. Vor allem in Kooperation mit Weiche Kante lässt sich diese Funktion gut anwenden, denn durch die Weichzeichnung passiert es leicht, dass zu viel oder auch zu wenig Bildbereiche in den Auswahlbereich einbezogen werden.

Bildvorschau | Auch bei der Vorschaudarstellung hat Adobe tüchtig nachgelegt. Sie können nun noch exakter steuern, wie das – vorläufige – Resultat ihrer Arbeit dargestellt wird. So können Sie die Wirkung Ihrer Einstellungen sehr genau einschätzen: wichtig für präzises Arbeiten!

In der Liste unter Anzeigen 1 legen Sie fest, wie der ausgewählte Bildbereich dargestellt wird.

So sehen Sie Ihre Auswahl wahlweise

- mit einer **Auswahllinie** (Auswahl und Masken – [M]),
- mit einer **Maske** (Überlagerung – [V]),
- vor **schwarzem** (Auf Schwarz – [B])
- oder vor **weißem Hintergrund** (Auf Weiss – [W]),
- in der Schwarzweißansicht, **wie ein Alphakanal** (Schwarzweiss – [K])
- oder zusammen mit den **Bildebenen**, die unterhalb der aktuell bearbeiteten Ebene liegen (Auf Ebenen – [L]). Diese Option ist insbesondere für Montagen sehr nützlich, wenn Sie Ihr ausgewähltes Bildobjekt schon in die neue Datei »eingepflanzt« haben und im Detail an die neue Umgebung anpassen wollen.
- Wenn Sie das Bild in der **unbearbeiteten Originalansicht** sehen wollen, wählen Sie die Option Ebene einblenden ([R]).
- Mit dem Kürzel [F] können Sie die Ansichten schnell durchlaufen, ohne die Liste ausklappen zu müssen, [X] deaktiviert alle Vorschaueinstellungen kurzzeitig, und Sie sehen das Bild ohne Auswahlbereiche.

▲ **Abbildung 13.67**
Hier legen Sie fest, wie die Auswahl im Bild angezeigt werden soll.

Die Checkboxen Radius anzeigen und Original anzeigen helfen Ihnen einzuschätzen, wie stark sich Ihre Änderungen auf die Originalauswahl auswirken.

- Radius anzeigen ❷ (Kürzel [J]) zeigt nur den **Bearbeitungsradius** an, also eine mehr oder minder breite Kante an den Auswahlkonturen. In diesem Bereich wirkt sich die Kantenverbesserung überhaupt nur aus!
- Original anzeigen ❸ (Kürzel [P]) wechselt kurzfristig zur **Ansicht der ursprünglichen Auswahl** (nicht zum Originalbild!), deaktiviert also die Vorschau der von Ihnen bereits durchgeführten Änderungen. Diese Option ist für einen Vorher-nachher-Vergleich nützlich.

Datei auf der Buch-DVD: »gummiente.tif«

Mit den bekannten Ansicht-Tools ❿ Zoom (das Kürzel [Z] funktioniert auch hier) und Hand ([H]) können Sie wichtige Bildpartien vergrößern und ins Blickfeld schieben.

▲ **Abbildung 13.68**
Die Vorschau auf Schwarz offenbart besonders bei hellen Bildobjekten die Schwäche einer Auswahl. Sie ist gut geeignet, wenn Sie das Bildmotiv später auf einen dunkleren Hintergrund setzen wollen.

▲ **Abbildung 13.69**
Vorschau mit Überlagerung. Wer oft mit der Quick Mask arbeitet, kommt auch mit dieser Ansicht gut zurecht.

▲ **Abbildung 13.70**
Vorschau auf Ebenen: Die unter der Enten-Ebene liegende Bildebene wird sichtbar. So können Sie einmontierte Objekte exakt an ihren neuen Hintergrund anpassen.

▲ **Abbildung 13.71**
Radius anzeigen zeigt den Bereich an, in dem Ihre Einstellungen überhaupt greifen.

Ausgabeoptionen | Technisch hängen Auswahlen, Masken und Alphakanäle eng miteinander zusammen. Deswegen war es auch schon immer möglich, aus einer Auswahl eine Maske zu machen, eine Maske als Auswahl zu laden oder Auswahlen in Alphakanälen zu speichern. Mit den neuen Ausgabe-Optionen im KANTE-VERBESSERN-Tool macht Adobe diesen Workflow noch ein gutes Stück geschmeidiger. Unter AUSGABE AN können Sie festlegen, wie mit Ihrem verfeinerten Auswahlbereich verfahren wird. Die Option AUSWAHL verfeinert tatsächlich nur die Auswahllinie, die anderen Optionen sind wohl selbsterklärend und müssen hier nicht erläutert werden.

Ausgewählte Bildteile als Maske, Ebene oder neue Datei ausgeben

In der CS5-Version von KANTE VERBESSERN können Sie festlegen, wie Ihr Objekt ausgegeben werden soll – und sparen zeitraubende Zwischenschritte.

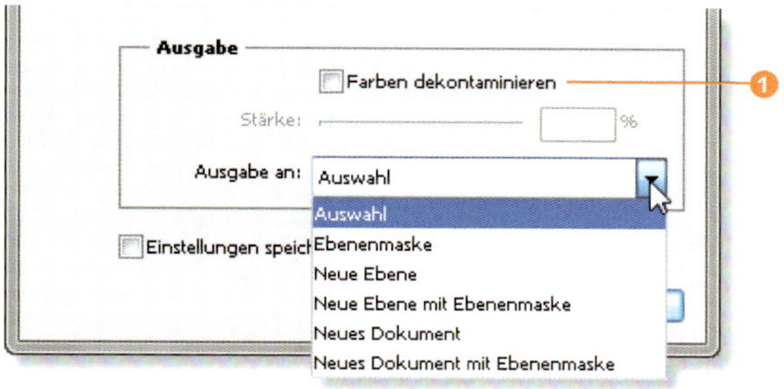

▲ **Abbildung 13.72**
Wie soll mit dem ausgewählten Objekt geschehen?

Die zuschaltbare Option FARBEN DEKONTAMINIEREN ❶ entfernt Farbränder von Objektkanten, die meist durch Reflexion des Hintergrundes entstehen. Wenn Sie sie verwenden, müssen Sie den Auswahlbereich in eine neue Ebene oder ein neues Dokument ausgeben – zusammen mit der Ausgabeoption AUSWAHL ist der Farbrand-Entferner wirkungslos!

Zum Weiterlesen: Farben dekontaminieren

Diese Option ist vor allem für das Freistellen von Bildteilen für Montagen gedacht, deswegen stelle ich sie in Abschnitt 13.12.1, »Freistellen per Automatik: Kante verbessern«, ausführlich vor und gebe außerdem Tipps für alternative Arbeitstechniken.

13.9 Auswahlen mit Menübefehlen modifizieren

Der Dialog KANTE VERBESSERN ist sicherlich das leistungsfähigste Tool, um Auswahlkanten zu verbessern. Es lässt sich mit Gewinn auch bei schwierigen Auswahlobjekten einsetzen. Doch manchmal genügt einfach ein schneller Klick ins Menü. Außerdem gibt es im Menü einige Funktionen, die Sie im KANTE-VERBESSERN-Tool nicht vorfinden. Direkt unter AUSWAHL und im Untermenü AUSWAHL VERÄNDERN finden Sie eine Reihe von Menübefehlen, mit denen Sie Ihre Auswahllinie anpassen können.

Abbildung 13.73 ▸
Befehle zum nachträglichen Verändern einer Auswahl

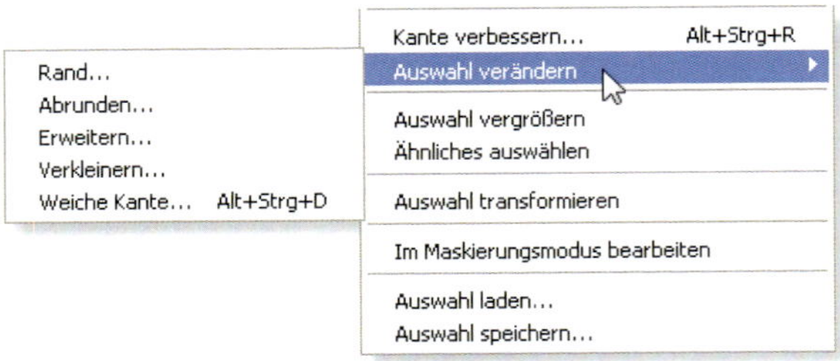

13.9.1 Befehle unter »Auswahl verändern«

Datei auf der Buch-DVD: »Wecker.tif«

Rand | Mit RAND erstellen Sie entlang der Kontur der ursprünglichen Auswahllinie einen Rahmen in gewünschter Breite.

Abrunden | Der Befehl ABRUNDEN lässt sich gut anwenden, wenn Sie eine Zauberstab- oder Farbbereichsauswahl erstellt haben, im Inneren des Auswahlbereichs aber immer noch viele einzelne Pixel nicht mit ausgewählt wurden. Er macht die Auswahlkanten ein wenig glatter.

Bild: dieblen.de

▲ Abbildung 13.74
Mithilfe des Befehls AUSWAHL VERÄNDERN • RAND entsteht aus einer einfachen Auswahl ein solcher Rahmen. Mögliche Anwendung: Bearbeitung auf Objektkanten einschränken.

Erweitern und Verkleinern | ERWEITERN und VERKLEINERN verändern die Größe der Auswahl um den eingestellten Pixelbereich.

Weiche Kante | Dieser Menübefehl funktioniert wie die gleichnamige Auswahlwerkzeug-Option. In Abschnitt 13.2.4 habe ich Ihnen die Funktion bereits vorgestellt.

13.9.2 Auswahl vergrößern

AUSWAHL VERGRÖSSERN funktioniert – trotz des ähnlichen Namens – anders als ERWEITERN. Hier wird der Toleranzwert, der der Auswahl zugrunde liegt, quasi nachträglich erhöht. Sie beziehen dann mehr Farbnuancen in Ihren Auswahlbereich ein, allerdings nur diejenigen Pixel, die an den ursprünglichen Auswahlbereich angrenzen.

13.9.3 Ähnliches auswählen

ÄHNLICHES AUSWÄHLEN sucht im gesamten Bild nach Pixeln, die dem bereits ausgewählten Bildteil ähneln – eine nicht sonderlich präzise Funktion, die einem selten weiterhilft.

TOPP-TIPP: Zauberstab-Toleranz ist maßgeblich

Wie stark die Befehle AUSWAHL VERGRÖSSERN und ÄHNLICHES AUSWÄHLEN tatsächlich wirken, wird von der Zauberstab-Option TOLERANZ bestimmt. Ändern Sie diese Einstellung, um die beiden Befehle zu dosieren.

13.9.4 Auswahl transformieren

Den Befehl AUSWAHL TRANSFORMIEREN wählen Sie immer dann, wenn eine Auswahllinie nicht richtig passt oder wenn Sie den Auswahlinhalt verformen wollen. Besonders bei rechteckigen und elliptischen Auswahlen kann er sinnvoll angewendet werden. Wenn Sie AUSWAHL TRANSFORMIEREN anwählen, zeigt sich um Ihre Auswahl ein Transformationsrahmen, wie Sie ihn vom Transformieren der Ebenen (Abschnitt 11.2) bereits kennen. Damit lässt sich die Auswahl skalieren, drehen oder verzerren.

13.10 Auswahlen speichern und laden

Sie haben inzwischen wohl schon festgestellt, dass es mitunter recht vertrackt sein kann, eine passende Auswahl zu erzeugen. Gerade bei komplizierteren Auswahlen ist es also ratsam, sie zu speichern – möglicherweise brauchen Sie die Auswahl erneut, und wer macht Arbeit gerne zweimal? Gespeichert werden Auswahlen in Alphakanälen.

Notfalloption: Auswahl erneut aktivieren

Sie haben Ihre mühsam erstellte Auswahl bereits deaktiviert und haben vergessen, sie zuvor zu speichern? Der Menübefehl AUSWAHL • ERNEUT AUSWÄHLEN (⇧+Strg+D bzw. ⇧+⌘+D) reaktiviert Ihre letzte Auswahl. Das klappt auch, wenn Sie zwischenzeitlich andere Tools verwendet haben, funktioniert jedoch nicht, wenn Sie die Datei geschlossen oder den Befehl BEARBEITEN • ENTLEEREN verwendet haben.

13.10.1 Auswahl speichern

Um eine Auswahl zu speichern, gehen Sie folgendermaßen vor: Rufen Sie über AUSWAHL • AUSWAHL SPEICHERN das Dialogfeld auf. Unter DOKUMENT stellen Sie ein, in welchem Dokument Ihre Auswahl gesichert werden soll. Das Ursprungsdokument ist die Standardeinstellung, Sie können Auswahlen jedoch auch in einem ganz neuen Dokument sichern. Unter KANAL legen Sie fest, ob Sie einen neuen Alphakanal erzeugen oder ob die aktuelle Auswahl einen bereits bestehenden Kanal ergänzen soll – die Details stellen Sie unter VORGANG ein. Und im Feld NAME vergeben Sie für den Kanal, in dem die Auswahl gesichert werden soll, einen Namen.

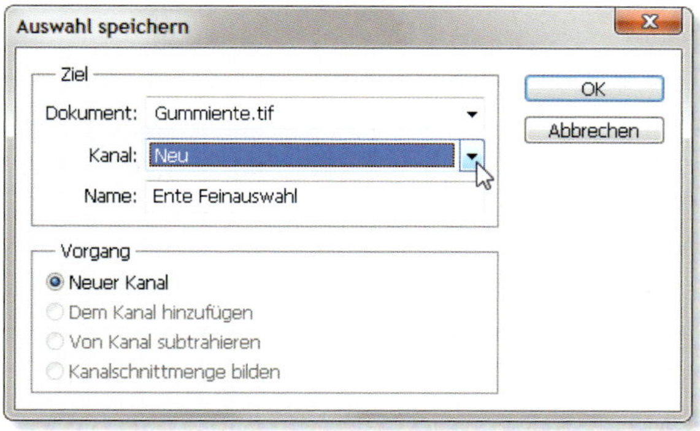

◀ **Abbildung 13.75**
Der Dialog zum Speichern von Auswahlen

Auswahl in bestehendem Kanal speichern | Wenn Sie sich entschließen, Ihre Auswahl einem schon bestehenden Kanal hinzuzufügen (Einstellung unter KANAL), stellt sich die Frage, wie sich die aktuelle Auswahl zu der bereits gespeicherten verhalten soll. Unter Vorgang legen Sie das gewünschte Verhalten fest. Wie bei den Auswahl-Buttons (Abschnitt 13.2.2) stehen hier die Optionen Addieren, Subtrahieren und Schnittmenge zur Auswahl.

13.10.2 Auswahl laden

Erneut aufrufen können Sie eine gespeicherte Auswahl dann über den Befehl AUSWAHL • AUSWAHL LADEN. Das Dialogfeld funktioniert ähnlich wie beim Speichern.

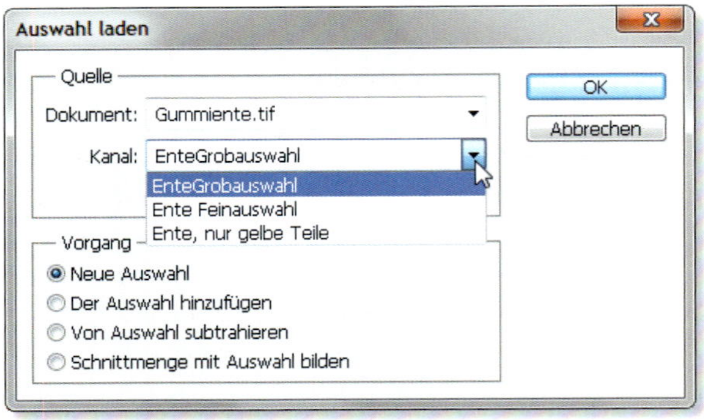

Abbildung 13.76 ▸
Der Dialog zum erneuten Laden. Wenn bereits mehrere Auswahlen gespeichert worden sind, können Sie unter KANAL wählen, welche geladen werden soll.

Dokument | Unter DOKUMENT ist der Name der aktuell aktiven Datei voreingestellt. Sie können hier aber auch die Namen anderer geöffneter Dateien auswählen – eine elegante Möglichkeit, um Auswahlen auch in andere Bilder zu transferieren!

Kanal | Da es möglich ist, je Bild mehrere Auswahlen zu speichern, können Sie dann unter KANAL alle zuvor abgelegten Auswahlen einsehen und die richtige durch einen Klick anwählen.

Vorgang | Die Optionen unter VORGANG sind relevant, wenn im Bild bereits eine weitere Auswahl aktiv ist. Damit können Sie das Verhältnis der beiden Auswahlen zueinander bestimmen.

Umkehren | Wenig erklärungsbedürftig ist die Option UMKEHREN (im Screenshot ist sie durch die Auswahlliste verdeckt). Sie können hier eine Auswahl direkt invertieren und sparen sich ein paar Mausklicks.

13.10.3 Auswahlen per Kanäle-Palette speichern oder laden

Gespeicherte Auswahlen landen in Alphakanälen. In den Miniaturen der Kanäle-Palette haben Sie zumindest eine kleine Vorschau über die Gestalt der Auswahl: Die weiß dargestellten Flächen sind ausgewählt, die schwarzen sind nicht ausgewählt und vor Bearbeitung geschützt. Wenn Sie sich vor dem Laden von Auswahlen nochmals über deren Aussehen vergewissern wollen, können Sie die Auswahlbereiche auch mithilfe der Kanäle-Palette laden. Klicken Sie dazu einfach auf das Icon KANAL ALS AUSWAHL LADEN ① oder bei gedrückter [Strg]- bzw. [⌘]-Taste in die Kanäle-Miniaturabbildung. Ein Klick auf das Masken-Icon ② in der Kanäle-Palette legt aus einer aktiven Auswahl einen neuen Kanal an – speichert also ebenfalls die Auswahl.

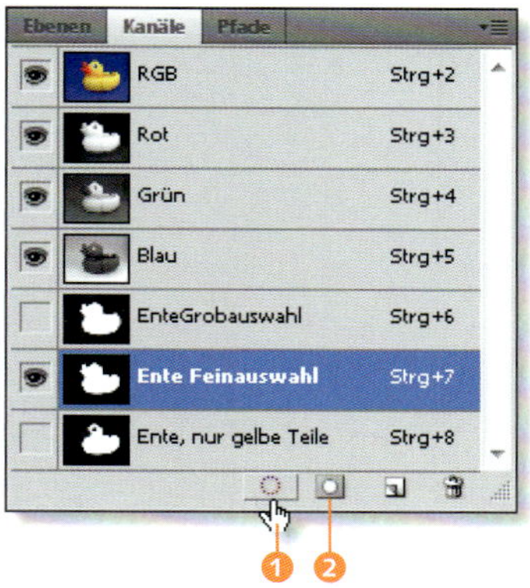

▲ **Abbildung 13.77**
Eine zuvor gesicherte Auswahl aus der Kanäle-Palette laden oder eine aktive Auswahl als Kanal speichern – das geht auch per Palette.

13.11 Typische Arbeitstechniken und Befehle für Auswahlen

Freie Wahl haben Sie, wenn es um die weitere Bearbeitung Ihrer Auswahlen geht: Alle Photoshop-Werkzeuge, die sich auf das gesamte Bild anwenden lassen, funktionieren auch bei Auswahlen. Darüber hinaus gibt es eine Reihe typischer Arbeitsschritte im Zusammenhang mit Auswahlen, die Photoshop zum Teil auch durch eigene Befehle unterstützt. Diese lernen Sie im folgenden Abschnitt kennen.

13.11.1 Auswahllinie verschieben

Um die Position einer Auswahllinie (nicht des Auswahlinhalts) zu ändern, haben Sie mehrere Möglichkeiten:

- Sie klicken mit dem Auswahlrechteck-Werkzeug [⬚] in den ausgewählten Bereich und ziehen die Auswahl an den neuen Ort. Dabei muss die Auswahloption NEUE AUSWAHL aktiv sein. Zur Erinnerung: Sie können schnell zum Rechteckauswahl-Werkzeug wechseln, wenn Sie [M] drücken. Hier reicht es sogar, während des Hantierens mit der Maus [M] einfach gedrückt zu halten.
- Wenn Sie nach dem Klick in die Auswahl zusätzlich [⇧] drücken, erfolgt die Bewegung der Auswahlmarkierung genau horizontal, vertikal oder in 45°-Schritten.
- Eine bessere, weil unkompliziertere Möglichkeit: Sie nutzen bei aktivem Auswahlwerkzeug die Pfeiltasten Ihres Keyboards – das funktioniert mit allen Auswahlwerkzeugen. Jeder Tastendruck bewegt die Auswahlmarkierung um **ein Pixel** nach oben [↑], nach unten [↓], nach rechts [→] oder nach links [←].
- Wenn Sie **zusätzlich** [⇧] drücken, wird die Auswahlmarkierung in **10-Pixel-Schritten** bewegt.

▲ **Abbildung 13.78**
Verschobene Auswahl*linie*

13.11.2 Auswahlinhalt verschieben

Um die Auswahlmarkierung mitsamt den von ihr umschlossenen Pixeln zu bewegen, gibt es ebenfalls verschiedene Wege:

▲ **Abbildung 13.79**
Verschobener Auswahl*bereich*. Bei dieser Operation entsteht im Bild ein Leerraum. Bei normalen Bildebenen ist er transparent, Hintergrundebenen werden mit Pixeln der aktuellen Hintergrundfarbe aufgefüllt.

Zum Weiterlesen: Neue Optionen beim Füllen von Flächen
Eine Kurzeinführung über die neuen Optionen des Fläche-Füllen-Dialogs lesen Sie im Ebenen-Teil (Abschnitt 10.2.2, »Hintergrundebenen«). Ausführlicheres zum Thema erfahren Sie im Retusche-Teil in Abschnitt 22.6, »Inhaltssensitive Retusche«.

▲ **Abbildung 13.80**
Verschobene Kopie der Auswahl. Solange die Auswahllinie noch aktiv ist, kann die Position des Auswahlduplikats noch geändert werden (sogenannte *schwebende Auswahl*).

- Sie wechseln ins Verschieben-Werkzeug [V] und bewegen die Auswahl mitsamt dem Auswahlinhalt per Maus über das Bild. Zur Erinnerung: Mit [Strg] bzw. [⌘] wechseln Sie kurzzeitig zum Verschieben-Werkzeug, und mit [V] rufen Sie es dauerhaft auf.
- Auch hier können Sie [⇧] hinzunehmen, um die Bewegung auf die Senkrechte, die Waagerechte und 45°-Winkel einzuschränken.
- Die Pfeiltasten bewirken auch hier Bewegungen in **1-Pixel-Schritten** – nur muss dabei das Verschieben-Werkzeug aktiv sein.
- Zusätzliches Drücken von [⇧] beschleunigt das Verschieben – je Pfeiltastendruck geht es dann **10 Pixel** vorwärts.

13.11.3 Auswahlinhalt löschen

Um den Inhalt einer Auswahl endgültig zu löschen, nutzen Sie unter Windows die Taste [Entf] und unter Mac OS die [←]-Taste. Etwas umständlicher geht es mit dem Befehl Bearbeiten • Löschen. Auch dabei entstehen natürlich leere Flächen in der Ebene. Anders als beim Verschieben von Auswahlbereichen erscheint beim Löschen der Dialog Fläche füllen. Sie können selbst entscheiden, wie der Leerraum aufgefüllt werden soll.

13.11.4 Auswahl duplizieren und verschieben

Um der »Lochbildung« entgegenzuwirken, können Sie auch Ihren ausgewählten Bildteil kopieren und dann dieses Duplikat verschieben. Beachten Sie, dass dabei zunächst *keine eigene Ebene* angelegt wird.

- Auch dazu muss das Verschieben-Werkzeug [V] angewählt oder per [Strg]/[⌘] kurzzeitig aktiviert sein. Drücken Sie dann [Alt] (Windows) oder [⌥] (Mac OS), und bewegen Sie die Maus in die gewünschte Richtung.
- Auch hier bewirkt [⇧] wieder eine Einschränkung der Bewegung auf 45° oder Vielfache davon.

Sobald Sie die Auswahlbegrenzung deaktivieren (mit Auswahl • Auswahl aufheben oder [Strg]+[D] bzw. [⌘]+[D]), werden die Pixel des so erzeugten Auswahlduplikats mit der Ursprungsebene verrechnet, und die **schwebende Auswahl** wird aufgehoben. Ein nachträgliches Verschieben oder Löschen ist nicht möglich!

13.11.5 Auswahlen auf eine eigene Ebene bringen

Am meisten Flexibilität haben Sie, wenn Sie eine Auswahlkopie in eine neue Ebene bringen. Diese lässt sich dann unabhängig von der Ausgangsebene jederzeit verschieben, skalieren und beliebig bearbeiten.

- Nutzen Sie dazu den Befehl EBENE • NEU • EBENE DURCH KOPIE
- oder den schnellen Shortcut Strg+J (Windows) oder ⌘+J (Mac).
- Auch das bekannte Copy & Paste (mit den Befehlen Strg+C bzw. ⌘+C für Copy und Strg+V bzw. ⌘+V für Paste) kopiert Auswahlinhalte und fügt sie auf einer neuen eigenen Ebene wieder ein.

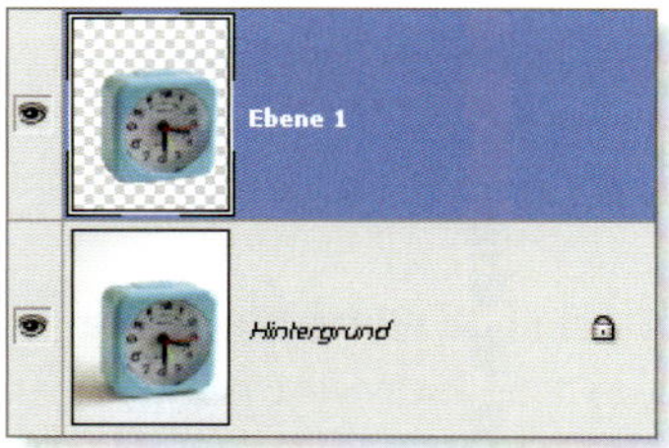

▲ **Abbildung 13.81**
Das Bild sieht unverändert aus, weil die auf der neuen Ebene eingefügte Auswahl deckungsgleich mit der Hintergrundebene positioniert ist. Die Ebenen-Palette zeigt jedoch, dass eine neue Ebene mit dem Auswahlinhalt angelegt wurde.

Auswahlinhalt auf neue Ebene | Auf ähnliche Weise können Sie auch den Auswahlinhalt ausschneiden und auf eine eigene Ebene befördern – Sie behalten dann jedoch wieder ein »Loch« in der Ausgangsebene.

- Nutzen Sie dazu den Befehl EBENE • NEU • EBENE DURCH AUSSCHNEIDEN oder
- den Shortcut ⇧+Strg+J bzw. ⇧+⌘+J für den Mac.

13.11.6 Auswahlen aus Ebenenpixeln oder Ebenentransparenz erstellen

Ein häufig gebrauchter Handgriff bei Ebenen, die nur teilweise gefüllt sind, ist es, alle deckenden oder alle transparenten Pixel aus Ebenen auszuwählen.

Per Klick in die Ebenenminiatur | Klicken Sie dazu bei gehaltener Strg- bzw. ⌘-Taste direkt auf die betreffende Ebenenminiatur. Der Mauscursor nimmt dann die Form einer Hand mit leerem

TOPP-TIPP: Inhalt der Zwischenablage erhalten

Der Inhalt der Zwischenablage, in der kopierte Inhalte zwischengelagert werden, wird nicht dauerhaft gesichert. Immerhin können Sie dafür sorgen, dass eventuell vorhandener aus Photoshop stammender Inhalt der Zwischenablage nicht verloren geht, wenn Sie Photoshop herunterfahren.

- Wählen Sie dazu VOREINSTELLUNGEN • ALLGEMEIN (Strg+K bzw. ⌘+K).
- Aktivieren Sie dort die Option ZWISCHENABLAGE EXPORTIEREN.

Kopierte Inhalte können dann immer noch in andere Anwendungen hineinkopiert werden oder gerettet werden, nachdem Photoshop erneut gestartet wurde.

Quadrat an ①, und die deckenden Ebenenpixel werden ausgewählt.

▲ **Abbildung 13.82**
Kehrt man die so gewonnene Auswahl um, erhält man eine Auswahl der transparenten Pixel einer Ebene.

Auswahlbereich ausweiten | Wenn die Pixel, die Sie auf diese Art erfassen wollen, unterschiedlich starke Deckkraft aufweisen, kann es vorkommen, dass die schwächer deckenden Pixel zunächst nicht in die Auswahl einbezogen werden. Klicken Sie dann mit Strg+⇧ (bzw. ⌘+⇧ unter Mac OS) erneut in die Miniatur. Der Auswahlbereich wird dann ausgeweitet.

Auswahlbereich verkleinern | Um den so angelegten Auswahlbereich zu verkleinern, halten Sie zusätzlich zum Klick in die Miniatur Alt+Strg+⇧ bzw. ⌥+⌘+⇧ gedrückt.

Deckende Pixel auswählen | Eine andere Methode führt über das Kontextmenü der Ebenenminiatur. Dort gibt es den Befehl PIXEL AUSWÄHLEN.

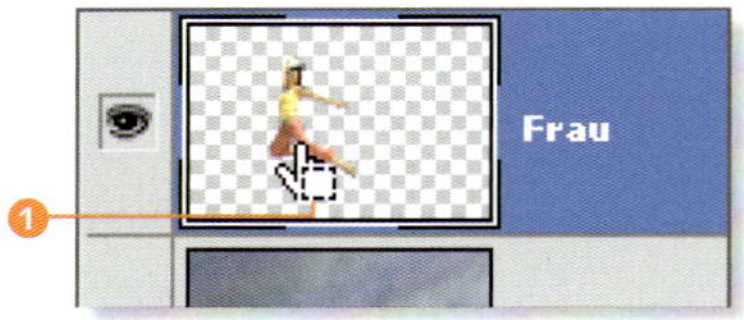

▲ **Abbildung 13.83**
Häufig gebraucht: schnelle Techniken, um bei teilweise transparenten Ebenen – wie hier bei der Ebene »Frau« – lediglich die sichtbaren (nicht transparenten) Bildbestandteile auszuwählen.

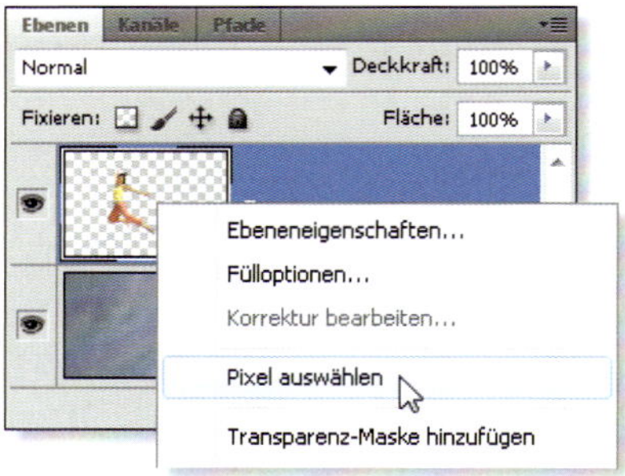

▲ **Abbildung 13.84**
Die Ebenen-Palette ist mit Kontextmenüs dicht besetzt. Je nachdem, an welche Stelle der Ebenen-Palette Sie klicken, rufen Sie unterschiedliche Funktionen auf – daher ist Klickgenauigkeit geboten. Ein Rechtsklick bzw. Ctrl+Klick auf die Ebenenminiatur ruft das hier abgebildete Menü auf.

Deckende Pixel auf verschiedenen Ebenen auswählen | Sie können auf ähnliche Weise auch die deckenden Pixel mehrerer Ebenen zu einer einzigen Auswahl addieren oder auch Inhalte einzelner Ebenen von bestehenden Auswahlen abziehen.

Halten Sie zusätzlich zum Strg/⌘-Klick in die Ebenenminiatur noch ⇧ gedrückt, und klicken Sie nach und nach die Miniaturen **aller Ebenen** an, die in die Auswahl einbezogen werden sollen.

◂ **Abbildung 13.85**
Drei Wecker auf drei verschiedenen Bildebenen. Mit Klicks in die entsprechenden Ebenenminiaturen – bei gehaltener [Strg]- und [⇧]-Taste – werden die sichtbaren Pixel der Ebenen »Wecker hellblau« und »Wecker grün« ausgewählt. Beachten Sie den veränderten Mauscursor: Ein Pluszeichen ❷ zeigt an, dass hier Auswahlen addiert werden.

Auswahlbereiche subtrahieren oder Schnittmengen bilden | Um Auswahlbereiche, die auf den nicht transparenten Pixeln von Ebenen basieren, voneinander zu subtrahieren, gehen Sie ähnlich vor, drücken aber zusätzlich zum Klick in die Miniatur [Strg]+[Alt] bzw. [⌘]+[⌥]. Für Schnittmengen von Auswahlbereichen drücken Sie [⇧]+[Strg]+[Alt] bzw. [⇧]+[⌘]+[⌥].

Was wollen Sie tun?	Windows	Mac
Auswahllinie **verschieben**	Aktives Auswahlwerkzeug und Pfeiltasten oder Maus	Aktives Auswahlwerkzeug und Pfeiltasten oder Maus
Auswahlinhalt **ausschneiden** und verschieben (auf derselben Ebene)	Aktives Verschieben-Werkzeug und Pfeiltasten oder Maus	Aktives Verschieben-Werkzeug und Pfeiltasten oder Maus
Auswahl **kopieren** und verschieben (auf derselben Ebene)	Aktives Verschieben-Werkzeug und Pfeiltasten oder Maus, zusätzlich [Alt] drücken	Aktives Verschieben-Werkzeug und Pfeiltasten oder Maus, zusätzlich [⌥] drücken
Inhalt einer Auswahl **ausschneiden** und auf neuer Ebene einfügen	[⇧]+[Strg]+[J]	[⇧]+[⌘]+[J]
Inhalt einer Auswahl **kopieren** und auf neuer Ebene einfügen	[Strg]+[J]	[⌘]+[J]
Deckende Pixel einer Ebene auswählen	[Strg] + Klick in die Ebenenminiatur	[⌘] + Klick in die Ebenenminiatur
Deckende Pixel einer Ebene auswählen, Auswahl **erweitern**	[Strg]+[⇧] + Klick in die Ebenenminiatur	[⌘]+[⇧] + Klick in die Ebenenminiatur
Deckende Pixel einer Ebene auswählen, Auswahl **verkleinern**	[Alt]+[Strg]+[⇧] + Klick in die Ebenenminiatur	[⌥]+[⌘]+[⇧] + Klick in die Ebenenminiatur
Auswahlen aus deckenden Pixeln mehrerer Ebenen addieren	[⇧]+[Strg] + Klick in die Ebenenminiatur	[⇧]+[⌘] + Klick in die Ebenenminiatur
Auswahlen aus deckenden Pixeln mehrerer Ebenen **subtrahieren**	[Alt]+[Strg] + Klick in die Ebenenminiatur	[⌥]+[⌘] + Klick in die Ebenenminiatur
Schnittmenge aus Auswahlen bilden	[⇧]+[Alt]+[Strg] + Klick in die Ebenenminiatur	[⇧]+[⌥]+[⌘] + Klick in die Ebenenminiatur

▴ **Tabelle 13.8**
Tastaturbefehle für die Arbeit mit Auswahlen auf einen Blick

13.12 Bildelemente vom Hintergrund lösen: Freistellen

Extrahieren-Filter nicht mehr in Standard-Ausstattung

In früheren Photoshop-Versionen gab es die Funktion EXTRAHIEREN – ein Spezialtool, das sich für aufwendige Freistellaufgaben einsetzen ließ, meist mit mittelmäßigem Erfolg. Wer es in CS5 vermisst, muss es nachinstallieren. Die Installationsdatei und zusätzliche Informationen finden Sie hier:

- Windows: *http://www.adobe.com/support/downloads/detail.jsp?ftpID=4751*
- Mac: *http://www.adobe.com/support/downloads/detail.jsp?ftpID=4750*

  Eine genaue Beschreibung des Extrahieren-Werkzeugs können Sie im Buch-Update unter *www.galileodesign.de/bonusseite* nachlesen.

Die meisten Bildelemente sind erst ohne Hintergrundpixel für Montagen brauchbar. »Freistellen« nennt man die Methode, mit der Sie Bildobjekte von den sie umgebenden Hintergrundpixeln lösen. Sehr oft werden dazu Auswahlen genutzt. Allerdings sind die Qualitätsanforderungen an solche Auswahlen besonderes hoch. Man will in der späteren Montage keine eckigen Schnittkanten oder andersfarbige Ränder sehen. So steigt auch der handwerkliche Aufwand. Aus diesen Gründen bietet Photoshop spezialisierte Funktionen, um präzise Auswahlen zu erzeugen und um Bildteile freizustellen.

13.12.1 Freistellen per Automatik: »Kante verbessern«

Sie haben bereits erfahren, was KANTE VERBESSERN bei der Verfeinerung von Auswahlen leistet. Mit seinen vier neuen Funktionen eignet sich das Tool auch hervorragend für die Vorbereitung von Bildobjekten, die freigestellt und in Montagen verwendet werden sollen. Anders als das frühere Extrahieren-Werkzeug, das in der Praxis eher mühsam zu bedienen war, leistet KANTE VERBESSERN Erstaunliches.

Auch recht schwierige Motive mit rauen Konturen und wenig Kontrast zum Hintergrund lassen sich damit recht zügig isolieren. Genau hinsehen und mit Feingefühl arbeiten müssen Sie jedoch auch hier. Wie Sie dabei vorgehen, zeige ich Ihnen beispielhaft in einem Workshop.

Schritt für Schritt: Freistellen mit dem Kante-verbessern-Werkzeug

CS5 »Kante verbessern« als wirksame Freistellhilfe

Den Dialog KANTE VERBESSERN hat Photoshop schon länger an Bord (in Abschnitt 13.8 werden seine Grundfunktionen vorgestellt). Neu sind die Funktionen SMART RADIUS, das Radius-Verbessern- und das Kanten-Verfeinern-Werkzeug und die Option FARBEN DEKONTAMINIEREN. Damit erzeugen Sie (fast) perfekte Freisteller in kurzer Zeit.

1 Das Ausgangsbild

Die Aufgabe: Lassen Sie den hellen Hintergrund verschwinden, damit die darunterliegende Ebene, ein dunkelblauer Verlauf, zu sehen ist. Auf den ersten Blick handelt es sich um ein unkompliziertes Motiv – die dunklen Haare und der helle Hintergrund lassen sich gut unterschieden. Wenn man ins Bild hereinzoomt, erkennt man, dass die Herausforderung im Lockengewirr des jungen Mannes liegt. Zahlreiche helle Bereiche sind von den dunklen Locken quasi eingeschlossen und müssen sorgfältig entfernt werden, sollen sie nicht vor dem neuen, dunklen Hintergrund auffallen.

Bild: Jacqueline Esen, betrachtenswert.com

▲ **Abbildung 13.86**
Trotz des guten Kontrasts zum Hintergrund sind die Locken eine anspruchsvolle Freistellaufgabe.

▲ **Abbildung 13.87**
Ebenenaufbau: Der neue Hintergrund ist ein blauer Verlauf.

Datei auf der Buch-DVD: »Lockenkopf.tif«

Auswahl-Feintuning an einmontierten Objekten

Gerade bei Montagen und Collagen ist es ratsam, die Feinarbeiten an ausgewählten Objekten dann zu auszuführen, wenn diese schon in ihre neue Umgebung einmontiert wurden. Sie können dann besser feststellen, welche Pixel noch künstlich wirken oder stören.

2 Datei vorbereiten: erste Auswahl

Ganz ohne Handarbeit geht es natürlich nicht, auch wenn Sie das smarte KANTE-VERBESSERN-Tool nutzen. Erzeugen Sie eine Auswahl von dem Objekt, das Sie freistellen möchten. Bei unserem Motiv eignet sich das Schnellauswahlwerkzeug W gut. Natürlich sollte diese Auswahl so präzise wie möglich sein, Sie müssen jedoch nicht jedes Detail manuell nacharbeiten. Das Nacharbeiten dieses Workshops können Sie beschleunigen, indem Sie die vorbereitete Auswahl aus dem Kanal »Grobauswahl« laden.

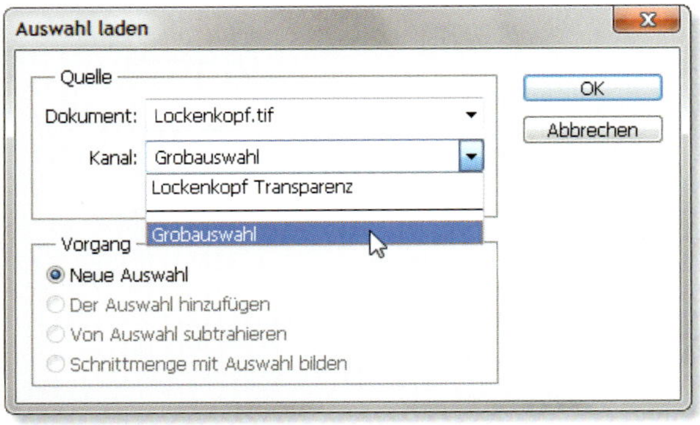

▲ **Abbildung 13.88**
Laden der vorbereiteten Auswahl aus dem Beispielbild

3 Vorschauoption wählen

Klicken Sie dann auf KANTE VERBESSERN in der Optionsleiste des Schnellauswahlwerkzeugs. Unter ANZEIGEN stellen Sie nun ein, wie die Vorschau angezeigt werden soll. Da es sich hier um ein

▲ **Abbildung 13.89**
Auswahl der Bilddarstellung

Bild mit ursprünglich hellem Hintergrund handelt, das vor einem dunkleren Hintergrund (dem blauen Verlauf auf der Hintergrundebene) gezeigt werden soll, sind die Optionen VOR SCHWARZ (Kürzel: [B]) oder AUF EBENEN ([L]) am besten geeignet, um kritische Bereiche sichtbar zu machen.

4 Breite des Erkennungsradius festlegen

Legen Sie nun die Breite des Bereichs rund um die Auswahllinie fest, in dem die automatische Auswahlverbesserung vorgenommen werden soll. Aktivieren Sie die Ansichtsoption RADIUS ANZEIGEN [J] ❶, um Ihre Einstellung besser einschätzen zu können. Der RADIUS-Wert ❷ sollte so hoch sein, dass alle relevanten Bildteile des Freistellobjekts großzügig erfasst werden, jedoch nicht zu viele überflüssige Hintergrundpixel enthalten sind. Bei diesem Motiv sind Radius-Werte um die 40 ein guter Einstieg. Alle Einstellungen im KANTE-VERBESSERN-Dialog – auch die unter KANTE ANPASSEN – wirken sich nur auf den festgelegten Radius-Bereich aus.

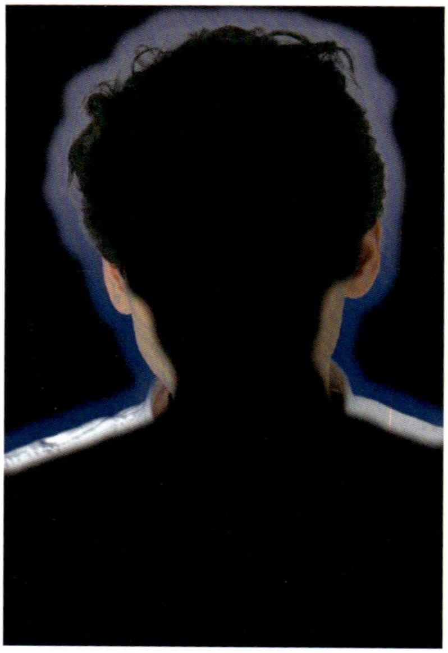

▲ **Abbildung 13.90**
RADIUS ANZEIGEN in Kombination mit der Vorschau-Option AUF EBENEN

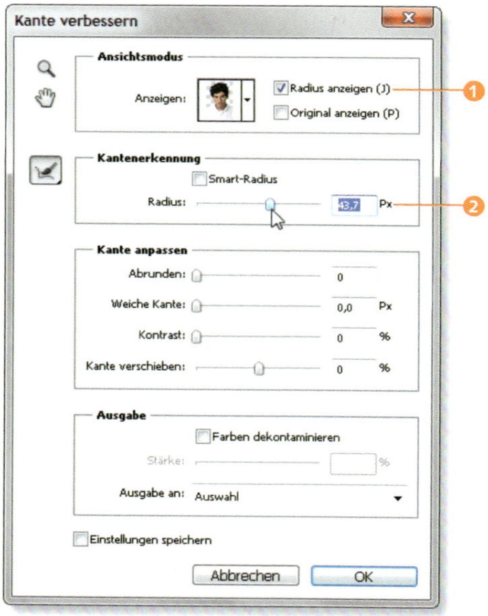

▲ **Abbildung 13.91**
Radius festlegen. Die Werte sollten an Bildgröße, Auflösung und Motiv angepasst werden – daher gibt es kein Patentrezept.

5 Radius vorsichtig weiter eingrenzen

Deaktivieren Sie die Option RADIUS ANZEIGEN [J] nun, um eine realistische Vorschau zu sehen. Bewegen Sie den RADIUS-Slider vorsichtig nach links, um den Radius weiter einzugrenzen. Ziehen Sie so lange, bis die Vorschau das – für Ihr aktuelles Motiv – bestmögliche Freistellergebnis zeigt. Details können, wenn nötig, im nächsten Schritt nachgebessert werden. Bei Bildern, die genügend Kontrast zwischen Hauptmotiv und Hintergrund aufweisen, ist manchmal gar keine Nachbearbeitung nötig.

Vor allem bei Motiven, die sowohl harte als auch weiche Übergänge zum Hintergrund aufweisen, ist das Zuschalten der Option SMART-RADIUS hilfreich. Probieren Sie im Zweifelsfall einfach aus, ob das Zuschalten der Option das Ergebnis verändert.

Bei diesem Motiv habe ich mit SMART-RADIUS gearbeitet und den RADIUS auf einen Wert um die 26 verringert.

◂ **Abbildung 13.92**
Akzeptables Zwischenergebnis. Die hellen Partien zwischen den Locken entfernen Sie manuell.

6 Details ausbessern

Zum Nachbessern der Kante nutzen Sie die Tools RADIUS VERBESSERN und VERFEINERUNGEN LÖSCHEN. Die Tools teilen sich einen Button im Dialogfeld und können auch über die Optionsleiste gesteuert werden. Benutzt werden sie wie ein Pinsel – man malt über die Objektkontur. RADIUS VERBESSERN arbeitet unregelmäßige Konturen stärker heraus, VERFEINERUNGEN LÖSCHEN glättet Kanten, die dabei zu rau geworden sind. Machen Sie auch eifrig Gebrauch von Zoom und Hand, um die wesentlichen Details heranzuholen. Konzentrieren Sie sich zunächst nur auf die Haare. Fehler an den glatten Kanten des Motivs (z. B. am Hemdkragen) können später korrigiert werden.

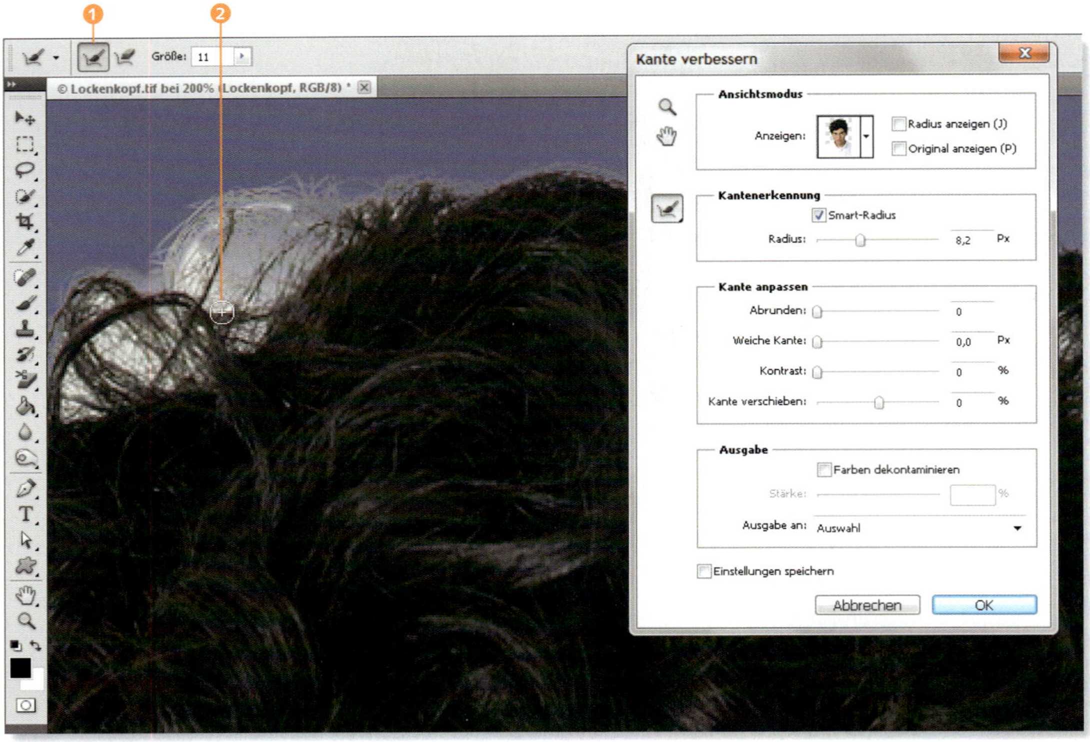

Abbildung 13.93 ▲
Mit einem feinen Pinsel ② gehen Sie bei starkem Zoom mit RADIUS VERBESSERN ① über helle Bereiche zwischen den Locken.

Wer schon häufig mit der Quick Mask (Maskierungsmodus) gearbeitet hat, der wird leicht zu dem Denkfehler verleitet, dass beim Hantieren mit den beiden Radius-Korrektur-Pinseln tatsächlich Bildbereiche abgedeckt oder freigelegt würden. Dies passiert jedoch *nicht*! Was Sie eigentlich tun, ist, den Radiusbereich, in dem die automatische Kantenerkennung arbeitet, zu vergrößern oder zu verkleinern. Sie erkennen das deutlich, wenn Sie kurzzeitig die Option RADIUS ANZEIGEN [J] einschalten. Seien Sie auch nicht zu kritisch mit Ihren Nacharbeiten – es wird nicht möglich sein, jedes einzelne Haar zu erfassen. Zoomen Sie gelegentlich aus der starken Vergrößerung heraus, um das Ergebnis realistisch zu beurteilen.

7 Zwischenstand: Entsättigte Kanten erzeugen hellen Halo

Im Großen und Ganzen sieht das Bild schon gut aus – mit vertretbarem Aufwand ist eine brauchbare Auswahl entstanden. Wenn man genau hinsieht, erkennt man allerdings, dass die meisten Lockenspitzen grau geworden sind. Sie wirken wie ein heller Farbschein rund um den Kopf. Dem lässt sich mit den manuellen Werkzeugen auch nicht beikommen – dieser unerwünschte Effekt wird in den nächsten Schritten entfernt.

▲ **Abbildung 13.94**
Noch ist ein heller Schein um den Lockenschopf zu sehen.

▲ **Abbildung 13.95**
In der Zoomansicht zeigt sich, dass entsättigte Haarspitzen für den Halo-Effekt zuständig sind.

8 Einstellungen unter »Kante anpassen«

Sie können bei jedem Motiv auch die Slider unter KANTE ANPASSEN nutzen. Bei diesem Bild wirken WEICHE KANTE und ABRUNDEN kontraproduktiv, denn sie bringen helle Partien wieder zum Vorschein. KONTRAST kann Partien wie die zu hellen Haarspitzen abdunkeln, sollte jedoch vorsichtig eingesetzt und unbedingt in der 100%-Ansicht beurteilt werden – andernfalls erscheinen im Bild schnell zu harte Kanten. Das Bild wirkt dann wie grob mit der Schere ausgeschnitten, und die ganze Mühe war umsonst. Bei diesem Motiv verzichte ich ganz darauf, den Kontrast zu verändern. Sie sollten sich diese Möglichkeit jedoch für andere Bilder merken!

9 Objektkanten dekontaminieren und Ergebnis ausgeben

Die Option FARBEN DEKONTAMINIEREN ersetzt unerwünschte Farbränder an Objekten durch die Farben benachbarter Pixel. Und auch zu stark aufgehellte Randpixel bekommen Sie so weg. Wenn Sie mit dieser Funktion arbeiten, müssen Sie unter AUSGABE AN zwingend Neue Ebene oder NEUES DOKUMENT (mit oder ohne Maske) wählen. Da hier tatsächlich die Farbe einzelner Pixel verändert wird, muss die Ausgabe einer verbesserten Auswahllinie (Einstellung AUSGABE AN: AUSWAHL) zwangsläufig fehlschlagen. Ich wähle die Ausgabeoption NEUE EBENE MIT MASKE. Auf der Maske lassen sich später die kleinen Fehlstellen am Hemdkragen leicht bereinigen.

▲ **Abbildung 13.96**
Die hellen Kantenpixel wurden erfolgreich entfernt.

Abbildung 13.97 ▸
Die Wirkung von FARBEN DEKONTAMINIEREN lässt sich genau dosieren.

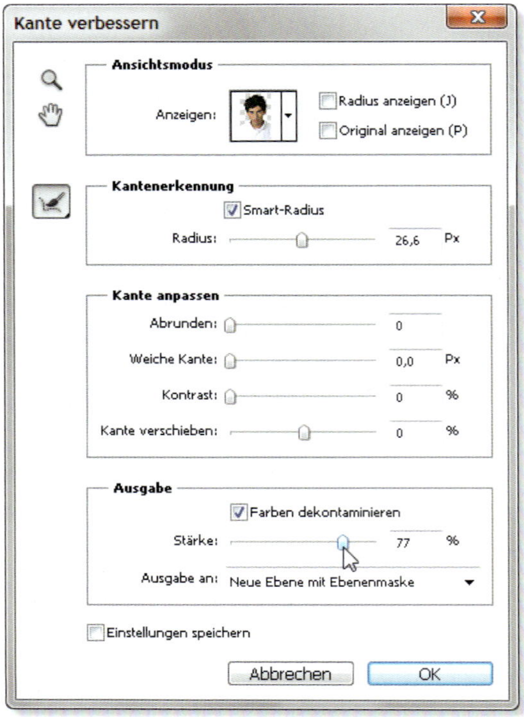

▲ Abbildung 13.98
Ein respektables Ergebnis. Die gesamte Bearbeitung dauert mit etwas Routine weniger als zehn Minuten.

10 Das Resultat

Als Ergebnis erhalten Sie ein Bild mit zwei Ebenen: die Hintergrundebene und darüber das Hauptmotiv mit der Maske, die auf Basis Ihrer Einstellungen erzeugt wurde. Diese Maske lässt im Bedarfsfall nun weiter bearbeiten – entweder schnöde mit dem Pinsel oder indem Sie in der Masken-Palette das Tool MASKENKANTE starten – es lässt dieselben Einstellungen zu wie KANTE VERBESSERN. Mehr über Masken erfahren Sie in Kapitel 14, »Ebenenmasken & Co.«!

Abbildung 13.99 ▸
Der Ebenenaufbau ist flexibel: Die Maske lässt sich bei Bedarf weiter bearbeiten.

13.12.2 Bunte Randpixel loswerden – mehr Tricks

Sehr oft zeigt sich die Qualität einer Auswahl, wenn das freigestellte, also vom bisherigen Bildhintergrund gelöste Element vor seinen neuen, andersfarbigen Hintergrund gestellt wird. Selbst wenn Sie präzise arbeiten, werden zuweilen Pixel »mitgenommen«, die zum alten Hintergrund des Bildes gehören. Manche Bildobjekte reflektieren auch oft einfach den Farbton Ihrer Umgebung. Die Montage lässt sich dann leicht entlarven. So sind bunte, zu helle oder zu dunkle Randpixel ein notorisches Problem beim Freistellen. Neben den Funktionen unter Kante verbessern gibt es noch weitere Möglichkeiten, um sie loszuwerden.

- Im Menü finden Sie den Befehl Ebene • Basis • Rand entfernen. Durch Anwenden des Befehls werden die Farben aller Randpixel eines Bildobjekts durch Farben weiter innen gelegener Bildpixel ersetzt. Leider funktioniert Rand entfernen nicht bei allen Bildern gut.
- Eine radikale Möglichkeit für harte Fälle ist das Abschneiden der Randpixel durch Eingabe eines negativen Wertes unter Kante verschieben im Dialog Kante verbessern.
- In weniger schweren Fällen kann auch der Griff zum Schwamm-Werkzeug, dem Nachbelichter oder Abwedler (alle: Kürzel O) helfen, um Objektkanten bei Montagen besser in die neue Umgebung einzupassen. Der Schwamm entsättigt Pixel, der Nachbelichter macht sie dunkler, der Abwedler wirkt aufhellend.

Zum Weiterlesen: Schwierige Freisteller – wenn das Kante-verbessern-Tool versagt

Nicht bei allen Bildgegenständen funktioniert das Freistellen mit Kante verbessern gut. Besonders Objekte mit unscharfen Konturen vor strukturiertem oder kontrastschwachem Hintergrund lassen sich damit nicht immer zufriedenstellend isolieren. Seit CS4 steht für solche Fälle ein leistungsfähiges Tool zur Verfügung: die Farbbereich-Funktion in der Masken-Palette. Im Detail und mit einem Workshop stelle ich Ihnen diese Möglichkeit in Abschnitt 14.3.4, »Das Wunderwerkzeug für komplizierte Masken: ›Farbbereich‹«, vor.

Datei auf der Buch-DVD: »FrauVorHimmel.tif«

◂ Abbildung 13.100
Vor einer weißen Ebene zeigt die freigestellte Frau an den Kanten noch Spuren dunklerer Pixel in der Farbe des ursprünglichen, strahlend blauen Hintergrundes. Rand entfernen soll diese Kanten säubern.

13.12.3 Quick Mask: Auswahlen detailgenau anpassen

Genau genommen ist Quick Mask, das auch »Maskierungsmodus« genannt wird, nicht nur ein Werkzeug für das Freistellen – es kommt überall dort zum Einsatz, wo vorhandene Auswahlen für bessere Passgenauigkeit manuell nachgearbeitet werden. Bei Freistellern sind die Ansprüche an Auswahlen hoch, und entsprechend oft greift man dann zur Quick Mask.

Der Maskierungsmodus ist eine temporär angelegte Maske und funktioniert – wie Auswahlen und die echten Ebenenmasken auch – auf der Basis von Alphakanälen. Er ist flotter zu handhaben als Ebenenmasken und eignet sich daher besonders gut, wenn man »eben schnell« eine Auswahl erstellen oder nachbearbeiten muss.

Ich zeige Ihnen im Folgenden Schritt für Schritt, wie Sie die praktische Schnellmaske bei einer Montage einsetzen können.

Schritt für Schritt: Maskierungsmodus – Hilfsmittel für exakte Montagejobs

1 Vorbereitungen

Hier erzeugen Sie eine Montage aus zwei Dateien: Auf das Foto eines geparkten, etwas schmuddeligen LKW soll ein Graffito montiert werden. Dabei kommen Auswahlen, Transformationsbefehle, der Maskierungsmodus und optional auch Ebenen-Füllmethoden zum Einsatz.

Dateien auf der Buch-DVD: »LKW.tif«, »Streetart.tif«

Bild: Fotolia, Scatterly

▲ **Abbildung 13.101**
Ein Ausschnitt aus diesem Straßenbild …

Bild: stock.xchng, Joanie Cahill

▲ **Abbildung 13.102**
… soll auf den LKW montiert werden.

Öffnen Sie beide Dateien, und wenden Sie sich zunächst der Datei mit dem Graffito zu.

2 Grobauswahl anlegen

Es empfiehlt sich, zunächst eine Grobauswahl anzulegen. Ich habe hier das Lasso [L] genommen. Je nach Motiv können das natürlich auch andere Tools sein.

◂ **Abbildung 13.103**
Beginnen Sie mit einer Grobauswahl des Graffitos.

3 Graffito in das LKW-Bild kopieren und transformieren

Kopieren Sie dann Ihren gewählten Ausschnitt in die Datei mit dem LKW. In Abschnitt 10.3.7, »Neue Bildinhalte: Ebenen oder Gruppen aus anderen Bildern einkopieren«, sind alle dazu zur Verfügung stehenden Möglichkeiten detailliert erklärt.

◂ **Abbildung 13.104**
Das eingefügte Graffito

4 Graffito-Ebene transformieren

Das Bild passt nicht ganz genau auf die Seitenwand des LKW und muss durch Transformation angepasst werden. Um dabei gleichzeitig die LKW-Kontur und das Bild im Blick zu haben, stellen Sie die Füllmethode der Graffito-Ebene um, zum Beispiel auf MULTIPLIZIEREN, oder wählen einen der NACHBELICHTER. Es ist auch möglich, die Deckkraft ein wenig zu senken. Entscheiden Sie selbst, welche Variante Ihnen zusagt. Bei der Transformation müssen Sie nicht zimperlich sein, Sie können dieses Motiv auch unproportional verzerren.

Abbildung 13.105 ▸
Anpassung durch Transformation

5 Deckende Pixel der Graffito-Ebene auswählen

Bevor Sie in den Maskierungsmodus wechseln, sollten Sie alle deckenden Pixel der Graffito-Ebene auswählen. Das geht am besten mit einem Strg/⌘+Klick in die Ebenenminiatur.

Abbildung 13.106 ▸
Auswählen deckender Pixel einer Ebene mit Klick und Tastenkürzel. Der Mauscursor zeigt an, dass gerade eine Auswahl erzeugt wird.

6 In den Maskierungsmodus wechseln

In den Maskierungsmodus wechseln Sie mit Q oder über die Werkzeugleiste mit einem Klick auf das Icon [icon]. Auf dem Bild liegt jetzt eine halbtransparente rote Maske. Die nicht ausgewählten Bereiche im Bild müssten jetzt rot überdeckt sein.

◀ **Abbildung 13.107**
Der Maskierungsmodus wird standardmäßig durch eine rote Maske angezeigt – bei diesem Motiv ist diese Farbe nicht so günstig.

7 Maskenfarbe anpassen

Durch Malen mit dem Pinsel soll die Form der rot dargestellten Maske detailgenau an das Motiv angepasst werden – auf dieser Grundlage wird dann die neue Auswahl erstellt. Bei manchen Motiven deckt die Standard-Maskenfarbe zu viel vom Motiv ab – so wie hier. Die Maskendarstellung kann jedoch verändert werden. Wechseln Sie in die Kanäle-Palette. Dort ist die Quick Mask als Alphakanal abgelegt. Per Doppelklick auf die Kanalminiatur erreichen Sie ein Feld mit Einstellungen für die Maskenfarbe und -deckkraft. Im nächsten Schritt sehen Sie das Bild mit veränderter Maskenvorschau.

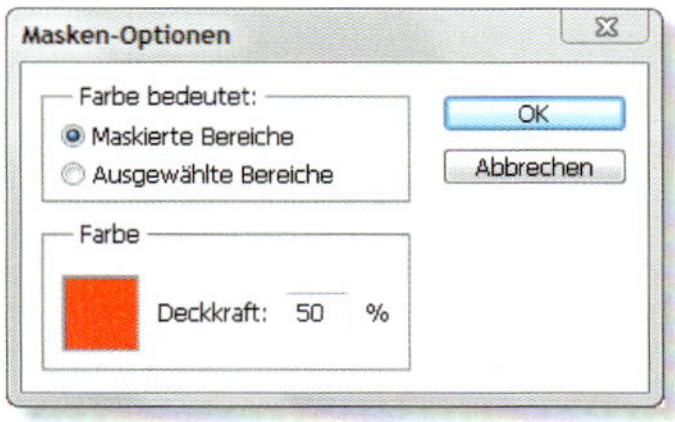

▲ **Abbildung 13.108**
Maskenfarbe und -deckkraft lassen sich ändern. Klicken auf das Farbfeld öffnet den Farbwähler.

8 Maske bearbeiten

Nun geht es daran, diese Auswahlmaske zu verfeinern. Dies geschieht durch Farbauftrag mit dem Pinsel. Dabei ist ein wenig Geduld erforderlich, aber mit etwas Übung können Sie zügig arbeiten. Sie pinseln hier nicht mit der Farbe der Masken»folie«, sondern – orientiert an der Darstellung im Alphakanal – mit Schwarz und Weiß:

- **Weiße Farbe** entfernt Teile der farbigen Abdeckung und vergrößert so den späteren Auswahlbereich.
- **Schwarze Farbe** fügt farbige Bereiche hinzu, grenzt den Auswahlbereich also ein.

- **Graustufen** oder eine verminderte Deckkraft beim Farbauftrag erzeugt eine Teiltransparenz der Maske und der späteren Auswahl (also weiche Übergänge).

Alle Bildteile, die nicht mehr gebraucht werden, sollten von der Maske abgedeckt werden.

Es empfiehlt sich, mit verschiedenen Pinselgrößen zu arbeiten und den Auftrag von Schwarz und Weiß abzuwechseln. Nützlich ist hier der Shortcut X: Er tauscht das Vorder- und Hintergrund-Farbfeld und ermöglicht so den raschen Wechsel zwischen den Auftragsfarben Schwarz und Weiß.

Das Zoom-Werkzeug Z und das Hand-Werkzeug H helfen, die Details im Blick zu behalten. Bei stark gezoomter Bildansicht ist auch der Shortcut H + Mausbewegung extrem hilfreich: Mit ihm holen Sie sich jeden gewünschten Bildausschnitt ohne viel Scrollen nah heran.

Anhand der Form der Masken»folie« können Sie jeden Pinselstrich und die Form des späteren Auswahlbereichs verfolgen.

Abbildung 13.109 ▸
Wenn Sie bei stark gezoomter Ansicht H drücken und dann die Maus bewegen, erscheint ein Navigationsrahmen, mit dem Sie sich den gewünschten Ausschnitt zielsicher ins Bild holen.

Schnell Pinselgrößen wechseln

Bei aktivem Pinsel-Werkzeug gibt es ein Kontextmenü, das den zügigen Wechsel verschiedener Pinselgrößen extrem erleichtert. Klicken Sie dazu einfach mit rechts (Macianer: Ctrl+Klick) irgendwo ins Bild – es erscheint das vertraute Pinseleinstellungsfeld.

9 Auswahl erzeugen und verfeinern

Mit Q oder dem Button in der Werkzeugleiste wechseln Sie aus dem Maskierungsmodus zurück in den normalen Modus. Anstelle der Maske ist nun wieder eine Auswahllinie zu sehen. Auch zwischendurch können Sie mit Q schnell einmal wechseln, um die Passgenauigkeit der Auswahllinie zu prüfen. Sie können auch die Funktion KANTE VERBESSERN nutzen, um Ihre Auswahllinie weiter zu verfeinern.

10 Nicht mehr benötigte Teile der Ebene verschwinden lassen

Nun müssen die nicht mehr benötigten Teile der Ebene ausgeblendet oder entfernt werden. Dazu können Sie ganz schnöde die [Entf]- oder die [←]-Taste nutzen. Damit werden die ausgewählten Pixel einfach gelöscht. Eleganter ist es, mit einer Ebenenmaske zu arbeiten. Sie blendet die Bildteile nur aus und kann jederzeit nachbearbeitet werden. Eine einfache Möglichkeit zum Erzeugen von Masken: Klicken Sie in der Ebenen-Palette auf den Minibutton Ebenenmaske hinzufügen.

Als Füllmethode für die Ebene wurde anschließend Multiplizieren gewählt – dadurch wirkt die Aufschrift realistisch wie »aufgesprüht«.

◂ **Abbildung 13.110**
Graffito-Ebene mit Maske. Der Mauszeiger steht auf dem Button Ebenenmaske hinzufügen.

11 Fertig! Das Endergebnis

Die fertige Montage sieht dann so aus wie in Abbildung 13.111.

◂ **Abbildung 13.111**
Ohne Maskierungsmodus wäre es kaum möglich gewesen, die Konturen des Graffitos so exakt herauszuarbeiten.

13.12.4 Hintergrund-Radiergummi: Freistellen ganz ohne Masken

Bei weniger schwierigen Fällen – also Bildern mit einheitlichem, zum Haupt-Bildgegenstand gut kontrastierendem Hintergrund – können Sie zum Hintergrund-Radiergummi [E] greifen. Dies ermöglicht es ganz ohne den Umweg über Auswahlen, Bilder vom Hintergrund zu lösen. Allerdings ist dieser Arbeitsschritt dann endgültig, und spätere Korrekturen oder Änderungen sind nicht möglich.

Datei auf der Buch-DVD: »berliner_dom.jpg«

Bild: vitamin a

Abbildung 13.112 ►
Bei geeigneten Motiven und mit den richtigen Einstellungen erkennt der Hintergrund-Radiergummi automatisch die Hintergrundpixel und entfernt sie. Bei Details ist kräftiges Zoomen notwendig.

Wie arbeitet der Radiergummi? | Die Funktionsweise des Werkzeugs ist komplex: Der Hintergrund-Radiergummi nimmt in der Mitte der Werkzeugspitze Farbe auf und löscht sie überall dort, wo sie innerhalb des Werkzeugspitzen-Radius vorkommt. Er ist also gleichzeitig Farbaufnahme- und Radierinstrument. An den Rändern von Bildobjekten, die Sie mit dem Hintergrund-Radierer behandeln, werden die Farben angeglichen. Damit wird der typische Farbkranz vermieden, der beim Freistellen so oft auftritt. Der Hintergrund-Radiergummi eignet sich auch zum Nachbearbeiten schon per Auswahl freigestellter Objekte.

Die Anwendung ist einfach, wenn Sie sich einmal die verschiedenen Optionen eingeprägt haben. Sie aktivieren das Werkzeug, treffen Voreinstellungen, radieren um das Bildobjekt herum – fertig (im besten Fall ... das funktioniert wirklich nur bei einfachen Motiven).

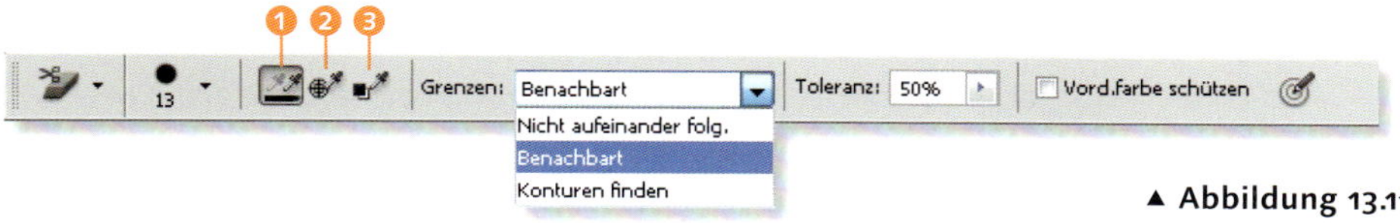

▲ **Abbildung 13.113**
Die Optionen sind hier für den Erfolg maßgeblich.

Optionen des Hintergrund-Radiergummis | PINSEL und TOLERANZ sind nichts Neues und machen Ihnen sicherlich keine Schwierigkeiten mehr. Richtig interessant sind die Optionen zur Farbaufnahme, dem sogenannten Sampling, und zum Löschen der Pixel.

Farbaufnahme | Die Farbaufnahme-Optionen haben entscheidende Auswirkung auf die Wirkungsweise des Werkzeugs:

- Mit der Aufnahme-Option KONTINUIERLICH ❶ werden Farben beim Ziehen kontinuierlich aufgenommen. Das ist die beste Einstellung zum Freistellen.
- Mit EINMAL ❷ werden nur die Bereiche mit der Farbe gelöscht, auf die Sie als Erstes im Bild geklickt haben.
- Mit HINTERGRUND-FARBFELD ❸ werden nur die Bereiche gelöscht, die die aktuelle Hintergrundfarbe enthalten.

Pixel löschen | Unter GRENZEN wählen Sie quasi den angewandten Löschmodus aus:

- Mit der Option NICHT AUFEINANDER FOLGEND wird die aufgenommene oder per Hintergrund-Farbfeld festgelegte Farbe überall dort gelöscht, wo sie **unter dem Werkzeug** vorkommt.
- BENACHBART löscht die Bereiche, die die aufgenommene Farbe enthalten und **miteinander verbunden** *sind*. Hier werden also unter Umständen – je nach Motiv – großflächigere Pixelbereiche entfernt. Die Wirkung ist so ähnlich wie beim Zauberstab mit aktiver BENACHBART-Option.
- Mit der Einstellung KONTUREN FINDEN werden **unter dem Mauscursor** befindliche Bereiche gelöscht, die die aufgenommene Farbe enthalten. Die Schärfe der Kanten angrenzender Farbbereiche bleibt mit dieser Option besonders gut erhalten. Für das Freistellen ist sie am besten geeignet.

Die Option VORD.FARBE SCHÜTZEN (Vordergrundfarbe schützen) kann frei zugeschaltet werden. Ist sie aktiv, werden Pixel, die dem Vordergrund-Farbfeld in der Werkzeugleiste gleichen, während des Radierens nicht gelöscht. In der Praxis ist die Option bei den meisten Bildern nicht sonderlich hilfreich. Selbst Bildbereiche, die auf den ersten Blick monochrom erscheinen, bestehen meist aus zahlreichen verschiedenen Farbnuancen.

TOPP-TIPP: Hintergrundfarbe aus dem Bild heraus einstellen

Wenn Sie mit der Option HINTERGRUND-FARBFELD arbeiten: Sie können zuvor mit dem regulären Pipette-Werkzeug [I] Pixel aus dem Bild aufnehmen, wenn Sie eine spezielle Farbe löschen möchten. Wenn Sie beim Aufnahme-Klick mit der Pipette ins Bild [Alt]/[⌥] gedrückt halten, wird die aufgenommene Farbe automatisch als Hintergrund-Farbfeld eingestellt.

14 Ebenenmasken & Co.

Neben Auswahlen sind Masken die wichtigsten Helfer für Montagen und alle anderen Gelegenheiten, bei denen Bilder nur in Ausschnitten gezeigt und bearbeitet werden sollen. In diesem Kapitel lernen Sie das Funktionsprinzip von Ebenenmasken und Vektormasken kennen und können verschiedene Arbeitstechniken in Workshops Schritt für Schritt nachvollziehen.

Datei auf der Buch-DVD: »Zebra.tif«

14.1 Konzept und typische Anwendungszwecke

Ihren Ruf als eher schwieriges Photoshop-Instrument haben Masken, finde ich, völlig zu Unrecht. Wenn man einmal verstanden hat, wie sie funktionieren, kann man bald völlig frei mit Masken arbeiten und alle Vorzüge dieses flexiblen Arbeitsmittels ausspielen. Masken sind universell einsetzbar und für die professionelle Bildbearbeitung nahezu unentbehrlich.

- Sie können mit Masken bestehende Auswahlen verfeinern und so auch besonders diffizile Bildobjekte präzise erfassen.
- Mit einer Maske erstellte Auswahlen eignen sich auch für komplizierte Bildbearbeitungen, bei denen Korrekturen, Filter oder andere Werkzeuge in unterschiedlicher Dosierung auf verschiedene Bildbereiche angewendet werden. Denn die Graustufen einer Maske werden als genau steuerbare »weiche Kanten« in eine Auswahl übernommen. Dadurch sind z. B. sanfte, unmerkliche Übergänge zwischen bearbeiteten und unbearbeiteten Bildbereichen möglich.
- Bildteile lassen sich mit Ebenenmasken temporär ausblenden – eine gute und flexible Alternative zur Arbeit mit Radiergummi und Entf-Taste bzw. ← und häufig die Grundlage von Montagen.

▲ **Abbildung 14.1**
Die Grundlage von Abbildungen wie dieser sind häufig Füllebenen.

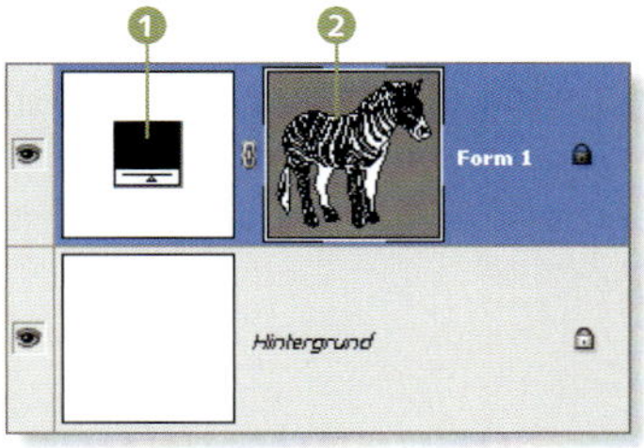

▲ **Abbildung 14.2**
Füllebenen bestehen aus einer festgelegten Füllfarbe ❶ und einer Vektormaske ❷, die die eigentliche Form definiert. Löscht man die Vektormaske, wird das ganze Bild vollflächig mit Farbe ausgefüllt.

- Sie können weiche Überblendungen erstellen – zwischen einzelnen Ebenen, zwischen ausgewählten und nicht ausgewählten Bereichen oder an Bildkanten.
- Sie können letzte Hand an Montagen legen.

Sie können Masken auf normale Bildebenen, Smart-Objekte und Textebenen anwenden, nicht jedoch auf Hintergrundebenen (sobald Sie eine Hintergrundebene mit einer Maske versehen, wird diese in eine normale Bildebene umgewandelt). Auch Ebenengruppen können mit einer Maske versehen werden, selbst dann, wenn die darin enthaltenen Ebenen ihrerseits schon maskiert sind. Auf diese Art sind komplexe Kompositionen realisierbar. Bei Formebenen und Einstellungsebenen werden Masken schon serienmäßig »mitgeliefert«. Bei einer Formebene definiert die Vektormaske die gezeigte Figur.

Mit der Maske einer Einstellungsebene können Sie die Korrektur schnell und effizient auf einen bestimmten Bildbereich eingrenzen.

Datei auf der Buch-DVD: »KleinerLeuchtturm.tif«

▲ **Abbildung 14.3**
Bei diesem Foto sollte die Sanddüne im Vordergrund eine etwas wärmere Farbe bekommen, ohne dass der Rest des Bildes verändert wird.

▲ **Abbildung 14.4**
Das Resultat der maskierten Einstellungsebene: Sand und Zaunpfähle haben einen warmen Gelbton bekommen, doch die übrigen Bildbereiche bleiben unverändert.

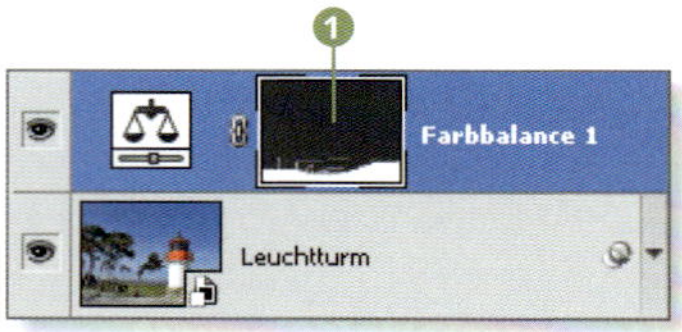

▲ **Abbildung 14.5**
Die Maske 1 der Farbbalance-Einstellungsebene macht solche zielgerichteten Korrekturen möglich. Überall dort, wo die Bildfarben unverändert bleiben sollten, wurde Schwarz auf die Maske aufgepinselt.

14.1.1 Wie wirkt eine Maske?

Der Begriff der Maske kommt aus der Foto- und Repro-Technik. Früher wurde mit roten Folien gearbeitet, die mit einem Skalpell passgenau zugeschnitten und auf das Negativ gelegt wurden. Beim Ausbelichten ließen die so maskierten Bereiche kein Licht durch und blieben auf dem Positiv unsichtbar. Die digitalen Masken in Photoshop funktionieren ähnlich. Sie setzen einen bestimmten Teil einer Ebene – eben die maskierten Bereiche – transparent, das heißt, die maskierten Teile werden ausgeblendet.

Wenn sich eine Ebene unterhalb der maskierten Ebene befindet, wird diese dann sichtbar. Diesen Effekt kann man zwar auch mit dem einfachen Löschen von Bildpixeln erzielen, jedoch sind diese Bildbereiche dann unwiderruflich verloren. Eine Maske hingegen kann jederzeit wieder entfernt oder inaktiv gesetzt werden, und dann sind die ausgeblendeten Bildteile wieder zu sehen.

▲ **Abbildung 14.6**
Was mag sich hinter diesem Tor verbergen?

▲ **Abbildung 14.7**
Der Blick auf Dünen und Meer?

▲ **Abbildung 14.8**
Ein vorwitziges Schaf?

▲ **Abbildung 14.9**
Ein weiteres verschlossenes Tor? Oder etwas ganz anderes? Masken lassen Ihnen viel Spielraum.

Masken sind vielseitige Montagehelfer. Sind bestimmte Bildteile – so wie in den Beispielabbildungen 14.6 bis 14.9 die Torflügel – erst einmal mithilfe einer Ebenenmaske ausgeblendet, können Sie beliebige Bildmotive in der Ebene darunter positionieren und zeigen. Die untere Ebene dieses Bildes enthält den Leuchtturm oder andere Montageelemente, die obere Ebene eine Mauer mit Tor. Auf der oberen Ebene wurde eine Maske erstellt, die die hölzernen Torflügel ausblendet, aber die Mauer intakt lässt. Dort ist nun die obere Ebene ausgeblendet, und man kann die Inhalte auf der Ebene darunter sehen. In der Maskenminiatur werden die maskierten – ausgeblendeten! – Bereiche der Ebene »Mauer mit Tor« schwarz dargestellt, der nicht maskierte Teil weiß.

Masken und Alphakanal | Da Masken auf Alphakanälen basieren, kann die Intensität der Abdeckung in 256 (Grau-)Stufen variiert

Datei auf der Buch-DVD: »Tordurchfahrt.tif«

Weitere Anpassungstechniken für Montagen

Mit der Maske allein ist es natürlich selten getan. Meist müssen unterschiedliche Bilder, die in einer Montage oder einem Composing zusammengefasst werden sollen, auch aneinander angepasst werden: perspektivisch per Transformation, in Farbe, Helligkeit und Kontrast oder hinsichtlich Lichtern und Schatten. Die Filter Rauschen hinzufügen und Rauschen reduzieren (unter Filter • Rauschfilter) können für die Anpassung verschiedener Bildmotive ebenso nützlich sein wie Scharf- und Weichzeichnungsfilter. Für die Arbeit am Detail können Sie Abwedler und Nachbelichter benutzen. Die Wirkungsweise dieser Tools ist übrigens schon in CS4 überarbeitet worden, sodass der bisher unumgängliche »Entsättigungseffekt« nicht eintritt. Mehr dazu finden Sie in Abschnitt 22.4, »Helligkeit und Sättigung lokal korrigieren«.

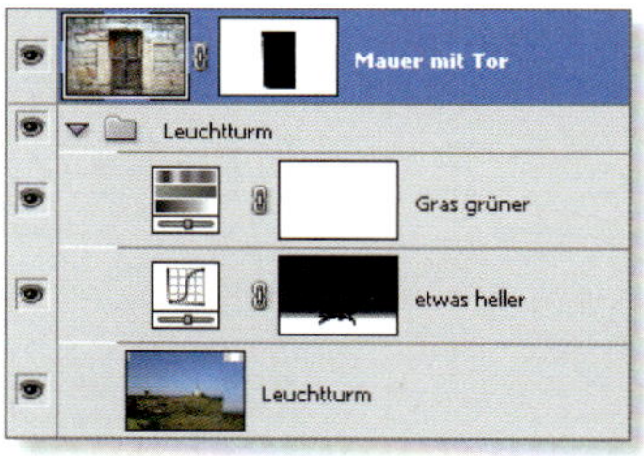

▲ **Abbildung 14.10**
Oben das maskierte Tor, darunter eine Gruppe mit Leuchtturm und einigen Einstellungsebenen, mit deren Hilfe das Motiv an die Umgebung angepasst wurde.

werden. Dadurch sind auch die schon erwähnten weichen, fließenden Übergänge möglich, und zwar mit mehr Kontrolle als bei der Auswahloption Weiche Kante. Masken bzw. Alphakanäle lassen sich außerdem mit fast allen Werkzeugen und Befehlen nachbearbeiten – so können Sie Ihre Ergebnisse immer neu variieren. Wenn die maskierte Ebene markiert (aktiv) ist, wird in der Kanäle-Palette die Maske angezeigt – natürlich als Alphakanal. Indem man auf das Augensymbol des Alphakanals klickt, blendet man die virtuelle »rote Maskenfolie« ein. Wenn man zusätzlich alle anderen Kanäle ausblendet, ist die Graustufendarstellung der Maske zu sehen.

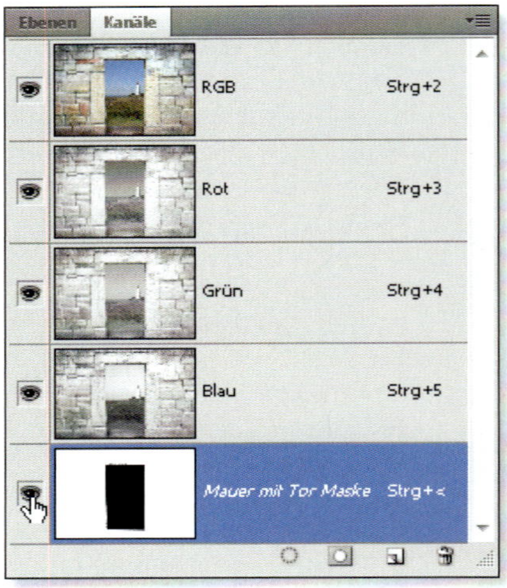

▲ **Abbildung 14.11**
Nicht nur in der Ebenen-Palette kann man sehen, ob in einem Bild Masken vorhanden sind, sondern auch in der Kanäle-Palette. Das Aktivieren des Kanals (Augen-Icon) …

▲ **Abbildung 14.12**
… blendet im Bild eine Vorschau der virtuellen »Maskierungsfolie« ein. Rot mit 50%iger Transparenz, so wie hier zu sehen, ist der Standard.

Wer die Funktionsweise von Masken versteht, kann später leicht mit Auswahlen, Alphakanälen, der Quick Mask (Maskierungsmodus) und eben den Ebenenmasken selbst jonglieren. Alle diese Arbeitsmittel sind eng miteinander verwandt: Auswahlen können die Basis von Masken sein, und aus Masken können wiederum neue Auswahlen erstellt werden. Beide basieren auf Alphakanälen. Die Quick Mask ist nichts anderes als eine temporäre Maske mit einem temporären Alphakanal. Das hört sich hier noch arg theoretisch an, auf den folgenden Seiten werden Sie aber erfahren, wie sich alltägliche Photoshop-Aufgaben so leichter lösen lassen. Je sicherer Sie im Handling dieser Techniken sind, desto mehr Zeit sparen Sie bei kniffligen Arbeiten!

14.2 Befehle und Funktionen

Die Paletten EBENEN und KANÄLE waren schon immer wichtige Steuerungsinstrumente für Masken – mit ihnen lassen sich Masken erzeugen, löschen, aktivieren und deren Anzeigeweise beeinflussen. Seit CS4 gibt es die Palette MASKEN. Auch hier finden Sie einige Basisfunktionen, vor allem aber ist die Masken-Palette ein unschätzbarer Helfer beim Anpassen und Verfeinern von Masken. In Abschnitt 14.3, »Schnell und flexibel Masken bearbeiten: Die Masken-Palette«, und im Workshop aus Abschnitt 14.3.4, »Das Wunderwerkzeug für komplizierte Masken ...«, lernen Sie die Palette näher kennen.

14.2.1 Bedeutung der Farben bei der Maskenanzeige

Rot? Schwarz? Weiß? Wer die Maskendarstellung in Photoshop durchschaut, hat schon gewonnen: Unsicherheit im Umgang mit Masken stiften die Farben, in denen Masken dargestellt werden und auch bearbeitet werden können. Gerade wenn man Masken mit dem Pinsel bearbeitet (dazu später), kommt man schnell durcheinander. Daher hier nochmals in aller Deutlichkeit:

- **Schwarz** in der Ebenenmasken-Miniatur in der Ebenen- und Kanäle-Palette bedeutet, dass diese Bereiche maskiert sind. Die schwarze Maskierung bewirkt, dass die zugehörige Bildebene an diesen Stellen **ausgeblendet** wird.
- Was in der Maskenminiatur **weiß** dargestellt wird, ist unmaskiert. Wo die Maske weiß ist, bleiben die Pixel der Bildebene **sichtbar**.
- **Grauwerte** in der Maske sorgen entsprechend ihrer Helligkeit für mehr oder weniger starke **Transparenz** der maskierten Ebene.

Datei auf der Buch-DVD: »SchiffAbendlicht.tif«

▲ **Abbildung 14.13**
Die sanft verlaufenden Graustufen einer Maske ...

Bild: Onno K. Gent

▲ **Abbildung 14.14**
... sorgen für weich abgestufte Transparenz an den Bildkanten. Dadurch wird die (grau-violette) Hintergrundebene sichtbar.

- Maskierte (schwarze!) Bereiche erscheinen, wenn der Alphakanal mit der Maske eingeblendet ist, mit einer digitalen **roten Folie** überzogen. Die Folienfarbe kann man ändern, aber Rot ist die der reprotechnischen Tradition geschuldete Standardeinstellung.
- **Auswahlen** kann man nicht nur aus einer Quick Mask erstellen, sondern auch aus Ebenenmasken. Dabei wird aus den weißen, nicht maskierten Bereichen der Maske der Auswahlbereich erstellt. In der Maske weiß dargestellte Partien lassen sich also dann bearbeiten. Die maskierten – also schwarzen bzw. rot abgedeckten – Partien eines Bildes sind dann *nicht* ausgewählt und somit vor Bearbeitung geschützt.

14.2.2 Anzeige der Maske ändern

Die Farbe und Deckkraft der »Maskenfolie« können Sie übrigens ändern. Dazu genügt ein Doppelklick auf die Kanalminiatur oder auf das Masken-Icon in der Ebenen-Palette. Es öffnet sich dann ein Dialog, in dem Sie Ihre Einstellungen vornehmen können. Mit dem Befehl MASKENOPTIONEN... aus dem Masken-Kontextmenü (Doppelklick oder Rechts- bzw Ctrl+Klick auf die Maskenminiatur) erreichen Sie das Dialogfeld zur Änderung der Maskenfolien-Darstellung ebenfalls.

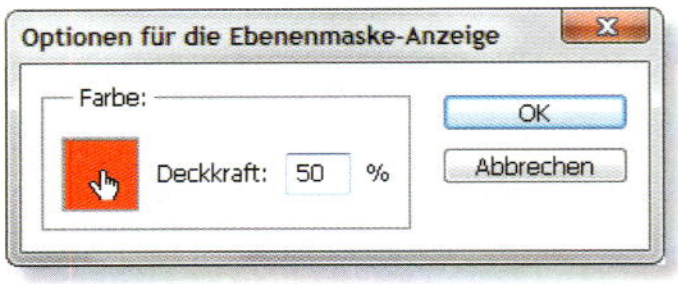

▲ **Abbildung 14.15**
Änderungen an der Maskenanzeige wirken sich nur auf die Darstellung der Maske, nicht auf deren Wirkungsgrad aus. Um die Farbdarstellung zu ändern, müssen Sie mit einem weiteren Klick auf das Farbfeld den Farbwähler aufrufen.

14.2.3 Ansichtsmodi von Masken

Für die tägliche Arbeit wichtig ist auch der flüssige Wechsel zwischen den verschiedenen Ansichtsmodi von Masken. Insbesondere dann, wenn Sie Masken mit weichen Verläufen anlegen, um auf dieser Basis Auswahlen zu erstellen, oder wenn Sie sehr detailreiche Bildbereiche maskieren, um sie auszublenden – beides sind recht häufige Arbeitsmittel –, können **Maskierungs»folie«** und **Graustufenansicht** hilfreich sein. Auswahllinien sieht man bekanntlich nicht an, ob eine Auswahl weich oder scharf umrissen ist. Die Maskenfolie jedoch zeigt das an, indem sie mehr oder weniger stark deckt. Bei Arbeiten am Detail braucht man einfach viel Kontrolle und sollte immer wieder zwischen verschiedenen Ansichten hin und her schalten.

»Folienansicht« besonders günstig bei deaktivierter Maske

Durch die »Folie« hindurch sind die Bildteile, die Sie maskieren, weiterhin sichtbar. Das ist besonders dann interessant, wenn zusätzlich die Maske deaktiviert wird – dann können Sie die Präzision der Maske an besonders kritischen Stellen gut überprüfen.

Graustufenansicht | Wenn Sie in die Maskenminiatur klicken und dabei Alt bzw. ⌥ drücken, wird die Graustufenansicht der Maske sichtbar. (Ein Beispiel sehen Sie in Abbildung 14.13.)

Maskierungsfolie | Wenn Sie in die Maskenminiatur klicken und dabei ⇧+Alt bzw. ⇧+⌥ drücken, wird die Maskierungsfolie eingeblendet. Sie lässt das Motiv durchscheinen. (Ein Beispiel sehen Sie in Abbildung 14.12.)

Maskenwirkung temporär ausschalten | Ein Klick in die Maskenminiatur der Ebenen-Palette mit gehaltener [⇧]-Taste deaktiviert die Maske und zeigt die Ebene im Originalzustand bzw. aktiviert die Maske erneut. Alternativ können Sie das Kontextmenü der Ebenen-Palette nutzen. Sie erreichen es per Rechtsklick ([Ctrl]+Klick) auf die Maskenminiatur, dort wählen Sie den Befehl EBENENMASKE DEAKTIVIEREN/AKTIVIEREN.)

Auch die Masken-Palette enthält einen Button ❸ zum Ausblenden der Maske. Allerdings kommen Sie trotzdem nicht ohne die Ebenen-Palette aus. Denn Sie müssen die Maske jedoch zunächst **auswählen (aktivieren)**, wenn Sie diese Funktion nutzen wollen. Dazu

- ... klicken Sie entweder auf die Maskenminiatur ❶ in der *Ebenen*-Palette,
- ... oder Sie nutzen den Masken-Auswahl-Button in der *Masken*-Palette oben rechts ❷. Der funktioniert allerdings auch nur dann wunschgemäß, wenn die richtige Ebene aktiv ist – was Sie wiederum in der *Ebenen*-Palette überprüfen und einstellen müssen. Andernfalls erzeugt dieser Button eine neue Maske!

▲ **Abbildung 14.18**
Aktivieren einer Maske per Ebenen-Palette

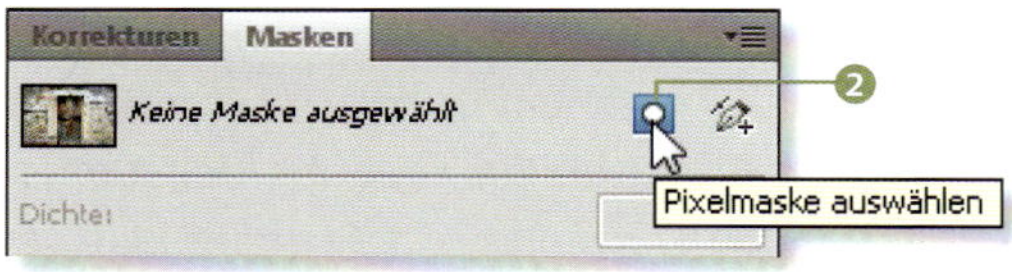

▲ **Abbildung 14.19**
Aktivieren einer Maske per Masken-Palette

14.2.4 Masken erzeugen

Weiße Maske | Um eine ganz weiße, leere Maske anzulegen, die nichts maskiert, muss die entsprechende Ebene natürlich wieder in der Palette markiert sein. Dann ...

- wählen Sie den Menübefehl EBENE • EBENENMASKE • ALLE EINBLENDEN

▲ **Abbildung 14.16**
Eine deaktivierte Maske zeigt die Bildebene im originalen, unmaskierten Zustand.

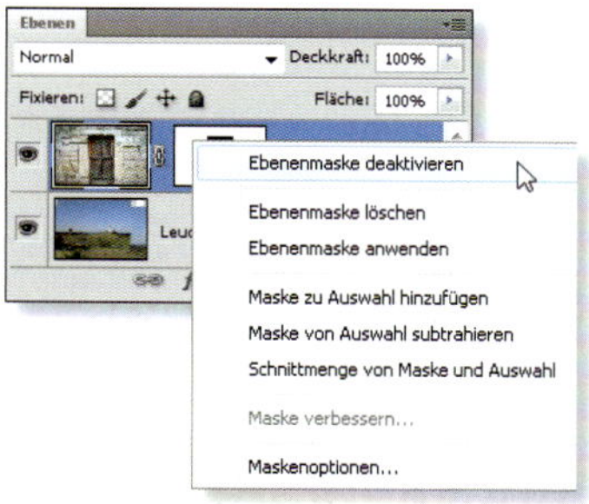

▲ **Abbildung 14.17**
Das Masken-Kontextmenü der Ebenen-Palette. Dort finden Sie alle wichtigen Befehle zum schnellen Zugriff.

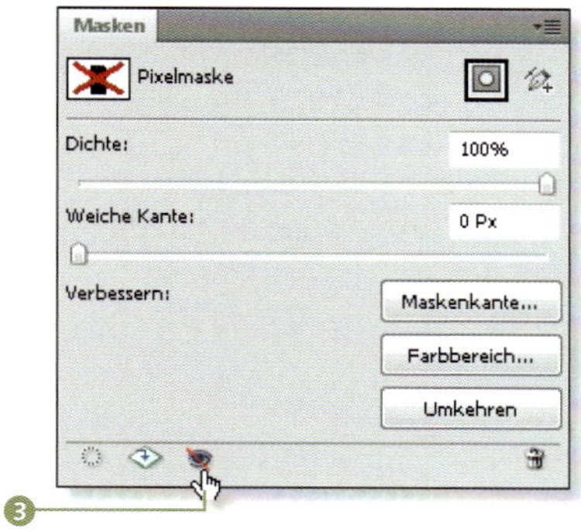

▲ **Abbildung 14.20**
Die Buttons am unteren Rand der Masken-Palette funktionieren nur, wenn die richtige Ebene aktiv ist. Hier zu sehen: MASKE DEAKTIVIEREN.

- oder klicken auf das Icon EBENENMASKE HINZUFÜGEN am unteren Rand der **Ebenen-Palette** (diese Funktion lässt sich nicht auf Hintergrundebenen anwenden),
- oder Sie nutzen den Button PIXELMASKE HINZUFÜGEN in der **Masken-Palette**. Das funktioniert übrigens auch bei Hintergrundebenen; sie werden dann automatisch in normale Bildebenen umgewandelt.

▲ **Abbildung 14.21**
Erzeugen einer Ebenenmaske per Ebenen-Palette. Die Maske wird nun zur aktiven Ebene »Mauer mit Tor« hinzugefügt.

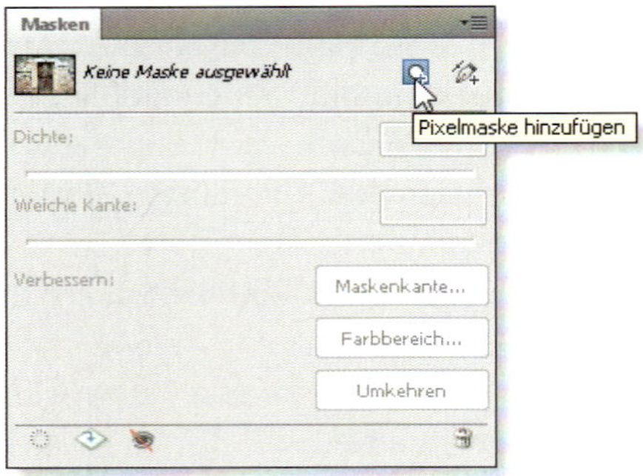

▲ **Abbildung 14.22**
Erzeugen einer neuen (pixelbasierten) Ebenenmaske per Masken-Palette. Die Maske wird zur aktiven Bildebene hinzugefügt.

Schwarze Maske | Um eine komplett schwarze Maske, die die zugehörige Bildebene vollständig ausblendet, zu erstellen,

- wählen Sie entweder im Menü EBENE • EBENENMASKE • ALLE AUSBLENDEN
- oder halten beim Klicken auf das jeweilige Masken-Icon in der Ebenen-Palette oder der Masken-Palette `Alt` bzw. `⌥` gedrückt.

Eine solche schwarze Maske verwendet man, wenn man nur kleine Partien der maskierten Ebene zeigen möchte. Es ist dann einfacher, diese Partien – durch Auftragen weißer Pixel auf die Maske – freizulegen, als umgekehrt große Bereiche der Maske durch schwarzen Farbauftrag deckend zu machen.

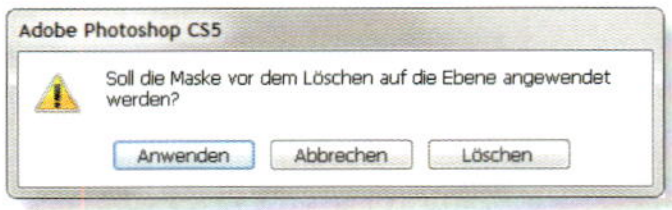

▲ **Abbildung 14.23**
Wenn Sie eine Maske per Papierkorb-Icon löschen, werden Sie gefragt, ob sie zuvor angewendet werden soll – also maskierte Ebenenpixel löscht.

14.2.5 Masken löschen oder anwenden

Um eine Maske endgültig zu löschen,

- nutzen Sie am schnellsten den Papierkorb der Ebenen-Palette. Ziehen Sie die Maske einfach darauf.
- Im Masken-Kontextmenü der Ebenen-Palette steht ebenfalls ein Löschbefehl zur Verfügung. Sie erreichen ihn per Rechtsklick (`Ctrl`+Klick) auf die Maskenminiatur. Mit diesem Löschbefehl wird **ohne Nachfrage gelöscht**.

- Auch die Masken-Palette verfügt über einen solchen LÖSCHEN-Button. Die Maske muss zuvor in der Ebenen-Palette aktiviert werden, damit der Button wirkt.

Maske anwenden | Der Kontextmenübefehl EBENENMASKE ANWENDEN löscht die Maske ebenfalls aus dem Bild – allerdings **auch die von ihr abgedeckten Pixel.** Dieser Schritt ist dann unwiderruflich. Auch die Masken-Palette verfügt über einen entsprechenden Befehls-Button, mit dem die Maske und die von ihr abgedeckten Bildpixel endgültig gelöscht werden.

14.2.6 Verbindung von Ebene und Maske

Normalerweise sind Ebene und Maske fest miteinander verknüpft. Wenn Sie die Ebene an eine andere Stelle des Bildes bugsieren, bewegt sich die Maske mit, und wenn Sie die Ebene transformieren, wird auch die Maske transformiert. Diese Verbindung lässt sich jedoch auch aufheben. Dann können Sie Ebene und Maske unabhängig voneinander verschieben und transformieren.

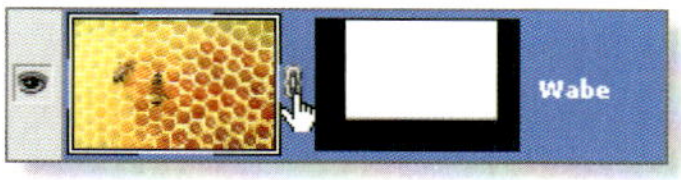

▲ **Abbildung 14.24**
Ein Klick auf das Kettensymbol zwischen Masken- und Ebenenminiatur entfernt dieses und löst die Verbindung. Ein erneuter Klick stellt die Verbindung wieder her.

Bildausschnitt finden | Eine von der Ebene gelöste Maske kann Ihnen zum Beispiel helfen, einen guten Bildausschnitt zu finden. Diese Technik ist manchmal besser als das Freistellungswerkzeug: Sie werden nicht durch die Markierungen des Beschnitt-Rechtecks abgelenkt und schließen sicher aus, dass beim Beschneiden eine Pixel-Neuberechnung durchgeführt wird. Besonders sinnvoll ist dieses Vorgehen, wenn Sie das Maskierungsrechteck mit der Rechteckauswahl und der Option ART • FESTE GRÖSSE erstellen. Wenn Sie fertig sind, klicken Sie noch einmal auf die Maskenminiatur – die Maske wird nun als Auswahl geladen. Der Befehl BILD • FREISTELLEN nimmt dann den Beschnitt vor.

Datei auf der Buch-DVD: »Honigwabe«

Bild: stockexchng, Mateusz Atroszko

◂ **Abbildung 14.25**
Bewegen Sie mit dem Verschieben-Werkzeug die Maske über das Bild (oder die Bildebene im Maskenausschnitt). In beiden Fällen bekommen Sie einen guten Eindruck, wie der Bildausschnitt wirkt. Die Verbindung zwischen Ebene und Maske muss dazu natürlich gelöst worden sein!

TOPP-TIPP: Maskenautomatik: »In die Auswahl einfügen«

Unter dem Menüpunkt BEARBEITEN findet sich auch der Befehl IN DIE AUSWAHL EINFÜGEN (Strg+⇧+V bzw. ⌘+⇧+V). Damit können in der Zwischenablage befindliche Inhalte in einen zuvor festgelegten Auswahlbereich eingefügt werden. Wenn Sie diesen Befehl wählen, wird eine neue Bildebene mit dem eingefügten Bildgegenstand angelegt, die automatisch eine Maske enthält, die dem zuvor erstellten Auswahlbereich entspricht. Die Verkettung von Maske und Palette ist bereits aufgehoben. So können Sie durch Bewegen von Maske und eingefügtem Objekt entscheiden, welcher Ausschnitt der beste ist.

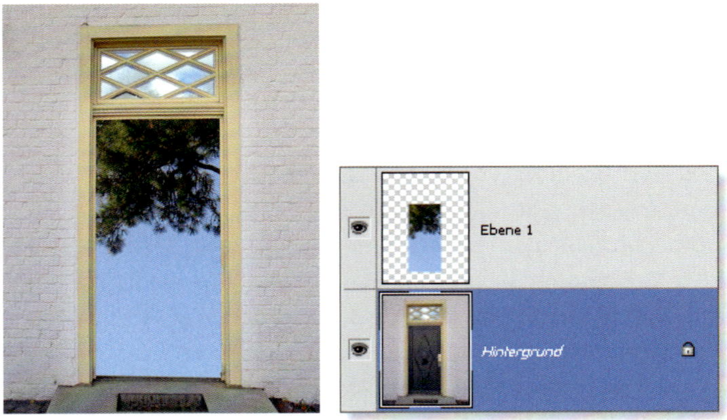

Abbildung 14.26 ▸
In der Datei mit der Tür wurde eine rechteckige Auswahl angelegt. Das Pinienbild wurde in die Zwischenablage kopiert und mit dem Befehl IN DIE AUSWAHL EINFÜGEN eingesetzt.

14.3 Schnell und flexibel Masken bearbeiten: Die Masken-Palette

In der Masken-Palette finden Sie zwar auch einige Basis-Funktionen wie das Erzeugen, Löschen oder Anwenden von Masken. Vor allem aber ist sie ein Tool, mit dem Sie bereits **bestehende Masken nachbearbeiten**. Bisher fiel beim Anpassen von Masken viel Handarbeit an: Maskenkonturen mussten oftmals mit mit Pinselwerkzeugen manuell nachgebessert werden. Zuweilen half auch der Einsatz von Filtern wie dem GAUSSSCHEN WEICHZEICHNER (unter FILTER • WEICHZEICHNUNGSFILTER – sorgt für weiche Konturen) oder DUNKLE/HELLE BEREICHE VERGRÖSSERN (unter FILTER • SONSTIGE FILTER – diese Filter verkleinern oder erweitern den maskierten Bereich).

All diese Befehle stehen weiterhin zur Verfügung. In der Masken-Palette sind die Entsprechungen zu diesen Funktionen (und noch einige mehr) jedoch **bequem zusammengefasst**. Und der größte Vorteil: **Ihre Anwendung ist reversibel**. Mit der Masken-Palette können Sie Konturlinien innerhalb von Masken detailliert anpassen und die Deckkraft der Maske – und damit die Transparenz der maskierten Ebene – steuern. Farbbereiche des Bildes können mit wenigen Klicks zur den maskierten Bereichen hinzugefügt oder von ihnen ausgeschlossen werden.

14.3.1 Grundfunktionen auf einen Blick

Standardmäßig ist die Masken-Palette in Photoshop immer eingeblendet. Sie teilt sich im Dock das Fach mit der – ebenfalls neuen – Palette KORREKTUREN. Sie lässt sich auch über den Befehl FENSTER • MASKEN starten.

Im Gegensatz zur vollgepackten Ebenen-Palette ist die Masken-Palette recht übersichtlich. Und auch ihre Funktionen sind nicht so erklärungsbedürftig: Zum größten Teil sind sie bereits aus anderen Zusammenhängen bekannt. Das Besondere ist, dass sie hier erstmals auch auf Masken angewandt werden können – dadurch eröffnen sich ganz neue Arbeitsweisen!

- Das Miniatur-Vorschaubild oben links ❶ zeigt Ihnen an, welche Maske aktuell ausgewählt ist – und auf welche Maske sich Ihre Einstellungen auswirken.
- Die zwei Buttons oben rechts dienen zum Anlegen neuer Masken. Sie können »normale«, pixelbasierte Ebenenmasken ❸ und auf Vektorlinien basierende Vektormasken ❹ erzeugen.
- Die kleinen Icons am Fuß der Palette ❻ übernehmen Grundfunktionen, die Sie auch mit der Ebenen-Palette ausführen können: das Löschen, Ein- und Ausblenden und Anwenden von Masken sowie das Erzeugen von Auswahlen aus Masken (mehr dazu finden Sie in Abschnitt 14.4, »Ebenenmasken, Auswahlen und Kanäle«).
- Der Button UMKEHREN ❺ vertauscht Schwarz und Weiß in der Maske und kehrt damit auch die Maskierwirkung um.

Vor dem Bearbeiten: Maske auswählen

In einem Dokument können mehrere Masken vorkommen. Deswegen ist die Masken-Palette so eingerichtet, dass Sie die Maske, die Sie bearbeiten möchten, zunächst auswählen müssen. Am einfachsten geht das per Klick auf die Maskenminiatur in der *Ebenen*-Palette (!). Die Titelleiste Ihres Dokuments können Sie als Kontrolle nutzen, dort wird angezeigt, ob gerade eine Maske aktiv ist. In Abschnitt 14.5.2, »Maske aktivieren«, finden Sie weitere Informationen zum Thema.

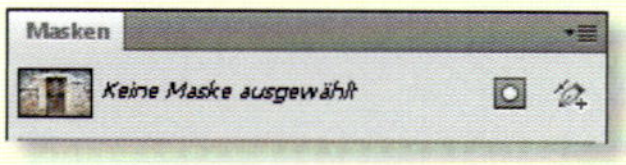

▲ **Abbildung 14.27**
Die Masken-Palette verweigert den Dienst, wenn keine Maske gewählt ist.

▲ **Abbildung 14.28**
Diese Palette ändert die Arbeitsweise mit Masken grundlegend.

14.3.2 Transparenz mit dem »Dichte«-Regler steuern

Zwei Regler stehen auf der Masken-Palette zum schnellen Zugriff zur Verfügung. Der obere heißt DICHTE ❷. Mit ihm steuern Sie, wie dunkel das Schwarz der Maske erscheint und damit, wie stark die Maske die maskierte Ebene abdeckt.

Zum Weiterlesen: Vektormasken
Mehr zu dieser eher selten benutzten Maskenart lesen Sie in Abschnitt 14.7, »Vektormasken: Auflösungsunabhängig«.

Das Prinzip ist nicht neu: Schwarze Maskenbereiche decken die Ebenen vollständig ab, graue Maskenteile machen Bildebenen leicht transparent oder reduzieren die Korrekturwirkung von Einstellungsebenen (anstatt sie ganz aufzuheben). Neu ist, dass dieser Effekt nun über den Regler stufenlos reguliert und jederzeit geändert werden kann.

Einige Vergleichsbilder machen die Wirkung des Sliders anschaulich. Dazu nutze ich nochmals den kleinen Leuchtturm vom Kapitelanfang (Abbildungen 14.29 bis 14.36). Die Korrekturwerte wurden für die Abbildungen im Buch überhöht, damit der Effekt besser zu erkennen ist.

Datei auf der Buch-DVD: »KleinerLeuchtturmExtremkorrektur.tif«

Abbildung 14.29 ►
Das Originalbild, ohne Einstellungsebene, ohne Korrektur und ohne Maske

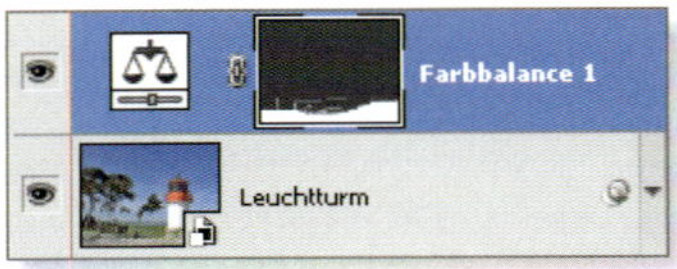

▲ **Abbildung 14.30**
Der Ebenenaufbau des Testbildes

Dem Ausgangsbild wird eine stark gelb färbende Einstellungsebene FARBBALANCE hinzugefügt. Mittels Maske wird die Wirkung dieser Einstellungsebene zunächst auf den Sandstrand im Vordergrund sowie auf die Zaunpfähle und einige andere Details eingegrenzt. Die Dichte der Maske beträgt 100%.

▲ **Abbildung 14.31**
Das Bild mit extrem färbender Einstellungsebene. Durch die Maske wirkt diese zunächst nur auf den Vordergrund.

▲ **Abbildung 14.32**
Die Maske mit DICHTE 100% – Schwarz und Weiß und sehr wenig Grautöne bei den Details

Der Kontrast zwischen den nicht-maskierten, verfärbten Bildteilen einerseits und den maskierten, nicht-verfärbten Bereichen andererseits ist sehr deutlich. Doch was passiert, wenn die Dichte der Maske auf 50% herabgesetzt wird?

▲ **Abbildung 14.33**
Der Gelbstich wird im gesamten Bild sichtbar. Im Bildhintergrund – der ja immer noch durch die Maske verdeckt ist – erscheint er weniger stark als im unmaskierten Vordergrund.

▲ **Abbildung 14.34**
Die Maske bei 50% Dichte sieht nun so aus. Aus Schwarz wurde Grau – und das ist dafür verantwortlich, dass die färbende Wirkung der Einstellungsebene auch in den maskierten Teilen zum Tragen kommt.

Wenn man die Dichte der Maske weiter reduziert, nimmt die Deckkraft der Maske zunehmend ab, und die färbende Wirkung der Einstellungsebene nimmt zu. Bei einer Dichte von 0% ist die Maskenwirkung völlig aufgehoben. Die Maske erscheint dann ganz weiß.

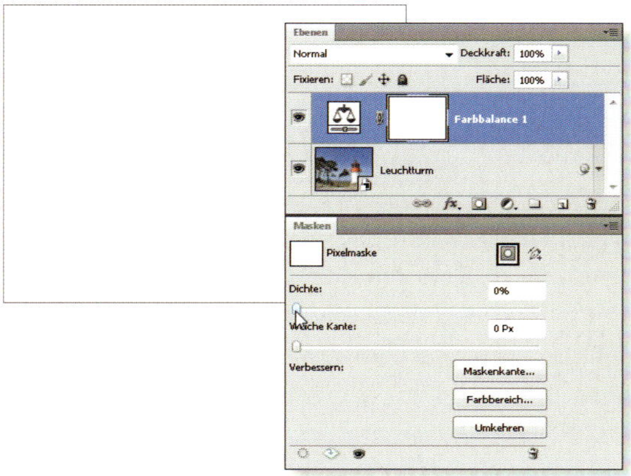

▲ **Abbildung 14.35**
Mit einer Dichte von 0% ist die Maske ganz weiß und hat keinerlei filternde Wirkung mehr.

▲ **Abbildung 14.36**
Das Beispielbild ist jetzt überall stark verfärbt.

Mit solchen Extremwerten wird man in der Praxis wohl eher selten arbeiten. Im Normalfall werden Sie die Funktion zum feinen Nachjustieren nutzen.

Allerdings müssen Sie beachten, dass es bei einer Maske, deren DICHTE-Wert mit der Masken-Palette gesenkt wurde, auch nachträglich nicht mehr möglich ist, auf das Maskengrau voll deckendes Schwarz aufzubringen – weder mit dem Pinsel noch mit anderen Maßnahmen. Und Auswahlen, die aus solchen Masken erzeugt werden, sind ebenfalls in der Wirkung reduziert, vergleichbar mit einer global wirksamen »weichen Auswahlkante«.

Maskenwirkung Steuern mit »Helligkeit/Kontrast« | Der Korrekturbefehl HELLIGKEIT/KONTRAST (unter BILD • KORREKTUREN) kann die Wirkung von Masken insgesamt verschärfen oder abmildern. Er macht aus Schwarz und Weiß Grautöne oder aus Graustufen Schwarz und Weiß. Anders als der DICHTE-Slider ist er auch in der Lage, das Maskenweiß zu verändern. Und wenn Sie mit dieser Funktion arbeiten, können Sie graue Maskenbereiche wieder mit Schwarz überpinseln – etwa, um einzelne Details doch vollkommen abzudecken. Einziger Nachteil: Anders als mit den Funktionen der Masken-Palette haben Sie nicht jederzeit einen einfachen Zugriff auf Ihre Einstellungen, um sie zu ändern. Dennoch stellt HELLIGKEIT/KONTRAST in einigen Situationen eine sinvolle Alternative zur DICHTE-Funktion dar.

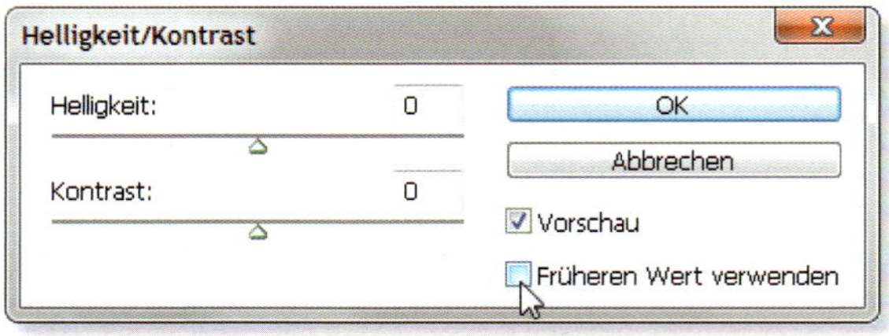

▲ **Abbildung 14.37**
Ist die Option FRÜHEREN WERT VERWENDEN aktiv, wirkt das Tool insgesamt viel schärfer.

14.3.3 Konturbereiche in Masken nachbessern

Die wahren Problemzonen von Masken sind Kanten und Konturen innerhalb des Bildes und innerhalb der Maske: also die Stellen, an denen maskierte und nicht-maskierte Bereiche aneinanderstoßen. Dort soll die Maske exakt den vorhandenen, manchmal recht gewundenen und kleinteiligen Bildkonturen folgen. Gleichzeitig soll die Maske jedoch auch weich genug sein, damit das maskierte Objekt nicht wie grob mit der Schere ausgeschnitten wirkt. Denn in vielen Fällen ist der Übergang zwischen verschiedenen Bildobjekten eher diffus als klar konturiert (Abbildungen 14.38 und 14.39).

Bild: Fotolia, dashek

▲ **Abbildung 14.38**
An Lockenschöpfen wie diesem zeigt sich schnell, ob eine Maske gut gemacht ist. Diese ist es nicht: Der Bildhintergrund wurde ausgeblendet und lässt die Haarkonturen grob zugeschnitten stehen.

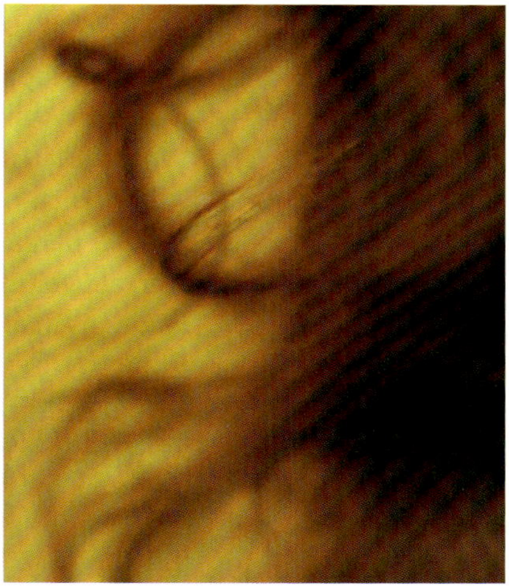

▲ **Abbildung 14.39**
Zoom auf die Lockenkontur, hier ohne Maske mit dem Originalhintergrund: Eine klare Grenze zwischen Haar und Hintergrund ist schwer auszumachen.

Die Masken-Palette bietet gleich zwei Werkzeuge, um mit dieser schwierigen Materie fertigzuwerden.

Zum Weiterlesen: Bessere Masken für schwierige Objekte
Wie Sie auch haarige Motive per Maske erfassen, lesen Sie in einem Workshop in Abschnitt 14.3.4, »Das Wunderwerkzeug für komplizierte Masken: ›Farbbereich‹«.

Weiche Kante nicht nur für Pixel-Masken | Der Slider WEICHE KANTE ist direkt zugänglich. Er zeichnet Konturen innerhalb der Maske stufenlos weich. Änderungen werden direkt im Bild angezeigt. Korrekturen der Einstellung können jederzeit vorgenommen werden.

Diese Funktion lässt sich auf pixelbasierte Ebenenmasken anwenden und – das ist das Besondere – **auch auf Vektormasken**. Bisher galt: Vektormasken haben stets scharfe, harte Kanten und bestehen nur aus Schwarz oder Weiß; Graustufen und damit weiche Übergänge waren nicht realisierbar. Das ist nun anders, der WEICHE KANTE-Regler macht auch die Konturen innerhalb von Vektormasken weich. Diese werden dadurch deutlich aufgewertet und bieten gewissermaßen das Beste aus der Pixel- und der Vektorwelt: Sie sind stufenlos skalierbar, kommen nun aber nicht mehr zwangsläufig in harter Scherenschnitt-Optik daher.

Differenzierte Einstellungen: Maskenkante | Differenziertere Einstellungen für die Konturen innerhalb von Masken eröffnen sich mit dem MASKENKANTE-Dialog.

Dessen Funktionen lassen sich jedoch **nur auf Pixelmasken** anwenden. Wohl aus diesem Grund sind die beiden Weiche-

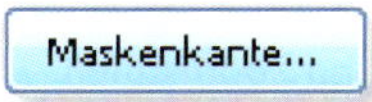

▲ **Abbildung 14.40**
Hier geht es zum Masken-Feintuning.

2 Farbbereich-Dialog starten und einstellen

Markieren Sie nun die Maske in der Ebenen-Palette, und starten Sie den Dialog FARBBEREICH mit dem entsprechenden Button in der Masken-Palette. Achten Sie, bevor Sie loslegen, darauf, dass alle Optionen richtig eingestellt sind.

Sehr wichtig ist die Option UMKEHREN ❺ – sonst sehen Sie nämlich nur eine schwarze Maske. Bei den Pipetten brauchen Sie die Plus-Pipette ❹ für multiple Auswahlklicks ins Bild. Unter AUSWAHL ❶ muss selbstverständlich AUFGENOMMENE FARBEN stehen. Aktivieren Sie auch unbedingt LOKALISIERTE FARBGRUPPEN ❷, und starten Sie mit eher niedrigen Werten bei TOLERANZ und BEREICH – Sie können sich später noch an die beste Einstellung herantasten. Achtung: Der BEREICH-Regler ist manchmal erst aktiv, nachdem Sie bereits einige Klicks ❸ in das Bild gemacht haben. Bei der AUSWAHLVORSCHAU haben Sie freie Wahl und können entscheiden, mit welcher Darstellung Sie am besten zurechtkommen. Ich fand die im Screenshot gezeigte Konstellation bei diesem Motiv am hilfreichsten.

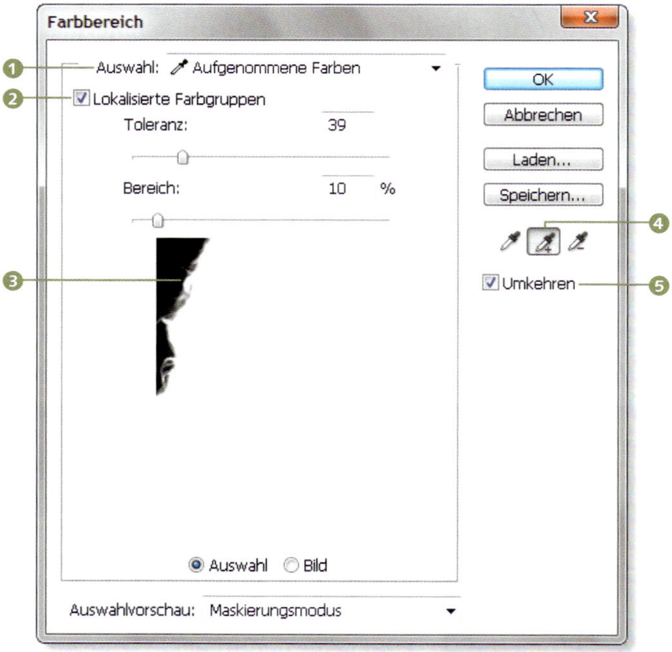

Abbildung 14.44 ▸
Das Vorschau-Bild zeigt, dass hier schon die ersten Klicks ❸ gemacht wurden – oben links sieht man die Anfänge einer schwarzen Maskenfüllung.

3 Die ersten Auswahlklicks: Toleranz und Bereich austarieren

Fangen Sie nun an, im Bild oben links Auswahlklicks zu setzen – also in die Bereiche, die maskiert werden sollen. In der Vorschau erscheinen diese Bereiche dann schwarz, im Bild selbst werden sie sofort ausgeblendet, sodass dort die dahinterliegende weiße Ebene sichtbar wird. Da Sie hier mit geringer Toleranz und einem niedrigen Wert für BEREICH arbeiten, sind recht viele Klicks notwendig. Doch nur so ist gewährleistet, dass Sie nicht zu viele Farbbereiche erwischen und dadurch versehentlich zu viel Haar entfernen. Durch Verschieben der Regler können Sie feststellen, bei welchen TOLERANZ/BEREICH-Werten die Maske bei diesem Motiv am besten wirkt. Durch Verschieben der Regler ändern sich Maske und Bild sofort, und zwar auch **rückwirkend** für alle bisher getätigten Klicks.

Bei diesem Motiv sind sehr diffuse, weiche Konturen gefragt. Verstellen Sie die Regler entprechend. Je nachdem, wo Sie Ihre Klicks gesetzt haben, sind hier andere Werte optimal, deshalb kann ich hier keine allgemeingültigen Werte nennen. Bei meinen Tests erreichte ich mit geringen BEREICH-Werten (um die 20) und höherer TOLERANZ (70 und drüber) ganz passable Ergebnisse.

4 Fehlerkorrektur

Einzelne Fehlklicks können Sie mit BEARBEITEN • RÜCKGÄNGIG sofort wieder zurücknehmen. Die Minus-Pipette ist ein weiteres Mittel, um Farbereiche wieder von der Maskierung auszuschließen. Die Anwendung funktioniert jedoch nicht immer gut, manchmal verschlimmbessert man die Maske nur. Ist Ihnen die ganze Maske missraten, drücken Sie die [Alt]/[⌥]-Taste: Der Button ABBRECHEN des FARBBEREICH-Dialogs wird zu ZURÜCKSETZEN. Er nimmt alle Ihre Änderungen zurück, ohne den Dialog zu schließen. Sie können danach sofort wieder von vorn anfangen.

5 Farbbereichsauswahl abschließen

Vermutlich lässt es sich nicht vermeiden, dass auch Bereiche, die gar nicht ausgeblendet werden sollten – zum Beispiel im Gesicht der Frau – teilweise schwarz abgedeckt werden und dadurch im Bild heller erscheinen (sie werden durch die Maske teiltransparent). Das ist jedoch kein Schaden: Solche Stellen lassen sich später leicht manuell überpinseln. Konzentrieren Sie sich einzig auf den Übergang zwischen den Locken und dem gelben Hintergrund. Wenn der in Ordnung aussieht, quittieren Sie den Dialog. Die Nachbearbeitung ist dann ganz einfach – in jedem Fall deutlich einfacher als eine manuell gemalte Lockenmaske!

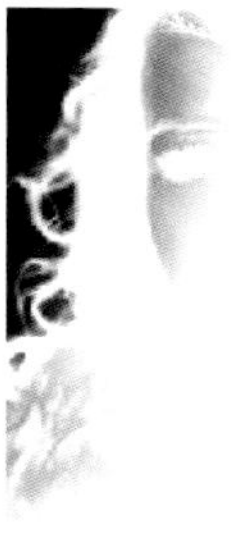

▲ **Abbildung 14.45**
Es ist wahrscheinlich, dass der FARBBEREICH-Dialog an einem Punkt Ihrer Korrektur so etwas anzeigt: prima Locken-Konturen und dazu einige unerwünscht maskierte Bereiche im Maskeninneren.

6 Zwischenergebnis

Sie haben wahrscheinlich jetzt ein Bild mit einer fast perfekten Maske vor sich. Es müsste ungefähr so wie in den nächsten beiden Abbildungen aussehen.

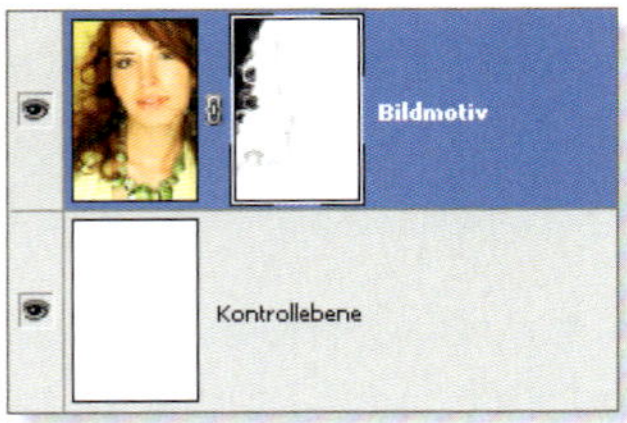

Abbildung 14.46 ▸
Hier sind vor allem die über die Bluse hängenden Locken entfärbt. Das ist ein Resultat der unerwünschten hellgrauen Maskenverfärbung. Die Masken-Fehlstellen über dem Gesicht sind im Bild weniger auffallend.

Abbildung 14.47 ▸▸
In der Ebenen-Palette erscheinen Bild und Maske jetzt so.

7 Innenbereiche manuell nachpinseln

Um die Maske weiter zu korrigieren, müssen Sie nun doch ein wenig den Pinsel schwingen. Doch keine Angst – es handelt sich hier nicht um knifflige Konturen, sondern um Innenbereiche der Maske, die Sie großzügig auspinseln können. Wechseln Sie zur Kanäle-Palette. Dort blenden Sie den Alphakanal ein und die übrigen Kanäle aus. Wenn der Alphakanal nicht zu sehen ist, müssen Sie zuerst in der Ebenen-Palette die Ebene mit dem Frauenbild aktivieren. Das Bild erscheint nun in der Graustufenansicht, das heißt, Sie sehen dort die Maske.

Rufen Sie nun das Pinselwerkzeug auf (Kürzel B), und stellen Sie eine geeignete Pinselgröße ein. Ein weicher, mittelgroßer Pinsel ist gut geeignet. Lediglich für die Kanten der Locken müssen Sie einen kleineren Pinsel nehmen und etwas vorsichtiger zu Wege gehen. Sie wollen ja nicht Ihre Vorarbeit zerstören.

Zum Weiterlesen: Pinselwerkzeug
In Abschnitt 25.3, »Feintuning für Pinsel- und Werkzeugspitzen«, finden Sie ausführliche Informationen über das Anpassen von Pinseln.

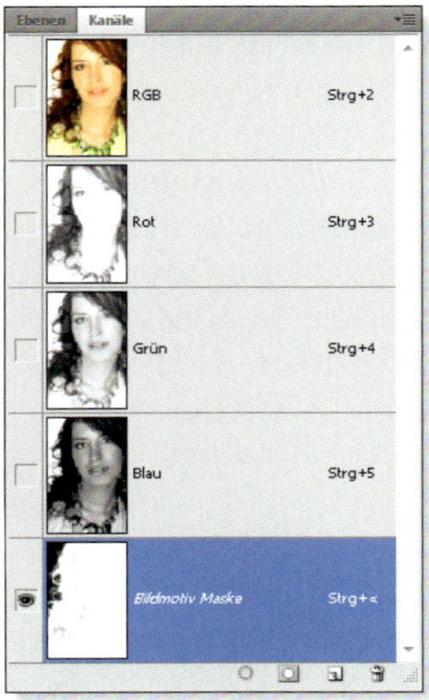

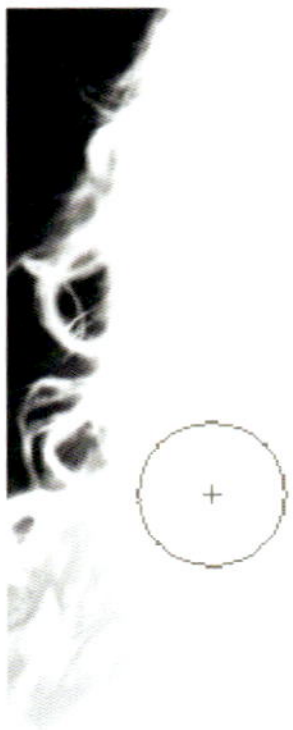

Abbildung 14.48 ▸
Einstellung der Kanäle-Palette

Abbildung 14.49 ▸▸
Korrigieren mit grobem, weichem Pinsel. Hier sieht man auch noch einmal sehr gut die hellgrauen Partien der Maske an den Konturen der Locken: Diese gewährleisten im Bild den sanften, realistischen Übergang zwischen Haar und neuem Hintergrund.

8 Fertig! Das Endergebnis

Das fertige Bild mit korrigierter Maske sieht nun so aus:

◂ **Abbildung 14.50**
Ein überzeugender Freisteller, in kurzer Zeit fertiggestellt.

14.4 Ebenenmasken, Auswahlen und Kanäle

Sie können nicht nur das FARBBEREICH-Tool einsetzen, um maskierende und nicht maskierende Bereiche einer Ebenenmaske festzulegen. Auch Auswahlen sind dazu ein bewährtes und oft genutztes Mittel. Daher bietet Adobe dazu viele passende Befehle an.

14.4.1 Auswahlen als Grundlage von Maskenkonturen

Wenn im Bild bereits Auswahlen aktiv sind, werden diese in die neue Maske mit einbezogen. Üblicherweise wird beim Anlegen einer neuen Maske so verfahren, dass der ausgewählte Teil des Bildes nicht maskiert wird – also sichtbar bleibt. Nicht ausgewählte Bildpartien werden durch die Maske ausgeblendet.

Es gibt jedoch auch noch darüber hinausgehende Steuerungsmöglichkeiten.

Auswahl ein- und ausblenden | Die Menübefehle EBENE • EBENENMASKE • AUSWAHL EINBLENDEN und AUSWAHL AUSBLENDEN sind nur aktiviert, wenn im Bild bereits eine Auswahl vorhanden

Zum Nachlesen: Fließender Wechsel zwischen Maske und Auswahl
Da Masken sehr oft als Hilfsmittel für das Erstellen präziser Auswahlen genutzt werden, bietet Photoshop mit dem Maskierungsmodus (Quick Mask) [Q] ein Werkzeug, mit dem ein nahtloser Wechsel zwischen (bearbeitbarer) Maske und Auswahl möglich ist. Mehr dazu lesen Sie in Abschnitt 13.12.3, »Quick Mask: Auswahlen detailgenau anpassen«.

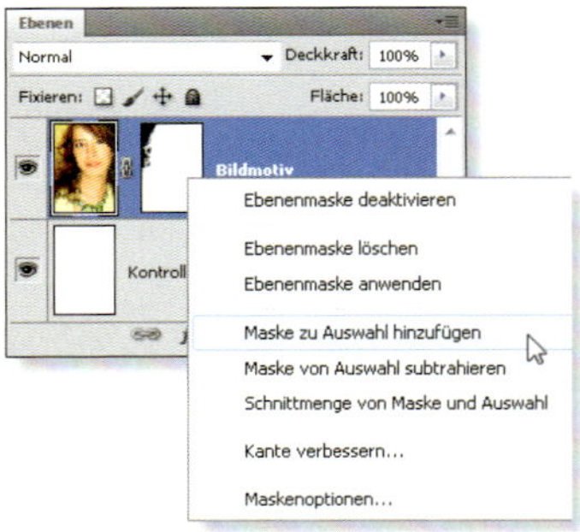

▲ **Abbildung 14.51**
Das Kontextmenü einer Maske

ist. Auswahl einblenden maskiert den *nicht* ausgewählten Teil des Bildes, lässt also die Bildbereiche innerhalb der Auswahl stehen und blendet den Rest aus. Auswahl ausblenden maskiert den Auswahlbereich und blendet ihn aus. Hier bleibt der nicht ausgewählte Teil des Bildes sichtbar.

Verfahren umkehren | Wenn Sie beim Klick auf das Masken-Icon in der Ebenen-Palette oder der Masken-Palette zusätzlich [Alt] bzw. [⌥] drücken, während im Bild eine Auswahl aktiv ist, wird das gewohnte Verfahren umgekehrt. Das heißt, dann wird der nicht-ausgewählte Teil gezeigt, und ausgewählte Bereiche werden maskiert und ausgeblendet.

Ebenenmaske und Auswahl verrechnen | Zudem können Sie eine Ebenenmaske in eine bereits vorhandene aktive Auswahl einrechnen lassen. Im Masken-Kontextmenü finden Sie die Befehle Maske zu Auswahl hinzufügen, Maske von Auswahl subtrahieren und Schnittmenge von Maske und Auswahl – mit diesen Befehlen legen Sie fest, in welcher Art und Weise die Auswahl der Maske zugeschlagen wird. Diese Technik wird bisweilen angewendet, um Bildkorrekturen in unterschiedlich starker Dosierung auf verschiedene Bildpartien anzuwenden.

14.4.2 Auswahl aus einer Maske erzeugen

Masken werden oft benutzt, um besonders diffizil konturierte Auswahlen zu erstellen, oder dienen als Grundlage von Auswahlen, die unterschiedlich stark auf verschiedene Bildteile wirken. Dank der 256 Graustufen, die eine Maske annehmen kann, ist hier ein sehr differenziertes Arbeiten möglich, denn Graustufen des Kanals werden bei der Auswahl als weiche Kanten berücksichtigt! Um aus einer Maske eine aktive Auswahl zu machen, genügt ein Klick bei gehaltener [Strg]- bzw. [⌘]-Taste auf die Miniatur der Ebenenmaske.

Auch einen Alpha- oder beliebigen anderen Bildkanal können Sie auf diese Art als Auswahl laden. Dazu benutzen Sie die Schaltfläche Kanal als Auswahl laden, die Sie am Fuß der Kanäle-Palette oder der Masken-Palette finden.

14.4.3 Aus einem Kanal eine Ebenenmaske machen

Man könnte sagen, dass eine Ebenenmaske eine komfortablere, leicht bedien- und kontrollierbare Version eines Alphakanals ist, der auf eine Ebene angewandt wird. Mit einem kleinen Umweg können Sie auch aus einem beliebigen Kanal oder Alphakanal eine Ebenenmaske machen.

Dazu laden Sie zunächst den Kanal als Auswahl, wechseln dann in die Ebenen-Palette und legen eine Ebenenmaske an.

14.5 Ebenenmasken bearbeiten

14.5.1 Möglichkeiten und Voraussetzungen

Auf Masken lassen sich alle gängigen Photoshop-Funktionen anwenden. Sie können nahezu alle bekannten Befehle und Werkzeuge anwenden. Am häufigsten werden Masken mit dem Pinsel [B] bearbeitet, meist für Detailkorrekturen oder Masken, die sich nicht so komfortabel mit der FARBBEREICH-Funktion erzeugen lassen wie im Beispiel oben. Sie können aber auch mit dem Verlaufswerkzeug [G] (für weiche Überblendungen wie im Tutorial weiter unten) oder mit Filtern arbeiten.

Werkzeuge zur Steigerung des Kontrastes werden ebenfalls recht häufig genutzt, zum Beispiel, wenn es darum geht, aus einem duplizierten Bildkanal eine Maske zu machen. Werkzeuge wie der Weichzeichner lassen sich zur Nachbearbeitung von Maskenkonturen ebenfalls gewinnbringend anwenden. Und Auswahlen sind, als nahe Verwandte der Masken, ohnehin unentbehrlich. Prinzipiell sind aber Ihrer Kreativität keine Grenzen gesetzt!

14.5.2 Maske aktivieren

Die Voraussetzung für jegliche Bearbeitung einer Maske ist, dass diese – und nicht die Ebene – aktiviert ist. Dazu muss natürlich die richtige Bildebene gewählt sein, und dann müssen Sie die Maskenminiatur anklicken. Es ist in der Photoshop-Anzeige etwas schwierig festzustellen, ob nun die Ebene oder die Ebenenmaske aktiv ist – der Unterschied ist jedoch gravierend. Kontrollieren Sie lieber einmal zu viel als einmal zu wenig in der Ebenen-Palette, was Sie nun gerade unter dem Pinsel haben! Zwei Indikatoren zeigen Ihnen sicher an, was gerade aktiv ist, und dazu kommt noch ein Indiz mit Hinweischarakter:

- Beachten Sie den schmalen Rand, der entweder um die Miniatur von Maske oder Ebene verläuft.
- Die Bildtitelleiste zeigt ebenfalls an, was gerade aktiv ist.
- Sobald die Ebenenmaske aktiv ist, wechseln die Farbfelder in der Werkzeugleiste zu Graustufen, unabhängig davon, welche bunten Farben zuvor eingestellt waren.
- Sofern in der Ebenen-Palette bereits die Ebene mit der Maske gewählt ist, können Sie auch den Masken-Button der Masken-Palette nutzen, um die Maske zu aktivieren.

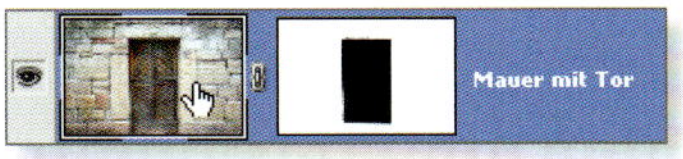

▲ **Abbildung 14.52**
Kleine Details in der Anzeige – große Wirkung: Hier ist die Ebene aktiviert, und in der nächsten Abbildung …

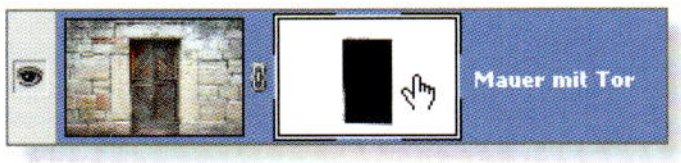

▲ **Abbildung 14.53**
… ist es die Maske.

14.6 Ebenenmasken in der Praxis

14.6.1 Ebenenmaske mit Auswahl

Masken werden nur in seltenen Fällen komplett deckend oder vollständig leer angelegt. Meist sind dabei Auswahlen im Spiel, die die Form einer Maske vorgeben. Anhand eines einfach zu erstellenden, aber dekorativen Beispiels demonstriere ich Ihnen hier noch einmal die relevanten Befehle und zeige, wie man eine interessante Schrift-Bild-Komposition erstellt.

Schritt für Schritt: Bild-Schrift-Montage mit Masken

1 Ausgangssituation

Grundlage ist eine Datei mit drei Ebenen:

- mit dem Text, der als Grundlage der Auswahl dient, auf der wiederum die Maske basiert,
- mit einem Foto
- und darunter noch mit einer weißen Ebene, die als Hintergrund des Textes dienen soll.

Der Text ist im Beispiel in einer fetten, recht eng laufenden Schrift (Eras Ultra ITC) geschrieben und zudem mit wenig Zeilenabstand gesetzt. Sie sollten eine ähnlich solide Schriftart verwenden. Welche Textfarbe verwendet wird, ist übrigens völlig gleichgültig.

Datei auf der Buch-DVD: »Alexanderplatz.tif«

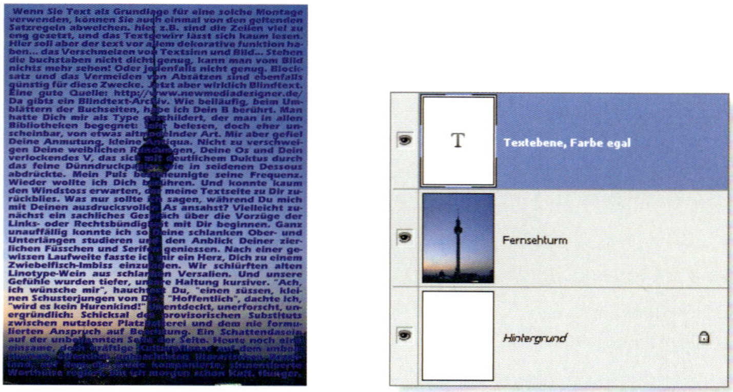

Abbildung 14.54 ▶
Der Text liegt vor einem Bild.

2 Auswahl anlegen

Um die deckenden Pixel einer Ebene auszuwählen, klicken Sie mit Strg bzw. ⌘ einfach in die Ebenenminiatur, deren Inhalt Sie auswählen möchten – hier die Textebene.

Enthält die Ebene neben transparenten und deckenden Pixeln auch Transparenzabstufungen, werden diese in der Auswahl ebenfalls berücksichtigt. Dieser praktische Klick funktioniert nicht nur bei Textebenen, sondern mit anderen Bildebenen auch. Die Schrift ist nun ausgewählt. Die Textebene kann jetzt ausgeblendet werden.

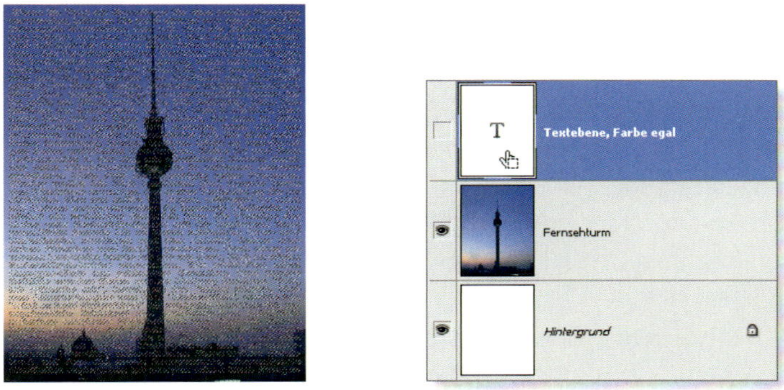

◀ **Abbildung 14.55**
Die Schrift ist ausgewählt.

3 Maske erstellen und Endergebnis

Nun sind es nur noch drei kleine Schritte zur Maske. Dazu wechsele ich zur Bildebene und klicke auf die Schaltfläche EBENENMASKE HINZUFÜGEN in der Ebenen-Palette.

In der Maske, die auf diese Weise angelegt wird, ist der Auswahlbereich (hier also die Schrift) unmaskiert und bleibt daher im Bild stehen. Der nicht ausgewählte Bereich wird schwarz maskiert und ausgeblendet. In diesem Beispiel wird an dieser Stelle dann die weiße Hintergrundebene sichtbar – das Bild ist fertig.

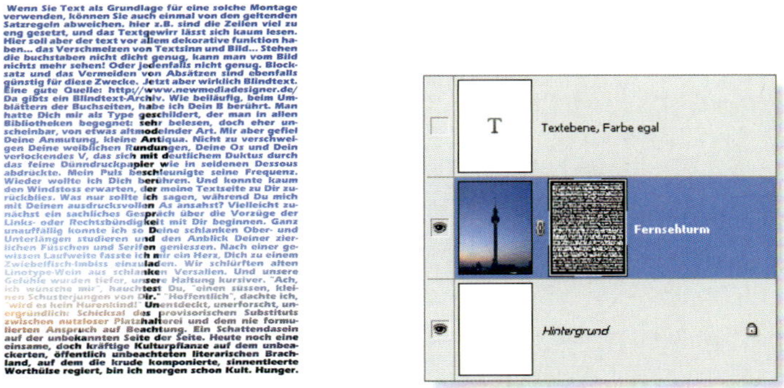

▲ **Abbildung 14.56**
Das Ergebnis

14.6.2 Ebenenmasken als Grundlage differenzierter Bildbearbeitung

Masken und Auswahlen sind – technisch gesehen – zwei Seiten einer Medaille: Beide basieren auf Alphakanälen, beide können weiche Übergänge enthalten, und die Verwandlung einer

Maskiert? Unmaskiert? Praktische Klicks zum Umschalten

Natürlich sind auch zahlreiche Fälle denkbar, in denen man den ursprünglich ausgewählten Bereich einer Bildebene nicht erhalten, sondern ausblenden will. Dann kann man natürlich zuvor die **Auswahl umkehren** (mit [Strg]+[⇧]+[I] bzw. [⌘]+[⇧]+[I] ist das schnell gemacht!) und dann die Maske anlegen. Alternative: Wenn Sie beim Anklicken des Masken-Icons die [Alt]-Taste (Windows) bzw. [⌥]-Taste (am Mac) drücken, wird die Maske so angelegt, dass diesmal Auswahlbereiche maskiert werden. Der nicht ausgewählte Bereich des Bildes bleibt stehen.

Manchmal kommen aber auch die versiertesten Photoshop-Anwender durcheinander und legen eine Maske an, die »falsch herum« ist. Sie zu verwerfen und neu zu erstellen ist zwar meist kein Problem, eleganter können Sie diesen Fehler jedoch korrigieren, indem Sie die Maske aktivieren (nicht die Bildebene!) und dann [Strg]+[I] (Windows) bzw. [⌘]+[I] (Mac OS) drücken. Dieser Befehl invertiert die Farben und macht bei einer Maske aus Schwarz Weiß und aus Weiß Schwarz.

Warum Ebenenmaske für Freisteller und nicht die Quick Mask?
Die Arbeitstechnik ist nahezu dieselbe wie beim Arbeiten mit der Quick Mask, und auch das Einsatzgebiet ist dasselbe: schwierige Freisteller, denen man mit den Auswahlwerkzeugen allein nicht beikommt. Die Arbeit mit der Quick Mask geht – wie der Name schon sagt – recht schnell von der Hand und liefert auch gute Ergebnisse. Wieso sollte man trotzdem manchmal mit Ebenenmasken arbeiten? Der Vorteil dieser Technik ist es, dass der Freisteller durch Nachpinseln der Maske jederzeit nachgebessert werden kann. Dadurch kann das freigestellte Objekt beispielsweise besser an unterschiedliche Montage-Hintergründe angepasst werden. Kleine Fehler, die nur vor bestimmten Hintergründen ins Auge fallen, lassen sich so leicht nachbessern. Und während Sie bei der Quick Mask vorrangig pinseln, können richtige Masken auch gefiltert oder anders bearbeitet werden.

Maske in eine Auswahl und umgekehrt ist ganz einfach. Folglich sind beide auch in vielen Arbeitsprozessen eng miteinander verschränkt. Zum Beispiel so: Wenn Sie ein Bild auf sehr differenzierte Weise bearbeiten wollen – einige Bereiche sollen stark verändert, andere vollkommen geschützt und weitere nur ein bisschen verändert werden –, dann brauchen Sie eine entsprechend nuancierte Auswahl. Denn die Auswahl grenzt die Wirkung Ihrer Korrektur- und Arbeitsschritte entsprechend ein. In solchen Fällen ist es oft der erste Schritt, eine Maske zu erzeugen, die kräftig, gar nicht und mittelstark zu bearbeitende Bildbereiche unterschiedlich abdeckt; eine Maske also, in der weiche Verläufe und viele Grau-Nuancen vorkommen. Aus ihr lässt sich dann einfach eine passgenaue Auswahl erzeugen.

Bei solchen Masken kommt es selten auf präzises Pinseln an. Sie arbeiten mit dem Verlaufswerkzeug und eher großen, weichen Pinseln. Wichtig ist es jedoch, dass Sie nie die Übersicht darüber verlieren, welche Bereiche maskiert sind (und später nicht Teil der geplanten Auswahl werden) und welche nicht. Dazu müssen Sie sich mit den Darstellungsfarben und Ansichtsoptionen von Masken auskennen (siehe Abschnitt 14.2.1, »Bedeutung der Farben bei der Maskenanzeige«).

Verfremdete Fotografien, die Abbildungen der »großen« Welt wie Miniaturen erscheinen lassen, sind schon seit einiger Zeit vielfach zu sehen. Doch weil sich daran die Masken-Auswahl-Korrektur-Technik so gut zeigen lässt, folgt hier auch ein Workshop für gefälschte Tilt-Shift-Fotos.

Schritt für Schritt: Falsche Unschärfe mit Ebenenmaske, Auswahl und Filter

[Tilt und Shift]
Mit Tilt und Shift (T&S) wurden ursprünglich Fotoobjektive (T&S-Objektive) bezeichnet, bei denen sich das Linsensystem gegenüber der Filmebene verschwenken lässt. Einige der charakteristischen Effekte von T&S-Fotos lassen sich auch gut digital simulieren.

Datei auf der Buch-DVD: »AalesundVonOben.tif«

1 Datei vorbereiten

Unser Ausgangsbild ist die Fotografie einer Stadt- und Meereslandschaft aus der Vogelperspektive. Im Vordergrund und im hinteren Bereich soll eine Unschärfe erzeugt werden, lediglich der Mittelteil des Bildes soll scharf bleiben. Scharfe und unscharfe Bereiche sollen sanft ineinander übergehen.

Da die Ebene am Schluss mit einem Weichzeichnungsfilter bearbeitet werden soll, wird sie als Erstes in ein Smart-Objekt umgewandelt. Dies gibt Ihnen Spielraum für Filterexperimente: Smart-Objekte lassen sich zerstörungsfrei mit Filtern bearbeiten. Das neue Smart-Objekt versehen Sie dann mit einer (zunächst leeren) Maske.

Bild: S. Mühlke

▲ **Abbildung 14.57**
Das Ausgangsbild

▲ **Abbildung 14.58**
Ebenenaufbau: Smart-Objekt mit (zunächst leerer) Maske

2 Richtige Ansicht einstellen

Für die folgenden Arbeitsschritte brauchen Sie gleichzeitig gute Sicht auf die Bildinhalte und auf die Maske. Dazu empfiehlt sich eine Ansicht der »Maskenfolie«. Klicken Sie mit [⇧]+[Alt] bzw. [⇧]+[⌥] auf die Maskenminiatur, um diese Ansicht einzublenden, oder nutzen Sie die Kanäle-Palette.

Zusätzlich müssen Sie die Maske deaktivieren, weil ansonsten gleich die wichtigsten Bildinhalte mit der Maske abgeblendet werden. Nutzen Sie dafür zum Beispiel das Kontextmenü, oder klicken Sie bei gehaltener [⇧]-Taste auf die Maskenminiatur.

▲ **Abbildung 14.59**
Da die Maske zunächst noch leer ist, taucht beim Einblenden des Masken-Alphakanals keine »rote Folie« im Bild auf.

3 Verlauf planen

Bearbeitet wird jetzt die Maske. Ein Kontrollblick in die Ebenen-Palette und die Bildtitelleiste empfiehlt sich, um sicherzustellen, dass Sie nicht versehentlich die Bildebene unter der Maus haben.

Der Mittelbereich des Bildes soll scharf bleiben; Vorder- und Hintergrund werden unscharf. Auf der Maske soll ein **Verlauf** angelegt werden, der später die Unschärfe im Bild genau dosiert. Noch einmal zur Erinnerung: Die Maskenfarbe Weiß bedeutet »unmaskiert«. Daraus wird später der ausgewählte Bereich, den Sie bearbeiten können. Schwarz bedeutet »maskiert und vor späterer Bearbeitung geschützt«. Grautöne auf der Maske drosseln die Wirkung der Bearbeitung. Gebraucht wird also ein Verlauf, der von Weiß (im Bildvordergrund, wo stark weichgezeichnet werden soll) in Schwarz übergeht (außerhalb des Auswahlbereichs, ergo keine Bearbeitung) und dann wieder weiß wird.

▲ **Abbildung 14.60**
Im Bild ändert sich noch nichts, aber diese Voreinstellungen sind für die nächsten Schritte wichtig.

4 Verlauf einstellen

Rufen Sie dazu das Verlaufswerkzeug (Kürzel: [G]) auf, und stellen Sie einen Verlauf Schwarz, Weiss ❶ ein. Wichtig ist auch, dass der Reflektierte Verlauf ❷ aktiviert ist. Die Option Umkehren ❸ muss unbedingt inaktiv sein.

Abbildung 14.61 ▼
Einstellungen des Verlaufswerkzeugs

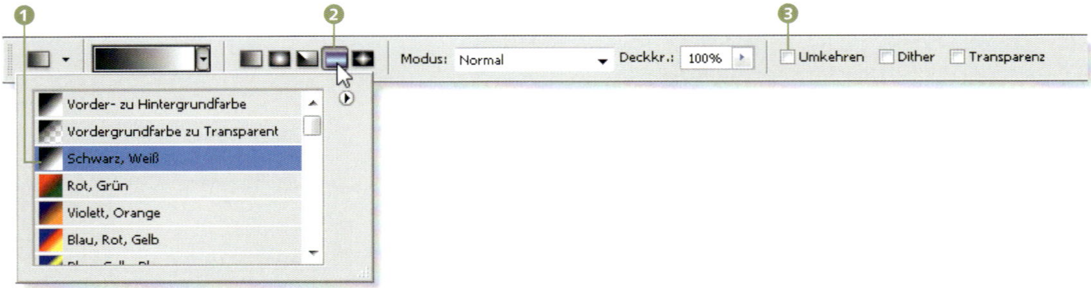

5 Verlauf auf der Maske anlegen

Klicken Sie jetzt mit der Maus ungefähr in der Bildmitte, und ziehen Sie die Maus mit gedrückter Maustaste nach unten weg. An der roten Maske können Sie jetzt erkennen, wie der Verlauf wirkt. Vermutlich brauchen Sie – so wie ich – mehrere Anläufe, bis Sie eine Auswahlform hinbekommen, die richtig sitzt. Sie können zum Experimentieren mit Verläufen einfach immer wieder auf derselben Maske neu ansetzen.

Abbildung 14.62 ►
Der Verlauf auf der Maske

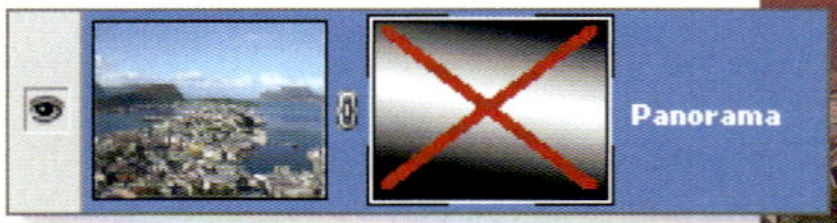

▲ Abbildung 14.63
In der Ebenen-Palette sieht das so aus.

6 Feinarbeiten

Bei Bedarf kann die Maske nachbearbeitet werden. Sie können zum Beispiel die Verbindung von Ebene und Maske lösen und dann die Position der Maske mit dem Verschieben-Werkzeug ([V]) verändern. Die Maske lässt sich sogar transformieren und kann selbstverständlich auch bepinselt werden. Achten Sie nur immer darauf, dass Sie die Maske und nicht die Ebene verändern! Sie sollten hier jedoch nicht zu detailversessen arbeiten. Das hält nur auf und ist für den gewünschten Effekt auch nicht erforderlich.

7 Auswahl aus der Maske erstellen

Die Ansicht der roten »Maskierungsfolie« wird nun nicht mehr gebraucht. Sie kann ausgeblendet werden. Schalten Sie in der Kanäle-Palette das Augensymbol vor dem Maskenkanal aus, oder klicken Sie mit gehaltener ⇧+Alt- bzw. ⇧+⌥-Taste auf die Maskenminiatur in der Ebenen-Palette. Dabei wird die Maske meist auch aktiviert, was sie nicht werden sollte – es ist ja nicht unser Ziel, die Ebene auszublenden. Ein erneuter ⇧-Klick in die Maskenminiatur richtet es wieder.

Für das Erstellen der Auswahl steht die Maske auch im deaktivierten Zustand zur Verfügung. Der schnellste Weg ist hier der Strg/⌘-Klick auf die Miniatur. Die Auswahllinie ist die vertraute Ameisenstraße. Die durch den weichen Farbverlauf in der Maske bewirkte Weichzeichnung sieht man ihr nicht an!

◄ Abbildung 14.64
Aus der Maske wurde eine Auswahl erstellt.

8 Weichzeichnen

Nun müssen Sie von der Maske auf das Bild wechseln. Kontrollieren Sie mit Adleraugen die Bildtitelleiste und die Ebenen-Palette. Wenden Sie dann einen Weichzeichnungsfilter an. Unkompliziert in der Anwendung und mit genügend Kontrollmöglichkeiten ist der GAUSSSCHE WEICHZEICHNER (unter FILTER • WEICHZEICHNUNGSFILTER).

Filter »Tiefenschärfe abmildern« wirkt nicht auf Smart-Objekte

Bei Aufgaben wie diese wäre auch TIEFENSCHÄRFE ABMILDERN einen Versuch wert. Als eine der wenigen Ausnahmen lässt sich dieser Filter jedoch nicht auf Smart-Objekte anwenden. Mehr über dessen Anwendung lesen Sie in Kapitel 24, »Werkzeuge für Fotografen«.

Abbildung 14.65 ▶
Die Einstellungen des Gaußschen Weichzeichners. Erschrecken Sie nicht: Die Darstellung im Vorschaufenster des Filters ignoriert Ihre Auswahl, aber wenn der Filter dann angewendet wird, ist alles korrekt.

9 Bonbonfarben

Damit die Illusion einer Miniaturwelt komplett wird, fehlen eigentlich noch die charakteristischen Bonbonfarben. Also erzeuge ich noch zwei farbverfremdende Einstellungsebenen. Mit FARBTON/SÄTTIGUNG werden die Bildfarben insgesamt quietschiger, kräftiger gemacht, und mit der SELEKTIVEN FARBKORREKTUR bekommt der Himmel einen künstlichen Cyan-Ton. Zu guter Letzt pinsele ich auf der Maske des Smart-Filters noch ein wenig nach, um einzelne Bildteile gezielt von der Weichzeichnung auszuschließen.

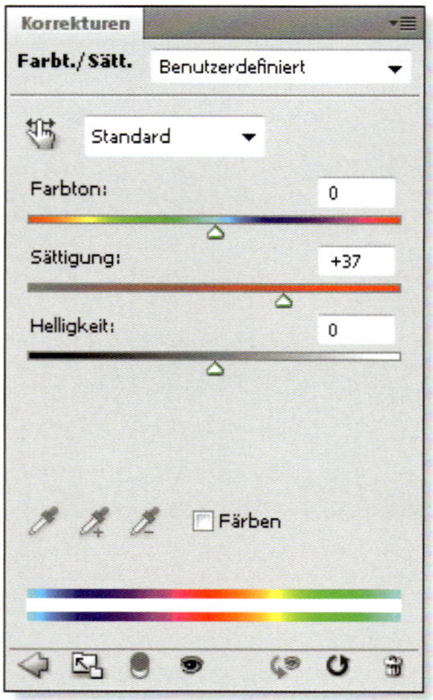

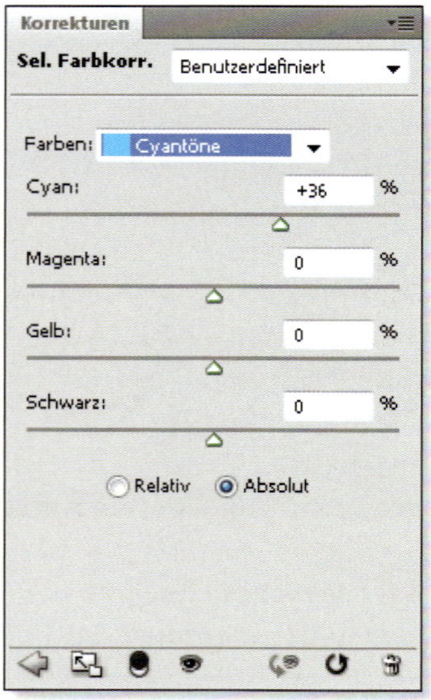

Abbildung 14.66 ▶
Mit diesen Einstellungen bekommt das Bild den richtigen Miniaturwelten-Touch.

Andere Anwendungsmöglichkeiten für »modellierte Auswahlen«

Natürlich muss es nicht immer eine Weichzeichnung sein, die auf der Basis einer solchen Auswahl erstellt wird und nicht immer eine solche Verfremdung. Das Verfahren eignet sich auch, um Bilder partiell zu korrigieren, und für alle anderen Fälle, bei denen der Übergang zwischen korrigierten und unkorrigierten Partien sanft verlaufen soll – beispielsweise wenn das Objektiv an den Bildrändern verschattete Bereiche hinterlassen hat.

10 Fertig! Das Endergebnis

Das fertige Bild sieht dann ungefähr so aus:

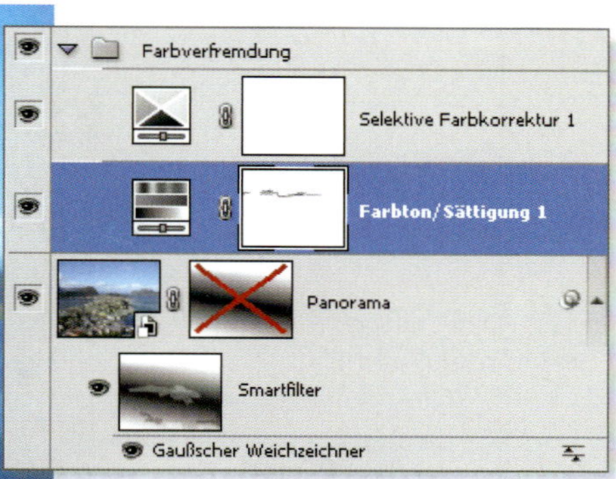

◄▲ **Abbildung 14.67**
Die norwegische Stadt Aalesund im Modellbau-Look und der Ebenenaufbau

14.6.3 Maske und Pinsel: Ein bewährtes Gespann

Malwerkzeuge gehören sicherlich zu den meistgenutzten Werkzeugen im Zusammenhang mit Masken. Hier arbeiten Sie ausschließlich mit den Farben Schwarz und Weiß und gegebenenfalls mit Graustufen. Diese Arbeitstechnik wendet man bei Montagen zur Verfeinerung von Details an oder wenn komplizierte Bildobjekte freigestellt werden sollen, man aber ein Wegschneiden als zu endgültig (und damit als nahezu unkorrigierbar) empfindet. Im Zusammenspiel von Ebenen- und Kanäle-Palette mit Pinseln und etwas Geduld lassen sich solche Aufgaben gut lösen. Gebraucht werden Geduld, Mausgeschick und mehrere passende Pinselspitzen. Auch interessante Bildränder und grafische Effekte lassen sich mit Pinsel und Maske erzielen.

Im folgenden Tutorial zeige ich Ihnen, wie Sie Kanten von Fotos interessant gestalten können – und welche Bearbeitungsmöglichkeiten Sie bei Masken haben. Optisch sind solche gestalteten Bildkanten besonders für den Internet-Einsatz interessant. Die verschiedenen Browser- und Bildschirmgrößen und daran angepasste, fließende Layouts machen ein festes Gefüge aus Text, Bild und Weißraum, wie man es von Drucklayouts kennt, unmöglich. Daher wirken Fotos in Weblayouts oft etwas verloren. Ihnen fehlt ein passender optischer Rahmen oder einfach ein Übergang zur Site-Hintergrundfarbe.

Mit Masken lassen sich Bilder einfach bearbeiten, sodass durch interessante Kantengestaltung eine bessere Verbindung von Foto und Hintergrund entsteht. Und ganz nebenbei kann so auch die traditionelle Rechteckform verlassen werden.

Schritt für Schritt: Bildkanten interessant gestalten

1 Maske anlegen

Als Erstes müssen Sie natürlich das jeweilige Bild öffnen, und Sie benötigen wieder eine Maske. Meist ist es am einfachsten, wenn Sie eine weiße Maske schwarz bepinseln – wenn Ihnen das einfacher erscheint, können Sie natürlich auch umgekehrt vorgehen und eine schwarze (deckende) Maske mit Weiß bearbeiten.

Datei auf der Buch-DVD: »SeoulNachts.tif«

Bild: F. Gaebler

Abbildung 14.68 ▲▶
Das Ausgangsbild mit Ebenen-Palette

2 Gefüllte Ebene darunter legen

Unter die Bildebene, deren Kante mithilfe der Maske bearbeitet werden soll, lege ich meist gleich eine Ebene, die mit der Farbe gefüllt ist, die der späteren Hintergrundfarbe entspricht. Das macht es einfacher, die spätere Wirkung der gestalteten Kante einzuschätzen.

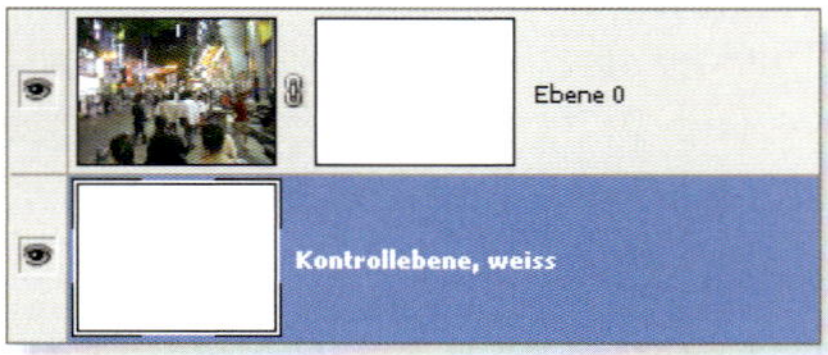

Abbildung 14.69 ▶
Die Ebenen-Palette mit der neuen weißen Ebene

3 Malfarbe und -deckkraft einstellen

Die Spielregeln sind nun einfach: Sie können auf die Maske schwarze und weiße Farbe auftragen, Schwarz deckt Pixel ab, Weiß legt sie frei bzw. lässt sie stehen. Die Farbfelder der Werkzeugpalette wechseln automatisch zu den Standardfarben Schwarz und Weiß, wenn Sie die Maske aktivieren. Sie können auch neutrale Grautöne auftragen, um eine teilweise Abdeckung zu erreichen.

Ein Auftrag von Schwarz oder Weiß mit verminderter Deckkraft hat dieselbe Wirkung wie das Malen mit Grau. Da Sie bei der Deckkraft jedoch einen Prozentwert einstellen – und nicht Farbwerte im Farbregler –, ist es ein wenig einfacher, im Voraus einzuschätzen, wie stark die aufgetragenen Pixel ungefähr decken. Auch die Füllmethode des Farbauftrags auf die Maske kann in der Pinsel-Optionsleiste variiert werden und zu interessanten Ergebnissen führen.

4 Pinseleigenschaften festlegen

Die Pinseleigenschaften haben wohl den größten Einfluss auf das spätere Ergebnis. Für den Rand der koreanischen Straßenszene scrolle ich in der Pinselliste weit nach unten und wähle den Pinsel GROBE RUNDE BORSTEN ❷. Dessen GRÖSSE ❶ verändere ich auch noch ein wenig, und ich senke den Wert bei FLUSS ❸, um ein noch borstigeres Aussehen des Farbauftrags zu erzielen.

▼ **Abbildung 14.70**
Die Pinseleigenschaften

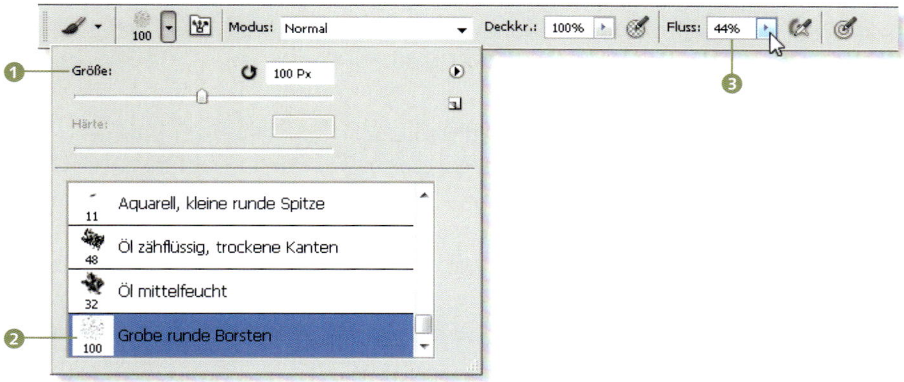

5 Maskenränder schwarz bepinseln

Nun trage ich auf die Kanten der Maske vorsichtig schwarze Pinselstriche auf. Die Strichführung weist strahlenförmig nach außen, was gut zum Motiv passt. Mit weißen Pinselstrichen kann korrigiert werden. Nutzen Sie den Shortcut [X], um Vorder- und Hintergrundfarbe (also hier Schwarz und Weiß) zu vertauschen und so schnell zwischen beiden Farben zu wechseln. Meist braucht man mehrere Anläufe, bis alles wirklich gut aussieht. Neu anzufangen ist oft besser, als zu akribisch zu korrigieren. Ich habe hier zusätzlich eine Auswahl erzeugt, um zu verhindern, dass zu viel vom Innenbereich des Bildes durch das auf die Maske aufgepinselte Schwarz abgedeckt wird. Danach hebe ich die Auswahl auf und pinsele vorsichtig weiter innen.

Abbildung 14.71 ▸
Maskenränder anlegen – unten links sehen Sie den Pinsel in Aktion.

▴ **Abbildung 14.72**
Einstellungen des radialen Weichzeichners

6 Maske filtern

Sie können auch anstandslos Filter auf Masken anwenden. Ich möchte die einzelnen Pinselstriche etwas weichzeichnen und der Maske gleichzeitig ein etwas dynamischeres Aussehen geben. Dazu rufe ich FILTER • WEICHZEICHNUNGSFILTER • RADIALER WEICHZEICHNER auf. Mit einer STÄRKE von 14 und der METHODE • STRAHLENFÖRMIG habe ich die Maske bearbeitet. Unter MITTELPUNKT kann man, indem man die Maus bewegt, noch den imaginären Fluchtpunkt der strahlenförmigen Weichzeichnung festlegen. In diesem Fall bleibt er aber in der Mitte. Achten Sie darauf, dass Sie wirklich die Maske filtern – nicht die Bildebene!

7 Fertig! Das Endergebnis

Das Bild ist fertig und sieht jetzt so aus wie in Abbildung 14.73. Hier sehen Sie übrigens auch, wie eine unscharfe Aufnahme durch einen kleinen Gestaltungstrick aufgewertet wurde. Als repräsentatives Foto eignet sich diese Aufnahme, die ohne Stativ bei schlechtem Licht gemacht wurde, nicht – die Maskierung passt jedoch gut zum Charakter des Bildes und lässt die Unschärfe aussehen wie gewollt.

Abbildung 14.73 ▸
Das fertige Bild

Weitere Beispiele | Wie Sie sehen, ist es ganz einfach, Masken per Pinsel und mit anderen Werkzeugen zu bearbeiten. Die Sprechblasen-Kontur um die Frau herum entstand mithilfe eines Pfades und dem Kontextmenü-Befehl PFADKONTUR MIT PINSEL FÜLLEN.

Für die rauchenden Industrieschlote wurde erst eine Maske, dann ein Auswahlrechteck angelegt. Dieses wurde bewegt und mehrfach mit schwach deckenden schwarzen Pixeln gefüllt.

Dateien auf der Buch-DVD: »Sprechblase.tif«, »Schlote.tif«

Bild: Fotolia, Ikophotos

▲ **Abbildung 14.74**
Maske plus Eigene-Form-Werkzeug (Mehr darüber finden Sie in Kapitel 33, »Pfadbasierte Formen«.)

Bild: vitamin a

◄ **Abbildung 14.75**
Hier kamen das Füllwerkzeug und das Auswahlrechteck (keine Pinsel) zum Einsatz.

Ihrer Kreativität sind keine Grenzen gesetzt! Lesen Sie unbedingt auch die Abschnitte über Pinseleinstellungen (siehe Kapitel 25, »Mit Photoshop malen«) – da haben Sie viel kreativen Spielraum!

▼ **Tabelle 14.1**
Wichtige Tastenkürzel für die Arbeit mit Masken

Was wollen Sie tun?	Windows	Mac
Weiße Maske erstellen	in der Ebenen-Palette in der Masken-Palette	in der Ebenen-Palette in der Masken-Palette
Schwarze Maske erstellen	+ Alt in der Ebenen-Palette + Alt in der Masken-Palette	+ ⌥ in der Ebenen-Palette + ⌥ in der Masken-Palette
Graustufenansicht der Maske anzeigen	Alt + Klick auf die Maskenminiatur	⌥ + Klick auf die Maskenminiatur
Maskierungsfolie anzeigen	⇧ + Alt + Klick auf die Maskenminiatur	⇧ + ⌥ + Klick auf die Maskenminiatur
Maskenwirkung temporär ausschalten	⇧ + Klick auf die Maskenminiatur	⇧ + Klick auf die Maskenminiatur
Maske als Auswahl laden	Strg + Klick auf die Maskenminiatur	⌘ + Klick auf die Maskenminiatur
Maskenoptionen aufrufen	Doppelklick auf die Maskenminiatur oder Rechtsklick und MASKENOPTIONEN…	Doppelklick auf die Maskenminiatur oder Ctrl + Klick und MASKENOPTIONEN…

Teil V
Korrigieren und optimieren

15 Regeln und Werkzeuge

Mit *Trial and Error* (Versuch und Irrtum) kommt man bei der Bildkorrektur nicht weit – nur die Bildqualität verschlechtert sich schnell. Wenn Sie einige Grundregeln einhalten und pixelschonende Einstellungsebenen für alle Korrekturen benutzen, kommen Sie jedoch schnell zu akzeptablen Ergebnissen und können ohne Qualitätseinbußen experimentieren. Und mithilfe des Histogramms gelingt es Ihnen, kritische Bildbereiche auszumachen und die Korrektur gezielt anzusetzen.

15.1 Regeln für eine gute Korrektur

Neben Photoshops wilden Filtern und Effekten wirkt das oft behutsame, graduelle Korrigieren von Bildern unspektakulär. Mit der Methode Trial and Error, die in vielen anderen Bereichen weiterhilft, werden Sie bei der Korrektur von Farbstichen, schlechten Kontrasten oder falscher Helligkeit selten zu befriedigenden Ergebnissen kommen. Auch ein wenig Hintergrundwissen über Farben ist für das korrekte Analysieren und die zielgerichtete Korrektur von Bildfehlern notwendig.

Ich möchte daher für die eingehende Beschäftigung mit dem Thema werben: Wenn Sie planvoll vorgehen, werden Sie schnell gute Resultate erzielen, und ganz nebenher steht Ihnen mit der Bildkorrektur auch ein wichtiges **Gestaltungsmittel** zur Verfügung, mit dem Sie Atmosphäre und inhaltliche Akzente eines Bildes subtil, aber wirkungsvoll verändern können.

Kein Bild ist wie das andere, und jedes Bild stellt eigene Aufgaben an die Bildkorrektur. Ein Patentrezept, das in jedem Fall zu einem guten Bild führt, gibt es nicht. Doch wie immer Ihr Bild aussieht, die folgenden Regeln sollten Sie auf jeden Fall beherzigen.

15.1.1 Nehmen Sie sich nichts Unmögliches vor

Mangelhafte Helligkeit, Farbstiche oder schlechte Kontraste als Nebenwirkung des Digitalisierungsprozesses oder aufgrund von Neuberechnungen lassen sich meist recht gut korrigieren. Die Rettung völlig misslungener Fotos – aufgrund schlechter Aufnahmebedingungen oder mangels vernünftiger Vorlage – ist jedoch extrem zeitaufwendig und führt nicht unbedingt zu guten Ergebnissen. Wo Bildinformationen fehlen, können sie nicht »hingezaubert« werden. Wie Sie Bilder analysieren und die Chancen auf eine gute Korrektur einschätzen, lernen Sie in den folgenden Kapiteln.

Dateien auf der Buch-DVD: »verhunzt.tif«, »korrigierbar.tif«

Bild: S. Mühlke

▲ **Abbildung 15.1**
Der Papierabzug von einem Dia wurde gescannt: heftiger Farbstich, zu dunkle Tiefen, in den Mitteltönen schwache Kontraste – hier ist nichts mehr zu machen.

Bild: F. Gaebler

▲ **Abbildung 15.2**
Gescannte Version eines ansonsten technisch gelungenen Fotos. Die durch den Scan entstandene Kontrastschwäche lässt sich leicht ausgleichen.

15.1.2 Analyse

Das Allerwichtigste: Analysieren Sie Ihr Bild sorgfältig, und gehen Sie gezielt vor. Versuchen Sie nicht »irgendwas«. Die meisten sichtbaren Bildfehler haben klar feststellbare Ursachen – die müssen Sie aufspüren und beheben. Nutzen Sie alle objektiven Kontrollmöglichkeiten aus, und verlassen Sie sich nicht allein auf die Bilddarstellung am Monitor!

15.1.3 Korrigieren Sie nicht »hin und her«

Bei Pixelbildern hinterlässt jede Bearbeitung untilgbare Spuren, die ein Bild im schlechtesten Fall sichtbar schädigen können. Versuchen Sie nicht, eine missratene Korrektur mit dem nächsten Korrekturschritt auszubügeln. Es ist besser, eine nicht so gelungene Veränderung gänzlich zurückzunehmen, am besten über die Einstellungsebenen.

15.1.4 Die größten Korrekturen zuerst

Es empfiehlt sich, nach einer bestimmten Reihenfolge zu arbeiten: Die fundamentalen, umfassenden Korrekturen erledigen Sie als Erstes – oft haben sich kleinere Probleme damit auch schon gelöst! –, danach sind die Details dran. Die Reihenfolge der Korrekturen in diesem Buchteil folgt diesem Prinzip.

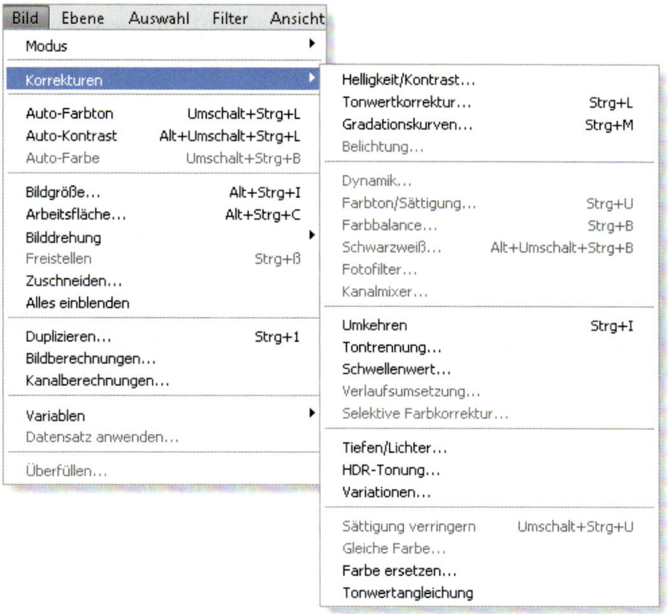

◄ **Abbildung 15.3**
Korrekturwerkzeuge auf einen Blick: das Korrekturen-Menü. Seit CS4 wurde es weitgehend von der Korrekturen-Palette abgelöst.

15.1.5 Korrigieren Sie so wenig wie möglich

Während Sie sich auf die Korrektur eines bestimmten Bildaspekts konzentrieren, kann es in den weniger beachteten Bereichen unbemerkt zu Verlusten kommen. Dosieren Sie Ihre Änderungen also vorsichtig.

15.1.6 Der Bildmodus RGB macht Ihnen Korrekturen leichter

Es gibt Ausnahmefälle, für die sich Korrekturen im Bildmodus Lab anbieten. Doch im Allgemeinen empfiehlt es sich, die Korrekturen im Bildmodus RGB durchzuführen. Dies ist ohnehin der gängige Eingangsbildmodus für digitale Bilddaten, und Sie sparen sich eine Umwandlung. RGB-Werte sind auch einfacher zu interpretieren und somit zu kontrollieren als Lab- und CMYK-Werte. Zudem kommen Sie an die wichtigsten Bildparameter in RGB einfacher heran. Darüber hinaus ist eine gute RGB-Korrektur Grundstein für ein qualitativ zufriedenstellendes Bild nach der Umwandlung in den Modus CMYK.

tenansicht um. Sie sehen die Steuerelemente für die aktuell aktive Einstellungsebene: also genau die Funktionen, die in älteren Photoshop-Versionen in frei schwebenden Programmfenstern angezeigt wurden. Je nach Art der Einstellungsebene variieren die angezeigten Steuerungsfunktionen.

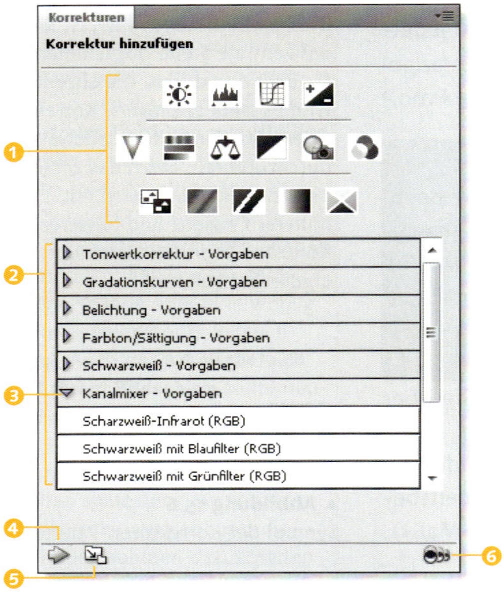

▲ **Abbildung 15.7**
Die Korrekturen-Palette in der Ansicht KORREKTURLISTE

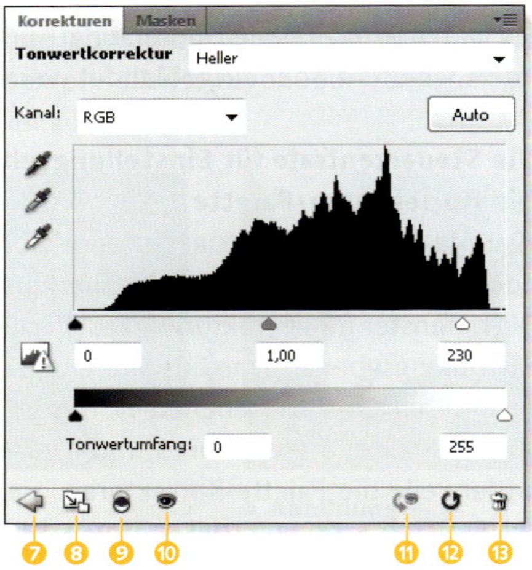

▲ **Abbildung 15.8**
Die Korrekturen-Palette übernimmt die Funktionen der früheren Korrektur-Dialogfenster. Hier sehen Sie die Palette mit den Steuerelementen für eine Tonwertkorrektur-Einstellungsebene.

Allgemeine Funktionen der Korrekturen-Palette | Insgesamt 15 verschiedene Korrektur- und Kreativfunktionen können Sie über Einstellungsebenen steuern. Entsprechend variabel ist das Aussehen der Korrekturen-Palette. Doch trotz aller Unterschiede gibt es einige Funktionen, die immer gleich sind. Diese finden Sie in Gestalt kleiner Schaltflächen am Fuß der Korrekturen-Palette. Einige sehen Sie in der Korrekturlisten-Ansicht, die meisten jedoch in der Ansicht STEUERELEMENTE.

Die Anzahl der Buttons in der **Korrekturliste-Ansicht** ist überschaubar:

- ▶ Der Pfeil ganz links 4 ist der Umschalter zwischen den beiden Ansichtsvarianten der Palette.
- ▶ Das Icon rechts daneben 5 kann die Palette vergrößern oder verkleinern. Besonders beim Hantieren mit den Steuerungselementen ist die Palette oft etwas zu klein.

- Das Kreissymbol ganz rechts 6 sorgt dafür, dass die neue Einstellungsebene mit der darunterliegenden Ebene zu einer Schnittmaske zusammengefasst wird. In diesem Fall wirkt die Einstellungsebene nur auf die *direkt* unter ihr liegende Ebene. Normale Einstellungsebenen wirken auf *alle* Bildebenen unterhalb. Es ist auch möglich, Einstellungsebenen erst später zur Schnittmaske zusammenzufassen.

In der **Steuerelemente-Ansicht** stehen Ihnen noch mehr Buttons und Funktionen zur Verfügung:

- Ganz links sehen Sie wieder den Umschalter-Pfeil 7.
- Daneben liegt der Button für die Palettengröße 8.
- Auch hier können Sie entscheiden, ob eine Einstellungsebene sich nur auf die direkt unter ihr liegende Bildebene oder auf alle Bildebenen unterhalb beziehen soll. Der Schnittmasken-Button 9 ist der dritte von links.
- Das Augen-Icon 10 blendet die aktive Einstellungsebene aus – und erlaubt damit den Vorher-nachher-Vergleich. Sie können für diese Aufgabe auch das altbekannte Augen-Symbol in der Ebenen-Palette nutzen, denn Einstellungsebenen werden natürlich auch dort angezeigt.

Zum Nachlesen: Schnittmasken
In Abschnitt 11.3, »Schnittmasken und Aussparung«, erfahren Sie mehr über diese Möglichkeit, die Wirkung von Einstellungs- und anderen Ebenen einzuschränken.

Die nächsten zwei Buttons in der Reihe sind genial für alle, die gerne mit Einstellungen experimentieren. Sie ermöglichen das schrittweise Ausblenden oder Löschen von Korrektureinstellungen.

- Das Icon »Auge mit gebogenem Pfeil« 11 nimmt den letzten Korrekturschritt – also Ihre letzte Einstellungsänderung für die aktive Einstellungsebene – *temporär* zurück, solange Sie es gedrückt halten. Es ist nur unmittelbar nach einer Einstellungsänderung aktiv.
- Der gebogene Pfeil 12 eliminiert Ihren zuletzt durchgeführten Korrekturschritt, wenn Sie darauf klicken.
- Die unvermeidliche Mülltonne 13 löscht die aktive Einstellungsebene. Sie können für diese Aufgabe jedoch auch die Ebenen-Palette nutzen.

Korrekturen durchführen | Bei den Korrekturfunktionen Gradationskurve, Farbton/Sättigung und Schwarzweiss gibt es neben den altbekannten Eingabemöglichkeiten wie Eingabefeldern, Slidern und im Fall der Gradationskurve auch der Kurve selbst, ein intuitives Werkzeug, um Korrekturen im Bild anzubringen. Adobe nennt es umständlich das Zielgerichtet-korrigieren-Werkzeug (früher hieß es »Im-Bild-Korrekturwerkzeug«);

CS5 **Erleichterte Bedienung**
Das Update bringt eine Vielzahl unauffälliger, doch hilfreicher kleiner Neuerungen mit. Zu diesen – übrigens größtenteils aufgrund von User-Feedback realisierten – Änderungen gehören auch zwei neue Voreinstellungen im Palettenmenü und Shortcuts, um zwischen Eingabefeldern zu springen.

umschreibend könnte man es auch »Korrekturhand« nennen. Die Nutzung ist einfach: Sie aktivieren es in der Palette und können nun mit Klicken und Mausbewegung direkt über dem Bild die gewünschten Parameter verändern.

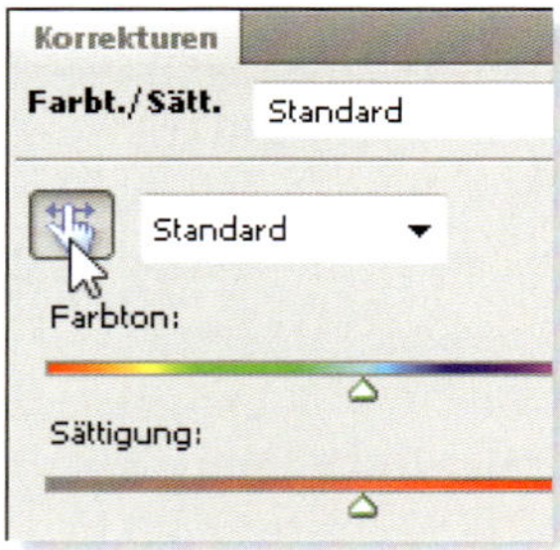

Abbildung 15.9 ▶
Aktivieren der Korrekturhand, hier bei Farbton/Sättigung

Abbildung 15.10 ▶
Die Korrekturhand im Einsatz: Klicken und Ziehen verändert die Sättigung des angeklickten Farbbereichs, hier der orangefarbenen Beeren.

Ob man dieses Tool mag oder lieber präzise Zahlenwerte in Eingabefelder tippt, liegt wohl an der eigenen Arbeitsweise und auch an den Korrektur-Aufgaben, die man tagtäglich erledigen muss. In jedem Fall können Sie nun dafür sorgen, dass Ihr bevorzugtes Eingabetool beim Umschalten zur Steuerelemente-Ansicht sofort aktiv ist. Damit sparen Sie einen zusätzlichen Klick und können mit Ihrer Korrektur sofort loslegen. Öffnen Sie das Palettenmenü , um die Grundeinstellungen zu ändern.

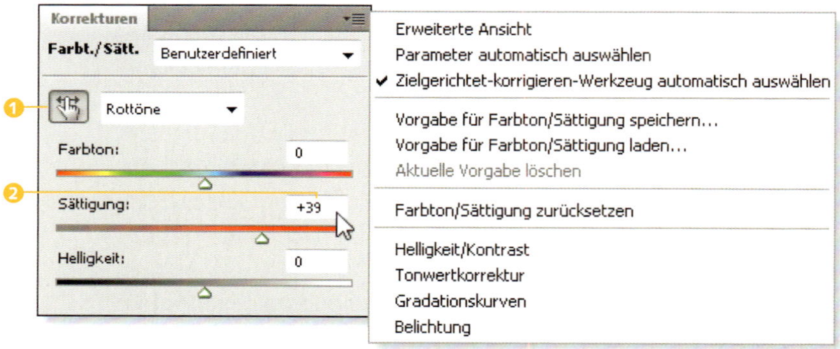

▲ **Abbildung 15.11**
Zielgerichtet-korrigieren-Werkzeug ❶ oder Zahlenfeld ❷? Im Palettenmenü können Sie festlegen, welches Eingabewerkzeug beim Starten der Palette sofort aktiv ist.

- Wenn Sie bei Parameter automatisch auswählen einen Haken setzen, sind die Textfelder für das Eintippen numerischer Werte beim Öffnen der Palette aktiv – Sie können sofort einen Wert eingeben. Das funktioniert bei allen Korrekturwerkzeugen, die über solche Eingabefelder verfügen.

- Um zwischen den Textfeldern zu navigieren, nutzen Sie [⇥].
- Bei GRADATIONSKURVE, FARBTON/SÄTTIGUNG und SCHWARZWEISS steht außerdem noch die Option ZIELGERICHTET-KORRIGIEREN-WERKZEUG AUTOMATISCH AUSWÄHLEN zur Verfügung. Wird diese Option mit einem Häkchen versehen, ist beim Start der Palette automatisch die Korrekturhand aktiv. Sie können sofort ins Bild klicken, um Ihre Korrektur durchzuführen.
- Es ist möglich, beide Optionen zugleich auszuwählen. In diesem Fall hat die Korrekturhand Priorität, die Eingabefelder sind zweitrangig. Dennoch ist diese Optionskombination sinnvoll: mit [⇧]+[↵] können Sie dann das erste Eingabefeld aktivieren, und sich mit [⇥] – wie gewohnt – zu weiteren Zahlenfeldern hangeln.

Einstellungsebenen in der Ebenen-Palette | Seit jeher lassen sich Einstellungsebenen auch mit der Ebenen-Palette verwalten. Dort finden Sie nicht alle Funktionen der Korrekturen-Palette wieder, doch die altvertrauten Buttons und Befehle gibt es dort weiterhin. Vermutlich muss jeder Anwender für sich selbst angenehme Arbeitsroutinen entwickeln und entscheiden, wann er welche der beiden Paletten benutzt.

Sie können für Einstellungsebenen die gleichen Verwaltungsfunktionen der Ebenen-Palette nutzen wie für normale Bildebenen.

Dazu klicken Sie am Fuß der Palette auf das vierte Icon von links  (es erinnert Sie vielleicht an das »Kontrast«-Symbol auf Ihrer TV-Fernbedienung). Dann öffnet sich ein langes Submenü, in dem Sie unter anderem alle Korrekturfunktionen finden. Mit einem Klick auf den Namen des gewünschten Korrekturwerkzeugs wird die Einstellungsebene automatisch erzeugt. Gleichzeitig wechselt die Ansicht der Korrekturen-Palette und zeigt die Steuerungselemente für dieses Werkzeug. Alle weiteren Einstellungen für die Korrektur nehmen Sie dann dort vor.

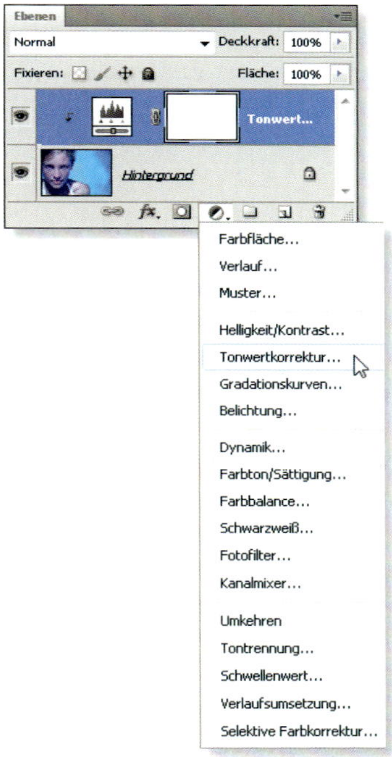

▲ **Abbildung 15.12**
Erzeugen einer Einstellungsebene (hier: Tonwertkorrektur) per Ebenen-Palette

15.2.2 Übersicht über die Korrektur-Icons

Die Korrekturen-Palette stellt eine effektive Möglichkeit dar, um schnell Einstellungsebenen zu erzeugen. Wenn da nicht diese fünfzehn Icons wären, die Sie auseinanderhalten müssen ...

Während einige Korrektur-Tools mit leicht erkennbaren Symbolen gekennzeichnet werden, ist bei anderen die Unterscheidung schwierig. In der folgenden Tabelle sehen Sie einmal alle Symbole – und deren Bedeutung – auf einen Blick.

Zum Nachlesen: Ebenenverwaltung per Ebenen-Palette
In Kapitel 10, »Ebenen«, werden die Basisfunktionen der Ebenen-Palette – die auch für Einstellungsebenen gelten – ausführlich präsentiert.

Symbol	Korrekturwerkzeug	Funktion
	Helligkeit/Kontrast	Hellt das Bild schnell auf oder verstärkt Kontraste. Ist leicht bedienbar, bietet jedoch wenig Kontrolle.
	Tonwertkorrektur	Setzt Schwarz- und Weißpunkt, gibt Bildern Pep, verändert Helligkeit, kann Kontraste verbessern und leichte bis mittelschwere Farbstiche beheben.
	Gradationskurven	Vielseitiges Profiwerkzeug, mit dem fast alles möglich ist.
	Belichtung	Vor allem für HDR-Bilder konzipiert. Passt die Tonwerte anhand von Berechnungen in einem linearen Farbraum an.
	Dynamik	Intelligentes Tool zur Erhöhung der Farbsättigung im Bild, das Übersättigung verhindert.
	Farbton/Sättigung	Verändert Farbton, Sättigung und Helligkeit, kann Bilder färben (tonen).
	Farbbalance	Ändert die Gesamtfarbmischung im Bild.
	Schwarzweiss	Erzeugt eine differenzierte Schwarzweißumsetzung von Farbbildern und kann Bilder tonen.
	Fotofilter	Simuliert Effekte, die beim Einsatz von Objektivfiltern erzeugt werden. Für Farbverfremdung und leichte Korrekturen.
	Kanalmixer	Erzeugt Schwarzweißumsetzungen und kann Bildfarben durch Neumischen der Farbkanäle verfremden.
	Umkehren	Invertiert die Bildfarben (»Negativ«-Effekt).
	Tontrennung	Wirkt bildverfremdend. Der Effekt wirkt comic-artig oder wie bei GIFs mit wenigen Farben.
	Schwellenwert	Erzeugt Bilder, die nur aus Schwarz und Weiß ohne Grauwerte bestehen.
	Verlaufsumsetzung	Dient zur Bildverfremdung. Tonwerte und Farben des Bildmotivs werden durch Tonwerte und Farben eines zuvor festgelegten Verlaufs ersetzt.
	Selektive Farbkorrektur	Einzelne Farbtonbereiche eines Bildes werden gezielt verändert.

▲ **Tabelle 15.1**
Buttons in der Korrekturen-Palette und ihre Funktion

15.2.3 Die Korrekturen-Palette im Praxiseinsatz

An dieser Stelle zeige ich Ihnen Schritt für Schritt, wie Sie mit der Korrekturen-Palette eine einfache Korrektur durchführen, um ein Beispielbild etwas heller zu machen und den leichten Farbstich zu entfernen. Im Zentrum des Workshops stehen dabei noch nicht die Feinheiten der Korrektur-Tools, sondern die Handhabung der Korrekturen-Palette.

Schritt für Schritt: Arbeiten mit der Korrekturen-Palette

Datei auf der Buch-DVD: »FrauAmPool.tif«

1 Die Ausgangssituation

Das Ausgangsbild wirkt insgesamt zu bläulich. Außerdem könnten die dunkelsten Bildpartien, die Tiefen, eine kleine Aufhellung gebrauchen.

Bild: Fotolia, Kim Melia von Seidl

◂ **Abbildung 15.13**
Das Ausgangsfoto: In den Tiefen ist es zu dunkel, und insgesamt ist es blaustichig – besonders an den Hauttönen fällt das auf.

2 Einstellungsebene per Vorgabe

Der schnellste Weg zu einer neuen Einstellungsebene führt über die Korrekturen-Palette. In der Korrekturlisten-Ansicht haben Sie die Wahl zwischen einem Klick auf das Icon für die gewünschte Funktion oder einer Vorgabe. Vorgaben sind Einstellungsebenen mit vorkonfigurierten Einstellungen, die Sie natürlich auch noch weiter anpassen können. Hier soll zunächst eine Einstellungsebene per Vorgabe erzeugt werden. Klappen Sie die Liste Tonwertkorrektur – Vorgaben mit dem kleinen Pfeil auf. Scrollen Sie etwas herunter, und klicken Sie auf Tiefen aufhellen.

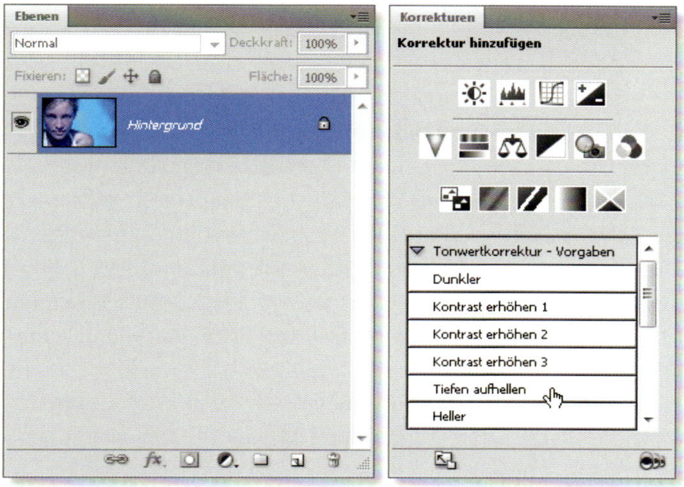

◂ **Abbildung 15.14**
Das Ausgangsbild in der Ebenen-Palette, daneben die aufgeklappte Vorgabenliste für das Tool Tonwertkorrektur.

3 Veränderte Anzeige in den Paletten

Die beiden maßgeblichen Paletten zur Kontrolle Ihrer Korrektur sind die Ebenen-Palette und die Korrekturen-Palette. In der Ebenen-Palette sehen Sie die neue Einstellungsebene, und in der Korrekturen-Palette erscheinen jetzt die Einstellungen für die Tonwertkorrektur. Und natürlich erkennen Sie im Bild selbst die Veränderung.

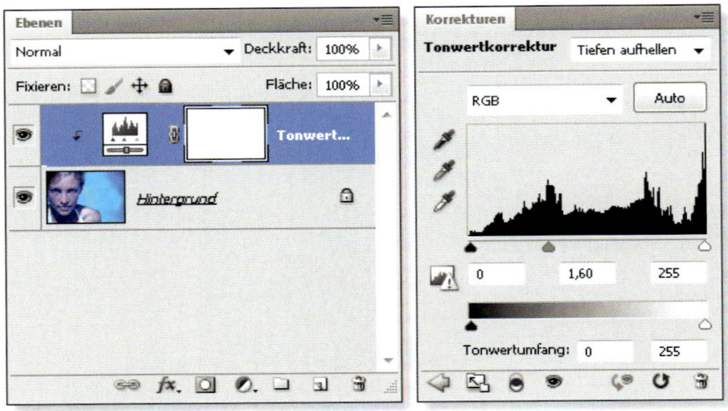

Abbildung 15.15 ▸
Ihre wichtigsten Kontrollinstrumente

Abbildung 15.16 ▸
Das Bild ist aufgehellt, aber selbst für so ein Schwimmbadmotiv immer noch zu blau.

4 Zweite Einstellungsebene

Sie könnten nun die Einstellungen der ersten Einstellungsebene ein wenig modifizieren, um den Farbstich des Bildes abzuschwächen. Es ist jedoch auch möglich, weitere Einstellungsebenen zu erzeugen. Sogar mehrere gleichartige Einstellungsebenen (hier: zweimal Tonwertkorrektur) lassen sich stapeln. Dieses Vorgehen hat den Vorteil, dass Sie beide Korrekturschritte unabhängig voneinander dosieren können.

Kehren Sie also mit dem kleinen Umschalter-Pfeil  zur Ansicht Korrekturliste zurück, und klicken Sie diesmal auf das Icon Tonwertkorrektur, um eine zweite Einstellungsebene zu erzeugen.

▴ Abbildung 15.17
So erzeugen Sie eine Einstellungsebene Tonwertkorrektur ohne Presets.

5 Korrektureinstellungen vornehmen

Da Sie hier nicht mit einer Vorgabe arbeiten, müssen Sie nun noch eigene Einstellungen vornehmen. Machen Sie es sich einfach, und klicken Sie auf den Button Auto. Der Blauschleier verschwindet von den Hauttönen.

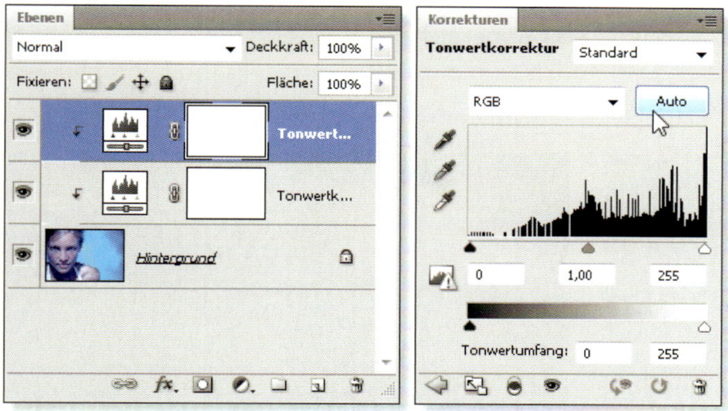

◂ **Abbildung 15.18**
Die zweite Einstellungsebene

◂ **Abbildung 15.19**
Das Bild ist aufgehellt. Die Poolfarben wurden beibehalten, doch der Blauschleier wurde entfernt.

Ebenendeckkraft für Feinarbeiten

Feineinstellungen an der Korrekturwirkung der Einstellungsebene können Sie mithilfe der Einstellungen für Deckkraft oder Füllmethode vornehmen. Wichtiger ist es allerdings, dass Sie das Bild genau analysieren und die Korrekturwerkzeuge dann präzise anwenden – Ihnen stehen viele Parameter für eine passgenaue Korrektur zur Verfügung. Wenn Sie zu schnell anfangen, zusätzlich mit den Ebenenoptionen zu experimentieren, verlieren Sie sich schnell im Dschungel der (Korrektur-) Möglichkeiten!

6 Noch nicht zufrieden? Möglichkeiten für das Feintuning

Die Arbeit mit Ebenen ist vor allem eines: flexibel. Das ist bei Einstellungsebenen nicht anders. Deswegen gibt es auch für das Feintuning der Korrekturen zahlreiche Möglichkeiten. Um die Korrekturwirkung der zweiten Ebene noch zu steigern, duplizieren Sie sie.

Vermutlich erscheint das ganze Bild nun zu gelb. Die Pool-Stimmung ist völlig verschwunden. Kein Problem: Senken Sie einfach die Deckkraft der dritten (oberen) Einstellungsebene.

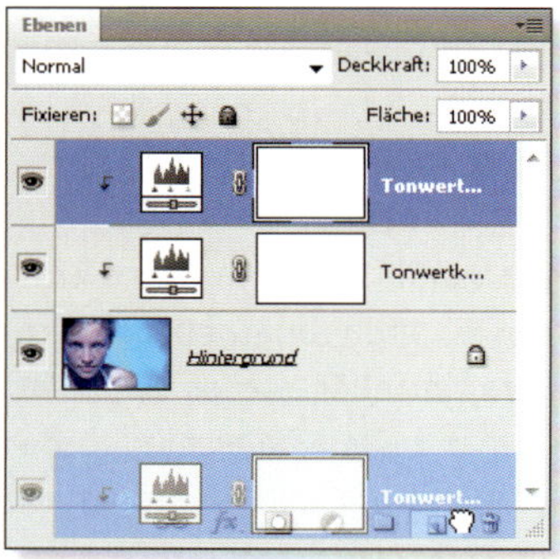

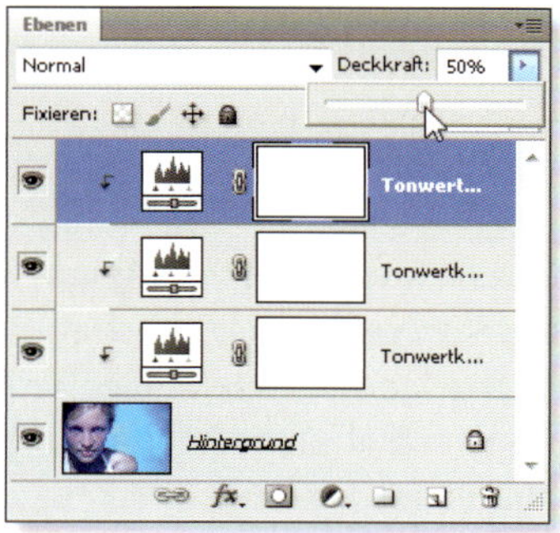

◂◂ **Abbildung 15.20**
Einstellungsebenen können wie normale Bildebenen dupliziert werden, wenn man die Korrekturwirkung auf die Schnelle potenzieren möchte.

◂ **Abbildung 15.21**
Um die Wirkung von Einstellungsebenen zu dosieren, können Sie deren Deckkraft und Füllmethode verändern.

7 Fertig! – Das Endergebnis

Hier sehen Sie noch einmal zum Vergleich das Ausgangsbild und die korrigierte Version.

▲ **Abbildung 15.22**
Das Ausgangsfoto

▲ **Abbildung 15.23**
Das Resultat der Korrektur kann sich bereits sehen lassen.

8 Einstellungsebenen verwalten

Für die komplette Korrektur eines Bildes kommen oft zahlreiche verschiedene Einstellungsebenen für die einzelnen Werkzeuge zusammen. Auch hier ist es zu empfehlen, die wenig aussagekräftigen Standardbezeichnungen der Ebenen durch präzisere Namen zu ersetzen.

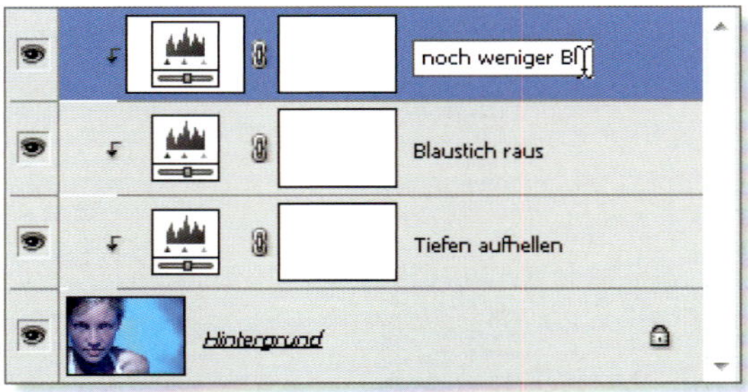

Abbildung 15.24 ▶
Bei komplexen Korrekturen mit mehreren beteiligten Einstellungsebenen ist es sinnvoll, aussagekräftige Ebenennamen zu vergeben.

Auch sonst lassen sich Einstellungsebenen wie gewöhnliche Ebenen behandeln und können auf die bekannte Art gelöscht, verschoben und mit dem Bild gespeichert werden. ■

Masken von Einstellungsebenen bepinseln | Mit den Korrekturwerkzeugen von Photoshop können Sie recht genau bestimmen, auf welche Tonwerte oder Farben eine Korrektur wirkt. Vor allem Tonwertkorrektur und Gradationskurve lassen sich mit großer Präzision einsetzen. Doch das klappt nicht immer. Wenn nur ein

Teil eines Bildes korrigiert oder verändert werden soll, können Sie den Wirkungsradius von Einstellungsebenen sehr bequem einschränken. Oft reichen nämlich ein paar Striche auf einer Maske aus, um sich das aufwendige Erstellen einer Auswahl zu sparen. So gehen Sie vor:

1. Legen Sie oberhalb der Ebene, die korrekturbedürftige Bildteile enthält, eine Einstellungsebene für das Tool an, das Sie anwenden wollen.
2. Einstellungsebenen haben automatisch eine leere Maske. Füllen Sie sie mit Schwarz. Sie können dazu bei aktiver Maske einfach mit dem Fülleimer schwarze Farbe über das Bild gießen. Da es sich nur um eine Einstellungsebene handelt, werden keine Bildteile, sondern wird nur die bisherige Korrektur ausgeblendet.
3. Nun muss die Maskierung an der Stelle aufgehoben werden, die tatsächlich korrigiert werden soll. Lassen Sie dazu die Maske aktiv, und pinseln Sie mit einem weichen, nicht zu feinen Pinsel weiße Farbe auf die Stelle im Bild, die Sie korrigieren wollen. Sie können auch im Alphakanal arbeiten, aber meist genügt es, im Blindflug mit der Maus auf dem Bild zu hantieren.

   Es ist umgekehrt natürlich auch möglich, eine weiße Maske mit Schwarz zu bepinseln – und überhaupt lassen sich die Masken in Einstellungsebenen so behandeln wie andere Ebenenmasken auch!

Extremwerte bei der Maskenerstellung

Bei einigen Motiven ist es ratsam, als Korrekturwert zunächst einen extremen Wert einzustellen, damit sich korrigierte und unkorrigierte Bildteile klar voneinander unterscheiden. Es ist dann einfacher, die Maske passgenau aufzupinseln.

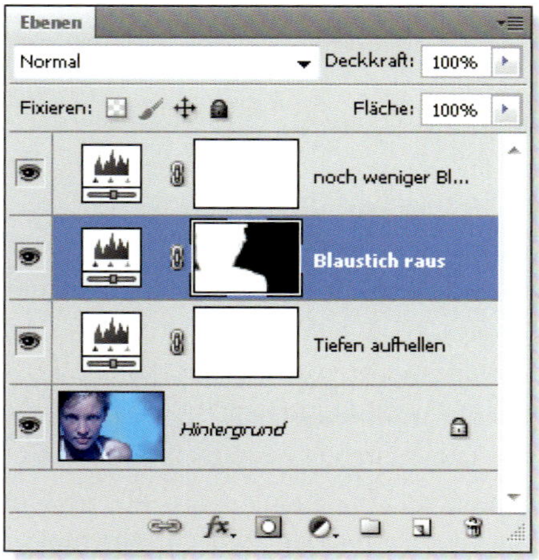

▲ **Abbildung 15.25**
Beim Pool-Bild wurde die mittlere Einstellungsebene maskiert. Dadurch bleibt die Korrektur des Teints erhalten, doch der Hintergrund erhält sein sattes Blau zurück.

▲ **Abbildung 15.26**
Strahlend blauer Pool, gesunde Hautfarbe beim Model – und das Erzeugen der Maske hat nur wenige Augenblicke gedauert!

15.3 Ein unentbehrliches Analyse- und Kontrollwerkzeug: Das Histogramm

Mit Einstellungsebenen arbeiten Sie zerstörungsfrei. Die ursprünglichen Bildpixel bleiben unverändert, und Korrekturen können beliebig verändert werden. Das heißt natürlich nicht, dass es nicht auf das Korrekturergebnis ankommt: Falsche Korrekturen können Bilder nach wie vor schädigen! Einstellungsebenen ermöglichen bloß die Korrektur der Korrektur – also nachträgliche Änderungen.

Die Helligkeitsinformationen eines Pixelbildes und seiner Farbkanäle, die Tonwerte, sind die grundlegendste Größe für die Bildfarben und auch der wichtigste Ansatzpunkt für Bildkorrekturen. Das erste Augenmerk bei einer Korrektur gilt daher den Lichtern und Tiefen, also den allerhellsten und dunkelsten Tonwerten eines Bildes. Wie Sie schon in den Abbildungen 15.4 und 15.5 sehen konnten, treten an den Lichtern und Tiefen auch am schnellsten sichtbare Schäden auf. Um so etwas zu vermeiden, sollte eine Bildkorrektur genau an der Problemzone des Bildes ansetzen und die Lichter- sowie die Tiefenzeichnung – die feine Nuancierung der hellsten und dunkelsten Bereiche im Bild – erhalten. Durch reine Sichtkontrolle am Monitor ist beides schwierig.

Mit dem Histogramm stellt Photoshop ein wirkungsvolles Instrument zur Verfügung, um Tonwertverteilung und -umfang eines Bildes objektiv zu prüfen.

Sie finden es gleich an mehreren Stellen im Programm:

- als Teil des Werkzeugs Tonwertkorrektur, mit dem Sie die Tonwerte bearbeiten
- als eigenständige Histogramm-Palette (zu finden unter Fenster • Histogramm)
- integriert in den Dialog Gradationskurven

Das Histogramm ist ein wertvoller Helfer für die Analyse korrekturwürdiger Bilder und unterstützt Sie während der Korrektur.

Darstellung des Histogramms

Standardmäßig wird das Histogramm in der Histogramm-Palette in der Ansicht Farben gezeigt – ein bis zu sechsfarbiger »Gebirgszug«, der auch Auskunft über die Farbverteilung gibt. Wenn Sie lediglich Helligkeit und Kontrastumfang des Bildes prüfen wollen, genügt jedoch ein einfarbiges Histogramm (wie hier auf den Screenshots zu sehen). Um die Histogrammansicht umzustellen, wählen Sie im Palettenmenü Erweiterte Ansicht. Dann erscheint oberhalb des Histogramms die Option Kanal (1) mit einer Liste. Dort stellen Sie statt Farben die Ansicht RGB ein.

15.3.1 Was verrät die Histogramm-Palette?

Die Histogramm-Palette hat den Vorzug, dass sie geöffnet auf der Arbeitsfläche abgelegt werden kann, sodass Sie die Tonwerte eines Bildes *jederzeit* im Blick behalten können. Darüber hinaus ist ein Histogramm als Hilfswerkzeug auch noch in andere Tools integriert, zum Beispiel in den Import-Dialog für Camera-Raw-Bilder.

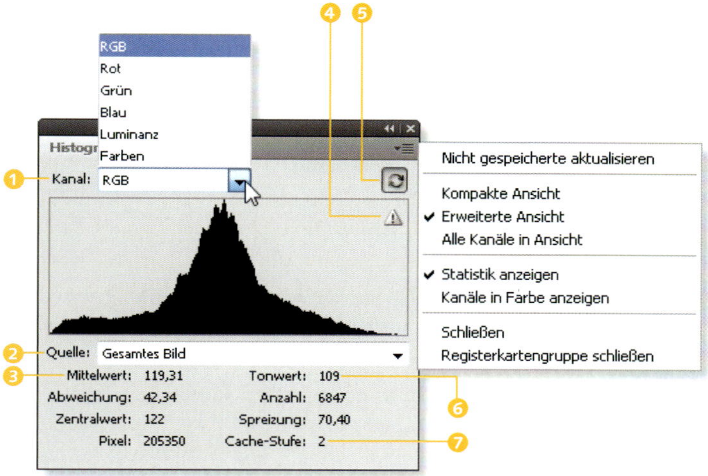

◂ **Abbildung 15.27**
Die Histogramm-Palette in der erweiterten Ansicht mit Statistik. Neben dem eigentlichen Histogramm werden in dieser Ansicht auch statistische Informationen zum Bild geliefert. Die verschiedenen Ansichtsoptionen erreichen Sie über das Seitenmenü, das sich wie gewohnt mit dem kleinen Pfeil rechts oben aufklappen lässt.

Die Histogramm-Balken | Ein Histogramm – gleichgültig ob in der Tonwertkorrektur, den Gradationskurven oder der Histogramm-Palette selbst – bildet die **Tonwerte** aller im Bild vorkommenden Pixel ab.

Ganz links sind die schwarzen Bildpixel (in RGB mit dem Tonwert 0) repräsentiert, und die Anzeige verläuft über die Mitteltöne in die hellen Töne bis zu den weißen Bildpixeln ganz rechts (Tonwert 255).

Die Höhe der kleinen Balken in den unterschiedlichen Tonwertbereichen zeigt an, wie oft ein Tonwert im Bild vorkommt. Je öfter ein Tonwert im Bild vertreten ist, desto länger ist der Balken. Diese Tonwertverteilung können Sie sich für das Gesamtbild oder einzelne Kanäle anzeigen lassen ①.

In der Histogramm-Palette finden Sie neben dem Histogramm selbst noch weitere Einstellungen und Informationen.

Quelle | Wenn Ihr Bild mehrere Ebenen enthält, können Sie unter Quelle ② auswählen, ob Sie die Tonwerte einer bestimmten Bildebene oder des gesamten Bildes ansehen wollen.

Statistik | Unterhalb des Histogramms finden Sie einige Angaben zur Statistik: Der Mittelwert ③ gibt die durchschnittliche Helligkeit eines Bildes an. Liegt der Wert für ein RGB- oder Graustufenbild unter 128, ist das Bild eher dunkel; liegt er darüber, ist das Bild heller. Die Abweichung gibt nochmals in Zahlen an, wie stark die Helligkeitswerte schwanken (das kann man auch der Histogrammkurve ansehen). Der Zentralwert gibt an, wie hell oder dunkel der mittlere Farbwert des Bildes ist. Pixel bezeichnet die Menge der Pixel im Bild, die für das Histogramm herangezogen wurden.

Tonwertangaben | Wenn Sie mit der Maus auf einen Punkt der Histogrammkurve fahren, erscheinen einige Angaben zu dem Tonwert ⑥, den Sie aktuell unter der Maus haben. Sie erfahren, was der genaue Wert ist (Tonwert), wie viele andere Pixel es mit diesem Tonwert gibt (Anzahl) und wie viele dunklere Pixel noch vorhanden sind (Spreizung).

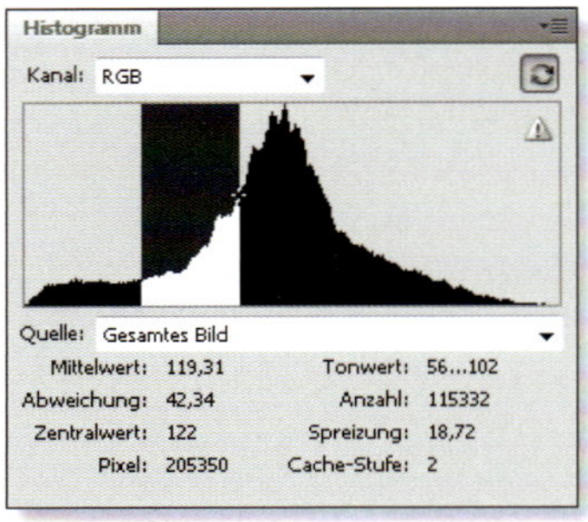

▲ **Abbildung 15.28**
Sie können auch Bereiche des Histogramms durch Überstreichen markieren und erhalten dazu statistische Informationen.

Aktualisieren | Das kleine »Warndreieck« oben rechts ④ weist Sie darauf hin, dass das Bild geändert wurde, aber dass das Histogramm noch die unveränderte Version anzeigt. Ein Klick auf die darüber liegenden, kreisförmig angeordneten Pfeile ⑤ (»Recycling-Symbol«) aktualisiert die Ansicht.

Cache-Stufe | Die Cache-Stufe ⑦ bezieht sich nicht auf die Bildqualität oder Bilddaten selbst, sondern systemabhängig darauf, wie diese für das Histogramm aus dem Bild ermittelt werden. Für die Bildkorrektur können Sie diesen Wert ignorieren.

Vorher-nachher-Ansicht im Histogramm | In der Histogramm-Palette – und leider nur dort – können Sie vergleichen, wie das Bild vor und nach der Korrektur aussieht. Die grauen »Hügel« zeigen die originalen Werte, und das schwarze Diagramm symbolisiert die Auswirkungen Ihrer aktuellen Tonwertkorrektur-Einstellungen. Achten Sie darauf, dass Quelle: Korrekturcomposite eingestellt ist, sonst funktioniert es nicht.

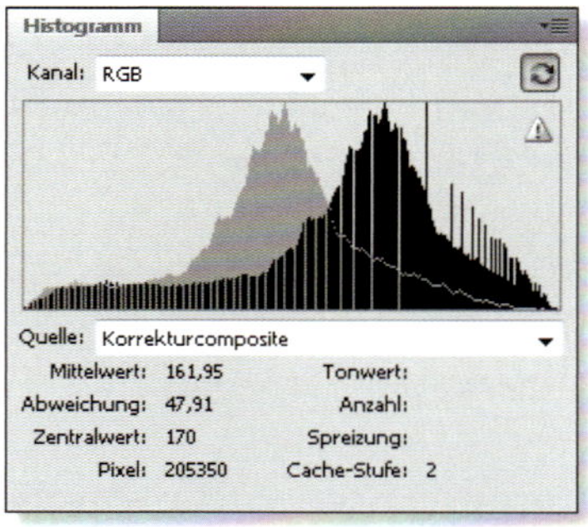

Abbildung 15.29 ▶
Das »Vorher-nachher-Histogramm« im Einsatz

15.3.2 Histogramme interpretieren

Auch wenn jedes Bild sein eigenes Profil hat, gibt es Merkmale, die eine ideale Tonwertverteilung auszeichnen, und andere Merkmale, die für bestimmte Bildfehler symptomatisch sind.

Die Histogramm-Hügellandschaft sollte an den Rändern auslaufen und die gesamte Breite der Grafik ausfüllen. Reichen die Histogramm-Hügel nicht über die ganze Breite des Dia-

Dateien auf der Buch-DVD: »Sanddorn.tif«, »Schweden.tif«, »Strandspaziergang.tif«

gramms, fehlen dem Bild eindeutige Tiefen und Lichter. Der Gesamteindruck ist dann meist »flau« und kontrastarm.

Bild: Onno K. Gent

◂▴ **Abbildung 15.30**
So ungefähr sieht ein ausgewogenes Histogramm aus: wie eine Gebirgslandschaft mit einem zu den Seiten abfallenden Berg.

Bild: C. Börner

◂▴ **Abbildung 15.31**
Auch so ein zerklüftetes Histogramm kann zu einem qualitativ guten Bild gehören.

Bei den oben gezeigten Histogrammen ist es wichtig, dass die gesamte Histogramm-Breite ausgenutzt wird. Schauen Sie genau hin – auch die unscheinbaren, nur einen Pixel hohen Balken an den Rändern des »Tonwertgebirges« zeigen relevante Tonwerte an.

Histogramm zu schmal | In Abbildung 15.32 läuft die Gebirgskette des Histogramms in die Ebene aus, bevor die Kanten des Diagramms erreicht sind. Das Bild hat denn auch nur geringe Kontraste und wirkt wie hinter einem Grauschleier. Solche Befunde lassen sich meist gut mit ein paar Handgriffen korrigieren.

Bild: Frank Gaebler

Abbildung 15.32 ▲▶
Hier wird nicht die gesamte Breite des Histogramms ausgenutzt. Das Bild wirkt flau und hat schwache Kontraste.

Dateien auf der Buch-DVD:
»Helsinki.tif«, »Baumstämme.tif«, »Zentralbüro.tif«

Histogramm zu breit | Drängen die Histogramm-Balken aus dem Diagramm hinaus, fehlt es dem Bild vermutlich an **Zeichnung** in den **Tiefen** oder **Lichtern**, also an feiner Modulation der dunkelsten oder hellsten Bildpartien.

Bild: Frank Gaebler

Abbildung 15.33 ▲▶
In diesem Bild treten deutlich Zeichnungsverluste in den hellen Bereichen zutage.

Im Bild aus Abbildung 15.33 drängen die Balken, die die hellen Tonwerte repräsentieren (rechts im Histogramm), deutlich über den Rand hinaus. Bei einem solchen Histogramm müssen Sie mit Zeichnungsverlusten in den Lichtern des Bildes rechnen. »Reparieren« lassen sich solche Bilder schlecht. Wo Bildinformationen (hier: Tonwertabstufungen in den hellen Bildbereichen) fehlen, können auch nachträglich keine beschafft werden.

Bild: Frank Gaebler

◄▲ **Abbildung 15.34**
Auch dieses Foto ist durch Zeichnungsverluste gekennzeichnet, diesmal in den Tiefen.

Die Histogramm-Balken türmen sich in Abbildung 15.34 am linken Rand, der für die dunklen Tonwerte steht. Die Zeichnungsverluste der Tiefen sind auch im Bild recht gut zu erkennen: Dunkle Bereiche sind kaum nuanciert, sondern einfach schwarze Flecke. Auch hier wird es wohl schwierig, noch etwas aus dem Bild herauszuholen.

Bild: Sibylle Mühlke

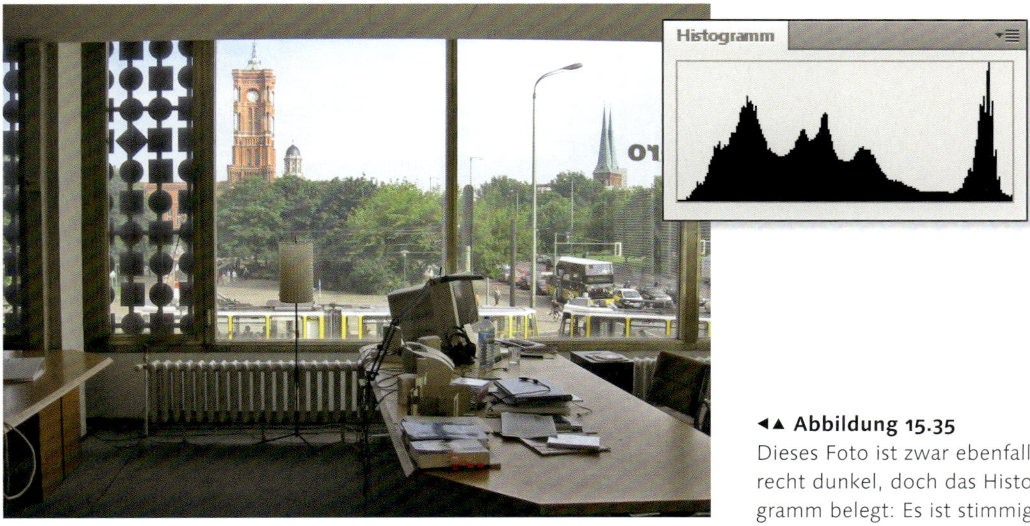

◄▲ **Abbildung 15.35**
Dieses Foto ist zwar ebenfalls recht dunkel, doch das Histogramm belegt: Es ist stimmig.

Anders in Abbildung 15.35: Auch dieses Bild ist recht dunkel, wie auch die Menge der Tonwertbalken im linken Bereich der Histogramm-Grafik zeigt. Allerdings gibt es im Bild trotzdem noch feine Abstufungen der Tiefen. Das Histogramm fällt links steil ab, die Balken drängen nicht gerade aus der Grafik heraus.

Eine besondere Rolle spielt das Histogramm bei der Arbeit mit dem Werkzeug TONWERTKORREKTUR – dort ist es das zentrale Funktionselement.

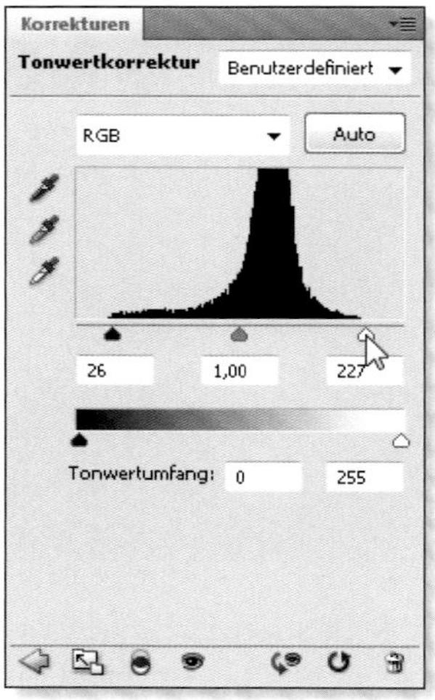

Abbildung 15.36 ▸
Bei der manuellen Tonwertkorrektur arbeiten Sie direkt im Histogramm. Mit der Maus werden die Tonwertspreizungsregler an die relevanten Tonwerte herangezogen.

Doch auch bei anderen Korrekturen können und sollten Sie die Informationen des Histogramms nutzen – entweder mittels Histogramm-Palette oder bei den Gradationskurven im Werkzeugdialog selbst.

16 Kontraste und Bildhelligkeit korrigieren: Schnelle Problemlöser

16.1 Das Werkzeug »Helligkeit/Kontrast«

Veränderungen von Helligkeit und Kontrast gehören wohl zu den am häufigsten gebrauchten Bildkorrekturen: Eine Kontrastverstärkung peppt flaue, müde Bilder auf, und mehr Helligkeit kann Bilder freundlicher, »sonniger« machen. So erscheint das Korrekturwerkzeug HELLIGKEIT/KONTRAST oft als naheliegende Wahl für erste Korrekturen.

Sie können die Funktion HELLIGKEIT/KONTRAST über die Korrekturen-Palette oder mit dem Einstellungsebenen-Icon der Ebenen-Palette starten, oder Sie können den Menübefehl EBENE • NEUE EINSTELLUNGSEBENE • HELLIGKEIT/KONTRAST nutzen. Wenn Sie den Menübefehl BILD • KORREKTUREN • HELLIGKEIT/KONTRAST anklicken, wird die Korrektur **ohne Einstellungsebene** auf der aktiven Ebene durchgeführt.

Das Werkzeug HELLIGKEIT/KONTRAST bietet nicht so differenzierte Kontrolle wie die Gradationskurven, ist jedoch leicht zu handhaben und seit der Programmversion CS3 sogar tatsächlich brauchbar. In älteren Programmversionen wirkte das Werkzeug ausgesprochen brachial. Inzwischen wurde die Funktionsweise verändert, und das Tool geht behutsamer mit den Bildtonwerten um. Kontrollieren können Sie Ihr Korrekturergebnis über die Bildschirmdarstellung und mit der zugeschalteten Palette HISTOGRAMM.

Farbstiche zuerst korrigieren!

Zeigt Ihr Bild außer einer Kontrastschwäche oder zu geringer Helligkeit außerdem einen Farbstich, sollten Sie sich zuerst den Farbwerten widmen und erst danach Kontrast oder Helligkeit einstellen. Diese Reihenfolge empfiehlt sich aus zwei Gründen: Messwerte, die Ihnen beim Korrigieren der Farbbalance helfen, sind aussagekräftiger, wenn Helligkeit und Kontrast noch nicht korrigiert worden sind. Zudem lassen sich Helligkeit und Kontrast bei farblich ausgeglichenen Bildern viel besser korrigieren.

16.1.1 Funktionsweise

Die Bedienung des Werkzeugs HELLIGKEIT/KONTRAST ist denkbar einfach: Zwei Schieberegler und eine Options-Checkbox machen es sehr übersichtlich.

▲ **Abbildung 16.1**
So erzeugen Sie eine Einstellungsebene HELLIGKEIT/KONTRAST in der Korrekturen-Palette.

Helligkeit | Ihre erste Maßnahme sollte darin bestehen, die Option FRÜHEREN WERT VERWENDEN zu deaktivieren. Sie macht das Werkzeug mehr oder weniger unbrauchbar. Warum das so ist, erfahren Sie im nächsten Abschnitt.

16.1.2 Nur für leichte Fälle

Trotz der verbesserten Funktion erzielt man mit diesem Werkzeug bei der Bildkorrektur Ergebnisse, die schnell zu plakativ sind. Das subtile Herausarbeiten einzelner Tonwertbereiche ist nicht möglich, und man erreicht mit dieser Korrektur nicht immer die kritischen Bildbereiche. In jedem Fall sollten Sie bei der Korrektur mittels HELLIGKEIT/KONTRAST das Histogramm im Auge behalten, um Zeichnungsverluste zu vermeiden!

16.2 Pfusch oder schnelle Hilfe? Die Auto-Korrekturen

Eine erfolgreiche Bildkorrektur muss nicht immer manuell durchgeführt werden. Photoshop bietet auch eine Reihe von automatischen Korrekturwerkzeugen an, die die Bildpixel selbsttätig analysieren und entsprechend gerade richten. Ob und wann ihr Einsatz sinnvoll ist und welche Möglichkeiten Sie haben, deren Wirkung zu optimieren, erfahren Sie jetzt.

16.2.1 Auto-Farbton, Auto-Kontrast und Auto-Farbe

Tipp für Umsteiger von CS3

Vermissen Sie die AUTO-TONWERTKORREKTUR? Die Funktion hat seit CS4 den Namen AUTO-FARBTON.

Photoshops Automatik-Korrekturen

- AUTO-FARBTON (Kürzel: ⇧+Strg+L bzw. ⇧+⌘+L),
- AUTO-KONTRAST (Kürzel: Alt+⇧+Strg+L bzw. ⌥+⇧+⌘+L) und
- AUTO-FARBE (Kürzel: ⇧+Strg+B bzw. ⇧+⌘+B)

sind für die rasche Erledigung von Routinekorrekturen an mehr oder weniger unproblematischen Bildern gedacht. Dementsprechend finden Sie sie direkt im Menü BILD. Einstellungsebenen für die Auto-Korrekturen sind nicht vorgesehen, mit einem kleinen Umweg lassen sie sich dennoch realisieren. Wie das geht, erfahren Sie im Workshop in Abschnitt 16.2.2.

Anwendung | Die Anwendung der Auto-Werkzeuge ist denkbar einfach: Klicken Sie einmal auf den Menüpunkt, Photoshop rechnet, fertig.

Trotz der unterschiedlichen Bezeichnungen handelt es sich übrigens bei allen drei Auto-Funktionen rein technisch um Tonwertkorrekturen, die auf unterschiedliche Weise durchgeführt werden. Welche der Auto-Korrekturen am besten wirkt, ist stark motivabhängig. Die folgende Serie von Beispielbildern hilft Ihnen, die Funktionsweise der drei Automatik-Korrekturen besser einzuschätzen. Und im Zweifelsfall gilt: einfach ausprobieren.

Missglückt die Anwendung, können Sie sie mit Strg/⌘+Z schnell zurücknehmen und eines der anderen Tools aus der Reihe ausprobieren. Einen Versuch sind die Auto-Korrekturen allemal wert!

Datei auf der Buch-DVD: »Relief.jpg«

Zum Weiterlesen: Tonwertkorrektur
Wie Sie eine manuelle Tonwertkorrektur durchführen, lesen Sie in Kapitel 18, »Präzisionsarbeit am Histogramm: Tonwertkorrektur«. Die halbautomatische Tonwertkorrektur mithilfe der Pipetten lernen Sie in Abschnitt 18.4, »Halbautomatische Tonwertkorrektur mit Pipetten«, kennen.

◂ **Abbildung 16.7**
Hier das unbearbeitete Original

Auto-Farbton | Die Korrektur AUTO-FARBTON bearbeitet die Tonwertinformationen des Bildes Kanal für Kanal. So kommt nicht nur mehr Kontrast ins Bild, mit dieser Funktion lassen sich auch Farbstiche beseitigen. Doch zwangsläufig ist das Auto-Werkzeug ignorant gegenüber den Bildinhalten. Es neutralisiert auch dort, wo die Erhaltung eines Farbstichs wünschenswert gewesen wäre – zum Beispiel bei Bildern wie »rotstichigen« Sonnenuntergängen, bläulichen Dämmerungsmotiven und auch bei unserem messingfarbenen Beispielfoto.

◂ **Abbildung 16.8**
AUTO-FARBTON verbessert den Kontrast kanalweise und verändert auch die Bildfarben ein wenig.

Auto-Kontrast | AUTO-KONTRAST verändert die Farbkanäle des Bildes gleichzeitig. Die Farbstimmung eines Bildes bleibt dadurch erhalten. Je nach Motiv kann sich das bei manchen Bildern auch als Nachteil erweisen: Unerwünschte Farbstiche bleiben nämlich ebenfalls im Bild.

Abbildung 16.9 ▸
Bei diesem Motiv führt AUTO-KONTRAST zu einer Kontraststeigerung, greift jedoch nicht so stark in die Farbigkeit ein wie AUTO-FARBTON.

Auto-Farbe | Wenn Sie AUTO-FARBE wählen, analysiert Photoshop die Tonwertverteilung in jedem Farbkanal einzeln und versucht, Farbstiche zu erkennen. Geändert wird dann die Helligkeit einzelner Kanäle. Je nach Ausgangslage können sich die Bildfarben dabei stark verändern – nicht jedes Motiv verträgt das.

Abbildung 16.10 ▸
Das Ergebnis von AUTO-FARBE: starke Farbänderung, kaum veränderte Kontraste

16.2.2 Auto-Korrekturen mit Einstellungsebene – über Umwege

Neben der Schnelligkeit, mit der sich die Auto-Korrekturen anwenden lassen, haben sie noch einen Vorteil: Sie arbeiten auf Grundlage strikter Tonwertmathematik. So kann es zwar passieren, dass Sie einmal das falsche Werkzeug erwischen und damit nicht den gewünschten Effekt erzielen oder motivtypische Farbstiche eliminieren – doch wirkliche Zeichnungsverluste können Sie damit nur schwerlich produzieren. In gewisser Weise sind die

Auto-Korrekturen also narrensicher. Dennoch wäre es natürlich wünschenswert, wenn man sie ebenfalls per Einstellungsebene einsetzen könnte. Mit einigen Zusatzklicks geht das auch. Denn hinter den AUTO-Optionen der Korrekturwerkzeuge TONWERTKORREKTUR und GRADATIONSKURVEN verstecken sich dieselben Funktionen wie im Menü.

Sie können ein beliebiges Bild zum Testen nehmen, zum Beispiel das Metallrelief aus dem vorigen Abschnitt. Der folgende Workshop zeigt Ihnen, wie Sie vorgehen. Er ist gleichzeitig eine Anleitung zum Einstellen der Automatik-Optionen von TONWERTKORREKTUR und GRADATIONSKURVEN.

▲ **Abbildung 16.11**
So erzeugen Sie eine Einstellungsebene TONWERTKORREKTUR in der Korrekturen-Palette.

Schritt für Schritt: Auto-Korrekturen per Einstellungsebene

1 Einstellungsebene anlegen

Erzeugen Sie zunächst eine Einstellungsebene TONWERTKORREKTUR. In der Korrekturen-Palette erscheinen dann die Steuerungselemente.

2 Auto-Optionen aufrufen

Innerhalb des Dialogs sehen Sie jetzt den Button AUTO. Wenn Sie einfach den Button anklicken, wird eine Auto-Tonwertkorrektur mit den Standardeinstellungen ausgeführt. Das wollen Sie jedoch jetzt nicht! Drücken Sie die [Alt]/[⌥]-Taste, während Sie auf diesen Button klicken, dann öffnet sich das Optionsfenster.

◀ **Abbildung 16.12**
Um die Auto-Korrektur-Optionen zu erreichen, halten Sie die [Alt]/[⌥]-Taste beim Klick auf den AUTO-Button gedrückt.

Auto-Optionen im Gradationskurven-Dialog

Wenn Sie eine Einstellungsebene GRADATIONSKURVEN anlegen, sehen Sie auch dort einen AUTO-Button. Er funktioniert genauso wie der hier beschriebene und hat dieselben Optionen.

3 Auto-Optionen einstellen

In diesem Dialogfeld können Sie festlegen, nach welchem Muster eine Auto-Tonwertkorrektur durchgeführt wird. Und je nach Einstellung gleicht das Ergebnis dann einem der drei Auto-Korrekturbefehle aus dem Menü.

- SCHWARZWEISS-KONTRAST VERBESSERN (mit **inaktiver** Option NEUTRALE MITTELTÖNE AUSRICHTEN) wirkt wie der Menübefehl AUTO-KONTRAST.

- Die Einstellung KONTRAST KANALWEISE VERBESSERN (mit **inaktiver** Option NEUTRALE MITTELTÖNE AUSRICHTEN) wirkt wie der Menübefehl AUTO-FARBTON.
- DUNKLE UND HELLE FARBEN SUCHEN mit **aktiver** Option NEUTRALE MITTELTÖNE AUSRICHTEN wirkt wie der Menübefehl AUTO-FARBE.

Die Option NEUTRALE MITTELTÖNE AUSRICHTEN kann jederzeit zugeschaltet werden. Sie bewirkt bei den meisten Bildern eine stärkere Verschiebung der Bildfarben.

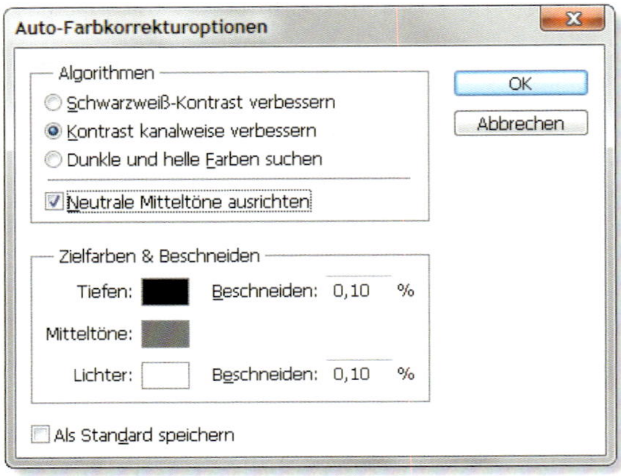

Abbildung 16.13 ▸
Mit den Einstellungen unter ALGORITHMEN steuern Sie, wie die Tonwertkorrektur wirkt.

4 Änderungen bestätigen und Korrektur anwenden

Klicken Sie auf OK, um die Änderungen der Optionen anzuwenden und gleichzeitig die Korrektur – per Einstellungsebene – durchzuführen. Wenn Sie Ihre Einstellung künftig als Standard für alle Auto-Tonwertkorrekturen (nicht die Menübefehle sind gemeint, sondern die Anwendung per Button AUTO im Dialog TONWERTKORREKTUR!) nutzen wollen, aktivieren Sie zuvor die Checkbox ALS STANDARD SPEICHERN. ■

Zum Weiterlesen: Zielfarben und Beschneiden
Was es mit den Optionen ZIELFARBEN & BESCHNEIDEN auf sich hat, erfahren Sie in Abschnitt 18.1, »Steuerungselemente für Tonwertkorrekturen«, und in Abschnitt 18.4.1, »Zielfarben einstellen«.

16.2.3 Die Funktion »Tonwertangleichung«

Und noch eine Auto-Tonwertkorrektur gibt es: Unter BILD • KORREKTUREN finden Sie den Befehl TONWERTANGLEICHUNG. Das ist der schnellste Weg, um zu einem neuen Schwarz- und Weißpunkt und einer Tonwertspreizung zu kommen – allerdings ohne jegliche Kontrolle und in den meisten Fällen mit zweifelhaften Ergebnissen. Adobe empfiehlt diese Funktion insbesondere für zu dunkel geratene Scans. Aber Achtung: Das Werkzeug kann Bilder mit einem Mausklick verderben.

Datei auf der Buch-DVD: »OranienburgerStraße.tif«

Bild: Fotolia, Yvonne Bogdanski

▲ **Abbildung 16.14**
Das Original

▲ **Abbildung 16.15**
Die Tonwertangleichung sorgt für einen ungewollten, starken Verfremdungseffekt.

Sofern im Bild keine Auswahl vorhanden ist, erfolgt einfach eine Neuberechnung. Haben Sie zuvor eine Auswahl erstellt, erscheint ein Dialogfeld.

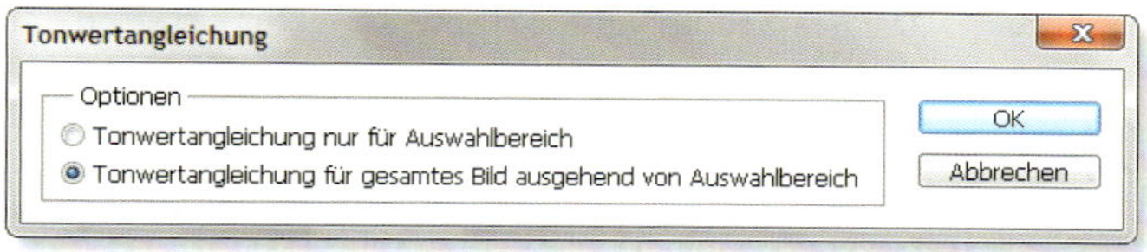

◀ **Abbildung 16.16**
Wie soll mit dem Auswahlbereich verfahren werden?

- Tonwertangleichung nur für Auswahlbereich führt die Tonwertspreizung nur im ausgewählten Bereich durch.
- Tonwertangleichung für gesamtes Bild ausgehend von Auswahlbereich legt die Pixel im Auswahlbereich für die Neuberechnung aller Bildpixel zugrunde.

16.3 Spezialist für harte Schatten und Gegenlichtaufnahmen: Tiefen/Lichter

Die bisher vorgestellten Tools Helligkeit/Kontrast und die Auto-Korrekturfunktionen korrigieren globale Bildfehler, die in vielen Fotos anzutreffen sind – solche Korrekturen gehören zum Standardrepertoire. Tiefen/Lichter hingegen ist ein Werkzeug für Spezialfälle. Mit ihm können Sie Bilder reparieren, die sowohl über- als auch unterbelichtete Partien haben – beispielsweise Gegenlichtaufnahmen. Auch zu dunkle Tiefen in ansonsten korrekt belichteten Bildern können damit korrigiert werden, ebenso »angeblitzte« Motive, die durch das Blitzlicht zu hell geworden

»Tiefen/Lichter« ohne Einstellungsebene – doch zerstörungsfrei
Als Einstellungsebene steht Tiefen/Lichter nicht zur Verfügung. Dennoch lässt sich Tiefen/Lichter pixelschonend anwenden. Das Werkzeug ist nämlich eigentlich ein Filter, daher kann es als Smartfilter eingesetzt werden. Wie das geht, lesen Sie weiter unten!

sondern ausgehend von einzelnen hellen oder dunklen Bildpixeln. Wenn Ihr Motiv nach der Einstellung von STÄRKE zu wenig Kontraste aufweist und Detailzeichnung verliert, erhöhen Sie den Radius. Wirkt sich die Korrektur auf das ganze Bild aus und nicht nur auf Lichter oder Tiefen, senken Sie die Einstellung.

Korrekturen | Die Einstellungen unter KORREKTUREN ❹ helfen Ihnen, kleinere Farb- und Kontrastfehler, die bei der Korrektur entstanden sein können, wieder auszubügeln. Mit FARBKORREKTUR können Sie Farben, die durch die Luminanzänderung eventuell verändert wurden, mehr oder weniger Leuchtkraft verleihen. (Sie erinnern sich, Farbe und Luminanz hängen zusammen!)

Bei Graustufenbildern steht hier stattdessen ein Regler für die HELLIGKEIT (nicht im Bild) zur Verfügung. Per MITTELTON-KONTRAST kann das Aussehen der Mitteltöne an die korrigierten Tiefen und Lichter angepasst werden.

Zum Weiterlesen: Tonwerte beschneiden
Mehr zum Thema lesen Sie in Abschnitt 18.1, »Steuerungselemente für Tonwertkorrekturen«.

Die Funktionen SCHWARZ BESCHNEIDEN und LICHTER BESCHNEIDEN grenzen den Tonwertumfang des Bildes ein wenig ein. Das ist manchmal notwendig, wenn Bilder im Rasterverfahren gedruckt werden.

Als Standard speichern | ALS STANDARD SPEICHERN ermöglicht es Ihnen, aktuelle Einstellungen als neue Standardwerte festzulegen. Mit den Buttons SPEICHERN und LADEN können Sie einmal festgelegte Einstellungen konservieren und später erneut nutzen.

16.3.2 »Tiefen/Lichter« zerstörungsfrei auf Smart-Objekte anwenden

Smart-Objekte sind spezielle Ebenen, deren Originaldaten im Dokument hinterlegt werden, sodass sie nach der Bearbeitung jederzeit wieder in die ursprüngliche Form gebracht werden können. Nicht alle, jedoch eine ganze Reihe von Photoshop-Werkzeugen lassen sich auf Smart-Objekte anwenden. Neben Transformationen und Filtern gehört auch die Funktion TIEFEN/LICHTER dazu. Der folgende Workshop zeigt, wie Sie mit ihr arbeiten.

Datei auf der Buch-DVD: »Matrosen.jpg«

Bild: S. Mühlke

Abbildung 16.22 ▸
Das Ausgangsbild. Vor allem die Tiefen sind hier viel zu dunkel geraten.

Schritt für Schritt: »Tiefen/Lichter« als Smartfilter einsetzen

1 Bildebene in Smart-Objekt konvertieren

Nur zwei Klicks in der Ebenen-Palette sind notwendig, um eine Ebene in ein Smart-Objekt zu konvertieren: Klicken Sie in die Ebenenzeile, um das Kontextmenü zu öffnen, und wählen Sie dort den Befehl In Smart-Objekt konvertieren. Eine Alternative wäre der Menübefehl Ebene • Smart-Objekte • In Smart-Objekt konvertieren.

◀ **Abbildung 16.23**
Wählen Sie In Smart-Objekt konvertieren.

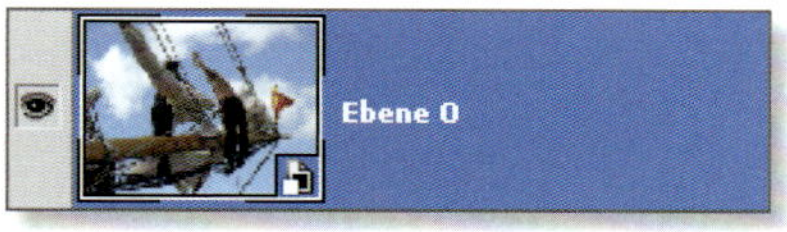

▲ **Abbildung 16.24**
Die Ebene ist keine Hintergrundebene mehr, und die Miniatur hat außerdem ein kleines Icon unten rechts.

2 »Tiefen/Lichter« starten

Die Funktion Tiefen/Lichter rufen Sie wie gewohnt über Bild • Korrekturen • Tiefen/Lichter auf. Da sich zahlreiche Korrekturwerkzeuge nicht auf Smart-Objekte anwenden lassen, sind fast alle anderen Befehle im Menü inaktiv.

3 Einstellungen vornehmen

Stellen Sie nun alle Regler so ein wie benötigt. Dabei nutzen Sie die Monitoranzeige zur Kontrolle. Einzoomen in kritische Bereiche kann hilfreich sein. Rechts sehen Sie meine Korrekturen für das Beispielbild »Matrosen.jpg«. Ich habe unter Tiefen die Stärke recht hoch eingestellt und die Tonbreite auf dem Standardwert 50 belassen. Dadurch werden die allerdunkelsten Bereiche

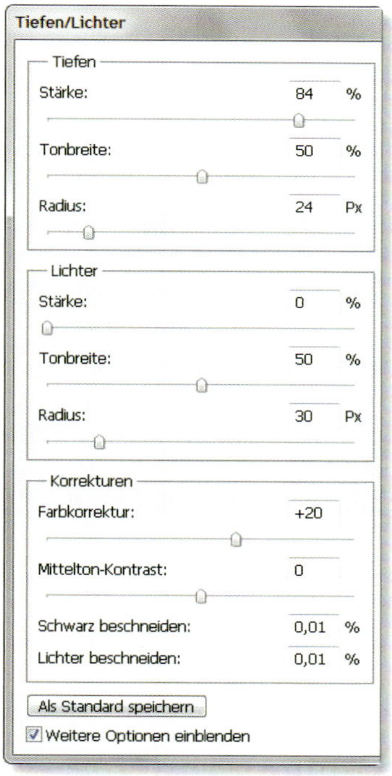

▲ **Abbildung 16.25**
Einstellungen im Dialog Tiefen/Lichter

> **Belichtung: Nur für HDR**
>
> Wer das Werkzeug BELICHTUNG aus dem Camera-Raw-Dialog früherer Photoshop-Versionen kennt, erwartet vermutlich auch bei dem neuen Belichtungs-Tool in der Korrekturen-Palette ein Werkzeug, mit dem sich die Helligkeit von Fotos regulieren lässt. Ganz so universell wie das gleichnamige Tool aus Camera Raw arbeitet das Photoshop-Werkzeug leider nicht: Es ist vor allem für HDR-Bilder reserviert. In Abschnitt 24.4 »HDR – Bilder mit realitätsgetreuem Luminanzumfang«, erfahren Sie mehr.

(Tiefen) stark aufgehellt, aber auch einige der dunklen Bereiche erhalten etwas mehr Helligkeit. Die LICHTER bleiben unverändert, und unter KORREKTUREN genügen die Standardwerte.

Nachdem Sie den Dialog geschlossen haben, werden Sie auch eine Änderung in der Ebenen-Palette bemerken. Der Smartfilter TIEFEN/LICHTER hat sich unter das Smart-Objekt – die frühere Hintergrundebene – geklemmt.

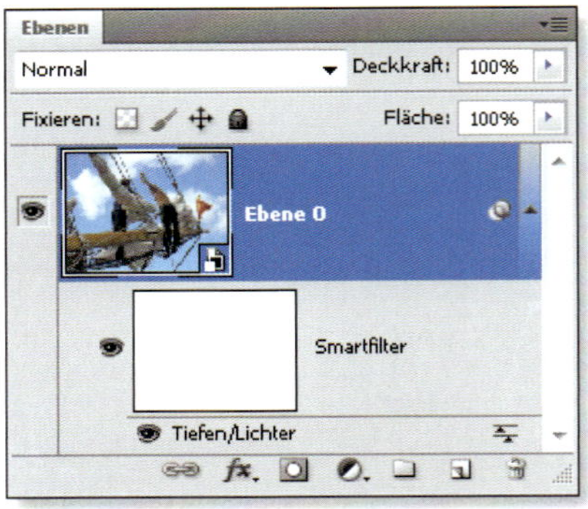

▲ **Abbildung 16.26**
Nun sehen Sie auch den Smartfilter in der Ebenen-Palette.

Sie können das Bild nun normal weiterverarbeiten. Hier sehen Sie einen Vorher-nachher-Vergleich.

▲ **Abbildung 16.27**
Die unkorrigierte Fassung

▲ **Abbildung 16.28**
Bearbeitete Version. Vor allem die Tiefen (Matrosenhosen) sind deutlich heller, aber auch einige der dunklen Bereiche (gefaltetes Segel unterhalb des Klüverbaums). ■

17 Wie bunt soll's sein? Farben flott gerade rücken

Leichte bis mittlere Farbstiche lassen sich meist schon durch eine Tonwertkorrektur – ob automatisch ausgeführt oder manuell – beheben.

Doch nicht immer genügt das: sei es, dass ein Bild einen hartnäckigen Farbstich aufweist, der sich mit den genannten Mitteln nicht entfernen lässt; sei es, dass Sie einem Bild bewusst eine bestimmte Farbstimmung geben möchten. Das wird manchmal erforderlich, um Bildelemente in Montagen aneinander anzupassen, und natürlich ist Farbe auch ein gestalterisches Element, wie die Bilderfolge zeigt.

Zum Nachlesen: Tonwertkorrekturen
Mehr über automatische Tonwertkorrekturen lesen Sie in Abschnitt 16.2, »Pfusch oder schnelle Hilfe? Die Auto-Korrekturen«. Mehr Informationen zum Werkzeug TONWERTKORREKTUR, mit dem Sie detailgenaue Korrekturen durchführen können, erhalten Sie im folgenden Kapitel, »Präzisionsarbeit am Histogramm: Die Tonwertkorrektur«.

Datei auf der Buch-DVD: »Porträt-Varianten.tif« – Die Datei enthält alle Einstellungsebenen für die hier gezeigten Bildvarianten.

Bild: Fotolia, Rui Vale De Sousa

◂ **Abbildung 17.1**
Das Porträt im Original: Es lebt von seinen warmen Gelbtönen.

▴ **Abbildung 17.2**
Mit dem Werkzeug FARBBALANCE wurden differenziertere Farben herausgearbeitet.

▴ **Abbildung 17.3**
Auch in dieser kühlen, kontrastreichen Variante wirkt das Bild überzeugend.

17.1 Grundlage jeder Farbkorrektur: Der Farbkreis

Ganz ohne Basiswissen geht es auch beim intuitivsten Korrektur-Tool nicht. Um Farbkorrekturen erfolgreich durchführen zu können, müssen Sie den Farbkreis kennen und wissen, was Komplementärfarben sind. Was hat es damit auf sich?

Es gab und gibt immer wieder die Bestrebung, ein objektives und naturwissenschaftlich fundiertes Ordnungssystem zu schaffen, das alle für den Menschen sichtbaren Farben zeigt und vor allem ihre Beziehung zueinander deutlich macht. Als Ordnungsmodell bewährt hat sich dabei der Farbkreis, den wir uns auch bei der Farbkorrektur zunutze machen können.

Im Farbkreis finden Sie alte Bekannte – nämlich die Farben, die Sie schon aus den Systemen RGB und CMYK kennen. Zwischen diesen sechs Farben besteht ein enger Zusammenhang: Aus Rot, Grün und Blau können Cyan, Magenta und Gelb gemischt werden und umgekehrt. Angeordnet sind die Farben so, dass jeweils drei nebeneinanderliegende Farben zueinander im Verhältnis *erste Grundfarbe – gemeinsame Mischfarbe – zweite Grundfarbe* stehen. Beispielsweise ergeben Rot und Grün zusammen Gelb, Cyan und Magenta mischen sich zu Blau, und Cyan wiederum wird aus Grün und Blau gemischt.

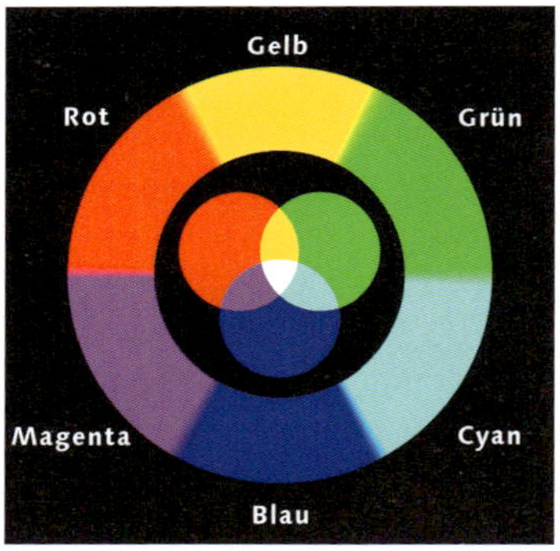

Abbildung 17.4 ▸
Diese schlichte Version des Farbkreises ist gut geeignet, um die für die Farbkorrektur wichtigen Zusammenhänge zwischen den einzelnen Farben zu verdeutlichen. In der Mitte sehen Sie nochmals die Grund- und Mischfarben des RGB-Modells zum Vergleich.

Komplementärfarben | Interessant ist vor allem auch das Verhältnis der Farben, die sich jeweils direkt gegenüberliegen. Solche Farbenpaare nennt man Komplementärfarben. Die Komplementärfarbenpaare sind:

- Magenta und Grün
- Blau und Gelb
- Cyan und Rot

Zwei Komplementärfarben »neutralisieren« sich gegenseitig.

Für die Bearbeitung und Korrektur von Bildfarben hat dieses Prinzip natürlich große Bedeutung: Ein Farbstich lässt sich entfernen, indem man den Anteil der entsprechenden Komplementärfarbe im Bild erhöht. So kann ein zu gelbes Bild durch die Zugabe von Blau und ein Bild mit Magenta-Stich durch Erhöhen des Grünanteils korrigiert werden und so weiter.

Zudem ist der Farbkreis die »interne« Berechnungsgrundlage verschiedener Photoshop-Farbkorrekturen und liegt auch der Gestaltung und Handhabung verschiedener Korrektur-Dialogboxen zugrunde. Halten Sie sich den Farbkreis bei der Durchführung von Farbkorrekturen also immer vor Augen – buchstäblich oder im metaphorischen Sinne!

17.2 Farbbalance: Globale Farbmischung ändern

Um schnell und unkompliziert die Farbbalance von Bildern zu verändern und Farbstiche zu entfernen, die das gesamte Bild betreffen, bietet Photoshop das Werkzeug Farbbalance an.

Sie finden die Farbbalance in der Korrekturen-Palette und im Einstellungsebenen-Menü der Ebenen-Palette und können außerdem den Menübefehl Ebene • Neue Einstellungsebene • Farbbalance nutzen. Wenn Sie den Menübefehl Bild • Korrekturen • Farbbalance oder den Shortcut Strg/⌘+B verwenden, erscheint der altbekannte Korrekturdialog, und die Korrektur wird **ohne Einstellungsebene** direkt auf die aktive Bildebene angewandt.

Alternative: Gradationskurven
Die Gradationskurven sind das Universalgenie unter den Korrekturwerkzeugen. Sie lassen sich ebenfalls nutzen, um die Farbbalance einzustellen, und bieten dabei sogar noch differenziertere Möglichkeiten, um auf das Bild einzuwirken.

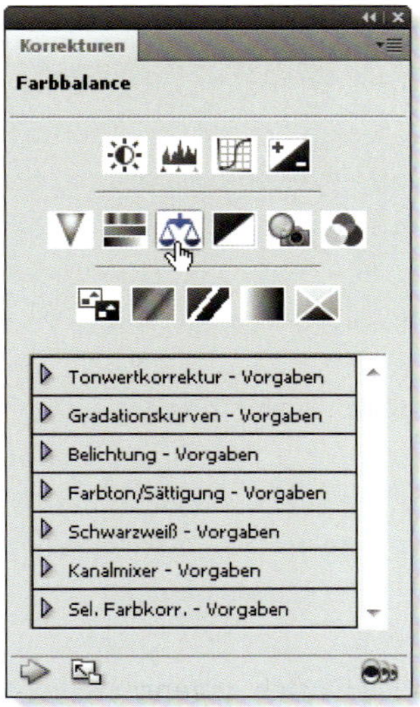

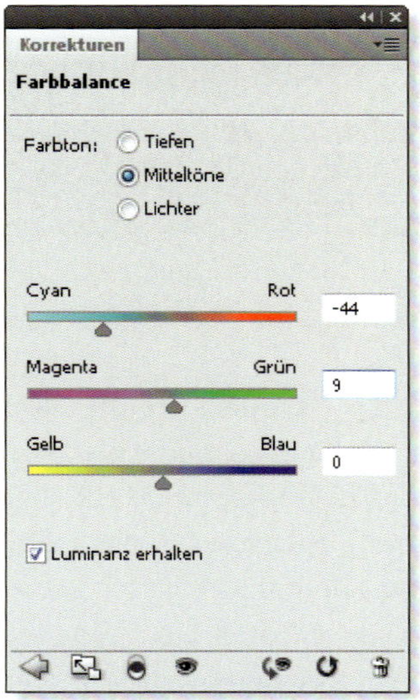

◂◂ **Abbildung 17.5**
Eine Einstellungsebene Farbbalance (ohne Presets) erzeugen

◂ **Abbildung 17.6**
Leichte Bedienbarkeit, aber weniger Kontrolle über die Korrektur als mit Gradationskurven: Farbbalance

- Unter FARBTON lässt sich festlegen, welcher Tonwertbereich des Bildes bearbeitet werden soll. LICHTER, MITTELTÖNE und TIEFEN stehen zur Auswahl.
- Die Farbbalance wird mithilfe der Schieberegler eingestellt. Die sechs bekannten Grundfarben finden Sie hier zu drei Komplementärpaaren angeordnet. Dazwischen befindet sich jeweils ein Regler, mit dem sich die Balance korrigieren lässt.
- Alternativ können Sie numerische Werte in die Eingabefelder eintragen.
- Die Option LUMINANZ ERHALTEN kann zusätzlich aktiviert werden. Sie verhindert, dass mit dem Verschieben der Farbbalance auch die Bildhelligkeit verändert wird.

17.2.1 Vorgehensweise

Die Vorgehensweise erschließt sich fast schon von selbst: Sie legen fest, welchen Tonwertbereich des Bildes (Tiefen, Mitteltöne oder Lichter) Sie ändern wollen, markieren das entsprechende Feld und verändern dann per Schieberegler oder Zahleneingabe die Balance von Cyan/Rot, Magenta/Grün oder Blau/Gelb – je nachdem, wie der Farbstich des Bildes beschaffen ist. Hilfreich ist es auch hier, wenn man den Farbkreis und das Prinzip der Komplementärfarben kennt.

Vor- und Nachteile | Die Bedienung ist einfach genug, und das Verfahren ist deutlich schneller als die haargenau angepasste Farbkorrektur mit Gradationskurven und Messpunkten.

Problematisch ist, dass der Monitor das *einzige* und entscheidende Instrument zur Beurteilung des Bildes und der vorgenommenen Korrekturmaßnahmen ist. Wie Sie sicherlich wissen, erscheinen Farben auf jedem Monitor ein wenig anders. Eine genaue Dosierung der Korrektur mit dem Farbbalance-Werkzeug ist schwierig. Mit Gradationskurven lässt sich der zu verändernde Tonwertbereich besser eingrenzen und exakter bearbeiten. So lässt sich nicht jeder Farbstich restlos entfernen, doch als schneller Soforthelfer und auch als Kreativtool und unterstützendes Werkzeug bei Montagen ist FARBBALANCE vielseitig einsetzbar.

17.2.2 Farbbalance im Direktvergleich: Variationen

Das Werkzeug VARIATIONEN spitzt das Prinzip der Bildkorrektur nach Augenmaß noch zu: Hier können Sie mehrere Korrekturvarianten desselben Bildes in Miniaturansicht miteinander vergleichen und natürlich auch Korrektureinstellungen festlegen.

Sie erreichen die Dialogbox über den Menübefehl BILD • KORREKTUREN • VARIATIONEN. Das Tool kann nicht als Einstellungsebene

Korrekturwirkung mit Ebenen-Deckkraft und -Füllmethode dosieren

Sie können die Wirkung einer Bildkorrektur nicht nur über die Werkzeugeinstellungen, sondern auch durch die Füllmethode und die Deckkraft der Einstellungsebene beeinflussen. Besonders die Füllmethoden FARBE und FARBTON sind bei Farbkorrekturen interessant. Sie können der Farbveränderung ein natürlicheres Aussehen geben. LUMINANZ hingegen verhindert eine Farbveränderung – günstig bei Helligkeits- und Kontrastkorrekturen. INEINANDERKOPIEREN und die »Licht«-Füllmethoden wirken zusätzlich kontraststeigernd.

Zum Weiterlesen: Korrektur mit Messwerten

Wenn Sie vor der Bildkorrektur Messpunkte für Farbwerte setzen, ist die Bildschirmanzeige nicht mehr Ihr einziges Kontrollinstrument. Mehr dazu finden Sie in Kapitel 19, »Universalhelfer für professionelle Ansprüche: Gradationskurven«.

CS5 **»Variationen« nicht auf 64-Bit-Macs**

Der Dialog VARIATIONEN läuft unter Windows in der 32- und der 64-Bit-Version. Mac-Besitzer sind hier leicht benachteiligt: 64-Bit-Macs unterstützen VARIATIONEN nicht. Genauere Informationen finden Sie bei Adobe online unter *http://kb2.adobe.com/de/cps/828/cpsid_82824.html*. Dort erfahren Sie auch, wie Sie 64-Bit-Photoshop im 32-Bit-Modus starten, um VARIATIONEN – oder ein anderes Modul – doch noch in Betrieb zu nehmen.

eingesetzt werden. Eine zerstörungsfreie Bildkorrektur ist dennoch möglich: Es lässt sich als Smartfilter auf Smart-Objekte anwenden.

Zum Nachlesen: Bildkorrektur mit Smartfiltern
Lesen Sie in Abschnitt 16.3.2, »Tiefen/Lichter zerstörungsfrei auf Smart-Objekte anwenden«, im Detail, wie Sie Bildkorrekturen mit Smart-Ebenen durchführen. Das dort beschriebene Verfahren funktioniert auch beim VARIATIONEN-Dialog.

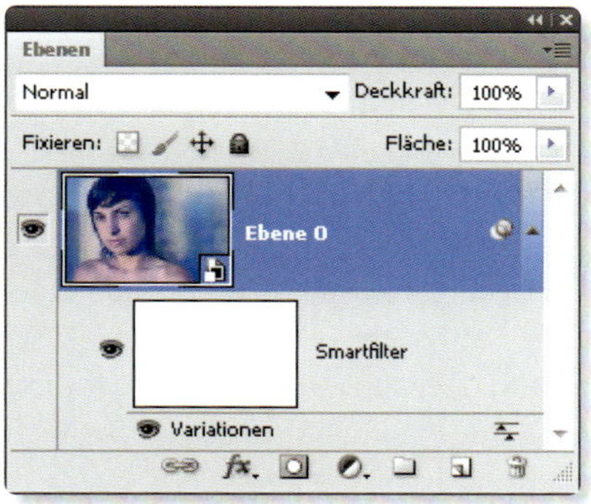

◄ **Abbildung 17.7**
VARIATIONEN funktioniert als Smartfilter.

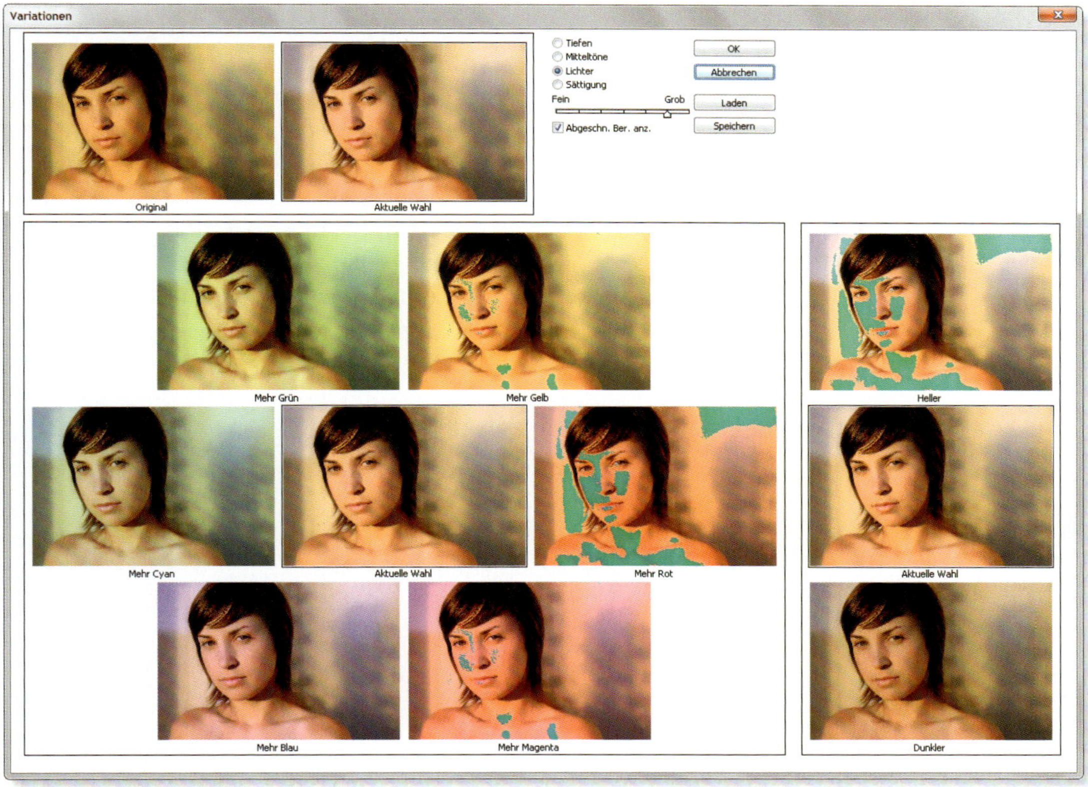

▲ **Abbildung 17.8**
Das umfangreiche Dialogfeld VARIATIONEN

Neben der Farbbalance können Sie hier auch Farbsättigung und Helligkeit einstellen. Wie auch beim FARBBALANCE-Werkzeug lassen sich Tiefen, Mitteltöne und Lichter separat ansteuern. Änderungen nehmen Sie vor, indem Sie auf eines der Vorschaubilder klicken. Mehrfaches Klicken auf ein Vorschaubild verstärkt die

▲ **Abbildung 17.9**
Anzeige möglicher Zeichnungsverluste (Beschneidung). In diesem Extrembeispiel sind gleich mehrere Farbkanäle betroffen und werden durch unterschiedliche Vorschaufarben angezeigt.

Wirkung. Der Regler FEIN/GROB legt fest, wie nachdrücklich die Änderungen wirken. Ist die Option ABGESCHNITTENE BEREICHE ANZEIGEN aktiv, werden die Bildpartien, die durch Ihre aktuelle Korrektureinstellung Lichter oder Lichterzeichnung verlieren würden, farbig hervorgehoben.

17.3 Dynamik: Pep für Porträts ohne Übersättigung

Mit dem Werkzeug DYNAMIK bearbeiten Sie die Bildsättigung und machen Bilder lebendiger und farbiger. Anders als das andere Sättigungswerkzeug an Bord – FARBTON/SÄTTIGUNG –, das sich gleichmäßig auf alle Bildbereiche auswirkt, passt das DYNAMIK-Tool seine Wirkung an.

In bereits gesättigten Bildpartien wird die Sättigung weniger erhöht als in anderen. Dadurch wirkt die Dynamik-Einstellung schonender und kann auch gut für Porträts angewendet werden. Bei Anwendung des herkömmlichen Tools FARBTON/SÄTTIGUNG ähnelten Porträtfotos schnell Bildern von Sonnenbrandopfern. DYNAMIK vermeidet diesen unerwünschten Effekt.

Zum Weiterlesen: Farbton/Sättigung
Das Tool FARBTON/SÄTTIGUNG greift radikaler in die Sättigungswerte von Bildfarben ein als DYNAMIK und kann außerdem dazu genutzt werden, um Bilder zu tonen (einzufärben). Für Korrekturen wird es eher selten eingesetzt. Mehr über dieses Werkzeug lesen Sie in Abschnitt 27.6.1, »Bilder färben: Zurückhaltend bunt«.

Sie können das Werkzeug auf allen bekannten Wegen aufrufen: **mit einer Einstellungsebene** über die Korrekturen- und die Ebenen-Palette sowie über den Menübefehl EBENE • NEUE EINSTELLUNGSEBENE und **ohne Einstellungsebene** über das Menü BILD • KORREKTUREN.

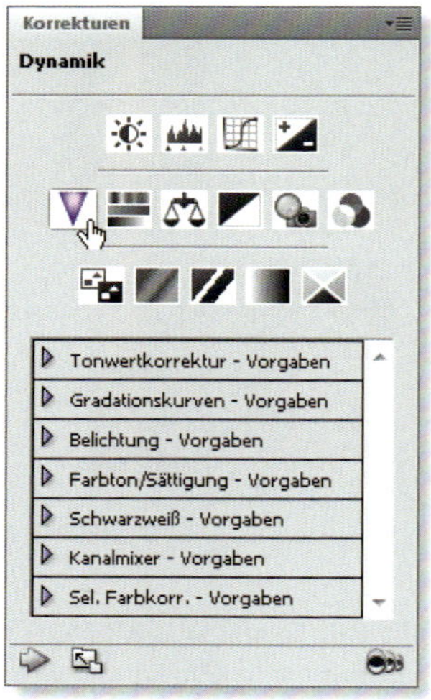

Abbildung 17.10 ▶
Das Icon DYNAMIK in der Korrekturen-Palette

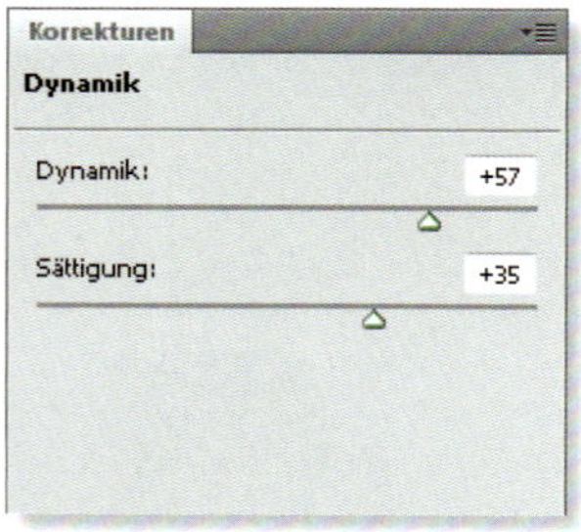

Abbildung 17.11 ▶▶
Zwei Slider genügen: DYNAMIK repariert untersättigte Bilder effektiv.

Wie das Werkzeug funktioniert, erschließt sich auf den ersten Blick: Das Ziehen der Regler nach links reduziert den Sättigungsanteil, das Bewegen der Slider nach rechts erhöht die Sättigung. Alternativ lassen sich auch Werte eintippen.

Die beiden Slider wirken unterschiedlich:

- Der Dynamik-Regler korrigiert nur die weniger gesättigten Farben eines Bildes und lässt gesättigte Farben unangetastet – oder korrigiert sie sanfter.
- Mit der Einstellung Sättigung bekommen alle Farben im Bild – unabhängig von ihrer aktuellen Sättigung – dasselbe Maß an Sättigungskorrektur. Ohne zu verraten, wie es genau funktioniert, verspricht die Adobe-Hilfe, dass die Funktion immer noch schonender arbeitet als eine Sättigungserhöhung per Farbton/Sättigung. Vor allem die Bildung verräterischer Farbstreifen soll verhindert werden.

Datei auf der Buch-DVD: »Testbild_Sättigungstools_Hauttöne.tif«

▲ **Abbildung 17.12**
Mit diesem Testbild können Sie die verschiedenen Sättigungstools durchspielen – am Bildschirm sehen Sie die Änderungen viel besser als hier im gedruckten Buch! Hier das Original.

▲ **Abbildung 17.13**
Hier wurde der Dynamik-Wert auf »80« erhöht. Die Farben wirken kräftiger, aber nicht übersättigt. Der Effekt zeigt sich bei der Übungsdatei möglicherweise deutlicher als hier im gedruckten Buch.

▲ **Abbildung 17.14**
Die Sättigungseinstellung des Werkzeugs Farbton/Sättigung macht mit demselben Wert aus denselben Hauttönen unbrauchbare Rot-Orange-Verläufe.

17.4 Selektive Farbkorrektur: Einzelne Farben gezielt verändern

»Das Bild ist ja ganz gut, aber leider ist das Blau zu lila …« Auch solchen Fällen kann man mithilfe von Photoshop beikommen, besonders wenn man eine Angabe wie »zu lilafarben« übersetzen kann: Das heißt vermutlich, das Bild enthält zu viel Magenta und zu wenig Grün.

Das Werkzeug zum Ausgleich solcher partiellen Farbstiche ist die Selektive Farbkorrektur. Damit lassen sich ausgewählte Farben isoliert bearbeiten, ohne dass die übrigen Bildfarben verändert werden. Das Werkzeug wurde ursprünglich entwickelt, um die Mischung einzelner Druckfarben zu erhöhen oder zu verringern. Es eignet sich aber auch hervorragend, um unerwünschte

Werte »blind« per Tastatur ändern

Aktivieren Sie einfach eines der Eingabefelder, indem Sie mit der Maus hineinklicken, und nutzen Sie dann die Pfeiltasten Ihrer Tastatur, um Werte zu erhöhen [↑] oder zu verringern [↓]. Diese Eingabemöglichkeit **funktioniert fast bei allen Werkzeugen und Optionsfeldern** und hat den Vorteil, dass Sie sich voll auf das Korrekturergebnis im Bild konzentrieren können.

Farbabweichungen in einzelnen Farbbereichen eines Bildes zu korrigieren. Außerdem leistet die Selektive Farbkorrektur auch gute Dienste bei kreativen Aufgaben und kann dabei helfen, wichtige Bildinhalte durch erhöhte Farbigkeit zu betonen.

17.4.1 Der Dialog »Selektive Farbkorrektur«

Selektive Farbkorrektur gibt es als Einstellungsebene. Auf Wunsch kann das Tool auch direkt auf Bildebenen angewendet werden. Sie erreichen es auf allen bekannten Wegen:

- über die Korrekturen-Palette
- in der Einstellungsebenen-Liste  der Ebenen-Palette
- im Menü Ebene • Neue Einstellungsebene
- und im Menü Bild • Korrekturen (dann ohne eine Einstellungsebene zu erzeugen)

Schieberegler | Sie arbeiten hier mit Schiebereglern, ähnlich wie beim Farbbalance-Werkzeug auch. Die jeweiligen Komplementärfarben Rot, Grün und Blau, wie Sie sie von der Farbbalance kennen, sind in diesem Dialogfeld nicht vermerkt, aber Sie sollten sie sich mitdenken. Neben den schon bekannten Farbpaaren ❺ gibt es hier noch einen Regler ❻, um den Schwarzanteil von Farben zu steuern.

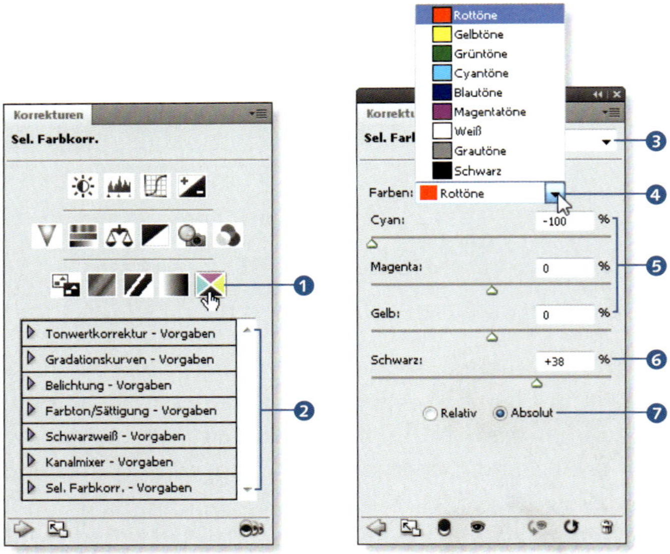

Abbildung 17.15 ▶
Erzeugen einer Einstellungsebene Selektive Farbkorrektur ❶. Übrigens hat Adobe für dieses Tool keine Presets hinterlegt, obwohl es einen entsprechenden Eintrag in der Preset-Liste ❷ gibt.

Abbildung 17.16 ▶▶
Die Selektive Farbkorrektur ermöglicht den Zugriff auf einzelne Farben des Bildes.

Prozentangaben | Auffallend sind die aus dem CMYK-System stammenden Prozentangaben neben den Eingabefeldern. Wer den Farbkreis kennt, kann natürlich auch Bilder im RGB-Modus erfolgreich bearbeiten!

Farbbereiche | In der Dropdown-Liste ❸ haben Sie die Auswahl zwischen neun Farbbereichen, die Sie separat bearbeiten können. Zur Verfügung stehen Ihnen die bekannten sechs Farben, die RGB und CMYK entsprechen, sowie Weiß, Grautöne und Schwarz.

Methode | Im unteren Bereich ❼ der Dialogbox können Sie festlegen, wie sich Ihre Korrekturen auf die bestehenden Bildfarben auswirken sollen. RELATIV legt den jeweils schon im Bild vorhandenen Anteil einer Farbe zugrunde. Wenn Sie beispielsweise Pixel bearbeiten wollen, die schon zu 50 % Rot enthalten, und 10 % Rot hinzufügen, wird der Rotanteil um 5 % nach der Rechnung 10 % von 50 % = 5 % auf insgesamt 55 % erhöht. Die Einstellung RELATIV wirkt also recht sanft. Oft sieht man wenig Veränderung. ABSOLUT definiert die Farbänderungen in absoluten Werten und wirkt durchschlagender. Erhöht man bei einem fünfzigprozentigen Rot den Rotanteil um 10 %, lautet die Rechnung 50 % Rot + 10 % = 60 %. Wenn Sie Bilder bearbeiten, die viele sensible helle Tonwerte enthalten, fahren Sie meist mit RELATIV besser, sonst tut es auch ABSOLUT.

Handhabung | Die Handhabung des Werkzeugs ist einfach, wenn die Grundregeln der Farbmischung bekannt sind: Sie stellen als Erstes im Dropdown-Menü FARBEN ❹ ein, welcher Farbbereich Ihres Bildes bearbeitet werden soll. Es erfordert ein wenig Erfahrung, um festzulegen, welcher Farbbereich nun eigentlich korrekturbedürftig ist. Eine kurze Messung mit Pipette oder Farbaufnehmer kann hier jedoch weiterhelfen. Anschließend korrigieren Sie das Bild mithilfe der Schieberegler.

Zum Weiterlesen: Farbwerte und Messwerkzeuge

Wer RGB-Farbwerte interpretieren kann, hat es bei Farbkorrekturen leichter. Denn diese drei Ziffern geben Auskunft über die Farbmischung und Korrekturmöglichkeiten. In Kapitel 19, »Universalhelfer für professionelle Ansprüche: Gradationskurven«, finden Sie mehr zu diesem Thema.

Datei auf der Buch-DVD: »Zollverein.jpg«

Bild: vitamin a design

▼◀ Abbildung 17.17 (links)
Weltkulturerbe: die Zeche Zollverein in Essen. Rote Stahlelemente akzentuieren den Baukörper aus Backstein.

▼ Abbildung 17.18 (rechts)
Die roten Bauteile wurden mittels SELEKTIVE FARBKORREKTUR betont. Die Werte: ABSOLUT; CYAN –100 (verstärkt den Rotanteil); MAGENTA –100 (verhindert, dass die ebenfalls rötlichen Ziegel zu bunt werden).

17.5 Gleiche Farbe: Bildfarben synchronisieren

Wenn Bilder aus unterschiedlichen Quellen nebeneinander präsentiert werden sollen, wird oft angestrebt, dass sie dieselbe Farbstimmung aufweisen. Das Werkzeug GLEICHE FARBE hilft Ihnen, die Farben mehrerer Bilder miteinander zu synchronisieren, indem es Helligkeit, Farbsättigung und Farbbalance verändert. Auch einzelne – zuvor ausgewählte – Bildpartien kann das Werkzeug farblich angleichen.

Dateien auf der Buch-DVD: »DameImPelz.tif«, »DameMitSaftglas.tif«

Für dieses Werkzeug gibt es keine Einstellungsebene, und auch als Smartfilter lässt es sich nicht anwenden, also arbeiten Sie am besten mit einer Ebenenkopie. Sofern diese über der Originalebene liegt, können Sie das Ergebnis mit der Ebenen-Füllmethode und -Deckkraft feinjustieren.

Bild: Fotolia, Darren Baker

▲ **Abbildung 17.19**
Die Farbstimmung dieses freundlichen Porträts …

Bild: Jacqueline Esen

▲ **Abbildung 17.20**
… soll an die eher kühlen Farben dieses Bildes angeglichen werden.

▲ **Abbildung 17.21**
Das Ergebnis. Meine Einstellungen sehen Sie in Abbildung 17.22, außerdem habe ich im Quellbild eine Auswahl der Frau erzeugt, um den Metallhintergrund von der Berechnung auszuschließen.

17.5.1 Gleiche Farbe anwenden

Vollkommen unterschiedliche Bilder kann das Werkzeug nicht in Einklang bringen, kleinere Unterschiede werden aber mit Erfolg ausgeglichen. Wichtig ist auch, dass das Zielbild in halbwegs akzeptabler Qualität vorliegt: Kompressionsartefakte, Störungen und andere Bildfehler können durch die Gleiche-Farbe-Automatik deutlich sichtbar werden. Das Quellbild hingegen muss nicht unbedingt perfekt sein, wenn Ihnen dessen Farbstimmung gefällt.

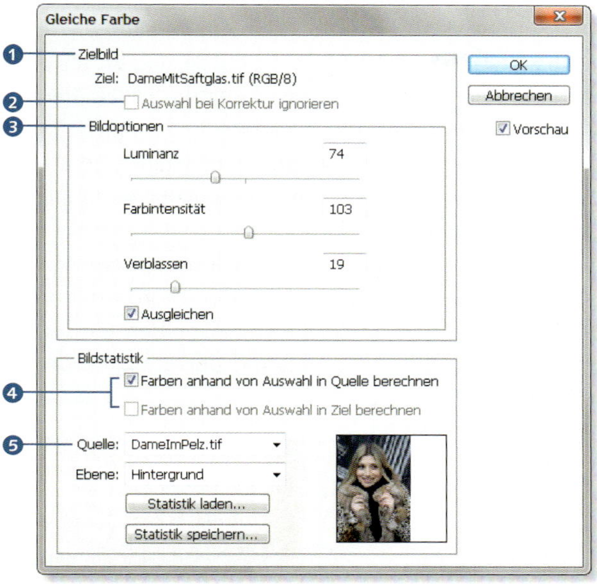

◀ **Abbildung 17.22**
Schnelle Hilfe zum Angleichen von Bildern mit unterschiedlicher Farbstimmung

Zielbild und Quelle | Rufen Sie die Bilder auf, die Sie aneinander anpassen möchten. Das Bild, das aktiv ist, wird im Werkzeug Gleiche Farbe automatisch als Zielbild ❶ – also als zu veränderndes Bild – festgelegt.

Unter Quelle ❺ finden Sie in einer Dropdown-Liste alle aktuell geöffneten Bilder. Legen Sie fest, an welches Bild und welche Ebene das Zielbild angepasst werden soll. Enthält das Quellbild mehrere Bildebenen, können Sie auch eine Ebene auswählen (Liste unter Ebene). Wenn die Vorschau aktiv ist, können Sie in Ihrem Zielbild nun schon Veränderungen sehen.

Justieren | Unter Bildoptionen ❸ können Sie die Resultate noch feinjustieren. Meist wird das Bild durch die Anpassung zu stark verfremdet sein. Ziehen Sie dann den Regler Verblassen so weit nach rechts, bis das Ergebnis stimmt. Mit den Reglern Luminanz und Farbintensität können Sie Bildhelligkeit und die Leuchtkraft seiner Farben (die Farbsättigung) verändern. Beide Regler wirken sehr rigoros und sollten mit Vorsicht bedient werden. Ausgleichen soll Farbstiche aus dem Zielbild entfernen, macht aber auch oft das Werkzeug wirkungslos.

Arbeiten mit Auswahlen | Wenn Sie alle Bildpixel von Quell- und Zielbild vollständig in die Berechnung eingehen lassen (was standardmäßig der Fall ist), sind die Ergebnisse nicht immer zufriedenstellend. Manchmal wird eher eine Bildverfremdung als eine Bildanpassung erzielt, oder gerade die Bereiche, die man anpassen wollte, ändern sich zu wenig. In solchen Fällen sollte man mit **Auswahlen** arbeiten. Im Dialog GLEICHE FARBE kann man ferner festlegen, wie mit eventuell vorhandenen Auswahlen umgegangen wird:

- AUSWAHL BEI KORREKTUR IGNORIEREN ❷ bewirkt, dass jegliche Auswahl in einem der beiden Bilder – wenn vorhanden – übergangen wird. Ist diese Option aktiv, werden also die *gesamten* Bilder einander angeglichen, auch wenn Auswahl(en) vorhanden sind.
- Sie können im Quellbild, im Zielbild oder in beiden Bildern Auswahlen anlegen. Mit den zwei Auswahloptionen ❹ (unter BILDSTATISTIK) weiter unten legen Sie fest, welche Auswahlen berücksichtigt werden. Sie können eine oder beide Optionen aktivieren.

18 Präzisionsarbeit am Histogramm: Die Tonwertkorrektur

Die Helligkeitsinformationen eines Pixelbildes und seiner Farbkanäle – die Tonwerte – sind eine konstitutive Größe für die Bildfarben und daher ein wichtiger Ansatzpunkt für Bildkorrekturen. Besonderes Augenmerk gilt den Lichtern und Tiefen, also den allerhellsten und dunkelsten Tonwerten. Diese stellen gewissermaßen die Eckpunkte der im Bild vertretenen Tonwerte dar. Sie sollten tatsächlich wenigstens annähernd schwarz und weiß sein. Sind sie es nicht, ist eine Korrektur vonnöten. Im Bildbearbeiter-Deutsch spricht man dann vom Festlegen von **Schwarz-** und **Weißpunkt** oder von einer Tonwertkorrektur. In Abhängigkeit von Schwarz- und Weißpunkt verändern sich auch die übrigen Farben und Tonwerte des Bildes. Mit einer Tonwertkorrektur verbessern sich Kontraste, und Farbstiche verschwinden.

Tonwertkorrekturen können Sie nicht nur mit dem Werkzeug Tonwertkorrektur durchführen: Die Auto-Funktionen Auto-Farbton, Auto-Kontrast und Auto-Farbe leisten dasselbe. Und wenn Sie wollen, können Sie sogar das Tool Gradationskurve heranziehen.

Doch das Werkzeug Tonwertkorrektur bietet die besten Anpassungsmöglichkeiten und hat überdies den Vorteil, dass das Histogramm direkt integriert ist.

Zum Nachlesen: Auto-Funktionen
Die drei schnellen Korrektur-Automatiken werden in Kapitel 16, »Kontraste und Bildhelligkeit korrigieren: Schnelle Problemlöser«, vorgestellt.

Tonwertkorrektur öffnen | Sie erreichen das Werkzeug Tonwertkorrektur wahlweise über die Korrekturen- oder die Ebenen-Palette und können natürlich auch den Menübefehl Ebene • Neue Einstellungsebene • Tonwertkorrektur nutzen.

Wenn Sie den Menübefehl Bild • Korrekturen • Tonwertkorrektur oder den Shortcut Strg/⌘+L verwenden, erscheint das aus CS3 und früheren Versionen bekannte schwebende Dialogfenster – und Ihre Tonwertkorrektur wird **ohne Einstellungsebene** angewandt. Der Arbeit mit Einstellungsebenen sollten Sie hier wie in den meisten anderen Fällen den Vorzug geben.

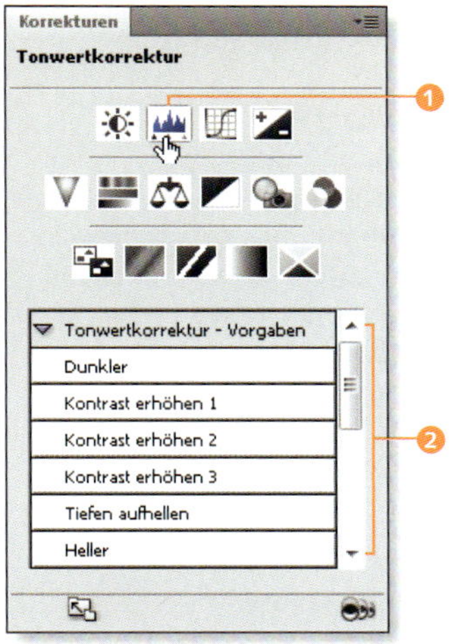

▲ Abbildung 18.1
Klicken auf das Icon 1 erzeugt eine Einstellungsebene Tonwertkorrektur ohne voreingestellte Werte, und die Presets 2 bieten Korrektureinstellungen für häufige Problemfälle.

18.1 Steuerungselemente für Tonwertkorrekturen

Zentrales Element des Dialogfeldes ist das schon bekannte **Histogramm**. Seit CS4 hat die Palette übrigens ein Live-Histogramm an Bord. Das heißt, dass sich die dargestellten Tonwertbalken verändern, wenn Sie die Pipetten oder den AUTO-Button benutzen. Darüber und darunter sind die wichtigsten Bedienelemente angeordnet. Außerdem können Sie sich durch Klick auf das Symbol ❸ (siehe auch Abbildung 18.2) eine genauere Histogrammansicht berechnen lassen. Für die meisten Korrekturen reicht die Standardansicht jedoch aus.

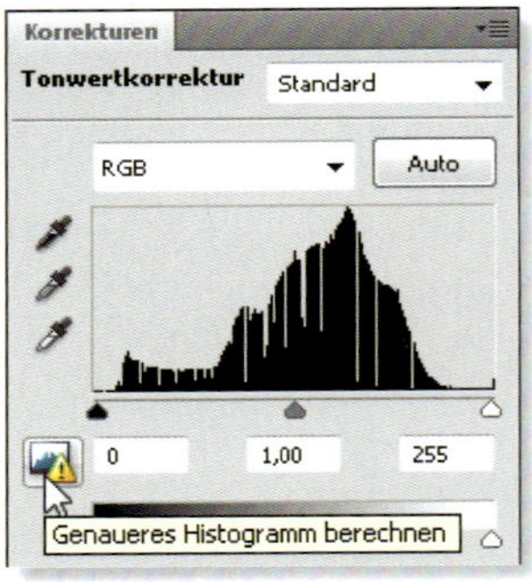

▲ **Abbildung 18.2**
Das »genauere Histogramm« ist zerklüfteter als die Standardansicht.

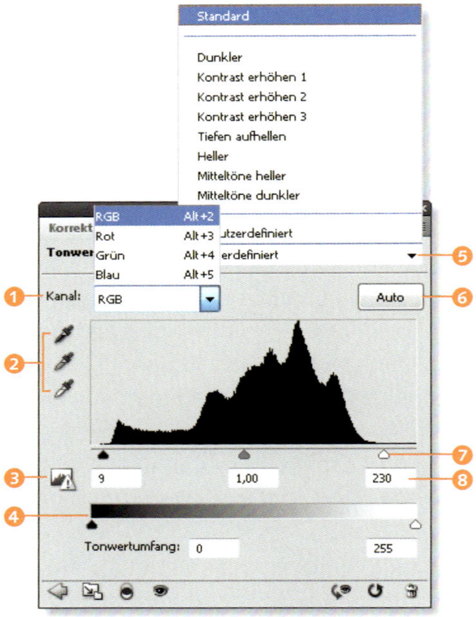

Abbildung 18.3 ►
Das effizienteste Werkzeug, um den Schwarz- und den Weißpunkt von Bildern mit guter Kontrolle über die Tonwertverteilung zu korrigieren (hier mit ausgeklappter Vorgaben- und Kanal-Liste)

Tonwertspreizungsregler | Unterhalb des Histogramms finden Sie die kleinen beweglichen **Pfeile** ❼ (im Adobe-Jargon »Tonwertspreizungsregler«), mit denen Sie hauptsächlich arbeiten. Die Regler lassen sich mit der Maus verschieben.

Der linke, schwarze Regler verändert den Schwarzpunkt, der rechte, weiße Pfeil stellt den Weißpunkt ein. Mit dem grauen Mittenregler können Sie die Gesamthelligkeit des Bildes korrigieren. Das Werkzeug GRADATIONSKURVEN hält dazu noch differenziertere Möglichkeiten bereit.

Die Zahlenfelder ❽ unterhalb des Histogramms zeigen dann an, wie viele Tonwerte im Bild vorhanden sind, die dunkler als die aktuelle Pfeilposition sind.

Zum Weiterlesen: Gradationskurve
Mit der Gradationskurve machen Sie Bilder heller oder dunkler, verändern den Kontrast und beseitigen hartnäckige Farbstiche, die sich durch die Tonwertkorrektur nicht beheben lassen. Wie das geht, erfahren Sie in Kapitel 19, »Universalhelfer für professionelle Ansprüche: Gradationskurven«.

Kanal | Mithilfe des Dropdown-Feldes KANAL ❶ können Sie festlegen, ob Sie das Bild insgesamt oder jeden Kanal einzeln bearbeiten wollen. Meist empfiehlt es sich, kanalweise vorzugehen.

Das Werkzeug lässt Ihnen die Wahl, die Tonwerte des **gesamten** Bildes auf einen Streich zu verändern oder **kanalweise** vorzugehen. Letzterem ist, obschon Sie hier die dreifache Arbeit haben, meist der Vorzug zu geben, da die einzelnen Farbkanäle sehr unterschiedliche Profile haben können. Mit einer Gesamtkorrektur kommen Sie an die wirklichen »Problemzonen« eines Bildes mitunter gar nicht heran. Besonders Farbstiche lassen sich so schlecht kompensieren – und der Weißpunkt soll doch wirklich weiß und nicht hellblau oder rosa sein!

Kanäle per Kürzel ansprechen

Routinierte Bildbearbeiter aktivieren in den Paletten von TONWERTKORREKTUR und GRADATIONSKURVEN die Bildkanäle mit Shortcuts. Diese haben sich bereits mit dem Upgrade auf CS4 geändert.

Den **RGB-Composite-Channel** erreichen Sie jetzt mit ⌥/Alt+2, den **Rotkanal** mit ⌥/Alt+3, den **Blaukanal** mit ⌥/Alt+4 und den **Grünkanal** mit ⌥/Alt+5.

Bild: S. Mühlke

▲ **Abbildung 18.4**
Das Originalbild. Über die Korrektur des RGB-Composite-Kanals kann man bei diesem Bild kaum etwas bewirken. Das Bild wird dann lediglich etwas heller.

▲ **Abbildung 18.5**
Tonwertkorrektur in den einzelnen Kanälen: Hier wird es möglich, gleichzeitig mit der Anpassung der Tonwerte auch den Farbstich zu beseitigen.

Datei auf der Buch-DVD: »KleinerHund.jpg«

Grauskala | Mithilfe der Grauskala und den darunter angebrachten Reglern können Sie den **Tonwertumfang begrenzen** ❹. Das ist wichtig, wenn Ihr Bild später im Vierfarbdruck reproduziert werden soll.

Auto-Tonwertkorrektur | Wenn Sie wollen, können Sie auch die Automatik ❻ für sich arbeiten lassen. Der Button entspricht dem Menübefehl BILD • AUTO-TONWERTKORREKTUR.

Pipetten | Mithilfe der Pipetten ❷ können Sie Schwarz- und Weißpunkt auch bestimmen, indem Sie ins Bild klicken.

Zum Weiterlesen: Tonwertkorrektur mit Pipetten
Wie Sie mit den Pipetten den Schwarz- und den Weißpunkt im Bild selbst bestimmen, erfahren Sie weiter unten in Abschnitt 18.4.

Beschneidung anzeigen | Eine Beschneidung (oder ein *Clipping*) von Tonwerten sollten Sie bei Bildkorrekturen tunlichst vermeiden: Beschnittene Tonwertbereiche führen zu glatt weißen oder schwarzen Bildpartien, also zu unerwünschtem Zeichnungsverlust. Kritische Bildbereiche können Sie sich während der Korrektur anzeigen lassen.

- Dazu aktivieren Sie im Seitenmenü der Palette die Option BESCHNEIDUNG FÜR SCHWARZ-/WEISSPUNKT ANZEIGEN, oder
- Sie halten die [⌥]/[Alt]-Taste gedrückt, während Sie die Tonwertspreizungsregler bewegen.

Abbildung 18.6 ▸
Beschneidungsanzeige via Palettenmenü aktivieren

Die Funktion hebt während der Korrektur Bildbereiche hervor, die durch die aktuellen Einstellungen von Zeichnungsverlust bedroht wären. In den meisten Fällen sehen Sie eine weiße oder schwarze Vorschau ohne oder nur mit kleinen hervorgehobenen Bereichen – dann ist alles okay. Sobald Sie den Mauszeiger von den Spreizungsreglern wegbewegen, erscheint wieder die normale Bildansicht.

▴ Abbildung 18.7
Bilddarstellung mit aktiver Funktion BESCHNEIDUNG FÜR SCHWARZ-/WEISSPUNKT ANZEIGEN. Um solche Vorschaubilder zu produzieren, müssen Sie jedoch schon wild an den Reglern ziehen.

Vorgaben | Wie für viele andere Korrekturwerkzeuge stehen auch für die Tonwertkorrektur sogenannte Vorgaben – also vorkonfigurierte Einstellungen – zur Verfügung. Sie erreichen sie in der Korrekturlisten-Ansicht der Korrekturen-Palette, aber auch im TONWERTKORREKTUR-Dialog 5.

Um der von Adobe mitgelieferten Vorgabenliste eigene Einstellungen hinzuzufügen, müssen Sie das etwas sperrige Palettenmenü bemühen.

Abbildung 18.8 ▸
Einige häufig genutzte Funktionen sind bei der Korrekturen-Palette ins Seitenmenü gewandert und nicht mehr so gut zugänglich wie in den früheren Dialogfenstern. Das gilt auch für die Befehle zur Verwaltung von Vorgaben.

Der Befehl TONWERTKORREKTURVORGABE SPEICHERN erzeugt beim Speichern eine Datei mit der Endung **.elv**, die dann im Ordner LEVELS (unter PRESETS) landet. Diesen Ordner gibt es bei der Standardinstallation jedoch zweimal: Je nachdem, ob Sie auf die eigenen (selbst gemachten) oder auf mitgelieferte Vorgaben zugreifen wollen, müssen Sie an einem anderen Ort nachsehen:

- **Programmeigene Vorgaben** werden im Photoshop-CS5-Programmordner gespeichert.

- **Selbst gemachte Vorgaben** werden abhängig vom Betriebssystem in unterschiedlichen Ordnern gespeichert:
  - **Mac OS:** Benutzer/[Benutzername]/Library/Application Support/Adobe/Adobe Photoshop CS5/Presets/[Name der Vorgabe]
  - **Windows Vista** und **Windows 7:** Benutzer/[Benutzername]/AppData/Roaming/Adobe/Adobe Photoshop CS5/Presets/[Name der Vorgabe]
  - **Windows XP:** Dokumente und Einstellungen/[Benutzername]/Anwendungsdaten/Adobe Photoshop CS5/Presets [Name der Vorgabe] speichern.

Diese Einteilung gilt für **alle Vorgaben und Ressourcen**, die Sie in Photoshop speichern können, nicht nur für Einstellungen der Tonwertkurven!

Vorgaben-Speicherordner – Übersetzungshilfe

Adobe benennt auch in manchen deutschsprachigen Programminstallationen die Vorgabenordner auf Englisch. Hier eine kleine Übersetzungshilfe.

- *Black and White* – Schwarzweiß
- *Curves* – Gradationskurven
- *Exposure* – Belichtung
- *Hue and Saturation* – Farbton/Sättigung
- *Levels* – Tonwertkorrektur
- *Selective Color* – Selektive Farbkorrektur

Eine ausführlichere Photoshop-Übersetzung finden Sie im Serviceteil dieses Buches (Abschnitt 41.1).

18.2 Kanal für Kanal manuell korrigieren

In vielen Fällen reicht die automatische Tonwertkorrektur aus. Und auch die Pipetten, die weiter unten vorgestellt werden, sind schnell und effizient. Doch in manchen Fällen geht es nicht ohne Hirn und Hand des menschlichen Bildbearbeiters: bei Bildern, deren Stimmung durch die Automatik nicht zerstört werden soll, oder wenn die Korrekturautomatiken das Bild nicht hinreichend verbessern. In diesen Fällen empfiehlt sich die manuelle Korrektur.

Schritt für Schritt: Eine Tonwertkorrektur durchführen

Datei auf der Buch-DVD: »Segelboot.jpg«

Bild: Onno K. Gent

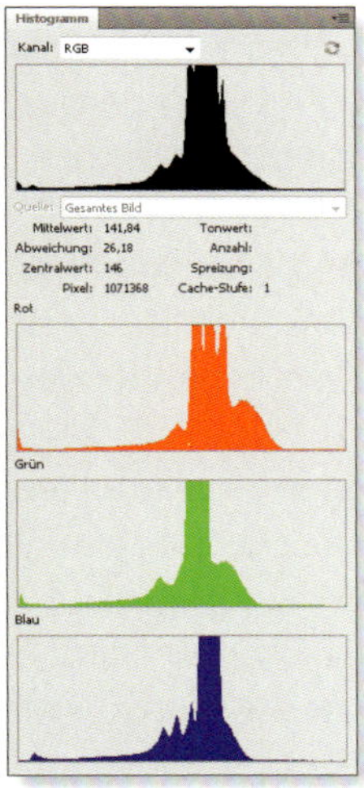

◂◂ **Abbildung 18.9**
Etwas flau, ein Rotstich – das ist das Ausgangsbild.

◂ **Abbildung 18.10**
Das Histogramm des Bildes mit verschiedenen Kanälen. (Sie sehen die Histogramm-Palette hier übrigens mit den Optionen Alle Kanäle in Ansicht und Kanäle in Farbe anzeigen – die Einstellung erfolgt über das Palettenmenü.)

1 Einstellungsebene »Tonwertkorrektur« anlegen

Erzeugen Sie eine Einstellungsebene. Die Korrekturen-Palette schaltet jetzt um zur Ansicht mit den Steuerungselementen der Tonwertkorrektur.

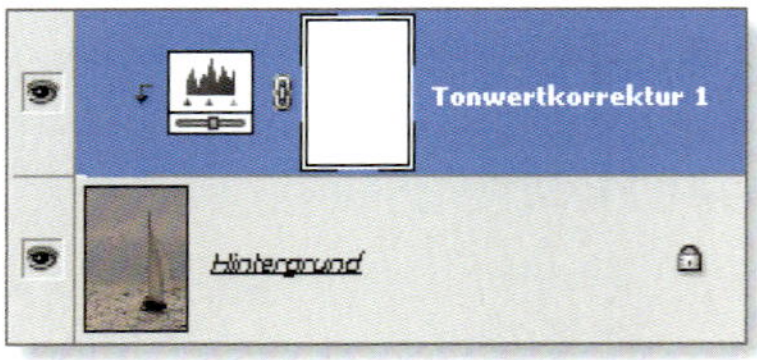

Abbildung 18.11 ▶
Ebenenaufbau im Beispielbild mit neuer Tonwertkorrektur-Einstellungsebene

2 Bildkanal aufrufen

Sie lassen den Composite-Kanal RGB unangetastet und rufen über das Listenmenü den Rotkanal auf.

Abbildung 18.12 ▶
Rotkanal zur Bearbeitung aktivieren

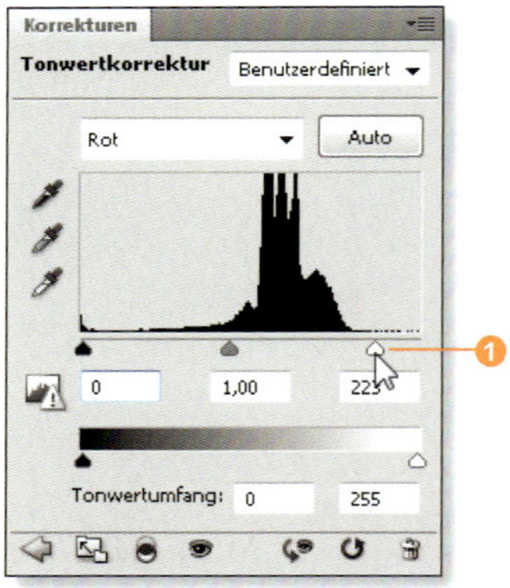

▲ Abbildung 18.13
Führen Sie den rechten Tonwertspreizungsregler 1 ans »Histogrammgebirge« heran.

3 Tonwertspreizungsregler verschieben

Nun fassen Sie den rechten Tonwertspreizungsregler (der für die Lichter zuständig ist) mit der Maus und führen ihn an den Beginn der Histogramm-Hügel heran. Bei diesem Beispielbild brauchen Sie den Tiefenregler nicht zu bewegen – das kann bei einem anderen Foto allerdings schon wieder anders aussehen. Den Mittenregler lassen Sie unangetastet.

Je nach Ausgangsbild entsteht nun unter Umständen ein Farbstich – diese Verfärbung sollte aber wieder verschwinden, wenn die anderen Kanäle auch bearbeitet wurden.

4 Grün- und Blaukanal korrigieren

Mit dem Grün- und dem Blaukanal gehen Sie anschließend genauso vor, wie es hier für den Rotkanal beschrieben wurde.

5 Wo fangen relevante Tonwerte an?

Das Histogramm erfasst ausnahmslos alle Bildpixel – zwischen wichtig und unwichtig kann es nicht unterscheiden. Bisweilen finden Sie im Histogramm versprengte Tonwerte, also Einzelpixel, so wie sie hier zu sehen sind. Die Wahrscheinlichkeit, dass diese eher von Bildstörungen herrühren als von wichtigen

Bildinformationen, ist recht groß. Sie können solche Pixel also meist ignorieren und den Spreizungsregler noch ein wenig näher an die Bergkette heranziehen.

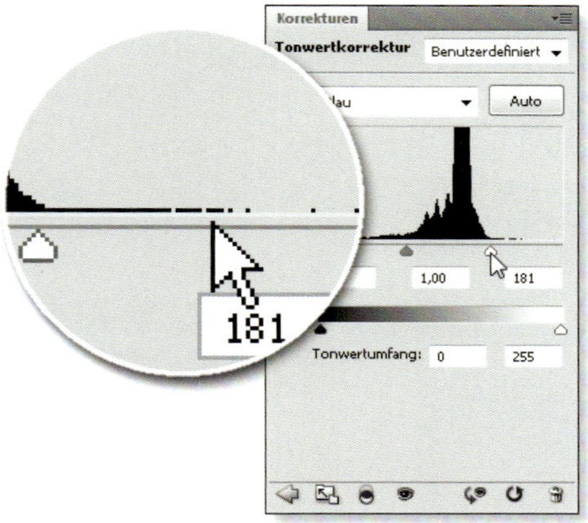

◂ **Abbildung 18.14**
Die Vergrößerung zeigt die »Streupixel« deutlich.

6 Hilfe, das Histogramm hat Löcher!

Durch die Spreizung der Tonwerte bekommt ein Histogramm zwangsläufig Lücken. Die vorhandenen Tonwerte wurden durch die Korrektur auseinandergezogen. Problematisch sind solche Lücken nur dann, wenn sie sehr groß oder mit einer niedrigen Pixelzahl verbunden sind.

Bei jeder Bildkorrektur, auch mit anderen Werkzeugen, können solche Lücken im Histogramm entstehen. Die Wahrscheinlichkeit für solche Schäden nimmt ab, wenn von vorneherein mehr Tonwerte im Bild vorhanden sind.

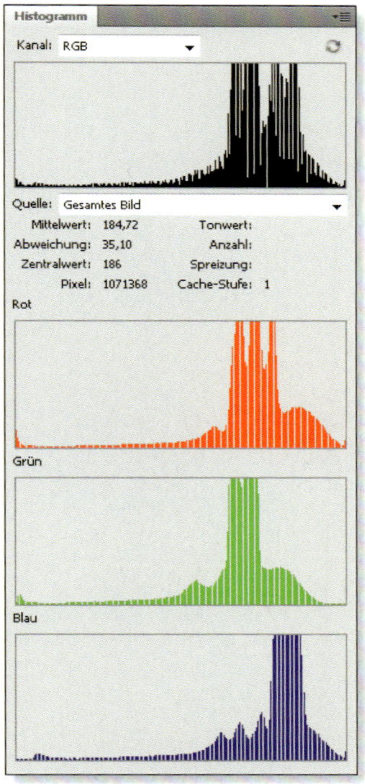

▴ **Abbildung 18.15**
Das Histogramm nach der Tonwertkorrektur

7 Nach der Korrektur

Das korrigierte Segelbild sieht nun so aus: Der flaue Schleier ist verschwunden, und auch der Farbstich konnte getilgt werden.

◂ **Abbildung 18.16**
Das korrigierte Bild kann sich sehen lassen. ■

TOPP-TIPP: Tonwertänderungen bei Graustufenbildern

Wenn Sie ein Graustufenbild bearbeiten, müssen Sie nicht umlernen. Die Interpretation des Histogramms und die spätere Bearbeitung sind gleich. Einziger Unterschied: Es gibt statt der drei Farbkanäle des RGB-Bildes nur einen einzigen Graustufenkanal. Graustufenbilder reagieren auf Tonwertänderungen sensibler als farbige RGB-Bilder. Doch durch das Fehlen von Farbigkeit können Änderungen besser eingeschätzt werden.

Dateien auf der Buch-DVD: »DamenbeineSW.jpg«

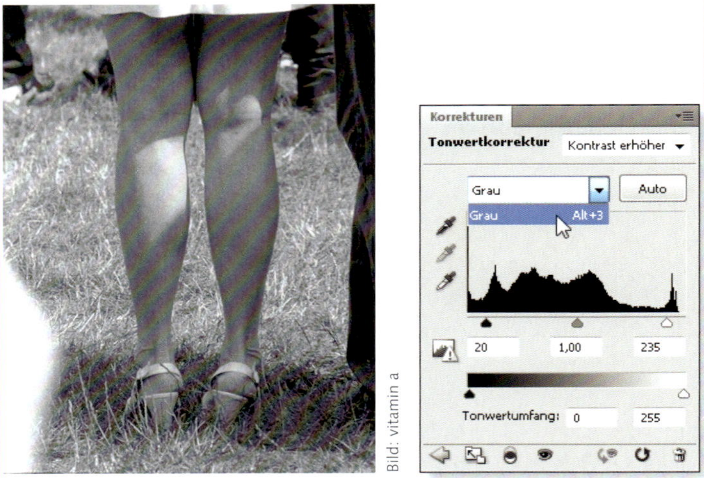

▲ **Abbildung 18.17**
Graustufenbilder verfügen bekanntlich nur über einen Kanal. Entsprechend fallen auch die Histogramm-Palette und das Dialogfeld der Tonwertkorrektur etwas anders aus. In der Bearbeitung gibt es sonst aber keine Unterschiede zu RGB-Bildern.

18.3 Bilder ohne Schwarz oder Weiß – keine Regel ohne Ausnahme

Das Histogramm allein entscheidet nicht über das beste Vorgehen bei Bildkorrekturen. Auch der Bildinhalt sollte immer berücksichtigt werden. Bei manchen Bildern führt die Methode, die Spreizungsregler bis an den Beginn der »Histogramm-Bergkette« heranzuziehen, zu Ergebnissen, die dem Bildgegenstand nicht angemessen sind. Das ist vor allem dann der Fall, wenn das Motiv richtiges Schwarz oder Weiß weder verlangt noch verträgt.

Dateien auf der Buch-DVD: »Sonnenuntergang.tif«, »Schneespuren.tif«

Klassische Beispiele sind Sonnenuntergänge, Bilder mit Dämmerungsstimmung oder Schneeaufnahmen, die kaum Schwarz enthalten. In solchen Fällen sollten Sie von einer Extremwertkorrektur Abstand nehmen. Oft reicht es, das Bild insgesamt mit der Gradationskurve etwas aufzuhellen.

Bild: Onno K. Gent

▲ **Abbildung 18.18**
Durch die Tonwertkorrektur geht die Charakteristik des Bildes verloren.

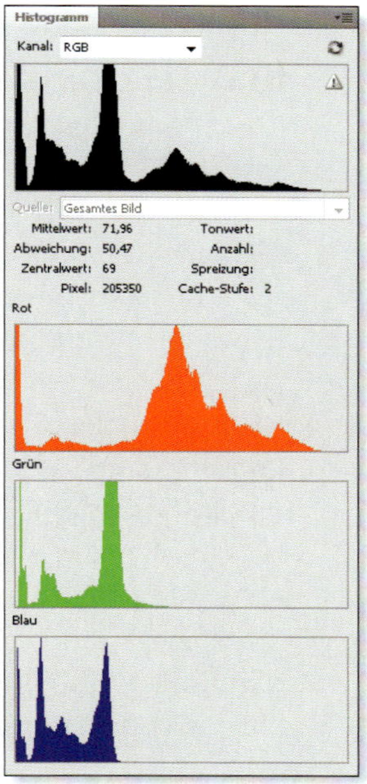

◄ **Abbildung 18.19**
Farbgebungen, die technisch als »Farbstich« bezeichnet werden könnten, kennzeichnen beispielsweise Aufnahmen von Sonnenuntergängen. Solche vermeintlichen Farbstiche stellen sich im Histogramm so dar, dass im Grün- und Blaukanal die Balken nicht über die volle Breite des Histogramms laufen. Rot ist die dominierende Farbe.

Bild: Thilo Frank

▲ **Abbildung 18.20**
In der »korrigierten« Version sieht der eigentlich frische Schnee aus wie auf einer viel befahrenen Hauptstraße: schmutzig-schwarz.

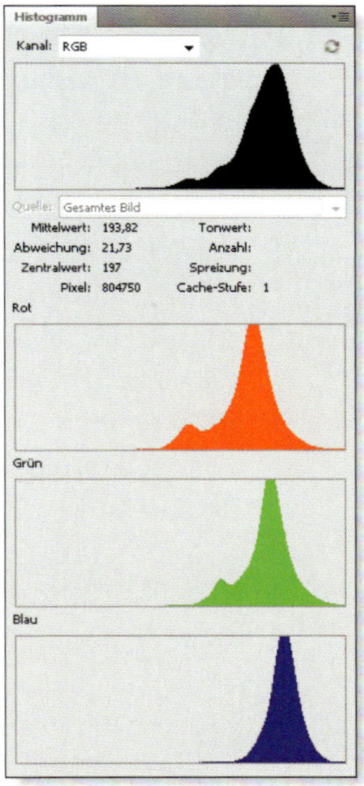

▲ **Abbildung 18.21**
Der Mangel an Tiefen und mittleren Tonwerten ist für Schneeaufnahmen charakteristisch.

18.4 Halbautomatische Tonwertkorrektur mit Pipetten

Bei den bisher vorgestellten Methoden der Tonwertkorrektur und der Auto-Korrekturen werden die Tonwerte des korrigierten Bildes auseinandergezogen (gespreizt). Dadurch werden auch der Schwarz- und der Weißpunkt automatisch neu gesetzt. Es geht jedoch auch umgekehrt: Setzen Sie Schwarz- und Weißpunkt durch Klicks ins Bild, und spreizen Sie damit die vorhandenen Tonwerte auf. Das Werkzeug der Wahl sind die Pipetten, die Sie links im TONWERTKORREKTUR-Dialog sehen. Damit klicken Sie einfach auf den dunkelsten bzw. hellsten Punkt im Bild – diese Stellen werden dann als neuer Schwarz- und Weißpunkt festgesetzt.

Ich zeige Ihnen in den folgenden zwei Absätzen, wie Sie die ungünstigen Voreinstellungen von Photoshop ändern, und vor allem, wie Sie Tiefen und Lichter mit Sicherheit finden.

Identische Pipetten bei den Gradationskurven
Sie können auch mit dem GRADATIONSKURVEN-Dialog Tonwertkorrekturen durchführen. Sie finden dort den bekannten AUTO-Button, Spreizungsregler und drei Pipetten. Deren Wirkung ist in beiden Dialogen identisch: Sie können damit manuell Schwarz- und Weißpunkt und mittleres Grau festsetzen.

18.4.1 Zielfarben einstellen

Mit den Standardeinstellungen der Pipetten ist es selten möglich, gute Korrekturergebnisse zu erzielen, und die Pipetten wirken viel zu hart – ein Grund, wieso viele Anwender dieses an sich praktische Werkzeug kaum benutzen. Die Einstellung lässt sich leicht ändern.

1. Erzeugen Sie in einem beliebigen Bild eine Tonwertkorrektur-Einstellungsebene.
2. Wechseln Sie zur Korrekturen-Palette. Dort müssten jetzt die Steuerungselemente der Tonwertkorrektur verfügbar sein. Klicken Sie auf den Button AUTO, während Sie [⌥]/[Alt] gedrückt halten.
3. Sie kommen zum Dialog AUTO-FARBKORREKTUROPTIONEN. Dort sollen nun die Zielfarben für Tiefen und Lichter eingestellt werden. Die Mitteltöne können so bleiben, wie sie sind.

Bild: Thilo Frank

▲ **Abbildung 18.22**
Solch harte Korrekturergebnisse erzielt man mit den Pipetten in der Standardeinstellung. Tiefen und Lichter brechen aus, die Kontraste im Bild sind sehr scharf. Das Ausgangsfoto sehen Sie in Abbildung 18.25.

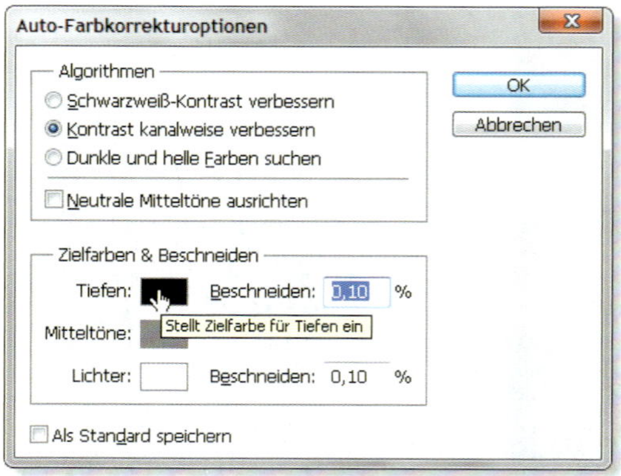

Abbildung 18.23 ►
Das Anklicken der Farbfelder öffnet den Farbwähler. So können Sie die Zielfarben neu festlegen.

4. Klicken Sie auf das Farbfeld für TIEFEN. Der Farbwähler öffnet sich. Tragen Sie den neuen Farbwert ein: RGB 20-20-20 oder # 141414. Das Ergebnis ist ein sehr dunkles Grau (auf dem Monitor erscheint es fast schwarz). Schließen Sie den Farbwähler.
5. Dieselbe Prozedur wiederholen Sie für die Lichter. Dort stellen Sie RGB 240-240-240 oder # f0f0f0 ein.
6. Schließen Sie den Farbwähler und die Auto-Farbkorrekturoptionen. Die Abfrage, ob Sie die neuen Zielfarben als Standard speichern wollen, bestätigen Sie mit JA.

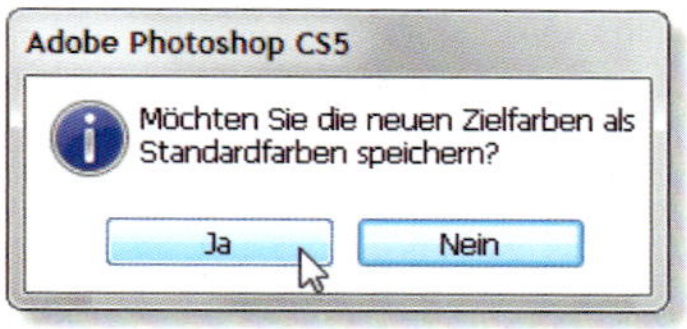

▲ **Abbildung 18.24**
Ihre eigenen Zielfarben als neuen Standard speichern

18.4.2 Pipetten in der Praxis: Wie findet man Lichter und Tiefen?

Die Anwendung der Pipetten ist ganz einfach: Aktivieren Sie die Tiefen-Pipette, klicken Sie die dunkelste Stelle im Bild an, rufen Sie die Lichter-Pipette auf, und klicken Sie den hellsten Punkt an.

Im praktischen Bildbearbeiter-Leben steht man jedoch öfter vor dem Problem, die richtigen Stellen zum Klicken aufzuspüren. Sucht man sich die falsche Stelle aus, kann das Bild viel zu hell oder ganz dunkel werden oder bekommt gar einen unerwünschten Farbstich. Doch es gibt einen recht einfachen Trick, um bei schwierigen Motiven Tiefen und Lichter aufzuspüren.

Schritt für Schritt: Tiefen und Lichter finden

1 Die Ausgangssituation

Eine sanfte Tonwertkorrektur täte diesem Bild trotz des kontrastreichen Motivs gut. Bei so viel Schwarz- und Weißnuancen ist es jedoch schwer auszumachen, wo die Pipette angesetzt werden soll.

Datei auf der Buch-DVD: »Eisspeedway.jpg«

◀ **Abbildung 18.25**
Das Bild vor der Korrektur

▲ **Abbildung 18.26**
So legen Sie eine Schwellenwert-Einstellungsebene an.

2 Hilfsebene »Schwellenwert« erzeugen

Eine Einstellungsebene Schwellenwert soll Ihnen helfen, Tiefen und Lichter eindeutig festzulegen. Erzeugen Sie eine solche Einstellungsebene oberhalb der Bildebene.

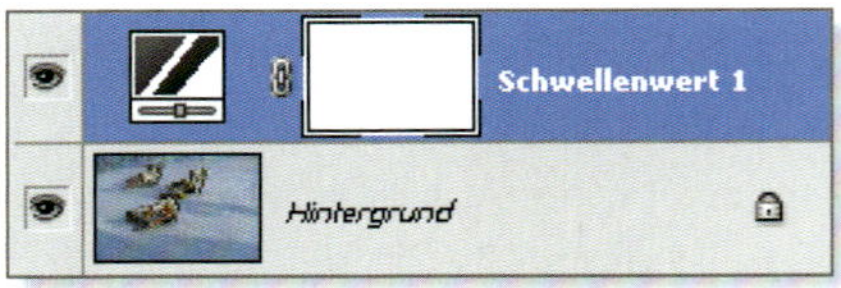

▲ **Abbildung 18.27**
Die neue Einstellungsebene

3 Wo sind die Tiefen?

In der Korrekturen-Palette führen Sie nun den Schwellenwertregler ganz nach links. Das Bild wird weiß. Vorsichtig schieben Sie den Regler wieder nach rechts. Beobachten Sie dabei das Bild genau. Sobald die ersten schwarzen Flecke auftauchen, hören Sie auf.

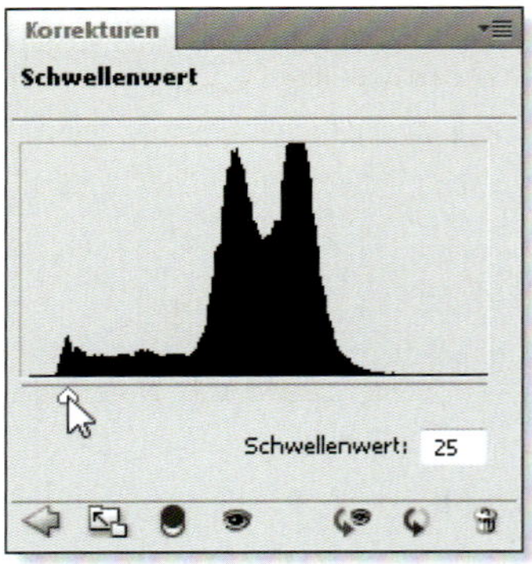

▲ **Abbildung 18.28**
Bewegen Sie den Regler nach links, um die Tiefen im Bild zu finden.

Achtung: Unterschiedliche Pipetten-Werkzeuge!
Das Pipette-Werkzeug aus der Werkzeugleiste und der verwandte Farbaufnehmer (beide: Kürzel [I]) sind nicht mit den Korrektur-Pipetten in Tonwertkorrektur und Gradationskurve zu verwechseln. Erstere messen Farben, die zweitgenannten korrigieren!

4 Spätere Korrekturpunkte für Tiefen markieren

Solange die Schwellenwert-Einstellungsebene eingeblendet ist, lässt sich keine Tonwertkorrektur durchführen. Die aufgespürten Tiefen müssen also auf andere Weise markiert werden, um später genau dort die Pipettenklicks platzieren zu können. Dazu nutzen Sie das Werkzeug Farbaufnahme (Kürzel [I]). Es ist ein Unterwerkzeug des Pipettenwerkzeugs.

Klicken Sie an eine oder zwei Stellen im Bild, die Ihnen geeignet erscheinen. Sie sehen im Bild jetzt zwei Messpunkte (1) und (2). Diese bleiben im Bild, bis Sie sie löschen; sie stehen also auch später noch zur Verfügung.

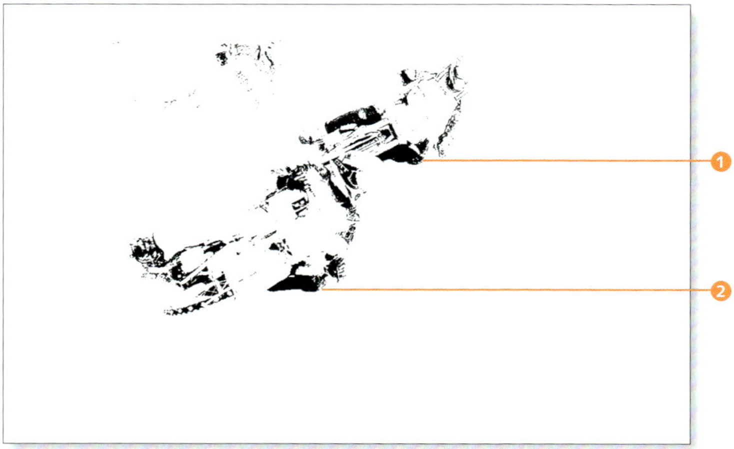

Abbildung 18.29 ▶
Das Bild sieht nun ungefähr so aus. Mögliche Messpunkte sind hier markiert.

5 Lichter finden und markieren

Für die Lichter gehen Sie analog vor. Ziehen Sie den Regler im SCHWELLENWERT-Dialog erst nach rechts. Das Bild wird schwarz. Bewegen Sie den Regler vorsichtig zurück, bis die ersten hellen Flecke zu sehen sind. Markieren Sie diese mit dem Messwerkzeug. Bis zu vier Messpunkte sind insgesamt möglich. Ihre müssten nun von 1 bis 4 durchnummeriert sein.

Zum Weiterlesen: Farbkorrektur per Pipette

Sogar Farbkorrekturen lassen sich so durchführen – mit der Mittelton-Pipette. Wie das geht, lesen Sie in Kapitel 19, »Universalhelfer für professionelle Ansprüche: Gradationskurven«.

6 Schwellenwert-Einstellungsebene löschen

Die Einstellungsebene SCHWELLENWERT brauchen Sie nicht mehr. Sie können sie löschen.

7 Tonwertkorrektur durchführen

Erzeugen Sie eine neue Einstellungsebene TONWERTKORREKTUR oberhalb der Bildebene. Aktivieren Sie die Pipette für die Tiefen.

Klicken Sie auf eine der dunklen Stellen im Bild, die Sie zuvor mit dem Farbaufnehmer markiert haben. Wenn Sie im Bild keine Markierung sehen, ist vermutlich das Farbaufnahme-Werkzeug inaktiv.

Wechseln Sie dann zur Pipette für die Lichter. Klicken Sie auf eine der hellen Bildpartien, an denen Sie eine Markierung angebracht haben.

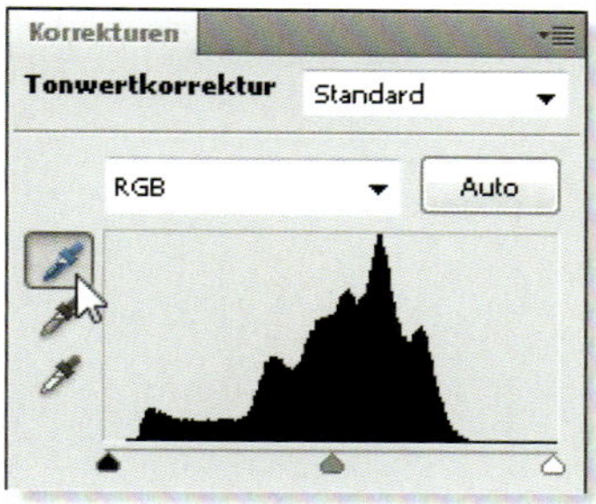

▲ **Abbildung 18.30**
Pipette zum Korrigieren des Schwarzpunktes (Tiefen)

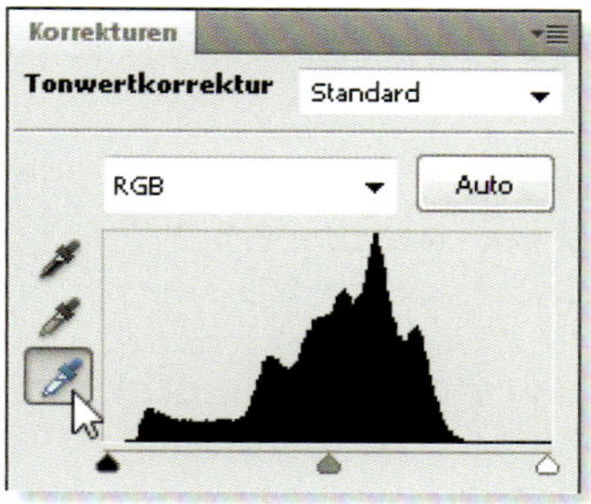

▲ **Abbildung 18.31**
Pipette zum Korrigieren des Weißpunktes (Lichter)

8 Fertig! – Das Endergebnis

Das Bild wirkt aufgefrischt, hat aber seine Charakteristik – die vielen blauen Farbtöne und das spätnachmittägliche Winterlicht – behalten.

▲ **Abbildung 18.32**
Das korrigierte Bild

18.5 Tonwertumfang begrenzen – vor dem Druck

Im Idealfall erzielen Sie durch die Tonwertkorrektur ein Bild mit gutem Kontrastumfang und einer feinen Modulation auch in den hellen und dunklen Bildpartien, der sogenannten **Lichter- und Tiefenzeichnung**.

Diese Qualitäten lassen sich leider nicht immer erhalten, wenn das Bild im Druck wiedergegeben wird. Aus technischen Gründen schaffen es die allerhellsten Bildpixel meist nicht auf das Papier. Wo in Ihrer Datei noch eine zarte Modulation der Lichter zu sehen war, ist unter Umständen auf dem Papier nichts – eine blanke Fläche.

Tonwertzuwachs | Auch die Tiefen sind nicht immer verlustfrei auf das Papier zu bekommen. Gedruckte Bildrasterpunkte ändern durch das Auslaufen der Farbe auf dem Papier ihre Größe. Dadurch wird das Bild insgesamt dunkler (der berüchtigte Tonwertzuwachs), und Tiefenzeichnung geht verloren. Aus diesem Grund wird der Tonwertumfang eines Bildes nach der Korrektur wieder leicht eingeschränkt.

Bearbeitung ist motivabhängig | Bei einer Tonwertbegrenzung werden die Tonwerte gestaucht. Aus diesem Grund sollte eine Tonwertbegrenzung nicht routinemäßig bei jedem Bild durchgeführt werden, das für den Druck bestimmt ist. Wann sie sinnvoll ist, ist auch motivabhängig. Immer dann, wenn die Tiefen oder Lichter eine wichtige Funktion im Bild haben und Sie keinen Zeichnungsverlust riskieren wollen, sollten Sie in Erwägung ziehen, den Tonwertumfang etwas zu kappen.

Stärke der Bearbeitung | Wie stark der Tonwertumfang eines Bildes tatsächlich eingegrenzt werden muss, richtet sich nach Randbedingungen wie Druckverfahren und Papiersorte. Orientieren können Sie sich an Werten aus dem Druckhandwerk: Dort rechnet man mit Prozentwerten zwischen 0 % (Weiß) und 100 % (Schwarz) und meint die **Flächendeckung** der gedruckten Bildrasterpunkte. Je »schlechter« das Druckverfahren ist, desto stärker muss auch der Tonwertumfang gekappt werden. Als **Faustregel** gilt: Bei hellen Bildbereichen müssen die Druckrasterpunkte eine Flächendeckung von 3 % bis 10 % aufweisen, um druckbar zu sein. 5 % Flächendeckung sind ein Durchschnittswert, mit dem sich bei Bildkorrekturen gut arbeiten lässt. Die Flächendeckung dunkler Bildpartien sollte auf 90 % bis 95 % herabgesetzt werden.

Tonwertbegrenzung | Die Tonwertbegrenzung erfolgt mithilfe der Schieberegler oder der Zahlenfelder neben TONWERTUMFANG. In Photoshop ist die Eingabe der Zahlenwerte leider mit einem kleinen Umweg verbunden, denn die Tonwerte in Adobes Dialogfeld stammen ja aus dem 8-Bit-System und reichen von 0 (Schwarz) bis 255 (Weiß). Die Eingabe von Flächendeckungsprozenten ist nicht vorgesehen. Jetzt müssen Sie also ein wenig rechnen:

2,55 x (100 – x %, also Prozentwert der empfohlenen Flächendeckung) = neuer Tonwert für die Begrenzung

Soll also zum Beispiel eine Begrenzung auf 95 % Flächendeckung in den Tiefen vorgenommen werden, rechnen Sie

2,55 x (100 – 95) = 12,75

und runden diesen Wert. Für die Lichter rechnen Sie ähnlich:

2,55 x (100 – 5) = 242,25

Die so ermittelten Werte geben Sie nun in die Zahlenfelder unterhalb des Grauwertbalkens ein, oder Sie verschieben die Pfeile auf der Grauskala, bis die gewünschten Werte erreicht sind. Dadurch werden die vorhandenen Tonwerte zusammengeschoben. Das Bild verliert infolgedessen etwas Kontrast und erscheint weniger brillant.

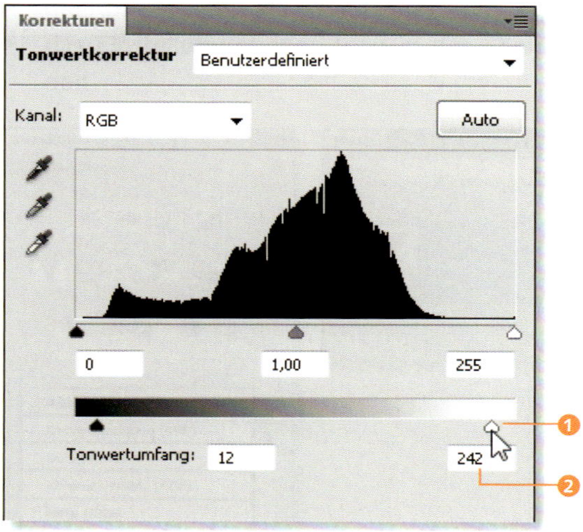

◄ **Abbildung 18.33**
Die Tonwertbegrenzung kann per Zahleneingabe ❷ oder mittels Schieberegler ❶ erfolgen.

Umsteiger von CS3: Änderungen im Gradationskurven-Dialog

Die Grundfunktionen der Gradationskurve sind dieselben wie eh und je. Am Handling hat sich jedoch einiges geändert, seit mit der Korrekturen-Palette gearbeitet wird.

- Die **Shortcuts** zum Ansteuern der Kanäle sind neu: Den **RGB-Composite-Channel** erreichen Sie jetzt mit ⌥/Alt+2, den **Rotkanal** mit ⌥/Alt+3, den **Blaukanal** mit ⌥/Alt+4 und den **Grünkanal** mit ⌥/Alt+5.
- **Einzelne Punkte** auf der Gradationskurve aktivieren Sie nun nicht mehr wie gewohnt mit ⌘/Strg+⇆, sondern mit + (Pluszeichen) und - (Minuszeichen).
- Die **Kurvenanzeigeoptionen** erreichen Sie jetzt nur noch über das Palettenmenü, ebenso den **Anzeige-Umschalter** von der Lichtfarben-Ansicht (RGB) zur Druckfarben-Ansicht (CMYK).

- oder den Befehl Ebene • Neue Einstellungsebene • Gradationskurven.

Um Gradationskurven **unmittelbar auf eine Ebene anzuwenden** (ohne Einstellungsebene),

- wählen Sie den Menübefehl Bild • Korrekturen • Gradationskurven oder
- das Tastenkürzel Strg/⌘+M.

19.1 Steuerungselemente für Gradationskurven

Die markanteste und wichtigste Funktion ist die Gradationskurve ❸ selbst. In Abbildung 19.3 ist sie bereits in bearbeiteter Form zu sehen.

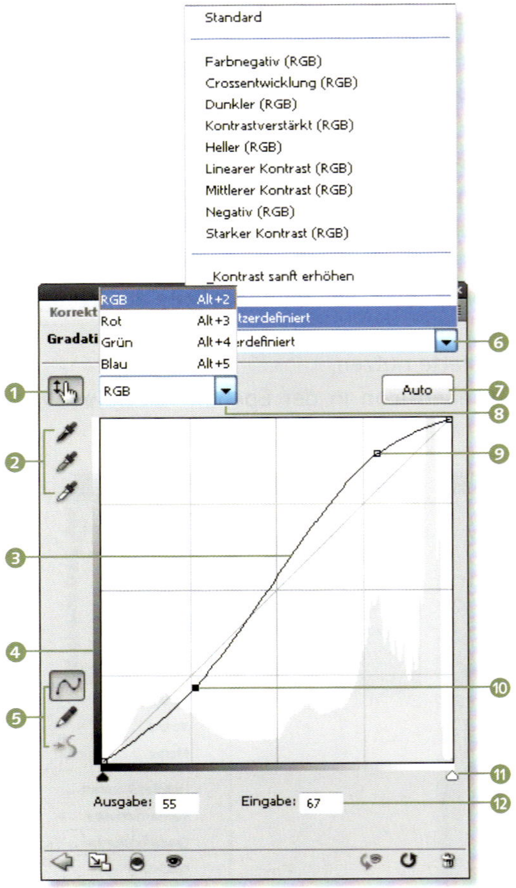

Abbildung 19.3 ▸
Das Dialogfeld für das mächtige und vielseitige Werkzeug Gradationskurven

Die Kurve ist eine grafische Darstellung der Tonwerte des ursprünglichen und des korrigierten Bildes. Dabei steht

- die **waagerechte Achse** für die Tonwerte des unkorrigierten sogenannten **Eingangsbilds**,
- und an der **Senkrechten** sind die Werte des bearbeiteten **Ausgangsbilds** zu finden.

Die Position der hellen, mittleren und dunklen Tonwerte wird durch die parallel zu den Achsen liegenden Grauskalen (4) angezeigt.

Gitternetz | Das Gitternetz ist eine Hilfe, um die Eingangswerte (Tonwerte des unkorrigierten Bildes) und die Ausgangswerte (Tonwerte der korrigierten Version) zueinander in Beziehung zu setzen. Das hört sich zunächst kompliziert an, Sie werden aber sehen, dass es sich sehr gut mit der Kurve arbeiten lässt.

Steuerpunkte | Indem Sie die Kurve mit der Maus verändern, können Sie helle, mittlere und dunkle Tonwerte heller oder dunkler machen. Mithilfe sogenannter Anker- oder Steuerpunkte lassen sich einzelne Bereiche der Kurve fixieren und so auch nur Teile der Kurve verändern (inaktiver (9) und aktiver (10) Steuerpunkt). Damit ist eine genaue Eingrenzung des zu ändernden Tonwertbereiches möglich. Alternativ zur Arbeit mit der Maus können Sie auch die numerischen Eingabefelder oder das Zielgerichtet-korrigieren-Werkzeug (1) nutzen.

Eingabefelder | Unterhalb der Kurve finden Sie Eingabefelder (12). Sie sind jedoch nur dann aktiv, wenn Sie zuvor einen der Steuerpunkte aktiviert haben. Dort lassen sich die genauen Tonwerte ablesen und verändern. Adobe hat hier leider einen kleinen Umweg eingebaut: Wenn Sie das Dialogfeld neu geöffnet haben, ist zunächst keine Eingabemöglichkeit vorhanden. Die Zahlenfelder sind erst dann zugänglich, wenn Sie einmal in das Diagramm geklickt haben.

Bildkanäle | Auch hier steht eine Dropdown-Liste (8) zur Verfügung, um entweder den Composite-Kanal oder die Farbkanäle Ihres Bildes einzeln anzusteuern.

Wenn Sie die Kurve für den Composite-Kanal (alle Bildkanäle zusammen) verändern, werden **Helligkeit** oder **Kontrast** des Bildes verändert. Durch unabhängiges Verändern einzelner Farbkanäle können Sie die **Farbbalance** des Bildes bearbeiten.

Weitere Funktionen | Zudem finden Sie im GRADATIONSKURVEN-Dialog Funktionen, die Ihnen auch in der Tonwertkorrektur begegnet sind:

- den AUTO-Button ❼ mit seinen Optionen (über Klick + [⌥]/[Alt] erreichbar),
- die Pipetten ❷,
- den Umschalter ❺, wenn Sie eigene Kurven einzeichnen möchten,
- und schließlich die Tonwertspreizungsregler ⓫ unterhalb der Kurvenansicht.

Diese Funktionen können Sie genau so anwenden, wie Sie es von der Tonwertkorrektur gewohnt sind.

19.1.1 Presets nutzen und eigene Vorgaben speichern

Schon in der Korrekturlisten-Ansicht der Korrekturen-Palette können Sie auf die Vorgaben ❻ verschiedener Werkzeuge – so auch der Gradationskurve – zurückgreifen.

Doch auch direkt im Korrekturdialog können Sie eine Liste mit einigen vorgefertigten Kurvenverläufen ausklappen – ähnlich, wie Sie es bereits beim Werkzeug TONWERTKORREKTUR gesehen haben. Das Speichern und Laden von Voreinstellungen funktioniert so, wie es bereits im vorangehenden Tonwertkorrektur-Kapitel beschrieben wurde (siehe den Abschnitt »Vorgaben« in Kapitel 18.1, »Steuerungselemente für Tonwertkorrekturen«).

19.1.2 Hilfsmittel für die Ergebniskontrolle: Anzeigeoptionen

Der große Vorteil des Werkzeugs GRADATIONSKURVEN ist, dass Sie Ihr Korrekturergebnis nicht nur am Monitor ansehen, sondern auch mithilfe von objektiveren Kontrollinstrumenten überprüfen können. Im Palettenmenü legen Sie fest, welche Vorschauoptionen Ihnen zur Verfügung stehen.

Beschneidung anzeigen | Da Sie im GRADATIONSKURVEN-Dialog auch auf einige Funktionen der Tonwertkorrektur zurückgreifen können, gibt es hier ebenfalls die Möglichkeit, sich die mögliche Beschneidung von Tonwerten anzeigen zu lassen. Wählen Sie dazu im Palettenmenü den Befehl BESCHNEIDUNG FÜR SCHWARZ-/WEISSPUNKT ANZEIGEN ⓮, oder halten Sie [⌥]/[Alt] gedrückt, während Sie die Tonwertspreizungsregler bedienen.

Erweiterte Anzeigeoptionen | Der Befehl KURVENANZEIGE-OPTIONEN ⓭ im Palettenmenü öffnet eine Dialogbox, in der Sie festlegen können, welche Kontrollelemente im GRADATIONSKURVEN-Dialog angezeigt werden sollen. Standardmäßig sind alle aktiviert.

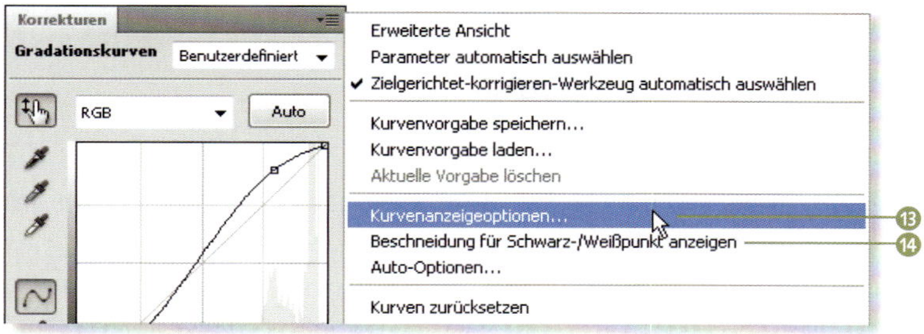

◀ **Abbildung 19.4**
In der CS5-Korrekturen-Palette sind die Anzeigeoptionen nicht mehr so gut erreichbar wie in den schwebenden Korrekturfenstern.

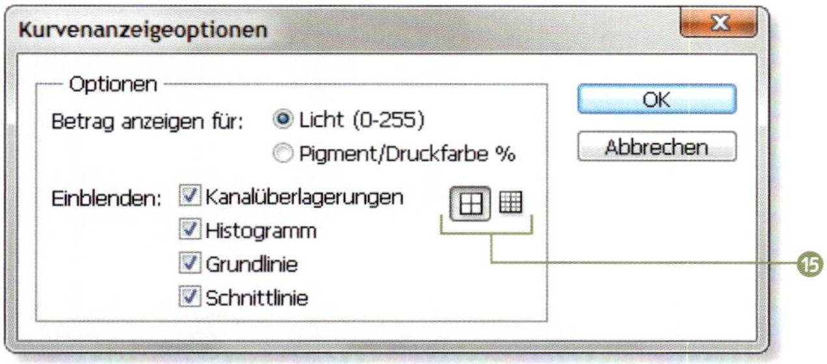

◀ **Abbildung 19.5**
Welche Hilfsmittel sollen angezeigt oder ausgeblendet werden?

In den folgenden Absätzen lernen Sie die Optionen im Detail kennen.

Betrag anzeigen für | Am nachdrücklichsten wirkt wohl BETRAG ANZEIGEN FÜR LICHT bzw. PIGMENT/DRUCKFARBE. Mit dieser Option kehren Sie die Anordnung der Tonwerte auf den Balken, die Anzeige der Werte (Prozentwerte oder Tonwerte von 0–255) und somit auch die Kurvenwirkung – unabhängig vom tatsächlichen Bildmodus – um.

Kanalüberlagerungen | KANALÜBERLAGERUNGEN sind nur dann wirksam, wenn Sie die Farbkanäle einzeln bearbeitet haben, sich jedoch wieder in der RGB- oder CMYK-Gesamtansicht befinden. Diese Option gibt Ihnen eine gute Übersicht darüber, welche Veränderungen vorgenommen worden sind.

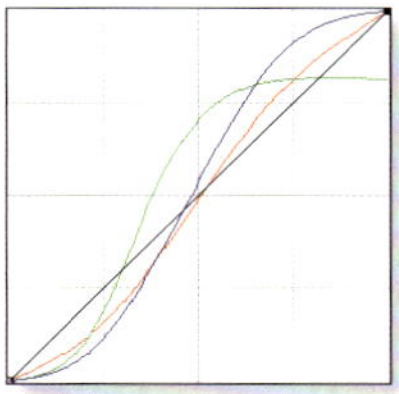

▲ **Abbildung 19.6**
KANALÜBERLAGERUNGEN zeigen Ihnen die Veränderungen aller Kanäle auf einen Blick.

Histogramm | Das HISTOGRAMM erscheint grau unterlegt direkt im Kurvendiagramm. Leider ist dies – anders als bei der Histogramm-Palette – kein Live-Histogramm. Bei Bildern mit mehreren Ebenen ist dies übrigens immer das Histogramm der aktiven Ebene, nicht des gesamten Bildes.

Abbildung 19.7 ▸
Eingeblendetes Histogramm

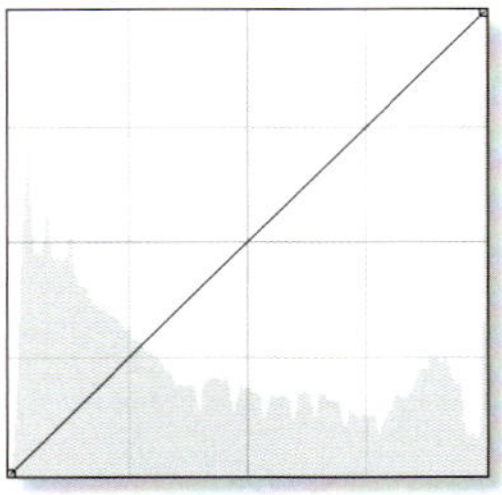

Grundlinie | Die Option GRUNDLINIE ist standardmäßig immer aktiv. Sie gibt Ihnen eine gute Orientierung darüber, wie weit Sie die Kurve bereits verschoben haben.

Abbildung 19.8 ▸
So würde das Kurvendiagramm ohne Grundlinie aussehen – ungewohnt nackt.

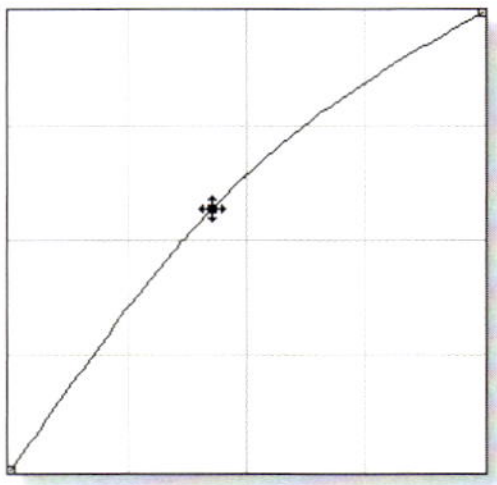

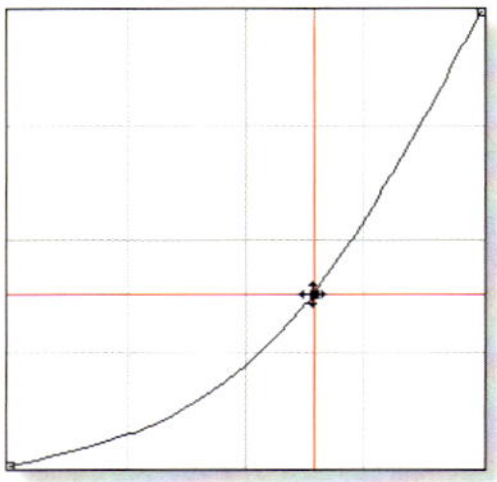

▲ Abbildung 19.9
Zwei sich im bewegten Ankerpunkt kreuzende Linien: die Schnittlinien (hier zum besseren Verständnis rot hervorgehoben)

Schnittlinie | Die SCHNITTLINIE ist nur dann sichtbar, wenn Sie die Kurvenlinie gerade mit der Maus »anfassen« und verschieben. Sie soll Sie dabei unterstützen, den neuen Ankerpunkt präzise zu positionieren.

Gitteransicht ändern | Ist Ihnen das vorhandene Gitter nicht präzise genug, klicken Sie einfach bei gehaltener [Alt]/[⌥]-Taste mit der Maus ins Diagramm. Die Ansicht wechselt zu einem feineren Gitternetz. Zurück zum groben Gitter geht es auf demselben Weg. Außerdem finden Sie in den erweiterten Kurven-Anzeigeoptionen einen kleinen Umschalter ⓯.

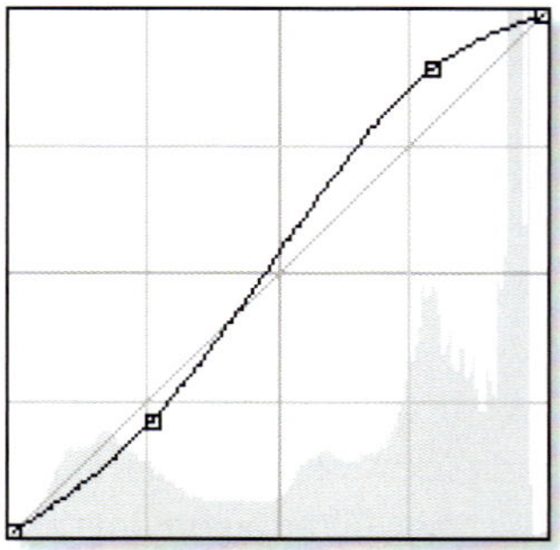

▲ Abbildung 19.10
Der Standard: grobes Gitter

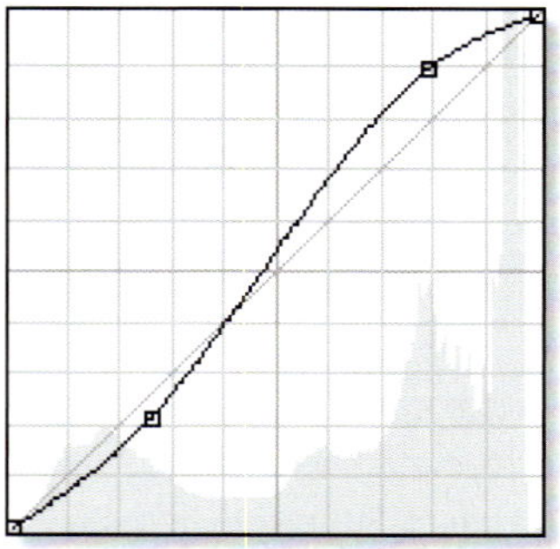

▲ Abbildung 19.11
Das feinere Gitternetz

19.2 Arbeiten mit den Gradationskurven

Die Kurve ist das A und O im Werkzeug GRADATIONSKURVEN. Sie haben verschiedene Eingabemöglichkeiten, um deren Form zu beeinflussen. Hier lernen Sie sie kennen. Außerdem erfahren Sie, wie sich die Kurve in verschiedenen Bildmodi verhält.

19.2.1 Kurve in unterschiedlichen Bildmodi

Die Position von Lichtern und Schatten auf den Achsen und die Anzeige der Tonwerte unterscheiden sich bei RGB-, CMYK- und Graustufenbildern. Auch die »Zugrichtung« der Kurve ist dann natürlich umgekehrt.

Gradationskurve im RGB-Modus | In RGB sind die **Tiefen** unten links. Die Tonwerte werden in Binärzählung von 0–255 angezeigt. Für die Arbeit im RGB-Modus gilt: Bewegen Sie die Kurve nach oben, wird das Bild heller; ziehen Sie sie herunter, wird das Bild abgedunkelt.

Dateien auf der Buch-DVD:
»Pepperoni.jpg«,
»RoteGerbera.tif«,
»KleinesLeuchtfeuer_grau.jpg«

Bild: dieblen.de

▲ **Abbildung 19.12**
Ein RGB-Bild. In der Standardansicht des Kurven-Dialogs ...

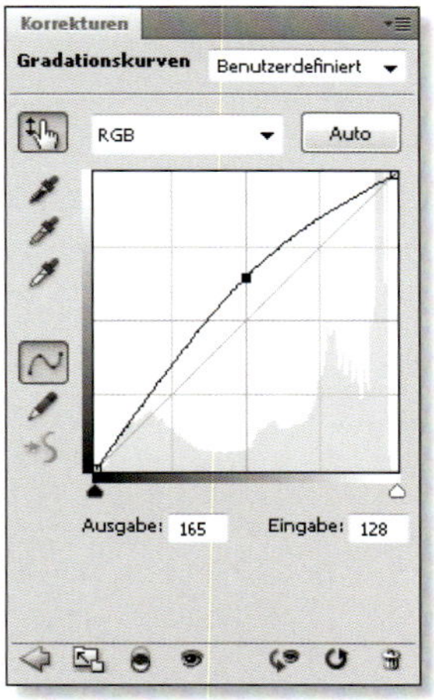

▲ **Abbildung 19.13**
... bewirkt das Hochziehen der Kurve ...

▲ **Abbildung 19.14**
... eine Aufhellung.

Gradationskurve im CMYK-Modus | Bei CMYK-Bildern finden Sie unten links die **Lichter**. Tonwerte werden in CMYK-typischen Prozenten gezählt (maximal 100%). Standardmäßig ist auch das angezeigte Gitternetz feiner. Für die Arbeit im CMYK-Modus gilt: Bewegen Sie die Kurve nach oben, wird das Bild dunkler; ziehen Sie sie herunter, wird das Bild heller.

Zum Nachlesen: RGB und CMYK
Mehr zu den Farbsystemen finden Sie in Kapitel 6, »Bildbearbeitung: Fachwissen«.

Bild: dieblen.de

▲ **Abbildung 19.15**
Hier zum Vergleich ein CMYK-Bild

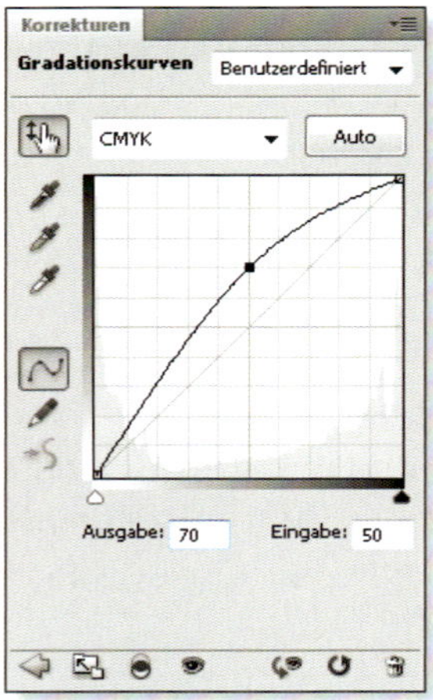

▲ **Abbildung 19.16**
Die Kurvenform ist ähnlich. Beachten Sie jedoch die umgekehrte Tonwertverteilung auf den »grauen Balken« im Gradationskurven-Dialog (links und unterhalb der Kurve)! Auffallend sind auch die anderen Eingabewerte (Prozentwerte).

▲ **Abbildung 19.17**
Beim CMYK-Bild wirkt die Kurvenform abdunkelnd.

Gradationskurve bei Graustufenbildern | Die Gradationskurven von Graustufenbildern verhalten sich genauso wie bei CMYK-Bildern – also gegenläufig zur Gradationskurve von RGB-Bildern.

Bild: Sibylle Mühlke

▲ **Abbildung 19.18**
Bei einem Graustufenbild …

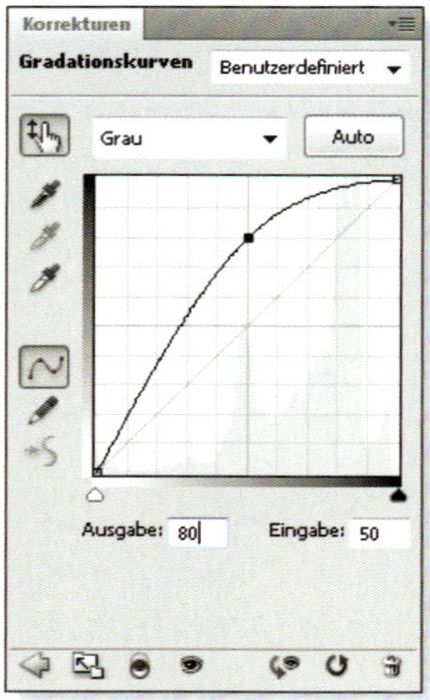

▲ **Abbildung 19.19**
… ist die Standardeinstellung der Kurve dieselbe wie bei CMYK-Bildern.

▲ **Abbildung 19.20**
Das Bild wird beim Hochziehen der Kurve dunkler.

19.2.2 Kurvenpunkte setzen, Kurven verformen

Um die Kurve überhaupt mit Kurvenpunkten zu verformen, gibt es verschiedene Möglichkeiten. Welche die beste ist, hängt davon ab, wie exakt Sie gerade arbeiten wollen, und ist natürlich auch eine Frage der persönlichen Vorlieben. Oft kombiniert man auch verschiedene Eingabemöglichkeiten.

Bildbereiche direkt ansteuern | Recht oft erkennt man im Bild selbst »Problemzonen«, weiß aber nicht genau, welcher Kurvenabschnitt verformt werden muss, um genau diesen Bildbereich anzusprechen. Für solche Fälle gibt es in Photoshop ein neues Tool und eine altbewährte Arbeitstechnik.

Das sogenannte Zielgerichtet-korrigieren-Werkzeug (oder die »Korrekturhand«) steht für die Werkzeuge GRADATIONSKURVEN, FARBTON/SÄTTIGUNG und SCHWARZWEISS zur Verfügung. Bevor Sie es benutzen können, müssen Sie es erst mit einem Klick auf die Schaltfläche aktivieren.

Die Gestaltung der Schaltfläche ist ein Hinweis darauf, in welche Richtung die Maus über dem Bild bewegt werden muss, um die Korrektur anzubringen. Bei der Gradationskurve bewegen Sie die Maus auf und ab, bei FARBTON/SÄTTIGUNG seitwärts.

Danach können Sie im Bild auf genau den Bereich klicken, der korrigiert werden soll, und die Maus **hoch oder herunter** bewegen, um Tonwerte anzuheben oder zu senken. Doch Achtung: Bei allzu freigiebigem Gebrauch bringt man mit dem Werkzeug leicht neue Fehler ins Bild hinein, wenn man die Kurvenform aus dem Auge verliert – nicht jede mögliche Kurvenform tut einem Bild gut (siehe auch Abschnitt 19.3, »Gradationskurven – typische Fehler und wie man sie vermeidet«).

Doch auch ohne die Korrekturhand ist es möglich, zielsicher Kurvenpunkte für bestimmte Bildpartien zu setzen.

- Klicken Sie auf das Bild, und halten Sie dabei die Taste [⌘]/[Strg] gedrückt. Es wird ein Punkt auf der Kurve des aktuell aktiven Bildkanals (standardmäßig ist das der RGB-Composite-Kanal) gesetzt.
- Klicken Sie auf das Bild, und halten Sie dabei die Tasten [⌘]+[⇧] bzw. [Strg]+[⇧] gedrückt. Es werden eigene Kurvenpunkte auf allen Bildkanälen gesetzt, die Sie danach separat weiterbearbeiten können.

Klicken auf die Kurve: Bewegliche und fixierte Punkte | Ein Klick auf die Kurve ist wohl die am häufigsten benutzte Technik, um Kurvenpunkte zu setzen.

▲ **Abbildung 19.21**
Korrekturhand aktivieren

Die Korrekturhand sofort einsatzbereit machen

Wenn Sie oft mit der Korrekturhand arbeiten, können Sie in den Palettenoptionen festlegen, dass sie sofort startbereit ist, sobald Sie eine Korrekturen-Palette öffnen. Wie das genau geht, lesen Sie in Abschnitt 15.2.1, »Die Steuerzentrale für Einstellungsebenen: Die Korrekturen-Palette«.

Sie können so gesetzte Punkte
- mit der Maus,
- mit den Pfeiltasten Ihrer Tastatur oder
- durch Zahleneingabe bewegen.

Bereits gesetzte Kurvenpunkte aktivieren

Kurvenpunkte, die verändert werden sollen, müssen nicht nur gesetzt, sondern auch aktiv sein. Sie aktivieren Kurvenpunkte durch Anklicken.

Mehrere Punkte auf einmal können Sie bei gehaltener [⇧]-Taste aktivieren.

Ein Klick auf das Raster oder [⌘]/[Strg]+[D] hebt die Aktivierung mehrerer Punkte wieder auf.

Mit den Tasten [+] (Plus) und [-] (Minus) können Sie zwischen gesetzten Kurvenpunkten »springen«.

Außerdem lassen sich Kurvenpunkte nutzen, um die Kurve in einem Tonwertbereich, der nicht verändert werden soll, zu **fixieren**.

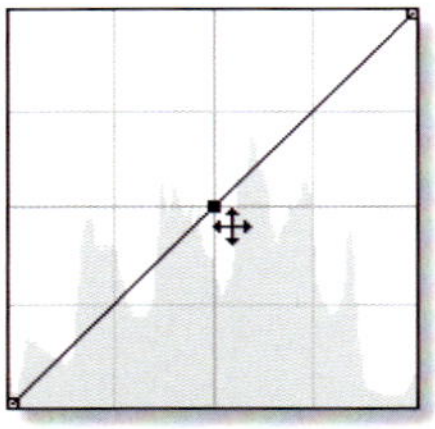

▲ **Abbildung 19.22**
Mit diesem Kurvenpunkt werden die Mitteltöne fixiert, ...

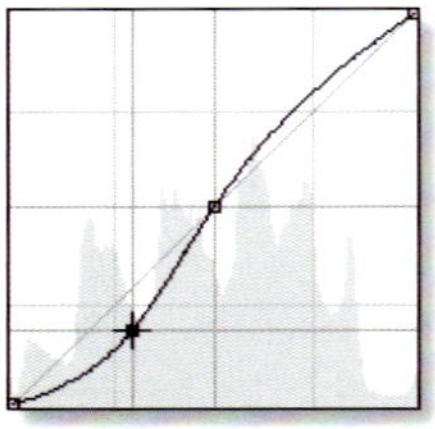

▲ **Abbildung 19.23**
... und die Tiefen werden nach unten gezogen. Der erste Kurvenpunkt wirkt zugleich als Achse, um die die Kurve schwingt: Auch die Lichter werden verändert. Die Mitteltöne bleiben unverändert.

Zahleneingabe: Präzisionsarbeit | Wie oben schon erwähnt wurde, gibt es auch Eingabefelder, in die Sie Zahlen eintippen können – die exakteste Steuerungsmöglichkeit für die Kurve. Die Eingabefelder sind erst dann zu sehen, wenn mindestens ein Kurvenpunkt gesetzt wurde. Die Werte des jeweils aktiven Punktes (schwarz dargestellt) können dann verändert werden. Auch mit den Pfeiltasten auf der Tastatur lassen sich Ankerpunkte und Kurvenform exakt steuern.

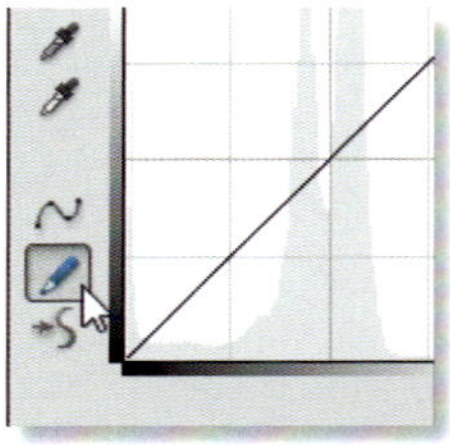

▲ **Abbildung 19.24**
Umschalten in den Kurvezeichnen-Modus

Selbst Kurven zeichnen | Im Werkzeug Gradationskurven sind zwei **Betriebsarten** möglich. Neben den geschilderten Eingabemöglichkeiten ist es auch möglich, ganz eigene Kurven zeichnen. Das Zeichnen von Kurven dient eher dem Erstellen von Bildverfremdungen. Für die Bildkorrektur sind die anderen Eingabemethoden besser geeignet! Zum Umschalten stehen zwei **Schaltflächen** neben dem Diagramm zur Verfügung.

Gezeichnete Kurven wirken oft extrem. Ein Klick auf den Button Kurvenwerte glätten – direkt unterhalb des Buntstift-Buttons – macht sie etwas abgerundeter und sanfter.

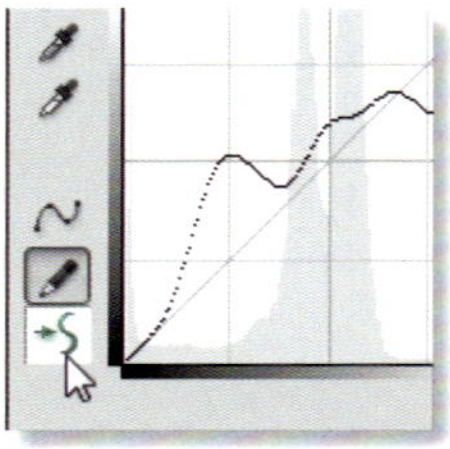

▲ **Abbildung 19.25**
Gezeichnete Kurvenverläufe glätten

19.2.3 Falsch gesetzte Kurvenpunkte korrigieren

Zum Entfernen falsch gesetzter Punkte haben Sie zwei Möglichkeiten:

Steuerpunkte korrigieren | Einzelne Punkte können Sie einfach mit der Maus anfassen und aus dem Kurvenbereich herausziehen. Dabei verzieht sich die Kurve ganz entsetzlich, springt aber wieder zurück. Alternative: Aktivieren Sie den Punkt durch einen Klick oder per Shortcut – er ist dann schwarz –, und drücken Sie [Entf].

Zurücksetzen | Wenn Sie mit wirklich allen Änderungen an der Kurve unzufrieden sind, können Sie die Kurve vollständig zurücksetzen. Klicken Sie dazu einfach auf den Button AUF KORREKTURSTANDARDWERTE ZURÜCKSETZEN am unteren Rand der Korrekturen-Palette.

Wenn Sie nicht mit Einstellungsebenen, sondern mit dem schwebenden Dialogfenster arbeiten, drücken Sie [Alt] oder [⌥]: Damit verwandelt sich der Button ABBRECHEN kurzfristig in einen ZURÜCKSETZEN-Button. Klicken Sie darauf, um die Kurve wieder in den »Urzustand« zu bringen.

19.3 Gradationskurven – typische Fehler und wie man sie vermeidet

Sie haben nun schon recht viel über Gradationskurven gelernt und sich hoffentlich schon anhand der mitgelieferten Übungsbilder oder eigener Fotos mit der Handhabung des Werkzeugs vertraut gemacht. Die eigentliche Bedienung des Werkzeugs sollte Ihnen nun keine Schwierigkeiten mehr bereiten. Umso größer ist die Gefahr, dass Ihnen beim eifrigen Üben und Experimentieren einmal Fehler unterlaufen. Hier zeige ich Ihnen typische Kurvenverläufe, bei denen Vorsicht geboten ist oder die Sie **meiden** sollten. Das gilt sowohl für Farbkorrekturen als auch für das Einstellen von Helligkeit und Kontrast – kurzum, für alle denkbaren Nutzungen der Gradationskurve.

Testdateien und Graukeil | Um die Wirkung verschiedener Kurvenformen zu demonstrieren, benutze ich hier zwei Testbilder. Das Besondere daran: Zusätzlich zum eigentlichen Motiv habe ich einen sogenannten Graukeil in die Bilder montiert. An ihm können Sie die Wirkung der verschiedenen Kurven besonders gut beurteilen, ohne von Bildinhalten abgelenkt zu werden.

Auf der nächsten Seite sehen Sie noch einmal die unbearbeiteten Originale zum Vergleich. Übrigens: Zwar sind die Kurvenverläufe von RGB- und Graustufengradationskurven gegenläufig. Das kann man bei den Beispieldateien jedoch nicht in jedem Fall

Dateien auf der Buch-DVD: »BuntstifteGraukeil.tif«, »WestpierGraukeil.tif«, »Graukeil.psd«

wahrnehmen, weil die Kurven manchmal nahezu symmetrisch oder zu sanft sind, um die Unterschiede deutlich zu zeigen.

Bild: Fotolia

▲ **Abbildung 19.26**
Ein RGB-Bild ...

Bild: vitamin a

▲ **Abbildung 19.27**
... und, weil Schwarzweißbilder Korrekturfehler oft viel stärker zeigen, auch eine Graustufendatei.

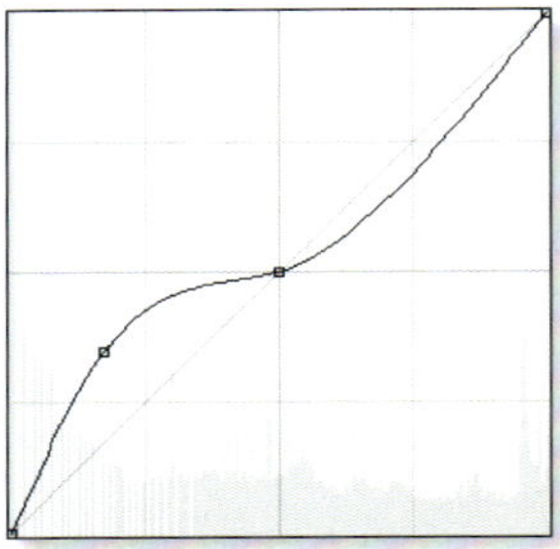

▲ **Abbildung 19.28**
Ein falscher Versuch, die Tiefen eines Bildes aufzuhellen. Die Gradationskurve verläuft stellenweise fast waagerecht.

19.3.1 Steigung der Kurve erhalten

Damit die Modulation der einzelnen Tonwertbereiche des Bildes erhalten bleibt, muss die Gradationskurve immer eine leichte Steigung aufweisen. Ist dies nicht der Fall, wird die Kurve zu flach. Dadurch besteht die Gefahr, dass die Zeichnung des Bildes verloren geht.

▲ **Abbildung 19.29**
In den Bereichen, die dieser Kurvenpartie entsprechen, also den Mitteltönen des Bildes, kommt es zu deutlichen Zeichnungsverlusten, die hier als fast graue Bereiche sichtbar sind.

▲ **Abbildung 19.30**
Dieselbe Wirkung an einem Graustufenbild

19.3.2 Nicht zu viele Punkte setzen

Obwohl Adobe bis zu 14 Steuerpunkte auf einer einzigen Kurve erlaubt, sollten Sie von dieser Möglichkeit nur sparsamsten Gebrauch machen. Schon ab drei Punkten wird es schwierig, die notwendige Steigung der Kurve zu erhalten, wie das Steigungsbeispiel, aber auch die Mittelton-Korrektur oben zeigen.

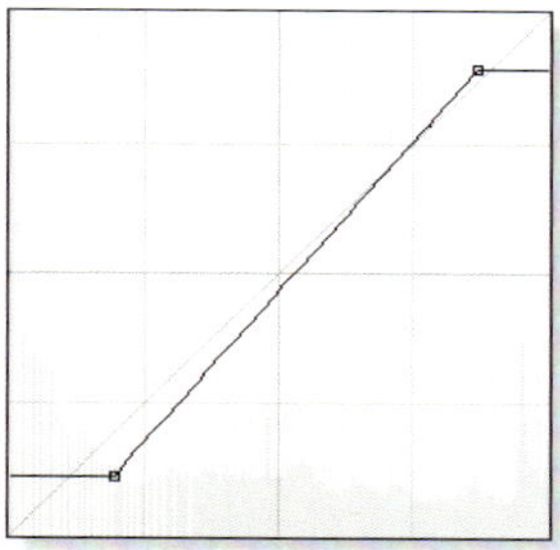

▲ **Abbildung 19.31**
Die Eckpunkte einer Gradationskurve sollten Sie nie ins Innere des Diagramms hineinziehen, denn die dadurch entstehenden Tonwertverluste sind immens.

19.3.3 Eckpunkte nicht ins Diagramm ziehen

Schreckliche Konsequenzen für Ihr Bild haben auch Kurven, bei denen die Eckpunkte ins Diagramm hineingezogen werden. Das wirkt bei manchen Bildern wie eine kräftige Betonung von Lichtern und Schatten, allerdings gehen vorhandene Differenzierungen in den Tonwerten durch den Einsatz solcher rabiaten Kurven verloren. Der Graukeil belegt, dass es in den Tiefen und Lichtern keine Zwischentöne mehr gibt.

▲ **Abbildung 19.32**
Die hellsten und dunkelsten Tonwerte können nicht mehr differenziert werden.

▲ **Abbildung 19.33**
Am Graustufenbild sind die drastischen Auswirkungen dieser Kurve noch besser zu beobachten, besonders in den Tiefen.

19.3.4 Eckpunkte hoch- oder herunterziehen

In Ausnahmefällen dürfen Sie durchaus die Eckpunkte in vertikaler Richtung entlang der Diagrammkante bewegen. Allerdings ist hier ein wenig Vorsicht geboten: Man kann auch mit Gradationskurven den Schwarz- und Weißpunkt von Bildern verschieben. Genau das wäre mit so einer Kurve der Fall! Was fehlt, ist die Kontrolle durch das Histogramm (das im Tool Gradationskurven eingeblendete Histogramm zeigt Änderungen nicht live an). Wenn Sie also tatsächlich so eine Kurve zur Anwendung bringen wollen, sollten Sie die Histogramm-Palette öffnen. Oder Sie greifen gleich zum bewährten Instrument TONWERTKORREKTUR. Solche Kurven sind manchmal die letzte Rettung für Bilder mit zu dunklen Tiefen, an die man mit den sanfteren Kontrast- und Helligkeitskurven nicht herankommt.

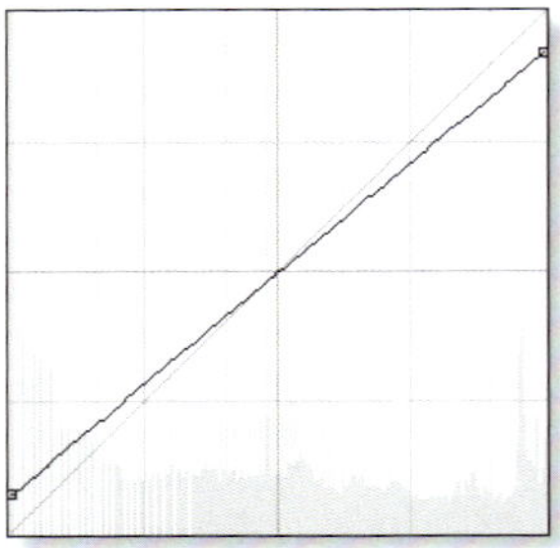

Abbildung 19.34 ▸
Eine radikal wirkende Kurve für Ausnahmefälle

▲ Abbildung 19.35
Sie sehen, dass das ursprüngliche Weiß nicht mehr ganz weiß, Schwarz nicht mehr vollkommen schwarz ist: eindeutig eine Änderung von Schwarz- und Weißpunkt, bei der die Eckpunkte der Tonwertskala zusammengeschoben wurden.

▲ Abbildung 19.36
Diesem Motiv bekommt eine solche Kurve nicht.

19.4 Helligkeit und Kontrast mit Gradationskurven einstellen

Dateien auf der Buch-DVD: »BuntstifteGraukeil.tif«, »WestpierGraukeil.tif«, »Graukeil.psd«

Mit dem Werkzeug GRADATIONSKURVEN selbst und seinem Funktionsprinzip konnten Sie sich nun bereits vertraut machen. Die Handhabung der Kurve beim Einstellen von Helligkeit und Kontrasten unterscheidet sich nicht wesentlich von der Farbkorrektur.

Allerdings sollten Sie Änderungen von Helligkeit und Kontrast am gesamten RGB-Kanal vornehmen. Sie wirken sich gleichmäßig auf alle Farbkanäle aus und ändern so nichts mehr an der bereits eingestellten Farbbalance.

Es gibt einige klassische Kurvenformen, mit denen sich alle typischen Anwendungsfälle abdecken lassen und die Sie immer wieder nutzen werden. Ich zeige Ihnen die Wirkung der »Standards« an den schon bekannten Testbildern.

19.4.1 Allgemeine Helligkeit verändern

Die Helligkeit von Bildern zu verändern ist ganz einfach: Sie brauchen die RGB-Kurve dazu nur nach oben zu bewegen. Bei den meisten Bildern wirkt die Aufhellung am besten, wenn Sie an den Mitteltönen ansetzen. Abdunkelung funktioniert analog durch Ziehen der Kurve nach unten, wird aber eher selten gebraucht.

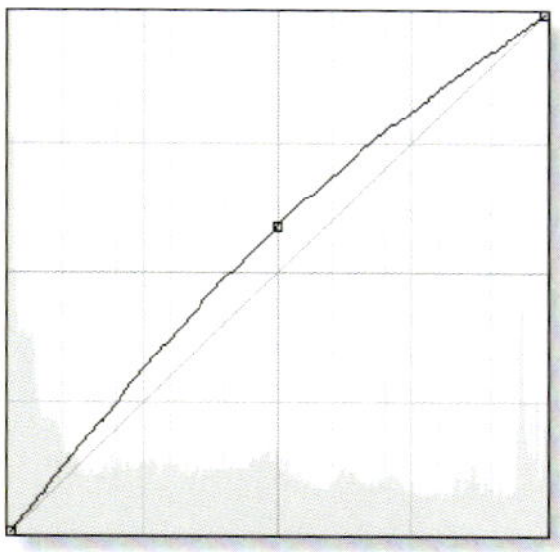

▲ **Abbildung 19.37**
Eine Aufhellung der Mitteltöne mit einer solchen Kurvenform ...

▲ **Abbildung 19.38**
... lässt das Bild **insgesamt** heller erscheinen, weil sich die benachbarten Tonwerte mit verändern.

▲ **Abbildung 19.39**
Dieselbe Kurve, auf das Schwarzweißbeispiel angewendet

19.4.2 Kontraste erhöhen

Kontraste erhöhen Sie mit einem sehr sanften, lang gezogenen S-Schwung der Gradationskurve. Sie können dabei mit zwei oder drei Steuerpunkten arbeiten. Ich fange meist bei den Mitteltönen an und nutze die Gelegenheit, um auszuprobieren, ob sie vielleicht noch etwas verändert werden können. Den Steuerpunkt auf der Kurvenmitte benutze ich dann als feststehenden Drehpunkt und ziehe anschließend die Lichter ein wenig hoch und die Tiefen herunter. Diese Methode führt zu etwas härteren Kontrasten.

Alternativ können Sie auch mit zwei Punkten arbeiten. Dazu setzen Sie einfach in den Tiefen und Lichtern je einen Steuerpunkt und verschieben ihn. Der Kurvenbereich, der den Mitteltönen des Bildes entspricht, nimmt dann von selbst eine mittlere Position ein. So bearbeitete Kurven wirken meist etwas sanfter.

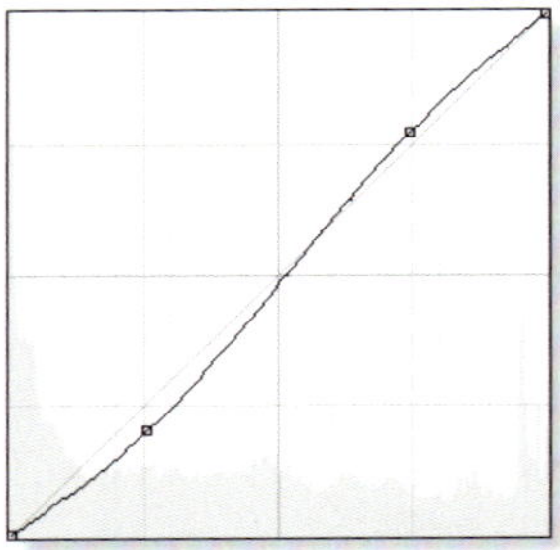

▲ **Abbildung 19.40**
Hier wurde die Kurve vorsichtig mittels zweier Punkte verändert und der **Kontrast behutsam angehoben**, …

Abbildung 19.41 ▶
… da die leuchtenden Farben des Bildes eine hohe Kontrastverstärkung kaum vertragen hätten – und sie auch gar nicht brauchen.

Abbildung 19.42 ▶
Nochmals die behutsame **Kontrastverstärkung** – diesem Bild tut etwas mehr Kontrast ganz gut.

19.4.3 Kontraste abschwächen

Es gibt natürlich auch Fälle, in denen die Kontraste zu ausgeprägt sind und **gesenkt** werden müssen. Das Vorgehen ist ähnlich wie beim Anheben der Kontraste. Allerdings werden hier die Lichter abgedunkelt (die Kurve wird nach unten verschoben) und Tiefen aufgehellt (Kurve hoch).

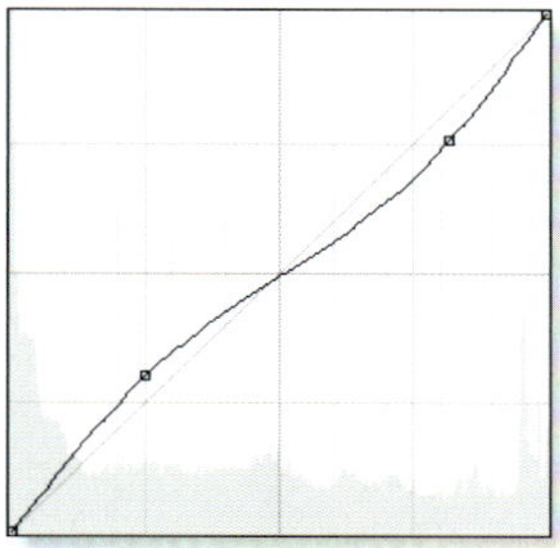

▲ **Abbildung 19.43**
Mit einer solchen Kurve senken Sie die Kontraste im Bild.

◀ **Abbildung 19.44**
Das RGB-Testbild mit einer behutsamen **Kontrastabschwächung**

◀ **Abbildung 19.45**
Hier wurde ebenfalls an der Kontrastkurve gedreht, der **Kontrast gesenkt** – nicht unbedingt zum Vorteil *dieses* Bildmotivs, das nun ziemlich breiig wirkt.

19.4.4 Tiefen oder Lichter betonen

Recht häufig kommt es vor, dass man nicht das gesamte Bild aufhellen, sondern allein die Tiefen oder Lichter bearbeiten will. Durch leichtes Abdunkeln der Lichter werden vorhandene Tonwertunterschiede deutlicher, und ein vorsichtiges Aufhellen von Tiefen kann die Zeichnung etwas besser sichtbar machen.

Zu solch einer Änderung brauchen Sie zwei Kurvenpunkte: Der eine hellt die Tiefen auf oder dunkelt die Lichter leicht ab, Mitteltöne und restliche Tonwerte werden durch einen weiteren Punkt auf der Diagonalen festgestellt. Wenn man die Kurve stärker zieht, ist eine geringe Veränderung der fixierten Tonwerte nicht ganz zu unterbinden. Das tut einer harmonischen Gesamtwirkung der Korrektur aber ganz gut.

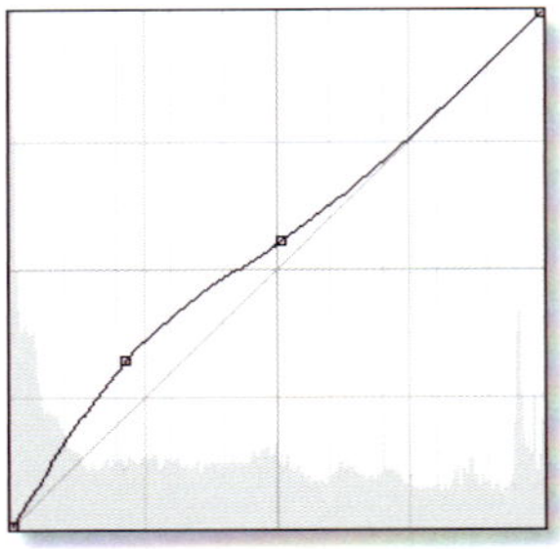

▲ **Abbildung 19.46**
Mit so einer Kurve werden die Tiefen des Bildes aufgehellt.

Abbildung 19.47 ▶
Bei diesem Testbild ist das keine besonders sinnvolle Operation. Oft kann eine solche Kurve jedoch Bilddetails herausbringen, die bisher im Schatten versteckt lagen (ausreichende Tiefenzeichnung des Bildes vorausgesetzt).

Abbildung 19.48 ▶
Und so würde das Graustufenbild aussehen, wenn man die Tiefen aufhellt.

19.4.5 Nur Mitteltöne aufhellen

Sie können auch die Mitteltöne eines Bildes separat bearbeiten und den ganzen »Rest« fixieren. Sie brauchen dazu zwei Ankerpunkte, mit denen Sie Tiefen und Lichter fixieren. Die Mitteltöne werden vorsichtig angehoben. Hier müssen Sie aber sehr vorsichtig vorgehen, denn es lauern gleich zwei fatale Fehler: zu geringe Kurvensteigung und zu viele Kurvenpunkte.

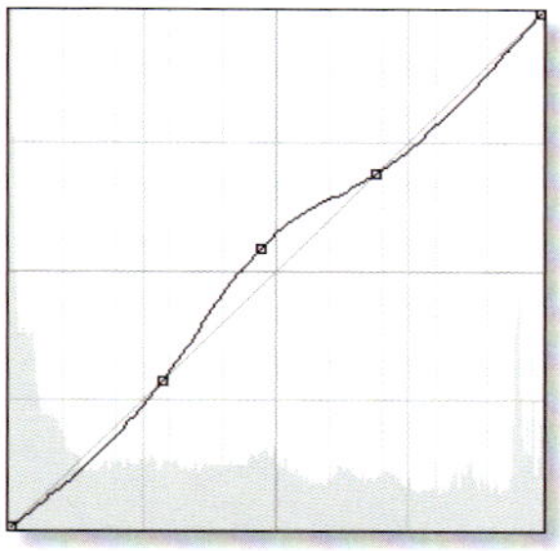

▲ **Abbildung 19.49**
So eine Kurve ist nicht ganz ungefährlich – schnell wird die Steigung zu gering.

◄ **Abbildung 19.50**
Der Graukeil zeigt, dass die Anwendung der Kurve mit Vorsicht zu genießen ist: Die Mitteltöne werden zwar heller, verlieren aber auch an Unterscheidbarkeit – eben an ihrer Zeichnung.

◄ **Abbildung 19.51**
Diesem Bildmotiv schadet die Kurve nicht so sehr.

19.5 Farbkorrekturen für höchste Ansprüche

19.5.1 Helfer für die Bilddiagnose: Graubalance

Das Komplementärfarben-Prinzip kann wirkungsvoll angewandt werden, um Farben zu korrigieren. Bevor man die Korrekturwerkzeuge ansetzt, sollte man allerdings schon wissen, in welche Richtung die Korrektur gehen soll. Und das ist nicht immer ganz leicht zu beurteilen, besonders im Kontext eines vielfarbigen Bildes. Ob ein Bild zum Beispiel einen Cyan- oder Grünstich hat, sieht ihm oftmals nicht einmal der erfahrene Bildbearbeiter an. Und dann ist da ja auch noch das Problem, dass ein Bild auf jedem Monitor, an jedem Rechner anders erscheint.

Sensible Haut(töne)

Mit besonderer Sorgfalt sollten Sie die Kontraste von Porträts und anderen Bildern bearbeiten, auf denen viel Haut zu sehen ist. Die Porträtierten erscheinen auf Bildern mit starken Kontrasten schnell wie Sonnenbrandopfer oder so, als hätten sie schwere Ekzeme. Geringfügige Rötungen und Hautunreinheiten werden durch die Kontrastverstärkung deutlich herausgebracht. Dazu kommt, dass das menschliche Auge beim Betrachten besonders sensibel auf Farbabweichungen bei Hauttönen reagiert und diese verstärkt als Missklang wahrgenommen werden. Kontrastabsenkende Kurven bekommen den Gesichtsfarben meist besser. Wenn man mit Einstellungsebenen arbeitet, kann man über die Bearbeitung der Maske auch ganz einfach verhindern, dass andere Bildbereiche von der Kontrastabsenkung betroffen werden.

Zum Weiterlesen: Bei Porträts kann das Werkzeug DYNAMIK eine gute Alternative zum Hantieren mit Gradationskurven sein. Es wird in Abschnitt 17.3, »Dynamik: Pep für Porträts ohne Übersättigung«, vorgestellt.

Indikatoren für die Farbmischung | Ein guter und objektiverer Indikator dafür, ob die Farbmischung im Bild ausgeglichen ist oder in welche Richtung eine eventuelle Korrektur gehen müsste, sind die Grautöne eines Bildes. Dabei macht man sich zwei Prinzipien zunutze:

- Im Bildmodus RGB entsteht ein neutrales Grau dann, wenn die Farbwerte für die drei Farbkanäle Rot, Grün und Blau gleich sind. Bestehen bei Grautönen Abweichungen, lässt sich das leicht an den RGB-Werten ablesen. So erhalten Sie schnell einen Eindruck davon, welche Farbe zu stark und welche zu wenig im Bild vertreten ist. Das gilt nicht nur für R, G und B – deren Komplementärpartner können Sie sich natürlich gleich mitdenken.
- Wenn in einem Bild die Graubalance stimmt, sollten auch alle anderen Farben keinen Farbstich aufweisen.

Mithilfe der RGB-Werte von Bildpartien, die eigentlich neutralgrau sein sollten, kann man also die Farbmischung eines Bildes bestimmen und erhält Anhaltspunkte dafür, in welche Richtung ein eventueller Ausgleich erfolgen muss. Theoretisch funktioniert das auch bei CMYK-Bildern – deren Werte sind allerdings weit schwieriger zu beurteilen. Deshalb arbeitet man hier mit Bildern im RGB-Modus.

Farbbeurteilung | Welches Rot aus Abbildung 19.52 ist »roter«? Enthält der linke Rotton zu viel Blau oder zu wenig Gelb? Ist das Rot rechts heller oder gelber als sein Nachbar? Das ist schwer zu entscheiden und immer auch eine Sache der persönlichen Vorlieben. Im Bildzusammenhang wird die Beurteilung von Farben noch schwieriger!

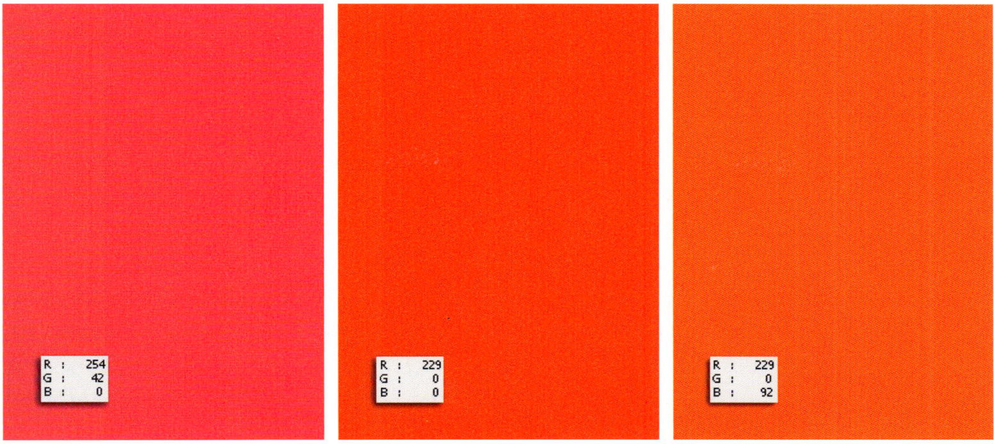

▲ **Abbildung 19.52**
Drei unterschiedlich zusammengesetzte Rottöne

Nicht nur vom optischen Eindruck her ist es einfacher festzustellen, welches Grau rot, welches neutral und welches eher grünlich ist. Vor allem die RGB-Werte sprechen hier eine deutliche Sprache.

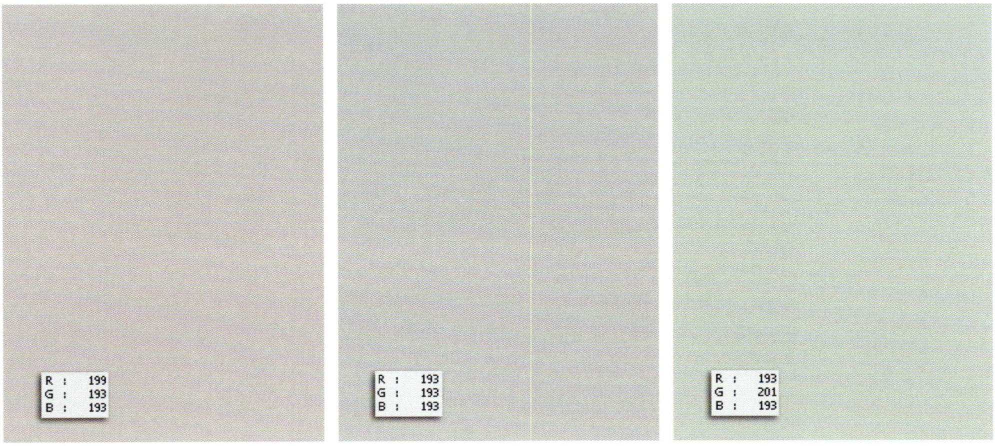

▲ **Abbildung 19.53**
Hier drei verschiedene Grautöne zum Vergleich

Besonders einfach ist die Anwendung des Graubalance-Prinzips natürlich, wenn Ihr Bild einen Gegenstand zeigt, von dem Sie schon wissen, dass er (eigentlich) einen neutralen Grauton haben sollte. Aber auch in anderen Fällen können die Farbwerte eines Bildes recht aufschlussreich sein und Ihnen den Weg für Korrekturen weisen.

19.5.2 Graubalance einstellen

In der folgenden Anleitung zeige ich Ihnen, wie Sie Farbwerte von bestimmten Bildpartien exakt messen und interpretieren – später erfahren Sie dann, wie Sie dieses Wissen in eine zielgerichtete Korrektur umsetzen.

Schritt für Schritt: Farbwert messen und Graubalance einstellen

1 Die Ausgangssituation

Datei auf der Buch-DVD: »Regierungsviertel.jpg«

Das Beispielbild hat einen Farbstich, aber es lässt sich nicht genau sagen, ob dieser grün, gelblich oder eher cyan ist. Da bekannt ist, dass die Fassade einen nahezu neutralen Grauton hat, kann eine Messung Auskunft darüber geben, in welche Richtung korrigiert werden muss.

Bild: Fotolia, B. Eckert

Abbildung 19.54 ▶
Dieses Bild hat eindeutig einen Farbstich.

2 Aktivieren und Justieren des Pipetten-Werkzeugs

Die Pipette finden Sie im oberen Bereich der Werkzeugleiste. Das Tastenkürzel zum schnellen Aufruf ist I. Die Wirkung des Pipette-Werkzeugs ist nicht zu verwechseln mit den Pipetten, die Sie aus der Tonwertkorrektur schon kennen! Mit der Pipette aus der Werkzeugleiste *messen* Sie Farbwerte, führen aber *keine* wie auch immer gearteten *Änderungen* am Bild durch.

In der Optionsleiste sollten Sie festlegen, wie groß der Bereich ist, aus dem die Farbe aufgenommen wird. Die Standardeinstellung 1 PIXEL ist nicht geeignet, um einen aussagekräftigen Wert zu erhalten – zwischen einzelnen Pixeln einer einheitlich erscheinenden Farbfläche kommt es doch immer zu Abweichungen. Legen Sie hier einen größeren Aufnahmebereich fest. Der Durchschnittswert sollte zum Bildmotiv und der Dateiauflösung passen: So ist 11 × 11 PIXEL für ein kleinteiliges Foto, das in geringer Auflösung vorliegt, schon recht viel, während dieser Wert für ein flächiges hochaufgelöstes Motiv passend sein kann.

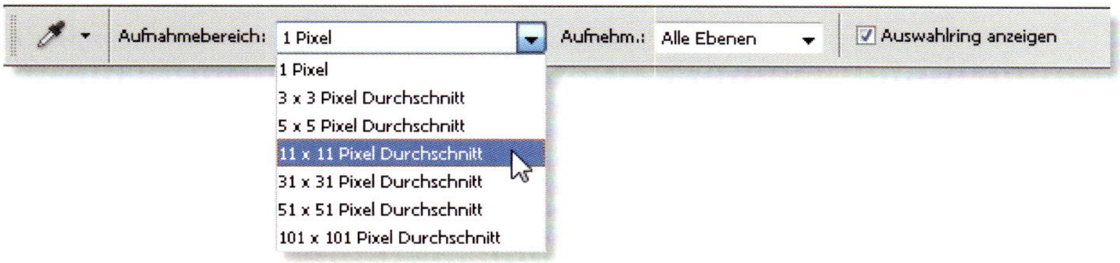

▲ **Abbildung 19.55**
Die Optionsleiste der Pipette mit den Einstellungen zum Aufnahmebereich

3 Info-Palette öffnen

Um die mit der Pipette aufgenommenen Farbwerte schnell ablesen zu können, brauchen Sie noch die Info-Palette. Sie können sie über den Menübefehl FENSTER • INFO oder per Shortcut [F8] aufrufen.

4 Farbe aufnehmen und Werte ablesen

Bewegen Sie die Maus auf die Farbfläche im Bild, deren Werte Sie ermitteln wollen und von der Sie annehmen, dass sie tatsächlich neutral ist. In der Info-Palette werden dann die Werte angezeigt, die Sie aktuell unter der Maus haben.

Per Pipette wurde der Fassadenteil rechts im Bild gemessen. Dessen Grau ist – erwartungsgemäß – nicht ausgeglichen, wie die Anzeige in der Info-Palette zeigt:

Der Grünwert ist der höchste, der Blauwert der niedrigste. Sie wissen jetzt also: Das Bild hat zu viel Grün und zu wenig Blau, also einen Grün-Gelb-Stich. Damit ist auch die Korrekturrichtung für dieses Bild klar: Sie müssen ihm Grün entziehen (und damit Magenta hinzufügen) sowie Blau hinzufügen (und damit Gelb entfernen).

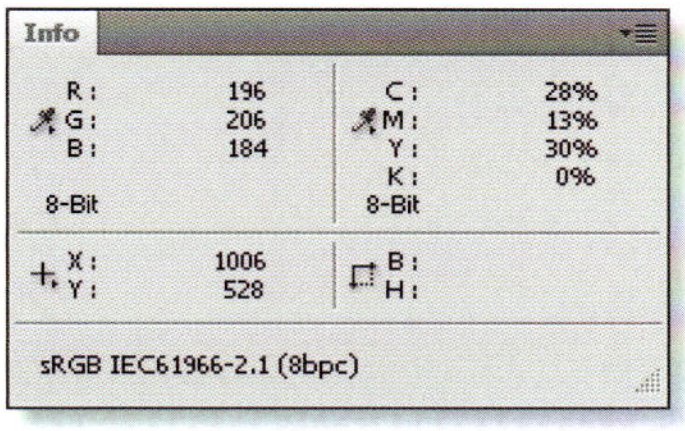

▲ **Abbildung 19.56**
Werte in der Info-Palette auslesen

Keine Farbkorrektur um jeden Preis!

Nicht jeder Farbstich muss herauskorrigiert werden. Spezielle Farbgebungen können auch bildgestaltend wirken, eine bestimmte Atmosphäre schaffen oder sogar ein Bild zeitlich verorten – man denke an die typischen Farbstiche von Fotos aus den Siebzigerjahren.

5 Einstellungsebene mit Gradationskurven anlegen

Dieser Punkt sollte Ihnen nun ja keine Schwierigkeiten mehr bereiten. Sie können die Palette KORREKTUREN, die Ebenen-Palette oder den Menübefehl EBENE • NEUE EINSTELLUNGSEBENE • GRADATIONSKURVEN nutzen.

6 Farbkanal für die Korrektur festlegen

Die drei Farbwerte Rot, Grün und Blau sollen am Messpunkt, der grauen Fassade, aneinander angeglichen werden. Für die Graubalance ist es prinzipiell nebensächlich, welche Werte verändert werden – die drei Werte müssen nur am Ende annähernd gleich sein. Allerdings verändert sich mit den Tonwerten auch die Bildhelligkeit. Ein hoher RGB-Zahlenwert erzeugt eine helle Farbe, dunkle Tonwerte werden durch niedrige Zahlen ausgedrückt. Bei diesem ohnehin recht hellen, unproblematischen Motiv ist das nicht so wichtig, bei anderen Bildern ist dies jedoch eine

Überlegung wert. Allerdings kann die Helligkeit auch nachträglich immer noch verändert werden.

Im Beispielbild weichen alle drei Werte voneinander ab, so müssen ohnehin zwei der Kanäle bearbeitet werden. Ich entscheide mich dafür, den Grün- und den Blaukanal dem Wert im Rotkanal anzupassen. Als Erstes rufe ich den Kanal GRÜN auf.

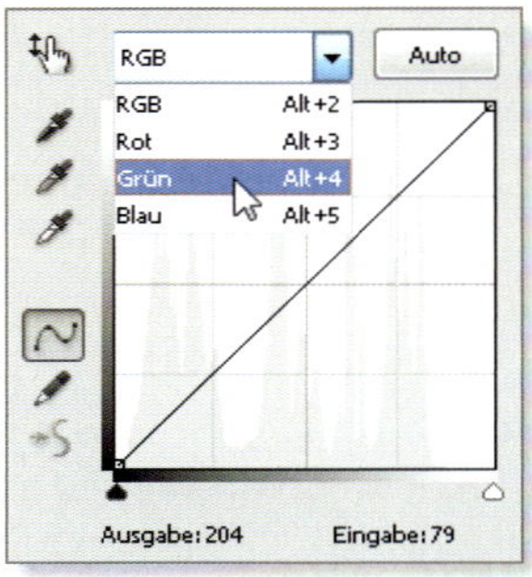

Abbildung 19.57 ▸
Den Farbkanal GRÜN aufrufen

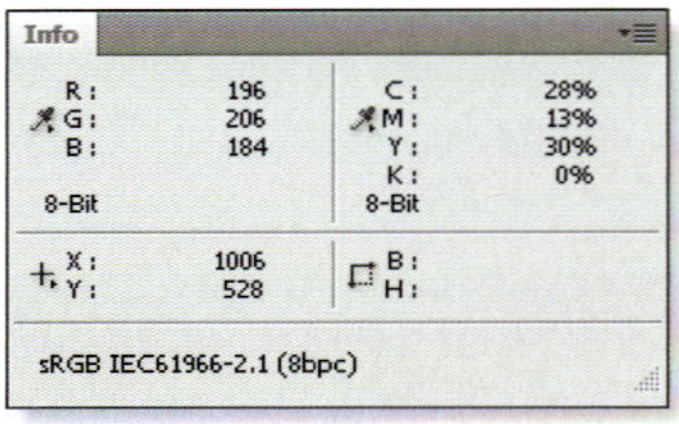

▲ Abbildung 19.58
Zur Erinnerung: die gemessenen Werte

7 Eingabefelder aktivieren und Werte eingeben

Die zuvor gemessenen Werte können nun direkt auf die Kurve übertragen werden.

Dazu bieten sich die **Eingabefelder** an. Um die Felder zu aktivieren, klicken Sie einmal irgendwo ins Diagramm. Wenn sich die Kurve dabei etwas verzieht, ist das nicht schlimm. Das wird im nächsten Schritt behoben.

Nun schreiben Sie in das Feld EINGABE den im letzten Arbeitsschritt ermittelten aktuellen **Grünwert**, also 206. In das Feld AUSGABE tragen Sie den gewünschten Wert ein, in diesem Fall den ermittelten Wert des Rotkanals (196), an den die beiden anderen Kanäle angepasst werden sollen.

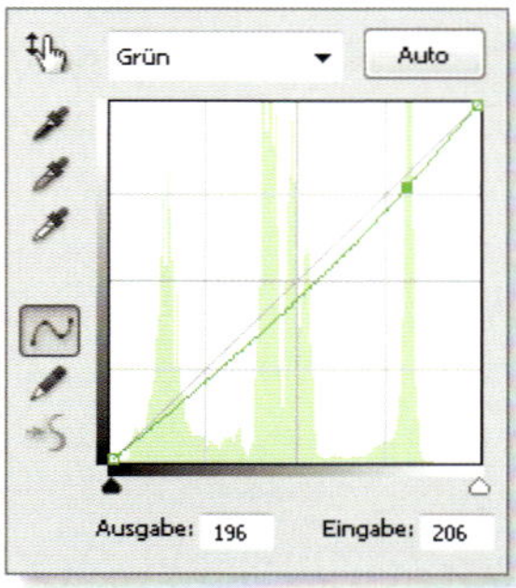

Abbildung 19.59 ▸
Tragen Sie die gewünschten Werte in die Eingabefelder ein.

8 Blauwert einstellen

Sie können nun eine zweite Einstellungsebene GRADATIONSKURVEN anlegen, um den Blaukanal zu bearbeiten, oder in derselben Einstellungsebene einfach zum Blaukanal wechseln. Die erste

Möglichkeit bietet mehr Flexibilität beim Feintuning der Korrektur, aber die zweite ist schneller – und für dieses Arbeitsbeispiel ausreichend.

Wie auch immer, im Blaukanal gehen Sie genauso vor wie eben im Grünkanal und tragen als EINGABE den aktuellen Wert »185«, als AUSGABE wiederum den Wert »196« ein.

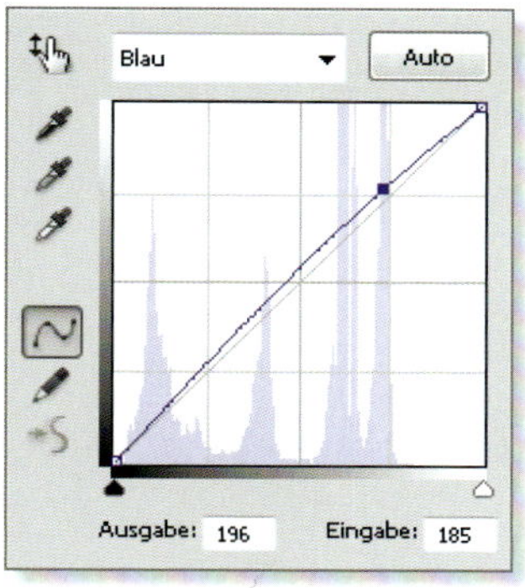

◂ **Abbildung 19.60**
Die Werte für den Blaukanal

9 Kontrolle per Pipette und Info-Palette

Wenn Sie möchten, können Sie nun durch eine erneute Messung möglichst am selben Messpunkt wie zuvor die RGB-Werte kontrollieren. Die Werte sind nun nahezu angeglichen (durch Abweichungen in der Pipettenposition sind von den Eingaben leicht abweichende Werte möglich).

10 Wenn nötig: Korrekturen dosieren

Manchem mag das Motiv nun zu steril vorkommen. Sie sehen: Eine Bildkorrektur streng nach Rezept führt zwar zu mathematisch ausgeglichenen Bildern, der Bildzusammenhang und Ihr Urteil spielen aber auch eine Rolle!

Sie könnten nun in der Einstellungsebene die Gradationskurven erneut aufrufen und ändern. Es gibt jedoch auch eine elegantere Möglichkeit: Reduzieren Sie einfach die **Deckkraft** der Einstellungsebene! Eine stufenlose Dosierung lässt sich so mit einem Handgriff erledigen.

◂ **Abbildung 19.62**
Reduzieren Sie die Deckkraft, um die Korrektur zu dosieren.

Graubalance schon beim Fotografieren berücksichtigen

Wenn Sie Motive fotografieren, die möglichst farbtreu wiedergegeben werden sollen, können Sie das Graubalance-Prinzip ebenfalls nutzen: Wenn Sie eine sogenannte Graukarte neben das fotografierte Objekt legen, können Sie die dort gemessenen Werte verwenden, um die Farben des Bildes nachträglich zu korrigieren. Alternativ machen Sie bereits bei der Aufnahme einen Weißabgleich.

Graukarten kosten um die 10 Euro und sind im Fotofachhandel zu bekommen. Wenn Sie häufiger farbsensible Fotojobs haben, lohnt sich die Investition. Es bleibt zwar immer noch das Problem der farbechten Reproduktion, aber immerhin ist schon die erste Fehlerquelle ausgeschaltet.

▴ **Abbildung 19.61**
Eine einfache, nicht genormte Tonwertkarte wie diese kann auch schon weiterhelfen.

11 Vorher-nachher-Vergleich

Durch Ein- und Ausschalten der Augen-Icons der Einstellungsebene haben Sie außerdem einen guten Vorher-nachher-Vergleich.

▲ **Abbildung 19.63**
Hier sehen Sie nochmals das unkorrigierte Bild ...

▲ **Abbildung 19.64**
... und hier die bearbeitete Version.

19.5.3 Bilder ohne neutralen Punkt analysieren und korrigieren

Im Arbeitsbeispiel eben war das Einstellen der Graubalance einfach, denn es war recht eindeutig, dass die graue Betonwand gute Messwerte liefern würde. Auch Asphalt oder Steine sind oft gute Ansatzpunkte für eine Messung. Leider weist nicht jedes Bild so einen praktischen neutralgrauen Gegenstand auf. Meist haben Sie Bilder vor sich, bei denen Sie von keiner Farbe mit Sicherheit sagen können, dass diese – eigentlich – ein neutraler Grauton sein sollte. In solchen Fällen können Sie mit mehreren Messpunkten operieren (siehe Kasten), oder Sie nutzen ähnlich wie bei der Tonwertkorrektur per Pipette eine Schwellenwert-Einstellungsebene als Hilfsmittel.

Im Dialog Tonwertkorrektur sind sie zu finden, und bei der Gradationskurve auch: die drei Korrektur-Pipetten. Die Tiefen- und die Lichter-Pipette haben Sie im vorangehenden Abschnitt bereits kennengelernt. Die dritte, die Mittelton-Pipette, kann auch derbe Farbstiche korrigieren. Theoretisch ist das ganz einfach: Sie klicken auf eine Bildpartie, die in natura – also ohne den Farbstich – annähernd Neutralgrau wäre. Doch diesen Punkt zu finden ist meist ein Ratespiel, und Herumprobieren führt selten zu guten Ergebnissen.

Mit einem kleinen Workaround steigern Sie Ihre Erfolgsquote beträchtlich. Die Basis der Methode ist reine Farbwert-Mathematik – Sie können sie also auch einsetzen, wenn Sie der Farbwiedergabe Ihres Monitors nicht ganz trauen. Die hier gezeigte

Farbtendenz ermitteln – mehrere Messpunkte setzen

Bei Bildern ohne eindeutigen neutralen Punkt können Sie mithilfe des Farbaufnahme-Werkzeugs mehrere Messpunkte setzen und so versuchen, die **Farbtendenz** des Bildes zu ermitteln. Nicht immer funktioniert das hundertprozentig: Bisweilen werden Bilder, deren Korrektur nach den Messwerten ausgerichtet wird, auch schlechter. Trotzdem hilft das Verfahren oftmals, Verbesserungsmöglichkeiten oder alternative Korrekturwege zu entdecken, die dem Bild mit bloßem Auge nicht anzusehen sind.

Methode ist eine Erweiterung der in Abschnitt 18.4.2, »Pipetten in der Praxis: Wie findet man Lichter und Tiefen?«, demonstrierten Technik.

Schritt für Schritt: Den neutralsten Punkt im Bild finden und mit der Mittelton-Pipette die Graubalance einstellen

1 Die Ausgangssituation

Wenn man ein Bildobjekt schnell erwischen will, ist vor dem Abdrücken keine Zeit für Einstellungen. So hat das Ausgangsbild durch einen falschen Weißabgleich einen diffusen Grün-Gelbstich. Da ich weiß, dass das Bild am beginnenden Abend aufgenommen worden ist, will ich die Korrektur möglichst unter Erhaltung der eigentlichen Lichtstimmung durchführen. Da hier nicht nach Augenmaß, sondern streng mit »Pixelmathematik« korrigiert wird, ist diese Art der Korrektur besonders geeignet, möglichst viel vom »unverfälschten Originalbild« herauszuschälen.

Datei auf der Buch-DVD: »Abflug.tif«

Bild: Onno K. Gent

▲ **Abbildung 19.65**
Das Ausgangsfoto

2 Hilfsebenen anlegen

Erzeugen Sie über Ihrer eigentlichen Bildebene eine leere Ebene, die Sie mit einem fünfzigprozentigen neutralen Grau füllen (RGB-Wert: 128-128-128). Die Füllmethode dieser Ebene setzen Sie auf DIFFERENZ. Darüber legen Sie eine Einstellungsebene SCHWELLENWERT an.

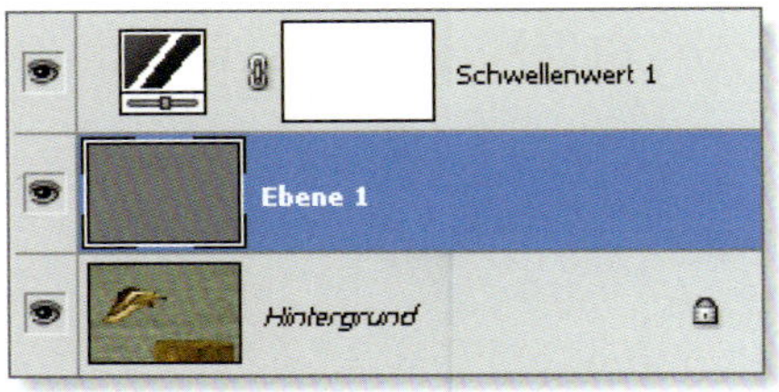

◄ **Abbildung 19.66**
Aufbau der Datei mit Hilfsebenen

3 Schwellenwert verändern

Wechseln Sie zur Korrekturen-Palette. Ziehen Sie den SCHWELLENWERT-Regler zunächst ganz nach links, bis das Bild weiß wird. Anschließend bewegen Sie den Regler vorsichtig wieder nach rechts, bis sich die ersten schwarzen Bereiche zeigen.

4 Neutrale Stellen markieren

Wechseln Sie zum Farbaufnahme-Werkzeug (Shortcut [I]). Klicken Sie in einen der eindeutig schwarzen Bereiche (1) im Bild, um dort einen Marker zu setzen.

Abbildung 19.67 ▸
Zwischenstand. Mögliche Stellen für Markierungen sind hervorgehoben.

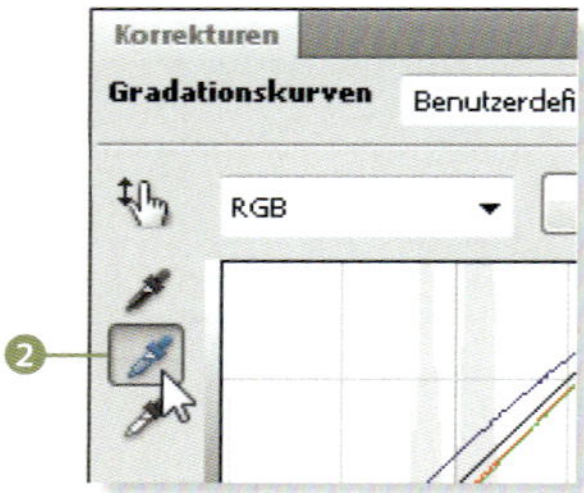

▴ **Abbildung 19.68**
Mittelton-Pipette

5 Hilfsebenen löschen

Die beiden Hilfsebenen werden nicht mehr gebraucht, Sie können sie löschen oder ausblenden.

6 Die eigentliche Korrektur ausführen

Nun beginnen wir mit der Korrektur. Erzeugen Sie anschließend oberhalb der Bildebene eine neue Einstellungsebene GRADATIONSKURVEN (das Ganze würde auch mit den Pipetten in der TONWERTKORREKTUR funktionieren). Aktivieren Sie nun die Mittelton-Pipette ❷.

Damit klicken Sie dann genau auf die Bildpartie, die Sie zuvor mit dem Farbaufnahme-Werkzeug markiert haben. Der Farbstich wird neutralisiert. Wenn Ihr erster Klick Sie nicht zufriedenstellt, nehmen Sie Ihre Korrektur zurück [↺] und versuchen es mit einem anderen Messpunkt.

▴ **Abbildung 19.69**
Vor der Korrektur und danach. Das Bild hat immer noch eine spezielle Abendlicht-Stimmung.

7 Vorher-nachher-Vergleich

Durch Ein- und Ausschalten der Augen-Icons der Einstellungsebene haben Sie einen guten Vorher-nachher-Vergleich. Das Bild ist nicht vollkommen ausgeglichen – technisch hat es immer noch einen leichten »Rotstich«. Doch das war hier beabsichtigt – die Abendstimmung bleibt so erhalten. ■

Teil VI
Reparieren und retuschieren

20 Bilder beschneiden, ausrichten und skalieren

Das Beschneiden von Bildern ist ein Verfahren, um die Bildgröße zu ändern – vor allem ist es aber auch ein gestalterischer Eingriff, der Bildmotive und -aussagen neu akzentuieren kann. Das Ändern von Bildgröße und Auflösung verändert den Datenbestand eines Bildes, und das unwiderruflich. Lesen Sie in diesem Kapitel, wie Sie mit Bedacht vorgehen und eventuellen Nebenwirkungen durch das Anwenden von Schärfungsfiltern entgegenwirken.

20.1 Bilder durch Beschneiden ins richtige Format bringen

20.1.1 Bildgegenstand – Bildausschnitt – Bildwirkung

Der Beschnitt von Bildkanten hat eine praktische Funktion: Auf diese Weise werden Sie Ränder oder Bildobjekte los, die versehentlich den Weg auf das Foto gefunden haben – ein notorisches Problem bei Digicams mit ungenauer Sucheranzeige. Natürlich ist Beschnitt auch ein einfacher Weg, um Bildformate zu ändern. Darüber hinaus hat das Beschneiden von Bildern auch eine **redaktionelle Funktion**. Denn der Bildausschnitt ist maßgeblich daran beteiligt, wie der Gegenstand des Bildes in Szene gesetzt ist und wie ein Bild wirkt. In der Regel entscheidet sich das schon beim Fotografieren, doch ein nachträglicher Beschnitt kann die Intentionen des Fotografen unterstützen oder sogar aus einem banalen Motiv eine interessante Detailstudie machen. Beschnitt ist eine Möglichkeit, Bildmotive zu inszenieren, sie zu betonen (oder aus dem Mittelpunkt herauszunehmen) und die Blickrichtung des Betrachters zu steuern. Das sollten Sie sich vor Augen halten, wenn Sie mit Freistellungswerkzeug & Co. hantieren.

Freistellungswerkzeug beschneidet – und stellt nicht frei
Der Name »Freistellungswerkzeug« ist von Adobe etwas unglücklich gewählt, denn »Freistellen« ist in der Bildbearbeitung ein feststehender Begriff für das Isolieren eines Bildgegenstandes von seinem Hintergrund. Mit dem Freistellungswerkzeug kappen Sie aber lediglich die Bildkanten. Treffender wäre die Bezeichnung »Beschnitt-Werkzeug« – sie entspräche dem *crop* der amerikanischen Programmversion und könnte Verwechslungen mit tatsächlichen Freistellfunktionen vermeiden.

20.1.2 Das Freistellungswerkzeug

Was auch immer Sie beabsichtigen – in Photoshop steht Ihnen zum Beschneiden von Bildkanten das sogenannte Freistellungswerkzeug zur Verfügung.

Sie finden das Freistellungswerkzeug in der Werkzeugleiste oder rufen es über den Shortcut C (wie *crop*) auf. Mit ihm lassen sich rechteckige oder quadratische Auswahlen erstellen, die den Bildbereich markieren, der *erhalten* werden soll. Die Kanten außerhalb der Markierung werden abgeschnitten.

Bildausschnitt definieren | Sie haben zwei Möglichkeiten, um den späteren Bildausschnitt zu definieren:

- Sie geben in der Optionsleiste exakte Werte für Auflösung oder/und Kantenlänge ein und ziehen dann einen Auswahlrahmen auf.
- Sie arbeiten nach Augenmaß und erzeugen einfach den Auswahlrahmen.

▲ **Abbildung 20.1**
Optionen für das Freistellungswerkzeug, bevor Sie einen Auswahlrahmen aufgezogen haben.

Um eine genaue Bildgröße zu erzielen, geben Sie einfach in der **Optionsleiste** die gewünschten Breiten- und Höhenmaße ❶ ein. Die Maßeinheit können Sie frei eintragen (»px« für Pixel, »cm« für Zentimeter, »mm« für Millimeter und so weiter).

Ebenfalls in der Optionsleiste kann zusammen mit der Bildgröße die AUFLÖSUNG ❷ geändert werden. Achten Sie auch darauf, dass die richtige Maßeinheit in der Dropdown-Liste ❸ eingestellt ist. Die Auflösung bleibt unverändert, wenn Sie das Feld leer lassen.

Nachdem alle Werte festgelegt sind, können Sie wie gewohnt den Markierungsrahmen aufziehen – er arretiert an der festgelegten Größe.

Die Funktion VORDERES BILD ❹ ist dafür gedacht, größere Mengen von Bildern auf das gleiche Maß zu bringen. Dazu benötigen Sie ein Bild, das die gewünschten Maße bereits hat. Öffnen Sie es, aktivieren Sie das Freistellungswerkzeug, und klicken Sie auf VORDERES BILD. Beim Öffnen weiterer Bilder werden diese Einstellungen übernommen.

Sollte sich das Freistellungswerkzeug einmal nicht nach Ihren Wünschen verhalten, denken Sie an Folgendes: Einmal eingestellte Werte bleiben erhalten, bis sie mit dem Button LÖSCHEN ❺ entfernt werden. Haben Sie das vielleicht übersehen?

Vorsicht: Bildpixel werden interpoliert

Wenn Sie die gewünschte spätere Bildgröße oder Auflösung per Optionsleiste festlegen, wird das Bild nicht einfach beschnitten, sondern auch neu berechnet. Dabei können Schärfeverluste auftreten!

Die schnellere, intuitivere Alternative zur Zahleneingabe ist die Arbeit per **Maus**: Bewegen Sie sie ins Bild, und ziehen Sie einfach mit gehaltener Maustaste ein passendes Rechteck auf. Hier kann die Info-Palette sehr nützlich sein – sie zeigt ja nicht nur Farbwerte an, sondern auch verschiedene Bildmaße, darunter auch die einer Auswahl oder eben des Beschnittrechtecks.

Zum Nachlesen: Bilderstapel effektiv bearbeiten
Um viele Dateien auf einmal zu bearbeiten, gibt es in Photoshop weitere – und bessere – Funktionen als die Freistelloption VORDERES BILD. Näheres erfahren Sie in Kapitel 9, »Automatismen in Photoshop und Bridge«.

Hilfslinien und Abdeckung | Sobald Sie einen Beschnittrahmen aufgezogen haben, ändert sich die Optionsleiste, und Sie erhalten weitere Einstellungsmöglichkeiten.

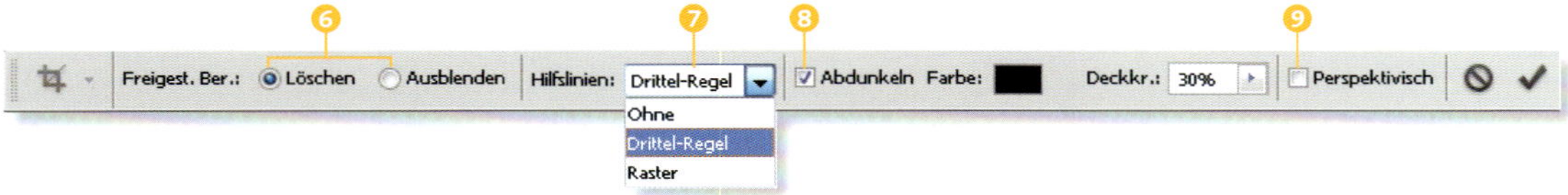

▲ **Abbildung 20.2**
Wenn Sie einen Beschnittrahmen aufgezogen haben, ändert sich die Optionsleiste.

Neu in CS5 ist die Option HILFSLINIEN 7. Auf Wunsch können Sie sich ein Hilfslinienraster einblenden lassen. Interessant ist dabei vor allem die Option DRITTEL-REGEL. Wenn Sie sich schon intensiver mit Fotografie und Bildaufbau beschäftigt haben, sind Sie vermutlich schon einmal über den Begriff gestolpert. Die Drittel-Regel ist die praktische Anwendung des Goldenen Schnitts auf die Fotografie: Denkt man sich beim Fotografieren den Bildausschnitt durch zwei senkrechte und zwei waagerechte Linien in neun Segmente geteilt, sollte das Motiv möglichst an einem der Linien-Schnittpunkte liegen oder einer der Linien folgen (etwa der Horizont). Wie alle Gestaltungsregeln muss man auch diese nicht sklavisch genau befolgen, doch ergeben so aufgebaute Motive meist recht gelungene Bilder. Photoshops Drittel-Regel-Hilfslinien überziehen Ihr Bild nun mit einem solchen Drittelraster und helfen Ihnen so, das Motiv regelgemäß zu beschneiden. Anders als das normale Raster passt sich das Drittelraster der Größe und den Proportionen Ihres Bildes an.

Einrasten am Bildrand verhindern

Am Bildrand rastet das Auswahlrechteck automatisch ein. Das kann stören, falls Sie Ihr Freistellrechteck nur wenige Pixel vom Rand entfernt positionieren wollen. Halten Sie dann einfach `Strg`/`⌘` gedrückt, während Sie den Auswahlrahmen aufziehen oder verändern. Damit ist die »Magnetfunktion« kurzfristig außer Betrieb.

Bild: stockexchng, Ali Taylor

◄ **Abbildung 20.3**
Rasterlinien oder ein Liniennetz nach der Drittel-Regel (hier zu sehen) helfen Ihnen beim Beschneiden.

[Goldener Schnitt]
Der Goldene Schnitt ist ein bestimmtes Verhältnis zweier Zahlen oder Größen. Dabei verhält sich der kleinere Teil zum größeren wie der größere Teil zum Ganzen: $a : b = b : (a + b)$
Streckenverhältnisse nach dem Goldenen Schnitt gelten seit der Antike als besonders harmonisch und werden tatsächlich auch oft als besonders angenehm und ästhetisch ansprechend empfunden. Das Prinzip findet etwa in Architektur, Gestaltung und Fotografie Anwendung.

Damit Sie eine bessere Vorstellung davon bekommen, wie das beschnittene Motiv wirkt, werden die wegfallenden Bildpartien in der Vorschau abgedeckt. In der Optionsleiste können Sie die Farbe und die Deckkraft der Abdeckung festlegen. Wenn Sie das Häkchen bei ABDUNKELN 8 entfernen, werden die für den Beschnitt vorgesehenen Bildbereiche nicht abgedeckt.

Vorgang bestätigen oder abbrechen | Wenn Sie fertig sind, müssen Sie Ihre Änderung bestätigen, entweder per Häkchen-Button in der Optionsleiste ganz rechts oder mit der [↵]-Taste. Erst danach erfolgt der Beschnitt. Um das Beschneiden abzubrechen, drücken Sie [Esc] oder klicken auf das kleine »Halteverbot«-Icon.

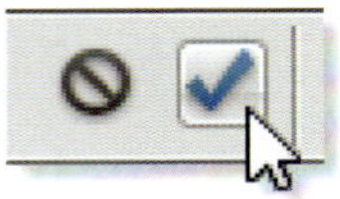

▲ **Abbildung 20.4**
Bestätigen und Bild beschneiden

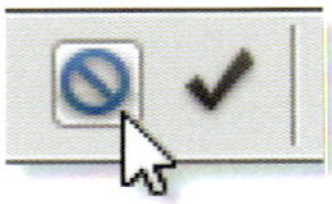

▲ **Abbildung 20.5**
Vorgang ohne Änderung am Bild abbrechen

Wie endgültig ist der Beschnitt? | Wenn Ihr Bild eine Hintergrundebene enthält, wird das Bild einfach abgeschnitten. Ist Ihr Bild aus anderen Ebenen oder Smart-Objekten aufgebaut, sind zusätzlich die Optionen AUSBLENDEN und LÖSCHEN 6 verfügbar.

Mit diesen Optionen legen Sie fest, wie endgültig der Beschnitt ist: LÖSCHEN schneidet die ausgeblendeten Bildkanten wirklich ab. Die Option AUSBLENDEN blendet Bildteile lediglich aus: Sie werden nicht dauerhaft aus dem Bild entfernt. Mithilfe des Verschieben-Werkzeugs (Kürzel [V]) kann der weggeschnittene Bereich wieder ins Bild gezogen werden. So können Sie den gezeigten Bildausschnitt nachträglich korrigieren.

Der Befehl BILD • ALLES EINBLENDEN holt die ausgeblendeten Bildpartien vollständig zurück.

Zum Nachlesen: Hintergrundebene
Wie Sie eine Hintergrundebene in eine normal editierbare Bildebene verwandeln, lesen Sie in Abschnitt 10.2.2, »Hintergrundebenen«. Grundlegendes zum Thema Smart-Objekte finden Sie in Abschnitt 7.1.4, »Als Smart-Objekt öffnen«, und in Abschnitt 11.4, »Unterschätzte Datencontainer: Smart-Objekte«.

Bilder perspektivisch korrigieren oder drehen | Die Option PERSPEKTIVISCH 9 soll die Korrektur stürzender Linien und das Beschneiden eines Bildes in einem Arbeitsgang erledigen. Das ist eigentlich eine gute Idee, weil man ein Bild, in dem man per Ebenentransformation oder mit anderen Mitteln die Perspektive zurechtgerückt hat, meist ohnehin beschneiden muss. Allerdings erfordert diese Funktion Fingerspitzengefühl und viel räumliches Vorstellungsvermögen.

Datei auf der Buch-DVD: »Kirche.jpg«

Bild: stock.exchng, Cristian Popescu

▲ **Abbildung 20.6**
Das unbeschnittene Foto mit dem zunächst nur grob angepassten Beschnittrahmen. Das Motiv ist aufgrund der Perspektive charakteristisch verzerrt.

▲ **Abbildung 20.7**
Der perspektivisch verzerrte Auswahlrahmen – Sie bearbeiten ihn, indem Sie mit der Maus an den viereckigen »Anfassern« ziehen.

▲ **Abbildung 20.8**
Beschnittene und perspektivisch bearbeitete Version – hier kann man auch erkennen, dass eine zu starke Korrektur stürzender Linien irritierend wirkt und die Proportionen des Baukörpers verändert!

Auch den nichtperspektivischen Auswahlrahmen können Sie selbst per »Anfasser« anpassen. Das funktioniert genau so, wie schon beim Öffnen von Vektordateien beschrieben wurde: Sie können den Freistellrahmen vergrößern und verkleinern und mit der Maus verschieben.

20.1.3 Bildkanten vollautomatisch kappen: Zuschneiden

Unter Bild • Zuschneiden finden Sie einen Befehl, mit dem Sie ebenfalls unerwünschte Randpixel loswerden können. Der Befehl funktioniert am besten bei geradestehenden Bildern. Ob der zu tilgende Rand transparent oder farbig ist, spielt keine Rolle.

▲ **Abbildung 20.9**
Der Zuschneiden-Dialog

Zum Nachlesen: Bilder proportional beschneiden
Mit dem Beschnittwerkzeug ist es nur nach viel Rechnerei möglich, ein Bild auf ein bestimmtes Seitenverhältnis zu bringen, zum Beispiel vom Digicam-Format 3:4 auf das traditionelle Fotomaß 2:3. Hier ist es günstiger, mit der Rechteckauswahl, einer Maske und dem Befehl Freistellen zu arbeiten. Wie das geht, lesen Sie in Kapitel 14, »Ebenenmasken & Co.«.

20.2 Bilder gerade richten

Recht häufig muss man etwas schief geratene Bilder gerade richten, beispielsweise Scans, die nicht grade auf dem Scannerglas lagen, oder Fotos, bei denen der Horizont nicht exakt ausgerichtet ist. Dazu gibt es in Photoshop verschiedene Möglichkeiten:

- Schnell und **nach Augenmaß** mit dem Freistellungswerkzeug durch einfaches Drehen des Freistellrahmens – die beste Lösung für einfache Fälle.
- Ganz **präzise** mit der in CS5 neuen Option GERADE AUSRICHTEN des Linealwerkzeugs (Kürzel: I). Diese Methode ist am besten geeignet, um leicht schiefstehende Bilder gradgenau auszurichten und das Beschneiden gleich mit zu erledigen.
- Per **Zahleneingabe** mithilfe des Menübefehls BILD • BILDDREHUNG. Die Befehle sind die beste Wahl, um auf dem Kopf stehende oder auf der Seite liegende Motive schnell aufzurichten. Außerdem gibt es einen Workaround, mit dem Sie Bilder gradgenau ausrichten und den Beschnitt manuell erledigen können – nützlich bei sensiblen Motiven, die Sie nicht Photoshops Automatik anvertrauen wollen.

Bild: stock.exchng, Karin Lindstrom

▲ **Abbildung 20.10**
Bilder mit dem Freistellungswerkzeug gerade richten: Drehen Sie den Freistellrahmen einfach per Maus.

Schieflagen beim Freistellen ausgleichen | Per Freistellungswerkzeug können Sie schiefe Bilder direkt beim Beschnitt ausrichten. Dazu ziehen Sie zunächst ein Freistell-Rechteck auf und bwegen den Mauszeiger von außen an eine der Auswahl*ecken* des Freistellrahmens (nicht an die Anfasser an den Seitenmitten) heran. Der Mauszeiger verwandelt sich dann in einen gebogenen Doppelpfeil (Abbildung 20.10) und lässt sich genau so drehen oder verschieben wie ein normaler Transformationsrahmen (mehr über Transformation lesen Sie in Abschnitt 11.2, »Ebenen transformieren«). Wenn Sie den Rahmen fertig positioniert haben, bestätigen Sie den Vorgang. Der Vorteil der Methode: Das Bild wird gleichzeitig gedreht und beschnitten, Sie sparen sich den Arbeitsgang des zusätzlichen Beschnitts. Der Nachteil: Es ist manchmal schwierig, den Rahmen per Maus und Augenmaß in den richtigen Winkel zu kippen.

CS5

Zeit sparen und genau arbeiten – Photoshops neue Linealoption | Manchmal schafft man es trotz aller Bemühungen nicht, mit dem Freistellungswerkzeug oder den Menübefehlen das Bild exakt senkrecht oder waagerecht auszurichten. In Photoshop CS5 gibt es eine neue Option beim Linealwerkzeug (Kürzel: I), die Ihnen in solchen Fällen weiterhilft.

Schritt für Schritt: Bilder exakt ausrichten und automatisch beschneiden

1 Messlinie an schiefer Kante ziehen

An einer der schiefen Kanten des Bildes ziehen Sie mit dem Linealwerkzeug (Kürzel: I) eine Linie, die exakt dem schiefen Winkel folgt. Dazu ist es unter Umständen notwendig, in das Bild hineinzuzoomen. Die Messlinie muss nicht über die ganze Länge der Kante gehen, sollte ihr aber möglichst genau folgen. Sie können Anfangs- und Endpunkt der Linie bei Bedarf mit der Maus verschieben, bis sie genau passen.

Tipp für Umsteiger von CS3

Wenn Sie bisher mit älteren Versionen von Photoshop gearbeitet haben, suchen Sie das Linealwerkzeug vielleicht vergeblich im unteren Bereich der Werkzeugleiste. Seit CS4 ist das Lineal – ein Unterwerkzeug der Pipette – in der Werkzeugleiste nach oben gewandert. Dort ist es jetzt zwischen dem Freistellwerkzeug und den Reparaturpinseln zu finden.

Bild auf der Buch-DVD: »SchieferSee.tif«

◂ **Abbildung 20.11**
Ziehen Sie über dem Bild entlang des Horizonts eine Messlinie.

2 Arbeitsfläche drehen

Um die Arbeitsfläche zu drehen, genügt ein Klick auf den Button Gerade ausrichten in der Optionsleiste des Linealwerkzeugs. Die von Ihnen gezogene Lineallinie wird nun als Orientierung verwendet. Das Motiv wird so gedreht, dass die Linie – und damit das gesamte Bild – exakt senkrecht oder waagerecht stehen.

▾ **Abbildung 20.12**
Der Klick auf diesen Button richtet das Bild nicht nur aus, er beschneidet das Bild auch.

3 Automatischer Beschnitt

Sobald man eine Datei dreht, treten zwei Schwierigkeiten auf: Die Bildecken ragen aus dem Format heraus, und es fehlen Inhalte. Man muss eine Datei in der Regel tüchtig beschneiden, damit diese Fehlstellen nicht mehr zu sehen sind. Die Gerade-ausrichten-Funktion im Linealwerkzeug tut das automatisch. Wenn Sie diese Funktion nutzen, wird Ihr Bild zwar gerade, aber je nach Drehwinkel und Größe der entstandenen Fehlstellen auch ein ganzes Stück kleiner! Diese Automatik-Funktion ist in vielen Fällen sehr praktisch. Wenn Sie jedoch einmal genauere Kontrolle über den Beschnitt des Bildes haben möchten, empfiehlt sich die Kombination des Befehls BILDDREHUNG • PER EINGABE mit dem Lineal – wie das geht, lesen Sie im folgenden Abschnitt.

▲ **Abbildung 20.13**
Die begradigte und automatisch beschnittene Version.

▲ **Abbildung 20.14**
Begradigte Version ohne Beschnitt. Hier sehen Sie, wie viel vom Motiv weggeschnitten wurde. Der Rahmen kennzeichnet den neuen Bildausschnitt, wie er auch in Abbildung 20.13 zu sehen ist.

Gradgenaue Eingabe: Das Menü »Bilddrehung« | Wenn es darum geht, auf der Seite liegende oder auf dem Kopf stehende Bildmotive schnell zu drehen, können Sie die Menübefehle unter BILD • BILDDREHUNG verwenden.

Der Befehl PER EINGABE öffnet ein kleines Dialogfeld. Dort können Sie sogar auf das halbe Grad genaue Drehungen eingeben. Dabei brauchen Sie allerdings ein gutes Augenmaß. Auch Hilfslinien als optische Achsen können hier helfen.

Außerdem lässt sich der Befehl BILD • BILDDREHUNG • PER EINGABE mit dem Linealwerkzeug kombinieren. So können Sie Motive ebenfalls exakt drehen, überlassen das Beschneiden jedoch nicht Photoshop, sondern erledigen es manuell.

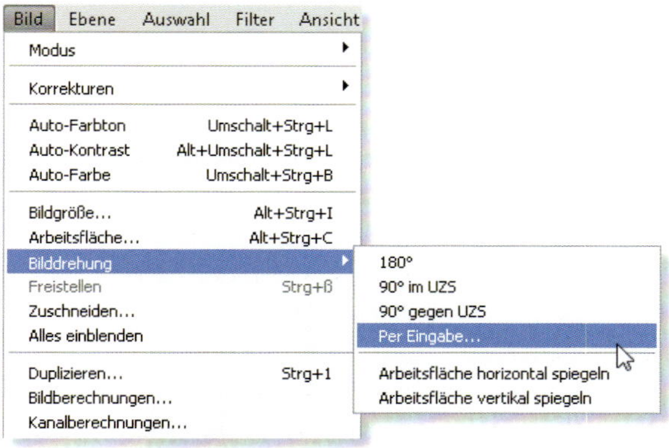

◂ **Abbildung 20.15**
Befehle für die schnelle Bilddrehung

Schritt für Schritt: Bilder gerade richten – ganz exakt

1 Messlinie an schiefer Kante ziehen

Die Ausgangslage ist dieselbe wie beim vorigen Workshop: Ziehen Sie an einer der schiefen Kanten mit dem Linealwerkzeug ([I]) eine Linie, die der Schräge möglichst genau folgt.

2 Arbeitsfläche drehen

Rufen Sie nun den Befehl BILD • BILDDREHUNG • PER EINGABE auf.

Verändern Sie den im Dialogfeld eingetragenen Wert *nicht* – er zeigt genau den Winkel an, um den das Bild gedreht werden muss, damit es korrekt begradigt wird. Bestätigen Sie mit OK.

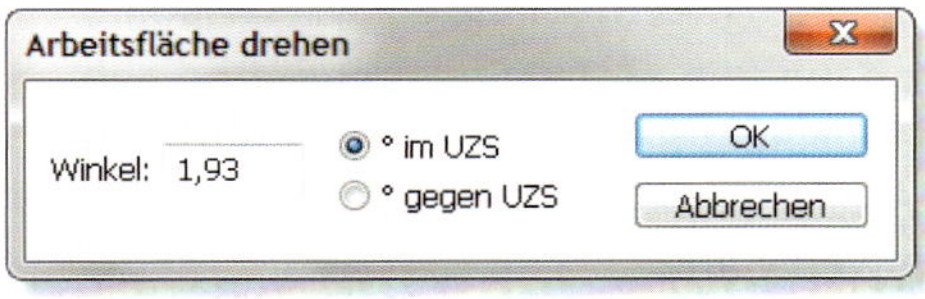

◂ **Abbildung 20.16**
Übernehmen Sie den voreingestellten Wert.

3 Fertig gedreht

Das Bild ist nun so gedreht, dass der eigentliche Bildinhalt gerade ausgerichtet ist – vorausgesetzt, Sie haben mit dem Messwerkzeug genau gearbeitet. Beim Drehen des Bildes vergrößert Photoshop die Bildfläche automatisch und füllt sie in der aktuell eingestellten Hintergrundfarbe auf (hier war es ein heller Gelbton). Wenn im Bild keine Hintergrundebene vorhanden ist, bleiben die Kanten transparent. Mit der erweiterten Bildfläche wird verhindert, dass »Zipfel« der gedrehten Bildfläche über den sichtbaren Arbeitsbereich hinausragen.

Auflösung ändern – Modifikationen am Pixelbestand eines Bildes bleiben immer problematisch, denn einmal durch Skalieren verloren gegangene Bildinformationen lassen sich nicht wieder zurückholen!

Aus diesem Grund sollten Sie ein Bild auch immer nur einmal skalieren und nicht erst vergrößern und dann wieder etwas verkleinern, falls es noch nicht ganz passt. Nehmen Sie besser Ihre letzte Aktion zurück, und fangen Sie von vorne an. Dasselbe gilt für Interpolationen und andere Eingriffe in den Original-Pixelbestand eines Bildes oder einer Ebene.

Eine Ausnahme bilden Smart-Objekte, die sich zerstörungsfrei hin- und herskalieren lassen.

Weniger ist mehr | Je höher die Skalierung ist, desto mehr Bildpixel werden entfernt oder auch dazuerfunden. Es gilt: Weniger (Skalierung) ist mehr (erhaltene Bildqualität). Generell sollten Sie bei Vergrößerungen 130% nicht überschreiten, weil die Bildqualität sich dann drastisch verschlechtert. Ein Rechenexempel macht deutlich, warum das so ist: Wenn Sie das Originalbild von 100% auf 130% vergrößern, werden die Bildkanten jeweils zwar nur um 30% länger. Die Fläche des Bildes aber vergrößert sich um 69% – und diese zusätzliche Fläche muss Photoshop mit rechnerisch ermittelten Pixeln füllen.

Proportionen beachten | Es lohnt sich auch, auf günstige Proportionen zu achten. Bei einer Skalierung von 1:2 oder 1:4 ist der Qualitätsverlust nicht so hoch wie bei »krummen« Zahlen. Wenn Sie Ihr Bild nicht auf vorgegebene Maße bringen müssen, sondern es einfach nur größer oder kleiner haben wollen, sollten Sie zuerst versuchen, ob eine Skalierung um das Zweifache oder Vierfache passt.

20.3.2 Der Bildgröße-Dialog

Alle Eingriffe in die Bildpixel sind also problematisch für die Bildqualität. Ansonsten ist die **Handhabung** des Dialogfeldes recht einfach.

- Entscheiden Sie, ob Sie das Bild neu berechnen lassen wollen oder nicht. (De)aktivieren Sie entsprechend die Option INTERPOLATIONSVERFAHREN 6, und ändern Sie gegebenenfalls die Interpolationsmethode 7.
- Wenn Sie die **Auflösung** Ihres Bildes ändern wollen, müssen Sie die neuen Werte unter DOKUMENTGRÖSSE 2 eintragen.
- Nach der Lektüre von Abschnitt 6.2, »Bildgröße und Auflösung«, wissen Sie, dass Änderungen der Kantenlänge oder

Bildauflösung keinen Einfluss auf die Anzeige des Bildes am Monitor haben. Im Web sind nicht Inches, Zoll, Zentimeter oder Millimeter das entscheidende Maß, sondern Pixel. Wenn Sie Bilder speziell für den Internet-Einsatz vorbereiten, müssen Sie die PIXELMASSE ① verändern.

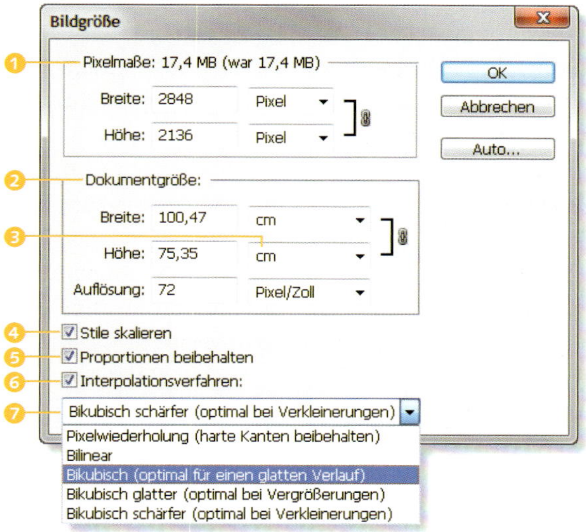

◂ **Abbildung 20.19**
Der BILDGRÖSSE-Dialog mit ausgeklappter Liste

- Wenn das Kästchen bei PROPORTIONEN BEIBEHALTEN ⑤ aktiviert ist, wird eine unproportionale Verzerrung des Bildes vermieden, ohne dass Sie viel rechnen müssen. Sie erkennen es auch an den Kettensymbolen, die Breiten- und Höhenangaben verbinden.
- STILE SKALIEREN ④ sollte in jedem Fall aktiviert sein, wenn Ihr Bild Ebeneneffekte wie Schlagschatten, Relief oder Ähnliches enthält und diese »mitwachsen« sollen (mehr über Ebeneneffekte finden Sie in Kapitel 32).

TOPP-TIPP: Einfach Prozent eingeben

Ein weiterer sinnreicher Helfer, der Ihnen Rechenarbeit spart, verbirgt sich im Dropdown-Menü mit den Maßeinheiten ③. Der Wert PROZENT ermöglicht es Ihnen, Werte als Prozentwerte vom aktuellen Bildmaß einzugeben.

20.4 Inhaltssensitiv skalieren: Strukturen skalieren, Hauptmotive schützen

Bisher gab es zwei Möglichkeiten, um Bilder, deren Maße nicht zum geplanten Einsatzzweck oder Medium passen, auf Format zu bringen:

- das **Skalieren** des ganzen Bildes
- der **Beschnitt**

Oft ist keine der beiden Lösungen zufriedenstellend: Beim Skalieren wird der Hauptbildgegenstand oft zu klein. Außerdem lassen

Datei für die Buch-DVD: »SkaterQuerformat.tif«

▲ **Abbildung 20.20**
Das Originalbild

▲ **Abbildung 20.21**
Mithilfe der inhaltssensitiven Skalierungsfunktion lässt sich daraus beispielsweise so ein Hochformat machen … (hier genügte das Zuschalten des Buttons Personenerkennung)

sich extreme Formate, wie sie zum Beispiel für Webdesign-Elemente (Header, Banner und Ähnliches) notwendig sind, auf diese Weise nicht immer erreichen. Und beim Beschneiden muss man oft erhaltenswerte Bildteile opfern.

Seit CS4 gibt es eine dritte Alternative: die Funktion Inhaltsbewahrendes Skalieren. Sie finden sie wie alle anderen Skalierungsfunktionen im Bearbeiten-Menü. Die Funktion kann – im Idealfall – Bilder so skalieren, dass unwichtige Inhalte zusammengeschoben oder gedehnt, wichtige Bildelemente jedoch erhalten werden. So sind ganz neue Bildkompositionen und Bildformate möglich.

Ob das klappt, ist weitestgehend motivabhängig. Zwar können Sie mit Alphakanälen (gespeicherten Auswahlen oder Ebenenmasken) beeinflussen, welche Bildteile geschützt werden sollen, doch weitestgehend arbeitet die Funktion automatisch. Versagt sie, haben Sie nur wenige Möglichkeiten, um gegenzusteuern. Doch in Zeiten von Mobile Content und variantenreichen Displaygrößen – vom Handheld bis zum 24-Zöller – ist das inhaltssensitive Skalieren durchaus hilfreich.

▲ **Abbildung 20.22**
… oder aber ein extremes Querformat (mit schützender Maske für den Skateboarder). Bildwichtige Teile bleiben erhalten, die Strukturen im fotografierten Himmel werden neu berechnet.

20.4.1 Wie funktioniert inhaltssensitives Skalieren?

Wenn Sie bereits mit den normalen Transformationswerkzeugen gearbeitet haben, sollte Ihnen das neue keine Schwierigkeiten bereiten. Einige Details sollten Sie jedoch beachten:

- Wie alle Transformationen lassen sich auch inhaltssensitive Skalierungen **nicht auf Hintergrundebenen** anwenden. Anders als andere Transformationen funktioniert Inhaltsbewahrendes Skalieren nicht bei Smart-Objekten. Sie müssen eine Hintergrundebene also zunächst in eine gewöhnliche Bildebene umwandeln, bevor Sie die Funktion nutzen können.
- **Bildfläche erweitern**: Je nachdem, was Sie mit Ihrer Datei vorhaben, sollten Sie das Bild gegebenenfalls an den Kanten anstückeln.

- Das Werkzeug hat eine automatische »Personenerkennung«, die auch oftmals gut funktioniert: Strukturen wie Rasen, Wellen, Sand und Ähnliches werden zusammengeschoben, während menschliche Umrisse als solche erkannt werden und erhalten bleiben. Bei extremen Transformationen oder wenn Sie andere Gegenstände als Menschen im Bild erhalten wollen, empfiehlt es sich, zunächst eine **Auswahl zu schützender Bildpartien** anzulegen und diese zu speichern. Auf die Informationen im Alphakanal können Sie während der Transformation zugreifen.

Zum Nachlesen: Transformationen
In Kapitel 11, »Fortgeschrittene Ebenentechniken«, erfahren Sie Grundlegendes über die gewöhnlichen Transformationsfunktionen von Photoshop.

Rufen Sie dann den Befehl BEARBEITEN • INHALTSBEWAHRENDES SKALIEREN auf. Der Transformationsrahmen, der dann erscheint, unterscheidet sich nicht von anderen derartigen Rahmen. Sie können ihn an den Seiten anfassen und verschieben, um den Inhalt zu einer Seite zu dehnen oder zu stauchen.

Erst längs, dann quer – bessere Ergebnisse durch mehrfaches Skalieren | Skalieren ist ein Eingriff in den Original-Pixelbestand eines Bildes. Wenn Sie nicht gerade mit Smart-Objekten arbeiten, gilt beim normalen Skalieren: Führen Sie so wenige einzelne Skalierungsoperationen wie möglich durch, um das Bild zu schonen. Hier ist das anders. Das Ziehen an den Eck-Anfassern des Transformationsrahmens verändert Breite und Höhe gleichzeitig. Doch das sollten Sie besser lassen, denn dabei stellen sich schnell grobpixelige Bildpartien ein! Auch bei gut geeigneten Motiven erreichen Sie bessere Ergebnisse, wenn Sie erst in die eine Richtung skalieren, dann die Operation abschließen und danach in einem zweiten Arbeitsgang die Skalierung in die andere Richtung fortsetzen. So verbessern Sie Ihre Chancen auf glatte, gut interpolierte Konturen und vermeiden Strukturenwirrwarr.

Optionen | In der Optionsleiste können Sie Ihre Wunschmaße auch numerisch eingeben. Entscheidend ist der Button mit der kleinen Menschenfigur (1): Ist er aktiviert, werden menschliche Motive (via Hautton-Erkennung) automatisch geschützt. Im Zweifelsfall heißt es hier: ausprobieren. Versagt der Button und werden Menschen zu stark verzerrt, muss eine Auswahl her.

▼ **Abbildung 20.23**
Die Optionen des inhaltserhaltenden Transformationswerkzeugs. Die Liste unter BEWAHREN zeigt – zuvor vom Benutzer erzeugte – Alphakanäle an. Die anderen Optionen gleichen denen beim gewöhnlichen Transformieren.

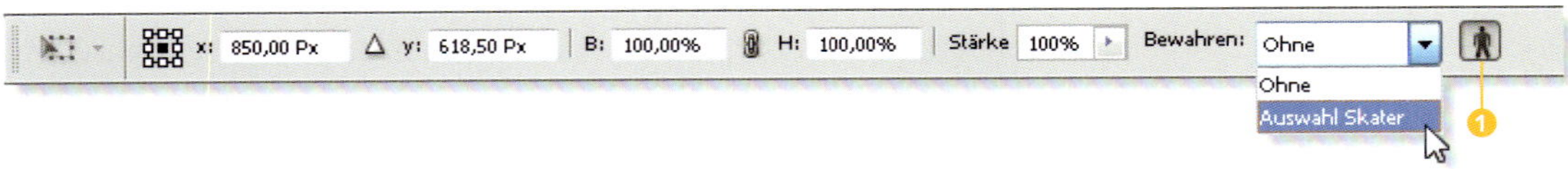

20.5 Bildfläche anbauen

Bisweilen wird es nötig, Bildfläche anzufügen. Das bedeutet eine Größenänderung des Bildes, bei der nicht die Bildpixel größer skaliert werden, sondern zusätzliche Bildfläche und – wenn es im Bild eine Hintergrundebene gibt – auch neue Pixel angebaut werden. Der Befehl dazu heißt BILD • ARBEITSFLÄCHE (Alt+Strg+C bzw. ⌥+⌘+C).

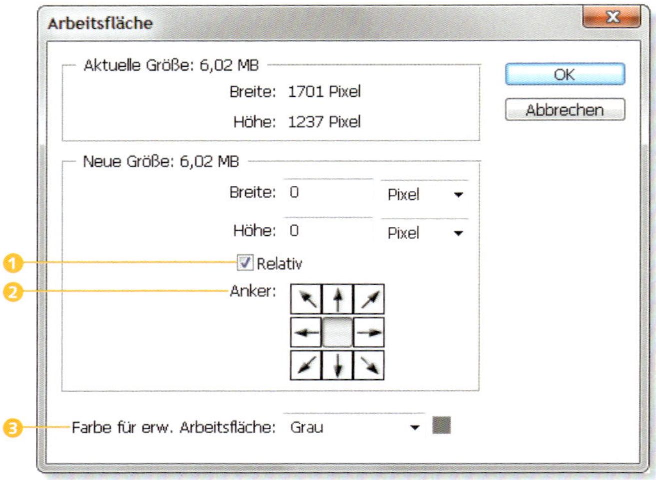

▲ **Abbildung 20.24**
Der Dialog zum Erweitern der Bildfläche

Bild: dieblen.de

▲ **Abbildung 20.25**
Das Originalbild

Datei auf der Buch-DVD: »calla_dunkelrot.jpg«

Oben sehen Sie die aktuelle Bildgröße – angezeigt in der Maßeinheit, die Sie in den VOREINSTELLUNGEN als Standard festgelegt haben. Darunter können Sie die NEUE GRÖSSE angeben.

Ist die Option RELATIV 1 **aktiv**, wird das Bild um die angegebene Größe erweitert. Ist die Option **deaktiviert**, wird das Bild auf die eingegebenen Maße gebracht. Wenn die von Ihnen festgelegten Maße geringer sind als die ursprüngliche Bildgröße, wird das Bild nach Anzeige einer Warnung beschnitten! Unter ANKER 2 legen Sie durch Klicks auf die einzelnen Schaltflächen fest, an welche Position der erweiterten Arbeitsfläche die schon vorhandenen Bildpixel gerückt werden sollen.

FARBE FÜR ERW.(EITERTE) ARBEITSFLÄCHE 3 ist nur aktiv, wenn es im Bild eine Hintergrundebene gibt. Sie legen damit fest, in welcher Farbe der angestückelte Bildrand aufgefüllt wird. Ohne Hintergrundebene werden automatisch transparente Pixel genommen.

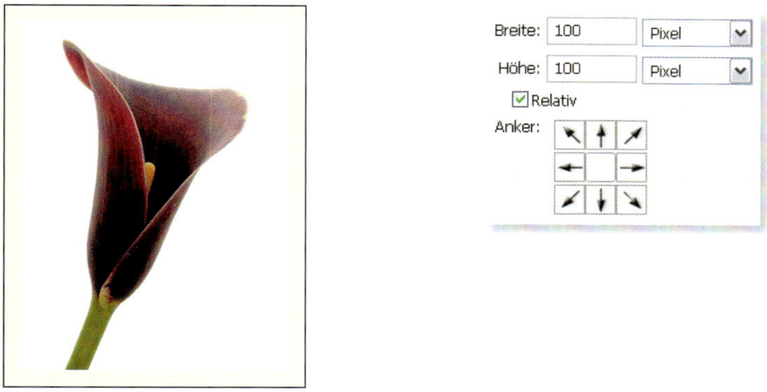

◂ Abbildung 20.26
Hier wurde an allen Seiten Arbeitsfläche in der aktuellen Hintergrundfarbe (gelb) angebaut.

◂ Abbildung 20.27
Die Position der angebauten Flächen kann durch einen Klick auf einen der Buttons unter Anker verändert werden – aber nicht nachträglich.

◂ Abbildung 20.28
Hier wurde die Arbeitsfläche nur seitlich nach links erweitert.

21 Bilder schärfen

Zum Scharfzeichnen eines Bildes gibt es viele Anlässe. Besonders nach dem Neuberechnen eines Bildes durch das Skalieren muss man oft etwas nachschärfen, aber auch nach der Anwendung von »Entstörungs«-Filtern, um scanbedingte Unschärfen auszubügeln, oder dann, wenn ein Bild einfach nicht mit ausreichender Schärfe vorliegt und kein Ersatz beschafft werden kann, oder um einem Bild den letzten Schliff zu geben. Auch im Druckvorstufen-Workflow gehört das Schärfen einfach dazu.

Digitales Scharfzeichnen ist (leider) nicht mit dem Scharfstellen eines Kameraobjektivs zu vergleichen, denn es werden nicht mehr Motivdetails oder mehr Bildinformationen ins Bild gebracht – das ist nachträglich auf digitalem Wege gar nicht möglich. Digitales Scharfzeichnen ist lediglich eine **Rechenoperation**, bei der benachbarte Pixel miteinander verglichen werden. Dort, wo Pixel unterschiedlicher Helligkeit aneinandergrenzen, setzt der Scharfzeichnungsfilter an und erhöht den Kontrast zwischen den Pixeln. Dadurch *wirkt* das Bild schärfer, auch wenn in Wahrheit nicht mehr Details hinzugekommen sind. Es kann aber auch leicht passieren, dass ein Bild zu stark scharfgezeichnet wird. Ein zu deutlich verstärkter Kontrast äußert sich in Farbsäumen in Bereichen, an denen Pixel unterschiedlicher Farbe und Helligkeit aneinandergrenzen.

Abbildungen in diesem Kapitel: Besser am Bildschirm betrachten
Die Bildschärfe von der Digitalwelt in den Druck hinüberzubringen ist eine anspruchsvolle Aufgabe. Nicht umsonst gibt es zahlreiche Tutorials darüber und nicht eben wenige Debatten über den optimalen Schärfungs-Workflow. Die *Unschärfe* der Demobilder in diesem Kapitel so einzustellen, dass sie im gedruckten Buch genau so aussehen wie auf dem Bildschirm, war noch viel schwieriger. Wenn Sie die Erklärungen detailliert nachverfolgen wollen, sollten Sie sich die Beispieldateien von der Buch-DVD herunterladen und sie am Monitor ansehen – und am besten die Workshops gleich nacharbeiten.

21.1 Scharfzeichnen-Filter ohne Steuerungsmöglichkeiten: Wenig empfehlenswert

Unter FILTER • SCHARFZEICHNUNGSFILTER finden Sie die fünf verschiedenen Scharfzeichnungsfilter, die Photoshop anbietet.

Die Filter KONTUREN SCHARFZEICHNEN ❶, SCHARFZEICHNEN ❷ und STÄRKER SCHARFZEICHNEN ❸ können lediglich angeklickt werden und bieten keinerlei Steuerungsmöglichkeit.

Abbildung 21.1 ►
Der Scharfzeichnungsfilter von Photoshop

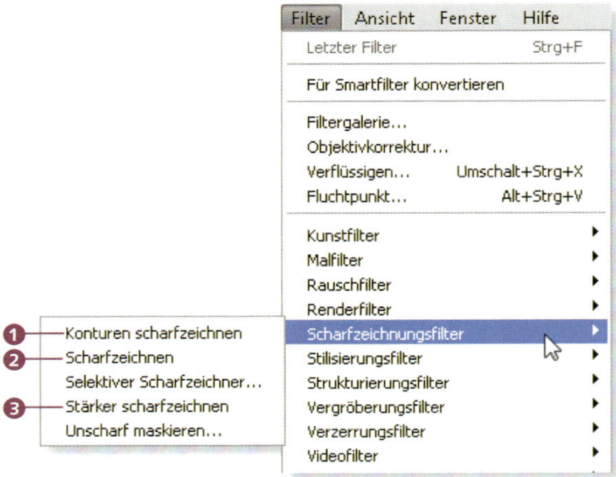

Datei auf der Buch-DVD: »dom_brandenburg.tif«

▲ **Abbildung 21.2**
Hier hat die Autofokus-Funktion der Kamera nicht sauber gearbeitet. So entstand ein schönes, aber leider leicht unscharfes Foto.

▲ **Abbildung 21.3**
Durch falsches Scharfzeichnen mit der Funktion STÄRKER SCHARFZEICHNEN wurde das Bild verdorben.

Ein Vergleich der beiden Bilder zeigt, dass Scharfzeichnen durchaus eine anspruchsvolle Aufgabe ist – Chancen, das Bild zu verderben, inbegriffen. Besonders die Vergrößerung zeigt deutlich die charakteristischen hellen **Farbsäume**. Vor allem im Bereich der Dachziegel wird eine störende helle Körnung sichtbar, am Turm tritt **Bildrauschen** deutlich hervor, und man kann eine helle Konturlinie zwischen Turm und Himmel erkennen. Am Gesamteindruck des Bildes ist auch gut erkennbar, dass digitales Schärfen eigentlich eine Kontraststeigerung ist – das Bild wirkt nun insgesamt viel kontrastreicher.

Fazit: Scharfzeichnen einfach nur per Knopfdruck mit den Filtern KONTUREN SCHARFZEICHNEN, SCHARFZEICHNEN und STÄRKER SCHARFZEICHNEN geht nur selten gut, denn Sie haben dabei zu wenige Möglichkeiten, das Schärfen an die Gegebenheiten im

Bild anzupassen. Aus diesem Grund sollten Sie auf den Einsatz dieser Filter verzichten. Verwenden Sie lieber die bewährte Funktion UNSCHARF MASKIEREN oder den SELEKTIVEN SCHARFZEICHNER.

21.2 Vor dem Scharfzeichnen

Originaldaten schützen, zerstörungsfrei arbeiten | Was für die meisten Photoshop-Techniken gilt, sollten Sie auch beim Schärfen berücksichtigen: Verändern Sie Ihr Originalbild – das digitale Negativ! – nicht unwiderruflich. Wendet man Scharfzeichnen auf gewöhnliche Bild- und Hintergrundebenen an, ist es ein unwiderruflicher Eingriff in den Pixelbestand eines Bildes. Sie können zwar die Protokollfunktion nutzen, aber wenn Sie die Datei einmal geschlossen haben, gibt es keinen Weg zurück. Nachträgliche Änderungen können Qualität kosten. Das ist besonders deswegen ungünstig, weil beim Schärfen das Ausgabemedium eine entscheidende Rolle spielt: Ein Bild für den Zeitungsdruck muss viel stärker geschärft werden als eines für die Online-Publikation, und wieder anders sieht es bei hochwertigen Fine-Art-Prints aus – jedes Medium verlangt eine eigene Schärfungsversion. Auch deswegen ist es zu empfehlen, bildschonend zu arbeiten.

Zum Weiterlesen: Camera Raw und Smartfilter
Mehr über den Umgang mit Raw-Files lesen Sie in Kapitel 23, »Das Camera-Raw-Modul«. Details zum Einsatz von Smartfiltern erfahren Sie in Abschnitt 28.2, »Smart-Objekte und Smartfilter«.

Um zerstörungsfrei zu schärfen, gibt es drei praktikable Möglichkeiten:

- die Arbeit mit Smart-Objekten und Smartfiltern
- oder das Filtern von Datei- oder Ebenen*kopien*
- oder das Entwickeln von Raw-Bildern (Kamera-Rohdaten) mithilfe von Adobe Camera Raw

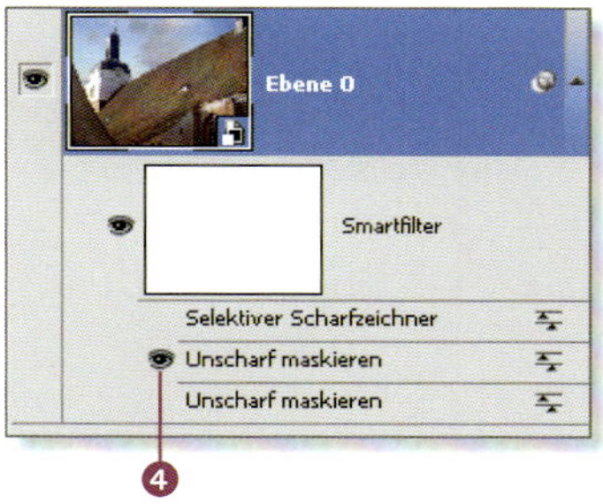

▲ **Abbildung 21.4**
Blenden Sie Smartfilter mittels Augen-Icon ❹ ein oder aus, um Versionen zu vergleichen.

Smart-Objekte gestatten die zerstörungsfreie Anwendung von Filtern, den sogenannten Smartfiltern. Smartfilter können auch nachträglich jederzeit verändert werden und lassen die Originaldaten eines Bildes intakt. Ihre Anwendung ist also unbedenklich. Da sich auf jedes Smart-Objekt mehrere Filter – auch mehrfach derselbe – anwenden lassen, haben Sie eine gute Vergleichsmöglichkeit. Nachteilig ist allenfalls, dass Smartfilter nicht umbenannt werden können: Wenn Sie denselben Filter mit unterschiedlichen Einstellungen mehrfach anwenden, kommen Sie leicht durcheinander.

Wenn Sie exzessiv mit Filtereinstellungen experimentieren und dabei auch noch den Durchblick behalten wollen, können Sie auch mit **Ebenenduplikaten** arbeiten, auf die Sie unterschiedliche Filter anwenden. Den Ebenen lassen sich dann entsprechend aussagekräftige Namen zuweisen.

Abbildung 21.5 ►
Unterschiedlich gefilterte Ebenenduplikate. Die Ebenentitel sorgen für Orientierung.

Shortcuts: Denselben Filter erneut anwenden

Wenn Sie einen Filter mehrfach hintereinander brauchen, können Sie die folgenden Tastenkürzel nutzen:

Strg+F (bzw. am Mac ⌘+F) wendet den letzten Filter mit den zuletzt benutzten Einstellungen ohne weitere Einstellungsmöglichkeiten an.

Alt+Strg+F (bzw. unter Mac OS ⌥+⌘+F) ruft den Dialog des zuletzt benutzten Filters erneut auf. Sie können die Einstellungen dann nochmals ändern und den Filter erneut anwenden.

Diese Kürzel funktionieren nicht nur beim Schärfen, sondern mit allen Filtern.

Schärfen mit Köpfchen | Beim Schärfen ist es leider nicht mit der Bedienung der Photoshop-Tools getan. Um wirklich zufriedenstellende Ergebnisse zu erzielen, müssen Sie Ihre Schärfungsoperation gut planen. Die Ursache der Unschärfe, weitere anfallende Arbeitsschritte, die oben bereits angesprochene geplante Weiterverarbeitung des Bildes und die Charakteristik des Motivs selbst sollten bei Ihren Überlegungen eine Rolle spielen.

Wissen Sie, woher die Unschärfe kommt? Wenn etwa alle Bilder aus Ihrer Kamera dieselbe leichte Unschärfe zeigen, ist das Schärfen recht einfach. Sie müssen nur die **Grundschärfe** des Bildes ein wenig verbessern. Dazu entwickeln Sie einmal eine gut funktionierende Schärfungsroutine, die Sie dann pauschal auf alle Bilder anwenden können, bevor Sie sie weiterbearbeiten.

Haben Sie Bilder vor sich, die nach dieser Grundschärfung immer noch unscharf erscheinen oder sogar weitere Fehler aufweisen, wird es schwieriger. Sie müssen für das **Nachschärfen von Details** viel sorgfältiger vorgehen und zum Beispiel mit Masken oder im Lab-Modus arbeiten (siehe die Workshops später in diesem Kapitel).

Und Sie müssen den richtigen **Zeitpunkt** für die Detailschärfung wählen. Es empfiehlt sich, alle globalen Eingriffe in den Original-Pixelbestand, wie das Ändern der Auflösung oder der Bildgröße, *vor dem Schärfen* durchzuführen. Auch das Entfernen von Störungen wie z. B. Bildrauschen oder Moiré muss vor dem Schärfen erfolgen – hier sollten Sie anschließend besonders behutsam schärfen, um die entfernte Störung nicht wieder ins Bild hereinzuholen. Wenn Sie vorhaben, den Bildkontrast zu bearbeiten, sollten Sie auch das vor dem Schärfen tun, denn oft ändert sich der »Schärfeeindruck« eines Bildes mit verbesserten Kontrasten – und umgekehrt kann eine Schärfung auch die Kontraste verstärken. Und auch globale Farb- und Tonwertkorrekturen und

Retuschen können Spuren vorangegangenen Schärfens unangenehm sichtbar machen und sollten deswegen erledigt sein, bevor Sie sich ans Nachschärfen machen.

Auch wenn es in Einzelfällen sicher gute Gründe dafür gibt, diese Ordnung umzukehren, kann man als **Faustregel** festhalten: Ein behutsames Einstellen der Grundschärfe kann man am Anfang der Bildbearbeitung durchführen, umfangreichere Schärfungsarbeiten, bei denen Bilddetails stärker herausgearbeitet werden sollen, erledigt man besser am Ende. Das Schärfen für das spezielle Ausgabemedium kann ein dritter Schärfungsdurchgang sein, der nun wirklich der letzte Arbeitsschritt sein sollte, bevor Sie das Bild herausgeben.

Bei all dem sollten Sie auch noch die **Ausgangsbedingungen** im Bild berücksichtigen. Es ist einleuchtend, dass ein Bild mit vielen feinen Details beim Schärfen anders behandelt werden muss als die Aufnahme einer Landschaft im diffusen Frühnebel. Dazu kommt die Bildgröße: Bei hochaufgelösten, großformatigen Bildern muss man mit ganz anderen Schärfungswerten operieren als bei kleinformatigen Bildern. Deswegen ist es auch kaum möglich, pauschale Ratschläge zu geben, welches die beste Schärfungseinstellung ist.

Bringen Sie das Bild auf 100%-Ansicht | Eine Einstellung ist allerdings vor dem Schärfen Pflicht: Zoomen Sie Ihr Bild auf 100%. Wie schon angesprochen, werden die Bildpixel für eine vergrößerte oder verkleinerte Bildanzeige umgerechnet. Trotz der seit CS4 deutlich verbesserten Vorschauqualität bekommen Sie nur in dieser Ansicht eine wirklich verlässliche Einschätzung der Bild(un)schärfe. In anderen Ansichten kann ein Bild brillant wirken, während die maßgebliche Ansicht in der Originalgröße schon völlig überzeichnet oder noch unscharf ist. Umgekehrt können in gezoomten Monitordarstellungen Störungen hervortreten, die in der 1:1-Ansicht nicht ins Gewicht fallen. Daher ist es Pflicht, vor dem Scharfzeichnen zur 100%-Ansicht zu wechseln.

Sollte das Bild in der Vollansicht nicht zur Gänze im Dokumentenfenster angezeigt werden können, schieben Sie es mithilfe der Hand so hin, dass die wichtigen Bildbereiche gut sichtbar sind.

Auch von der Möglichkeit, die **Miniatur-Vorschau** in den Scharfzeichnungsdialogfeldern zu skalieren (mit den kleinen Plus- und Minus-Buttons unterhalb des Vorschaufensterchens), sollten Sie lieber absehen. Stattdessen können Sie mit der Maus ins Vorschaufenster fahren und das Bild mit der dann erscheinenden Hand verschieben.

▲ **Abbildung 21.6**
Das Hand-Werkzeug funktioniert auch im Vorschaufenster innerhalb von Dialogen, hier zum Beispiel beim Filter UNSCHARF MASKIEREN.

21.3 Unscharf maskieren

Der Filter Unscharf maskieren (oft auch als »USM« abgekürzt) entlehnt seinen etwas verwirrenden Namen einem Fotolabortrick: Beim unscharfen Maskieren wird ein unscharfes Bildpositiv auf die vorhandene Negativversion gelegt, und anschließend wird beides zusammen auf Fotopapier belichtet. Dadurch werden die Konturen an hellen Stellen noch heller und in dunklen Bereichen dunkler, was subjektiv als höhere Schärfe empfunden wird. USM ist eine alltagstaugliche und mit einiger Übung auch rasch und gezielt anwendbare Scharfzeichnungstechnik.

Praktische Vorschau

Wenn Sie während des Schärfens einen Vorher-nachher-Vergleich benötigen, können Sie einfach den Haken bei Vorschau kurzzeitig entfernen. Bei sehr großen Bilddateien hat das einen Nachteil: Die Aktualisierung der Bildansicht dauert eine geraume Weile. In solchen Fällen lassen Sie den Vorschau-Haken unberührt und klicken einfach mit der Maushand ins Vorschaubild. Solange Sie die Maustaste gedrückt halten, ist dort die ungeschärfte Bildversion zu sehen.

Parameter | Zur Erinnerung: Beim digitalen Scharfzeichnen werden benachbarte Pixel miteinander verglichen. Wo Pixel unterschiedlicher Helligkeit aneinandergrenzen, erhöht der Scharfzeichnungsfilter die Kontraste. Es gibt also drei für die Schärfung wesentliche Parameter:

- Wie stark ist der Helligkeitsunterschied von Nachbarpixeln, damit der Filter greift?
- Wie viele Pixel im Umfeld eines einzelnen Pixels werden für den Vergleich herangezogen und anschließend verändert?
- Wie stark wird der Kontrast erhöht?

21.3.1 Der Unscharf-maskieren-Dialog

Der Filter Unscharf maskieren setzt genau bei diesen drei Faktoren an. So können Sie den Schärfegrad exakt den Anforderungen Ihres Bildes anpassen.

Datei auf der Buch-DVD: »dom_brandenburg.tif«

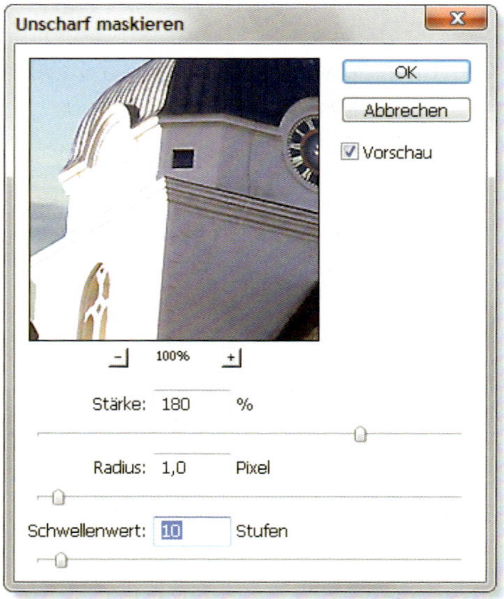

Abbildung 21.7 ▸
Der Dialog des Filters Unscharf maskieren mit seinen Einstellungsmöglichkeiten

Schwellenwert | Der SCHWELLENWERT (0–255 Stufen) gibt an, wie hoch der Helligkeitsunterschied zwischen den einzelnen Pixeln sein muss, damit die Kontrasterhöhung greift.

In der Praxis bedeutet das: Je niedriger der Schwellenwert ist, desto radikaler wirkt der Filter – und je höher der Schwellenwert ist, desto geringer ist die erreichte Schärfung. Ein hoher Schwellenwert verringert das Risiko, dass Körnung und Bildrauschen durch die Schärfung verstärkt werden. Umgekehrt werden Störungen in Bildern durch rabiates Schärfen mit niedrigem Schwellenwert betont.

Lieber mehrfach, aber sanft schärfen!

Es hat sich in der Praxis bewährt, ein stark unscharfes Bild mehrfach nacheinander mit moderaten Schärfungseinstellungen (geringem SCHWELLENWERT, RADIUS so gering wie möglich) zu bearbeiten. Die Gefahr des Überschärfens ist dabei geringer als bei der einmaligen Schärfung mit hohen Werten.

Radius | Unter RADIUS stellen Sie ein, wie viele Pixel im Umfeld des zu schärfenden Bereichs in diese Kontrasterhöhung eingerechnet werden. Einstellbar sind Werte von 0,1 bis 250 Pixel. So hohe Radien sind allerdings schlichtweg Unsinn, denn Werte über 3 Pixel zerstören jedes normale Bild. Den Radius sollten Sie auch immer **in Relation zur Bildauflösung** sehen: Bei niedrig aufgelösten Bildern sollten Sie nicht mehr als 1 Pixel einstellen. Folgendes sollten Sie sich merken: Der Radiuswert hält die hellen Konturlinien im Zaum, die für falsches Schärfen typisch sind. Zu hohe Radien führen zu einer Kontrastüberzeichnung an den Kanten, eben den farbigen, meist hellen »Säumen«.

▲ **Abbildung 21.8**
Helle Farbsäume sind ein typischer Effekt, der eintritt, wenn mit zu hohem Radius geschärft wird.

TOPP-TIPP: Farbsäume dämpfen mit »Verblassen«

Nicht immer findet man beim Schärfen einen Radiuswert, der zwar einerseits eine gute Schärfung bringt, andererseits aber helle Farbsäume unterdrückt. In solchen Fällen können Sie die unerwünschte helle Akzentuierung von Konturen mit dem Befehl BEARBEITEN • VERBLASSEN (⇧+Strg+F bzw. ⇧+⌘+F) zum Verschwinden bringen oder zumindest unauffälliger machen.

Aber Achtung: Dieser Befehl steht nur **unmittelbar nach dem Schärfen zur Verfügung!** Sobald Sie einen weiteren – noch so banalen – Arbeitsschritt machen, ist dieser Weg verbaut.

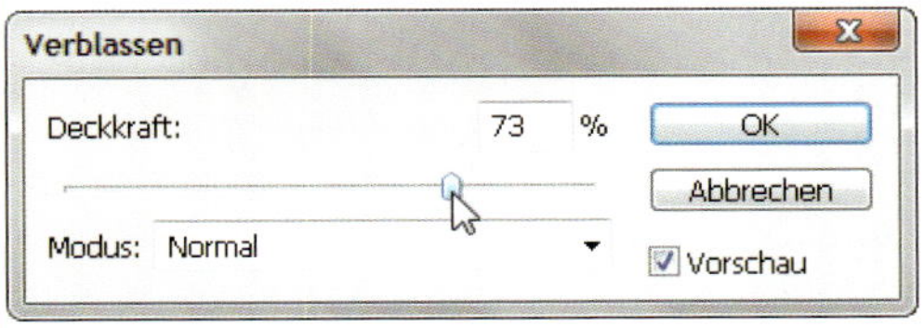

◂ **Abbildung 21.9**
Verblassen-Einstellungen

Insbesondere, wenn Sie Farbsäume reduzieren möchten, kann es hilfreich sein, unter MODUS die Option LUMINANZ einzustellen. Der DECKKRAFT-Slider reguliert dann die Wirkung des Verblassens.

Bei völlig missratenen Filter-Eingriffen ist es meist günstiger, die Filterung mit ⌘/Strg+Z ganz zurückzunehmen und nochmals sanfter zu dosieren.

Stärke | Die STÄRKE (von 0–500 %) regelt, wie stark der Kontrast der angrenzenden Pixel erhöht wird. Sie steuert also, wie stark der Scharfzeichner wirkt.

Für die Praxis: Meist fahren Sie mit Werten zwischen 80 % und 200 % ganz gut. Wenn Sie die STÄRKE auf 300 % oder mehr erhöhen, müssen Sie meist den RADIUS auf unter 1 senken, um brauchbare Ergebnisse zu bekommen. Wie beim SCHWELLENWERT ist es auch hier oft günstiger, den Filter mit einer milde wirkenden Einstellung mehrfach hintereinander anzuwenden als einmal radikal.

21.3.2 Welche Einstellungen für welches Bild?

Die drei Faktoren STÄRKE, RADIUS und SCHWELLENWERT beeinflussen sich gegenseitig, daher muss man sich immer an die beste Einstellung herantasten, indem man alle drei Regler nacheinander verstellt. Es gibt aber einige Anhaltspunkte, die ich im Folgenden vorstelle.

Geringe Unschärfe | Feine, detaillierte Motive mit nur geringer Unschärfe profitieren vom Schärfen mit kleinem RADIUS (weniger als 1) und hoher STÄRKE (um 150–200) bei moderatem SCHWELLENWERT. Diese Einstellungen sind gut geeignet, um die leichte Unschärfe auszugleichen, die beim Digitalisieren (z. B. Scannen) auch guter Vorlagen entsteht, und geben Bildern so den letzten Schliff. Rauschen und Staub auf stark unscharfen Bildern werden durch diese Kombination aber verstärkt.

Dateien auf der Buch-DVD: »moos_16-Bit.tif«, »alexanderplatz-fernsehturm.jpg«, »Mann-in-schwarzem-Hemd.tif«

Bild: Onno K. Gent

▲ **Abbildung 21.10**
Ein detailreiches Foto, das bereits in recht guter Schärfe vorliegt, ...

▲ **Abbildung 21.11**
... wird mit geringem RADIUS und höherer STÄRKE geschärft, um scanbedingte leichte Unschärfen auszubügeln.

Unscharfe Scans | Großer RADIUS (2–3 Pixel) und hohe STÄRKE (um die 200%) bei moderatem SCHWELLENWERT – mit dieser Einstellung kann ein Bild schon vergröbert wirken und die typischen hellen Konturlinien aufweisen. Bei unscharfen Scans kann so eine Einstellung aber die letzte Rettung sein.

Bild: Frank Gaebler

▲ **Abbildung 21.12**
Ein derb unscharfes Bild ...

▲ **Abbildung 21.13**
... kann mit solchen Einstellungen notfalls gerettet werden. Zwar treten hier schon die ersten Schärfungsfehler (helle Pixel an den Tonwertgrenzen) auf, aber der Gesamteindruck des Bildes ist schärfer und besser.

▲ **Abbildung 21.14**
Die geschärfte Variante. Per VERBLASSEN mit dem Modus LUMINANZ wurden die beim Schärfen entstandenen hellen Kanten noch etwas zurückgenommen.

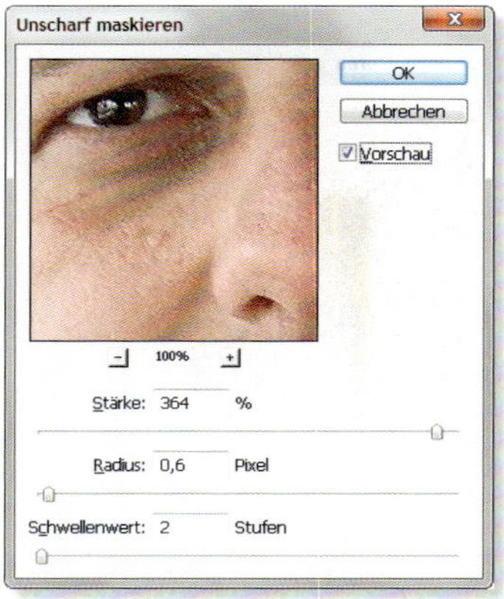

▲ **Abbildung 21.15**
Dieselben Einstellungen an einem Porträt ...

Bild: vitamin a

▲ **Abbildung 21.16**
... wirken fatal, wie besonders die Vergrößerung zeigt.

Kontrastarme Bilder | Bei Bildern, die viele kontrastarme Partien aufweisen – so Porträts und andere Bilder mit viel Haut –, führt oft ein hoher SCHWELLENWERT (10 oder mehr) bei durchschnittlichem RADIUS (1) und normaler Stärke zu guten Resultaten. Sie sollten dabei den Schwellenwert jedoch nicht zu stark erhöhen, weil sonst auch die Stärke wieder angehoben werden muss, was schnell zu einzelnen, hell aufblitzenden Pixeln führen kann.

Eigene Lösungen sind wichtig! | Das sind nur ein paar Hinweise, in welche Richtung Sie beim Schärfen arbeiten sollten. Für manche Bilder müssen ganz eigene Lösungen gefunden werden.

21.4 Der selektive Scharfzeichner

Datei auf der Buch-DVD: »flamingo.jpg«

Der Filter SELEKTIVER SCHARFZEICHNER verfügt über noch weitergehende Einstellungsmöglichkeiten als UNSCHARF MASKIEREN, und seine Anwendung erfordert natürlich auch ein wenig mehr Zeit. Das grundlegende Funktionsprinzip ist jedoch ähnlich wie beim UNSCHARF MASKIEREN: Ein virtuelles »unscharfes Bildpositiv« – die namensgebende Unscharfmaske des USM-Filters – wird mit dem virtuellen »Negativ« abgeglichen, was zu einer Anhebung der Kontraste an den Bildkonturen führt.

Bild: Fotolia, Enrique Sallent

▲ **Abbildung 21.17**
Das Schärfen dieses Bildes ist eine besondere Herausforderung: Besonders in den dunklen Bereichen ist starkes Rauschen zu erkennbar – im gedruckten Buch weniger, in der digitalen Version sehr deutlich. Diese Rausch-Struktur soll durch das Schärfen nicht verstärkt werden.

Die einfachen Einstellungen | So sieht das Dialogfeld aus:

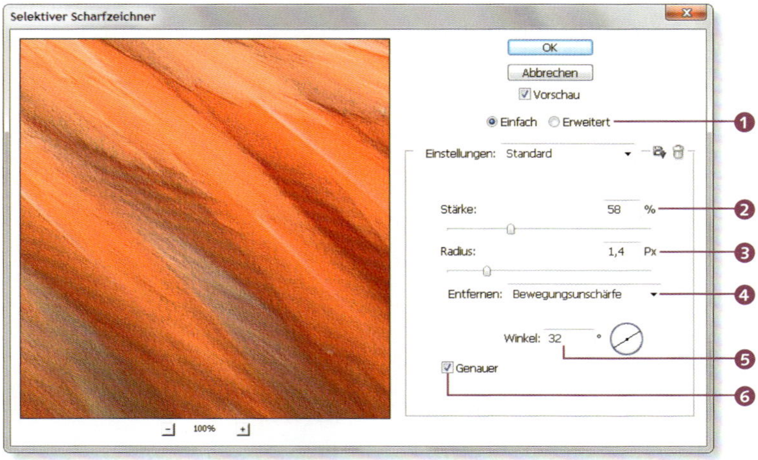

▲ **Abbildung 21.18**
Einstellungen für den selektiven Weichzeichner

STÄRKE ❷ wirkt genauso wie die Stärke beim Filter UNSCHARF MASKIEREN auch. Auch die Einstellung RADIUS ❸ birgt hier nichts Neues.

Entfernen | Interessant ist die Option ENTFERNEN ❹. Dabei wird mitnichten die Wirkung eines zuvor angewandten Weichzeichners entfernt, wie man irrigerweise vielleicht annehmen könnte, da in der Liste die Namen bekannter Weichzeichnungsfilter auftauchen. Vielmehr legen Sie hier fest, mit welchem Rechenalgorithmus das gedachte »unscharfe Bildpositiv«, also die Unscharfmaske, erzeugt wird. Dazu haben Sie hier drei verschiedene Möglichkeiten: GAUSSSCHER WEICHZEICHNER, TIEFENSCHÄRFE ABMILDERN und BEWEGUNGSUNSCHÄRFE.

- Die ENTFERNEN-Option GAUSSSCHER WEICHZEICHNER ist eine gute Universaleinstellung, die auch vom eigentlichen USM verwendet wird.
- TIEFENSCHÄRFE ABMILDERN eignet sich besonders gut für detailreiche Bilder und vermeidet helle Farbkränze.
- Die Einstellung BEWEGUNGSUNSCHÄRFE ist dazu gedacht, Unschärfen zu reduzieren, die durch Verreißen der Kamera oder ein bewegtes Motiv entstanden sind. Mit der Einstellung WINKEL ❺ legen Sie dann die »Bewegungsrichtung« der Bewegungsunschärfe fest. Sie sollte der Richtung der Bewegungsunschärfe im Bild folgen.

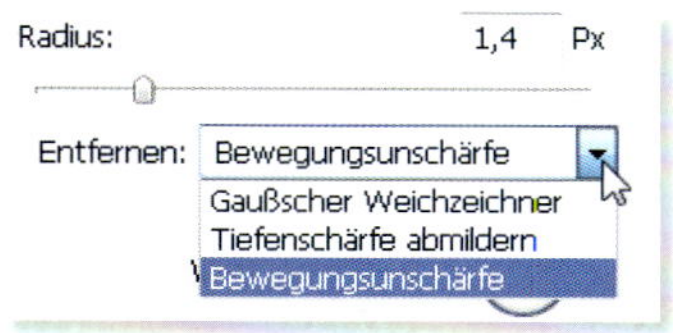

▲ **Abbildung 21.19**
Optionen für die Unscharfmaske des selektiven Scharfzeichners

Genauer | Mit der Option GENAUER ❻ können Sie eine präzisere, aber langsamere Berechnungsweise der Schärfung aktivieren.

Wenn Sie mit Ihren Einstellungen zufrieden sind, können Sie nun den Vorgang mit OK abschließen und die Schärfung anwenden.

21.4.1 Erweiterte Einstellungen

Sie können jedoch auch auf ERWEITERT ❶ klicken und bekommen dann weitere Einstellungsmöglichkeiten (Abbildung 21.20). Die Einstellungen unter TIEFEN und LICHTER sind dazu gedacht, das Scharfzeichnen heller und dunkler Bildbereiche zu steuern und insbesondere die hellen oder auch zu dunklen Farbsäume zu reduzieren, die beim Schärfen auftreten. Die Einstellungen unter SCHARFZEICHNEN sind die gleichen wie in der einfachen Ansicht.

Tiefen und Lichter einstellen | Die Einstellungsmöglichkeiten für LICHTER gleichen denen für die TIEFEN. Auf jeder Registerkarte gibt es drei weitere Funktionen.

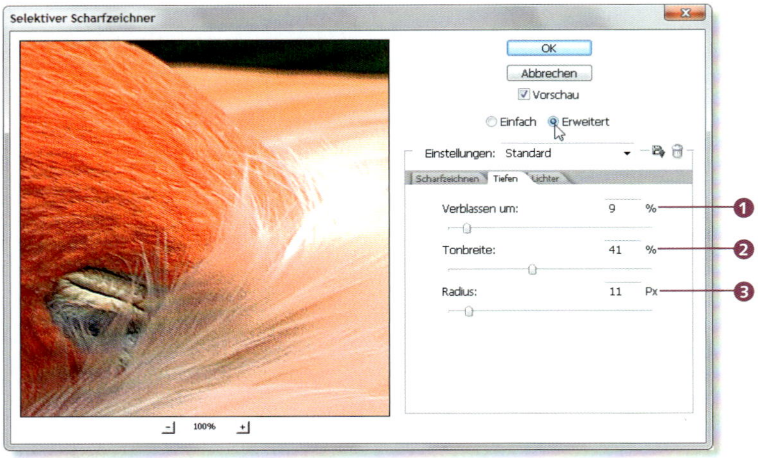

▲ **Abbildung 21.20**
Erweiterte Einstellungen, hier am Beispiel der Tiefen

- Die Funktion VERBLASSEN UM ❶ arbeitet ähnlich wie der schon angesprochene Menübefehl BEARBEITEN • VERBLASSEN. Hier ist es allerdings nicht notwendig, die Wirkung mittels Luminanz-Einstellung einzuschränken. Es werden automatisch ausschließlich die zu dunklen (im Dialogfeld TIEFEN) bzw. zu hellen (bei LICHTER) Farbsäume korrigiert.
- Die TONBREITE ❷ legt fest, wie viele dunkle bzw. helle Tonwerte bei der Korrektur der Tiefen oder Lichter mit einbezogen werden. Wenn Sie den Regler nach links verschieben, verringert sich der Wert der Tonbreite – die Korrekturen werden eng auf die dunkelsten (TIEFEN) oder allerhellsten Bildbereiche (LICHTER) beschränkt. Wenn Sie den Tonbreite-Wert erhöhen, indem Sie den Regler nach rechts ziehen, werden auch mehr dunkle oder helle Tonwerte von der Korrektur erfasst.
- RADIUS ❸ wirkt hier wie von den anderen Scharfzeichnungsfiltern bekannt.

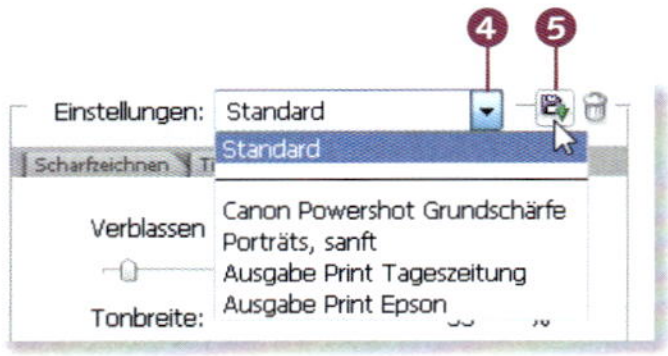

▲ **Abbildung 21.21**
Einstellungen können auch gespeichert und durch späteren Zugriff auf die Liste erneut verwendet werden. Nicht immer jedoch ist so ein »Schärfen von der Stange« sinnvoll.

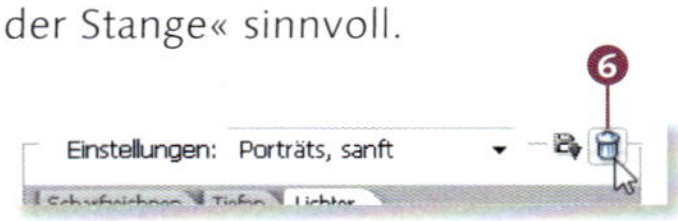

▲ **Abbildung 21.22**
Nicht mehr benötigte Einstellungen werden Sie – wie könnte es anders sein – durch einen Klick auf die Mülltonne wieder los.

21.4.2 Einstellungen abspeichern

Wenn Sie mit Ihren Einstellungen zufrieden sind, können Sie sie anwenden oder aber auch zum erneuten Gebrauch **speichern**. Dazu genügt ein Klick auf das Diskettensymbol ❺. Sie können dann einen Namen für die entsprechende Filtereinstellung vergeben. Die gespeicherten Einstellungen tauchen anschließend in der Liste ❹ auf.

Um Presets aus der Liste wieder zu löschen, wählen Sie sie zunächst aus und klicken dann auf den Mülleimer-Button ❻.

21.5 Nur Luminanz schärfen: Scharfzeichnen ohne Farbverfälschung

Manchmal kommt man um ein kräftiges Schärfen nicht herum: zum Beispiel, wenn man Bilder stark skalieren muss, was dann deutliche Unschärfen mit sich bringt, oder wenn man ohnehin nur eine unscharfe Bildversion zur Verfügung hat, die unbedingt noch nutzbar gemacht werden muss. Problematisch sind auch Motive, die gleichzeitig unscharf und verrauscht sind. Die Schärfungsfilter helfen dann nicht mehr unbedingt weiter. Ein zu stark geschärftes Motiv zeigt Farbsäume an den Kanten und hell aufblitzende Pixel in den Flächen, etwaiges Bildrauschen wird deutlich verstärkt. Doch es gibt Tricks, um doch noch zu einem schärferen und nicht völlig verunstalteten Bild zu kommen: zum Beispiel das Schärfen im Lab-Modus.

Erinnern Sie sich noch an den Absatz über die verschiedenen Bildmodi aus Kapitel 6? Im Bildmodus Lab sind die Farb- und Helligkeitsinformationen der Bildpixel voneinander getrennt – die Farbkanäle a und b beinhalten die Bildfarben, und der Luminanzkanal L enthält Informationen zur Helligkeit. Diesen Modus kann man sich beim Schärfen zunutze machen. Denn es ist die Luminanz – die Helligkeit – der einzelnen Bildpixel, die für den Schärfeeindruck im Bild sorgt. Nicht umsonst greifen Schärfungsfilter an Helligkeitsunterschieden innerhalb des Bildes an und verstärken diese. Gleichzeitig ist Rauschen meist in der Farbinformation eines Bildes zu finden, und auch die Folgen von zu starker Schärfung werden vor allem dort sichtbar. Es bietet sich also an, bei schwierigen Schärfungsjobs Helligkeit und Farbe eines Bildes getrennt zu behandeln. Anders als im RGB-Modus – hier sind Farbe und Helligkeit eines Pixels untrennbar miteinander verbunden – ist das im Modus Lab möglich.

Datei auf der Buch-DVD: »Mann-in-schwarzem-Hemd.tif«

▲ **Abbildung 21.23**
Das Schärfen im Lab-Modus kann die letzte Rettung für schwierige Motive sein – hier nochmals das Männerporträt, dem das herkömmliche Schärfen nicht so gut bekommen ist.

Schritt für Schritt: Schärfen mit dem Lab-Modus

Bei schwierigen Bildern, die sich nicht gut schärfen lassen, lohnt sich der Umweg über den Lab-Modus.

1 Modus umstellen

Stellen Sie den Bildmodus via Menü Bild • Modus • Lab-Farbe von RGB nach Lab um. Anders als beim Wechsel von RGB nach CMYK oder umgekehrt sind hier keine Qualitätsverluste am Bild zu erwarten.

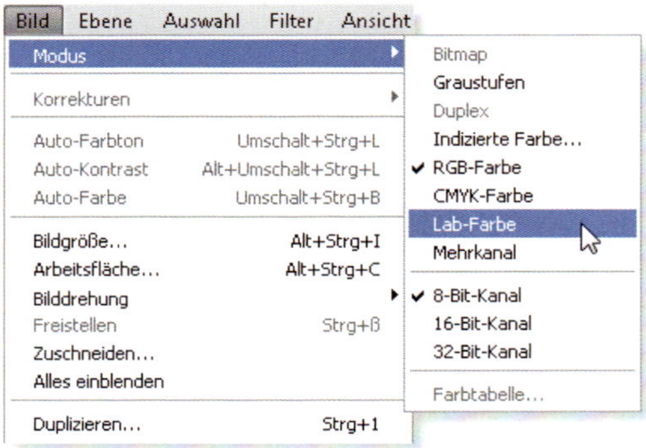

Abbildung 21.24 ▸
Wechseln Sie in den Lab-Modus.

2 Kanal »Helligkeit« aktivieren

Danach rufen Sie die Kanäle-Palette auf und klicken auf den Kanal HELLIGKEIT, um ihn zu aktivieren.

Nutzen Sie nun die Augensymbole der Palette, um versehentlich ausgeblendete Kanäle wieder einzublenden. Die Scharfzeichnung funktioniert zwar in jedem Fall, aber es ist günstiger, wenn Sie das Bild in Farbe vor sich haben.

▴ Abbildung 21.25
Das Bild sieht zunächst ungefähr so aus: blasse Graustufen. Jetzt müssen die übrigen Kanäle noch eingeblendet – nicht aktiviert – werden.

▴ Abbildung 21.26
Ihre Kanäle-Palette sollte so aussehen wie hier: Der Kanal HELLIGKEIT ist aktiv, die anderen Kanäle sind nicht aktiviert, jedoch – per Augensymbol – eingeblendet. Ihr Bild ist bei dieser Anordnung dann wieder farbig zu sehen!

3 Filter anwenden

Auf diesen Kanal wenden Sie den Filter UNSCHARF MASKIEREN oder den SELEKTIVEN SCHARFZEICHNER an – ganz wie bei der Arbeit auf einer normalen Bildebene auch. Wichtig: Sie sollten den Schärfungsfilter in jedem Fall in der 100%-Bildansicht anwenden!

Ich habe die oben gezeigten Werte **zweimal angewandt** und kam zu einem akzeptablen Ergebnis. Das Bild zeigt immer noch nicht perfekte Schärfe – was bei der Vorlage auch kaum zu erreichen ist –, es ist aber zumindest brauchbar.

Wenn Ihr Bild überdies starkes Rauschen aufweist, können Sie zusätzlich die Farbkanäle a und b *weichzeichnen*. Das hört sich zunächst unsinnig an, funktioniert jedoch, da diese Kanäle keine Helligkeitsinformationen enthalten, die für die Bildschärfe zuständig sind. Sie sollten lediglich darauf achten, den Weichzeichnungsradius nicht zu hoch zu wählen – ansonsten treten Farbverfälschungen auf.

4 Abschließende Arbeiten

Anschließend können Sie das Bild wieder zurück in den RGB-Modus bringen. ■

Alternative: Arbeiten mit der Füllmethode | Wenn Sie das gezeigte Verfahren zu umständlich finden, können Sie mit einer Ebenenkopie arbeiten, diese schärfen und dann die Ebenen-Füllmethode auf LUMINANZ umstellen. Und auch bei Smartfiltern lässt sich die Füllmethode einstellen. Der Vorteil des Verfahrens: Es geht ein wenig schneller. Der Nachteil: Sie können die Farbkanäle nicht separat bearbeiten, um eventuelles Rauschen zu eliminieren.

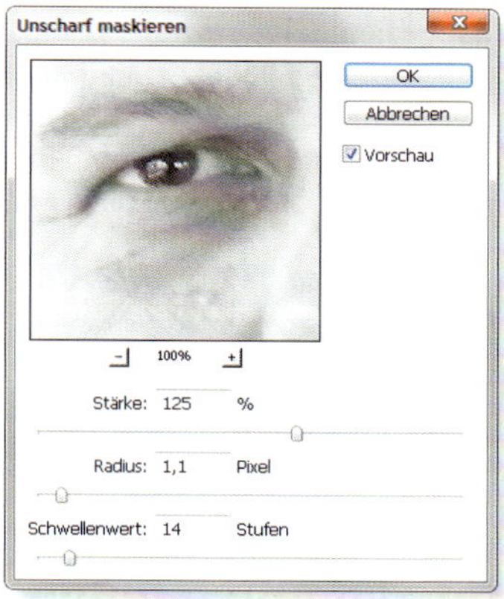

▲ **Abbildung 21.27**
Die Vorschau im USM-Dialog ist in Graustufen – ganz wie der Kanal, den Sie bearbeiten.

Zum Weiterlesen: Weichzeichnungsfilter
In Photoshop gibt es Weichzeichner für jede erdenkliche Aufgabe – elf Filter sind es inzwischen. In Abschnitt 30.1, »Weichzeichner für jeden Zweck«, werden sie vorgestellt.

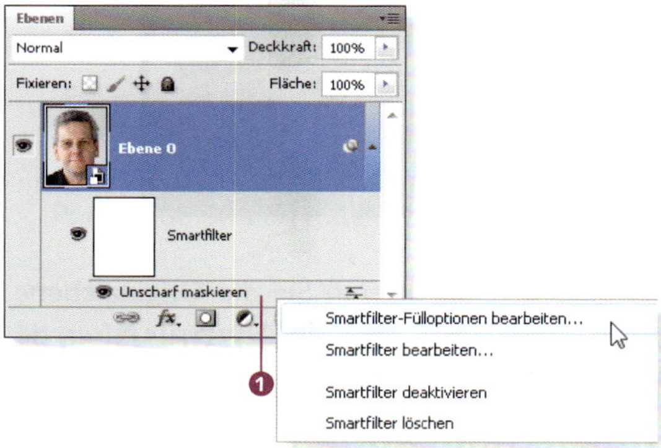

▲ **Abbildung 21.28**
Smartfilter-Fülloptionen verändern: Sie müssen exakt klicken ❶, um das Kontextmenü aufzurufen.

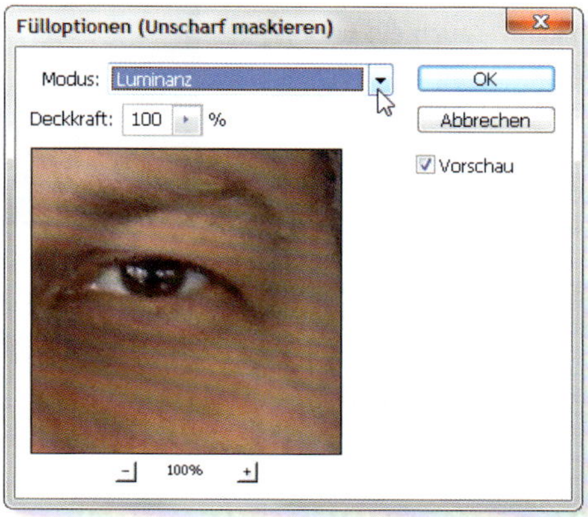

▲ **Abbildung 21.29**
Stellen Sie die Füllmethode auf LUMINANZ um. Zusätzlich können Sie die Deckkraft ändern – das mildert die Filterwirkung ab, ähnlich wie der Menübefehl BEARBEITEN • VERBLASSEN.

auch die Hochpass-Methode versagt, müssen Sie manuell vorgeben, wo der Filter wirken soll und wo nicht. Das geschieht am besten mit einer Konturenmaske. Es gibt zahlreiche verschiedene Filter- und Funktionskombinationen, mit denen Sie zu einer solchen Maske kommen. Eine Methode, die nach meiner Erfahrung besonders gut funktioniert, lernen Sie im folgenden Workshop kennen.

Dateien auf der Buch-DVD: »LachenderSchwimmer.tif«

Schritt für Schritt: Scharfzeichnung eingrenzen mit einer Konturenmaske

Bild: Fotolia, Andrew Lever

▲ **Abbildung 21.34**
Das Ausgangsbild – hier gilt es behutsam zu schärfen.

1 Das Ausgangsbild – Anforderungen

Das Ausgangsbild zeigt einen gut gelaunten, doch leider recht unscharf fotografierten Schwimmer am Strand. Beim Schärfen soll vermieden werden, dass die Zeichnung der Haut und kleinere Fältchen verstärkt werden, dennoch braucht das Bild mehr Schärfe.

2 Bild in den Lab-Modus bringen

Sie können auch aus einem RGB-Bild eine Konturenmaske erzeugen – in dem Fall müssen Sie als Grundlage den Kanal mit den besten Kontrasten wählen. Einfacher machen Sie sich die Arbeit jedoch, wenn Sie das Bild zunächst in den Lab-Modus bringen (Menübefehl BILD • MODUS • LAB-FARBE).

3 Zerstörungsfrei arbeiten, Smart-Objekt erzeugen

Wie bei den meisten anderen Techniken auch soll hier zerstörungsfrei gearbeitet werden. Dazu verwandeln Sie die Hintergrundebene in ein Smart-Objekt. Am schnellsten geschieht das, indem Sie mit der rechten Maustaste (Mac-Alternative: Ctrl+Klick) auf den neutralen Bereich der Ebenen-Palette – weder auf Ebenentitel noch -miniatur – klicken.

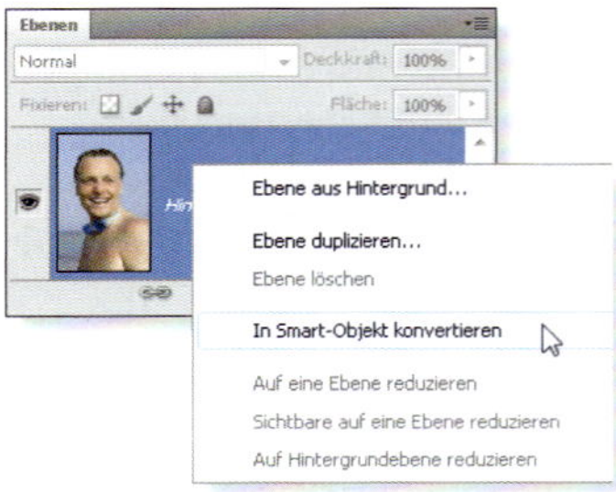

▲ **Abbildung 21.35**
Der schnellste Weg zum Smart-Objekt: das Kontextmenü der Ebenen-Palette

4 Kanal duplizieren

Ein Duplikat des Helligkeitskanals soll die Grundlage für die Konturenmaske sein. Wechseln Sie also zur Kanäle-Palette, und duplizieren Sie dort den Kanal HELLIGKEIT. Das geht genauso wie bei Ebenen: Greifen Sie einfach den Kanal mit der Maus, und ziehen Sie ihn auf das NEU-Icon am unteren Rand der Kanäle-Palette. Falls das nicht automatisch geschieht, blenden Sie alle übrigen Kanäle aus, damit Sie das Ergebnis Ihrer Arbeit in der Graustufenansicht direkt im Dokumentfenster beobachten können.

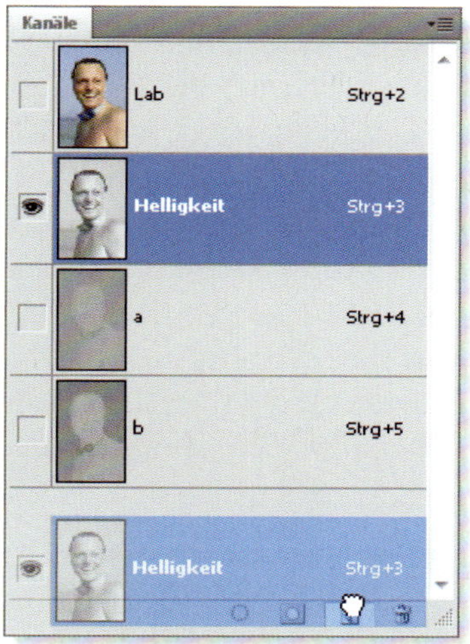

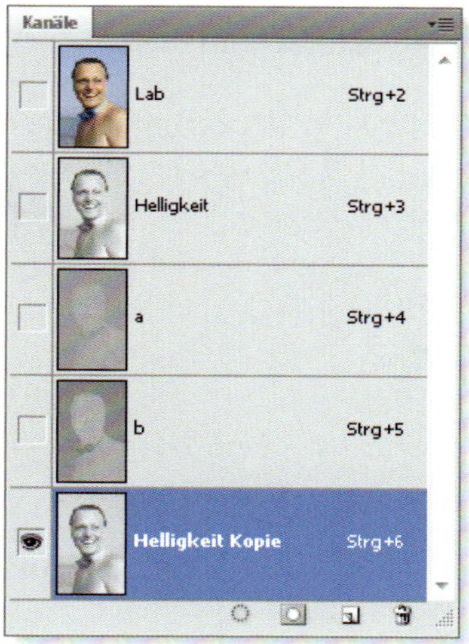

◂◂ Abbildung 21.36
Duplizieren des Kanals HELLIGKEIT

◂ Abbildung 21.37
Um erfolgreich zu arbeiten, sollte Ihre Kanäle-Palette jetzt so aussehen. Das Bild erscheint dann in Graustufen.

5 Weichzeichnen des Kanal-Duplikats

In der späteren Konturenmaske sollen natürlich nur wichtige Konturlinien des Motivs vertreten sein und nicht die zahlreichen feinen Abstufungen, die es bei fast allen Bildern auch noch gibt. Außerdem sollen die Konturen der Maske weiche Übergänge haben und etwas breiter sein als im Bildmotiv. Aus all diesen Gründen zeichnen Sie das Kanalduplikat nun weich. Der GAUSSSCHE WEICHZEICHNER (unter FILTER • WEICHZEICHNUNGSFILTER) leistet hier gute Dienste. Ein RADIUS-Wert um 1 herum genügt meist.

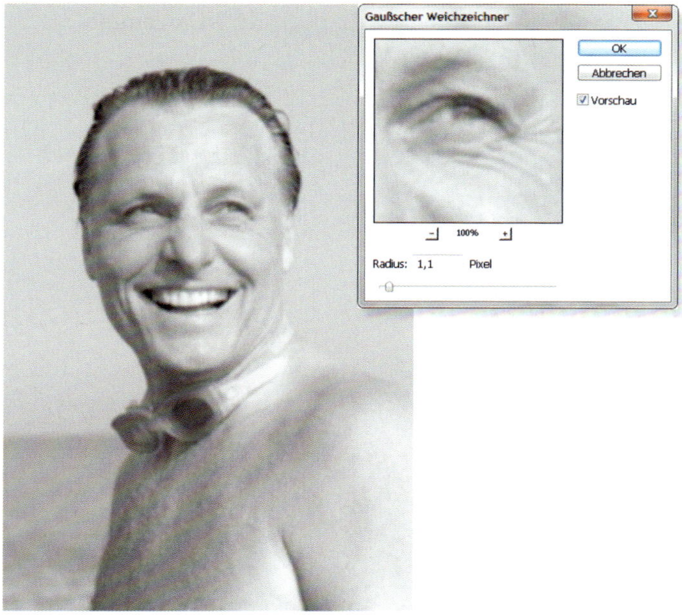

◂ Abbildung 21.38
Zeichnen Sie den Kanal weich, damit Ihre Maske nicht zu detailreich wird. In der Vorschau ist die Änderung kaum erkennbar, sie macht jedoch einen Unterschied für die weiteren Schritte!

6 Konturfilter anwenden und Kanal invertieren

Wenden Sie jetzt den Filter STILISIERUNGSFILTER • KONTUREN FINDEN an. Einstellungsmöglichkeiten haben Sie dabei nicht. Die Kanalvorschau ähnelt nun einer Zeichnung: schwarze Linien auf weißem Grund. Doch Halt! Wir brauchen später eine Auswahl, die die Kanten innerhalb des Bildes frei lässt und den Rest abdeckt. Deswegen müssen wir das Kanalduplikat umkehren. Der Shortcut [Strg]/[⌘]+[I] erledigt das am schnellsten. Nun zeigen sich weiße Linien (der spätere Auswahlbereich) auf Schwarz (dieser Bereich ist später vor der Bearbeitung, also auch dem Schärfen, geschützt).

Abbildung 21.39 ▸
Nach der Anwendung des Konturenfilters

Abbildung 21.40 ▸▸
Nach der Invertierung

7 Konturen stärker herausarbeiten

Die Konturen des Kanalduplikats sind nun richtig gefärbt, jedoch noch zu dünn. Außerdem zeigen sich immer noch sehr viele zarte Konturlinien im Objektinneren. Beides lässt sich durch den Einsatz der Tonwertkorrektur korrigieren. Bei Kanälen können Korrekturwerkzeuge nicht auf üblichem Wege – per Ebenen- oder Korrekturen-Palette – erzeugt werden. Deswegen wählen Sie nun den Weg über die Menübefehle BILD • KORREKTUREN • TONWERTKORREKTUR oder das Kürzel [Strg]/[⌘]+[L] (die Tonwertkorrektur heißt auf Englisch *Levels*).

Welche Einstellungen die besten sind, ist vom Motiv abhängig. Bei dieser Datei habe ich die Tonwertspreizungsregler und den Mittenregler (Regler unter TONWERTSPREIZUNG) auf die Werte 18 – 0,91 – 178 verschoben. Die Maske erhält dadurch stärkere Kontraste, die Konturen werden breiter. Bei manchen Bildern verschwindet dadurch auch der sanfte Übergang zwischen maskierten und unmaskierten Bereichen der Maske. Wenn das passiert, können Sie den Gaußschen Weichzeichner erneut anwenden. Außerdem steht Ihnen, sobald Sie die Auswahl ins Bild geladen haben (siehe Schritt 8) wie bei allen Auswahlen der Dialog KANTE VERBESSERN zur Verfügung. Mithilfe dieses Tools können Sie die Auswahl bei Bedarf weicher machen.

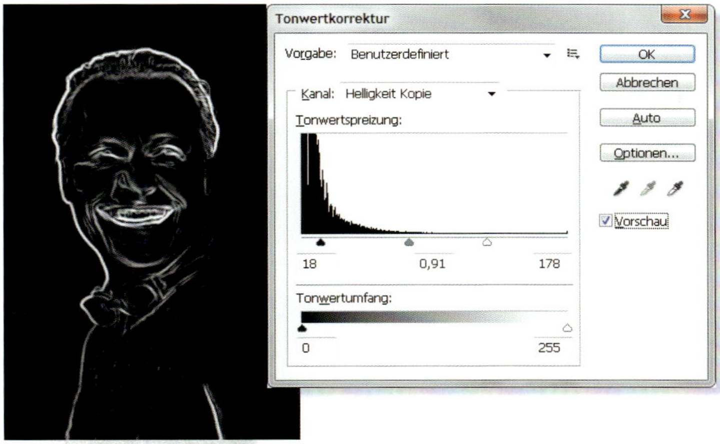

◂ **Abbildung 21.41**
Per Tonwertkorrektur werden Konturlinien verstärkt und feinere Innenlinien eliminiert.

8 Den Kanal als Auswahl laden

Nun soll aus dem fertig bearbeiteten Kanal endlich eine Auswahl erzeugt werden. Der einfachste Weg ist es, [Strg]/[⌘] zu drücken und auf die Miniatur des Kanalduplikats zu klicken. Wenn Sie auch noch [⇧] dazu nehmen und mehrmals klicken, werden nicht nur die allerhellsten Tonwerte der Maske, sondern auch Grautöne als Auswahl geladen. Bei den meisten Motiven ist dieses Verfahren zu empfehlen.

Deaktivieren Sie in der Kanäle-Palette nun Ihre Kanalkopie, und aktivieren Sie alle übrigen Kanäle der Datei. Dann kehren Sie zur Ebenen-Palette zurück.

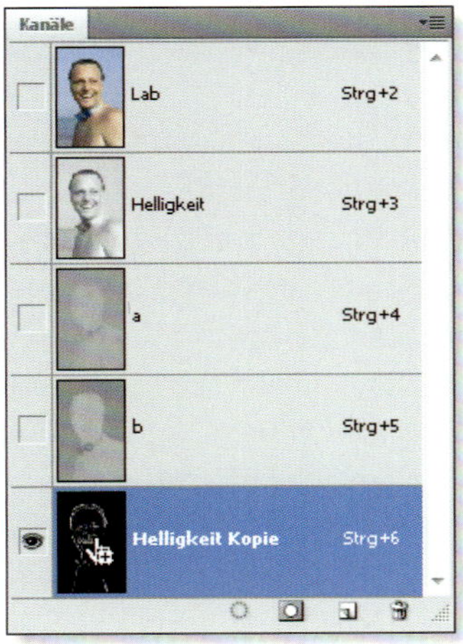

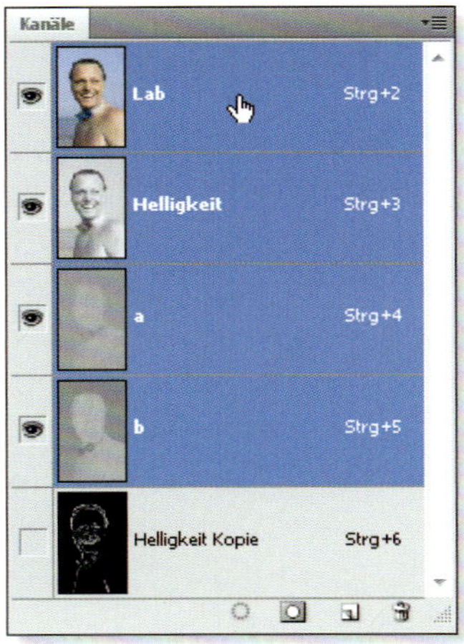

◂◂ **Abbildung 21.42**
Kanal als Auswahl laden. Das Pluszeichen beim Mauszeiger ist der Hinweis, dass der Auswahlbereich durch Mehrfach-Klicks ausgeweitet wird.

◂ **Abbildung 21.43**
So sollte die Kanäle-Palette aussehen, bevor Sie zurück in die Ebenen-Palette wechseln.

9 Filtermaske des Smartfilters erzeugen

Sie müssten Ihr Bild jetzt mit den richtigen Farben sehen (keine Graustufen oder rote Maskenansicht), und die Auswahllinien sollten als deutliche Ameisenstraßen im Bild erkennbar sein. Rufen Sie dann den Schärfungsfilter Ihrer Wahl auf. Geeignet sind entweder UNSCHARF MASKIEREN oder der SELEKTIVE SCHARFZEICHNER. Jetzt müssen Sie ein wenig aufpassen: In der Vorschau innerhalb des Filterdialogs ist die Wirkung der Auswahl nicht erkennbar! Die Schärfung zeigt sich in allen Bildbereichen, auch in denen, die durch die Maske geschützt sind. Bestätigen Sie den Filter zunächst einfach mit OK, ohne sich um die Einstellungen zu kümmern. Im Bild sehen Sie nun, dass die Auswahlkonturen in die Filtermaske des Smartfilters übernommen wurden.

Abbildung 21.44 ▶
Die geladene Auswahl

Abbildung 21.45 ▶▶
Nach dem (vorläufigen) Schließen des Scharfzeichnungsfilters hat die Smartfilter-Maske die zuvor im Kanal herausgearbeiteten Konturen übernommen.

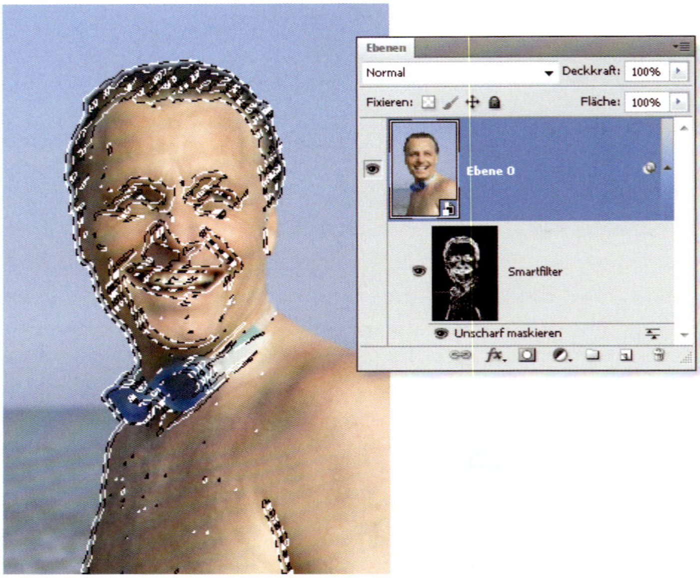

10 Fülloption des Filters ändern

Gleich geht es daran, die endgültige Schärfung vorzunehmen. Doch zuvor sollten Sie noch die Fülloption des Smartfilters auf LUMINANZ umstellen. Warum? Obwohl Sie eine Datei im Modus Lab bearbeiten und der Helligkeitskanal als Grundlage der Konturenmaske diente, würde sich eine Scharfzeichnung im Filtermodus NORMAL auf alle Bildinformationen – Luminanz und Farbe – auswirken. Dabei sind negative Scharfzeichnungsfolgen wahrscheinlicher (anders als im Workshop unter 21.5, »Nur Luminanz schärfen«). Also klicken Sie in der Ebenen-Palette auf das Icon oder wählen im Kontextmenü den Befehl SMARTFILTER-FÜLLOPTIONEN BEARBEITEN und ändern die Filter-Fülloption.

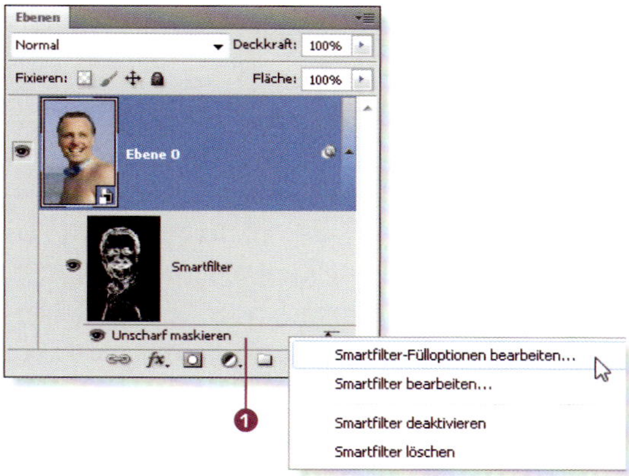

▲ **Abbildung 21.46**
Um an dieses Kontextmenü heranzukommen, müssen Sie genau klicken ❶.

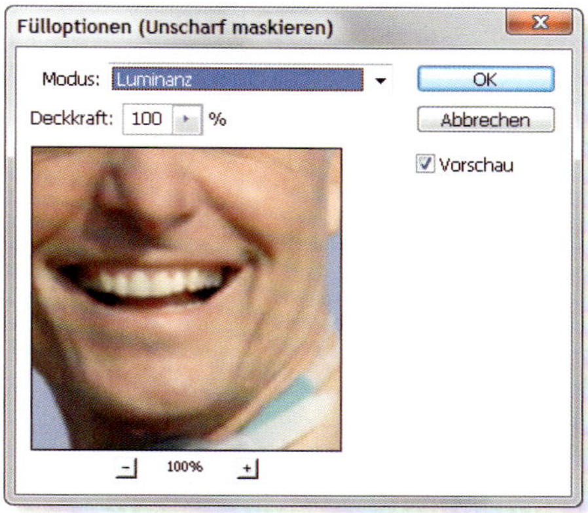

▲ **Abbildung 21.47**
Wählen Sie als Fülloption für den Schärfungsfilter LUMINANZ.

11 Endgültiges Schärfen

Bringen Sie Ihr Bild spätestens jetzt in die 100%-Ansicht. Durch Klicken auf den Smartfilter-Namen in der Ebenen-Palette öffnen Sie erneut den Filterdialog. Dort können Sie Ihre Einstellungen vornehmen. Orientieren Sie sich dabei nicht an der Vorschau im Filterdialog, sondern am Dokumentfenster – nur dort wird die Wirkung der Filtermaske korrekt angezeigt. In der Vorschau des Filterfensters erkennen Sie, wie katastrophal die hohen Werte für das Porträt ohne Maske wären. Mit Maske sind sie die Rettung für das unscharfe Schwimmerbild!

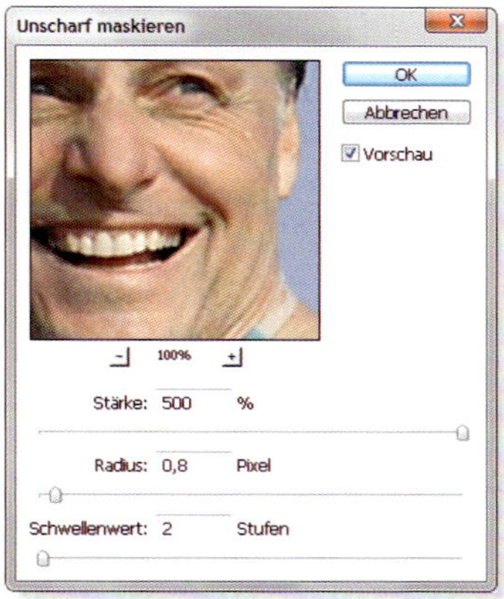

▲ **Abbildung 21.48**
Weil hier mit einer Maske gearbeitet wird, können höhere Werte eingestellt werden, als es sonst bei Porträts ratsam ist.

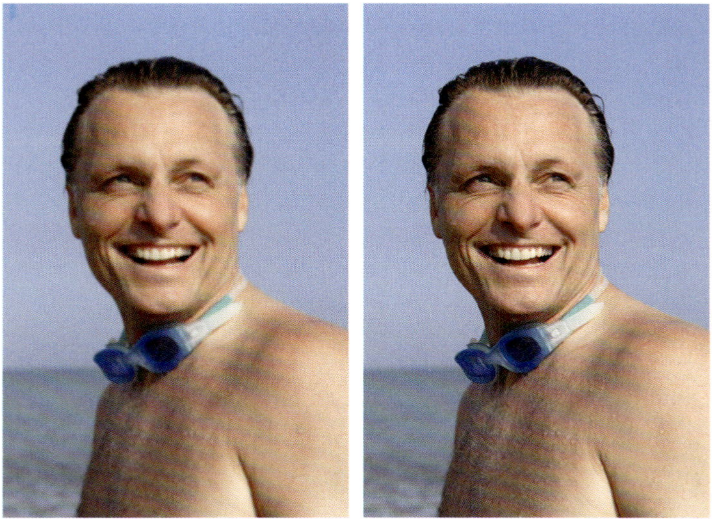

◀ **Abbildung 21.49**
Das Resultat im Vorher-nachher-Vergleich

21.8 Das Scharfzeichner-Werkzeug: Lokal scharfzeichnen

Mit dem Scharfzeichner-Werkzeug bietet Adobe ein Tool an, mit dem Sie einzelne Bildpartien gezielt schärfen können. Sie arbeiten dabei wie mit einem Pinsel direkt auf der Bildebene. Da die Gefahr, einzelne Stellen zu überzeichnen, hier recht groß ist, sollten Sie wiederum exzessiven Gebrauch von Schnappschüssen und Ebenenkopien machen, wenn Sie mit diesem Werkzeug arbeiten.

Unter PINSEL stellen Sie natürlich die Größe und Art der Werkzeugspitze ein. STÄRKE dosiert die Wirkung des Tools. Der Standard 50 % ist übrigens meist viel zu hart. Interessant sind die Einstellungen unter MODUS. Auch hier können Sie mit LUMINANZ meist recht gute Ergebnisse erzielen.

Abbildung 21.50 ▼
Die Optionen des Scharfzeichners

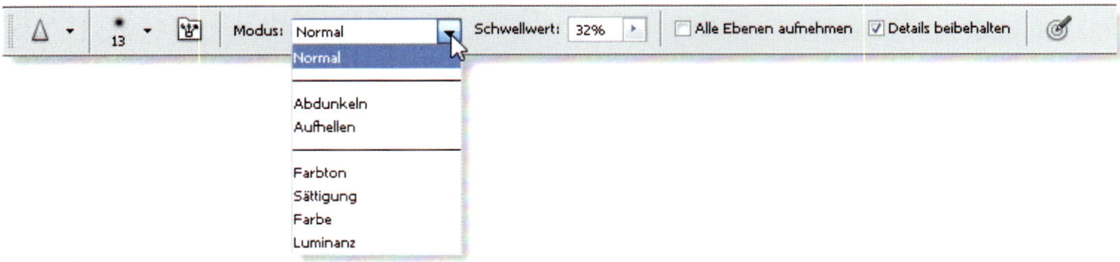

Detailschonendes Schärfen
Eine zusätzliche Option des Scharfzeichner-Werkzeugs soll Überschärfen vermeiden und Bilddetails erhalten.

Neu in CS5 ist die Option DETAILS BEIBEHALTEN. Damit soll der Bildung von Artefakten und anderen unerwünschten Schärfungsspuren vorgebeugt werden. Ob das funktioniert, ist vom Motiv abhängig. Wenn Sie sehr deutliche Schärfungseffekte erzielen wollen, müssen Sie in jedem Fall das Häkchen bei dieser Option entfernen.

21.8.1 Weichzeichner und Wischfinger

Ganz ähnlich lassen sich auch das Weichzeichner- und das Wischfinger-Werkzeug bedienen, die Sie beide unterhalb des Scharfzeichners finden. Allerdings sollten Sie sich hüten, eine zu starke Scharfzeichnung mit den beiden »Weichmachern« zu beheben – das Ergebnis ist unweigerlich ein Pixelbrei. Das Zurücknehmen der Aktion ist besser!

Zum Weiterlesen: Filter per Protokollpinsel lokal anwenden
Der Protokollpinsel stellt eine sehr elegante Möglichkeit dar, um Scharf- oder Weichzeichnung lokal und wohldosiert ins Bild zu bringen. Besonders bei der kniffligen Porträtretusche ist er eine große Hilfe! Mehr darüber erfahren Sie in Kapitel 22, »Reparatur- und Retuschetools«.

22 Reparatur- und Retuschetools

Detailarbeit mit Filtern und Retuschetools: Ihre Bildvorlage hat Kratzer? Das Bild ist verrauscht? Störende Details verwässern das Motiv? Sie möchten Sorgenfalten von einem Porträt verschwinden lassen? Wenn Sie die klassischen Bildkorrekturen wie Tonwertkorrektur und das Einstellen von Kontrast und Helligkeit erledigt haben, können Sie sich Reparaturen dieser Art zuwenden. Hier erfahren Sie, welche Werkzeuge Sie einsetzen und was Sie sonst noch beachten müssen.

Zum Nachlesen: Bildkorrektur
Alles, was Sie über Bildkorrekturen wissen müssen, erfahren Sie in Teil V, »Korrigieren und optimieren«.

22.1 Bildrauschen, Filmkorn und Artefakte entfernen

22.1.1 Woher kommen Bildstörungen?

Nicht immer haben digitalisierte Bilder die gewünschte gute Qualität. Körniges Bildrauschen wird von fast allen digitalen Kameras produziert, wenn die Lichtbedingungen nicht optimal sind. Auch beim Digitalisieren von Bildern im Scanner entsteht unweigerlich ein mehr oder minder starkes Rauschen. Durch die Oberflächenbeschaffenheit der Bildvorlage und den Kontakt zur Glasscheibe des Scanners können Störungen noch verstärkt werden. Und manchmal haben Sie schlicht den Abzug von einem staubigen Negativ vor sich, oder ein Bild zeigt starke Kompressionsspuren, wie sie für verlustbehaftete Dateiformate wie JPEG typisch sind.

Nicht immer können solche Bilder tatsächlich gerettet werden – auf einen Versuch kommt es jedoch an. Das Instrumentarium, das Ihnen in Photoshop dazu zur Verfügung steht, stelle ich Ihnen hier vor.

[ISO]
ISO (abgeleitet vom Normungsinstitut *International Organization for Standardization*) bezeichnet die Lichtempfindlichkeit von Filmen und digitalen Sensoren. Je höher der ISO-Wert ist, desto empfindlicher reagiert die Kamera auf einfallendes Licht. Hohe ISO-Zahlen eignen sich also für Fotos unter schlechten Lichtverhältnissen. Allerdings muss man dann Rauschen in Kauf nehmen (bei Digitalbildern und Filmen).

Bild: Frank Gaebler

▲ **Abbildung 22.1**
Nicht immer ist Bildrauschen so deutlich zu sehen wie hier. Professionelle Scanner und eine leistungsfähige Scan-Software können es unterdrücken, und gute Digitalkameras produzieren weniger Störungen. Hier äußert sich die Störung vor allem in Farbabweichungen (**chromatisches Rauschen**).

Bild: dieblen.de

▲ **Abbildung 22.2**
Die Effekte zu starker JPEG-Kompression sind vor allem auf glatten Farbflächen und an Kanten, wo unterschiedliche Farben aneinanderstoßen, in Form quadratischer Artefakte erkennbar. Die hier sichtbare Quadratstruktur geht nicht auf einen zu hohen Zoomfaktor (Sichtbarwerden der Bildpixel) zurück, sondern ist ein Kompressionsschaden.

Bild: vitamin a design

▲ **Abbildung 22.3**
Dieses Bild zeigt die Struktur von »Filmkorn«, wie sie für Aufnahmen typisch ist, die mit hoher ISO-Zahl gemacht wurden. Diese Störung bezeichnet man als **Graustufen-** oder **Luminanzrauschen**, für das vor allem Tonwertschwankungen charakteristisch sind.

22.1.2 Rauschen entfernen: Schnelle Hilfe für leichte Fälle

Dateien auf der Buch-DVD: »Strand.jpg«, »BlaueSchere.jpg«, »Zirkus.jpg«

Rauschen heißt, dass Flächen, die eigentlich einfarbig sein sollten, Helligkeitsunterschiede zeigen. Außerdem können Farbmuster auftreten. Bei starkem Rauschen leidet auch die Bildschärfe. Für leichte Schäden dieser Art hält Adobe den Filter RAUSCHEN ENTFERNEN bereit, den Sie unter FILTER • RAUSCHFILTER finden.

Ein Klick auf den Befehl RAUSCHEN ENTFERNEN setzt den Filter gleich in Kraft. Steuerungsmöglichkeiten haben Sie nicht. Funktionieren kann das nur bei wenig detaillierten und nicht zu stark verrauschten Bildern, denn die Entrauschung geht mit einer Weichzeichnung des Bildes einher.

Entrauschen immer in 100%-Ansicht!

Die Arbeit mit den Rauschfiltern gehört zu denjenigen Tätigkeiten, die Sie unbedingt in der 100%-Ansicht des Bildes durchführen sollten, weil in skalierten Bilddarstellungen kein genaues Urteil über die wirkliche Bildqualität möglich ist.

22.1.3 Helligkeit interpolieren

Wie viele Scharfzeichnungs- und Entstörungsfilter führt auch HELLIGKEIT INTERPOLIEREN zunächst einen Vergleich benachbarter Pixel durch. In einem zweiten Schritt werden Pixel, die sich zu stark von den Nachbarpixeln unterscheiden, durch Pixel mit einem mittleren Farbtonwert ersetzt. Die Einstellung RADIUS bestimmt, wie groß der Bereich ist, in dem nach Vergleichspixeln gesucht wird.

◂ **Abbildung 22.4**
Radius ist die einzige Steuerungsmöglichkeit – Bilder bekommen leicht einen unerwünschten »Aquarellmaleffekt«.

Adobe empfiehlt den Filter, um Bewegungseffekte auf einem Bild zu reduzieren oder zu entfernen – trotz seiner Anordnung im Menü Rauschfilter ist er zum Entrauschen aber nur begrenzt nutzbar.

22.1.4 Staub und Kratzer

Mehr Einstellungsmöglichkeiten haben Sie mit Filter • Rauschfilter • Staub und Kratzer. Auch dieser Filter analysiert benachbarte Pixel. Weichen diese zu stark voneinander ab, reduziert er Störungen wie Staub und Kratzer durch Ändern der differenten Pixel. Hier haben Sie jedoch bessere Steuerungsmöglichkeiten.

◂ **Abbildung 22.5**
Auch wenn im Dialogfeld die Eingabe sehr hoher Werte für den Radius möglich ist, sollten Sie an der unteren Grenze operieren. Und auch der Schwellenwert sollte nicht zu hoch gewählt werden, sonst funktioniert der Filter nicht. Probieren Sie es aus!

Den Parametern Radius und Schwellenwert sind Sie ja bereits beim Scharfzeichnen von Bildern begegnet. Sie können die Werte per Schieberegler oder durch Zahleneingabe verändern.

- Radius bestimmt, wie groß der Bereich ist, in dem der Filter nach unähnlichen Pixeln sucht. Je höher der Radius ist, desto stärker ist die Unschärfe, die ins Bild kommt. Sie sollten den Radius so klein wie möglich halten.

- ▶ SCHWELLENWERT legt fest, in welchem Maß die Helligkeits- und Farbwerte der Pixel voneinander abweichen müssen, damit der Filter darauf angewendet wird. Je geringer der Wert ist, desto stärker wirkt der Filter.

Die Ergebnisse der Staub- und Kratzerentfernung sind nicht immer zufriedenstellend. Die Funktion eignet sich nur für zartere Verunreinigungen und bei Bildern, die keine kleinteiligen Motive aufweisen. Mit Schärfeverlusten muss auch hier gerechnet werden. Zwar lassen sich die Unschärfen mit einem der Schärfungsfilter teilweise korrigieren – doch nicht selten holt man sich damit die eben erst entfernten Kratzer wieder ins Bild zurück.

22.1.5 Rauschen reduzieren

Der Filter, der die meisten Einstellungsmöglichkeiten bietet und die besten Erfolge verspricht, ist unter FILTER • RAUSCHFILTER • RAUSCHEN REDUZIEREN zu finden.

In einem umfangreichen Dialogfeld können Sie die Entstörung auf verschiedene Störungstypen wie Luminanz- oder Farbrauschen oder die Entfernung von JPEG-Artefakten abstimmen. Für besonders harte Fälle gibt es sogar die Möglichkeit, kanalweise vorzugehen. Das bietet sich besonders an, um gegen Luminanzrauschen vorzugehen.

Abbildung 22.6 ▼
RAUSCHEN REDUZIEREN bietet differenzierte Einstellungsmöglichkeiten.

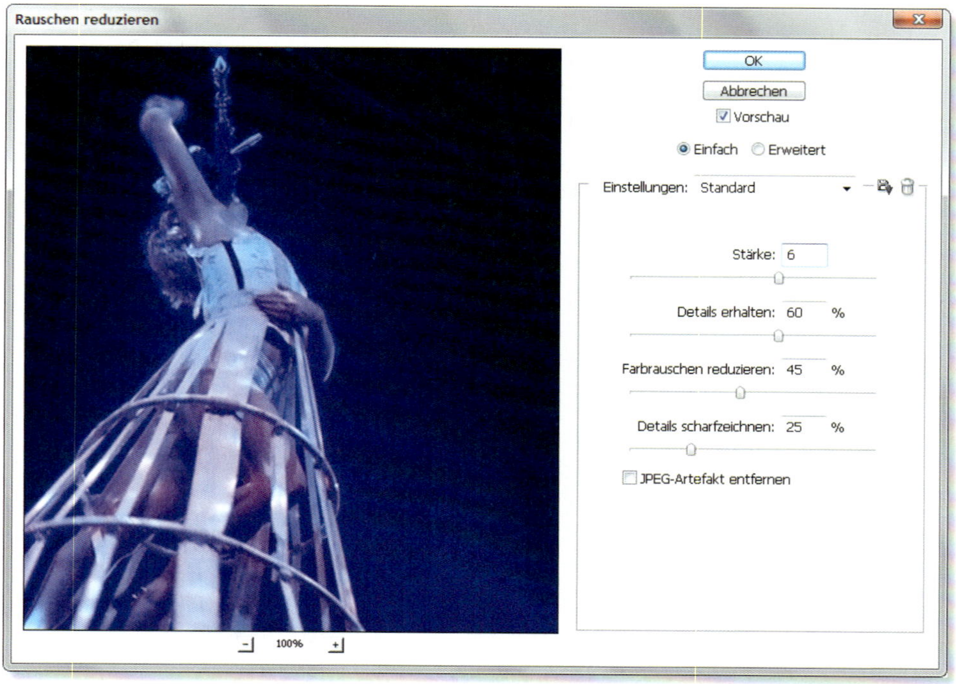

- Stärke regelt den Grad der Reduzierung vor allem von Luminanzrauschen in allen Bildkanälen gleichzeitig.
- Details erhalten soll Kanten und feine Bilddetails erhalten. Bei hohen Werten bleiben die meisten Details erhalten, allerdings wird auch das Rauschen nicht mehr wirksam beseitigt. Meist können Sie durch Ausprobieren verschiedener Kombinationen der Einstellungen Stärke und Details erhalten einen guten Mittelweg finden.
- Farbrauschen reduzieren ist die Einstellung, die Sie nutzen sollten, um chromatisches Rauschen zu beheben.
- Details scharfzeichnen soll Schärfeverluste ausgleichen, die durch das Entstören auch hier unweigerlich auftreten. Wenn Sie mehr Kontrolle über die Scharfzeichnung haben wollen, als dieser einfache Regler bietet, sollten Sie hier auf die Scharfzeichnung verzichten und einen der bewährten Scharfzeichnungsfilter nutzen.
- Die Option JPEG-Artefakt entfernen kann jederzeit zugeschaltet werden. Sie soll die typischen Viereckmuster bekämpfen, die bei zu starker JPEG-Kompression auftreten.

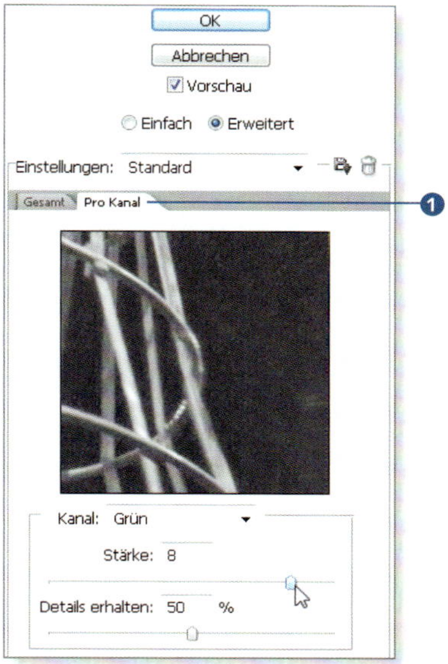

▲ **Abbildung 22.7**
Kanalweises Entstören in der erweiterten Dialogansicht

Kanalweise Bearbeitung | Für hartnäckige Luminanzstörungen bietet Photoshop die kanalweise Bearbeitung ❶ an. Meist ist der Blaukanal derjenige, der die meisten Störungen enthält – dann sollten Sie dort auch ansetzen. Auch hierbei müssen Sie die Stärke und die Einstellung Details erhalten austarieren.

Wie von anderen Dialogfeldern bekannt ist, können Sie auch hier Einstellungen speichern und erneut verwenden. Aber gerade beim Entrauschen ist das nicht unbedingt eine gute Idee – in den meisten Fällen ist es günstiger, wenn Sie die Einstellungen für jedes Bild individuell festlegen.

22.1.6 Entstören per Kanäle-Palette

Im Schärfungskapitel haben Sie bereits gesehen, welche Vorteile das Bearbeiten einzelner Bildkanäle hat. Das Prinzip können Sie sich auch bei der gegenteiligen Operation, dem Entrauschen durch Weichzeichnen, zunutze machen. So können Sie auch per Kanäle-Palette und Weichzeichnungsfilter entrauschen. Diese Methode hat mehrere Vorteile. Die Graustufen-Voransicht erlaubt mehr Kontrolle. Und der Selektive oder der Gaussche Weichzeichner arbeiten differenzierter als der Filter Rauschen reduzieren. Außerdem können Sie auch in Kanälen mit Auswahlen arbeiten, so die Wirkung der Weichzeichnung eingrenzen und Bilddetails schonen.

▲ **Abbildung 22.9**
Der Selektive Weichzeichner bietet gute Steuerungsmöglichkeiten.

Abbildung 22.8 ►
Bei diesem Bild ist untypischerweise der Grün-Kanal der verrauschteste (meist ist der Blau-Kanal am stärksten belastet) und soll weichgezeichnet werden.

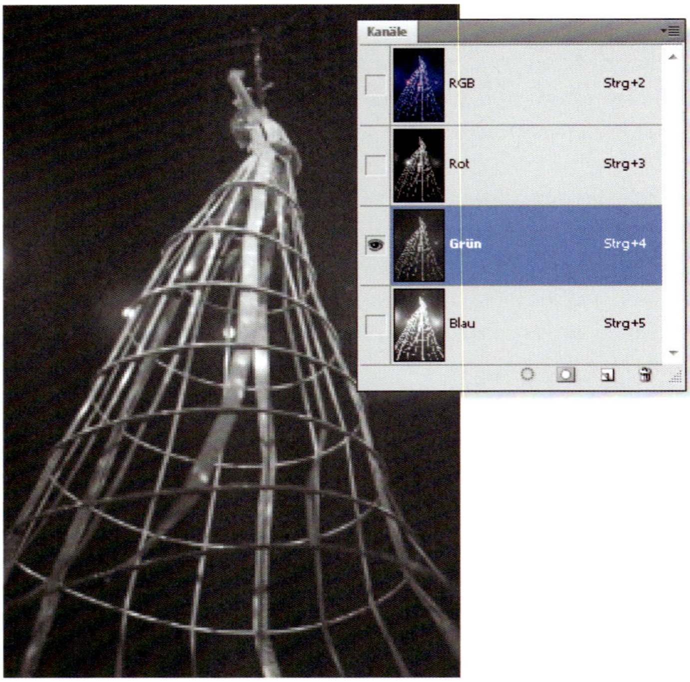

22.2 Tipps für gute Retuschen

Retusche ist keine Spielerei detail- und schönheitsfanatischer Fotografen, sondern gehört zum gängigen Repertoire professioneller Bildbearbeiter. Motive werden günstiger ins Licht gerückt, kleine Fehler werden ausgebügelt, und Unzulänglichkeiten der Fototechnik werden ausgeglichen. Auch wenn sich jedes Motiv unterscheidet und andere Aufgaben stellt, gibt es ein paar Tipps, von denen nahezu jede Retusche profitiert.

22.2.1 Reihenfolge beachten

Vor der Retusche liegen die allgemeinen Bild- und Farbkorrekturen. Retusche ist Feinarbeit am bereits fertig korrigierten Bild – die Ihnen im Übrigen auch leichterfallen sollte, wenn Störungen wie Farbstiche und anderes bereits behoben sind.

22.2.2 Schritte zurück

Machen Sie reichlich **Schnappschüsse**. Es ist eine der größten Schwierigkeiten beim Retuschieren, rechtzeitig aufzuhören – ein Klick zu viel, und das bis dahin ganz gelungene Werk erscheint künstlich und offenbart die »Fälschung«. Beim Retuschieren wird jedes einzelne Ansetzen des Retuschewerkzeugs als eigener

Arbeitsschritt protokolliert. Die zugewiesene Menge der Protokollschritte ist dann schnell erreicht, und es kann passieren, dass Sie einen etwas weiter zurückliegenden Missgriff nicht mehr erreichen können. Ein konsequenter und systematischer Schnappschuss-Gebrauch ermöglicht es Ihnen, zu entscheidenden Bildstadien zurückzukehren.

22.2.3 Füllmethoden ausspielen

Photoshops Retuschewerkzeuge Kopierstempel, Ausbessern-Werkzeug, Reparatur-Pinsel-Werkzeug – so die etwas hölzernen Bezeichnungen – arbeiten alle nach einem ähnlichen Prinzip. Sie kopieren Pixel von einer unbeschädigten Partie des Bildes (dieser Vorgang wird auch **Aufnehmen** genannt) und fügen sie an der reparaturbedürftigen Stelle ein. Eine Ausnahme stellt das Bereichsreparatur-Pinsel-Werkzeug dar. Es sammelt selbstständig Reparaturpixel aus dem Bild, das Aufnehmen entfällt.

In den Optionen der Werkzeuge stehen Ihnen – ähnlich wie in der Ebenen-Palette – verschiedene Füllmethoden zur Verfügung. Hier firmieren sie unter dem Namen MODUS. Diese Modi legen fest, wie sich die zur Reparatur einkopierten Pixel auf die darunter liegenden Originalpixel auswirken. Sie können und sollten die MODUS-Option unbedingt einsetzen, wenn Sie retuschieren. Dadurch können Sie die Wirksamkeit der Retuschewerkzeuge erhöhen und ein »retuschiertes Aussehen« der bearbeiteten Bilder verhindern. So sollten Sie mit den abdunkelnden Modi ABDUNKELN, MULTIPLIZIEREN und den beiden Nachbelichter-Modi experimentieren, wenn Sie zu helle Pixel retuschieren wollen. Um zu dunkle Bildpartien – zum Beispiel dunkle Augenringe oder Muttermale – zu retuschieren, empfehlen sich der Modus AUFHELLEN und verwandte Modi.

CS5 Neue Option beim Bereichsreparatur-Pinsel: Inhaltssensitv

Neu an Bord ist in Photoshop CS5 die inhaltssensitive Retusche. Sie erlaubt es, größere und kleinere Bildelemente schnell und (oft) ohne sichtbare Spuren verschwinden zu lassen. Mehr dazu finden Sie in Abschnitt 22.6, »Inhaltssensitive Retusche: Große und kleine Bildobjekte einfach verschwinden lassen«.

Datei auf der Buch-DVD: »FrauMitMuttermalen.tif«

Bild: Fotolia, Franz Pfluegl

◂◂ Abbildung 22.10
Geschickter Einsatz von Ebenenmodi: Die Leberflecken sollen retuschiert werden – ohne dass die Retusche erkennbar ist, versteht sich, und bei vertretbarem Zeitaufwand.

◂ Abbildung 22.11
Im Modus HELLERE FARBE ist diese Retusche eine leichte Aufgabe für den Kopierstempel.

22.2.4 Eigene Retuscheebene

Wenn Sie Retuschen auf einer gesonderten Ebene vornehmen, schonen Sie die Originalpixel, und Sie können eventuelle Fehler leichter korrigieren. Sie können so auch Ihre Retusche fein abstimmen! Bei Stempel, Bereichsreparatur-Pinsel und Reparaturpinsel können Sie eine transparente Ebene über die Bildebene legen und dort retuschieren, beim Ausbessern-Werkzeug brauchen Sie für die zerstörungsfreie Bearbeitung ein Ebenenduplikat. Bei allen Werkzeugen müssen Sie dann auch darauf achten, dass Sie die entsprechende Option zum Ebenenhandling aktivieren (mehr dazu folgt bei den jeweiligen Werkzeugen).

Außerdem können Sie Ihre Retusche besser dosieren, wenn Sie mit einer extra Ebene arbeiten. Die Schwierigkeit bei Ausbesserungsarbeiten – besonders bei Gesichtern – ist oft, dass die Bilder *zu* glatt, zu wächsern wirken. Eine eigene Retuscheebene macht Ihre Arbeit flexibler. *Bevor* Sie die Retusche starten, ziehen Sie die Bildebene über das Symbol für NEUE EBENE. Damit wird die Ebene dupliziert und liegt in der Ebenen-Palette über dem Original. Sie bearbeiten dann das Duplikat. Nach vollendeter Retusche können Sie die Deckkraft der oben liegenden Ebene reduzieren. Die darunter liegende Originalebene scheint dann durch und verleiht dem Bild Natürlichkeit, ohne dass die Retuschen völlig verloren gehen.

Bild: Fotolia, Christophe Denis

▲ **Abbildung 22.12**
Dieses Bild wurde recht intensiv mit Retuschetools bearbeitet. Manchem mag das Ergebnis ein wenig zu leblos erscheinen.

▲ **Abbildung 22.13**
Hier wurde auf einer separaten Ebene retuschiert und später deren Deckkraft reduziert.

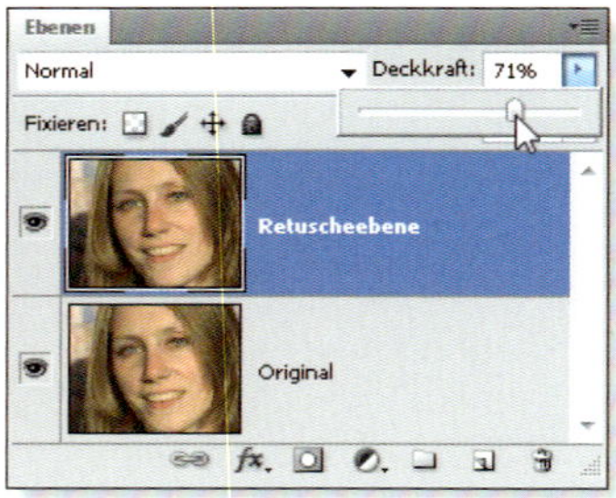

▲ **Abbildung 22.14**
Retuschiert wurde auf einem Ebenenduplikat. Die Deckkraft wurde herabgesetzt. Die untere Ebene scheint durch und verbindet sich mit der retuschierten Ebene zu einem natürlicheren Gesamtbild.

Die meisten Retuschewerkzeuge funktionieren auch, wenn Sie sie auf einer leeren Ebene anwenden, die oberhalb der eigentlichen Bildebene liegt. Auch dies ist eine Möglichkeit für zerstörungsfreies Arbeiten, mit der Sie die Retuschewirkung über die Ebenendeckkraft regulieren können.

22.3 Bildpartien ergänzen, abdecken oder vervielfachen: Kopierstempel

In der Werkzeugleiste von Photoshop befinden sich gleich zwei Stempelwerkzeuge: der Kopierstempel (S) und der Musterstempel. Der Musterstempel wird eher selten eingesetzt, während der Kopierstempel zu »Photoshoppers Alltag« gehört. Mit dem Kopierstempel können Sie sogar kräftige Kratzer, eingerissene Ecken, aber auch unerwünschte Bildelemente verschwinden lassen. Auch für Porträtretuschen eignet er sich. Und mit Unterstützung der Kopierquelle-Palette können Sie den Kopierstempel auch als Helfer für kleine Montagearbeiten verwenden.

Datei auf der Buch-DVD: »usedom.tif«

Bild: Sibylle Mühlke

▲ **Abbildung 22.15**
Vor der Retusche

▲ **Abbildung 22.16**
Der Kopierstempel ist vielseitig und leistet Erstaunliches. Die abgerissene Bildecke ist wiederhergestellt, und auch die groben Fussel, denen mit den Entstörungsfiltern nicht beizukommen ist, sind weggestempelt.

Ich stelle Ihnen zunächst die Optionen und Funktionsweise vor und mache Sie dann mit den erweiterten Kontrollmöglichkeiten der Palette Kopierquelle vertraut.

22.3.1 Optionen des Kopierstempels

Ob das Ergebnis einer Stempelretusche gut ausfällt, ist neben Ihrem Geschick von den eingestellten Optionen abhängig.

Pinsel- und Pixeleigenschaften | Links ❶ stellen Sie ein, mit welcher Werkzeugspitze der Stempel arbeiten soll. Oft sind weiche Pinselspitzen die beste Wahl.

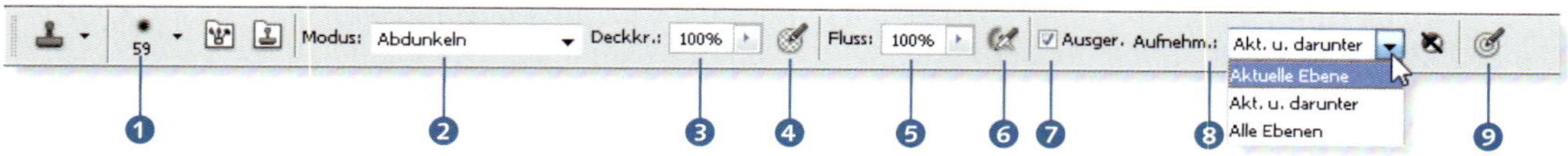

▲ **Abbildung 22.17**
Optionen des Kopierstempels. Sie können genau festlegen, von welcher Ebene die Pixel aufgenommen werden sollen – so können Sie auch auf einer leeren Ebene oberhalb der Bildebene stempeln.

▲ **Abbildung 22.18**
Drei Pinselstriche zum Vergleich: Links Härte 100 %, in der Mitte Härte 50 %, rechts Härte 0 %. Die Größe der Pinselspitze war gleich.

CS5 Bessere Steuerung per Zeichentablett
Wer mit dem Grafiktablett arbeitet, profitiert vom Update auf CS5 besonders. Nicht nur bei den Malwerkzeugen gibt es aufregende Neuerungen. Den Retuschetools hat Adobe neue Steuerungen spendiert: die **Deckkraft** ❹ der Retuschepixel und die **Größe der Werkzeugspitze** ❾ lassen sich nun auch **per Stiftdruck** beeinflussen. Aktivieren Sie diese kleinen Buttons in der Optionsleiste, wenn Sie die Steuerungen nutzen wollen (und ein Grafiktablett besitzen, das diese Funktionen unterstützt). Diese Buttons finden Sie nicht nur beim Stempel, sondern auch bei anderen Retusche-Tools.

Mit Modus ❷ bestimmen Sie, wie die aufgetragenen Pixel mit den Bildpixeln verrechnet werden, Deckkraft ❸ regelt die Deckkraft bzw. Transparenz der Retuschepixel. Die Optionen Fluss ❺ und das nebenstehende Airbrush-Symbol ❻ sind bei vielen Mal- und Retuschewerkzeugen anzutreffen. Sie regulieren den Pixelauftrag: Fluss simuliert zähe oder dünnflüssige (digitale) Farbe. Vor allem in Zusammenarbeit mit der Airbrush-Option macht sich das bemerkbar. Beim Stempel können Sie diese Optionen getrost ignorieren, wichtiger sind sie bei Illustrationen.

Ausgerichtet | Nicht ganz leicht zu durchschauen ist die Stempeloption Ausger.(ichtet) ❼. Sie bezieht sich auf das Verhältnis von Aufnahmepunkt und gestempelten Pixeln. Richtig sichtbar wird ihre Wirkung nur, wenn man mit vielen Klicks und sehr kurzen Strichen retuschiert. Malen Sie beim Retuschieren mit großzügigen, langen Strichen über das Bild, macht es fast keinen Unterschied, ob diese Option aktiv ist.

- Ist die Option **nicht aktiviert**, wird mit jedem Stempel-Klick der ursprünglich aufgenommene Bildbereich erneut eingefügt. Diese Einstellung eignet sich nach meiner Erfahrung am besten für Detailretuschen.
- Ist die Option **aktiv** und stempeln Sie mehrmals, reproduziert nur der erste Stempeldruck den originalen Aufnahmepunkt, dann wandert der Aufnahmepunkt mit.

Jedes erneute Stempeln oder Malen fügt *ohne erneute Aufnahme* weitere Stellen des Bildes ein, und zwar in korrekter räumlicher Proportion zum ersten Stempeldruck. Das Bild wird also nicht zerstückelt. Auf diese Art und Weise soll man größere Bildpartien stempelnd ausfüllen. Die Gefahr, dass man unversehens prägnante, verräterische Bilddetails oder gar den Fehler erneut einkopiert, ist allerdings recht groß.

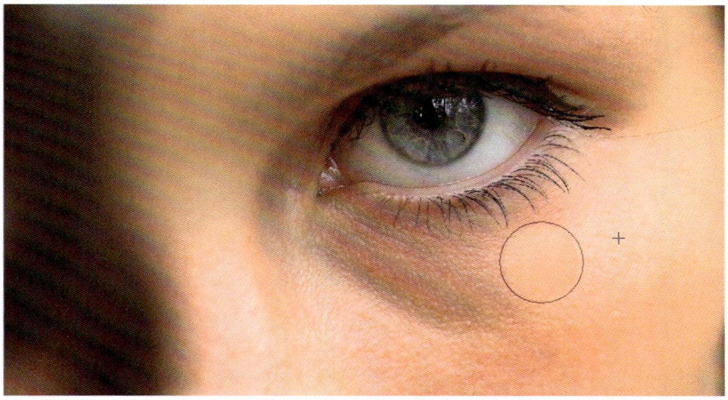

◂ **Abbildung 22.19**
Der Kopierstempel in Aktion. Das kleine Kreuz (hier rechts von der Werkzeugspitze) signalisiert den Aufnahmepunkt. Beachten Sie einmal das unterschiedliche Verhalten dieser Markierung beim Aktivieren von AUSGERICHTET!

Aufnehmen | Unter AUFNEHM(EN) ❽ können Sie genau festlegen, von welchen Bildebenen die aufgenommenen Pixel stammen.

- Ist AKTUELLE EBENE gewählt, nimmt der Stempel nur Pixel der aktuell aktiven Ebene auf.
- AKT. U. DARUNTER bedeutet, dass Pixel von der aktiven Ebene und der unmittelbar darunter liegenden Ebene aufgenommen werden.
- ALLE EBENEN bezieht sich auf alle unter dem Aufnahmepunkt sichtbaren Ebenen.

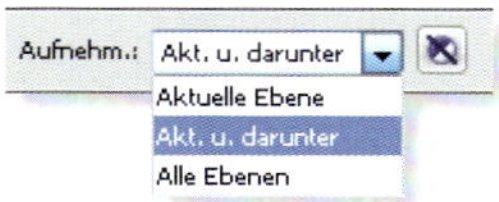

▴ **Abbildung 22.20**
Mit AUFNEHMEN legen Sie fest, welche Ebenen in die Retusche einbezogen werden. Einstellungsebenen werden auf Wunsch ignoriert.

Das kleine Icon neben der Liste bedeutet EINSTELLUNGSEBENEN IGNORIEREN. Es ist nur aktiv, wenn im Bild tatsächlich Einstellungsebenen vorkommen, und kann bei Bedarf zugeschaltet werden.

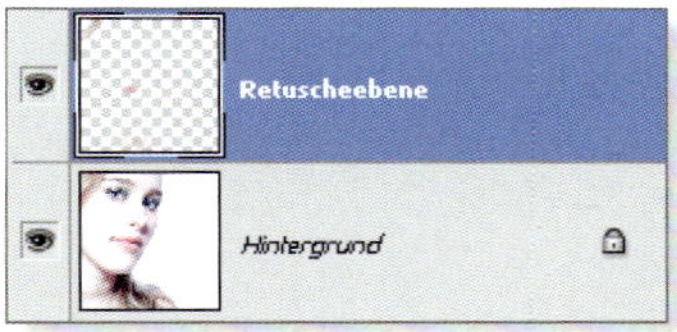

▴ **Abbildung 22.21**
Die meisten Werkzeuge erlauben es, Retuschen auf einer separaten, leeren Ebene durchzuführen.

22.3.2 Vorgehen

Das Arbeitsprinzip ist einfach: Sie rufen den Stempel auf, stellen die Optionen ein und nehmen dann Reparaturpixel auf, indem Sie Alt oder ⌥ drücken und gleichzeitig auf die Partie des Bildes klicken, die Sie über die Fehlstelle des Bildes kopieren wollen. Wenn Sie nun – *ohne* Alt/⌥ zu drücken – an die reparaturbedürftige Stelle des Bildes klicken, wird der eben aufgenommene Bildausschnitt an diese Stelle kopiert. Sie können mit einer Vielzahl von Klicks die Retusche eher »auftupfen« oder bei gehaltener Maustaste »aufmalen«. Bei sehr feinen Korrekturen empfiehlt sich das »Tupfen«; größere Korrekturbereiche lassen sich besser malend auftragen. Um die Retusche unauffällig zu gestalten, sind häufige Wechsel der Pinselgröße, des Aufnahmebereichs und die Wahl einer geeigneten Füllmethode Pflicht. Je differenzierter die Details des Bildes sind, desto öfter müssen Sie einen neuen Bildbereich aufnehmen!

Geeignete Motive für die Stempelretusche

Ob die Retusche glückt, hängt auch vom Motiv ab. Diffuse Strukturen wie Gras, Fell oder Wasser eignen sich gut für das Stempeln. Achten Sie darauf, dass der Aufnahmebereich keine prägnanten Muster oder Elemente enthält. Wenn die sich an anderer Stelle wiederholen, ist die Retusche schnell entlarvt!

Pixelschonend retuschieren

Normalerweise wirken sich Retuschen direkt auf die Originalpixel einer Datei aus. Doch die Einstellung AUFNEHMEN: AKTUELLE (Ebene) UND DARUNTER ist genial! Sie erlaubt einen pixelschonenden Workaround. Erzeugen Sie eine transparente Ebene oberhalb der Ebene, die Sie retuschieren möchten, und führen Sie alle Retuschen auf der leeren Ebene aus. Fehler lassen sich leicht mit dem Radiergummi (Kürzel: E) beseitigen. Das klappt beim Stempel und dem Reparatur-Pinsel ; beim Bereichsreparatur-Pinsel heißt die entsprechende Option ALLE EBENEN AUFNEHMEN. Beim Ausbessern-Werkzeug müssen Sie mit einem Ebenenduplikat arbeiten, auf leeren Ebenen funktioniert es nicht.

22.3.3 Kontrollzentrum für Stempel & Co.: Die Palette »Kopierquelle«

Mit der Palette KOPIERQUELLE erhalten Sie eine frei justierbare Vorschau des Stempelbereichs. Sie können schon beim Stempeln Versatz und Skalierung des eingestempelten Objekts bestimmen und mehrere Kopierquellen – zum Beispiel auch aus anderen Bildern – bequem verwalten.

Die Palette funktioniert **nicht nur beim Stempel**, sondern auch bei den anderen Werkzeugen, die nach demselben Prinzip arbeiten.

Sie öffnen die Palette mit einem Button in der Optionsleiste des Stempels, per Menübefehl FENSTER • KOPIERQUELLE, oder, wenn sie als minimierte Palette auf der Arbeitsfläche liegt, durch einen Klick auf das Symbol .

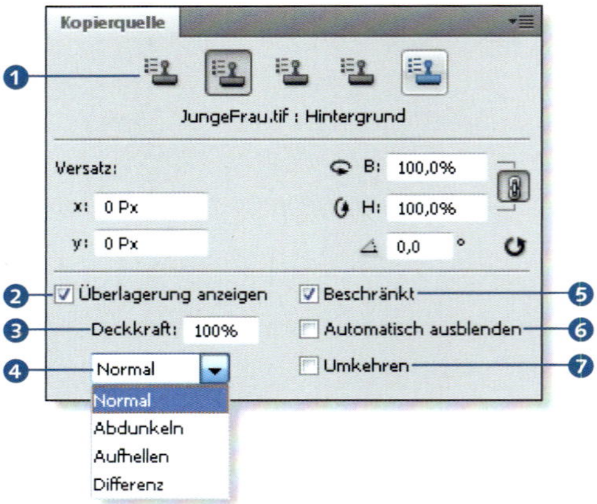

Abbildung 22.22 ►
Klein und extrem hilfreich: die Kopierquelle-Palette

Aufnahmequellen | Die fünf Stempel-Icons im oberen Bereich der Palette ❶ sind Ihre neue Aufnahmequellen-Verwaltung. Bis zu fünf verschiedene Aufnahmequellen können Sie gleichzeitig ablegen und nach Aufruf ins Bild stempeln. Dabei ist es gleichgültig, ob diese Quellen innerhalb eines Bildes liegen oder aus mehreren geöffneten Dokumenten stammen. Wenn Sie die Dokumente schließen, werden die Kopierquellen gelöscht.

Es funktioniert eigentlich ganz einfach: Sie aktivieren einen der fünf Buttons und nehmen mit dem gewohnten Alt-Klick oder ⌥-Klick Pixel auf. Um eine weitere Kopierquelle festzulegen, klicken Sie einen weiteren der Buttons an, nehmen dann die Pixel auf ... und so weiter.

Um dann die Pixel aufzustempeln – oder mit einem der anderen Retuschetools ins Bild zu bringen –, aktivieren Sie den Button, der der gewünschten Kopierquelle entspricht, und retuschieren ins Bild hinein.

Im Detail ist das manchmal ein wenig tückisch. Obwohl die verbesserte Stempel-Vorschau im Bild anzeigt, welche Pixel man nun gerade aufstempeln will, kommt man im Eifer des Gefechts manchmal durcheinander. Alle fünf Buttons sehen ja leider gleich aus. Eine Vorschau der Kopierquelle direkt auf den Buttons steht jedenfalls auf meiner Wunschliste für die nächste Photoshop-Version.

Retuschevorschau | In der unteren Abteilung der Palette finden Sie die Einstellung für die Retuschevorschau innerhalb der Werkzeugspitze bzw. innerhalb des Bildes.

- Ist die Option ÜBERLAGERUNG ANZEIGEN ❷ inaktiv, wird gar keine Vorschau der aufgetragenen Bildpixel gezeigt.
- BESCHRÄNKT ❺ sorgt dafür, dass Sie eine Vorschau innerhalb der **Werkzeugspitze** sehen.
  Wenn Sie die Option BESCHRÄNKT deaktivieren, wird das **komplette Bild**, aus dem die aufgenommenen Pixel stammen, als »Geisterbild« angezeigt, sobald Sie den Stempel (oder ein anderes Werkzeug aus dieser Familie) über das Bild führen.

◄◄ **Abbildung 22.23**
Die Vorschau des Kopierstempels mit **aktiver** Funktion BESCHRÄNKT: Die aufgenommenen Pixel sind nur innerhalb der Werkzeugspitze sichtbar.

◄ **Abbildung 22.24**
Die Vorschau des Kopierstempels mit **deaktivierter** Funktion BESCHRÄNKT: Die Vorschau zeigt das ganze Bild, aus dem die aufgenommenen Pixel stammen. (Hier sind Quelle und Ziel identisch – zweimal dasselbe Bild.)

- Mit DECKKRAFT ❸ regeln Sie, wie deutlich sichtbar die Überlagerung ist.
- Sie können den Modus ❹ ändern oder sogar die Farben der Vorschau invertieren (UMKEHREN ❼), um auch bei schwierigen Motiven den Überblick nicht zu verlieren.
- AUTOMATISCH AUSBLENDEN ❻ lässt das Vorschaubild in dem Moment verschwinden, in dem Sie den Stempel betätigen.

Kopierquelle bearbeiten | Sie können eine Kopierquelle schon skalieren und drehen, während Sie sie auftragen. Auf diese Weise

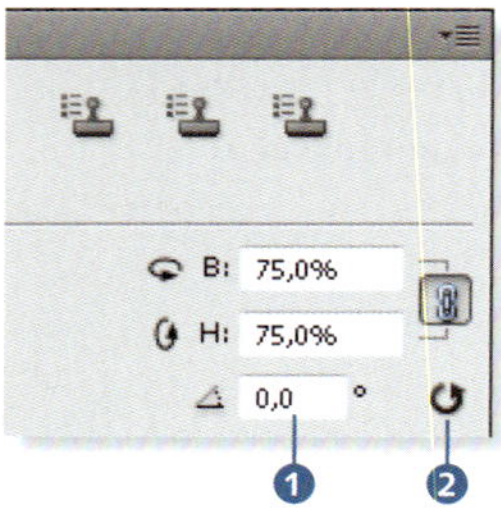

▲ **Abbildung 22.25**
Das Kettensymbol signalisiert »Proportionen erhalten«.

lassen sich Bildobjekte vermehren – so machen sich die Retuschetools auch als Helfer bei Bildmontagen nützlich. Unter B und H tragen Sie die neue Größe ein (Prozent der Ausgangspixel). Ist der kleine Ketten-Button gedrückt, erfolgt die Skalierung proportional. Wenn Sie einen Gegenstand nicht-proportional skalieren – also verzerren – wollen, muss die Ketten-Option inaktiv sein (Button nicht gedrückt).

Im Eingabefeld Kopierquelle drehen ❶ [2,5 °] können Sie die Gradzahl eintragen, um die ein Objekt beim Stempeln gedreht werden soll. Ein Klick auf den Button Transformation zurücksetzen ❷ setzt die Werte wieder zurück.

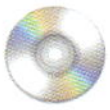

Dateien auf der Buch-DVD: »Jongleur.jpg«, »Jongleur-nummeriert.tif«

Realität schaffen | Nicht nur bei diesem, auch bei vielen anderen Motiven kann man durch Stempeln oder auch mit Copy & Paste Objekte kopieren und einfügen und so eine neue Bildsituation schaffen. Leider ist es damit nicht getan. Schatten und Lichter verraten dem aufmerksamen Betrachter sofort, wenn geschummelt wurde – das Anpassen der Lichtverhältnisse gehört bei Profi-Montagen unbedingt dazu.

TOPP-TIPP: Welche Werte für welche Drehung?

- Ein Objekt **gegen den Uhrzeigersinn** drehen: Negative Werte im Eingabefeld Kopierquelle Drehen.
- Ein Objekt **im Uhrzeigersinn** drehen: Positive Werte im Eingabefeld Kopierquelle Drehen.
- Ein Objekt **horizontal spiegeln**: Tippen Sie unter B »–100« und unter H »100« ein.
- Ein Objekt **vertikal spiegeln**: Tippen Sie unter B »100« und unter H »–100« ein.
- Ein Objekt **um 180°** drehen: 180° im Eingabefeld Kopierquelle Drehen.

▲ **Abbildung 22.26**
Skalieren und Drehen von Retuscheobjekten – der Anschaulichkeit halber einmal mit nummerierten Bällen. Die Bälle 1 und 2 links vom Jungen sind die Originale. Der Ball 1 rechts oben vom Jungen ist eine um 60° gedreht eingestempelte Kopie der originalen Ball-Pixel. Ball 2 rechts außen ist die um 200 % vergrößerte Version des Originalballs 2.

▲ **Abbildung 22.27**
Der kleine Jongleur wird hier nicht nur fast von Bällen erschlagen. Die Lichter, die bei nahezu jedem Ball anders positioniert sind, entlarven sofort die nicht zu Ende geführte Montage.

22.3.4 Musterstempel

Die Arbeit mit dem Verwandten des Kopierstempels, dem MUSTERSTEMPEL , funktioniert ähnlich. Hier übertragen Sie allerdings nicht einen vorher festgelegten Bildbereich an eine andere Stelle, sondern ein Muster, das Sie aus dem Photoshop-Sortiment wählen.

Zum Nachlesen: Highlights und Schatten nachbessern

In Kapitel 12, »Füllmethoden: Pixel-Interaktion zwischen Ebenen«, habe ich Ihnen gezeigt, wie Sie Lichter und Schatten ins Bild malen – zum Beispiel, um Montagen wie in Abbildung 22.27 nachzubessern.

22.4 Helligkeit und Sättigung lokal korrigieren

In der Werkzeugleiste finden Sie mit Abwedler , Nachbelichter und Schwamm (alle mit dem Kürzel [O]) Werkzeuge, mit denen sich einzelne Bildpartien aufhellen oder abdunkeln lassen. Der Schwamm verändert die Farbsättigung.

Die Werkzeuge eignen sich gut für Mini-Anpassungen an Montagen, die sonst schon gut ganz gut sitzen, und für Detailretuschen.

Geänderte Funktionsweise

Bis zur CS4 gehörten Abwedler & Co. nicht gerade zu den Werkzeugen, die man gerne zu Retuschen heranzog: Damit behandelte Bildpartien neigten zu starkem Ausgrauen. Nun sollten Sie die altbekannten und lange ignorierten Werkzeuge erneut ausprobieren. Adobe hat die Wirkungsweise der Tools grundlegend verbessert! Der einzige Hinweis darauf ist die neue Option TONWERTE SCHÜTZEN bzw. DYNAMIK (beim Schwamm).

22.4.1 Optionen von Nachbelichter und Abwedler

Die Einstellungen in der Optionsleiste für Abwedler und Nachbelichter sind recht einfach zu durchschauen.

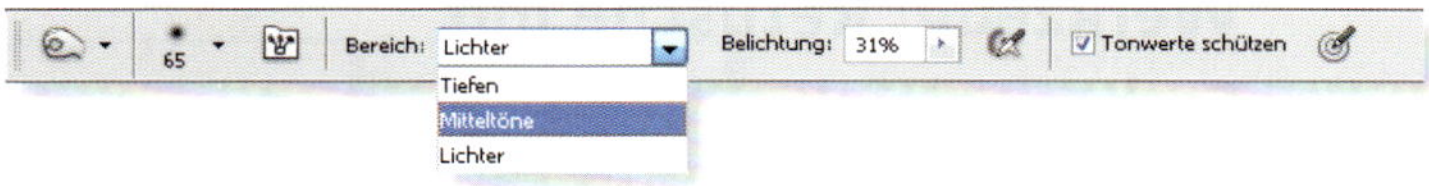

▲ **Abbildung 22.28**
Die Optionen des Nachbelichters (Die Abwedler-Optionen sind dieselben.)

- Rechts neben dem Werkzeugicon stellen Sie Form, Schärfe und Größe der Werkzeugspitze ein.
- Mit BEREICH (beim Abwedler und Nachbelichter) schränken Sie die Wirkung des Werkzeugs ein. Dort legen Sie fest, ob die hellsten (LICHTER), dunkelsten (TIEFEN) oder mittleren Helligkeitswerte (MITTELTÖNE) des Bildes verändert werden sollen.
- BELICHTUNG legt fest, wie stark das jeweilige Werkzeug wirkt. Meist liegen Sie mit Werten zwischen 10% und 20% schon ganz gut – höhere Werte wirken schnell viel zu hart.
- Die Option TONWERTE SCHÜTZEN ist eine Neuerung aus CS4. Sie sollten Sie aktivieren und dann das Häkchen niemals mehr entfernen: Ist diese Option eingeschaltet, operieren die Werkzeuge bildschonend. Das bisher nahezu unausweichliche Ausgrauen retuschierter Bildteile unterbleibt.

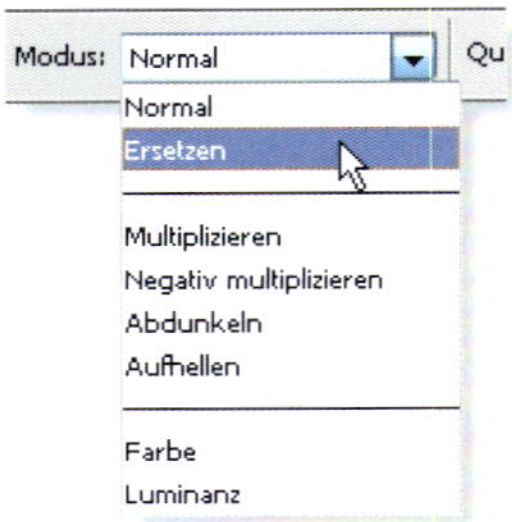

▲ **Abbildung 22.34**
Modi beim Reparaturpinsel

Modus sollten Sie wählen, wenn Ihr Bild eine (erhaltenswerte) Körnung oder Störungen hat. Im Modus Ersetzen bleiben Störungen und Strukturen an den Kanten des Malstrichs erhalten, was ein nahtloseres Einpassen der Retuschestriche erlaubt.

Wählen können Sie auch, ob Sie mit einem aufgenommenen Bereich (Quelle: Aufgenommen ④) oder einem Muster (Quelle: Muster ⑤) arbeiten. Und wie beim Stempel gibt es die Option Ausger.(ichtet) ⑥, eine Möglichkeit zum Abwählen von Einstellungsebenen sowie – für Grafiktablett-Anwender – eine Option, um die Pinselgröße per Eingabestift zu steuern .

Anwendung | Das Vorgehen ist wieder folgendes: Sie stellen die Werkzeugspitze und andere Optionen wie z. B. auch den Modus ein und nehmen durch Mausklick bei gehaltener Alt-Taste (bzw. ⌥-Taste unter Mac OS) den Bereich des Bildes auf, der die Fehlstelle kaschieren soll. Dann bewegen Sie den Mauszeiger an die Stelle, die retuschiert werden soll, und malen dort mit der Maus. So können Sie Stück für Stück kleinere und größere Reparaturen durchführen.

Der während des Pinselns oft sichtbare große Unterschied zwischen den aufgetragenen Pixeln und der Umgebung verschwindet, sobald Sie die Maustaste loslassen – dann vermischen sich die aufgemalten mit den darunterliegenden Pixeln. Bei Porträtretuschen führt das jedoch zu stark weichgezeichneten, »matschigen« Bildpartien, die sich nicht gut ins Bild einfügen. Manchmal kommt man mit dem Stempel bei gut eingestellten Optionen weiter als mit Photoshops halbautomatischen Retuschewerkzeugen.

Datei auf der Buch-DVD: »mädchengesicht.jpg«

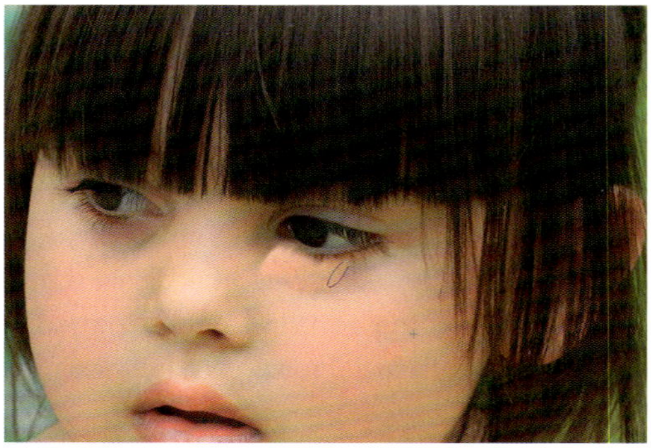

Bild: Fotolia, Marilyn Barbone

Abbildung 22.35 ▶
Werkzeugspitze und Aufnahmepunkt sind gut zu sehen.

22.5.2 Das Ausbessern-Werkzeug

Das Ausbessern-Werkzeug J verrechnet Pixel ähnlich wie der Reparatur-Pinsel, die Technik der Pixelübertragung ist jedoch anders: Sie ziehen um einzelne Bildbereiche mit der Maus eine geschlossene Markierungslinie, die dann an eine neue Position verschoben wird. Die Pixel, die die Markierungslinie vor und nach dem Verschieben umfängt, werden dann miteinander verrechnet.

Das Ausbessern-Werkzeug ist eine Alternative zum Reparatur-Pinsel. Sie können es einsetzen, wenn große Flächen mit wenig Details retuschiert werden sollen.

Die Optionen des Ausbessern-Werkzeugs | Die Optionsleiste ermöglicht nur wenige, aber sehr wichtige Einstellungen, mit denen Sie den auszubessernden Bereich (die reparaturbedürftige Bildpartie) und den fehlerfreien Bereich festlegen (aus dem die Bildpixel stammen, mit denen die Fehlstelle retuschiert wird).

◄ **Abbildung 22.36**
Beim Ausbessern-Werkzeug brauchen Sie keinen Pinsel.

- Ist AUSBESSERN: QUELLE ⑪ aktiviert, wird die ursprüngliche Markierung retuschiert, und zwar mit den Pixeln aus der Bildpartie, auf die Sie die Markierung ziehen.
- Ist AUSBESSERN: ZIEL ⑫ angeklickt, liefert die als Erstes markierte Stelle die retuschierenden Pixel. Ausgebessert wird dann die neue Position der Markierungslinie.
- Die Einstellung MUSTER VERWENDEN ⑬ ist nur aktiv, wenn im Bild bereits eine Auswahl erzeugt wurde. Klicken Sie auf den Button, um die Auswahlfläche mit dem zuvor aus der Liste gewählten Muster zu füllen.

Da Sie mit dem Ausbessern-Werkzeug eine Auswahl erzeugen, um die Korrekturpixel oder den schadhaften Bereich zu bezeichnen, finden Sie in der Optionsleiste außerdem die schon von den regulären Auswahlwerkzeugen bekannten kleinen Buttons ⑩, mit denen Sie festlegen können, wie sich mehrere Auswahlbereiche im Bild zueinander verhalten.

Ausbessern-Auswahl per Shortcuts verändern | Doch Sie müssen nicht zwangsläufig mit den Schaltflächen arbeiten. Es gibt auch Tastaturkürzel zum Modifizieren von Auswahlen.

- Halten Sie [⇧] gedrückt, und ziehen Sie im Bild eine weitere Auswahl auf, um die vorhandene Auswahl zu vergrößern (Auswahlbereiche addieren).
- Ziehen Sie bei gedrückter [Alt]- (Windows) bzw. [⌥]-Taste (Mac OS) einen zweiten Auswahlbereich auf, um die ursprüngliche Auswahl zu verkleinern (Auswahlbereiche subtrahieren).

- Drücken Sie Alt+⇧ (Windows) bzw. ⌥+⇧ (Mac OS) im Bild, um einen Bereich auszuwählen, der sich mit der vorhandenen Auswahl überlappt (Auswahl-Schnittmenge bilden).

Anwendung | Die Arbeitsweise erfordert ein wenig Geschick im Umgang mit der Maus und ein gutes Auge dafür, welche Bildpartien sich zu einer harmonischen Retusche ergänzen könnten. Anhand eines Beispiels zeige ich Ihnen die Prozedur Schritt für Schritt.

Schritt für Schritt: Das Ausbessern-Werkzeug im Einsatz

1 Quelle und Ziel festlegen

Der Abzug dieses Fotos wurde beschädigt. Ein Negativ ist nicht mehr vorhanden. Also wurde das Bild gescannt und soll jetzt digital restauriert werden: eine Aufgabe für das Ausbessern-Werkzeug.

Datei auf der Buch-DVD: »sandweg.tif«

Abbildung 22.37 ▸ Das Ausgangsbild. Die Schrift soll entfernt werden.

Das Werkzeug wird aktiviert, und ich entscheide mich für die Option Ausbessern: Quelle. Mir erscheint die Arbeit damit ein wenig einfacher, besonders im Hinblick darauf, passende Retuschepixel zu finden – das ist aber Geschmackssache. Achten Sie auch darauf, dass die richtige Auswahloption aktiv ist – bei einer mehrteiligen Auswahl müssen diese Stellen ja addiert werden, sonst löscht jedes neue Ansetzen des Ausbessern-Werkzeugs die vorhergehende Auswahl.

2 Ebenenkopie anlegen

Um die Originalpixel zu schonen, sollten Sie eine Ebenenkopie erzeugen und diese bearbeiten.

3 Fehlerhaften Bereich markieren

Mit der Maus ziehe ich nun eine Linie um den missliebigen Schriftzug. Die Auswahlfunktion des Ausbessern-Werkzeugs lässt sich wie das bekannte Lasso-Werkzeug bedienen. Ich arbeite recht eng an den Buchstaben, um den zu retuschierenden Bereich nicht unnötig groß werden zu lassen.

◄ **Abbildung 22.38**
Wählen Sie den unerwünschten Schriftzug mit dem Ausbessern-Werkzeug aus.

Das Ausbessern-Werkzeug ist zwar sehr effektiv, der Sand weist jedoch eine komplizierte Musterung aus Spuren, Licht, Schatten und Bewuchs auf, die möglichst erhalten bleiben soll. Je kleiner Sie den von der Auswahllinie umfangenen Bereich halten, desto besser wird die Retusche. Das »i« spare ich zunächst aus; der Gesamtschriftzug ist zu groß, um auf dem Sandweg einen passenden zusammenhängenden Bereich zu finden.

Achten Sie auch darauf, dass die Auswahllinie wirklich geschlossen ist!

4 Markierung bewegen

Nun ziehe ich den Mauszeiger über die Markierung, halte die Maustaste gedrückt und bewege die Maus und damit die Markierungslinie. Unterhalb der Schrift sind prägnante Unkrautbüschel, die die Retusche verraten würden, wenn sie übertragen werden. Ich ziehe die Auswahllinie also nach oben und achte darauf, dass sie weder über Resten der Schrift noch auf den Fahrrädern liegt.

◄ **Abbildung 22.39**
Auswahl verschieben

5 Resultat beurteilen, Auswahllinie löschen

Mit dem Loslassen der Maus springt die Auswahl an ihren alten Ort zurück. Die Schrift ist nun verschwunden. Wenn nötig, kann der Vorgang auch zurückgenommen (mit dem bewährten Strg+Z (Windows) oder ⌘+Z für Macianer) bzw. noch einmal wiederholt werden, bis die Retusche sitzt. Ich bin hier aber ganz zufrieden und entferne die Auswahllinie mit Strg+D bzw. ⌘+D oder mit AUSWAHL • AUSWAHL AUFHEBEN.

▲ **Abbildung 22.40**
Der Zwischenstand

6 Zweite Runde

Für das »i« gehe ich genauso vor.

▲ **Abbildung 22.41**
Auch der letzte Buchstabe wird ausgewählt und verschoben.

7 Endergebnis

Das Resultat kann sich sehen lassen. Der Sandweg wurde zwar ein wenig verändert, als solche erkennbar ist die Retusche aber nicht.

◂ **Abbildung 22.42**
Das Ergebnis könnte mit anderen Retuschewerkzeugen weiter optimiert werden.

Natürlich können alle Retuschewerkzeuge kombiniert werden. Man könnte nun beispielsweise auf den vielleicht zu kahlen Sandweg per Stempel einige Grasbüschel aufbringen. ■

22.6 Inhaltssensitive Retusche: Große und kleine Bildobjekte einfach verschwinden lassen

Intelligente Werkzeuge, mit denen man unerwünschte Bildobjekte mit geringem Aufwand einfach loswird, sind wohl der Traum aller Retuscheure. Im echten Leben ist es einfach, einen Papierkorb aus dem Bildausschnitt zu rücken oder die Kameraperspektive so zu verändern, dass das Stromkabel nicht im Bild hängt. Beim Retuschieren bedeutete das Entfernen von Bildgegenständen bisher immer das mehr oder minder mühselige Reparieren des Hintergrundes. In CS5 ist es wirklich verblüffend einfach geworden, störende Elemente aus dem Bild zu entfernen. Die Inhaltssensitiv-Option kopiert keine Bildteile, sondern sie analysiert das Bild und stellt neue Bildinhalte auf zufälliger Basis künstlich her.

CS5 **Intelligente Retusche**
Die Option INHALTSSENSITIV verbirgt sich im Fläche-Füllen-Dialog und beim Bereichsreparatur-Pinsel. Sie bringt Bildelemente einfach zum Verschwinden – auch bei schwierigeren Motiven.

22.6.1 Bildobjekte loswerden – Flächen kontextsensitiv füllen

Um größere Bildpartien loszuwerden, nutzen Sie am besten den Befehl FLÄCHE FÜLLEN. Das geht nicht nur schneller als die Detailarbeit mit dem Bereichsreparatur-Pinsel, die Ergebnisse sind oft auch besser, weil Photoshop eine große Fläche »in einem Rutsch« neu berechnet. Die Anwendung ist denkbar einfach.

1. Erzeugen Sie um den Bereich, den Sie retuschieren wollen, eine grobe Auswahl.
2. Rufen Sie mit Bearbeiten • Fläche füllen oder dem Kürzel [⇧]+[F5] den Fläche-füllen-Dialog auf.
3. Wählen Sie unter Verwenden die Option Inhaltssensitiv, und bestätigen Sie mit Ok.

Je nach Bildgröße rechnet Photoshop eine Weile – und das war es schon! Wenn Ihnen das Ergebnis nicht gefällt, nehmen Sie den letzten Schritt zurück und versuchen es noch einmal – ein leichtes Verändern der Auswahl bewirkt meist eine ganz neue Berechnung der eingefügten Pixel.

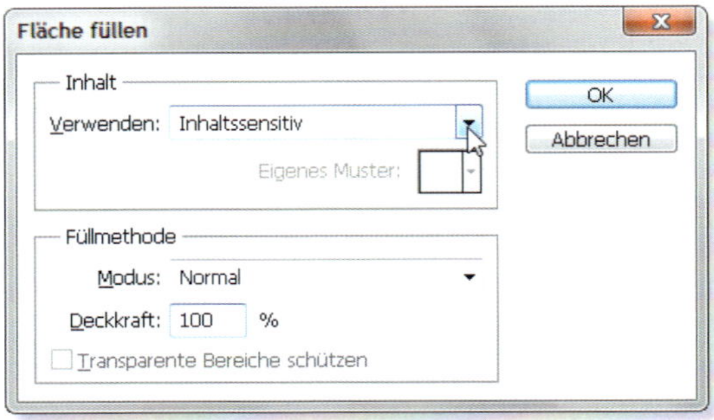

Abbildung 22.43 ▸
Die Option Inhaltssensitiv wertet den altgedienten Dialog Fläche füllen deutlich auf!

Bild: stockexchng, Agata Urbaniak

▴ **Abbildung 22.44**
Die großen Pflanzenbüschel sollen verschwinden, damit aus der Wand eine Textur gemacht werden kann.

▴ **Abbildung 22.45**
Nach Anwendung des Befehls: Wie Sie sehen können, führt die Funktion nicht immer zu guten Ergebnissen. In Abschnitt 1.1 sehen Sie ein gelungenes Beispiel.

22.6.2 Störende Details schnell tilgen – der Bereichsreparatur-Pinsel

Der Bereichsreparatur-Pinsel [J] ist ein enger Verwandter des Reparatur-Pinsels. Auch beim Bereichsreparatur-Pinsel werden aufgetragene Retusche-Pixel in Struktur, Farbnuancierung und Transparenz mit den zu reparierenden Bildpixeln abgeglichen und an sie angepasst. Allerdings gibt es einen wichtigen Unterschied bei der Handhabung: Hier bestimmen nicht Sie die Korrekturpixel durch Aufnehmen oder Auswahl, sondern Photoshop errechnet sie automatisch.

Die Optionen des Bereichsreparatur-Pinsel-Werkzeugs | Die Pinselauswahl und den Modus kennen Sie nun schon zur Genüge. Wie bei den anderen Retuschetools steht auch hier der Modus Ersetzen für Bilder mit starker Körnung zur Verfügung.

Mit den Optionen unter Art haben Sie ein wenig Einfluss darauf, wie die Retusche wirkt:

- Näherungswert verwendet die Pixel an den Kanten der Bereiche, die Sie gerade unter dem Mauszeiger haben, um geeignete Reparaturpixel zu finden.
- Ist Struktur erstellen aktiviert, werden alle Pixel, die Sie unter dem Mauszeiger respektive dem Bereichsreparatur-Pinsel haben, herangezogen, um eine Struktur für die Reparatur des beschädigten Bereichs zu berechnen.

Wenn Sie mit keiner der beiden Optionen gute Ergebnisse erzielen, sollten Sie es mit dem normalen Reparatur-Pinsel versuchen.

- Ist Inhaltssensitiv aktiv, passiert mehr. Denn dabei werden keine Bildpixel aus der Nähe der Werkzeugspitze erneut ins Bild gebracht – Photoshop errechnet aus den vorhandenen Bildpixeln ganz neue Strukturen, die sich der Bildumgebung mehr oder weniger gut anpassen. Ob das klappt, hängt vom Motiv ab.

Wenn Sie mit einer transparenten Korrekturebene arbeiten wollen (siehe Abschnitt 22.2.4, »Eigene Retuscheebene«), muss bei der Option Alle Ebenen aufnehmen (1) ein Häkchen gesetzt sein.

▲ **Abbildung 22.46**
Unabhängig von den verwendeten Optionen malt der Bereichsreparatur-Pinsel zunächst eine deutliche Linie. Sie wird ins Bild hineingerechnet, sobald Sie die Maus loslassen.

▲ **Abbildung 22.47**
Die Optionen beim Bereichsreparatur-Pinsel-Werkzeug

Der Bereichsreparatur-Pinsel ist smart, kann aber nicht immer alle Objektkanten im Bild erkennen – dann entstehen deutliche Retuschespuren. In solchen Fällen kann eine Auswahl helfen. So wurden beim Beispiel unten aus der Dachrinne dunkle Streifen in den Himmel retuschiert. Ich habe schließlich Himmel und Haus getrennt voneinander retuschiert und dabei eine Auswahl zur Abgrenzung genutzt.

Bild: Jacqueline Esen

▲ **Abbildung 22.48**
Der Stromdraht soll aus dem Himmel und vor allem vor der Fassade (Bild oben links) verschwinden.

▲ **Abbildung 22.49**
Die fertige Bildversion, erstellt mit der Inhaltssensitiv-Option. Der fein strukturierte Himmel ist frei von Retuschespuren, und sogar vor der Fassade wurde der Draht entfernt.

22.7 Rote-Augen-Retusche

Rote Augen auf Fotos entstehen, wenn in dunklen Räumen geblitzt wird. Durch die weit geöffnete Pupille wird dann der Augenhintergrund fotografiert, und statt der eigentlichen Augenfarbe ist nur Rot zu sehen. Adobe bietet auch ein spezielles Werkzeug an, das verblitzte Augen nahezu vollautomatisch retuschieren soll: das Rote-Augen-Werkzeug [J].

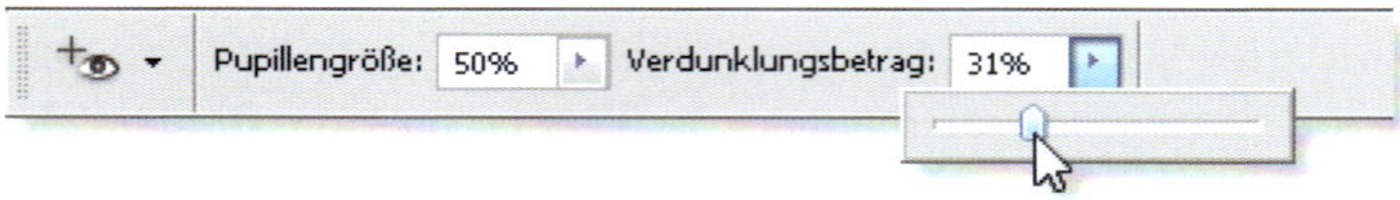

Abbildung 22.50 ▶
Sparsame Einstellungsmöglichkeiten zur Augenretusche

Hier haben Sie nur zwei Einstellungsmöglichkeiten:

- Die Pupillengrösse legt die Größe der Pupille fest.
- Die Einstellung Verdunklungsbetrag bestimmt, wie stark die Pupille abgedunkelt wird.

Besonders nachvollziehbar sind diese Prozentangaben nicht, sodass die Anwendung des Werkzeugs auf Ausprobieren und Verwerfen hinausläuft. Adobe selbst empfiehlt in seiner Hilfe: »Wenn Sie mit dem Ergebnis nicht zufrieden sind, machen Sie die Korrektur rückgängig, wählen Sie beliebige der folgenden Optionen aus, und klicken Sie erneut auf das rote Auge.«

Doch selbst mit fleißigem Ausprobieren kommt man eigentlich nicht zu guten Ergebnissen, denn das Werkzeug arbeitet zu unpräzise. An ein Wiederherstellen der eigentlichen Augenfarbe ist auch nicht zu denken – das Rot wird lediglich abgedunkelt.

Datei auf der Buch-DVD: »Blitzlichtkind.tif«

Bild: Privat

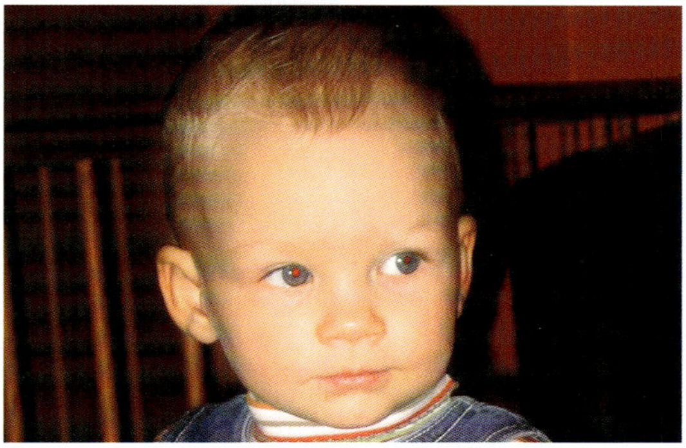

▲ **Abbildung 22.51**
Vor der Retusche mit dem Rote-Augen-Werkzeug ...

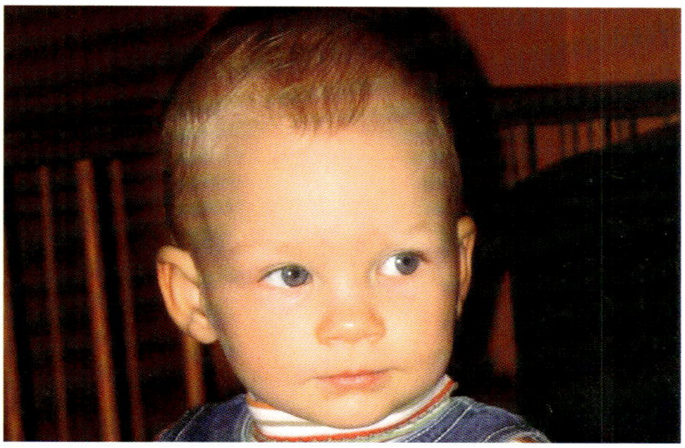

▲ **Abbildung 22.52**
... und danach. Kleine Korrekturen bewältigt das Werkzeug gut.

22.8 Das Werkzeug »Farbe ersetzen«

Das Farbe-ersetzen-Werkzeug (B), das in der Werkzeugleiste unter den Malwerkzeugen versteckt ist, kann viel mehr, als lediglich eine Farbe zu ersetzen. Mit ihm ist die separate Änderung von Farbton, Sättigung, Farbe oder Luminanz von Bildpixeln möglich, ohne dass die jeweils anderen Parameter beeinträchtigt würden. Das bietet für Retuschen den enormen Vorteil, dass Sie sich beispielsweise um die Helligkeitswerte eines Bildbereichs keine Sorgen machen müssen, wenn Sie die Farbe ändern. Wichtige Bilddetails bleiben so erhalten.

Das Werkzeug malt aber nicht nur, es berücksichtigt auch die Pixel, die es aktuell unter der Werkzeugspitze hat. Es schränkt so den Bereich ein, auf den es wirkt, und verhindert mehr oder minder wirksam das »Danebenmalen«. Es eignet sich zur Retusche roter »Blitzlichtaugen«, aber auch für andere lokale Farbänderungen. Einziger Nachteil: Sie arbeiten direkt auf der Bildebene.

Zum Weiterlesen: Rote-Augen-Retusche in schwierigen Fällen
Das Rote-Augen-Werkzeug liefert nicht in allen Fällen zufriedenstellende Ergebnisse. Auf der Bonus-Seite zum Buch (unter *www.galileodesign.de/bonus-seite*) finden Sie eine ausführliche Schritt-für-Schritt-Anleitung für die manuelle Augenretusche. Mit dieser Technik können Sie nicht nur Blitzlicht-Augen reparieren, sondern auch Augen- und sogar die Haarfarbe ganz »unverblitzter« Personen ändern.

22.8.1 Die Optionen von »Farbe ersetzen«

Unter MODUS stellen Sie wiederum ein, wie die mit dem Werkzeug aufgetragenen Pixel mit den bestehenden Bildpixeln verrechnet werden sollen. Für die meisten Retuschen und kreativen Einsätze sind FARBE oder FARBTON die beste Einstellung. Wenn Sie sich unsicher sind, wie die einzelnen Modi wirken, lesen Sie nochmals in Kapitel 12 über Ebenen-Füllmethoden nach – die Berechnungen sind identisch.

▼ **Abbildung 22.53**
Neben der von den Auswahlwerkzeugen schon bekannten TOLERANZ (rechts) steuern drei weitere Optionen die Wirkung des Werkzeugs FARBE ERSETZEN.

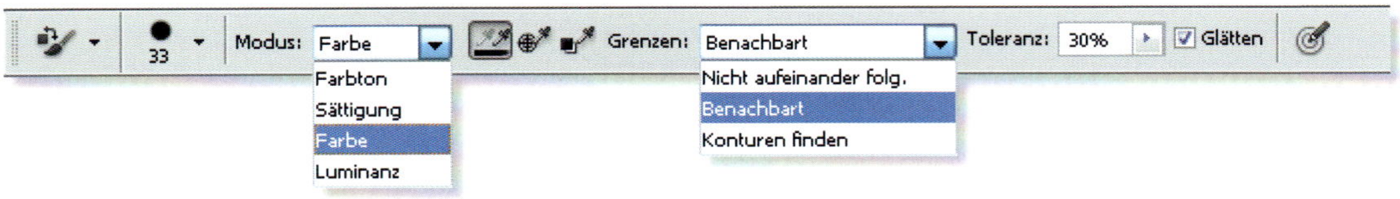

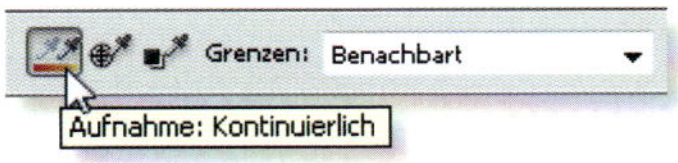

▲ **Abbildung 22.54**
Sampling: KONTINUIERLICH

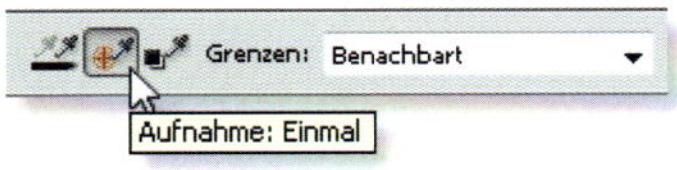

▲ **Abbildung 22.55**
Sampling: EINMAL

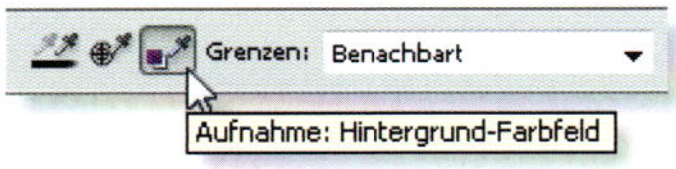

▲ **Abbildung 22.56**
Sampling: HINTERGRUND

Sampling | Die folgenden drei Schaltflächen bestimmen die Art des sogenannten Samplings, also auf welche Art und Weise die Farben der gerade bearbeiteten Bildpixel festgestellt werden:

- KONTINUIERLICH bedeutet eine ständige »Pixelkontrolle« und eignet sich gut für schwierige Retuschebereiche.
- EINMAL stellt die Original-Pixelfarbe nur – wenig überraschend – einmalig fest, und zwar an dem Punkt, den Sie als Erstes mit dem Tool anklicken.
- Ist HINTERGRUND eingestellt, sucht das Werkzeug nach Bildpixeln, die genau der in der Werkzeugleiste eingestellten Hintergrundfarbe entsprechen.

Grenzen | Die Option GRENZEN bestimmt, wie mit den so ermittelten Informationen über die Originalpixel verfahren wird, wie also die Grenzen des Bereichs beschaffen sind, in dem Farbe aufgetragen werden kann.

- NICHT AUFEINANDER FOLGEND ermöglicht das Bemalen von Flächen einer bestimmten Farbe (nämlich der mit einer der drei Sampling-Methoden festgelegten Farbe) auch dann, wenn diese Flächen nicht zusammenhängen.
- BENACHBART schränkt das Bepinseln auf direkt zusammenhängende Farbbereiche ein.
- KONTUREN FINDEN sucht nach kontrastierenden Kanten im Bild, um die Wirkung des Farbe-ersetzen-Pinsels zu beschränken, und sorgt für besonders saubere Abschlüsse – vorausgesetzt, im bearbeiteten Bild sind solche Kanten auch vorhanden.

Zum Weiterlesen: Farbänderungen pixelschonend

Das Farbe-Ersetzen-Tool ist für schnelle Eingriffe an unkomplizierten Motiven gedacht. Auf der Bonus-Seite zum Buch finden Sie ein Tutorial zur Retusche roter Augen. Die dort gezeigte Technik lässt sich auch für alle anderen Farbretuschen anwenden.

22.9 Filter plus Protokollpinsel – digitales Augen-Make-up oder Abpudern

Scharfzeichnungsfilter sind nicht nur ein wichtiges Hilfsmittel, um Bildern, die frisch aus der Digicam oder vom Scanner kommen, ein Quäntchen mehr Knackigkeit zu verleihen. Auch als Retuschewerkzeug eignen sie sich gut.

Dosiert eingesetzt, lässt eine Scharfzeichnung matte Augen strahlen oder betont die Lippen. Sie erinnern sich: Scharfzeichner wirken kontraststeigernd. Davon profitieren eben auch Porträts oder zumindest einige Partien davon – dass Schärfen fotografierte Gesichter auch entstellen kann, wurde ja bereits in Kapitel 21, »Bilder schärfen«, deutlich. Ähnlich verhält es sich mit dem Weichzeichnen: Haut, die nicht unter idealen Lichtbedingungen aufgenommen wurde, wirkt auf Fotos schnell fleckig, grobporig und glänzt zu stark. Hier würde Weichzeichnen Abhilfe schaffen, es soll sich aber wiederum nicht auf das gesamte Bild erstrecken.

In beiden Fällen ist es also wichtig, die **Filterwirkung lokal einzugrenzen** und nur die wirklich retuschierbedürftigen Bildpartien damit zu behandeln. Gleichzeitig wäre ein einfaches, intuitives Handling wünschenswert, denn Porträtretusche erfordert schon viel Konzentration auf das Objekt. Die Arbeit mit Masken wäre hier zu umständlich und würde schlecht vorhersagbare Ergebnisse liefern.

Eine hervorragende Technik, um die Filterwirkung gut dosiert nur auf einzelne Bildpartien anzuwenden, ist der Protokollpinsel (Kürzel Y).

Für Porträtretuschen lässt sich diese Arbeitsweise besonders gut anwenden, aber auch andere Zwecke sind denkbar. Ich zeige Ihnen hier exemplarisch, wie Sie mithilfe von Weichzeichnungsfilter und Protokollpinsel ein weicheres Hautbild erzielen können. Mit dieser Technik lassen sich Glanzstellen, Hautunreinheiten und Rötungen, Sommersprossen und Ähnliches gut kaschieren – digitales Abpudern eben!

Datei auf der Buch-DVD: »BlondeFrau.tif«

▲ **Abbildung 22.57**
Das Ausgangsbild – das Hautbild ist nicht ganz ebenmäßig, außerdem sind leichte Glanzstellen zu sehen.

Schritt für Schritt: Filter und Protokollpinsel als digitale »Puderquaste« zur Hautretusche

1 Ausgangsbild und Zielsetzung

Das vorliegende Porträt soll digital etwas abgepudert, das Hautbild ruhiger werden. Eigentlich sind hierfür keine separaten Ebenen nötig, und es kann auch wenig schiefgehen – vorsichtige

Naturen können sich dennoch ein Ebenenduplikat anlegen und darauf arbeiten.

2 Weichzeichnen

Ich arbeite hier mit dem universellen Weichzeichner, dem Gaussschen (unter Filter • Weichzeichnungsfilter).

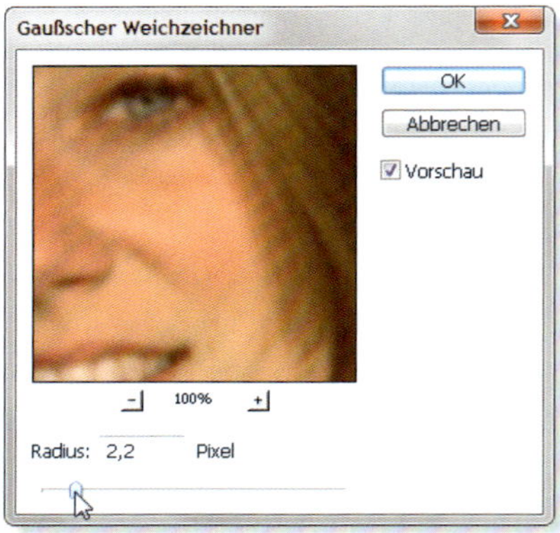

Abbildung 22.58 ▶
Einstellungen des Gaussschen Weichzeichners

Welcher Wert der richtige ist, ist von Bild zu Bild verschieden. Hochaufgelöste Bilder brauchen meist höhere Radien als 72-ppi-Webbilder. Auch hier ist die 100%-Ansicht ratsam, um die Filterwirkung realistisch einzuschätzen. Verändern Sie den Wert so lange, bis die zu entfernenden »Fehler« nicht mehr zu sehen sind und die Haut schön weich und ebenmäßig aussieht. Im Zweifelsfall dosieren Sie den Filter lieber zu hoch als zu niedrig – bei der eigentlichen Retusche kann die Filterwirkung gleich noch etwas reduziert werden. Konzentrieren Sie sich nur auf die Haut. Alles andere, was jetzt viel zu weich aussieht, wird gleich wieder korrigiert.

3 Protokoll-Palette aufrufen und einstellen

Sie arbeiten nun mit dem Protokollpinsel-Werkzeug [Y]. Dazu brauchen Sie auch die Protokoll-Palette (rufen Sie sie über Fenster • Protokoll auf).

Aktivieren Sie durch Klicken auf die entsprechende Zeile denjenigen Protokollzustand, der *direkt vor* dem Weichzeichnen liegt. Das Bild nimmt jetzt wieder den Zustand an, den es vor der Weichzeichnung hatte. Zudem muss noch festgelegt werden, welches Bildstadium mit dem Protokollpinsel-Werkzeug ins Bild hineingepinselt werden soll. Das ist natürlich die Weichzeichnung. Klicken Sie einmal in das leere Kästchen vor der entsprechenden Protokollzeile (dort, wo Gaussscher Weichzeichner steht). Dort ist dann das Protokollpinsel-Icon zu sehen.

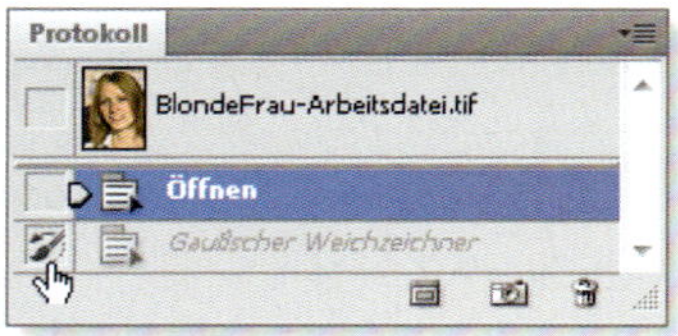

▲ Abbildung 22.59
So sollte Ihre Protokoll-Palette aussehen.

4 Protokollpinsel aufrufen und einstellen

Der Protokollpinsel lässt sich handhaben wie ein normaler Pinsel auch. Wenn Sie losmalen, wird die Weichzeichnung an den bemalten Stellen wieder ins Bild übernommen.

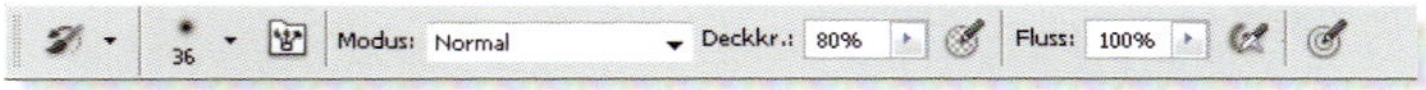

◂ **Abbildung 22.60**
Die Optionen des Protokollpinsels

Über die Optionen des Protokollpinsels können Sie steuern, wie und wie stark die Weichzeichnung wirken soll. Die **Pinselgröße** muss an das Motiv angepasst werden. Weiche Werkzeugspitzen sind meist von Vorteil. Wenn Ihre Retusche ein zu künstliches Aussehen hat – das merken Sie meist nach den ersten zwei, drei Pinselstrichen –, kann die Deckkraft des Protokollpinsels unter Umständen etwas reduziert werden. Wenn Sie ein Gesicht nur etwas mattieren wollen, sollte der Modus Normal genügen. Wenn Sie aber zum Beispiel Sommersprossen verschwinden lassen wollen, ist der geeignetste Modus Aufhellen (um helle Flecken abzudecken, wäre der Modus Abdunkeln die bessere Wahl).

5 Weichzeichnung wieder ins Bild malen

So wie in Abbildung 22.57 sah die Person vorher aus. Nun malen Sie überall über die Hautpartien, die Sie digital »abpudern« wollen – fertig.

◂ **Abbildung 22.61**
Die Weichzeichnung wird ins Bild gemalt.

6 Fertig! – Das Endergebnis

Das Bild wirkt deutlich ausgeglichener. Nur die von Ihnen bepinselten Hautstellen sind weichgezeichnet. In den anderen Bildpartien wurde die Schärfe erhalten.

Abbildung 22.62 ▶
Nach der Retusche: ein ausgeglichenes, aber nicht »totretuschiertes« Ergebnis

Nach demselben Rezept können Sie auch andere Filter – und natürlich auch andere Arbeitsschritte – dosiert wieder ins Bild bringen.

22.10 Der Verflüssigen-Filter: Als Spielzeug unterschätzt

Originalbild: istockphoto.com

▲ **Abbildung 22.63**
Irres Lachen, wirre Haare, dicke Nasen – Nebenwirkungen der Behandlung mit dem VERFLÜSSIGEN-Filter.

Der VERFLÜSSIGEN-Filter macht zunächst einmal Spaß: Hat man ihn einmal entdeckt (FILTER • VERFLÜSSIGEN oder das Kürzel ⇧+⌘+X bzw. ⇧+Strg+X), probiert man alle darin enthaltenen Werkzeuge aus, verschandelt die Gesichter von Freunden, die man irgendwann einmal fotografiert hat – und dabei bleibt es dann meist.

Dabei kann der Filter weit mehr, als karikaturistische Verzerrungen zu erzeugen. Man kann ihn auch als ernsthaftes Retuschewerkzeug einsetzen, wenn man sich ein wenig mit seinen Funktionen auseinandersetzt. Zum Bearbeiten von Mimik, aber auch für die Veränderung von (Gesichts)proportionen eignet sich der Filter gut.

Abbildung 22.64 ▶
Das Ausgangsbild

Abbildung 22.65 ▶▶
Und das Ergebnis nach behutsamer Verflüssigen-Retusche: ein dickerer Haarschopf, größere Augen, stärkeres Lächeln

Bild: Fotolia, Aleksey Poprugin

22.10.1 Einstellungen für das Verflüssigen-Werkzeug

Im Folgenden finden Sie eine Übersicht über die zahlreichen Funktionen des Verflüssigen-Werkzeugs.

Datei auf der Buch-DVD: »JungeFrau.tif«

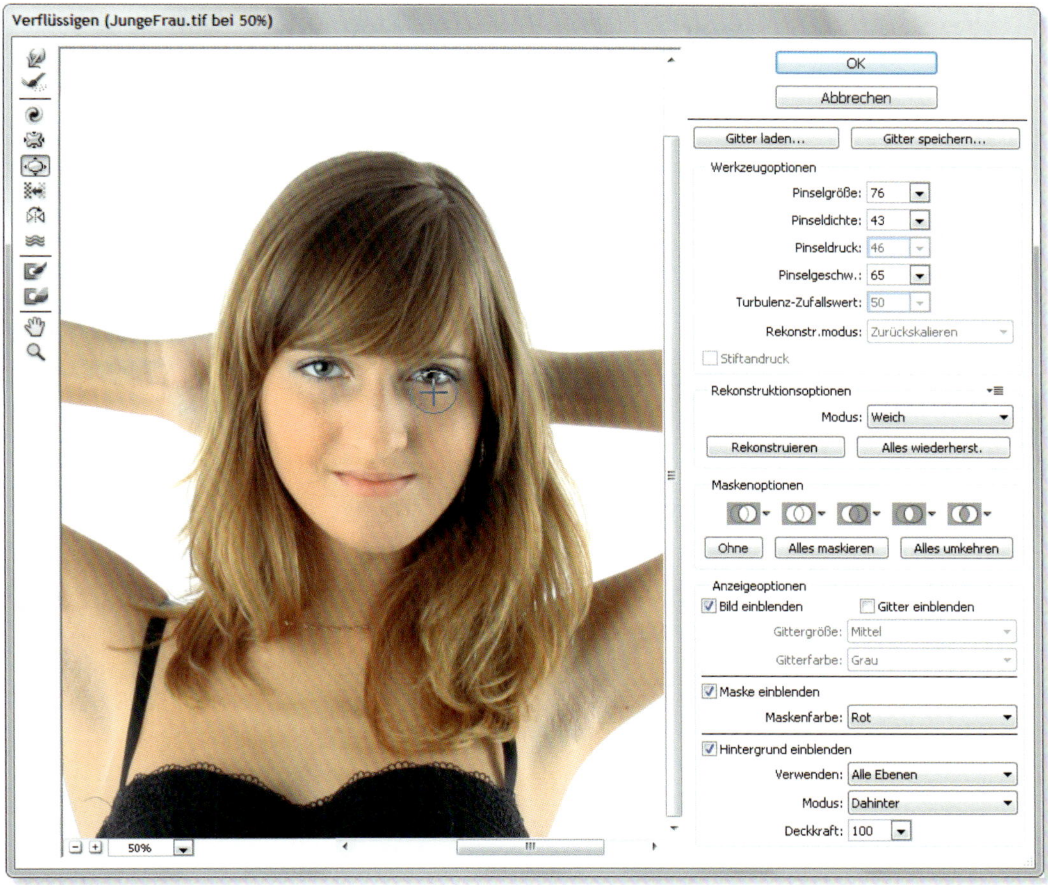

▲ **Abbildung 22.66**
Die Vielzahl interner Werkzeuge und Funktionen wirkt auf den ersten Blick erschlagend.

Einzelne Bildpartien werden verflüssigt (technisch gesprochen: Pixel werden verschoben), indem man den Mauszeiger auf die zu verändernden Bildpartien setzt und (meist) ein wenig schiebt.

Werkzeuge | Ganz verschiedene Werkzeuge stehen dazu zur Verfügung. Von oben nach unten sind dies:

❶ Pixel wie mit dem Finger **vorwärts schieben** – sicher eines der meistgenutzten Werkzeuge: das Vorwärts-krümmen-Werkzeug, Tastenkürzel [W].

❷ Nach Änderungen wieder einen früheren Zustand rekonstruieren: das Rekonstruktionswerkzeug, Tastenkürzel [R].

❸ Im Uhrzeigersinn **strudelförmig** verdrehen. Wenn Sie gegen den Uhrzeigersinn strudeln wollen, halten Sie [Alt] (Win-

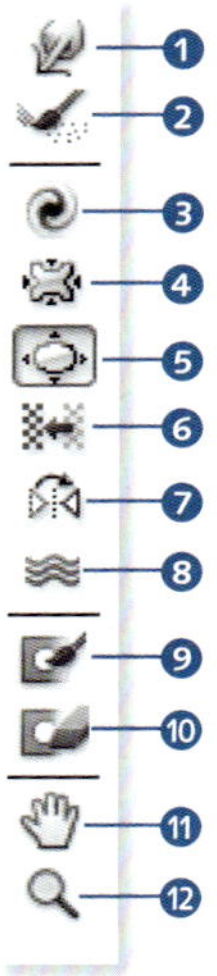

▲ **Abbildung 22.67**
Die Werkzeuge des Verflüssigen-Filters

▲ **Abbildung 22.68**
Werkzeug-, Rekonstruktions- und Ansichtsoptionen im Detail

dows) oder ⌥ (Mac OS) gedrückt: das Strudel-Werkzeug , Tastenkürzel C.

❹ Bildpartien **zusammenziehen**: das Zusammenziehen-Werkzeug, Tastenkürzel S.

❺ Einzelne Bildpartien können **aufgeblasen** werden: das Aufblasen-Werkzeug, Tastenkürzel B.

❻ Sie können Bildpixel auch **versetzen**. Das sogenannte Nach-links-schieben-Werkzeug (Tastenkürzel O) arbeitet etwas komplizierter als das erste Verschieben-Tool. Wenn Sie es gerade nach oben ziehen, schiebt es Pixel nach links. Ziehen Sie es nach unten, schiebt es Pixel nach rechts. Durch Umfahren eines Bereichs wird dieser vergrößert (Maus im Uhrzeigersinn bewegen) oder verkleinert (gegen den Uhrzeigersinn).

❼ Das nächste Werkzeug führt zu wirren, kaum zu steuernden Ergebnissen: das Spiegeln-Werkzeug, Tastenkürzel M.

❽ Schön und nachvollziehbar wirkt hingegen das Turbulenz-Werkzeug, Tastenkürzel T. Es vermischt die Pixel allmählich.

❾ Das nächste Werzeug kann eingesetzt werden, um **Masken aufzutragen**: das Fixierungsmaske-Werkzeug, Tastenkürzel F.

❿ Masken können auch gelöscht werden: das Maske-löschen-Werkzeug, Tastenkürzel D.

⓫ Darunter finden Sie die schon vertrauten Tools Hand-Werkzeug, Tastenkürzel H, …

⓬ … und das Zoomwerkzeug, Tastenkürzel Z, um die Bildansicht zu verändern.

Werkzeugoptionen | Die Werkzeugoptionen rechts bestimmen, wie intensiv die einzelnen Werkzeuge wirken.

- Pinselgrösse ist selbsterklärend. Bei vielen Operationen erzielt eine etwas größere Pinselspitze meist bessere Ergebnisse. Die Pinsel wirken auch an den Rändern nicht so stark wie im Zentrum.
- Die Pinseldichte steuert, wie sehr die Pinselwirkung zum Pinselrand weicher wird. Diese Option ist also gut geeignet, um Übergänge mehr oder weniger sanft zu gestalten.
- Pinseldruck und Pinselgeschw.(indigkeit) bestimmen beide die Geschwindigkeit, mit der Deformierungen erfolgen. Pinseldruck ist auf Werkzeuge bezogen, bei denen man die Maus bewegt, Pinselgeschwindigkeit bezieht sich vor allem auf das Strudel- und Turbulenzwerkzeug, bei denen die Maus auf einem Punkt verharrt.
- Der Turbulenz-Zufallswert steuert, wie sehr das Turbulenz-Werkzeug Pixel verwirbelt.

- Die Einstellungen unter REKONSTR.(UKTIONS)MODUS beziehen sich auf das Rekonstruktionswerkzeug. Rekonstruktionen wenden Sie nach dem Verformen an. Mit ihnen lassen sich die Änderungen ganz zurücknehmen (REKONSTRUIEREN) oder in verschiedenen Graden mildern. Mit dem Rekonstruktionswerkzeug bearbeiten Sie gezielt einzelne Bereiche des verflüssigten Bildes.

Rekonstruktionsoptionen | Verwirrend ist der Umstand, dass gleich unterhalb des REKONSTR.(UKTIONS)MODUS noch ein Punkt REKONSTRUKTIONSOPTIONEN auftaucht. Dieser bezieht sich aber auf Rekonstruktionsarbeiten am gesamten Bild. Der Button REKONSTRUIEREN schwächt alle Änderungen gemäß Einstellung ab, und der Button ALLES WIEDERHERST. bringt das Bild in den Urzustand zurück.

Maskenoptionen | Einzelne Bildteile lassen sich auch durch Masken schützen. Das können sowohl die mit den Maskenwerkzeugen aufgetragenen Masken des Verflüssigen-Fensters sein als auch schon im Bild bestehende Masken, Auswahlen oder Alphakanäle. Die Buttons unter MASKENOPTIONEN legen fest, wie sich diese Elemente jeweils zueinander verhalten.

Anzeigeoptionen | Die ANZEIGEOPTIONEN ermöglichen es Ihnen, neben dem Bild auch ein Gitternetz – das dann mit verzerrt wird – einzublenden, andere Bildebenen zu zeigen und die Maskenfarbe einzustellen.

Gitter laden und speichern | Eine gelungene Verflüssigung – bzw. das der Berechnung zugrunde liegende (verformte) Gitter – kann auch **gespeichert** und später wieder **geladen** und weiterbearbeitet werden.

Verflüssigen mit Masken – Vorgehen

Mit Masken können Sie Bildpartien vor dem Verflüssigen schützen – das führt aber sehr oft zu hässlichen Kanten zwischen den bearbeiteten und unbearbeiteten Bereichen. In der Praxis ist es viel sinnvoller, Bildteile *nach* dem Bearbeiten zu maskieren und *vor der Rekonstruktion* zu schützen. Damit bleiben gelungene Änderungen erhalten, während der Rest sanft »zurückgebogen« wird – so lassen sich weichere Übergänge erzielen. Manchmal lohnt es sich auch, mehrere Rekonstruktionsdurchgänge hintereinander durchzuführen und mit unterschiedlichen Masken zu operieren.

◂ **Abbildung 22.69**
Übrigens: Auch für das nachträgliche Glattbügeln …

◂◂ **Abbildung 22.70**
… von Kleidung eignet sich das Verflüssigen-Werkzeug. (Hier kamen die Funktionen ZUSAMMENZIEHEN und VORWÄRTS KRÜMMEN zum Einsatz.)

22.11 Naturalistisch verformen: Das Formgitter-Werkzeug

Anatomisch korrekte Bildmanipulation
Das Formgitter-Tool ist eine Neuerung in Photoshop CS5. Damit können Sie Menschen, Tiere und andere Bildgegenstände verbiegen und verformen, ohne dass der Eingriff unnatürlich aussieht. Die Funktion ist leicht zu bedienen. Allerdings brauchen Sie für realistische Ergebnisse oft akkurate Freisteller und geschickt retuschierte Bildhintergründe – beides sind Zeitfresser.

Auch das Formgitter verformt Bildteile. Anders als der Filter VERFLÜSSIGEN ist es jedoch auf naturalistisch wirkende, anatomisch korrekte Verbiegungen spezialisiert. Damit lassen sich einfache Retuschen (etwa die Haarform) ebenso durchführen wie umfangreiche Transformationen (beispielsweise Veränderungen der Armhaltung fotografierter Personen).

▲ **Abbildung 22.71**
Das Ausgangsbild

Bild: istockphoto, Valeriy Kalyuzhnyy

▲ **Abbildung 22.72**
Freigestellt und verformt. Gitter und Pins des Formgitterwerkzeuges sind erkennbar. Die Bewegung wirkt ganz natürlich.

22.11.1 Formgitter-Funktionen

Sie finden das Werkzeug unter BEARBEITEN • FORMGITTER. Am besten lässt es sich auf freigestellte Bildobjekte anwenden, Sie können jedoch auch mit einfachen Auswahlen oder Masken arbeiten. Es funktioniert bei normalen Bildebenen, Text- und Formebenen und Smart-Objekten, das heißt, Sie können auch zerstörungsfrei arbeiten.

Datei auf der Buch-DVD: »ReiterinEinfach.tif« (Die Datei enthält bereits ein freigestelltes Smart-Objekt.)

Aktivieren Sie Ihre Ebene – im Idealfall ein freigestelltes Bildelement als Smart-Objekt –, und wählen Sie dann BEARBEITEN • FORMGITTER, um die Funktion zu starten. Sie sehen, dass sich das Bild mit einem Gitternetz überzieht; die Optionsleiste zeigt die Formgitter-Optionen. Per Mausklick setzen Sie Pins ins Bild. Die Pins wirken einerseits wie Gelenke, können Bildteile jedoch auch feststellen. In der Optionsleiste steuern Sie vor allem die Eigenschaften des Gitternetzes und damit der Verformung.

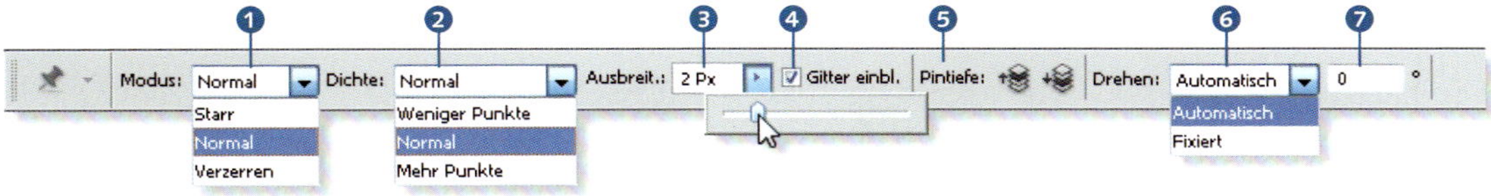

▲ **Abbildung 22.73**
Formgitter-Optionen

Optionen für das Gitternetz | Modus, Dichte und Ausbreitung wirken auf das Formgitter selbst, das sogenannte Mesh – und damit auf die Art und Weise, wie die Verformung berechnet wird und sich das verformte Objekt verhält.

- Der Modus ❶ bestimmt, wie elastisch das Mesh ist. Wenn Sie anatomisch verformen wollen, ist Normal am besten geeignet. Den Modus Starr können Sie ausprobieren, wenn Ihnen das Objekt beim Verformen – trotz gesetzter Pins – zu kräftig in Bewegung ist. Verzerren ändert auch Größenverhältnisse. Mit dieser Einstellung können Sie etwa arbeiten, wenn Sie mit einem Weitwinkelobjektiv aufgenommene Bilder oder Texturmaps verkrümmen wollen.
- Unter Dichte ❷ legen Sie fest, wie grob- oder engmaschig das Gitternetz ist. Ein feines Gitternetz arbeitet präzise, kostet jedoch auch viel Rechenzeit. Für die meisten Bilder genügt die Standard-Einstellung Normal.
- Ausbreitung ❸ erweitert oder verkleinert die Außenkante des Mesh. Je höher der Wert ist, desto mehr Bewegungsspielraum hat das verformte Objekt. Bei hohen Werten werden die Bewegungen schnell unkontrollierbar. Testen Sie einmal Extremwerte – Sie werden sofort verstehen, was es mit dieser Option auf sich hat!
- Gitter einblenden ❹ tut genau das: Die Option blendet das Gitter ein oder aus. Beim Arbeiten ist ein eingeblendetes Gitter praktisch, zur zwischenzeitlichen Ergebniskontrolle kann man es kurz ausschalten. Strg/⌘+H blendet auch die Pins kurzzeitig aus.

Um das Formgitter anzuwenden, setzen Sie mittels Mausklicks die Pins ins Bild. Der jeweils aktive Pin – erkennbar an einem schwarzen Punkt – wirkt wie ein Gelenk. Die restlichen Pins fixieren das Motiv.

Bildelemente verformen | Durch Bewegen des aktiven Pins oder des Meshs verformen Sie das Bildelement. Jede Bewegung betrifft jedoch die ganze Figur. Je nach Menge und Position der fixierten Pins bewegen sich alle Teile elastisch mit. Genau deswegen wirkt die Verformung auch so naturalistisch. Sie haben zwei Möglichkeiten, um Ihr Objekt zu verformen.

Die richtige Menge Pins

Sie müssen vermutlich ein wenig üben, um herauszubekommen, wie viele Pins notwendig sind. Wenn Sie zu wenige Pins setzen, drehen Sie die ganze Figur (beim Verschieben der Pins per Maus) oder sehen zunächst kein Resultat (beim Drehen des Meshs). Sind es zu viele, kann das Bildobjekt unbeabsichtigt und unanatomisch verzerrt werden.

▲ **Abbildung 22.74**
Um ein größeres Objekt naturalistisch zu verformen, sollten Sie es mit einigen anatomisch halbwegs sinnvoll platzierten Pins »feststecken«, bevor Sie sich ans Verformen einzelner Extremitäten machen.

- **Ziehen mit der Maus:** Klicken Sie einen Pin an, er ist dann automatisch aktiv. Ziehen Sie am Pin, um das Mesh und damit die Figur zu verzerren. Bei dieser Methode haben Sie viel Bewegungsspielraum und können auch große Bildteile verschieben. Allerdings treten dabei auch leicht ungewollte Verformungen auf, besonders, wenn Sie Ihre Pins ungünstig platziert haben.

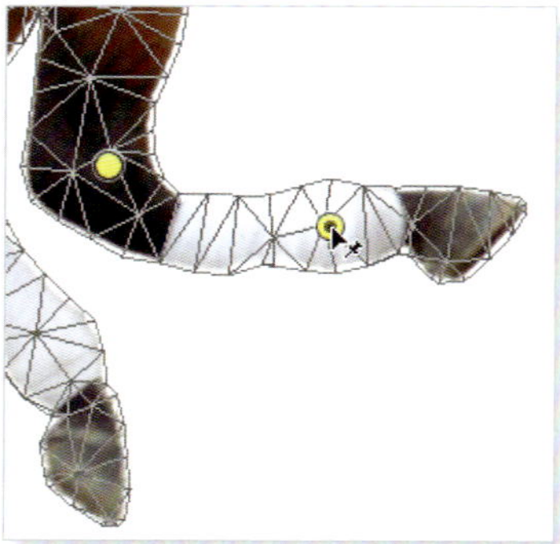

Abbildung 22.75 ▸
Ziehen des Pins mit der Maus: Es ist viel Bewegung möglich, doch stellen sich leicht auch Verformungen ein.

Mehr als einen Pin bewegen
Es ist auch möglich, mehrere Pins auf einmal zu aktivieren und diese dann zu verändern. Drücken Sie ⇧ und klicken Sie alle gewünschten Pins an.

- **Drehen des Meshs um den aktiven Pin:** Aktivieren Sie einen Pin, drücken Sie Alt oder ⌥, und führen Sie die Maus vorsichtig von außen an den Pin *heran* – nicht *darüber*. Ein kleiner Kreis erscheint, der Mauszeiger wird zu einem gebogenen Doppelpfeil. Bewegen Sie die Maus, um das Pin-Gelenk zu drehen.

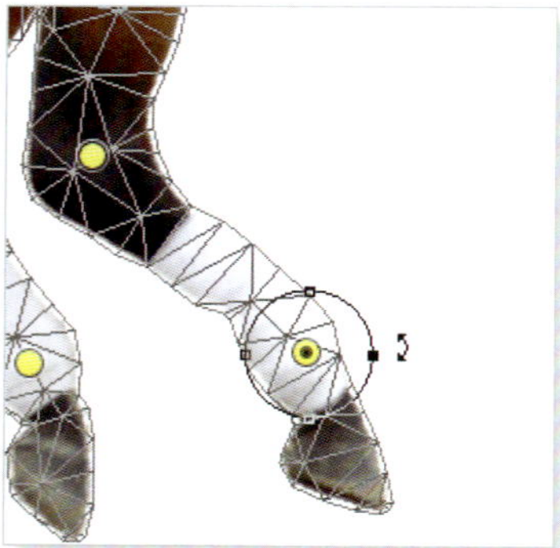

Abbildung 22.76 ▸
Drehen des Meshs um den aktiven Pin: Die Bewegungen sind kontrollierter, kleinteiliger und oftmals anatomisch genauer.

- **Bewegung kontrollieren:** Der Drehwinkel des jeweils aktiven Pins wird in der Optionsleiste angezeigt ❼. Sie können alternativ zur Mausbewegung auch einen Wert eingeben, um den Sie Ihr Mesh drehen wollen. Vor allem aber dient dieser Teil der Optionsleiste als Kontrollinstrument. Unter DREHEN ❻ wird auch jeweils angezeigt, wie Sie den jeweils aktiven Pin bewegt haben. Wurde er mit der Maus durch Ziehen verändert, steht dort AUTOMATISCH – das heißt, die Bewegung folgt der Einstellung unter MODUS. Pins, bei denen das Mesh gedreht wurde, werden als FIXIERT angezeigt.

- **Objekt im Ganzen verschieben:** Sie können Ihr Bildobjekt auch vollständig verschieben, ohne es zu verformen. Dazu aktivieren Sie alle Pins, etwa per Kontextmenü oder indem Sie [⇧] drücken und alle Pins nacheinander anklicken.

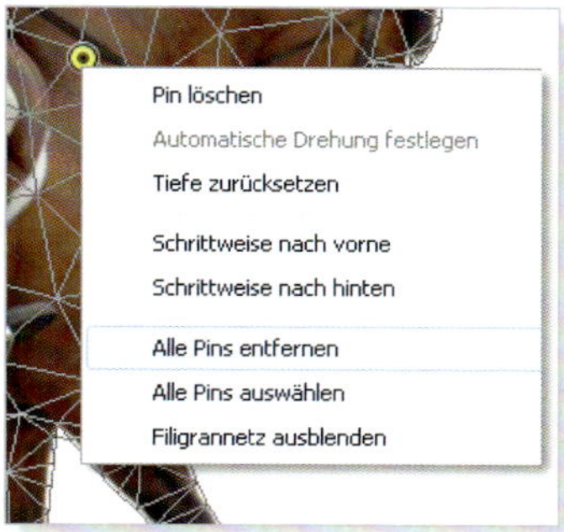

▲ **Abbildung 22.77**
Das Kontextmenü für Pins ist im Alltag praktischer als Klicks in der Optionsleiste.

Pintiefe – Überlappung anordnen | Bei umfangreicheren Formgitter-Operationen kann es passieren, dass sich zuvor getrennte Extremitäten oder andere Bildteile überlappen. Damit die Verformung natürlich aussieht, muss natürlich auch die Überlappung korrekt sein. Das funktioniert nicht immer: Manchmal ergeben sich Bildstörungen oder schlichtweg anatomisch unmögliche Ergebnisse. Die Schaltflächen unter PINTIEFE ❺ beheben solche Probleme. Mit einem oder – bei komplexen Motiven – mehreren Klicks holen Sie den Bildteil mit dem jeweils aktiven Pin räumlich nach vorne oder schieben ihn nach hinten.

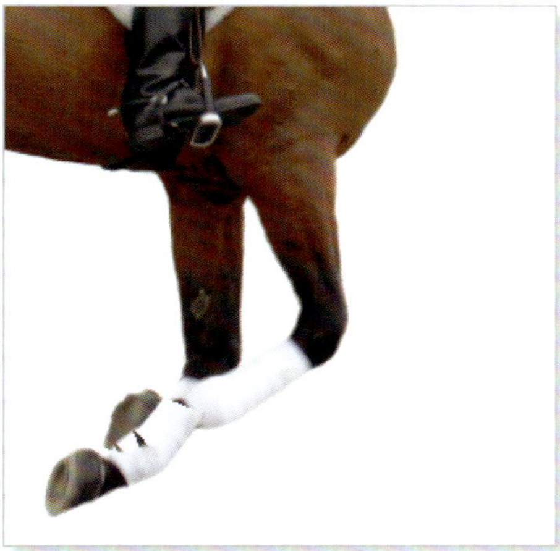

▲ **Abbildung 22.78**
Falsche Überlappung des verschobenen Vorderbeins

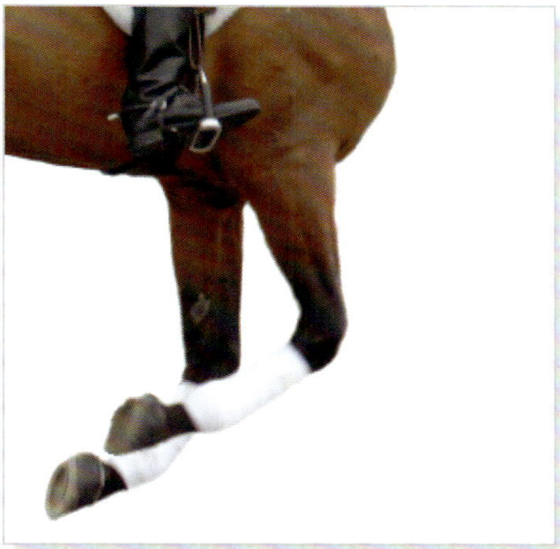

▲ **Abbildung 22.79**
Mit PINTIEFE korrigierte Überlappung

Arbeitsschritte zurücknehmen, abbrechen oder anwenden | Die Arbeit mit dem Formwerkzeug ist immer auch ein bisschen Trial & Error – besonders am Anfang, wenn man es noch nicht so gut kennt. Die bekannte Tastenkombination [Strg]/[⌘]+[Z], mit der Sie den jeweils letzten Schritt rückgängig machen können, soll hier zwar funktionieren, doch sie klappte im Test nicht in jeder Photoshop-Installation anstandslos.

Doch es gibt noch mehr Möglichkeiten, um Änderungen rückgängig zu machen.

- Wenn Sie mit Ihrer **letzten Verschiebung** unzufrieden sind, können Sie den Pin aktivieren und mit [Entf] (oder per Kontextmenü) löschen oder in der Optionsleiste die Werte unter DREHEN wieder herstellen.
- Wenn Ihnen die **gesamte Transformation** nicht gefällt, Sie jedoch das Werkzeug weiterbenutzen wollen, schauen Sie in der Optionsleiste rechts. Dort finden Sie einen kreisförmigen Pfeil. Damit können Sie **alle Pins auf einmal löschen**. Die Transformation wird rückgängig gemacht, ohne das Formgitter-Tool zu schließen.
- Um die **Transformation abzubrechen** und das Tool zu schließen, klicken Sie auf das bekannte »Parkverbot«-Icon oder drücken [Esc].

Doch auch gelungene Operationen müssen abgeschlossen werden – so, wie Sie es auch von anderen Transformationen und Werkzeugen kennen. Wenn Sie alle **Änderungen annehmen** wollen, klicken Sie auf das Häkchen-Symbol oder drücken [↵].

22.11.2 Formgitter in der Praxis

Das Hantieren mit dem Formgitter-Werkzeug ist nicht so schwer, doch um brauchbare, überzeugende Resultate zu erzielen, braucht es mehr als ein paar Pins und Mausbewegungen. Auswahlen (Teil IV dieses Buches), Ebenen (Teil III) und die übrigen Retuschewerkzeuge (dieses Kapitel) sollten Ihnen vertraut sein, wenn Sie das Tool für mehr nutzen wollen als nur für ein paar Spielereien.

▲ **Abbildung 22.80**
Freistellen plus Formgitter plus Retusche. Hier das Ausgangsbild …

▲ **Abbildung 22.81**
… und das Ergebnis.

Bildaufbau und begleitende Arbeiten | Fast alle Formgitter-Retuschen bringen zusätzliche Arbeiten mit sich. Dabei hat sich folgendes Vorgehen bewährt:

1. Wählen Sie das Hauptmotiv möglichst exakt aus, und bringen Sie es auf eine eigene Ebene, die Sie gleich in ein Smart-Objekt verwandeln. Noch deckt das Smart-Objekt das Originalmotiv ab, aber das wird sich mit dem Anwenden des Formgitters ändern.

◂ **Abbildung 22.82**
Verformtes Pferd ohne Retusche des Hintergrundes – es ist sofort zu verstehen, wieso diese Retusche notwendig ist.

2. Duplizieren Sie die Ausgangsebene. Auf diesem Duplikat sollten Sie den Hintergrund retuschieren, sodass das verformte Smart-Objekt sich gut einpasst. Die originale Hintergrundebene behalten Sie am besten für Vorher-nachher-Vergleiche. Retuschieren Sie große Partien bereits vor der Verformung. Die inhaltssensitiven Werkzeuge (Abschnitt 22.6, »Inhaltssensitive Retusche«) sind bei den meisten Motiven eine große Hilfe. Die Formgitter-Transformation ist fast immer besser einzuschätzen, wenn der Hintergrund vorher retuschiert wird.

◂ **Abbildung 22.83**
Es genügt, die Partien zu retuschieren, die nach der geplanten Verformung doppelt oder leer wären.

3. Verformen Sie das Smart-Objekt.
4. Passen Sie mit Detailretuschen den neuen Hintergrund endgültig an.

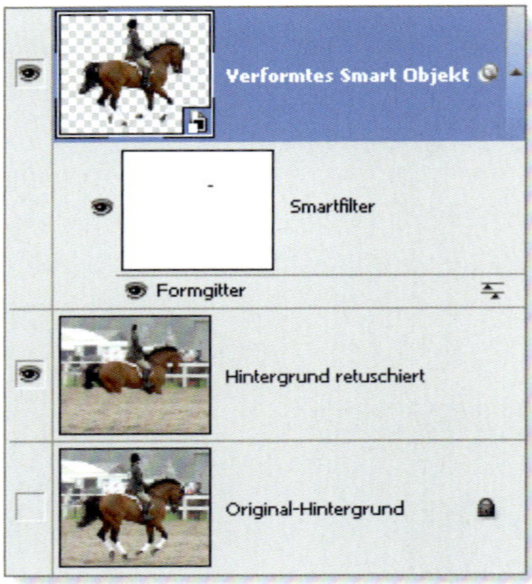

Abbildung 22.84 ▸
Typischer Dateiaufbau

Welche Bilder sind geeignet? | Um erfolgreich mit dem Formgitter zu arbeiten, brauchen Sie neben einigen Photoshop-Skills auch ein geeignetes Bild. Diese Checkliste soll Ihnen bei der Auswahl helfen.

- Lässt sich das Motiv mit vertretbarem Aufwand **auswählen und freistellen**? Achten Sie auch darauf, ob es möglicherweise teilweise durch andere Bildinhalte verdeckt ist. Schwierig sind auch Bewegungsunschärfen. Schön einfach haben Sie es, wenn Ihr Motiv bereits vor weißem Hintergrund steht, so wie in Abbildung 22.71.
- Wirft Ihr potenzielles Verformungsobjekt einen deutlichen **Schatten**? Wird es von Wasser oder großen Glasscheiben **reflektiert**? Dann vergessen Sie's. Schatten oder gar Reflexionen anzupassen kostet zu viel Zeit.
- Wie sieht der **Hintergrund** im Bild aus? Sie müssen bedenken, dass durch das Verbiegen von Bildteilen – die meist zuvor auf eine separate Ebene bugsiert werden – die frühere Position des verbogenen Objekts überdeckt werden muss. Andernfalls haben Sie plötzlich vierarmige Menschen oder achtbeinige Tiere im Bild.
- Aus welcher **Perspektive** wurde das Objekt aufgenommen? Am einfachsten lassen sich Bilder behandeln, die das Motiv von der Seite zeigen, weder mit Auf- noch Untersicht. Hier haben Sie auch den meisten Spielraum beim Verbiegen von Extremitäten, weil sich diese meist schön isoliert vom restlichen Körper zeigen. Das Formgitter nimmt auch keine perspektivischen Anpassungen vor – perspektivisch korrektes Verbiegen schräg stehender Motive ist sehr zeitaufwendig. Allenfalls für kleine Korrekturen können Sie solche Bilder mit dem Formgitter bearbeiten.

Bild: stockexchng, Herman Brinkman

▲ **Abbildung 22.85**
Auf den ersten Blick ein dankbares Verformungsobjekt: Die Perspektive ist geeignet, eine Auswahl sollte sich mit vertretbarem Aufwand erzeugen lassen, und die Retusche von Sand und Wasser ist nicht allzu schwierig. Der Schlagschatten stellt allerdings ein Problem dar – nach starker Verformung des Pferdes müsste er ebenfalls retuschiert werden: zu aufwendig! Dieses Bild verträgt nur geringe Verformungen.

Bild: stockexchng, Philip MacKenzie

▲ **Abbildung 22.86**
Beine und Hals eines solchen Vogels laden zum Verformen förmlich ein. Freistellen und Retusche sind bei diesem Hintergrund machbar, es gibt keinen lästigen Schlagschatten. Allerdings sind die Füße des Storchs vom Gras verdeckt, und durch die leicht schräge Aufnahmeperspektive kommt man mit dem Formgitter nicht richtig an den Hals heran – er ist zu nah am Körper.

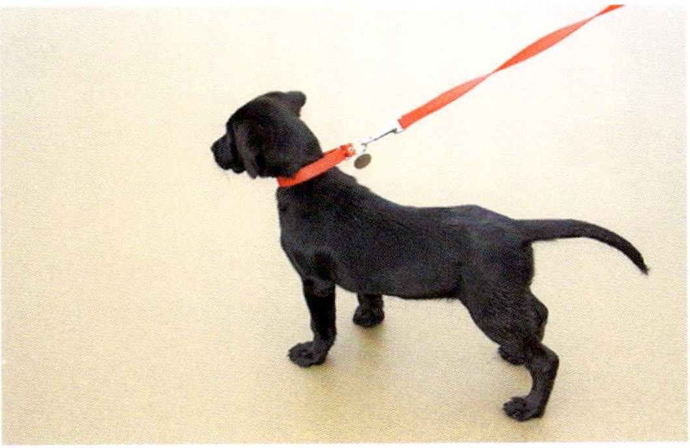

Bild: stockexchng, U.G. Jammin

▲ **Abbildung 22.87**
Etwas Leben ins Hundefoto bringen? Das Bild ist ein leichter Job beim Freistellen und Retuschieren des Hintergrundes. Und alle Details des Labradorwelpen heben sich gut vom beigen Untergrund ab. Die Perspektive bietet jedoch kaum eine sinnvolle Ansatzmöglichkeit für das Formgitter.

Bild: stockexchng, Mateusz Stachowski

▲ **Abbildung 22.88**
Noch so ein perspektivisch problematisches Bild. Man schafft es wohl kaum, die Armhaltung vollständig zu ändern. Kleinere Verschiebungen sind bei Motiven mit einer solchen Perspektive jedoch machbar.

Teil VII
Photoshop und die digitale Fotografie

- Die Daten, die Sie von Ihrer Kamera holen, sind das digitale Äquivalent zu Filmnegativen. Entsprechend sorgsam sollten sie behandelt werden. Die Bearbeitung mit Camera Raw wird dem Wert Ihrer digitalen Negative gerecht – sie schont die kostbaren Originaldaten. Übrigens nennt man die Bearbeitung auch »Raw-Entwicklung« oder »Entwickeln mit Camera Raw«. Das Raw-Modul wendet Ihre Änderungen und Korrekturen erst beim endgültigen Öffnen in Photoshop an – und zwar auf eine neue Instanz der Datei. Die originalen Daten bleiben unangetastet, und das ganz automatisch. Aus einer RAW-Datei können also ganz unterschiedliche Bildversionen entstehen. Und irrtümliches Überschreiben des frischen Imports mit einer Korrektur ist ausgeschlossen.

23.2 Auf RAW-Daten zugreifen

Sie können mit Photoshop die RAW-Daten aus Ihrer Kamera direkt importieren oder auf Daten zugreifen, die Sie bereits mit anderen Mitteln – zum Beispiel mit der Importsoftware Ihrer Kamera, mit einem externen Bildbetrachter oder mit Adobe Bridge – auf Ihren Rechner transferiert haben.

23.2.1 Voraussetzungen für den Import

Um RAW-Daten von der Kamera importieren und bearbeiten zu können, müssen folgende Voraussetzungen erfüllt sein:

- **Unterstützung durch Photoshop?** Ihr Kameratyp wird grundsätzlich von Photoshops Camera Raw-Plug-in unterstützt.
- **Plug-in aktuell?** Adobe baut die Unterstützung für Raw-fähige Kameras kontinuierlich aus. Daher gibt es auf der Website öfter neue Versionen des Import-Plug-ins. Überprüfen Sie, ob die aktuelle Version des Plug-ins installiert ist.
- **Überprüfen Sie auch Ihre Foto-Voreinstellungen:** Bei manchen Kameramodellen muss »RAW« als Aufnahmeformat eigens eingestellt werden – und zwar vor der Aufnahme.
- **Kameratreiber installiert?** Gegebenenfalls muss auch der Kameratreiber auf Ihrem System installiert sein. Sie beziehen ihn über Ihren Kamerahersteller.
- **Alles angeschlossen?** Die Kamera ist an den Rechner angeschlossen und eingeschaltet.

23.2.2 Camera Raw und Bridge

Adobe Bridge arbeitet mit Photoshops Raw-Modul perfekt zusammen: Der Befehl Datei • Bilder von der Kamera abrufen lädt die Daten zügig in das zuvor von Ihnen festgelegte Verzeichnis. Sie können die Bilder dann sichten, eines oder mehrere auswählen und zur Weiterbearbeitung mit Camera Raw öffnen.

Dabei kommt es durchaus auf das »Wie« an. Wussten Sie, dass Bridge und Photoshop jeweils über eine eigene Version des Camera-Raw-Dialogs verfügen? Wenn Sie Photoshops Raw-Konverter benutzen, ist Photoshop für alle anderen Arbeiten blockiert. Arbeiten Sie jedoch mit dem Raw-Modul aus Bridge, können Sie in Photoshop weiterarbeiten. Gerade beim Synchronisieren und Speichern vieler Bilder in Serie ist das sinnvoll! Ansonsten sind beide Dialoge identisch. Darüber hinaus können Sie neben RAW-Dateien auch die Dateiformate JPG und TIF mit Camera Raw bearbeiten. Daraus ergeben sich verschiedene Möglichkeiten, wie Sie Dateien zur Bearbeitung in Camera Raw öffnen. Zusätzliche Varianten kommen mit zwei Voreinstellungen ins Spiel. Man kann dem Thema »Wie will ich Dateien mit Camera Raw handhaben?« also durchaus einige Überlegungen widmen. Schließlich ist es ein häufiger Handgriff. Die folgenden Listen helfen Ihnen, sich zwischen den verschiedenen Möglichkeiten zu entscheiden.

Photoshops Raw-Konverter | Wenn Sie den Raw-Konverter von Photoshop verwenden, gilt:

- Um **RAW**-Dateien in Photoshops Camera-Raw-Modul zu öffnen, genügt ein **Doppelklick** auf die zuvor ausgewählten Dateien.
- Auch **JPG**- und **TIF**-Dateien, *die bereits einmal mit Camera Raw bearbeitet worden sind*, können per Doppelklick in Photoshops Raw-Konverter geöffnet werden. Bridge »weiß«, ob es für Bilder bereits Camera-Raw-Einstellungen gibt. Sie selbst erkennen es an Icons in der oberen rechten Ecke der Bridge-Miniatur. TIFs und JPGs *ohne* Camera-Raw-Informationen werden standardmäßig auf Doppelklick in Photoshop – nicht im Camera-Raw-Modul – geöffnet.

◂ **Abbildung 23.3**
Dieses TIF wurde bereits mit Camera Raw ❷ bearbeitet und freigestellt ❶.

Bridges Raw-Konverter | Wenn Sie den Raw-Konverter von Bridge verwenden, gilt:

- Um **RAW**-Dateien im Raw-Konverter von Bridge zu öffnen, wählen Sie die Dateien in Bridge aus und drücken dann ⌘/Strg+R.
- Auch **JPGs** und **TIFs** öffnen Sie mit dem Kürzel ⌘/Strg+R im Raw-Modul von Bridge. Dabei spielt es auch keine Rolle, ob für diese Dateien bereits Raw-Einstellungen gespeichert wurden oder ob es sich um Dateien handelt, die noch nie zuvor mit Camera Raw bearbeitet wurden.

Öffnen-Standards ändern | Mit zwei Optionen können Sie die eben vorgestellten Standard-Programmverhalten zum Öffnen von RAW-, TIF- und JPG-Dateien grundlegend ändern:

- Wenn Sie künftig **alle TIFs und JPGs** mit Camera Raw (mit und ohne Raw-Einstellungen) bearbeiten wollen, können Sie das Programmverhalten von Bridge ändern. Dazu wählen Sie Bearbeiten/Bridge • Camera Raw-Voreinstellungen. Im unteren Bereich des Dialogfensters haben Sie Einfluss auf die Verarbeitung von JPEG- und TIFF-Dateien. Wählen Sie statt der Standardoption JPEG-Dateien/TIFF-Dateien automatisch mit Einstellungen öffnen die Option Alle unterstützten JPEG-Dateien/TIFF-Dateien automatisch öffnen. Fortan wird jedes JPG oder TIF auf einen Doppelklick hin mit Camera Raw geöffnet.

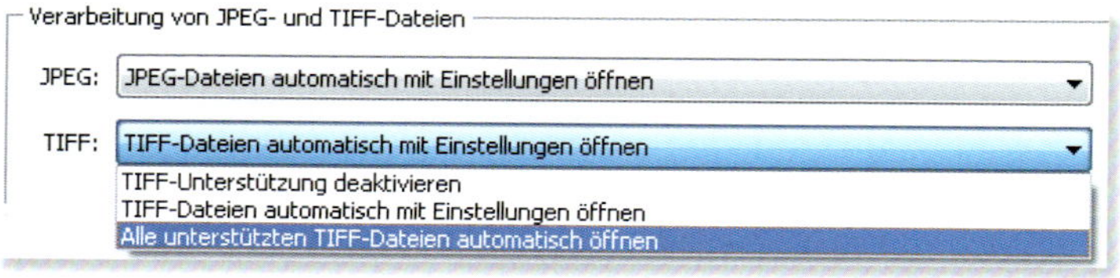

Abbildung 23.4 ▸
Ausschnitt aus dem Bridge-Dialog Camera Raw-Voreinstellungen

- Die Verwendung des **Raw-Moduls von Bridge** hat den Vorteil, dass Sie Photoshop parallel weiternutzen können. Deswegen gibt es eine Option, mit der Sie diesem immer den Vorzug geben können. Rufen Sie die Voreinstellungen auf (am schnellsten Strg/⌘+K – nicht zu verwechseln mit dem Menüpunkt Camera-Raw-Voreinstellungen!). Unter Allgemein finden Sie die Option Camera Raw-Einstellungen in Bridge per Doppelklick bearbeiten. Wenn Sie dort ein Häkchen setzen, werden alle in Frage kommenden Dateien nur noch im Camera-Raw-Modul von Bridge geöffnet, der Raw-Konverter von Photoshop bleibt außen vor.

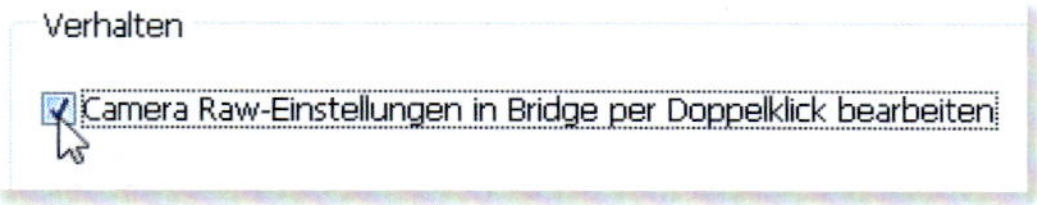

◂ **Abbildung 23.5**
Ausschnitt aus dem Bridge-Dialog VOREINSTELLUNGEN

Auch wenn es in den meisten Fällen nicht sinnvoll ist, können Sie die Nutzung von **Camera Raw umgehen** und Dateien, die normalerweise mit Camera Raw geöffnet würden, direkt in Photoshop öffnen:

- Um **RAW-Dateien** einfach in Photopshop zu öffnen, ohne Camera Raw zu benutzen, drücken Sie die [⇧]-Taste und doppelklicken auf die gewünschte Datei. Bildgröße, Auflösung, Bittiefe und Farbraum richten sich nach den im Raw-Modul festgelegten ARBEITSABLAUF-OPTIONEN (mehr dazu etwas später).
- Mit [⇧] + Doppelklick können Sie auch bei **JPG** und **TIF** veranlassen, dass diese direkt in Photoshop geöffnet werden. Das ist dann sinnvoll, wenn Sie ein JPG oder TIF vor sich haben, das bereits mit Raw-Einstellungen versehen wurde, oder wenn Sie pauschal festgelegt haben, dass diese Dateiformate immer im Raw-Konverter geöffnet werden sollen.

Andere Wege zum Öffnen von Dateien

Haben Sie sich im Dschungel der Öffnen-Optionen verirrt? Neben den genannten Klicks und Shortcuts können Sie natürlich auch die **Menübefehle** unter DATEI oder das **Kontextmenü** ([Ctrl] + Klick bzw. Rechtsklick mit der Maus über den Bridge-Miniaturbildern) nutzen.

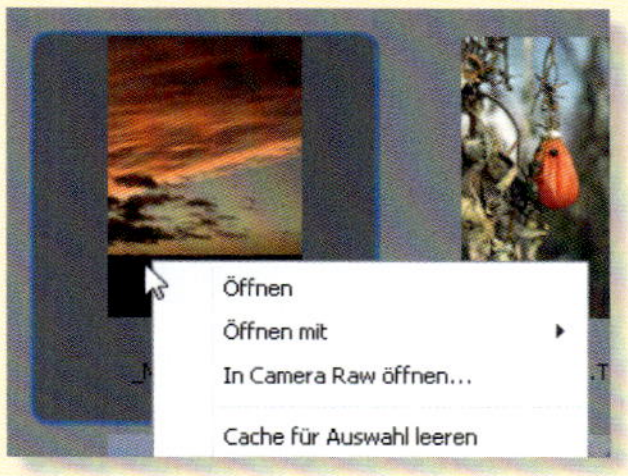

▴ **Abbildung 23.6**
Im Kontextmenü können Sie wählen, womit eine Datei geöffnet wird

23.3 Camera-Raw-Voreinstellungen

RAW-Dateien selbst werden niemals mit Änderungen überschrieben. Wenn Sie Korrekturen im Raw-Dialog durchgeführt haben, wird anschließend eine Kopie der ursprünglichen Datei geöffnet. Die Einstellungen, die Sie an der RAW-Datei vornehmen, gehen dennoch nicht verloren. Wenn Sie eine einmal bearbeitete RAW-Datei erneut aufrufen, können Sie auch auf die alten Einstellungen zugreifen. Diese werden in einem gesonderten Dokument gesichert. Wo genau, legen Sie in den Voreinstellungen des Camera-Raw-Dialogs fest (nicht in den Camera-Raw-Voreinstellungen von Bridge, von denen im letzten Abschnitt die Rede war, sondern in den Voreinstellungen des Raw-Moduls).

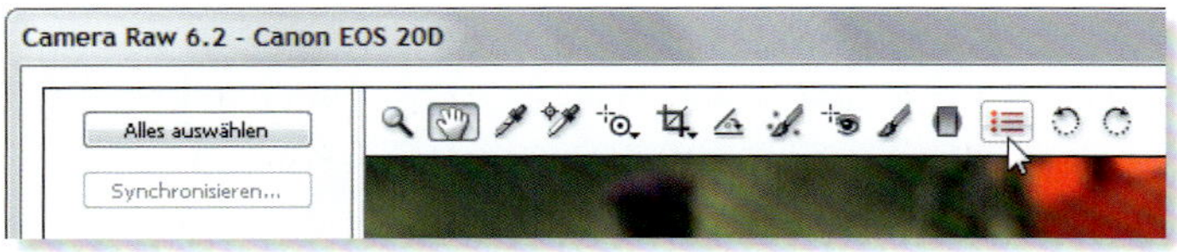

◂ **Abbildung 23.7**
Der Weg zu den CAMERA RAW-Voreinstellungen

Mit [⌘]/[Strg]+[K] oder über den Button VOREINSTELLUNGEN in der CAMERA RAW-Werkzeugleiste gelangen Sie in ein

Dialogfenster, in dem Sie nähere Angaben zu Speicherort und Speicherart machen können.

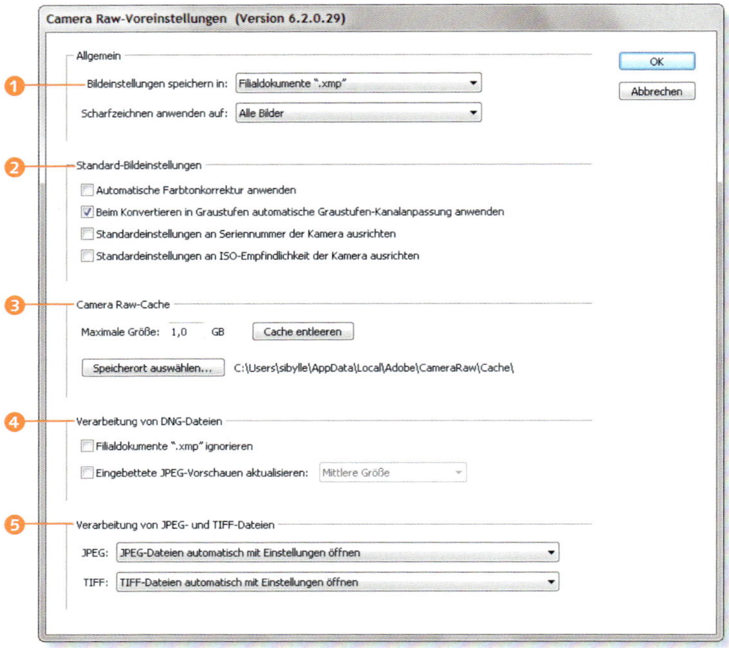

Abbildung 23.8 ▶
Hier legen Sie den Speicherort und das Dateiformat für die mit Camera Raw durchgeführten Änderungen an den Rohdaten fest.

Allgemein | Unter Bildeinstellungen speichern in 1 können Sie wählen, ob Ihre Einstellungen in einer eigenen Datenbank abgelegt werden sollen oder in Filialdokumenten.

- Die **Filialdokumente** tragen die Endung **.xmp** und werden im gleichen Ordner abgelegt wie die eigentliche RAW-Datei. Diese Option ist vorzuziehen, wenn Sie häufig Dateien austauschen oder in Mehrbenutzer-Umgebungen arbeiten.

XMP-Dateien in Bridge sichtbar machen
Wählen Sie in Bridge Ansicht • Verborgene Dateien anzeigen, um die XMP-Dokumente einzublenden.

Seicherorte der **Datenbank** sind:

- unter Windows XP der Ordner Dokumente und Einstellungen/[Benutzername]/Anwendungsdaten/Adobe/CameraRaw/Defaults
- unter Vista und Windows 7 Benutzer/[Benutzername]/AppData/Roaming/Adobe/Camera Raw/Defaults
- unter Mac OS das Verzeichnis Benutzer/[Benutzername]/Library/Preferences

Die in der Datenbank abgelegten Einstellungen können auch dann weiterhin der Datei zugeordnet werden, wenn diese verschoben oder umbenannt wird. Sie können auch Daten aus einer Datenbank nachträglich in Filialdokumente exportieren (Befehl

Einstellungen in XMP-Datei exportieren im Camera Raw-Seitenmenü).

◂ **Abbildung 23.9**
Öffnen des Camera-Raw-Seitenmenüs. Dort finden Sie unter anderem Befehle zur Verwaltung der Raw-Einstellungsdaten.

Standard-Bildeinstellungen | Unter Standard-Bildeinstellungen ❷ können Sie festlegen, welche Korrekturen routinemäßig auf jedes Bild angewandt werden sollen.

Camera Raw-Cache | Der Camera Raw-Cache ❸ bezieht sich auf die Anzeige der Dateien in Bridge. In Bridge werden nämlich auf Wunsch bereits die Bildminiaturen und Vorschaudarstellungen mit Ihren Einstellungen gezeigt. Im Cache werden unter anderem Daten für diese Dateiminiaturen hinterlegt, was die Ladezeit der Bilder in Bridge reduziert. Pro Gigabyte Cache können etwa die Daten für 200 Bilder gespeichert werden. Hier können Sie die Größe des Caches verändern – was natürlich an anderer Stelle die Ressourcen verknappt.

Bridge-Absturzursache überfüllter Cache

Falls Bridge instabil läuft, kann das auch an einem zu vollen Cache liegen. Mit dem Bridge-Menübefehl Bearbeiten • Voreinstellungen • Cache bzw. am Mac Bridge • Voreinstellungen • Cache können Sie den Cache leeren.

DNG-Dateien verarbeiten | DNG (Digital Negative) ist ein offenes, nicht-proprietäres Format für Rohdaten, das – aufgrund seiner offenen Quellen – von Adobe Camera Raw und anderen Raw-Programmen gelesen werden kann, ohne dass spezielle Informationen zum Rohdatenformat eines bestimmten Kameratyps vorliegen. Anders als die zahlreichen typspezifischen RAW-Formate ist DNG universeller einsetzbar. Die Verwendung dieses Formats wird derzeit stark vorangetrieben. So wie es im Augenblick aussieht, könnte DNG, anders als die proprietären Spezialformate der Kamerahersteller, halbwegs zukunftssicher sein. Leichter austauschbar ist es ohnehin. Mit dem externen Programm Adobe DNG-Konverter können Sie Rohdaten in das DNG-Format konvertieren. Hier ❹ legen Sie fest, wie mit DNG-Daten umgegangen werden soll. Da beim DNG-Format die Metadaten mit Änderungsinformationen direkt in die Datei eingebettet werden können, können Sie hier wählen, ob Filialdokumente für DNGs ignoriert werden sollen.

Linktipp: DNG
Unter *www.adobe.com/de/products/dng* erhalten Sie weitergehende Informationen zum DNG-Format. Dort können Sie auch den DNG-Konverter herunterladen.

JPEG- und TIFF-Handhabung | Sofern Sie JPEG und TIFF von Ihrer Kamera im Raw-Dialog öffnen wollen, können Sie das hier ❺ ebenfalls einstellen.

23.4 Effektiv arbeiten mit Camera Raw: Basisfunktionen

Egal ob Sie nun den Bridge- oder Photoshop-Raw-Dialog nutzen, das Modul CAMERA RAW ist eigentlich schon eine eigene kleine Applikation aus dem Adobe-Kosmos. Rechts im Dialogfeld finden Sie einen Palettenbereich ❹ Dort nehmen Sie globale Einstellungen vor, die auf das ganze Bild wirken – von Basics wie Weißabgleich über Spezialtools wie Objektivkorrektur bis zu kreativen Funktionen wie Tonung. Über die kleinen Symbole können Sie die einzelnen Karteikarten ansteuern. In der horizontalen Leiste über der Bildvorschau ❸ finden Sie weitere Werkzeuge – einen Teil davon kennen Sie bereits aus Photoshops Werkzeugpalette. Einige der Werkzeuge bringen umfangreichere Optionen mit: Sobald Sie eines dieser Tools aktivieren, finden Sie im Palettenbereich die jeweiligen Einstellungsmöglichkeiten. Einstellungen für Farbtiefe, Auflösung und Bildmaße beim Öffnen der Datei in Photoshop finden Sie unterhalb der Vorschau ❺.

Abbildung 23.10 ▼
Das CAMERA RAW-Dialogfeld bündelt zahlreiche Korrektur- und Kreativwerkzeuge.

Bilder: Onno K. Gent

In den folgenden Absätzen stelle ich Ihnen die Werkzeuge im Detail vor und zeige Ihnen, wie Sie am besten vorgehen.

23.4.1 Arbeitsweise

Die Arbeitsweise ist eigentlich immer gleich: Sie legen fest, welche Bilder ins Camera Raw-Dialogfeld geladen werden sollen, und nehmen dann die Einstellungen vor, indem Sie sich nach und nach durch die zahlreichen Funktionen hindurcharbeiten. Anschließend legen Sie noch fest, wie der Vorgang abgeschlossen wird, etwa, ob Sie ein Bild in Photoshop weiterbearbeiten oder nur die Änderungen (die »Entwicklungseinstellungen«) speichern. Doch eins nach dem anderen und im Detail …

23.4.2 Ein entscheidendes Detail: Welche Algorithmen werden verwendet?

Alles, was mit Bildern in Camera Raw – und in Photoshop – passiert, basiert mehr oder weniger auf Berechnungen. In den meisten Fällen kann es den Anwendern egal sein, was hinter den Kulissen vor sich geht. Bei der aktuellen Camera-Raw-Version von CS5 sollten Sie allerdings dringend Ihr Augenmerk darauf richten, wie Änderungen an Ihrem Bild berechnet werden, denn es gibt einen neuen, effektiveren Algorithmus – und der wirkt sich nicht auf alle Bilder rundweg positiv aus. Glücklicherweise lässt Ihnen Camera Raw die Wahl zwischen dem alten und dem neuen Rechenprozess.

Wenn Sie neue, noch nicht mit Camera Raw bearbeitete Rohdaten öffnen, merken Sie von dem Wechsel nichts. Routinierte Camera-Raw-Anwender stellen vielleicht fast, dass die entwickelten Raw-Images brillanter und schärfer wirken als gewohnt. Sie können jedoch alle Funktionen unbesorgt anwenden.

CS5 **Neue Berechnungsweise in Camera Raw**

Die CS5-Version von Camera Raw bringt, neben neuen Tools, einen neuen Rechenalgorithmus mit. Bei Bildern, die bereits mit älteren Camera-Raw-Versionen bearbeitet wurden, können die Anwender entscheiden, ob sie die Raw-Korrekturen auf die neue Berechnungsweise umstellen oder nicht. Bisher unbearbeitete Bilder werden automatisch mit dem aktuellen Prozess 2010 berechnet.

Prozess 2010 | Doch wenn Sie bereits Bilder mit früheren Versionen von Camera Raw bearbeitet haben und sie jetzt erneut öffnen, ist Ihr Eingreifen gefragt. Ein kleiner Ausrufezeichen-Button am unteren rechten Rand des Vorschaufensters macht Sie darauf aufmerksam, dass Ihr Bild mit den Werten des alten Raw-Entwicklungsalgorithmus (des sogenannten »Prozess 2003«) bearbeitet wurde und angezeigt wird. Ein Klick auf das Ausrufezeichen-Symbol genügt, um die Berechnung auf den neuen »Prozess 2010« umzustellen. In den meisten Fällen verändert sich dadurch sofort das Aussehen des Bildes.

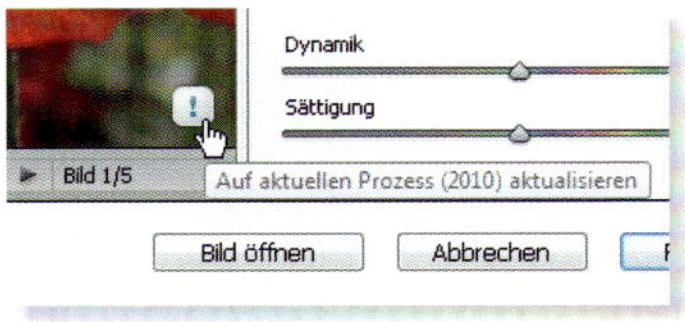

▲ **Abbildung 23.11**
Das Ausrufezeichen ist gleichzeitig Warnhinweis und Schaltfläche. Ein Klick stellt das Bild vom Prozess 2003 auf den aktuellen Prozess 2010 um.

Wenn Sie alle aktuellen Funktionen von Camera Raw nutzen wollen, müssen Sie die Umstellung vollziehen. Solange Sie noch mit dem alten Prozess 2003 arbeiten, stehen nicht alle Neuerungen zur Verfügung. Zunächst scheint auch nichts dagegen zu sprechen, den Prozess-Update durchzuführen. Denn die Bilder sehen sofort schärfer, »knackiger« aus. Zoomt man sich ins Bild herein, erkennt man jedoch, dass Motivkonturen überschärft wirken und auch Störungen stärker hervortreten. Das ist eine logische Folge der Umstellung. Beim alten Prozess 2003 waren viel höhere Werte nötig, um das Bild scharf erscheinen zu lassen. Der Prozess 2010 ist effektiver, und so entstehen die unerwünschten Nebeneffekte. So kann eine Umstellung des Prozesses Nacharbeiten nach sich ziehen. Im schlimmsten Fall müssen Sie alle Werte der ersten Raw-Bearbeitung korrigieren.

Prozess umstellen | Glücklicherweise gibt es einen Weg zurück zum alten Prozess. Wechseln Sie zur Registerkarte Kamerakalibrierung. Dort finden Sie unter Prozess eine kleine Liste, aus der Sie wählen können, mit welchem Prozess das Raw-Modul die Bildentwicklung berechnen soll. Die Einstellung wirkt immer für das aktuell aktive Bild.

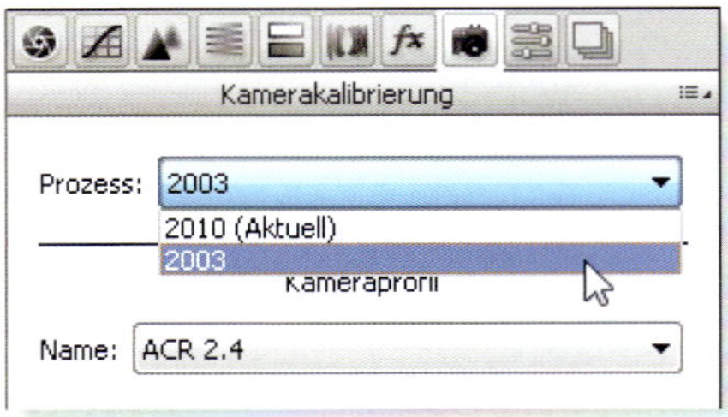

Abbildung 23.12 ▸
Unter Kamerakalibrierung können Sie jederzeit einstellen, welcher Entwicklungsprozess Ihrer Raw-Bearbeitung zugrunde liegt.

23.4.3 Welches Bild soll bearbeitet werden?

Im Filmstreifen links neben der Bildvorschau finden Sie alle Bilder, die Sie zuvor ausgewählt haben. Sie können nun alle Bilder auf einmal bearbeiten, indem Sie sie nacheinander mit gehaltener Strg/⌘-Taste anklicken oder auf den Button Alles auswählen ❶ klicken (siehe Abbildung 23.10). Dieser Button erspart Ihnen einige Klicks, wenn Sie größere Mengen Bilder geladen haben. Die kleinen Pfeile ❻ helfen Ihnen beim Navigieren zwischen einzelnen Bildern.

Sie können aber auch erst Einstellungen an einem Bild vornehmen und diese dann mit der Taste Synchronisieren ❷ auf alle anderen geladenen Bilder übertragen.

Filmstreifen nicht vorhanden?
Wenn Sie nur ein Bild im Raw-Dialog aufgerufen haben, fehlen der Filmstreifen am linken Rand des Dialogfelds und die Navigationspfeile.

Bilder zum Löschen vormerken | Durch einen Klick auf das Papierkorb-Symbol in der Werkzeugleiste können Sie Bilder für das Löschen vormerken oder – durch erneutes Klicken auf das Icon – die Löschmarkierung entfernen. Zum Löschen gekennzeichnete Dateien werden nicht sofort gelöscht. Erst beim Schließen des Camera Raw-Dialogs werden sie in den Papierkorb verschoben. Diese Funktion ist besonders nützlich, wenn

Sie Camera Raw zum Sichten frischer Fotos verwenden. Übrigens: Die aus Bridge bekannte Wertung mit Sternchen unterhalb der Bildminiatur funktioniert auch hier!

◂ **Abbildung 23.13**
Die Bildminiatur und die große Bildvorschau zeigen an, dass eine Datei zum Löschen vorgesehen ist.

23.4.4 Alles im Blick: Bildanzeige

Es gibt in der oberen Leiste der Camera Raw-Werkzeuge zahlreiche Vorschau-Optionen, die Ihnen eine exakte Bildbearbeitung so einfach wie möglich machen. Oberhalb der Bildvorschau finden Sie die wichtigsten Werkzeuge und Funktionen in einer Leiste angeordnet.

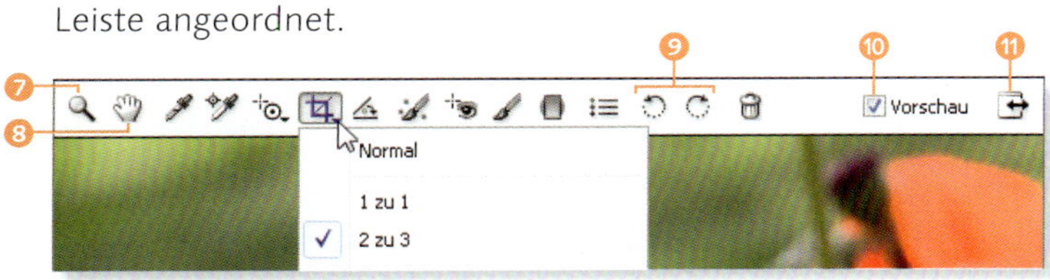

◂ **Abbildung 23.14**
Die Raw-Werkzeuge

Unter Vorschau ⑩ muss die Live-Bildvorschau erst einmal aktiviert werden. Sie können den Bildzoom (wie immer das Kürzel Z) ⑦ und die Position des Bildausschnitts ⑧ (Hand-Werkzeug, Kürzel H) einstellen.

Mit den Drehen-Werkzeugen ⑨ im Camera Raw-Dialog können Sie quer liegende Bilder aufrichten. Jeder Klick auf eine der Dreh-Schaltflächen rotiert das Bild um 90° in die angegebene Richtung.

Mit dem Button Vollbildmodus ganz rechts in der Werkzeugleiste ⑪ bringen Sie das Dialogfenster auf volle Bildschirmgröße und machen es auch wieder klein. Für beide Richtungen funktioniert außerdem der Shortcut F.

23.4.5 Kontrolle bei Korrekturen: Das Histogramm

Um beim Festlegen der Einstellungen (im Grunde ist das ja eine Bildkorrektur am Rohbild) alle Parameter bestens unter Kontrolle zu haben, gibt es noch weitere Vorschau- und Kontrollinstrumente. Im Histogramm werden die Histogrammkurven aller Farbkanäle gleichzeitig gezeigt – der besseren Unterscheidung wegen farbig und mit bunten Überschneidungen. Diese Ansicht ist etwas gewöhnungsbedürftig. Wie beim normalen Histogramm auch sind hier die Tiefen links, die Lichter rechts angeordnet.

Zum Nachlesen: Farbaufnehmer, Histogramm, Tiefen und Lichter
Auch wenn der Raw-Dialog mit einigen speziellen Funktionen aufwartet – grundsätzlich funktionieren die Korrekturwerkzeuge wie in Photoshop auch. Lesen Sie hierzu Teil V, »Korrigieren und optimieren«.

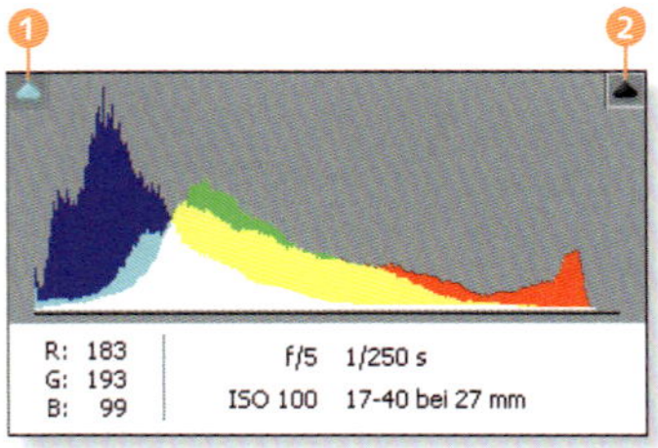

▲ **Abbildung 23.15**
Das Histogramm. Eine Tonwertwarnung kann zugeschaltet werden, indem Sie die Dreiecke ① und ② anklicken. Sie leuchten dann farbig, wenn Tonwertverluste drohen (hier bei den Tiefen, links).

Unauffällig, aber wirkungsvoll sind die beiden kleinen Dreieck-Buttons oberhalb des Histogramms. Mit denen schalten Sie die Farbumfang-Warnung ein (Anklicken!). Direkt im Vorschaubild werden dann die Tiefen (also die dunkelsten Bildbereiche) und die Lichter (die hellsten Bildpartien) farbig hervorgehoben, wenn dort Zeichnungsverlust respektive Beschneidung droht. Diese Eckdaten eines Bildes reagieren auf Fehler bei der Korrektur am sensibelsten, und hier sind am ehesten Datenverluste zu befürchten.

Bild: Onno K. Gent

Abbildung 23.16 ►
Der Anschaulichkeit halber wurde an diesem Bild einmal eine Extremkorrektur durchgeführt. Die Tonwertbeschneidung wird farbig markiert: in den Lichtern mit Rot, in den Tiefen mit Blau.

23.4.6 Bildzustände sichern: Schnappschüsse

Ein Werkzeug, das Ihnen die Arbeit mit den vielfältigen Einstellungen erheblich erleichtert, ist die Palette Schnappschüsse. Aus Photoshops Protokoll-Palette kennen Sie das Verfahren vielleicht: Schnappschüsse sind Momentaufnahmen des Bildes.

Mit einem Schnappschuss können Sie wichtige Arbeitsstadien sichern. Später ist es möglich, zu diesen früheren Arbeitsstadien zurückzukehren. Bei Experimenten können Sie so schnell wieder einen bestimmten Zwischenstand herstellen. Oder Sie entwickeln ausgehend von einem bestimmten Bearbeitungsstand unterschiedliche Bildversionen. Die Schnappschüsse-Palette funktioniert also so ähnlich wie das bekannte Protokoll aus Photoshop. Allerdings ist die Liste der Schnappschüsse in Camera Raw nicht chronologisch geordnet, sondern alphabetisch. Auch deswegen sollten Sie sich um eindeutige, klare Namen für Ihre Schnappschüsse bemühen.

- Ein Klick auf das Neu-Icon  erzeugt einen neuen Schnappschuss. Um die Namensvergabe müssen Sie sich dann natürlich auch noch kümmern. Klare, aussagekräftige Bezeichnungen sind sehr hilfreich!

Zum Weiterlesen: Protokoll-Palette und Schnappschüsse
Photoshops Palette Protokoll stelle ich Ihnen in Kapitel 4, »Arbeitsschritte zurücknehmen, Bildstadien konservieren«, vor.

- Ein Klick auf einen Schnappschuss in der Liste bringt das Bild in den im Schnappschuss fixierten Zustand zurück.
- Das Anklicken des Mülltonnen-Icons entfernt den Schnappschuss aus der Liste.

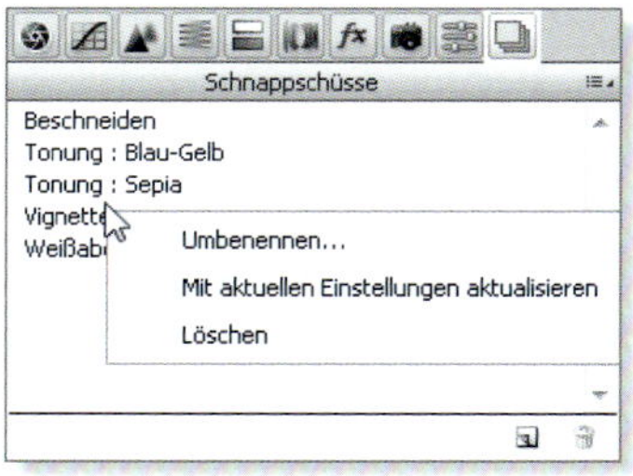

▲ **Abbildung 23.17**
Ein Rechtsklick ([Ctrl]+Klick) öffnet ein Kontextmenü, mit dessen Hilfe Sie Schnappschüsse aktualisieren, umbenennen und löschen können.

Genauso wie in Photoshop wird die Liste der Schnappschüsse verworfen, wenn Sie die Arbeitssitzung beenden und den Camera Raw-Dialog schließen.

23.4.7 Einstellungen sichern, erneut nutzen oder verwerfen

Bevor Sie sich daran machen, bei der Bildbearbeitung in Camera Raw alle Paletten mit den Korrekturfunktionen durchzuackern, sollten Sie überlegen, ob Sie nicht bereits früher getroffene Einstellungen nutzen wollen. Das kann bei Bildern, die unter ähnlichen Bedingungen aufgenommen wurden, aber auch für Kreativjobs und dann, wenn Bildern ein einheitlicher Look verpasst werden soll, durchaus sinnvoll sein!

Die Palette »Vorgaben« | Am einfachsten ist die Verwaltung von Einstellungen mit der Palette Vorgaben (Tastaturkürzel [⌥]+[⌘]+[9] bzw. [Alt]+[Strg]+[9]). Mit ihr können Sie Ihre erprobten Einstellungskombinationen bequem verwalten. Das Kernstück ist eine Liste mit den schon gespeicherten Vorgaben, und am Fuß der Palette finden Sie die Icons Neu und Löschen. Diese sollten Ihnen ja inzwischen bekannt sein. Ansonsten ist die Bedienung nahezu selbsterklärend:

1. Klicken Sie auf den Button Neu.
2. Legen Sie den Namen der neuen Vorgabe fest.
3. Stellen Sie ein, welche Eigenschaften aufgenommen werden sollen.
4. Bestätigen Sie dann mit Ok – und das war's auch schon!

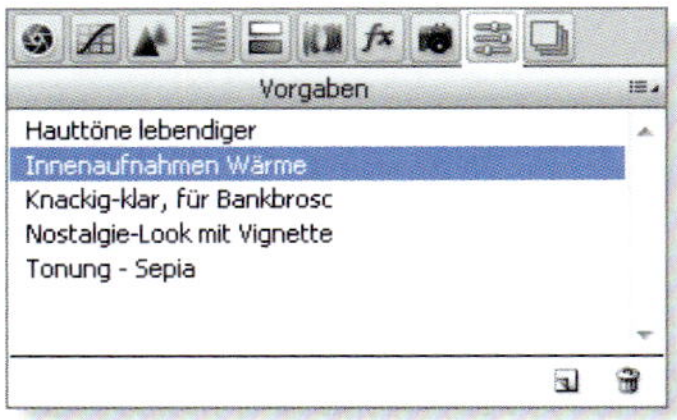

▲ **Abbildung 23.18**
Die Vorgaben-Palette mit einigen bereits gespeicherten Einstellungen

Die neue Vorgabe erscheint sofort in der Vorgaben-Palette.

Das Camera-Raw-Seitenmenü | Alternativ zur Arbeit mit der Vorgaben-Palette können Sie auch das Seitenmenü des Camera-Raw-Dialogs nutzen. Dort finden Sie neben den Verwaltungsfunktionen für Vorgaben auch Befehle, um alle bisherigen Einstellungen an einem Bild zurückzusetzen.

Ein kleines Icon ❸ öffnet das Camera Raw-Seitenmenü.

- Bildeinstellungen ❹ bringt das schon veränderte Bild schnell wieder in den unbearbeiteten Urzustand zurück.
- Die Camera Raw-Standards ❺ wirken sich auf alle Bilder aus, die aus derselben Kamera stammen. Sie können hier eigene

Einstellungen als Standard für alle Bilder aus einer Kamera festlegen, die denselben ISO-Wert haben. Da das Raw-Modul jedoch auch eigene Kamera-Standards mitbringt, ist es nicht zwingend erforderlich, hier etwas festzulegen. Ich finde es sogar ganz interessant, individuelle Einstellungen mit den von Photoshop errechneten Werten zu vergleichen (wie das geht, erfahren Sie weiter unten).

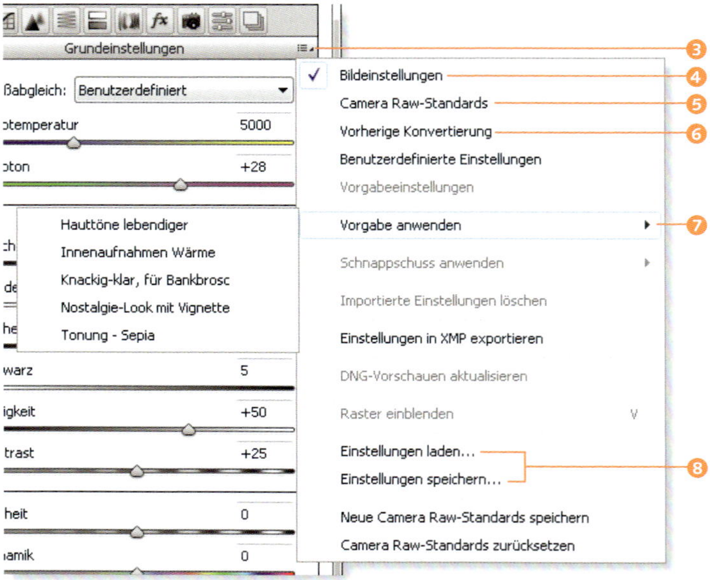

Abbildung 23.19 ▶
Frühere Einstellungen verwalten und anwenden per Seitenmenü. Vor allem in Zusammenarbeit mit der Palette VORGABEN ist dieses kleine Menü sehr hilfreich.

- VORHERIGE KONVERTIERUNG ⑥ ruft Ihre letzte Einstellung erneut auf – unabhängig davon, ob Sie diese zuvor extra gespeichert haben oder nicht.
- VORGABE ANWENDEN ⑦ führt Sie zu einem weiteren Fly-out-Menü, in dem Sie schnellen Zugriff auf die zuvor gespeicherten Settings haben.
- EINSTELLUNGEN LADEN ⑧ ist die Alternative zum Befehl VORGABE ANWENDEN und lädt ebenfalls ein zuvor gespeichertes Set von Einstellungen. EINSTELLUNGEN SPEICHERN führt zum Speicherdialog, mit dem Sie Ihre aktuell vorliegenden Einstellungen festhalten können.

Zum Nachlesen
Die einzelnen Parameter – FARBRAUM, (FARB)TIEFE, GRÖSSE und AUFLÖSUNG – sollten Ihnen nach der Lektüre von Kapitel 6, »Bildbearbeitung: Fachwissen«, keine Schwierigkeiten mehr bereiten.

23.4.8 Arbeitsablauf-Optionen: Wie soll das Bild geöffnet werden?

Unterhalb der Bildvorschau finden Sie eine blau dargestellte Zeile mit Angaben zu Dateieigenschaften wie Farbraum, Farbtiefe, Auflösung und Ähnliches. Mit diesen Eigenschaften wird eine Datei geöffnet, wenn Sie mit der Bearbeitung in CAMERA RAW fertig sind. Adobe nennt diese Einstellung wechselweise »Workflow«- oder »Arbeitsablauf-Optionen«. Treffender wäre wohl die Bezeichnung »Dateiausgabe-Optionen«.

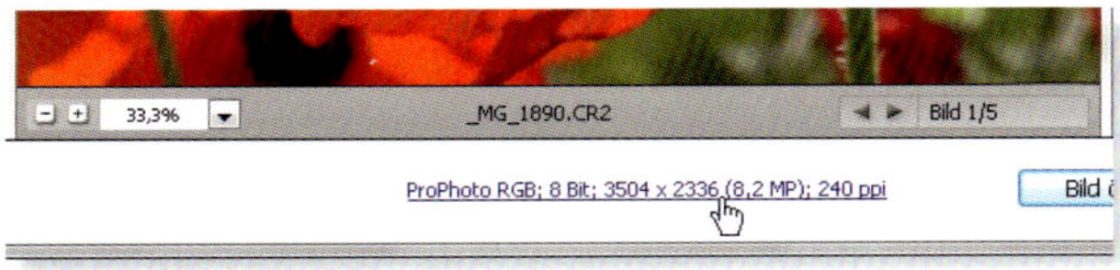

◀ **Abbildung 23.20**
Der Link zu den Workflow-Optionen ist gleichzeitig eine Information über die aktuellen Einstellungen.

Wenn Sie auf diese Zeile klicken, gelangen Sie zu einem Dialogfeld, in dem Sie Grundparameter für Dateien festlegen können, die mit CAMERA RAW geöffnet werden.

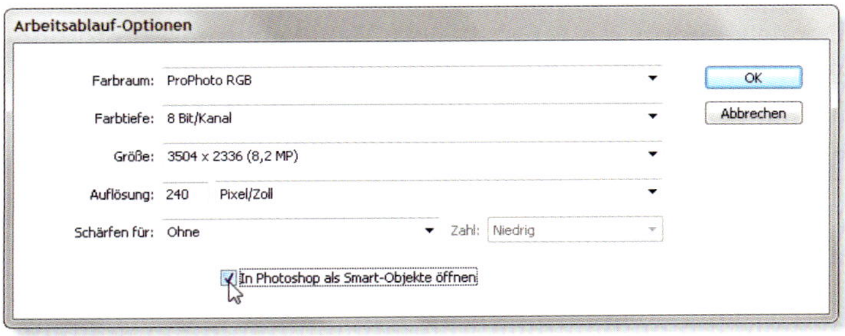

◀ **Abbildung 23.21**
Mit welchen Einstellungen soll die Datei geöffnet werden?

Neben bekannten Dateioptionen für Farbraum, Farbtiefe, Größe und Auflösung können Sie hier auch festlegen, dass Bilder bei der Übergabe an Photoshop geschärft werden.

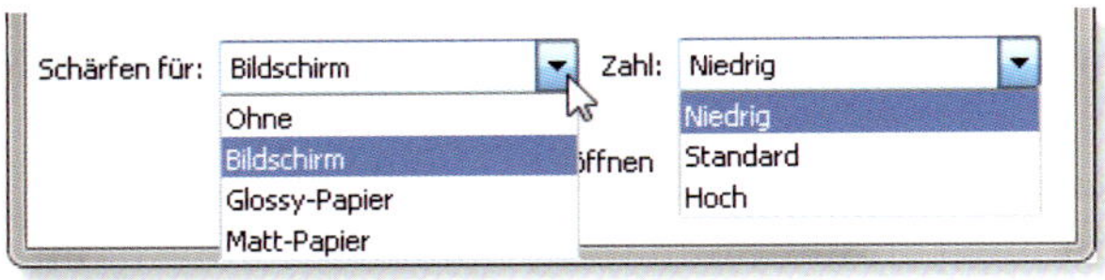

▲ **Abbildung 23.22**
Drei Ausgabearten, drei verschiedene Stärken: Medien-optimiertes Schärfen in Camera Raw

Das Festlegen der Schärfungswerte ist einfach: Sie wählen aus, für welches Medium das Bild eingerichtet werden soll, und entscheiden sich zwischen drei Stärken der Schärfung – fertig. Allerdings birgt dieses Verfahren zwei Nachteile:

- Es **wirkt pauschal auf jedes Bild**, das Sie von Camera Raw an Photoshop übergeben.
- Es gibt für diese Schärfung **keine Vorschau**. Wenn Sie außerdem mit Camera Raw an der Detailschärfe arbeiten, kann es zu unangenehmen Überraschungen in Form von Überzeichnung kommen!

Schärfen schon in Camera Raw?

»Wann schärfen?« – diese Frage ist heiß diskutiert. Nicht selten ist zu hören, dass das Schärfen erst ganz an das Ende der Bildkorrekturen gehöre. Ist es also überhaupt sinnvoll oder »erlaubt«, schon in Camera Raw zu schärfen? Ich denke schon. In Camera Raw sind Ihre Schärfungseinstellungen nicht endgültig und werden per se bildschonend vorgenommen – Sie entwickeln ja nur eine Version Ihres digitalen Negativs. Erfahrene Bildbearbeiter schärfen Ihre Bilder sogar bis zu drei Mal. Dazu gehört das Vorschärfen – etwa, um eine leichte Kameraunschärfe auszugleichen. Dieses erleichtert auch andere globale Bildbearbeitungsaufgaben. Später folgt ein eventuelles Schärfen im Detail und zu allerletzt ein Nachschärfen, das das Bild für das geplante Ausgabemedium optimal zurichtet.

Temperatur gängiger Lichtquellen

Wenn Sie eigene Lichttemperaturen festlegen wollen und sich nicht der vorgefertigten Liste bedienen, müssen Sie natürlich die Temperatur gängiger Lichtquellen und typischer Beleuchtungssituationen kennen.

- **Kerze**: 1500 K
- **Glühbirne** (40 W): 2680 K
- **Glühbirne** (100 W): 2800 K
- **Glühbirne** (200 W): 3000 K
- **Leuchtstoffröhre** (Warmweiß): 3000 K
- **Leuchtstoffröhre** (Kaltweiß): 4000 K
- **Fotolampe, Halogen-Lampe**: 3400 K
- **Elektronenblitzgerät**: 5500–5600 K
- **Morgen-/Abendsonne**: 5000 K
- **Mittagssonne, sonniger Himmel**: 5500–5800 K
- **Bedeckter Himmel**: 6500–7500 K
- **Blauer Himmel**: 9000–12000 K
- **Vormittags-/Nachmittagssonne**: 5500 K
- **Sonne eine Stunde vor Dämmerung**: 3400 K

Wie bei der »normalen« Bildbearbeitung ist auch bei Raw-Korrekturen die Reihenfolge nicht unwichtig. Das Layout des Dialogfelds liefert hier schon die richtige Vorgabe. Nacheinander stellen Sie den Weißabgleich, den Tonwertbereich und die Farbsättigung ein.

23.5.1 Weißabgleich

Durch den Weißabgleich wird ein gewichtiger Unterschied zwischen dem menschlichen und dem Kamera-Auge ausgeglichen: Wir Menschen sehen Licht fast immer »weiß«, auch wenn es in Wirklichkeit sehr unterschiedliche Lichtfarben (»Temperaturen«) gibt.

Diesen Ausgleich kann eine Kamera nicht leisten – auf dem fotografierten Bild manifestieren sich unterschiedliche Lichtfarben als Farbstiche. Man muss einer Kamera (oder hier dem Raw-Werkzeug) also mitteilen, unter welchen Bedingungen das Bild aufgenommen wurde, damit solch ein Farbstich ausgeglichen werden kann. Dazu steht eine je nach Kameratyp unterschiedlich bestückte Dropdown-Liste zur Verfügung. Alternativ können Sie auch die Farbtemperatur und (für das Feintuning) den Farbton mit den Reglern von Hand eingestellen.

Weißabgleich per Pipette | Wenn Sie lieber intuitiv arbeiten, können Sie auch das Weißabgleich-Werkzeug  (Kürzel [I]) aus der Werkzeugleiste nutzen. Es wirkt so wie die Lichter-Pipette, die Sie bereits aus den Photoshop-Funktionen Tonwertkorrektur und Gradationskurve kennen: Klicken Sie auf den Punkt des Bildes, der neutralisiert werden soll. Die restlichen Bildfarben verändern sich entsprechend. Bei zu hellen Bildbereichen funktioniert das jedoch nicht!

Bild: Onno K. Gent

▲ **Abbildung 23.28**
Im Eifer, das Motiv schnell zu erwischen, blieb keine Zeit, den Weißabgleich der Kamera zu ändern. Das Bild wirkt zu gelb. Ein Klick mit der Pipette auf das helle weiße Gefieder, ...

▲ **Abbildung 23.29**
... und die Farben sind gerade gerichtet. Mit dem Temperatur-Regler wurde das Bild anschließend wieder etwas wärmer gemacht.

Mit der Pipette des Farbaufnahme-Werkzeugs [S] können Sie zudem Messpunkte in das Bild setzen, um bei der Korrektur die Farbwerte neuralgischer Bildpartien jederzeit im Blick zu haben.

23.5.2 Bildhelligkeit und Kontrast einstellen

Belichtung und Schwarz | Die Regler BELICHTUNG und SCHWARZ legen fest, wie hell oder dunkel die Lichter oder Tiefen des Bildes sind. Dabei werden hellste und dunkelste Tonwertbereiche des Bildes weitestgehend isoliert bearbeitet – der Rest bleibt unangetastet. Interessant ist die Möglichkeit, beim Ziehen am Belichtungs- oder Tiefenregler eine Vorschau der aktuell veränderten Bereiche einzublenden: Drücken Sie dazu [Alt] oder [⌥], während Sie den Regler bedienen.

◂ **Abbildung 23.30**
Die Belichtung für unser Mohnblumen-Beispielbild wird erhöht; veränderte Bereiche werden so dargestellt.

Wiederherstellung | Mit dem Regler WIEDERHERSTELLUNG können Sie versuchen, in überstrahlte Lichter einen Rest von Zeichnung hereinzubekommen. Zwar gilt auch hier die alte Regel: Wo keine Tonwerte sind, kann Photoshop sie auch nicht hinzaubern. Das Werkzeug greift jedoch auch auf Tonwertinformationen zurück, die nur in einem oder zwei der drei RGB-Farbkanäle vorliegen und deswegen üblicherweise nicht angezeigt werden. In gewissem Maße hilft die WIEDERHERSTELLUNG-Funktion also wirklich!

Regler heißen anders?

Sie finden die Regler WIEDERHERSTELLUNG und AUFHELLLICHT nicht? Dann müssen Sie Ihre Software auf den aktuellsten Stand bringen. Wählen Sie in Photoshop den Menübefehl HILFE • AKTUALISIERUNGEN. Ihre Installation wird geprüft, und falls Updates von Photoshop oder Programmkomponenten wie Camera Raw fehlen, werden diese ergänzt.

Aufhelllicht | AUFHELLLICHT hellt Bilder viel sanfter auf als der brachiale Helligkeitsregler – die Funktion wirkt nur auf dunkle Bereiche, lässt ganz dunkle Partien jedoch unangetastet. Mit dieser Funktion können Sie zum Beispiel unterbelichtete Bildmitten retten oder ein Bild sanft aufhellen, wenn tiefe Schatten mit hellen Partien zu stark kontrastieren.

Hilfe – zu viele Einstellungen?

Die Menge der zur Verfügung stehenden Regler kann dazu führen, dass man nicht mehr weiß, welche Konstellation eigentlich gut ist. Oben in der Palette finden Sie die Schaltflächen AUTOMATISCH und STANDARD in Form von Hyperlinks. Damit können Sie zwischen den Bildstandards (Einstellungen in der Datei selbst – STANDARD) und den in CAMERA RAW hinterlegten Kamerastandards (AUTOMATISCH) hin- und herwechseln. Zuweilen ist ein Klick auf AUTOMATISCH recht hilfreich, um Einstellungen zu finden, die dem Bild gut tun. Es ist dann leichter, auf dieser Basis die Einstellungen weiter zu verfeinern.

Klicks auf einen der beiden Links bringen Sie auch wieder auf »sicheren Boden«, wenn Sie sich in den Einstellungen völlig verhaspelt haben.

Helligkeit und Kontrast | Die Werkzeuge KONTRAST und HELLIGKEIT arbeiten wie die gleichnamigen Photoshop-Korrekturwerkzeuge. Um Helligkeit und Kontrast anzupassen, können Sie alternativ auch die Einstellung unter GRADATIONSKURVE nutzen. Deren Bedienung erfordert einige Hintergrundkenntnisse über Gradationskurven, aber mit ihr lässt es sich genauer arbeiten.

Klarheit | KLARHEIT macht – wie der Name schon sagt – Bilder durch behutsame Kontraststeigerung »knackiger« und verstärkt so den Tiefeneindruck. Die Funktion wirkt sich lediglich auf Mitteltöne aus, sodass Tiefen und Lichter nicht ausbrechen. Dies prädestiniert den Regler für Motive, bei denen Tiefen oder Lichter ohnehin schon etwas problematisch sind, und natürlich für alle Bilder, die etwas mehr Pep brauchen – von der Landschaft bis zum Architekturmotiv. Anders als der KONTRAST-Regler lässt sich KLARHEIT auch bei Porträts mit Gewinn einsetzen, ohne dass die Hauttöne in Sonnenbrand-Nuancen umschlagen.

Genau genommen ist KLARHEIT ein Schärfungs-Tool. Es wirkt ähnlich wie der bekannte Photoshop-Filter UNSCHARF MASKIEREN mit einem extrem hohen RADIUS-Wert – und beschränkt auf mittlere Tonwerte. Wie bei allen Schärfungsoperationen sollten Sie darauf achten, dass ein Zoomfaktor von 100 % eingestellt ist. Für gute Ergebnisse ziehen Sie den Regler dann so weit nach rechts, bis Sie erste Farbsäume an den Kanten Ihres Motivs erkennen. Dann nehmen Sie die Einstellungen wieder ein wenig zurück.

23.5.3 Einstellungen für die Farbsättigung

Sättigung | Die Einstellung SÄTTIGUNG ist Ihnen längst aus Photoshop bekannt. Wenn Sie diesen Regler bewegen, werden Bilder sehr schnell bunt. In der verstärkten Farbigkeit gehen jedoch auch die Kontraste leicht unter. Beim Entsättigen werden Bilder schnell zu flach und grau.

Dynamik auch in Photoshop
In CAMERA RAW gibt es DYNAMIK schon länger. Unter demselben Namen gibt es das Tool nun seit der Version CS4 auch in Photoshop. Sie finden es in der Korrekturen-Palette (und hier im Buch in Abschnitt 17.3, »Dynamik: Pep für Porträts ohne Übersättigung«).

Dynamik | Der Regler DYNAMIK wirkt zwar auch auf die Bildfarben ein, arbeitet aber eher kontrasterhaltend. Während der normale Sättigungsregler auf alle Bildfarben gleichermaßen einwirkt, greift DYNAMIK bei Farben mit geringer Sättigung stärker als bei Farben, die ohnehin schon sehr stark gesättigt sind. Diese Einstellung ist auch sehr gut geeignet, um Porträts mit vielen Hauttönen zu bearbeiten. Auch um »ausgeblichene« alte Fotos vorzutäuschen, eignet sich die Funktion gut.

23.6 Gradationskurve

In der nächsten Abteilung, GRADATIONSKURVE (⌥+⌘+2 bzw. Alt+Strg+2), finden Sie gleich zwei Gradationskurven.

23.6.1 Punkt

Unter PUNKT befindet sich ein Werkzeug, das der normalen Gradationskurve stark ähnelt und auch genauso angewendet wird. Hier gibt es außerdem ein Dropdown-Feld mit einigen Standardkurven, und im Hintergrund der Kurve ist in Hellgrau die Tonwertverteilung des Bildes (Histogramm) eingeblendet.

Zum Nachlesen: Gradationskurven
Genaue Anweisungen zum Gebrauch der Gradationskurve finden Sie in Kapitel 19, »Universalhelfer für professionelle Ansprüche: Gradationskurven«. Überhaupt werden Sie nach dem Durcharbeiten des Korrekturteils keine Schwierigkeiten haben, die Raw-Werkzeuge qualifiziert zu nutzen!

23.6.2 Parametrisch: Differenzierte Bildeinstellungen ohne Kurvenpunkte

Die parametrische Gradationskurve ist eine Spezialität von CAMERA RAW. Mit ihr können Sie *per Regler* differenziert auf verschiedene Tonwertbereiche einwirken, ohne dass Sie auf der Kurve selbst Ankerpunkte setzen müssen. Die Gefahr von Tonwertabrissen infolge zu zahlreicher Ankerpunkte und zu flacher Kurven ist damit gebannt.

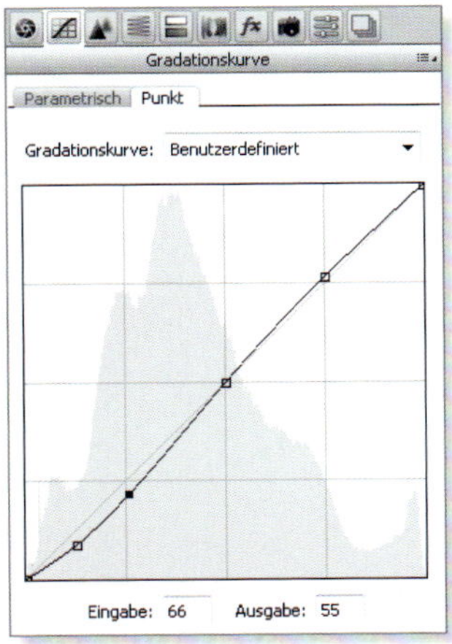

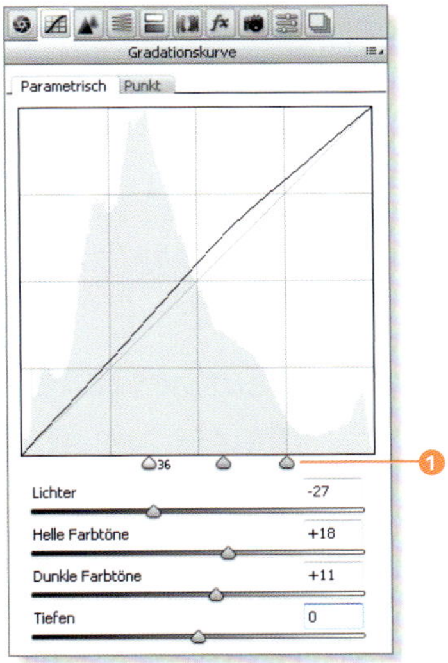

◂◂ Abbildung 23.31
Die übliche, durch Ankerpunkte gesteuerte Gradationskurve

◂ Abbildung 23.32
Bei der parametrischen Gradationskurve dient die eigentliche Kurve nur Kontrollzwecken – Sie arbeiten mit Reglern.

Einstellungen | LICHTER wirkt auf die allerhellsten Tonwertbereiche des Bildes ein, TIEFEN auf die dunkelsten. Mit dem Regler HELLE FARBTÖNE bearbeiten Sie nur die hellen Farbtöne – nicht aber die allerhellsten. Analog wirkt DUNKLE FARBTÖNE, nur eben in den dunklen Tonwertbereichen.

Wenn Sie erst einmal die Wirkung dieses Werkzeugs durchschaut haben – die Gestaltung der Kurve könnte etwas klarer sein –, können Sie Erstaunliches bewirken. Es ist zum Beispiel möglich, zunächst die hellen Tonwerte eines Bildes aufzuhellen und dann isoliert davon die Lichter wieder abzudunkeln, um Tonwertverluste zu vermeiden. Eine solche Korrektur wäre mit der normalen Gradationskurve zwar auch machbar, aber es ist ein wenig schwieriger, durch Setzen von Punkten und Ziehen mit der Maus die »Idealkurve« zu finden.

Korrekturbereich definieren | Indem Sie die Dreieckspfeile unterhalb der Kurvendarstellung ① verschieben, können Sie außerdem festlegen, wie groß der Tonwertumfang der einzelnen Bereiche ist. Mit diesen Trennern definieren Sie, welche Tonwertbereiche während der Korrektur überhaupt als »Tiefen«, »Lichter« oder »helle/dunkle Farbtöne« interpretiert werden. Wie immer sind die Tiefen links, die Lichter rechts angeordnet. Wenn Sie den rechten und linken Regler mehr an den Rand schieben, grenzen Sie die Wirkung des Werkzeugs noch stärker auf hellste bzw. dunkelste Tonwertbereiche ein. Wenn Sie den mittigen Regler nach links bewegen, wirkt die Korrektur der Lichter stärker; bewegen Sie ihn nach rechts, werden mehr Tonwerte den Tiefen zugeschlagen, und Korrekturen der Tiefen greifen mehr. Vor allem in Zusammenarbeit mit HELLE FARBTÖNE und DUNKLE FARBTÖNE wirkt sich das deutlich aus.

Das Verschieben der kleinen Dreiecksregler *allein* bewirkt übrigens gar nichts – Sie legen damit nur die Korrekturwirkung der vier Schieber fest. Solange diese nicht bewegt werden, bleibt das Bild unverändert.

▲ **Abbildung 23.33**
Ein Klick plus das Bewegen des Mauszeigers über dem Bild steuert Korrekturwerkzeuge: eine intuitive und schnelle Arbeitsweise (hier im Photoshop-Tool SCHWARZWEISS).

23.7 Mausgesteuert korrigieren: »Selektive Anpassung«

Aus Photoshop kennen Sie möglicherweise die geniale Korrektursteuerung mit dem komplizierten Namen »Zielgerichtet-korrigieren-Werkzeug«: man klickt bei aktivem Korrekturwerkzeug ins Bild, und der Mauszeiger wird zur Hand mit Pfeilen daran. Bewegt man die Hand in Pfeilrichtung, werden genau für die Stelle des Klicks Werte erhöht oder verringert. Auch in CAMERA RAW steht Ihnen diese Funktion für einige Werkzeuge zur Verfügung. Gerade bei Rohbildern mit höheren Bit-Werten können Sie sie mit Gewinn einsetzen, denn hier sind nicht so leicht Tonwertverluste durch zu beherzten Mauseinsatz zu befürchten.

Sie finden diese Funktion nicht in den für die Korrekturen zuständigen Paletten, sondern in der Werkzeugleiste: Wählen

Sie das Werkzeug Selektive Anpassung (Shortcut: T). Ein kurzer Klick aktiviert das Werkzeug. Wenn Sie mit der Maus bei gedrückter Maustaste etwas länger auf dem Werkzeug-Icon verweilen, öffnet sich ein Submenü. Darin stellen Sie ein, welches Korrektur-Tool Sie per Mausbewegung steuern wollen.

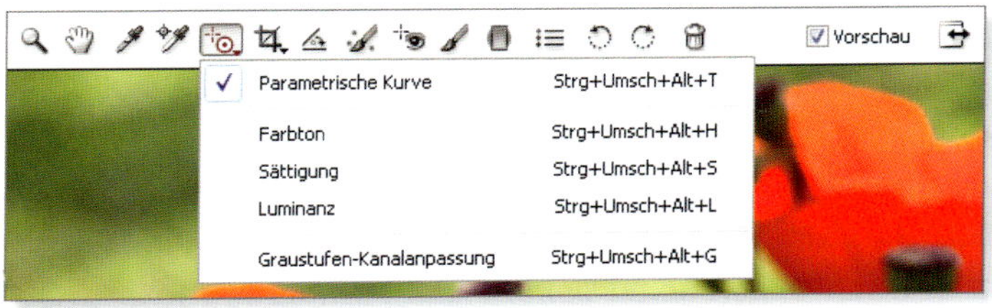

▲ **Abbildung 23.34**
Mit dem Tool Selektive Anpassung können Sie verschiedene Korrekturen durch Mausbewegung über dem Bild steuern.

Die **Anwendung des Werkzeugs** ist einfach:

1. Wählen Sie aus, mit welchem Tool Sie das Bild verändern wollen. Zur Auswahl stehen Parametrische Kurve, Farbton, Sättigung, Luminanz und Graustufen-Kanalanpassung.
2. Klicken Sie im Bild auf den Bereich, den Sie verändern wollen, lassen Sie die Maustaste jedoch gedrückt.
3. Bewegen Sie die Maus dann nach rechts oder links oder nach oben und unten, um die Einstellungen zu ändern. Die Bewegungsrichtung ist je nach Werkzeug verschieden, wird jedoch durch die Form des Mauscursors angezeigt.

▲ **Abbildung 23.35**
Das Werkzeug Selektive Anpassung im Modus Parametrische Kurve. Bewegen Sie die Maus senkrecht, um zu korrigieren.

▲ **Abbildung 23.36**
Das Werkzeug Selektive Anpassung im Modus Sättigung. Hier muss die Maus waagerecht über das Bild geführt werden.

Was wollen Sie tun?	Windows	Mac
Werkzeug aufrufen (mit der zuletzt benutzten Einstellung)	T	T
Modus: Parametrische Kurve verändern	Strg+⇧+Alt+T	⌘+⇧+⌥+T
Modus: Farbton verändern	Strg+⇧+Alt+H	⌘+⇧+⌥+H
Modus: Farbsättigung verändern	Strg+⇧+Alt+S	⌘+⇧+⌥+S
Modus: Farbhelligkeit verändern	Strg+⇧+Alt+L	⌘+⇧+⌥+L
Modus: Kanalmischung bei der Graustufen-Umsetzung steuern	Strg+⇧+Alt+G	⌘+⇧+⌥+G

▲ **Tabelle 23.1**
Tastaturbefehle für das Raw-Werkzeug Selektive Anpassung auf einen Blick

für alle Schärfungsregler, ist jedoch vor allem bei Maskieren von Nutzen. So können Sie jede Einstellung exakt anpassen.

Bild: Fotolia, Dashek (Ausschnitt)

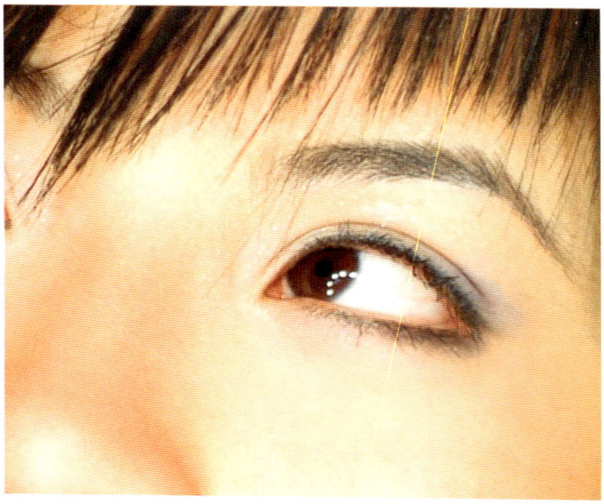

▲ **Abbildung 23.38**
Bildausschnitt in der Normalansicht (bereits geschärft) …

▲ **Abbildung 23.39**
… und mit Vorschau der Konturenmaske. Extrem hilfreich!

CS5 Verbesserte Rauschreduzierung
Auf der Registerkarte Details gibt es Neuigkeiten: Mit drei zusätzlichen Reglern lässt sich die Korrektur von Luminanz- und Farbrauschen detaillierter anpassen, Schärfe- und Kontrastverluste durch das Entrauschen können besser abgefangen werden.

23.8.2 Rauschreduzierung

Das Bildrauschen ist eine leidige Begleiterscheinung gerade bei kompakten Digicams (abhängig von der Größe der eingesetzten Sensoren). Es kann nach dem Schärfen stärker werden, tritt aber auch solo auf. Beim Entrauschen mit Camera Raw können Sie gegen Helligkeitsrauschen (Graustufenrauschen, Regler Luminanz) und Farbrauschen (Regler Farbe) getrennt vorgehen. Drei neue Regler versprechen bessere Erfolge:

- Luminanzdetails verändert den Schwellenwert für die Luminanzentrauschung. Sie legen hier also fest, welche Tonwerte von Camera Raw als Störung interpretiert werden. Hohe Werte retten mehr Details im Bild, können jedoch auch Störungen verstärken. Geringe Werte sorgen für saubere Bilder, bei denen jedoch Details leicht unscharf geraten können.
- Luminanzkontrast ist für Bilder mit stärkeren Störungen gedacht. Hohe Werte sorgen dafür, dass mehr Kontraste beibehalten werden, können jedoch auch für Sprenkel und andere Störungen sorgen.
- Farbdetails steuert den Schwellenwert für Farbstörungen. Hohe Werte schützen dünne, helle Farbkanten, es können jedoch Farbflecke auftreten. Bei niedrigen Werten werden Farbflecke getilgt, es können jedoch verlaufsartige Strukturen entstehen.

23.9 HSL/Graustufen: Farbe und Schwarzweiß

Nicht nur Korrekturen, auch kreative Farbveränderungen können Sie mithilfe der Palette HSL/GRAUSTUFEN (Shortcut ⌥+⌘+4 bzw. Alt+Strg+4) durchführen. Farbton, Sättigung und Luminanz lassen sich einzeln und sehr differenziert bearbeiten. Außerdem können Sie auch hier Farbbilder in »Schwarzweißfotos« verwandeln.

[HSL]
Das namensgebende Kürzel der Palette bezeichnet die drei Farbbeschreibungsparameter Farbton (**H**ue), Sättigung (**S**aturation) und Helligkeit (**L**uminance). HSL ist außerdem ein Farbraum, der in Photoshop zum Beispiel im Farbregler anzutreffen ist.

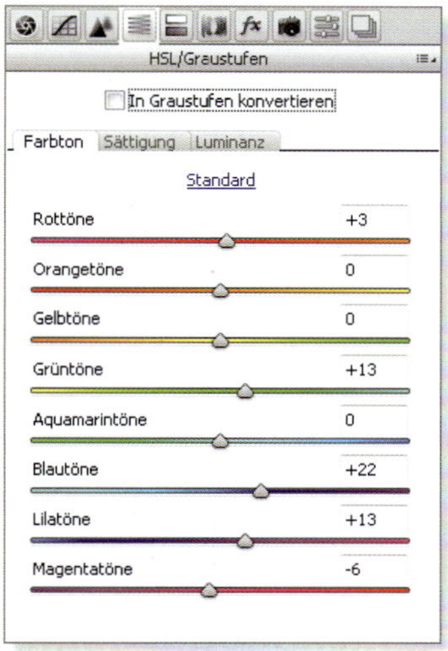

▲ **Abbildung 23.40**
Gleich drei Unterabteilungen ...

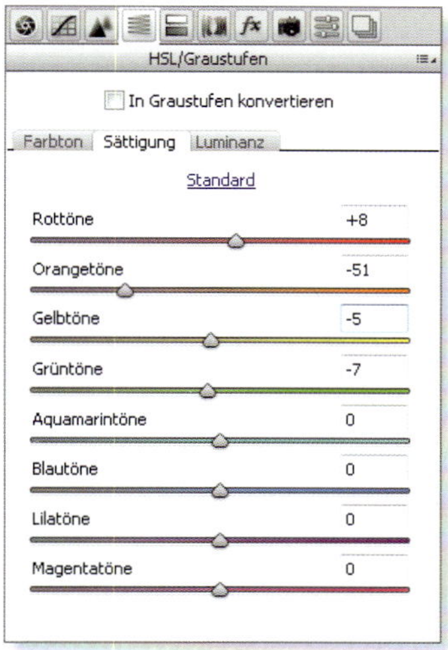

▲ **Abbildung 23.41**
... bietet die Palette HSL/GRAUSTUFEN, ...

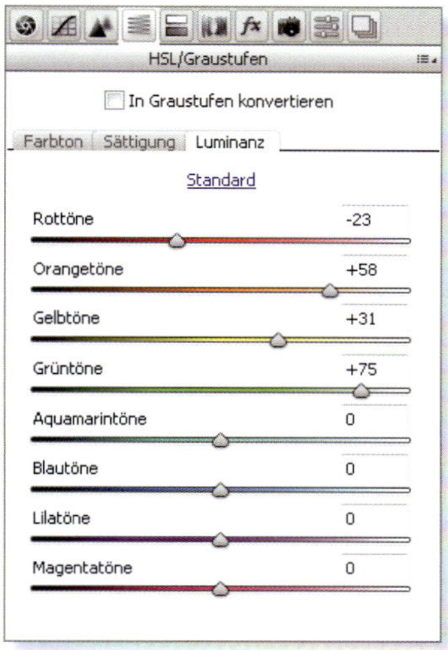

▲ **Abbildung 23.42**
... um die Farbmischung und Graustufenumsetzung zu beeinflussen.

Die Bedienung ist einfach: Durch Verschieben der Regler können Sie die Bildfarben beeinflussen. Für acht Farbton-Bereiche können Sie FARBTON, SÄTTIGUNG und LUMINANZ (Helligkeit) separat einstellen.

Schwarzweiß-Umsetzung | Ein Häkchen bei IN GRAUSTUFEN KONVERTIEREN ① macht aus dem Farbbild zusätzlich ein Graustufenbild. Anders als in der Photoshop-Funktion SCHWARZWEISS sind Sie hier auf manuelles Verschieben der Regler angewiesen; die »Korrekturhand« funktioniert nicht. Doch ansonsten ähneln die Optionen dem, was Sie aus dem Photoshop-Tool SCHWARZWEISS kennen. Außerdem gibt es auch hier die Schaltflächen AUTOMATISCH und STANDARD, mit denen Sie zwischen den Bildstandards und den in CAMERA RAW hinterlegten Kamerastandards hin- und herwechseln können.

Zum Nachlesen:
Aus Bunt mach Schwarzweiß
Diesem Thema ist ein ganzes Kapitel gewidmet – mehr erfahren Sie in Kapitel 27, »Das Spiel mit Farbe und Schwarzweiß.«

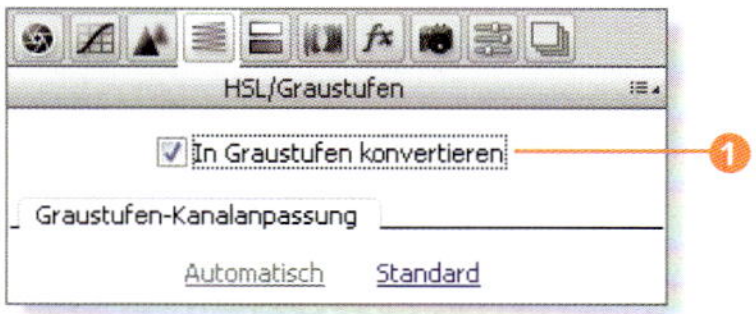

▲ **Abbildung 23.43**
Mithilfe der Graustufen-Konvertierung ① erzeugen Sie Schwarzweiß-Umsetzungen.

23.10 Teiltonung: Farbe verfremden und verändern

Datei auf der Buch-DVD: »Mohnblume.CR2«

Mit der Palette TEILTONUNG (Shortcut ⌥+⌘+5 bzw. Alt+Strg+5) können Sie Graustufenbilder abtönen und farbig variieren.

Sie können ein Bild einer Farbe durchgehend tonen oder Tiefen und Lichtern unterschiedliche Farbtonwerte zuweisen. Die allerhellsten und allerdunkelsten Bereiche bleiben aber in jedem Fall Schwarz und Weiß. Die Funktion ABGLEICH schafft einen Ausgleich zwischen zwei von Ihnen gewählten Farbtönen. Obwohl sich dieses Konzept des Tonens mit zwei Farben zunächst etwas wild anhört, werden dadurch mitnichten bunte Pop-Art-Bilder erzeugt, sondern – auch wenn Sie mit sehr unterschiedlichen Farben und hoher Sättigung arbeiten – recht harmonische Bilder.

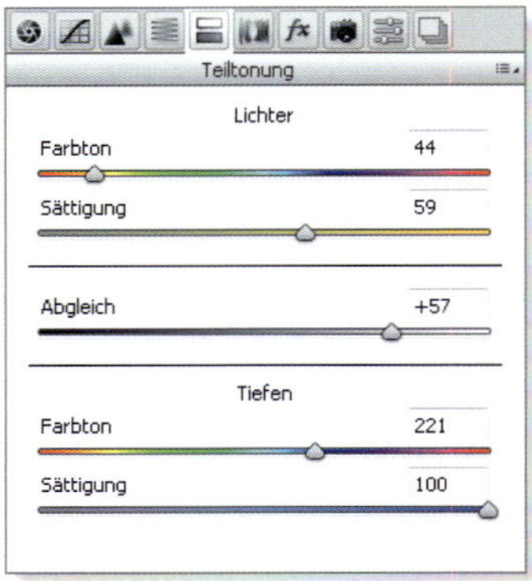

▲ **Abbildung 23.44**
TEILTONUNG ist ein wunderbares Spielzeug, das unzählig viele Bildergebnisse produziert.

Bild: Onno K. Gent

▲ **Abbildung 23.45**
Hier eine getonte Schwarzweißversion des Beispiel-Mohnbildes …

▲ **Abbildung 23.46**
… und eine nostalgisch-verblichene Farbumsetzung.

CS5 **Manuell oder automatisch korrigieren**
Unter OBJEKTIVKORREKTUREN gibt es jetzt zwei Unter-Registerkarten: MANUELL bietet erweiterte Funktionen für die Korrektur von Hand, unter PROFIL versucht Camera Raw sich in der automatischen Objektiv-Erkennung und Korrektur typischer Fehlerwerte. Auch hier müssen Sie das Camera-Raw-Plug-in **aktualisieren**, sollten Sie die zwei Reiter nicht sehen. Außerdem sollten Sie darauf achten, dass Sie auf den aktuellen Prozess umgestellt haben (siehe 23.4.2, »Ein entscheidendes Detail: Welche Algorithmen werden verwendet?«)

23.11 Objektivkorrekturen: Objektiv- und Kamerafehler ausgleichen

Mit den Funktionen unter OBJEKTIVKORREKTUREN (erreichbar mit dem Kürzel ⌥+⌘+6 bzw. Alt+Strg+6) machen Sie typischen Objektivfehlern wie Verzerrung, Vignettierung und Aberration den Garaus.

23.11.1 Automatische Objektivkorrekturen mit Profil

Die automatische Objektivkorrektur, die Adobe in Photoshops Objektivkorrektur-Filter untergebracht hat, findet sich in vergleichbarer Form auch in Camera Raw. Das Vorgehen ist einfach:

1. Setzen Sie bei der Option Objektivprofilkorrekturen aktivieren ein Häkchen.
2. Unter Einstellung wählen Sie Automatisch für die automatische Korrektur.
3. Camera Raw liest nun die Metadaten des Bildes aus und gleicht sie mit einer Profil-Datenbank ab. Wird das verwendete Objektiv gefunden, tauchen unter Objektivprofil entsprechende Einträge auf. Die Korrekturen werden automatisch durchgeführt. Bei subtilen Korrekturen hilft ein Aus- und Einschalten der Vorschau (am schnellsten mit dem Shortcut [P]), um Änderungen im Bild zu erkennen.
4. Sie können das Korrekturergebnis anhand der Regler unter Korrekturstärke manuell nachbessern.

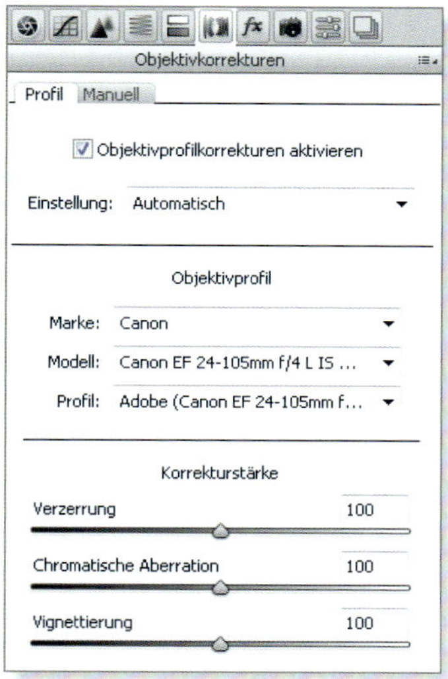

▲ **Abbildung 23.47**
Wenn Sie Glück haben, erkennt Camera Raw Ihr Objektiv und korrigiert Verzerrung, Aberration und Vignettierung automatisch.

Ist das Profil nicht gelistet oder fehlen entsprechende Metadaten im Bild, erhalten Sie eine Fehlermeldung. Dann können Sie versuchen, unter Objektivprofil in den Listen das verwendete Objektiv zu finden und einzustellen. Oder Sie wechseln zur manuellen Korrektur.

23.11.2 Manuelle Objektivkorrektur

Viele bekannte Funktionen aus dem Objektivkorrektur-Filter von Photoshop sind nach Camera Raw »eingewandert«. Neben Aberration und Vignettierung lassen sich jetzt auch Verzerrungen im Raw-Modul korrigieren. Das funktioniert nicht ganz so komfortabel wie mit Photoshops mächtigem Filter, dennoch sind die Möglichkeiten gegenüber der Vorversion erheblich erweitert worden.

Zum Weiterlesen: Objektivkorrektur in Photoshop
Mehr zu Photoshops Objektivkorrektur-Filter finden Sie in Abschnitt 24.6, »Objektivkorrektur«.

Tonne, Kissen, Verzerrung – Transformieren | Wenn Sie bereits mit der Objektivkorrektur von Photoshop gearbeitet haben, finden Sie sich bei der Raw-Objektivkorrektur leicht zurecht. Die aussagekräftigen Icons helfen bei der Orientierung. Das Wichtigste ist eigentlich, dass Sie das Bild gut beobachten und die Regler mit Bedacht bedienen.

- Der Regler Verzerrung ❶ behebt Tonnen- oder Kissenverzerrung. Scheinen sich die Linien Ihres Bildes vom Bildmittelpunkt nach außen zu biegen (Tonnenverzerrung), ziehen Sie den Regler nach rechts. Erscheinen Linien Ihres Bildes von der Mitte nach innen gebogen (Kissenverzerrung), bewegen Sie den Regler nach links.
- Vertikal ❷ korrigiert falsche Perspektiven, die durch die Neigung der Kamera nach oben oder unten (relativ zum Objekt) entstanden sind. Vertikale Linien des Bildes werden parallel ausgerichtet.

- Horizontal ❸ berichtigt Perspektiven, die durch die Neigung der Kamera nach rechts oder links entstanden sind. Horizontale Linien werden parallel ausgerichtet.
- Drehen ❹ richtet Horizonte gerade und Ähnliches. Das Gerade-ausrichten-Werkzeug (Kürzel A) ist dafür jedoch noch besser geeignet.
- Skalieren ❺ ist eine smarte Funktion: Die durch Transformationen unter Umständen an den Bildkanten freigelegten Bereiche werden damit wieder gefüllt.

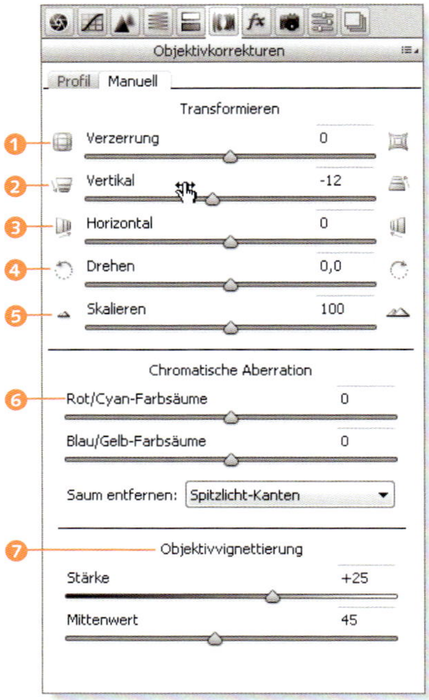

Abbildung 23.48 ▸
Mit der manuellen Steuerung der Objektivkorrekturen können Sie verschiedene gängige Objektivfehler ausgleichen.

Chromatische Aberration | Die chromatische Aberration ist ein natürlicher Effekt, der beim Gebrauch optischer Linsen immer eintritt: Lichtbestandteile verschiedener Frequenzbereiche (»Farben«) werden unterschiedlich abgelenkt. Durch Benutzung mehrerer Linsen im Objektiv kann das ausgeglichen werden. Funktioniert das nicht ganz, zeigen sich Farbsäume am Bild. In Camera Raw können Sie Rot-Cyan- und Blau-Gelb-Farbsäume reparieren ❻.

Damit Sie die richtige Einstellung finden, zoomen Sie sich am besten in Ihr Bild hinein. Suchen Sie eine Stelle mit starken Farbsäumen. Die finden Sie vermutlich am ehesten in Bereichen, die sehr dunkle oder schwarze Details vor einem sehr hellen oder weißen Hintergrund enthalten. Welcher Regler der richtige ist, hängt davon ab, was Sie im Bild vorfinden:

- Rot/Cyan-Farbsäume passt die Größe des Rot-Kanals relativ zum Grün-Kanal an. So werden Rot/Cyan-Farbsäume kompensiert.
- Blau/Gelb-Farbsäume berichtigt Blau/Gelb-Farbsäume.

▲ **Abbildung 23.49**
Die chromatische Aberration in diesem Bild ist heftig. Sie ist an bunten Details wie dem Schifffahrtssignal erkennbar, aber auch an den Wellen.

Die Option Saum entfernen verringert die Sättigung der Farbränder, wie sie manchmal um spiegelartige Lichter herum auftreten. Hier müssen Sie ein wenig herumprobieren, um festzustellen, welche Einstellung am besten passt:

- Wählen Sie Alle Kanten, um Farbsäume an allen Kanten im Bild zu korrigieren.
- Wenn dies zu dünnen grauen Linien an den Rändern oder zu anderen unerwünschten Effekten führt, wählen Sie Spitzlicht-Kanten. Dann werden nur hervorgehobene Kanten, an denen am ehesten Farbsäume auftreten, korrigiert.

Objektivvignettierung | Als Vignette-Effekt bezeichnet man Verschattungen an den Bildrändern. Sie rühren vom Objektivrand her und können mit den Reglern unter Objektivvignettierung ❼ ebenfalls korrigiert werden:

- Mit Stärke stellen Sie ein, wie hell oder dunkel die Vignettenkorrektur ist.
- Mittenwert legt fest, wie weit die Vignettenkorrektur sich von den Bildecken ins Bildzentrum erstreckt.

CS5 **Kreative Vignetten**
Die Kreativ-Funktion Vignettierung nach Freistellen ist in CS5 erweitert worden. Zusammen mit der neuen Filmkorn-Funktion ist sie jetzt in der neuen Registerkarte Effekte *fx* untergebracht (und nicht mehr, wie gewohnt, unter Objektivkorrektur).

23.12 Effekte

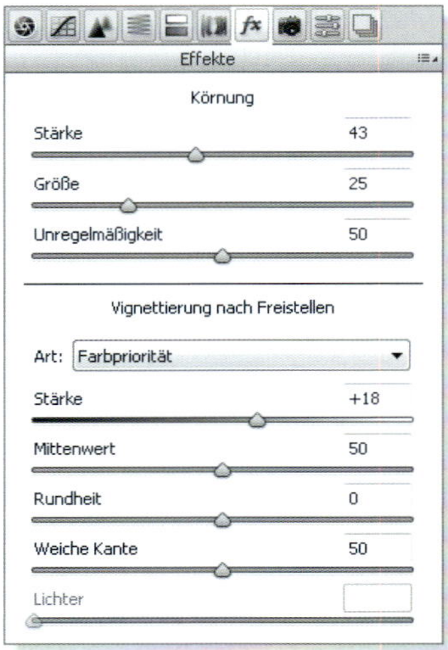

▲ **Abbildung 23.50**
Die neue Palette EFFEKTE

Die Registerkarte EFFEKTE ist neu in der CS5-Version von Camera Raw. Mit den enthaltenen Tools imitieren Sie fotografische Effekte vergangener Technik-Epochen: das Filmkorn analoger Fotografie und den starken Randlichtabfall (Vignettierung) altertümlicher Foto-Optiken.

23.12.1 Für Analogfoto-Fans: Künstliches Filmkorn

Unter KÖRNUNG stellen Sie ein, wie das Ihrem Bild hinzugefügte Filmkorn aussehen soll. Die Optionen sind selbsterklärend. Probieren Sie einfach aus, was Ihrem Bild am besten steht!

Bild: vitamin a

▲ **Abbildung 23.51**
Bild ohne (links) und mit (rechts) hinzugefügtem digitalem Filmkorn.

23.12.2 Vignettierung nach Freistellen

Die Funktion VIGNETTIERUNG NACH FREISTELLEN macht sich vor allem im Kreativeinsatz gut. Dunkle Verschattungen oder aufgehellte Bereiche an den Bildkanten betonen das Hauptmotiv im Bild und retten manch ungünstigen Beschnitt. Sie können die Funktion VIGNETTIERUNG NACH FREISTELLEN vor oder nach dem Beschneiden des Bildes einsetzen: Die Ausdehnung des Effekts ändert sich mit den Bilddimensionen. Anhand der Regler können Sie den Tonwert (STÄRKE), die Ausdehnung ins Bild (MITTENWERT), die Form (RUNDHEIT) und die Kantenweichheit einstellen.

Die Camera-Raw-Vignette ist jedoch mehr als ein mehr oder minder weichgezeichnetes Passepartout. Mit den Einstellungen unter ART legen Sie fest, wie sich die Tonwerte der Vignette zu den Bildfarben verhalten:

- LICHTERPRIORITÄT schützt den Lichterkontrast des Bilds. In dunkleren Bildteilen kann es jedoch zu Farbverschiebungen kommen. Diese Einstellung ist für Bilder mit starken Aufhellungsbereichen geeignet.
- FARBPRIORITÄT behält die Farbtöne bei. Bei den Lichtern kann es jedoch zu einem Detailverlust kommen.

- Farbüberlagerung überblendet die Originalbildfarben mit Schwarz oder Weiß. Der Lichterkontrast wird dadurch möglicherweise reduziert. Diese Option erzielt besonders weiche Effekte.

Bild: Fotolia, Sascha Burkhard

▲ **Abbildung 23.52**
Sepiafarben getont wirkt das ursprünglich farbige Motiv schon recht nostalgisch.

▲ **Abbildung 23.53**
Die Vignette verstärkt diesen Effekt.

23.13 Kamerakalibrierung

Die Einstellungen unter Kamerakalibrierung (⌥+⌘+8 bzw. Alt+Strg+8) sollen Unterschiede zwischen dem tatsächlichen Verhalten Ihrer Kamera und dem im Photoshop-Raw-Plug-in integrierten Profil für Ihr Kameramodell ausgleichen und Farbstichen entgegenwirken. Die Einstellungen sind jedoch mit Vorsicht zu genießen: Sie arbeiten ausschließlich per Sichtkontrolle über den Monitor, der ja wiederum eine andere Farbdarstellung hat als Kamera und Raw-Plug-in. Die Fotos, die letztlich ausgegeben werden, können deutlich anders ausfallen als erwartet!

Außerdem können Sie hier einstellen, mit welchem Prozess Camera Raw arbeitet, das heißt, welche Rechenmodelle den Bearbeitungen mit Camera Raw zugrunde liegen.

Mehr über dieses wichtige Thema lesen Sie in Abschnitt 23.4.2, »Ein entscheidendes Detail: Welche Algorithmen werden verwendet?«.

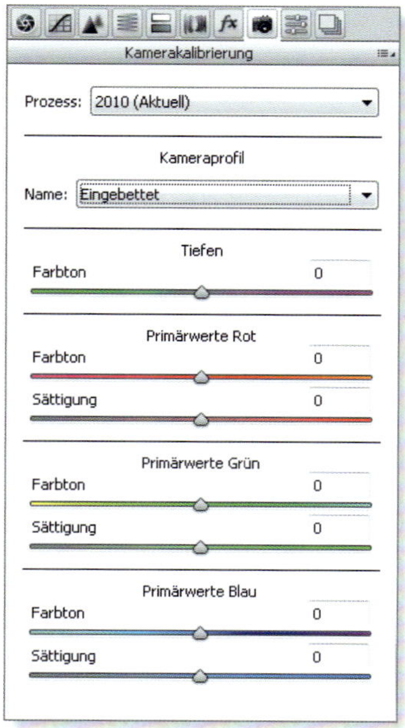

▲ **Abbildung 23.54**
Es ist meist besser, mit den von Camera Raw mitgelieferten Kameraprofilen zu arbeiten, als hier manuell etwas zu ändern.

23.14 Reparieren und retuschieren mit Camera Raw

Neben der Einstellung von Farbe, Kontrast oder Farbmischung des Bildes können Sie direkt im Raw-Dialog auch andere Eingriffe vornehmen, wie zum Beispiel Geraderichten und Beschnitt. Das geht zwar auch in Photoshop ganz flott, aber es ist doch angenehm, diese oft gebrauchten Funktionen auch hier zu finden. Außerdem sind in der Werkzeugleiste einige Retuschewerkzeuge für lokale Korrekturen untergebracht.

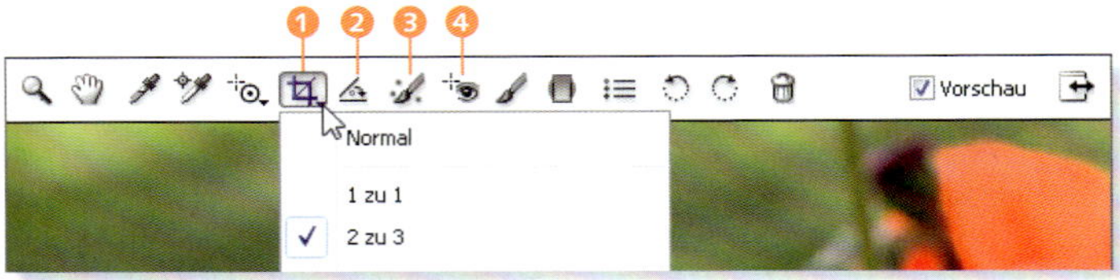

Abbildung 23.55 ►
Die Camera Raw-Werkzeuge. Einige Tools – erkennbar am winzigen Dreieck am jeweiligen Icon unten rechts – haben Fly-out-Menüs mit Presets oder Optionen.

23.14.1 Ist Ihr Bild schief oder zu groß?

Direkt per Raw-Dialog können Sie auch Bilder beschneiden und gerade richten. Das schon aus Photoshop bekannte Beschnitt-Werkzeug (Kürzel: [C]) ❶ und ein Ausrichten-Tool (Kürzel: [A]) ❷ finden Sie ebenfalls in der Werkzeugleiste. Der Gebrauch sollte Sie vor keine größeren Schwierigkeiten stellen.

Bild: Onno K. Gent

▲ **Abbildung 23.56**
Um ein Bild gerade zu richten, wählen Sie das Ausrichten-Tool und ziehen einfach eine Linie über den schiefen Horizont – oder über andere Objekte, die die Schräglage des Bildes indizieren. (Der Mauscursor ist hier vergrößert dargestellt.)

▲ **Abbildung 23.57**
Die Bildvorschau wird dann gedreht. An den »Anfassern« können Sie Feineinstellungen vornehmen. Erst beim Öffnen in Photoshop wird die Korrektur angewandt.

Diese Arbeitsschritte schon im Camera Raw-Dialog vorzunehmen bietet nicht so viele Vorteile gegenüber der Bearbeitung in Photoshop wie bei den sonstigen Rohbild-Korrekturen. Sie können das Geraderichten also auch ganz regulär in Photoshop vornehmen.

23.14.2 Rote Augen korrigieren

Wenn Sie möchten, können Sie rote Blitzlicht-Augen gleich in CAMERA RAW retuschieren. Das Rote-Augen-Werkzeug 4 (Kürzel: E) funktioniert ebenso wie das Photoshop-Pendant. Wenn Sie höhere Ansprüche an die Korrektur haben, sollten Sie in jedem Fall manuell korrigieren.

23.14.3 Sensorstaub, Fussel und andere kleine Störungen entfernen: Bereichsreparatur

Das Bereichsreparatur-Werkzeug 3 (Kürzel B) von Camera Raw erscheint zunächst etwas ungewohnt: Zwei Kreise signalisieren den gerade reparierten Bereich und den Quellbereich, dem soeben die Reparaturpixel entnommen werden.

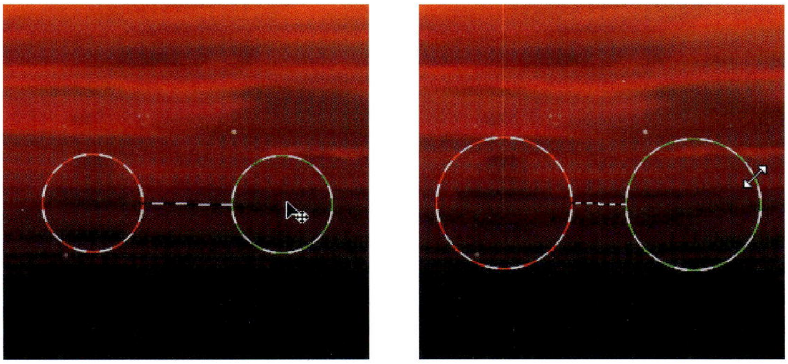

Abbi▲ldung 23.59
Bereichsreparatur: Der rot gestreifte Kreis markiert die Bildpartie, die retuschiert wird, der grüne die Quelle der Reparaturpixel. Die Kreise lassen sich unabhängig voneinander verschieben (links) oder gemeinsam in der Größe verändern (rechts).

Das Tool funktioniert entweder in der Manier des Photoshop-Kopierstempels oder ähnlich wie das Reparatur-Pinsel-Werkzeug: Im Modus KOPIEREN werden Reparaturpixel mit weicher Kante auf die schadhafte Stelle aufgetragen, und im Modus REPARIEREN werden die Pixel der zu reparierenden Stelle und die aus einer anderen Bildpartie einkopierten Reparaturpixel miteinander verrechnet.

Für Detailretuschen eignen sich die Funktionen nicht, aber kleine Störungen wie Sensorstaub oder Ähnliches werden Sie auf diese Weise schnell los. Vor allem in Zusammenarbeit mit der SYNCHRONISIEREN-Funktion macht sich das Werkzeug gut.

Zum Nachlesen: Bilder beschneiden
Wie das Beschneiden und Ausrichten in Photoshop funktionieren, lesen Sie in Kapitel 20, »Bilder beschneiden, ausrichten und skalieren«.

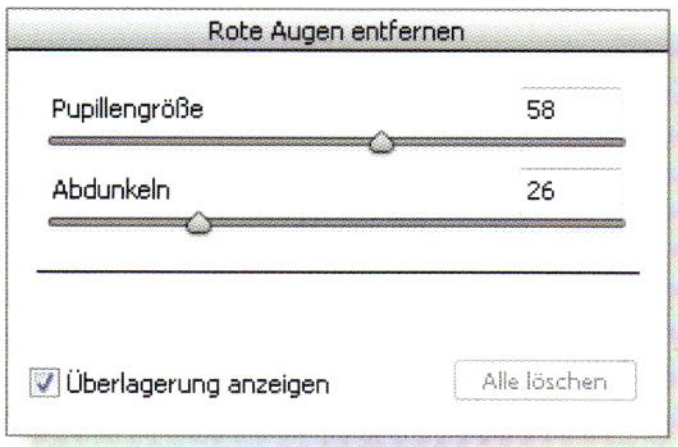

▲ Abbildung 23.58
Ein etwas anderes Layout, aber dieselben Optionen wie bei Photoshops Rote-Augen-Werkzeug

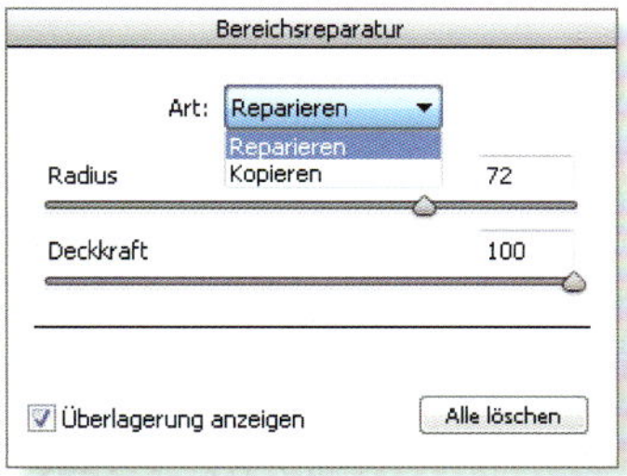

▲ Abbildung 23.60
Unter RADIUS legen Sie die Größe des Reparaturbereichs fest und unter ART die Funktionsweise des Werkzeugs. DECKKRAFT erlaubt eine feinere Dosierung der Korrekturwirkung.

Zum Nachlesen: Retuschieren
Tipps zur individuellen Retusche rot verblitzter Augen, zum Gebrauch des Stempels und des Reparaturpinsels finden Sie in Kapitel 22, »Reparatur- und Retuschetools«.

TOPP-TIPP: Retusche in Serie: Synchronisieren

Vor allem bei Bildern, die mit hoher Blendenzahl aufgenommen wurden, ist er gut erkennbar: der Sensorstaub. Meist sind es nur wenige Staubkörnchen, die auf dem empfindlichen Sensor sitzen, doch sie sind dann bei fast jeder Aufnahme zu sehen und verderben manches gute Bild. Glücklicherweise sind diese Störungen meist schnell zu retuschieren. Da sie immer an derselben Stelle sitzen, können Sie dazu die Camera Raw-Funktion Synchronisieren nutzen. Mit ihr lassen sich dieselben Einstellungen und Korrekturen auf mehrere geöffnete Bilder anwenden. Das Vorgehen ist einfach:

- Aktivieren Sie das erste Bild, und führen Sie dort die notwendigen Änderungen durch.
- Klicken Sie auf den Button Alles Auswählen oberhalb des Filmstreifens.
- Der Button Synchronisieren ist nun ebenfalls aktiv. Klicken Sie darauf.
- In einem Dialog legen Sie fest, welche Änderungen übernommen werden sollen. Dann werden die Korrekturen des ersten Bildes auf alle in Camera Raw geladenen Bilder übertragen.

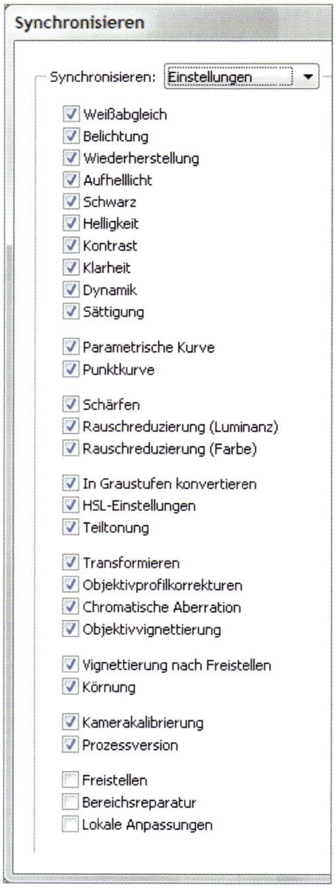

Abbildung 23.61 ▸
Neben Retuschen können auch andere Raw-Einstellungen synchronisiert werden. Hier legen Sie fest, welche.

23.14.4 Lokal korrigieren mit dem Korrekturpinsel

Der Korrekturpinsel (Shortcut [K] – in der CS4-Version hieß er übrigens noch Anpassungspinsel) erweitert das Anwendungsfeld von Camera Raw über die bisher besprochenen, global wirkenden Korrekturen hinaus. Mit ihm können Korrekturen wie Belichtung, Sättigung, Bildschärfe, Farben und andere mit einem Pinsel lokal angebracht werden – genau dort, wo sie notwendig sind. Die Eigenschaften des Pinsels können Sie detailliert steuern. Auf Wunsch arbeitet das Werkzeug auch mit einer automatischen »Konturenerkennung«, was Ihnen dabei hilft, die Korrekturen besser auf bestimmte Bildteile einzugrenzen.

Wie das Tool funktioniert, ist nicht schwer zu verstehen. Eigentlich. Denn während der Arbeit übersieht man – zumindest, wenn man das Werkzeug noch nicht so gut kennt – fast immer irgendeine Einstellung und malt sich Korrekturen ins Bild, die man nicht haben will. Nutzen Sie den folgenden Workshop, um sich mit dem Korrekturpinsel vertraut zu machen.

Schritt für Schritt: Der Korrekturpinsel

Datei auf der Buch-DVD: »VenedigGasse.tif«

1 Rohversion: Das Ausgangsbild

Das Foto in Abbildung 23.62 wurde an einem grauen, bewölkten Tag aufgenommen. Es wirkt sehr kühl, fast trist. Die für Venedig typischen Fassadenfarben, Ockergelb und Rot, kommen nicht richtig zur Geltung, der Kanal sieht abschreckend aus – die ganze Gasse wirkt eher heruntergekommen als dekorativ zerbröckelt.

Bild: Jacqueline Esen

▲ **Abbildung 23.62**
Die Ausgangsdatei, noch ohne Änderungen.

2 Grundeinstellungen

Als Erstes nehme ich globale Korrekturen vor. Dabei arbeite ich nur mit Weissabgleich (Farbtemperatur +9, Farbton +5) und Aufhelllicht (23). Wird die Farbtemperatur stärker in Richtung Gelb verschoben, wirkt das Bild farbstichig. Die Sättigung global anzuheben, macht das Bild nicht wirklich freundlicher – es werden auch problematische Bereiche, zum Beispiel der Algenbelag an den Fundamenten, hervorgehoben. So erscheint das Bild auch nach den Grundkorrekturen noch kühl und farblos. Dies ist ein Fall für lokale Korrekturen mit dem Korrekturpinsel-Werkzeug.

3 Einstellungen für die erste Korrektur: Modus, Farbe und Pinsel

Als Erstes soll das Kanalwasser eine erfreulichere Farbe bekommen. Rufen Sie den Korrekturpinsel auf ([K]). Sie sehen, dass sich sofort der Palettenbereich des Camera-Raw-Dialogs ändert.

Achten Sie *immer* beim Erzeugen einer neuen Korrektur darauf, dass als Modus NEU ① eingestellt ist! Diese Einstellung ist eine ernsthafte Fußangel. Wenn Sie sie übersehen, modifizieren Sie unter Umständen frühere, gelungene Korrekturen.

Nun gilt es, die gewünschte Korrektur einzustellen, in diesem Fall die Farbe. Klicken Sie dazu in das leere Farbfeld ②, um den Farbwähler zu starten. Stellen Sie dort ein helles Grünblau ein. Sie können diese Farbe auch später noch verändern, falls sie im Bild nicht passt.

Im unteren Bereich der Palette legen Sie die Pinseleigenschaften fest. Die können Sie auch während der Arbeit jederzeit ändern. Wichtig: AUTOMATISCH MASKIEREN ③ sollte aktiv sein. Diese Option beschränkt Pinselstriche auf farblich ähnliche Bereiche. Die Option MASKE ANZEIGEN ist eher bei subtilen Korrekturen hilfreich – hier, beim Aufpinseln von Farbe, brauchen Sie sie nicht.

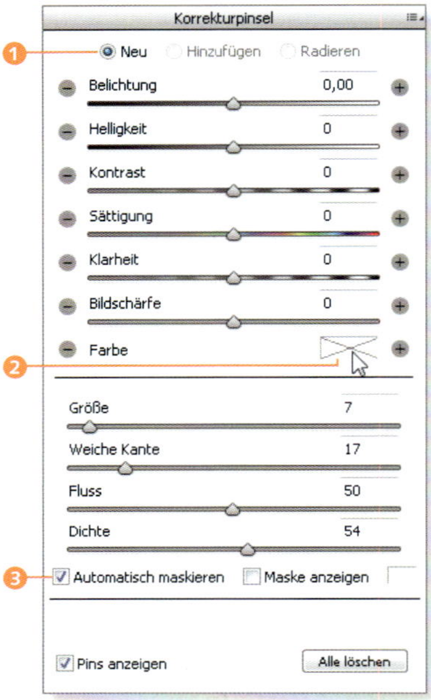

▲ **Abbildung 23.63**
Die drei Modi NEU, HINZUFÜGEN und RADIEREN sollten Sie ständig im Auge behalten.

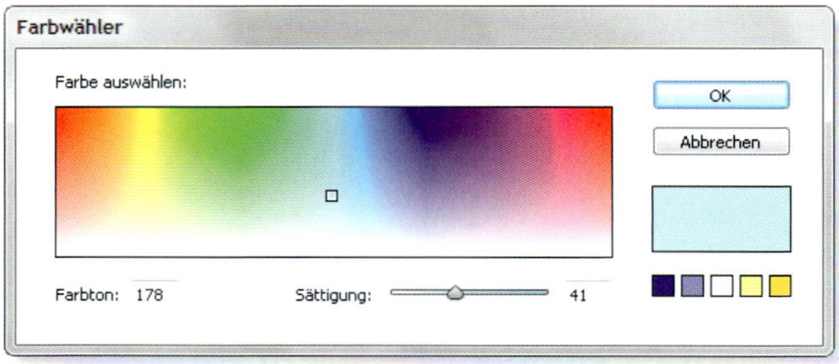

▲ **Abbildung 23.64**
Der Farbwähler des Korrekturpinsels. Das Spektrum erlaubt die Farbeinstellung per Klick, die Sättigung kann mit dem Regler eingestellt werden. Die wichtigsten Farben zum »Anwärmen« oder »Abkühlen« von Bildpartien finden Sie unten rechts – die Minifarbfelder sind ebenfalls klickbar.

4 Erste Korrektur ins Bild pinseln

Pinseln Sie nun im Bild über die Wasserflächen. Der Pin ④ zeigt, wo der Ursprung der ersten lokalen Korrektur ist. Dass der Pin grün ist und einen schwarzen Punkt in der Mitte hat, ist der Hinweis darauf, dass diese Korrektur gerade aktiv ist und bearbeitet wird. Sobald Sie mehrere Korrekturen im Bild haben, sind die Pins wichtig. Mit ihrer Hilfe stellen Sie beim Nachbessern von Details sicher, dass Sie die richtige Korrektur verändern. Neben den Modi ist das Bearbeiten eines »falschen Pins« die zweite große Fehlerquelle beim Korrekturpinsel!

Wie man an der Pinselposition ⑤ sieht, werden auch die Abdeckungen der Boote im Vordergrund überpinselt, um die

Farbe aufzupeppen. Dank der automatischen Maskierung muss nicht übermäßig akkurat gearbeitet werden. (Sie können ruhig extra ein bisschen über andere Bereiche malen, zum Beispiel über die helle Brückeneinfassung – in Schritt 7 zeige ich Ihnen, wie man Fehler beseitigt.)

◄▲ **Abbildung 23.65**
Sobald Sie ins Bild klicken und lospinseln, springt der Modus von NEU auf HINZUFÜGEN ⑥ um.

5 Einstellungen für die zweite Korrektur: Modus, Sättigung, alte Werte zurücksetzen

Nun soll die Sättigung der Hausfassaden angehoben werden – eine zweite, neue Korrektur. Klicken Sie unter Modus auf NEU ⑦ – andernfalls würden Sie Ihre erste Korrektur mit veränderten Einstellungen fortsetzen oder modifizieren. Wählen Sie die neuen Korrektureinstellungen. In diesem Beispiel erhöhe ich SÄTTIGUNG ⑧ und KLARHEIT ⑨. Die Werte lassen sich nachträglich ändern – wie, das erfahren Sie in Schritt 8.

Stellen Sie außerdem unbedingt sicher, dass Ihre *alten* Einstellungen von der vorangegangenen Korrektur, in diesem Fall die Farbe, zurückgesetzt werden. Man übersieht das leicht einmal – das ist die Falle Nummer drei, die der Korrekturpinsel bereit hält! Sie können auf die Plus- ⑫ und Minuszeichen ⑪ klicken, um Werte schrittweise zu verändern, oder auf die Slider ⑩ doppelklicken, um Werte schnell auf »0« zu stellen. Hier können Sie außerdem erneut zum Farbwähler greifen.

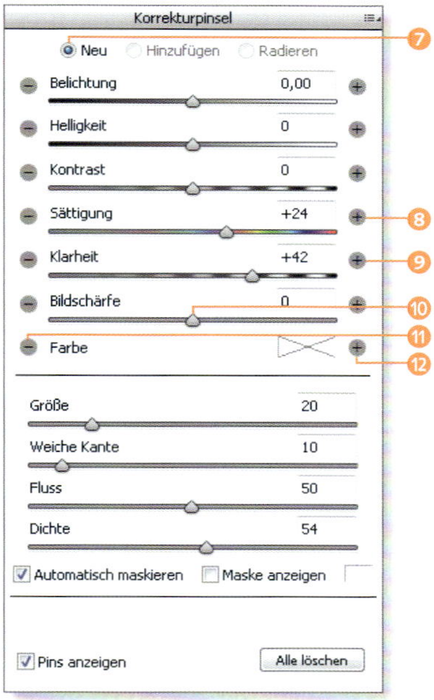

▲ **Abbildung 23.66**
Einstellungen, um den Fassaden mehr Sättigung zu geben. Die Farbe wurde wieder zurückgesetzt, der Modus steht auf NEU.

6 Zweite Korrektur ins Bild pinseln

Klicken Sie nun erneut ins Bild, und übermalen Sie die Fassaden. Für die neue Korrektur erscheint ein neuer, nun aktiver Pin ⑬. Der Pin der ersten Korrektur ⑮ ist jetzt grau – das heißt inaktiv. Es ist zu erkennen, dass hier mit einem großen Pinsel gearbeitet wird ⑭.

Abbildung 23.67 ►
Für jede Korrektur gibt es einen eigenen Pin.

7 Korrektur der Korrektur: Ausdehnung verändern

Beim Bemalen des Kanals war die Option AUTOMATISCH MASKIEREN aktiv. Sie erkennt Bildkonturen und grenzt Korrekturbereiche ein. Bei genauerer Betrachtung zeigt sich, dass trotz dieser Maßnahme einige Bildpartien mitgefärbt wurden, bei denen dies nicht erwünscht war. Im Beispielbild sind dies der Brückenbogen, und, weniger auffallend, die Wasserlinie an der Hausfassade links. Um die **Ausdehnung einer Korrektur zu verringern**, müssen Sie den Radiermodus verwenden. Dazu aktivieren Sie als Erstes durch Klicken im Bild den Pin der betreffenden Korrektur 2. Das ist ganz wichtig, damit Sie nicht versehentlich eine andere Korrektur verändern! Alle anderen Pins im Bild sind nun hellgrau dargestellt (inaktiv, 1). Im Palettenbereich schalten Sie den Modus auf RADIEREN 3 um. Sie sehen in der Palette nun die Werte der aktiven Korrektur.

Maske zur Kontrolle: Wenn Sie die Option MASKE ANZEIGEN 4 aktivieren, wird eine hellgraue Fläche eingeblendet. Diese zeigt die Ausdehnung der aktiven Korrektur. Denselben Effekt haben Sie übrigens kurzzeitig auch, wenn Sie mit dem Mauszeiger über einen Pin fahren. Beides hilft Ihnen, die Ausdehnung einer Korrektur zu kontrollieren. Entscheiden Sie selbst, ob Sie diese Option hier brauchen oder nicht.

Korrektur wegradieren – oder ergänzen: Entfernen Sie nun die Blaufärbung dort, wo sie unerwünscht ist, etwa an Brücke und Hausfassade. Wenn Sie wieder Farbe dazumalen wollen, wechseln Sie in den Modus HINZUFÜGEN. Nach diesem Muster können Sie natürlich nicht nur aufgepinselte Farbe, sondern alle Korrekturen nachbearbeiten.

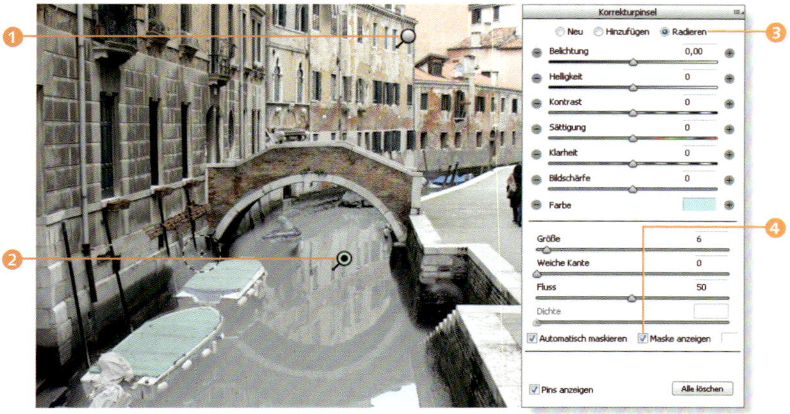

◂ **Abbildung 23.68**
Im Modus Radieren können alle Korrekturen nachgebessert werden. Voraussetzung: Der richtige Pin muss aktiv sein.

8 Korrektur der Korrektur: Parameter verändern

Radieren ist nicht die einzige Möglichkeit, um einmal angebrachte Korrekturen zu verändern. Es ist auch möglich, eine Korrektur nochmals zu aktivieren und weitere Parameter hinzuzufügen. Man könnte hier zum Beispiel bei der Sättigungskorrektur zusätzlich ein wenig Wärme ins Bild bringen. Dazu aktivieren Sie wieder den richtigen Pin 5, indem Sie ihn anklicken. Im Palettenbereich muss der Modus auf Hinzufügen 6 stehen. Sie sehen dort die originalen Einstellungen, denen Sie weitere Änderungen hinzufügen können, in unserem Beispiel eine wärmere Farbe 7. Im Bild ist die veränderte Einstellung sofort überall sichtbar, wo Sie die Korrektur ursprünglich aufgepinselt hatten – hier also an den Hausfassaden. Bei Farbänderungen empfiehlt es sich, die Option Maske anzeigen 8 auszuschalten. Durch die hellgraue Überlagerung können Sie die Wirkung Ihrer Einstellung sonst nicht richtig beurteilen. Auch diese Korrektur können Sie natürlich nach dem im Schritt 7 beschriebenen Muster eingrenzen oder erweitern.

◂ **Abbildung 23.69**
Bereits aufgemalte Korrekturen lassen sich durch weitere Einstellungen ergänzen.

9 Fertig! Das Endergebnis

Nach weiteren Detailkorrekturen ist das Bild fertig. Ich habe unter anderem die Farbe an Hauswänden noch genauer angepasst, den dunklen Mantel der Fußgängerin aufgehellt und die Sättigung an den algig-grünen Hochwasserkanten reduziert. Sicherlich muss man nicht jede Korrektur so detailgenau durchführen, aber die Möglichkeiten des Tools sind nun hoffentlich deutlich geworden.

▲ **Abbildung 23.70**
Vorher und Nachher im Vergleich

23.14.5 Sanft auslaufende Korrekturflächen: Verlaufsfilter

Datei auf der Buch-DVD: »Billardtisch.tif«

In der Fotografie kennt man sie schon lange: Vorsatzfilter, mit denen sich unspektakuläre Lichtverhältnisse aufpeppen lassen. Nun gibt es das digitale Pendant in CAMERA RAW. Das Tool VERLAUFSFILTER (Kürzel G) kann jedoch nicht nur Farbstimmungen im Bild verändern, sondern auch Belichtungs-, Farb- und Kontrasteigenschaften. Wie mit einer weich verlaufenden Maske können Korrekturen auf bestimmte Bildteile aufgebracht werden. Die Handhabung erinnert stark an Photoshops Verlaufswerkzeug.

Die Anwendung des Verlaufsfilters ist einfach: Sie stellen die gewünschten Eigenschaften ein und ziehen mit der Maus einen Verlauf über dem Bild. Sofern die Option ÜBERLAGERUNG ANZEIGEN ❷ aktiviert ist, sehen Sie jetzt eine Markierung. Die grün gestrichelte Linie mit Punkt ist der Ausgangspunkt des Filters, rot markiert ist sein Ende. Zum Ende hin läuft die Korrekturwirkung des Filters sanft aus. Durch Ziehen, Drehen und Verschieben können Sie die Position des korrigierenden Filters anpassen, auch ein nachträgliches Verändern der Regler ist möglich. Außerdem lassen sich mehrere Filter im Bild kombinieren. Mit den Optionen NEU und BEARBEITEN ❶ bestimmen sie, ob Sie einen vorhandenen Filter verändern (BEARBEITEN) oder ob Sie einen weiteren Filter anlegen (NEU).

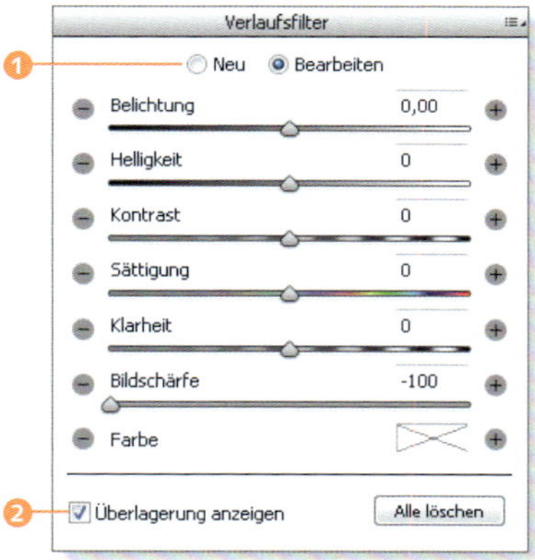

▲ **Abbildung 23.71**
Optionen des Verlaufsfilters. Die Einstellungen gelten für den unteren Filter in Abbildung 23.73. Der Bereich wird weichgezeichnet.

Bild: Onno K. Gent

◀ **Abbildung 23.72**
Das Ausgangsbild: eine Billardszene. Der detailreiche Hintergrund und die Filzfläche im Vordergrund konkurrieren mit dem Hauptmotiv, den Bällen und der Hand. Das Bild wirkt dadurch belanglos.

◀ **Abbildung 23.73**
Hier wurden zwei Verlaufsfilter kombiniert. Der obere Filter (im Bild inaktiv) dunkelt den Hintergrund ab, der untere macht den Billardtisch im Vordergrund unschärfer – das passt auch gut zur Kameraperspektive.

◀ **Abbildung 23.74**
Mit wenigen Klicks wird das Hauptmotiv des Bildes stärker herausgearbeitet: Das Motiv bekommt Spannung.

24 Werkzeuge für Fotografen

Photoshop bietet eine Reihe mächtiger Werkzeuge – fast schon eigene kleine Applikationen –, die speziell auf die Bedürfnisse von Fotografen zugeschnitten sind. Neben dem bereits an anderer Stelle besprochenen Bildverwalter Adobe Bridge und den Funktionen zur automatischen Bildverarbeitung sowie der CAMERA RAW-Engine sind das vor allem einige Filter, die sich speziellen Problemen der Digitalfotografie widmen, und Werkzeuge zum Montieren von Panorama- und HDR-Bildern. In diesem Kapitel erfahren Sie, wie diese Werkzeuge funktionieren und welche neuen Funktionen es in CS5 gibt.

Dateien stapeln mit Bridge

Bridge hilft Ihnen, die Bilder einer Serie in Photoshop als eine einzige Datei mit Ebenen zu öffnen. Solche »Schichtdateien« sind dann die Ausgangsbasis für weitere Bearbeitungen mit dem Befehl EBENEN AUTOMATISCH AUSRICHTEN, Photomerge oder auch den HDR-Funktionen.

Klicken Sie zunächst in Bridge (mit gehaltener [Strg]/[⌘]-Taste) die betreffenden Miniaturen an, und wählen Sie dann den Menübefehl WERKZEUGE • PHOTOSHOP • DATEIEN IN PHOTOSHOP-EBENEN LADEN. Die so erzeugte Datei können Sie nun mit Photoshop weiterverarbeiten. Aus solchen Dateien lassen sich leicht unerwünschte Elemente herausretuschieren. Wie das genau geht, lesen Sie im Bonusbereich zum Buch unter *www.galileodesign.de/bonus-seite*.

Je nachdem, was Sie vorhaben, müssen Sie die Reihenfolge der Bilder im Ebenenstapel manuell anpassen: Etwa beim Erzeugen von Panoramen mit Photomerge (mehr dazu finden Sie in Abschnitt 24.3, »Bildpanoramen mit Photomerge«) wird das mittlere Bild eines Ebenenstapels als **Referenzbild** verwendet, an das die übrigen Bilder angepasst werden.

24.1 Inhaltssensitiv: Ebenen automatisch ausrichten

Neben den Funktionen zum Ausrichten von Ebenen anhand der *Kanten* und *Mittellinien* (siehe Abschnitt 11.1, »Ebenenkanten ausrichten und verteilen«) gibt es in Photoshop auch eine intelligente Ausrichtungsfunktion, die den Ebenen*inhalt* berücksichtigt. Sie starten sie mit dem Befehl BEARBEITEN • EBENEN AUTOMATISCH AUSRICHTEN. So entstehen Panoramen, Collagen oder einfach repositionierte Ebenenstapel, die ihrerseits die Grundlage verschiedener Montagetechniken sind.

Das Tool EBENEN AUTOMATISCH AUSRICHTEN analysiert den Inhalt von Ebenen und richtet sie aus. Nach welchem Muster diese Ausrichtung geschieht, bestimmen Sie durch Festlegen einer Option.

- PERSPEKTIVISCH und ZYLINDRISCH sind zwei Optionen, die sich für die Montage von **Bildpanoramen** eignen. Es gibt in Photoshop jedoch auch noch eine eigene Panoramafunktion, Photomerge (mehr dazu später).

  PERSPEKTIVISCH gibt einen starken Raumeindruck, aber verzerrt die Ausgangsbilder unter Umständen recht stark.

ZYLINDRISCH kommt mit weniger Verzerrungen aus und eignet sich sehr gut für das Erstellen von breiten Panoramabildern.

- KUGELFÖRMIG ist für das Ausrichten von Bildern mit breitem Blickfeld (vertikal und horizontal) gedacht.
- COLLAGE richtet Ebenen so aus, dass überlappender (identischer) Inhalt genau übereinanderliegt. Dabei sollen die Formen von Bildobjekten jedoch vor Verzerrung bewahrt werden. (So bleibt ein Kreis beispielsweise ein Kreis.)
- REPOSITIONIEREN richtet die Ebenen aus und passt den überlappenden Inhalt an. Dabei werden jedoch keine Transformationen wie Dehnen oder Neigen angewendet.

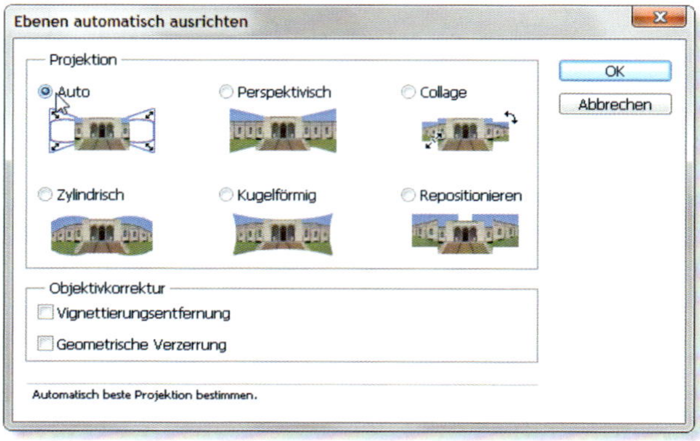

Abbildung 24.1 ▸
Dieses auf den ersten Blick einfache Tool hat »ordentlich was unter der Haube« – die Ergebnisse dieser Berechnungen sind meist ziemlich gut.

Zum Weiterlesen: Wie fotografiere ich Panoramen?
Lesen Sie im Abschnitt 24.3, »Bildpanoramen mit Photomerge«, die Hinweise zu optimalen Aufnahmebedingungen für Panoramen! Dort finden Sie auch Beispielbilder für einige der Panorama-Optionen.

Die Optionen VIGNETTIERUNGSENTFERNUNG und GEOMETRISCHE VERZERRUNG können bei fast allen Ausrichtungsoptionen frei zugeschaltet werden. Sie entfernen auf sehr effektive Weise Objektivfehler.

24.2 Unbegrenzte Schärfentiefe: Bilder überblenden

Seit CS4 gibt es eine weitere Ebenenfunktion: den Befehl BEARBEITEN • EBENEN AUTOMATISCH ÜBERBLENDEN. Wie der Befehl EBENEN AUTOMATISCH AUSRICHTEN lässt sich auch der ÜBERBLENDEN-Befehl auf Dateien anwenden, in denen mehrere Einzelbilder in Ebenen gestapelt sind. Er kann jedoch auch Tonwerte und Farben in den Bildebenen aneinander angleichen. Mit Gewinn lässt er sich zum Beispiel auf Bilderserien anwenden, die dasselbe Objekt mit unterschiedlicher Schärfentiefe abbilden. Das Endergebnis ist ein Bild mit vollständig durchgezeichneter Schärfe.

Die Anwendung ist einfach, Das Wichtigste ist, dass Sie gutes Fotomaterial haben.

1. Wählen Sie die Bilder in Bridge aus, und laden Sie sie in Photoshop-Ebenen (WERKZEUGE • PHOTOSHOP • DATEIEN IN PHOTOSHOP-EBENEN LADEN).
2. Richten Sie die Ebenen mit dem Befehl EBENEN AUTOMATISCH AUSRICHTEN AUS. AUTO oder REPOSITIONIEREN sind hier wieder die Optionen der Wahl.
   Auch bei Bilderserien, deren Motiv auf jeder Ebene an derselben Position zu sein scheint, ist das Ausrichten zu empfehlen. Kleine Abweichungen können beim Überblenden zu Farb- und Tonwertverfremdungen führen.
3. Aktivieren Sie alle Ebenen in der Ebenen-Palette.
4. Wählen Sie den Befehl BEARBEITEN • EBENEN AUTOMATISCH ÜBERBLENDEN. Wählen Sie die Option BILDER STAPELN, und achten Sie darauf, dass die Option NAHTLOSE TÖNE UND FARBEN aktiv ist.
5. Klicken Sie auf OK, und Photoshop rechnet. Je nach Datenmenge kann das einen Augenblick dauern.

Datei auf der Buch-DVD: »Überblendung_01.jpg« bis »Überblendung_10.jpg« im Ordner ÜBERBLENDUNG

▲ **Abbildung 24.2**
Der ÜBERBLENDEN-Dialog. Für Panoramen gibt es bessere Funktionen, interessant ist hier vor allem BILDER STAPELN.

Bild: Adobe

▲ **Abbildung 24.3**
Aus zehn Einzeldateien wird ein Bild mit gleichmäßiger Beleuchtung und perfekter Schärfe an jedem Punkt.

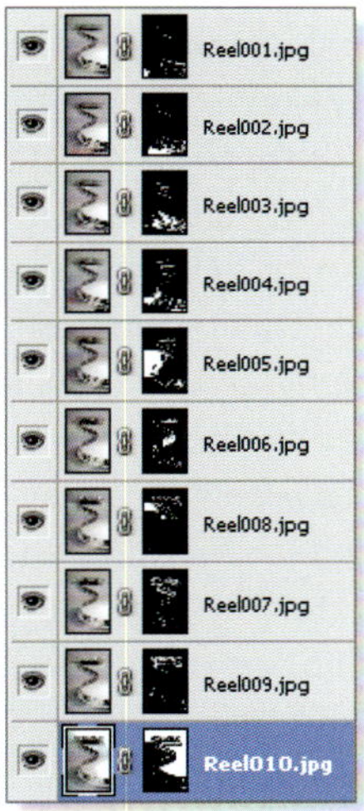

▲ **Abbildung 24.4**
Der Ebenenaufbau. Die Maskierung der Ebenen ist sehr detailliert – ein Hinweis darauf, wie differenziert diese Funktion arbeitet.

24.3 Bildpanoramen mit Photomerge

PHOTOMERGE fügt mehrere Bilder zu einem Panorama zusammen und arbeitet – wie es die Anordnung im Photoshop-Menü DATEI • AUTOMATISIEREN nahelegt – tatsächlich automatisch. Geeignetes

»Rohmaterial« vorausgesetzt, sind die Ergebnisse überraschend gut. Das Ausrichten funktioniert in der Regel gut, und Objektivfehler werden aus den Panoramen automatisch herausgerechnet. Lesen Sie zunächst, wie Sie panorama-taugliche Fotos schießen und sie anschließend verarbeiten.

24.3.1 Geeignete Fotos aufnehmen

Die Funktion PHOTOMERGE hat sich mittlerweile zu einem wirkungsvollen Instrument gemausert, um aus einzelnen Aufnahmen Panoramabilder zu montieren. Dennoch steht und fällt die Qualität einer solchen Panorama-Aufnahme mit der Auswahl der geeigneten Fotos. Je besser die Ausgangsfotos sind, desto besser kann auch Photomerge arbeiten. Aufnahmebedingungen und Motiv müssen stimmen.

Motive | Motive mit bewegten Objekten (wie zum Beispiel eine befahrene Straße) kommen nicht infrage, denn es lässt sich kaum vermeiden, dass solche Objekte sich auch an den Bildrand bewegen – ohne dass es im Anschlussbild eine Fortsetzung gibt. Problematisch können bei Außenaufnahmen auch windige Tage mit schnell ziehenden Wolken sein: In jedem Bild gibt es dann andere Lichtverhältnisse und Schattenwürfe. Auch brauchen Panoramen eine gewisse Weite, um zu wirken – das Panoramabild eines 15-Quadratmeter-Raums macht einfach nichts her. Bilder mit prägnanten Merkmalen wie beispielsweise Hauskanten oder Mauern können meist besser zusammengefügt werden als Bilder mit zu wenigen Unterschieden. Wasserflächen, Gras und Laub und ähnliche Strukturen stellen eine nahezu unlösbare Aufgabe für Photomerge dar, wenn nicht noch andere, markante Elemente im Bild vorhanden sind.

Aufnahmebedingungen | »Einheitlichkeit« ist auch das Schlüsselwort für die Aufnahmebedingungen. Brennweite und Belichtung sollten auf allen Bildern gleich sein, ebenso die Verwendung von Blitzlicht. Die automatische Einstellung von Belichtungszeiten – typisch für viele Digicams – muss deaktiviert sein. Geringe Belichtungsunterschiede kann Photomerge zwar ausgleichen, aber die Ausrichtung der Bilder kann erschwert werden. Auch die Position der Kamera sollte nicht verändert werden. Ohnehin sind Sie mit einem Stativ mit rotierbarem Kopf gut beraten. Es genügt nicht, bei Aufnahmen den Horizont nach Augenmaß auf einer Höhe zu halten: Es zeigt sich dann meist eine deutliche Drehung zwischen den Bildern. Damit die Kanten der einzelnen Bilder aneinanderpassen, sollten Sie auch keine Verzerrungslinsen wie Fischaugen einsetzen. Achten Sie beim Fotografieren darauf, dass sich die Einzelbilder um 25–40 % überlappen. Die Verwendung des optischen Suchers (anstelle des Vorschaudisplays) hilft Ihnen, die richtigen Ausschnitte zu finden.

Dateien auf der Buch-DVD:
»Panorama_00.jpg« bis »Panorama_06.jpg« im Ordner PANORAMA. Weitere Bilder zum Testen finden Sie im Ordner BEISPIELE in Ihrer Photoshop-Installation (ADOBE\ADOBE PHOTOSHOP CS5\BEISPIELE\PHOTOMERGE). Diese Bilder sind technisch perfekt vorbereitet.

24.3.2 Die Fotos montieren

Panorama-Montage in Photoshop starten | Unter DATEI • AUTOMATISIEREN • PHOTOMERGE erreichen Sie den Panorama-Monteur in Photoshop. Als Erstes müssen Sie festlegen, welche Dateien Sie verarbeiten wollen. Unter VERWENDEN ❷ stellen Sie ein, welche Dateien zusammengefügt werden sollen. Wählen Sie DATEIEN, müssen Sie sie mit dem Befehl DURCHSUCHEN noch auf Ihrem Rechner lokalisieren. Auf Wunsch können Sie Ihrer Bildauswahl auch Dateien hinzufügen, die bereits in Photoshop geöffnet sind (Button GEÖFFNETE DATEIEN HINZUFÜGEN ❹).

Panorama-Montage in Bridge starten | Wie beim Stapeln von Ebenen bietet Adobe Bridge auch für das Erstellen von Panoramen den größten Arbeitskomfort. Dort können Sie die Bilder anhand der Vorschauminiaturen auswählen – oder sogar automatisch auswählen lassen – und Photomerge direkt aus Bridge starten.

Wählen Sie im Bridge-Vorschaufenster zuerst die Bilder oder Bildstapel aus, die zum Panorama zusammenmontiert werden sollen. Der Befehl WERKZEUGE • PHOTOSHOP • PHOTOMERGE startet dann den PHOTOMERGE-Dialog in Photoshop.

Bilderserien automatisch zusammenstellen

Bridge unterstützt Sie dabei, aus Bilderserien die Bilder herauszufischen, die für die Montage als Panorama- oder HDR-Bild geeignet sind. Wählen Sie den Befehl STAPEL • AUTOMATISCHE STAPELANORDNUNG FÜR PANORAMA/HDR. Der Inhalt des aktuellen Ordners wird dann von Bridge durchsucht – je nach Ordnergröße kann das eine Weile dauern. Bilderreihen, die sich für Panoramen oder HDR-Montagen eignen, werden dann zu Bridge-Stapeln zusammengefügt.

▲ **Abbildung 24.5**
Bridge hat eine panoramataugliche Serie entdeckt und zum Stapel gebündelt. Achten Sie beim Aktivieren von Bridge-Stapeln darauf, dass der ganze Stapel markiert ist. Sie müssen auf die *Kante* der verdeckten Miniatur klicken.

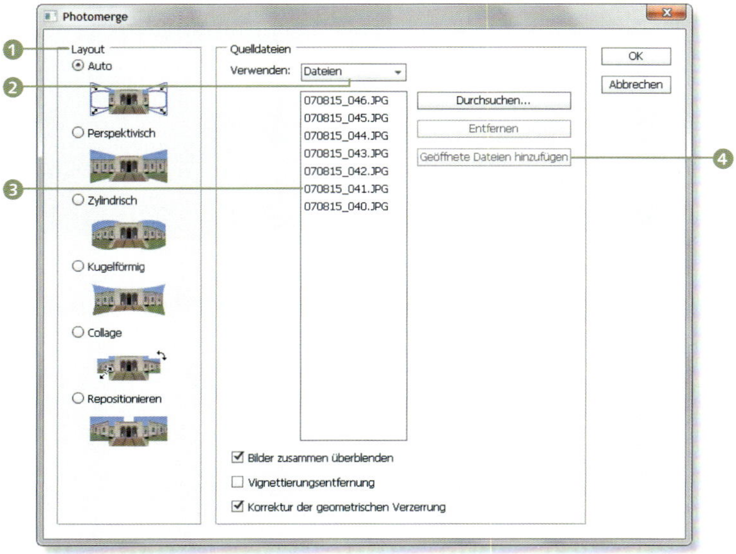

◄ **Abbildung 24.6**
Wenn Sie Photomerge aus Bridge heraus aufrufen, sind die zuvor ausgewählten Bilder automatisch als Quelldateien geladen ❸.

Montageoptionen | Unter LAYOUT ❶ legen Sie fest, in welcher Art und Weise die Bilder montiert werden sollen. Wenn Sie bereits mit EBENEN AUTOMATISCH FÜLLEN gearbeitet haben, sollten Ihnen die Optionen bekannt vorkommen.

- Die Option PERSPEKTIVISCH erstellt das Panorama, indem eines der Ausgangsbilder (wenn möglich das mittlere) als Referenzbild festgelegt wird. Die anderen Bilder werden dann daran ausgerichtet und dabei neu positioniert, gedehnt oder geneigt, sodass überlappender Inhalt über mehrere Ebenen übereinstimmt.

Abbildung 24.7 ▼
Je nach Ausgangsmaterial kann bei perspektivischer Montage eine starke Verzerrung der Bildkanten auftreten, das Motiv wirk gerade.

Bilder: Jacqueline Esen

- ZYLINDRISCH arbeitet anders und mit weniger Verzerrungen. Auch hier wird ein Bild – meist das mittlere – als Referenzbild festgelegt, und die übrigen werden daran ausgerichtet. Allerdings erfolgt die Anordnung der einzelnen Bilder wie auf einem auseinandergeklappten Zylinder. Diese Option eignet sich am besten für das Erstellen von breiten Panoramabildern.

Abbildung 24.8 ▼
Die Option ZYLINDRISCH arbeitet der Verzerrung entgegen.

- Ist die Option AUTO gewählt, analysiert Photoshop die Ausgangsbilder und wendet dann entweder das perspektivische oder das zylindrische Layout an – je nachdem, welches besser passt.
- KUGELFÖRMIG transformiert die Bilder so, dass sie aussehen, als würden sie das Innere einer Kugel auskleiden. Diese Option eignet sich vor allem für sehr umfangreiche 360°-Panoramen.

- COLLAGE bringt identische Bildinhalte in Deckung und dreht oder skaliert die Ebenen, damit sie besser zusammenpassen. Die Transformationen NEIGEN und VERZERREN werden nicht angewendet.
- REPOSITIONIEREN heftet die Bilder ohne Eingriffe in die Perspektive und ohne Transformationen zusammen.

▼ Abbildung 24.9
Hier wurden die Bilder repositioniert. Die Bildkanten sind relativ gerade, aber die perspektivische Verzerrung beim Motiv ist stark.

Ein Klick auf OK startet schließlich die Montage der Bilder in einer neuen Datei. Sie müssen nun gar nichts mehr machen, außer ein wenig zu warten – und bei der fertigen Montage die Kanten abzuschneiden, am besten mit dem Freistellungswerkzeug (Shortcut C).

▲ Abbildung 24.10
Die Ebenen-Palette zeigt, dass das Photomerge-Werkzeug ähnlich arbeitet wie die Ebenen-Automatiken. Überlappende Bildbereiche werden mit differenzierten Masken ineinandermontiert. Sowohl der Bildinhalt als auch die Bildstruktur und -farben werden dabei von der Automatik berücksichtigt.

24.4 HDR – Bilder mit realitätsgetreuem Luminanzumfang

Jeder Fotograf kennt das: Szenen mit hohem Kontrastumfang, die das menschliche Auge problemlos erfassen kann, bereiten auch einer noch so guten Kamera Schwierigkeiten. Ein typisches Beispiel dafür ist etwa der Blick aus einem dunkleren Zimmer hinaus ins lichtdurchflutete »Draußen«. Beim Fotografieren muss man sich dann entscheiden, ob man die dunkleren oder die helleren Bildpartien richtig belichtet – im jeweiligen Rest ist mit Tonwertverlusten zu rechnen. Ein Gutteil von Photoshops Korrekturwerkzeugen wurde wohl auch deswegen entwickelt, um diesem allgegenwärtigen Problem zu Leibe zu rücken (mehr zu Bildkorrekturen lesen Sie in Teil V dieses Buches).

Ein anderer Ansatz sind HDR-Bilder (HDR bedeutet High Dynamic Range). Anstatt technisch bedingte Unzulänglichkeiten durch Bildkorrektur auszugleichen, versuchen HDR-Bilder den gesamten Luminanzumfang der realen Szene einzufangen. Das ist aufwendig: **HDR-Images** (HDRIs) werden erzeugt, indem mehrere absolut *identische* Aufnahmen desselben Motivs – nur unterschiedlich belichtet – zusammengefügt werden. Drei bis sieben solcher Aufnahmen braucht man für ein HDRI. Die Ausgangsbilder müssen qualitativ sehr hochwertig sein, schon

CS5 Einfachere Bearbeitung, bessere Resultate
HDR-Images sind »in«. Adobe hat die HDR-Bearbeitung vereinfacht und die Technologie dahinter verbessert.

Zum Weiterlesen: Tiefen und Lichter reparieren

Das Tool TIEFEN/LICHTER wurde eigens konzipiert, um problematische Fotos mit hohem Luminanzumfang und den daraus resultierenden Tonwertverlusten zu reparieren. Hier im Buch finden Sie es in Abschnitt 16.3, »Spezialist für harte Schatten und Gegenlichtaufnahmen: ›Tiefen/Lichter‹«.

etwas Rauschen oder eine leichte Vignettierung kann stören. Die arbeitsintensive HDR-Fotografie ist keine Beschäftigung für Gelegenheitsknipser – in der Vergangenheit wurden HDR-Images vor allem in Kinofilmen, 3D-Grafiken und für Special Effects eingesetzt. Inzwischen sind Bilder im HDR-Look – satte Farben, peppige Kontraste und deutlich herausgearbeitete Details – auch jenseits solcher Spezialanwendungen zu sehen. HDRIs sind im Trend und sind auch in der Werbe- und Produktfotografie und in Fotocommunities stark vertreten. Wohl auch deswegen hat Adobe in CS5 die HDR-Funktionen stark ausgebaut. Dazu gehört nicht nur ein stark erweitertes Dialogfeld für die HDR-Montage, auch die Algorithmen im Hintergrund wurden verändert und versprechen bessere Resultate bei der HDR-Berechnung (dem sogenannten Tonemapping). Und mit der neuen Funktion HDR-TONUNG ist es jetzt möglich, aus Einzelbildern HDR-Imitate zu erzeugen (dazu später mehr).

24.4.1 HDR-Unterstützung in Photoshop

HDR-Bilder lassen sich in Photoshop mit 8, 16 oder 32 Bit je Kanal speichern. In 32-Bit-HDR-Images bleibt der gesamte Helligkeitsumfang der aufgenommenen Szene wirklich erhalten, 16- und 8-Bit-Dateien haben einen geringeren Luminanzumfang. Bei der Bildbearbeitung sind HDR-Images nicht ganz unproblematisch: Der große Helligkeitsumfang ist mehr, als normale Ausgabegeräte darstellen können, und die Datenmenge ist immens. Glücklicherweise ist Photoshops Unterstützung für 16- und auch für 32-Bit-Bilder sehr gut: Die wichtigsten Funktionen arbeiten auch mit hochbittigen Dateien. Darüber hinaus gibt es – neben dem Dialog zum Montieren von HDRIs aus Einzelbildern – spezielle Tools für den Umgang mit HDRIs.

- Da 32-Bit-HDRIs Helligkeitsinformationen enthalten, die die Darstellungskapazitäten eines Standardmonitors bei Weitem sprengen und auch über den Tonwertumfang gedruckter Bilder weit hinausgehen, können Sie in Photoshop zudem die **Darstellungsweise von HDR-Bildern am Monitor** einstellen (ANSICHT • 32-BIT-VORSCHAUOPTIONEN).

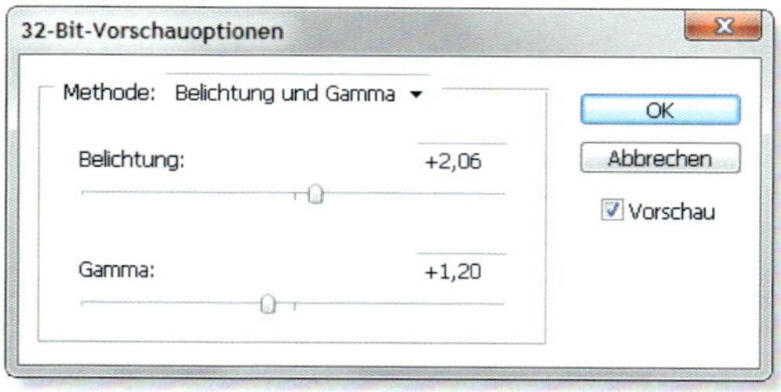

Abbildung 24.11 ▶
Sie können einstellen, wie 32-Bit-Bilder auf Ihrem Bildschirm erscheinen sollen.

- Das Korrekturwerkzeug BELICHTUNG ist speziell für die **HDRI-Bearbeitung** ausgerichtet. Sie finden es im Menü BILD • KORREKTUREN und in der Korrekturen-Palette, außerdem steht es als Einstellungsebene (per Ebenen-Palette) zur Verfügung.

Übungsbilder
Wenn Sie keine eigenen HDR-tauglichen Aufnahmen haben, können Sie auf Beispielfotos von Adobe zurückgreifen (ADOBE/ADOBE PHOTOSHOP CS5/BEISPIELE/ZU HDR ZUSAMMENFÜGEN). Diese Bilder erfüllen die hohen Qualitätsansprüche an HDR-Montagen.

24.4.2 HDR-Bilder montieren

Der Start der HDR-Montage funktioniert so ähnlich wie bei Bildpanoramen.

- Aus **Photoshop** wählen Sie DATEI • AUTOMATISIEREN • ZU HDR PRO ZUSAMMENFÜGEN. Sie müssen zunächst in einem eigenen Dialogfenster die Dateien festlegen, die montiert werden sollen, dann erscheint der eigentliche HDR-Dialog.
- Einfacher geht es mit **Bridge**. Aktivieren Sie die Dateien, die Sie verarbeiten möchten, und wählen Sie dann den Befehl WERKZEUGE • PHOTOSHOP • ZU HDR PRO ZUSAMMENFÜGEN. Dann öffnet sich nach kurzer Rechenzeit der Dialog mit den HDR-Optionen.

▼ Abbildung 24.12
Der neue HDR-Dialog bietet bessere Steuerungsmöglichkeiten als je zuvor.

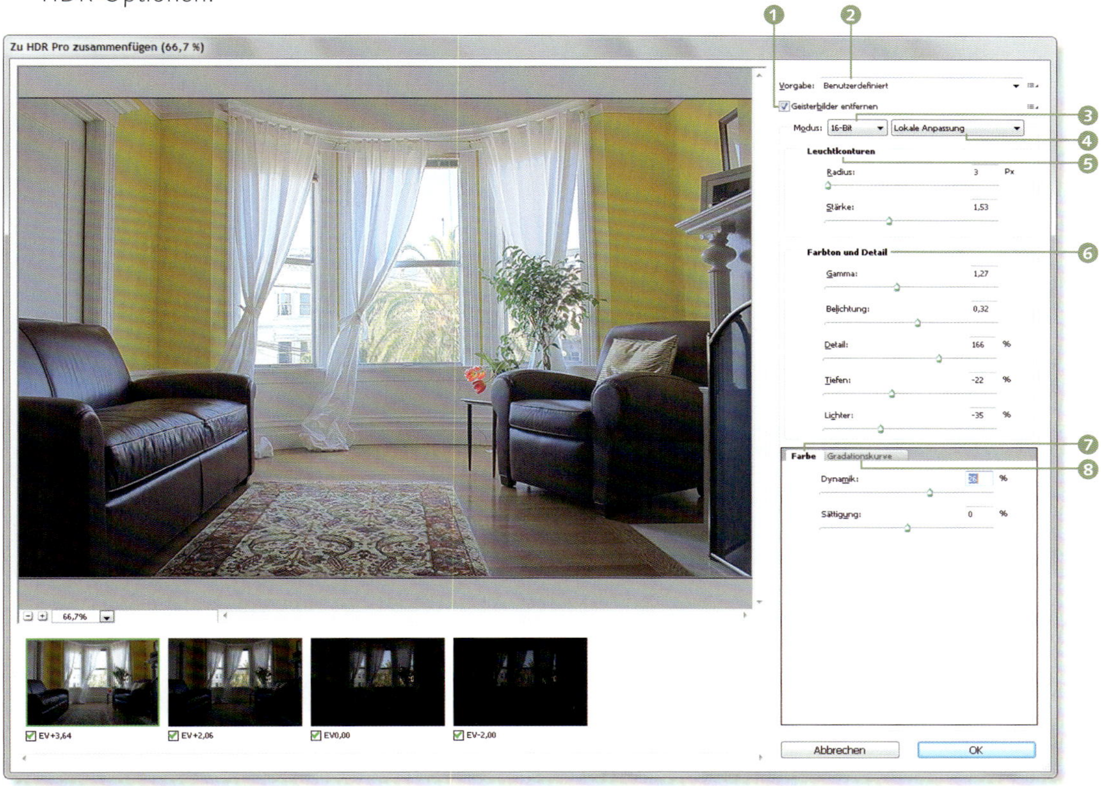

Modus | Die wichtigste Einstellung, die Sie vornehmen, ist der MODUS ❸. Damit legen Sie fest, ob das fertig montierte HDR-Bild als 32-, 16- oder 8-Bit-Datei ausgegeben werden soll und welche Bearbeitungsmöglichkeiten es überhaupt gibt.

- Im 32-Bit-Modus bietet das Dialogfeld kaum Einstellungsmöglichkeiten. Weitere Einstellungen erledigen Sie nach der Montage in Photoshop.
- Da 16-Bit-Bilder mehr Bildinformationen enthalten als 8-Bit-Dateien, ist dem 16-Bit-Modus der Vorzug zu geben. Konvertieren kann man ja auch später in Photoshop.
- Um die HDR-Umsetzung detailliert zu steuern, sollten Sie außerdem LOKALE ANPASSUNG ❹ einstellen. Dann sieht das Dialogfeld aus wie in der Abbildung 24.13. Mit anderen Einstellungen haben Sie kaum Steuerungsmöglichkeiten!

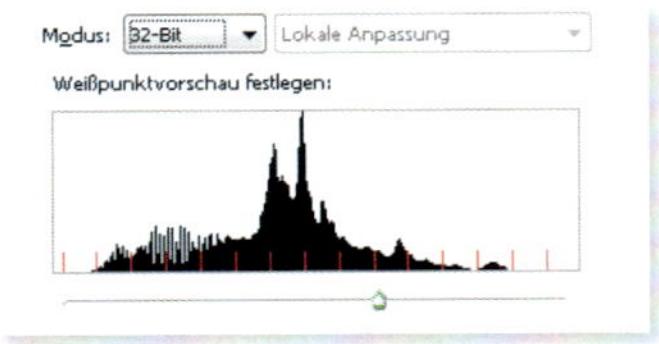

▲ **Abbildung 24.13**
Der MODUS 32-BIT bietet kaum Einstellungsmöglichkeiten.

Vorgaben | Adobe hat dem Dialog schon eine ganze Reihe vorgefertigter Einstellungen, die Vorgaben ❷, mitgegeben. Es hat sich als Arbeitsweise bewährt, zunächst eine annähernd passende Vorgabe auszuwählen. Mit den Reglern können Sie diese weiter an Ihre eigenen Vorstellungen und das Motiv anpassen.

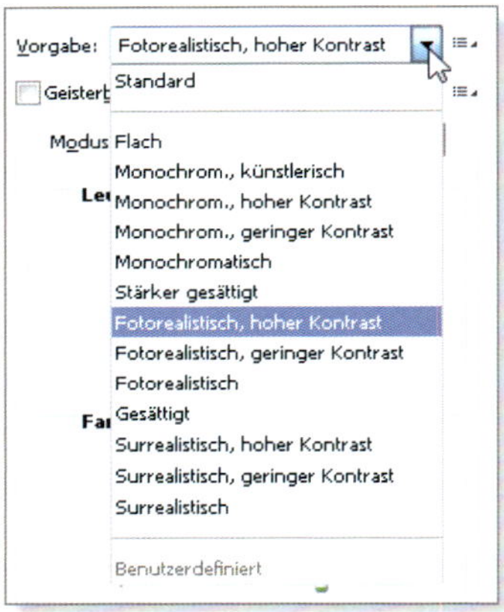

▲ **Abbildung 24.14**
Der HDR-Dialog bringt zahlreiche Vorgaben mit.

Leuchtkonturen | Licht, viel Licht gehört zur Charakteristik von HDR-Bildern. Selbst, wenn es Nacht- oder Dämmerungsaufnahmen sind, strahlen die wenigen Lichtquellen besonders stark – richtig dunkel ist es in der HDR-Welt nie. Dafür zuständig sind oft die stark betonten, fast schon selbstleuchtenden Objektkonturen. Unter dem Punkt LEUCHTKONTUREN ❺ legen Sie fest, ob und wie stark Sie dieses Leuchten in Ihrem Bild haben wollen. Welche Werte die richtigen sind, ist – wie so oft – eine Geschmacksfrage und richtet sich außerdem nach dem Motiv.

- RADIUS grenzt den Umfang des Schein-Effekts ein.
- STÄRKE reguliert den Kontrast.

Abbildung 24.15 ▶
Starke Leuchtkonturen sorgen für einen surrealistischen Effekt.

Geisterbilder entfernen | Die zuschaltbare Option GEISTERBILDER ENTFERNEN ❶ ist extrem hilfreich, wenn Ihr HDR-Motiv doch nicht so unbewegt ist, wie es sein sollte – etwa, wenn Sie bewegtes Laub oder leicht im Wind schwingende Zaundrähte auf Ihren Bildern haben. Beim Zusammenrechnen entstehen dann leicht verwischte Konturlinien. Die Option GEISTERBILDER ENTFERNEN beseitigt diesen unschönen Effekt in den meisten Fällen zuverlässig.

Farben und Detail | Wenn Sie öfter mit Camera Raw arbeiten oder Ihnen das Werkzeug TIEFEN/LICHTER nicht unbekannt ist, sollten Ihnen die Funktionen unter FARBEN UND DETAIL ❻ im HDR-Dialog keine Probleme bereiten. Bei allen Reglern im Dialogfeld gilt allerdings: **Dosieren Sie vorsichtig!** Das Layout der Benutzeroberfläche lässt die Eingabe sehr hoher Werte zu – in der Praxis sind diese meist unrealistisch. Dazu kommt, dass es bei umfangreicheren HDR-Kompositionen manchmal einige Sekunden dauern kann, bis man das Ergebnis in der Vorschau sieht. Am besten aktivieren Sie eines der Zahlenfelder durch Klicken und nutzen die Pfeiltasten Ihres Keyboards, um Werte schrittweise zu verändern – dabei können Sie sich nämlich prima auf das Vorschaubild konzentrieren!

Gamma | Mit der Einstellung GAMMA passen Sie an, wie groß die Unterschiede zwischen den Tiefen und Lichtern im Bild überhaupt sind. Ist der GAMMA-Wert gering, ist es auch der Kontrast zwischen Tiefen und Lichtern, im Bild werden dann die Mitteltöne stärker betont. Bei hohen GAMMA-Werten sind die Kontraste hoch. Diesen Regler sollten Sie nur vorsichtig verändern – Werte mit einer Null vor dem Komma genügen meist!

Regler zurücksetzen

Falls Sie sich einmal in den Optionen verrannt haben, setzt ein Doppelklick auf den Regler diesen auf den Standardwert zurück. Mithilfe von Alt/⌥ machen Sie aus dem ABBRECHEN-Button einen ZURÜCKSETZEN-Knopf, mit dem Sie alle Regler in den Ausgangszustand versetzen.

Belichtung | Die Einstellung BELICHTUNG wirkt auf die gesamte Helligkeit des Bildes. Er wirkt, als würde man die Blendeneinstellung nachträglich justieren. Auch hier sind meist nur minimale Veränderungen möglich.

Detail | Mit DETAIL passen Sie die Schärfe des Bildes an. Hohe DETAIL-Werte geben dem Bild knackige Kontraste, niedrige Werte senken den Kontrast. Was Ihr Bild verträgt, liegt am Motiv und der Auflösung. Probieren Sie es einfach aus.

Tiefen und Lichter | Mit diesen Reglern können Sie die Tiefen und Lichter des Bildes getrennt bearbeiten. Ziehen Sie die Regler nach rechts, wird es dunkler, und das Bewegen der Regler nach links hellt Tiefen und Lichter auf. Diese beiden Einstellungen müssen aufeinander abgestimmt werden, sonst wird das Bild trotz hoher DETAIL-Werte matschig und kontrastarm.

Farbe | Unter FARBE ❼ finden Sie Regler für Dynamik und Sättigung, und auf einer separaten Registerkarte steht eine Gradationskurve ❽ zu Verfügung. Diese Tools funktionieren wie ihre bekannten Photoshop-Pendants.

Zum Weiterlesen: Dynamik, Sättigung, Gradationskurven
Das Korrekturwerkzeug DYNAMIK wird in Abschnitt 17.3, »Dynamik: Pep für Porträts ohne Übersättigung«, besprochen. Mehr über das Tool SÄTTIGUNG erfahren Sie in Abschnitt 27.4, »Bildelemente durch (Ent)färben akzentuieren«. Dem mächtigen Werkzeug GRADATIONSKURVE ist das Kapitel 19, »Universalhelfer für professionelle Ansprüche: Gradationskurven«, gewidmet.

24.4.3 Gefälschte HDR-Images

Mit dem Werkzeug HDR-TONUNG können Sie auch aus einzelnen Dateien Bilder mit HDR-Appeal machen. Sie finden das Tool unter BILD • KORREKTUREN. Die Funktionen sind dieselben wie beim »echten« HDR-Dialog, den Sie im vorangegangenen Abschnitt kennengelernt haben.

Wenn Ihre Kamera die Bilder im RAW-Format ausgibt, haben Sie eine weitere Möglichkeit zu schummeln. Erzeugen Sie einfach im Tool CAMERA RAW eine Belichtungsreihe aus drei bis sieben Bildern. Diese Dateien können Sie dann wie oben beschrieben zu einem HDR-Image mit höherem Luminanzumfang zusammenmontieren.

24.4.4 Das Werkzeug »Belichtung«

Das Tool BELICHTUNG ist eigens für High-Dynamic-Range-Bilder (HDR) konzipiert worden. Sie finden es unter BILD • KORREKTUREN und in der Korrekturen-Palette. Wenn Sie die Korrekturen-Palette nutzen, wird das Tool automatisch als Einstellungsebene eingesetzt. Das funktioniert jedoch nur bei Bildern mit 8 und 16 Bit.

Der Dialogbefehl BELICHTUNG lässt sich auch auf 32-Bit-Bilder anwenden.

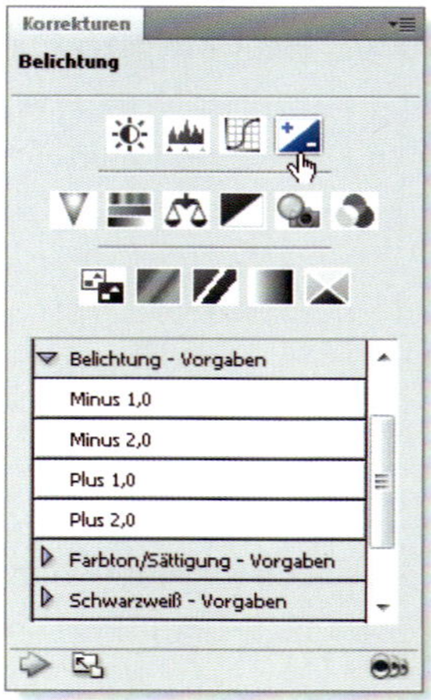

Abbildung 24.16 ▶
Erzeugen einer Einstellungsebene BELICHTUNG (im unteren Bereich sehen Sie die Vorgaben).

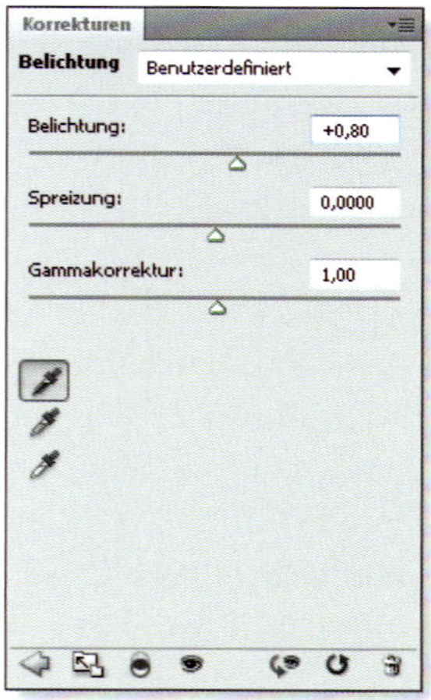

Abbildung 24.17 ▶▶
BELICHTUNG lässt sich mit drei einfachen Slidern bedienen.

Um zu verstehen, wie das Werkzeug funktioniert, müssen Sie sich nochmals vor Augen halten, wie HDR-Images funktionieren. Anders als normale Fotos verfügen sie tatsächlich über einen sehr hohen Kontrastumfang und können nahezu den gesamten dynamischen Bereich der sichtbaren Welt abbilden. Daher hat das Bearbeiten der Belichtung bei HDR-Bildern denselben Effekt wie das Ändern der Belichtung schon beim Fotografieren. Damit können ganz realistische Beleuchtungseffekte und auch Unschärfen nachträglich in ein Bild eingefügt werden. Dieser schöne Effekt naturalistischer Belichtungsänderung per Bildkorrektur funktioniert aber leider *nur bei 32-Bit-Bildern*. Die Funktion BELICHTUNG bearbeitet zwar auch 8- und 16-Bit-Bilder – für diese kann jedoch keine veränderte oder korrigierte Belichtung herbeigezaubert werden, wenn grundlegende Bildinformationen fehlen.

Einstellungsmöglichkeiten für die Belichtung | Folgende Optionen stehen Ihnen im BELICHTUNG-Dialog zur Verfügung:

- BELICHTUNG verändert vor allem die Lichter. Tiefen werden so weit wie möglich beibehalten. Veränderungen an diesem Regler kommen der Wirkung einer längeren Belichtung oder größeren Blende beim Fotografieren recht nahe.
- SPREIZUNG erhält die Lichter eines Bildes weitestgehend und dunkelt Tiefen und Mitteltöne ab.
- GAMMAKORREKTUR verändert die gesamte Bildhelligkeit.

Pipetten | Die Pipetten unten links stehen – wie im Dialogfeld TONWERTKORREKTUR auch – für Lichter, Mitteltöne und Tiefen eines Bildes und lassen sich auch ganz genauso wie diese Pipetten bedienen. Allerdings gibt es einen entscheidenden Unterschied: Während die Tonwertkorrektur-Pipetten auf alle Farbkanäle zugreifen und damit auch die Farbmischung im Bild verändern, werden mit den Belichtungspipetten allein die Luminanzwerte (Helligkeitswerte) des Bildes angepasst.

24.5 Tiefenschärfe abmildern: Falsche fotografische Unschärfe

Die Unschärfe ist ein ebenso wichtiger Bestandteil der Bildkomposition wie die Schärfe. Unschärfe gibt einem Bild Räumlichkeit und Tiefe und ist natürlich auch ein wichtiges Mittel, um den Blick des Betrachters zu lenken. Leider erzeugen vor allem die kompakten Digitalkameras Bilder mit übermäßig viel Tiefenschärfe – bildgestaltende Unschärfe kommt allenfalls zustande,

Datei auf der Buch-DVD: »Bahnhof.tif«

wenn man im Makro-Modus fotografiert. Die Ursache sind die zum Teil sehr kleinen Aufnahmechips, auf die das Licht gebündelt wird. Der Filter Tiefenschärfe abmildern, den Sie unter Weichzeichnungsfilter finden, kann sehr genau abgestimmte fotografische Unschärfen in das Bild hineinfälschen.

Bild: vitamin a

Abbildung 24.18 ▲
Das Ausgangsbild.

24.5.1 Alphakanal oder Maske anlegen

Um beste Ergebnisse zu erzielen, bedarf es allerdings einiger Vorarbeit: Sie brauchen einen Alphakanal – also z. B. eine abgespeicherte Auswahl – oder eine Ebenenmaske, um die weichzuzeichnenden Bereiche zu bezeichnen. Bei den Kanal-Standardeinstellungen gilt: Bereiche, die schwarz maskiert sind, werden gar nicht weichgezeichnet; Bildpartien, die hellen Bereichen des Alphakanals entsprechen, werden stark weichgezeichnet, und Graustufen liegen dazwischen. Der Filter verfügt selbst aber auch über eine Option, um diese Anordnung umzukehren. Übrigens lohnt es sich gerade für diesen recht rechenintensiven Filter, eine verkleinerte Bildversion zum Testen anzulegen.

Achtung – nicht als Smartfilter!
Anders als viele andere Filter lässt sich Tiefenschärfe abmildern nicht als Smartfilter einsetzen.

24.5.2 Einstellungen im Dialog »Tiefenschärfe abmildern«

Tiefenkarte | Als Erstes sollten Sie unter Tiefenkarte/Quelle ❶ den Namen des von Ihnen erstellten Alphakanals oder der Ebenenmaske einstellen, auf dessen bzw. deren Basis scharfe und unscharfe Bereiche definiert werden sollen. Im Beispiel ist »Alpha 1« der Name des von mir erstellten Alphakanals. Sie haben den Alphakanal »falsch herum« angelegt (die Bereiche, die unscharf werden sollen, sind weiß)? Dann aktivieren Sie die Option Umkehren ❸.

▲ Abbildung 24.19
Sie können bei dieser und ähnlichen Aufgaben auch die Funktion Maskierungsmodus (Quick Mask – Kürzel [Q]) einsetzen, um zunächst eine passgenaue Auswahl und dann durch Sichern der Auswahl den benötigten Alphakanal zu erzeugen. Hier im Bild: Die Quick Mask wird bearbeitet.

Weichzeichnen-Brennweite | Nun gilt es, die virtuelle Brennweite einzustellen. Das können Sie mit dem Regler Weichzeichnen-Brennweite ❷ tun – oder indem Sie mit der Maus in die Bildvorschau klicken. Der Cursor nimmt dann Kreuzform an. Es kann hilfreich sein, vorher den Radiuswert ❺ sehr stark anzuziehen, um die Wirkung besser abzuschätzen. Nach dem Setzen der Brennweite können Sie Radius dann wieder auf ein verträgliches Maß herunterregeln.

Iris | Im Bereich Iris ❹ steuern Sie das Aussehen der virtuellen Blende, die die Weichzeichnung bewirkt. Die zur Verfügung stehenden Größen entsprechen dem Aufbau echter fotografischer Objektive.

- Form imitiert verschiedene Blenden-Bauarten – also die Zahl und Gestalt der Blendenlamellen. Nicht immer ist die Auswirkung dieser Option im Bild erkennbar, am ehesten noch in den vom Filter weichgezeichneten und verstärkten Lichtern (die Sie auch unter Spiegelartige Lichter bearbeiten).
- Radius bestimmt wieder die Stärke der Weichzeichnung.
- Auch Wölbung der Irisblende hat Einfluss auf die Weichzeichnung – hohe Werte unterminieren übrigens die Wirkung der Form-Einstellung.
- Drehung dreht die (virtuelle) Blende. Auch diese Einstellung wirkt nur dann sichtbar, wenn Sie in Radius und Wölbung nicht zu hohe Werte eingestellt haben.

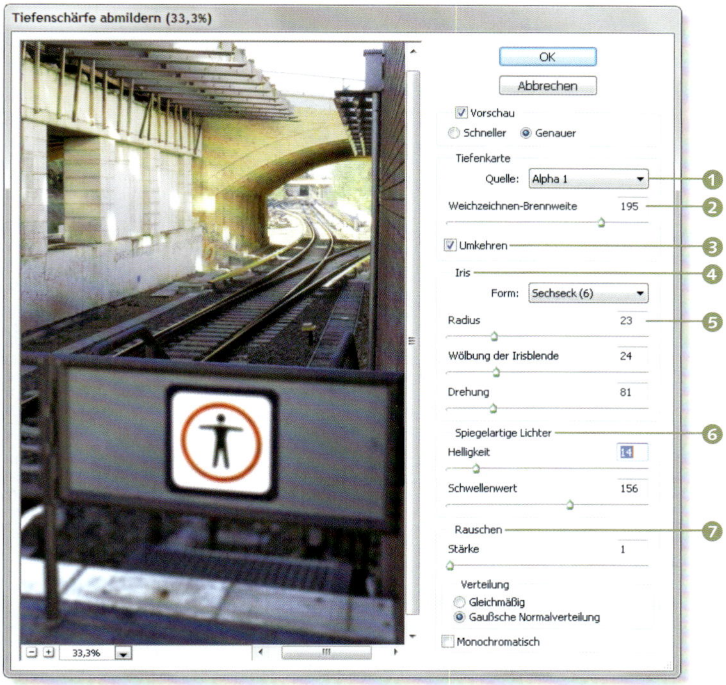

◂ **Abbildung 24.20**
Zahlreiche Einstellungen für falsche Unschärfe

Spiegelartige Lichter | Echte fotografische (Tiefen-)Unschärfe ist oft auch durch weiche und vergrößerte Lichter gekennzeichnet. Unter Spiegelartige Lichter ❻ stellen Sie diese im digitalen Unschärfe-Imitat ein. Die Wirkung wird auf den weichgezeichneten Bereich des Bildes (Alphakanal!) eingeschränkt.

- Mit Schwellenwert bestimmen Sie die Ausdehnung und Konturschärfe der Lichter. Je niedriger der Schwellenwert ist, desto mehr Bildbereiche werden aufgehellt. Hohe Schwellenwerte imitieren Spitzlichter. So hellt beispielsweise eine Einstellung von 200 alle Bild-Tonwerte zwischen 200

(Einstellung) und 255 (maximal höchster Wert und hellster Tonwert in RGB-Bildern) auf.

- HELLIGKEIT steuert die Stärke der Aufhellung. Der SCHWELLENWERT und der HELLIGKEIT-Wert sollten mit dem RADIUS korrespondieren, um glaubhafte Ergebnisse zu erzielen. Eine starke Aufhellung bei nur geringer Weichzeichnung ist eher unwahrscheinlich!

Rauschen | Mit der Weichzeichnung verschwindet auch eine eventuell vorhandene Körnung aus dem Bild. Zwischen gefilterten und ungefilterten Bereichen kann ein Unterschied sichtbar werden. Die Optionen unter RAUSCHEN ❼ sollen das ausgleichen. Sie funktionieren wie beim regulären Filter RAUSCHEN HINZUFÜGEN.

▲ **Abbildung 24.21**
So kann TIEFENSCHÄRFE ABMILDERN wirken.

▲ **Abbildung 24.22**
So sieht der zugrunde liegende Alphakanal aus (wesentlich genauer brauchen Sie nicht zu arbeiten). Ich habe zunächst einen Verlauf angelegt, mit dem Pinsel die hellen Bereiche (Absperrschild und Gestänge, Mauer ganz rechts) nachgearbeitet und dann den Alphakanal selbst leicht weichgezeichnet.

24.6 Objektivkorrektur

Der Filter OBJEKTIVKORREKTUR ist ein weiterer Spezialist für Fotografen: Er korrigiert häufige Bildfehler wie tonnen- und kissenförmige Verzerrungen, Vignettierungen und chromatische Aberrationen, die abhängig von verwendeten Objektiven und Brennweiten entstehen können. Somit stehen Korrekturmöglichkeiten für diese Fehler nicht nur beim Import von RAW-Bildern im Dialog CAMERA RAW zur Verfügung, sondern auch für andere Dateien. Auch perspektivische Verzerrungen lassen sich gut mit diesem Filter korrigieren. Sie finden ihn in CS5 direkt unter dem Menüpunkt FILTER.

24.6.1 Korrektur manuell einstellen

Auf der Registerkarte BENUTZERDEFINIERT finden Sie alle Einstellungen für die manuelle Korrektur von Objektivfehlern.

Rastergröße | Das Raster ist Ihr wichtigstes Hilfsmittel, um die Stärke der vorgenommenen Entzerrung nicht nur anhand der Bildinhalte, sondern etwas objektiver zu beurteilen. Am unteren Rand des Dialogfeldes finden Sie Einstellungen, um die Rastergröße und -farbe anzupassen ⓮. Mit dem Raster-verschieben-Werkzeug (Z) können Sie das Raster noch verschieben und am Bild ausrichten. Unterhalb des Vorschaubildes können Sie auch die Farbe und Größe der Rasterlinien definieren oder das Raster ganz abschalten. Zum Anpassen der Bildvorschau finden Sie außerdem wieder die Hand (H) und das Zoom-Werkzeug (Z).

Viele Neuigkeiten bei der Objektivkorrektur

Der Filter OBJEKTIVKORREKTUR funktioniert endlich auch als Smartfilter. Und auch an inneren Werten hat er dazugewonnen: Neben den gewohnten Funktionen gibt es eine automatische Korrektur der Objektivfehler auf Basis hinterlegter Objektivprofile.

Datei auf der Buch-DVD: »Aussenamt_Objektivkorrektur.tif«

▼ Abbildung 24.23
Das Dialogfeld OBJEKTIVKORREKTUR. Rechts sehen Sie die Optionen für die benutzerdefinierte Korrektur.

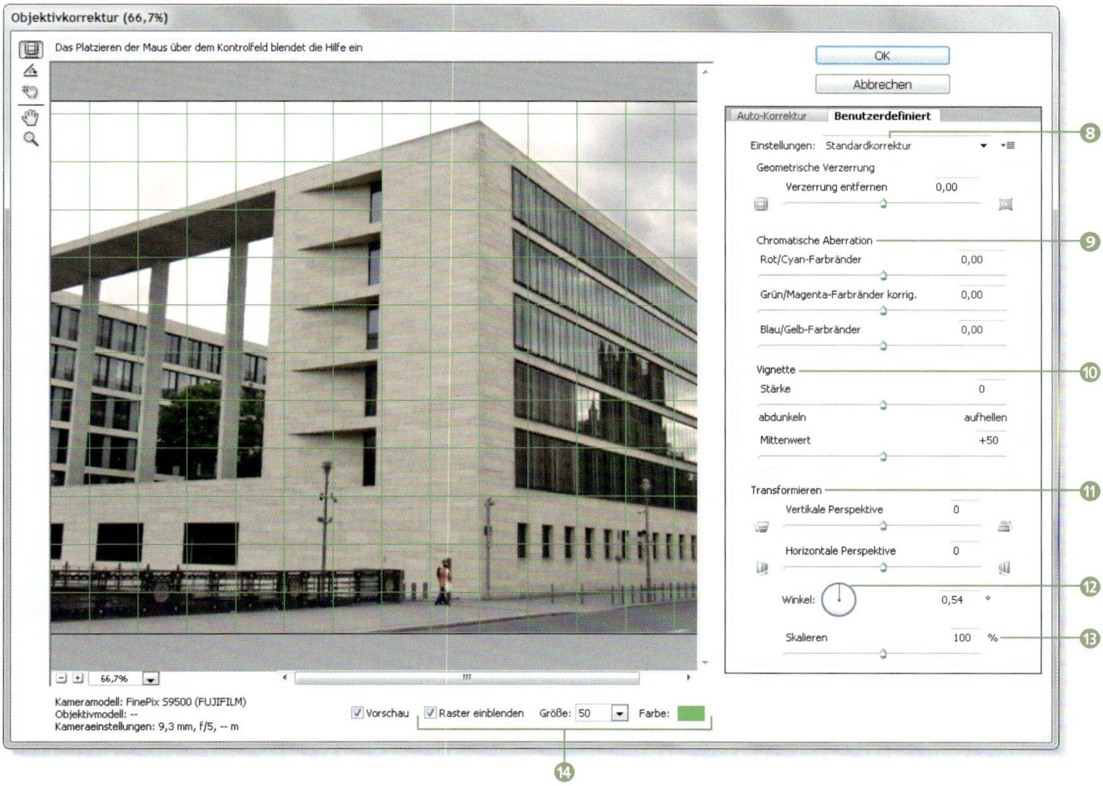

Vorgaben | Wenn Sie bereits Vorgaben – zum Beispiel für eine bestimmte Kamera oder ein bestimmtes Objektiv – gespeichert oder den Filter bereits einmal benutzt haben, können Sie sie über die Option EINSTELLUNGEN ❽ wieder aktivieren. Wenn Sie die Einstellungen von Hand vornehmen (oder weiter an das Bild anpassen wollen), haben Sie mehrere Möglichkeiten, die ich im Folgenden vorstelle.

Verzerrungen entfernen | Um kissen- oder tonnenförmige Verzerrungen zu entfernen, können Sie entweder das Verzerrung-entfernen-Werkzeug (D) oder die Einstellungen unter VERZERRUNG ENTFERNEN nutzen. Letztere sind ganz einfach per Schieberegler zu bedienen. Die Wirkung ist offensichtlich. Und wenn das Verzerrung-entfernen-Werkzeug aktiv ist, können Sie das Raster – und damit die Bildpixel – einfach per Maus im Vorschaufenster ziehen.

Bild drehen | Die Einstellung WINKEL ⓬ und das Gerade-ausrichten-Werkzeug (A) drehen das Bild. Damit können Sie die Kameraneigung ausgleichen oder das Bild nach der Korrektur der Perspektive nachbearbeiten. Die Bedienung des Werkzeugs erfolgt intuitiv: Sie müssen eine Linie in das Bild ziehen. Entsprechend dem Winkel und der Position wird das Bild dann gedreht.

Für alle weiteren Einstellungen stehen nur Optionen und Schieberegler – keine eigenen Werkzeuge – zur Verfügung.

Farbsäume korrigieren | Die Einstellung CHROMATISCHE ABERRATION ❾ korrigiert Farbsäume. Es empfiehlt sich, die Bildansicht zu vergrößern, um die Farbsäume beim Durchführen der Korrektur genau zu sehen. Der Regler ROT/CYAN-FARBRÄNDER kompensiert Rot-Cyan-Farbsäume; BLAU/GELB-FARBRÄNDER behebt entsprechend Blau-Gelb-Chromafehler. Neu in CS5 ist die Möglichkeit, mit einem dritten Regler auch Grün-Magenta-Fehlern beizukommen.

[Chromatische Aberration]
Der Begriff beschreibt einen Abbildungsfehler von Objektiven, bei dem Farbsäume und Unschärfen entstehen.

Abgedunkelte Ränder korrigieren | VIGNETTE ❿ korrigiert Bilder mit abgedunkelten Rändern, wie sie durch Objektivfehler oder falsche Blendeneinstellungen entstehen, und STÄRKE legt fest, wie stark die Aufhellung oder Abdunklung an den Bildkanten ist. Mit der Einstellung MITTENWERT legen Sie die Breite des Bereichs fest, auf den sich die Betrag-Einstellung auswirkt. Je niedriger der Wert ist, desto größer sind die Bildteile, die korrigiert werden, und je größer der Wert ist, desto stärker wird der Effekt lediglich auf die Bildkanten beschränkt.

Perspektive korrigieren | Unter TRANSFORMIEREN ⓫ finden Sie Einstellungen zur Perspektivkorrektur. VERTIKALE PERSPEKTIVE korrigiert falsche Bildperspektiven, die durch eine aufwärts oder abwärts geneigte Kamera entstanden sind, HORIZONTALE PERSPEKTIVE korrigiert eine fehlerhafte Bildperspektive durch paralleles Ausrichten der horizontalen Linien.

Leere Bereiche mit Pixeln auffüllen | Beim Durchführen der Korrekturen entstehen schnell leere Bereiche ohne Pixel. Indem Sie die Randpixel des Bildes ausdehnen, füllen Sie solche Leerstellen auf. Mit der Einstellung SKALIEREN ⓭ bestimmen Sie, wie weit das Bild vergrößert wird. Der Befehl vergrößert oder verkleinert die Ausdehnung der Bildpixel, aber die Kantenlängen des Bildes bleiben unverändert. Das heißt, die Bildpixel werden so weit ausgedehnt, dass die vormals leeren Bereiche nun unsichtbar jenseits der Bildkanten liegen, das Bild wird interpoliert und beschnitten.

24.6.2 Automatische Korrektur

Wenn Sie Ihr Bild automatisch korrigieren lassen wollen, schalten Sie zur Registerkarte AUTO-KORREKTUR um.

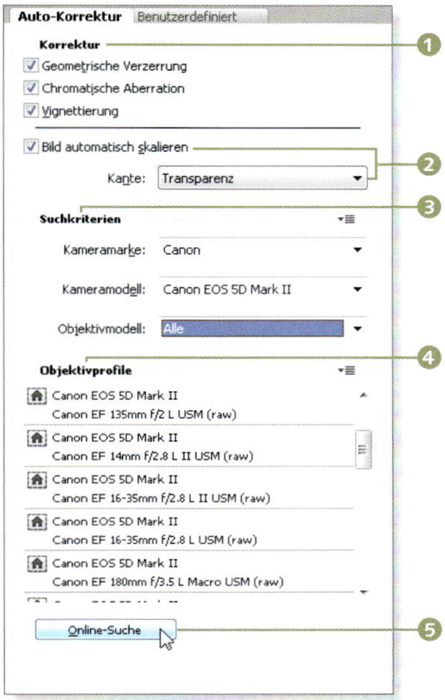

▲ **Abbildung 24.24**
AUTO-KORREKTUR. Manchmal werden Kamera und Objektiv erkannt, doch unter OBJEKTIVPROFILE ❹ taucht das richtige Profil dennoch nicht auf. In solchen Fällen hilft manuelles Durchsuchen der Liste. Wenn Ihr Objektiv gar nicht gefunden wird, können Sie es mit der ONLINE-SUCHE ❺ versuchen.

Wie funktioniert die Automatik? | Der Filter liest die Metadaten der Datei aus und erkennt so hoffentlich, mit welchem Objektiv die Aufnahme gemacht wurde. Diese Information wird mit einer von Adobe erzeugten Profil-Datenbank abgeglichen. Anschließend wird das Bild entsprechend des hinterlegten Objektivprofils korrigiert. Ob die Automatik wirklich etwas taugt, lässt sich wohl erst im ausführlichen Alltagstest beurteilen. Sicherlich ist auch die Qualität der hinterlegten Profile ausschlaggebend. Ich denke aber, dass die Auto-Korrektur in jedem Fall ein guter Ausgangspunkt für manuelle Korrekturen sein kann.

Praktische Anwendung | Anwenden lässt sich die Funktion ganz einfach. Bevor Sie loslegen, machen Sie aus Ihrer Bildebene ein Smart-Objekt, dann starten Sie den Filter (FILTER • OBJEKTIVKORREKTUR) und wechseln dort zur AUTO-KORREKTUR.

- Unter KORREKTUR ❶ legen Sie dann fest, welche Objektivfehler überhaupt korrigiert werden sollen. Zur Wahl stehen Verzerrung, Aberration oder Vignettierung.
- Mit den Optionen BILD AUTOMATISCH SKALIEREN und KANTE ❷ können Sie einstellen, wie mit Leerstellen umgegangen wird, die durch die Verzerrung entstehen. Diese Einstellungen gibt es auch bei der benutzerdefinierten Korrektur.

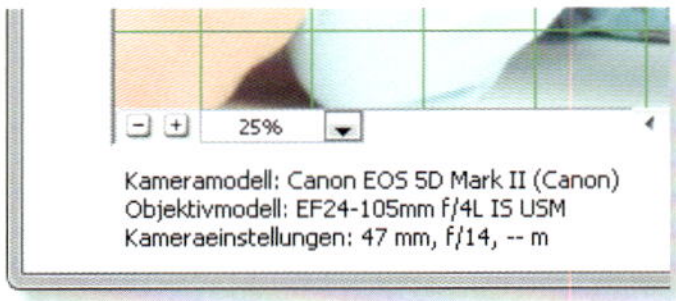

▲ **Abbildung 24.25**
Der Filter »weiß«, mit welchem Equipment das Foto gemacht wurde.

Objektivprofile selbst machen

Sind die Daten Ihres Objektivs nicht in Adobes Liste enthalten, können Sie mithilfe zusätzlicher Software ein eigenes Profil anfertigen. Die erforderliche Software und genauere Informationen finden Sie unter *http://labs.adobe.com/technologies/lensprofile_creator/*.

Im besten Fall startet die automatische Berechnung der Korrekturen sofort. Erste Voraussetzung dafür ist, dass der Filter Ihre Objektivdaten auslesen kann. Ob er das tut, sehen Sie unterhalb der Bildvorschau links. Im Erfolgsfall erscheinen dort detaillierte Informationen zu Kamera, Modell und Objektiv. Fehlen diese Informationen, können Sie die Auto-Korrektur abbrechen und zum Reiter BENUTZERDEFINIERT umschalten.

Im Idealfall erscheinen dieselben Informationen nun auch in den Feldern SUCHKRITERIEN ❸. Unter OBJEKTIVPROFILE ❹ sollte nur noch ein Objektiv – das verwendete – stehen. Dann ist alles in Ordnung, und der Filter kann arbeiten. Das funktioniert nicht immer. In solchen Fällen können Sie

- Kameramarke, -modell und verwendetes Objektiv manuell einstellen oder
- auf den Button ONLINE-SUCHE ❺ klicken, um die Adobe-Datenbank zu durchsuchen. Die Datenbank wird ständig ergänzt.

24.7 Der Filter »Fluchtpunkt«

24.7.1 Worum geht es?

Der Filter FLUCHTPUNKT ist ein komplexes Werkzeug, das Sie bei der perspektivisch korrekten Bearbeitung von Bildern unterstützt, bei denen Elemente wie beispielsweise die Seiten eines Gebäudes durch die Perspektive bei der Aufnahme verzerrt sind.

Durch ein Gitternetz, das Sie erst anlegen müssen, teilen Sie dem Fluchtpunkt-Filter mit, wie die perspektivischen Verhältnisse im Bild sind. Innerhalb dieses Gitternetzes ausgeführte Arbeiten erfolgen automatisch in der richtigen Perspektive. Möglich sind das Auswählen, Verschieben oder Kopieren (Klonen) von Bildelementen, das Transformieren schwebender Auswahlen, das Stempeln, um Strukturen zu übertragen, oder das Malen mit Farbe.

Einarbeitung ist nötig

Mit dem Gebrauch des Fluchtpunkt-Tools können Sie sich unter Umständen viel Kleinarbeit mit Bildebenen, perspektivischen Transformationen und Retuschen sparen, doch müssen Sie mit einer **langen Einarbeitungszeit** rechnen, um alle Funktionen auszureizen. Der Gebrauch des Fluchtpunkt-Filters geht zudem alles andere als schnell von der Hand – hier ist äußerste Akribie gefragt, vor allem beim Anlegen der perspektivischen Flächen (die von Adobe verwirrend auch »Ebenen« genannt werden).

Einsatzbereich und Einschränkungen | Das aufwendige und tatsächlich beeindruckend wirkungsvolle Werkzeug kann nur bei »perfekten« Bildern wirksam sein. Klinisch saubere Architekturaufnahmen, leere Plätze und sauber gewinkelte Flächen sind prima; krumme Wände, von Vegetation überdeckte Ecken und Winkel sind dagegen eher problematisch. Und auch mit Schattenwurf und Lichtrichtung wird das Werkzeug nicht fertig. Zumindest bei typischen Fotomontagen kann das Werkzeug seine Vorzüge nur am Idealbild ausspielen – das man meist wohl gerade nicht vor sich hat. Für eher freiere Arbeiten oder das Erschaffen neuer, artifizieller Räume und Plätze ist das Tool jedoch sehr wirkungsvoll!

24.7.2 Die Fluchtpunkt-Option aufrufen

Mit dem Fluchtpunkt-Filter sind perspektivisch korrekte Bildmanipulationen schnell durchführbar. In Abbildung 24.26 sehen Sie, wie eine schwebende Auswahl (rund um das Straßenschild) auf die andere Hausseite geschoben und dabei automatisch perspektivisch angepasst wird. Solche Bildmanipulationen haben jedoch auch ihre Grenzen: So werden Lichtverhältnisse nicht automatisch angeglichen, sondern müssen bei Bedarf manuell nachretuschiert werden.

Sie finden das Werkzeug unter FILTER • FLUCHTPUNKT oder rufen es mit [Alt]+[Strg]+[V] bzw. [⌥]+[⌘]+[V] auf.

Datei auf der Buch-DVD: »Ziegelhaus.tif«

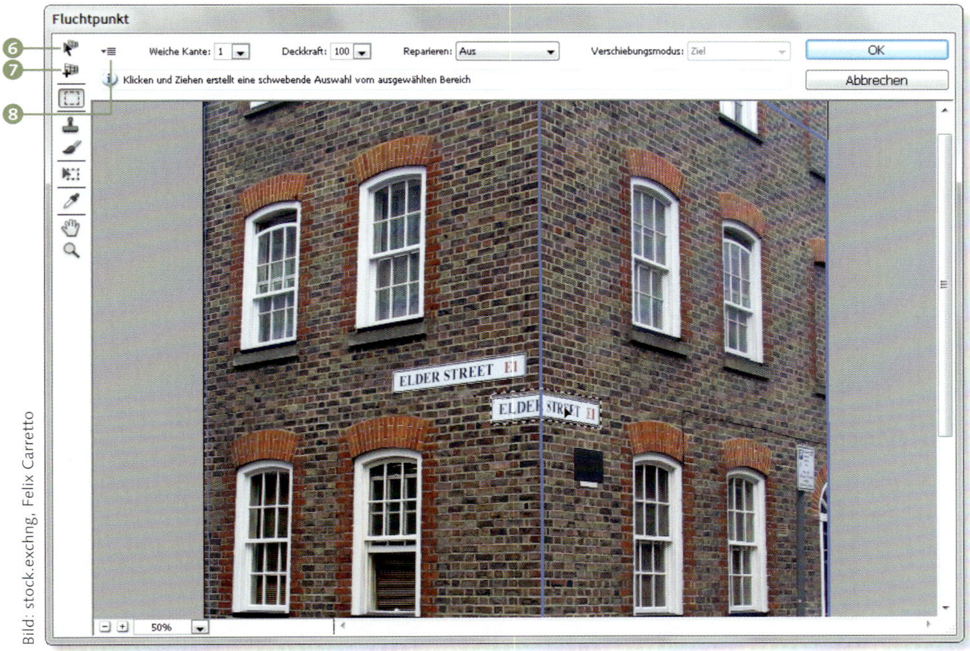

Bild: stock.xchng, Felix Carretto

Abbildung 24.26 ▲
Wenige Schaltflächen, spektakuläre Wirkung: die Option FLUCHTPUNKT. Hier wird gerade ein Klon des Straßenschildes um die Hausecke gezogen.

24.7.3 Wie gehen Sie vor?

Ebene erstellen | Ihr erster Schritt ist es, das sogenannte Ebene-erstellen-Werkzeug ❼ (Tastenkürzel [C]) zu aktivieren und mit ihm ein Gitternetz anzulegen, das die perspektivischen Verhältnisse im Bild nachzeichnet. Adobe nennt die so definierten Flächen »Ebenen«. Erst danach kann das Werkzeug perspektivisch korrekt arbeiten. Je genauer Sie hier arbeiten, desto besser wird die spätere Wirkung des Fluchtpunkt-Filters!

Mit dem Ebene-erstellen-Werkzeug ziehen Sie einfach geometrische Flächen auf. Das Werkzeug erstellt dann die blauen Linien, die Sie im Screenshot sehen (und Rasterlinien, die gerade

▲ **Abbildung 24.27**
Das Perspektiv-Gitter wird bearbeitet (Mauszeiger oben rechts).

▲ **Abbildung 24.28**
Das sogenannte »Abreißen« einer 90°-Fläche.

nicht eingeblendet sind). Sie können diese Rastergitter auch durch Ziehen an den kleinen Griffen an der Seite noch anpassen. Sie müssen nicht ganz präzise arbeiten – das wäre sonst auch ein mühsames Geschäft. Der Shortcut Strg/⌘+Z zum Zurücknehmen des letzten Arbeitsschritts funktioniert praktischerweise auch hier.

Begrenzung einblenden | Die Option Begrenzung einblenden (zu finden unter dem kleinen Pfeil oben links 8) unterbindet oder aktiviert die Anzeige dieser Linien. Die bekannten Werkzeuge Hand (H) und Zoom (Z) stehen auch hier zur Verfügung, um die Bildansicht anzupassen. Auch die bekannten Zoom-Shortcuts funktionieren hier.

Rechtwinklige Flächen | Um Flächen, die – in Wirklichkeit, nicht in der Bilddarstellung – rechtwinklig zueinander angeordnet sind, mit einem Raster zu umfangen, drücken Sie Strg bzw. ⌘ bei immer noch aktivem Ebene-erstellen-Werkzeug und ziehen an einer der Seiten. Es wird eine neue Fläche angelegt, die den 90°-Winkel weitestgehend perspektivisch korrekt darstellt. Nachbesserungen sind möglich.

Seitenverhältnisse | Wird das Raster, das die perspektivischen Flächen beschreibt, gelb oder rot angezeigt, ist dies eine Warnung, dass die Seitenverhältnisse nicht ganz stimmen. Differenziert wird hier zwischen

- schwerwiegenden Problemen mit den Seitenverhältnissen der Ebene (rot)
- und Problemen beim Auflösen der Fluchtpunkte in der perspektivischen Ebene (gelb).

Perspektivraster verändern | Wenn Sie zum Ebene-bearbeiten-Werkzeug V 6 wechseln, können Sie das Perspektivraster verändern. Die Bearbeitung sollte Ihnen keine Schwierigkeiten bereiten, wenn Sie mit Transformationsrahmen sicher umgehen können.

Sie können nun schon den Vorgang mit OK bestätigen – das Raster ist dann gesichert und steht beim nächsten Start des Filters wieder zur Verfügung.

24.7.4 Bild weiterbearbeiten

Um nun das Bild weiterzubearbeiten und dabei die perspektivischen Vorgaben zu nutzen, stehen mehrere Funktionen zur Verfügung, die ich im Folgenden genauer beschreibe.

Auswahlrechteck | Das Auswahlrechteck (M) können Sie für verschiedene Operationen nutzen: Indem Sie Alt/⌥ drücken und einen ausgewählten Bereich per Maus verschieben, klonen Sie ihn automatisch. Der geklonte Bereich wird dann als schwebende Auswahl angelegt. Sie können beliebig viele Klone von einer Auswahl erzeugen.

- Um eine **Auswahl mit einem anderen Bereich aus dem Bild zu füllen**, ziehen Sie eine Auswahl auf, aktivieren die Option VERSCHIEBUNGSMODUS: QUELLE und bewegen dann den Mauszeiger auf den Bildbereich, der in die Auswahl eingefügt werden soll. Wenn Sie dann erneut Bereiche klonen wollen, müssen Sie allerdings vorher wieder VERSCHIEBUNGSMODUS: ZIEL aktivieren!
- Um **Elemente aus anderen Bildern perspektivisch einzufügen**, müssen Sie diese auswählen und mit Strg/⌘+C in die Zwischenablage Ihres Rechners befördern, bevor Sie den Fluchtpunkt-Filter starten. Dann erstellen Sie das Perspektivraster, und anschließend fügen Sie das Objekt mit Strg/⌘+V ins Bild ein.

Weitere Werkzeuge | Das Transformieren-Werkzeug (T) passt schwebende Auswahlen an. Das Stempel-Werkzeug (S) funktioniert so wie der bekannte normale Kopierstempel aus der Werkzeugleiste auch, mit dem Unterschied, dass innerhalb des Perspektivrasters eingefügte Pixel gleich perspektivisch angepasst werden. Mit dem Pinsel-Werkzeug (B) tragen Sie Farbe auf. Die Form des Pinsels wird beim Malen – wenn Sie innerhalb des Rasters malen – perspektivisch angepasst.

Bilder oder Bildelemente aus der Zwischenablage einfügen | Wenn Sie Bilder oder Bildelemente aus der Zwischenablage einfügen wollen, benutzen Sie einfach den bekannten Shortcut Strg+V bzw. ⌘+V. Sie können die eingefügten Objekte dann mit der Maus anfassen und in den Perspektiv-Rahmen ziehen; sie werden dann angepasst. Sie müssen die Bildelemente, die Sie transferieren wollen, allerdings in die Zwischenablage kopieren, *bevor* Sie den Fluchtpunkt-Filter aufrufen. (Wählen Sie dazu den entsprechenden Bereich aus, und drücken Sie dann Strg+C bzw. ⌘+C, oder klicken Sie auf BEARBEITEN • KOPIEREN.)

Bearbeitungsschritte rückgängig machen | Um im Fluchtpunkt-Werkzeug Bearbeitungsschritte rückgängig zu machen, gibt es verschiedene Befehle mit unterschiedlichem Wirkungsgrad:

▲ **Abbildung 24.29**
Im Fluchtpunkt-Werkzeug können Sie auch perspektivisch retuschieren. Längere Malstriche mit dem Stempel werden perspektivisch angepasst. Hier wird ein Plakat mit »Ziegelsteinen« überdeckt.

- Das bekannte Tastaturkürzel [Strg]+[Z] (Windows) bzw. [⌘]+[Z] (Mac OS) wirkt auch hier. Mehrfaches Drücken nimmt mehrere Schritte zurück.
- [Strg]+[⇧]+[Z] (Windows) bzw. [⌘]+[⇧]+[Z] (Mac OS) stellt irrtümlich zurückgenommene Befehle wieder her.
- Wenn Sie [Alt] bzw. [⌥] drücken, wird die Schaltfläche ABBRECHEN zur Schaltfläche ZURÜCKSETZEN, mit der Sie alle Einsellungen zurücksetzen, ohne das Dialogfeld schließen zu müssen.
- [Esc] wirkt wie ABRECHEN und schließt das Dialogfeld, ohne Änderungen zu speichern.

Viele andere bekannte Shortcuts funktionieren auch hier!

▼ **Tabelle 24.1**
Tastaturbefehle für die Arbeit mit der Fluchtpunkt-Funktion auf einen Blick

Was wollen Sie tun?	Windows	Mac
2 × zoomen (vorübergehend)	[X]	[X]
Einzoomen	[Strg]+[+] (Ziffernblock)	[⌘]+[+] (Ziffernblock)
Auszoomen	[Strg]+[-] (Ziffernblock)	[⌘]+[-] (Ziffernblock)
Bildanzeige ins Vorschaufenster des Dialog anpassen	Doppelklick aufs Handwerkzeug; [Strg]+[0]	Doppelklick aufs Handwerkzeug; [⌘]+[0]
Bild in 100% Ansicht bringen und Mittelpunkt zentrieren	Doppelklick aufs Zoomwerkzeug	Doppelklick aufs Zoomwerkzeug
Auswahl und Ebenen ausblenden	[Strg]+[H]	[⌘]+[H]
Auswahl in Schritten von einem Pixel verschieben	Pfeiltasten	Pfeiltasten
Auswahl in Schritten von 10 Pixeln verschieben	[⇧] + Pfeiltasten	[⇧] + Pfeiltasten
Auswahl in Schritten von einem Pixel verschieben	Pfeiltasten	Pfeiltasten
Auswahl in Schritten von 10 Pixeln verschieben	[⇧] + Pfeiltasten	[⇧] + Pfeiltasten
Auswahl mit Pixeln unter dem Mauszeiger füllen	[Strg] halten und Maus bewegen	[⌘] halten und Maus bewegen
Beim Erstellen von perspektivebenen: letzten »Anfasser« löschen	[←]	[Entf]
Perspektivebene über gesamte Bildfläche erstellen, parallel zur Kameraperspektive	Doppelklick aufs Ebene-Erstellen-Werkzeug	Doppelklick aufs Ebene-Erstellen-Werkzeug

Teil VIII
Farbe und Farbveränderungen

25 Mit Photoshop malen

Pinsel, Buntstift & Co. gehörten bisher nicht gerade zu Photoshops spannendsten Werkzeugen: von Version zu Version blieben sie unverändert. Das hat sich in CS5 geändert: Der spektakuläre Mischpinsel, neue, intuitive Steuerungen zum Einstellen von Farben und realistische Pinselspitzen machen digitale Malerei auf hohem Niveau möglich.

25.1 Farben einstellen

25.1.1 Vorder- und Hintergrundfarbe im Farbwahlbereich

In Photoshop gibt es mehrere Funktionen, um die Farbe des »Pixelauftrags« festzulegen – egal ob mit dem Pinsel oder einem anderen Werkzeug gearbeitet wird. Der kürzeste Weg zur Farbe ist sicherlich der Farbwahlbereich in der Werkzeugleiste.

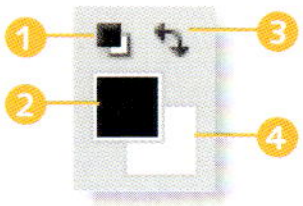

▲ **Abbildung 25.1**
Der Farbwahlbereich im unteren Teil der Werkzeugleiste

Standardeinstellung | In der Standardeinstellung ist die Vordergrundfarbe 2 Schwarz, die Hintergrundfarbe 4 Weiß, denn diese sind sicherlich die am häufigsten benutzten Farben – vor allem auch bei der Arbeit an Ebenenmasken und Alpha-Kanälen.

Mit der kleinen Schaltfläche 1 oder mit dem Tastenkürzel [D] (»D« steht für *Default Colors*) kehren Sie schnell wieder zu den Standardfarben Schwarz und Weiß zurück. Wenn Sie in die Bearbeitung einer Ebenenmaske oder in den Maskierungsmodus wechseln, werden bunte Farben automatisch auf Schwarz und Weiß umgestellt.

Vorder- und Hintergrundfarbe tauschen | Mit dem gebogenen Doppelpfeil 3 können Vorder- und Hintergrundfarbe schnell getauscht werden (das betreffende Tastenkürzel lautet dazu [X]; »X «steht für *Exchange*).

Was bewirken Vorder- und Hintergrundfarbe? | Die Vordergrundfarbe ist maßgeblich für die Malfarbe, die mit den Werkzeugen Pinsel B, Buntstift B und Mischpinsel B aufgetragen wird, und für die mit dem Füllwerkzeug G applizierte Pixelfarbe.

Vorder- und Hintergrundfarbe können beim Anlegen von Verläufen mit dem Verlaufswerkzeug G berücksichtigt werden, es ist jedoch auch möglich, Verläufe anzulegen, die von den aktuell eingestellten Farben unabhängig sind. Eine Rolle spielen kann die Hintergrundfarbe auch beim Arbeiten mit dem Hintergrundradiergummi oder beim Erweitern der Arbeitsfläche mit dem Befehl BILD • ARBEITSFLÄCHE. In zahlreichen anderen Dialogfeldern, in denen Sie Farben festlegen, werden Vorder- und Hintergrundfarbe als Optionen angeboten. Wie Sie diese beiden Farben festlegen, erfahren Sie in den folgenden Abschnitten.

Tabelle 25.1 ►
Tastaturbefehle für den Werkzeugleisten-Farbwahlbereich auf einen Blick

Was wollen Sie tun?	Windows	Mac
Zu den Standardfarben Schwarz und Weiß zurückkehren	D	D
Vorder- und Hintergrundfarbe vertauschen	X	X

25.1.2 Der Farbwähler: Alle Farbmodelle im Blick

Der mächtige Farbwähler ist an vielen Stellen in Photoshop präsent.

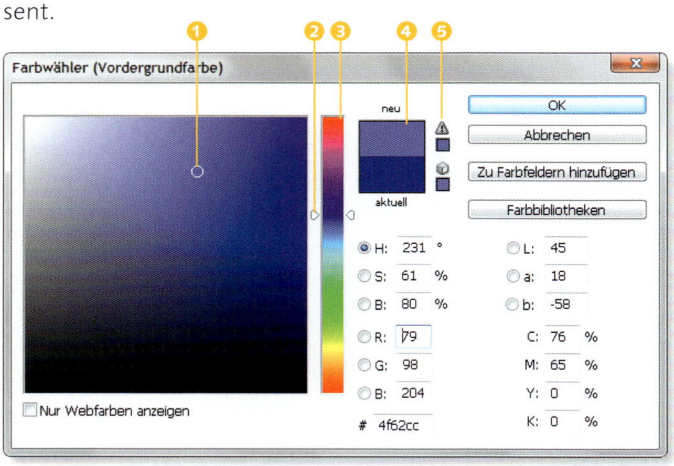

Abbildung 25.2 ►
Vielseitig, benötigt aber viel Platz: der Farbwähler

▲ Abbildung 25.3
Praktisch immer dann, wenn Sie ein solches Farbfeld sehen, können Sie mit einem Klick darauf den Farbwähler aktivieren.

Farbwähler öffnen | Sie erreichen den Farbwähler per Klick auf eines der Farbfelder in der Werkzeugleiste, können ihn aber auch aus zahlreichen verschiedenen Dialogen und Optionen heraus aufrufen.

Vor- und Nachteile | Der Farbwähler ist in der Bedienung sehr intuitiv, und die Farbwerte verschiedener Farbmodelle können direkt verglichen werden. Wenn sich eine Farbe für den CMYK-Druck nur eingeschränkt eignet oder nicht websicher ist, erscheint eine Warnung. Der Nachteil dieses bequemen Werkzeugs ist, dass es groß ist und unter Umständen die Sicht auf wichtigere Bildschirminhalte versperrt.

Vordergrundfarbe einstellen | Um den Farbwähler aufzurufen und die Vordergrundfarbe einzustellen, klicken Sie auf das Farbfeld VORDERGRUNDFARBE EINSTELLEN in der Werkzeugleiste. Wenn Sie die Hintergrundfarbe ändern wollen, klicken Sie in der Werkzeugleiste auf das Farbfeld HINTERGRUNDFARBE EINSTELLEN.

Der Farbwähler arbeitet mit verschiedenen Farbsystemen. Sie können Farbwerte als CMYK-, HSB-, RGB-, BinHex-, Lab- oder HSB-Wert eingeben und auslesen.

Das System HSB (**H**ue – Farbton, **S**aturation – Sättigung, **B**rightness – Helligkeit) ist besonders unkompliziert und intuitiv. Um eine Farbe und verwandte Farben (Farbvarianten) zu finden, setzen Sie zunächst bei H, S oder B einen Klick.

Je nachdem, welche der drei Optionen H, S oder B aktiviert wurde, ändert sich das Aussehen des schmalen Farbbalkens (3) in der Mitte des Farbreglers. Dort können Sie nun durch Verstellen des Schiebers (2) die Farbe ändern – geändert wird eben entweder die Helligkeit, die Sättigung oder der Farbton, je nach der Voreinstellung, die Sie im ersten Schritt vorgenommen haben.

Im großen Farbfeld links (1) werden nun verwandte Farben angezeigt – Variationen des zuvor im Farbbalken eingestellten Farbtons. Die Variationen basieren auf den zwei anderen Farbparadigmen.

- Haben Sie im ersten Schritt Farbton (H – *Hue*) gewählt, wird die eingestellte Farbe in Helligkeit und Sättigung variiert.
- Wenn Sie Sättigung (S – *Saturation*) eingestellt haben, erscheinen im großen Feld Varianten in Farbton und Helligkeit.
- War die Helligkeit (B – *Brightness*) Ihre erste Einstellung, werden Sättigung und Farbton variiert.

Sie können Ihre Farbwahl nun durch Verschieben des Reglers oder durch Klicken ins Farbfeld weiter ändern. Das kleine Farbmusterfeld (4) zeigt dann übereinander den ursprünglichen Farbton (unten) und dessen Variante (oben). Wenn Sie auf den unteren Bereich des Farbmusters klicken, werden Ihre letzten Einstellungen zurückgesetzt.

Sehr oft werden Sie rechts neben dem Farbmusterfeld zwei kleine Symbole – ein Warndreieck und einen kleinen Quader – mit je einem weiteren Miniatur-Farbfeld zu sehen bekommen (5).

[Sättigung]
Während Farbton und Helligkeit zwei recht einleuchtende Beschreibungskriterien für Farben sind, ist der Begriff »Sättigung« zunächst etwas erklärungsbedürftig. Er beschreibt den **Grauanteil** einer Farbe. Eine stark gesättigte Farbe enthält wenig oder kein Grau, eine Farbe mit geringer Sättigung enthält viel Grau.

▲ **Abbildung 25.4**
Helligkeit und Farbton sind bei allen Farbbeispielen gleich – nur die Sättigung wurde variiert. Hier sind die HSB-Werte der drei Farbfelder (von oben nach unten):
H: 229, S: 20, B: 51
H: 229, S: 42, B: 51
H: 229, S: 100, B: 51

▲ **Abbildung 25.5**
In der Ansicht NUR WEBFARBEN ANZEIGEN ist die Farbauswahl im Vorschaufeld stark eingeschränkt.

Was sind websichere Farben?

In der Anfangszeit des Internets waren die sogenannten websicheren Farben ein Versuch, eine Farbpalette zu definieren, die es erlaubt, mit unterschiedlichsten Systemvoraussetzungen (Grafikkarten, Monitore, Browser, Browsereinstellungen ...) überall dieselben Farben anzuzeigen – wenigstens annäherungsweise. Websichere Farben sind auch auf Systemen reproduzierbar, die Farben nur mit 8 Bit Farbtiefe darstellen können. Inzwischen ist das Konzept der websicheren Farben überholt, da sich die allgemeinen Hardware-Voraussetzungen stark verändert haben. Auch wenn Sie für das Internet produzieren, müssen Sie sich nicht auf diese »websichere« Farbauswahl beschränken. Wichtig ist in der Praxis eher, dass Sie die BinHex-Werte von Farben kennen. Im Farbwähler sind sie in dem Eingabefeld unter RGB zu finden (mit # davor). Sie können den Farbwähler auch zum Umrechnen von Farbwerten zwischen den verschiedenen Farbsystemen nutzen!

Zum Weiterlesen: Farbsysteme
Mehr zu den Farbsystemen finden Sie in Kapitel 6, »Bildbearbeitung: Fachwissen«.

- Das **Warndreieck** weist auf Farben hin, die im professionellen Vierfarbdruck nicht darstellbar sind. Der Inhalt des kleinen Farbfeldes zeigt die nächstgelegene Alternative; wenn Sie darauf klicken, wird diese Farbe eingestellt.
- Der **Quader** ist ein Hinweis darauf, dass die eingestellte Farbe nicht »websicher« ist. Sie können sich auch ausschließlich »websichere Farben« anzeigen lassen, wenn Sie die Checkbox NUR WEBFARBEN ANZEIGEN unten links aktivieren. Dann verändert sich das Aussehen der Farbvorschau und des Einstellungsbalkens erheblich. Alle sanften Farbübergänge verschwinden, und nun werden nur noch die 216 Farben angezeigt, die als »websicher« gelten.

Die hier beschriebene Methode der Farbeinstellung ist die intuitivste, weil Farbton, Sättigung und Helligkeit auch diejenigen Faktoren sind, die in unserer eigenen Wahrnehmung Farbe am deutlichsten definieren. Sie funktioniert auch mit den Farbmodellen RGB und Lab ähnlich. CMYK-Werte können Sie allerdings nur auf dem Umweg über andere Farbmodelle »finden«, oder Sie müssen die numerischen Werte eingeben.

Alternativ können Sie natürlich auch Farbwerte eintippen – das funktioniert für alle Farbsysteme. Sie haben die Wahl zwischen HSB, RGB, Lab und CMYK sowie BinHex-Farbbezeichnungen, wie sie im Webdesign verwendet werden. Wenn Sie die Farbe per Regler ändern, werden die Farbwerte automatisch angepasst, sodass Sie sie bequem ablesen können.

Sobald Sie mit Ihrer Auswahl fertig sind und auf OK klicken, wird die Farbe in der Werkzeugleiste als Vordergrundfarbe angezeigt.

25.1.3 Farbbibliotheken im Farbwähler: Volltonfarben

Im professionellen Druck müssen Sie nicht unbedingt ausschließlich mit den vier **Prozessfarben** Cyan, Magenta, Gelb und Schwarz arbeiten. Sie können auch festlegen, dass eine spezielle Farbe eines bestimmten Druckfarbenherstellers verwendet wird. Das bietet sich insbesondere dann an, wenn absolute Farbgenauigkeit gefragt ist – beispielsweise, wenn es um den Druck von Logos in festgelegten Firmenfarben geht. Beim Druck mit Prozessfarben kann eine 100%ige Farbgenauigkeit nicht garantiert werden. Der Druck mit vorgemischten Druckfarben – sogenannten **Volltonfarben** (auch als *Schmuckfarben*, *Sonderfarben* oder *Spotfarben* bezeichnet) – ermöglicht eine deutlich höhere Farbgenauigkeit. Auch besondere Farbeffekte wie Metallic- und fluoreszente Farben oder Glanzlack können mit normalen Prozessfarben nicht realisiert werden.

Um den Druck mit Volltonfarben zu ermöglichen, brauchen Sie zweierlei:

- einen eigenen Volltonfarbkanal für jede einzelne Volltonfarbe, die im Dokument verwendet werden soll
- und dazu die Möglichkeit, solche Volltonfarben zuverlässig und eindeutig zu benennen und dem Volltonfarbkanal zuzuordnen.

Diese Möglichkeit bietet Ihnen der Farbwähler. Wenn Sie die Schaltfläche FARBBIBLIOTHEKEN oben rechts im Farbwähler anklicken, kommen Sie zu verschiedenen Farbenlisten unterschiedlicher Farbenhersteller.

Unter BUCH wählen Sie eines der Sortimente aus, und mit Klicks auf den Farbbalken oder die Farbvorschau links wählen Sie die Farbe aus.

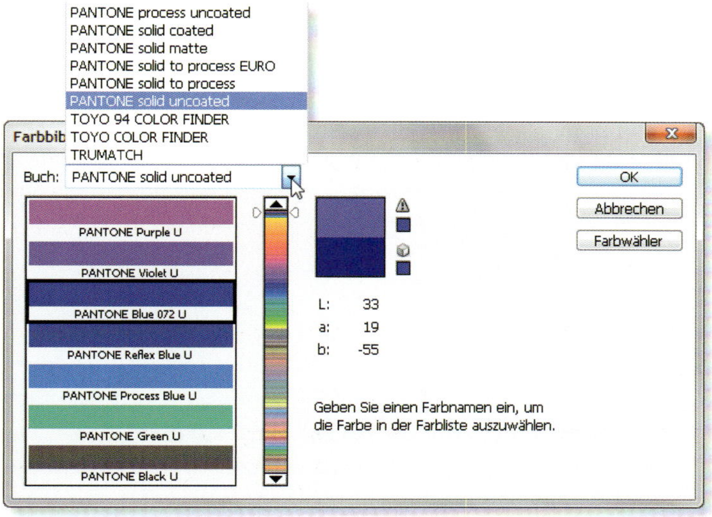

▲ **Abbildung 25.8**
Hier finden Sie Listen mit Farben, die verschiedene Hersteller für unterschiedliche Papiere bereitstellen.

Sie können die Farbbibliotheken auch als **Brainstorming-Hilfe** benutzen, um schöne Farben für einen Entwurf zu finden. Das bringt manchmal mehr als das Verschieben von HSB-Reglern im normalen Farbregler-Modus!

TOPP-TIPP: Farben aus dem Farbregler speichern

Wenn Ihnen eine eingestellte Farbe gut gefällt, müssen Sie die Farbwerte nicht auf Papier notieren: Der Button ZU FARBFELDERN HINZUFÜGEN legt die Farbe in der Palette FARBFELDER ab. Mehr zu dieser Palette finden Sie in Abschnitt 25.1.7, »Schnellzugriff auf Lieblingsfarben: Die Farbfelder-Palette«.

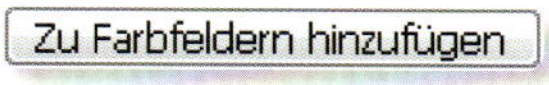

▲ **Abbildung 25.6**
Mit diesem Button fügen Sie Farben direkt aus dem Farbwähler zur Palette FARBFELDER hinzu.

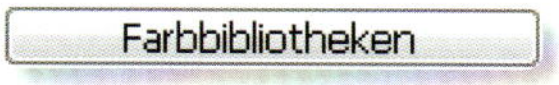

▲ **Abbildung 25.7**
So erreichen Sie die Farbenlisten verschiedener Druckfarben-Hersteller.

Verwirrende Doppeldeutigkeit: »Bibliotheken«

Hier hat Adobe in der deutschen Programmversion eine terminologische Stolperfalle eingebaut. Sie können eigene Farben in der Palette FARBFELDER sichern. Diese Sammlungen eigener Farben heißen intern ebenfalls »Bibliotheken«. Sie sind jedoch nicht mit den »Farbbüchern« der verschiedenen Farbhersteller zu verwechseln, die Sie im Farbwähler mit dem Button FARBBIBLIOTHEKEN aufrufen.

25.1.4 Schnell zur Wunschfarbe: Das Heads-Up-Display

CS5

HUD nur mit OpenGL

Damit der HUD-Farbwähler funktioniert, ist OpenGL erforderlich. Mehr Informationen zum Thema OpenGL finden Sie in Abschnitt 3.2, »Bildanzeige«.

Der Farbwähler ist eine feine Sache, wenn man nicht nur Farben einstellen, sondern auch die genauen Farbwerte wissen muss. Mit dem neuen Mischpinsel (mehr dazu unten) unterstützt Photoshop verstärkt das freie Malen. Für solche kreativen Jobs ist der Standard-Farbwähler zu schwerfällig. Deswegen gibt es jetzt einen neuen, intuitiven Farbwähler, das Heads-Up-Display (HUD; auch in der deutschen Programmversion hört es auf diesen englischen Namen). Das HUD schwebt über der Malfläche – so sehen Sie ausgewählte Farben direkt im Bildkontext.

Bild: Photocase

▲ **Abbildung 25.9**
HUD in der Standardansicht (Farbtonstreifen). Farben passend zum Bildkontext zu wählen, wird durch das HUD erleichtert.

▲ **Abbildung 25.10**
In den Photoshop-Voreinstellungen (Voreinstellungen • Allgemein • HUD-Farbwähler) können Sie das Aussehen des HUD verändern. Hier die Ansicht Farbtonrad.

Gestartet wird das HUD mit dem Kürzel ⇧+Alt + Maus-**Rechts**klick im Dokumentfenster (bzw. mit Ctrl+⌥+⌘ unter Mac OS). Haben Sie den Farbwähler einmal auf dem Bildschirm, können Sie auch die Tasten wieder loslassen, die Maustaste muss aber gedrückt bleiben. Bewegen Sie die Maus über den Farbstreifen bzw. das Farbrad, um einen Farbton festzulegen, und nutzen Sie das große Farbfeld, um Abstufungen in Sättigung und Helligkeit einzustellen. Sobald Sie die Maustaste loslassen, verschwindet der Fabwähler wieder und die zuvor ausgewählte Farbe ist als neue Vordergrundfarbe eingestellt.

Tabelle 25.2 ▼
Arbeiten mit dem HUD-Farbwähler

Was wollen Sie tun?	Windows	Mac
HUD aufrufen	⇧+Alt+ Maus-Rechtsklick	Ctrl+⌥+⌘
Darstellung des HUD ändern	Unter Bearbeiten • Voreinstellungen • Allgemein	Unter Photoshop • Voreinstellungen • Allgemein

25.1.5 Klein und handlich: Die Farbe-Palette

Die Farbe-Palette ist kleiner und handlicher als der Farbwähler und kann jederzeit griffbereit auf der Arbeitsfläche liegen. Die Funktionen sind ähnlich wie beim Farbwähler, nur ist deren Anordnung kompakter.

Farbe-Palette aufrufen | Sie rufen die Palette über FENSTER • FARBE, mit dem Shortcut F6 oder mit einem Klick auf das Palettensymbol auf.

Vorgehen | Das Vorgehen ist einfach: Klicken Sie auf das Vordergrund- oder Hintergrundfarbfeld in der Farbe-Palette (nicht in der Werkzeugleiste!), je nachdem, welche Farbe Sie einstellen wollen. Eine Umrandung zeigt an, welches Farbfeld Sie aktuell verändern. Durch die Eingabe von Werten oder durch ein Verschieben der Regler legen Sie dann eine neue Farbe fest. Der kleine Balken unterhalb der Schieberegler ist in der Farbe-Palette das Pendant zum großen Farbfeld des Farbwählers. Sie können auch Farben einstellen, indem Sie auf diesen Balken klicken.

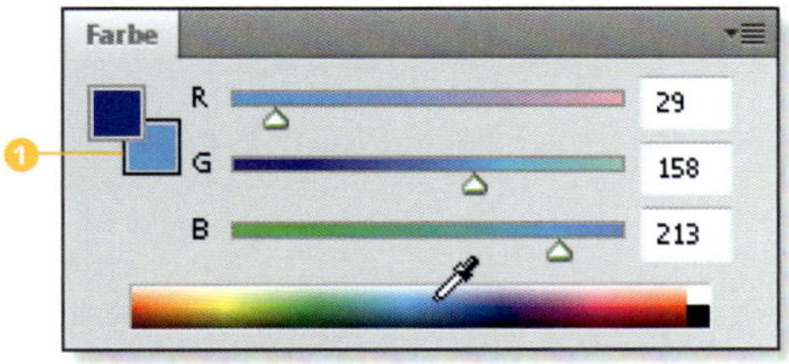

▲ **Abbildung 25.11**
Farbeinstellung per Farbregler-Balken. Hier wird die Hintergrundfarbe eingestellt – erkennbar an der dunklen Umrandung 1 des Farbfelds.

Farbmodi von Spektrumsbalken und Farbreglern | Die Regler der Palette und der angezeigte Spektrumsbalken müssen nicht zwangsläufig im selben Farbmodus funktionieren. Es ist auch möglich, Regler und Spektrum in unterschiedlichen Farbsystemen anzeigen zu lassen. Der Photoshop-Standard ist ein RGB-Regler und ein CMYK-Spektrum. Das erklärt auch, warum die Spektrumsfarben bei genauerer Betrachtung relativ matte, wenig strahlende Farben zeigen. Diese sind für die Bildschirmdarstellung von CMYK charakteristisch. Um die Anzeige von Reglern und Spektrum auf ein anderes Farbsystem umzustellen, rufen Sie über die Mini-Schaltfläche oben rechts  das Palettenmenü auf. Dort können Sie festlegen, welche Farben im Spektrumsbalken angezeigt werden und wie die Farbslider beschaffen sind.

Kuler: Die Farbkombi-Community mit Photoshop-Anschluss
Adobe baut die Angebote für die Online-Community immer weiter aus. Unter *http://kuler.adobe.com* finden Sie eine Plattform zum Erzeugen, Durchsuchen und Verwalten von Farbschemata – eine großartige Inspirationsquelle, wenn Sie Farbkombinationen entwickeln. Außerdem können Sie aus Photoshop direkt darauf zugreifen. Mehr zu diesem Thema finden Sie in Abschnitt 25.1.8, »Farbharmonien online und lokal: Kuler«.

Abbildung 25.12 ▸
Die Palette FARBE mit ausgeklapptem Palettenmenü. Angezeigt werden die drei Lab-Farbregler und ein RGB-Spektrum.

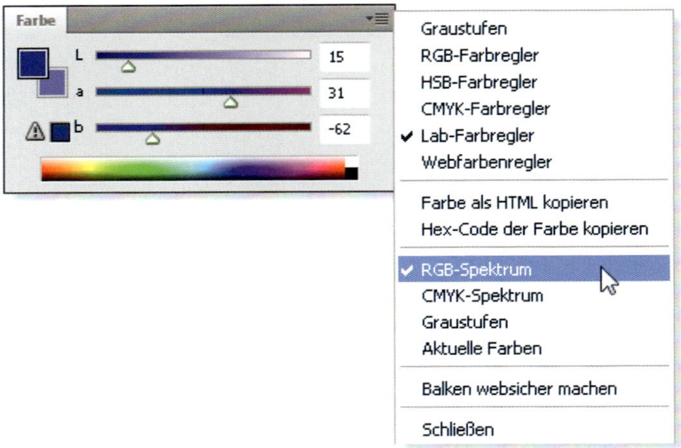

Für die Regler sind alle gängigen Farbmodi einstellbar, und beim Spektrum haben Sie die Wahl zwischen RGB, CMYK, Graustufen und Variationen der aktuell eingestellten Farben. Auch ein Rechtsklick (unter Mac OS [Ctrl] + Klick) auf den Farbbalken führt zu dieser Einstellung. Mit mehrfachen [⇧]-Klicks auf den Farbbalken navigieren Sie stufenweise durch die verschiedenen Arten der Anzeige.

Tabelle 25.3 ▸
Tastaturbefehle für das Arbeiten mit der Farbe-Palette auf einen Blick

Was wollen Sie tun?	Windows	Mac
Vordergrundfarbe aus Farbbalken auswählen	Klick auf den Farbbalken	Klick auf den Farbbalken
Hintergrundfarbe aus Farbbalken auswählen	[Alt] + Klick auf den Farbbalken	[⌥] + Klick auf den Farbbalken
Durch verschiedene Farbbalken-Ansichten navigieren	[⇧] + Klick auf den Farbbalken	[⇧] + Klick auf den Farbbalken

CS5 Pipette mit Farbvorschau
Die Pipette bietet nun eine ringförmige Farbvorschau. Oben sehen Sie die aktuell aufgenommene Farbe (1), unten die zuletzt geklickte Farbe (2), und ein grauer Rand grenzt die Vorschau von den Farben des Bildmotivs ab. Die Anzeige funktioniert allerdings nur dann, wenn Ihr Rechner OpenGL unterstützt. Mit der Option AUSWAHLRING ANZEIGEN kann man eine Vorschau ein- und ausblenden.

25.1.6 Farben per Pipette aufnehmen: Farbinspiration aus Bildern

Sie können sich bei der Suche nach guten Farben auch von vorhandenem Bildmaterial inspirieren lassen. Sehr oft werden Sie Farben für Designprojekte direkt aus den zum Einsatz kommenden Fotos übernehmen wollen. Das ist eine gute Methode, um zu einem harmonischen Erscheinungsbild zu kommen. Und bei Retuschen kann diese Methode helfen, einen realistischen Farbton für Haut oder Augen zu finden. Das Werkzeug, das Ihnen dabei hilft, Farbwerte zu ermitteln, ist die Pipette [I].

Klicken Sie einfach an die Stelle des Bildes, deren Farbe Sie als Vordergrundfarbe einstellen wollen. Um die Hintergrundfarbe einzustellen, halten Sie zusätzlich [Alt]/[⌥] gedrückt.

Aufnahmebereich | Denken Sie auch daran, die Option AUFNAHMEBEREICH festzulegen! Damit regeln Sie, wie viele Pixel im Umkreis der geklickten Stelle in die Farbmessung einbezogen werden. Höhere Werte als 1 PIXEL ermitteln einen Durchschnittsfarbwert der aufgenommenen Pixel. Unter AUFNEHM. legen Sie fest, ob nur die Pixel der aktuellen Ebene aufgenommen oder ob alle Bildebenen berücksichtigt werden.

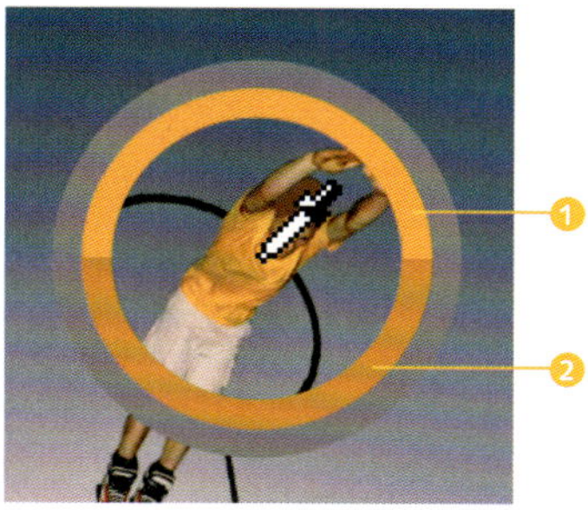

▲ **Abbildung 25.13**
Der Auswahlring der Pipette zeigt, welche Farben man zuletzt aufgenommen hat.

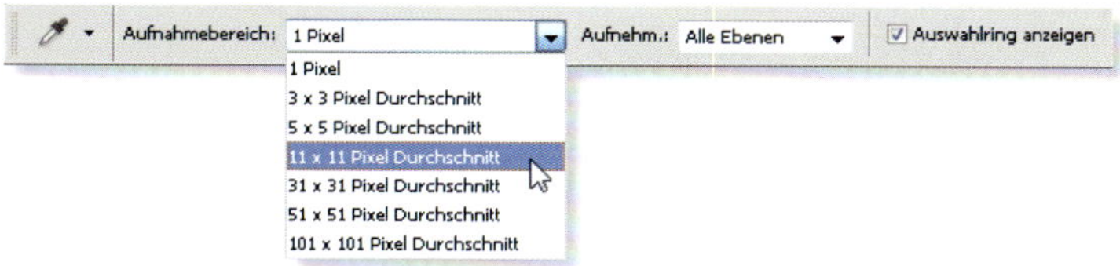

▲ **Abbildung 25.14**
Die Pipette-Optionen

Aus Bildern per Pipette übernommene Farben erscheinen als Vordergrundfarbe in der Werkzeug-Palette und können natürlich später auch ganz einfach per Farbwähler modifiziert werden.

◄ **Tabelle 25.4**
Tastaturbefehle für das Pipette-Werkzeug auf einen Blick

Was wollen Sie tun?	Windows	Mac
Pipette aufrufen	[I]	[I]
Kurzfristig von beliebigem Malwerkzeug zur Pipette wechseln	Beliebiges Malwerkzeug + [Alt] und ins Bild klicken	Beliebiges Malwerkzeug + [Alt] und ins Bild klicken
Vordergrundfarbe per Pipette einstellen (bei aktivem Pipette-Werkzeug)	Klick ins Bild	Klick ins Bild
Hintergrundfarbe per Pipette einstellen (bei aktivem Pipette-Werkzeug)	[Alt] + Klick ins Bild	[⌥] + Klick ins Bild
Von der Pipette schnell zum **Farbaufnahme-Werkzeug** (vier fixe Messpunkte in der Info-Palette) wechseln	Pipettenklick ins Bild + [⇧]	Pipettenklick ins Bild + [⇧]

25.1.7 Schnellzugriff auf Lieblingsfarben: Die Farbfelder-Palette

Ein weiteres Photoshop-Tool, das Ihnen den Umgang mit Farben erleichtert, ist die Palette FARBFELDER (FENSTER • FARBFELDER). Ganz neue Farben kreieren können Sie dort nicht, die Palette ist jedoch enorm hilfreich für die Verwaltung eigener Farben und

Vertauschte Tastenkürzel korrigieren

Bei einigen Installationen unter Windows zeigt Photoshop CS5 ein irritierendes Verhalten: die Standardkürzel zum Einstellen der Vorder- und Hintergrundfarbe sind vertauscht. Dieser Fehler lässt sich abstellen, indem Sie Photoshop schließen und dann erneut starten, zum Beispiel durch Klick auf das Programm-Icon auf Ihrem Desktop. Sofort nach dem Hochfahren – noch während der Splash-Screen zu sehen ist – drücken Sie die Tastenkombination ⇧+Strg+Alt. Bestätigen Sie im dann folgenden Dialogfenster das Löschen der Photoshop-Einstellungen. Mit diesem Kürzel wird Photoshop auf die Werkseinstellungen zurückgesetzt. Keine Sorge, Ihre eigenen Vorgaben (Stile, Werkzeugvorgaben etc.) bleiben dabei erhalten, allerdings werden die Optionen in den Voreinstellungen zurückgesetzt – und die vertauschten Farbeinstellungskürzel ebenfalls.

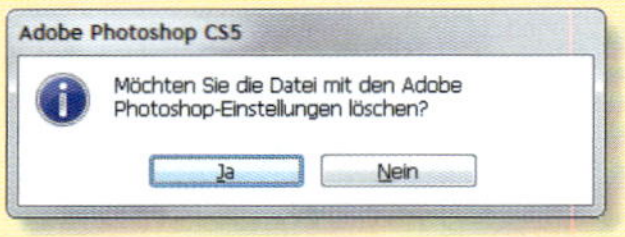

▲ **Abbildung 25.16**
Bestätigen Sie mit OK, um die Tastenkürzel zurückzusetzen.

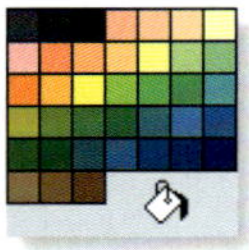

▲ **Abbildung 25.17**
Bereit zum Ablegen einer neuen Farbe

Farbkombinationen. Sie können dort eigene Farben speichern und später wieder darauf zurückgreifen. Zudem zeigt die Palette auch vorgefertigte Farbkollektionen – sogenannte Bibliotheken – an. Die Farbfelder-Palette ist also die ideale Ergänzung zu Farbwähler und Farbregler.

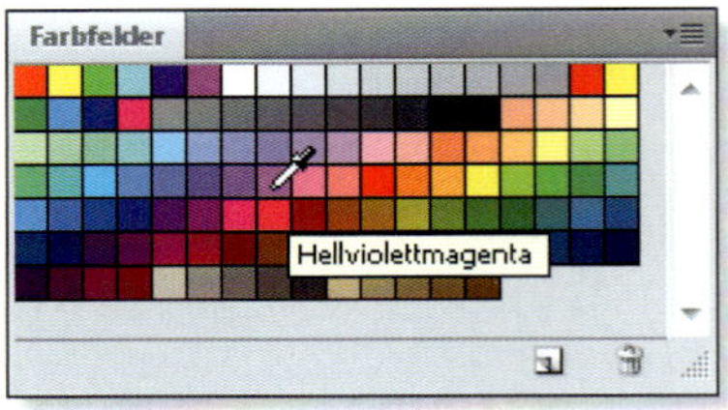

▲ **Abbildung 25.15**
Die Farbfelder-Palette in der Standardansicht. Hier wird gerade eine Farbe als Vordergrundfarbe aufgenommen.

Farben aus der Farbfelder-Palette auswählen | Um eine neue *Vordergrundfarbe* festzulegen, klicken Sie einfach auf das gewünschte Farbfeld. Eine kleine Auswahlhilfe: Wenn Sie mit dem Mauszeiger über einer Farbe verweilen, wird der Titel eingeblendet.

Um eine neue *Hintergrundfarbe* einzustellen, drücken Sie Strg bzw. ⌘ und klicken in das betreffende Farbfeld.

Farbfelder anlegen | Ein eigenes Farbfeld anzulegen oder bestehende Farbfeld-Bibliotheken zu verändern kostet Sie nur wenige Mausklicks und fast gar keine Zeit. Um ein neues Farbfeld zu ergänzen, stellen Sie als Erstes die gewünschte Farbe als Vordergrundfarbfeld in der Werkzeugleiste ein. Dazu nutzen Sie den Farbwähler oder die Farbe-Palette. Fahren Sie dann mit der Maus über ein freies Eckchen auf der Farbfelder-Palette – wenn schon sehr viele Farbfelder dort abgelegt sind, müssen Sie sich die Palette eventuell etwas größer ziehen. Der Mauszeiger wird nun zum Eimer-Symbol.

Wenn Sie dann klicken, dürfen Sie noch einen Namen für das neue Farbfeld angeben – fertig. Alternativ können Sie auch den Befehl NEUES FARBFELD... aus dem Palettenmenü nutzen. Das Farbfeld wird an das Ende der Liste gesetzt.

▲ **Abbildung 25.18**
... und Festlegen des Farbnamens

Einzelne Farbfelder löschen | Um einzelne Farbfelder zu löschen, drücken Sie Alt (oder unter Mac OS ⌥) und klicken das entsprechende Farbfeld an. Gelöscht wird das Farbfeld, das sich unter dem Scheren-Symbol befindet. Das erfordert etwas Maus-Feingefühl. Wenn Ihnen das Hantieren in dieser Ansicht zu »fummelig« ist, können Sie via Palettenmenü die Ansicht ändern oder den Vorgaben-Manager bemühen.

▲ **Abbildung 25.19**
Das Scheren-Symbol zeigt an, dass auf Klick ein Farbfeld gelöscht wird. Das Zielen ist allerdings etwas schwierig, und man erwischt schnell das falsche Farbfeld, das dann unwiderbringlich verloren ist.

Im Vorgaben-Manager: Farbfelder sortieren oder mehrere auf einmal löschen | Für erweiterte Verwaltungsaufgaben muss der Vorgaben-Manager her. Sie erreichen ihn über den entsprechenden Befehl im Seitenmenü der Palette.

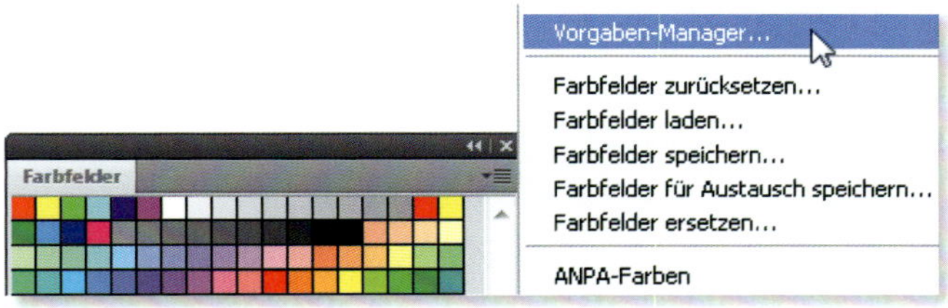

▲ **Abbildung 25.20**
Die Paletten eignen sich für schnelle Verwaltungsjobs; mehr Bedienungskomfort bietet der Vorgabenmanager. Sie erreichen ihn über das Palettenmenü.

Zum Nachlesen: Grundfunktionen von Paletten und der Vorgabenmanager
Die »Jobs«, für die Photoshops Paletten ausgelegt sind, könnten unterschiedlicher nicht sein. Die Grundfunktionen sind jedoch dieselben. Dazu gehört auch die Verwaltung der Ansichtsoptionen. Details zu diesem Thema können Sie in Kapitel 5.5.1, Abschnitt »Listenansicht einstellen«, nachlesen.

Im Vorgaben-Manager stellen Sie zunächst unter VORGABE: FARBFELDER ein. Wenn Sie nun die Anordnung der einzelnen Farbfelder verändern wollen, nutzen Sie einfach Drag & Drop. Die Reihenfolge, die Sie im Vorgaben-Manager eingestellt haben, wird in die Farbfelder-Palette übernommen, sobald Sie den Vorgang mit dem FERTIG-Button quittieren.

Um mehrere Farbfelder auf einmal zu löschen, müssen Sie sie zuerst einmal auswählen. ⇧ hilft Ihnen, mehrere *benachbarte* Farben auf einmal auszuwählen, Strg/⌘ ermöglicht das Markieren mehrerer *nicht zusammenhängender* Farben. Die Schaltfläche LÖSCHEN entfernt die Farbfelder schließlich.

▲ **Abbildung 25.21**
Um die Position eines Farbfeldes zu ändern, greifen Sie es einfach mit der Maus und verschieben es.

◀ **Abbildung 25.22**
Kontrollierteres Entfernen von Farbfeldern: Im Vorgaben-Manager klicken Sie zu löschende Farbfelder erst an (ein dunkler Rahmen dient als Markierung), dann klicken Sie auf LÖSCHEN.

Zum Weiterlesen: Kreativressourcen effektiv verwalten
Wie Sie Farbfelder und andere Vorgaben im mächtigen Vorgabenmanager dauerhaft sichern und effektiv verwalten, lesen Sie in Abschnitt 5.5, »Farbfelder, Muster, Stile & Co: Kreativressourcen organisieren«.

Mit Farbbibliotheken arbeiten | In den bisherigen Abschnitten haben Sie erfahren, wie Sie einzelne Farbfelder verwalten. Organisiert sind diese Farbfelder in unterschiedlichen Sammlungen, den Bibliotheken. Jede Bibliothek kann zahlreiche verschiedene Farbfelder enthalten. Die Unterteilung in Bibliotheken hat zahlreiche Vorteile: Die Liste der Farbfelder wird nicht unübersichtlich lang, und es lassen sich nutzer-, projekt- und themenbasierte Farbkollektionen anlegen. Im Palettenmenü finden Sie die wichtigsten Befehle für das Handling der Farbfelder-Bibliotheken.

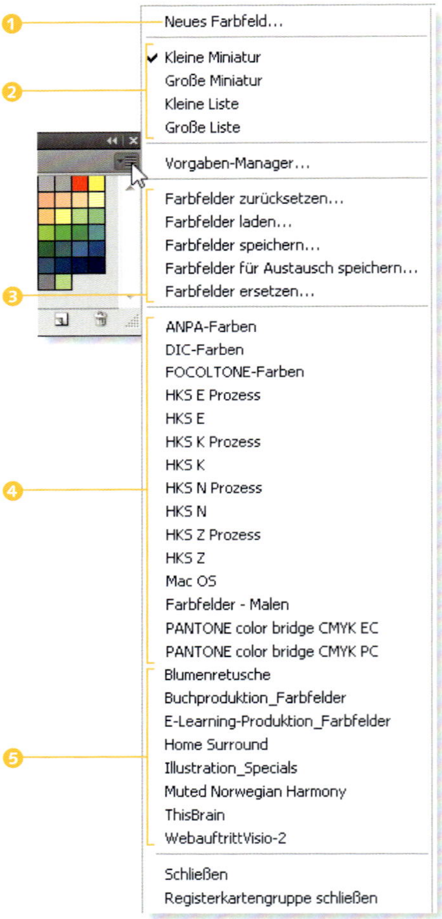

Abbildung 25.23 ▸
Das Palettenmenü der Farbfelder-Palette. Unten 5 sehen Sie einige individuell gespeicherte Bibliotheken.

Hier können Sie die Ansichtsoptionen festlegen 2, neue Farbfelder speichern 1 oder fertige Farbfeld-Sammlungen in die Palette hineinladen 3. Viel Platz nehmen auch die Farbbibliotheken der Druckfarben-Hersteller 4 ein (dieselben, die Sie auch über den Farbwähler erreichen). Eine ganze Reihe von Befehlen 3 steht wiederum zur Verfügung, um direkt festzulegen, ob

Farbfeld-Sammlungen zu den aktuell gezeigten Farbfeldern dazugeladen werden (FARBFELDER LADEN) sollen oder ob die aktuellen Farbfelder gespeichert werden sollen (FARBFELDER SPEICHERN). Sie können die aktuellen Farbfelder auch durch eine andere Sammlung ersetzen (FARBFELDER ERSETZEN). FARBFELDER ZURÜCKSETZEN aktiviert wieder die Photoshop-Standardeinstellungen.

Farbfelder CS-weit nutzen | Wenn Sie eine Kollektion von Farbfeldern mit den Speicherbefehlen des Seitenmenüs oder im Vorgabenmanager sichern, wird eine Farbfeld-Bibliothek erzeugt. Diese wird von Photoshop im Dateiformat **.aco** abgelegt. Diesen Typ von Bibliothek können Sie ausschließlich in Photoshop benutzen. Wenn Sie Farbbibliotheken auch in anderen Anwendungen der Creative Suite nutzen wollen, müssen Sie den Speicherbefehl FARBFELDER FÜR AUSTAUSCH SPEICHERN nutzen. Dabei erzeugen Sie Dateien im Format **.ase.** Diese Dateien können nicht allein in Photoshop, sondern auch in Illustrator, Flash, Fireworks und InDesign eingesetzt werden. Merken Sie sich auch, wo Sie die **.ase**-Datei ablegen – der von Photoshop vorgeschlagene Standardpfad wird von InDesign oder Illustrator nicht unbedingt automatisch gefunden!

Was wollen Sie tun?	Windows	Mac
Neues Farbfeld aus der aktuellen Vordergrundfarbe in der Palette ablegen	Klick an das Listenende der Palette	Klick an das Listenende der Palette
Farbfeld löschen	Alt + Klick auf das Farbfeld	⌥ + Klick auf das Farbfeld
Vordergrundfarbe aus der Farbfelder-Palette einstellen	Klick auf das Farbfeld	Klick auf das Farbfeld
Hintergrundfarbe aus der Farbfelder-Palette einstellen	Strg + Klick auf das Farbfeld	⌘ + Klick auf das Farbfeld

◂ **Tabelle 25.5**
Tastaturbefehle für die Arbeit mit der Farbfelder-Palette auf einen Blick

Zum Weiterlesen: Wo werden .aco, .ase & Co. gespeichert?
Photoshop unterscheidet zwischen den im Programm mitgelieferten Bibliotheken und den von Ihnen selbst definierten – sie werden in verschiedenen Ordnern gespeichert. Diese Aufteilung kann dazu führen, dass man bereits erzeugte Bibliotheken nicht mehr wiederfindet. Am falschen Ort gespeicherte Bibliotheken tauchen dann auch nicht im Palettenmenü auf. In Abschnitt 5.5, »Farbfelder, Muster, Stile & Co: Kreativressourcen organisieren«, finden Sie eine Übersicht der Standardpfade.

25.1.8 Farbharmonien online und lokal: Kuler

Adobe baut das Internet-Angebot für Kreativarbeiter kontinuierlich aus. Mit einigen der Online-Ressourcen sind die Anwendungen der Creative Suite 5 eng verzahnt, ein Beispiel dafür ist die Online-Community **Kuler**, die Sie unter *http://kuler.adobe.com* finden. Kuler ist englischsprachig, aber so einfach zu bedienen, dass wohl auch Nutzer mit geringen Sprachkenntnissen klarkommen.

Was kann Kuler online ? | Online-Tools, mit denen sich nach verschiedenen Harmonieregeln ansprechende Farbkombinationen finden lassen, gibt es schon seit Langem. Kuler hat jedoch einen breiteren Funktionsumfang:

- Sie können eigene Farbharmonien mithilfe des Farbkreises erzeugen (Menüpunkt ① Create • From a Color).
- Sie können auch aus hochgeladenen eigenen Fotos oder Flickr-Fotos Farbkombinationen entwickeln (Menüpunkt Create • From an Image).
- Außerdem können Sie natürlich die Farbschemata anderer Nutzer durchsuchen (Menüpunkt ② Themes).

Abbildung 25.24 ▼
Kuler – Inspiration, Handwerkszeug und Community gleichzeitig. Hier sehen Sie die Community-Seite mit der Farbschema-Suche.

[Flickr]
Flickr ist ein Online-Portal mit Community- und Schlagwort-Funktion (Tags) zum Einstellen von Fotos, vor allem für private Nutzer: *www.flickr.com*

Diese Funktionen stehen allen Anwendern zur Verfügung. Wer sich registriert, kann darüber hinaus eigene Farbschemata, mit Titel und Schlagwörtern versehen, online speichern.

Wenn Sie Kuler online nutzen, haben Sie die Wahl, ob Sie das Schema öffentlich zeigen oder nur privat nutzen. Registrierte Nutzer können außerdem eigene und fremde Farbkombinationen herunterladen und auf dem eigenen Rechner speichern. Die Farbmuster aus Kuler liegen im **.ase**-Dateiformat vor und sind mit vielen CS5-Programmen nutzbar. Beachten Sie auch hier den richtigen Speicherort.

▲ **Abbildung 25.25**
Registrierte Nutzer können Farbkombinationen zur Benutzung in CS5-Programmen herunterladen.

Die Kuler-Palette in Photoshop: Kuler durchsuchen | Kuler online macht wirklich Spaß. Die Funktionen sind durchdacht, die Benutzung funktioniert auf Anhieb – wo nötig, helfen einem kleine Sprechblasen mit Infotexten weiter –, und dank Flash läuft auch alles angenehm flüssig. Doch Sie müssen nicht unbedingt die Kuler-Website besuchen, um die dort gespeicherten Farbschemata auf der Suche nach Inspiration und genau der richtigen Farbfolge zu durchsuchen. Mit einer weniger opulenten Ansicht geht das auch direkt aus Photoshop heraus, denn Kuler hat seine eigene Palette. Die finden Sie nicht wie die anderen Paletten direkt unter dem Menüpunkt FENSTER, sondern unter FENSTER • ERWEITERUNGEN • KULER. Übrigens – ein, zwei vorangehende kurze Besuche bei Kuler online machen die Benutzung der CS-integrierten Kuler-Version leichter. Man versteht einfach viel besser, was alles hinter der kleinen Palette mit den bunten Farbfeldern steckt!

Unter INFO finden Sie nur einige allgemeine Informationen über Kuler.

Die DURCHSUCHEN-Funktion ③ verbindet Sie mit Kuler online. Suchen können Sie nach Stichwörtern (Tags) oder anderen Suchkriterien.

▶ Für die Suche nach Tags tragen Sie einfach im Suchfeld ④ ein Stichwort ein und drücken die ↵-Taste. Als Stichwort eignet sich fast alles (auf Englisch, versteht sich): Farbbezeichnungen, Ortsnamen, Jahreszeiten und Monate, Adjektive für Stimmungen oder andere Begriffe, die Sie mit einer bestimmten Farbstimmung assoziieren. Online ist die Stichwort-Suche ein wenig einfacher, weil man sich dort nach dem Schneeball-System durch die (verlinkten) Tags hangeln kann.

Registrieren bei Adobe

Bei vielen Online-Services nervt die Registrierungspflicht, weil zahlreiche persönliche Daten preisgegeben werden müssen. Adobe macht es den Anwendern einfach und bietet viel. Abgefragt werden nur E-Mail-Adresse und Passwort. Dann erhalten Sie Ihre »Adobe-ID«. Diese gewährt Ihnen Zugang zu Kuler online, aber auch zu anderen Funktionen, etwa dem ebenfalls aus Photoshop erreichbaren **CS Review**, den unter **Acrobat.com** gehosten Diensten für kollaboratives Arbeiten oder dem Ressourcen-Marktplatz **Adobe Exchange**. Detaillierte Informationen über die Online-Angebote von Adobe finden Sie auf der Galileo-Webseite im Bereich DIE BONUS-SEITE ZUM BUCH: *http://www.galileodesign.de*

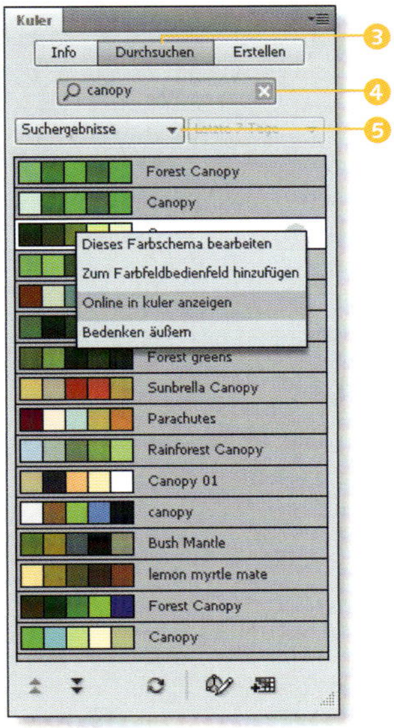

▲ **Abbildung 25.26**
Das Kuler-Bedienfeld – sofern Ihr Rechner mit dem Internet verbunden ist, haben Sie hier direkten Zugriff auf alle Online-Farbmuster.

Abbildung 25.27 ►
Kuler online zeigt alle Stichwörter eines Farbschemas an. Diese sind anklickbar. Eine solch assoziative Suche bietet das Kuler-Bedienfeld nicht.

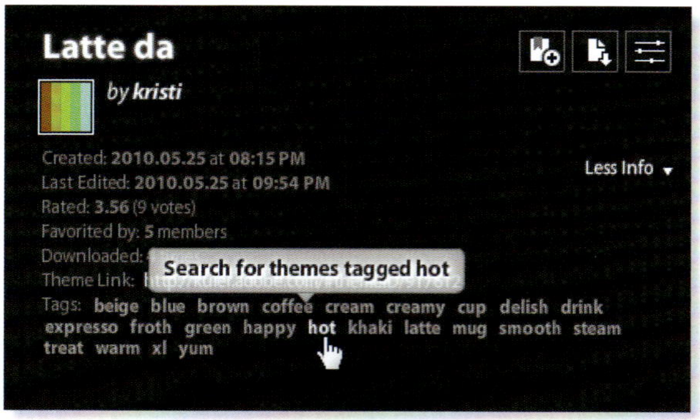

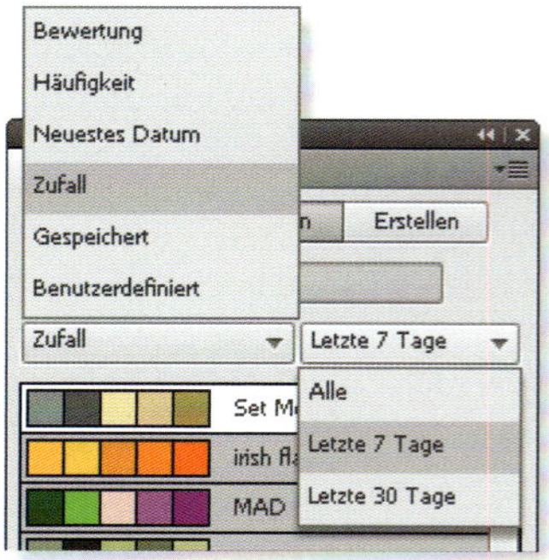

▲ **Abbildung 25.28**
Mithilfe dieser Listen durchforsten Sie den Kuler-Gesamtbestand nach verschiedenen Kriterien.

▲ **Abbildung 25.29**
In Listen blättern

▲ **Abbildung 25.30**
Anzeige aktualisieren

▲ **Abbildung 25.31**
Schemas bearbeiten

- Anders, als man annehmen könnte, ist die Liste SUCHERGEBNISSE ⑤ nicht dazu da, um einmal gefundene Ergebnisse zu sortieren. Stattdessen dient sie dazu, den kompletten Bestand der Farbmuster auf Kuler nach Datum, Beliebtheit und einigen anderen Kriterien sortiert anzuzeigen. Die Liste daneben sorgt für eine zeitliche Eingrenzung.
  Außerdem können der Liste bis zu vier eigene Stichwörter hinzugefügt werden. Klicken Sie dazu unter SUCHERGEBNISSE auf BENUTZERDEFINIERT, und tragen Sie häufig genutzte Suchbegriffe ein.

Für wichtige Funktionen stehen am unteren Rand der Kuler-Palette einige Icons zur Verfügung. Wie überall in Kuler gibt es auch hier ziemlich smart formulierte und daher wirklich hilfreiche QuickInfos.

- Mithilfe der Pfeile navigieren Sie in den – oft sehr langen – Listen.
- Das »Recycling«-Symbol aktualisiert die Liste – sinnvoll, wenn man das Kuler-Bedienfeld längere Zeit nicht benutzt hat. Der Onlinebestand ändert sich ja kontinuierlich.
- Der Buntstift mit stilisiertem Farbkreis führt zu den Bearbeitungsfunktionen der Kuler-Palette, ebenso wie der Button ERSTELLEN oben in der Palette.
- Mit dem letzten Button können Sie der Farbfelder-Palette ausgewählte Schemas ohne weitere Umwege hinzufügen. Wenn Ihnen ein Schema wirklich gut gefällt, sollten Sie das tun: Aufgrund der Dynamik und Größe von Kuler kann es schwierig sein, bestimmte Schemas wiederzufinden, besonders, wenn man sich ihre Namen, Ersteller oder Tags nicht gemerkt hat.

Farben in der Kuler-Palette bearbeiten | Die Bearbeitungsfunktion in der Kuler-Palette ist nicht so komfortabel wie online. Dennoch ist sie eine gute Ergänzung zu Photoshops anderen

Farbtools, weil Sie hier nach Harmonieregeln arbeiten können. Auch hier gibt es viele nützliche QuickInfos, die Sie durch die Funktionen lotsen. Wählen Sie zunächst unter REGEL, nach welcher Harmonieregel Sie arbeiten wollen, und nutzen Sie die Slider rechts und unterhalb des Farbkreises, um die eingestellten Farben zu modifizieren. Es ist außerdem möglich, die einzelnen Farb-Spots im Spektrum mit der Maus zu verschieben.

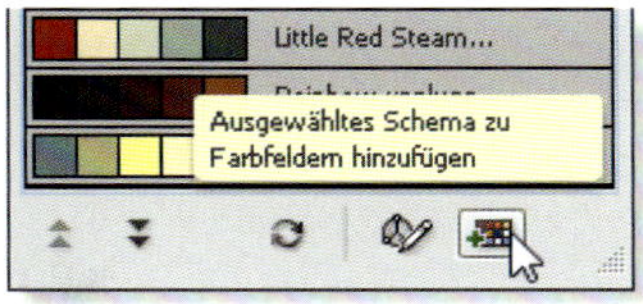

▲ **Abbildung 25.32**
Schemas in die Farbfelder-Palette befördern

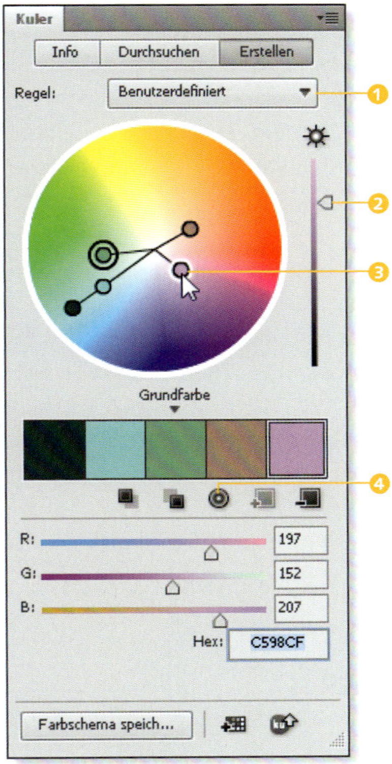

◄ **Abbildung 25.33**
Kuler-Farbschemas bearbeiten und neue kreieren

Durch Festlegen unterschiedlicher Farbharmonie-Regeln ① **verändern Sie das gesamte Farbschema**. Maßgeblich für die Wirkung der Regeln ist, welche Farbe als Grundfarbe eingestellt ist – dazu genügt ein Klick auf einen der kleinen Kreise innerhalb des Spektrums ③. Diese lassen sich auch manuell verschieben.

Wenn Sie die Grundfarbe geändert haben oder eine neue Harmonieregel anwenden wollen, klicken Sie auf das Kreis-Icon ④ unterhalb der Farbfelder [Icon], um die Anzeige zu aktualisieren.

Sie können auch einzelne Farben des Schemas gezielt bearbeiten. Manchmal kommt es dabei trotzdem zu Veränderungen des gesamten Schemas, je nach eingestellter Harmonieregel. In jedem Fall muss eine Farbe ausgewählt sein. Das erreichen Sie durch Anklicken eines der Farbfelder. Es wird dann mit einem

Kuler immer griffbereit

Wie alle Paletten lässt sich auch die Kuler-Palette als Symbol im Dock ablegen.

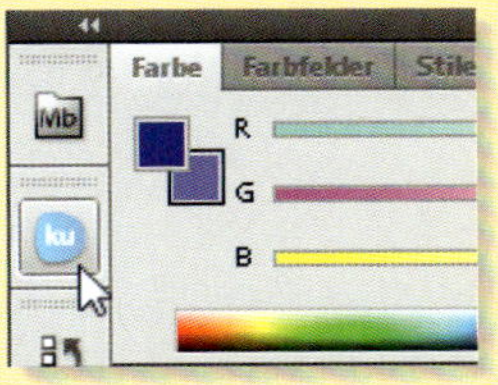

▲ **Abbildung 25.34**
Die Kuler-Palette, zum Symbol minimiert

weißen Rand hervorgehoben (in Abbildung 29.33 ist es der Violett-Ton ganz rechts).

- Sie können die RGB-Regler benutzen oder Farbwerte in die Felder eintippen. Je nach gewählter Regel ändern sich dabei unter Umständen alle Farben des Schemas mit.
- Außerdem können Sie die Helligkeit einstellen ❷. Auch hier ist es von der wirksamen Harmonieregel abhängig, ob nur eine oder alle Farben des Schemas verändert werden.
- Um eine Farbe aus der Reihe zu entfernen und damit Platz für eine ganz neue Farbe zu schaffen, klicken Sie auf das Quadrat-Icon mit dem Minuszeichen.
- Aktivieren Sie dann das leere Farbfeld, stellen Sie eine neue Farbe ein, und nutzen Sie das Quadrat-Icon mit dem Pluszeichen, um die neue Farbe hinzuzufügen.

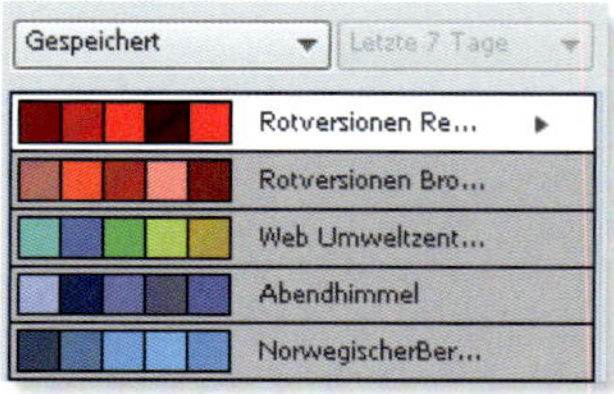

▲ **Abbildung 25.35**
Unter GESPEICHERT tauchen die eigenen Farbfolgen auf.

Sind Sie mit Ihrer Farbeinstellung zufrieden, gilt es, die Ausbeute zu sichern:

Einzelne Farben können Sie per Icon als Vordergrundfarbe oder als Hintergrundfarbe in der Photoshop-Werkzeugleiste einstellen.

Der Button FARBSCHEMA SPEICHERN sichert ein Schema innerhalb der Kuler-Palette. In der DURCHSUCHEN-Ansicht können Sie eigene Schemas dann wiederfinden.

Außerdem können Sie die Farben in der Farbfelder-Palette ablegen oder online zu Kuler hochladen.

25.2 Die Malwerkzeuge

25.2.1 Pinsel und Buntstift

Pinsel und Buntstift (beide erreichbar per Shortcut [B] – für *Brush*) sind die althergebrachten Standard-Malwerkzeuge, mit denen Sie digitale Farbe auftragen. Neu in Photoshop CS5 ist das Mischpinsel-Werkzeug, das ebenfalls über [B] erreichbar ist. Mit diesem speziellen Pinsel werden Farbpixel nicht nur aufgetragen, sondern auch mit den Farben des Malgrunds gemischt. Das neuartige Tool wird in einem eigenen Abschnitt vorgestellt (siehe Abschnitt 25.2.5, »Nass-in-nass-Maltechnik: Der Mischpinsel«). Hier geht es zunächst um die beiden Klassiker Pinsel und Buntstift. Sie sind in der Werkzeugleiste im gleichen Fach angesiedelt, und sie wirken auch sehr ähnlich: Der Anwender stellt die Vordergrundfarbe ein, legt die Pinselspitze und andere Werkzeugoptionen fest und trägt die Pixel per Maus oder Stift auf. Die Unterschiede zwischen beiden Werkzeugen liegen im Detail.

Pinsel | Das Pinsel-Werkzeug erzeugt Striche mit wahlweise glatten oder weichen Kanten. Zahlreiche zusätzliche Maleffekte können hinzugenommen werden. Für Mal- und Illustrationszwecke auf Pixelbildern ist es bestens geeignet, ebenso für die Bearbeitung von Ebenenmasken oder der Quick Mask. Allerdings ist das ambitionierte Malen mit der Maus ein wenig umständlich – wenn Sie öfter detaillierte Kolorierungsarbeiten und Illustrationen anfertigen wollen, sollten Sie an die Anschaffung eines Grafiktabletts denken, das es Ihnen erlaubt, mit einem Stift zu arbeiten. Mit einiger Übung arbeiten Sie damit präziser und schneller. Photoshop bietet in seinen Pinseleinstellungen verschiedene Optionen, mit denen Sie die Funktionen eines solchen Grafiktabletts ausreizen können.

Pinsel-Optionen | Die Größe und Art des Pinsels stellen Sie mithilfe eines Dropdown-Menüs ein 8 (mehr dazu erfahren Sie in Abschnitt 25.2.2, »Werkzeugspitzen schnell einstellen«).

Unter Modus 9 können Sie festlegen, wie der aufgetragene Malstrich mit den darunterliegenden Pixeln verrechnet wird. Die Modi wirken wie die schon bekannten Ebenen-Füllmethoden und tragen auch dieselben Bezeichnungen. Deckkraft 7 reguliert – wenig überraschend – die Deckkraft bzw. Transparenz des aufgetragenen Strichs. Mit einem Pinselauftrag, dessen Deckkraft reduziert ist, lassen sich lebendige Farbflächen gestalten.

▼ Abbildung 25.36
Optionen für den Pinsel. Die Liste mit den Pinselvorgaben ist ausgeklappt.

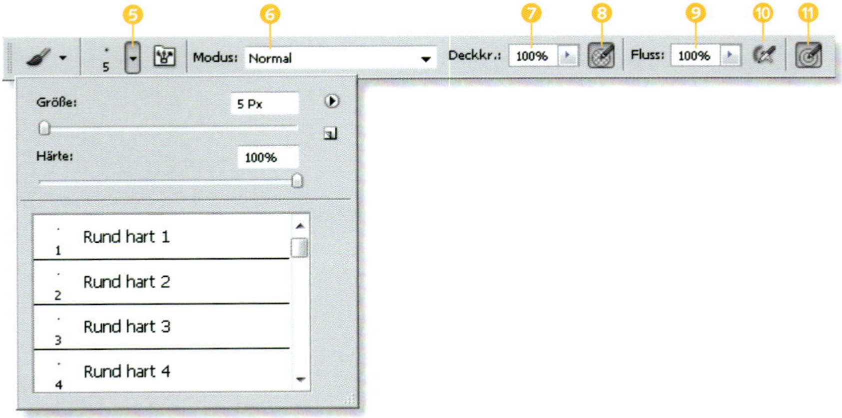

Die Option Fluss 9 regelt die Viskosität der aufgetragenen virtuellen Farbe. Das heißt, je geringer der Wert ist, desto »zäher« fließen die Pixel aus dem Pinsel.

Die Option Airbrush 10, die Sie durch Anklicken der Schaltfläche direkt neben der Fluss-Einstellung aktivieren können, hilft Ihnen, weiche Farbübergänge zu erstellen, die an traditionelle Airbrush-Techniken erinnern. Während im Normalbetrieb nur dann »Farbe« aus der Werkzeugspitze strömt, wenn Sie die Maus bewegen, sondert das Pinsel-Werkzeug mit aktiver Airbrush-Option auch bei Stillstand farbige Pixel ab.

CS5

Zwei neue Schaltflächen in der Optionsleiste sind exklusiv für Grafiktablett-Nutzer gedacht. Wenn sie aktiv sind, werden die Optionsleisten-Einstellungen für Deckkraft und Pinselgröße ignoriert; die von Grafiktablett und Eingabestift übermittelten Werte haben dann Vorrang.

- Die Schaltfläche 8 direkt neben der Deckkraft-Option setzt diese außer Kraft und überlässt dem Grafiktablett die Deckkraft-Steuerung (über den Andruck des Stifts – das klappt natürlich nur, wenn Sie ein Grafiktablett haben, das diese Funktion auch unterstützt).
- Die Schaltfläche 11 am rechten Rand der Optionsleiste deaktiviert die Pinselgrößen-Einstellung in der Optionsleiste. Die Pinselgröße wird dann von Ihrem Zeichentablett via Stiftdruck gesteuert (sofern dort diese Funktion vorhanden ist).

Zum Weiterlesen: Ebenen-Füllmethode
Eine detaillierte Übersicht über die Wirkung der verschiedenen Modi bzw. Füllmethoden finden Sie in Kapitel 12, »Füllmethoden: Pixel-Interaktion zwischen Ebenen«.

Malmodus vs. Ebenen-Füllmethode | Wie bei vielen anderen Werkzeugen können Sie auch bei Pinsel und Buntstift einstellen, mit welchem Modus die aufgetragenen Pixel mit den Bildpixeln verrechnet werden. Die zugrunde liegenden Berechnungen sind dieselben, die auch der Ebenen-Füllmethode zugrunde liegen.

Ob Sie besser mit den Malmodi oder Ebenen arbeiten, ist Geschmackssache und hängt auch von der konkreten Aufgabe ab. Wenn Sie die Modus-Einstellung in der Optionsleiste nutzen, sind Sie in jedem Fall flotter, Korrekturen sind jedoch schwieriger. Wenn Sie mit Ebenen arbeiten, sind Sie flexibler, können Korrekturen leicht anbringen und einfacher experimentieren!

▲ **Abbildung 25.37**
Das Originalbild. Bearbeitungsziel: Das verblasste Rot des Automaten kräftiger machen.

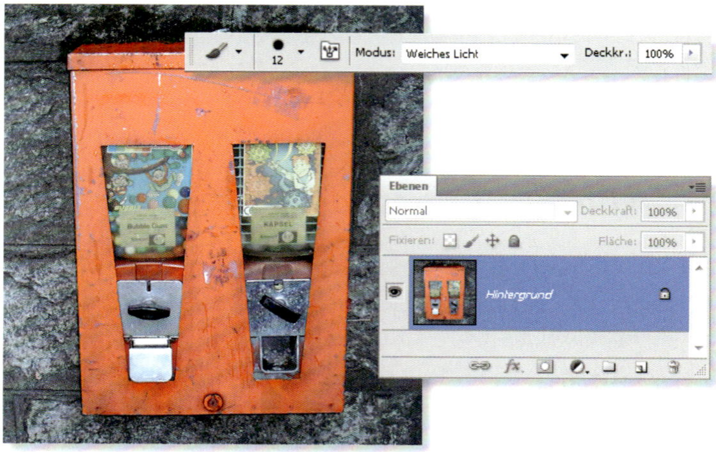

Abbildung 25.38 ▶
Hier wurden mit der Pinseloption MODUS: WEICHES LICHT rote Pixel direkt auf die Bildebene aufgepinselt. Um korrekt zu arbeiten, brauchen Sie entweder eine Auswahl oder sehr viel Geduld. Nachbessern oder Modus-Änderungen sind nicht möglich!

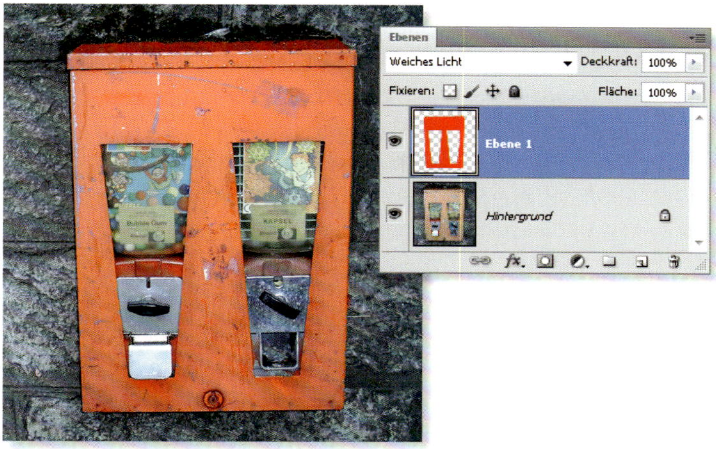

◂ **Abbildung 25.39**
Die flexiblere Lösung: Ebenen. Das Bild erscheint gleich. Erst die Ebenen-Palette zeigt den Unterschied. Hier kann man z. B. durch Masken einfache Pannen ausbessern oder verschiedene Versionen vergleichen. Viel zeitaufwendiger als das Arbeiten mit Auswahl und Pinsel ist das nicht.

Buntstift | Das Buntstift-Werkzeug funktioniert ähnlich wie der Pinsel. Es gibt allerdings einen entscheidenden Unterschied: der Buntstift kann Linien in verschiedener Form, aber immer nur mit harten Kanten erzeugen. In der Liste, die über die Optionsleiste erreichbar ist, sind zwar auch Werkzeugspitzen mit weichen Kanten aufgeführt – so wie beim Pinsel-Werkzeug auch. Allerdings erzeugen weiche Werkzeugspitzen beim Buntstift keine weiche Kante, sondern »unsaubere« Kanten mit einer Störungsstruktur, wie sie für echte Buntstiftlinien typisch ist.

Der Buntstift wird gerne bei Bildern im Bitmap-Modus verwendet, die ohnehin nur auf schwarze und weiße Bildpunkte eingeschränkt sind. Auch wenn Sie mit kleinen Werkzeugspitzen arbeiten und unbedingt scharfe, harte Linien brauchen, sollten Sie zum Buntstift greifen. Beim Pinsel werden nämlich auch vermeintlich »harte« Linien immer ein wenig geglättet!

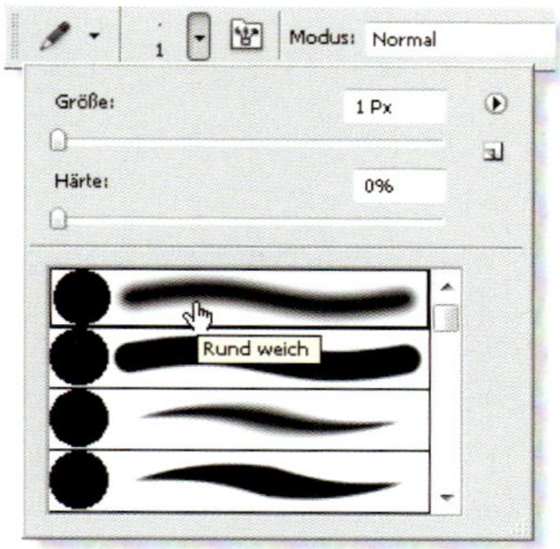

▴ **Abbildung 25.40**
Werkzeugspitzen beim Buntstift. Bei weichen Spitzen (mit einem niedrigen Wert für Härte) entstehen Malstriche mit harten, unregelmäßigen Kanten.

▴ **Abbildung 25.41**
Typische Buntstift-Werkzeug-Linie, die mit einer Werkzeugspitze mit weicher Kante erzeugt wurde. Da der Buntstift keine weichen Übergänge darstellt, entstehen solche strukturierten Linienkanten.

Buntstift-Optionen | Bei den übrigen Optionen gibt es gegenüber dem Pinsel-Werkzeug wenig Neues, mit einer Ausnahme: der Option Automatisch löschen ①. Damit können Sie mit der Hintergrundfarbe, die Sie in der Werkzeugleiste eingestellt haben, über Bildbereiche malen, die die Vordergrundfarbe enthalten – und zwar ausschließlich über diese Bereiche. Sie können diese Option also z. B. gut verwenden, um bei einer Illustration Bereiche gezielt umzufärben.

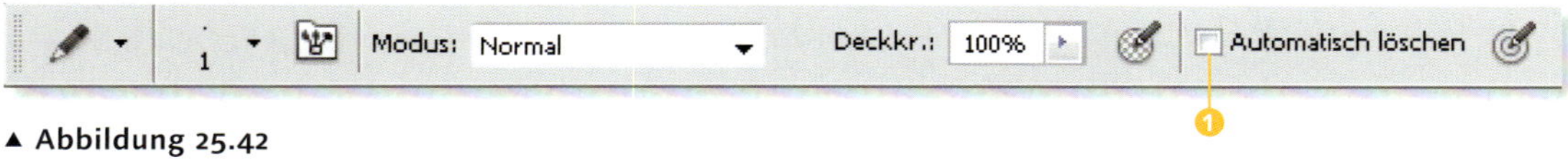

▴ **Abbildung 25.42**
Optionsleiste beim Buntstift

Pinsel und Buntstift bedienen | Natürlich brauchen Sie für das Pinseln und Radieren eine ruhige Maushand – oder besser noch ein Grafiktablett. Doch die Handgriffe für den Gebrauch der Malwerkzeuge sind einfach: Malfarbe festlegen, Werkzeuggröße, -härte und weitere Optionen festlegen – losmalen. Hilfreiche Shortcuts für den effektiven Gebrauch der Malwerkzeuge finden Sie am Ende von Abschnitt 25.2.4.

TOPP-TIPP: Malerei reversibel halten: Mehr Protokollschritte und Schnappschüsse

In Photoshop gibt es die segensreiche Tastenkombination Strg/⌘+Z, um einen falschen Handgriff rückgängig zu machen, Strg/⌘+⇧+Z geht mehrere Arbeitsschritte zurück. Allerdings wird beim Malen jeder einzelne Pinselstrich als eigener Schritt verbucht – das hilft einem nicht wirklich weiter. Unter VOREINSTELLUNGEN • LEISTUNG können Sie die Anzahl der PROTOKOLLOBJEKTE erhöhen (denken Sie allerdings daran, dass diese Funktion tüchtig RAM frisst). Empfehlenswert ist es außerdem, die Protokoll-Palette zu nutzen und dort fleißig Gebrauch von der Funktion SCHNAPPSCHUSS zu machen. Schnappschüsse sind Momentaufnahmen von Bildstadien, die später wiederhergestellt werden können. Sie entlasten das Protokoll und lassen sich außerdem mit eindeutigen Namen versehen. Mehr Informationen zur Protokoll-Palette finden Sie in Abschnitt 4.3.

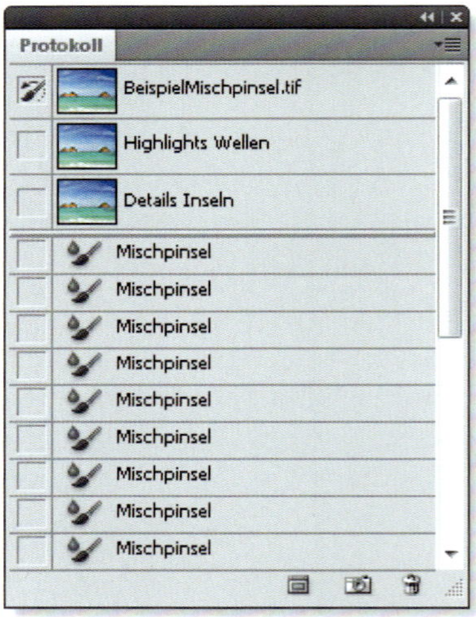

◀ **Abbildung 25.43**
Ohne Schnappschüsse ist die Protokoll-Palette beim Malen fast nutzlos. Die Arbeitsschritte sind ununterscheidbar nach dem Werkzeug benannt. Und auch dann, wenn die Anzahl der Protokollobjekte hochgesetzt wurde, ist die Kapazität schnell ausgeschöpft.

25.2.2 Werkzeugspitzen schnell einstellen

Werkzeuge, mit denen die Bildpixel direkt verändert werden, sind in Photoshop vielfach präsent und vielseitig einsetzbar – nicht nur bei den klassischen Malwerkzeugen, sondern auch bei vielen Retuschetools. Gebraucht werden sie bei Illustrationen und Retuschen, für die knifflige manuelle Korrektur einer Maske oder Quick Mask. Immer gilt: Die Werkzeugspitze muss optimal

Pinsel, Pinselspitze oder Werkzeugspitzen?
Adobe nennt die Spitzen von Werkzeugen rundweg »Pinsel« – gleichgültig ob diese tatsächlich zum Pinsel-Werkzeug oder einem anderen Tool gehören. So sind an vielen Stellen, an denen die Begriffe »Pinsel« oder »Pinselspitze« auftauchen, eigentlich Werkzeugspitzen gemeint, die eben auch zu anderen Werkzeugen als exklusiv dem Pinsel gehören können.

angepasst sein, wenn man gute Ergebnisse erzielen will. Darüber hinaus lassen sich mithilfe von Pinseleinstellungen auch interessante kreative Effekte realisieren.

Ich stelle Ihnen hier zunächst die Arbeit mit den Pinselvorgaben in der Optionsleiste vor, die Pinsel-Palette für weitergehende Einstellungen lernen Sie dann im späteren Abschnitt 25.3, »Feintuning für Pinsel- und Werkzeugspitzen«, kennen.

Einstellungen über die Optionsleiste | Photoshop bietet ein riesiges Arsenal an fertig konfigurierten Werkzeugspitzen für Pinsel, Buntstift und Mischpinsel, die sogenannten **Pinselvorgaben**. Sie erreichen die Pinselvorgaben am schnellsten über die Optionsleiste der Malwerkzeuge, außerdem gibt es – neu in CS5 – eine eigene Pinselvorgaben-Palette (erreichbar via FENSTER • PINSELVORGABEN oder mit dem Button ① in der Werkzeug-Optionsleiste).

CS5

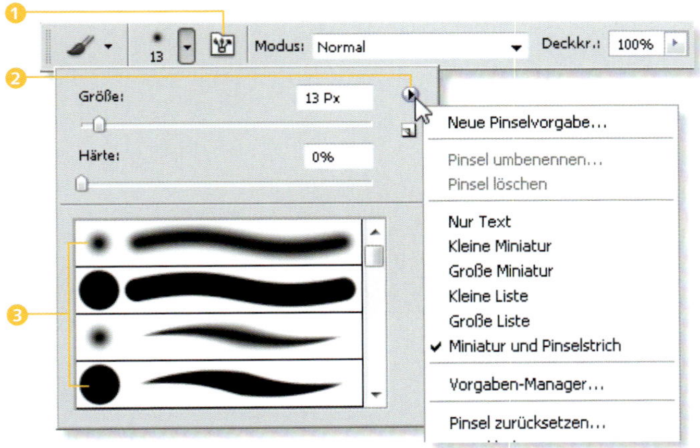

◂ **Abbildung 25.44**
Schnelle Pinseleinstellung beim Pinsel-Werkzeug. Die Pinselliste ist hier in der Ansicht MINIATUR UND PINSELSTRICH zu sehen.

Wählen Sie Ihren Wunschpinsel aus der Vorgabenliste ③. Mithilfe der Slider lassen sich außerdem Eigenschaften wie der Durchmesser der Pinselspitze (GRÖSSE) oder die Konturschärfe des Malstrichs (HÄRTE) verändern. Im Seitenmenü ② können Sie eine andere Listendarstellung wählen und außerdem weitere Pinselspitzen nachladen.

Pinseleinstellung per Tastaturkürzel | Bei vielen Arbeiten muss man laufend Größe und Härte der Werkzeugspitze ändern: bei der Retusche, beim Bepinseln von Masken und natürlich auch bei klassischen Illustrationsaufgaben. Es gibt einige handliche Shortcuts, mit denen Sie das im laufenden Betrieb erledigen können.

- Zunächst einmal können Sie bei aktivem Mal- oder Retuschewerkzeug einfach einen Rechtsklick auf die Arbeitsfläche

Zum Weiterlesen: Werkzeugspitzen sind Vorgaben ...
... und werden in Photoshop so verwaltet wie andere Kreativressourcen (Farbfelder, Muster, Stile usw.) auch. Wenn Sie genauer ins Thema einsteigen wollen, lesen Sie den Abschnittt 5.5, »Farbfelder, Muster, Stile & Co: Kreativressourcen organisieren«.

setzen: Die Pinselvorgaben-Liste mit den werkzeugtypischen Reglern wird direkt unter der Pinselspitze eingeblendet.

CS5 Bessere Shortcuts, Vorschaufarbe variabel
In CS5 wurden die komplizierten Tastenkürzel zum flotten Umstellen der Pinseleigenschaften vereinfacht. Außerdem kann die Farbe der Pinselvorschau nun verändert werden (Voreinstellungen • Zeigerdarstellung; siehe Abbildung 25.48).

Doch Größe und Deckkraft können Sie auch im laufenden Betrieb ganz ohne Klick zur Pinselliste verstellen. Um die **Pinselgröße** zu verändern,

- halten Sie Alt bzw. ⌥ gedrückt und drücken die rechte Maustaste. Dann bewegen Sie die Maus *nach rechts oder links*.
- Sofern Sie eine Mac-Eintastenmaus benutzen, drücken Sie ⌥+Ctrl und die (linke) Maustaste, während Sie die Maus *nach rechts oder links* bewegen.

Um die **Härte eines Pinsels** zu verändern,

- halten Sie Alt bzw. die ⌥ gedrückt und drücken die rechte Maustaste. Dann bewegen Sie die Maus *nach oben oder unten*.
- Am Mac drücken Sie ⌥+Ctrl und die (linke) Maustaste, während Sie die Maus *nach oben oder unten* bewegen.

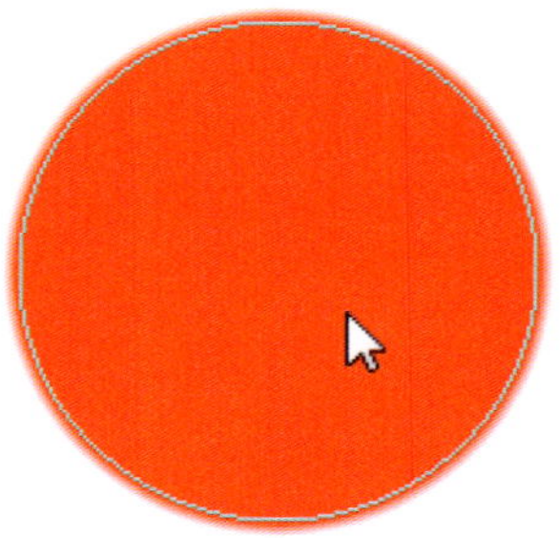

▲ Abbildung 25.45
Ein roter Kreis innerhalb der Pinselspitze zeigt die durch Mausbewegung (rechts/links) eingestellte Pinselgröße an.

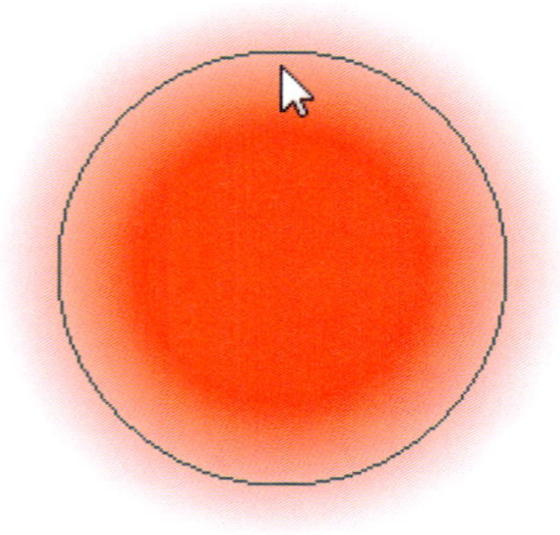

▲ Abbildung 25.46
Auch die Härte bzw. Weichheit von Werkzeugspitzen wird in der roten Vorschau angezeigt (Mausbewegung nach oben/unten).

Das liest sich jetzt etwas kompliziert, aber wenn Sie es zwei-, dreimal ausprobieren, werden Sie sich an diese Shortcuts schnell gewöhnen!

Pinsel-Eigenschaften am Beispiel | Welche Werkzeugspitzen wurden in Abbildung 25.47 verwendet? Von links nach rechts:

1. Pinsel-Werkzeug: Grösse 3 Px, Härte 100 %, Abstand 25 %, Winkel 0°, Rundheit 100 %

2 Pinsel-Werkzeug: Grösse 60 Px, Härte 50 %, Abstand 25 %, Winkel 0°, Rundheit 100 %
3 Pinsel-Werkzeug: Grösse 60 Px, Härte 0 %, Abstand 25 %, Winkel 0°, Rundheit 100 %
4 Buntstift-Werkzeug: Grösse 50 Px, Härte 20 %, Abstand 25 %, Winkel 0°, Rundheit 100 %
5 Pinsel-Werkzeug: Grösse 40 Px, Härte 100 %, Abstand 150 %, Winkel 0°, Rundheit 100 %
6 Pinsel-Werkzeug: Grösse 20 Px, Härte 100 %, Abstand 25 %, Winkel 45°, Rundheit 25 %
7 Pinsel-Werkzeug: Grösse: 20 Px, Härte 100 %, Abstand 650 %, Winkel 45°, Rundheit 25 %

◂ **Abbildung 25.47**
Verschiedene Pinsel- und Buntstift-Eigenschaften und ihre Wirkung. Einige der hier gezeigten Eigenschaften können lediglich über die Pinsel-Palette und nicht über die Pinseleinstellung in der Optionsleiste erzeugt werden.

Darstellung von Pinselspitzen | Gerade beim Malen und Retuschieren ist es wichtig, die volle Kontrolle über die Werkzeugspitze zu haben. Dafür unerlässlich ist eine Darstellung der Werkzeugspitzen, die deren Größe exakt wiedergibt. Sie erreichen sie über die Voreinstellungen (Strg+K bzw. ⌘+K) und dort in der Unterkategorie Zeigerdarstellung.

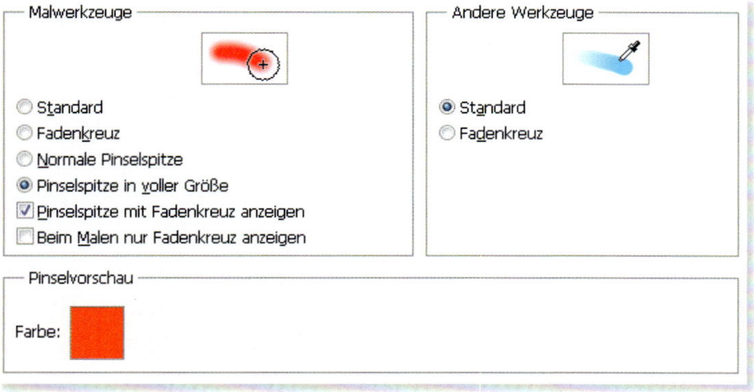

◂ **Abbildung 25.48**
Mit diesen Einstellungen haben Sie eine gute Kontrolle über die Pinselspitzen.

Für die Darstellung der Malwerkzeuge empfiehlt es sich, PINSELSPITZE IN VOLLER GRÖSSE zu wählen. Die Option PINSELSPITZE MIT FADENKREUZ ANZEIGEN ist besonders nützlich, wenn man mit weichen Werkzeugspitzen operiert. Ein kleines Kreuz zeigt die Mitte der Werkzeugspitze an. Das macht es leichter, die (abnehmende) Werkzeugwirkung zum Rand hin realistischer einzuschätzen.

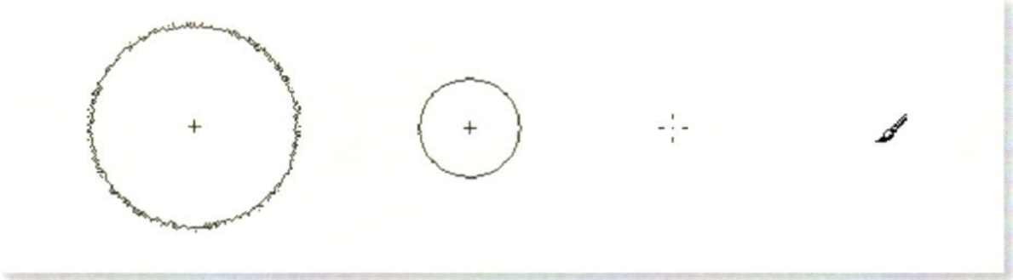

Abbildung 25.49 ▸
Viermal ein 100-Px-Pinsel mit einer Kantenschärfe von 0%: in den Ansichten PINSELSPITZE IN VOLLER GRÖSSE (mit Fadenkreuz), NORMALE GRÖSSE (mit Fadenkreuz), FADENKREUZ und STANDARD

Wenn Sie [⇪], die Feststelltaste, arretieren, werden Malwerkzeuge immer in der Ansicht FADENKREUZ angezeigt.

Neue Pinselvorschau für den Mischpinsel

CS5 Der Mischpinsel bietet eine neuartige Pinselvorschau, die eine bessere Kontrolle über den Neigungswinkel und das Aussehen der Borsten gibt. Beim normalen Pinsel und dem Buntstift-Werkzeug steht diese Ansicht nicht zur Verfügung. Näher kennenlernen können Sie sie in Kapitel 25.2.5, im Abschnitt »Borstenpinselvorschau«.

▴ Abbildung 25.50
Die neue Pinselvorschau für den Mischpinsel

Weitere Pinsel in die Liste laden | Nicht alle der in Photoshop vorhandenen Werkzeugspitzen stehen standardmäßig zum Zugriff in der Vorgabenliste bereit – dann würde sie nämlich viel zu lang und unübersichtlich. Um zusätzliche Pinselspitzen in die Liste zu laden, öffnen Sie als Erstes das Pinselmenü in der Optionsleiste und klicken dort auf den kleinen Pfeil ①, der zum Seitenmenü führt.

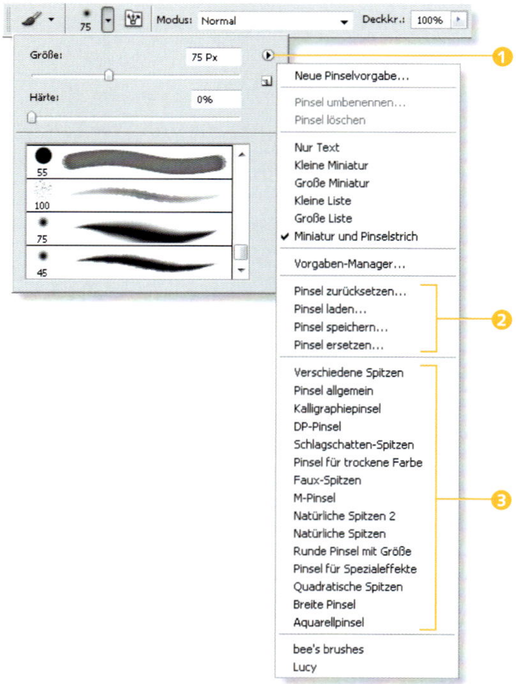

Abbildung 25.51 ▸
Pinsel-Liste mit Seitenmenü

Im unteren Bereich des Seitenmenüs ❸ finden Sie alle vorhandenen Pinselkollektionen, die Bibliotheken. Wenn Sie direkt auf einen der Bibliothekstitel klicken, erscheint eine Anfrage zum weiteren Verfahren.

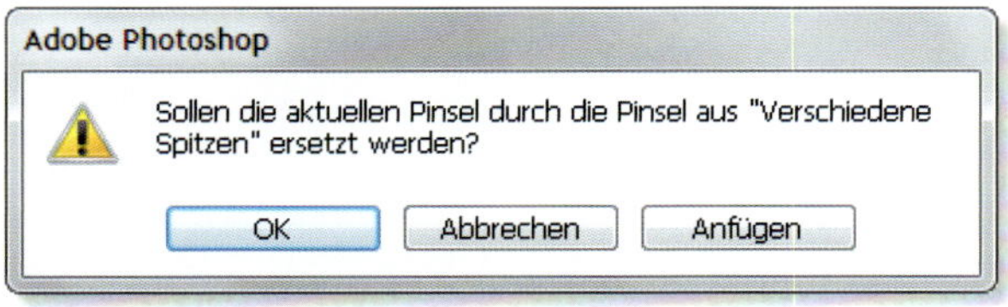

◀ **Abbildung 25.52**
OK entfernt die aktuell geladenen Pinsel aus der Liste und lädt stattdessen die neue Bibliothek. ANFÜGEN erweitert die bestehende Liste um die eben angeklickte Pinselbibliothek.

Mit den Befehlen in der Mitte des Seitenmenüs ❷ können Sie auch direkt festlegen, wie mit der Liste und den hineinzuladenden Pinseln verfahren wird:

- PINSEL ZURÜCKSETZEN... stellt den Urzustand der Liste wieder her, versetzt die Pinsel sozusagen wieder in den Werkszustand.
- PINSEL LADEN... ruft den Ordner auf, in dem die Photoshop-Pinsel standardmäßig abgelegt sind.
- PINSEL SPEICHERN... speichert die aktuelle Liste. Sinnvoll ist das, wenn Sie die Liste verändert haben. Achten Sie dann auf die Vergabe eines neuen, eindeutigen Namens und darauf, die neue Bibliothek ebenfalls im Standardordner abzulegen – nur dann erscheint sie beim nächsten Programmstart unten im Seitenmenü bei den anderen Bibliothekstiteln.
- PINSEL ERSETZEN... nimmt die aktuell geladenen Pinsel aus der Liste und lädt eine neue Bibliothek. Wenn Sie zuvor Änderungen an der Liste vorgenommen haben, werden Sie gefragt, ob Sie sie speichern möchten.

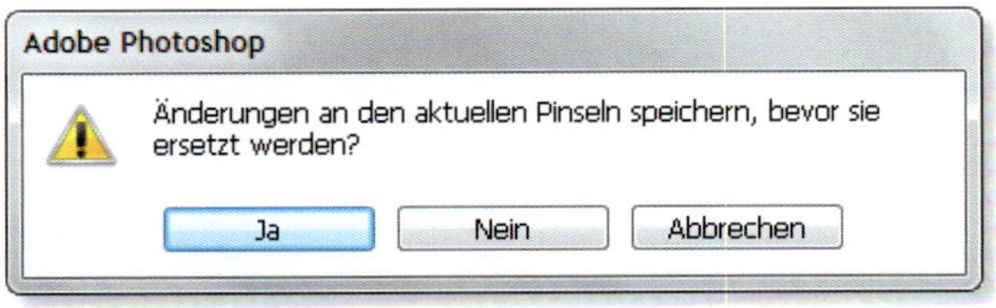

◀ **Abbildung 25.53**
Änderungen gehen dank dieser Anfrage beim Laden neuer Bibliotheken nicht irrtümlich verloren.

25.2.3 Das Radiergummi-Werkzeug: Pixel wegradieren

Der Radiergummi (E – wie *Eraser*) entfernt natürlich nicht nur per Pinsel oder Buntstift aufgetragene »Farbe«, sondern generell alle Bildpixel. Er eignet sich aber besonders gut für die Zusammenarbeit mit den Malwerkzeugen, weil er schnell zur Hand ist.

Radiergummi benutzen | Die Anwendung ist einfach: Optionen festlegen, Maus ins Bild setzen und losradieren. Allerdings ist

Zum Weiterlesen: Masken
Detailwissen über Masken finden Sie in Kapitel 14, »Ebenenmasken & Co«.

das Löschen von Pixeln per Radiergummi unwiderruflich – auch beim Malen sollte man überlegen, ob man nicht lieber zunächst Bildbereiche per Maske ausblendet. Der Masken-Befehl EBENENMASKE ANWENDEN löscht unerwünschte Pixel dann auf Wunsch dauerhaft. Ein geschickter Einsatz von Ebenen kann ebenfalls dazu beitragen, dass man das radikale Löschen von Pixeln – die man womöglich später doch noch braucht – vermeiden kann.

Radiergummi-Optionen | Die Optionen für den Radiergummi ähneln den Pinseloptionen. Anders ist lediglich der Befehl BASIEREND AUF PROTOKOLL LÖSCHEN (1). Diese Option entschärft die Wirkung des Radiergummis ein wenig: Wenn sie aktiv ist, entfernt der Radiergummi nicht alle Bildpixel, sondern nur die zuletzt aufgetragenen – so setzen Sie Teile des Bildes also auf ein früheres Stadium zurück.

Abbildung 25.54 ▼
Die Liste zur Pinselauswahl steht nur zur Verfügung, wenn die Option MODUS: QUADRAT nicht aktiviert ist.

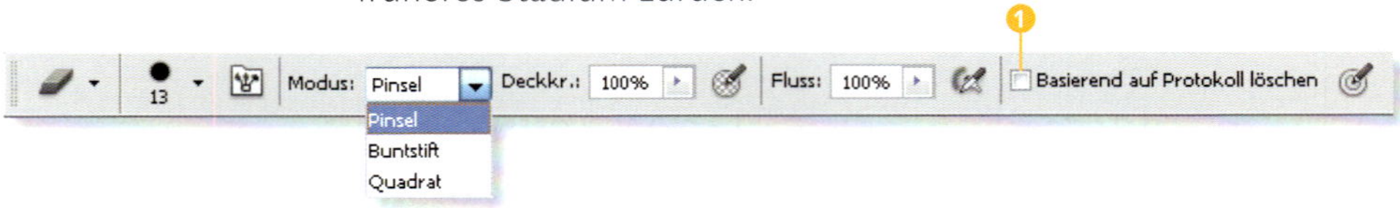

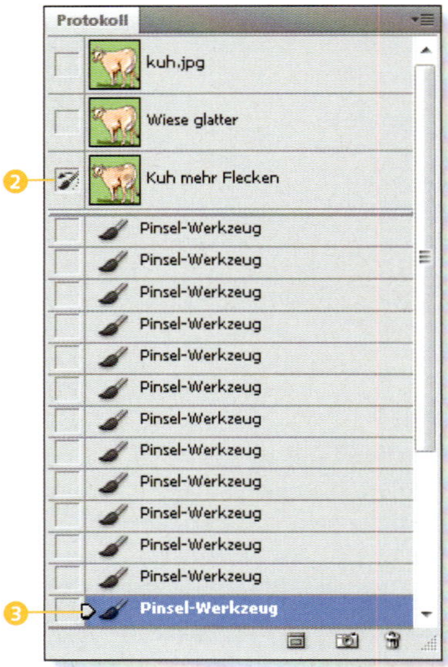

▲ Abbildung 25.55
Das Symbol (2) wählt die Quelle für den Protokoll-Pinsel und den Protokoll-Radierer. Der Schieber (3) zeigt das aktuelle Bildstadium.

Schritt für Schritt: Die Radiergummi-Option »Basierend auf Protokoll löschen« anwenden

1 Werkzeug aktivieren, Option einstellen

Als Erstes aktivieren Sie das Radiergummi-Werkzeug und setzen bei der Option BASIEREND AUF PROTOKOLL LÖSCHEN ein Häkchen.

2 Festlegen, welches Bildstadium wiederhergestellt werden soll

Rufen Sie per FENSTER • PROTOKOLL die Protokoll-Palette auf. Nun legen Sie fest, welches Bildstadium Sie partiell – durch Radieren – wiederherstellen wollen. Dazu können Sie Schnappschüsse oder einzelne Protokollstadien nutzen. Klicken Sie einfach auf eines der leeren Kästchen vor dem Protokollschritt oder Schnappschuss. Dort erscheint dann das Icon mit dem umständlichen Namen WÄHLT DIE QUELLE FÜR DEN PROTOKOLL-PINSEL (bzw. Radierer).

3 Radieren

Nun können Sie gegebenenfalls noch andere Optionen (wie z. B. die Werkzeugspitzen-Größe und Deckkraft oder Fluss) einstellen und den Radierer wie gewohnt benutzen. ■

25.2.4 Magischer Radiergummi: Großflächig Pixel entfernen

Das Magischer-Radiergummi-Werkzeug [E] vereint die Eigenschaften des Zauberstabs mit denen des Radiergummis. Das heißt, es spürt Pixel eines Farbbereichs auf (wie der Zauberstab) und entfernt diese (wie das Radiergummi-Werkzeug).

Magischer-Radiergummi-Optionen | Die vom Zauberstab bekannten Optionen TOLERANZ und GLÄTTEN sind auch hier zu finden. BENACHBART ist das Pendant zur gleichnamigen Zauberstab-Option. Hier legen Sie fest, ob nur *zusammenhängende* Pixelbereiche eines Farbtons gelöscht werden sollen – bei aktiver Option – oder ob *alle* Pixel dieser Farbe gelöscht werden, wenn die Option inaktiv ist. Maßgeblich ist wie beim Zauberstab die Farbe derjenigen Pixel, die man beim Klick ins Bild unter der Maus hat.

Zum Weiterlesen: Hintergrund-Radiergummi

Das Hintergrund-Radiergummi-Werkzeug [E] ist das dritte Radiergummi-Tool, das Photoshop an Bord hat. Bei unkomplizierten Fotos können Sie damit Hauptelemente freistellen, indem Sie den Bildhintergund einfach wegradieren. In Abschnitt 13.12.4, »Hintergrund-Radiergummi: Freistellen ganz ohne Masken«, erfahren Sie mehr.

▲ **Abbildung 25.56**
Die Optionen des magischen Radiergummis ähneln den Zauberstab-Optionen.

Datei auf der Buch-DVD: »blumen.tif«

Bild: vitamin a

▲ **Abbildung 25.57**
Hier war die Option BENACHBART aktiv. Ein Klick mit einem Toleranzwert von 32 erbrachte dieses Ergebnis.

▲ **Abbildung 25.58**
Ein Klick an dieselbe Stelle im Bild mit der gleichen Toleranz, aber mit inaktiver Option BENACHBART. Der magische Radiergummi löscht gleich viel mehr Pixel.

Aus Hintergrundebenen werden Bildebenen | Übrigens werden Hintergrundebenen, auf die der magische Radiergummi angewendet wird, automatisch in normale Bildebenen umgewandelt, denn die Pixel sollen wirklich gelöscht werden. Da Hintergrundebenen keine Transparenz erlauben, ist dieser Schritt notwendig.

25.2.5 Nass-in-nass-Maltechnik: Der Mischpinsel

Der Mischpinsel (B) ist eine der aufregendsten Neuerungen, die Photoshop CS5 zu bieten hat.

Mit ihm lassen sich nicht nur – wie bisher – Farbpixel auftragen. Der Mischpinsel macht es möglich, die aufgetragene digitale Farbe mit dem Maluntergrund zu vermischen und dadurch realistische Maleffekte zu simulieren. Dazu hat Adobe neuartige Steuerungen für einige altbekannte Tools spendiert – etwa das Farbrad bei der Pipette, den On-Screen-Farbwähler HUD, einfachere Shortcuts für die tastaturgestützte Modifikation von Pinselgröße und -härte sowie den neuen rauen Zoom. Dazu kommen neue, natürlich wirkende Pinselspitzen und Vereinfachungen beim Erstellen eigener Pinselspitzen (dazu später mehr). All dies macht das Projekt »Photoshop als Malatelier« rund.

Tastenkürzel
Am Ende von diesem Abschnitt finden Sie eine Übersicht über die Tastenkürzel zur Arbeit mit den Malwerkzeugen von Photoshop.

Mischpinsel-Optionen | Mit dem Mischpinsel können Sie eigene Bilder neu malen oder aber Fotografien so verfremden, dass sie wie Gemälde aussehen. In beiden Fällen sollten Sie seine Optionen im Griff haben. Und das ist gar nicht so einfach: Die Mischpinsel-Optionen unterscheiden sich grundlegend von den altbekannten Pinsel- und Buntstiftoptionen. Dazu kommt, dass zahlreiche Einstellungskonstellationen möglich sind, deren Wirkung sich jedoch nur in Nuancen unterscheidet – man sieht also nicht sofort, was die Veränderung einer Option bewirkt. Zudem ist neben den Parametern der Optionsleiste auch der verwendete Pinsel für das Malergebnis entscheidend. Deswegen folgt später ein Schritt-für-Schritt-Workshop, der Sie zum Ausprobieren ermuntern soll.

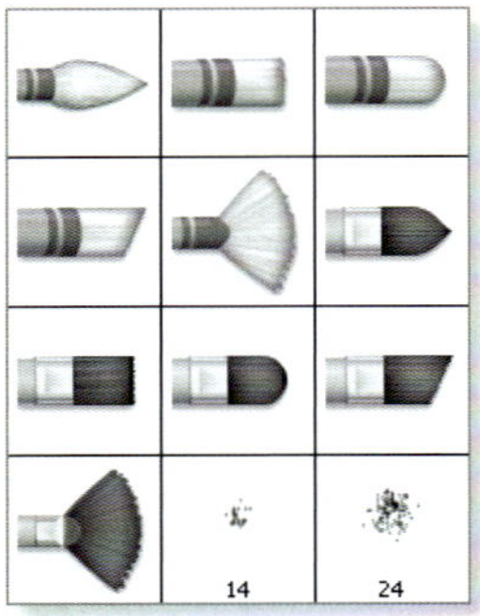

▲ **Abbildung 25.59**
Photoshops neue Pinselspitzen – Imitationen »echter« Malpinsel

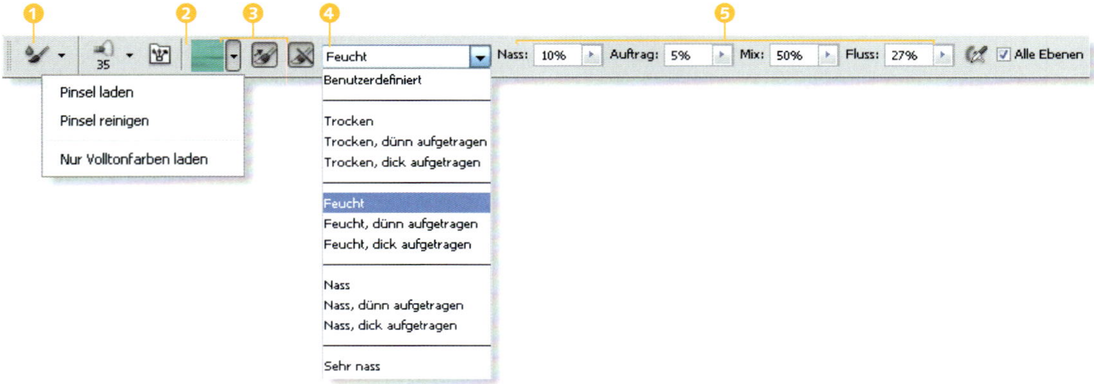

▲ **Abbildung 25.60**
Das Zusammenspiel der zahlreichen Optionen lässt sich am besten in der Praxis erkunden.

Zur ersten Orientierung beginnen wir mit einem Überblick über die Mischpinsel-Optionen:

- Wie bei anderen Malwerkzeugen auch finden Sie links zunächst das Pinsel-Icon ❶, ein Klick darauf öffnet die Liste mit den Pinselvorgaben.
- Daneben folgt ein kleines Vorschaufeld mit der »aktuellen Pinselladung« ❷. Angezeigt wird also, welche Farbe derzeit aufgetragen wird. Dies kann die Vordergrundfarbe aus der Werkzeugleiste sein, eine aufgenommene Farbe oder sogar die Farbstruktur aus dem Bild.
  Ein Klick auf den kleinen Pfeil neben dem Farbfeld klappt eine Liste mit zwei wichtigen Befehlen zum **Laden** und **Reinigen** des Pinsels auf. Sie können diese Befehle mit dem Tauchen eines echten Pinsels in Farbe oder dem Ausspülen vergleichen. Der Befehl Nur Volltonfarben laden in derselben Liste ist standardmäßig deaktiviert – und das kann in den meisten Fällen auch so bleiben. Ist diese Option aktiviert, wird verhindert, dass Pixel aus dem Bild aufgenommen und für den Farbauftrag verwendet werden. (Wie man diese aufnimmt, erfahren Sie im Workshop.)
- Die zwei Buttons ❸ daneben beeinflussen das Malverhalten des Pinsels entscheidend. Der linke der beiden, Pinsel nach jedem Strich laden, sollte in jedem Fall aktiv sein, wenn Sie tatsächlich Farbe im Bild auftragen – und nicht nur bestehende Bildfarben verwischen – wollen. Ist diese Option inaktiv, wird Ihre Malerei so wirken, als ob Sie mit einem trockenen (oder mit Lösungsmittel getränkten) Pinsel über eine feuchte Leinwand wischen. Der Button daneben, Pinselfarbe nach jedem Strich entfernen, reinigt den Pinsel nach jedem Strich von aufgenommener Farbe. Wenn Sie diese Option deaktivieren, vermalen Sie die Bildfarben stärker und es wird schwieriger, klar konturierte Farbflächen zu erzeugen.
- In der Dropdown-Liste ❹ sind Presets mit Konstellationen aus den Farbauftragsoptionen Nass, Auftrag, Mix und Fluss ❺ gespeichert. Bisher bietet Photoshop noch keine Möglichkeit, eigene Presets an dieser Stelle zu sichern – Sie können jedoch immer die Werkzeugvorgaben nutzen (siehe TOPP-TIPP). Wichtig: Die Bezeichnungen Trocken, Feucht, Nass usw. beziehen sich nicht auf die aufgetragene Farbe, sondern auf den Zustand des Untergrundes!

Sie können diese Presets natürlich abwandeln oder ganz eigene Einstellungen festlegen. Dazu nutzen Sie die vier folgenden Optionen:

TOPP-TIPP: Lieblingspinsel als Werkzeugvorgabe sichern – sogar mit Farbe

Ihre Pinselfavoriten können Sie in drei Klicks mit der Funktion Werkzeugvorgaben sichern. Mit der Schaltfläche ganz links in der Mischpinsel-Optionsleiste ❻ gelangen Sie zum Menü, das Neu-Icon ❼ sichert Ihre Einstellungen. Achten Sie dabei auf prägnante Namen! Ist im Namensdialog Farbe einschliessen aktiv, können auch aufgenommene Farbstrukturen aus dem Bild für späteres Malen gesichert werden.

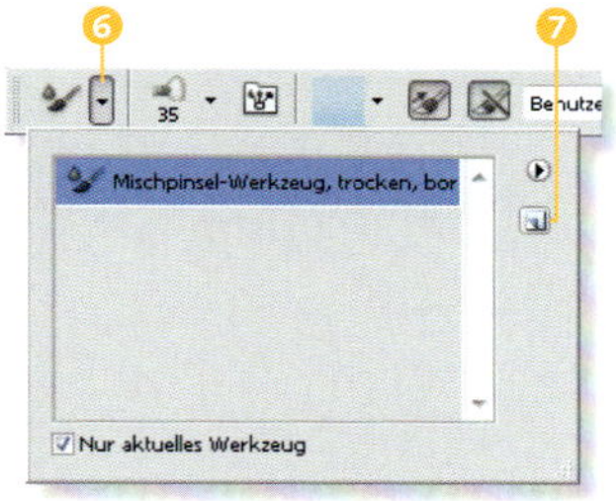

▲ **Abbildung 25.61**
Eigene Mischpinsel-Einstellungen können über das aktuelle Malprojekt hinaus in den Werkzeugvorgaben gesichert werden.

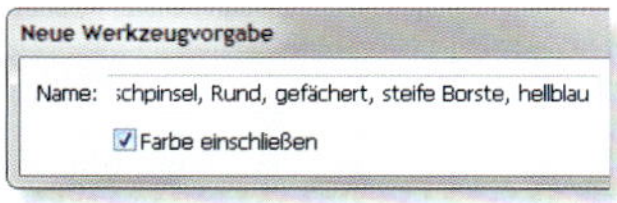

▲ **Abbildung 25.62**
Werkzeugvorgaben sind ein guter Workaround, um aufgenommene Bildfarben zu speichern – die normalen Farbfelder funktionieren hier nämlich nicht!

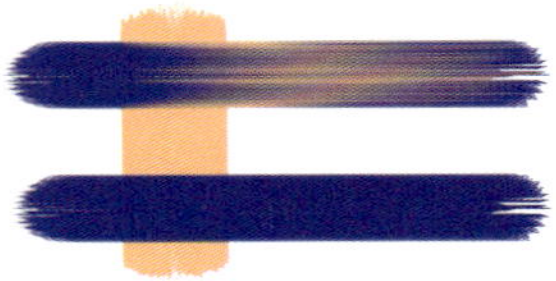

▲ **Abbildung 25.63**
Oben wurde blaue Farbe mit einem Nässe-Wert von 10% über das Lachsorange gemalt; das aufgetragene Blau vermischt sich mit der »feuchten« Farbe darunter. Beim unteren Strich stand die Nässe auf 0%, die Farben mischen sich nicht.

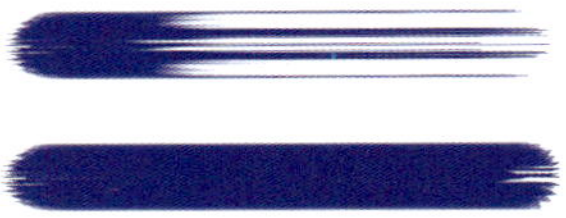

▲ **Abbildung 25.64**
Wie lange reicht die Farbe? Oben Auftrag 5%, unten Auftrag 100%.

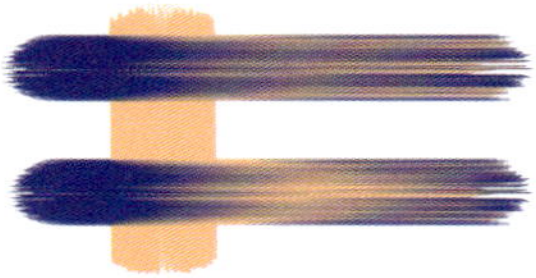

▲ **Abbildung 25.65**
Bei beiden Strichen lag die Nässe bei 7%. Obere Linie: Mix 0%, untere Linie: Mix 100%. Wie man sieht, mischt sich die Farbe der Unterlage beim hohen Mix-Wert ein wenig stärker ins aufgetragene Blau. Hier handelt es sich jedoch nur um Nuancen, die in der Praxis manchmal kaum wahrnehmbar sind.

Abbildung 25.66 ▲
Oben: Fluss 100%, unten Fluss 20%.

- Nass bezeichnet – wie erwähnt – die Farbe auf dem Bild, das Sie gerade bemalen. Je feuchter die Malfläche, desto mehr Farbe aus der digitalen »Leinwand« wird in den aufgetragenen Malstrich hineingemischt und desto weniger von der aufgetragenen Farbe ist zu sehen.
- Auftrag legt fest, wie viel virtuelle Farbe Sie an den Borsten haben – sprich, wie lang oder kurz die Striche werden, die Sie malen können, ohne erneut Farbe nachzuladen.
- Mix wirkt – zusammen mit der Nässe – auf das Mischungsverhältnis von aufgetragener Farbe und den Farben des Malgrundes. Ist der Mix-Wert hoch, ist die Farbe des Untergrundes stark zu sehen, und die aufgetragene Farbe ist bei hohen Mix-Werten manchmal kaum zu erkennen. Setzt man den Mix-Wert herab, tritt die aufgetragene Farbe stärker hervor.
- Fluss wirkt hier ein wenig wie Terpentin in Ölmalfarbe, allerdings umgekehrt, als man annehmen würde. Ist der Fluss-Wert gering, erscheint der Malstrich heller und wirkt transparent – als sei die Farbe stark verdünnt worden. Bei hohen Werten ist der Farbauftrag kräftiger.

Tastatur-Kürzel | Neben den bekannten Kürzeln für das Verändern von Werkzeugspitzen, Aufrufen der Pinsel-Palette oder zum Start des HUD-Farbwählers gibt es einige spezielle Shortcuts für das Mischpinsel-Werkzeug.

Was wollen Sie tun?	Windows	Mac
Einstellung Nass ändern	Zifferntasten (z. B. [0] = 100 %; [1] = 10 %; [4] und [5] in schneller Folge = 45 %)	Zifferntasten (z. B. [0] = 100 %; [1] = 10 %; [4] und [5] in schneller Folge = 45 %)
Einstellung Mix verändern	[Alt]+[⇧] + Zifferntaste (nicht mit dem Ziffernblock)	[⌥]+[⇧] + Zifferntaste
Nass und Mix auf Null setzen	[0][0]	[0][0]
Farbe von der »Leinwand« zum Malen laden	[Alt] + Klick ins Bild	[⌥] + Klick ins Bild

▲ **Tabelle 25.6**
Tastaturkürzel für den Mischpinsel

Borstenpinselvorschau | Zusammen mit den von Adobe neu entwickelten Borstenpinseln bringt das Mischpinsel-Werkzeug auch eine ganz neue Pinselvorschau mit. Sie funktioniert nur beim Mischpinsel – nicht bei den anderen Malwerkzeugen – und auch nur in Zusammenarbeit mit den neuen Pinseln. Konzipiert ist sie für Zeichentablett-Benutzer. Ein kleines Fenster über der Arbeitsfläche zeigt eine Darstellung des aktuellen Pinsels, der Neigungswinkel entspricht der Haltung des Eingabestifts auf dem Zeichentablett. Dazu kommen realistische Mauszeiger, die der Pinsel- respektive Stiftbewegung ebenfalls folgen: inklusive gesträubter und verschobener Borsten bei stärkerem Druck und Richtungswechsel.

▲ **Abbildung 25.67**
Die neue Pinselvorschau …

▲ **Abbildung 25.68**
… folgt jeder Stiftbewegung …

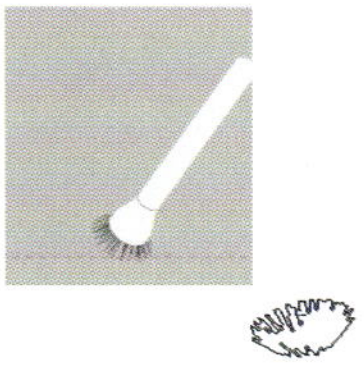

▲ **Abbildung 25.69**
… und erleichtert so den exakten Farbauftrag enorm.

Standardmäßig ist die Borstenpinselvorschau eingeblendet. Sollten Sie sie einmal vermissen, lässt sie sich mit Ansicht • Einblenden • Pinselvorschau zurückholen.

Mischpinsel Schritt für Schritt | Der Mischpinsel ist nicht ganz so narrensicher, wie es in den ersten Videos von Adobe über dieses Feature erscheinen mag. Aber auf jeden Fall lässt er sich durch Ausprobieren wesentlich leichter erschließen als durch Erklärungen. Wer neben einem Grafiktablett auch eine Affinität zum Zeichnen und Malen hat und sich ein wenig in die neue Funktion vertieft, kann damit in kurzer Zeit produktiv arbeiten.

Im folgenden Workshop zeige ich Ihnen, wie Sie den Mischpinsel effektiv nutzen. Außerdem lernen Sie einige »benachbarte« Funktionen kennen, die Sie brauchen, um flüssig mit dem neuen Tool zu arbeiten.

Schritt für Schritt: Aus Foto mach' Gemälde – Verfremden eines Bildes mit dem Mischpinsel

1 Arbeitsfläche vorbereiten

Der Arbeitsbereich Malen hilft Ihnen bei Ihrer Aufgabe, insbesondere dann, wenn Sie während des Malens auch Einstellungen an den Pinselborsten vornehmen wollen – Pinsel- und Pinselvorgabenpalette sind direkt zur Hand.

Datei auf der Buch-DVD: »Kornfeld.jpg«

Wenn Sie bisher wenig mit einem Zeichentablett gearbeitet haben, arrangieren Sie das Dokument in einem eigenen Fenster auf der Arbeitsfläche – und zwar so, dass noch genügend Abstand zwischen Dokument und Fensterrand ist. Andernfalls verrücken Sie das Fenster immer wieder beim Operieren mit dem Zeichenstift.

Abbildung 25.70 ▸
Ziehen Sie das Dokumentfenster größer, vermeiden Sie ein versehentliches Verschieben des Fensters beim Malen.

2 Körnung kaschieren

Wenn Sie ein Bild übermalen wollen, betrachten Sie es einmal aus der Nähe: Zeigt es Körnung oder leichtes Rauschen? Der Weichzeichnungsfilter MATTER MACHEN bringt Störungen zum Verschwinden und ist eine gute Vorbereitung für das Malen. So gibt es später keinen wahrnehmbaren Bruch zwischen bearbeiteten Partien und originalen Bildteilen.

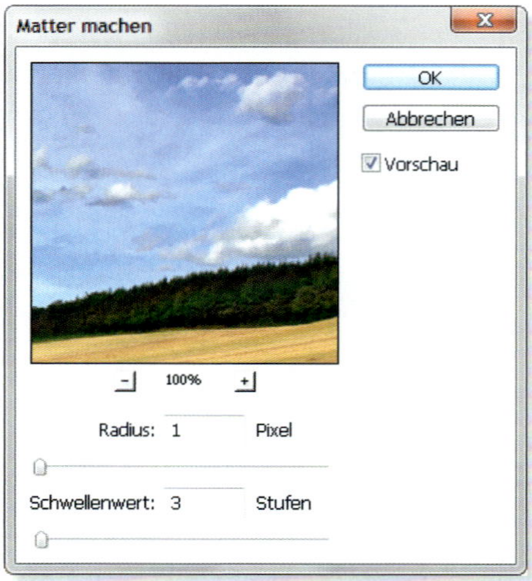

Abbildung 25.71 ▸
Ein geringer Radius genügt.

3 Leere Ebene erzeugen

Erzeugen Sie außerdem eine neue, leere Ebene über der eigentlichen Bildebene. Wechseln Sie dann zum Mischpinsel. Dort aktivieren Sie unbedingt die Option ALLE EBENEN. Sie bemalen dann die leere Ebene, die ursprüngliche Ebene bleibt unversehrt.

4 Geeignete Pinsel auswählen

Sie erkennen die neuen Borstenpinsel an den etwas anderen Icons in der Liste. Gut für Anfangsexperimente eignet sich der Pinsel RUND, GEFÄCHERT, STEIF, DÜNNE BORSTEN. In der Pinselpalette können Sie später die Pinsel detailliert einstellen (siehe Abschnitt »Natürliche Pinselspitzen anpassen« auf Seite 812). Wenn es nun zunächst darum geht, das Zusammenspiel der Optionen zu erkunden, ist es allerdings günstiger, noch nicht zu viele Einstellungen zu variieren, denn die Pinseleigenschaften haben große Wirkung auf den Farbauftrag.

▲ **Abbildung 25.72**
Solche Schraffuren erzielen Sie mit steifen Borsten.

5 Mit welcher Farbe wird gemalt?

Um nun zu bestimmen, welche Farbe aufgetragen wird, haben Sie mehrere Möglichkeiten:

- Zum einen können Sie natürlich eine Volltonfarbe aus der Werkzeugleiste wählen.
- Eine solche Farbe können Sie auch mithilfe des HUD-Farbwählers einstellen. (Starten Sie ihn per [Alt]+[⇧] + Rechtsklick bzw. [Ctrl]+[⌥]+[⌘] + Klick.)
- Durch Drücken von [I] und einen Klick ins Bild wechseln Sie kurzfristig zur Pipette – so können Sie Farbtöne aus dem Bild aufnehmen. Sobald Sie die [I]-Taste loslassen, sind Sie wieder beim Mischpinsel.
- Wenn Sie [Alt]/[⌥] gedrückt halten und dann ins Bild klicken, werden ebenfalls Farben von der Leinwand aufgenommen. Allerdings nicht – wie von der Pipette gewohnt – nur ein Farbton, sondern ein größerer Farbbereich aus dem Bild, ähnlich wie beim Stempel.

6 Malen

Der Farbauftrag selbst erfolgt beim Mischpinsel dann wieder so, wie Sie es von anderen Malwerkzeugen kennen. Ziehen Sie im Bild, um Farbe aufzupinseln. Gerade Linien erhalten Sie, indem Sie einen Anfangspunkt anklicken, dann [⇧] gedrückt halten und auf den gewünschten Linien-Endpunkt klicken. Wenn Sie mit der Option AIRBRUSH arbeiten und den Farbauftrag verstärken wollen, drücken Sie die Maustaste bzw. Taste an Ihrem Eingabestift, ohne die Maus oder den Stift zu bewegen. Gute Kenntnisse der Hilfsmittel wie Zoom, Hand und Pinseleinstellungen sind in jedem Fall von Vorteil!

Bei den Mischpinsel-Optionen müssen Sie experimentieren: Für jedes Bild und jeden Malstil sind andere Einstellungen geeignet. Solange Sie das Tool noch nicht so gut kennen, ist es vermutlich besser, mit kurzen Pinselstrichen zu arbeiten. ■

Tabelle 25.7 ▸
Die Tastaturbefehle für die Arbeit mit Pinsel, Mischpinsel, Buntstift und Radierer auf einen Blick. Alle hier veröffentlichten Shortcuts wurden getestet. Dennoch kann es passieren, dass Shortcuts nicht auf allen Systemen funktionieren. Manchmal blockieren andere Applikationen die Photoshop-Kürzel.

Was wollen Sie tun?	Windows	Mac
Pinsel-Werkzeug aktivieren	[B]	[B]
Mischpinsel-Werkzeug aktivieren	[B]	[B]
Buntstift-Werkzeug aktivieren	[B]	[B]
Radiergummi-Werkzeug aktivieren	[E]	[E]
Magischer-Radiergummi-Werkzeug aktivieren	[E]	[E]
Bei allen Malwerkzeugen: Punkte durch eine gerade Linie verbinden (jeglicher Winkel)	[⇧] + auf den Start- und den Endpunkt der Linie klicken	[⇧] + auf den Start- und den Endpunkt der Linie klicken
Bei allen Malwerkzeugen: genau senkrechte oder waagerechte Linien ziehen (oder 15°-Winkel)	[⇧] + malen	[⇧] + malen
Bei allen Malwerkzeugen: Ebenen-Paletten-Option TRANSPARENTE PIXEL FIXIEREN ein- und ausschalten	[ß]	[ß]
Werkzeugspitze vergrößern	[#]	[#]
Werkzeugspitzen verkleinern	[Ö]	[⇧]+[#]
Zum nächstunteren Pinsel in der Pinselliste wechseln (funktioniert auch bei zugeklappter Liste)	[,] (Komma)	[,] (Komma)
Zum nächsthöheren Pinsel in der Pinselliste wechseln (funktioniert auch bei zugeklappter Liste)	[.] (Punkt)	[.] (Punkt)
Werkzeugspitzenanzeige: Fadenkreuz	[⇩]	[⇩]

25.3 Feintuning für Pinsel- und Werkzeugspitzen

Gleichgültig, mit welchem Mal- oder Retuschewerkzeug Sie arbeiten: Ein gutes Ergebnis hängt immer auch von der Wahl der Werkzeugspitze ab. Mit der Pinsel-Palette können Sie Ihre Werkzeuge bis ins Detail anpassen. Wer damit immer noch nicht zufrieden ist, kann aus bestehenden Bildern Werkzeugspitzen machen.

25.3.1 Die Pinsel-Palette: Eigene Pinselspitzen definieren

Wenn Ihnen die in den jeweiligen Optionsleisten angebotenen Einstellungsmöglichkeiten für Werkzeugspitzen nicht genügen, sollten Sie Photoshops mächtige Werkzeugspitzen-Engine bemühen, die Pinsel-Palette.

Vorgehensweise | Die umfangreiche Palette erreichen Sie über den Menübefehl Fenster • Pinsel oder mit dem Shortcut [F5]. In insgesamt sieben verschiedenen Kategorien können Sie detaillierte Einstellungen vornehmen.

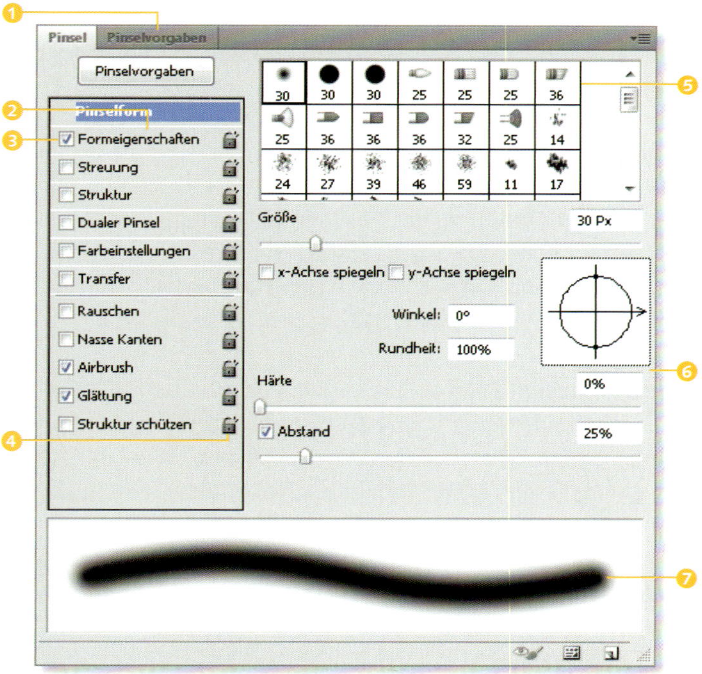

◄ **Abbildung 25.73**
Die Grundeinstellungen zur Pinselform

Wählen Sie dazu als Erstes in der Übersicht rechts ❺ oder in der Palette Pinselvorgaben ❶ eine Werkzeugspitze aus, die Sie verändern wollen. Dann sollten Sie sich von oben nach unten durch

Pinseleinstellungen inaktiv? Palette sieht anders aus als abgebildet?

Die Funktionen der Pinsel-Palette stehen nur zur Verfügung, wenn das Pinsel-, Buntstift- oder Mischpinsel-Werkzeug aktiv ist. Außerdem stehen nicht für alle Werkzeuge und Pinselvorgaben die gleichen Einstellungen zur Verfügung. Je nachdem, welchen Pinsel Sie zur Grundlage Ihrer Modifikation machen, kann es passieren, dass einige Optionen nicht zur Verfügung stehen.

die Kategorien durcharbeiten und die jeweiligen Einstellungen ändern. Kategorien, die Sie nicht interessieren, können Sie natürlich unverändert lassen. Um eine der Kategorien zu verändern, klicken Sie zunächst deren Namen in der Liste links ❷ an. Die Einstellungen selbst nehmen Sie dann im rechten Bereich ❻ der Palette vor. Die Ansicht dieses Bereichs wechselt, je nachdem, welche Kategorie Sie gerade bearbeiten.

Einen Eindruck von der definierten Pinselspitze gibt das Vorschaufenster ❼ rechts unten.

Pinseleigenschaften kurzzeitig ausschalten | Wenn Sie die Einstellungen aus einer der Eigenschaften-Kategorien verwenden wollen, muss auch in der Checkbox vor deren Titel ❸ ein Häkchen gesetzt ☑ sein. Damit wird die jeweilige Kategorie eingeschaltet. Umgekehrt bietet Ihnen das Entfernen der Häkchen die Möglichkeit, sich *temporär* von einigen der festgelegten Werkzeugspitzen-Eigenschaften zu trennen.

Pinseleigenschaften schützen | Das Schloss-Symbol 🔒, das Sie hinter jeder Eigenschaftskategorie finden ❹, fixiert die Pinseleigenschaften gegen unbeabsichtigtes Verstellen. Ein Klick auf das Schloss-Icon genügt: Das Schloss wird dann verriegelt dargestellt und schützt die Pinseleigenschaften.

Einstellungen zurücksetzen | Der Befehl Pinsel-Steuerungen löschen aus dem Seitenmenü der Pinsel-Palette löscht alle Werkzeugspitzen-Optionen, die Sie eingestellt haben. Der Befehl Alle fixierten Einstellungen zurücksetzen versetzt auch diejenigen Einstellungen wieder in den Urzustand zurück, die Sie zuvor per Schloss-Symbol fixiert haben.

Pinselspitzen sichern | Mit einem Klick auf das Neu-Icon ❶ am unteren Rand der Palette können die von Ihnen eingestellten Pinselmerkmale gesichert werden. Ist die Option Pinselgrösse in Vorgabe erfassen (siehe Abbildung 25.74) aktiv, taucht der neue Pinsel sofort in der Pinselvorgaben-Palette auf und kann von dort bequem aufgerufen werden. In der Pinsel-Palette definierte Werkzeugspitzen können mit allen Werkzeugen verwendet werden, die mit pinselähnlichen Werkzeugspitzen arbeiten.

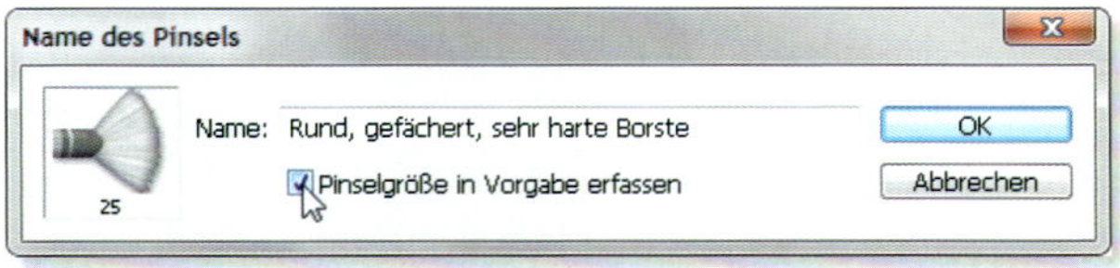

Abbildung 25.74 ▸
Name für einen neuen Pinsel

Für die weitergehende Verwaltung Ihrer Werkzeugspitzen nutzen Sie am besten den Vorgaben-Manager. Wie er funktioniert, wird in Abschnitt 5.5, »Farbfelder, Muster, Stile & Co: Kreativressourcen organisieren«, erläutert.

25.3.2 Pinselform

Die Einstellungen unter Pinselform legen die Basis-Pinseleinstellungen fest. Je nachdem, ob Sie eine der neuen »natürlichen« Pinselspitzen oder einen von Photoshops herkömmlichen Pinseln bearbeiten, stehen Ihnen unterschiedliche Optionen zur Verfügung.

Normale Pinsel | Wenn Sie die Pinselform eines normalen Photoshop-Pinsels bearbeiten, finden Sie dort neben den schon bekannten Kategorien Grösse und Härte die Parameter Rundheit, Winkel und Abstand. Rundheit verändert die Pinselform. Indem Sie diesen Wert verringern, erzeugen Sie einen mehr oder minder flachen Pinsel. Mit Winkel steuern Sie die Schrägstellung einer – flachen – Pinselspitze. Auf runde Pinsel hat diese Option keine Wirkung. Beide Werte lassen sich durch Zahleneingabe steuern, sie können aber auch intuitiver verändert werden, indem Sie die grafische Darstellung der Pinselspitze per Maus neigen und verformen.

Mit Abstand stellen Sie ein, wie geschlossen eine gemalte Linie wirkt. Um diese Option zu verstehen, muss man wissen, dass eine mit einem Pinsel-Werkzeug erzeugte Linie in der Programmlogik von Photoshop aus einzelnen Pinselpunkten besteht. Wenn diese eng zusammenstehen, entsteht eine durchgezogene Linie. Der Wert Abstand regelt nun den Abstand dieser Punkte. Der Standardwert für *durchgehende Linien* liegt bei 25 %. Stark erhöhte Malabstände eignen sich für das Anlegen punktierter Linien, außerdem kann ein nur leicht erhöhter Malabstand dazu beitragen, einen etwas »raueren« Strich zu erzeugen, der Pastellkreide oder einem anderen trockenen Malmedium ähnelt.

X- und Y-Achse | Die Einstellungen x-Achse spiegeln und y-Achse spiegeln haben bei ganz symmetrischen (z. B. runden) Werkzeugspitzen wenig Wirkung, können aber zum Beispiel Linien aus »Flachpinseln« und anderen asymmetrischen Werkzeugspitzen auflockern. Die Option x-Achse spiegeln spiegelt die Werkzeugspitze horizontal, y-Achse spiegeln dreht sie auf den Kopf.

CS5 Neue Palette für die Pinselverwaltung

Neu in Photoshop CS5 ist die Palette Pinselvorgaben. Sie öffnet sich standardmäßig zusammen mit der Pinsel-Palette. Sie gleicht den Pinselvorgaben in den Optionsleisten von Pinsel- und Buntstiftwerkzeug.

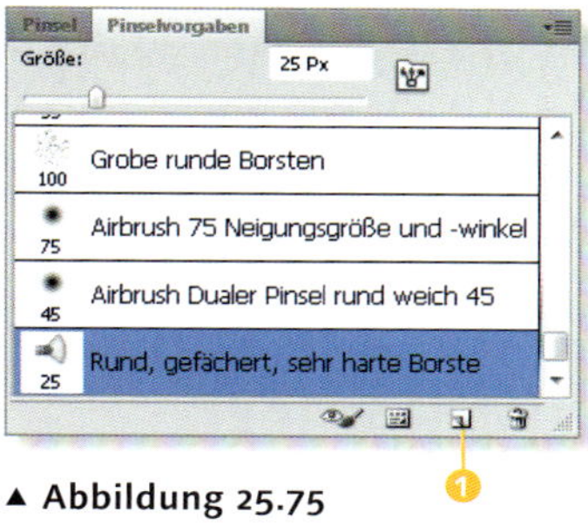

▲ **Abbildung 25.75**
Die Palette Pinselvorgaben. Links oben ist die Registerkarte der Pinsel-Palette zu sehen.

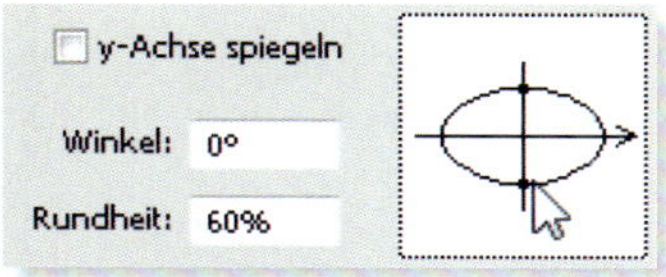

▲ **Abbildung 25.76**
Ziehen oder Schieben an einem der kleinen viereckigen Anfasser verändert die Pinselspitzenform und simuliert so auch Flachpinsel.

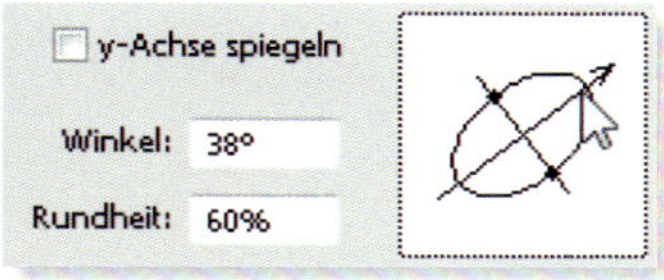

▲ **Abbildung 25.77**
Das Ganze lässt sich auch drehen, indem Sie die Achse mit der Pfeilspitze daran per Maus bewegen.

Natürliche Pinselspitzen anpassen | Bei Photoshops neuen Borstenpinseln (auch »natürliche Pinsel« genannt) sind die PINSELFORM-Einstellungen anders. Hier gibt es ebenfalls die Optionen GRÖSSE, WINKEL und ABSTAND, Sie können die Eigenschaften der Borsten jedoch noch detaillierter beeinflussen. Bei der Arbeit mit dem Mischpinsel-Werkzeug trägt die Borstenqualität entscheidend zur Wirkung des Farbauftrags bei!

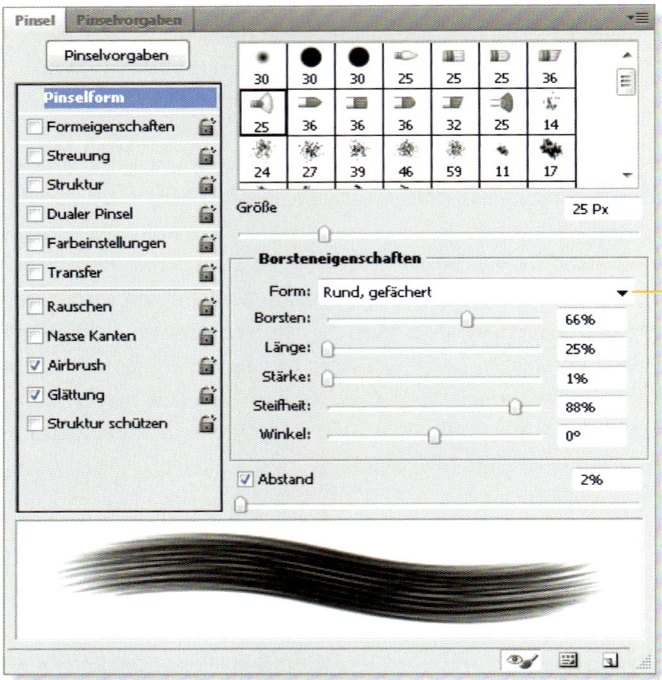

Abbildung 25.78 ▸
Die Borstenqualität natürlicher Pinsel lässt sich genau einstellen.

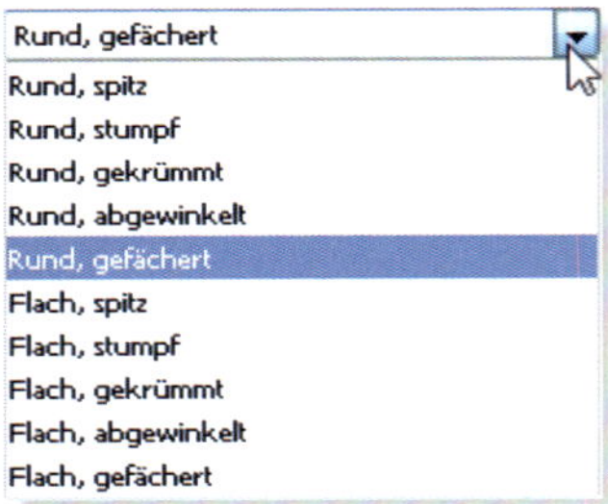

▴ Abbildung 25.79
Welche Form soll der Pinsel haben? Das Dropdown-Menü finden Sie hier **1** in der Palette.

- Die Option FORM legt die Anordnung der Borsten fest.
- BORSTEN steuert, wie dicht der digitale Pinsel mit Borsten bestückt ist.
- LÄNGE ändert die Länge der Borsten und damit, wie flexibel ein Pinsel auf Zeichenstift-Druck reagieren kann. Je länger die Borsten werden, desto nachgiebiger wird auch der Pinsel.
- STÄRKE steuert die Breite jeder einzelnen Borste.
- STEIFHEIT reguliert die Biegsamkeit der Borsten. Bei geringer Steifheit verformt sich der Pinsel schneller. Wenn Sie kein Zeichentablett haben und nur mit der Maus arbeiten, ist diese Einstellung am besten geeignet, um den Strich während der Arbeit zu variieren.
- Mit dem Icon BORSTENPINSELVORSCHAU öffnen Sie das bekannte über dem Dokumentenfenster schwebene Pinselvorschau-Feld. Es zeigt die neu definierte Pinselspitze mit den

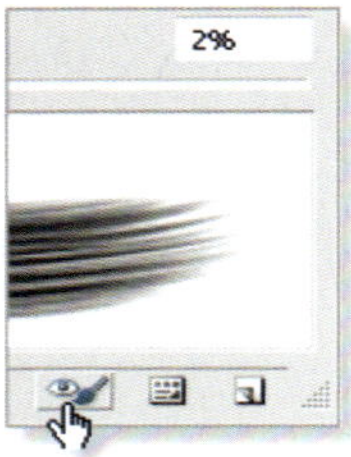

▴ Abbildung 25.80
So blenden Sie die Borstenpinselvorschau ein.

vorgenommenen Änderungen an. Wenn Sie in das Vorschaufenster klicken, sehen Sie Ihren neuen Pinsel von verschiedenen Seiten.

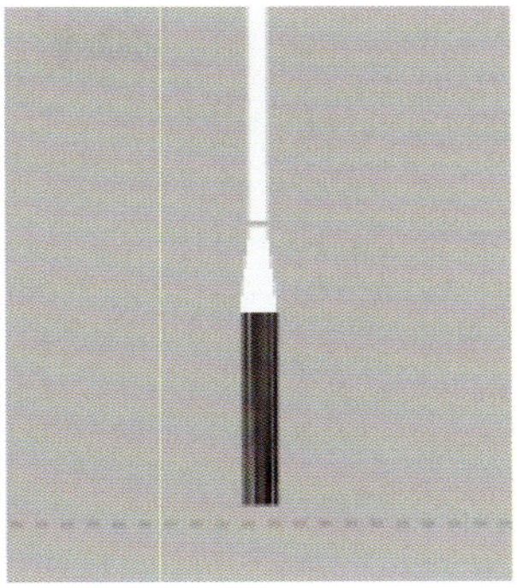

◂◂ **Abbildung 25.81**
Ein Flachpinsel von vorne

◂ **Abbildung 25.82**
Bei Klick ins Vorschaufenster zeigt sich der Pinsel von der Seite.

25.3.3 Formeigenschaften

Die Kategorie FORMEIGENSCHAFTEN klingt nur ähnlich wie PINSELFORM. Die Einstellungen, die Sie dort festlegen, sind ganz andere. Die dort versammelten Optionen ermöglichen es Ihnen, die bekannten Werkzeugspitzen-Eigenschaften zu jittern, das heißt, kalkulierten Schwankungen zu unterwerfen. Dadurch entstehen lebendigere, unregelmäßige Linien.

◂ **Abbildung 25.83**
Eine 50 Px große Linie mit 50 % Kantenschärfe. Oben die normale Version, unten mit Jitter in Größe, Rundheit und Winkel.

Gejittert wird die Linie in jedem Fall, wenn Sie hier die entsprechenden Einstellungen vornehmen. Voll ausreizen lassen sich diese Einstellungen allerdings nur dann, wenn man mit Grafiktablett und Stift anstelle der Maus arbeitet, denn die Wirkung der verschiedenen »Jitter«-Werte kann dann aktiv durch den Zeichenstift gesteuert werden. Mausnutzer müssen auf die handgesteuerte Dynamik der Linie, die per Grafiktablett möglich ist, leider weitestgehend verzichten.

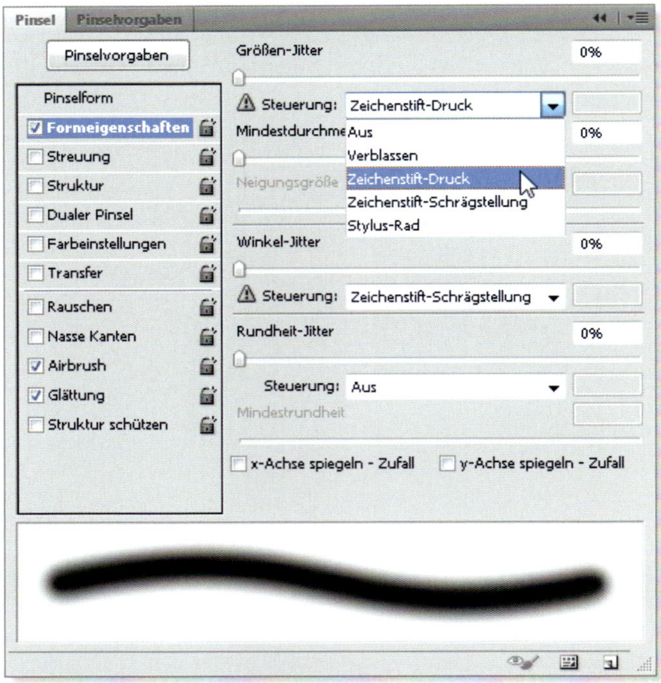

Abbildung 25.84 ▸
Einstellung der Formeigenschaften

Gehen Sie mit Bedacht vor!
Zu viele Eigenschaften auf einmal sollten Sie nicht verändern, weil Ihnen sonst die Auswirkungen jeder einzelnen Eigenschaft schnell aus dem Blickfeld geraten. Es kann auch hilfreich sein, die Einstellungen der vorgefertigten Werkzeugspitzen in der Pinsel-Palette genauer unter die Lupe zu nehmen – dabei können Sie sich einiges abschauen! Sie sollten Sie sich in jedem Fall ein wenig Zeit zum Ausprobieren nehmen.

Jitter-Steuerung | Wie der Jitter gesteuert wird, legen Sie unter STEUERUNG fest:

AUS setzt eine Zufallssteuerung in Gang. ZEICHENSTIFT-DRUCK, ZEICHENSTIFT-SCHRÄGSTELLUNG und STYLUS-RAD sind nur für Zeichentabletts wirksam.

Einzig die unspektakuläre Option VERBLASSEN steht uneingeschränkt auch für den Mausbetrieb zur Verfügung. Sie beschränkt die Jitter-Wirkung auf das Ende der Linie. Wenn Sie diese Option aktivieren, können Sie zusätzlich noch festlegen, auf welche Länge der Linie das Verblassen angewendet wird.

Abbildung 25.85 ▸
Größen- und Winkeljitter einer Linie, gesteuert durch die Option VERBLASSEN

25.3.4 Streuung

Um die Funktion STREUUNG zu verstehen, muss man sich erneut klarmachen, dass für Adobe ein gemalter Strich kein Strich ist, sondern aus immer wiederholten Formen (Punkten, Quadraten oder auch aus Objekten wie »Grashalmen« und anderem) besteht. Während der schon besprochene Malabstand nun festlegt, wie nahe beieinander diese einzelnen Formen innerhalb der Linie stehen, können Sie mit den Streuungseigenschaften **den**

Winkel und die Anzahl der wiederholten Formen innerhalb der Linie variieren.

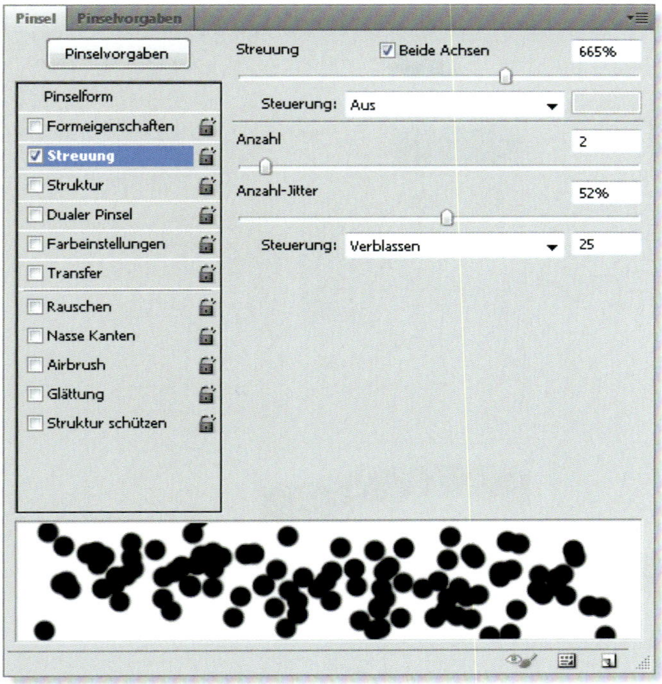

◂ **Abbildung 25.86**
Die Streuungseigenschaften

Diese Eigenschaften lassen sich dann besonders gut einsetzen, wenn man reale Malpinsel nachbilden will. Sie eignen sich für Pinselspitzen, die Objekte abbilden wie zum Beispiel VERSTREUTE AHORNBLÄTTER oder STERNENREGEN.

Intensität der Streuung | Einfluss haben Sie auf die Intensität der Streuung (Schieberegler STREUUNG plus Option BEIDE ACHSEN). ANZAHL und ANZAHL-JITTER legen fest, wie locker oder eng gestreut wird. Hohe Anzahl-Werte führen zu einer rauen, aber eher geschlossenen Linie, geringe Werte eher zu einer Linie aus klar erkennbaren Einzelpunkten. Auch hier sind Grafiktablett-Nutzer klar im Vorteil, denn sie können die STEUERUNG-Optionen besser nutzen.

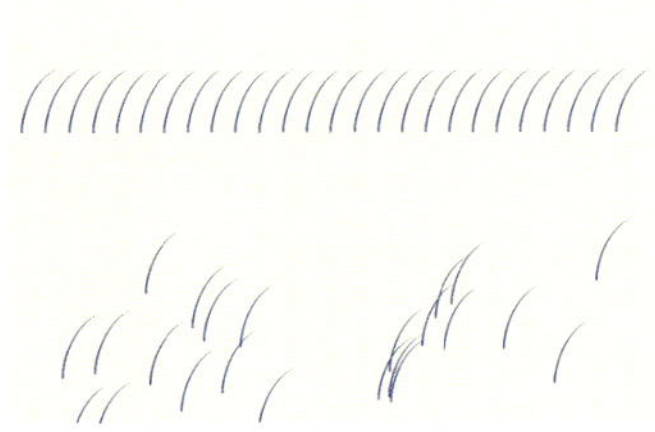

▴ **Abbildung 25.87**
Besonders bei Effektpinseln wie DÜNENGRAS oder GRAS (aus der Standardbibliothek) kann die Streuung entscheidend für die Wirkung sein. Hier sehen Sie den GRAS-Pinsel ohne und mit 380% Streuung.

25.3.5 Struktur

Die Bezeichnung »Struktur« ist etwas irreführend. Tatsächlich kann hier dem Pinselstrich ein **Muster** unterlegt werden. Dabei wird auf Photoshops Musterbibliotheken zurückgegriffen – mitgelieferte Sammlungen von Mustern, die auch durch eigene Muster ergänzt werden können. Besonders gut wirken

Struktur-Werkzeugspitzen oft dann, wenn ein Pinsel mit weicher Kante die Grundlage ist. Auch einige der Jitter-Effekte bringen den Struktureffekt wirkungsvoll zum Vorschein. Je nach Einstellung macht eine Struktur die Strichkonturen rauer, oder es lassen sich Malgründe wie Leinwand simulieren.

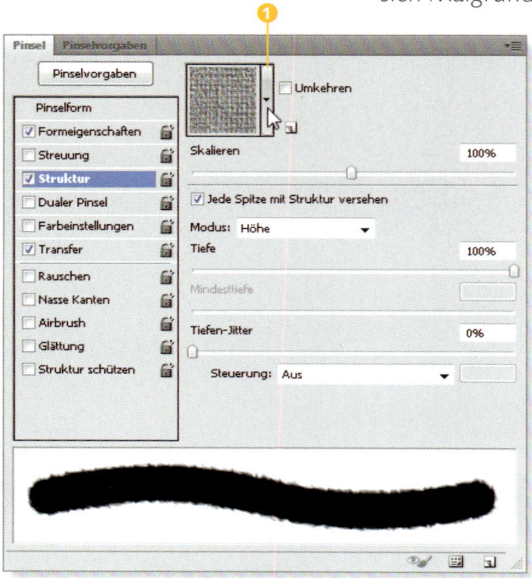

▲ **Abbildung 25.88**
Die Einstellungen für die Struktur. Sie erreichen ein umfangreiches Mustermenü, wenn Sie auf den kleinen Pfeil neben der Mustervorschau 1 klicken.

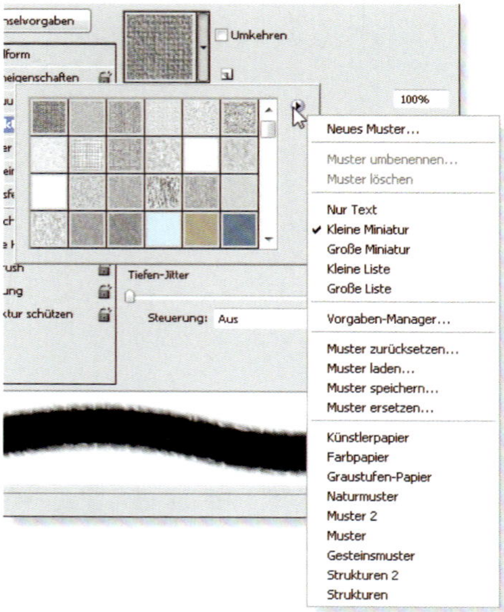

▲ **Abbildung 25.89**
Das Mustermenü im Detail. Muster werden nach demselben Prinzip verwaltet wie Farbfelder, Pinsel und anderes.

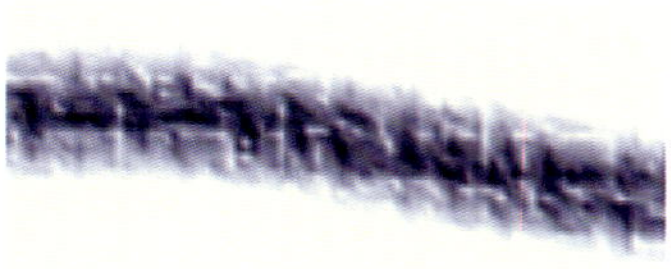

▲ **Abbildung 25.90**
Struktur im Modus MULTIPLIZIEREN

▲ **Abbildung 25.91**
Dieselbe Struktur, derselbe Pinsel, aber im Modus HÖHE

Die Muster lassen sich verwalten wie andere Photoshop-Vorgaben auch. Sie können per Vorgaben-Manager angesteuert (siehe Abschnitt 5.5) werden, sind aber auch in unterschiedliche Engines und Werkzeuge – so wie hier in die Pinsel-Palette – integriert und können mit einem eigenen Mustermenü bedient werden. Zur Verwaltung und insbesondere zum (Nach-)Laden weiterer Bibliotheken steht auch wieder ein Seitenmenü zur Verfügung.

Umkehren | Die Option UMKEHREN, die neben der Mustereinstellung zu finden ist, kehrt das »Relief« der Struktur um und kann die Tonwerte der Mallinien nochmals stark verändern oder aufhellen.

Skalieren und Modus | Maßgeblich für die Wirkung des Musters sind dessen Größenmaßstab (SKALIEREN) und natürlich die Füllmethode (MODUS), mit der das Muster mit dem Malstrich verrechnet wird. Viele der Modi dunkeln die Linien stark ab.

Struktur | Die Option Jede Spitze mit Struktur versehen legt fest, ob jede Spitze individuell mit einer Struktur versehen wird. Ist diese Option *deaktiviert*, sind die folgenden Optionen für die Tiefe der angewandten Struktur nicht in vollem Umfang verfügbar.

Tiefe | Die Option Tiefe legt fest, wie tief die virtuelle Farbe in die virtuell unterlegte Struktur eindringt. Sie bestimmt also ungefähr die Reliefhöhe und Dunkelheit des späteren Strichs. Bei einem Wert von 100% erhalten die flachen Stellen der Struktur keine Farbe. Bei 0% erhalten alle Partien der Struktur dieselbe Farbmenge – das Muster wird unkenntlich.

Tiefen-Einstellungen | Der Tiefen-Jitter bestimmt, wie die Tiefe variiert. Wenn Sie mit dem Grafiktablett arbeiten und eine der typischen Steuerungseinstellungen gewählt haben, kann es sinnvoll sein, eine Mindesttiefe festzulegen.

25.3.6 Dualer Pinsel

Beim dualen Pinsel werden zwei Pinselspitzen zu einem Pinsel kombiniert, nämlich die als Erstes unter Pinselform festgelegte Spitze (primärer Pinsel oder primäre Spitze) mit den dann vorgenommenen Einstellungen unter Dualer Pinsel (duale Spitze). Die duale Spitze bringt ebenfalls Struktur in den Farbauftrag der primären Spitze. In der Adobe-Hilfe ist meist von »dualen Pinselspuren« die Rede – das bringt es ganz gut auf den Punkt!

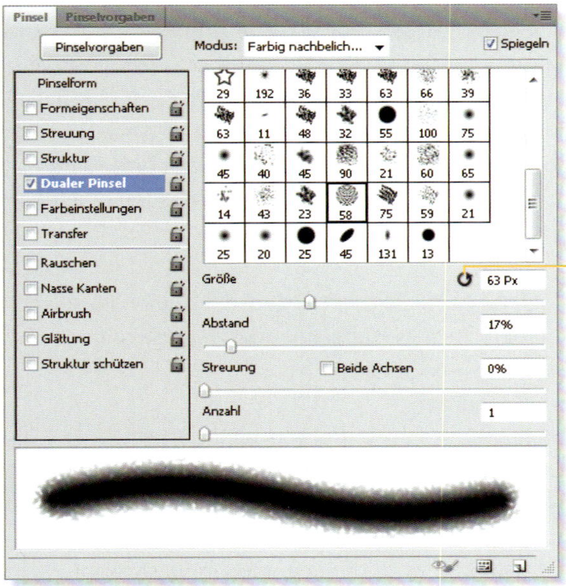

◂ **Abbildung 25.92**
Einstellungen für duale Pinsel, Schritt zwei – Schritt eins erfolgt ja bereits unter Pinselform.

Die Einstellungen unter DUALER PINSEL kommen vor allem für kreative Zwecke zum Einsatz, sind aber auch sehr nützlich, um Werkzeugspitzen zu definieren, die spezifische Auftragwerkzeuge und -medien wie dickflüssige Ölfarbe oder Kreide imitieren. Zum Beispiel gibt es in der Pinselbibliothek PINSEL FÜR TROCKENE FARBE eine ganze Reihe solcher Werkzeugspitzen. Um hier zu einem guten Ergebnis zu kommen, ist viel Geduld beim Experimentieren vonnöten!

Modus | In der Feineinstellung sehen Sie wiederum die Option MODUS, die die Füllmethode zum Kombinieren der Pinselspuren aus der primären und der dualen Spitze festlegt.

Durchmesser | Die GRÖSSE steuert hier allein die Größe des dualen Pinsels – die Größe des primären Pinsels haben Sie ja schon zuvor eingestellt. Das kleine Pfeil-Icon AUFNAHMEBEREICH VERWENDEN ❷ ist nur verfügbar, wenn die Pinselform durch Aufnehmen von Bildpixeln entstanden ist. Damit können Sie den ursprünglichen Durchmesser des aufgenommenen Pinsels wieder einstellen.

Abstand | ABSTAND bestimmt den Abstand, in dem die dualen Pinselspuren in den (primären) Malstrich eingestreut werden. Geringe Abstandswerte erzeugen meist einen dichteren, dunklen Strich, hohe Abstandswerte erzeugen dagegen einen weniger stark deckenden Strich.

Streuung | Mit der STREUUNG hingegen bestimmen Sie, wie die dualen Pinselspuren in einem Strich verteilt werden. Die Wirkung ähnelt der regulären Streuungseinstellung. Ist zusätzlich BEIDE ACHSEN aktiviert, werden die dualen Pinselspuren radial verteilt – ein lockeres, lebendiges Bild ist das Ergebnis. Ist diese Option nicht aktiv, werden sie lediglich senkrecht zur ursprünglichen Strichrichtung verteilt.

Anzahl | Der Regler ANZAHL legt die Anzahl der dualen Pinselspuren fest, die in jedem Abstandsintervall angezeigt werden.

25.3.7 Farbeinstellungen

Auch die Farbeigenschaften von Pinseln können festgelegt werden, nämlich unter FARBEINSTELLUNGEN.

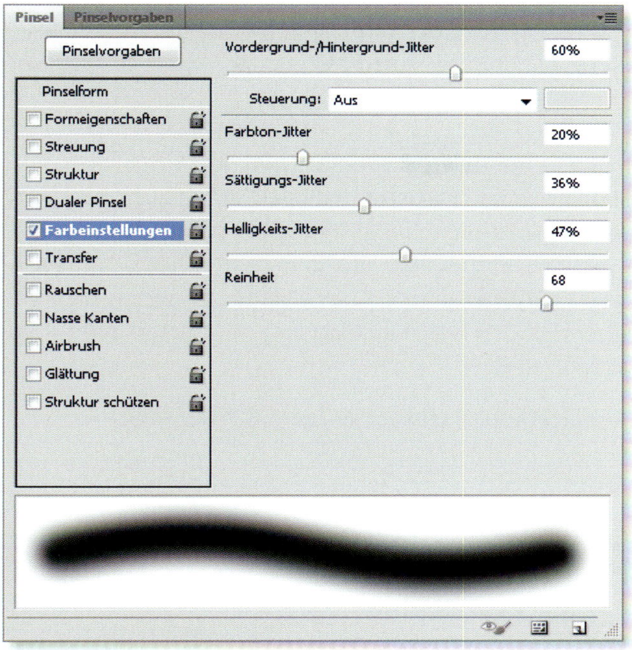

◂ **Abbildung 25.93**
Die Vorschau liefert leider keinen Eindruck von der Farbwirkung, ...

◂ **Abbildung 25.94**
... hier muss man selbst testen. Das ist zweimal derselbe Pinsel: oben ohne besondere Farbeinstellungen des Pinsels, unten mit veränderten Farbeinstellungen. Das kleine Bild zeigt, welche Farben beide Male als Vorder- und Hintergrundfarbe eingestellt waren.

Die Grundlage aller Farbeigenschaften ist, dass sich die in der Werkzeugleiste zuvor festgelegte Vorder- und Hintergrundfarbe abwechseln. Die meisten interessanten Steuerungsoptionen für den Vordergrund/Hintergrund-Jitter funktionieren nur per Grafiktablett – Mausnutzer können wiederum nur die Zufallssteuerung benutzen oder Verblassen wählen.

Die drei Parameter Farbton, Sättigung und Helligkeit sowie Reinheit können ebenfalls gejittert werden. Reinheit ist eine Zusatzoption zur Sättigung. Der Sättigungs-Jitter verändert die Sättigung nur innerhalb eines engen Rahmens – die Abweichungen zur ursprünglichen Sättigung von Vorder- und Hintergrundfarbe sind nicht allzu groß. Die Option Reinheit erhöht oder verringert die Sättigung der Farbe großzügiger. Damit lassen sich Pinselstriche z. B. leichter einer bestimmten, schon im Bild vorhandenen Farbstimmung anpassen.

25.3.8 Den Farbauftrag variieren: Transfer

Die Optionen unter TRANSFER variieren schließlich Deckkraft, Fluss, Nässe und Farbmischung. Sie beeinflussen die Eigenschaften der (digitalen) Farbe, die aus dem Pinsel fließt, und offenkundig auch die Eigenschaften des Malgrunds, sofern man den Mischpinsel nutzt (Nässe und Mischung sind bei anderen Malwerkzeugen irrelevant).

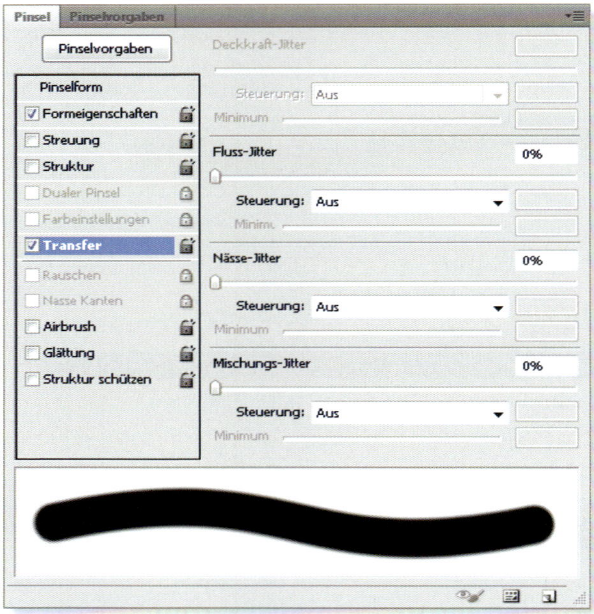

Abbildung 25.95 ▸
Die Optionen unter TRANSFER. In älteren Versionen hieß diese Kategorie ANDERE EINSTELLUNGEN.

▴ **Abbildung 25.96**
Malstrich ohne Veränderungen beim Farbauftrag

Abbildung 25.97 ▴
Jitter bei Deckkraft und Fluss führt zu einer leicht strukturierten Linie.

Die Einstellungen, die Sie hier finden, machen im Mausbetrieb eigentlich wenig Sinn, können beim Gebrauch eines Grafiktabletts jedoch Linien sehr lebendig und realistisch wirken lassen.

25.3.9 Die Zusatzoptionen

Schließlich gibt es noch eine Reihe von Zusatzoptionen, die mit allen anderen Einstellungen kombiniert werden können. Sie lassen sich einfach durch ein Häkchen zuschalten.

Rauschen | Dies wirkt nur auf Pinsel mit weicher Kante oder anders hergestellter Unregelmäßigkeit. Die Einstellung fügt den Linienrändern Unregelmäßigkeiten hinzu und kann so »trockene Farben« (Kreide, Kohle etc.) realistischer wirken lassen.

Nasse Kanten | NASSE KANTEN bewirkt einen Aquarell-Effekt.

Airbrush | AIRBRUSH soll bewirken, dass Farbe aus der Werkzeugspitze fließt, solange der Mauszeiger gedrückt ist (analog zum Knopf der Sprühdose oder zum Kompressorenhebel) – im Gegensatz zum Normalbetrieb, bei dem die Bewegung von Maus oder Grafiktablett-Stift den Farbfluss bewirkt.

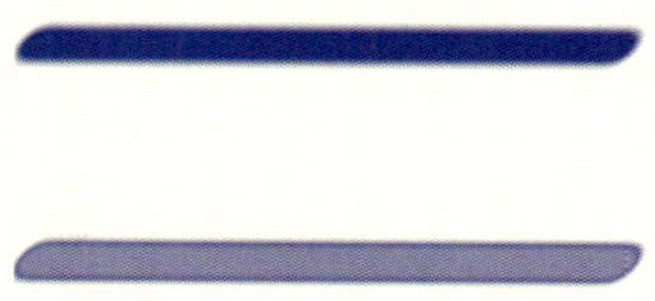

▲ **Abbildung 25.98**
Ein 90-Pixel-Flachpinsel mit 30% Kantenschärfe. Oben ohne, unten mit NASSER KANTE. NASSE KANTE funktioniert aber auch bei scharfen Werkzeugspitzen!

Glättung | Diese Einstellung »anti-aliast« Linienkanten, wie der Name schon nahelegt. Diese Option wirkt jedoch nicht beim Buntstift-Werkzeug!

Struktur schützen | Diese Option ergänzt die Struktureinstellungen sinnvoll: Damit werden die Struktureinstellungen auf alle in einem Projekt benutzten Pinsel angewendet – das ist sehr zu empfehlen, wenn ein bestimmter Malgrund wie Leinwand oder Papierstruktur nachgestellt werden soll.

25.4 Individuelle Pinselspitzen aus Bildbereichen erstellen

Um besondere Effekte zu erzielen, können Sie mithilfe der Auswahlwerkzeuge auch bestimmte Teile eines Bildes aufnehmen und als Werkzeugspitze definieren. Auf diese Art und Weise lassen sich interessante Strukturen als Werkzeugspitze eingesetzen. Auch einige der mitgelieferten Photoshop-Werkzeugspitzen wurden so erstellt. Sie können diese aus einem Bild aufgenommenen Werkzeugspitzen leicht erkennen: Im Pinselmenü ist die Mini-Schaltfläche IN ORIGINALGRÖSSE WIEDERHERSTELLEN aktiv, wenn Sie die Pinselspitze größer machen, als die ursprüngliche Vorlage des Pinsels war. Ein Klick setzt die aufgenommene Pinselspitze wieder auf die Größe des Ursprungs zurück.

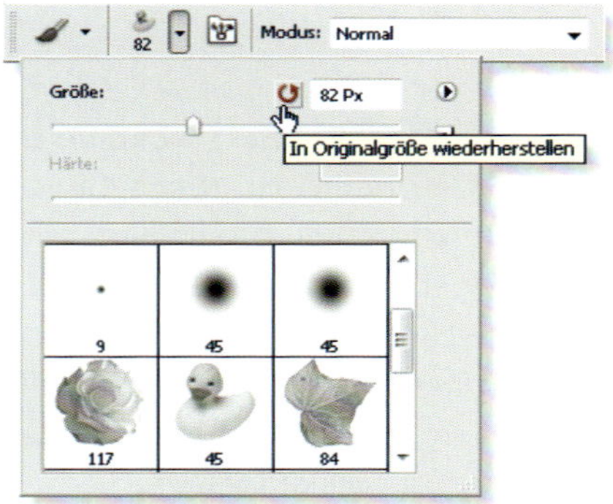

◀ **Abbildung 25.99**
Die Schaltfläche IN ORIGINALGRÖSSE WIEDERHERSTELLEN ist ein Hinweis auf die Herkunft der Werkzeugspitze.

Zum Weiterlesen: Farbigkeit der Vorlage konservieren
Die Farbigkeit von Vorlagen kann nicht in die Pinseleigenschaften übernommen werden – gemalt wird immer in der aktuellen Vordergrundfarbe. Wenn Sie auch die Farben einer Vorlage dauerhaft konservieren und zum schnellen Zugriff bereitstellen wollen, müssen Sie ein Muster definieren. Wie das geht, erfahren Sie in Abschnitt 26.3.1, »Eigene Muster erzeugen«.

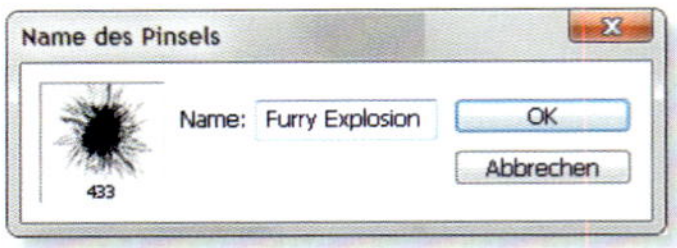

▲ **Abbildung 25.100**
Festlegen des Pinselnamens

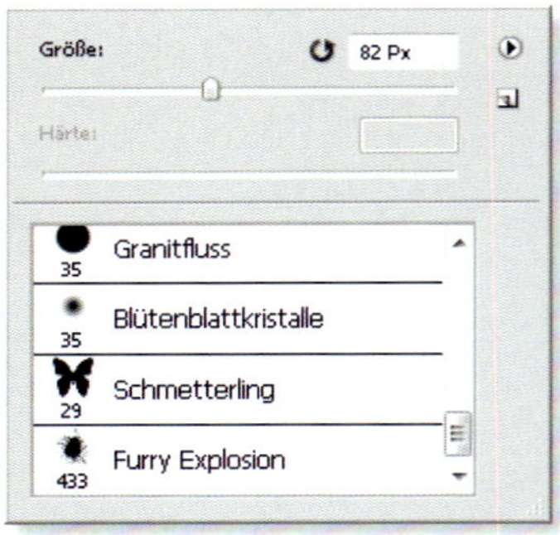

▲ **Abbildung 25.101**
Die neue aufgenommene Pinselspitze taucht nun in der Liste auf.

Typische Anwendungsfälle | Mit aufgenommenen Pinselspitzen lassen sich gut die Malstriche von Medien wie Zeichenkohle oder Pastellfarbe oder der Farbauftrag mit einem groben Pinsel simulieren. Sie leisten auch gute Dienste beim Erstellen von Bildeffekten wie abgerissenen Fotokanten, die sonst jedes Mal mühevoll von Hand erstellt werden müssten – dazu genügt es, einfach einmal eine solche abgerissene Kante zu scannen und als Werkzeugspitze zu definieren.

Aber wie genau geht das?

1. Als Erstes legen Sie sich eine Struktur an oder erstellen oder öffnen ein Bild, aus dem Sie eine Werkzeugspitze erstellen wollen. Das können übrigens durchaus auch Elemente aus Halbtonbildern (Fotos) sein – nicht nur schwarzweiße Strukturen.
2. Erstellen Sie als Nächstes eine Auswahl um den Bereich des Bilds, der später als eigener Pinsel verwendet werden soll. Der Auswahlbereich kann maximal 2500 × 2500 Px groß sein. Wenn der Pinsel später eine harte Kante haben soll, darf die Option Weiche Kante nicht verwendet werden!
3. Wählen Sie dann den Befehl Bearbeiten • Pinselvorgabe festlegen. Sie müssen dabei noch einen Namen vergeben. Die eben definierte Werkzeugspitze taucht nun in der Werkzeugspitzenliste aller Werkzeuge auf, die über eine solche Liste verfügen.

Damit die Pinselvorgabe gut gelingt ... | Meist müssen Bildvorlagen noch kräftig bearbeitet werden, bis sie eine gute Vorlage als Pinselvorgabe abgeben.

- **Bildgröße:** Die meisten Bildelemente sind viel zu groß, um als Pinselvorgabe dienen zu können. Duplizieren Sie das Bild oder die Ebene, um das Bildobjekt kleiner zu skalieren.
- **Weißer Hintergrund:** Die umgebenden Pixel des Bereichs, den Sie als Pinsel aufnehmen wollen, sollten weiß sein, damit die tatsächlichen Konturen des künftigen Pinsels auch gut zu erkennen sind.
- **Kontraste und Helligkeit:** Vielfach ist es notwendig, die Kontraste aufzunehmender Bildbereiche zu erhöhen und das Bildelement insgesamt stark abzudunkeln. Wenn Sie nur sehr zart gefärbte Bildelemente als Pinsel aufnehmen, wird später auch der Farbauftrag mit dieser Werkzeugspitze sehr schwach! Hier helfen Gradationskurven und der Befehl Bild • Korrekturen • Helligkeit/Kontrast. Um strikt schwarzweiße Vorlagen ohne Graustufen zu erstellen, nutzen Sie am besten den Befehl Bild • Korrekturen • Schwellenwert.

- **Malabstand:** Um Werkzeugspitzen mit Effekt, z. B. aus einzelnen Figuren bestehende »Linien«, wie sie per aufgenommener Pinselvorgabe entstehen, richtig zur Geltung zu bringen, ist ein hoher Malabstand notwendig, da sonst die einzelnen Figuren ineinanderrutschen und nicht mehr zu unterscheiden sind.

▲ **Abbildung 25.102**
Symbol für die Schwellenwert-Funktion in der Korrekturen-Palette

Hartes Schwarzweiß mit der Schwellenwert-Einstellung | Um Farb- oder Graustufenbilder in radikales Schwarzweiß ganz ohne Graustufen zu verwandeln, können Sie gut die Funktion SCHWELLENWERT nutzen (unter BILD • KORREKTUREN und in der Korrekturen-Palette).

Im SCHWELLENWERT-Dialog legen Sie fest, welche der originalen Tonwerte eines Bildes weiß und welche schwarz dargestellt werden. Der Effekt ist derselbe wie bei der Umwandlung in den Bitmap-Modus, nur kontrollierter.

▲ **Abbildung 25.103**
Originalbild

▲ **Abbildung 25.104**
Das Ergebnis

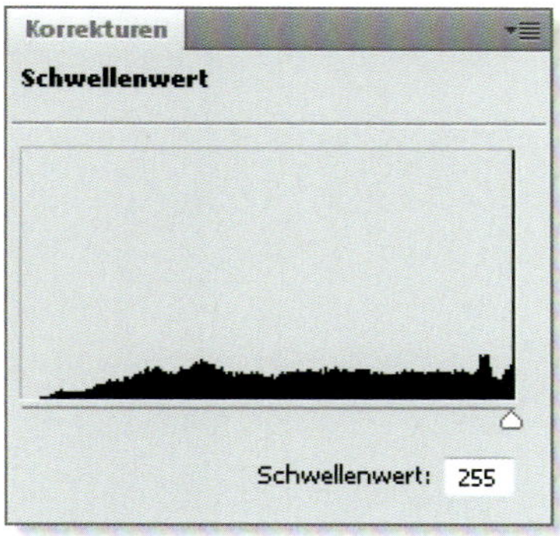

▲ **Abbildung 25.105**
Einstellen des Schwellenwertes

26 Einfarbig, mit Verlauf oder Muster: Flächen füllen

Es gibt effizientere Werkzeuge als den Pinsel, um größere Bildpartien einzufärben. Wenn Sie große Flächen ausfüllen wollen, haben Sie die Wahl zwischen flächigem Farbauftrag, Mustern und Verläufen. Verläufe sind nicht nur ein Element der kreativen Bildgestaltung, vor allem als Hilfsmittel spielen sie eine große Rolle. Hier erfahren Sie unter anderem, wie Sie eigene Verläufe anlegen und zur erneuten Verwendung sichern.

26.1 Das Füllwerkzeug

Um einheitlich gefärbte oder transparente Flächen mit einer neuen Farbe zu füllen, ist das Füllwerkzeug [G] die beste Wahl. Ein Klick, und die neue Farbe wird über die Bildfläche »gegossen«. Welche Bildteile gefüllt werden, können Sie in den Optionen einstellen: Das Füllwerkzeug verfügt – ähnlich wie der Zauberstab – über eine Toleranzeinstellung, die bereits vorhandene Bildpixel analysiert und die Option BENACHBART. Dadurch wird die Ausdehnung der Füllfarbe begrenzt.

Strukturierte Flächen mit Farbe überdecken

Das Füllwerkzeug eignet sich nicht so gut, um strukturierte oder gemusterte Bildpartien schnell mit einheitlichen Farbpixeln zu überdecken. Nutzen Sie in solchen Fällen besser eine Auswahl und den Befehl BEARBEITEN • FLÄCHE FÜLLEN. Der Befehl wird in Kapitel 22, »Reparatur- und Retuschetools«, genau erläutert.

26.1.1 Füllwerkzeug-Optionen

Standardmäßig wendet das Füllwerkzeug die aktuelle Vordergrundfarbe an. Ist jedoch die Option MUSTER aktiv, können Sie Flächen auch mit Mustern füllen, die Sie aus einer Liste aussuchen können. Die Verwaltung der Muster funktioniert wie die Verwaltung von Pinseln, Farbfeldern, Stilen und anderen Vorgaben. Anders als beim Ebeneneffekt MUSTERFÜLLUNG haben Sie hier allerdings nicht die Möglichkeit zur **nachträglichen** Anpassung!

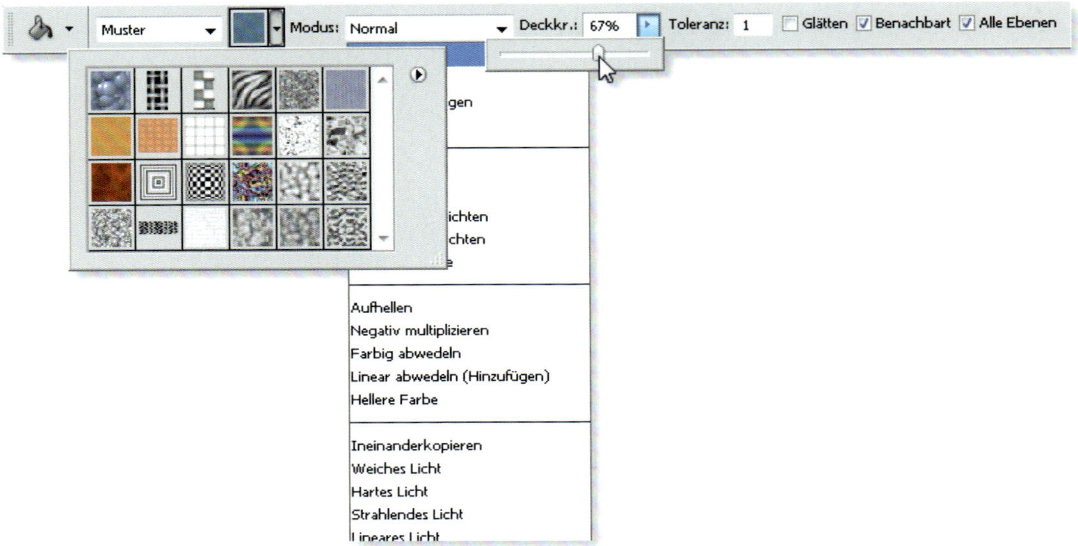

Abbildung 26.1 ▲
Optionen des Füllwerkzeugs

Zum Weiterlesen: Muster- und Verlaufsfüllung als Ebeneneffekt
In Kapitel 32, »Ebenenstile: Text mit Effekt«, erfahren Sie mehr darüber, wie Sie Muster und Verläufe auf flexible Art mit Ebenen verbinden können.

Unter MODUS finden Sie die bekannten Füllmethoden, und die DECKKRAFT reguliert die Transparenz der aufgetragenen »Farbe«. Die auch hier zur Verfügung stehende TOLERANZ ist ein Hinweis darauf, dass das Füllwerkzeug nicht einfach füllt, sondern auch die Pixelfarben sondiert. Je höher der Toleranzwert ist, desto mehr Farbnuancen werden von der mit dem Füllwerkzeug aufgebrachten Farb- oder Musterfüllung überdeckt. BENACHBART legt – wie beim Zauberstab auch – fest, ob alle ähnlichen Farbtöne im Bild oder nur die mit dem angeklickten Farbbereich zusammenhängenden Pixel eingefärbt werden. GLÄTTEN glättet die Kanten der Farbfüllung. Wenn Sie ALLE EBENEN aktivieren, werden die Pixel anhand der zusammengeführten Farbdaten aller sichtbaren Ebenen gefüllt. Klicken Sie dann einfach mit der Maus ins Bild, um die Pixel »auszugießen«, oder wenden Sie einen der Shortcuts aus der Tabelle an.

Was wollen Sie tun?	Windows	Mac
Auswahl oder Ebene mit der Vordergrundfarbe füllen	Alt + ←	⌥ + ←
Auswahl oder Ebene mit der Hintergrundfarbe füllen	Strg + ←	⌘ + ←
Dialogfenster FLÄCHE FÜLLEN einblenden	⇧ + ← alternativ: ⇧ + F5	⇧ + ← alternativ: ⇧ + F5

▲ Tabelle 26.1
Tastaturbefehle für das Füllen von Flächen auf einen Blick

26.2 Das Verlaufswerkzeug: Farbverläufe erstellen

Verläufe sind in der täglichen Photoshop-Praxis nahezu unentbehrlich, denn sie sind die Grundlage zahlreicher fortgeschrittener Arbeitstechniken oder kreativer Weiterverarbeitung. Gut dosiert eingesetzt, können sie außerdem ein interessantes Gestaltungsmittel sein. Das Verlaufswerkzeug [G] versteckt sich in der Werkzeugpalette unter dem Fülleimer.

Genau horizontal, exakt vertikal

Wenn Sie den Verlauf aufziehen, können Sie die Maus in jede gewünschte Richtung bewegen. Dementsprechend verläuft dann der Übergang zwischen den Farbtönen schräg oder auch gerade. Oft ist es allerdings wichtig, dass der Verlauf exakt horizontal oder vertikal positioniert ist. Um das zu erreichen, halten Sie während des Aufziehens die [⇧]-Taste gedrückt. Sie können dann nur vertikale oder horizontale Geraden aufziehen.

26.2.1 Verlauf anlegen

Das Erstellen eines Verlaufs ist denkbar einfach: Sie aktivieren das Werkzeug, klicken ins Bild und ziehen bei gedrückter Maustaste in die Richtung, die Ihr Verlauf haben soll. Die Länge der Strecke, die Sie ziehen, bestimmt, wie lang und damit wie weich der Verlauf wird – also der Bereich, in dem die Farben ineinander übergehen. Grundsätzlich erstreckt sich ein Verlauf (unabhängig von der Länge, auf die er ausgezogen wird) immer über die ganze Bildfläche. Wenn Sie seine Ausbreitung beschränken wollen, müssen Sie zunächst eine Auswahl anlegen.

26.2.2 Optionen des Verlaufs

Farben und Proportionen | Mit der hier ausgeklappt dargestellten Liste ❶ können Sie die Farben und Proportionen Ihres Verlaufs kontrollieren und auch genau nachstellen. Standardmäßig werden hier als Erstes die von Ihnen eingestellten Vorder- und Hintergrundfarben angezeigt, dann folgt eine Reihe vorgefertigter Verläufe.

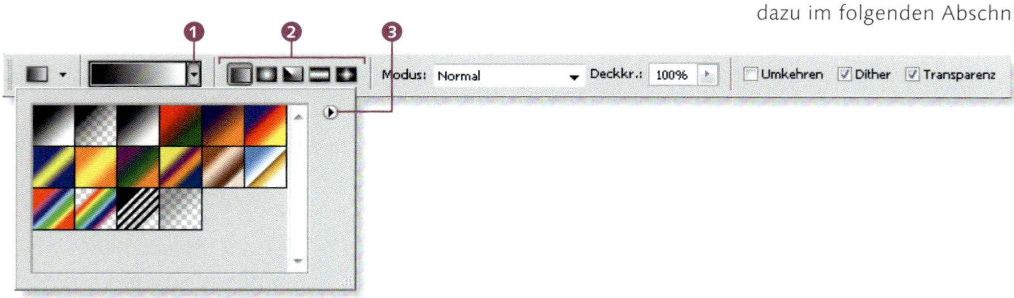

▼ Abbildung 26.2
Verlaufsoptionen – Die wichtigsten individuellen Einstellungsmöglichkeiten verstecken sich in der ausgeklappten Liste (mehr dazu im folgenden Abschnitt).

Seitenmenü | Mit einem Klick auf den kleinen Pfeil ❸ öffnen Sie wieder ein Seitenmenü, mit dem Sie – ähnlich wie die Stile, Werkzeugspitzen oder Farbfelder – Verlaufsbibliotheken managen, eigene Verläufe oder ganze Verlaufsbibliotheken ergänzen können.

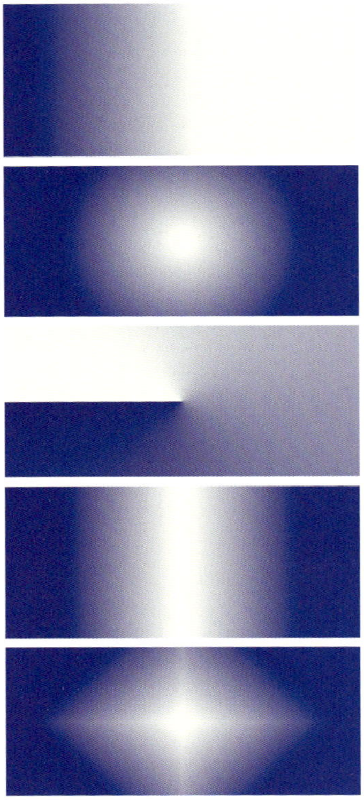

▲ **Abbildung 26.3**
Verschiedene Verlaufstypen; von oben: linear, radial, »Verlaufswinkel«, reflektierter Verlauf und Rauteverlauf

Verlaufstyp | Mit den Miniatur-Schaltflächen unter ❷ können Sie durch Klicken den Verlaufstyp wählen. In der Erstellung sind sie alle gleich, die Ergebnisse sind aber recht unterschiedlich.

Die nächsten Einstellungen beziehen sich wiederum auf DECKKRAFT und den MODUS des Farbauftrags. Daneben finden Sie noch drei weitere Optionen, die per Häkchen zugeschaltet werden können. Wenn Sie eine dieser drei Optionen anwenden wollen, müssen Sie sie *vor* dem Aufziehen des Verlaufs, auf den sie angewandt werden sollen, aktivieren. Nachträglich geht es nicht!

- UMKEHREN – Damit können Sie die Verlaufsrichtung bzw. die Farben des eingestellten Verlaufs vertauschen.
- DITHER fügt dem Verlauf ein Dither-Muster hinzu. Das kann sinnvoll sein, wenn Sie einen Verlauf für den Einsatz als Internetbild anlegen. Nicht alle Browser können Verläufe korrekt wiedergeben. Manchmal werden in einem »stufenlosen« Verlauf Streifen sichtbar. Wenn Sie schon bei der Erstellung ein Dither-Muster einfügen, wird diesem unerwünschten Effekt entgegengewirkt.
- TRANSPARENZ **muss** unbedingt aktiviert sein, wenn Sie einen Verlauf wählen, der Transparenz enthält. Wenn Sie dieses Häkchen vergessen, wird die gewünschte Transparenz schlicht nicht dargestellt, und Sie erhalten einfach einen opaken Farbbereich.

26.2.3 Verläufe nachbearbeiten, eigene Verläufe erstellen

Die Standardeinstellungen bieten schon eine ganze Menge Möglichkeiten, die es Ihnen erlauben, das Erscheinungsbild Ihres Verlaufs zu gestalten. Richtig spannend wird es allerdings, wenn Sie Verläufe bearbeiten und dadurch ganz eigene Verläufe gestalten.

Die Dialogbox dazu rufen Sie auf, indem Sie ins Vorschaufeld des Verlaufs in der Optionsleiste klicken.

▲ **Abbildung 26.4**
Wenn Sie hier klicken, kommen Sie direkt zur Dialogbox VERLÄUFE BEARBEITEN.

Hier haben Sie zunächst folgende Möglichkeiten:

- Ein Klick auf den kleinen Pfeil ❹ ruft wiederum das gewohnte Seitenmenü mit allen Angaben zum Verwalten von Bibliotheken auf.
- Die Schaltflächen LADEN und SPEICHERN ❺ sind eine noch schnellere Möglichkeit als das Seitenmenü, um weitere Bibliotheken nachzuladen oder um eine modifizierte – also eine um eigene Verläufe erweiterte – Fassung der aktuell geladenen Bibliothek zu sichern.
- Um einen fertigen **Verlauf zu aktivieren** (und dann anzuwenden), klicken Sie ihn im Vorschaufenster unter VORGABEN an und bestätigen einfach mit OK. Wenn Sie mit dem Mauszeiger

auf einem der Verläufe verharren, wird Ihnen auch dessen Name angezeigt.

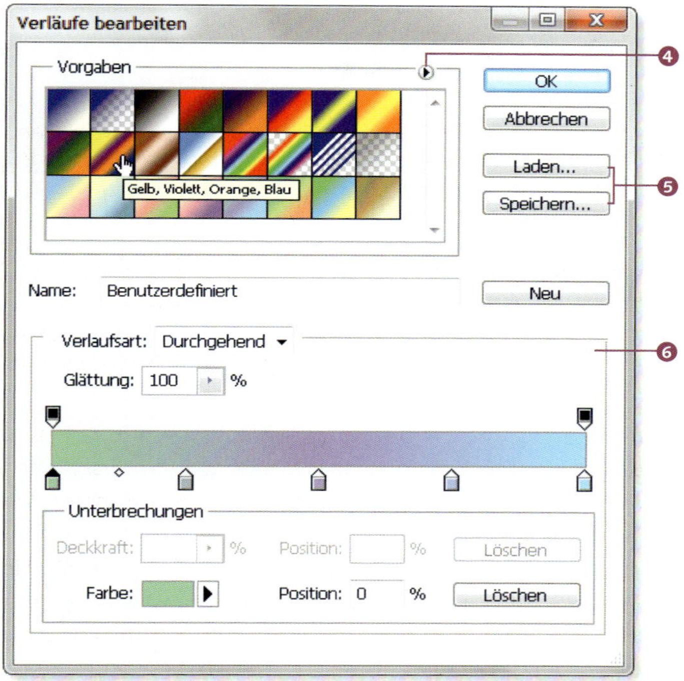

◄ **Abbildung 26.5**
Die Dialogbox zum Variieren bestehender bzw. zum Anlegen eigener Verläufe

Sie vermissen die Einblendung von Verlaufsnamen?
Wenn unter Voreinstellungen • Benutzeroberfläche die Option QuickInfo anzeigen **deaktiviert** ist, werden die mitunter hilfreichen Verlaufsnamen (und Titel anderer Vorgaben) nicht angezeigt.

- Die entscheidenden Einstellungen zum **Bearbeiten von Verläufen** nehmen Sie im unteren Teil des Dialogfeldes ❻ vor. Sie können die Anzahl und Verteilung der Verlaufsfarben, den genauen Farbübergang und etwaige Transparenzen definieren. Wie das im Einzelnen geht, lesen Sie in der folgenden Schritt-für-Schritt-Anleitung.

Schritt für Schritt: Eigene Verläufe erstellen

1 Grundlage auswählen

Ganz streng genommen legen Sie nie neue Verläufe an, sondern modifizieren bestehende Verläufe und sichern sie unter einem neuen Namen. Dazu suchen Sie sich als Erstes einen Verlauf, der eine gute Basis für Ihren eigenen geplanten Verlauf abgibt, und klicken ihn in der Liste an ❼. Dass er aktiviert ist, erkennen Sie daran, dass er auch im Balken ❽ dargestellt wird. Es lohnt sich meist, die Bibliotheken nach einer guten Verlaufsgrundlage zu durchsuchen – Sie brauchen dann nur ein paar Klicks, um diese anzupassen.

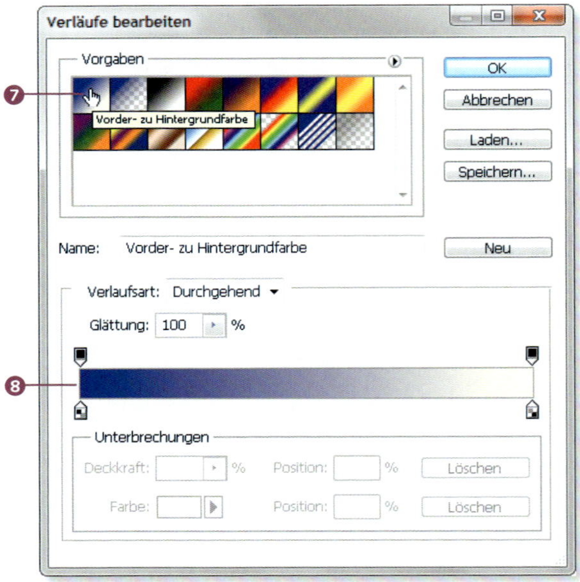

Abbildung 26.6 ▸
Ein Verlauf wurde zum Verändern ausgewählt.

2 Neue Farbe hinzufügen

Unter VERLAUFSART lassen Sie DURCHGEHEND stehen, und eine hohe GLÄTTUNG garantiert sanfte Übergänge. Ihr wichtigstes Arbeitsinstrument sind nun der Farbbalken und die kleinen Marker ober- und unterhalb.

Die oberen Marker legen die eventuelle Transparenz fest (offiziell: **Transparenzunterbrechungsregler**), die unteren Markierungen (**Farbunterbrechungsregler**) bestimmen, welche Farbe an welcher Stelle verwendet wird. Alle Marker lassen sich verschieben, und durch Klicks fügen Sie neue hinzu.

Durch einfaches Klicken **unter** den Farbbalken ❽ (die Maus wird zu einem Hand-Symbol) wird eine neue Farbe hinzugefügt, eine sogenannte Unterbrechung.

Mit einem Klick in das Feld FARBE oder einem Doppelklick in die Farbmarkierung des Markers rufen Sie den bekannten Farbwähler auf und können die Farbe neu definieren. Das im Beispiel gezeigte Grün hat die RGB-Werte 192/238/138.

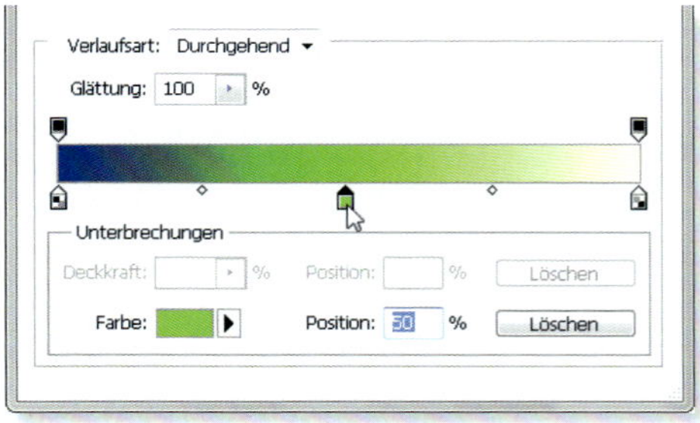

Abbildung 26.7 ▸
Die Unterbrechung wurde eingefügt und hat auch schon die neue Farbe.

3 Position der Farben festlegen

Nun können Sie noch die Position des Markers verändern. Entweder ziehen Sie den Marker einfach mit der Maus, oder Sie aktivieren ihn durch Anklicken und geben in den Eingabefeldern exakte Werte ein. Gerade bei komplexeren Verläufen, die ganz regelmäßig sein müssen, ist das sinnvoll.

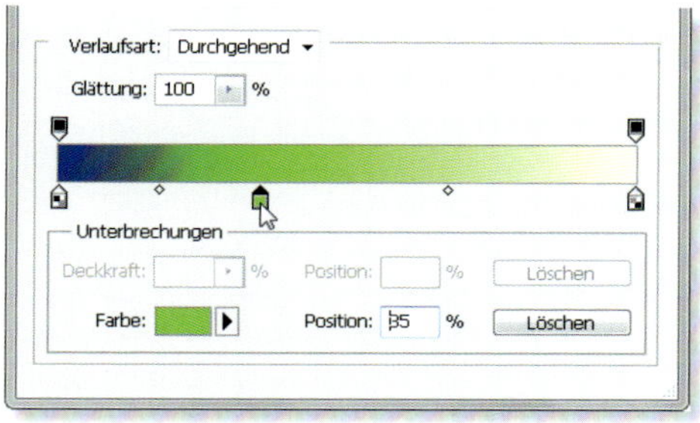

◂ **Abbildung 26.8**
Legen Sie die Position der Farben fest.

4 Verlaufsübergänge verändern

Die kleinen Rauten-Symbole zwischen den Farbmarkern zeigen an, wo die Mitte des Farbübergangs liegt. Auch diese Mittelpunkte können Sie verschieben und dadurch die Gestalt des Verlaufs noch ändern. Auch hier können Sie die Zahleneingabe nutzen. Dazu muss erst wieder die entsprechende Mittelpunktraute durch Anklicken aktiviert werden.

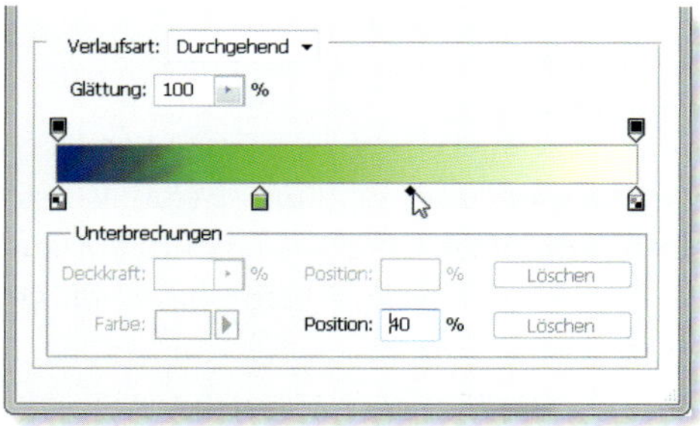

◂ **Abbildung 26.9**
Hier verändern Sie die Verlaufsübergänge.

5 Transparenz einstellen

Die Einstellung der Transparenz erfolgt ganz analog. Auch hier ist der aktive Marker durch eine schwarze Spitze gekennzeichnet. Für ihn müssen Sie dann im unteren Einstellungsfeld UNTERBRECHUNGEN für den Grad der Transparenz anlegen. Rauten bestimmen wiederum den »Scheitelpunkt« des Verlaufs.

6 Verlauf benennen und sichern

Um den neuen Verlauf zu sichern, tragen Sie unter NAME ❷ eine möglichst sinnreiche Bezeichnung ein und klicken auf den Button

NEU ❸. Das Duplikat erscheint nun am Ende der Liste in der Übersicht ❶.

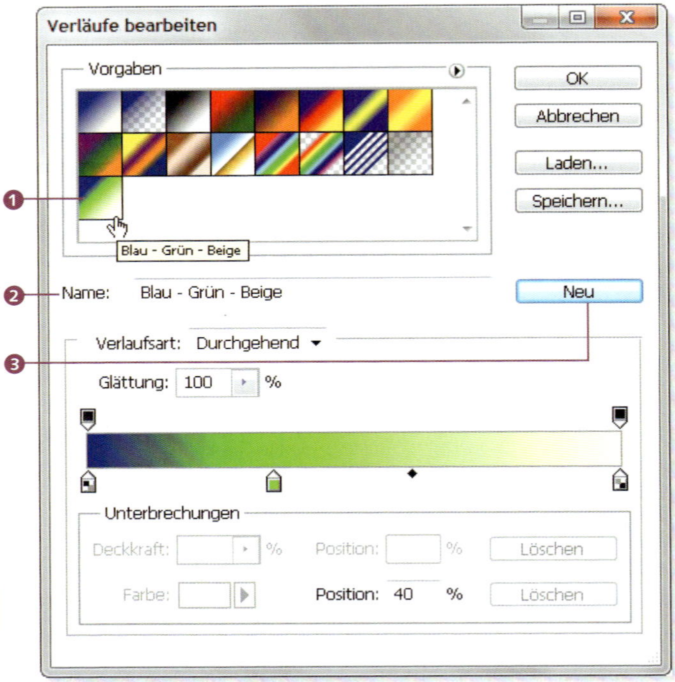

▲ **Abbildung 26.10**
Der Verlauf wurde gespeichert und steht jetzt in der Übersicht zur Verfügung.

Verläufe dauerhaft sichern

Aber Achtung – diese Art der Sicherung ist nicht dauerhaft. Auf diese Art gesicherte neue Verläufe und andere Vorgaben werden lediglich in einer Voreinstellungendatei gespeichert. Wird diese Datei gelöscht oder beschädigt – was bei einem Systemabsturz schnell passieren kann – oder werden die Verläufe per Befehl VERLÄUFE ZURÜCKSETZEN auf die Standardbibliothek zurückgestellt, gehen Ihre Änderungen verloren. Möchten Sie neue Verläufe dauerhaft speichern, speichern Sie sie in einer eigenen Bibliothek, zum Beispiel über den Befehl SPEICHERN. Das gilt nicht nur für Verläufe, sondern auch für alle anderen Vorgaben, die an bestehende Listen unten angehängt werden! Details zum Vorgehen erfahren Sie in Abschnitt 5.5, »Farbfelder, Muster, Stile & Co: Kreativressourcen organisieren«.

Unbeabsichtigte Veränderungen des Verlaufs beim Wechsel von Vorder- und Hintergrundfarbe | Das Verlaufswerkzeug unterscheidet zwischen absoluten Farbdefinitionen (Angaben von fixen Farbwerten) und Farben, die in Bezug zur aktuellen Vorder- oder/und Hintergrundfarbe in der Werkzeugleiste stehen. Absolut definierte Verläufe zeigen die Farben im Marker, die sie repräsentieren, abhängige Verläufe haben Farbmarker mit einem kleinen Karomuster.

Wenn Ihr Verlauf auf einem Verlauf basiert, der wiederum von der Vorder- und Hintergrundfarbe abhängig ist, wird er sich mit dem Ändern dieser Farben ebenfalls ändern. Um das zu verhindern, müssen Sie eine sogenannte BENUTZERDEFINIERTE FARBE (als absolut definierte Farbe) einsetzen. Klicken Sie dazu vorsichtig auf die Spitze des Markers, sodass sie schwarz hervorgehoben ist, und dann auf den Pfeil neben dem dann aktivierten Farbfeld. Wenn Sie dann BENUTZERDEFINIERTE FARBE wählen, können Sie den Status des Farbmarkers ändern.

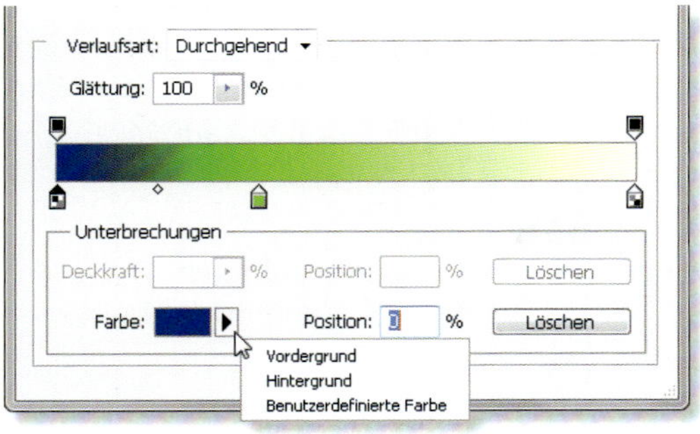

◂ **Abbildung 26.11**
So wandeln Sie eine abhängige Farbdefinition in einen absoluten Farbwert um.

26.2.4 Rauschverläufe

Der Rauschverlauf ist ein schönes Spielzeug – das auch zum Erzielen durchaus ernst zu nehmender Ergebnisse taugt. (Er wurde in alten Photoshop-Versionen als »Störungsverlauf« bezeichnet.) Dabei werden auf Knopfdruck streifige Zufallsverläufe erstellt, und Sie können festlegen, wie hart oder weich diese Streifen ineinander übergehen und wie groß der Farbumfang sein soll.

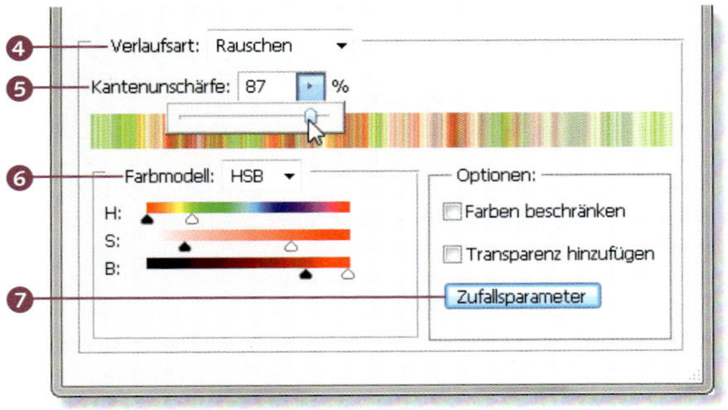

▴ **Abbildung 26.12**
Die Einstellungsmöglichkeiten für einen Rauschverlauf

Hier müssen Sie als Erstes die VERLAUFSART ❹ auf RAUSCHEN stellen. Der Standardwert für KANTENUNSCHÄRFE ❺ ist 50%. Dieser Wert erzeugt regelrechte Streifen. Wenn Sie einen weicheren Verlauf brauchen, sind niedrigere Werte besser. Sie können ebenfalls einstellen, nach welchem FARBMODELL ❻ (RGB, HSB und Lab stehen zur Verfügung) und wie gemischt wird. Dazu verstellen Sie die Regler unter den Farbbalken.

Die Option FARBEN BESCHRÄNKEN wirkt sich auf die Sättigung des Verlaufs aus. Zu grelle Farben werden unterdrückt. TRANSPARENZ HINZUFÜGEN erklärt sich von selbst. Der Farbbalken zeigt den aktuell eingestellten Störungsverlauf an.

Mit jedem Klick auf den Button ZUFALLSPARAMETER ❼ erzeugen Sie nun einen neuen, zufällig ermittelten Verlauf aus Ihren Vorgaben. Wenn Sie das Spektrum und die Kantenschärfe gut

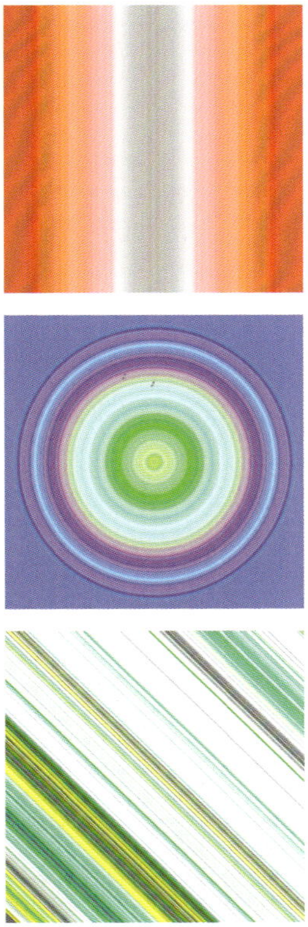

▴ **Abbildung 26.13**
Beispiele für mögliche Rauschverläufe. Auch der Kreis ist so entstanden – mit einem radialen Verlauf!

gewählt haben, werden Sie nach wenigen Klicks einen Verlauf haben, der Ihren Vorstellungen entspricht. Sie können das aktuelle Ergebnis durch Verstellen der Regler an den Farbbalken und durch Abwählen oder Zuschalten von Optionen verändern.

▲ **Abbildung 26.14**
RAUSCHEN HINZUFÜGEN: Die Option MONOCHROMATISCH ist vor allem gut geeignet, um Filmkorn zu simulieren (die körnige Struktur hochempfindlicher Filme).

Zum Weiterlesen: Webgerechte Bilder
Wie Sie Bilder für den Screen-Einsatz optimieren, lesen Sie in Kapitel 36, »Bilder für das Internet optimieren«.

26.2.5 Verläufe im Webeinsatz – Streifenbildung verhindern

Verläufe neigen – auch wenn sie in einer hohen JPEG-Qualität gespeichert wurden – bei der Bildschirmdarstellung zur Streifenbildung. Wenn Sie Verläufe für den Bildschirmeinsatz produzieren, können Sie diese Streifenbildung unterbinden, indem Sie dem Bild RAUSCHEN HINZUFÜGEN. Sie finden diese Funktion unter FILTER • RAUSCHFILTER.

Sie sollten hier nur eine niedrige Prozentzahl verwenden, da es bei einer großen Menge Störungen zu Moiré-Bildung in der Bildschirmwiedergabe kommen kann. Die Stärke der Streifenbildung auf einem Verlauf ist auch von dessen Helligkeit abhängig – bei einem dunklen Verlauf müssen unter Umständen mehr Störungen hinzugefügt werden. Der ideale Wert kann in jedem Fall nur durch Austesten festgestellt werden. Nutzen Sie auch die Browser-Vorschau im Tool FÜR WEB UND GERÄTE SPEICHERN!

26.3 Muster

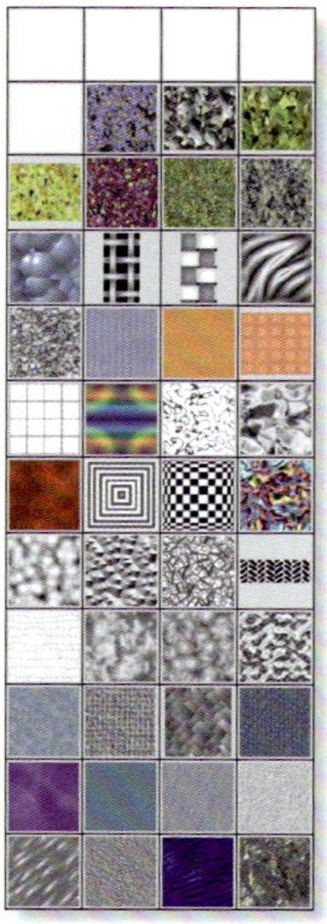

▲ **Abbildung 26.15**
Einige der mitgelieferten Muster in Photoshop

Wenn Sie bis hierher aufmerksam gelesen haben, ist es Ihnen vermutlich schon aufgefallen – Muster sind eine weitere Kreativressource in Photoshop, die Ihnen an verschiedenen Stellen des Programms begegnet: Beim Füllen von Flächen (Füllwerkzeug-Option MUSTER), als Eigenschaft von Pinseln (Option STRUKTUR in der Pinsel-Palette) und bei vielen anderen Gelegenheiten. Adobe liefert zahlreiche Muster für viele Gelegenheiten mit, aber Sie können sich auch eigene Muster definieren.

26.3.1 Eigene Muster erzeugen

Sie können aus jeder beliebigen Datei Muster erstellen und in Musterbibliotheken ablegen. Das Verfahren eignet sich gut für strenge, grafische Muster wie zum Beispiel Streifen. Aber auch fotografierte Texturen lassen sich auf diese Weise als Muster verwerten. Wenn Sie einmal gezielt auf Fotopirsch gehen, werden Sie sehen, wie viele interessante Texturen sich schon bei einem kurzen Spaziergang finden lassen. Sie müssen beim Fotografieren nur darauf achten, möglichst neutrale, gleichmäßig strukturierte

Bereiche aufzunehmen. Interessante, hervorstechende Partien akzentuieren bei späterer Anwendung des Musters die Grenzen der einzelnen Musterelemente. Und das ist natürlich nicht erwünscht.

Dateien auf der Buch-DVD: »Putz.jpg«, »Beton.jpg«, »Rost.jpg«, »Glas.tif«

Bild (Glasflasche): dieblen.de, andere Bilder: S. Mühlke

◂◂ Abbildung 26.16
Eine verputzte Wand, …

◂ Abbildung 26.17
… Sichtbeton, …

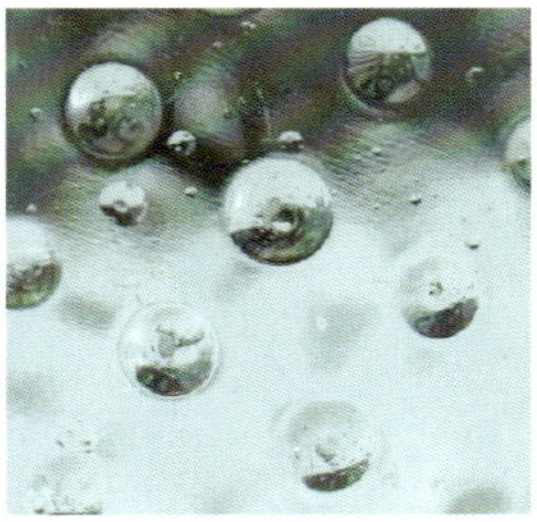

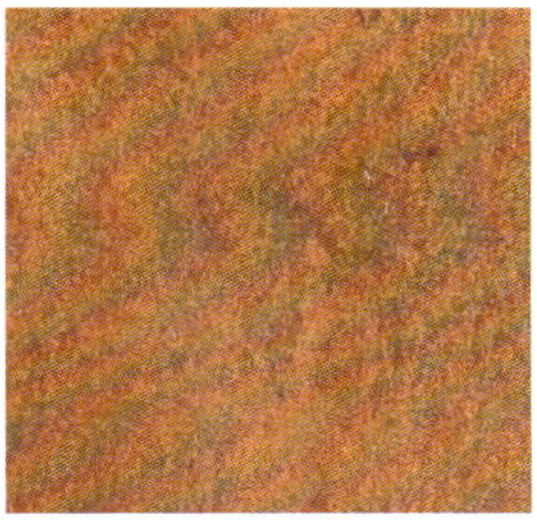

◂◂ Abbildung 26.18
… das Detail einer Glasflasche …

◂ Abbildung 26.19
… oder eine rostige Metallfläche – potenzielle Photoshop-Muster finden sich überall.

Der Aufwand, um ein eigenes Muster zu erzeugen, ist gering. Sie brauchen natürlich eine geeignete Vorlage. Überlegen Sie auch, ob Sie dem Bild vielleicht etwas Farbe entziehen, die Kontraste erhöhen oder es etwas verfremden wollen. Dann müssen Sie den passenden Bildausschnitt festlegen. Muster müssen nicht quadratisch sein, für viele Zwecke ist das jedoch am besten. Erzeugen Sie eine Auswahl um den Bildbereich, der die Mustervorlage sein soll. Wählen Sie dann Bearbeiten • Muster festlegen, und vergeben Sie einen neuen Namen für das Muster. Und das war's auch schon – fertig ist Ihr Muster!

Mustergenerator nachrüsten
Wer noch mit Photoshop CS3 oder älteren Versionen arbeitet, kennt noch die »Mustermaschine« Mustergenerator. Seit Version CS4 ist der Mustergenerator nicht mehr im normalen Funktionsumfang von Photoshop enthalten. Er kann allerdings nachinstalliert werden. Eine genaue Beschreibung des Mustergenerators können Sie auf der Bonus-Seite zum Buch unter *www.galileodesign.de* nachlesen.

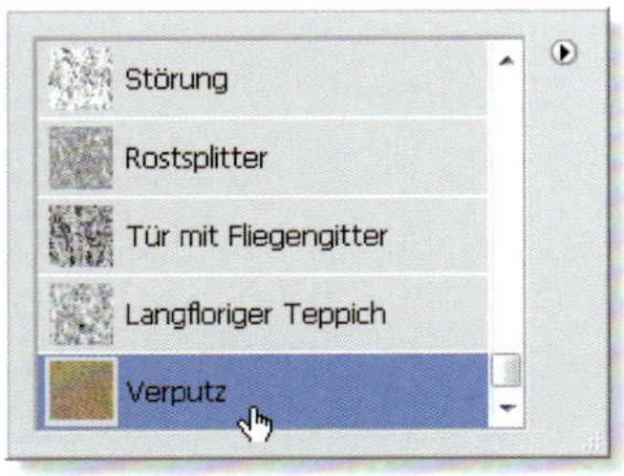

◂◂ Abbildung 26.20
In allen Werkzeugen, die Muster verwenden, tauchen nun die neuen Muster am Ende der aktuellen Musterbibliothek auf.

◂ Abbildung 26.21
Per Ebenenstil Musterüberlagerung wurde das neue Muster gleich auf eine Textebene angewandt.

26.3.2 Muster aus Filtern

Um vorgefundene Bilder zu verfremden und daraus abstrakte Muster zu machen, können Sie auch Photoshops Filter-Arsenal

Zum Weiterlesen: Muster effektiv verwalten
Auch Musterbibliotheken lassen sich bequem per Vorgaben-Manager und über die bekannten Befehle im Seitenmenü verwalten. Wie das genau geht, lesen Sie in Abschnitt 5.5 , »Farbfelder, Muster, Stile & Co: Kreativressourcen organisieren«.

nutzen. Insbesondere Strukturierungs-, Vergröberungs- und Verzerrungsfilter eignen sich dafür gut. Doch auch andere Filter können mit Gewinn angewandt werden. Unter FILTER • RENDERFILTER finden Sie sogar einige Spezialtools, die »Bilder aus dem Nichts« machen und Strukturen erzeugen können. Alle Filter lassen sich natürlich auch kombinieren.

Muster aus Differenz-Wolken | Die Datei, die Sie mit diesem Filter behandeln wollen, muss mit (beliebigen) Pixeln gefüllt sein, sonst funktioniert es nicht. Der Filter verwendet nach dem Zufallsprinzip ermittelte Werte, die auf Basis der Füllmethode DIFFERENZ zwischen der aktuell eingestellten Vordergrund- und der Hintergrundfarbe variieren und ein Wolkenmuster erzeugen. Die mehrfache Anwendung erzeugt ein **Marmormuster**.

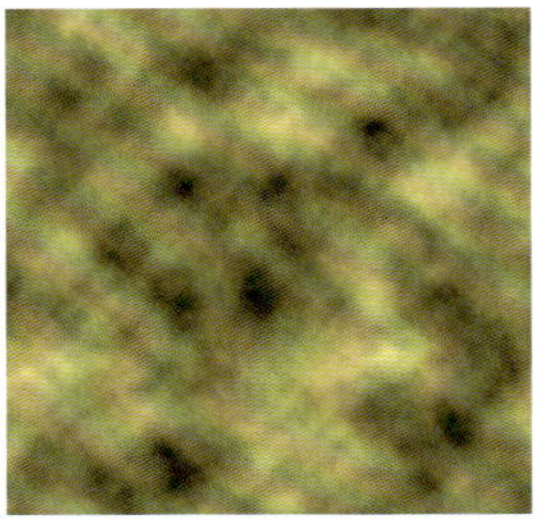

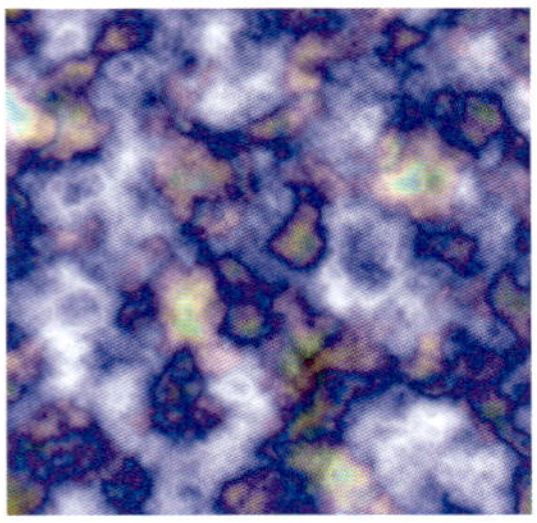

Abbildung 26.22 ▸
Differenz-Wolken

Abbildung 26.23 ▸▸
Die mehrfache Anwendung des Filters kann auch die Farbigkeit des Bildes stark verändern.

Muster mit Fasern | Der Filter FASERN erzeugt mit den Vorder- und Hintergrundfarben einen holzähnlichen Effekt. Er ist per ZUFALLSPARAMETER steuerbar. Die Farben der erzeugten Faserstruktur hängen von der eingestellten Vorder- und Hintergrundfarbe ab.

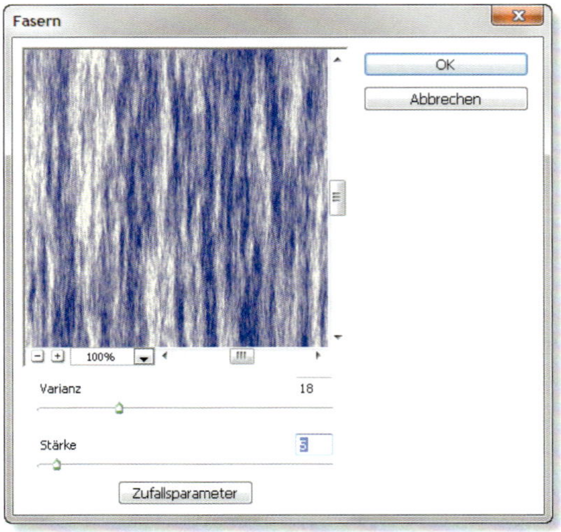

Abbildung 26.24 ▸
Der Dialog des FASERN-Filters ist intuitiv bedienbar.

Mit einer bräunlichen Verlaufsumsetzung ergeben sich etwa interessante Holzstrukturen.

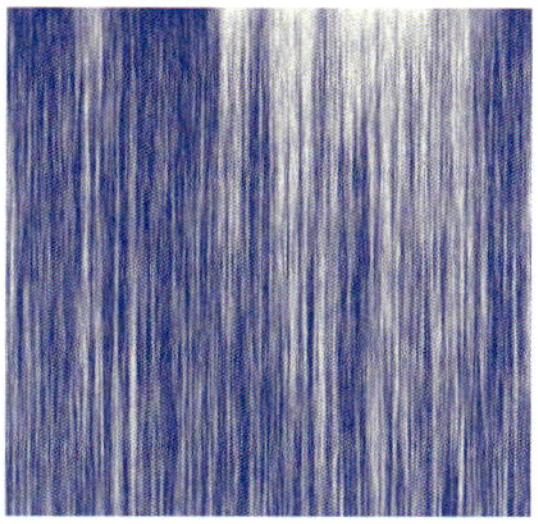

▲ **Abbildung 26.25**
Die Wirkung des Filters FASERN

▲ **Abbildung 26.26**
Mithilfe des FASERN-Filters können Sie beispielsweise Holzflächen imitieren.

Muster mit dem Filter »Wolken« | Der Filter WOLKEN ist etwas weicher in der Wirkung als DIFFERENZ-WOLKEN und greift direkt auf die eingestellte Vorder- und Hintergrundfarbe zu. Das Muster wird mithilfe von Zufallswerten erzeugt, die zwischen der Vorder- und Hintergrundfarbe variieren. Einzige Steuerung: Drücken Sie beim Klicken des Filterbefehls zusätzlich Alt/⌥ – das Muster wird dadurch kontrastreicher.

▲ **Abbildung 26.27**
Wirkung des WOLKEN-Filters

▲ **Abbildung 26.28**
WOLKEN mit mehr Kontrast

27 Das Spiel mit Farbe und Schwarzweiß

Schwarzweißbilder haben ihren eigenen ästhetischen Reiz: Die Bildaussage wird hier nachdrücklicher in den Vordergrund gerückt als bei Farbbildern, und ihre dezente Erscheinung setzt ein angenehmes Gegengewicht zur schrill-bunten Gestaltungsgegenwart. Und wer seine Erzeugnisse in der einen oder anderen Form druckt, wird es zu schätzen wissen, dass Schwarzweißbilder auch die kostengünstigste Form sind, Bilder auf Papier zu bringen.

Es sollte selbstverständlich sein, aus dem Farbbild, das in Graustufen verwandelt werden soll, das Optimum herauszuholen: Erhalt der Kontraste, gute Überführung der Tonwerte ins Graustufenbild, Detailzeichnung. Da es immerhin um die Verwandlung von 16,7 Millionen Farben (so viele sind in RGB möglich) in 256 Graustufen geht, können Sie sich gewiss vorstellen, dass hier auch einiges schiefgehen kann ...

27.1 Schwarzweiß via Modusänderung

Der naheliegendste Weg – die Modusänderung von RGB in Graustufen – ist meist nicht der beste und führt zu flauen, kontrastarmen Bildern.

Datei auf der Buch-DVD: »Fischernetze.jpg«

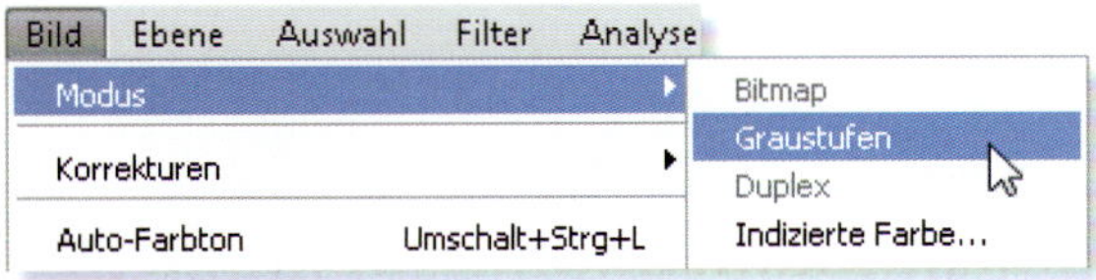

▲ **Abbildung 27.1**
Dies ist der schnellste, aber nicht der beste Weg, um aus einem Farb- ein Graustufenbild zu machen.

Bild: Onno K. Gent

▲ **Abbildung 27.2**
Der Reiz dieses Bildes liegt in den fein detaillierten Strukturen der Fischernetze und in seiner ruhigen Farbigkeit: Es ist eine Herausforderung, dieses Motiv in ein Schwarzweißbild umzuwandeln.

▲ **Abbildung 27.3**
Unser erster Versuch liefert ein langweiliges, recht dunkles Grau: Wird diese per Modusänderung erzeugte Graustufenversion dem Originalbild gerecht?

Der Befehl »Sättigung verringern«

Um einem Bild die Sättigung auf einen Schlag zu entziehen, können Sie den Befehl SÄTTIGUNG VERRINGERN aus dem Menü BILD • KORREKTUREN (Shortcuts [⇧]+[Strg]+[U] bzw. [⇧]+[⌘]+[U]) nutzen. Mit einem Mausklick ist Ihr Bild entfärbt.

Das Umwandeln des Bildes in den Graustufenmodus sollte – wenn überhaupt – **am Ende** des Entfärbens stehen, wenn Sie Ihre angepasste Schwarzweißversion erzeugt haben. Bisweilen kann es auch ganz nützlich sein, es als RGB-Bild weiterzubearbeiten – bekanntlich stehen dann die meisten Photoshop-Funktionen zur Verfügung. Auch dann, wenn Sie ein digitales Graustufenbild ausbelichten lassen wollen, muss es in der Regel im Modus RGB vorliegen.

Es gibt aber noch eine Reihe anderer Methoden, die ich Ihnen im Folgenden vorstellen will: Dazu zählt natürlich auch die Funktion SCHWARZWEISS. Daneben gibt es eine Reihe bewährter Tricks, um aus einem farbigen Bild ein Schwarzweißbild zu machen. Welche Methode die richtige ist und welche völlig falsch, ist schwer zu sagen und hängt von der Vorlage und letzten Endes auch von Ihren Arbeitsvorlieben ab.

Ein schlechtes Bild wird mit keiner der Methoden verbessert – was aber in Farbe gut aussieht, ergibt wahrscheinlich auch ein gutes Schwarzweißbild!

27.2 Schwarzweiß erstellen über RGB-Kanäle

Bei RGB-Bildern ist es möglich, einfach einen einzelnen Bildkanal zur Grundlage für das Graustufenbild zu machen. Auch damit können Sie bei manchen Bildern gute Ergebnisse erzielen.

27.2.1 Welchen Kanal bearbeiten?

Welcher der Kanäle die beste Grundlage für ein Graustufenbild abgibt, richtet sich nach dem Motiv und den Originalfarben.

- Bilder mit **starken Hell-Dunkel-Unterschieden** sehen in der Regel im Rotkanal am besten aus.
- Auch Bilder mit vielen **Hauttönen** wirken meist im Rotkanal am besten.
- Wenn Sie die **Detailzeichnung** Ihres Bildes herausarbeiten wollen, sind Sie vermutlich im Grünkanal richtig.
- Der **Blaukanal** weist oft Störungen auf und ist zu dunkel. Für ein **dramatisches Bild** – beispielsweise sich auftürmende Wolkenberge vor starkem Himmelblau – kann er sich aber ganz gut eignen.

27.2.2 Technik

Die Technik ist ganz einfach: Sie wechseln in die Kanäle-Palette, deaktivieren alle Farbkanäle und klicken die Kanäle nacheinander jeweils einzeln an. Die Kanäle selbst sind nämlich auch Graustufenbilder, und jeder Kanal beinhaltet eine spezifische und einzigartige Version Ihres Bildes. Ist der bestaussehende Kanal gefunden, duplizieren Sie ihn und löschen die übrigen Kanäle.

Nach dem Entfernen der ursprünglichen RGB-Kanäle wird als Bildmodus automatisch MEHRKANAL angezeigt. Wenn Sie das Bild aus dem Mehrkanalmodus wieder in RGB umwandeln wollen, müssen Sie einen Umweg gehen und es zunächst in den Graustufenmodus bringen. Erst danach lässt sich der Moduswechsel nach RGB vollziehen.

Kanäle schnell durchklicken

Das Ein- und Ausblenden der einzelnen Kanäle geht am schnellsten, wenn Sie einfach auf die entsprechenden Kanalminiaturen klicken und nicht mit den Augen-Symbolen hantieren.

Kanalberechnungen | Wenn keiner der Bildkanäle als Graustufenbild überzeugen kann, könnte der Klick auf BILD • KANALBERECHNUNGEN helfen. Dieses Werkzeug erlaubt es Ihnen, die Graustufeninformationen von zwei Farbkanälen des Bildes miteinander zu kombinieren und mit verschiedenen Füllmethoden miteinander zu verrechnen. Die Ausgabe dieses neu gemischten Graustufenkanals erfolgt wahlweise in einem Alphakanal (Option ERGEBNIS: NEUER KANAL), in einem eigenständigen Dokument

Umwandlung über Lab

Auch den Lab-Modus können Sie nutzen, um aus Farbbildern Schwarzweißbilder zu machen. Hier ist es unweigerlich der Kanal LAB-HELLIGKEIT, den Sie erhalten müssen; die anderen Kanäle werden gelöscht. Der Kanal wechselt während des Löschens der anderen Kanäle seinen Namen in ALPHA 1, seine Funktionsweise wird jedoch nicht beeinträchtigt.

(ERGEBNIS: NEUES DOKUMENT) oder in einer – zuvor angelegten – Auswahl.

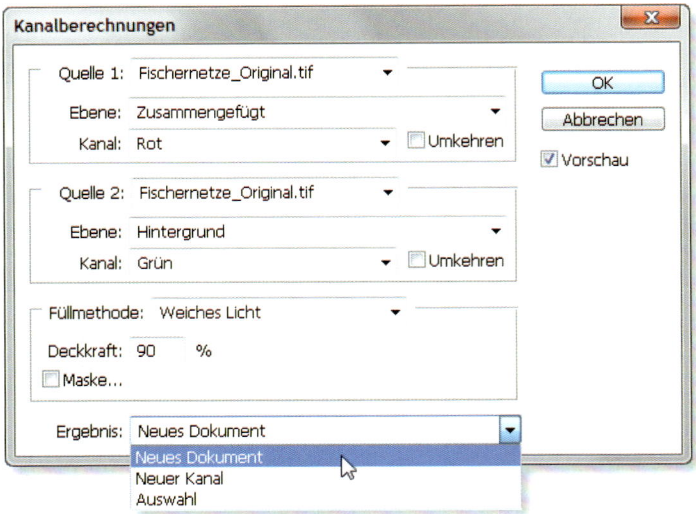

▲ **Abbildung 27.4**
KANALBERECHNUNGEN ist ein nicht gerade intuitv zu bedienendes Werkzeug, doch wer gerne mit Füllmethoden arbeitet, wird Gefallen daran finden. Übrigens können Sie dieses und das verwandte Tool BILDBERECHNUNGEN auch nutzen, um RGB-Bilder farblich zu verfremden.

Unter QUELLE 1 und QUELLE 2 geben Sie an, welche Kanäle gemischt werden sollen. Es ist auch möglich – in diesem Fall aber nicht zweckdienlich –, zweimal denselben Kanal als Quelle anzugeben und mit sich selbst verrechnen zu lassen. Wenn Ihr Bild mehrere Ebenen enthält, können Sie unter EBENE noch festlegen, ob die Kanalinformationen des gesamten Bildes (Option ZUSAMMENGEFÜGT) oder einzelner Ebenen berücksichtigt werden sollen.

Unter FÜLLMETHODE stellen Sie ein, wie die Graustufeninformationen der beiden Quellen verrechnet werden. Unter ERGEBNIS legen Sie fest, ob Sie einen neuen (Alpha-)Kanal in der Ausgangsdatei oder gleich ein neues Bild erzeugen wollen. Wenn Sie die Option MASKE anklicken, wird das Dialogfeld erweitert. Sie können dann erneut einen Kanal auswählen, der als Maske für die Füllmethoden-Berechnung dient, oder im Bild vorhandene Masken in die Berechnung einfließen lassen.

▲ **Abbildung 27.5**
Hier der Grünkanal des Ausgangsbildes. Er sieht brauchbar aus, verfügt aber teilweise über zu wenig Kontrast. Rot- und Blaukanal (nicht abgebildet) hingegen sind zu kontrastreich.

▲ **Abbildung 27.6**
Die mit den Einstellungen aus den KANALBERECHNUNGEN erzeugte Mischung aus Rot- und Grünkanal.

27.2.3 Kanäle mischen: Der Kanalmixer

Wenn Ihnen die KANALBERECHNUNGEN zu technisch und zu mathematisch vorkommen, können Sie alternativ zum Kanalmixer greifen. Sie finden ihn im Menü BILD • KORREKTUREN • KANALMIXER. Es können aber auch Einstellungsebenen für dieses Tool angelegt werden, was neben den guten Ergebnissen ein weiterer Vorteil dieser Methode ist.

Handhabung | Die Handhabung ist einfach: Erzeugen Sie eine Einstellungsebene KANALMIXER über das Icon in der Korrekturen-Palette, klicken Sie die Option MONOCHROM ❷ an, und bearbeiten Sie durch Ziehen an den Reglern die Kanalmischung.

Als Faustregel gilt, dass die Werte für die einzelnen Kanäle nach erfolgter Einstellung wiederum ungefähr 100% ergeben sollten. Die Einstellung KONSTANTE ❸ soll Helligkeit und Kontrast regeln, arbeitet aber nicht besonders differenziert – bessere Ergebnisse erhalten Sie mit Gradationskurven!

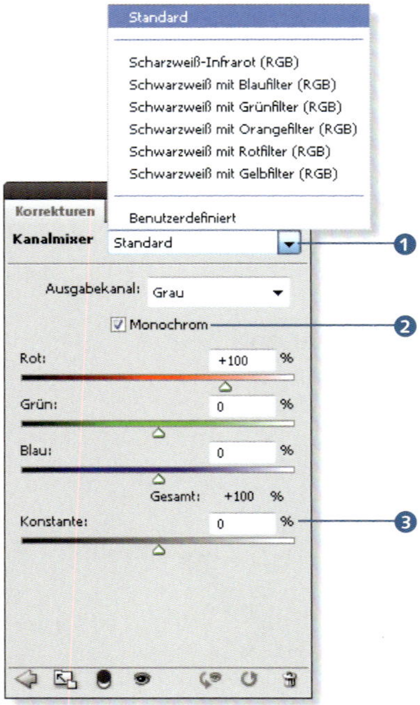

▲ **Abbildung 27.7**
Der Kanalmixer in der neuen Korrekturen-Palette mit seinen Reglern für die einzelnen Farbkanäle und der Vorgabenliste 1

▲ **Abbildung 27.8**
Das Beispielbild nach der Umwandlung mit dem Kanalmixer

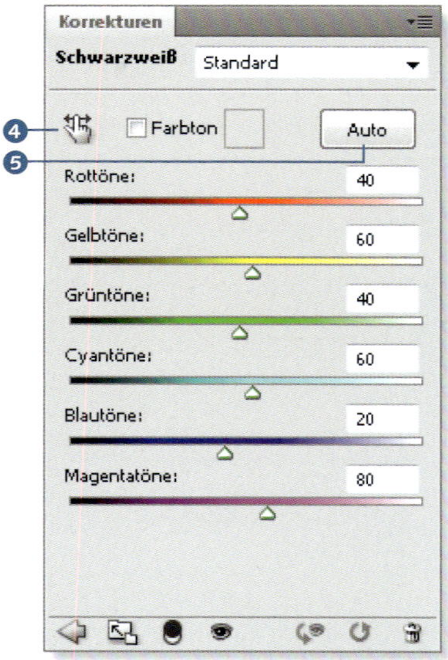

▲ **Abbildung 27.9**
Mit sechs Reglern bestimmen Sie die Kanalmischung.

27.3 Der Experte – das Tool »Schwarzweiß«

Anders als sein Name nahelegt, kann das Werkzeug SCHWARZWEISS mehr, als nur Bilder zu entfärben: Mit ihm können Sie auch Fotos tonen, also die Tonwerte anstatt in schwarzweißen in »farbigen Graustufen« darstellen. Wie fast alle anderen Korrekturwerkzeuge gibt es SCHWARZWEISS als Einstellungsebene per Klick auf das Icon in der Korrekturen-Palette.

Auf den ersten Blick sieht das Werkzeug SCHWARZWEISS wie eine etwas erweiterte Version des Kanalmixers aus, doch das täuscht: Sie können hier viel intuitiver arbeiten.

Sie können – wie beim Kanalmixer – durch Ziehen an den Reglern bestimmen, wie stark die unterschiedlichen Anteile der ursprünglichen Bildfarben bei der Umsetzung in Schwarzweiß berücksichtigt werden. Bei sechs Reglern hat man da eine Menge zu tun … und die Konzentration auf das Umwandlungsergebnis im Dokumentfenster fällt schwer. Doch Sie können auch anders arbeiten.

Schwarzweiß-Automatik | Ein Klick auf den Button AUTO ❺ produziert nach automatischer Auswertung der Bilddaten oft schon eine akzeptable Schwarzweiß-Version, zumindest aber Einstellungen, die als Ausgangsbasis für das Feintuning dienen können.

▲ **Abbildung 27.10**
Die Direktsteuerung per Maus muss erst aktiviert werden. Dazu klicken Sie auf das Maushand-Icon im SCHWARZWEISS-Dialog.

Tonwerte mit der Maus verändern | Wirklich genial ist die Möglichkeit, die Tonwerte des Bildes direkt durch Mausbewegungen im Bild zu beeinflussen.

Klicken Sie nach der Aktivierung der Funktion ❹ direkt im Bild den Bereich an, den Sie verändern wollen. Der Mauszeiger hat zunächst Pipettenform, verwandelt sich dann jedoch in eine Hand mit Doppelpfeil. Wenn Sie diese Hand nach links bewegen, wird der Bereich dunkler; ziehen Sie die Hand nach rechts, wird er aufgehellt.

◄ **Abbildung 27.11**
Die Tonwerte des Himmels sollen verändert werden. Ein Klick in diesen Bereich, Bewegen der Maushand nach rechts oder links, fertig. Das geschieht ganz ohne Ziehen an den Reglern und sehr treffsicher.

Zum Weiterlesen: Bilder tonen
Mit dem Tool SCHWARZWEISS können Sie nicht nur überzeugende Schwarzweiß-Versionen Ihrer Fotos erzeugen. Die Funktion eignet sich auch, um Bilder zu tonen – also vollständig in Farbe zu tauchen. Wie das geht, erfahren Sie in Abschnitt 27.6, »Farbverfremdungen«.

27.4 Bildelemente durch (Ent)Färben akzentuieren: Color Key

Eine der wichtigsten Aufgaben der Bildbearbeitung – neben Korrekturen und kreativen Montagen – ist es, Bilder so zu bearbeiten, dass die Bildaussage klar herausgestrichen und das Augenmerk auf das wichtigste Motiv gelenkt wird. Im letzten Abschnitt ging es um Schwarzweißbilder – nun will ich Ihnen zeigen, wie Sie Bilder **teilweise entfärben**, in anderen Bereichen die Farbwirkung steigern können und so Ihren Bildgegenstand effektvoll in Szene setzen.

Schritt für Schritt: Durch Farbe hervorheben

1 Auswahl anlegen

Hier ist die Basis der ganzen Operation eine Auswahl. Wählen Sie zunächst mithilfe des Schnellauswahlwerkzeugs das Laub aus. Im Maskierungsmodus können Sie die Auswahl ein wenig nachbessern. Dann kehren Sie sie um – über AUSWAHL • AUSWAHL UMKEHREN (Strg+U/⌘+U).

Falls Sie den Aufwand scheuen: In der Übungsdatei ist die notwendige Auswahl bereits gespeichert und kann via AUSWAHL • AUSWAHL LADEN aktiviert werden.

Datei auf der Buch-DVD: »Laub.tif«

Bild: Onno K. Gent

Abbildung 27.12 ►
Legen Sie eine Auswahl an.

2 Einstellungsebene erzeugen

Legen Sie nun bei aktiver Auswahl eine Einstellungsebene SCHWARZWEISS an, indem Sie das Icon in der Korrekturen-Palette anklicken.

Einstellungsebenen haben standardmäßig eine Maske. Sie können erkennen, dass die zuvor erzeugte Auswahl in die Maske übernommen wurde: Das Laub ist in der Maskenminiatur schwarz dargestellt, also maskiert. Die nun folgenden Arbeitsschritte werden sich nur auf den unmaskierten Bildhintergrund auswirken, auf das maskierte Laub wirken sich die Änderungen nicht aus.

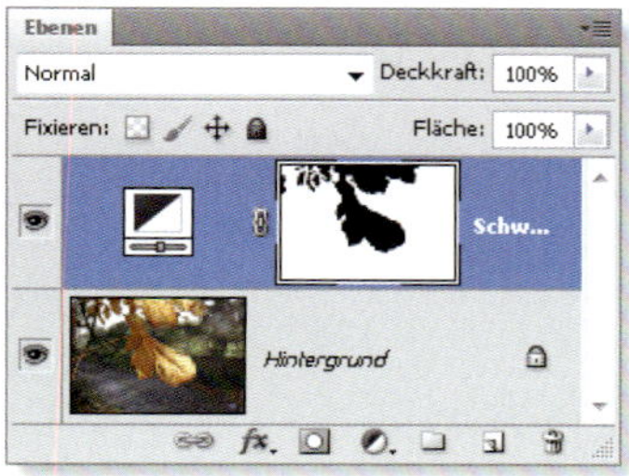

▲ Abbildung 27.13
Die neue Einstellungsebene mit der Maske ist in der Ebenen-Palette zu sehen.

3 Bildhintergrund entfärben

Im Werkzeug SCHWARZWEISS können Sie nun die gewünschten Einstellungen vornehmen. Ich habe hier den AUTO-Button benutzt und einzelne Partien teilweise etwas aufgehellt, indem ich mit der Maus direkt im Dokumentfenster arbeite.

Das Bild sieht jetzt so aus:

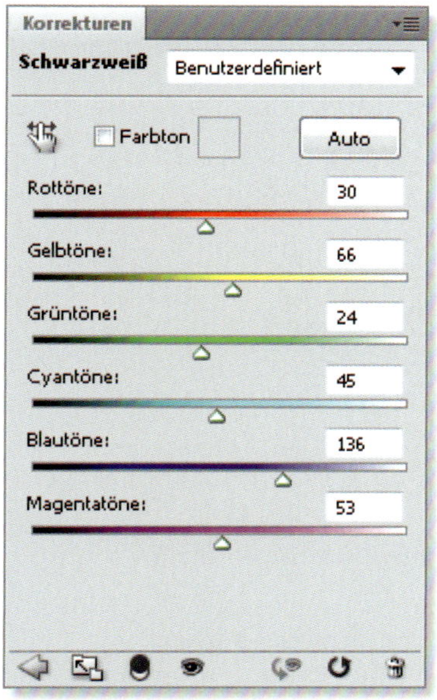

▲ **Abbildung 27.14**
Einstellungen für die Schwarzweißumsetzung des Bildhintergrunds

▲ **Abbildung 27.15**
Der Zwischenstand

4 Zweite Einstellungsebene

Das wirkt schon ganz gut. Der Unterschied zwischen farbigen und weniger farbigen Bereichen soll aber noch ein wenig verstärkt werden. Durch einfaches Klicken auf die Maskenminiatur der Einstellungsebene laden Sie die Auswahl erneut. Kehren Sie sie um.

Nun soll eine neue Einstellungsebene Farbton/Sättigung erzeugt werden. Dazu klicken Sie zunächst auf den kleinen Pfeil am unteren linken Rand der Palette, um zur Palettenansicht mit den Icons zu wechseln, und klicken dann auf das Icon für Farbton/Sättigung .

▼ **Abbildung 27.16**
Mit dem Pfeil schalten Sie die Korrekturen-Palette um.

5 Sättigung der Herbstblätter anziehen

Aufrund der zuvor aktiven Auswahl ist die Maske der neuen Einstellungsebene nun so eingestellt, dass sie nur auf das Laub – nicht auf den Rest des Bildes – wirkt. Im Dialogfeld Farbton/Sättigung verschieben Sie den Sättigungsregler behutsam nach rechts. Auch die Helligkeit können Sie ein wenig verändern. Beachten Sie, dass dabei die Option Färben nicht angeklickt sein darf.

▲ **Abbildung 27.17**
Aufbau der Datei mit zwei Einstellungsebenen

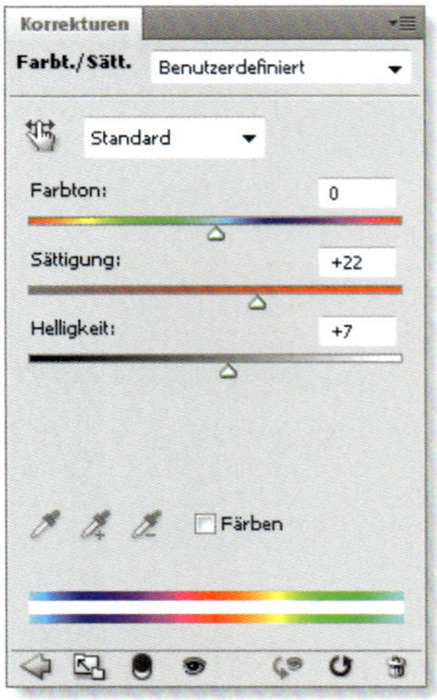

▲ **Abbildung 27.18**
Die Einstellungen unter Farbton/Sättigung

Hier sehen Sie das Bild in der Vorher-nachher-Ansicht.

▲ **Abbildung 27.19**
Vor der Bearbeitung

▲ **Abbildung 27.20**
Das Ergebnis ■

27.5 Graustufenbilder kolorieren

Echte Graustufenbilder lassen sich mit Farbton/Sättigung nicht kolorieren, denn das Werkzeug greift auf bestehende Farbinformationen zu und verändert sie – es fügt einem Bild aber keine neuen Farben hinzu.

Wenn Sie ein Graustufenbild kolorieren wollen, müssen Sie selbst zum Pinsel greifen – und es vorher natürlich in RGB umwandeln. Auch Farbverläufe kann man zum Kolorieren oft gut einsetzen. Mithilfe von Auswahlen, Masken und vielen Ebenen – auch hier lassen sich die Füllmethoden gut ausspielen – kann so ein koloriertes Schwarzweißbild mit dem Charme alter handkolorierter Abzüge entstehen.

Diese Technik ist aber in jedem Fall nur etwas für geduldige Naturen, die gerne akribisch arbeiten!

Bild: Photocase.de

▲ **Abbildung 27.21**
Selbst eine so einfache Kolorationsarbeit ...

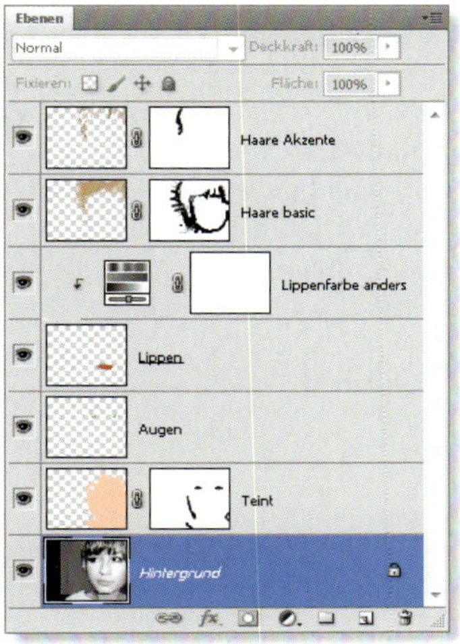

▲ **Abbildung 27.22**
... kommt schon auf eine erkleckliche Anzahl von Ebenen und Masken.

27.6 Farbverfremdungen

Farbverfremdungen machen Bilder zum Eyecatcher und passen sie farblich an ein Layout an.

27.6.1 Bilder färben: Zurückhaltend bunt

Um komplette Bilder zu tönen (oder, wie es in der Fotografensprache heißt, zu tonen), können Sie auf die schon bekannten Werkzeuge SCHWARZWEISS oder FARBTON/SÄTTIGUNG zurückgreifen. Mit beiden Werkzeugen lassen sich Graustufenbilder einfärben, die überhaupt keine eigene Farbinformation enthalten – Sie müssen sie allerdings zuvor in den Bildmodus RGB bringen. Aber auch bei farbigen Vorlagen wirken die Werkzeuge interessant.

Natürliche Haar- und Hautfarben

Ein Problem bei solchen Kolorierungen ist es oft, natürliche Haar- und Hautfarben zu treffen. Öffnen Sie dann am besten ein anderes Farbfoto, und nehmen Sie den Farbton von dort mit der Pipette ab. In der Palette FARBFELDER können Sie einmal eingestellte Farben bequem speichern und haben sie schnell wieder zur Hand. Auch Augen- und Haarfarben lassen sich so bequem übertragen und sichern.

Bild: Onno K. Gent

Bild: Frank Gaebler

◄◄ **Abbildung 27.23**
Sepia-Tonungen werden recht häufig angewendet. Sie erinnern an Abzüge aus den Anfängen der Fototechnik und verleihen Bildern ein nostalgisches Flair.

◄ **Abbildung 27.24**
Eine blaue Tonung passt gut zu technischen und Business-Motiven.

▲ **Abbildung 27.25**
Ausschnitt aus dem Dialog FARBTON/SÄTTIGUNG: Um Graustufenbilder einzufärben, müssen Sie FÄRBEN in jedem Fall anklicken.

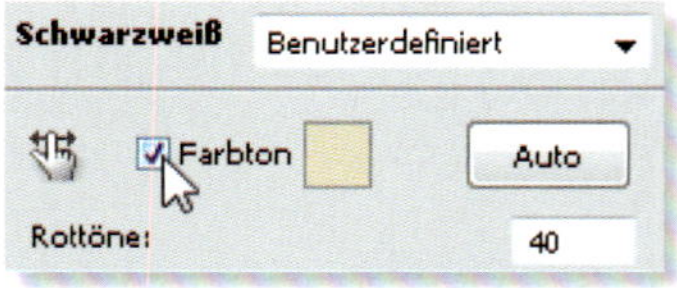

▲ **Abbildung 27.26**
Ausschnitt aus dem Dialog SCHWARZWEISS: Ein Klick in das Feld FARBTON verändert die Wirkung des Werkzeugs gravierend.

Bedienung | Die Bedienung der beiden Tools ist sehr ähnlich. Bei beiden Werkzeugen müssen Sie zunächst einen Klick auf FÄRBEN bzw. FARBTON setzen. Mit welchem Tool Sie dann lieber arbeiten, bleibt Geschmackssache.

Bei FARBTON/SÄTTIGUNG lässt sich zusätzlich die HELLIGKEIT einstellen, im SCHWARZWEISS-Werkzeug haben Sie dagegen die Möglichkeit, die Helligkeit einzelner Bildbereiche kontrolliert festzulegen. Außerdem ist dort die Farbwahl etwas einfacher gestaltet als in FARBTON/SÄTTIGUNG.

Einen Vorteil hat FARBTON/SÄTTIGUNG allerdings – Sie können mit ihm die **Wunschfarbe punktgenau einstellen**: Wenn Sie die Farbe, die das getonte Bild bekommen soll, zuvor als Vordergrundfarbe einstellen und dann die Option FÄRBEN aktivieren, wird das Bild in den zuvor festgelegten Farbton getaucht.

Kreativ arbeiten | Interessant ist eigentlich nicht die Bedienung der Werkzeuge – sie erschließt sich intuitiv. Spannender ist, was Sie machen, wenn Sie mit dem Färben fertig sind. Die Arbeit mit Einstellungsebenen eröffnet viele Möglichkeiten, um die Farbwirkung weiter zu justieren. Sowohl die Deckkraft als auch die Füllmethode einer solchen Einstellungsebene können Sie einstellen und damit das Ergebnis nochmals entscheidend variieren.

Dateien auf der Buch-DVD: »Limetten.tif«, »Kommode.tif«

Bild: dieblen.de

▲ **Abbildung 27.27**
Das Ausgangsbild.

▲ **Abbildung 27.28**
Mit der Option FÄRBEN des SCHWARZWEISS-Tools erzeugte Farbvariante. Die Einstellungsebene wurde auf den Modus HARTES LICHT, DECKKRAFT 78 % gestellt.

Bild: dieblen.de

▲ **Abbildung 27.29**
Das Ausgangsbild

▲ **Abbildung 27.30**
Eine Einstellungsebene mit Sepia-Tonung, Deckkraft auf 55 %, liegt über dem Bild. Der Ausbleich-Effekt passt gut zum Motiv.

27.6.2 Subtile Farbverschiebung: Fotofilter

Man schraubt sie sich als farbige Vorsätze vor die Kamera-Linse, um einem Motiv eine spezifische Stimmung zu geben, um für interessante Kontraste zu sorgen oder um Bilder in farbiges Licht zu tauchen: Fotofilter. Und in Photoshop geht das natürlich auch nachträglich, auf digitalem Weg. Fotofilter wirken in der Regel subtiler als die Werkzeuge FARBTON/SÄTTIGUNG und SCHWARZWEISS. Wenn man sie hoch dosiert anwendet, kann man jedoch auch mit Fotofiltern einen ordentlichen Verfremdungseffekt hinbekommen. Mit Fotofiltern machen Sie kalte Bilder wärmer, kühlen gelb-rötliche Farbstimmungen ab oder beleuchten Bildmotive mit blaugrünem Aquarienlicht (der Fotofilter UNTERWASSER kam beispielsweise bei der Aquariumsmontage im Ebenen-Teil mehrfach zum Einsatz). Außerdem können Sie den Filter nutzen, um mehreren Bildern einer Serie eine ähnliche Farbstimmung zu geben.

Wie fast alle Korrektur- und viele Kreativtools lässt sich auch die Funktion FOTOFILTER per Einstellungsebene anlegen. Außerdem finden Sie das Tool auch im Menü unter BILD • KORREKTU-

Zum Weiterlesen: Farbangleichung bei unterschiedlichen Bildern
Sind die Ausgangsbilder sehr unterschiedlich, funktioniert eine Farbangleichung per Fotofilter meist nicht. In diesen Fällen hilft Ihnen das Werkzeug GLEICHE FARBE. In Abschnitt 17.5 »Gleiche Farbe: Bildfarben synchronisieren«, lesen Sie mehr darüber.

REN. In der Korrekturen-Palette erkennen Sie das Fotofilter-Icon leicht: Es zeigt eine Kamera samt Vorsatzfilter .

Einfache Anwendung | Die Handhabung des Filters ist unkompliziert. Das Wichtigste dabei ist eigentlich, dass Sie genau hinsehen und sich einen Moment Zeit nehmen, um herauszufinden, welcher Filter am besten wirkt.

Wenn Ihnen die mitgelieferten Filterfarben nicht genügen, nutzen Sie die Option FARBE. Klicken Sie auf das Farbfeld, um den bekannten Farbwähler zu aktivieren. Sie können dort dann Ihre Wunschfarbe einstellen.

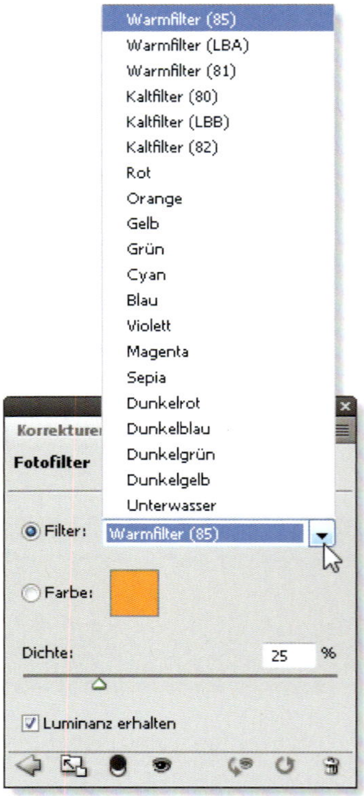

▲ **Abbildung 27.31**
Aus der Fotopraxis bekannte Filter können hier auch nachträglich noch angewendet werden.

▲ **Abbildung 27.32**
Farbstiche sind nicht immer ein Makel – sie können auch stilbildend sein. Hier wurde mit einem Warmfilter das nostalgische Flair der alten hölzernen Bootshäuser betont.

27.6.3 Das ganze Bild in Verlaufsfarben: Verlaufsumsetzung

Sie können einen Verlauf auch auf die *Tonwerte* eines Bildes anwenden. Die Anwendung des Befehls VERLAUFSUMSETZUNG ist ganz einfach und erzielt interessante, sehr poppige Effekte, kann aber auch genutzt werden, um Bilder (auch Graustufenbilder, sofern sie zuvor in den Modus RGB gebracht werden) zu tonen.

Sie finden die Verlaufsumsetzung unter BILD • KORREKTUREN • VERLAUFSUMSETZUNG... und können Verlaufsumsetzungen über die Korrekturen-Palette auch als Einstellungsebenen anlegen.

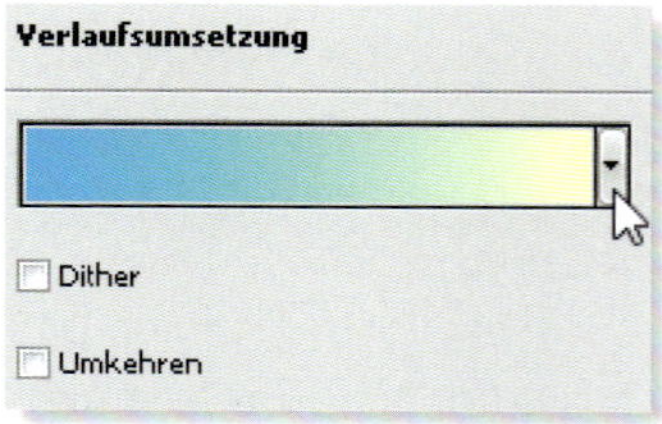

Abbildung 27.33 ▶
Ein Klick auf den Pfeil neben dem Farbbalken ruft die bekannte Verlaufsliste auf, und ein Doppelklick auf den Balken führt zur Verlaufsbearbeitung.

Die Farben links im Verlauf ersetzen die Tonwerte des Bildes, die im Histogramm links stehen, also die dunklen Farben. Die Farben rechts im Verlauf werden für die Tonwerte des Bildes eingesetzt, die im Histogramm auch rechts stehen, also für die hellen Farben.

Die Option UMKEHREN kehrt den Verlauf um und kann so auch eine Verlaufsumsetzung mit Negativanmutung erzeugen (oder diese beheben). DITHER fügt ein Störungsmuster in den Verlauf ein.

Datei auf der Buch-DVD: »Gänseblümchen.jpg«

Bild: Fotolia, Cosmin Masca

▲ **Abbildung 27.34**
Das Originalbild

▲ **Abbildung 27.35**
Normale Verlaufsumsetzung

▲ **Abbildung 27.36**
Negativeffekt und eine komplett andere Bildwirkung durch das Umkehren

Die Variationsmöglichkeiten für Verlaufsumsetzungen sind unendlich. Sie können sich aus den fertigen Verlaufsbibliotheken bedienen – Photoshop bietet zahlreiche gut geeignete Verläufe an. Wenn Sie selbst Verläufe für Verlaufsumsetzungen anlegen, sollten Sie für harmonische Ergebnisse darauf achten, dass die beteiligten Farben eine ähnliche Sättigung haben. Ansonsten kommt es schnell zu Verfremdungseffekten – aber auch diese können ja bisweilen durchaus erwünscht sein. In jedem Fall sollten Sie vorher das Histogramm des Bildes kontrollieren und gegebenenfalls eine Tonwertkorrektur durchführen, damit die Verlaufsumsetzung auf einem möglichst hohen Tonwertumfang aufsetzen kann.

Zum Weiterlesen: Bildkorrektur
Mehr zu Bildkorrekturen finden Sie in Teil V, »Korrigieren und optimieren«, des Buches!

27.6.4 Tontrennung

Etwas ganz anderes als die subtile Tonung ist die Funktion TONTRENNUNG. Auch sie ist unter BILD • KORREKTUREN zu finden und steht als Einstellungsebene zur Verfügung. Mit der TONTRENNUNG können Sie die im Bild enthaltenen Tonwerte reduzieren. Das Ergebnis ähnelt Pop-art-Siebdrucken oder GIFs mit sehr wenigen Farben.

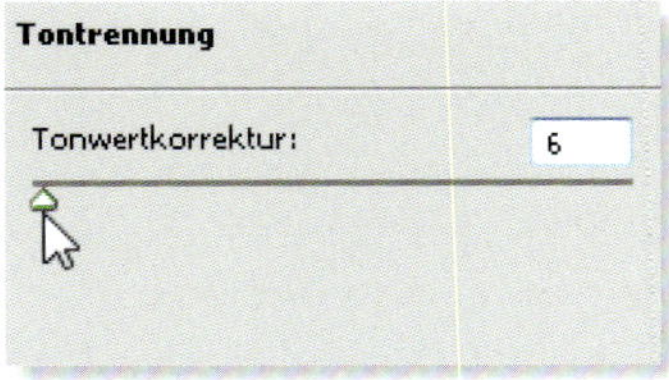

▲ **Abbildung 27.37**
Je geringer die Anzahl der Stufen (also der im Bild enthaltenen Tonwerte) ist, desto grober wird das Bild.

27.6.5 Umkehren

Der Befehl BILD • KORREKTUREN • UMKEHREN erzeugt eine invertierte Bildansicht. Die Farben erinnern an ein Negativ.

▲ **Abbildung 27.38**
Tontrennung – manchen Motiven bekommt diese Behandlung ganz gut.

▲ **Abbildung 27.39**
Invertiertes Bild

Teil IX
Filter – kreativ & effektiv

28 Besser filtern

Dieses Kapitel bietet Praxistipps für den effizienten und produktiven Umgang mit Filtern: Sie erfahren, wie Sie Zeit sparen, bei der Arbeit mit Filtern flexibel bleiben und originellere Ergebnisse erzielen.

Der Filter-Finder
Unter dem Menüpunkt FILTER hat Photoshop mehr als hundert Filter versammelt. Es ist nicht leicht, sich in dieser Fülle von Funktionen und Menüeinträgen, die nicht unbedingt logisch angeordnet sind, zu orientieren. In Kapitel 29, »Orientierung im Filter-Dschungel«, kommt der Wegweiser.

28.1 Filterdialoge im Griff

Die Wirkung fast aller Filter variiert stark mit den Optionen, die Sie einstellen. In Filterdialogen, die meist auch über ein Vorschaufenster verfügen, gibt es einige Details, die Sie in anderen Photoshop-Dialogen nicht finden.

28.1.1 Vorschaufenster im Filterdialog

Sehr viele der Filter verfügen über ein Vorschaufenster. Einige Filter zeigen die Vorschau ohnehin parallel in der geöffneten Datei und im Vorschaufenster an, aber beileibe nicht alle tun das. Da manche Filter sehr lange brauchen, bis sie in das Bild eingearbeitet sind, sodass »einfach mal ausprobieren« eine sehr zeitraubende Option ist, sollten Sie die Möglichkeiten, die das Vorschaufeld bietet, voll ausnutzen.

Datei auf der Buch-DVD: »Gänseblümchen.tif«

▲ **Abbildung 28.1**
So verschieben Sie den Ausschnitt im Vorschaufenster eines Filterdialogs.

Vorschau-Ausschnitt verschieben | Wenn Sie mit dem Mauscursor ins Vorschaufeld fahren, wird er zum Hand-Werkzeug, mit dem Sie den Vorschau-Ausschnitt verschieben können. Während des Verschiebens sehen Sie sinnvollerweise kurz die unbehandelte Bildversion, auf der Sie sich besser orientieren können.

Ausschnitt verändern | Bei manchen Filtern bringen auch Klicks direkt in das Bild einen anderen Ausschnitt in das Vorschaufenster.

Abbildung 28.2 ▸
Der Mauscursor wird zum Quadrat, wenn Sie ihn bei geöffnetem Filter in das Bild setzen. Ein Klick bringt die Bildpartie, die Sie unter der Maus haben, in das Vorschaufenster.

Bild: Fotolia, Cosmin Masca

▲ Abbildung 28.3
Zoomen auf Knopfdruck. Beim Klicken auf einen der Buttons wird nur nur die Vorschauansicht im Filterdialog verändert – nicht die Haupt-Bildansicht.

Vorschau abschalten, Rechenzeit sparen

Bei einigen Filtern werden Änderungen am Filterdialog direkt in die Datei eingerechnet – nämlich all jene, die eine VORSCHAU-Option mit Checkbox zum Aktivieren/Deaktivieren haben. Dann kann es bei großen Dateien oder komplexeren Filtern schon eine Weile dauern, bis Sie die nächste Änderung an den Reglern durchführen können. Entfernen Sie dann zunächst das Häkchen bei der VORSCHAU-Option. Kurzzeitiges Abschalten der Vorschau ist bei solchen Filtern außerdem eine gute Methode für den Vergleich zwischen aktuellen Filtereinstellungen und dem Originalbild.

Zoomstufe | Um eine höhere oder geringere Zoomstufe der Vorschau einzustellen, können Sie die kleinen Plus- bzw. Minus-Schaltflächen unterhalb des Vorschaufensters nutzen. Die aktuelle Zoomstufe wird mittig angezeigt.

28.1.2 Filter per Tastenkürzel erneut anwenden

Um einen Filter mehrfach hintereinander anzuwenden, müssen Sie sich nicht jedes Mal mühsam durch das Filter-Menü klicken. Es gibt auch schnelle Shortcuts:

- Strg+F (bzw. unter Mac OS ⌘+F) wendet den letzten Filter mit den zuletzt benutzten Einstellungen noch einmal auf das Bild an. Hier haben Sie keine weiteren Einstellungsmöglichkeiten.
- Alt+Strg+F (bzw. unter Mac OS ⌥+⌘+F) ruft den Dialog des zuletzt benutzten Filters erneut auf. Sie können die Einstellungen nochmals ändern und den Filter erneut anwenden.

Diese Shortcuts funktionieren nicht nur beim Schärfen, sondern mit allen Filtern – der zweite natürlich nur bei Filtern, die über eine eigene Dialogbox verfügen. Das ist nicht bei allen Filtern der Fall.

28.1.3 Rechenzeit beim Experimentieren sparen

Nicht immer reicht das kleine Vorschaufenster aus, um die Wirkung von Filtern auf ein Bild zu beurteilen. Manchmal ist es einfach besser, die Filterwirkung am ganzen Bild zu beurteilen. Sie müssen den Filter also anwenden. Bei großen Formaten oder komplexen Filterkombinationen kann das eine Weile dauern.

Besonders, wenn man sich an die optimalen Einstellungen durch Herumprobieren herantastet, kann das ganz schön nerven. Damit Sie beim Experimentieren mit Filtern nicht zu viel Zeit oder gar die Nerven verlieren, können Sie:

- den Filter zunächst nur in einem kleinen Auswahlbereich testen.
- ein Duplikat des Bildes erzeugen, dann mit BILD • BILDGRÖSSE die Pixelmenge verkleinern und die Filter darauf ausprobieren. Das ist nicht ratsam bei Filtern, deren Wirkung mit der Bildauflösung zusammenhängt.
- ein Ebenenduplikat mit einem Bildausschnitt in derselben Datei anlegen, um zu experimentieren. Die Originalebene blenden Sie dabei am besten aus, damit sie nicht stört. Dabei müssen Sie nur darauf achten, dass die gefilterte Ebene nicht durch andere Ebenen abgedeckt ist.
- Manchmal kann man lahmenden Filtern auf die Sprünge helfen, indem man über BEARBEITEN • ENTLEEREN • ALLES das Protokoll, die Rückgängig-Funktion und die Zwischenablage von den dort für Wiederherstellungszwecke hinterlegten früheren Arbeitsschritten befreit.
- Als letzte Hilfe können Sie Photoshop in den VOREINSTELLUNGEN ([Strg]/[⌘]+[K]) unter LEISTUNG ([Strg]/[⌘]+[4]) mehr Arbeitsspeicher zuweisen. Zuvor sollten Sie allerdings alle anderen Anwendungen beenden, damit mehr RAM für Photoshop zur Verfügung steht.

Optimale Vorschau-Ansicht

Nicht alle Filter lassen sich realistisch einschätzen, wenn die Vorschau oder das Bild skaliert ist. Scharfzeichnungsfilter oder Filter mit feinen Strukturveränderungen wie zum Beispiel STÖRUNGEN HINZUFÜGEN oder die strukturverändernden Filter unter STRUKTURIERUNG sollten Sie prinzipell in der 1:1-Ansicht einstellen.

Andere Filter brauchen eine Ansicht des Gesamtbildes, damit ihre Wirkung korrekt beurteilt werden kann. Dazu gehören zum Beispiel BLENDENFLECKE, BELEUCHTUNGSEFFEKTE und die VERZERRUNGSFILTER.

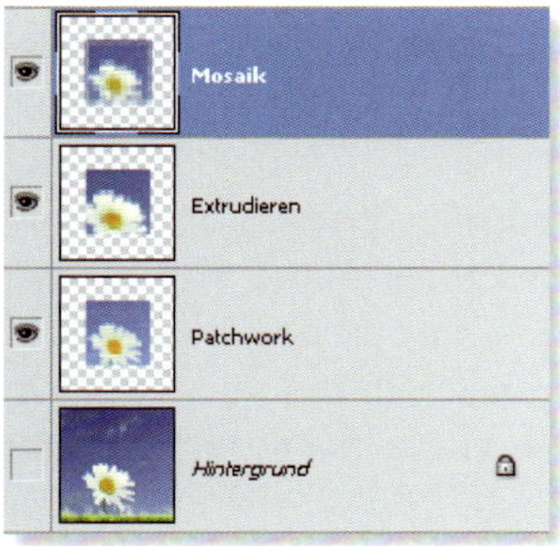

▲ Abbildung 28.4
So könnte die Ebenen-Palette aussehen, um an einem Bild Filterexperimente durchzuführen. Hier wurden gleich mehrere Kopien mit einem Ausschnitt der Originalebene angelegt – der besseren Vergleichbarkeit verschiedener Filter(kombinationen) wegen.

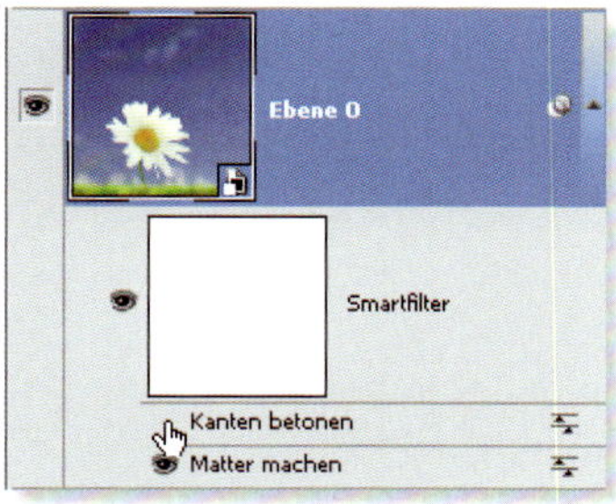

▲ Abbildung 28.5
Auch dies ist eine Möglichkeit, um mehrere Filter vergleichend zur Anwendung zu bringen. Smartfilter lassen sich ähnlich wie Einstellungsebenen per Augen-Icon ein- und ausschalten.

28.2 Smart-Objekte und Smartfilter: Zerstörungsfrei filtern

Zum Nachlesen: Smart-Objekt-Grundlagen
Die Anwendung von Filtern ist nicht die einzige Arbeitstechnik, die für Smart-Objekte zur Verfügung steht. Mehr zum Thema erfahren Sie in Abschnitt 11.4, »Unterschätzte Container: Smart-Objekte«.

Seit Photoshop CS3 lassen sich normale Bildebenen in Smart-Objekte verwandeln – und die können Sie mit fast allen Photoshop-Filtern bearbeiten. Die Filter heißen dann Smartfilter, funktionieren aber ebenso wie normale Filter auf Bildebenen – jedoch werden die originalen Ebenenpixel dadurch nicht dauerhaft verändert. Das Prinzip ähnelt ein wenig den Einstellungsebenen.

Die Arbeit mit Smartfiltern | Sie können mehrere Smartfilter auf eine Ebene anwenden und

- die Filter einzeln ein- und ausblenden,
- für jeden Filter einzeln Deckkraft und Füllmethode einstellen und
- die Einstellungen jedes Filters nachträglich ändern, indem Sie den Filterdialog erneut aufrufen und verändern.
- Sie können die Anordnung der Filter innerhalb des Filterstapels verändern und dadurch die Wirkung der Filterkombination variieren.
- Eine Maske ist standardmäßig ebenfalls dabei und kann die Wirkung des gesamten Filterstapels auf einige Bereiche der Bildebene eingrenzen.
- Sowohl der ganze Filterstapel als auch einzelne Filter können jederzeit gelöscht werden, und
- natürlich kann so ein Filterstapel jederzeit um weitere Filter ergänzt werden.

Nicht alle Filter funktionieren »smart«

Auf die Smartfilter-Funktion verzichten müssen Sie, wenn Sie mit den Funktionen VERFLÜSSIGEN oder FLUCHTPUNKT arbeiten. Erfreuliche Neuerung: Der OBJEKTIVKORREKTUR-Filter arbeitet in CS5 mit Smart-Objekten zusammen!

Die Arbeit mit Smartfiltern ist ganz leicht. Wenn Sie mit dem in der Ebenen-Palette vorherrschenden Arbeitsprinzip Drag & Drop gut zurechtkommen, bereits mit Einstellungsebenen gearbeitet haben und Ebenenmasken für Sie kein Buch mit sieben Siegeln sind, dann können Sie diese Photoshop-Funktion sofort produktiv nutzen.

Zum Weiterlesen: Ebenen, Einstellungsebenen und Ebenenmasken
Grundlegende Informationen zur Arbeit mit der Ebenen-Palette finden Sie in Kapitel 10. Mehr über die Arbeit mit Einstellungsebenen erfahren Sie in Kapitel 15. Den Masken ist Teil IV dieses Buches gewidmet.

28.2.1 Bildebene in ein Smart-Objekt verwandeln

Damit Sie mit Smartfiltern arbeiten können, müssen Sie zunächst eine normale Bildebene in ein Smart-Objekt verwandeln. Das geht am schnellsten über das Kontextmenü in der Ebenen-Palette. Sie können aber auch den Befehl FILTER • FÜR SMARTFILTER KONVERTIEREN oder EBENE • SMART-OBJEKTE • IN SMART-OBJEKT KONVERTIEREN nutzen. Der Befehl funktioniert bei Hintergrund- und anderen Bildebenen. Wenn Sie anschließend einen Filter aus dem Filter-Menü anwenden, wird er automatisch als Smartfilter angelegt.

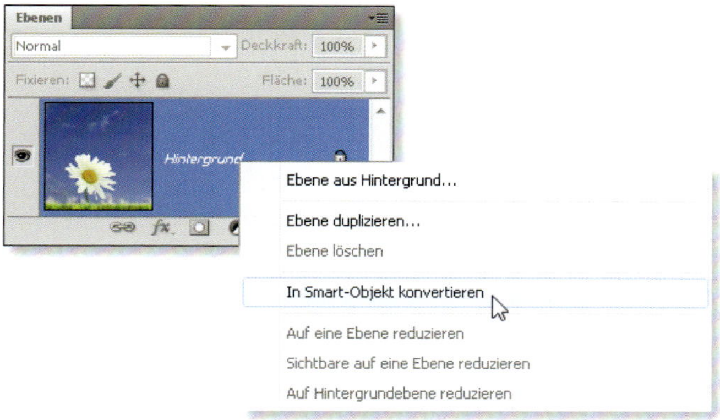

◂ **Abbildung 28.6**
Ein Rechtsklick (bzw. Ctrl + Klick) in die Ebenenzeile führt Sie zu diesem Menü. Der Konvertierungsbefehl ist außerdem im Seitenmenü der Palette verfügbar.

Ein Smart-Objekt in Bildebene zurückkonvertieren | Mit dem Befehl Ebene rastern im Kontextmenü machen Sie die Konvertierung wieder rückgängig. Alternativ können Sie auch Ebene • Rastern • Smart-Objekt wählen, aber wie immer geht die Arbeit in der Ebenen-Palette etwas flotter als mit den Menübefehlen.

28.2.2 Smartfilter anwenden

Sie erkennen Smart-Objekte an der leicht veränderten Miniatur in der Ebenen-Palette: Ein kleines Icon ❶ ist hinzugekommen. Sobald Sie das sehen, können Sie die gewünschten Filter – nun als Smartfilter – anwenden.

Die Smartfilter werden in der Ebenen-Palette *unterhalb* der Ebene angeordnet, zu der sie gehören. Wenn Sie mehrere Filter auf ein Smart-Objekt anwenden, werden diese zu einem Stapel zusammengefasst. Auffallend ist auch die Filtermaske: Jeweils eine gehört zu einem Smartfilter-Stapel. Filtermasken lassen sich bearbeiten wie normale Ebenenmasken auch. Sie finden hier auch die vertrauten Augensymbole, mit denen Sie einzelne Filter oder den gesamten Stapel ausblenden können.

▴ **Abbildung 28.7**
Das Smart-Objekt-Icon in einer Ebenenminiatur

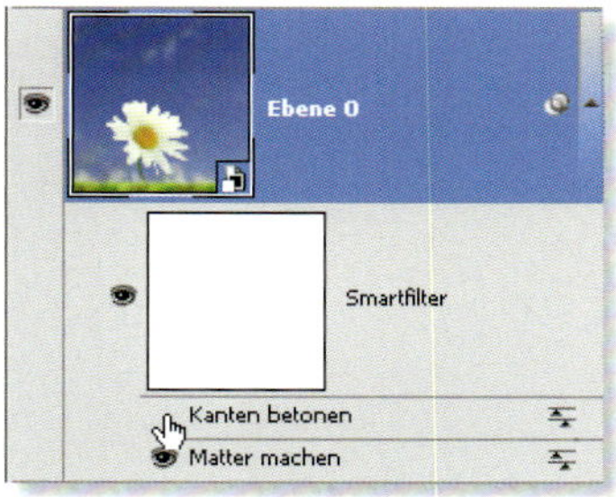

▴ **Abbildung 28.8**
Smart-Objekt und Smartfilter-Stapel mit zwei einzelnen Filtern. Klicks auf die Augen-Symbole blenden einzelne Filter oder den gesamten Stapel aus.

28.2.3 Smartfilter variieren über die Fülloptionen

Um die Filterwirkung nun zu variieren, haben Sie mehrere Möglichkeiten: Sie können die Filtereinstellungen selbst oder die Füllmethode der Filter ändern. Befinden sich mehrere Smartfilter im Stapel, können Sie diese neu sortieren.

Um nun auf die Filtereinstellungen erneut zuzugreifen, können Sie einfach auf den Namen des jeweiligen Filters doppelklicken – und zwar wirklich auf die Filterbezeichnung und nicht auf das Wort »Smartfilter«.

Fülloptionen | Die Füllmethode und Deckkraft des Smartfilters sind über ein kleines Menü erreichbar, das Sie aufrufen, indem Sie auf das kleine »Zacken«-Icon rechtsklicken.

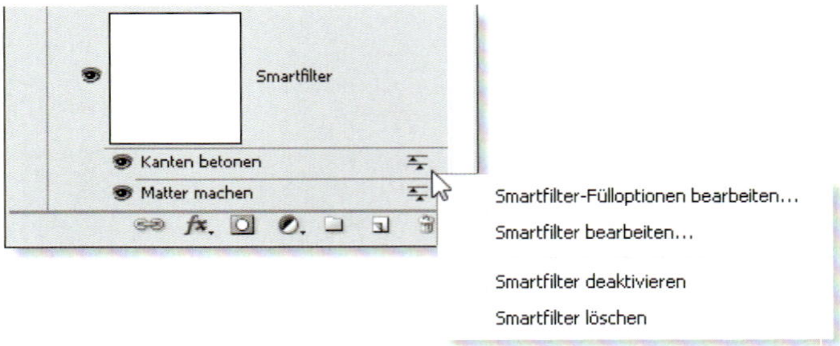

Abbildung 28.9 ▸
Smartfilter-Fülloptionen bearbeiten führt zu den Fülloptionen, Smartfilter bearbeiten ruft den Filterdialog auf.

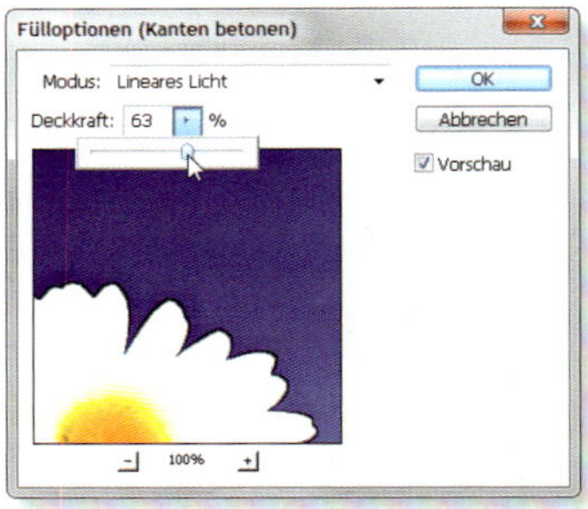

▴ Abbildung 28.10
Fülloptionen für Smartfilter einstellen

Im Fülloptionen-Dialog des jeweiligen Smartfilters finden Sie ein kleines Vorschaubild. Hier können Sie auch den Modus des Smartfilters einstellen (bzw. der Füllmethode – Adobe ist hier terminologisch nicht so streng) sowie seine Deckkraft.

Die Vorschau hat allerdings ein kleines Manko: Wenn Sie einen Smartfilter innerhalb eines Stapels bearbeiten, sehen Sie dort nur die Ansicht des jeweiligen Filters, den Sie gerade verändern. Wie die veränderten Fülloptionen dieses Filters mit den eventuell vorhandenen anderen Filtern zusammenwirken, sehen Sie erst, wenn Sie die Einstellungen mit Ok bestätigt haben.

Smartfilter-Anordnung | Die Anordnung der Smartfilter innerhalb eines Stapels können Sie ganz einfach über Drag & Drop in der Ebenen-Palette verändern.

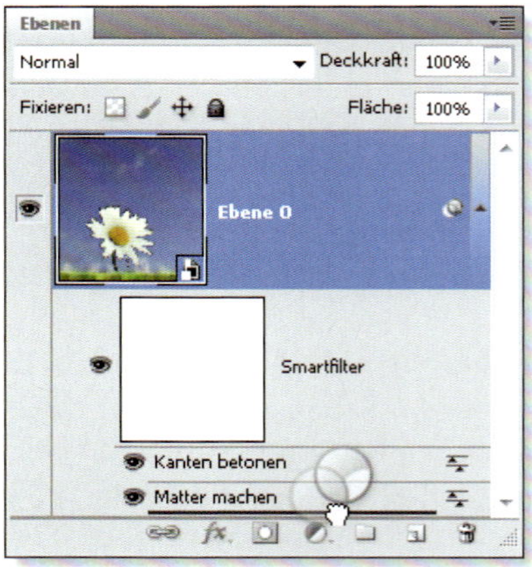

Abbildung 28.11 ▸
Der Filter Kanten betonen wird nach unten gezogen.

Smartfilter löschen | In derselben Manier werden Sie nicht benötigte Filter auch los, indem Sie sie auf das Mülltonnen-Icon in der Ebenen-Palette ziehen.

Filtermaske bearbeiten | Die Maske, die bei Smartfiltern mitgeliefert wird, bezieht sich immer auf den kompletten Filterstapel. Sie verhält sich so, wie Sie es von Ebenenmasken kennen: Sie können die Maske bemalen, mit einem Verlauf versehen, selbst filtern – oder auch ignorieren.

◀ **Abbildung 28.12**
Wie bei den Ebenenmasken auch müssen Sie achtgeben, dass auch wirklich die Maske des Smart-Objekts und nicht etwa die Bildebene aktiv ist, wenn Sie die Maske verändern wollen. Die Titelleiste des Dokumentfensters ❶ und ein Rahmen um die Maskenminiatur ❷ geben Auskunft.

Übersicht in der Ebenen-Palette | Smartfilter-Stapel mit zahlreichen verschiedenen Filtern nehmen in der Ebenen-Palette viel Platz weg. Ein Klick auf den kleinen Pfeil ❹ ganz rechts klappt den kompletten Stapel zu – und auf Wunsch natürlich auch wieder auf.

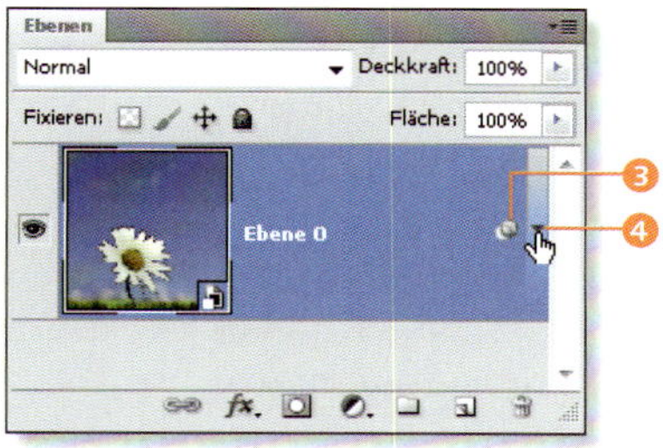

▲ **Abbildung 28.13**
Sie können die Palette mit einem Klick aufräumen: Die Smartfilter wurden eingeklappt, lediglich ein kleines Symbol ❸ in der Ebenenzeile verweist auf ihr Vorhandensein.

Smartfilter auf andere Dateien übertragen | Smartfilter sind eine geniale Möglichkeit, um Filter und vor allem aufwendige Filterkombinationen von einer Datei auf die andere zu übertragen. Gearbeitet wird dabei wie so oft mit der Drag&Drop-Technik. Voraussetzung ist, dass auch die Ebene im Zielbild zuvor in ein Smart-Objekt konvertiert wird.

Bild links: stock.exchng, Ulrike Groesel

◀ **Abbildung 28.14**
Aus der Datei mit dem Gänseblümchen wird die Smartfilter-Kombination in ein anderes Bild übertragen.

Dabei müssen Sie ein wenig aufpassen, wo Sie mit der Maus in der Palette des Quellbildes »anfassen«, denn Sie können sowohl einzelne Filter (dazu fassen Sie nur den Filtertitel an) als auch den kompletten Stapel verschieben (dazu fassen Sie nur die oberste

▲ **Abbildung 28.15**
Wenn Sie versehentlich an der Filter*maske* ziehen, tut sich gar nichts.

Zeile des Stapels an). Ziehen an der Filtermaske bewegt den Filter hingegen gar nicht.

28.3 Die Filtergalerie: Vorschau für Filter-Kombinationen

Trotz der genialen Kombinationsmöglichkeiten, die Sie mit den Smartfiltern haben, ist es nicht immer einfach, eine passende Kombination von Kreativfiltern zu finden. Abhilfe schafft Photoshops Filtergalerie.

28.3.1 Arbeiten mit der Filtergalerie

Die Filtergalerie ist ein etwas sperriges, aber sehr wirkungsvolles Instrument, um Filter auszuprobieren und um unterschiedliche **Filterkombinationen** durchzuspielen. In ihr sind vor allem Photoshops Kreativfilter versammelt. Sie finden dort alle KUNST-, MAL- und ZEICHENFILTER, die STRUKTURIERUNGSFILTER sowie einige VERZERRUNGS- und einen STILISIERUNGSFILTER. Alle Filter können in der Filtergalerie beliebig miteinander kombiniert werden – Ihrer Kreativität sind kaum Grenzen gesetzt. Sie können die Filter der Filtergalerie als Smartfilter auf Smart-Objekte anwenden, aber auch auf gewöhnliche Bildebenen.

Die Filtergalerie aufrufen | Sie aktivieren die Filtergalerie, indem Sie den Befehl FILTER • FILTERGALERIE wählen oder indem Sie einen der dort vertretenen Filter über sein reguläres Menü und Submenü aufrufen. Es ist nicht möglich, einen dieser Filter ohne die Filtergalerie zu starten (das ist aber auch nicht nötig).

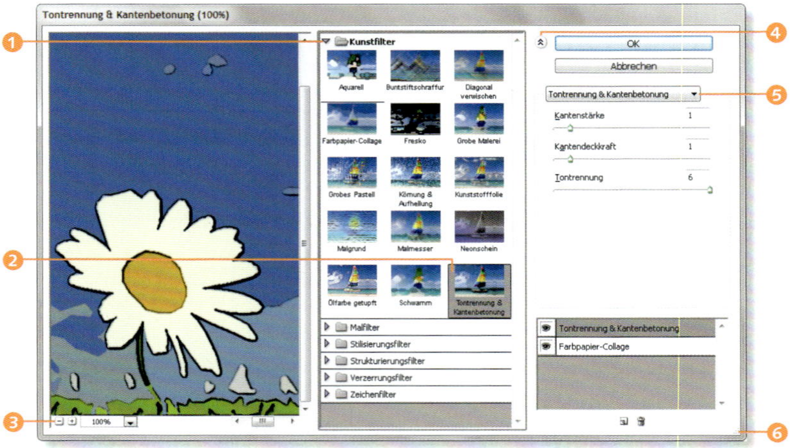

Abbildung 28.16 ▸
Vorschaubild, Filtersortiment und die Filtersteuerungen bilden zusammen die Schaltzentrale für kreatives Filtern.

Die Bildvorschau kann vergrößert oder verkleinert werden ③, und wenn Sie den Mauscursor über das Vorschaubild setzen, wird dieser zum Hand-Werkzeug, mit dem Sie den Bildausschnitt positionieren können. Ist die Bildfläche zu klein, besteht die Möglichkeit, die Filterlisten einzuklappen ④. Indem Sie an der schraffierten Ecke unten rechts ⑥ ziehen, können Sie auch das gesamte Dialogfeld vergrößern.

28.3.2 Filter anwenden

Um einen einzelnen Filter auf ein Bild anzuwenden, klappen Sie durch Klick auf den kleinen Dreieckspfeil ① die Liste der Filter aus und klicken den gewünschten Filter an – er ist dann grau hinterlegt ②. Alternativ können Sie sich den Filter auch aus der alphabetischen Liste ⑤ heraussuchen. Das ist eine gute Möglichkeit, wenn man immer vergisst, zu welchem Menü der Filter, den man sucht, überhaupt gehört. Rechts können Sie dann die Einstellungen vornehmen.

Rückgängig machen | Das Zurücksetzen der Filtereinstellungen funktioniert auf dreierlei Weise:

- Strg+Z bzw. ⌘+Z funktioniert auch hier, um letzte Änderungen zurückzunehmen.
- Drücken Sie Alt/⌥, dann wird der ABBRECHEN-Button wiederum zur ZURÜCKSETZEN-Schaltfläche, mit der sich alle Filtereinstellungen in den Zustand bringen lassen, den sie beim Öffnen der Filtergalerie hatten.
- Drücken Sie Strg/⌘, dann wird ABBRECHEN zu einer Schaltfläche namens STANDARD. Dieser Befehl löscht bei der Arbeit mit Filterkombinationen alle Einstellungen und entfernt alle Filter aus der Filterliste.

28.3.3 Filter kombinieren

Wie Sie Filterkombinationen anlegen, erfahren Sie in der folgenden Schritt-für-Schritt-Anleitung.

Schritt für Schritt: Filterkombinationen über die Filtergalerie erstellen

1 In Smart-Objekt konvertieren

Wenn die Filter, die Sie in der Filtergalerie zusammenstellen, als Smartfilter angewandt werden sollen, müssen Sie die betreffende Ebene bereits vor dem Starten der Filtergalerie in ein Smart-Objekt verwandeln.

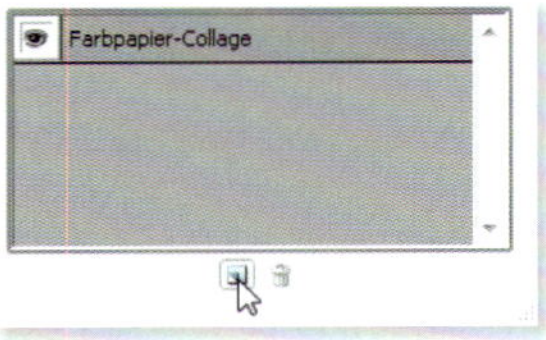

▲ **Abbildung 28.17**
Eine neue Effektebene wird erzeugt …

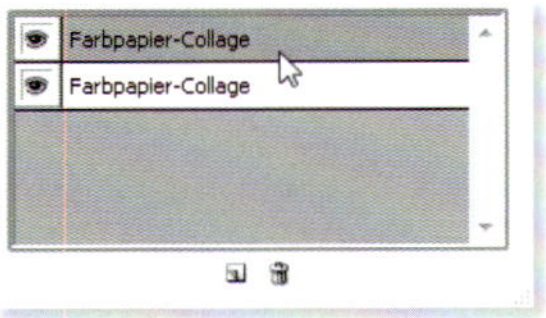

▲ **Abbildung 28.18**
… und hat zunächst die gleichen Einstellungen wie der erste Filter.

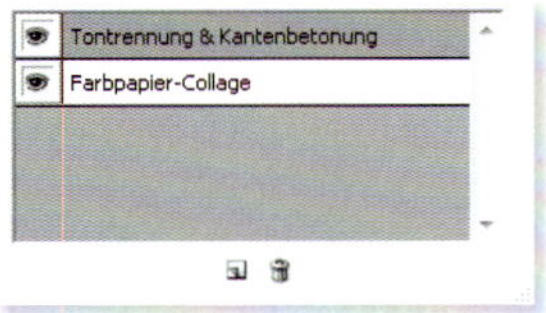

▲ **Abbildung 28.19**
Die neue Effektebene wurde geändert.

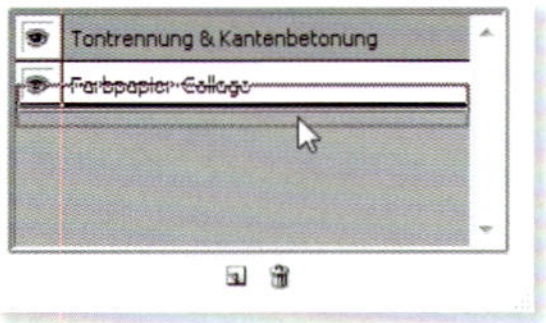

▲ **Abbildung 28.20**
Neu sortieren

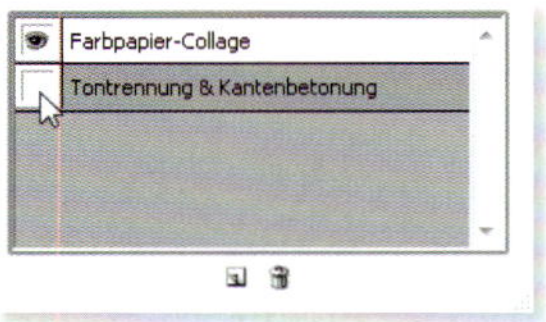

▲ **Abbildung 28.21**
Ausblenden

2 Einen ersten Filter anlegen und einstellen

Den ersten Filter der Kombination erzeugen Sie so, wie oben beschrieben wurde. Sie haben auch nach dem Anlegen und Einstellen weiterer Filter die Möglichkeit, die Einstellungen des ersten Filters anzupassen.

3 Einen weiteren Filter anlegen

Um nun einen zweiten Filter über den ersten zu legen, klicken Sie auf die kleine Schaltfläche Neu.

Der erste Filter wird dann verdoppelt, wie in der Filterliste zu sehen ist. Es ist also durchaus auch möglich, Filter mit sich selbst zu kombinieren.

In der Adobe-Terminologie heißen die in der Filtergalerie übereinandergeschichteten Filter übrigens **Effektebenen**. Mit Bildebenen hat das nichts zu tun, der Terminus macht aber schön deutlich, wie dieses Kontrollfeld der Filtergalerie wirkt: ganz ähnlich wie die Ebenen-Palette auch.

4 Den zweiten Filter verändern

Die jeweils grau hinterlegte Effektebene in der Liste ist aktiv und kann nun verändert werden. Dazu rufen Sie aus der Dropdown-Liste oder der großen Übersichtsliste mit den Miniaturen einfach den Filter auf, den Sie als Nächstes anwenden möchten. Das kann ein Filter aus derselben oder einer anderen Gruppe sein. Sie können dann die Einstellungen für diesen Filter vornehmen.

Alternative Arbeitsweise: Sie drücken nach dem Anlegen und Einstellen des ersten Filters einfach Alt/⌥ und klicken dann auf den gewünschten nächsten Filter. Er wird dann automatisch der Effektebenen-Liste hinzugefügt.

5 Reihenfolge verändern

Per Drag & Drop kann auch die Anordnung der Filter übereinander verändert werden. In vielen Fällen verändert sich damit auch die Wirkung der Filterkombination.

6 Effektebenen ausblenden

Zum munteren Experimentieren können Sie Effektebenen auch ausblenden – ein Klick auf das Auge-Icon vor der entsprechenden Zeile genügt.

7 Effektebenen ganz löschen

Wenn Sie einen Filter aus der Filterkombination entfernen wollen, aktivieren Sie die Effektebene und klicken auf das Papierkorb-Icon.

8 Filterkombination anwenden

Ein Klick auf OK wendet die von Ihnen zusammengestellten Filter auf die aktive Ebene Ihres Bildes an. Wenn die Ebene zuvor in ein Smart-Objekt verwandelt wurde, geschieht das als Smartfilter, ansonsten auf die gewöhnliche, irreversible Art und Weise. ■

Was wollen Sie tun?	Windows	Mac
Neuen Filter über dem derzeit aktiven Filter anwenden	Alt + auf gewünschten Filter klicken	⌥ + auf gewünschten Filter klicken
Schaltfläche ABBRECHEN in ZURÜCKSETZEN verwandeln	Alt	⌥
Schaltfläche ABBRECHEN in STANDARD verwandeln	Strg	⌘
Rückgängig/Wiederherstellen	Strg + Z	⌘ + Z
Schritt vorwärts	Strg + ⇧ + Z	⌘ + ⇧ + Z
Schritt zurück	Strg + Alt + Z	⌘ + ⌥ + Z

▲ **Tabelle 28.1**
Tastaturbefehle für die Arbeit mit der Filtergalerie auf einen Blick

28.4 Filterwirkung beeinflussen

Auch wenn Sie einmal nicht mit Smartfiltern arbeiten, sondern die Filter direkt auf der Ebene anwenden, haben Sie einige Möglichkeiten, die Filterwirkung zu dosieren.

28.4.1 Filter zurücknehmen und abschwächen

Für die flüssige Arbeit mit Filtern gibt es eine Reihe nützlicher Befehle und Tastaturkürzel. Sie können Befehle zurücknehmen (BEARBEITEN • RÜCKGÄNGIG oder BEARBEITEN • SCHRITT ZURÜCK), Filterwirkungen dosieren (BEARBEITEN • VERBLASSEN) oder den zuletzt angewandten Filter erneut anwenden (FILTER • [NAME IHRES ZULETZT BENUTZTEN FILTERS]).

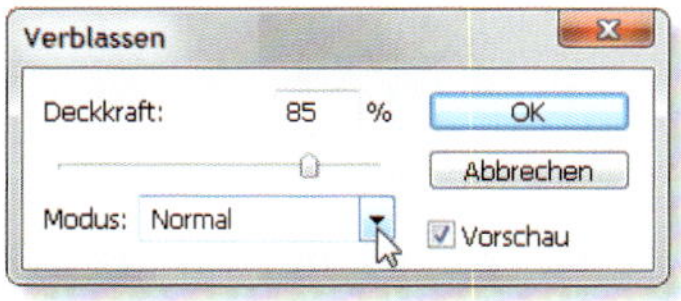

▲ **Abbildung 28.22**
Indem Sie die Füllmethode im VERBLASSEN-Dialog umstellen, können Sie das Aussehen des gefilterten Bildes entscheidend verändern. Der Deckkraft-Regler verringert die Filterwirkung stufenlos.

Verblassen | Besonders die Funktion VERBLASSEN verdient ein wenig mehr Aufmerksamkeit, denn mit ihr können Sie nicht nur die Wirkung des letzten Filters **unmittelbar nach seiner Anwendung** stufenlos herunterregeln, sondern auch die Füllmethode nachträglich ändern.

Verblassen – ein Befehl mit kurzem »Verfallsdatum«

Der Befehl VERBLASSEN steht nur unmittelbar nach der Anwendung des Filters zur Verfügung. Wurden zwischenzeitlich andere Arbeitsschritte durchgeführt, kann der Filter nicht mehr verblasst werden – oder nur, wenn Sie zuvor im Protokoll die letzten Schritte zurücknehmen.

Was wollen Sie tun?	Windows	Mac
Filtervorgang abbrechen	Esc	⌘+. (Punkt)
Filter widerrufen	Strg+Z	⌘+Z
Den letzten Filter ohne Änderung der Einstellungen erneut anwenden (z. B. auf eine weitere Datei)	Strg+F	⌘+F
Dialog für den letzten Filter erneut aufrufen	Strg+Alt+F	⌘+⌥+F
Dialog VERBLASSEN aufrufen	⇧+Strg+F	⇧+⌘+F

▲ **Tabelle 28.2**
Tastaturbefehle für die Arbeit mit Filtern auf einen Blick

TOPP-TIPP: Wenn Auswahl, dann mit weicher Kante

Wenn Sie Auswahlen nutzen, um die Wirkung von Filtern auf isolierte Bildbereiche zu beschränken, sollten es Auswahlen mit weicher Kante sein, damit der Übergang zwischen der gefilterten Auswahl und dem ungefilterten Rest des Bildes nicht allzu hart gerät.

28.4.2 Filtereffekte eingrenzen und variieren: Ebenen und Masken

Um die Wirkung von Filtern auf bestimmte Bildpartien einzuschränken, können Sie natürlich mit Auswahlen arbeiten. Sehr gute Wirkungen erzielen Sie jedoch auch, wenn Sie mit Ebenen und Masken arbeiten – und zeitsparender als das Anlegen exakter Auswahlen ist diese Technik außerdem.

Bei vielen Filtern ist es außerdem viel einfacher, die Wirkung *nach* der Anwendung durch Masken einzuschränken, als vor dem Filtern abzuschätzen, wie der Filter wirkt und wie die Auswahl angelegt werden sollte. Zudem bieten Masken auch beim Filtern die bekannten Vorteile: leichte nachträgliche Bearbeitung und flexibles Handling. Ich zeige Ihnen an einem konkreten Beispiel, wie Sie vorgehen können. Was hier anhand der Bewegungsunschärfe vorgeführt wird, ist auch für viele andere Filter sinnvoll.

Datei auf der Buch-DVD: »SkateboarderInRot.tif«

Bild: stock.exchng, Christophe Libert

▲ **Abbildung 28.23**
Die Ausgangsdatei

Schritt für Schritt: Dynamik für bewegte Objekte

Links sehen Sie die Ausgangsdatei. Das Ganze soll durch eine Bewegungsunschärfe noch mehr Dynamik bekommen.

1 Ebene duplizieren

Diesmal brauchen Sie wirklich ein Ebenenduplikat. Eine leichte Übung: Ziehen Sie die Hintergrundebene auf das NEU-Icon am unteren Rand der Ebenen-Palette. Sie können es anschließend auf herkömmliche Weise filtern oder mit einem Smartfilter bearbeiten.

2 Weichzeichnen

Mit dem Filter Bewegungsunschärfe (unter Filter • Weichzeichnungsfilter) wird nun die obere Ebene weichgezeichnet. Konzentrieren Sie sich dabei vor allem auf die Filterwirkung in den Bereichen rund um den jungen Mann. Ob das Hauptmotiv zu unscharf und unkenntlich wird, ist hier unerheblich – das wird im nächsten Schritt behoben. Die Stärke (Abstand) sollte hier allerdings nicht zu hoch liegen, sonst lässt sich der Effekt nicht nahtlos in das Bild integrieren.

Der Winkel sollte der Bewegungsrichtung des bewegten Motivs – hier des Skateboarders – folgen. Bei einem so hohen Abstand wirken sich schon kleine Veränderungen des Winkels stark auf das Bild aus. Geringe Änderungen des Winkelwerts lassen sich am besten durch direkte Zahleneingabe bewerkstelligen. Das Ziehen per Maus am Winkelmesser wirkt für Feineinstellungen zu grob.

▲ **Abbildung 28.24**
Der Ebenenaufbau der vorbereiteten Datei

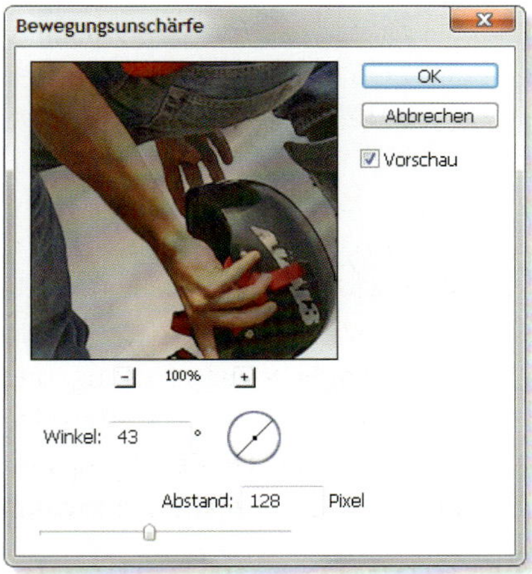

◄ **Abbildung 28.25**
Die Einstellungen zur Bewegungsunschärfe

3 Maske vorbereiten

Nun wird die Unschärfe dort ausgeblendet, wo sie nicht gebraucht wird. Dazu gibt es zwei Möglichkeiten:

- **Wenn Sie mit normalen Ebenen arbeiten**, legen Sie auf der gefilterten Ebene eine zunächst ganz schwarze Maske an, die die Unschärfeebene komplett abdeckt. Das geht am schnellsten, wenn Sie Alt/⌥ drücken und dann auf das Icon Ebenenmaske hinzufügen klicken.
- **Wenn Sie mit einer Ebenenkopie als Smart-Objekt arbeiten**, füllen Sie die automatisch vorhandene Filtermaske des Smartfilters mit Schwarz (diese Möglichkeit sehen Sie hier im Workshop). Dazu aktivieren Sie zunächst die Maske des Smartfilters, indem Sie darauf klicken, und wenden dann den

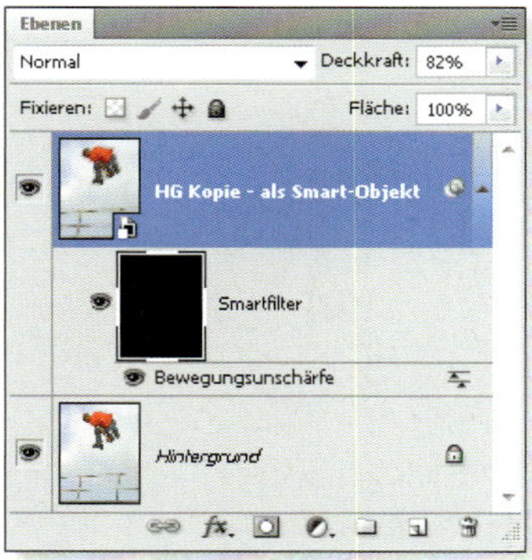

▲ **Abbildung 28.26**
Die Filtermaske verdeckt jetzt die Filterwirkung komplett.

Shortcut [Strg]/[⌘]+[I] an – die bis dahin weiße Maske wird invertiert und ist nun schwarz.

4 Unschärfe wieder freilegen

Die Bereiche, die nun unscharf verwischt angezeigt werden sollen, legen Sie durch Aufpinseln von Weiß und Graustufen frei. Bei geschicktem Pinseln erhalten Sie so nahezu stufenlose Übergänge und können interessante Effekte realisieren. Ich habe zunächst mit einem großen weichen Pinsel gearbeitet. Feinere Details habe ich mit einem kleineren Pinsel freigelegt.

Weichzeichner und Wischfinger-Werkzeug eignen sich ebenfalls ganz gut, um Masken für den nahtlosen Übergang zwischen gefilterten und ungefilterten Partien zu bearbeiten.

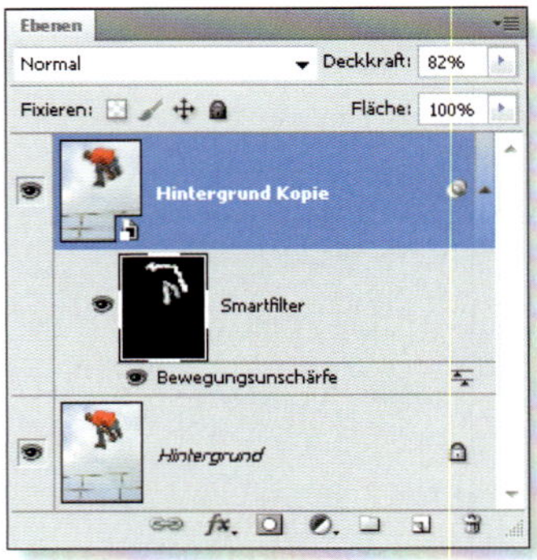

Abbildung 28.27 ▶
Freilegen der Unschärfe – vor allem an der in Flugrichtung hinteren Partie des Skateboardfahrers

Abbildung 28.28 ▶▶
In der Ebenen-Palette sieht das so aus.

5 Feinabstimmung und Resultat

Wenn Ihnen die Weichzeichnung zu intensiv geraten ist, können Sie sie noch regulieren, indem Sie

- die Ebenendeckkraft der oberen Ebene
- oder die Deckkraft des Smartfilters zurücknehmen

Und natürlich lässt sich die Maske durch das Auftragen schwarzer oder grauer Pixel so bearbeiten, dass mehr von der Unschärfe verdeckt wird. Nach meiner Erfahrung bringt es aber nicht so viel, allzu lange herumzupinseln: Am besten wirkt dieser Effekt, wenn man mit einigen beherzten, dynamischen Pinselstrichen arbeitet.

▲ **Abbildung 28.29**
Mein Resultat sehen Sie hier.

6 Alternative Methode: Bewegungsunschärfe und Auswahlrahmen

Eine andere, oft sehr gut wirksame Möglichkeit, um eine Bewegungsunschärfe auf die Kanten eines Objekts einzuschränken, ist die Auswahloption Rand. Legen Sie zunächst eine Auswahl um das Objekt an, und wandeln Sie sie dann in einen nicht zu schmalen Auswahlrahmen um (AUSWAHL • AUSWAHL VERÄNDERN • RAND). Diesen schieben Sie dann bei aktivem Auswahlwerkzeug in die Richtung, in die die Bewegungsunschärfe laufen soll. Anschließend erzeugen Sie noch eine WEICHE KANTE und setzen dann den Filter ein. ■

Fotografische Unschärfe simulieren
Die hier gezeigte Methode erzeugt eher comic-artige *Speedlines*. Wenn Sie eine fotografische Unschärfe simulieren wollen, wie sie durch Mitziehen der Kamera beim Fotografieren bewegter Objekte entsteht, müssen Sie den ganzen Hintergrund »unscharf pinseln« und das bewegte Hauptobjekt scharf belassen.

28.4.3 Filter auf separater Ebene anlegen

Natürlich ist es ohne Weiteres möglich, einen Filter direkt auf eine Bildebene oder ein Smart-Objekt anzuwenden. Meist sind die Ergebnisse auch zufriedenstellend. Manchmal ist es jedoch arbeitstechnisch günstiger, den Filter auf einer *eigenen* Ebene anzuwenden, die dann per Füllmethode auf die eigentliche Bildebene wirkt. Das macht zwar ein wenig mehr Arbeit, bietet aber mehr Spielraum für kreative Variationen. Eine große Hilfe dabei ist das Konzept der **neutralen Farbe.**

Neutrale Farbe | Für Ebenen lassen sich unterschiedliche Füllmethoden einstellen. Die Füllmethode legt fest, wie die Pixel zweier Ebenen miteinander verrechnet werden. Und jede Füllmethode wirkt anders auf die Tonwerte der darunterliegenden Ebene. Eine »neutrale Farbe« ist in diesem Kontext eine Farbe oder vielmehr ein Tonwert (Helligkeitswert), der durch eine bestimmte Füllmethode ausgeblendet wird. Das können Sie sich zum Beispiel zunutze machen, indem Sie durch Umschalten auf die Füllmethode ABDUNKELN unerwünschte weiße Bildelemente ausblenden (siehe Kapitel 12, »Füllmethoden: Pixel-Interaktion zwischen Ebenen«). Und auch für kreative Aufgaben ist dieses Konzept nützlich – im folgenden Workshop erleben Sie es gleich live.

Neutrale Ebene erzeugen | Im Dialogfeld NEUE EBENE können Sie für neue Ebenen festlegen, dass diese automatisch beim Erstellen mit der in einem bestimmten Modus »unsichtbaren« Farbe – eben der neutralen Farbe – gefüllt werden. Wenn kein Filter angewendet oder kein sonstiger Eingriff durchgeführt wird, wirkt sich das Füllen mit einer neutralen Farbe nicht auf die übrigen Ebenen aus. Die neutrale Farbe ist entweder Schwarz, Weiß oder 50%iges Grau. Für Ebenen mit den Füllmethoden NORMAL, SPRENKELN, FARBTON, SÄTTIGUNG, FARBE und LUMINANZ ist die Option NEUTRALE FARBE nicht verfügbar.

Entwickelt wurde diese Funktion, weil einige Filter (z. B. der Filter RENDERFILTER • BELEUCHTUNGSEFFEKTE) nicht auf leere Ebenen ohne Pixel angewendet werden können. Sie können sie jedoch auch für andere Filter nutzen.

Die Funktion im Einsatz | Das hier gezeigte Verfahren funktioniert vor allem mit allen Filtern, die Strukturen in das Bild bringen oder die über Änderungen der Luminanzwerte wirken. Besonders für letztgenannte ist die Funktion Neutrale Ebene interessant.

Schritt für Schritt: Filtern auf »neutraler« Ebene

Datei auf der Buch-DVD: »Alexanderplatz.tif«

Bild: vitamin a

▲ **Abbildung 28.30**
Das Ausgangsbild

1 Ausgangsbild und Zielsetzung

Das Originalbild: Auf dieses Bild soll der Filter Blendenflecke angewendet werden, um die perspektivische Untersicht durch Sonnenreflexe zu ergänzen. Der Filter selbst bietet nicht genügend Variationsmöglichkeiten. Mit der hier beschriebenen Arbeitstechnik können Sie das ändern!

2 Neue Ebene anlegen und zum Smart-Objekt konvertieren

Nun soll eine Ebene angelegt werden, die als neutraler Träger der neuen Bildstruktur geeignet ist. Das Anlegen der Ebene erfolgt ausnahmsweise über den Menübefehl Ebene • Neu • Ebene – nicht per Palette. Es kommt dabei auf die erweiterten Einstellungen dieses Dialogfelds an. Als Modus (Füllmethode) stellen Sie Hartes Licht ein, und dann aktivieren Sie die Option Mit neutraler Farbe für den Modus 'Hartes Licht' füllen.

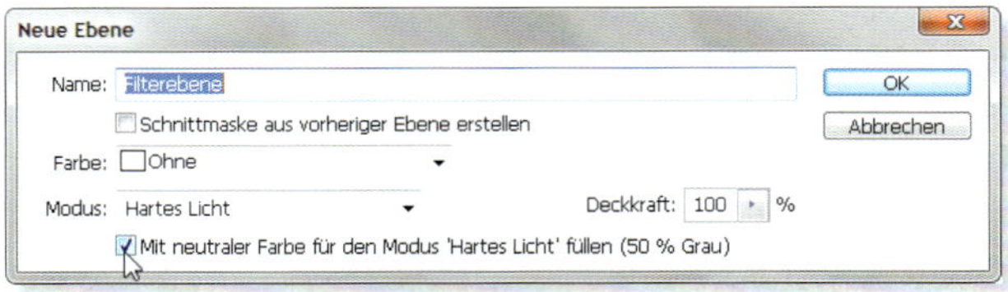

Abbildung 28.31 ▶
Erzeugen der neuen Ebene – achten Sie auf die Einstellungen unter Modus und die aktivierte Option Mit neutraler Farbe für den Modus 'Hartes Licht' füllen.

Die Ebenen-Palette sieht dann so aus wie hier. Im Bild verändert sich vorerst nichts. Für mehr Flexibilität konvertieren Sie die entstandene Ebene anschließend in ein Smart-Objekt.

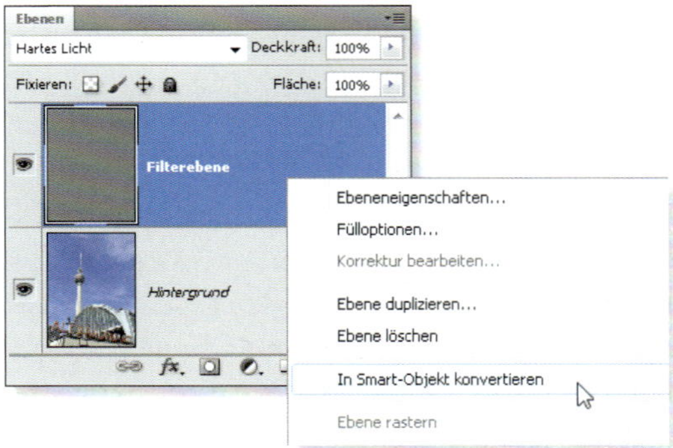

Abbildung 28.32 ▶
Die neue Ebene ist automatisch grau gefüllt und hat die zuvor eingestellte Füllmethode. Für den Workshop sollte sie außerdem in ein Smart-Objekt umgewandelt werden.

3 Filter anwenden

Nun wird gefiltert. Sie finden den gesuchten Filter unter FILTER • RENDERFILTER • BLENDENFLECKE. Sie haben die Wahl zwischen vier verschiedenen simulierten Linsentypen und können auch die Helligkeit einstellen. Wenn Sie das Kreuz 1 im Vorschaufenster verschieben, ändert sich die Lage des Lichtflecks. Sie können – da Sie mit Smartfiltern arbeiten – auch nachträglich die Einstellungen noch ändern. Sie sollten jedoch die Helligkeit nicht zu hoch setzen und die Position der Blendenflecke schon halbwegs anpassen. Andernfalls ist es schwierig, die Wirkung zu beurteilen.

Zum Weiterlesen: Füllmethoden
Mehr zu Füllmethoden lesen Sie in Kapitel 12, »Füllmethoden: Pixel-Interaktion zwischen Ebenen«.

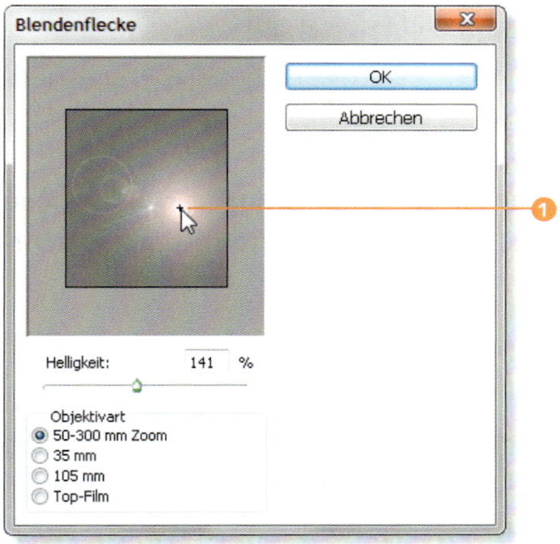

◄ **Abbildung 28.33**
Einstellungen der Blendenflecke

4 Filterebene justieren

Die Lichtflecke überstrahlen das Bild nun kräftig. Bei Bedarf können die Smartfilter-Werte oder die Deckkraft der Filterebene angepasst werden. In begrenzten Maßen kann auch die Füllmethode der Ebene verändert werden – die »Licht«-Füllmethoden haben alle dieselbe neutrale Farbe, und so können Sie zum Beispiel einmal WEICHES LICHT probieren, wenn HARTES LICHT zu intensiv erscheint.

▲ **Abbildung 28.34**
Zwischenstand

5 Bei Bedarf: Filterebene verschieben und transformieren

Um die Position der Lichtflecke anzupassen, können Sie entweder erneut auf die Smartfilter-Einstellungen zugreifen oder die graue Hilfsebene selbst verschieben. Beim Verschieben der Ebene ist es ein wenig einfacher, die richtige Position zu treffen, als beim Ändern der Filtereinstellungen. Allerdings kann es passieren, dass die graue Fläche der Hilfsebene das Bild dann nicht mehr ausfüllt. In diesem Fall stückeln Sie beispielsweise mithilfe des Fülleimers einfach etwas 50%iges Grau an (RGB-Wert: 128-128-128). Auch die Transformation der Ebene ist möglich, um die Lichtflecke anzupassen.

29 Orientierung im Filter-Dschungel

Über hundert Filter hat Adobe im Programm, streng nach Alphabet angeordnet im Haupt- und 14 Untermenüs. Sich dort zurechtzufinden ist nicht immer leicht – nicht nur wegen der schieren Menge der vorhandenen Filter, sondern auch wegen der etwas undurchschaubaren Rubrikenbildung. Außerdem gibt es eine Reihe von Dubletten, also Filtern, die sich in der Wirkung stark ähneln und unter verschiedenen Namen mehrfach auftauchen. In anderen Fällen verwirren gleich klingende Bezeichnungen, obwohl die Wirkung der Filter unterschiedlich ist.

Daher gebe ich Ihnen in diesem Kapitel wirksame Hilfen an die Hand, mit denen Sie schnell den Filter finden, den Sie wirklich brauchen. Im Filter-ABC finden Sie alle Filter aus den Menüs versammelt – und zwar in alphabetischer Ordnung. Sie können nachsehen, in welchem Menü sich der gesuchte Filter versteckt, und sparen sich das Durchklicken aller Menüs, um Ihren Wunschfilter zu finden. Außerdem finden Sie in der Tabelle auch gleich Querverweise zu den Buchkapiteln, in denen der betreffende Filter vorgestellt wird. In Abschnitt 29.2, »Wer kann was? Filter und ihr Effekt«, stelle ich Ihnen alle Kreativfilter in Wort und Bild vor, und zwar nicht in der von Adobe vorgegebenen Menüanordnung, sondern nach Effekt sortiert. So können Sie bei Filtern mit ähnlicher Wirkung schneller denjenigen finden, der Ihren Ansprüchen entspricht.

Plug-in-Suche auf der Adobe-Site

Adobe bindet Photoshop zunehmend enger an interessante Online-Ressourcen an. So auch bei den Filtern. Der Befehl FILTER • FILTER ONLINE DURCHSUCHEN führt zum *Adobe Marketplace*. Auf der englischsprachigen Site können Sie außer Filtern verschiedene Arbeitshelfer herunterladen – von Aktionen und anderen Automatisierungstools über Kreativ-Vorgaben wie Pinsel oder Effekte bis hin zu Paletten für spezielle Aufgaben. Unter der Kategorie FILTER finden Sie Freebies und bekannte kostenpflichtige Drittthersteller-Module.

Zum Weiterlesen: Mehr Übersicht im Filter-Menü

Photoshop erlaubt es, Menübefehle farbig zu kennzeichnen und nicht benötigte Befehle aus den Menüs auszublenden (Einstellungen unter BEARBEITEN • MENÜS). Gerade im unübersichtlichen Filter-Menü, in dem es viele wirkungsverwandte Filter und verwirrende Namensähnlichkeiten gibt, können Sie diese Funktion sinnvoll einsetzen.

29.1 Filter finden: Das Filter-ABC

Hier finden Sie alle Filter in alphabetischer Reihenfolge und können nachsehen, in welchem (Unter-)menü sie untergebracht sind. Obwohl es in diesem Buch einen eigenen Teil zum Thema Filtern gibt (Sie lesen ihn gerade), werden viele Filter in anderen Kapiteln vorgestellt – so, wie es am besten in den Praxiskontext passt.

Deswegen können Sie in der Tabelle außerdem nachschauen, wo im Buch der jeweilige Filter vorgestellt wird.

Tabelle 29.1 ▸
Filter schneller finden

Name des Filters	Im Menü ...	In Kapitel ...
Aquarell	Kunstfilter	29
Basrelief	Zeichenfilter	29
Beleuchtungseffekte	Renderfilter	29
Bewegungsunschärfe	Weichzeichnungsfilter	29
Blendenflecke	Renderfilter	28
Buntglas-Mosaik	Strukturierungsfilter	29
Buntstiftschraffur	Kunstfilter	29
Chrom	Zeichenfilter	29
Conté-Stifte	Zeichenfilter	29
Diagonal verwischen	Kunstfilter	29
Differenz-Wolken	Renderfilter	26
Distorsion	Verzerrungsfilter	29
Dunkle Bereiche vergrößern	Sonstige Filter	14
Dunkle Malstriche	Malfilter	29
Durchschnitt berechnen	Weichzeichnungsfilter	30
Extrahieren	In CS5 nicht mehr vorhanden; kann unter Umständen als Zusatzmodul geladen werden; bessere Alternative: AUSWAHL • KANTE VERBESSERN	–
Extrudieren	Stilisierungsfilter	29
Facetteneffekt	Vergröberungsfilter	29
Farbpapier-Collage	Kunstfilter	29
Farbraster	Vergröberungsfilter	29
Fasern	Renderfilter	26
Feld weichzeichnen	Weichzeichnungsfilter	30
Feuchtes Papier	Zeichenfilter	29
Fluchtpunkt	Filter-Menü	24
Form weichzeichnen	Weichzeichnungsfilter	30
Fotokopie	Zeichenfilter	29
Fresko	Kunstfilter	29
Gaußscher Weichzeichner	Weichzeichnungsfilter	30
Gekreuzte Malstriche	Malfilter	29
Glas	Verzerrungsfilter	29
Grobe Malerei	Kunstfilter	29

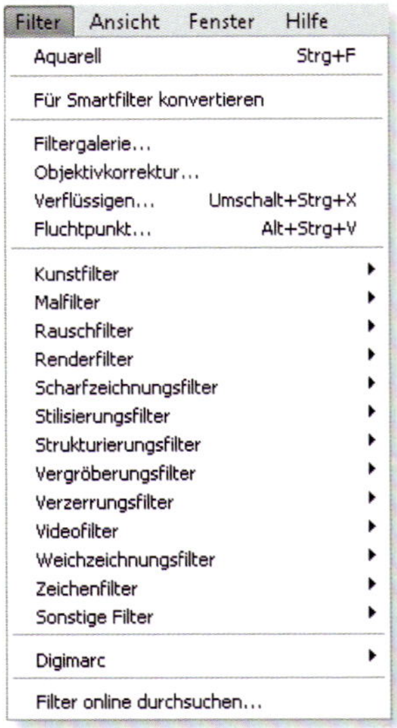

▲ **Abbildung 29.1**
Der Einstieg in die Welt der Filter

Name des Filters	Im Menü ...	In Kapitel ...
Grobes Pastell	Kunstfilter	29
Helle Bereiche vergrößern	Sonstige Filter	14
Helligkeit interpolieren	Rauschfilter	22
Hochpass	Sonstige Filter	21
Kacheleffekt	Stilisierungsfilter	29
Kacheln	Strukturierungsfilter	29
Kanten betonen	Malfilter	29
Kohleumsetzung	Zeichenfilter	29
Konturen finden	Stilisierungsfilter	29
Konturen mit Tinte nachzeichnen	Malfilter	29
Konturen nachzeichnen	Stilisierungsfilter	29
Konturen scharfzeichnen	Scharfzeichnungsfilter	21
Korneffekt	Stilisierungsfilter	29
Körnung	Strukturierungsfilter	29
Körnung & Aufhellung	Kunstfilter	29
Kräuseln	Verzerrungsfilter	29
Kreide & Kohle	Zeichenfilter	29
Kreuzschraffur	Malfilter	29
Kristallisieren	Vergröberungsfilter	29
Kunststofffolie	Kunstfilter	29
Leuchtende Konturen	Stilisierungsfilter	29
Malgrund	Kunstfilter	29
Malmesser	Kunstfilter	29
Matter machen	Weichzeichnungsfilter	29
Mezzotint	Vergröberungsfilter	29
Mit Struktur versehen	Strukturierungsfilter	29
Mit Wasserzeichen versehen	In CS5 nicht mehr vorhanden; kann unter Umständen als Zusatzmodul geladen werden	–
Mosaikeffekt	Vergröberungsfilter	29
Neonschein	Kunstfilter	29
Objektivkorrektur	Filter	29
Ölfarbe getupft	Kunstfilter	29
Ozeanwellen	Verzerrungsfilter	29
Patchwork	Strukturierungsfilter	29
Polarkoordinaten	Verzerrungsfilter	29
Prägepapier	Zeichenfilter	29

◂ **Tabelle 29.1**
Filter schneller finden (Forts.)

Zusatzmodule: drei hilfreiche Links

Mit den Updates auf CS4 und CS5 sind nicht nur entbehrliche Funktionen aus dem Programmumfang verschwunden – auch einige durchaus nützliche Spezialtools wurden gestrichen. Wenn Sie eine Funktion vermissen, können Sie sie möglicherweise nachträglich installieren. Einen **Überblick** über die nachladbaren Funktionen finden Sie unter *http://go.adobe.com/kb/ts_cpsid_82824_de-de*.

- Die passenden **Windows-Downloads** finden Sie hier: *http://www.adobe.com/support/downloads/detail.jsp?ftpID=4751*
- **Mac-User** schreiten hier zum Download: *http://www.adobe.com/support/downloads/detail.jsp?ftpID=4750*

Tabelle 29.1 ▶
Filter schneller finden (Forts.)

Name des Filters	Im Menü …	In Kapitel …
Punktieren	Vergröberungsfilter	29
Punktierstich	Zeichenfilter	29
Radialer Weichzeichner (kreis- oder strahlenförmig)	Weichzeichnungsfilter	30
Rasterungseffekt	Zeichenfilter	29
Rauschen entfernen	Rauschfilter	22
Rauschen hinzufügen	Rauschfilter	22
Rauschen reduzieren	Rauschfilter	22
Relief	Stilisierungsfilter	29
Risse	Strukturierungsfilter	29
Scharfzeichnen	Scharfzeichnungsfilter	21
Schwamm	Kunstfilter	29
Schwingungen	Verzerrungsfilter	29
Selektiver Scharfzeichner	Scharfzeichnungsfilter	21
Selektiver Weichzeichner	Weichzeichnungsfilter	30
Solarisation	Stilisierungsfilter	29
Spritzer	Malfilter	29
Stärker scharfzeichnen	Scharfzeichnungsfilter	21
Stärker weichzeichnen	Weichzeichnungsfilter	30
Staub und Kratzer	Rauschfilter	22
Stempel	Zeichenfilter	29
Strichumsetzung	Zeichenfilter	29
Strudel	Verzerrungsfilter	29
Stuck	Zeichenfilter	29
Sumi-e	Malfilter	29
Tiefenschärfe abmildern	Weichzeichnungsfilter	24
Tontrennung & Kantenbetonung	Kunstfilter	29
Unscharf maskieren	Scharfzeichnungsfilter	21
Verbiegen	Verzerrungsfilter	29
Verflüssigen	Filter-Menü	22
Verschiebungseffekt	Sonstige Filter	30
Versetzen	Verzerrungsfilter	30
Verwackelte Striche	Malfilter	29
Verwackelungseffekt	Vergröberungsfilter	29
Weiches Licht	Verzerrungsfilter	29
Weichzeichnen	Weichzeichnungsfilter	30
Wellen	Verzerrungsfilter	29

Name des Filters	Im Menü ...	In Kapitel ...
Windeffekt	Stilisierungsfilter	29
Wölben	Verzerrungsfilter	29
Wolken	Renderfilter	26

▲ **Tabelle 29.1**
Filter schneller finden (Forts.)

Bild: Fotolia, Cosmin Masca

Datei auf der Buch-DVD: »GänseblümchenKlein.tif«

▲ **Abbildung 29.2**
Das Beispielbild im ungefilterten Zustand

29.2 Wer kann was? Filter und ihr Effekt

Von Photoshops mächtigen Spezialfiltern, die oft schon eigenen kleine Anwendungen gleichen, einmal abgesehen, sind die meisten von Photoshops Kreativ-Filtern nahezu selbsterklärend. Sie erschließen sich am besten, wenn Sie zwei oder drei Nachmittage lang mit ihnen experimentieren.

Daher stelle ich Ihnen Malfilter & Co. in diesem Teil nur kurz vor. Und das Ganze geschieht nicht nach Menüs sortiert (in Photoshop nachgucken können Sie ja schließlich selbst), sondern nach der Wirkung, der sich mit den jeweiligen Filtern erzielen lässt. Ganz objektiv ist diese Zuordnung nicht: Mit einigen Filtern lassen sich sehr unterschiedliche Effekte umsetzen – abhängig von Motiv und gewählten Optionen. In diesem Fall habe ich die meiner Meinung nach charakteristischste Filtereigenschaft als Sortierkriterium gewählt. Die Beispielbilder dienen als weitere Orientierung und versuchen, repräsentativ zu sein. Doch bei einigen Filtern sind die Einstellungsmöglichkeiten so groß, dass man mehr als ein Bild bräuchte, um abzubilden, was der Filter kann.

Bestimmter Style gesucht?
Wenn Sie anspruchsvolle Effekte realisieren wollen – etwa die Imitation von Eis, Flammen, Glas, Metall oder Stein –, brauchen Sie mehr als nur einen Filter. Im Netz finden Sie zahllose Tutorials zu allen erdenklichen kniffligen Filterkombinationen. Meist genügt es, fünf Minuten zu googeln, um eine brauchbare Bauanleitung zutage zu fördern. Und auch der Blick in Photoshops Stil-Bibliotheken und Aktionen lohnt sich: Für häufig gebrauchte Styles finden Sie dort fertige Ebeneneffekte und Aktionen.

▲ **Abbildung 29.3**
Aquarell

▲ **Abbildung 29.4**
Gekreuzte Malstriche

▲ **Abbildung 29.5**
Grobes Pastell

▲ **Abbildung 29.6**
Kreuzschraffur

Deswegen gilt: Klicken Sie sich durch die Filtermenüs durch, und probieren Sie selbst!

29.2.1 Maltechniken simulieren

Unter den Kunst-, Mal- und Zeichenfiltern finden Sie viele, deren Name so klingt, als könne man damit per Knopfdruck aus dem Fotomotiv ein »gemaltes Bild« oder eine »Handzeichnung« zaubern. Doch nur wenige Filter schaffen es tatsächlich, überzeugende Imitate klassischer Mal- und Zeichentechniken zu erzeugen.

Aquarell (Kunstfilter) | Dieser Filter bedarf keiner großen Erklärungen: Er tut das, was sein Name verspricht. Details werden vereinfacht, und wo im Bild starke Farb- oder Tonwertunterschiede auftreten, wird die Sättigung erhöht.

Gekreuzte Malstriche (Malfilter) | Dieser Filter eignet sich gut, um klassische Mal- und Zeichentechniken vorzutäuschen. Die STRICHLÄNGE bestimmt, wie stark das Bild verfremdet wird, mit dem Regler BILDSCHÄRFE steuern Sie, ob das Bild eher wie gemalt aussieht (geringe Schärfe) oder wie eine Zeichnung (starke Schärfe). Die Richtung der Schraffur lässt sich ebenfalls steuern.

Grobes Pastell (Kunstfilter) | Hier wird das Bild diagonal überschraffiert, und zwar immer von unten links nach oben rechts. Strichlänge und Details lassen sich variieren. Verschiedene unterlegte Muster, die Sie detailliert steuern können, beeinflussen, wie rau sich der »Kreidestrich« darstellt. Die Farbwerte des Bildes bleiben erhalten. In flächigen Bildbereichen mit wenig Details wirkt der Filter nicht, sondern nur an Konturen.

Kreuzschraffur (Malfilter) | Dieser Filter erzeugt schärfere und kontraststärkere Ergebnisse als GEKREUZTE MALSTRICHE. Er eignet sich gut, um eine Buntstiftversion vom Foto zu erzeugen – anders als der Filter BUNTSTIFTSCHRAFFUR (unter KUNSTFILER), der das Bild stark verfremdet, indem er die Konturen in Striche auflöst.

29.2.2 Kacheln, Leinwand & Co.: Strukturen hinter das Motiv legen

Wo gemalt wird, braucht man einen Malgrund: Leinwand, feiner Putz, Ziegelsteine – das sind nur einige der Strukturen, mit denen Sie Ihr Motiv hinterlegen können. Allerdings muss man die Strukturfilter schon smart mit anderen Filtern kombinieren, damit sie nicht altbacken oder schlicht langweilig wirken. Gute

Alternativen zu den Strukturfiltern von der Stange sind immer noch die Musterüberlagerung in Kombination mit einer smart gewählten Füllmethode oder (wenn ein Motiv wirklich genau an den »dreidimensionalen« Untergrund angepasst werden soll) der Filter VERSETZEN, den Sie in Kapitel 30, »Komplexe Könner: Filter für Spezialaufgaben«, in einem Workshop kennenlernen.

Zum Weiterlesen: Füllmethoden und Musterüberlagerung
Wie die vielseitigen Füllmethoden funktionieren, erfahren Sie in Kapitel 12, »Füllmethoden: Pixel-Interaktion zwischen Ebenen«. Mehr zum Ebeneneffekt MUSTERÜBERLAGERUNG lesen Sie in Kapitel 32, »Ebenenstile«.

Kacheln (Strukturierungsfilter) | Dieser Filter erzeugt eher Puzzleteile als gerade ausgerichtete Kacheln. Kachelgröße, Fugenbreite- und Helligkeit können reguliert werden, nicht aber die Form und Position der Kacheln. Dies ist ein langweiliger, unzeitgemäßer Filter.

▲ **Abbildung 29.7**
Kacheln

Malgrund (Kunstfilter) | Der Effekt ähnelt dem GROBEN PASTELL oder einer Kombination aus MALMESSER und einem Strukturfilter – Sie erhalten einen flächigen Farbauftrag plus Struktur. Die Struktur wird jedoch nur an Objektkonturen eingefügt, bei ganz flächigen Motiven bringt der Filter wenig.

▲ **Abbildung 29.8**
Malgrund

Mit Struktur versehen (Strukturierungsfilter) | Er bietet von allen Strukturierungsfiltern die besten Steuerungsmöglichkeiten. Sie können zwischen verschiedenen Strukturen wählen und Skalierung, Reliefhöhe und Beleuchtungswinkel einstellen. Es ist auch möglich, eigene Strukturen zu verwenden – allerdings können diese nicht aus Adobes Musterbibliothek geladen werden, was eigentlich sehr naheliegend ist, sondern sie müssen als PSD-File vorliegen. Dennoch: Merken Sie sich diesen Filter, und werfen Sie alle anderen aus dem STRUKTURIERUNGSFILTER-Menü!

Zum Weiterlesen: Muster
Muster lassen sich als kreativer Grundstoff vielfältig einsetzen. Grundlegendes zum Thema lesen Sie in Kapitel 26, »Einfarbig, mit Verlauf oder Muster: Flächen füllen«.

▲ **Abbildung 29.9**
Mit Struktur versehen

Risse (Strukturierungsfilter) | Das Muster, mit dem das Bild überzogen wird, ist ein wenig dichter als bei KACHELN – ansonsten ist der Filter genauso langweilig. Mit einem hohen Abstandswert (weniger, zufällig verteilte Risse) ist dieser Filter jedoch eine brauchbare Ergänzung, um ein naturalistisches FRESKO hinzubekommen.

▲ **Abbildung 29.10**
Risse

29.2.3 Bilder flächiger machen, Konturen auflockern

Es gibt zahlreiche Filter, mit denen Sie die Details eines Fotos reduzieren und Farbflächen stärker betonen können. So behandelte Bilder wirken eher wie Illustrationen und können einen starken, emblematischen Effekt haben.

▲ **Abbildung 29.11**
Diagonal verwischen

Diagonal verwischen (Kunstfilter) | Dieser Filter ist schwierig einzuordnen: er macht das Bild flächiger, arbeitet mit Aufhellung und Abdunkelung von Flächen und betont die Objektkonturen durch dunkle Linien. Die Richtung, in der gewischt wird, kann man nicht einstellen; über Aufhellung, Konturenbreite und Aufhellung haben Sie die Kontrolle.

▲ **Abbildung 29.12**
Facetteneffekt

Facetteneffekt (Vergröberungsfilter) | Fasst Pixel mit gering voneinander abweichenden Farbtonwerten zu Farbflächen zusammen. Es gibt keine weitere Steuerung – Klicken genügt. Die Wirkung lässt sich am Bildschirm besser beurteilen als hier im gedruckten Buch. Dieser Filter erinnert an eine sanfte Version des Weichzeichners MATTER MACHEN, wirkt jedoch stärker detailerhaltend. FACETTENEFFEKT ist ein guter Kombinationspartner für Filter, die dazu tendieren, zu viele Bilddetails auszuwerten – etwa die Konturen betonenden Filter oder manche Relief-Filter.

▲ **Abbildung 29.13**
Farbpapier-Collage

Farbpapier-Collage (Kunstfilter) | FARBPAPIER-COLLAGE erzeugt interessante flächige Effekte, die sich auch gut steuern lassen. Dieser Filter ist eine gute Alternative zur TONTRENNUNG (als Einstellungsebene oder über BILD • KORREKTUREN • TONTRENNUNG).

Grobe Malerei (Kunstfilter) | Dieser Filter macht Bilder flächiger und kann Bilddetails auf Wunsch gut erhalten. Er setzt nicht nur an den klar erkennbaren Konturen innerhalb des Motivs an, auch feine Farbabstufungen in Flächen werden berücksichtigt. Starke Abstraktionen sind mit ihm nicht möglich.

▲ **Abbildung 29.14**
Grobe Malerei

Malmesser (Kunstfilter) | Ein Malmesser ist ein schmaler, elastischer Spachtel, mit dem – unter anderem – Farbe auf die Malunterlage aufgebracht wird. Der Effekt ist einerseits flächig, die so aufgespachtelte Farbe hat jedoch oft auch ein deutliches Relief. Adobes Malmesser-Filter verzichtet darauf, Farbstrukturen nachzubilden – er macht das Bild nur flächiger. Mit hoher Strichstärke kann der Filter stark abstrahierend wirken. Das Motiv wird in weiche, freundliche Formen zerlegt, Farben und Helldunkel-Kontraste des Originals bleiben erhalten.

Ölfarbe getupft (Kunstfilter) | Wirkt auf den ersten Blick wie MALMESSER. Mit feinen Tonwertabstufungen in Flächen – so wie bei unserem Beispielbild den Blaunuancen des Himmels – hat der Filter jedoch Schwierigkeiten: Es entsteht ein Muster, das an Höhenlinien in Gebirgslandkarten erinnert. Eine interessante Einstellungsmöglichkeit ist die simulierte Pinselart.

▲ **Abbildung 29.15**
Malmesser

Verwackelungseffekt (Vergröberungsfilter) | Wie der Name schon sagt, macht der Filter aus Ihrem Originalbild so etwas wie ein verwackeltes Foto. Bei flächigen Motiven verschwinden feine Details, bei Motiven mit vielen Linien und Konturen werden diese in abstrakter Weise eher betont, denn der Filter vervierfacht und versetzt die Originalpixel gegeneinander. Er bietet keine weiteren Einstellungsmöglichkeiten.

▲ **Abbildung 29.16**
Ölfarbe getupft

Weiches Licht (Verzerrungsfilter) | In der Rubrik VERZERRUNGSFILTER ist WEICHES LICHT vollkommen falsch eingeordnet: Er wirkt eher wie ein Weichzeichnungsfilter mit Aufhellung. Er macht das Bild flächiger und heller, Details werden überstrahlt. Eine Körnung aus hellen Punkten kann hinzugefügt werden. Sie ist vor allem an den Konturen im Bild wirksam.

▲ **Abbildung 29.17**
Verwackelungseffekt

▲ **Abbildung 29.18**
Weiches Licht

29.2.4 Farbe verfremden oder reduzieren

Eine erkleckliche Anzahl von Photoshop-Filtern verfremdet das Originalmotiv nicht nur durch das Überziehen mit Mustern, indem es Bildmotive flächiger macht oder mit 3D-Effekten versieht – viele Filter reduzieren außerdem die Farbigkeit in Bildern. Vielfach dienen die in der Werkzeugleiste eingestellte Vorder- und Hintergrundfarbe als Grundlage der Umsetzung. Die hier gezeigten Beispiele sind alle in Schwarzweiß oder in Graustufen – andere Farbkombinationen sind jedoch ebenso gut möglich. Sie sollten allerdings beachten, dass sich, auch wenn Sie mit Smartfiltern arbeiten, die Grundfarben des Filters nicht nachträglich ändern lassen. Die Flexibilität von Smartfiltern bezieht sich nur auf die Einstellungen des Filterdialogs. Sie sollten also von vornherein die richtigen Farben in der Werkzeugleiste einstellen.

▲ **Abbildung 29.19**
Basrelief

Basrelief (Zeichenfilter) | In der analogen Welt sind Basreliefs relativ flach gearbeitete Reliefs. Der gleichnamige Filter setzt das Bild in Grautöne bzw. bunte Tonwertabstufungen um und verleiht ihm einen moderaten 3D-Effekt. Indem Sie den Winkel des virtuellen Lichteinfalls verändern, beeinflussen Sie die Wirkung der »Relief«kanten entlang der Bildkonturen maßgeblich. Bei detailreichen Bildern ist es empfehlenswert, zusätzlich einen weichzeichnenden oder flächig machenden Filter anzuwenden, um feine Farbabstufungen und Bildstörungen zu reduzieren. Andernfalls werden zu viele feine Konturen bei der Reliefumsetzung berücksichtigt. Dennoch – von allen Relieffiltern ist dieser sicherlich der brauchbarste.

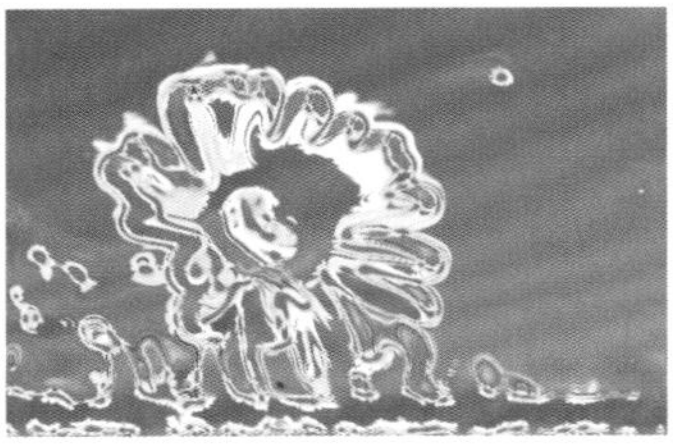

▲ **Abbildung 29.20**
Chrom

Chrom (Zeichenfilter) | Dieser Filter ist eine stärkere Version von KUNSTSTOFFFOLIE. Als bloßer Bildeffekt ist CHROM langweilig, er ist jedoch ein wichtiger Baustein für verschiedene Filterkombinationen, die Metall oder auch Wasserflächen nachstellen. CHROM macht alle Bilder grau, gleichgültig, welche Vorder- und Hintergrundfarbe Sie einstellen.

▲ **Abbildung 29.21**
Conté-Stifte

Conté-Stifte (Zeichenfilter) | Der Filter CONTÉ-STIFTE simuliert eine zweifarbige Zeichnung auf strukturiertem Malgrund. Die Mischung von Vorder- und Hintergrundfarbe und die unterlegte Struktur können Sie einstellen.

Fotokopie (Zeichenfilter) | Der Filter FOTOKOPIE stellt die schlechte Qualität einer mehrfach kopierten Vorlage nach. Das ist ganz nützlich, um raue, abgegriffen aussehende Designs zu gestalten. Detailtreue und Dunkelheit lassen sich steuern und ebenso – über die Werkzeugleiste – die Grundfarben.

Abbildung 29.22 ►
Fotokopie

Gerissene Kanten (Zeichenfilter) | GERISSENE KANTEN ist der zweifarbige Kollege von FARBPAPIER-COLLAGE. Sie können die

Balance zwischen Vorder- und Hintergrundfarbe, die Rauheit der Kanten und über KONTRAST den Anteil an Tonwertstufen regeln.

▲ **Abbildung 29.23**
Gerissene Kanten

Kohleumsetzung (Zeichenfilter) | KOHLEUMSETZUNG ähnelt stark der BUNTSTIFTSCHRAFFUR – verwendet jedoch bloß zwei Farben. Bildkonturen werden durch Schraffuren herausgearbeitet, Flächen werden weitgehend ausgespart. Detailtreue, Stärke und die Helldunkel-Mischung können Sie im Filterdialog einstellen, die Grundfarben in der Werkzeugleiste.

▲ **Abbildung 29.24**
Kohleumsetzung

Kreide & Kohle (Zeichenfilter) | KREIDE & KOHLE liefern nicht nur zwei Farben, sondern auch die Tonwerte dazwischen. Detailgenauigkeit, die Verteilung von Hell (KREIDE) und Dunkel (KOHLE) und die Kontraste (Option DRUCK) können Sie einstellen. Die Farbigkeit richtet sich nach den Farbfeldern der Werkzeugleiste.

Prägepapier (Zeichenfilter) | PRÄGEPAPIER liefert gekörnte Struktur plus Relief plus extreme Flächigkeit. Sie können die Reliefhöhe und den Abstraktionsgrad wählen, die unterlegte körnige Struktur lässt sich jedoch nicht verändern. Vorder- und Hintergrundfarbe werden gemischt.

▲ **Abbildung 29.25**
Kreide & Kohle

▲ **Abbildung 29.26**
Prägepapier

▲ **Abbildung 29.27**
Punktierstich

Punktierstich (Zeichenfilter) | PUNKTIERSTICH erzeugt ein unregelmäßiges, zweifarbiges Muster, das an alte Grafiken erinnert. Das Mischungsverhältnis von Vorder- und Hintergrundfarbe und die Punktdichte lassen sich regulieren.

▲ **Abbildung 29.28**
Rasterungseffekt

Rasterungseffekt (Zeichenfilter) | Dieser Filter löst das Bild in Punkte, Linien oder konzentrische Kreise auf. Der KONTRAST bestimmt, wie viele Tonwertstufen neben den Grundfarben noch im Bild sind, über GRÖSSE regeln Sie, wie grob das überlagerte Muster ist. Die Farben des Originals werden durch die in Photoshop eingestellte Vorder- und Hintergrundfarbe ersetzt.

Interessante Farbvarianten

Wenn Sie mit Smartfiltern arbeiten, können Sie deren limitierende Wirkung auf die Bildfarben aufheben: Klicken Sie in der Ebenen-Palette auf das Icon für die Smartfilter-Fülloptionen, und stellen Sie dort die Fülloption und bei Bedarf die Deckkraft um. Auf diese Weise lassen sich mit den »Schwarzweiß«-Filtern auch interessante Farbeffekte erzielen.

▲ **Abbildung 29.29**
RASTERUNGSEFFEKT, Modus: FARBIG ABWEDELN, Deckkraft 68%

Relief (Stilisierungsfilter) | Der Filter RELIEF erzeugt eine graue Reliefumsetzung des Motivs, unabhängig von den in der Werkzeugleiste eingestellten Farben. Die Objektkonturen werden in den Originalfarben des Bildes betont. Reliefhöhe, Beleuchtungswinkel und -stärke lassen sich einstellen. Anders als der BASRELIEF-Filter hat RELIEF keine Schwierigkeiten mit zu vielen Bilddetails. Kombiniert mit einer Einstellungsebene SCHWARZWEISS lassen sich mit ihm auch unbunte Reliefs erzeugen – dann ist er eine gute Alternative zum schwer steuerbaren BASRELIEF.

▲ **Abbildung 29.30**
Relief

▲ **Abbildung 29.31**
Solarisation

Solarisation (Stilisierungsfilter) | Dieser Filter bietet keine Einstellungsmöglichkeiten: Ein Klick, und es entsteht eine Bildversion, die an ein Fotonegativ denken lässt.

Stempel (Zeichenfilter) | Mit dem Filter STEMPEL erzeugen Sie eine strikt zweifarbige und stark vergröberte Bildversion – so ähnlich wie mit der Funktion SCHWELLENWERT. Die Helldunkel-Balance und Detailtreue können Sie einstellen, ebenso – über die Werkzeugleiste – die verwendeten Farben. GERISSENE KANTEN erzeugt ähnliche Effekte, lässt sich aber besser steuern.

Strichumsetzung (Zeichenfilter) | Strichumsetzung erzeugt eine grob schraffierte Bildversion aus nur zwei Farben. Tonwertstufen werden durch die Schraffur dargestellt. Grundfarben, Strichlänge und -richtung und die Helldunkel-Balance lassen sich einstellen.

Abbildung 29.32 ►
Stempel

Abbildung 29.33 ►►
Strichumsetzung

Stuck (Zeichenfilter) | STUCK ist eine weiterer Filter, der einen reliefähnlichen Effekt erzeugt. Mit echtem Gipsstuck hat der Filtereffekt nichts zu tun. Er wirkt stark abstrahierend, denn er zerlegt das Bild in großzügige Flächen, die mit einer Glanzschicht überzogen sind – ähnlich wie flüssiges Metall.

▲ **Abbildung 29.34**
Stuck

29.2.5 Tiefen betonen, Bilder abdunkeln

Klar, man wendet keinen Filter an, um sein Bild einfach »dunkler zu machen«. Doch in Photoshop gibt es eine Reihe von Filtern, die genau das tun. Sie betonen dunkle Bereiche des Bildes stärker oder überziehen das Bild einfach mit einer dunklen Struktur.

Dunkle Malstriche (Malfilter) | Der Filter DUNKLE MALSTRICHE dunkelt das Bild von oben links ab und hellt es von unten rechts auf, Objektkonturen werden klarer, Details verschwinden. Die Balance können Sie einstellen, ebenso die Intensität von Aufhellung und Abdunkelung. Anders als der Filtername suggeriert, sind einzelne Malstriche eigentlich nicht zu sehen.

▲ **Abbildung 29.35**
Dunkle Malstriche

Fresko (Kunstfilter) | Bei Anwendung von FRESKO werden Bilder stark abgedunkelt, die Pixel bekommen ein »aquarelliges« Aussehen. Die Detailtreue der Umsetzung lässt sich steuern, ebenso die Strukturierung des »Pinselstrichs«. Auf die Stärke der Überlagerung haben Sie keinen direkten Einfluss, allenfalls die Smartfilter-Deckkraft kann die Filterwirkung dosieren.

Schwamm (Kunstfilter) | Der Filter macht Fotomotive flächiger und überzieht sie mit einer dunklen Struktur – so, als würde ein mit dunkler Farbe getränkter Schwamm über das Bild getupft. Die Größe der »Schwammporen« (Option PINSELGRÖSSE), den Kontrast des aufgetragenen Musters und den Abstraktionsgrad können Sie einstellen.

▲ **Abbildung 29.36**
Fresko

▲ **Abbildung 29.37**
Schwamm

▲ **Abbildung 29.38**
Sumi-e

Sumi-e (Malfilter) | Sumi-e soll eine japanische Maltechnik imitieren. Der Filter dunkelt Bilder stark ab, vereinfacht Details und kombiniert Belichtung von rechts unten mit Abdunkelung von links oben. Strichbreite, Druck und Kontrast stellen Sie mittels Slider ein. Der Effekt ähnelt DUNKLE MALSTRICHE und DIAGONAL VERWISCHEN.

29.2.6 Motive in Striche auflösen

In Handzeichnungen werden mit Schraffuren Farbflächen, Grauwerte und Tonwertabstufungen dargestellt. Ähnlich verfahren Photoshops »Schraffurfilter«: Sie lösen Fotomotive auf verschiedene Art in Striche auf. Die Lebendigkeit einer Handzeichnung bekommt man auf diese Weise allerdings nicht so leicht hin.

▲ **Abbildung 29.39**
Buntstiftschraffur

Buntstiftschraffur (Kunstfilter) | Der Filter greift nur an den Kanten im Motiv, übrige Flächen werden weiß bis hellgrau gehalten – das kann man einstellen. Eine realistische Buntstiftversion entsteht so jedenfalls eher nicht. Ganz ähnlich wirkt der Zeichenfilter KOHLEUMSETZUNG. Er reduziert zusätzlich die Farbigkeit des Bildes.

▲ **Abbildung 29.40**
Feuchtes Papier

Feuchtes Papier (Zeichenfilter) | Der Filter simuliert faseriges, feuchtes Papier, auf das das Motiv in satter, wässriger Farbe aufgetragen wurde. FEUCHTES PAPIER lässt sich gut mit AQUARELL kombinieren, um einen naturalistischen Wasserfarben-Look zu erzielen. Die Helligkeit des Bildes, den Abstraktionsgrad (FASERLÄNGE) und den Kontrast können Sie einstellen, leider nicht die Papierstruktur: Es gibt immer nur eine Art von Kreuzschraffur, die besonders an Objektkonturen hervortritt.

▲ **Abbildung 29.41**
Mezzotint

Mezzotint (Vergröberungsfilter) | Mezzotinto ist ein im 17. Jahrhundert erfundenes Tiefdruckverfahren, das sehr brillante, plastische Illustrationen erzeugt. Warum Adobe diesen Filter nicht unter den Zeichenfiltern angesiedelt hat, ist unklar. Anders als das handwerkliche Vorbild lässt der Mezzotint-Filter die Plastizität des Fotos auch eher verschwinden: Das Bild wird in farbige, waagerechte Linien oder Punkte zerlegt. Feine Farbnuancen und Details verschwinden. Feinheit und Länge der Striche können Sie steuern, die Richtung nicht.

▲ **Abbildung 29.42**
Verwackelte Striche

Verwackelte Striche (Malfilter) | Die Farbverfremdung, die dieser Filter erzeugt, ist viel dezenter als bei Mezzotint – die dominierenden Bildfarben werden genutzt, um das Bild mit lockeren, parallel liegenden Strichen nachzumalen. Strichlänge, -richtung und den sogenannten Sprühradius (Ausdehnung der Objektkonturen) können Sie einstellen. Mit entsprechenden Einstellungen kann dieser Filter die Motive auch in grob gesprühte Punkte auflösen.

▲ **Abbildung 29.43**
Windeffekt

Windeffekt (Stilisierungsfilter) | Der WINDEFFEKT ist Bestandteil unzähliger Filterkombinationen wie Flammenschrift, gebürstetes Metall und Ähnlichem. Er platziert an den Objektkonturen kleine, parallel liegende Linien, die entweder nach links oder rechts wehen. Die Stärke können Sie wählen (WIND, STURM oder ORKAN).

29.2.7 Bilder mit Punktmuster überziehen

Als Bildrauschen sind die kleinen, flimmernd bunten oder hellgrauen Pünktchen in Fotos unerwünscht. Man kann sich solche und ähnliche Strukturen jedoch auch für kreative Zwecke zunutze machen – entweder, indem man (analoges) Filmkorn nachstellt und damit etwas Nostalgie und »Authentizität« heraufbeschwört, oder mit kreativeren, stärker verfremdenden Filtern. Adobe hat mehrere davon im Programm, die über verschiedene Untermenüs verteilt sind.

▲ **Abbildung 29.44**
Körnung

Körnung (Strukturierungsfilter) | KÖRNUNG eignet sich sehr gut, um Bildrauschen zu simulieren. Sie haben die Wahl zwischen verschiedenen Verteilungsmustern, unterschiedlich großen Punkten und sogar Linien. Intensität und Kontrast können eingestellt werden. Und mit der Einstellung SPRENKEL bei mittleren Werten für Kontrast und Intensität lassen sich – überraschenderweise – sogar mit dunklen Linien **Objektkonturen nachzeichnen**. Was man noch wissen sollte: Bei der Option SPRITZER (nicht zu verwechseln mit dem gleichnamigen Malfilter) werden Punkte locker verteilt auf das Bild gesprenkelt. Deren Farbe hängt von der in Photoshop eingestellten Vordergrundfarbe ab.

▲ **Abbildung 29.45**
Körnung & Aufhellung

Körnung & Aufhellung (Kunstfilter) | Dieser Filter kombiniert mehrere Effekte, die jedoch – trotz dreier Slider im Filter-Dialog – wenig Steuerungsmöglichkeiten lassen. Das Bild wird quasi diagonal geteilt, der obere, linke Teil wird abgedunkelt, der untere rechte Bereich aufgehellt, und eine mehr oder weniger starke Körnung im dunklen Bereich kommt dazu.

▲ **Abbildung 29.46**
Korneffekt

Korneffekt (Stilisierungsfilter) | Der KORNEFFEKT greift nur an Objektkonturen und löst diese mit einer pixeligen Punktstruktur auf. Viele Steuerungsmöglichkeiten haben Sie nicht: Per

Radio-Button können Sie zwischen vier Algorithmen wählen, die sich in der Praxis jedoch nur geringfügig unterscheiden.

▲ **Abbildung 29.47**
Spritzer

Spritzer (Malfilter) | Dieser Filter soll mit Airbrush aufgetragene Farbe simulieren. Tatsächlich ist der Effekt viel gröber als bei echtem Airbrush. Er greift nur an Objektkanten, einheitliche Farbflächen lässt er unangetastet. Von allen Filtern, die Objektkanten mit Sprenkeln auflockern, bietet er die besten Einstellungsmöglichkeiten. Stellt man sehr hohe Werte ein, ähnelt er dem Verzerrungsfilter GLAS.

29.2.8 Quader, Facetten, Punkte: Das Bild in Formen zerlegen

Einen mehr oder weniger stark verfremdenden, an Pop-Art erinnernden Effekt liefern diejenigen Filter, die das Bildmotiv in Vierecke, Quader, Punkte oder andere geometrische Formen zerlegen. Davon hat Photoshop eine ganze Menge an Bord. Sie unterscheiden sich in der Form, die erzeugt wird, und in den Einstellungsmöglichkeiten.

▲ **Abbildung 29.48**
Extrudieren

Extrudieren (Stilisierungsfilter) | Dieser Filter überzieht Bilder mit einer 3D-Struktur aus Quadern oder Pyramiden. Verteilung und TIEFE der 3D-Körper lassen sich gut steuern. Das Bild wird stärker abstrahiert, wenn Sie die Optionen ZUFALLSWERT und GESCHLOSSENE OBERFLÄCHEN wählen. Die Option UNVOLLSTÄNDIGE BLÖCKE MASKIEREN blendet alle Bildklötzchen aus, die über die Bildkanten hinwegragen würden, also nicht vollständig im Bild zu sehen sind.

▲ **Abbildung 29.49**
Kacheleffekt

Kacheleffekt (Stilisierungsfilter) | Auch der Filter KACHELEFFEKT – nicht zu verwechseln mit dem Strukturierungsfilter KACHELN – zerlegt das Bild in quadratische Formen, allerdings ohne 3D-Effekt. Die Größe der Kachelsegmente, ihren Versatz und die Farbe der Fugen können Sie im Dialog steuern. Die Bildelemente wirken eher wie locker auf dem Tisch verteilte quadratische Memory-Karten.

▲ **Abbildung 29.50**
Mosaikeffekt

Mosaikeffekt (Vergröberungsfilter) | Der MOSAIKEFFEKT löst das Bild in ordentlich aufgereihte, flächige Quadrate auf. Mit echten Mosaiksteinen hat dieser Filter allerdings nichts zu tun: Je nach gewählter Mosaikstein-Größe entsteht dabei ein mehr oder minder stark verpixelter Bildeindruck.

Patchwork (Strukturierungsfilter) | Dieser Filter ähnelt trotz seines Namens eher Mosaiksteinchen als einer Flickendecke. Die Größe der einzelnen Segmente und die Fugentiefe können Sie einstellen.

▲ **Abbildung 29.51**
Patchwork

▲ **Abbildung 29.52**
Buntglas-Mosaik

Buntglas-Mosaik (Strukturierungsfilter) | BUNTGLAS-MOSAIK erzeugt Polygone. Die Fugenfarbe hängt von der eingestellten Vordergrundfarbe ab, auch die Größe der Steinchen und die Fugenbreite können Sie einstellen. Eine imaginäre Lichtquelle beleuchtet das Bild aus der Mitte, sodass das Ganze bei geeigneten Einstellungen eher einem Bleiglas-Fenster als einem Mosaik gleicht.

▲ **Abbildung 29.53**
Kristallisieren

Kristallisieren (Vergröberungsfilter) | Der Filter KRISTALLISIEREN wirkt wie eine fugenlose, unbeleuchtete Variante von BUNTGLAS-MOSAIK. Die Verteilung der Polygone ist zufällig, die Größe können Sie steuern.

▲ **Abbildung 29.54**
Punktieren

Punktieren (Vergröberungsfilter) | Auch PUNKTIEREN erzeugt locker verteilte, unregelmäßige Punkte, jedoch mit höheren Kontrasten als beim KRISTALLISIEREN. Kleinere oder größere Punkte sind möglich. Die Farbe dazwischen ist von der eingestellten *Hintergrund*farbe abhängig.

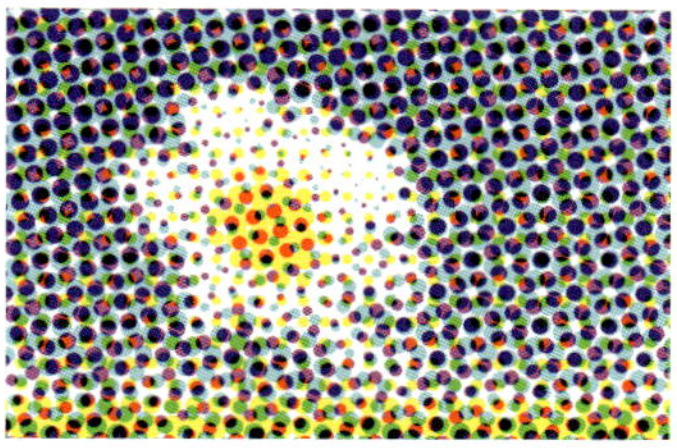

▲ **Abbildung 29.55**
Farbraster

Farbraster (Vergröberungsfilter) | Auch FARBRASTER erzeugt Punkte; die Anordnung gleicht einem stark vergrößerten Druckraster. Punktgröße und Rasterwinkel lassen sich regulieren. Der Filter kann stark verfremdend wirken. Verwechseln Sie ihn nicht mit dem Zeichenfilter RASTERUNGSEFFEKT, der zweifarbige Rasterumsetzungen erzeugt.

29.2.9 Konturen betonen

Per Knopfdruck aus einem Foto eine Cartoon-Zeichnung machen – das wäre schön; es funktioniert in der Praxis jedoch leider

Zum Weiterlesen: Konturenmaske
Die Konturfilter machen sich auch dann nützlich, wenn Sie eine Maske benötigen, bei der Bildkonturen gezielt geschützt oder freigelegt werden sollen. Mehr zum Thema Konturenmaske finden Sie in Kapitel 14, »Ebenenmastekn & Co.«.

selten. Dennoch hat Photoshop eine Reihe von Filtern im Programm, die wenigstens versuchen, die Bildkonturen zu finden und zu betonen. Abhängig von der Vorlage und dem gewählten Filter sind die Ergebnisse mehr oder weniger gelungen. Wenn Sie aus einem Foto einen Cartoon machen wollen, kommen um viel Handarbeit nicht herum – Selbstzeichnen geht oft schneller.

▲ **Abbildung 29.56**
Tontrennung & Kantenbetonung

Tontrennung & Kantenbetonung (Kunstfilter) | Bei großflächigen Motiven funktioniert dieser Filter erstaunlich gut: Dunkle Linien umranden relativ einheitliche Farbflächen, wie im Comic. Die Stärke der Linien und die Anzahl der Tonwertstufen können Sie einstellen. Die Option KANTENDECKKRAFT hat einen irreführenden Namen, sie sollte eher »Tonwert-Sensibilität« heißen. Wenn Sie diesen Wert herabsetzen, werden Sie lästige Konturlinien an feinen Tonwert-Stufen los, die häufig im Inneren von Objekten auftreten, wo sie gar nicht erwünscht sind (Abbildung 29.56). Manchmal verbessert es das Ergebnis, wenn Sie zuvor einen Filter anwenden, der Details und feine Tonwertstufen im Bild reduziert, etwa MATTER MACHEN oder einen der in Abschnitt 29.2.3, »Bilder flächiger machen, Konturen auflockern«, vorgestellten Filter.

Kanten betonen (Malfilter) | Im Dialog KANTEN BETONEN können Sie die Breite und Helligkeit der Kante einstellen. Auch weiße Objektkanten sind so möglich. Der Regler GLÄTTUNG steuert die Umsetzungsgenauigkeit. Eine starke Glättung eliminiert feine Kantenlinien an Tonwertstufen im Inneren von Bildobjekten, macht das Bild jedoch auch grober (Abbildung 29.57). Bei geringer Glättung bleiben die Objektformen erhalten, es treten jedoch auch feine Konturlinien an Details auf, die eigentlich nicht betont werden sollten.

Abbildung 29.57 ►
Kanten betonen

▲ **Abbildung 29.58**
Konturen finden

Konturen finden (Stilisierungsfilter) | KONTUREN FINDEN wirkt tatsächlich stark stilisierend. Einstellungsmöglichkeiten haben Sie nicht: Das Klicken auf den Filter erzeugt eine stark aufgehellte Bildversion, in der die Konturen mit dunklen Farben nachgezeichnet werden.

Konturen mit Tinte nachzeichnen (Malfilter) | Dieser Filter betont nicht nur Konturen – er dunkelt das ganze Bild ab, weil die digitale Tinte großzügig auch über Flächen verteilt wird und selbst unwichtige Konturlinien – Motivdetails oder Bildstörungen – betont werden.

▲ **Abbildung 29.59**
Konturen mit Tinte nachzeichnen

Konturen nachzeichnen (Stilisierungsfilter) | Konturen nachzeichnen wendet ein ähnliches Prinzip an wie Konturen finden: Das Bild wird stark aufgehellt, farbige Konturen erscheinen. Allerdings wirkt Konturen nachzeichnen noch rigoroser: Tonwertabstufungen verschwinden ganz, die Konturlinien sind sehr fein. Hier haben Sie auch einige Einstellungsmöglichkeiten, die sich allerdings nicht sofort erschließen. Unter Stufe legen Sie einen Schwellenwert fest, anhand dessen die Farbwerte im Bild analysiert und in eine Konturlinie umgesetzt werden. Unter Kante können Sie zwischen zwei Optionen wählen, die entscheidend beeinflussen, wie die Schwellenwert-Einstellung wirkt. Wählen Sie Untere, erscheint die Kontur dort, wo die Farbwerte der Pixel unterhalb des angegebenen Schwellenwerts liegen; ist Obere aktiv, sind die Farbwerte oberhalb des Schwellenwerts entscheidend. Sie müssen ein wenig herumexperimentieren, um die besten Werte zu finden.

▲ **Abbildung 29.60**
Konturen nachzeichnen

Leuchtende Konturen (Stilisierungsfilter) | Leuchtende Konturen ist als einziger Stilisierungsfilter auch in der Filtergalerie zu finden. Er ist die invertierte Version von Kanten betonen. Mit diesem Filter behandelte Bilder erinnern an Neonreklame in einer nächtlichen Stadt.

▲ **Abbildung 29.61**
Leuchtende Konturen

29.2.10 Hinter Glas und unter Wasser

Photoshop verfügt über eine ganze Reihe von Filtern, deren Anwendung das Ausgangsbild mit einem »gläsernen«, transparent wirkenden Überzug versieht, der das Motiv mehr oder weniger stark bricht. So lassen sich Motive in Wellen oder andere kleinteilige Muster verbiegen. Viele der Filter ähneln sich stark – eigentlich wäre es an der Zeit, das Menü tüchtig aufzuräumen.

Glas (Verzerrungsfilter) | Das Dialogfeld von Glas lockt Anwender ein wenig auf die falsche Fährte: Versprochen wird, Milchglas, kleine Linsen oder Glasbausteine zu simulieren. Das kann der Glasfilter mehr schlecht als recht. Er bietet jedoch sehr gute Steuerungsmöglichkeiten für jegliche Art von strukturbasiertem Verzerrungseffekt. Sie können ein Motiv wahlweise mit einer hauchdünnen Glanzlasur überziehen, es leicht verzerrt durch

▲ **Abbildung 29.62**
Glas

Strukturglas anzeigen lassen oder es so stark verfremden, dass nur noch die Originalfarben erkennbar sind.

Kräuseln (Verzerrungsfilter) | Im Filterdialog gibt es leider nur eine sparsame Steuerung – hier müssen Sie ein wenig herumprobieren, bis Sie die beste Einstellung gefunden haben. KRÄUSELN ist ein nützlicher Filter, um z. B. in Montagen nachträglich Spiegelungen von einmontierten Objekten auf Wasseroberflächen anzupassen. Die besser steuerbare Alternative heißt SCHWINGUNGEN.

Abbildung 29.63 ▸
Kräuseln

▴ Abbildung 29.64
Kunststofffolie

Kunststofffolie (Kunstfilter) | Dieser Filter erzeugt Plastikglanz auf allen Bildern. Oberflächendetails werden durch die »reflektierende« Umhüllung gleichzeitig betont und ein wenig verfremdet. GLANZ und DETAILTREUE lassen sich einstellen, und mit GLÄTTUNG können Sie verhindern, dass zu viele feine Details berücksichtigt werden.

Ozeanwellen (Verzerrungsfilter) | Der Filter OZEANWELLEN ist ein enger Verwandter von GLAS und KRÄUSELN. Die Effekte, die Sie mit ihm erzeugen, bekommen Sie auch mit GLAS hin – und zwar mit genauerer Steuerung. OZEANWELLEN ist entbehrlich!

Abbildung 29.65 ▸
Ozeanwellen

Schwingungen (Verzerrungsfilter) | Dieser Verzerrungsfilter bietet die besten Einstellungsmöglichkeiten, um Wellen zu erzeugen. Die Funktionsweise ist ähnlich wie beim Filter KRÄUSELN, die Steuerung ist jedoch präziser, und Sie können jeden erdenklichen Wellentyp erzeugen (Abbildung 29.66 zeigt nur eines von vielen möglichen Mustern). Sie haben die Wahl des Wellentyps: klassische Wellen (SINUS), DREIECK oder QUADRAT stehen zur Verfügung. Anzahl und Größe der Wellen lassen sich detailliert steuern. Wer zu faul ist, sich durch die zahlreichen Optionen hindurchzuklicken, der kann einfach den Button ZUFALLSPARAMETER drücken: Er erzeugt mit jedem neuen Klick ein weiteres – zufallsgesteuertes – Wellenmuster.

▲ **Abbildung 29.66**
Schwingungen

Wellen (Verzerrungsfilter) | Ein Stein wird in ruhiges Wasser geworfen – das Bildmotiv liegt darunter. Stärke und Anzahl der erzeugten Wellen lassen sich einstellen, außerdem haben Sie die Wahl zwischen drei verschiedenen Wellenmustern.

▲ **Abbildung 29.67**
Wellen

29.2.11 Verformen und verzerren

Hier war Adobe einmal konsequent: Die Filter mit verformender, verzerrender Wirkung sind tatsächlich im Menü VERZERRUNGSFILTER angesiedelt. Während einige das Motiv eher mit kleinteiligen, verzerrenden Strukturen verfremden – ich habe sie im vorangehenden Abschnitt vorgestellt –, verzerren andere das gesamte Bild.

▲ **Abbildung 29.68**
Polarkoordinaten

Polarkoordinaten (Verzerrungsfilter) | POLARKOORDINATEN soll vorrangig auf Auswahlbereiche angewendet werden. Die Adobe-Hilfe vermeldet außerdem: »Mit diesem Filter können Sie eine Zylinder-Anamorphose erstellen – eine im 18. Jahrhundert populäre Kunstform –, bei der das verzerrte Bild normal wirkt, wenn es durch einen Spiegelzylinder betrachtet wird.« Ein konkreter Praxisnutzen will mir partout nicht einfallen.

Strudel (Verzerrungsfilter) | STRUDEL erzeugt Psychowirbel im Uhrzeigersinn. Vernünftige Einstellungsmöglichkeiten gibt es kaum. Wenn Sie Ihr Bild unbedingt verstrudeln wollen, nutzen Sie lieber die gleichnamige Funktion im VERFLÜSSIGEN-Filter – dort können Sie nicht nur festlegen, wie stark gestrudelt werden soll, sondern auch, an welcher Stelle im Bild der Strudel ansetzt, wie weit er sich ausdehnt und in welche Richtung er sich dreht.

◄ **Abbildung 29.69**
Strudel

Verbiegen (Verzerrungsfilter) | Hier wird das gesamte Motiv gemäß einer von Ihnen vorgegebenen Kurvenform verzerrt.

Abbildung 29.70 ▸
Verbiegen

Wölben (Verzerrungsfilter) | Der Filter WÖLBEN kann Bilder auf Kugeln und Zylinder aufziehen und erzeugt so einen 3D-Effekt. Er ist ein recht leistungsfähiger Helfer – etwa um in einer Fotomontage »falsche« Flaschenentiketten einzufügen oder um eine Litfaßsäule zu beschriften. Besser noch funktioniert allerdings die Transformationsoption VERKRÜMMEN – in Abschnitt 11.2, »Ebenen transformieren«, lesen Sie mehr darüber.

Abbildung 29.71 ▸
Wölben

30 Komplexe Könner: Filter für Spezialaufgaben

Neben relativ einfach und fast intuitiv zu bedienenden Filtern wie Kunst-, Mal- oder Zeichenfiltern verbergen sich im Menü FILTER auch einige Funktionsgiganten: Werkzeuge, die fast schon eigene kleine Programme sind

30.1 Weichzeichner für jeden Zweck

Der Weichzeichner ist sicherlich der meistgebrauchte Filter überhaupt. Mit Weichzeichnern lassen sich Bildpartien akzentuieren, Masken bearbeiten, sanfte Übergänge oder eine bestimmte Bildatmosphäre schaffen. Partielles Weichzeichnen ist eine wichtige Retuschetechnik, die im Nu Pfirsichhaut zaubert, und mithilfe von Weichzeichnern lassen sich passgenaue Auswahlen schaffen ... für den Weichzeichner gibt es 1001 Aufgabe. Und deswegen hat Photoshop elf verschiedene Weichzeichnungsfilter im Angebot.

Die Filter BEWEGUNGSUNSCHÄRFE und TIEFENSCHÄRFE ABMILDERN kennen Sie schon, und die anderen werden Sie gleich kennenlernen!

Zum Weiterlesen: Retusche mit Weichzeichner
In Kombination mit dem Protokollpinsel-Werkzeug [Y] sind Weichzeichnungsfilter (und Scharfzeichner) vielseitige und akkurate Retuschehelfer. Sie können Porträtfotos mit dem Weichzeichner nachträglich »abpudern« oder Ihren Modellen per Schärfungsfilter einen schärferen, ausgeschlafeneren Blick verleihen. Wie das geht, lesen Sie im Workshop aus Abschnitt 22.9, »Filter plus Protokollpinsel«.

Zum Nachlesen: Bewegungsunschärfe und Tiefenschärfe
Den Filter BEWEGUNGSUNSCHÄRFE lernen Sie in Abschnitt 28.4.2, »Filtereffekte eingrenzen und variieren: Ebenen und Masken«, in einem ausführlichen Workshop kennen. Der Filter TIEFENSCHÄRFE ABMILDERN ist speziell auf die Bedürfnisse von Digital-Fotografen ausgerichtet, deren Kameras nur überscharfe Bilder produzieren. Aus diesem Grund wird er in dem Buchteil über Fotografentools vorgestellt: in Abschnitt 24.5, »Tiefenschärfe abmildern«.

30.1.1 Schnelle Wirkung ohne Steuerung

Drei Weichzeichnungsfilter arbeiten ganz auf die Schnelle ohne eigenes Dialogfeld. Sie können – oder brauchen – keine Optionen festzulegen: Klicken Sie einfach den Filterbefehl an; das war's.

- Der Filter WEICHZEICHNEN soll harte Farbübergänge dämpfen. Bildpixel, die neben harten Kanten im Bild oder in Schattenbereichen liegen, werden aufgehellt.
- STÄRKER WEICHZEICHNEN arbeitet nach demselben Wirkungsprinzip, jedoch mit drei- bis vierfacher Stärke.
- DURCHSCHNITT BERECHNEN sucht im Bild seinen mittleren Farbwert und füllt das Bild – oder, wenn vorhanden, eine Auswahl – mit Pixeln in eben dieser Farbe. Dieser Filter kann ganz nützlich sein, um Farbkombinationen aus Bildern zu

Datei auf der Buch-DVD: »Takelage.tif«

entwickeln oder um eine Farbe zu finden, mit der sich Bildränder harmonisch fortsetzen lassen. Als Solo-Weichzeichner ist der Filter nicht konzipiert.

Bild: S. Mühlke

▲ **Abbildung 30.1**
Die unbearbeitete Originaldatei

▲ **Abbildung 30.2**
WEICHZEICHNEN

▲ **Abbildung 30.3**
STÄRKER WEICHZEICHNEN

▲ **Abbildung 30.4**
Der Filter DURCHSCHNITT BERECHNEN lässt sich sinnvoll nur auf Teilbereiche von Bildern anwenden – er färbt Flächen mit dem Durchschnittsfarbwert der Datei ein – hier ein Graublau.

30.1.2 Gaußscher Weichzeichner: Der Allrounder

Sie haben ihn hier im Buch bereits bei mehreren Gelegenheiten kennengelernt: den Gaußschen Weichzeichner. Weichzeichnungsfilter operieren ähnlich wie Scharfzeichner, nur in umgekehrter Richtung: Sie ermitteln den Kontrast benachbarter Pixel und senken ihn dann (Scharfzeichnungsfilter heben den Kontrast an, um Motive knackiger zu machen). Auch der Gaußsche Weichzeichner arbeitet so. Das Besondere an ihm ist, dass er es schafft, Bilder weichzuzeichnen, ohne deren Helligkeitseindruck wesentlich zu verändern. Weich auslaufende Kanten, weiche Masken, sanfte Übergänge sind seine Spezialität.

Abbildung 30.5 ▶
In der Handhabung ist der Gaußsche Weichzeichner unkompliziert.

30.1.3 Feld weichzeichnen: Weichzeichnen, ohne aufzuweichen

Auch der Filter FELD WEICHZEICHNEN ermittelt erst einmal Durchschnittsfarbwerte im Bild. Auf der Grundlage des durchschnittlichen Farbwerts benachbarter Pixel wird dann weichgezeichnet.

Der Regler passt die Größe des Bereichs an, der für die Berechnung des Durchschnittswerts eines bestimmten Pixels verwendet wird. Bei einem großen Radius wird stärker weichgezeichnet.

▲ **Abbildung 30.6**
Das überschaubare Dialogfeld

▲ **Abbildung 30.7**
FELD WEICHZEICHNEN mit Radius 8

▲ **Abbildung 30.8**
Die Wirkung des GAUSSSCHEN WEICHZEICHNERS, ebenfalls mit Radius 8, zum Vergleich.

30.1.4 Weiches Licht: Sanft, weich und duftig

Wenn Sie eine Möglichkeit suchen, um ein Bild weich und gleichzeitig optisch leicht zu machen, könnte auch der Filter WEICHES LICHT (der irritierenderweise unter FILTER • VERZERRUNGSFILTER angeordnet ist) eine Möglichkeit für Sie sein. Je nach Motiv macht er Bilder weicher und heller. Einen sehr ähnlichen Effekt erzielen Sie, wenn Sie zwei Ebenen übereinanderlegen, die Deckkraft der oberen Ebene senken, diese weichzeichnen und mit einer der Licht-Füllmethoden auf die untere Ebene aufrechnen lassen – Filter sind oft nur die Abkürzung für Effekte, die sich auch mit Handarbeit erzielen lassen!

Datei auf der Buch-DVD: »PfirsichblüteFreigestellt.tif«

Erkennt der Weichzeichner die Auswahl nicht?

Sehr oft kommt es vor, dass man nur einen bestimmten Bildausschnitt weichzeichnen will. Dabei arbeitet man in der Regel mit Auswahlen. Wer dies einmal zusammen mit dem GAUSSSCHEN WEICHZEICHNER – oder den Filtern FELD WEICHZEICHNEN, BEWEGUNGSUNSCHÄRFE oder FORM WEICHZEICHNEN – ausprobiert hat, wird festgestellt haben, dass diese Filter eine Auswahllinie nicht so recht zu erkennen scheinen. Auch Bereiche außerhalb der Auswahl werden aufgeweicht. Das liegt an den internen Berechnungsmustern der Filter. Nutzen Sie den SELEKTIVEN WEICHZEICHNER oder den Filter TIEFENSCHÄRFE ABMILDERN, wenn Sie eine klare Kante zwischen weichgezeichneten und unbearbeiteten Partien benötigen!

Bild: stock.exchng, Dora Pete

▲ **Abbildung 30.9**
Beim Schiffsmotiv aus dem vorigen Abschnitt wirkt der Filter nicht gut, wohl aber bei dieser Blüte. Hier das Ausgangsbild.

▲ **Abbildung 30.10**
WEICHES LICHT wurde auf eine Auswahl der Blüte angewendet, mit geringer Körnung, niedriger Lichtmenge und mittlerem Kontrast

30.1.5 Form weichzeichnen: Effektvielfalt

Beim Filter Form weichzeichnen bilden Photoshop-Formen die Grundlage als »Kern« der Weichzeichnung. Wiederfinden kann man diese Formen im weichgezeichneten Bild nicht immer, interessante Variationen sind dies jedoch allemal!

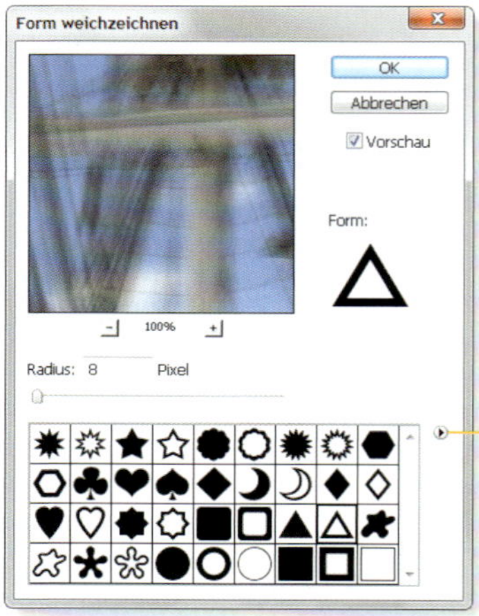

Abbildung 30.11 ▸
Neue Formen können über ein Seitenmenü 1 nachgeladen werden.

Zum Weiterlesen: Arbeiten mit Formen
Die Verwaltung der Formen im Filter Form Weichzeichnen funktioniert wie die Verwaltung aller anderen Photoshop-Vorgaben auch. Mehr dazu finden Sie in Abschnitt 5.5, »Farbfelder, Muster, Stile & Co: Kreativressourcen organisieren«.
Weiterführendes über die Arbeit mit dem Eigene-Form-Werkzeug U und den Umgang mit Formen lesen Sie in Kapitel 33, »Pfadbasierte Formen«.

Je größer und kompakter die eingestellte Form ist, desto deutlicher wird die Weichzeichnung. Filigrane Formen erzeugen eher Effekte, die an verwackelte Fotografien erinnern.

▴ **Abbildung 30.12**
Der Effekt von Form weichzeichnen auf Basis einer Dreiecksform

30.1.6 Matter machen: Flächig und weich

Der Filter Matter machen erhält bei der Weichzeichnung mehr Kanten im Bild, er wirkt mehr auf Flächen. Er kann beim Entfernen von Störungen und Körnigkeit eine große Hilfe sein, eignet sich aber auch gut, um Teile von Bildern unauffälliger, aber nicht ganz unkenntlich zu machen, wenn Sie beispielsweise Schriftblöcke darauf positionieren wollen. Matter machen weicht das Bild dabei nicht so stark auf wie der Gaußsche Weichzeichner.

Abbildung 30.13 ▸
Mögliche Einstellungen im Dialog Matter machen

Die Funktionsweise ähnelt interessanterweise dem unscharfen Maskieren – jedenfalls werden dieselben Bildparameter herangezogen. Radius wirkt so, wie Sie es schon von anderen Filtern kennen. Sie legen damit die Größe des Bereichs um jeden Pixel fest, der für das Weichzeichnen »betrachtet« werden soll. Mit Schwellenwert steuern Sie, wie stark die Farbtonwerte benachbarter Pixel abweichen müssen, damit sie weichgezeichnet werden. Pixel, deren Farben sich um weniger als den unter Schwellenwert angegebenen Wert unterscheiden, werden nicht weichgezeichnet. Je geringer der Schwellenwert ist, desto stärker ist die Weichzeichnung.

▲ **Abbildung 30.14**
Die Wirkung von Matter machen am Beispielbild

30.1.7 Radialer Weichzeichner: Rotation und Geschwindigkeit simulieren

Der Radiale Weichzeichner und der im gleichen Dialogfeld untergebrachte Strahlenförmige Weichzeichner eignen sich hervorragend, um Bildern etwas mehr Dynamik zu verleihen. Auch abstrakte Bilder wie zum Beispiel Muster können damit weiter verfremdet werden.

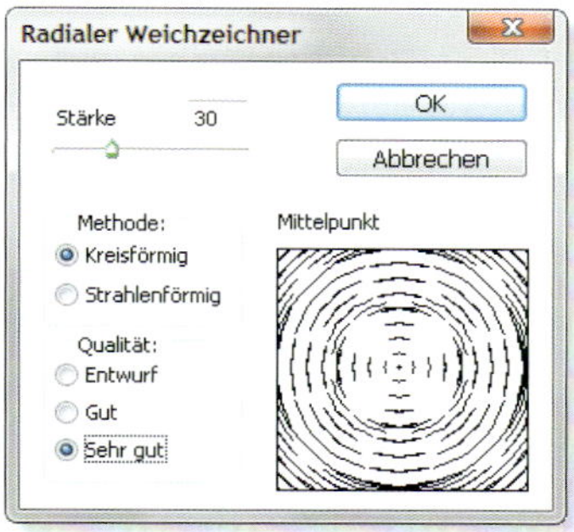

▲ **Abbildung 30.15**
Per Mauszeiger können Sie das Zentrum der Weichzeichnung im Bild verschieben. Manchmal sinc mehrere Versuche nötig, um den idealen Punkt zu finden, denn die kleine Vorschau ist nicht sonderlich präzise.

◄ **Abbildung 30.16**
Radial weichgezeichnet, strahlenförmig mit Stärke 8

◄ **Abbildung 30.17**
Und eine strahlenförmige Weichzeichnung, hier Stärke 42. Es ist gut zu erkennen, dass der Filter an Konturen im Bild am meisten Wirkung zeigt.

30.1.8 Selektiver Weichzeichner: Kreatives Genie

Der SELEKTIVE WEICHZEICHNER ist ein eher kreativer Weichzeichner mit vielen Einstellungsmöglichkeiten. Die Ergebnisse erinnern teilweise an Filter aus den Abteilungen KUNSTFILTER und MALFILTER. Der Gedanke liegt nahe, dass die hier verwendeten Filteralgorithmen auch bei »kantensuchenden« Filtern wie TONTRENNUNG & KANTENBETONUNG (bei KUNSTFILTER zu finden) oder KANTEN BETONEN (unter MALFILTER) und anderen zum Einsatz kommen.

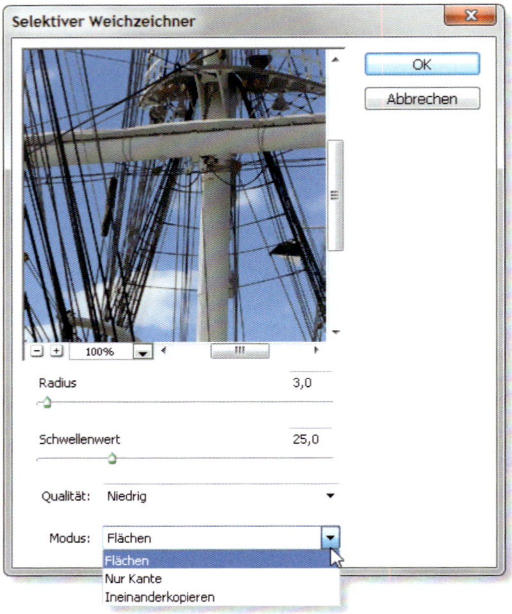

Abbildung 30.18 ▸
Einstellungen für den selektiven Weichzeichner

Die Regler für RADIUS und SCHWELLENWERT sind für Sie nichts Neues mehr. Unter MODUS haben Sie die Wahl zwischen:

- FLÄCHEN – Diese Einstellung bezieht sich auf das gesamte Bild (oder die gesamte Auswahl) und erzeugt Ergebnisse, die an den MALMESSER-Filter (unter KUNSTFILTER) erinnern. Diese Funktion kann auch eine gute, feinere Alternative zur TONTRENNUNG sein.
- NUR KANTE verwandelt das Bild in eine Schwarzweißgrafik. Das können zwar einige der Kreativfilter auch, der Weichzeichner macht es jedoch differenzierter.
- INEINANDERKOPIEREN mischt das Originalbild mit der Grafikumsetzung.

Das Ganze gibt es dann auch noch in drei Qualitätsstufen: NIEDRIG, MITTEL und HOCH.

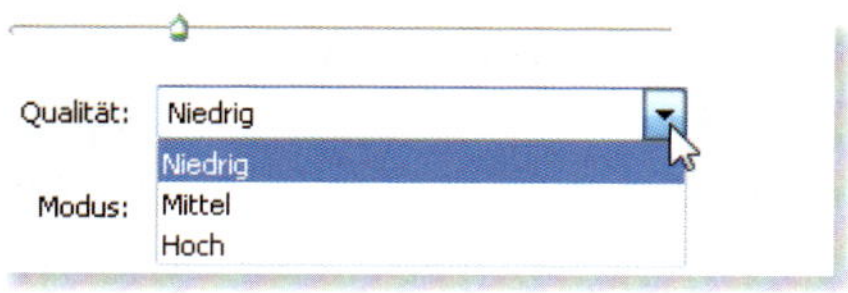

◀ **Abbildung 30.19**
Je besser die QUALITÄT IST, desto länger dauert die Berechnung.

▲ **Abbildung 30.20**
Selektive Weichzeichnung, MODUS: FLÄCHEN

▲ **Abbildung 30.21**
MODUS: NUR KANTE – invertiert (Strg+I bzw. ⌘+I) wäre so etwas schon ein ganz brauchbarer Illustrationsbaustein!

▲ **Abbildung 30.22**
MODUS: INEINANDERKOPIEREN – er ist nicht bei allen Motiven sinnvoll.

30.2 Bildpartien herausarbeiten: Beleuchtungseffekte

Der Filter BELEUCHTUNGSEFFEKTE (zu finden unter FILTER • RENDERFILTER) kann Bildbereiche betonen, verstecken oder verfremden und mit Reliefeffekten versehen. Anwenden lässt sich BELEUCHTUNGSEFFEKTE nur auf Bilder im RGB-Modus. Dateien, die in anderen Modi vorliegen, müssen zuvor via BILD • MODUS konvertiert werden.

Ein Vorschaufenster, eine Vielzahl von Reglern und einige Dropdown-Listen – man ahnt schnell, dass in dem Werkzeug mehr steckt, als man durch simples Ausprobieren herausbekommt. Dieser Filter ist enorm vielseitig. Sinnvolle Nutzungen gibt es viele:

- Bilder und Composings können Sie gezielt »beleuchten« und so bestimmte Bildinhalte betonen oder buchstäblich in den Schatten stellen.
- Durch den Einsatz farbiger »Strahler« lässt sich auch die Farbstimmung von Bildern ändern.
- Bei Montagen können Sie (freigestellte) Objekte mit eigenen Lichteffekten versehen.
- Strukturen und Texturen können durch den Filter herausgearbeitet und sogar mit 3D-Appeal versehen werden. Auf

Auch als Smartfilter

Nicht alle der im FILTER-Menü versteckten Tools funktionieren als ebenenschonende Smartfilter – die BELEUCHTUNGSEFFEKTE allerdings schon! Konvertieren Sie die Ebene, die Sie filtern möchten, in ein Smart-Objekt, und wenden Sie den Filter BELEUCHTUNGSEFFEKTE dann an.

Mehr über Smart-Objekte und Smartfilter lesen Sie in den Abschnitten 7.1, »Dateien öffnen und importieren«, und 11.4, »Unterschätzte Datencontainer: Smart-Objekte«.

Eigene Beleuchtungsstile erzeugen und sichern

Sie können die virtuellen Lichtquellen auch ganz frei arrangieren und diese Einstellungen der Liste hinzufügen. Wählen Sie dazu zunächst ART: STANDARD. Mithilfe der Schieberegler und des Ansichtsfensters im linken Bereich des Dialogfeldes passen Sie die Einstellungen dann an. Der Button SPEICHERN ❷ fügt der Liste eigene Beleuchtungssettings hinzu. Ihre Einstellungen stehen dann auch für andere Bilder zur Verfügung. LÖSCHEN entfernt Beleuchtungsstile aus der Liste.

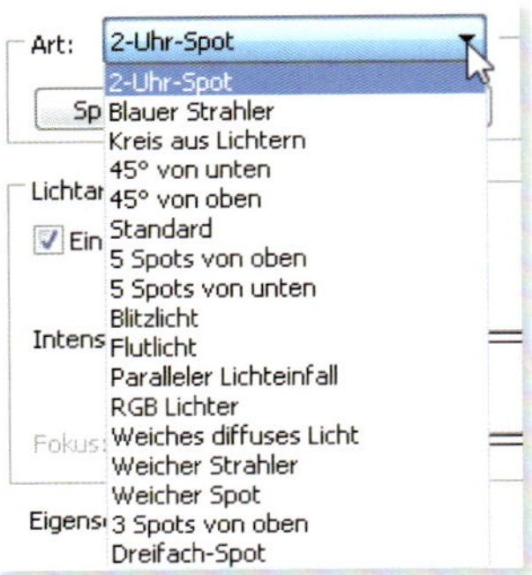

▲ **Abbildung 30.24**
Die Liste unter ART (»Beleuchtungsstil« wäre hier eigentlich treffender): Verschiedene Beleuchtungskonstellationen werden mitgeliefert.

▲ **Abbildung 30.25**
Unter LICHTART können Sie zwischen verschiedenen Lichtquellen wählen.

Wunsch definiert ein – zuvor von Ihnen erzeugter – Alphakanal in der Datei genau, wie die »3D«-Struktur aussehen soll.

- Sie können bei der Arbeit mit diesem Filter auch die Ebenen-Füllmethoden zum Einsatz bringen und die Filterergebnisse so weiter variieren.

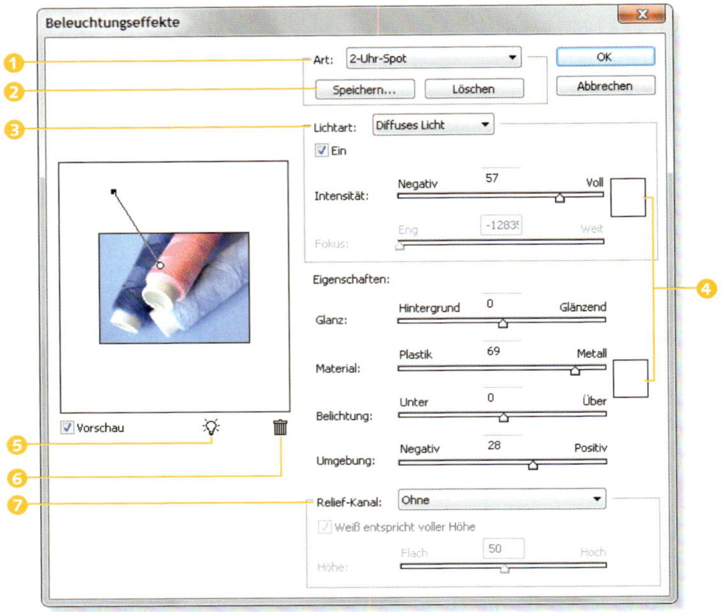

▲ **Abbildung 30.23**
Viele Regler: Das Dialogfeld des Filters BELEUCHTUNGSEFFEKTE

30.2.1 Beleuchtungsstile

Unter ART ❶ wählen Sie, welchen Stil die Beleuchtung haben soll. In einer Liste finden Sie eine ganze Reihe von Lichtquellen verschiedener Intensität und Farbe zur Auswahl.

30.2.2 Lichtart anpassen

Unter LICHTART ❸ haben Sie die Wahl zwischen drei verschiedenen »Lampen«. Diese Auswahl hat großen Einfluss auf die Wirkung des Filters – mit Reglern und einem Vorschaufeld dosieren Sie anschließend die Wirkung der virtuellen Lichtquelle.

- DIFFUSES LICHT taucht das gesamte Bild in mehr oder weniger helles Licht. Die Intensität der Strahlung können Sie einstellen. Auch der Belichtungswinkel lässt sich verändern. In der Praxis zeigt die Winkel-Einstellung – eben wegen der Diffusität der Lichtquelle – oft nur schwache Wirkung. Erst in Zusammenarbeit mit einem RELIEF-KANAL ❼ (mehr darüber weiter unten) zeigt die Winkeleinstellung Wirkung.

Abgedunkelte Bereiche entstehen bei der Arbeit mit Diffuses Licht gar nicht. Die Einstellung eignet sich also nicht, wenn man Bildpartien gezielt betonen will, indem man andere im Dunkel versinken lässt.

- Strahler beleuchtet das Bild direkt von oben und scheint gleichmäßig nach allen Seiten. Sie können die Position und die Größe des beleuchteten Bereichs ändern. Je nach Einstellung ergibt sich ein recht harter Übergang zwischen beleuchteten und nicht beleuchteten Partien.
- Das Spotlicht bietet die meisten Einstellungsmöglichkeiten. Es wirft einen elliptischen Lichtschein auf das Bild; die nicht beleuchteten Partien werden abgedunkelt. Sie können Richtung und Winkel des einfallenden Lichts und die Größe der Ellipse steuern.

Datei auf der Buch-DVD: »Zwirn.psd«

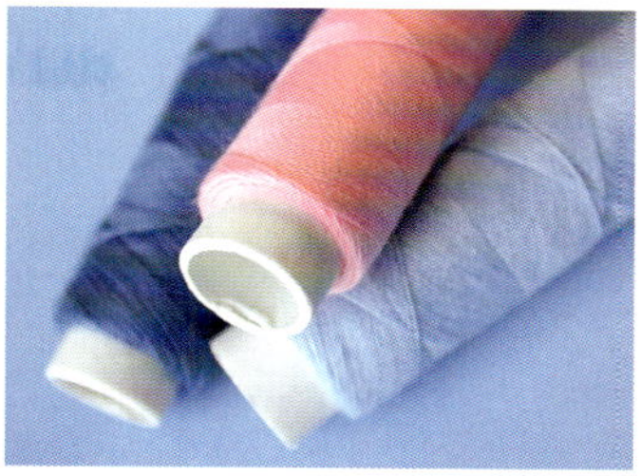

Bild: dieblen.de

▲ **Abbildung 30.26**
Das Originalbild, ohne Beleuchtungseffekte

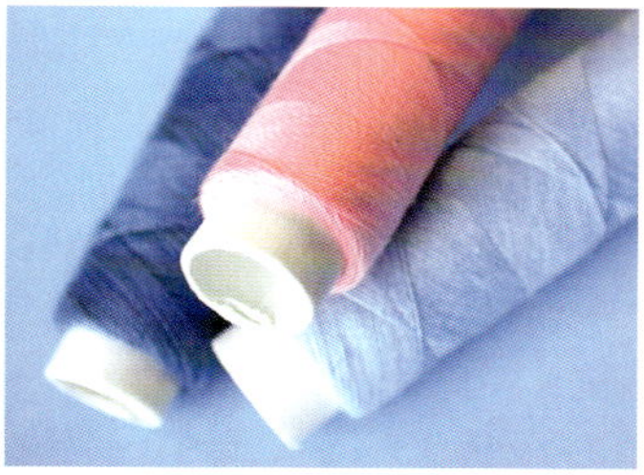

▲ **Abbildung 30.27**
So wirkt die Einstellung Diffuses Licht. Der Unterschied zum Original ist bei einigen Motiven schwer zu erkennen.

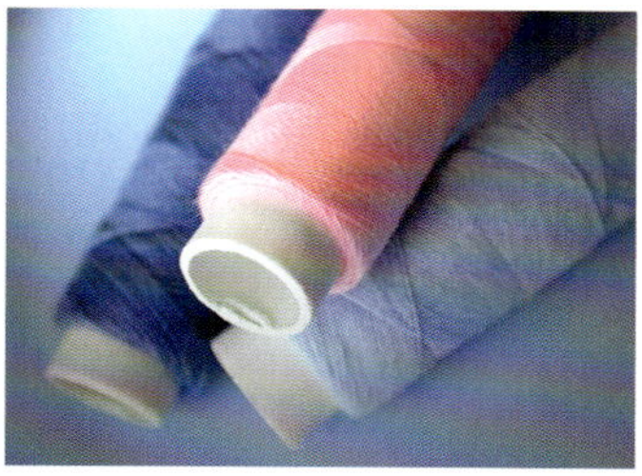

▲ **Abbildung 30.28**
Beispiel für die Wirkung eines Strahlers – hier auf die Bildmitte gerichtet

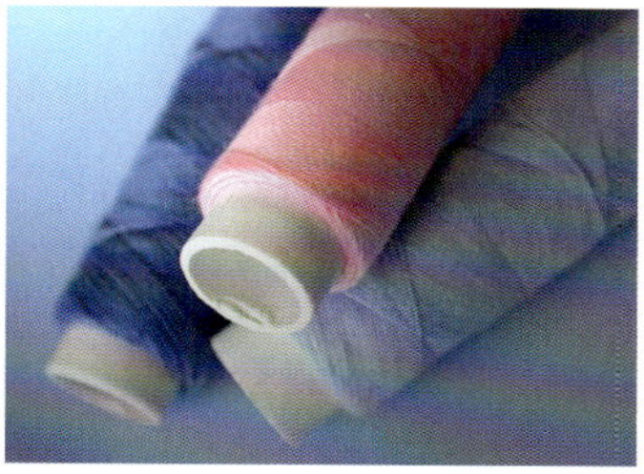

▲ **Abbildung 30.29**
Hier scheint ein Spot von links oben auf die Bildmitte.

30.2.3 Lichteinfall per Maus modulieren

Nicht nur die Regler verändern die Lichtwirkung, auch direkt im Vorschaufeld können Sie den Lichteinfall verändern. Dabei können Sie intuitiv arbeiten. Allerdings ist das Vorschaufenster etwas klein geraten, und wenn Sie den Filter Beleuchtungseffekte als Smartfilter nutzen, gibt es keine Live-Vorschau direkt im Dokumentfenster – ein kleiner Nachteil des Smartfilter-Konzepts.

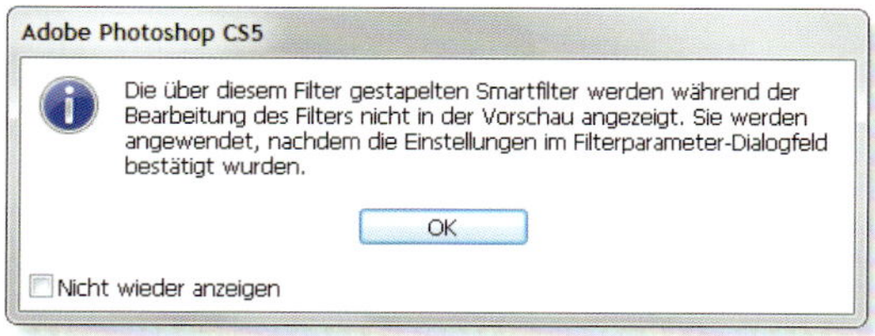

▲ **Abbildung 30.30**
Für einige Smartfilter gibt es keine Live-Vorschau.

Beleuchtungseffekte auf separater Ebene

Wenn Sie den Filter auf einer separaten Ebene anwenden, die oberhalb der eigentlichen Bildebene liegt, eröffnen sich Ihnen zusätzliche Variationsmöglichkeiten. Sie können dann die Filter-Ebene mit weiteren Filtern modifizieren – zum Beispiel weichzeichnen, um allzu schroffe Belichtungseffekte zu glätten. Aber auch Deckkraft und Füllmethode der Filterebene lassen sich verändern. Damit das funktioniert, muss die Ebene, die Sie filtern wollen, jedoch Bildpixel enthalten, →

→ und zwar in einer Farbe, die sich nicht auf die Bildebene darunter auswirkt. Dazu müssen Sie mit einer *neutralen Farbe* arbeiten (mehr dazu finden Sie im Workshop »Schritt für Schritt: Filtern auf ›neutraler‹ Ebene« in Abschnitt 28.4.3). Übrigens: Auf schwarze Pixel hat der Filter keine Wirkung!

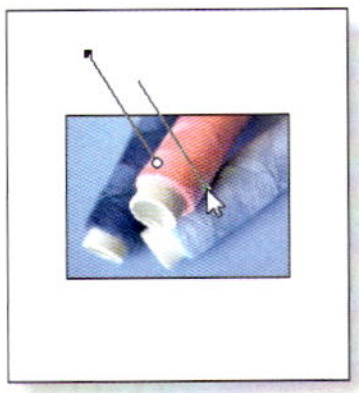

▲ **Abbildung 30.31**
Lichtquelle im Vorschaufenster verschieben

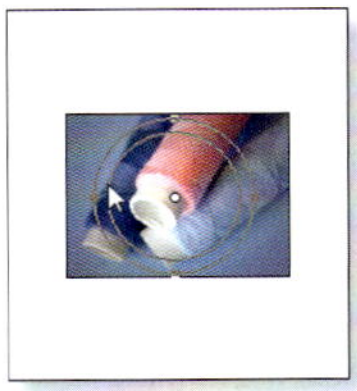

▲ **Abbildung 30.32**
Strahler im Vorschaufenster anpassen: Der Strahler erscheint immer als Kreisform. Sie können Position und Ausdehnung verändern.

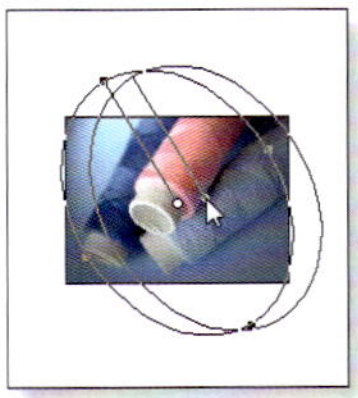

▲ **Abbildung 30.33**
Beim Spot können Sie die Position und Form des Lichtkegels selbst bestimmen, indem Sie den Spot in der Vorschau verschieben oder verformen.

Diffuses Licht anpassen | Um die Wirkung des diffusen Lichts zu regulieren, können Sie ...

- ... die **Lichtquelle verschieben**. Fassen Sie dazu den weißen Punkt mit der Maus an, und verschieben Sie ihn.
- ... den **Einfallswinkel** des Lichts verändern. Dazu ziehen Sie den Griff (kleines schwarzes Quadrat am anderen Ende der Linie) an die gewünschte Stelle. Wenn Sie dabei [Strg] bzw. [⌘] gedrückt halten, verändern Sie den Winkel, ohne irrtümlich die »Höhe« der Lichtquelle zu ändern.
- ... die **Höhe der Lichtquelle** und damit die Strahlungsintensität verstellen. Eine kurze Linie überstrahlt fast alle Bildpixel! Dazu ziehen Sie ebenfalls am schwarzen Anfasser und ziehen die Linie in die Länge. Wenn Sie dabei [⇧] gedrückt halten, bleibt der Winkel konstant und Sie ändern nur die Länge.

Strahler anpassen | Um die Beleuchtung durch Strahler zu verändern, können Sie im Vorschaufeld Position und Entfernung der Lichtquelle verschieben.

- Wenn Sie die **Lage** der Lichtquelle verändern wollen, ziehen Sie den weißen Punkt in der Mitte des Kreises an die gewünschte Stelle.
- Indem Sie an einem der Anfasser an der Kreislinie ziehen, **vergrößern** oder **verkleinern** Sie den beleuchteten Bereich.

Spotlicht anpassen | Der Spot bietet die meisten Möglichkeiten, um den Lichteinfall anzupassen.

- Wenn Sie die **Position** des Lichtkegels verändern wollen, ziehen Sie den weißen Punkt in der Mitte der Ellipse an die gewünschte Stelle.
- Indem Sie an einem der Anfasser an der Ellipsen- bzw. Kreislinie ziehen, **vergrößern** oder **verkleinern** Sie den beleuchteten Bereich oder ändern die Form des Lichtkegels.

Mit dem Regler INTENSITÄT (1) kann bei allen Lichtarten zusätzlich angepasst werden, wie stark die virtuelle Lampe sein soll. Wenn Sie hier einen negativen Wert einstellen, können Sie auch gezielt schattierte Bereiche im Bild herstellen – ein gutes Stilmittel, um die Aufmerksamkeit des Betrachters auf die helleren Bildpartien zu fokussieren.

Für den Spot gibt es außerdem die Einstellung FOKUS (2). Damit regeln Sie, wie weit die Ellipse mit Licht gefüllt ist. Die Einstellung WEIT erzeugt einen größeren Lichtkegel mit schärferer Abgrenzung zur dunkleren Umgebung; ENG produziert einen kleineren Lichtkegel mit sanfterem Übergang zu den dunkleren Bildbereichen.

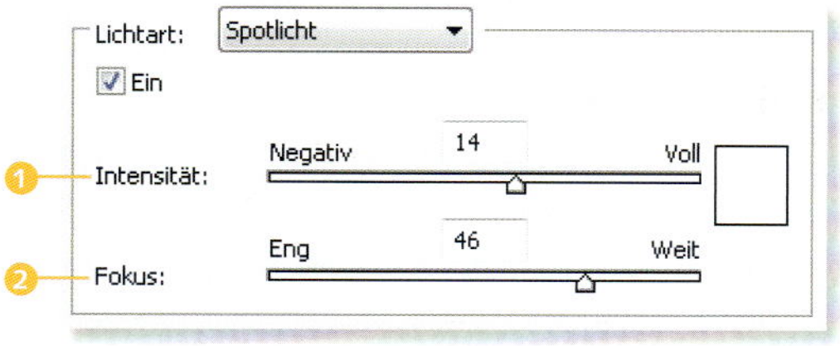

◂ **Abbildung 30.34**
Intensität und Fokus steuern

Buntes Licht | Die beiden Farbfelder rechts im Dialogfeld (4 in der Übersichtsabbildung 30.24) ermöglichen es, auch die Lichtfarbe zu verändern. Ein Doppelklick auf das Farbfeld öffnet den bekannten Farbwähler. Sie können farbige Lichtquellen nutzen, um Bildobjekte zu verfremden oder zu betonen. Aber auch in Montagen leistet diese Funktion gute Dienste, wenn die Beleuchtung der montierten Bildteile angeglichen werden soll.

Bild: S. Mühlke

◂ **Abbildung 30.35**
Das Ausgangsbild

◂◂ **Abbildung 30.36**
Buntes »Licht«: Mit einem orangefarbigen Strahler wurde das vergoldete Wappen stärker zum Glänzen gebracht. Zwei weitere farbige Spotlichter verfremden die Steinputten.

30.2.4 Feintuning für das Licht: Eigenschaften

Unter Eigenschaften finden Sie vier Slider, mit denen Sie die Feinabstimmung für das Licht durchführen.

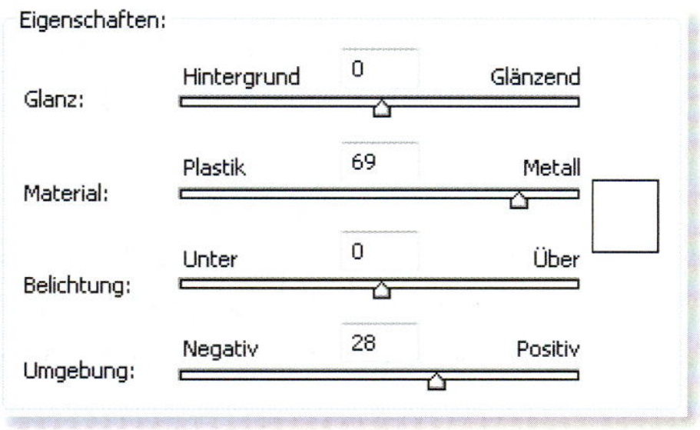

◂ **Abbildung 30.37**
Feinjustierung für den Beleuchtungseffekt

- Der Glanz-Regler bestimmt, wie stark die abgebildeten Oberflächen das Licht zurückwerfen. Adobe ist hier eine kleine Übersetzungspanne passiert: Statt »Hintergrund« müsste hier natürlich »Matt« stehen (*matte* ist der englische Begriff für die Farbe des Website-Hintergrundes im Webspeichern-Tool). Die Einstellung Glänzend reflektiert Licht sehr stark, die Einstellung Hintergrund (also: Matt) weniger.
- Mit dem Regler Material können Sie festlegen, wie stark die Licht- und Materialfarbe berücksichtigt werden. Plastik reflektiert die Farbe des Lichts, Metall eher die Farbe des beleuchteten Objekts.
- Der wichtigste Regler ist Belichtung. Er verstärkt die Lichtintensität oder senkt sie.
- Der Regler Umgebung bestimmt, wie stark der Unterschied zwischen belichteten und unbelichteten (dunklen, im Schatten liegenden) Partien ist. Die Einstellung Negativ dunkelt das Bild – bis hin zur völligen Schwärze – ab, Positiv hellt es auf und vermindert so gleichzeitig die Wirkung der »Scheinwerfer«.

30.2.5 Zusätzliche Lichtquellen

Für differenzierte Beleuchtungsszenarien können Sie mithilfe des Vorschaufensters weitere Lichtquellen hinzufügen oder auch löschen.

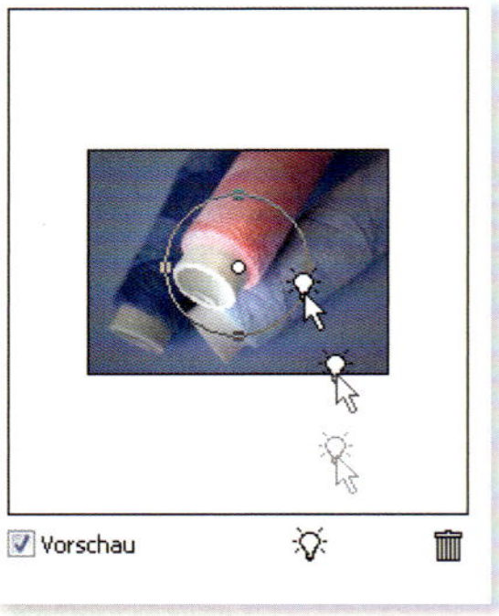

▲ **Abbildung 30.38**
Eine neue Lichtquelle wird ins Vorschaufeld gezogen.

- Um neue **Lichtquellen einzufügen**, klicken Sie auf das Glühbirnen-Icon (5 in der Übersichtsabbildung 30.24) und ziehen es ins Vorschaubild. Dann können Sie die gewünschten Einstellungen vornehmen.
- **Lichtquellen löschen** Sie, indem Sie auf den kleinen weißen Kreis in der Mitte klicken und dann die Maus Richtung Papierkorb 6 (siehe Abbildung 30.24) bewegen.
- Sie können auch eine **bestehende Lichtquelle duplizieren**, um neue Lichtquellen hinzuzufügen. Dazu drücken Sie [Alt] bzw. [⌥]. Klicken Sie dann im Vorschaufenster auf die Lichtquelle, die Sie verdoppeln möchten, und ziehen Sie sie an die gewünschte Stelle. Das Verfahren bietet sich an, wenn Sie umfangreiche Einstellungen auf eine weitere »Lampe« übertragen und dabei Zeit sparen wollen: Das aufwendige Einstellen der Regler entfällt dann.

30.2.6 Relief-Kanal

Ganz unten rechts finden Sie im Dialogfeld noch die Einstellung Relief-Kanal (7 in der Übersichtsabbildung 30.24). Die Standardeinstellung ist Ohne; damit ist auch der dazu gehörende

Schieberegler inaktiv. Aus einer Liste können Sie jeden beliebigen Kanal der Datei als Relief-Kanal auswählen. Das kann ein Farb- oder, wenn vorhanden, auch ein Alphakanal sein. Natürlich können Sie auch zuvor einen speziellen Kanal erstellen, den Sie dann als Relief-Kanal nutzen. Sobald Sie einen Kanal als Relief-Kanal festgelegt haben, können Sie die Regler benutzen, um die Wirkung zu justieren.

Zum Weiterlesen: Kanäle
Mehr über Farb- und Alphakanäle erfahren Sie in Abschnitt 6.4.3, »Was sind Farbkanäle?«.

30.3 Flache Motive in Form bringen: Der Versetzen-Filter

Der VERSETZEN-Filter ermöglicht es, Schriften, Logos und andere Objekte exakt gemäß der Form ihres Hintergrundes zu modellieren. So können beispielsweise fotografierte Flaggen, T-Shirts oder andere strukturierte Untergründe nachträglich beschriftet werden. Der Filter ist witzig und für Montagespezialisten oft auch sehr nützlich, jedoch nicht auf Anhieb verständlich – daher folgt hier eine Schritt-für-Schritt-Anleitung.

Dateien auf der Buch-DVD: »Logo.tif«, »Stofffalten.jpg«

▲ **Abbildung 30.39**
Das Verlagslogo …

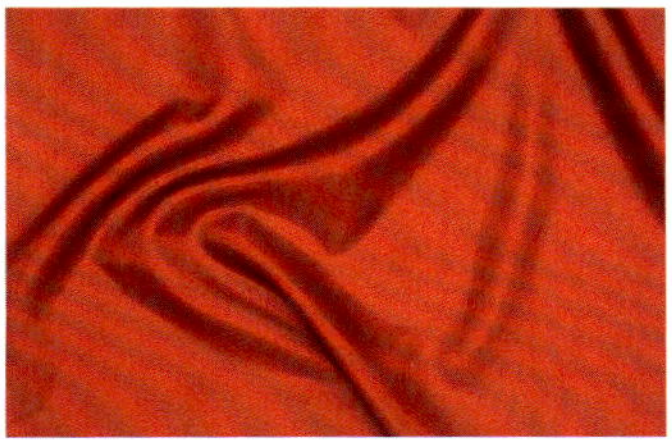

Bild: Fotolia, Tomo Jesenicnik

▲ **Abbildung 30.40**
… soll so gebogen werden, dass es sich an diese Stoff-Falten anschmiegt.

1 Faltenmatrix herstellen

Die Voraussetzung für die Anwendung des Filters ist, dass eine Graustufenversion des Ausgangsbildes als sogenannte Verschiebungsmatrix zur Verfügung steht.

Duplizieren Sie als Erstes die Datei, auf die die Schrift oder hier das Logo appliziert werden soll. Diese neue Datei soll nun in ein Schwarzweißbild verwandelt werden. Nutzen Sie den KANALMIXER oder die Funktion SCHWARZWEISS.

Sehr dunkle Faltenwürfe müssen eventuell erst mit Gradationskurven aufgehellt werden. In einigen Fällen hilft es auch, die Kontraste zu verstärken. Besonders wenn Sie Schrift in Falten legen – und bei niedrig aufgelösten Bildern – empfiehlt es sich, diese Ebene auch etwas weichzuzeichnen (am besten mit dem GAUSSSCHEN WEICHZEICHNER).

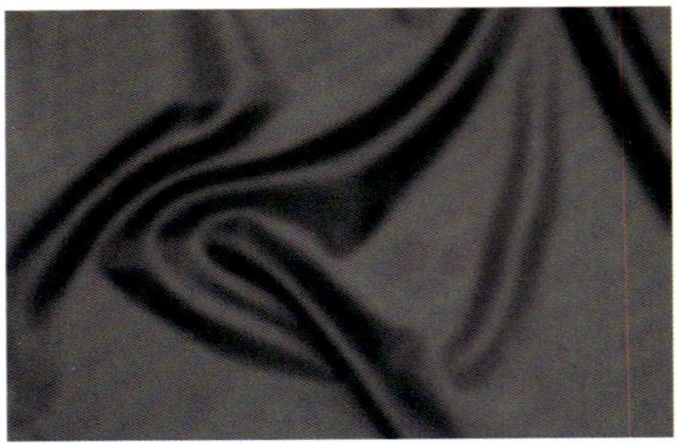

Abbildung 30.41 ▶
Die kontrastverstärkte und weichgezeichnete Graustufenversion der Datei »Stofffalten.jpg«, die als Verschiebungsmatrix dienen soll

Speichern Sie diese Datei unbedingt im Format PSD, und merken Sie sich, wo Sie sie abgelegt haben. Sie können sie dann schließen.

2 Objekt einfügen, Position anpassen

Zurück zum ursprünglichen Faltenbild: Dort fügen Sie nun auf einer eigenen Ebene das Logo ein – oder was immer Sie in Falten legen wollen. Durch Ebenentransformation können Sie die Lage des Objekts nachjustieren. Falls Sie mit einer Textebene oder einem Smart-Objekt arbeiten, müssen Sie dieses noch rastern: EBENE • RASTERN.

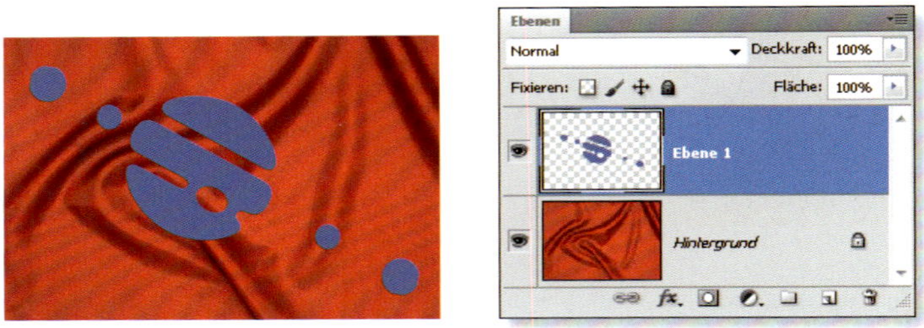

Abbildung 30.42 ▶
Die Datei wurde vorbereitet.

3 Jetzt kommt die Matrix ins Spiel

Unter FILTER • VERZERRUNGSFILTER rufen Sie den Filter VERSETZEN auf.

Wichtig sind hier die Einstellungen für die horizontale und vertikale Skalierung. Sie legen fest, wie stark die Verzerrung sein soll. Die günstigste Einstellung hängt vom Motiv und der Bildauflösung ab. Bei 72-ppi-Bildern führen Werte höher als 10 meist schon zur Unkenntlichkeit des verzerrten Objekts. Bei höher aufgelösten Bildern können Sie auch höhere Werte eintragen – es kommt wiederum auf den Versuch an. Die Werte im unteren Bereich des Dialogs bleiben so stehen, wie sie sind. Sie spielen nur eine Rolle, wenn die Verschiebungsmatrix andere Maße hat als das Originalbild.

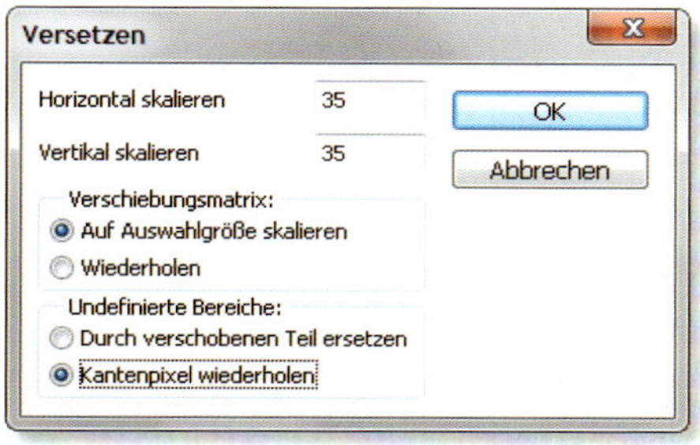

◄ **Abbildung 30.43**
Filtereinstellungen

Wenn Sie dann mit OK bestätigen, werden Sie aufgefordert, den Namen und den Speicherort der Graustufen-Version Ihres Faltenwurfs einzugeben. Diese Datei dient dann als Basis für das Berechnen der Verzerrung. Das Dialogfeld funktioniert wie die bekannten Dialoge für das Speichern und Öffnen. Navigieren Sie zur zuvor erzeugten Versetzen-Matrix, und wählen Sie sie aus.

4 Zwischenresultat

Das Logo sieht nun schön gefältelt aus, aber insgesamt wirkt das Bild immer noch nicht wie bedrucktes Tuch.

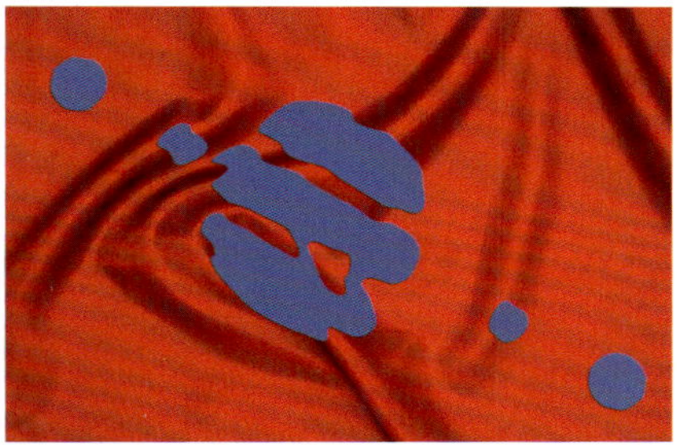

◄ **Abbildung 30.44**
Der Zwischenstand ist noch nicht überzeugend.

5 Feintuning

Hier hilft wiederum das Einstellen von Füllmethode und Deckkraft. INEINANDERKOPIEREN, MULTIPLIZIEREN, FARBE und FARBTON sind ganz aussichtsreiche Kandidaten. Auch die untere Ebene wurde mit einer Einstellungsebene FARBTON/SÄTTIGUNG noch etwas verändert.

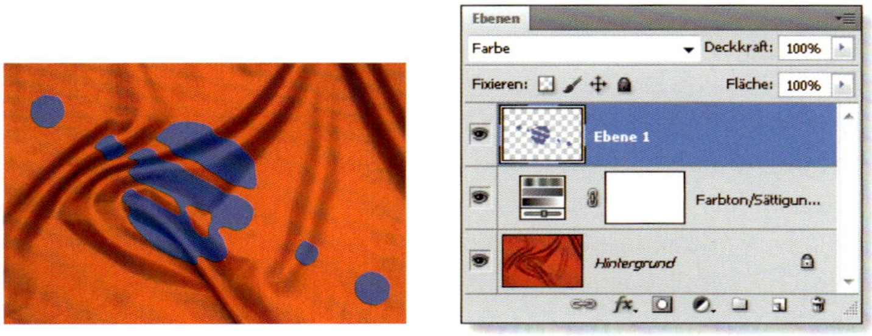

◄ **Abbildung 30.45**
Das Resultat

30.4 Fotos ansatzlos gekachelt: Verschiebungseffekt

▲ **Abbildung 30.46**
Kieselsteinmuster aus einem Foto, gefunden in Photoshops Musterbibliothek GESTEIN. Diese Musterdatei ist nicht optimal vorbereitet: Man erkennt Nahtstellen und Musterwiederholung recht deutlich. Wie es besser geht, lesen Sie im Workshop!

Bildkacheln sind speziell vorbereitete, eher kleinformatige Bilder, die sich nahtlos aneinanderreihen lassen, sodass ein endloses Muster entsteht. Meist nimmt man Fotos als Ausgangsdatei. Mancher mag beim Gedanken an gekachelte Bilder aufschreien, denn »Mauertapeten«, »Marmor«-Hintergründe und ähnliche Scheußlichkeiten aus der Frühzeit des Webdesigns wurden mithilfe von Bildkacheln realisiert. Doch im kreativen Alltag sind Texturen immer noch gefragt, nicht nur im 3D-Bereich. Mit geeigneten Motiven als Grundlage und bei guter Vorbereitung der Datei lassen sich mit Kacheln ansprechende Designs realisieren. Außerdem sind gekachelte Bildmotive eine gute Grundlage für eigene Muster, die Sie in Photoshops Musterbibliothek hinterlegen können.

Der Filter VERSCHIEBUNGSEFFEKT ist Ihr wichtigster Helfer beim Erstellen von Musterkacheln aus Fotos. Er teilt das Bild in vier Segmente und verschiebt diese um einen von Ihnen festgelegten Betrag nach außen. Der dadurch entstehende leere Innenraum wird wahlweise mit der Hintergrundfarbe, Wiederholungen der Kantenpixel oder dem verschobenen Teil aufgefüllt. Besonders die letztgenannte Möglichkeit ist für unsere Zwecke interessant!

▲ **Abbildung 30.47**
So wirkt der VERSCHIEBUNGSEFFEKT-Filter: Vor der Anwendung …

▲ **Abbildung 30.48**
… und danach. Das Bildmotiv wurde gewissermaßen von innen nach außen gekrempelt.

Zum Weiterlesen: Muster
Wie Sie Muster mit den Bordmitteln von Photoshop erstellen und wiederverwenden, lesen Sie in Abschnitt 26.3, »Muster«. Mehr über die effektive Verwaltung von Mustern und anderen Vorgaben erfahren Sie in Abschnitt 5.5, »Farbfelder, Muster, Stile & Co: Kreativressourcen organisieren«.

Neben dem Filter brauchen Sie für das Erstellen von Bildkacheln noch eine Ebenenmaske und ein wenig Geschick bei der Handhabung des Pinsels. Wie das Ganze genau funktioniert, zeige ich Ihnen im folgenden Workshop.

Schritt für Schritt: Musterkachel mit dem Verschieben-Filter erzeugen

1 Geeignete Ausgangsdatei wählen

Das Ausgangsbild ist eine Detailaufnahme von einem Haufen trockener Pasta. Dies ist sicherlich nicht gerade eine typische Textur, jedoch sehr gut geeignet, um das Verfahren zu zeigen. Bei fast allen Fotos mit mehr oder weniger abstrakten Strukturen (wie Rasen, Moos, Gesteinsoberflächen und Ähnlichem) können Sie das hier gezeigte Verfahren anwenden. Achten Sie nur darauf, dass in dem Bild keine zu prägnanten Elemente auftauchen und dass es gleichmäßig ausgeleuchtet ist – andernfalls ist es schwierig, Bildkacheln zu erzeugen, die wirklich nahtlos aneinanderstoßen.

Datei auf der Buch-DVD: »Nudeln.tif«

Bild: stockxchng, Kenia de los Campos

▲ **Abbildung 30.49**
Für Demonstrationszwecke eignet sich dieses Nudelfoto sehr gut.

2 Welcher Bildteil wird gekachelt?

Theoretisch können Sie das Verfahren bei beliebig großen Bildern anwenden. In der Praxis benutzt man Kacheln jedoch häufig, um mit einem relativ kleinformatigen Bild größere Flächen zu »tapezieren«. Sie können Ihre Ausgangsdatei skalieren oder aber einen Bildteil ausschneiden. Wenn Sie einen Ausschnitt wählen, sind Rechtecke oft günstiger als Quadrate – das Auge erkennt minimale Bildwiederholungen (die sich nicht immer ganz vermeiden lassen) im Schachbrettmuster sehr leicht. Außerdem sollten Sie beim Ausschneiden darauf achten, dass keine wiedererkennbaren Bildteile im gewählten Bildausschnitt liegen.

3 Pixelmaß der Datei ermitteln

Um den Filter korrekt anzuwenden, müssen Sie wissen, wie groß Ihre Datei ist – das bekommen Sie zum Beispiel über den Bildgröße-Dialog heraus (BILD • BILDGRÖSSE oder [Strg]+[Alt]+[I] bzw. [⌘]+[⌥]+[I].

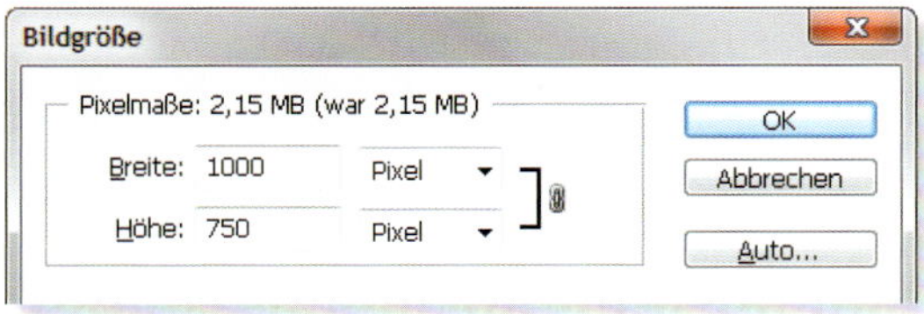

◀ **Abbildung 30.50**
Unter PIXELMASSE können Sie die Größe Ihrer Datei feststellen.

4 Ebene duplizieren

Gleichgültig ob Sie mit dem Bild in Originalgröße, einer skalierten oder einer beschnittenen Bildversion arbeiten, bevor Sie den Filter anwenden, müssen Sie die Original-Bildebene duplizieren. Es empfiehlt sich außerdem, beide Ebenen sofort eindeutig zu

▲ **Abbildung 30.51**
Ebenenaufbau vor dem Filtern

benennen. Die oben liegende Ebene sollte ausgeblendet, die untere aktiviert werden.

5 Verschiebungseffekt anwenden

Wählen Sie den Befehl Filter • Sonstige Filter • Verschiebungseffekt. Als Maß für die Verschiebung geben Sie jeweils *die Hälfte* der aktuellen Höhe und Breite Ihrer aktuellen Datei an. Unter Undefinierte Bereiche muss die Option Durch verschobenen Teil ersetzen aktiv sein.

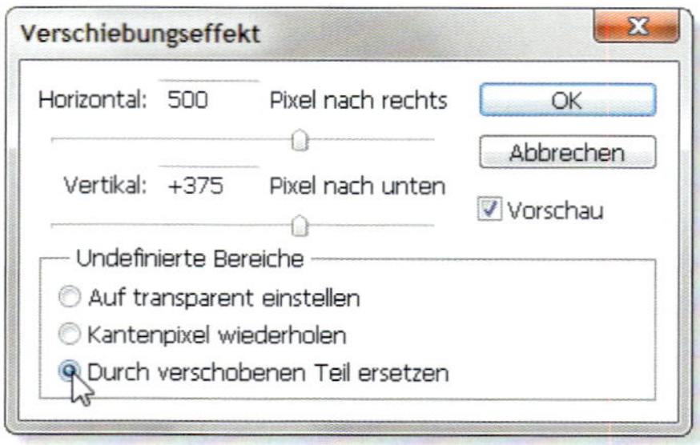

Abbildung 30.52 ►
Die Maße richten sich nach Ihrer Dateigröße. Die Option Durch verschobenen Teil ersetzen müssen Sie immer wählen.

6 Ansätze retuschieren – Maske erzeugen

Das Nudelbild ist jetzt in vier Segmente unterteilt, deren Kanten im Bildinneren als Linienkreuz deutlich zu sehen sind.

Abbildung 30.53 ►
Der Verschiebungseffekt-Filter wurde sichtlich mit Erfolg angewendet.

Diese Ansätze müssen jetzt kaschiert werden. Das passiert durch Retuschieren der oberen Ebene. Da gerade die durch das Filtern nach außen gekehrten Bildkanten erhalten bleiben sollen, soll von der oben liegenden Ebene nur so viel stehen gelassen werden, wie notwendig ist, um die Schnittkanten zu verdecken. Das Mittel der Wahl ist eine Ebenenmaske. Indem ich Alt/⌥ drücke und am unteren Rand der Ebenen-Palette auf das Icon Ebenenmaske hinzufügen klicke, erzeuge ich zunächst eine schwarze Maske, die nichts verdeckt. Zusätzlich habe ich Hilfslinien angelegt, die den Verlauf der Ansatzfugen markieren.

◂ **Abbildung 30.54**
Startklar für die Retusche

7 Ansätze retuschieren – Maske bepinseln

Aktivieren Sie die Maske, indem Sie auf die Miniatur klicken. Wechseln Sie zum Pinselwerkzeug [B], und stellen Sie es ein. Welche Pinselspitze die geeignete ist, richtet sich nach der Größe Ihres Bildes. Gute Ergebnisse erreicht man oft mit weichen Werkzeugspitzen. Wählen Sie Weiß als Vordergrundfarbe, und fangen Sie vorsichtig an, entlang der Stoßkanten (durch die Hilfslinien markiert) zu pinseln. Dort kommt nun die bisher durch die Maske abgedeckte, ungefilterte Ebene zum Vorschein. Pinseln Sie so, dass der Übergang zwischen beiden Ebenen möglichst unauffällig ist – das ist der aufwendigste Teil dieses Workshops!

Malfarbe schnell wechseln
Bei Maskenjobs wie diesem muss man öfter zwischen schwarzem und weißem Farbauftrag wechseln. Mit [D] (**D**efault) stellen Sie in der Werkzeugleiste die Standardfarben Schwarz und Weiß ein, und mit [X] (E**x**change) vertauschen Sie sie.

◂ **Abbildung 30.55**
Die Stoßkanten wurden herausretuschiert.

Mit Stempel [S], Abwedler [O] und Nachbelichter [O] und anderen Retuschetools können Sie dem Bild nun den letzten Schliff geben.

8 Bildkachel testen

Sie können testen, ob sich Ihre Bildkachel wirklich nahtlos aneinanderfügen lässt. Dazu erstellen Sie am besten eine Dateikopie, denn Sie müssen sie auf eine Ebene reduzieren. Für den Fall, dass Sie nach dem Testen noch Korrekturen anbringen wollen, ist es ratsam, eine Dateiversion mit Ebenen zu behalten.

Markieren Sie in Ihrer reduzierten Dateiversion das gesamte Bild ([Strg]/[⌘]+[A]). Über BEARBEITEN • MUSTER FESTLEGEN speichern Sie Ihre Kachel als Photoshop-Muster.

Abbildung 30.56 ►
Die retuschierte, reduzierte Nudel-Datei wird als Muster gespeichert.

Legen Sie dann eine leere Datei an, die um ein Vielfaches größer sein muss als Ihre Kachel. Um sie mit dem neuen Muster zu füllen, können Sie beispielsweise das Füllwerkzeug [G] nutzen.

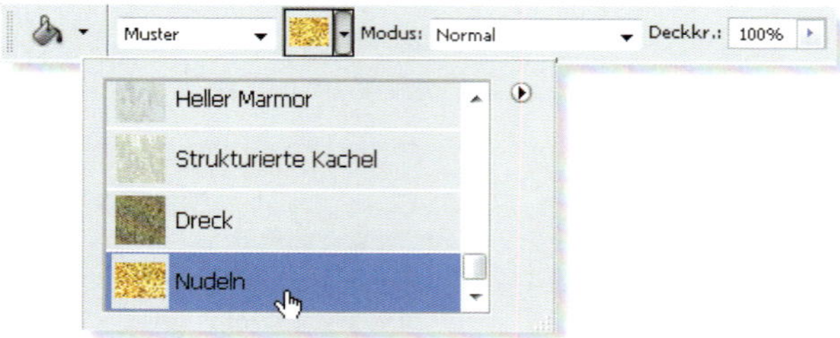

Abbildung 30.57 ►
Das Füllwerkzeug kann nicht nur die Vordergrundfarbe, sondern auch Muster übertragen.

Stellen Sie als Füllung MUSTER ein. Ihr neues Muster sollten Sie am Ende der Liste finden. Der Fülleimer funktioniert dann wie gewohnt – ein Klick genügt, um das Muster in die leere Datei zu gießen. Sie erkennen dann leicht, welche Elemente der Kachel die Bildwiederholung verraten. Retuschieren Sie sie.

Abbildung 30.58 ►
Das Nudelmuster wurde mit dem Fülleimer in eine größere Datei übertragen.

Teil X
Text und Effekte

31 Text erstellen und gestalten

In diesem Kapitel erfahren Sie, wie Photoshops Text-Werkzeug funktioniert und worauf Sie achten müssen, um Text ansprechend, zweckgemäß und lesbar zu gestalten.

Adobe hat das Photoshop-Text-Werkzeug kontinuierlich verbessert und ausgebaut, sodass sich dessen Funktionsumfang nicht vor dem von DTP-Programmen wie Adobe InDesign oder QuarkXPress zu verstecken braucht. Damit wird Photoshop zwar noch nicht zum vollwertigen Ersatz für die Layoutspezialisten unter den Programmen – kleinere Textprojekte können Sie damit jedoch schnell und komfortabel erledigen. Den umständlichen Export in Layoutprogramme zum Zweck der Textgestaltung können Sie sich sparen: In Photoshop können Sie Text und Bild kombinieren, ohne auf Gestaltungsmöglichkeiten zu verzichten.

31.1 Texterstellung mit Photoshop

Sie haben zwei verschiedene Möglichkeiten, um mit dem Text-Werkzeug Text zu generieren:

- als sogenannten Punkttext
- als Absatztext

Punkttext wird eingesetzt, wenn Sie nur eines oder wenige Wörter schreiben wollen – beispielsweise als Grundlage für Effekte. Absatztext sollten Sie immer dann benutzen, wenn Sie größere Textmengen (Fließtext) erzeugen wollen oder wenn Sie die genaue Kontrolle über die Breite und Höhe des Textblocks brauchen.

31.1.1 Punkttext für einzelne Wörter

Um Punkttext zu erstellen, aktivieren Sie einfach das horizontale Text-Werkzeug [T], indem Sie in die Werkzeugleiste klicken oder den Shortcut [T] drücken. Bewegen Sie dann den Mauszeiger in

Textlaufrichtung: horizontal oder vertikal?

Mit dem vertikalen Text-Werkzeug [T] [↓T] können Sie Ihre Schrift auch von oben nach unten laufen lassen. Die Handhabung ist identisch mit der des horizontalen Text-Werkzeugs, daher gehe ich hier nicht gesondert auf das vertikale Text-Werkzeug ein. Auch bei fertigem Text können Sie die **Textlaufrichtung umschalten**: Aktivieren Sie die gewünschte Textebene, und klicken Sie auf das Symbol TEXTAUSRICHTUNG ÄNDERN ganz links in der Optionsleiste der Text-Werkzeuge.

▲ **Abbildung 31.2**
So schalten Sie die Textlaufrichtung in der Text-Werkzeug-Optionsleiste um.

Ihr Bild. Der Mauscursor wird nun zu einem Symbol, das an einen Anker erinnert: zur sogenannten Einfügemarke.

▲ **Abbildung 31.1**
Der kurze vertikale Strich der Einfügemarke entspricht der **Grundlinie** der Schrift. Damit ist ein genaues Positionieren des Textes beispielsweise auf Hilfslinien möglich.

Wenn Sie bei aktivem Text-Werkzeug ins Bild klicken, sehen Sie – wie aus Textverarbeitungsprogrammen bekannt – zur Orientierung einen blinkenden Cursor. Sie können direkt losschreiben. Dabei bleibt der Text so lange in derselben Zeile, bis Sie mit der [↵] (Return) einen manuellen Umbruch setzen. Mehrzeiler sollten Sie allerdings ohnehin besser als Absatztext anlegen.

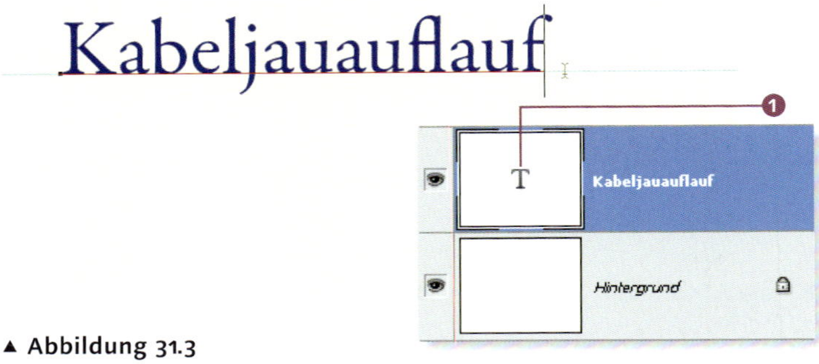

▲ **Abbildung 31.3**
Eingabe von Punkttext. Geschrieben wird in der Vordergrundfarbe und mit der Schrift, die in der Optionsleiste eingestellt ist. Textebenen werden automatisch als eigenständige Ebenen angelegt.

▲ **Abbildung 31.4**
Eingabe bestätigen (oder [↵])

▲ **Abbildung 31.5**
Eingabe abbrechen (oder [Esc])

Texteingabe bestätigen | Wenn Sie mit der Eingabe fertig sind, müssen Sie die Eingabe noch bestätigen. Dazu können Sie entweder auf das schon bekannte Häkchen ganz rechts in der Optionsleiste klicken, in ein anderes Werkzeug wechseln oder die [↵]-Taste des **Ziffernblocks** drücken. Notebook-Nutzer ohne Ziffernblock drücken stattdessen [Strg]/[⌘] und die normale [↵]-Taste.

Textebene | Eingegebener Text – egal ob Punkt- oder Absatztext – wird automatisch auf einer neuen Ebene abgelegt, die in der Ebenen-Palette über der zuletzt aktiven Ebene angeordnet ist. Der automatisch generierte Ebenentitel besteht aus den ersten Zeichen des Textes. Erkennbar sind Textebenen an einem eigenen Icon (»T«) ❶ in der Ebenen-Palette.

Von Punkt- zu Absatztext und umgekehrt

Sie können Punkt- in Absatztext verwandeln und umgekehrt. Unter EBENE • TEXT finden Sie die Befehle IN ABSATZTEXT KONVERTIEREN und IN PUNKTTEXT KONVERTIEREN. Je nachdem, welche Form Ihr aktueller Text hat, ist nur einer der beiden Befehle verfügbar.

31.1.2 Absatztext für Mengen- und Fließtext

Um umfangreicheren Absatztext zu erstellen, legen Sie zunächst die Größe eines Texteingabefeldes fest, in das der Text dann getippt oder auch mit Copy & Paste aus einer anderen Anwendung eingefügt werden kann. Dazu aktivieren Sie das Text-Werkzeug, klicken dann mit dem ankerartigen Mauszeiger in das Bild, halten die Maustaste gedrückt und ziehen in diagonaler Richtung einen Rahmen auf. Wenn Sie die Maus loslassen, bleibt der Rahmen stehen. Oben blinkt der Cursor, und Sie können mit der Texteingabe beginnen.

▲ **Abbildung 31.6**
Beim Aufziehen des Textrahmens legen Sie die Größe des späteren Textblocks fest. Auch nach der Texteingabe können Sie die Größe und Lage des Textrahmens noch verändern.

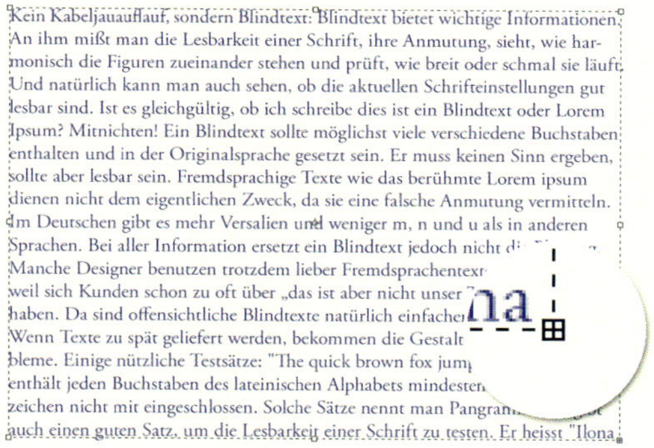

▲ **Abbildung 31.7**
In einen Textrahmen eingegebener Absatztext. Hier wurde mehr Text eingegeben, als der Rahmen aufnehmen kann. Das kleine Symbol in der Ecke unten rechts weist darauf hin. Dagegen helfen das Kürzen des Textes, das Verkleinern der Schrift oder das Vergrößern des Rahmens.

Größe des Absatztextes | Wenn Sie sich beim Aufziehen des Rahmens mit der Maus nicht auf Ihr Augenmaß verlassen wollen, können Sie die Größe des Textfeldes auch **pixelgenau** angeben: Drücken Sie dazu die [Alt]-Taste (bzw. [⌥]), und klicken Sie dann in das Bild. Danach erscheint ein kleines Dialogfeld, in das Sie die gewünschte Rahmengröße ganz genau eingeben können.

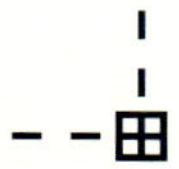

▲ **Abbildung 31.8**
Text-»Überlaufsymbol«

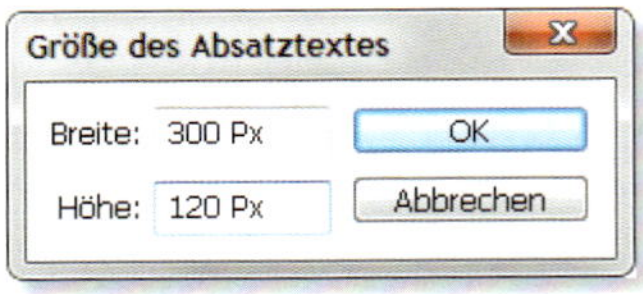

Abbildung 31.9 ▸
Die Größe für den Texteingabe-Rahmen kann auch ganz genau eingegeben werden.

Zeilenumbrüche und Worttrennungen | Wie auch immer Sie Ihren Textrahmen erstellen: Die Zeilenumbrüche und Worttrennungen erledigt Photoshop beim Absatztext für Sie. Zugrunde gelegt wird das Wörterbuch, das Sie zuvor in der Zeichen-Palette ausgewählt haben.

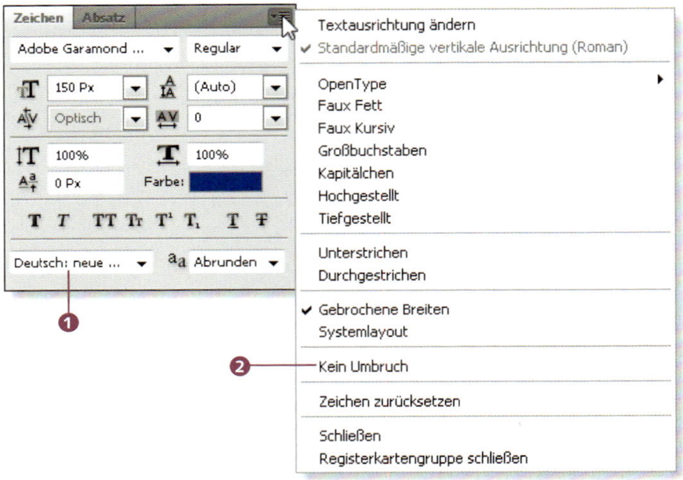

▲ Abbildung 31.10
Ihr Absatztext wird nicht umbrochen? Kontrollieren Sie das Palettenmenü: Ist die Option KEIN UMBRUCH ❷ im Seitenmenü aktiviert? Unten links ❶ können Sie einstellen, welches Wörterbuch benutzt werden soll.

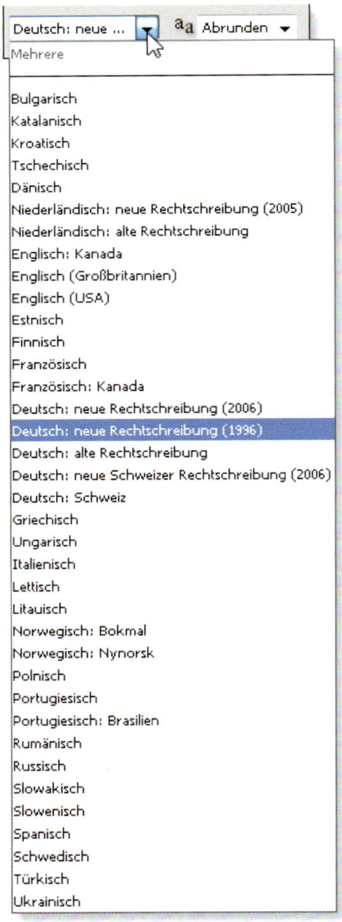

▲ Abbildung 31.11
Photoshop bietet eine reichhaltige Auswahl an Wörterbüchern für Silbentrennung und Rechtschreibung.

Allerdings ist Misstrauen gegenüber der Wortrennungsautomatik angebracht: Schnell wird z. B. aus *beinhalten* das grammatikalisch korrekte, aber ansonsten eher sinnlose *bein-halten*. Sinnentstellende Trennungen und solche, die den Lesefluss an ungünstigen Stellen unterbrechen, sollten Sie ohnehin vermeiden. Neue Absätze und damit **manuelle Zeilenumbrüche** können Sie mit der ↵-Taste (Windows) bzw. Enter (Mac OS) einfügen.

31.1.3 Absatztextrahmen transformieren

Sie können den Textrahmen samt Text auch nach der Eingabe noch ändern. Er lässt sich skalieren, drehen oder neigen. Die Bedienung unterscheidet sich nicht sehr vom Transformieren normaler Pixelebenen. Der Text behält seine Editierbarkeit.

Aktivieren Sie die richtige Textebene, und klicken Sie in den Text. Damit ist der Rahmen erneut eingeblendet.

Textrahmengröße | Wenn Sie die Größe des Textbegrenzungsrahmens ändern möchten, positionieren Sie den Zeiger auf einem der viereckigen »Anfasser«. Der Mauszeiger wird dann zu einem Doppelpfeil, und Sie können den Rahmen verändern.

- Ziehen an den Ecken verändert den Rahmen in beide Richtungen, jedoch proportional.
- Wenn Sie beim Ziehen an den Ecken ⇧ gedrückt halten, kann auch die Proportion des Rahmens verschoben werden.
- Ziehen an einem der seitlichen Griffe verändert die Höhe oder Breite des Rahmens.
- Der Textumbruch wird wenn nötig erneuert.

Textrahmen drehen | Wenn Sie den Rahmen drehen möchten, positionieren Sie den Mauszeiger vor dem Ziehen außerhalb des Rahmens, sodass er zu einem gebogenen Doppelpfeil wird, mit dem Sie den Rahmen drehen. Wenn Sie beim Ziehen ⇧ drücken, wird die Drehung auf 15-Grad-Schritte beschränkt. Um den Drehmittelpunkt zu ändern, können Sie die Mittenmarkierung des Rahmens mit der Maus an eine neue Position ziehen. Dabei müssen Sie Strg bzw. ⌘ gedrückt halten. Der Drehmittelpunkt darf übrigens auch außerhalb des Begrenzungsrahmens liegen. Das Verfahren verzerrt den Text nicht, und die Zeilenumbrüche werden auch nicht neu berechnet.

Textrahmen neigen | Um den Textrahmen zu neigen, ziehen Sie an den seitlichen Griffen und halten dabei die Taste Strg bzw. ⌘ gedrückt. Aber Achtung: Der Text wird dabei ebenfalls verzerrt!

Textebenen transformieren – mit Textverzerrung | Ohne den Textrahmen zu reaktivieren, können Sie auf Textebenen auch die bekannten Ebenentransformationen anwenden, die Sie mit Strg+T bzw. ⌘+T aufrufen. Dabei passiert es jedoch sehr schnell, dass der Text verzerrt wird, denn die Umbrüche werden nicht erneuert.

Sogar Punkttext lässt sich in dieser Manier transformieren: Wenn Sie Strg/⌘ drücken, erscheint ein Transformationsrahmen um den Text.

31.1.4 Text editieren, Textebenen bearbeiten

Sie können jederzeit Eingriffe am Text vornehmen. Dazu reicht es aus, die Textebene und das Text-Werkzeug zu aktivieren und den

»Rechtschreibprüfung« und »Suchen und Ersetzen«

Photoshop beherrscht nicht nur Gestaltung, sondern auch die Rechtschreibung. Legen Sie das gewünschte Wörterbuch in der Zeichen-Palette fest, aktivieren Sie die Textebene, und wählen Sie dann BEARBEITEN • RECHTSCHREIBPRÜFUNG. Der Rest erklärt sich eigentlich von selbst.

Wenn Sie nur bestimmte Textteile bearbeiten wollen, markieren Sie zuvor den Text, den Photoshop überprüfen soll.

BEARBEITEN • TEXT SUCHEN UND ERSETZEN ist eine weitere Funktion, mit der Sie Tipp- und anderen Fehlern den Garaus machen können.

Beide Funktionen verweigern die Arbeit, wenn die Ebene verriegelt ist.

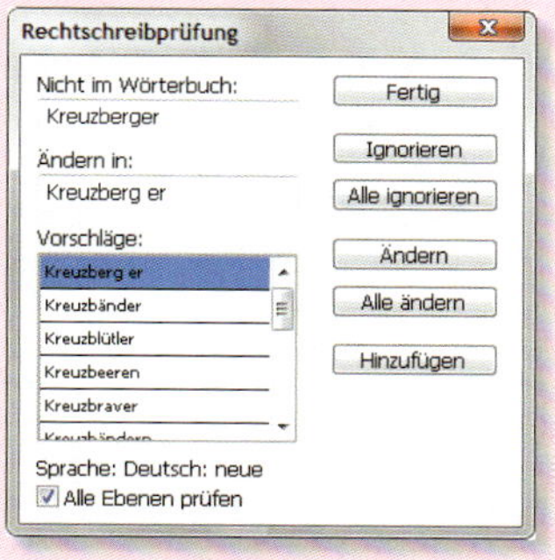

▲ **Abbildung 31.12**
Sie können zwar Wörter zu den bestehenden Wörterbüchern hinzufügen, jedoch keine eigenen Benutzerwörterbücher anlegen.

Zum Weiterlesen: Transformationen

Ganz ausführlich lernen Sie die Transformationsbefehle in Abschnitt 11.2, »Ebenen transformieren«, kennen.

Mauszeiger an die gewünschte Stelle zu setzen. Er nimmt dann die vertraute Form eines Textcursors an, und Sie können Text hinzufügen oder löschen.

Wie schon erwähnt wurde, stellen Textebenen im pixelspezialisierten Bildbearbeitungsprogramm Photoshop eine Besonderheit dar: Der Text ist in Form von **Vektorinformationen** abgelegt. Damit bleiben seine Kanten bei Skalierungen des Bildes oder Größenänderungen des Textes, beim Speichern einer PDF- oder EPS-Datei oder beim Drucken auf einem PostScript-Drucker gestochen scharf (auch wenn die Darstellung von Text auf Ihrem Bildschirm mitunter pixelig ausfällt). Trotz dieser Besonderheit können Sie Textebenen mit fast allen Photoshop-Befehlen bearbeiten. Dabei bleibt der Text voll editierbar – Sie können den Wortlaut weiterhin ändern. Es gibt allerdings auch Ausnahmen: Filter und Malwerkzeuge können auf Textebenen in ihrer Vektorform nicht ohne Weiteres angewendet werden.

- In so einem Fall muss die Vektorinformation der Textebene erst in Pixel umgerechnet werden. Diesen Vorgang nennt man **rastern** (in einigen Programmen auch »rendern«). Damit verliert der Text seine Editierbarkeit und seine günstigen Vektoreigenschaften.
- Alternativ können Sie Schrift auch in ein Smart-Objekt konvertieren (zum Beispiel mit dem Befehl Ebene • Smart-Objekte • In Smart-Objekt konvertieren oder über das Kontextmenü in der Ebenen-Palette). Text-Smart-Objekte lassen sich filtern und können auf einem Umweg sogar noch editiert werden.

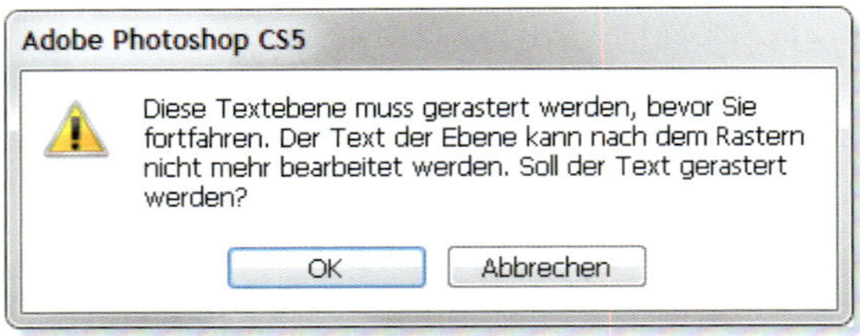

▲ **Abbildung 31.13**
Diese Meldung bekommen Sie, wenn Sie einen Arbeitsschritt ausführen wollen, der sich nicht auf Textebenen anwenden lässt.

31.1.5 Photoshop-Voreinstellungen für Text

In den Voreinstellungen von Photoshop ([⌘] bzw. [Strg]+[K]) gibt es zwei Bereiche mit Einstellungen, die für die Textbearbeitung interessant sind: den Bereich Masseinheiten & Lineale und den Bereich Text.

TOPP-TIPP: Die richtige Textebene erwischen – Pannen vermeiden

Die Handgriffe, um eine bestehende Textebene zu aktivieren oder eine neue Textebene zu erzeugen, ähneln sich. Photoshop würfelt die beiden Funktionen manchmal durcheinander. Denn gelegentlich passiert es, dass Photoshop eine neue Textebene anlegt, anstatt den **Cursor in eine vorhandene Textebene zu setzen**. Drücken Sie [Alt]/[⌥], wenn Sie im Dokumentfenster auf den Text klicken, um die bestehende Textebene zu aktivieren.

Umgekehrt werden Textebenen manchmal unbeabsichtigt verändert, wenn eigentlich eine weitere Textebene erstellt werden soll. Wenn Sie eine **neue Textebene erzeugen** möchten und dabei immer wieder versehentlich bestehende Textebenen aktivieren, drücken Sie [⇧], um das zu unterbinden.

Auf jeden Fall sind wiederholte Kontrollblicke in die Ebenen-Palette empfehlenswert. Gerade weil das Verändern von Text so einfach ist, sollten Sie auch verstärkt von der Ebenenverriegelung Gebrauch machen!

Zum Nachlesen: Smart-Objekte verändern

In Abschnitt 11.4.4., »Quelldaten von Smart-Objekten bearbeiten«, lernen Sie eine Arbeitstechnik kennen, mit deren Hilfe sich auch Text-Smart-Objekte nachträglich editieren lassen.

Wie alle anderen Maße kann auch die Textgröße in Photoshop in verschiedenen Maßeinheiten angegeben werden. Für Text gebräuchliche (und hier verfügbare) Maßeinheiten sind Millimeter, Pixel und Punkt. Die Einstellung PIXEL ist sinnvoll, wenn Sie für das Web gestalten, denn dort sind Pixelgrößen die einzig verlässlichen Maßeinheiten. PUNKT ist eine spezielle typografische Maßeinheit. Unter PUNKT/PICA-GRÖSSE legen Sie fest, welcher Größendefinition die Einheit »Punkt« folgen soll.

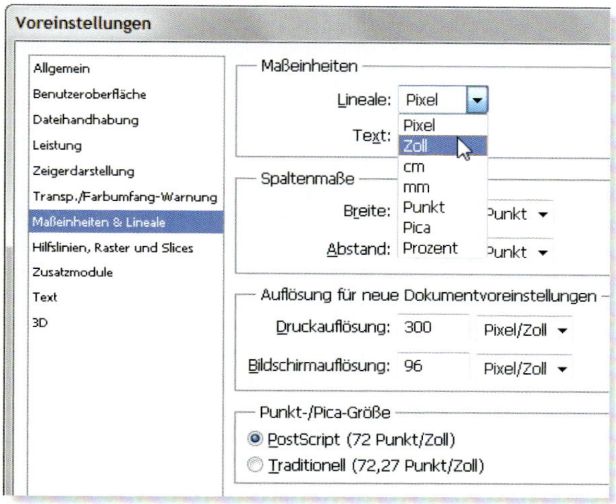

▲ **Abbildung 31.14**
Maßeinheiten für Text festlegen

Die Einstellungen unter TEXT betreffen vor allem die Anzeige der Schriftbezeichnungen in der Schriftenliste.

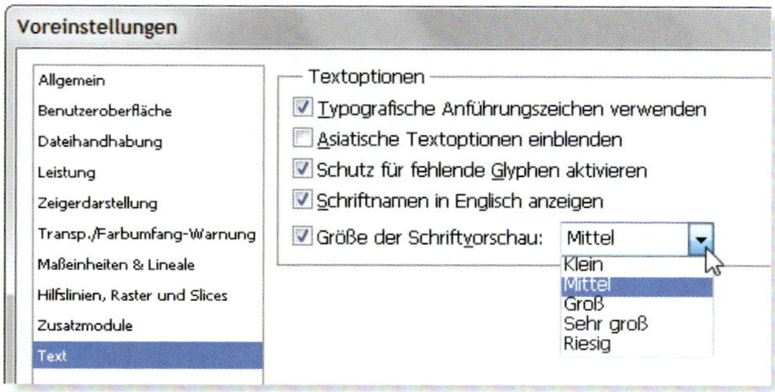

▲ **Abbildung 31.15**
Weitere Voreinstellungen für Text

31.2 Text gestalten: Schriftschnitt, Satz & Co.

31.2.1 Optionen für die Texteingabe

Egal, ob Sie Punkttext oder Absatztext anlegen: In der Optionsleiste finden Sie die wichtigsten Formatierungen für Schrift. Sie können die Formatierung festlegen, bevor Sie mit der Eingabe beginnen, oder Ihren Text nachträglich verändern.

Die Optionen des Text-Werkzeugs

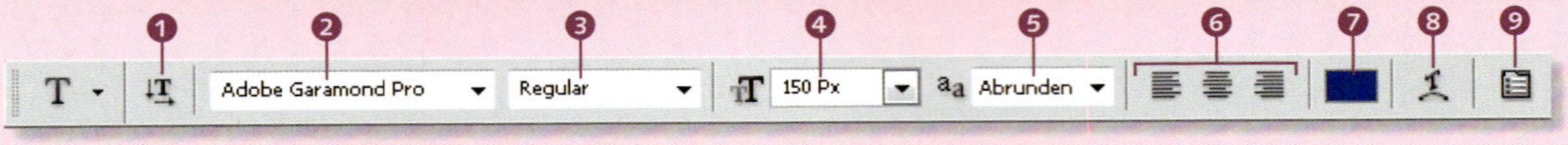

▲ **Abbildung 31.16**
Die Optionsleiste des Textwerkzeugs. Alternativ können Sie auch die Paletten ZEICHEN und ABSATZ verwenden.

❶ Wechseln vom horizontalen zum vertikalen Text-Werkzeug
❷ Schriftart
❸ Schriftschnitt
❹ Schriftgröße
❺ Glättung
❻ Ausrichtung
❼ Textfarbe
❽ Textkrümmung
❾ Zeichen/Absatz-Palette aufrufen

Textausrichtung ❶ | An erster Stelle finden Sie wie bei jedem Werkzeug die Werkzeugvorgaben, direkt daneben folgt die schon erwähnte Funktion zur Änderung der Laufrichtung Ihres Textes von horizontal zu vertikal und vice versa. Allerdings sind westliche Schriften »hochkant« meist ziemlich schlecht zu lesen – Vertikalschrift sollten Sie nur ausnahmsweise nutzen.

Schriftart ❷ | Hier können Sie die Schriftart einstellen. Um eine bestimmte Schriftart zu erzeugen, muss der entsprechende Font auf Ihrem Rechner installiert sein. Übrigens finden Sie viele Schriften in der Liste nicht unter dem Schriftnamen, sondern unter dem Namen des Herstellers, so z. B. die Schriftart *Vera Sans* unter *Bitstream Vera Sans*.

Schriftschnitt ❸ | Maßgeblich für das Aussehen Ihres Textes ist auch, welcher Schriftschnitt eingestellt ist. Von einer einzigen Schriftart kann es fette, halbfette, breite, schmale, feine, kursive oder besonders magere Schnitte geben. Man nennt so etwas dann eine Schriftfamilie. Manche Schriften sind so gut ausgebaut, dass sie hundert und mehr Varianten haben!

Schriftgröße ❹ | Wichtig ist natürlich auch die Schriftgröße (der »Schriftgrad«). Der Wert bezieht sich immer auf die Versalhöhe (Höhe der Großbuchstaben).

Vera Sans, 8 Punkt. The quick brown fox jumps over the lazy dog. Dieser Satz ist ein Pangramm.

Book Antiqua, 8 Punkt. The quick brown fox jumps over the lazy dog. Dieser Satz ist ein Pangramm.

Caslon Pro, 8 Punkt. The quick brown fox jumps over the lazy dog. Dieser Satz ist ein Pangramm.

Futura, 8 Punkt. The quick brown fox jumps over the lazy dog. Dieser Satz ist ein Pangramm.

Eurostyle, 8 Punkt. The quick brown fox jumps over the lazy dog. Dieser Satz ist ein Pangramm.

◂ **Abbildung 31.17**
Ob Punkt, Millimeter oder Pixel – die Größenangabe ist nur eine grobe Orientierung für die Schriftgröße. Trotz gleicher Punktgröße und vergleichbaren Schriftschnittes weichen Wirkung und Laufweite dieser Schriften voneinander ab.

Schriftglättung ❺ | Im Dropdown-Feld mit dem kleinen Symbol »a« können Sie die Schriftglättung (Anti-Aliasing) einstellen.

Weil mit den eckigen »Pixel-Mosaiksteinchen«, aus denen die Buchstaben aufgebaut sind, die Rundungen nicht glatt dargestellt werden können, werden farblich abgestufte Pixel an den Schriftkanten hinzugefügt. Dadurch soll ein harter »Treppeneffekt« vermieden werden. Photoshop bietet vier verschiedene Glättungsarten an, die unterschiedlich wirken. Sowohl die Schärfe als auch die Länge des Textes können dabei variieren.

Ohne Glättung. Vera Sans, 9 Punkt. The quick brown fox jumps over the lazy dog. Dieser Satz ist ein Pangramm. fox

Glättung: Scharf. Vera Sans, 9 Punkt. The quick brown fox jumps over the lazy dog. Dieser Satz ist ein Pangramm. fox

Glättung: Schärfer. Vera Sans, 9 Punkt. The quick brown fox jumps over the lazy dog. Dieser Satz ist ein Pangramm. fox

Glättung: Stark. Vera Sans, 9 Punkt. The quick brown fox jumps over the lazy dog. Dieser Satz ist ein Pangramm. fox

Glättung: Abrunden. Vera Sans, 9 Punkt. The quick brown fox jumps over the lazy dog. Dieser Satz ist ein Pangramm. fox

◂ **Abbildung 31.18**
Fünfmal die Schriftart Vera Sans in 9 pt: oben ohne Glättung, darunter in den vier verschiedenen Glättungsstufen. Details sehen Sie in den Abbildungen auf der nächsten Seite.

▲ **Abbildung 31.19**
Glättung: Ohne

▲ **Abbildung 31.20**
Glättung: Scharf

▲ **Abbildung 31.21**
Glättung: Schärfer

▲ **Abbildung 31.22**
Glättung: Abrunden

Manchmal führt keine der Glättungseinstellungen zu einem guten Ergebnis. Sie müssen sich dann zwischen dem Treppeneffekt der ungeglätteten Schrift oder einer leichten Unschärfe entscheiden. Welche Art der Glättung Sie verwenden, liegt an der Art und Größe der Schrift – probieren Sie es aus. Bei kleinen Schriften sollten Sie auf Glättung grundsätzlich verzichten – sonst wird sie schnell unlesbar.

Ausrichtung ❻ **|** Die Icons rechts daneben kommen Ihnen sicherlich aus Ihrem Textverarbeitungsprogramm bekannt vor: Hier stellen Sie die Ausrichtung Ihres Textes ein. Sie können zwischen rechts- und linksbündigem sowie zentriertem Text wählen.

Schriftfarbe ❼ **|** Auch die Schriftfarbe können Sie natürlich einstellen. Ein Doppelklick auf das Farbfeld öffnet den schon bekannten Farbwähler, wo Sie dann eine Farbe einstellen können.

Verkrümmung ❽ **|** Die Verkrümmung ist ein witziger Spezialeffekt, bei dem die Editierbarkeit des Textes dennoch erhalten bleibt. Mehr zu verkrümmtem Text finden Sie in Abschnitt 35.4.1.

Sonstige | Für das wichtige »Feintuning« stehen Ihnen auch noch zwei **Paletten** ❾ zur Verfügung, die Sie mit dem kleinen Button aufrufen. Was sich hinter den Text-Paletten verbirgt, erkläre ich Ihnen gleich! Ganz rechts folgen die schon bekannten Buttons Bestätigen undAbbrechen.

31.2.2 Textmaskierungswerkzeuge

Die beiden Textmaskierungswerkzeuge horizontales Textmaskierungswerkzeug [T] und vertikales Textmaskierungswerkzeug [T] haben bei Weitem nicht die Bedeutung wie die regulären Textwerkzeuge. Die beiden Werkzeuge sind dazu ausgelegt, eine Auswahl in Form des Textes zu erstellen.

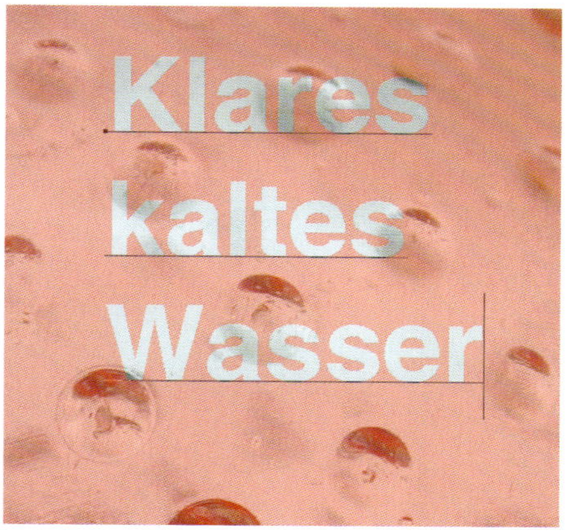

▲ **Abbildung 31.23**
Während der Texteingabe wird eine Maske – ähnlich der Quick Mask – eingeblendet.

Bild: dieblen.de

▲ **Abbildung 31.24**
Sobald Sie die Eingabe abschließen, erscheinen Auswahllinien in Form der Textkonturen.

Die so angelegte, »textförmige« Auswahl wird in der jeweils aktiven Ebene angezeigt. Sie kann wie jede andere Auswahl auch verschoben, kopiert, gefüllt oder konturiert werden. Verzichten müssen Sie dabei allerdings auf die flexible Bearbeitung des Textes – weder Wortlaut noch Layout lassen sich verändern.

Alternative zum Textmaskierungswerkzeug
Sie können auch aus normalen Textebenen im Nu Auswahlen erstellen, indem Sie bei gehaltener [Strg]- bzw. [⌘]-Taste in der Ebenen-Palette auf die Ebenenminiatur klicken. Das dauert nicht länger als die Arbeit mit den Textmaskierungswerkzeugen. Das Anlegen des Textes ist jedoch deutlich angenehmer, und Änderungen lassen sich leicht anbringen.

31.2.3 Textteile bearbeiten

Verändern können Sie entweder den gesamten Inhalt einer Textebene oder auch einzelne Teile.

Einzelne Zeichen verändern | Wollen Sie nur einzelne Zeichen, Wörter oder Absätze bearbeiten, ist es nötig, diese zu markieren. Das geht – wie Sie es von Ihrem Textverarbeitungsprogramm vermutlich auch kennen –, indem Sie einfach mit dem Cursor bei gedrückter Maustaste über das oder die zu markierenden Zeichen streichen.

Text bearbeiten | Um einen kompletten Text zu bearbeiten, gibt es zwei Möglichkeiten:

- Durch einen Doppelklick auf die »T«-Miniatur in der Ebenen-Palette markieren Sie den gesamten Text und können dann die Einstellungen ändern.
- Es geht auch einfacher: Wenn die Texteingabe schon einmal bestätigt wurde und der Cursor *nicht* im Text steht, können Sie die Formatierungseinstellungen einfach verändern – sie wirken sich sofort auf den Text aus, müssen dann aber erneut bestätigt werden. Bei diesem Verfahren müssen Sie natürlich wieder darauf achten, dass die richtige Ebene aktiv ist.

Was wollen Sie tun?	Windows	Mac
Text im Bild verschieben	Textebene auswählen, [Strg] halten, Text mit Maus ziehen	Textebene auswählen, [⌘] halten, Text mit Maus ziehen
Ein **Zeichen** links/rechts auswählen: Cursor muss schon im Text stehen und ...	[⇧]+[←]/[→]	[⇧]+[←]/[→]
Eine **Zeile** oben/unten auswählen: Cursor muss schon im Text stehen und ...	[↑]/[↓]	[↑]/[↓]
Ein **Wort** links/rechts auswählen: Cursor muss schon im Text stehen und ...	[Strg]+[←]/[→]	[⌘]+[←]/[→]
Alle Zeichen zwischen blinkender Einfügemarke und Mausklick-Position auswählen	[⇧] + in Text klicken	[⇧] + in Text klicken
Beim Transformieren: Begrenzungsrahmen für Texttransformationen aktivieren, um den **Text zu verzerren**	[Strg] + dann an einem der Griffe ziehen	[⌘] + dann an einem der Griffe ziehen
Textfeld beim Erstellen verschieben	Leertaste drücken, Textfeld ziehen	Leertaste drücken, Textfeld ziehen

▲ **Tabelle 31.1**
Tastaturkürzel zum Auswählen und Bearbeiten von Text

31.2.4 Zeichen-Palette – das Werkzeug für die Feinarbeit

Es gehört zu den Charakteristika von Photoshop, dass für dieselbe Aufgabe verschiedene Wege angeboten werden. So kommt es auch zwischen der Text-Optionsleiste und den Paletten zu einigen Doppelungen; die Zeichen-Palette beinhaltet aber auch weitergehende Formatierungseinstellungen.

Die Zeichen-Palette

▲ **Abbildung 31.25**
Die Zeichen-Palette

1. Schriftfamilie
2. Schriftgröße
3. Zeichenabstand
4. Vertikal skalieren
5. Grundlinienversatz
6. Faux fett, Faux kursiv, Großbuchstaben, Kapitälchen, Hochgestellt, Tiefgestellt, Unterstrichen, Durchgestrichen
7. Sprache für Silbentrennung
8. Palettenmenü
9. Schriftschnitt
10. Zeilenabstand
11. Laufweite
12. Horizontal skalieren
13. Schriftfarbe
14. Schriftglättungsmethode

Schriftfamilie und Schriftschnitt | Als erste »alte Bekannte« treffen wir hier die Einstellung der Schriftart ❶ und rechts daneben die Einstellung des Schriftschnittes ❾.

Schriftgrad und Zeilenabstand | Darunter sind diejenigen Einstellungen zusammengefasst, die für die Lesbarkeit eines Textes maßgebliche Bedeutung haben. Links ❷ stellen Sie den Schriftgrad ein, rechts ❿ den Zeilenabstand. Standard ist hier die Einstellung Auto.

▲ **Abbildung 31.26**
Der Umgang mit der Zeichenpalette: QuickInfos weisen Ihnen den Weg durch die Symbole. Und der Mauszeiger mit Doppelpfeil ist ein Hinweis darauf, dass Sie die Zahlenwerte in den Eingabefeldern auch durch einfache Mausbewegungen (nach rechts und links) ändern können.

Schriftzeichenabstand | Die nächsten zwei Einstellungen beeinflussen den Abstand der Schriftzeichen. Links ❸ können Sie den **Abstand zwischen einzelnen Buchstabenpaaren** (Kerning) regulieren bzw. festlegen, wie die Automatik arbeitet. Das automatische Kerning greift auf Schriftzeicheninformationen zurück, die vom Erfinder der Schrift (hoffentlich!) bereits in die Schriftdatei eingebaut worden sind. Manuelles Kerning steht nicht für alle Schriftsätze zur Verfügung. Hier stehen Ihnen die Optionen Metrisch oder Optisch zur Verfügung. Für die meisten Fälle reicht das aus. Die Einstellung 0 unterbindet das Kerning – dies ist interessant zum Vergleich. Ein individueller Wort- oder Buchstabenausgleich kann bei größeren Schriftgraden und geringen Textmengen sinnvoll sein.

Laufweite | Rechts neben dem Kerning finden Sie die Laufweite ⓫ der Schrift. Damit können Sie die Abstände aller Zeichen insgesamt enger oder weiter stellen. Der Standard ist hier null, und ohne Not sollten Sie hier auch nichts verändern. Bei guten Schriften ist die beste Laufweite schon vorgegeben, und Änderungen dieses Abstandes stören den Leseprozess empfindlich.

Skalierung | Zu eher fragwürdigen Ergebnissen führen die horizontale ⓬ und die vertikale Skalierung ❹ von Schriften. Man sollte einer Schrift höchstens zu Verfremdungszwecken Gewalt antun!

Grundlinienversatz und Farbe | Wohl ebenso selten brauchen Sie den Grundlinienversatz ❺. Die Schriftfarbe ⓭ ist selbsterklärend. (Mit einem einfachen Klick öffnen Sie den Farbwähler.)

Zeichenvarianten | Die Reihe von »T«s ❻ darunter besteht aus Schaltflächen, mit denen Sie Ihren Schriften weitere Zeichenvarianten wie Kapitälchen, hoch- oder tiefgestellte Zeichen und

Ähnliches hinzufügen können. Im Seitenmenü finden Sie diese Einstellungen nochmals.

Als Notnagel interessant sind die **Faux-Funktionen**. Nicht zu jeder Schrift ist von Haus aus der Schriftschnitt vorhanden, den man gerade benötigt. FAUX FETT und FAUX KURSIV stellen diese Schnitte digital nach – die ursprüngliche Grundschrift wird streng genommen verzerrt. (Eine echte Kursive oder echte Kapitälchen sind schöner proportioniert.)

Wörterbuch und Glättung | In der Wörterbuch-Dropdown-Liste ❼ können Sie die Sprache des Wörterbuches festlegen, das der Silbentrennung zugrunde liegt. Rechts daneben finden Sie wiederum die Optionen zur Glättung ⓮.

31.2.5 Das Palettenmenü der Zeichen-Palette

Das Seitenmenü ergänzt das Angebot an Optionen. Allerdings sollten Sie sich von deren Länge nicht beeindrucken lassen. Bekannte Funktionen werden nochmals wiederholt, und eine ganze Reihe – nämlich alles unter OPENTYPE – funktioniert nur unter bestimmten Bedingungen.

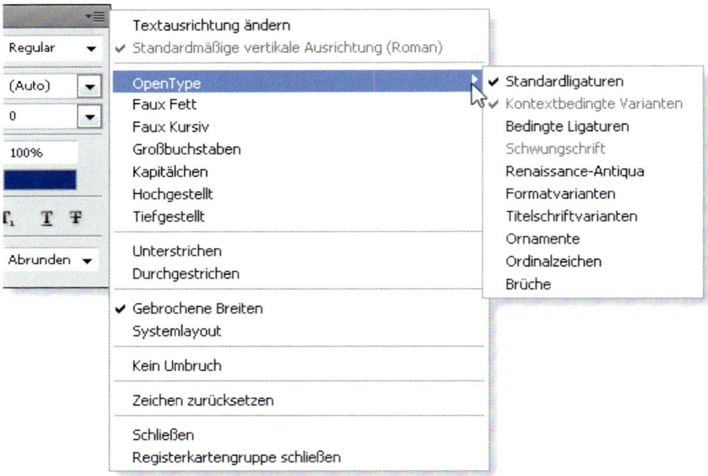

Abbildung 31.27 ▸
Das Menü der Zeichen-Palette mit Open-Type-Optionen

Gebrochene Breiten | Im Fließtext kommen GEBROCHENE BREITEN zum Einsatz, d.h., zwischen den Zeichen werden millimetergroße Abstände eingefügt, um bei optisch problematischen Buchstabenkombinationen eine bessere Lesbarkeit zu gewährleisten. Die Option können Sie meist unangetastet lassen. Bei Text, den Sie für den Einsatz im Internet vorbereiten, sollte diese Option allerdings deaktiviert sein. Es kann sonst am Monitor zu Darstellungsproblemen kommen.

Systemlayout | Die Funktion SYSTEMLAYOUT ist für Gestalter von Programmoberflächen gedacht. Sie zeigt Schriften so, wie sie von Betriebssystemen standardmäßig angezeigt werden.

Kein Umbruch | Diese Option kann verhindern, dass einzelne Wörter am Zeilenende getrennt (umbrochen) werden. Das ist ganz nützlich bei Begriffen, bei denen der Umbruch zu Missverständnissen führt. Markieren Sie einfach das betreffende Wort, und klicken Sie dann diese Option an.

Zeichen zurücksetzen | Dieser Befehl ist eine praktische Hilfe, wenn Sie sich einmal in den zahlreichen Einstellungen der Zeichen-Palette verheddern. Mit ihm setzen Sie sämtliche Einstellungen wieder auf den letzten Stand zurück. Dabei darf sich der Textcursor nicht im Schriftzug befinden, und die Textebene muss aktiviert sein.

OpenType | Alle Funktionen im Untermenü OPENTYPE lassen sich nur auf spezielle OpenType-Schriften anwenden.

Viele der Optionen sind nicht sonderlich alltagstauglich, und die praktischen Funktionen zum Erzeugen von Ligaturen, Bruchzahlen und Mediävalziffern sind leider nicht bei allen OpenType-Schriften verfügbar.

[OpenType]
OpenType ist ein von Adobe maßgeblich mitentwickeltes Dateiformat für Schriftarten, das viel umfangreichere Zeichensätze enthalten kann als die bekannten Font-Formate. Sie erkennen OpenType-Schriften am Zusatz »O« im Font-Ordner Ihres Rechners und in der Photoshop-Schriftenliste meist an den Namenszusätzen »Adobe...« oder »...Pro«.

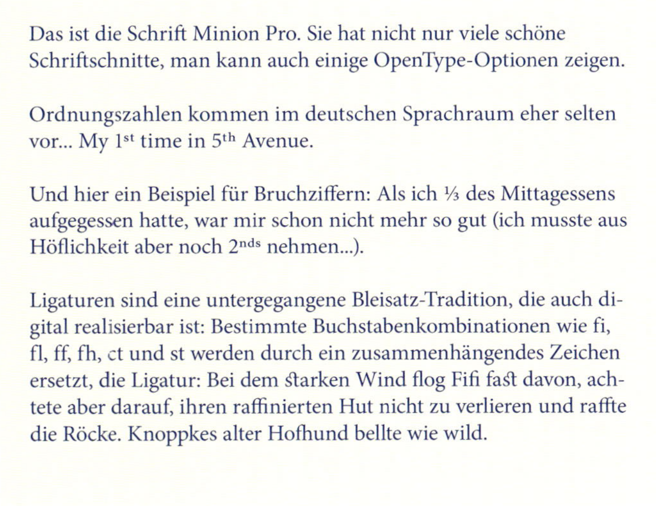

Das ist die Schrift Minion Pro. Sie hat nicht nur viele schöne Schriftschnitte, man kann auch einige OpenType-Optionen zeigen.

Ordnungszahlen kommen im deutschen Sprachraum eher selten vor... My 1st time in 5th Avenue.

Und hier ein Beispiel für Bruchziffern: Als ich ⅓ des Mittagessens aufgegessen hatte, war mir schon nicht mehr so gut (ich musste aus Höflichkeit aber noch 2^{nds} nehmen...).

Ligaturen sind eine untergegangene Bleisatz-Tradition, die auch digital realisierbar ist: Bestimmte Buchstabenkombinationen wie fi, fl, ff, fh, ct und st werden durch ein zusammenhängendes Zeichen ersetzt, die Ligatur: Bei dem starken Wind flog Fifi fast davon, achtete aber darauf, ihren raffinierten Hut nicht zu verlieren und raffte die Röcke. Knoppkes alter Hofhund bellte wie wild.

◂ Abbildung 31.28
Anwendungsbeispiele für einige der Open-Type-Funktionen von Adobe

Individueller Buchstabenausgleich per Tastendruck | Will man den Buchstabenabstand bei großer, besonders exponierter Schrift (Überschriften ...) individuell feinjustieren, geht das einfach mit Textcursor und Pfeiltasten:

Um den **Buchstaben-** oder **Wortabstand** zu ändern, setzen Sie den Cursor in die Lücke, deren Weite geändert werden soll. Drücken Sie [Alt] oder [⌥] und dann die Tasten [←] und [→], um den Abstand zu verringern oder zu vergrößern.

31.2.6 Absatz-Palette – Feinarbeit für Ausrichtung und Abstände

Damit ein Text gut wirkt, muss nicht nur die Schrift passen, sondern auch sein **Satz**. Ihr wichtigstes Hilfsmittel für die differenzierende Arbeit an größeren Textblöcken ist die Absatz-Palette.

Die Absatz-Palette

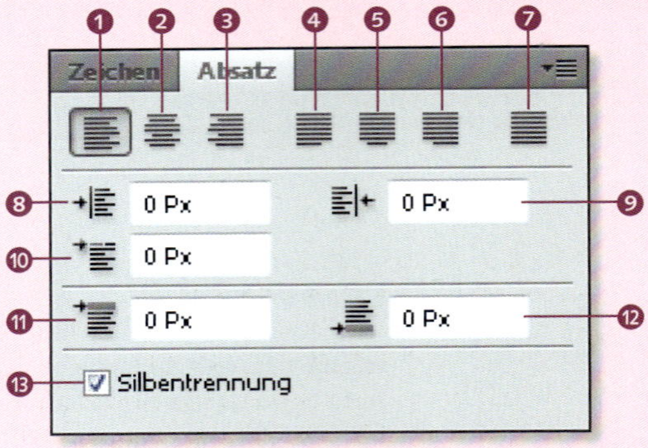

▲ **Abbildung 31.29**
Die Absatz-Palette

1. Linksbündig
2. Zentriert
3. Rechtsbündig
4. Blocksatz, letzte Zeile linksbündig
5. Blocksatz, letzte Zeile zentriert
6. Blocksatz, letzte Zeile rechtsbündig
7. Blocksatz
8. Einzug links
9. Einzug rechts
10. Einzug erste Zeile
11. Abstand vor Absatz
12. Abstand nach Absatz
13. Silbentrennung aktivieren

Textausrichtung | Ganz oben finden Sie die Optionen für die Ausrichtung des Textes. Die ersten drei Buttons sind für linksbündigen ❶, zentrierten ❷ und rechtsbündigen ❸ Text, danach folgen gleich vier verschiedene Einstellungsmöglichkeiten für Blocksatz. Maßgeblich ist dabei jeweils der Umgang mit der letzten Zeile eines Absatzes: Mal steht diese rechtsbündig ❻ unter dem Textblock, mal zentriert ❺ oder linksbündig ❹. Der letzte Button ❼ in der Reihe setzt alle Zeilen – auch wenn diese nur wenige Zeichen enthalten – konsequent auf die Blockbreite. Das kann zu extrem löcherigen Texten führen. Eine (meist nicht notwendige) millimetergenaue Einstellung der Ausrichtung ermöglicht der Befehl ABSTÄNDE im Seitenmenü.

Einzug | Ebenfalls einstellen können Sie den Einzug von kompletten Absätzen oder der ersten Zeile eines Absatzes. Sie haben die Wahl zwischen Einzug links ❽ oder Einzug rechts ❾ für einen vollständigen Textabsatz oder Einzug links für die oberste Zeile

❿. Wenn Sie hier einen negativen Wert eingeben, wird die Zeile nicht eingezogen, sondern nach links aus dem Text herausgeschoben.

Verschiedene Blocksatz-Optionen

Letzte Zeile linksbündig
Blindtext. Es gibt Personen, die dem Lesen eines Blindtextes nicht wiederstehen können. Nun, das ist auch kein Schaden, denn manchmal ist in solchen Texten Amüsantes oder Informatives versteckt. Wussten Sie, dass Lorem Ipsum oder Guredisch Nedfuneg Ihren Job nicht tun?

Letzte Zeile zentriert
Blindtext. Es gibt Personen, die dem Lesen eines Blindtextes nicht wiederstehen können. Nun, das ist auch kein Schaden, denn manchmal ist in solchen Texten Amüsantes oder Informatives versteckt. Wussten Sie, dass Lorem Ipsum oder Guredisch Nedfuneg Ihren Job nicht tun?

Letzte Zeile rechtsbündig
Blindtext. Es gibt Personen, die dem Lesen eines Blindtextes nicht wiederstehen können. Nun, das ist auch kein Schaden, denn manchmal ist in solchen Texten Amüsantes oder Informatives versteckt. Wussten Sie, dass Lorem Ipsum oder Guredisch Nedfuneg Ihren Job nicht tun?

Alles im Block
Blindtext. Es gibt Personen, die dem Lesen eines Blindtextes nicht wiederstehen können. Nun, das ist auch kein Schaden, denn manchmal ist in solchen Texten Amüsantes oder Informatives versteckt. Wussten Sie, dass Lorem Ipsum oder Guredisch Nedfuneg Ihren Job nicht tun?

◂ **Abbildung 31.30**
Die Handhabung der letzten, kurzen Zeile eines als Block gesetzten Absatzes beeinflusst die Lesbarkeit und das Erscheinungsbild des gesamten Texts.

Abstand zwischen Absätzen | Auch den Abstand zwischen Absätzen können Sie pixelgenau festlegen – eine gute Alternative zur Leerzeile, die oft einen zu großen Abstand schafft. Hier können Sie den Abstand vor ⓫ oder nach Absätzen ⓬ vergrößern.

Wie weisen Sie Absätzen Formate zu? | Klicken Sie entweder in den zu formatierenden Absatz, oder markieren Sie mehrere Absätze, um diese zusammen zu bearbeiten. Um alle Absätze einer Textebene zu formatieren, reicht es, die Textebene in der Ebenen-Palette zu aktivieren. Führen Sie dann die Formatierung durch, indem Sie auf die entsprechenden Buttons klicken oder Werte in der Palette eintragen.

31.2.7 Das Palettenmenü der Absatz-Palette

Das Seitenmenü brauchen Sie für die tägliche Arbeit wohl selten. Interessant ist die Option Hängende Interpunktion Roman. Sie steuert, ob Satzzeichen innerhalb oder außerhalb des Textrahmens liegen. Dadurch können sich auch die Umbrüche eines Textes verändern.

Abbildung 31.31 ►
Die Absatz-Palette wirkt aufgeräumter als die Zeichen-Palette – ihre Funktionen sind jedoch ebenso entscheidend für die Gestaltung lesbaren Textes!

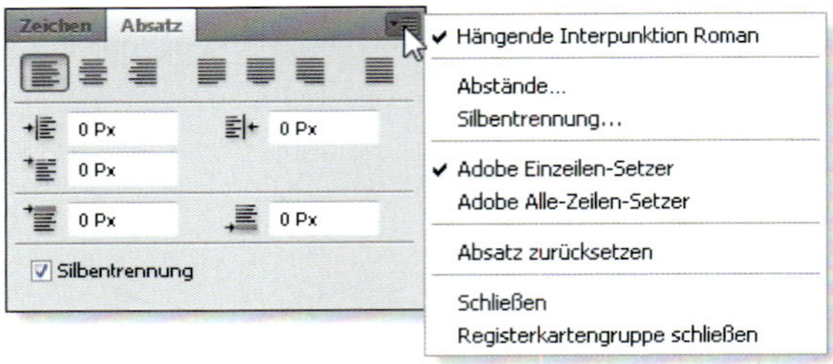

Hängende Interpunktion
macht Schriftbilder ruhiger

Blocksatz ohne...
Blindtext. Es gibt Personen, die dem Lesen eines Blindtextes nicht wiederstehen können. Nun, das ist auch kein Schaden, denn manchmal ist in solchen Texten Amüsantes oder Informatives versteckt. Wussten Sie, das Blindtext-Klassiker wie *Lorem Ipsum* oder *Guredisch Nedfuneg* ihren Job eigentlich nicht tun?
Ein Blindtext ist nicht nur einfach Platzhalter, sondern hilft dem Gestalter, Lauflänge, Anmutung, Grauwert und Lesbarkeit einer Schrift zu beurteilen. Damit das auch funktioniert, sollte ein Blindtext möglichst viele verschiedene Buchstaben enthalten und in der Originalsprache gesetzt sein. Er muss keinen Sinn ergeben, sollte aber lesbar sein.

....und Blocksatz mit Hängender Interpunktion
Blindtext. Es gibt Personen, die dem Lesen eines Blindtextes nicht wiederstehen können. Nun, das ist auch kein Schaden, denn manchmal ist in solchen Texten Amüsantes oder Informatives versteckt. Wussten Sie, das Blindtext-Klassiker wie *Lorem Ipsum* oder *Guredisch Nedfuneg* ihren Job eigentlich nicht tun?
Ein Blindtext ist nicht nur einfach Platzhalter, sondern hilft dem Gestalter, Lauflänge, Anmutung, Grauwert und Lesbarkeit einer Schrift zu beurteilen. Damit das auch funktioniert, sollte ein Blindtext möglichst viele verschiedene Buchstaben enthalten und in der Originalsprache gesetzt sein. Er muss keinen Sinn ergeben, sollte aber lesbar sein.

▲ **Abbildung 31.32**
Die Option Hängende Interpunktion Roman (unten) führt zu einem ruhigeren Erscheinungsbild des Textes.

Setzer | Die Optionen Adobe Einzeilen-Setzer und Adobe Alle-Zeilen-Setzer funktionieren nur bei Absatztext. Sie legen fest, welche internen Parameter Photoshop bei den automatischen Funktionen wie Wortabständen und Umbrüchen zugrunde legt. Der Alle-Zeilen-Setzer arbeitet komplexer, berücksichtigt den Gesamttext und scheint tendenziell Silbentrennung eher zu umgehen; der Einzeilen-Setzer soll sich dagegen am traditionellen »zeilenweisen« Satz orientieren.

Was wollen Sie tun?	Windows	Mac
Absatz **linksbündig** ausrichten (horizontales Textwerkzeug muss aktiv sein, Cursor im Text)	Strg+⇧+L	⌘+⇧+L
Absatz **rechtsbündig** ausrichten (horizontales Textwerkzeug muss aktiv sein, Cursor im Text)	Strg+⇧+R	⌘+⇧+R
Absatz im **Blocksatz** ausrichten (horizontales Textwerkzeug muss aktiv sein, Cursor im Text)	Strg+⇧+F	⌘+⇧+F
Absatz **zentriert** ausrichten (horizontales Textwerkzeug muss aktiv sein, Cursor im Text)	Strg+⇧+C	⌘+⇧+C
Bei vertikaler Schrift: zentrieren, oben oder unten ausrichten	Vertikales Text-Werkzeug + Strg+⇧+L, C oder R	Vertikales Text-Werkzeug + ⌘+⇧+L, C oder R
Silbentrennung ein/aus	Strg+⇧+Alt+H	⌘+Ctrl+⇧+⌥+H
Wechsel zwischen Einzeilen-Setzer und Alle-Zeilen-Setzer	Strg+⇧+Alt+T	⌘+⇧+⌥+T
Schriftgrad des ausgewählten Texts um 2 Schriftgrade (Punkt oder Pixel, je nach Voreinstellung) verkleinern	Strg+⇧+A	⌘+⇧+?
Schriftgrad des ausgewählten Texts um 2 Schriftgrade (Punkt oder Pixel, je nach Voreinstellung) vergrößern	Strg+⇧+W	⌘+⇧+` (Akzentzeichen)
Schriftgrad des ausgewählten Texts um 10 Schriftgrade (Punkt oder Pixel, je nach Voreinstellung) verkleinern	Strg+Alt+⇧+A	⌥+⌘+⇧+?
Schriftgrad des ausgewählten Texts um 10 Schriftgrade (Punkt oder Pixel, je nach Voreinstellung) vergrößern	Strg+Alt+⇧+W	⌥+⌘+⇧+` (Akzentzeichen)
Zeilenabstand des ausgewählten Texts um 2 Einheiten (Punkt oder Pixel, je nach Voreinstellung) verkleinern	Alt+↓-Taste	⌥+↓-Taste
Zeilenabstand des ausgewählten Texts um 2 Einheiten (Punkt oder Pixel, je nach Voreinstellung) vergrößern	Alt+↑-Taste	⌥+↑-Taste
Zeilenabstand des ausgewählten Texts um 10 Einheiten (Punkt oder Pixel, je nach Voreinstellung) verkleinern	Strg+Alt+↓-Taste	⌘+⌥+↓-Taste
Zeilenabstand des ausgewählten Texts um 10 Einheiten (Punkt oder Pixel, je nach Voreinstellung) vergrößern	Strg+Alt+↑-Taste	⌘+⌥+↑-Taste
Grundlinienverschiebung um 2 Einheiten (Punkt oder Pixel, je nach Voreinstellung) verkleinern	⇧+Alt+↓-Taste	⇧+⌥+↓-Taste
Grundlinienverschiebung um 2 Einheiten (Punkt oder Pixel, je nach Voreinstellung) vergrößern	⇧+Alt+↑-Taste	⇧+⌥+↑-Taste
Grundlinienverschiebung um 10 Einheiten (Punkt oder Pixel, je nach Voreinstellung) verkleinern	Strg+⇧+Alt+↓-Taste	⌘+⇧+⌥+↓-Taste
Grundlinienverschiebung um 10 Einheiten (Punkt oder Pixel, je nach Voreinstellung) vergrößern	Strg+⇧+Alt+↑-Taste	⌘+⇧+⌥+↑-Taste
Laufweite/Kerning um 20/1000 Geviert verkleinern	Alt+←-Taste	⌥+←-Taste
Laufweite/Kerning um 20/1000 Geviert vergrößern	Alt+→-Taste	⌥+→-Taste

▲ **Tabelle 31.2**
Tastaturbefehle für das Formatieren von Text auf einen Blick

31.3 Grundlegendes zur Typografie

Mit der Texteingabe allein ist es natürlich nicht getan. Ein gut gestalteter Text soll gut lesbar sein und gleichzeitig die Textinhalte visualisieren – das erfordert nicht nur ein wenig mehr Arbeitsaufwand in Photoshop, sondern vor allem Überlegung. Im Folgenden gebe ich Ihnen einen kurzen Einblick in das Thema Typografie und stelle Ihnen einige wichtige Entscheidungskriterien für die Textgestaltung vor.

31.3.1 Eine geeignete Schriftart finden

Um die Schrift festzulegen, in der ein Text angelegt werden soll, müssen Sie über den Inhalt und Umfang des Textes und die künftigen Leser Bescheid wissen. Diese Kriterien helfen Ihnen, eine Schrift zu finden, deren Stil zum Text und der Textaussage passt und die eine gute Lesbarkeit gewährleistet.

Abbildung 31.33 ▶
Von links oben nach rechts unten: Eurostyle, Palatino, Walbaum Fraktur und Helvetica

Schriftwirkung | Die Wirkung von Schriften kann sehr verschieden sein und unterschiedliche Werte implizieren. Dazu muss man noch nicht einmal auf »Exoten« zurückgreifen oder besondere Effekte anwenden: Die Beispielschriften aus Abbildung 31.33 sind oder waren einmal gängige Schriften und sind schlicht linksbündig gesetzt. – Wo würden Sie Ihre Website in Auftrag geben?

Textinhalt | Werbetext oder Schulbuchtext? Unternehmensbroschüre oder Geburtstagskarte? Jede Textart hat auch ihre eigene Stimmung, und so, wie man sich bei einem gesellschaftlichen Anlass falsch anziehen kann, können auch unpassende Schriften zu Misstönen im Layout führen. Wenn Sie über den Textinhalt Bescheid wissen, fällt es Ihnen leichter, eine Schriftart zu finden, die Inhalte implizit transportiert und die passenden Assoziationen weckt.

Textmenge | Ist der Text kurz und knapp oder sehr umfangreich? Wie viele Gliederungsebenen gibt es? Diese Fragen sind ebenfalls für die Schriftwahl wichtig. Ein langer Lesetext muss eine Schrift bekommen, die – bei gutem Satz – angenehm zu lesen ist. Einem kurzen Text darf man etwas unkomfortablere Schriften zumuten, und ein einzelnes Wort (bei einem Logo zum Beispiel) kann auch mal unverwechselbar bzw. unleserlich sein. Je nach Größe des Projekts sollten Sie auch im Blick haben, ob Ihre Wunschschrift gut »ausgebaut« ist, das heißt, ob deren Familie zahlreiche verschiedene Varianten (Schriftschnitte) aufweist.

Künftige Leser | Hier spielen die Lesefähigkeit der erwarteten Leser (Leseanfänger oder erwachsene Vielleser?), die Lesesituation (flüchtige Lektüre oder eingehendes Studium? Hinweistafel an der Bundesstraße, Beipackzettel zu einem Medikament oder Zeitschrift?) und all jene Zielgruppenkriterien eine Rolle, die für das Gestalten sonst auch gelten: Sind die Leser alt oder jung? Traditionalisten oder Trendjäger? Was soll der Text vermitteln? Welche Emotionen sollen beim Leser angesprochen werden?

31.3.2 Lesbarkeit

Lesbarkeit hängt von vielen Faktoren ab. In Abbildung 31.34 sehen Sie die Schrift Garamond, die eigentlich unverwüstlich ist. Das Beispiel ist trotzdem schlecht zu lesen: Das Auge kann sich nicht an einzelnen Zeilen entlanghangeln, sondern irrt über die Schriftfläche. Das Verhältnis von Schriftgröße, Buchstabenabstand (zu groß) und Zeilenabstand (zu gering) stimmt nicht. Der Blocksatz hat zudem Löcher in die Zeilen gerissen, in die das Auge förmlich hineinfällt.

Dies ist ein Blindtext, diesmal in der Adobe Garamond Pro. Sie hat es nicht verdient, dass man sie so verschandelt wie hier! Die Garamond ist eine altehrwürdige Buchschrift, die in hunderten Varianten vorliegt. Ich finde sie immer noch sehr schön. Die Wurzeln vieler Schriftarten sind schon 400 Jahre alt oder älter! Es gibt zahlreiche ähnliche Schriften mit unterschiedlichen Namen, und Schriftarten mit gleichem Namen können sehr unterschiedlich aussehen. Aus diesem Grund gibt es Schrift-Aliaslisten. Danach kann man googlen.
Blindtext bietet wichtige Informationen. An ihm mißt man die Lesbarkeit einer Schrift, ihre Anmutung, sieht, wie harmonisch die Figuren zueinander stehen und prüft, wie breit oder schmal sie läuft. Und natürlich kann man auch sehen, ob die aktuellen Schrifteinstellungen gut lesbar sind. Ist es gleichgültig, ob ich schreibe dies ist ein Blindtext oder Lorem Ipsum? Mitnichten! Ein Blindtext sollte möglichst viele verschiedene Buchstaben enthalten und in der Originalsprache gesetzt sein. Er muss keinen Sinn ergeben, sollte aber lesbar sein. Fremdsprachige Texte wie das berühmte Lorem ipsum dienen nicht dem eigentlichen Zweck, da sie eine falsche Anmutung vermitteln. Im Deutschen gibt es mehr Versalien und weniger m, n und u als in anderen Sprachen. Bei aller Information ersetzt ein Blindtext jedoch nicht die Planung. Manche Designer benutzen trotzdem lieber Fremdsprachentexte oder Blabla, weil sich Kunden schon zu oft über „das ist aber nicht unser Text“ beschwert haben. Da sind offensichtliche Blindtexte natürlich einfacher zu argumentieren. Wenn Texte zu spät geliefert werden, bekommen die Gestalter meist Terminprobleme. Einige nützliche Testsätze: "The quick brown fox jumps over the lazy dog" enthält jeden Buchstaben des lateinischen Alphabets mindestens einmal - Sonderzeichen nicht mit eingeschlossen. Solche Sätze nennt man Pangramme. Es gibt auch einen guten Satz, um die Lesbarkeit einer Schrift zu testen. Er heisst "Ilona lag fast zehn Radlängen vorn." Am "Il" von "Ilona" sieht man, wie groß die Verwechsungsgefahr des großen "i" mit dem kleinen "L"

Abbildung 31.34 ▸
Garamond

Century Gothic ist eigentlich keine gute Leseschrift: Durch die gerundeten Buchstabenformen und die kurzen Ober- und Unterlängen sind die Zeichen nicht so leicht zu unterscheiden, die Wortgestalt erschwert also die Zeilenbildung. Trotzdem ist der Text hier ganz gut lesbar: Der weite Zeilenabstand, linksbündiger Satz und gut proportionierter Buchstabenabstand machen es möglich. Übrigens sind beide Schriften in derselben Schriftgröße gesetzt (9 pt) – beachten Sie, wie groß die Unterschiede sein können.

Dies ist ein Blindtext, diesmal in der Century Gothic, einer Schrift, die fast jeder auf dem PC hat. Es gibt zahlreiche ähnliche Schriften mit unterschiedlichen Namen, und Schriftarten mit gleichem Namen können sehr unterschiedlich aussehen. Aus diesem Grund gibt es Schrift-Aliaslisten. Danach kann man googlen.

Blindtext bietet wichtige Informationen. An ihm mißt man die Lesbarkeit einer Schrift, ihre Anmutung, sieht, wie harmonisch die Figuren zueinander stehen und prüft, wie breit oder schmal sie läuft.

Ist es gleichgültig, ob ich schreibe dies ist ein Blindtext oder Lorem Ipsum? Mitnichten! Ein Blindtext sollte möglichst viele verschiedene Buchstaben enthalten und in der Originalsprache gesetzt sein. Er muss keinen Sinn ergeben, sollte aber lesbar sein. Fremdsprachige Texte wie das berühmte Lorem ipsum dienen nicht dem eigentlichen Zweck, da sie eine falsche Anmutung vermitteln. Im Deutschen gibt es mehr Versalien und weniger m, n und u als in anderen Sprachen. Bei aller Information ersetzt ein Blindtext jedoch nicht die Planung.

Einige nützliche Testsätze: "The quick brown fox jumps over the lazy dog" enthält jeden Buchstaben des lateinischen Alphabets mindestens einmal - Sonderzeichen nicht mit eingeschlossen. Es gibt auch einen guten Satz, um die Lesbarkeit einer Schrift zu testen. Er heisst "Ilona lag fast zehn Radlängen vorn." Am "Il" von "Ilona" sieht man, wie groß die Verwechsungsgefahr des großen "i" mit dem kleinen "L" ist.

Abbildung 31.35 ▸
Century Gothic

31.3.3 Wann ist eine Schrift leicht zu lesen?

Wie gut oder schlecht ein Text bzw. eine Schrift zu lesen ist, ist lesephysiologisch begründbar: Wir tasten jede Zeile mit dem Auge ab, aber wir lesen nicht unbedingt einzelne Buchstaben, sondern Buchstabengruppen. Wichtig ist also die optische Abgrenzung der einzelnen Zeilen untereinander, damit das Auge keine Probleme hat, der Zeile zu folgen und den Anfang einer jeden neuen Zeile zu finden. Buchstaben müssen klar unterscheidbar sein, damit beim Überfliegen keine Lesefehler entstehen, und Wörter sollten im Zeilenband als Einheit erfasst werden können.

Die Lesbarkeit hängt also nicht allein von der Zeichenform, d. h. von der Schriftart, ab. Auch der Zeichenabstand, die Länge der Zeilen, der Zeilenabstand und die Satzart spielen eine Rolle. Man kann eine robuste Leseschrift so setzen, dass sie kaum mehr zu lesen ist, oder eine eher schwierige Schrift gut lesbar gestalten, wie die Beispiele zeigen. Ein paar Regeln – die gut begründet natürlich auch gebrochen werden dürfen – können Ihnen helfen:

Schriftgröße | Für die ideale Schriftgröße lassen sich schlecht Empfehlungen aussprechen, weil sie allein, wie die Schriftart auch, zu wenig zur Lesbarkeit beiträgt. Allgemein gilt, dass Schriften zwischen 9 pt und 12 pt angenehme Leseschriften sind. Wenn Sie für das Web gestalten, sollten Sie wenn möglich keine Schriften kleiner als 14 Pixel nehmen. Am Monitor liest es sich schlechter!

Zeilenlänge | Eine Zeilenlänge von 65–70 Zeichen ist für Lesetexte ideal, das Minimum sollten 35–40 Zeichen sein. Man muss bei diesen Zeilenlängen beim Lesen nicht den Kopf hin- und herbewegen und hat keine Schwierigkeiten, mit dem Auge den Ansatz der neuen Zeile zu finden. Zu kurze Zeilen sind sehr unruhig, und zu lange erschweren den Wechsel von Zeile zu Zeile.

Zeilenabstand | Der Zeilenabstand richtet sich nach der Schriftgröße. Als Faustregel rechnet man zur Schriftgröße etwa 20 % dazu. Für eine 11-pt-Schrift sähe die Berechnung eines guten Zeilenabstandes dann so aus:

11 pt + 2,2 (das sind 20 %) = 13,2 pt
gerundet: 13 pt

Zumindest sind die so ermittelten Werte eine Größe, an der man sich orientieren kann. Schmal laufende Schriften kommen meist mit weniger Zeilenabstand aus als breite Schriften, kleine

Schriftgrade brauchen mehr. Bei kurzen Textblöcken in großer Schrift wie Zeitungsüberschriften oder Ähnlichem kann sich ein individueller, am optischen Eindruck orientierter Zeilenausgleich lohnen.

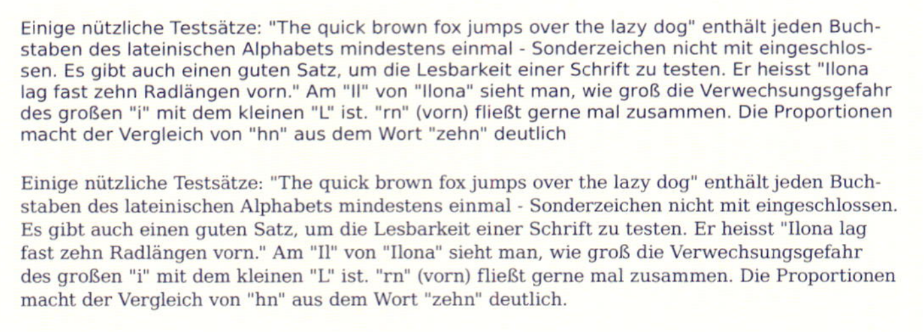
Einige nützliche Testsätze: "The quick brown fox jumps over the lazy dog" enthält jeden Buchstaben des lateinischen Alphabets mindestens einmal - Sonderzeichen nicht mit eingeschlossen. Es gibt auch einen guten Satz, um die Lesbarkeit einer Schrift zu testen. Er heisst "Ilona lag fast zehn Radlängen vorn." Am "Il" von "Ilona" sieht man, wie groß die Verwechsungsgefahr des großen "i" mit dem kleinen "L" ist. "rn" (vorn) fließt gerne mal zusammen. Die Proportionen macht der Vergleich von "hn" aus dem Wort "zehn" deutlich

Einige nützliche Testsätze: "The quick brown fox jumps over the lazy dog" enthält jeden Buchstaben des lateinischen Alphabets mindestens einmal - Sonderzeichen nicht mit eingeschlossen. Es gibt auch einen guten Satz, um die Lesbarkeit einer Schrift zu testen. Er heisst "Ilona lag fast zehn Radlängen vorn." Am "Il" von "Ilona" sieht man, wie groß die Verwechsungsgefahr des großen "i" mit dem kleinen "L" ist. "rn" (vorn) fließt gerne mal zusammen. Die Proportionen macht der Vergleich von "hn" aus dem Wort "zehn" deutlich.

Abbildung 31.36 ▸
Die Zeilenbildung verschiedener Schriften: Serifen, die kleinen »Füßchen« von Buchstaben, erleichtern die Wahrnehmung von Textzeilen als Lesebänder, an denen das Auge entlanggleiten kann (Beispiel unten: Vera Serif). Serifenlose sogenannte Groteskschriften (hier die Vera Sans, oben) brauchen in der Regel einen etwas größeren Zeilenabstand als Serifenschriften.

Laufweite | Die Laufweite einer Schrift – der Buchstabenabstand – ist in einer gut eingerichteten Schrift meist schon so angelegt, dass eine gute Lesbarkeit gewährleistet ist (die Garamond aus dem Negativ-Beispiel in Abbildung 31.34 musste ich manuell verschlechtern).

Zeichenabstand | Manchmal ist es angebracht, den Abstand zwischen einzelnen Zeichen nachzujustieren – bei Mengentext geht das nicht, aber für eine Visitenkarte oder eine Überschrift lohnt sich das schon.

Satzart | Die Satzart ist ebenfalls ein bestimmender Faktor für die Lesbarkeit. Fast immer gut lesbar und unverwüstlich ist linksbündiger Satz. Blocksatz ist mit Vorsicht zu genießen. Hier sind die Trennungen mit besonderer Sorgfalt durchzuführen, damit die Löcher in den Zeilen nicht zu groß werden. Bei kurzen Zeilen verbietet er sich ganz. Rechtsbündiger oder zentrierter Satz sollten nur in begründeten Ausnahmen zum Einsatz kommen.

31.3.4 Textstruktur, Schriftschnitte und Schriftmischung

Zur leichten Erfassbarkeit eines Textes trägt auch seine deutliche Gliederung bei. Die inhaltlichen Prioritäten sollten sich in der Textgestaltung wiederfinden. Das gilt für Auszeichnungen (Überschriften) und deren Hierarchie ebenso wie für Hervorhebungen einzelner Begriffe oder Passagen im Text. Als gestalterische Mittel stehen Ihnen hier verschiedene Schriftschnitte, die Mischung von Schriften und die Arbeit mit Absätzen und Einzügen zur Verfügung. Hier ist Planung besonders wichtig, denn Klarheit und Verhältnismäßigkeit der gestalterischen Mittel entscheiden über den Erfolg. Ein zweizeiliger Leerraum zwischen zwei Absätzen wirkt einfach zu dramatisch, eine extrafette Hervorhebung im Text »knallt« zu sehr. Sie sollen dem Text keine Gewalt antun, aber auf die deutliche Unterscheidbarkeit von Absätzen, Einzügen und verschiedenen Schriften achten.

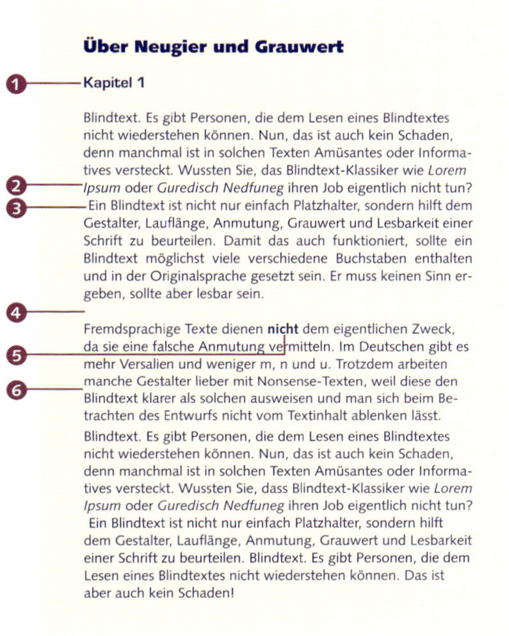

Über Neugier und Grauwert

1 Kapitel 1

Blindtext. Es gibt Personen, die dem Lesen eines Blindtextes nicht wiederstehen können. Nun, das ist auch kein Schaden, denn manchmal ist in solchen Texten Amüsantes oder Informatives versteckt. Wussten Sie, das Blindtext-Klassiker wie *Lorem* 2 *Ipsum* oder *Guredisch Nedfuneg* ihren Job eigentlich nicht tun? 3 Ein Blindtext ist nicht nur einfach Platzhalter, sondern hilft dem Gestalter, Lauflänge, Anmutung, Grauwert und Lesbarkeit einer Schrift zu beurteilen. Damit das auch funktioniert, sollte ein Blindtext möglichst viele verschiedene Buchstaben enthalten und in der Originalsprache gesetzt sein. Er muss keinen Sinn ergeben, sollte aber lesbar sein.

4

Fremdsprachige Texte dienen **nicht** dem eigentlichen Zweck, da sie eine falsche Anmutung vermitteln. 5 Im Deutschen gibt es mehr Versalien und weniger m, n und u. Trotzdem arbeiten 6 manche Gestalter lieber mit Nonsense-Texten, weil diese den Blindtext klarer als solchen ausweisen und man sich beim Betrachten des Entwurfs nicht vom Textinhalt ablenken lässt.

Blindtext. Es gibt Personen, die dem Lesen eines Blindtextes nicht wiederstehen können. Nun, das ist auch kein Schaden, denn manchmal ist in solchen Texten Amüsantes oder Informatives versteckt. Wussten Sie, dass Blindtext-Klassiker wie *Lorem Ipsum* oder *Guredisch Nedfuneg* ihren Job eigentlich nicht tun? Ein Blindtext ist nicht nur einfach Platzhalter, sondern hilft dem Gestalter, Lauflänge, Anmutung, Grauwert und Lesbarkeit einer Schrift zu beurteilen. Blindtext. Es gibt Personen, die dem Lesen eines Blindtextes nicht wiederstehen können. Das ist aber auch kein Schaden!

◂ **Abbildung 31.37**
Ein sehr unruhiger Text, dessen Struktur aus der Gliederung nicht klar erkennbar ist

Ein Beispiel für falsche und richtige Textgliederung | Abbildung 31.37 zeigt, wie man manches falsch machen kann:

- Die **Überschrift** ist nach meinem Empfinden für einen so schlichten Lesetext zu stark gewichtet.
- Die **Zwischenüberschrift** ❶ wirkt irritierend, weil sie weder zur Hauptüberschrift noch zum Lesetext eine eindeutige Position einnimmt. Sie ist beiden ein wenig ähnlich, und doch fehlt der Eindruck, dass die Seite »aus einem Guss« ist.
  Das kann auch daran liegen, dass die Zwischenüberschrift aus einer anderen Schrift gesetzt ist, nämlich der Eurostyle (der Rest des Textes ist wieder in der Syntax geschrieben). Wenn Sie **Schriftarten mischen**, müssen die Schriften zueinander passen, aber klar unterscheidbar sein. Zwei zu ähnliche Schriften nebeneinander werden unter Umständen nicht mehr als »unterschiedlich«, sondern nur noch als seltsam-disharmonisches Schriftbild wahrgenommen. Außerdem sollten Sie es nicht übertreiben: Außer bei Textcollagen sollten nicht mehr als zwei Schriften vermischt werden. Nur Meistertypografen dürfen (und können) mehr.

- Ohne dass klar ist, warum es geschah, wurden auch zwei verschiedene **Auszeichnungen** verwendet. Hier die *Kursive* ❷, eine klassische Auszeichnung, die sich gut in den Grauwert des Textes integriert, weiter unten die auffälligere **Fettschrift** ❺.
  Andere Möglichkeiten sind KAPITÄLCHEN (auch eine integrierte Auszeichnung) und Versalien (sie drängen eher nach vorne). Typografisch anspruchsvoller sind die Sperrung, die viel Handarbeit erfordert, und Unterstreichungen, die einen weiten Durchschuss erfordern. Im Internet ist die Unterstreichung allerdings für Hyperlinks reserviert und sollte nicht für andere Zwecke angewendet werden.
- Was ist mit dieser folgenden Zeile ❸ passiert? Hier wurde eine zu schüchterne **Einrückung** am Absatzanfang angebracht. Etwas mehr Deutlichkeit muss schon sein!
- Unklar ist auch, wieso in der Textmitte ein so großer **Absatz** ❹ steht. Ist das ein neues Kapitel? Ein weiterer Absatz?
- Eine ganz gute Absatzlösung findet sich weiter unten im Text ❻. Etwas größer könnte man den Abstand noch machen – und natürlich sollte **ein** Prinzip durchgehalten werden. Einrückung und Absatz lassen sich auch gut kombinieren. Besonders Schriften mit langer Laufweite und sogenannte Monospace-Schriften profitieren davon.

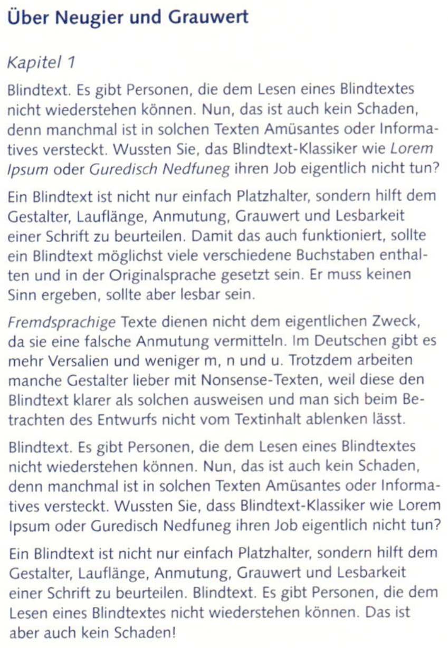
Über Neugier und Grauwert

Kapitel 1

Blindtext. Es gibt Personen, die dem Lesen eines Blindtextes nicht wiederstehen können. Nun, das ist auch kein Schaden, denn manchmal ist in solchen Texten Amüsantes oder Informatives versteckt. Wussten Sie, das Blindtext-Klassiker wie *Lorem Ipsum* oder *Guredisch Nedfuneg* ihren Job eigentlich nicht tun?

Ein Blindtext ist nicht nur einfach Platzhalter, sondern hilft dem Gestalter, Lauflänge, Anmutung, Grauwert und Lesbarkeit einer Schrift zu beurteilen. Damit das auch funktioniert, sollte ein Blindtext möglichst viele verschiedene Buchstaben enthalten und in der Originalsprache gesetzt sein. Er muss keinen Sinn ergeben, sollte aber lesbar sein.

Fremdsprachige Texte dienen nicht dem eigentlichen Zweck, da sie eine falsche Anmutung vermitteln. Im Deutschen gibt es mehr Versalien und weniger m, n und u. Trotzdem arbeiten manche Gestalter lieber mit Nonsense-Texten, weil diese den Blindtext klarer als solchen ausweisen und man sich beim Betrachten des Entwurfs nicht vom Textinhalt ablenken lässt.

Blindtext. Es gibt Personen, die dem Lesen eines Blindtextes nicht wiederstehen können. Nun, das ist auch kein Schaden, denn manchmal ist in solchen Texten Amüsantes oder Informatives versteckt. Wussten Sie, dass Blindtext-Klassiker wie Lorem Ipsum oder Guredisch Nedfuneg ihren Job eigentlich nicht tun?

Ein Blindtext ist nicht nur einfach Platzhalter, sondern hilft dem Gestalter, Lauflänge, Anmutung, Grauwert und Lesbarkeit einer Schrift zu beurteilen. Blindtext. Es gibt Personen, die dem Lesen eines Blindtextes nicht wiederstehen können. Das ist aber auch kein Schaden!

Abbildung 31.38 ▸
So ist es besser. Hier herrscht mehr Ruhe im Text, und die Hierarchie wird deutlich. Auf die Mischung von Schriften habe ich ganz verzichtet – wenn ein Schriftmix nicht wirklich passt, ist er oft nur die zweitbeste Lösung zur Auflockerung oder Auszeichnung.

32 Ebenenstile: Text mit Effekt

Die typografische Welt besteht nicht allein aus Lesetexten – prägnante Eyecatcher sollten mit ebenso viel Sorgfalt und Überlegung gestaltet werden. Mit Ebeneneffekten lässt sich Text in eine grafisch anspruchsvolle Komposition verwandeln – und das in erstaunlich kurzer Zeit. Wie Sie Photoshops Effektbox handhaben und gelungene Effektkombinationen für den erneuten Zugriff konservieren, erfahren Sie in diesem Kapitel.

32.1 Ebenenstile: Arbeiten mit Photoshops »Effektbox«

Photoshop bietet eine Reihe vorgefertigter Ebeneneffekte, die sich beliebig kombinieren lassen und zu zahlreichen unterschiedlichen Ergebnissen führen. Mithilfe eines eigenen, umfangreichen Tools, das hier der Einfachheit halber »Effektbox« genannt wird, können Sie quasi auf Knopfdruck Effekte generieren. Das spart viel Zeit und Handarbeit, weckt die Experimentierlust und macht Spaß.

32.1.1 Effekte auf Ebenen anwenden

Sie können Ebeneneffekte auf Bildebenen und Textebenen anwenden. Die wichtige Voraussetzung für fast alle Effekte ist, dass die Ebene, auf die der Effekt angewandt werden soll, deckende und transparente Pixel enthält. Hintergrund des Ganzen: Die transparenten Bereiche einer Ebene sind die Grundlage für die Berechnung der Effekte durch Photoshop. Enthält eine Ebene keine transparenten Pixel, zeigt der Effekt keine Wirkung. Bei Textebenen ist diese Voraussetzung automatisch gegeben, nur wenn Sie andere Bildobjekte mit Effekten versehen wollen, müssen Sie daran denken, dass Hintergrundebenen gegen Ebeneneffekte resistent sind.

Effekte – in Maßen

Die Effektbox ist leicht zu bedienen – und macht Spaß. Versuchen Sie dennoch, bei der Arbeit mit Effekten das richtige Maß zu bewahren und eine klare Bildsprache beizubehalten. Gestalteter Text – sei es als Lesetext oder Überschrift, als Navigationselement oder Logo – soll orientieren und klare Signale setzen, nicht verwirren!

Bild: Fotolia, Andreas Koch

Abbildung 32.1 ▶
Ebenentransparenz ist eine Voraussetzung für die Sichtbarkeit verschiedener Effekte, hier gezeigt am Beispiel der schon bekannten Buddha-Figur. Es wurde zweimal der gleiche Effekt (SCHEIN NACH AUSSEN) angewandt. Bei einer Ebene ohne Transparenz bleibt der Effekt unsichtbar, ...

Abbildung 32.2 ▶
... aber bei einer vom Hintergrund getrennten Ebene, die deckende und transparente Pixel enthält, kommt der Effekt gut zur Geltung.

32.1.2 Effekte zuweisen

Um einer Ebene einen Effekt zuzuweisen, müssen Sie die große Effektbox aufrufen und dort die Optionen für den gewünschten Effekt einstellen. Dazu gibt es mehrere Möglichkeiten:

- Doppelklicken Sie in der Ebenen-Palette auf die Fläche der Ebene, der Sie den Effekt zuordnen wollen. (Klicken Sie nicht direkt auf den Ebenentitel, sondern auf die neutrale Fläche.)
- Beim Klick auf das kleine »fx«-Icon am unteren Rand der Ebenen-Palette öffnet sich ein kleines Menü. Nach dem Anklicken eines Effekts aus der Liste erscheint die Effektbox. Die Optionen für Ihren Wunscheffekt sind dort gleich eingeblendet.

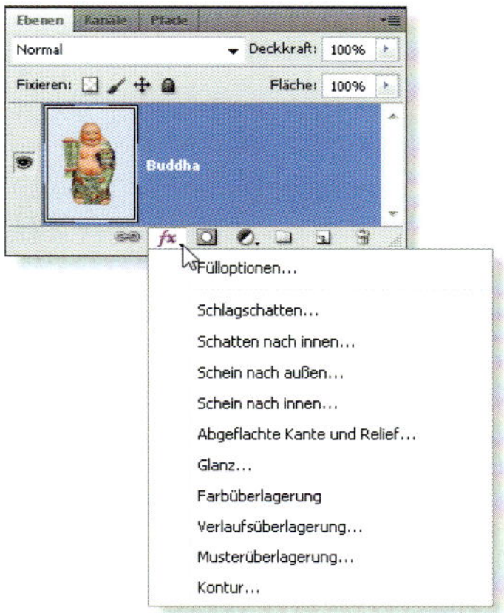

▲ **Abbildung 32.3**
Welcher Effekt darf es sein? Ein Klick auf das »fx«-Icon öffnet das hier gezeigte Untermenü, mit dem Sie direkt zu den entsprechenden Einstellungen in der Effektbox navigieren.

32.1.3 Der Ebenenstil-Dialog

Im Effektdialog können Sie die Wirkung Ihrer Effekte genauer steuern. In Abschnitt 12.9, »Erweiterte Füllmethoden«, haben Sie bereits die erweiterte Füllmethode kennengelernt, die über dasselbe Dialogfeld gesteuert wird. Diesmal benutzen Sie den Dialog als Instrument, um Ebeneneffekte zu erstellen, zu modifizieren und zu komplexen Effektkombinationen – den sogenannten **Stilen** – zusammenzufassen.

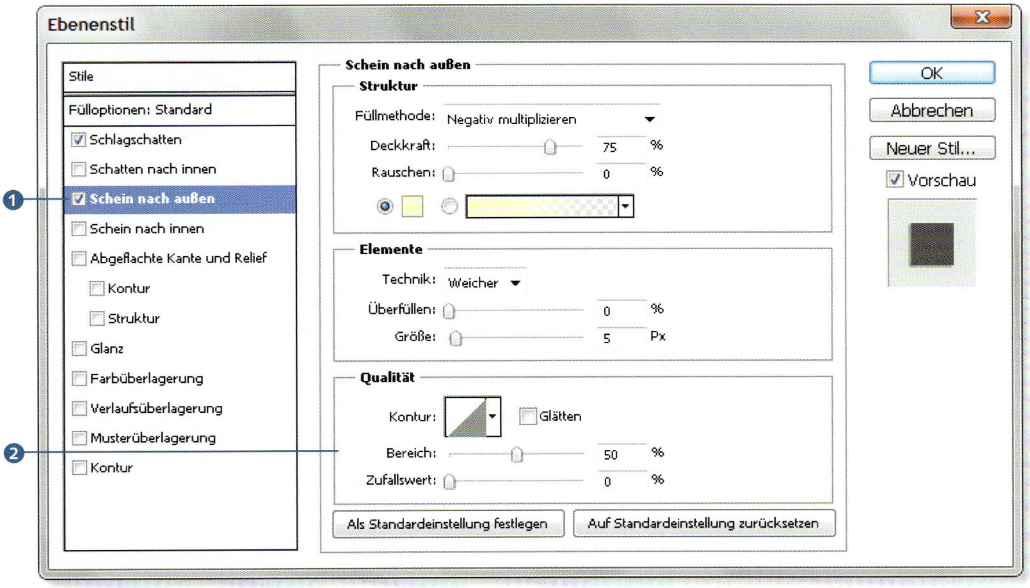

▲ **Abbildung 32.4**
Die Effektbox ist ein perfektes Tool zur Zusammenstellung von Effektkombinationen (Stilen). Einzig ihre Größe macht es etwas schwierig, sie zu handhaben – manchmal ist das zu bearbeitende Bild schlichtweg verdeckt. Hier sehen Sie die Einstellungen für den Effekt SCHEIN NACH AUSSEN, wie er in Abbildung 32.2 zu sehen ist.

Eine Liste aller möglichen frei kombinierbaren Effekte sehen Sie im linken Bereich der Box unter der Überschrift STILE. Um einen Effekt einer Ebene zuzuweisen und sich die Optionen für diesen Effekt anzeigen zu lassen, müssen Sie auf den Effektnamen klicken. Kleine Häkchen in den Feldern vor den Effektnamen zeigen an, ob diese für die aktive Ebene bereits ausgewählt wurden.

Sobald Sie in der STILE-Liste links ❶ einen Stil anklicken, ändert sich auch die Anzeige im rechten Teil der Dialogbox ❷. Sie sehen dann dort die verschiedenen Einstellungsmöglichkeiten für den jeweiligen Effekt.

32.1.4 Anzeige in der Ebenen-Palette

Wenn Sie einer Ebene Ebeneneffekte zugewiesen haben, zeigt die Ebenen-Palette diese Effekte an. Das kann – je nach Komplexität des Stils – eine ganze Reihe von Einzeleffekten sein, die, immer wieder neu variiert und kombiniert, schier endlose Gestaltungsmöglichkeiten bieten.

Zur Kontrolle der Wirkung lassen sich Effekte auch mithilfe des Augensymbols vor den eingerückten Einzeleffekten ausblenden. Das oberste Augensymbol ❸ blendet den kompletten Stil (alle Effekte dieser Ebene) aus, während die eingerückten Augensymbole ❹ einzelne Effekte aus der Effektkombination ausblenden. Mit dem kleinen Pfeil ❻ neben dem »fx«-Icon lässt sich die Liste ähnlich wie ein Ebenenset einklappen. Und ein Rechtsklick (`Ctrl` + Klick) auf das »fx«-Icon ❺ öffnet ein Menü mit weiteren Befehlen für die Arbeit mit Stilen.

Abbildung 32.5 ▸
Das Kontextmenü der Effekte

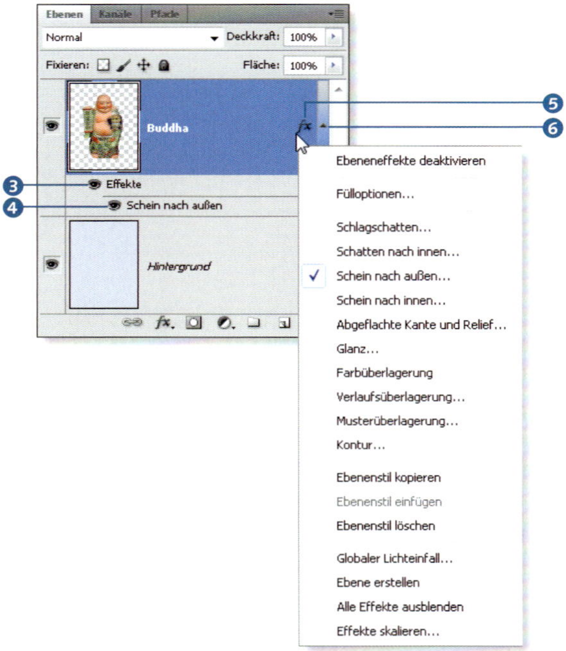

32.2 Die Ebenenstile im Überblick

In den folgenden Absätzen stelle ich Ihnen die Effekte im Einzelnen vor und zeige mögliche Anwendungsbereiche an Schriften. Aus der Fülle der Möglichkeiten, die sich aus immer neuen Effektkonstellationen ergibt, kann ich hier naturgemäß nur einen kleinen Ausschnitt zeigen. Selbst zu experimentieren ist die beste Möglichkeit, sich mit Ebeneneffekten vertraut zu machen!

Die ersten vier Effekte aus der Liste arbeiten alle mit (simuliertem) Licht und haben recht ähnliche Einstellungen – man kann aber sehr unterschiedliche Ergebnisse erzielen!

Webressourcen nutzen

Sollten Sie einen bestimmten Effekt nachbauen wollen und wissen nicht genau wie – das Web liefert zahlreiche Arbeitsanleitungen. Oft reicht es, »Photoshop« und den gesuchten Effekt (»Chrom«, »Glasbutton« ...) in die Suchmaschine einzugeben. Sie erhalten dann zahlreiche Tutorials unterschiedlicher Qualität.

32.2.1 Schlagschatten – nicht nur dezent-elegant

Ein Klassiker ist sicherlich der Schlagschatten. Als eleganter oder auch poppiger Soloeffekt kann er Schrift und Ebenenobjekte zum Schweben bringen. In Kombination verhilft er 3D-Effekten zu noch mehr Plastizität.

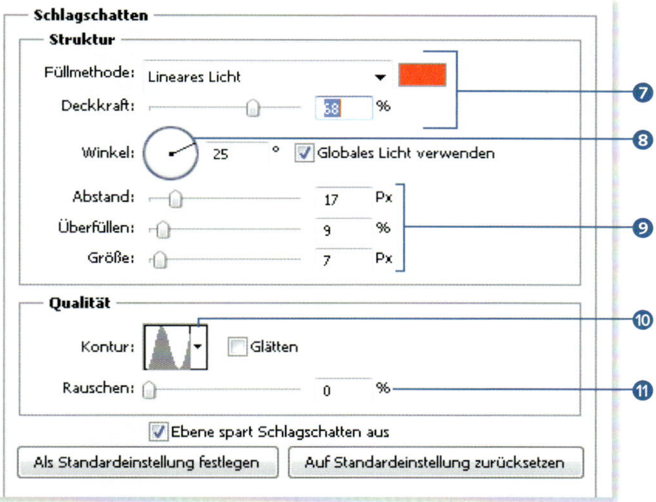

▲ **Abbildung 32.6**
Dies sind die Einstellungen für den 70er-Jahre-inspirierten Texteffekt in Rot-Gelb-Blau (Abbildung 32.8). Verantwortlich für die überraschende Outline am Schatten ist die Option KONTUR. Das Konturmenü rufen Sie durch einen Klick auf den kleinen Pfeil ⑩ auf.

Dateien auf der Buch-DVD: »t_schlagschatten_klassik.tif«, »t_schlagschatten_70s.tif«

▲ **Abbildung 32.7**
Den typischen Schattenwurf haben Sie schon in zahlreichen Varianten gesehen, ...

▲ **Abbildung 32.8**
... aber auch so etwas lässt sich mit dem Effekt SCHLAGSCHATTEN bewerkstelligen.

Struktur: Schatten sind mehr als weiche Verläufe | Die ersten Einstellungen des Schlagschattens beziehen sich auf FÜLLMETHODE, FARBE und DECKKRAFT ⑦ und sollten Ihnen nun keine Schwierigkeiten mehr bereiten. Den Farbwähler öffnen Sie wiederum durch einen Klick auf das kleine Farbfeld.

WINKEL ❽ bezieht sich auf den Lichteinfallswinkel. Sie können den kleinen Gradmesser mit der Maus packen und verschieben oder Zahlenwerte eingeben. Wenn Sie mit mehreren Effekten in einem Bild arbeiten – was meist der Fall sein wird, da sich die Effekte so einfach kombinieren und damit potenzieren lassen –, sind Sie gut beraten, den Haken im Kontrollfeld GLOBALES LICHT VERWENDEN beizubehalten. Damit wird für ein gesamtes Dokument die gleiche Lichtrichtung festgelegt. Unterschiedliche Schattenwürfe können optisch sehr verwirrend wirken!

Die Gestalt des Schattens und seine Position bestimmen Sie mit ABSTAND, ÜBERFÜLLEN und GRÖSSE ❾. ABSTAND bestimmt, wie weit eine Schrift oder ein anderes freigestelltes Objekt über dem Hintergrund »schwebt«, und GRÖSSE legt die Ausdehnung des Schattens fest. Ist der Wert gering, folgt der Schatten präzise der Schriftform, ist er höher, kann der Schatten schnell bildfüllend werden. Gleichzeitig wird der Schatten durch einen höheren Größenwert weichgezeichnet. ÜBERFÜLLEN vergrößert den Schatten ebenfalls, ohne dass er an Schärfe oder Präzision verliert.

Einstellungen zur Darstellungsqualität | Nicht nur hier, sondern bei anderen Effekten auch, liefert die Einstellung der KONTUR ❿ die erstaunlichsten Variationen. Sie können zwischen verschiedenen vorgefertigten Konturen wählen, wenn Sie auf den kleinen Pfeil klicken. GLÄTTEN sollten Sie insbesondere bei kleinen Schatten mit einer komplizierten Kontur aktivieren – gemeint ist hier nicht Anti-Aliasing, sondern ein Ausgleichen detaillierter, verwinkelter Kontur- und Schattenlinien.

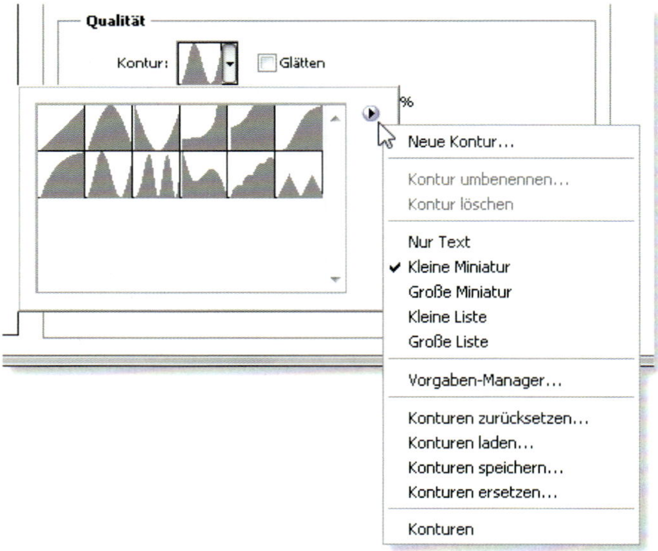

Abbildung 32.9 ▸
Verschiedene Konturformen für unterschiedlich gestaltete Schatteneffekte. Sie finden diese Option auch bei anderen Stilen.

Zum Weiterlesen: Konturen verwalten
Das Seitenmenü, das Sie in Abbildung 32.9 sehen, dient zur Verwaltung fertiger und individuell angepasster Konturen. Das funktioniert genauso wie bei anderen Vorgaben auch. Mehr dazu finden Sie in Abschnitt 5.5, »Farbfelder, Muster, Stile & Co: Kreativressourcen organisieren«.

Auch der Option RAUSCHEN ⓫ werden Sie noch des Öfteren begegnen. Das Rauschen löst einen weichen Farbverlauf in geditherte Sprenkel auf. Diese Option ist dann empfehlenswert, wenn Sie Texteffekte für das Web produzieren – die Bilddatei lässt sich kleiner speichern, und auch mit der Browser-Darstellung gibt es weniger Probleme.

TOPP-TIPP: Schriften besser lesbar machen

SCHLAGSCHATTEN ist auch sehr gut geeignet, um Schriften zu akzentuieren. Ein Schatten kann einen Text vom Hintergrund abheben und einer zu mageren Schrift mehr Gewicht verleihen. Dabei kommt es auf die Richtung des Schattens an! Beim Lesen sind die linken Kanten der Buchstaben für das Auge am wichtigsten. Also sollten diese auch betont werden – ein Schatten nach links ist in solchen Fällen günstiger als der unausgesprochene Standard SCHATTEN NACH RECHTS UNTEN.

▲ **Abbildung 32.10**
Hier erkennen Sie, wie man Schattenwürfe auch einsetzen kann, um magere oder zu wenig kontrastierende Schriften …

▲ **Abbildung 32.11**
… besser lesbar zu machen. Das klappt bei Überschriften und Schmuckschriften, doch nicht bei Lesetexten. Die Abbildungen finden Sie auf der Buch-DVD unter »schatten_mit.tif« und »schatten_ohne.tif«.

32.2.2 Schatten nach innen – wie ausgestanzt

Der SCHATTEN NACH INNEN funktioniert ähnlich wie der Schlagschatten, produziert aber einen Ausstanz-Effekt. Die Einstellungen sind fast identisch zu denen des Schlagschattens. Einziger Unterschied: Statt ÜBERFÜLLEN finden Sie hier das UNTERFÜLLEN. (Da der Schatten nun in »Gegenrichtung« funktioniert, wurde auch diese Berechnung umgekehrt.) Die Wirkung ist aber dieselbe: Der Schatten wird größer, ohne an Präzision zu verlieren.

Wenn Sie so einen naturalistischen Schattenwurf wie hier produzieren wollen – egal ob nach innen oder als Schlagschatten –, sollten Sie als Füllmethode MULTIPLIZIEREN wählen. Oft wirkt

Datei auf der Buch-DVD: »t_schatten_innen.tif«

▲ **Abbildung 32.12**
So »echt« kann ein Schatten – diesmal nach innen – auch wirken.

es auch besser, statt des standardmäßig eingestellten Schwarz eine Farbe zu nehmen, die dem Hintergrund angepasst ist. Ich habe hier ein dunkles Rot als Schattenfarbe eingestellt. Die Konturenform war die einfache Diagonale.

32.2.3 Schein nach außen – Lampe hinter dem Text

Die beiden Scheineffekte lassen den Text selbst leuchten. Als Einzeleffekt ist der SCHEIN NACH AUSSEN vielleicht ein wenig langweilig, zusammen mit anderen Effekten wie SCHEIN NACH INNEN oder RELIEF wird er aber recht häufig eingesetzt. Sie können auch mit diesem Effekt Schriften zu besserem Kontrast zum Hintergrund verhelfen!

Datei auf der Buch-DVD: »t_schein-aussen.tif«

▲ **Abbildung 32.13**
Eine etwas Las-Vegas-mäßige Textakzentuierung mit SCHEIN NACH AUSSEN

Die meisten Einstellungen, die hier angeboten werden, kennen Sie nun schon weitestgehend. Die Scheineffekte, aber auch alle anderen, wirken sehr stark durch die Füllmethode. Hier lohnt sich auf jeden Fall das Experimentieren! Noch nicht vorgestellt wurden die folgenden Einstellungen:

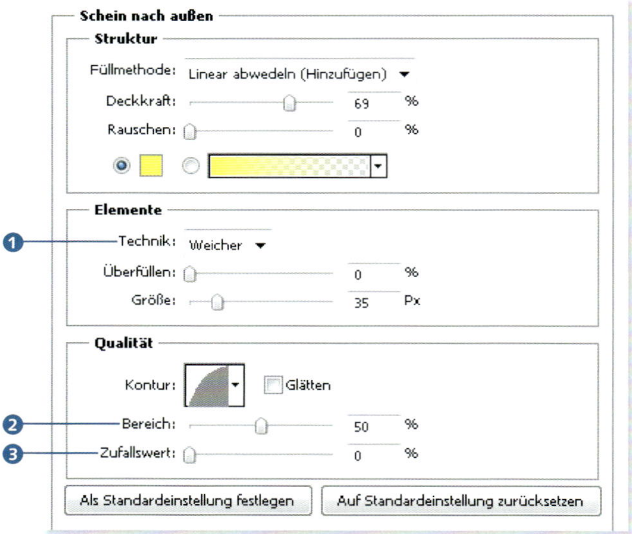

▲ **Abbildung 32.14**
Die Einstellungen für den Beispieleffekt SCHEIN NACH AUSSEN

TECHNIK ❶ legt fest, wie genau der Schein an der Kontur ausgerichtet ist. Für kleinteilige Objekte und feinere Schriften empfiehlt sich PRÄZISE, da hier die Details besser erhalten bleiben.

BEREICH ❷ bestimmt quasi die Leuchtstärke der hinter dem Text angebrachten imaginären Lichtquelle. Ein geringer Wert führt zu einem breiten, scharf konturierten Schein, höhere Werte führen zu einem weichen und schmalen Lichtbereich.

CS5 Presets für Effekteinstellungen

Wenn Sie viel mit Ebenenstilen arbeiten, haben Sie sich bestimmt schon einmal über dieses Verhalten von Photoshop geärgert: Immer, wenn man einen bestimmten Stil anwenden will, wird die Effektbox mit derselben Voreinstellung geöffnet. In der Regel ist das aber nicht die, die man braucht. Das lässt sich nun ändern. Mit dem Button ALS STANDARDEINSTELLUNG FESTLEGEN, den Sie bei verschiedenen Stilen finden, können Sie Ihre eigenen Werte als Default-Einstellung fixieren. Und ein Klick auf AUF STANDARDEINSTELLUNG ZURÜCKSETZEN bringt den Effekt wieder auf Adobes Werkseinstellungen.

Der Schein ist technisch gesehen ein Verlauf. ZUFALLSWERT ❸ soll nun die Transparenz und die Farben in diesem Verlauf variieren.

Datei auf der Buch-DVD: »t_schein innen.tif«

32.2.4 Schein nach innen – selbstleuchtend

SCHEIN NACH INNEN sieht allein schon spektakulär aus, zusammen mit RELIEF und den anderen Schatten- und Scheineffekten ist er eine Grundzutat für komplexere Stile wie Glasschrift, Chromeffekt und Ähnliches.

Im Dialogfeld treffen Sie fast nur noch auf schon bekannte Einstellungen. Neu – und für die Erscheinung des Effekts entscheidend – ist hier die etwas versteckte Einstellung QUELLE ❹. Damit legen Sie fest, in welche Richtung das imaginäre Licht strahlt: MITTE lässt eher die Schriftkanten erglühen, bei KANTE strahlt die Schrift von den Kanten weg nach innen.

▲ **Abbildung 32.15**
Ton in Ton, aber auffallend: Hier wurde der Text selbst als Lichtquelle inszeniert. Die Textfarbe ist mit der Hintergrundfarbe fast identisch, erst durch den Effekt wird sie wahrnehmbar.

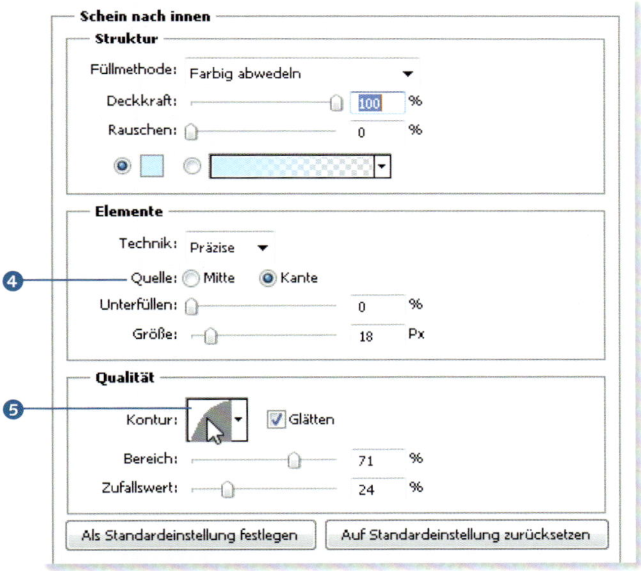

▲ **Abbildung 32.16**
Meine Einstellungen für die blaue Leuchtschrift. Hier habe ich eine der vorgegebenen Konturkurven etwas modifiziert. Um den Kontur-Editor aufzurufen, müssen Sie in das KONTUR-Icon ❺ selbst klicken.

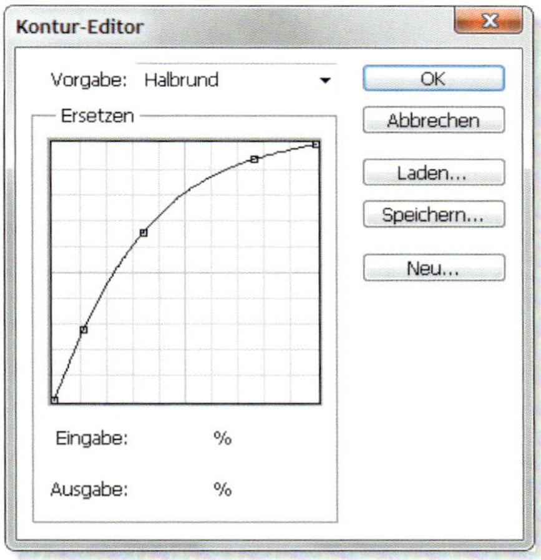

▲ **Abbildung 32.17**
Der KONTUR-EDITOR: Die Kurve lässt sich einfach per Maus verändern.

32.2.5 Abgeflachte Kante und Relief – wohl dosiert anzuwenden

Der Effekt mit den meisten Einstellungsmöglichkeiten, aber wohl auch mit dem größten Potenzial zum optischen Desaster ist ABGEFLACHTE KANTE UND RELIEF. Eine klassische Anwendung sind sicherlich Buttons für eine Website: Dort kann die

Datei auf der Buch-DVD: »t_relief.tif«

▲ **Abbildung 32.18**
Mit dem plastischen Effekt ABGEFLACHTE KANTE UND RELIEF können fast alle Materialien – von Metall über Kunststoff bis zu Glas – und alle möglichen Aggregatzustände von Marmor bis zur Götterspeise dreidimensional imitiert werden. Hier wurde der Effekt mit SCHLAGSCHATTEN und SCHEIN NACH INNEN in niedriger Dosierung kombiniert.

Dreidimensionalität die Analogie zum Schalter verdeutlichen und hilft, Bedienelemente mit einem Blick zu finden. Die Anwendung solcher Effekte auf Text sollte jedenfalls immer gut überlegt erfolgen – zumal Gestaltungselemente wie Chromschrift, gläserne Buchstaben und Ähnliches auch schon recht abgenutzt sind.

Die Einstellungen beeinflussen sich gegenseitig sehr stark. Sie sollten sich daher beim Anlegen des Effekts von oben nach unten durch das Dialogfeld arbeiten, um die Übersicht nicht zu verlieren und die Wirkung der einzelnen Änderungen besser einschätzen zu können. Wenn Ihnen die Grundeinstellungen nicht genügen, können Sie die Ergänzungseffekte KONTUR und STRUKTUR noch hinzunehmen.

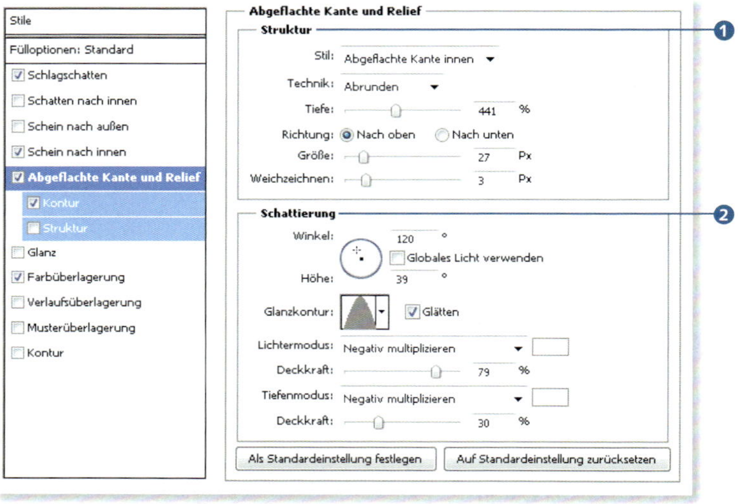

Abbildung 32.19 ▶
Die komplexen Grundeinstellungen für plastische Effekte

Einstellungen zur Strukur | Unter STRUKTUR ❶ legen Sie die 3D-Form fest. Das lässt sich in zwei Schritte gliedern. Es gibt folgende Grundeinstellungen: STIL bestimmt, was mit den Kanten Ihres Textes überhaupt passieren soll, und TECHNIK bietet die Auswahl zwischen verschiedenen Kanten. Die Option ABRUNDEN erzeugt dabei die Illusion einer eher weichen Substanz; die anderen Einstellungen wirken härter. TIEFE legt die Intensität des Effekts fest, RICHTUNG soll eigentlich bestimmen, ob ein Text nach unten eingedrückt oder aus dem Papier (oder Bildschirm) herausgemeißelt erscheint – das ist aber bei komplexen Effekten gar nicht immer so leicht zu erkennen.

GRÖSSE und WEICHZEICHNEN können die bisher erreichte Dreidimensionalität akzentuieren, dosieren oder den Effekt komplett ruinieren – hier ist Vorsicht angebracht. Niedrige Einstellungen lassen einen Text oft leicht metallisch erscheinen.

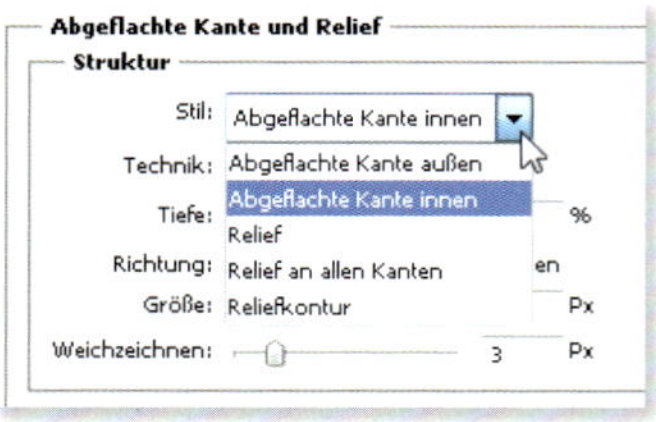

▲ **Abbildung 32.20**
Die Einstellungen unter STIL beeinflussen das Aussehen des Reliefs entscheidend.

Einstellungen zur Schattierung | Alles unter SCHATTIERUNG ❷ dient dem Feintuning für die Belichtung der 3D-Schriften oder -Objekte. Mit den Einstellungen sollten Sie eigentlich keine Probleme haben – es gibt nur bekannte Parameter. Eine kleine Neuerung werden Sie jedoch entdecken: Während Sie bei den Schatten- und Scheineffekten bisher entweder Licht oder Schatten einstellen konnten, haben Sie hier beides auf einen Schlag.

Ergänzungseffekte Kontur und Struktur | Mit dem zusätzlichen Effekt KONTUR bestimmen Sie, welche Form die Reliefkanten haben sollen. Hier ist einfach Ausprobieren die beste Lösung. Da man gerade bei diesem komplexen Effekt schnell die Übersicht verliert, möchte ich Sie nochmals an die Möglichkeit erinnern, Schnappschüsse anzulegen oder mit Ebenenduplikaten zu arbeiten. (Letzteres bietet gerade bei Effekten eine gute Vergleichsmöglichkeit mehrerer Varianten.)

Zum Weiterlesen: Arbeit mit Mustern
Wie Sie eigene Muster erzeugen, erfahren Sie in Abschnitt 26.3, »Muster«. Muster gehören zu den sogenannten Vorgaben. Mehr zu deren Verwaltung lesen Sie in Abschnitt 5.5, »Farbfelder, Muster, Stile & Co: Kreativressourcen organisieren«.

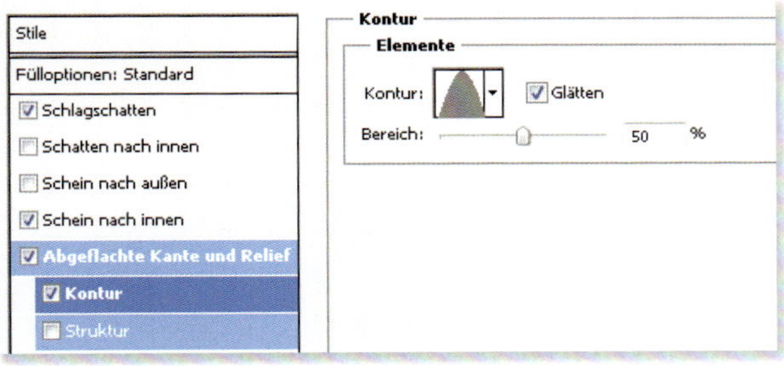

◀ **Abbildung 32.21**
Welche Form sollen die Kanten des Reliefs haben?

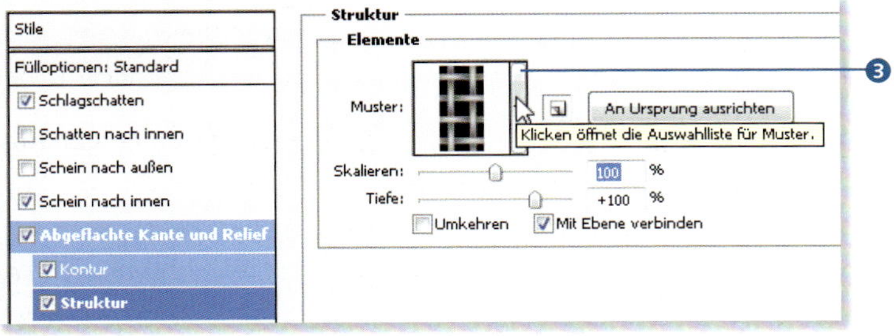

◀ **Abbildung 32.22**
Zusätzliche Möglichkeiten eröffnet der ergänzende Effekt STRUKTUR, mit dem Sie in Schriften und Ebenenobjekten ein Muster »einprägen« können. TIEFE bestimmt den Wirkungsgrad, SKALIEREN die Größe des Musters. Der kleine Pfeil an der Musterliste ❸ klappt die Liste zur Auswahl weiterer Muster aus.

32.2.6 Glanz – wie Glas und Metall

Der Effekt GLANZ wird wohl eher selten allein benutzt, meist ergänzt er andere Effekte. Wie viele plastische Effekte auch erweisen sich Glanzeffekte im Internet-Einsatz als Ressourcenfresser – mehrere Dateien dieser Art summieren sich zu unschön langen Download-Zeiten. Auf Papier wirken Glanz & Co. nur in hochwertigem Druck. Das sollten Sie in jedem Fall bedenken. Die Einstellungen bieten Ihnen nichts Neues – probieren Sie sie einfach aus.

Datei auf der Buch-DVD: »t_glanz.tif«

▲ **Abbildung 32.23**
Oft gebraucht als Ergänzung zu 3D-Effekten: Glanz – hier mit einer leichten Reliefkante kombiniert.

32.2.7 Farbüberlagerung – Farbe flexibel bearbeiten

Datei auf der Buch-DVD: »t_farbüberl.tif«

▲ **Abbildung 32.24**
Die Farbüberlagerung ermöglicht das zielgerichtete nachträgliche Ändern der Farbwirkung von Schrift und anderen Ebenen. Ich habe hier die rote Gelee-Schrift aus Abbildung 32.18 blau gefärbt.

Die nächsten drei Effekte sind auch auf Ebenen ohne Transparenz anzuwenden. Sie sind Bestandteil vieler Foto-Verfremdungseffekte. Aber auch für Texte finden sich effiziente Anwendungen.

Für sich allein und mit der Füllmethode Normal ist die Farbüberlagerung fast sinnlos. Der Effekt ist aber eine gute Hilfe, um Schrift nachträglich zu verbessern, deren ursprüngliche Farbe sich durch Glanzauflegen und andere komplexere Effektkombinationen unerwünscht geändert hat. Trotzdem bleiben Sie dabei flexibel. Der Schlüssel ist wiederum die Füllmethode! Anders als viele andere Effekte eignet sich die Farbüberlagerung – wie die beiden anderen Überlagerungseffekte auch – für komplett pixelgefüllte Ebenen. Sie können Farbüberlagerung z. B. auch nutzen, um Fotos künstlich altern zu lassen.

Abbildung 32.25 ►
Die Einstellungen für die Farbüberlagerung sind unkompliziert. Die Bedeutung der verschiedenen Füllmethoden wird in Abschnitt 12.9, »Erweiterte Füllmethoden«, erläutert.

32.2.8 Verlaufsüberlagerung – Schrift gezielt kontrastieren

Der Verlauf ist eine der vielseitigsten Photoshop-Funktionen. Neben dem eigentlichen Verlaufswerkzeug sind Verläufe in verschiedenen anderen Werkzeugen versteckt und helfen, immer neue Resultate zu erzielen – so auch in den Ebeneneffekten.

Dateien auf der Buch-DVD: »t_verlauf_1.tif« und »t_verlauf_2.tif«

▲ **Abbildung 32.26**
Zu wenig Kontrast von Text und Hintergrund, besonders im oberen Bereich. Eine ähnliche Situation treffen Sie auch öfter an, wenn Sie Schrift auf Fotos setzen wollen.

▲ **Abbildung 32.27**
Gezielte Abhilfe mithilfe der Verlaufsüberlagerung

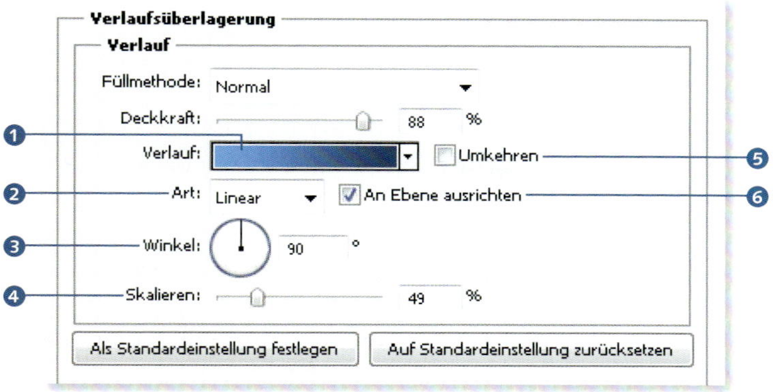

◂ **Abbildung 32.28**
Einstellungen für die Verlaufsüberlagerung. Sie unterscheidet sich nicht von der Funktionsweise des Verlaufswerkzeugs.

Ein Klick auf den Verlaufsbalken ❶ öffnet eine Liste, aus der Sie den gewünschten Verlauf auswählen können. Dieser lässt sich dann noch weiter anpassen.

ART ❷ legt fest, welche Form der Verlauf annimmt (Abbildung 32.29). WINKEL ❸ ist für die Akzentuierung von Schrift sehr nützlich: Damit können Sie die helleren oder per Verlauf abgedunkelten Bereiche recht genau an die Stelle der Schrift bugsieren, an der sie sitzen sollen.

SKALIEREN ❹ verkleinert oder vergrößert den Verlauf – in der praktischen Arbeit bedeutet das meist eine mehr oder weniger starke Weichzeichnungswirkung.

Wenn Sie keinen Verlauf finden, der Ihnen zusagt, hilft vielleicht UMKEHREN ❺. Diese Option spiegelt die bisherige Verlaufsrichtung.

AN EBENE AUSRICHTEN ❻ berechnet die Verlaufsfüllung mit dem Begrenzungsrahmen der Ebene.

Ein Verlaufseffekt kann auch einfach im Bild mit der Maus angefasst und verschoben werden. Das ist extrem nützlich zur genauen Platzierung von Verläufen an der Stelle, wo eine Aufhellung oder Abdunkelung gebraucht wird.

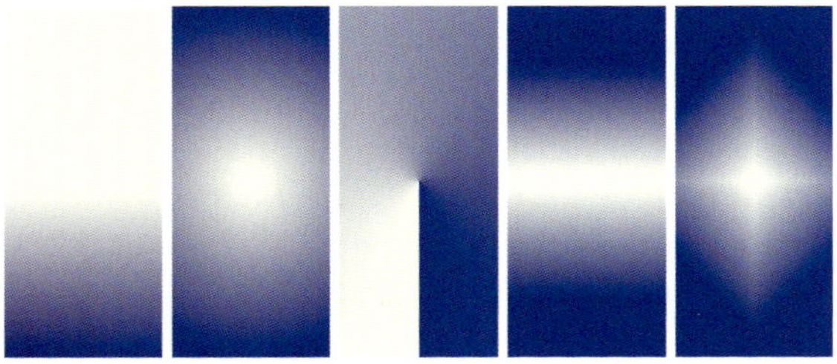

▴ **Abbildung 32.29**
Unterschiedliche Verlaufsformen. Von links: LINEAR, RADIAL, WINKEL, GESPIEGELT und RAUTE. Für die meisten Zwecke ist ein Linearverlauf ausreichend.

Zum Weiterlesen: Eigene Farbverläufe definieren und verwalten
Sie können auch eigene Verläufe erstellen. Wie das geht, ist ganz genau in Abschnitt 26.2, »Das Verlaufswerkzeug: Farbverläufe erstellen«, beschrieben. Verläufe gehören zu Photoshops Vorgaben – das sind kreative Hilfsmittel, die in sogenannten Bibliotheken verwaltet werden und die Sie an vielen Stellen des Programms wiederfinden. Dazu gehören Verläufe, aber auch Muster, Konturen (wie vom Schlagschatten) und die Ebenenstile, die daraus definiert sind. Wie Sie die verwalten, lesen Sie in Abschnitt 5.5, »Farbfelder, Muster, Stile & Co: Kreativressourcen organisieren«.

32.2.9 Musterüberlagerung – sehr flexibel

Der Effekt MUSTERÜBERLAGERUNG ist eine sehr gute Alternative zur Füllung von Ebenen mit Mustern (mit dem Füllwerkzeug oder mit dem Befehl BEARBEITEN • FLÄCHE FÜLLEN oder ⇧+F5). Sie haben bei einer Musterüberlagerung mehr Einstellungsmöglichkeiten und bleiben flexibel. Dieser Effekt wirkt nicht bei kleinen Schriften oder schmalen Strichstärken, sondern ist eher für kräftige Schriften oder Flächen geeignet.

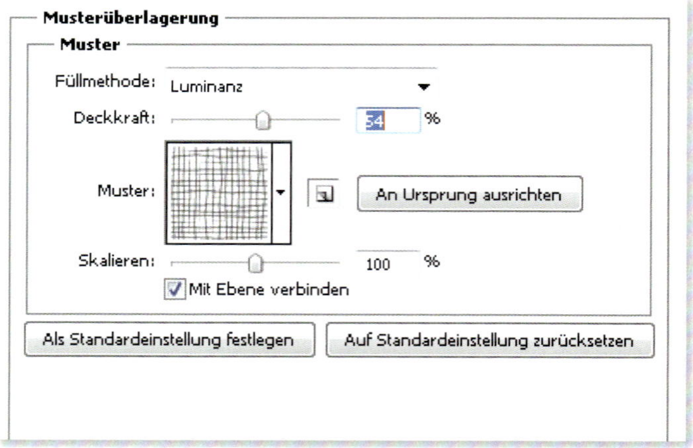

Abbildung 32.30 ▸
Die wichtigsten Einstellungen für die Musterüberlagerung.

Datei auf der Buch-DVD: »t_musterüberl.tif«

Abbildung 32.31 ▴
Eine Reminiszenz an das Farbspektrum der Fünfziger: Text mit Musterfüllung

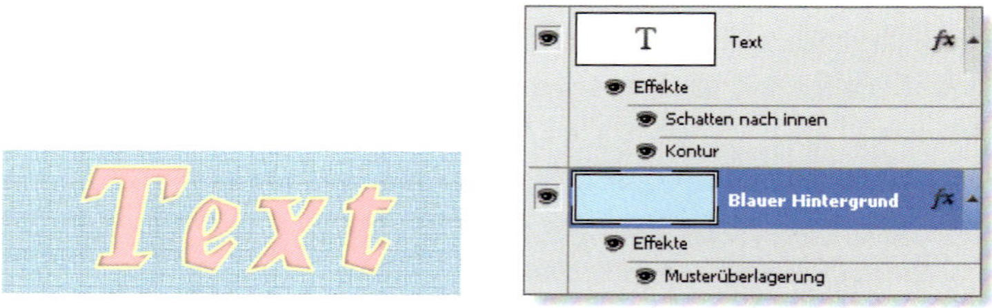

▴ Abbildung 32.32
Eine üppigere Variante. Dabei wurden drei Effekte zu einem Stil kombiniert: SCHATTEN NACH INNEN und KONTUR wurden beim rosafarbenen Text eingesetzt, die MUSTERÜBERLAGERUNG liegt auf der hellblauen Ebene unterhalb des Textes (die durch den Schatteneffekt aussieht, als würde sie über der Textebene schweben). Die Ebenen-Palette zeigt den Aufbau.

Die Optionen bieten keine Überraschungen mehr. Hervorzuheben ist SKALIEREN. Dadurch bieten sich zahlreiche Differenzierungsmöglichkeiten beim Einsatz von Mustern – so kann ein und dasselbe Grundmuster in verschiedenen Größen sehr unterschiedlich wirken.

Zusätzlich können Muster wie Verläufe auch mit der Maus verschoben werden. Hier müssen Sie erst den Haken am Kontrollfeld MIT EBENE VERBINDEN lösen. Wenn Sie fertig sind, sollten

Sie den Haken wieder setzen, um zu verhindern, dass Text und Muster unbeabsichtigt gegeneinander verschoben werden.

32.2.10 Kontur – starke Hervorhebung

Datei auf der Buch-DVD: »t_kontur.tif«

Kontureffekte an Text wirken nicht immer gut, können aber eine Schrift akzentuieren und lesbarer machen, indem sie Kontrast zwischen Vorder- und Hintergrund schaffen. Den Kontureffekt können Sie aber auch anwenden, um freistehende Bildelemente zu betonen – Sie haben den Effekt hier schon mehrfach bei Vergrößerungen gesehen.

▲ **Abbildung 32.33**
Eine weitere Variante in Gelb-Blau-Rot: der Kontureffekt solo

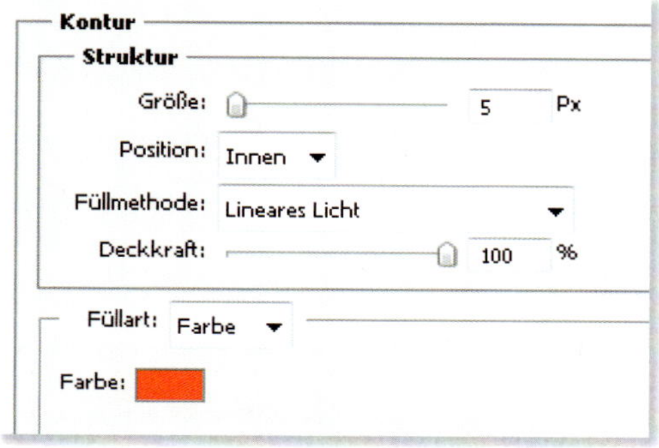

◂ **Abbildung 32.34**
Die Optionen des Effekts sind übersichtlich. Wenn Sie mit Schrift arbeiten, achten Sie darauf, dass Sie unter Position eine Einstellung wählen, bei der Schriftdetails trotz neuer Kontur erhalten bleiben.

32.3 Effekte modifizieren

Die Effektbox bietet unzählige Variationsmöglichkeiten. Dennoch bleiben es Effekte »von der Stange«, und man wünscht sich manchmal ein wenig mehr Originalität, um Schrift ein unverwechselbares Gesicht zu geben. Eine effiziente Möglichkeit sind Photoshops Filter (dazu müssen Schriften allerdings gerastert werden, und sie sind dann nicht mehr editierbar). Eleganter ist da die erweiterte Füllmethode, mit der sich Effekte modifizieren lassen – die volle Editierbarkeit bleibt erhalten.

Schritt für Schritt: Zurückhaltend und originell – Effekte ohne Text

1 Ebeneneffekt erstellen

Schreiben Sie als Erstes Ihren Text, und erstellen Sie, wie gewohnt, den gewünschten Ebeneneffekt oder Ebenenstil mithilfe der Effektbox. In Abbildung 32.35 sehen Sie eine bunte Variante mit Schein nach aussen.

Datei auf der Buch-DVD: »SchnörkelBeispiel.tif«

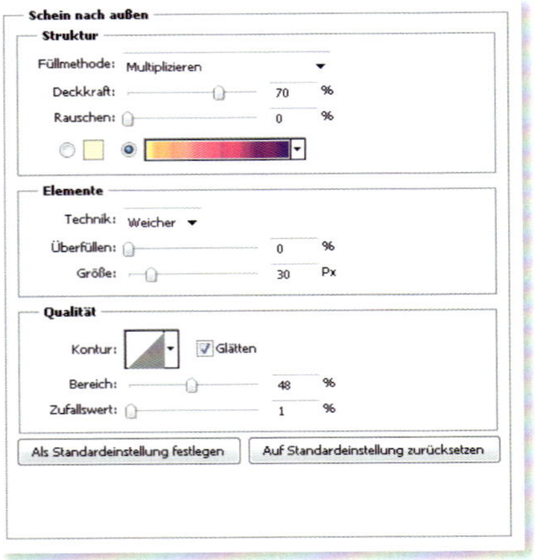

Abbildung 32.35 ▲
Die Einstellungen für den Effekt – so poppig kann SCHEIN NACH AUSSEN sein!

2 Text ausblenden

Setzen Sie in der Ebenen-Palette unter FLÄCHE den Wert auf null. Zwischenstufen sind natürlich ebenfalls möglich und können ganz reizvoll sein. Der Text wird langsam ausgeblendet. Der Effekt bleibt allerdings stehen!

▲ **Abbildung 32.36**
Der Effekt bleibt erhalten, die Textebene wird heller.

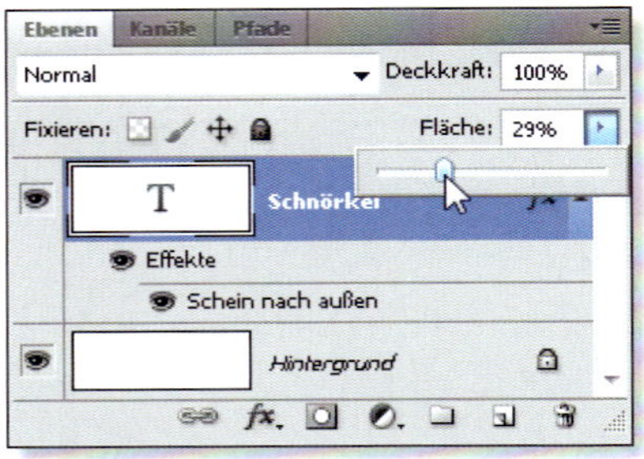

▲ **Abbildung 32.37**
Reduzieren Sie die FLÄCHE-Deckkraft.

Alternativ können Sie die Ebenenfüllung auch direkt in der Effektbox ausblenden. Dazu klicken Sie dort ganz oben in der STILE-Liste auf FÜLLOPTIONEN: STANDARD. Dort stellen Sie unter ERWEITERTE FÜLLMETHODE – nicht unter ALLGEMEINE…! – die Deckkraft von 100 auf 0.

3 Und so könnte es aussehen …

Abbildung 32.38 ▶
Ein mögliches Ergebnis

Weitere Beispiele | Besonderen Charme entwickeln die so bearbeiteten Schriften oft, wenn man sie auf einen strukturierten Untergrund oder ein Foto stellt. Einige Varianten:

Dateien auf der Buch-DVD: »Himmell1.tif«, »Himmel2.tif«, »Himmel3.tif«

◂ **Abbildung 32.39**
Schein nach aussen

◂ **Abbildung 32.40**
Schein nach innen

◂ **Abbildung 32.41**
Abgeflachte Kante und Relief plus Schein nach Innen – alle Effekte mit ausgeblendeter Textebene

32.4 Ebeneneffekte in Ebenen umwandeln

Im normalen Zustand als Ebeneneffekt lassen sich Stile zwar jederzeit editieren, aber nicht mit Filtern bearbeiten, nicht transformieren oder anders verfremden. Allerdings gibt es eine Möglichkeit, wie Sie dennoch zu solchen erweiterten Bearbeitungsmöglichkeiten kommen. Dazu müssen Sie den Ebenenstil mit dem Befehl Ebene Erstellen ❸ in eine Ebene umwandeln. Sie finden den Befehl im Kontextmenü des Effekts in der Ebenen-Palette. Da die Ebenen-Palette mit Kontextmenüs geradezu gespickt ist, müssen Sie genau klicken (Abbildung 32.42).

Für die neuen Bearbeitungsmöglichkeiten müssen Sie jedoch alle anderen praktischen Änderungsoptionen der Ebeneneffekte opfern: Die so generierte Ebene können Sie über die Effektbox und deren zahlreiche Optionen nicht mehr beeinflussen. Und wenn Sie Text oder andere Ebeneninhalte nachträglich ändern, bleibt der in eine Ebene umgewandelte Effekt unverändert – die ursprüngliche Verknüpfung zwischen Ebene und Ebeneneffekt ist aufgelöst.

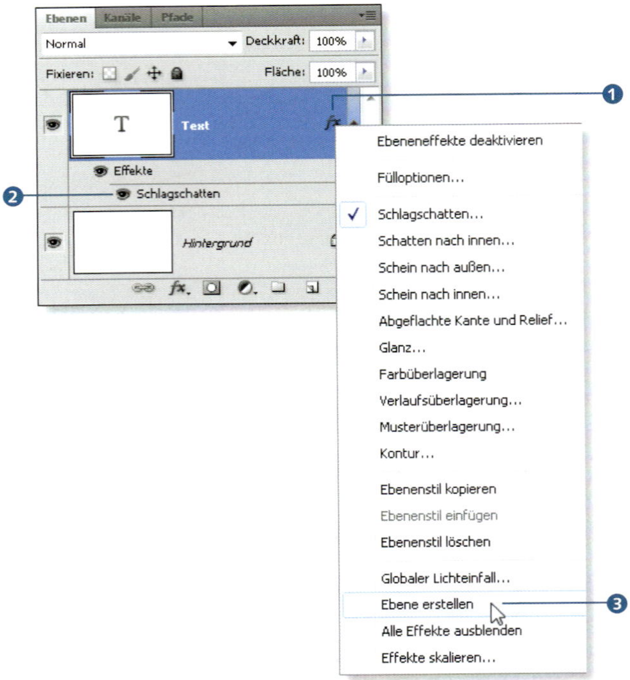

▲ **Abbildung 32.42**
Klicken Sie über dem »fx« in der Ebenenzeile ❶ oder direkt über dem Namen des Stils ❷, um das Stile-Kontextmenü zu erwischen.

Solche eigenständigen Ebenen lassen sich jedoch mit allen anderen Photoshop-Tools problemlos weiterbearbeiten. Nicht nur für Texteffekte erweitern Sie damit Ihre kreativen Möglichkeiten und können eigene Layouts jenseits der »Stile von der Stange« kreieren.

▲ **Abbildung 32.43**
Die Ausgangsdatei ...

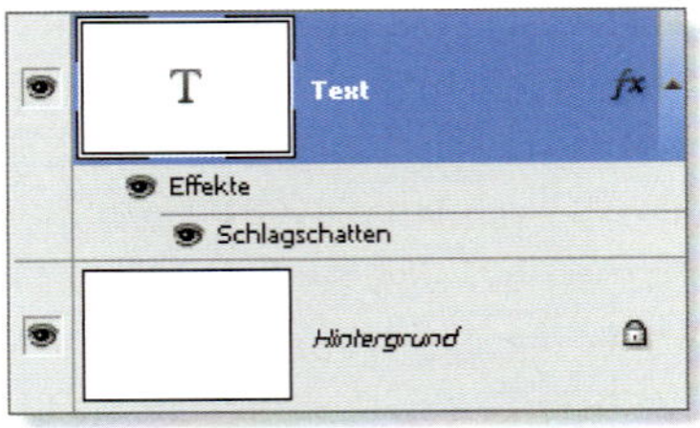

▲ **Abbildung 32.44**
... und der Ebenenaufbau. Ganz simpel: Hintergrundebene, Textebene, Effekt SCHLAGSCHATTEN

▲ **Abbildung 32.45**
An dieser Datei wurde bereits etwas geändert – man sieht es dem Bild jedoch nicht an.

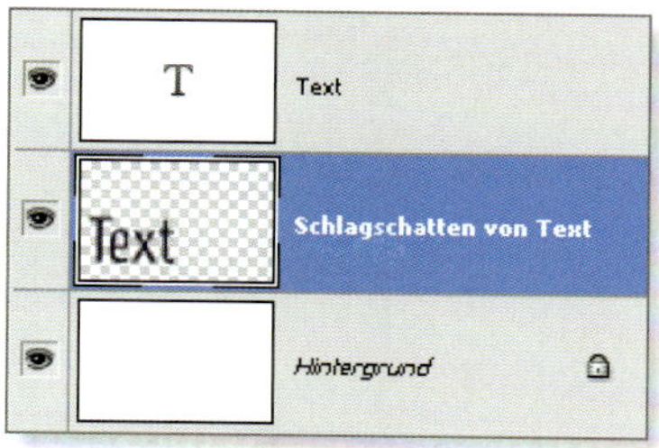

▲ **Abbildung 32.46**
Mit dem Befehl EBENE ERSTELLEN wurde aus dem Effekt eine eigenständige Ebene gemacht.

▲ **Abbildung 32.47**
Die Schatten-Ebene wurde per Transformation verzerrt und mit einer Maske teilweise ausgeblendet.

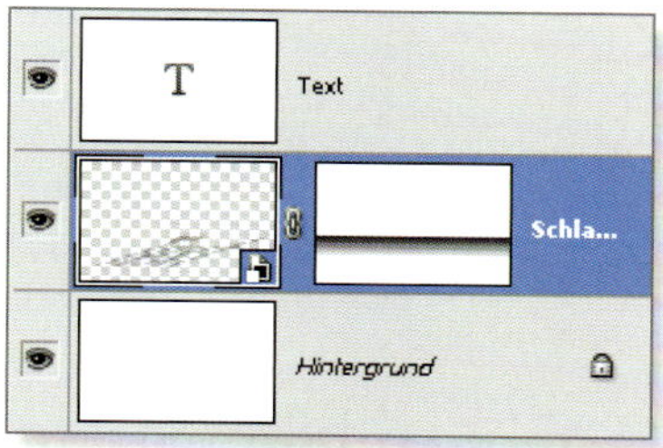

▲ **Abbildung 32.48**
Die Ebenen-Palette verrät den Aufbau.

32.5 Effekte zeitsparend anwenden

Wenn Sie inzwischen selbst ein wenig mit der Effektbox herumgespielt haben, ist Ihnen vermutlich aufgefallen, dass man eine ganze Weile herumprobieren muss, bis ein Effekt oder Stil zufriedenstellend wirkt.

32.5.1 Ebenenstile auf andere Ebenen übertragen

Um einen einmal erstellten Stil schnell auf eine andere Ebene zu übertragen, gibt es zwei Möglichkeiten:

1. Wenn Sie Stile innerhalb ein und derselben Datei übertragen wollen, besteht der schnellste Weg darin, den Stil in der Ebenen-Palette anzufassen und auf eine andere Ebene zu ziehen – ähnlich wie Sie es ja schon vom Verschieben ganzer Bildebenen kennen. Achten Sie darauf, den Begriff »Effekte« mit der Maus zu erwischen, wenn Sie einen Stil übertragen wollen. Wenn Sie nur einen einzelnen Effekt transferieren wollen, fassen Sie eben diesen an.

2. Um Stile auch in andere Dateien übertragen zu können, rufen Sie per Klick auf das »fx«-Icon das Seitenmenü auf und wählen Ebenenstil kopieren. Aktivieren Sie dann die Ebene in der Datei, auf die der Stil angewendet werden soll. Setzen Sie einen weiteren Rechtsklick auf diese Ebene, und wählen Sie aus dem Menü Ebenenstil einfügen.

32.5.2 Stile-Palette: Stile sichern und dauerhaft nutzen

Es ist zwar recht komfortabel, mit der Effektbox zu arbeiten, die Erstellung einzelner Effekte und komplexer Stile kann jedoch eine Menge Zeit kosten. Einmal entwickelte Stile lassen sich zwar auch per Copy & Paste auf andere Dateien übertragen. In diesem Fall wird der Stil aber nur in der Zwischenablage gespeichert – und die wird ja gelöscht, wenn Ihr Rechner herunterfährt.

Eine dauerhafte Lösung bietet die Stile-Palette (Fenster • Stile). Dort hält Photoshop zum einen eine Reihe vorgefertigter Stile zur Benutzung bereit, es lassen sich aber auch eigene Stile dauerhaft konservieren. Sie sind dann schnell wieder zur Hand. Sie öffnen die Palette mit dem Menübefehl Fenster • Stile.

Um Stile zu speichern, reicht es, die Ebene mit dem Stil, den Sie in der Stile-Palette ablegen wollen, zu aktivieren und dann mit dem Mauszeiger an das Ende der Liste in der Stile-Palette zu fahren. Der Mauscursor nimmt die Form eines Fülleimers an.

Zum Weiterlesen: Stile verwalten
Nicht nur Muster, Konturen und Verläufe, auf denen die verschiedenen Ebenenstile basieren, gehören zu den Adobes Kreativ-Vorgaben – auch die Stile selbst sind Vorgaben. Benutzen Sie häufig Muster & Co.? Erstellen und speichern Sie eigene Stile? Brauchen Sie bessere Übersicht über Ihr kreatives Handwerkszeug? Dann lesen Sie unbedingt Abschnitt 5.5, »Farbfelder, Muster, Stile & Co: Kreativressourcen organisieren«.

▲ **Abbildung 32.49**
Um einen Stil zu speichern, müssen Sie in der Stile-Palette klicken.

▲ **Abbildung 32.50**
Anschließend erscheint der neue Stil unter dem von Ihnen vergebenen Namen in der Liste.

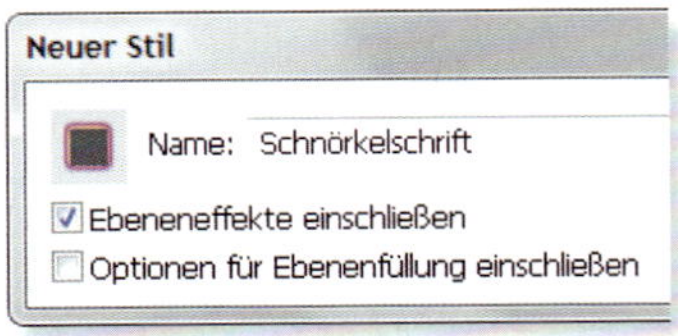

▲ **Abbildung 32.51**
Geben Sie Ihrem neuen Stil einen möglichst eindeutigen Namen.

Stile einer Ebene zuweisen | Durch einen einfachen Klick auf den gewünschten Stil in der Stile-Palette wird dieser der aktiven Ebene eines Bildes zugeordnet. Alternativ können Sie den Stil mit der Maus anfassen und in der Ebenen-Palette auf eine beliebige Ebene ziehen. Danach können Stile auch noch mit der Effektbox modifiziert werden.

Teil XI
Pfade und Formen

33 Pfadbasierte Formen

Vektorelemente beim Pixelspezialisten Photoshop: Pfade sind Helfer für verschiedenste Arbeitstechniken. Mit ihrer Hilfe können Sie verlustfrei skalierbare Bildelemente – die sogenannten Formen – anlegen. Formen können mit einer Volltonfarbe, Mustern oder Verläufen gefüllt werden.

33.1 Pfade in der Pixelwelt

Photoshop ist unbestritten ein Pixelspezialist – mit einem klaren Schwerpunkt auf der (Pixel-)Bildbearbeitung. Dennoch finden sich hier auch Funktionen, die eigentlich für Zeichenprogramme wie Adobe Illustrator, Corel Draw oder FreeHand charakteristisch sind: Zwar reichen der Funktionsumfang und der Bedienungskomfort von Photoshop nicht ganz an die Vektorspezialisten heran, doch Sie können vektorbasierte Pfade erstellen und bearbeiten.

Pfade liegen auf dem Bild und können mit ihm gespeichert werden. Sie sind dabei undruckbar – und verhalten sich also ganz ähnlich wie Auswahlen. Anders als diese basieren sie jedoch auf Vektorinformationen. Sie lassen sich daher problemlos und gänzlich verlustfrei skalieren und transformieren und – als Formen – beliebig einfärben. Sie sind allerdings auch nicht in der Lage, weiche Übergänge oder Teiltransparenz darzustellen. Masken oder Bildelemente, die auf Grundlage von Pfaden erstellt wurden, haben immer harte, scharfe Kanten.

Richtig einfach ist das Konstruieren von Pfaden nicht: Es erfordert schon eine Menge Übung, um mit den sperrigen Segmenten, Knotenpunkten und Ankerpunkten umzugehen und perfekt geschwungene Linien zu erzeugen. Zudem bleibt eine mit Pfaden angereicherte Photoshop-Datei immer noch ein Pixelbild – eine Hybride, die die Vorteile echter Vektorbilder nie ganz ausspielen kann. Wunder bewirken kann man mit Pfaden oder aus Pfaden

Vektormasken mit weicher Kante

Per se haben Vektormasken immer scharfe Kanten, mit der Masken-Palette können diese Kanten jedoch nachträglich weich gemacht werden. Wie das geht, lesen Sie in Abschnitt 14.3.3, »Konturbereiche in Masken nachbessern«.

generierten Formen in Photoshop also nicht. Hier haben sie eher den Status eines Hilfsmittels als den eines alltäglichen Arbeitsinstruments.

Was können Pfade? | Pfade können als »Linien« in einer Datei abgespeichert werden und dienen dann als Grundlinie für geschwungene Schrift oder als Führung für Malwerkzeuge. Als **Beschneidungspfade** definieren sie transparente Bildpartien bei der Übertragung in Layoutprogramme, und in Vektormasken sorgen sie für gestochen scharfe Kanten.

Sie können Formen bilden, die beliebig mit Farben, Verläufen oder Mustern zu füllen sind, und lassen sich, sofern es sich um **geschlossene Pfade** (keine »Linien«) handelt, ohne Umstände in pixelbasierte Elemente umwandeln.

Pfade können in Auswahlen transformiert werden, und umgekehrt lassen sich aus Auswahlen Pfade generieren.

Für Formen auf Pfadbasis gibt es Formen-Bibliotheken. Listen mit fertigen Formen können wie Werkzeugspitzen, Farbfelder und andere Vorgaben bearbeitet und auch mit dem Vorgaben-Manager verwaltet werden.

Temporäre **Arbeitspfade** können mithilfe der Pfade-Palette in dauerhafte Pfade überführt werden.

Pfade sichern – welches Dateiformat?

Nicht alle Dateiformate können Pfade aufnehmen. Unter Windows sind es Photoshops Hausformat PSD, der Universalist TIFF, natürlich auch PDF, EPS und DCS (eine EPS-Variante) und JPG und JPEG 2000. Unter Mac OS werden Pfade in allen verfügbaren Dateiformaten unterstützt. Beim Transfer zu Windows können sie jedoch verloren gehen.

33.2 Formen anlegen

Mit Formen können Sie immer dann arbeiten, wenn Sie einfache, sauber konturierte und gut skalierbare Objekte brauchen. Das kann beispielsweise ein Logo sein, das in unterschiedlichen Größen auf Briefpapier, Visitenkarten und im Web auftauchen soll – Sie müssen es dann nur einmal »bauen« und können es für jede Anwendung verlustfrei skalieren.

Zwei Komponenten werden gebraucht, um so eine Form anzulegen:

- eine **Vektormaske**, deren Kontur von einem Pfad definiert wird. Vektormasken tun dasselbe wie Ebenenmasken auch: Sie blenden Teile von Ebenen aus. Da sie aber pfad- und damit vektorbasiert sind, sind die Maskenkonturen »hart«, d.h., weiche Übergänge, die gerade zu den besonderen Vorteilen der Ebenenmaske gehören, gibt es hier nicht. Dafür kann so eine Vektormaske aber problemlos skaliert werden.
- eine **Füllebene**, auf die sich die Vektormaske bezieht. Zwar lassen sich Vektormasken auch auf gewöhnliche Bildebenen anwenden, Füllebenen haben aber den Vorteil, dass deren

Inhalt – das kann eine solide Farbe, ein Verlauf oder ein Muster sein – flexibel geändert werden kann, ohne dass das Spuren an den Bildpixeln hinterlässt. In der Ebenen-Palette sieht das dann beispielsweise so aus wie in Abbildung 33.1.

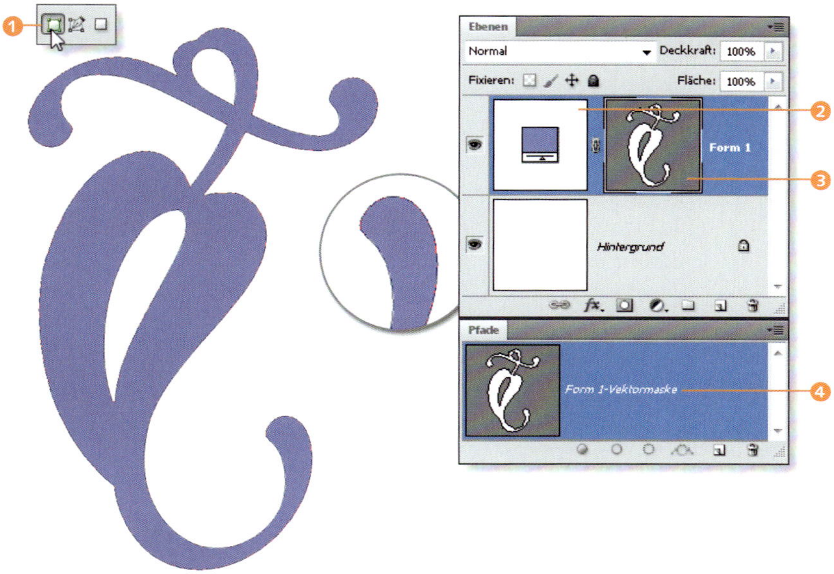

◄ **Abbildung 33.1**
In der Ebenen-Palette sehen Sie links die Miniatur der **Füllebene** ②, rechts daneben die **Vektormaske** ③. Beides zusammen nennt man dann **Formebene**, die allerdings nur entsteht, wenn in der Optionsleiste FORMEBENEN ① gewählt ist. Die Konturlinie, die sich um das Ornament herum zieht, ist der Pfad – in der Pfade-Palette auch als Arbeitspfad ④ zu sehen. Die Pfadlinie ist auch im Bild sichtbar. Um sie auszublenden, genügt ein Klick auf die Vektormaske.

Solche Formebenen werden automatisch mit der aktuell eingestellten Vordergrundfarbe generiert, wenn Sie mit einem der sechs Formwerkzeuge eine Form im Bild aufziehen. Alternativ können Sie Formen und Formebenen aber auch mithilfe der Zeichenwerkzeuge erstellen – die lernen Sie etwas später kennen.

Wann sollten Sie mit Formen arbeiten? | Wegen ihrer freien Skalierbarkeit werden Formen gern eingesetzt, wenn die endgültigen Maße eines Entwurfs noch nicht feststehen, beispielsweise zum Erstellen von Buttons und Navigationselementen von Websites (die Anzahl der Navigationspunkte und die Länge der Begriffe ändert sich oft noch nach der Entwurfsphase). Weil Formen sich platzsparend speichern, einfach anwenden und in Maßen auch an verschiedene Designs anpassen lassen, sollten Sie versuchen, Layoutelemente, die Sie öfter benötigen, gleich als Form anzulegen. Als Schmuckelement oder zur Abrundung typografischer Gestaltung können sie ebenfalls eingesetzt werden. (In der Formen-Bibliothek ORNAMENTE ist eine Reihe von Formen vertreten, die zu den klassischen dekorativen Elementen der Typografie gehören. So ist unsere Beispielform, das stilisierte Blatt, eine Variante des *Aldusblatts*, das vor rund 500 Jahren »erfunden« wurde.)

33.3 Die Formwerkzeuge und -optionen

Sechs Formwerkzeuge bietet Photoshop zum Erstellen von Vektorformen an:

- das Rechteck-Werkzeug [U] für rechteckige und quadratische Formen
- das Abgerundetes-Rechteck-Werkzeug [U], das sich gut für das Erstellen von Buttons mit gerundeten Ecken eignet
- das Ellipse-Werkzeug [U] für Kreise und Ellipsen
- ein Polygon-Werkzeug [U] für mehreckige Formen
- ein Linienzeichner-Werkzeug [U] für Pfeile und Linien
- das Eigene-Form-Werkzeug [U], mit dem auch das Blattornament in den Beispielen angelegt wurde. Die Form stammt aus einer der von Adobe mitgelieferten Formen-Bibliotheken.

33.3.1 Generelle Optionen

Die Formwerkzeuge sind in der Werkzeugleiste unter einer Schaltfläche zusammengefasst, und auch ihre Funktionsweise und die zur Verfügung stehenden Optionen sind annähernd gleich.

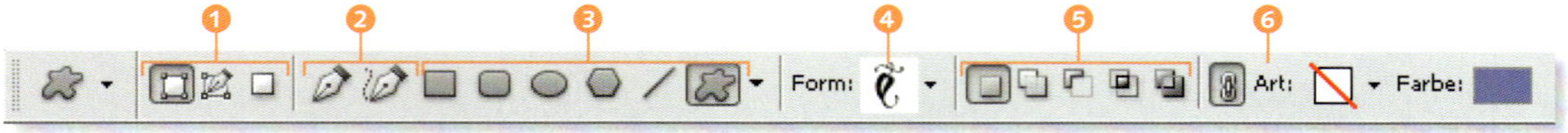

▲ **Abbildung 33.2**
Die Optionen für das Erstellen von Formebenen

Formebene, Pfade, Pixel füllen | Die drei kleinen Schaltflächen ① links in der Optionsleiste finden Sie bei allen Form- und Zeichenwerkzeugen. Ihre Wirkung ist gravierend, denn mit ihnen legen Sie fest, wie der Pfad, den Sie mit dem Betätigen der Form- oder Zeichenwerkzeuge erstellen, weiterverarbeitet wird.

- Der Button ganz links erstellt automatisch eine Formebene, so wie sie in Abbildung 33.1 zu sehen ist.
- Ist die mittlere Schaltfläche PFADE aktiv, wird der Pfad nur als Pfad angelegt und zunächst nicht gefüllt (Abbildung 33.4).
- Ist die rechte Schaltfläche, PIXEL FÜLLEN, angeklickt, werden innerhalb der Formkonturen umstandslos Pixel in der gerade eingestellten Vordergrundfarbe in das Bild eingefügt (Abbildung 33.5). Wenn Sie vorher keine leere Ebene anlegen, werden die Pixel direkt auf der aktuellen Ebene eingefügt und mit ihr verschmolzen. Achtung: Das Anklicken dieser Schaltfläche *nach* dem Erstellen einer Form rastert diese – wandelt sie also in Pixel um!

▲ **Abbildung 33.3**
Auch die Form des Mauscursors ist ein Hinweis darauf, dass gerade eine Pfadlinie (keine Formebene) erstellt wird.

◂ **Abbildung 33.4**
So wirkt das Formwerkzeug, wenn die Option PFADE aktiv ist.

◂ **Abbildung 33.5**
Form aus Pixeln. Die Pfade-Palette bleibt leer, eine Konturlinie gibt es nur direkt während des Aufziehens der Form.

Zwischen Formwerkzeugen umschalten | Außerdem finden Sie in der Optionsleiste dieselben Formwerkzeuge ❸ wie in der Werkzeugleiste zum schnellen Zugriff: RECHTECK, ABGERUNDETES RECHTECK, ELLIPSE, POLYGON, LINIENZEICHNER und das EIGENE-FORM-WERKZEUG. Mit dem Pfeil ganz rechts können Sie weitergehende Optionen für die einzelnen Werkzeuge aufrufen und festlegen – in Abbildung 33.2 die Eigene-Form-Optionen.

Zeichnen von Hand | Formwerkzeuge und Zeichenfedern sind eine sinnvolle Ergänzung – daher finden Sie die Zeichenwerkzeuge ❷ ebenfalls in der Optionsleiste der Formwerkzeuge. Sie

Die Optionen unter »Art«

Die Optionen unter ART ❻ können Sie einsetzen, um das Verhalten beim Umfärben von Füllebenen und der Vergabe von Ebeneneffekten (Stilen) zu steuern. Mehr dazu finden Sie in Abschnitt 33.4, »Formen bearbeiten«.

ermöglichen das Anlegen eigener Pfade, aus denen ebenfalls Formen erstellt werden können.

Formen laden und speichern | Wenn das Eigene-Form-Werkzeug aktiv ist, erreichen Sie die Bibliothek ④ mit vorgefertigten Formen (Ornamenten und Zeichen), die Sie auch noch selbst ergänzen können.

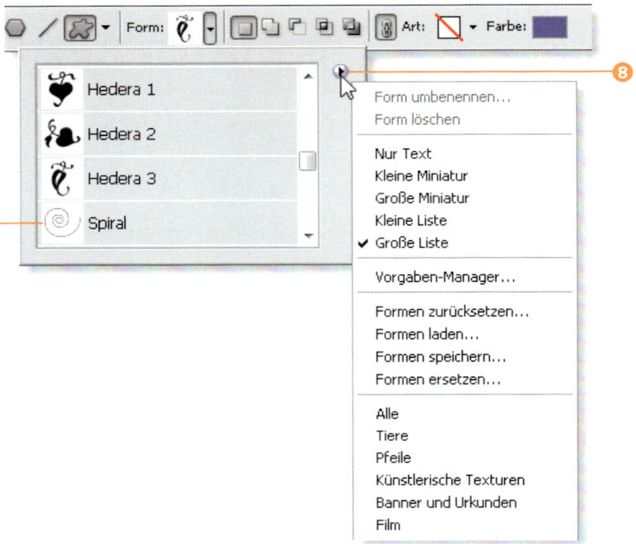

Abbildung 33.6 ▸
In der Liste ⑦ finden Sie zahlreiche von Adobe mitgelieferte Formen. Verwalten lassen sie sich über das Seitenmenü ⑧.

Zum Weiterlesen: Formen verwalten
Formen gehören zu Photoshops Vorgaben und lassen sich in bewährter Manier verwalten. (Mehr zum Thema finden Sie in Abschnitt 5.5, »Farbfelder, Muster, Stile & Co: Kreativressourcen organisieren«.)

Wie sollen Pfade kombiniert werden? – Überlappungsmodus | In einer Datei können mehrere Pfade vorhanden sein. Wenn Sie diese Pfade nicht nur als reine Pfadlinien anlegen, sondern mit Formebenen arbeiten, stellt sich die Frage, wie sich mehrere Pfade zueinander verhalten. Soll für jeden Pfad eine eigene Formebene erzeugt werden? Was geschieht mit den überlappenden Bereichen, wenn mehrere Pfade in einer Formebene kombiniert werden? Diese Verhalten nennt man Überlappungsmodus. Sie steuern ihn mit fünf Miniatur-Buttons ⑤. Die meisten müssten Ihnen bereits von den Auswahlwerkzeugen bekannt vorkommen. Sie können diese Optionen gezielt einsetzen, um Formen zu bilden, die weder in den fertigen Formen-Bibliotheken noch per Formwerkzeug angeboten werden. Wie das geht, zeige ich Ihnen in der Schritt-für-Schritt Anleitung unten!

- Ist der erste Button der Reihe aktiviert, wird mit jeder neuen Form auch eine **neue, separate Formebene** erstellt.
- Wenn Sie vor dem Erstellen der Form den zweiten Button anklicken, wird die neue Form einer bereits bestehenden Form **hinzugefügt**.

▲ Abbildung 33.7
Eine neue Formebene für jede Form

▲ Abbildung 33.8
Formen werden addiert.

- Ist der dritte Button beim Erzeugen einer Form aktiv – und gibt es bereits eine andere Formebene im Bild –, werden die beiden Bereiche voneinander **subtrahiert**. Das funktioniert natürlich nur, wenn Sie sich überlappen.

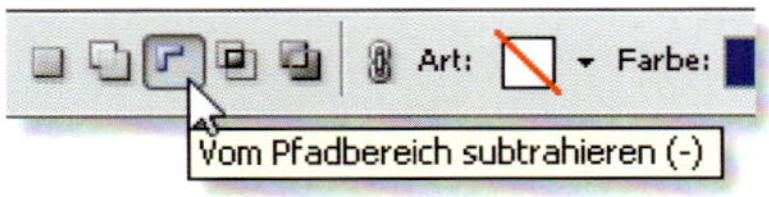

◂ **Abbildung 33.9**
Überlappende Formbereiche werden subtrahiert.

- Wenn Sie auf den vierten Button der Reihe klicken, bevor Sie eine zweite Formebene erzeugen und sich die Formbereiche überdecken, wird eine **Schnittmenge** aus beiden Formen gebildet.

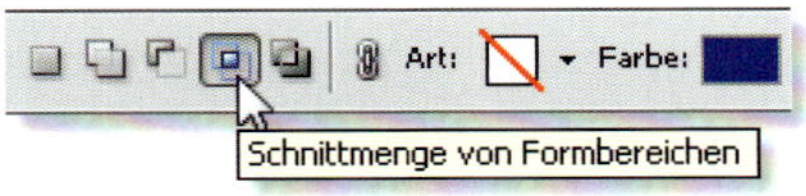

◂ **Abbildung 33.10**
Aus überlappenden Formbereichen wird eine Schnittmenge gebildet.

- Die fünfte Schaltfläche mit dem Namen ÜBERLAPPENDE FORMBEREICHE AUSSCHLIESSEN erzeugt eine **Variante der Schnittmenge**, bei der eben nicht die überlappenden Bereiche erhalten werden, sondern der Rest.

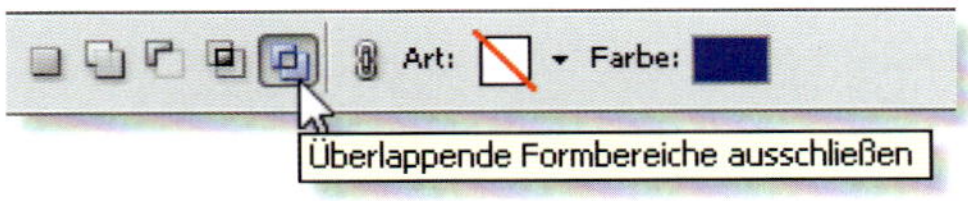

◂ **Abbildung 33.11**
Variante der Schnittmenge: Nicht der Überlappungsbereich, sondern der Rest wird erhalten.

Die Optionsleiste beim Pfadefüllen oder Pixelfüllen | Wenn die Schaltfläche PFADE oder PIXEL FÜLLEN aktiv ist, unterscheidet sich das Aussehen der Optionsleiste geringfügig.

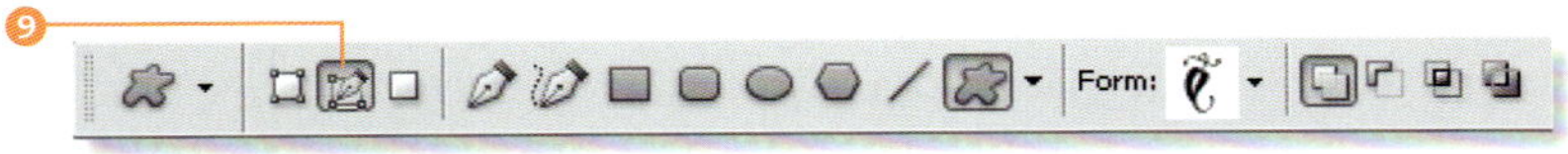

▴ **Abbildung 33.12**
Ist die Schaltfläche PFAD ERSTELLEN 9 angeklickt worden, ist das Optionsangebot etwas geringer als beim Erstellen von Formen.

▴ **Abbildung 33.13**
Mit der Funktion PIXEL FÜLLEN 10 kommen noch die bekannten Malwerkzeug-Optionen MODUS und DECKKRAFT sowie eine Glättungsoption hinzu.

33.3.2 Die Form aufziehen – Detail-Optionen

Die Form, die Sie aus der Liste wählen, gibt die Gestalt Ihrer Formebene, des Pfades oder der Pixelebene grob vor. Doch während Sie die Form mit der Maus aufziehen, haben Sie ebenfalls Einfluss auf Größe und Seitenverhältnis der Form. Die Detail-Optionen des jeweiligen Formwerkzeugs helfen Ihnen, die Form mit der gewünschten Größe und Proportion anzulegen. Außerdem steuern Sie dort, wie sich die Form beim Aufziehen verhält. Sie erreichen die Optionen durch Klicken auf den kleinen Pfeil-Button ❶. Neben einigen allgemeinen Optionen, die Sie bei fast allen Formwerkzeugen finden, bringen einige Formwerkzeuge noch spezielle Einstellungen mit.

Allgemeine Optionen: Proportion und Größe der Form | Die Optionen des Eigene-Form-Werkzeugs finden Sie auch bei den meisten der anderen Formwerkzeuge wieder.

- Ohne Einschränkungen bedeutet, dass Sie die Breite und Höhe von Rechtecken, abgerundeten Rechtecken, Ellipsen oder eigenen Formen durch Ziehen beliebig festlegen können.
- Festgelegte Proportionen gewährleistet originalgetreue Formen, so wie sie in der Formenliste aufgeführt werden. Die Form kann beliebig groß aufgezogen werden.
- Definierte Grösse erhält die Originalproportionen und die Originalgröße, in der die Form angelegt und in der Liste gespeichert wurde. Hier müssen Sie die Form nicht mehr aufziehen: Es genügt, in das Bild zu klicken.
- Feste Grösse funktioniert für Rechtecke, abgerundete Rechtecke, Ellipsen und eigene Formen. Deren Größe basiert dann auf den unter Breite und Höhe eingegebenen Werten.
- Vom Mittelpunkt aus kann zu allen übrigen Optionen immer dazugenommen werden (für Rechtecke, abgerundete Rechtecke, Ellipsen und eigene Formen).

Ellipse- und Rechteck-Werkzeug: Optionen

- Die Rechteck-Werkzeug-Option Quadrat schränkt die Form auf ein exaktes Quadrat ein.
- Beim Ellipse-Werkzeug gibt es die Option Kreis. Ist sie aktiv, erzeugen Sie keine Ellipsen, sondern Kreise.
- Proportional erzeugt Rechtecke, abgerundete Rechtecke und Ellipsen in beliebiger Größe, aber mit festen Proportionen, die auf den in den Eingabefeldern Breite und Höhe eingegebenen Werten basieren, wie z. B. 1:2, 1:3 etc.

Zum Weiterlesen: Überlappungsoptionen in der Praxis
Die Überlappungsoptionen hören sich furchtbar kompliziert an, wenn man nur die Beschreibung vor sich hat. In der Praxis lernen Sie sie im Workshop »Schritt für Schritt: Neue Formen bilden – ein Ring aus zwei Kreisen« weiter hinten in diesem Kapitel kennen.

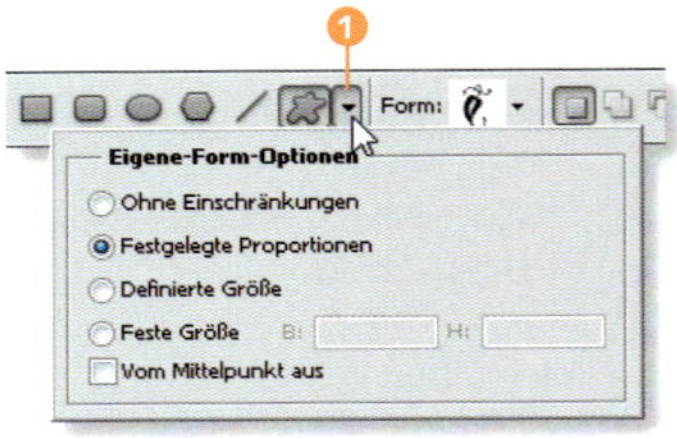

▲ **Abbildung 33.14**
Die Optionen des Eigene-Form-Werkzeugs

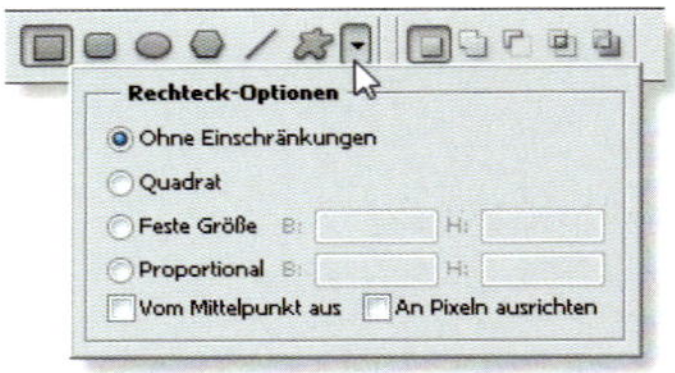

▲ **Abbildung 33.15**
Optionen des Rechteck-Werkzeugs

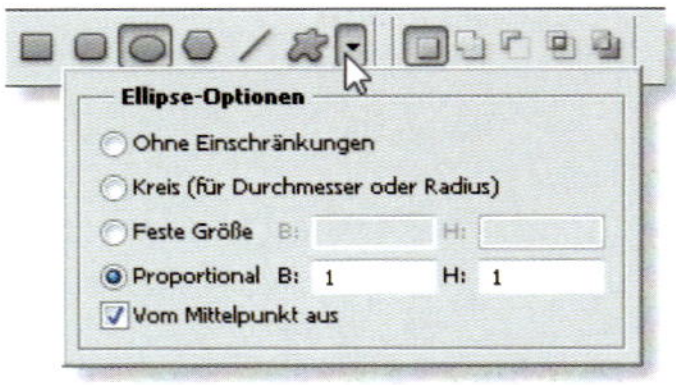

▲ **Abbildung 33.16**
Ellipse-Optionen

- An Pixeln ausrichten (beim Rechteck- und Abgerundetes-Rechteck-Werkzeug) richtet die Kanten eines Rechtecks oder abgerundeten Rechtecks an den Pixelbegrenzungen aus.
- Eine wichtige Einstellung des Abgerundetes-Rechteck-Werkzeugs findet sich nicht im Flyout-Menü, sondern rechts daneben in der Optionsleiste. Radius ❷ steuert die Rundung der Ecken.

Polygon-Werkzeug: Optionen | In der Optionsleiste gibt es für das Polygon-Werkzeug die Option Seiten, mit der Sie festlegen, wie viele Seiten das Polygon haben soll. Hier sind auch sehr hohe Werte möglich, zum Beispiel für vielstrahlige Sterne.

- Radius legt den Abstand von der Mitte bis zu den äußeren Punkten des Polygons fest.
- Seiten einziehen um ist nur aktiv, wenn auch die Option Stern einen Haken in der Checkbox hat. Damit erzeugen Sie ein Polygon in Sternform. Der Wert bei Seiten einziehen um legt prozentual den von den Zacken eingenommenen Teil des Radius fest. Bei einem Wert von 50 % werden Zacken erstellt, die die Hälfte des Gesamtradius des Sterns ausmachen. Bei einem höheren Wert werden spitzere, dünnere Zacken erstellt, bei einem niedrigeren Wert vollere.
- Ecken abrunden erzeugt ein Polygon mit abgerundeten Ecken.
- Einzüge glätten ist das bei Sternformen wirksame Pendant zu Ecken abrunden – die Rundungswirkung bezieht sich auf die Winkel, in denen die einzelnen Zacken aufeinandertreffen.
- Der Wert unter Seiten (in der Optionsleiste) steuert die Anzahl der Seiten eines Polygons oder Zacken eines Sterns.

Linienzeichner-Werkzeug: Optionen | In der Optionsleiste legen Sie die Stärke der Linie fest.

- Anfang und Ende bestimmen, an welchem Ende der Linie die Spitzen angesetzt werden sollen.
- Breite und Länge beziehen sich nicht auf die Linie, sondern auf die Pfeilspitzen. Die Prozentwerte, die Sie dort eintragen können, sind relativ zur Linienstärke. Erstellt man also eine 5 Pixel starke Linie mit einer Pfeilspitze, deren Breite 400 % und deren Länge 500 % beträgt, ist die Pfeilspitze 20 Pixel breit und 25 Pixel lang.
- Mit dem Wert unter Rundung wird die Stelle der Pfeilspitze definiert, an der die Pfeilspitze auf die Linie trifft. Je höher der

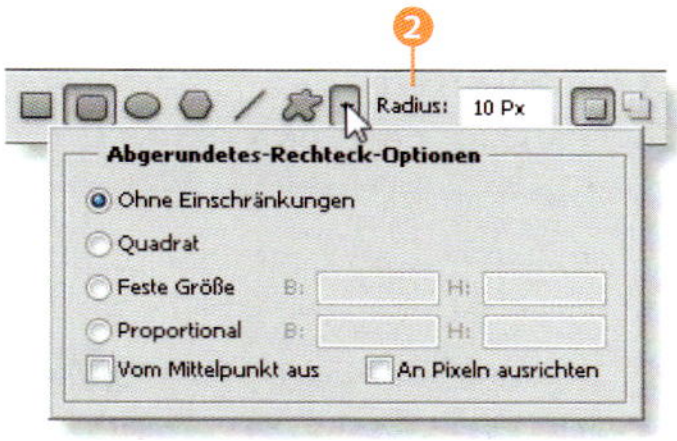

▲ **Abbildung 33.17**
Optionen für das Abgerundetes-Rechteck-Werkzeug

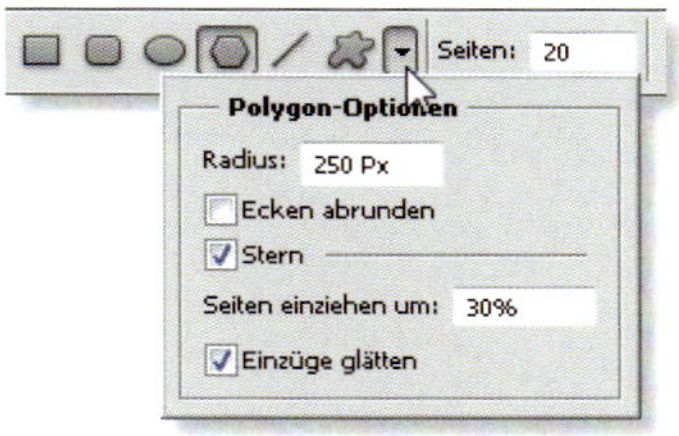

▲ **Abbildung 33.18**
Detailoptionen für das Polygon-Werkzeug

▲ **Abbildung 33.19**
Ein 33-seitiges Polygon in Kombination mit den Detaileinstellungen Stern und Einzüge glätten ist die Grundlage dieser Form.

▲ **Abbildung 33.20**
Mit dem Linienzeichner können Sie auch Pfeile erzeugen.

Wert ist, desto stärker wird die eigentliche Pfeilspitze durch die auf sie treffende Linie »eingedellt« (Abbildung 33.21).

▲ **Abbildung 33.21**
Oben RUNDUNG 0%, unten RUNDUNG 30%

33.3.3 Das Formwerkzeug anwenden

Ganz gleich, ob Sie eine Formebene, einen Pfad in Gestalt einer Form oder eine Form aus Pixeln erzeugen wollen, Ihre Vorgehensweise sollte in etwa so aussehen: Rufen Sie das gewünschte Werkzeug auf, stellen Sie gegebenenfalls dessen individuelle Optionen ein, und klicken Sie in das Bild. Sie können die Form dabei mit gehaltener Maustaste beliebig groß aufziehen oder auch im Voraus in den Formoptionen eine feste Größe angeben. Wenn Sie die Maustaste gedrückt halten und dabei die Leertaste drücken, können Sie die Formkontur auch innerhalb des Bildes verschieben. Wie alle Ebenen lassen sich auch Formebenen nachträglich verschieben. Sobald Sie loslassen, füllt sich die so erstellte Form mit der Vordergrundfarbe. In Ihrer Ebenen-Palette sehen Sie jetzt die typische Formebene mit Füllebene und Vektormaske.

Schritt für Schritt: Neue Formen bilden – ein Ring aus zwei Kreisen

1 Vorbereitungen

Erzeugen Sie eine neue Datei. Das Format sollte quadratisch sein. Es ist außerdem hilfreich, mit einem Kreuz von Hilfslinien zu arbeiten, wenn die Mittelpunkte beider Formen deckungsgleich sein sollen – legen Sie also außerdem zwei Hilfslinien an, die sich im Mittelpunkt des Quadrats kreuzen.

Aktivieren Sie dann das Ellipse-Werkzeug [U] und den Button FORMEBENEN in der Optionsleiste. In den Detailoptionen für das ELLIPSE-Werkzeug stellen Sie KREIS und VOM MITTELPUNKT AUS ein.

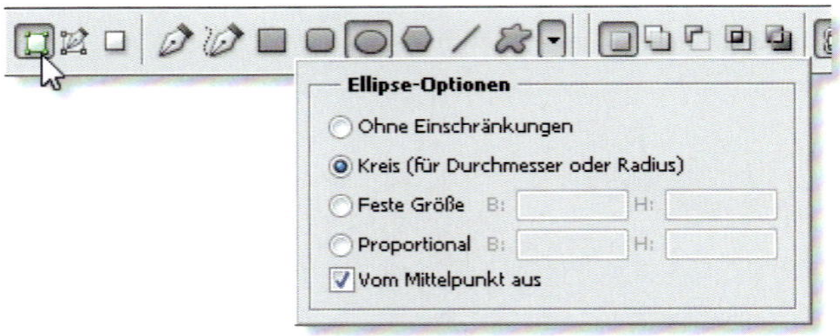

▲ **Abbildung 33.22**
Benötigte Optionen des Ellipse-Werkzeugs

2 Erste Form aufziehen

Ich setze den Mauszeiger genau in die Bildmitte und ziehe die erste Form auf: einen Kreis, wie Sie in Abbildung 33.23 sehen.

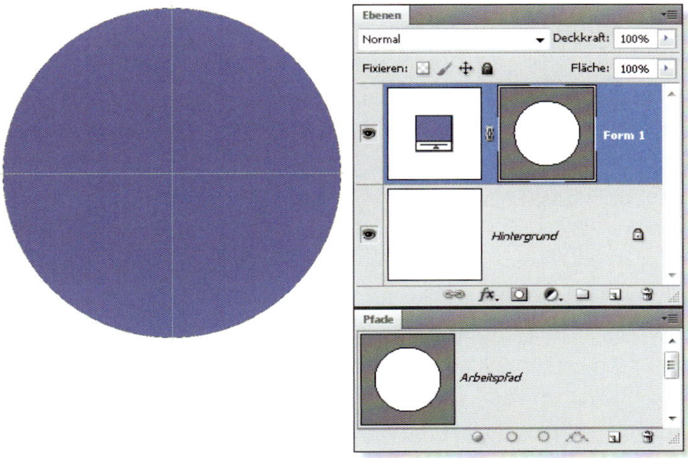

◀ **Abbildung 33.23**
Eine kreisförmige Formebene wurde erzeugt.

3 Zweite Form aufziehen

Um aus der Kreisscheibe einen Ring zu erstellen, muss in der Mitte ein weiterer Kreis von der ursprünglichen Form subtrahiert werden. In den Optionen muss nun noch die Funktion Vom Pfadbereich subtrahieren aktiviert werden.

Wieder ausgehend von der Mitte ziehe ich einen zweiten Kreis auf.

Sobald ich die Maustaste loslasse, ist die neue Form im Bild, in der Formebene und in der Pfade-Palette erkennbar.

▲ **Abbildung 33.24**
Vom Pfadbereich subtrahieren aktivieren

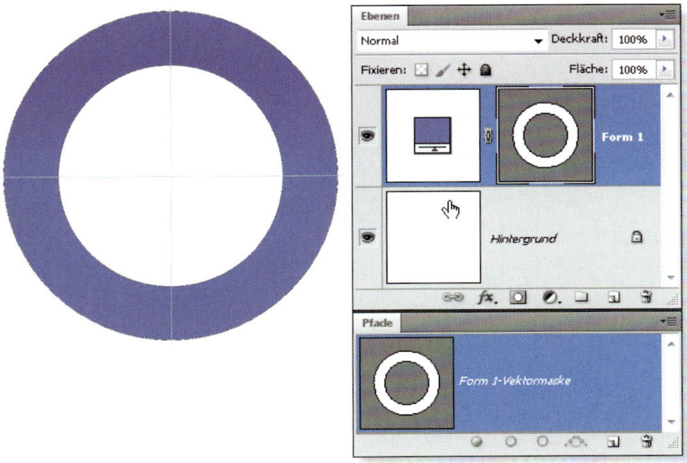

◀ **Abbildung 33.25**
Aus dem Kreis wurde durch Subtraktion zweier Formen ein Ring.

4 Nachbessern, wenn nötig

Es kann notwendig werden, die Position der einzelnen Pfade zu verändern, beispielsweise wenn die zwei Kreise nicht ganz konzentrisch ineinander liegen. Dazu benutzen Sie das Pfadauswahl-Werkzeug [A], das durch einen schwarzen Pfeil symbolisiert wird. Klicken Sie einmal auf den Pfad, den Sie verändern wollen. Sie können nun dessen Position mit der Maus verschieben oder dies auch pixelgenau mit den Pfeiltasten der Tastatur tun.

▲ **Abbildung 33.26**
Speichern Sie die Form unter einem eigenen Namen.

5 Form passt? Sichern!

Um die Form fürs Erste zu sichern und für spätere Anwendungen verfügbar zu machen, fügen Sie sie an die aktuelle Formen-Bibliothek an. Dazu wählen Sie den Befehl Bearbeiten • Eigene Form festlegen und geben in dem Dialog, der sich dann öffnet, einen Namen für die neue Form ein.

Achtung! Wie bei anderen Vorgaben auch ist dies keine endgültige Form der Sicherung. Bei nächster Gelegenheit sollten Sie die Form in einer eigenen Musterbibliothek speichern.

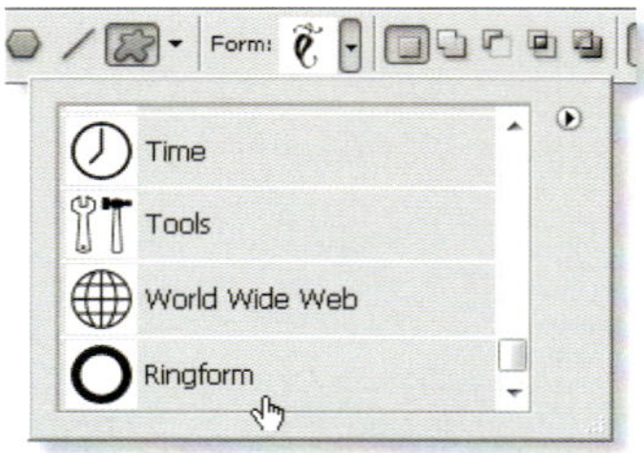

▲ **Abbildung 33.27**
Die Form steht nun in der Liste zur erneuten Anwendung zur Verfügung.

6 Form erneut anwenden

Die Form steht nun in der Formenliste des Eigene-Form-Werkzeugs [U] zur Verfügung und kann erneut angewendet werden, um Formebenen, Pfade oder gerasterte Bereiche mit Pixelfüllung anzulegen. ■

Textebenen als Form sichern | Um Textebenen als Form abzulegen, gibt es einen eigenen Befehl: Markieren Sie die Textebene, deren Inhalt Sie in die Formen-Bibliothek aufnehmen wollen, und wählen Sie dann den Befehl Ebene • Text • In Form umwandeln. Über den Befehl Bearbeiten • Eigene Form festlegen kann der Text dann ganz einfach in eine Formen-Bibliothek übernommen werden.

Das kann besonders bei Symbol- oder Ornamentfonts wie den bekannten Wingdings sinnvoll sein, denn man kann sich meist nur schwer merken, welches Symbol, Piktogramm oder Ornament mit welchem Buchstaben auf der Tastatur belegt ist. Als Form sind die einzelnen Elemente dann schneller zur Hand.

▲ **Abbildung 33.28**
Fonts müssen nicht immer nur Buchstaben sein. Es gibt auch zahlreiche Symbol- und Ornament-Fonts. Hier sehen Sie verschiedene Elemente des Fonts »Volvox« aus der Typo-Werkstatt »Typecuts«.

33.4 Formen bearbeiten

Nun haben Sie also Ihre Form erstellt und hoffentlich auch gespeichert. Bislang ist sie allerdings nur mit einer Farbe gefüllt – das macht noch nicht so viel her!

33.4.1 Füllung der Form ändern

Mit den Formwerkzeugen erstellte Formen sind standardmäßig zunächst einmal mit Farbe gefüllt. Es gibt jedoch auch mit Mustern oder Farbverläufen gefüllte Formen. Umsteiger von CS3 und älteren Versionen müssen sich hier ein wenig umgewöhnen. In den Vorversionen wurde der Inhalt einer Füllebene per Menübefehl verändert, jetzt werden Muster oder Verläufe als Ebenenstil zugewiesen. Diese Lösung hat Vorteile – Ebenenstile sind jederzeit editierbar. Sie können dazu entweder die Option Art in der Optionsleiste der Formwerkzeuge nutzen oder aber den Dialog Ebenenstil.

Formwerkzeug-Option »Art« | In der Optionsleiste des Formwerkzeuges sind die Optionen unter Art für die Ebenenfüllung zuständig. Mit einem Farbfeld stellen Sie die Füllfarbe ein. Außerdem haben Sie hier unkompliziert Zugriff auf die Stilbibliotheken, um den Formebenen den gewünschten Effekt zuweisen.

Zum Weiterlesen: Ebenenstile
Mehr über Stile erfahren Sie in Kapitel 32, »Ebenenstile«. Stile gehören zu Photoshops kreativen Ressourcen, den sogenannten Vorgaben. Wie Sie die effektiv verwalten, lesen Sie in Abschnitt 5.5, »Farbfelder, Muster, Stile & Co: Kreativressourcen organisieren«.

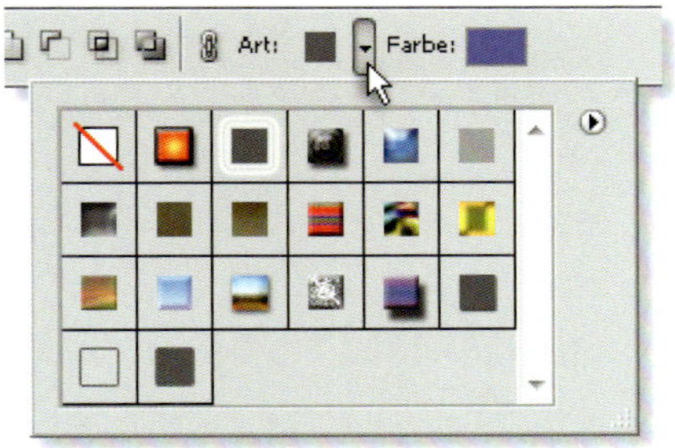

◄ **Abbildung 33.29**
Eine Vielzahl von Stilen steht zur Verfügung, um Formen zu modifizieren.

Das kleine Kettensymbol hilft ihnen dabei, die Wirkung Ihrer Farb- und Effekteinstellungen zu begrenzen. Solange Sie nur mit einer Formebene in einer Datei arbeiten, ist diese Option irrelevant, doch sobald es zwei oder mehr werden, brauchen Sie sie. Sie können damit zwischen zwei Operationsmodi der Art-Option umschalten.

- Wenn Sie der in der Ebenen-Palette aktivierten Formebene *nachträglich* einen Ebenenstil zuweisen oder Änderungen am bereits vorhandenen Ebenenstil oder der Farbe vornehmen wollen, muss das Ketten-Icon *aktiv* (d. h. der Button angeklickt) sein.
- Wenn Sie eine *neue Formebene* mit bestimmten Stil- und Farbeigenschaften erzeugen wollen, muss das Ketten-Icon *inaktiv* (d. h. der Button nicht angeklickt) sein.

Bedienungsalternativen: Farbe und Stil ändern | Wenn man die Formwerkzeuge seltener benutzt, kann man sich die Funktionsweise des Ketten-Icons in der Optionsleiste wohl nur schlecht merken. Dann färbt man versehentlich Formen um, die gar nicht geändert werden sollten, oder verändert unbeabsichtigt fertige Effektkombinationen. Folgende Bedienungsalternativen sind unkomplizierter:

- Um die **Farbe** einer Form nachträglich zu ändern, genügt ein Doppelklick auf die Füllebenenminiatur in der Ebenen-Palette. Damit rufen Sie den gewohnten Farbwähler auf und können dort eine Farbe einstellen.
- Um den **Stil** einer Form zu verändern, können Sie das bekannte »*fx*«-Icon *fx* in der Ebenen-Palette nutzen und so die Effektbox starten. Oder Sie arbeiten mit der Stile-Palette.

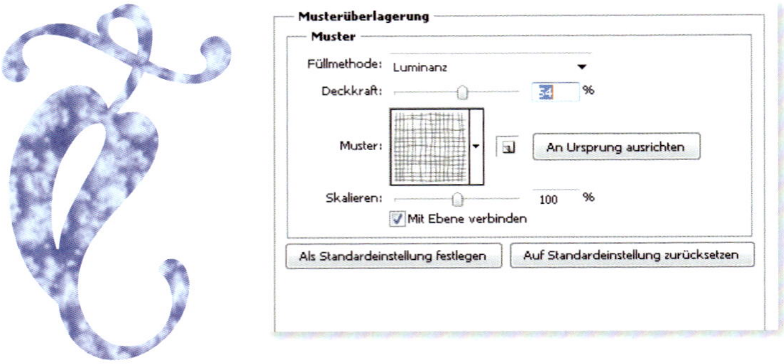

Abbildung 33.30 ▶
Die Form mit einer Musterfüllung und die benutzten Einstellungen im Dialog Ebenenstil

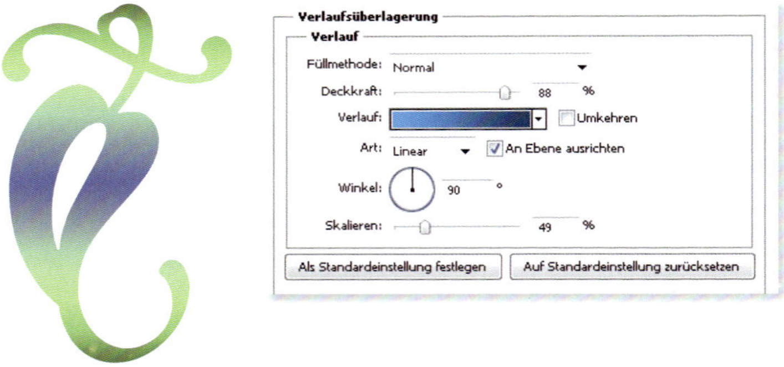

Abbildung 33.31 ▶
Hier wurde ein Verlauf eingesetzt, um die bisher einfarbige Formebene umzufärben.

33.4.2 Position oder Gestalt der Form ändern

Wenn Sie mit einer Form noch nicht zufrieden sind, können Sie sie noch weiter mithilfe der Pfeil-Werkzeuge Pfadauswahl und Direktauswahl bearbeiten.

Pfadauswahl-Werkzeug | Die einfachste Möglichkeit bietet der schwarze Pfeil, das Pfadauswahl-Werkzeug A. Mit dessen Hilfe können Sie eine Form verschieben.

Direktauswahl-Werkzeug | Die Form ändern können Sie mit dem weißen Pfeil, dem Direktauswahl-Werkzeug [A] . Wenn Sie es der Form nähern, erscheinen die relevanten Anker- und Kurvenpunkte, die den Pfad definieren, der wiederum der Vektormaske zugrunde liegt. Die können Sie nun anfassen und ziehen, bis Ihnen die Form gefällt. Ändern Sie den Pfad, bekommen die Vektormaske und damit auch Ihre Form eine neue Gestalt.

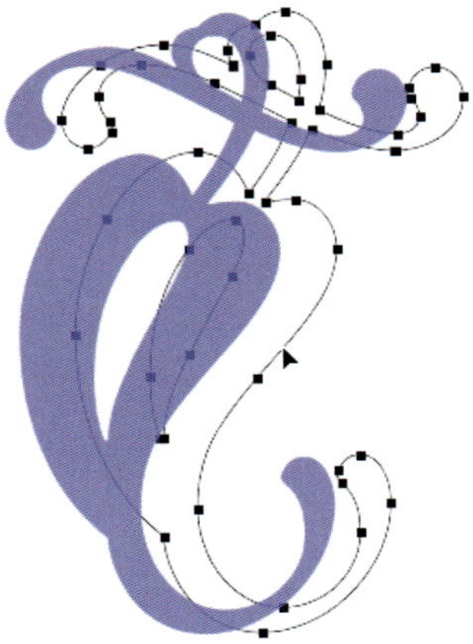

◂ **Abbildung 33.32**
Beim Verschieben der Form werden die relevanten Anker- und Kurvenpunkte des zugrunde liegenden Pfades eingeblendet, aber nicht geändert.

Form skalieren und drehen | Wenn Sie die Form als Ganzes skalieren oder drehen wollen, können Sie die bewährte Ebenentransformation ([Strg]+[T] bzw. [⌘]+[T]) anwenden. Ihnen stehen alle bekannten Möglichkeiten zur Verfügung.

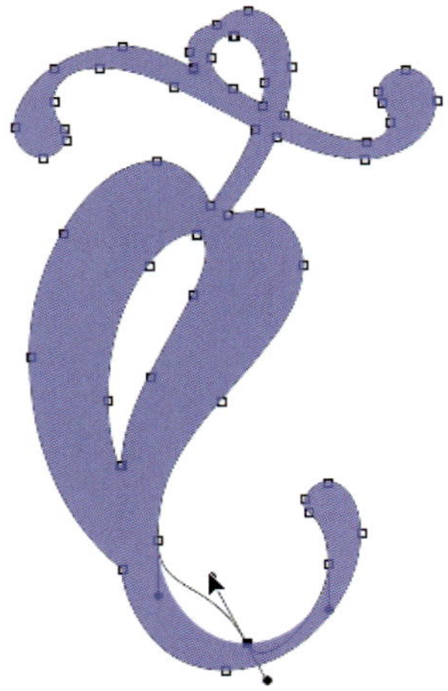

◂ **Abbildung 33.33**
Mit dem Direktauswahl-Werkzeug haben Sie Zugriff auf die Pfadform. Das Bearbeiten von Pfaden ist schwierig, wenn man das Arbeiten mit Knotenpunkten und Segmenten nicht gewohnt ist. Ich empfehle Ihnen dringend, vor Experimenten eine Ebenenkopie anzulegen!

Mehr über die Feinarbeit an Pfaden erfahren Sie im folgenden Kapitel!

Zum Weiterlesen: Transformieren
Transformationen braucht man in Photoshop bei jeder Gelegenheit. Der Abschnitt 11.2, »Ebenen transformieren«, stellt die Arbeitstechnik ausführlich vor.

34 Pfade erstellen und anpassen

Zugegeben, das Zeichnen von Pfaden ist gewöhnungsbedürftig. Hier lernen Sie die Werkzeuge dazu kennen, erfahren, wie man perfekte Kurven formt, und lesen, wie man die fertigen Pfade verwaltet.

34.1 Werkzeuge und Optionen

Wenn Sie die Gestalt von Pfaden differenzierter steuern oder offene (linienartige) Pfade anlegen wollen, müssen Sie sie selbst zeichnen. Dazu stehen Ihnen die beiden Zeichenwerkzeuge Zeichenstift-Werkzeug [P] und Freiform-Zeichenstift-Werkzeug [P] zur Verfügung.

Zeichenstift | Mit dem Zeichenstift erstellen Sie gerade und leicht geschwungene, immer akkurate Linien. Er lässt sich auch gut zusammen mit den Formwerkzeugen verwenden, um komplexere Formen anzulegen.

▼ **Abbildung 34.1**
Eine typische per Zeichenstift erzeugte Pfadform, hier als Führung für Text.

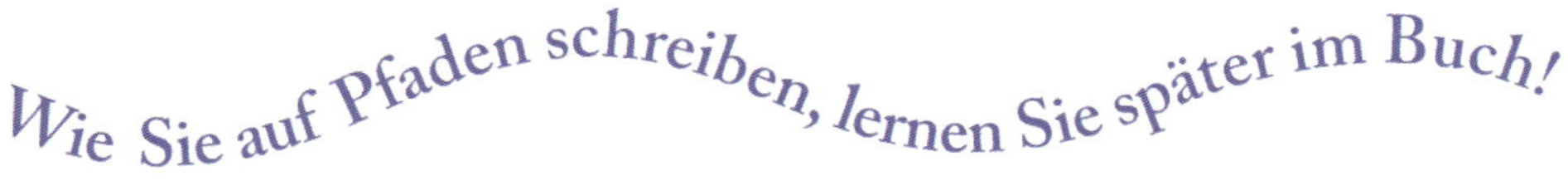

Freiform-Zeichenstift | Mit dem Freiform-Zeichenstift hingegen zeichnen Sie – ganz frei, wie der Name schon sagt – wie mit einem Stift auf Papier. Er erzeugt rauere, unregelmäßige Konturen und kann, wenn er geschickt gehandhabt wird, auch genutzt werden, um einen Pfad um Bildelemente in Fotos zu zeichnen. Manche Anwender nutzen ihn als Alternative zum Lasso-Werkzeug. Ankerpunkte für die Pfade werden beim Zeichnen automatisch angelegt – wo, das bestimmt das Werkzeug automatisch. Sie können allerdings die Punkte nach Abschluss des Pfades bearbeiten und damit noch seine Gestalt ändern.

34.1.1 Zeichenstift: Optionen

Die Optionen der beiden Zeichenwerkzeuge bieten gegenüber den Formwerkzeug-Optionen nicht viel Neues. Einige Funktionen der Zeichenwerkzeuge erinnern auch an die Lasso-Auswahlwerkzeuge – tatsächlich kann man die Zeichenwerkzeuge auch als Lasso-Alternative einsetzen.

Abbildung 34.2 ▼
Die Optionen des normalen Zeichenstifts

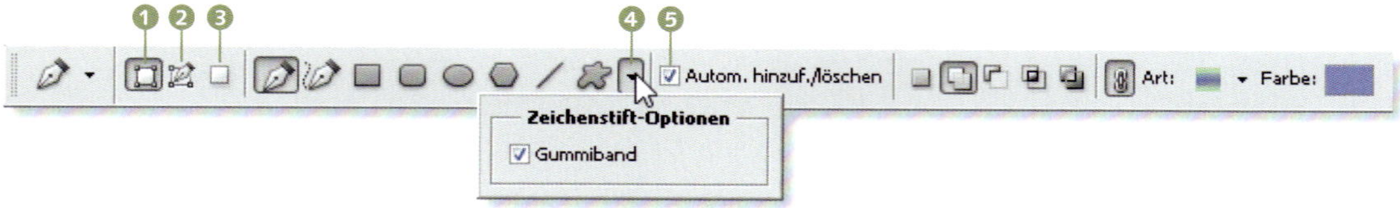

Pixel füllen

Die Option Pixel füllen ❸ ist zwar in der Optionsleiste aufgeführt, aber nicht wählbar.

Wie bei den Formwerkzeugen auch finden Sie bei beiden Zeichenwerkzeugen ganz links die zwei Schaltflächen, mit denen Sie festlegen,

- ob Sie eine **Formebene** ❶ anlegen wollen oder
- ob **Pfade** ❷ gezeichnet werden sollen.

Es folgen die schon bekannten Schaltflächen zum schnellen Wechsel zu den anderen Form- und Zeichenwerkzeugen, und ganz rechts sehen Sie die Schaltflächen für den Überlappungsmodus.

Spezifische Zeichenstift-Optionen ❹ gibt es nur zwei. Diese haben jedoch eine entscheidende Wirkung auf das Zeichnen selbst:

- Autom. hinzuf./löschen ❺: Ist diese Option aktiv, wird beim Klicken auf ein Liniensegment automatisch ein Ankerpunkt hinzugefügt oder gelöscht.
- Die Option Gummiband bewirkt, dass Pfadsegmente beim Zeichnen direkt angezeigt werden. Das heißt, dass der voraussichtliche Weg des nächsten Pfadsegments schon angezeigt wird, bevor durch Klicken der zuständige Ankerpunkt gesetzt ist.

34.1.2 Freiform-Zeichenstift: Optionen

Auch hier finden Sie wiederum Schaltflächen, mit denen Sie bestimmen, ob Sie eine Form oder einen Pfad anlegen, Schaltflächen zum schnellen Wechsel zwischen verschiedenen Zeichen- und Formtools und die Optionen zum Überlappungsmodus. Spezifische Zeichenstift-Werkzeug-Optionen gibt es wiederum nur wenige – die meisten sind in der Dropdown-Box 6 neben den Formwerkzeugen versteckt.

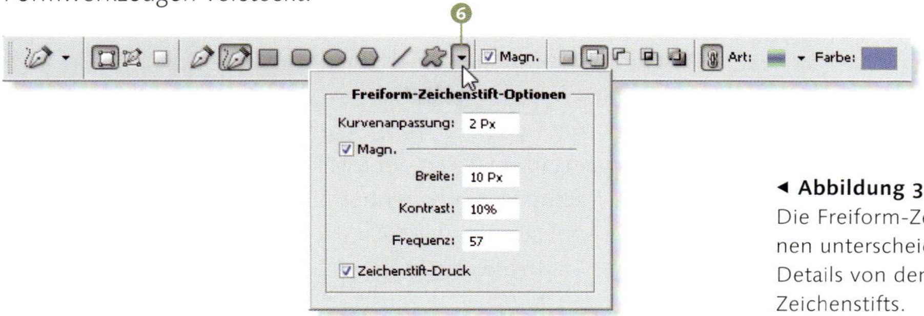

◂ **Abbildung 34.3**
Die Freiform-Zeichenstift-Optionen unterscheiden sich nur in Details von denen des normalen Zeichenstifts.

Kurvenanpassung | Diese Option reguliert, wie viele Ankerpunkte beim Zeichnen erzeugt werden. Sie legen damit fest, wie schnell und wie präzise der Pfad auf Mausbewegungen reagiert. Je höher der Wert ist, desto weniger Ankerpunkte werden angelegt und desto ungenauer ist das Werkzeug. Je geringer der Wert ist, desto mehr Ankerpunkte werden gesetzt und desto genauer arbeitet der Freiform-Zeichenstift.

Magnetisch | Ist die Option MAGN.(ETISCH) aktiv, sucht der Freiform-Zeichenstift beim Zeichnen selbstständig nach kontrastierenden Kanten, ganz wie das Magnetische-Lasso-Werkzeug L auch. Sie können dann auch Optionen für den »Magnetismus« einstellen. Sie sollten Ihnen vom Magnet-Lasso bekannt vorkommen.

Breite, Kontrast und Frequenz | Mit BREITE legen Sie fest, wie breit der Bereich rechts und links von der Pfadlinie ist, in dem der Zeichenstift nach kontrastierenden Pixeln sucht. Möglich sind Pixelwerte zwischen 1 und 256. Unter KONTRAST bestimmen Sie, welcher Kontrastwert zwischen Pixeln für den Freiform-Zeichenstift als Kante gilt. Verwenden Sie für kontrastarme Bilder einen höheren Wert. Sie können Prozentwerte bis 100% angeben. Unter FREQUENZ können Sie einen Wert zwischen 0 und 100 eingeben, um festzulegen, wie schnell der Zeichenstift Ankerpunkte setzt. Bei einem höheren Wert enthält der Pfad mehr Ankerpunkte. Er ist dadurch genauer, aber das Zeichen geht langsamer.

Zum Nachlesen: Magnet-Lasso
Sie finden das Magnet-Lasso in Kapitel 13, »Auswahlen«.

Zeichenstift-Druck | Die Option ZEICHENSTIFT-DRUCK steht nur für Grafiktabletts zur Verfügung. Wenn diese Option aktiviert ist, führt ein höherer Stiftandruck zu einer schmaleren »Kante«.

Weitere Werkzeuge, die für das Bearbeiten von Pfaden unentbehrlich sind, lernen Sie im Laufe des Kapitels kennen.

34.2 Pfad-Terminologie und wichtige Pfadelemente

Grifflinien? Ankerpunkte? Segmente? Diese Terminologie zu kennen erleichtert die Kommunikation über Pfade ungemein – und es gibt wohl kaum eine andere Photoshop-Funktion, bei der ein Klick auf den falschen Punkt oder das zu frühe Loslassen der Maus Arbeitsresultate derart verpfuschen kann wie hier. Es ist also von Vorteil, eine Verständigungsbasis zu haben. Und mit der Pfad-Fachsprache lernen Sie gleichzeitig die Pfadfunktionen kennen.

34.2.1 Offene und geschlossene Pfade

Ein Pfad ist entweder geschlossen (mit dem Formwerkzeug erstellen Sie vornehmlich geschlossene Pfade) oder offen, das heißt, er hat eindeutige Endpunkte. Einfluss hat das auf seine mögliche Füllung: Die verfügbaren Werkzeuge und Befehle sind für beide Pfadarten gleich!

Abbildung 34.4 ▸
Ein geschlossener Pfad, angelegt mit dem Abgerundetes-Rechteck-Werkzeug. Die Pfade-Palette zeigt die vom Pfad umfangenen Flächen in Weiß.

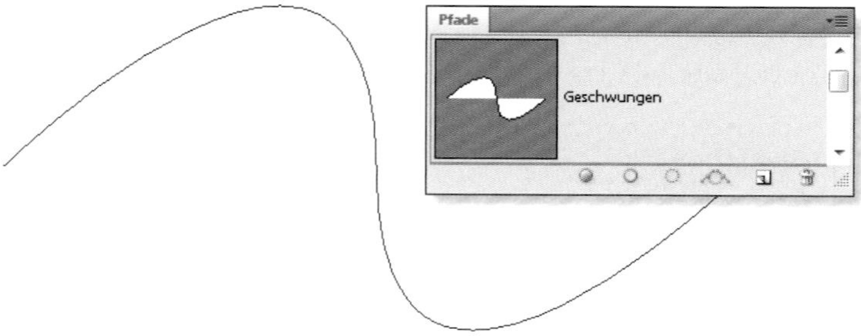

Abbildung 34.5 ▸
Ein offener Pfad. Weiß werden in der Pfadminiatur auch diejenigen Bereiche dargestellt, die theoretisch »füllbar« wären.

Pfade nachträglich füllen | Es gibt zwei Möglichkeiten, um einen Pfad nachträglich in eine Füllebene umzuwandeln. Das funktioniert bei geschlossenen, aber auch bei offenen Pfaden, sofern es sich nicht um eine ganz gerade Linie handelt.

- Um auf der Basis eines offenen Pfades eine **Form** zu erstellen, aktivieren Sie den Pfad durch Klicken in der Pfade-Palette und wählen dann den Menübefehl Ebene • Neue Füllebene. Sie haben nun die Wahl zwischen einer Füllung mit Farbe, einem Verlauf oder einem Muster.
  Dann werden Formebenen erzeugt, die entweder mit einer Volltonfarbe, einem Muster oder einem Verlauf gefüllt sind. Durch Doppelklick auf die Füllebenen-Miniatur in der Ebenen-Palette können Sie die Einstellungen ändern.

▲ **Abbildung 34.6**
Wenn Sie per Menübefehl aus Pfaden Formebenen erzeugen, haben Sie die Wahl zwischen Farb-, Muster- und Verlaufsfüllung.

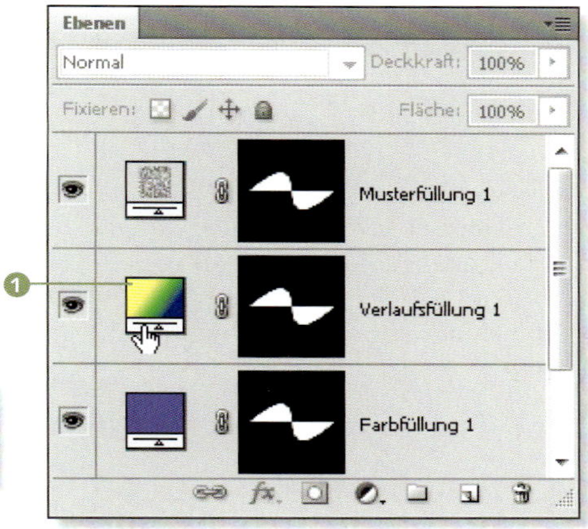

▲ **Abbildung 34.7**
Per Menübefehl erstellte Füllebenen in der Ebenen-Palette. Wenn Sie auf die Miniatur klicken ❶, öffnet sich der Dialog für Änderungen.

- Für eine **Pixelfüllung** wählen Sie den Befehl Pfad mit Vordergrundfarbe füllen, indem Sie auf die Schaltfläche am Fuß der Ebenen-Palette oder auf den Befehl aus dem Paletten-Seitenmenü klicken. Eine neue Ebene wird dabei nicht eigens angelegt; die Pixel werden einfach in die aktive Ebene eingefügt. Wenn die aktive Ebene eine Text-, Form- oder Füllebene oder verriegelt ist, funktioniert der Befehl nicht.

◂ **Abbildung 34.8**
Füllung per Befehl Pfad mit Vordergrundfarbe füllen am Fuß der Pfade-Palette

34.2.2 Ankerpunkte, Eckpunkte, Griffe

Nähert man sich einem Pfad mit dem »weißen Pfeil«, also dem Direktauswahl-Werkzeug [A] , gibt er seine Konstruktionsgeheimnisse preis und zeigt einzelne Segmente, Ankerpunkte und Grifflinien.

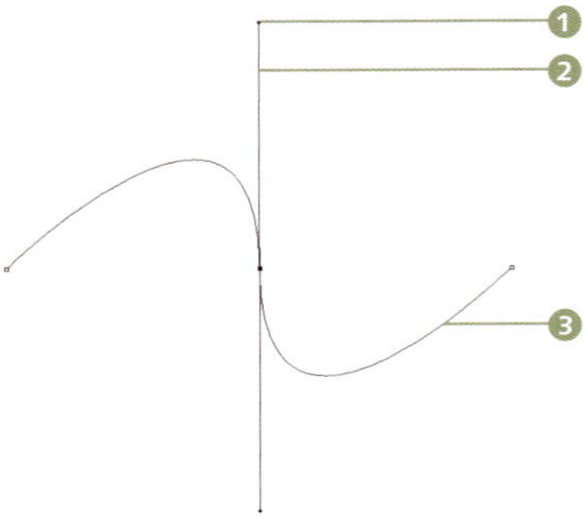

▲ **Abbildung 34.9**
Die Komponenten eines Pfades

Die Bestandteile des Pfads | Pfade bestehen aus der *eigentlichen Pfadlinie*, die meist in einzelne Segmente unterteilt werden kann, und aus Geraden, die Sie brauchen, um Kurvenschwünge herzustellen, indem Sie an den Geraden ziehen. Die Geraden gehen aber später nicht in die Gestalt des eigentlichen Pfades ein. Der Pfad besteht aus:

- **gekrümmten Liniensegmenten** ❸. Das sind Bestandteile des »echten« Pfades,
- deren Krümmung durch die Länge und Position der **Grifflinien** ❷ (also der später nicht weiter wirksamen »Zieh-Geraden«) bestimmt wird.
- Die Grifflinien enden in **Griffpunkten** ❶, die Sie mit dem Direktauswahl-Werkzeug anfassen und verschieben können.

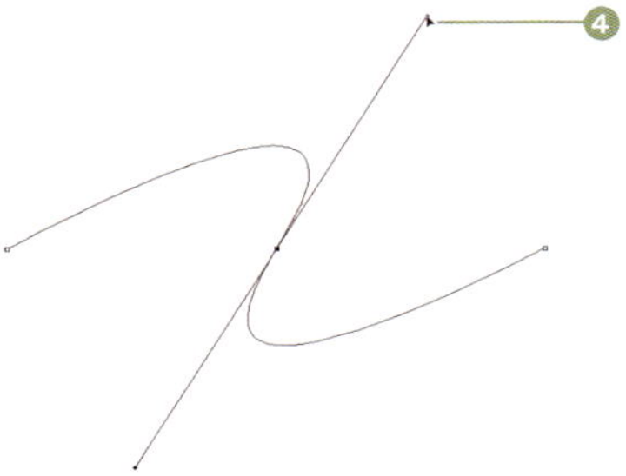

▲ **Abbildung 34.10**
Ein Zug am Griffpunkt ❹ ändert die Gestalt des Pfades beträchtlich.

Ankerpunkte | Auf der Pfadlinie sehen Sie verschiedene Quadrate, deren Bezeichnung und Funktion je nach Position (Mitte oder Ende des Pfades), Eigenschaft (mit oder ohne Grifflinie, Art der Grifflinie) und Status (aktiv oder inaktiv) variiert. Der Griffpunkt schwingt um einen Ankerpunkt ❻, der durch kleine Quadrate dargestellt wird.

Sie können, wenn Sie genau hinsehen, Unterschiede zwischen den Griffpunkten feststellen:

- Es gibt farbig ausgefüllte Quadrate (das sind dann **aktive Ankerpunkte** so wie ❺)
- und unausgefüllte Quadrate, die für **inaktive Ankerpunkte** ❻ stehen.

Je nachdem, welcher Ankerpunkt eines Pfades aktiv ist, zeigen sich andere (oder auch gar keine) Grifflinien und bieten sich andere Ansatzpunkte für Veränderungen der Pfadlinie.

Der Ankerpunkt ❻ ist gleichzeitig auch ein sogenannter **Kurvenpunkt**, denn er hat eine Grifflinie und kann dadurch Kurvenschwünge definieren. Der aktive Ankerpunkt ❺ ist gleichzeitig ein »harter« **Endpunkt**, der keine Grifflinie aufweist.

Auch Ankerpunkte ohne Grifflinie können verschoben werden und die Kurvensegmente – und damit die Gestalt des Pfades – ändern.

Eckpunkte | Eine besondere Form des Kurvenpunktes stellen die Eckpunkte ❼ dar. Mit Eckpunkten lassen sich besonders spitze Kurven anlegen. Die Grifflinie – die bei normalen Kurvenpunkten eine mehr oder weniger lange Gerade ist, die den Kurvenpunkt schneidet – ist hier geteilt. Beide Hälften der Grifflinie liegen auf einer Seite des Kurvenpunktes.

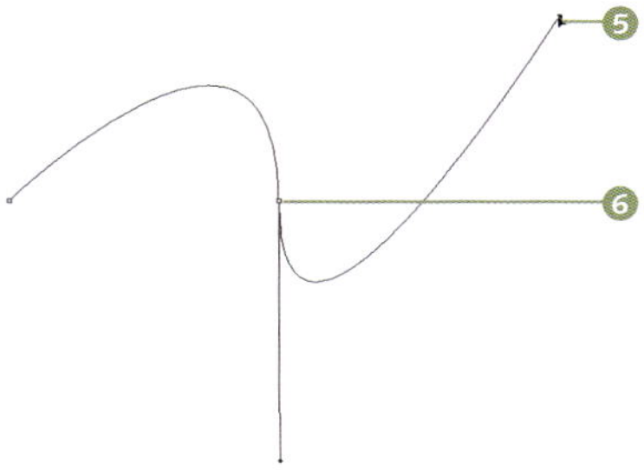

▲ **Abbildung 34.11**
Verschieben eines Ankerpunktes ohne Grifflinie

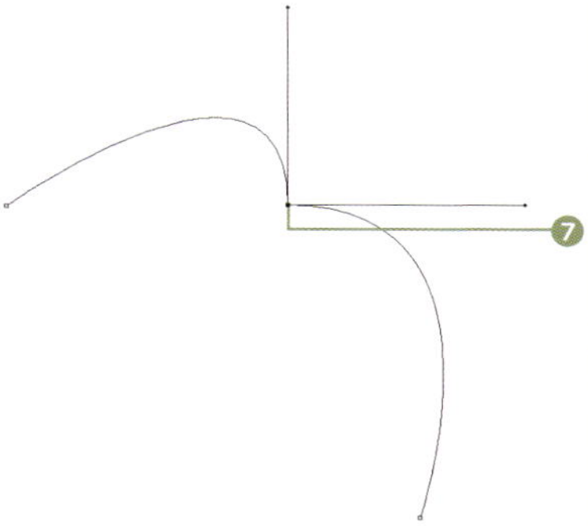

▲ **Abbildung 34.12**
Zwei geschwungene Pfadsegmente und in der Mitte ein Eckpunkt mit der typischen zweigeteilten (hier: rechtwinkligen) Grifflinie

Gerade Pfade

Auch Pfade mit ausschließlich geraden Segmenten können angelegt werden. Hier gibt es keine Kurvenpunkte, keine Grifflinien, keine Griffpunkte – bei Pfaden mit geraden Segmenten sind die Funktionen einfacher, die Terminologie überschaubarer (Segmente und Ankerpunkte bleiben unter sich), und das Erstellen ist auch viel einfacher als bei kurvigen Pfaden.

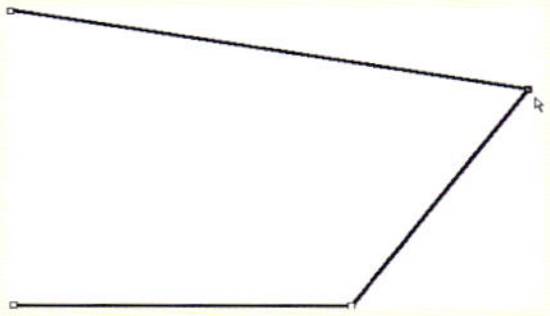

▲ **Abbildung 34.13**
Gerade Pfade

34.2.3 Pfadsegmente und Pfadkomponenten

Wichtig für das Verständnis ist auch die Unterscheidung von Pfadsegmenten und Pfadkomponenten.

Ein **Pfadsegment** ist ein Teil der Pfadstrecke, der zwischen zwei Ankerpunkten liegt. Ein »Pfad« kann aber aus mehr als einer Linie bestehen. Auch mehrere unverbundene Linien können zusammen einen Pfad bilden. Diese Linien sind dann **Pfadkomponenten**.

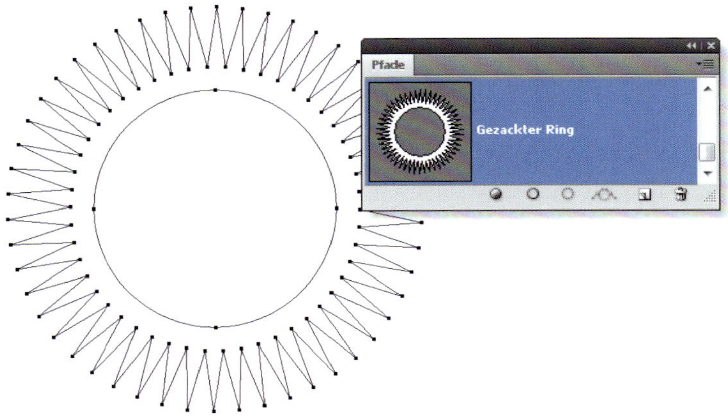

◂ **Abbildung 34.14**
Ein Pfad aus vielen Segmenten (die Ankerpunkte!), aber auch aus zwei Komponenten: der inneren Kreisform und dem Stern. Sie wurden mit der Option ÜBERLAPPENDE PFADBEREICHE AUSSCHLIESSEN angelegt und ergeben nun einen sternförmigen Ring.

34.3 Pfade zeichnen

Weil das Zeichnen von Pfaden nicht ganz einfach ist, sollten Sie zunächst mit einfachen Geraden beginnen. Wenn das klappt, können Sie sich an das Zeichnen von Kurven, sogenannten Bézierpfaden, heranwagen.

34.3.1 Pfade mit Geraden zeichnen

Das Zeichnen mit dem Freiform-Zeichenstift-Werkzeug [P] unterscheidet sich nicht wesentlich von der Arbeit mit dem Magnet-Lasso. Ich weise im Text gelegentlich darauf hin, wenn es etwas Besonderes zu beachten gibt.

Mehr Aufmerksamkeit müssen Sie dem Zeichenstift-Werkzeug [P] widmen: Es braucht etwas Übung, bis man es schafft, schöne gleichmäßige Kurven genau nach Wunsch zu konstruieren. Meist empfiehlt es sich, die Zeichenstift-Option GUMMIBAND zu deaktivieren – sie wirkt eher irritierend als hilfreich.

- Positionieren Sie den Zeichenstift an die Stelle im Bild, an der der Pfad beginnen soll. Durch Klicken setzen Sie Ankerpunkte, und Ihr erster Klick beginnt auch den Pfad.
- Ein erneuter Klick an eine andere Stelle setzt automatisch einen weiteren **Ankerpunkt** – ohne Grifflinie! – und verbindet die beiden Punkte mit einer Geraden.
- Wenn Sie zusätzlich zum Klick auch [⇧] gedrückt halten, wird das Segment genau im 45°-Winkel oder mit einem Vielfachen von 45° erstellt (sprich: genau senkrecht, waagerecht oder »diagonal«).

Abbildung 34.15 ▶
Das Zeichnen von Pfaden aus Geraden ist ganz einfach.

34.3.2 Ein Ankerpunkt oder Pfadsegment zu viel?

Ein Tastendruck auf [Entf] (Windows) oder die [←]-Taste (Mac) löscht den letzten Ankerpunkt und damit das letzte Segment. Zweifaches Drücken der Taste löscht alle Ankerpunkte des Pfades oder (bei einem Pfad aus mehreren Komponenten) der betreffenden Komponente. Mit dem bewährten Shortcut [Strg]+[Z] bzw. [⌘]+[Z] können Sie wie immer Ihren letzten Arbeitsschritt zurücknehmen – unter anderem auch die Löschung aller Ankerpunkte.

34.3.3 Pfad beenden

Wenn Sie beim Arbeiten mit dem Zeichenstift-Werkzeug einen **offenen Pfad beenden** möchten, klicken Sie einfach bei gedrückter [Strg]- bzw. [⌘]-Taste ein Stückchen *außerhalb* des Pfades. Wenn Sie aus der Pfadkontur einen **geschlossenen Pfad machen**, ist er automatisch auch beendet. Dazu setzen Sie den Zeichenstift-Mauszeiger wieder auf den ersten Ankerpunkt. Bei richtiger Positionierung sehen Sie neben der Zeichenstiftspitze einen kleinen, leeren Kreis. Klicken Sie dann, um den Pfad zu schließen.

Wenn Sie beim Arbeiten mit dem Freiform-Zeichenstift-Werkzeug einen Pfad fertigstellen möchten, lassen Sie einfach die Maustaste los. Der Pfad ist dann beendet. Wenn Sie einen geschlossenen Pfad erstellen möchten, ziehen Sie die Linie zum Anfangspunkt des Pfades. Wenn er richtig positioniert ist, wird neben dem Mauszeiger dann ein kleiner Kreis angezeigt.

Warum Pfade beenden?

Ein nicht beendeter Pfad funktioniert ebenso gut wie ein beendeter, und Sie können ihn füllen, als Führung für Text verwenden und Ähnliches. Wenn Sie allerdings einen Pfad *nicht* beenden und erneut mit einem der Zeichenwerkzeuge in das Bild klicken, wird der bestehende Pfad einfach fortgesetzt. Um eine zweite Pfadlinie neben der ersten anzulegen, *muss* der erste Pfad beendet werden.

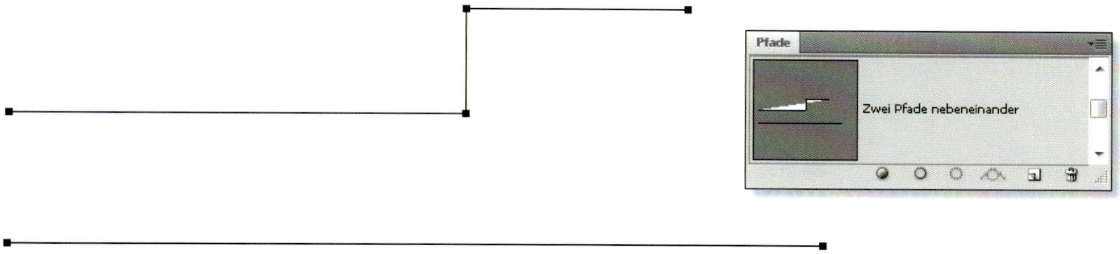

▲ **Abbildung 34.16**
Ein Pfad kann aus mehreren **Pfadkomponenten** bestehen, wie hier der Arbeitspfad, der zwei Linien enthält. Wenn so etwas unerwünscht ist, ist das Beenden des ersten Pfades unerlässlich!

34.3.4 Symbole an der Zeichenfeder

Kleine zusätzliche Symbole neben der Zeichenfeder sind eine zusätzliche Orientierung beim Zeichnen.

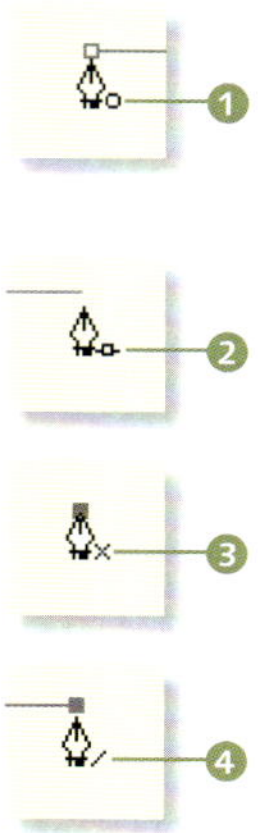

- Der kleine Kreis ❶ zeigt an, dass der Pfad mit dem nächsten Klick geschlossen (und beendet) wird.
- Der Endpunkt eines beendeten, offenen Pfades wird durch ein Quadrat ❷ angezeigt.
- Ein kleines Kreuz ❸ neben der Feder zeigt an, dass der erste Ankerpunkt eines neuen Pfades oder einer neuen Pfadkomponente angelegt wird – und dass nicht ein eventuell bestehender Pfad fortgesetzt wird.
- Die Zeichenfeder mit Schrägstrich ❹ zeigt an, dass ein nicht beendeter Pfad fortgesetzt wird.

34.3.5 Kurven zeichnen

Um kurvige Pfade zu zeichnen, müssen Sie anstelle der Ankerpunkte **Kurvenpunkte** erzeugen. Bedenken Sie, dass Sie Kurvenpunkte nicht im Scheitel der Kurve setzen, sondern am Anfang und am Ende der gebogenen Linie. Die Kurve kommt durch das Ziehen der Grifflinien zustande! Sie gehen so vor, wie in der Schritt-für-Schritt-Anleitung erläutert wird.

Die folgenden Abbildungen zeigen schrittweise das Vorgehen zum Anlegen von Kurven. Die Ziffern bezeichnen, wo und in welcher Reihenfolge Sie klicken, und die Pfeile zeigen die »Zugrichtung« der Maus.

Schritt für Schritt: Bézierpfade zeichnen

1 Ersten Ankerpunkt setzen

Setzen Sie die Maus dort in das Bild, wo der erste Ankerpunkt entstehen soll ❶. Klicken Sie, aber ohne die Maustaste danach loszulassen. Mit weiterhin gedrückter Maustaste bewegen Sie den Cursor nun in die Richtung, in die das Kurvensegment gezeichnet werden soll. Es entsteht automatisch ein Kurvenpunkt mit Grifflinie.

Deren Länge und Position – und damit die Gestalt der Kurve – können Sie nachträglich noch anpassen. Lassen Sie nun die Maustaste wieder los.

Abbildung 34.17 ▼
Ziehen Sie einen Kurvenpunkt mit Grifflinien auf.

2 Ihr zweiter Klick – die Maustaste bleibt gedrückt

Setzen Sie dann den Mauszeiger an die Stelle, an der das Kurvensegment enden soll ❷. Klicken Sie, und halten Sie wieder die Maustaste gedrückt.

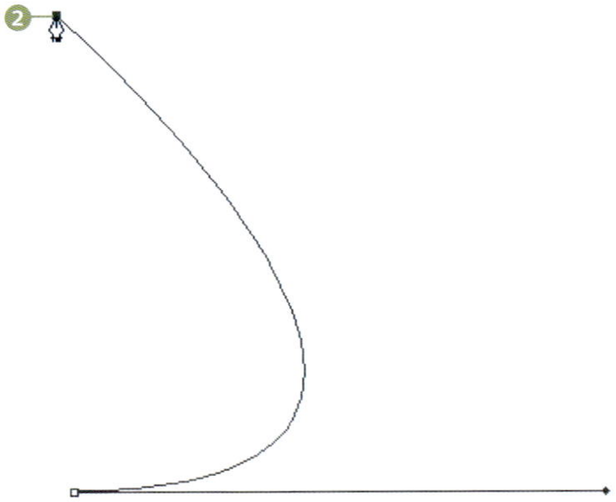

Abbildung 34.18 ▶
An dieser Stelle soll das Kurvensegment enden.

Diesmal ziehen Sie die Maus in die entgegengesetzte Richtung. Es entstehen eine weitere Grifflinie – und eine Kurve!

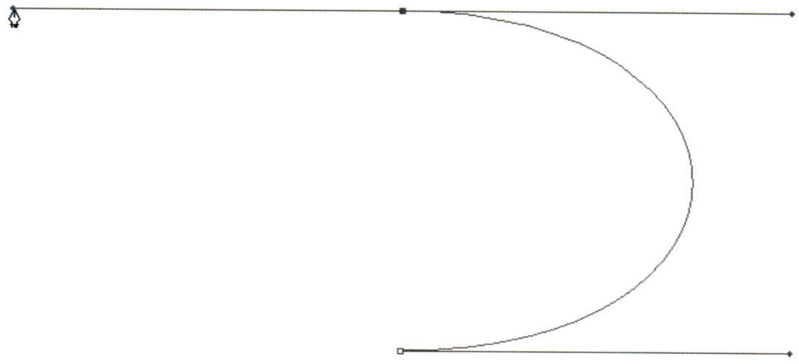

◂ **Abbildung 34.19**
Eine Kurve ist entstanden.

3 Anfügen eines weiteren Kurvensegments

Wenn Sie eine S-Kurve zeichnen und das nächste Segment erstellen möchten, wiederholen Sie einfach die letzten Arbeitsschritte an einer anderen Stelle im Bild:

Sie setzen den Mauszeiger an die Stelle, an der das nächste Segment enden soll, und ziehen ihn wiederum von der Kurve weg. Für einen wellenförmigen Pfad wiederholen Sie dasselbe Manöver einfach mehrmals mit kürzeren Griffsegmenten.

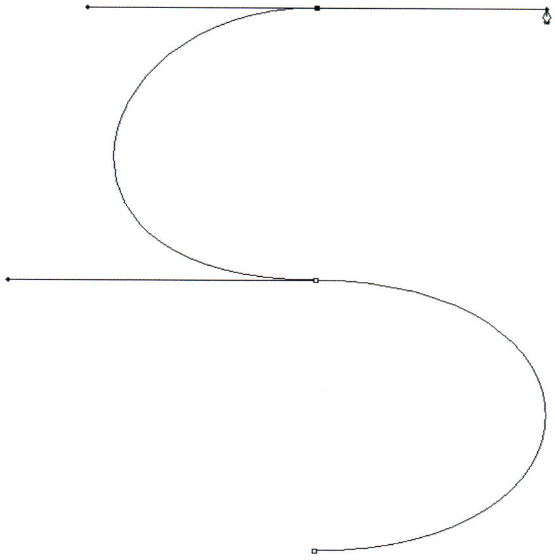

◂ **Abbildung 34.20**
Ein zweites Kurvensegment

4 Pfad beenden

Kurvige Pfade beenden Sie ebenso wie Pfade mit geraden Pfadsegmenten. Auch die Hinweise zum Zurücknehmen von Arbeitsschritten und zum Löschen der letzten Ankerpunkte haben hier Geltung.

34.3.6 Kurven und Geraden kombinieren

Um kurvige und gerade Pfadsegmente in einem Pfad aneinanderzufügen, kombinieren Sie einfach die beiden hier beschriebenen Arbeitsweisen. Ein einfacher Klick erzeugt einen normalen Ankerpunkt, dessen Fortsetzung eine Gerade ist. Ein Klicken und anschließendes Ziehen bei gehaltener Maustaste erzeugt immer einen Kurvenpunkt, dessen anschließendes Segment zwangsläufig ebenfalls eine Kurve ist.

Pfad-Sichtbarkeit

Sollte ein Pfad unversehens aus Ihrem Bild verschwinden – beispielsweise nach dem Anlegen neuer Ebenen –, ist er nicht gelöscht, sondern lediglich ausgeblendet. Ein Klick auf die Pfadminiatur blendet ihn wieder ein. Sie können Pfadlinien aber auch über die Ansichtsoptionen (Ansicht • Einblenden • Zielpfad) ein- und ausblenden.

34.4 Pfade verändern

Nicht immer gelingt der Pfad auf Anhieb so, wie er sein soll. Aber auch das ist kein Problem, denn Photoshop bietet auch für solche Fälle spezielle Werkzeuge und Funktionen.

34.4.1 Ankerpunkte setzen und löschen

Solange der Pfad **noch nicht beendet** wurde, können Sie auf schon bestehenden Pfadsegmenten Ankerpunkte mit dem Zeichenstift-Werkzeug [P] hinzufügen oder löschen. Dazu muss die Option Autom. hinzuf./löschen aktiv sein. Wenn Sie dann auf ein Liniensegment klicken, wird ein Punkt hinzugefügt. Ein vorhandener Ankerpunkt wird gelöscht, wenn Sie ihn anklicken.

▲ **Abbildung 34.21**
Ankerpunkt hinzufügen

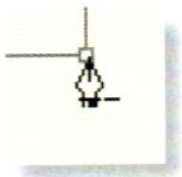

▲ **Abbildung 34.22**
Ankerpunkt löschen

Beachten Sie dabei die Zeichenfeder! Das Pluszeichen signalisiert: Hier wird mit dem nächsten Klick ein Ankerpunkt hinzugefügt. Das Minuszeichen neben der Zeichenfeder zeigt an, dass der Ankerpunkt gelöscht wird.

Ist der Pfad bereits **beendet** worden, können Sie Ankerpunkte nur noch mit den Spezialwerkzeugen Ankerpunkt-hinzufügen-Werkzeug und Ankerpunkt-löschen-Werkzeug (beide ohne Shortcuts) hinzufügen oder entfernen.

34.4.2 Ankerpunkte umwandeln

Sie können auch den Status von Ankerpunkten ändern, also aus Kurvenpunkten Eckpunkte mit geteilter Grifflinie oder normale Ankerpunkte ohne Grifflinie machen und umgekehrt. Dazu brauchen Sie das Punkt-umwandeln-Werkzeug. Sie finden es in einem Fach mit den Zeichenstiften (ohne Tastaturkürzel).

Um mit diesem Werkzeug zu arbeiten, sollten die Ankerpunkte des Pfades eingeblendet sein und, wenn vorhanden, auch die Grifflinien des Punktes, der umgewandelt werden soll. Dazu klicken Sie am besten zunächst einmal mit dem Direktauswahl-Werkzeug [A] auf den Pfad bzw. den umzuwandelnden Punkt. Dann wechseln Sie zum Punkt-Umwandler.

Kurvenpunkt in Ankerpunkt umwandeln | Wenn Sie einen Kurvenpunkt in einen normalen Ankerpunkt ohne Grifflinien konvertieren möchten, klicken Sie mit dem Punkt-umwandeln-Werkzeug einfach auf den Kurvenpunkt. Die Gestalt der Kurve verändert sich beträchtlich, und die Griffpunkte verschwinden.

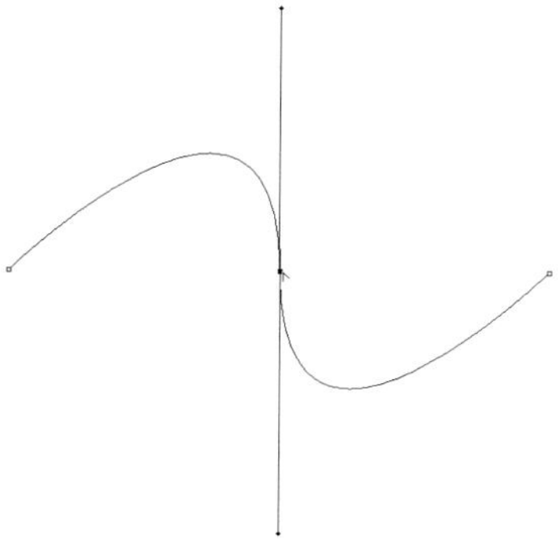

◂ **Abbildung 34.23**
Dieser Kurvenpunkt soll in einen Eckpunkt umgewandelt werden.

▾ **Abbildung 34.24**
Nach der Verwandlung ist aus unserer Kurve eine Gerade geworden. Bei komplexeren Pfadformen wirkt eine Punktumwandlung natürlich nicht so radikal.

Ankerpunkt in Kurvenpunkt umwandeln | Um einen normalen Ankerpunkt in einen Kurvenpunkt zu konvertieren, klicken Sie mit dem Punkt-umwandeln-Werkzeug den betreffenden Punkt an, halten die Maustaste gedrückt und ziehen gleich die Grifflinie aus dem Punkt heraus (Abbildung 34.25).

Kurvenpunkt in einen Eckpunkt umwandeln | Sie können auch einen Kurvenpunkt in einen Eckpunkt mit geteilten Grifflinien konvertieren. Dazu ziehen Sie an einem Griffpunkt und schwingen ihn auf den anderen Griffpunkt zu, um die Achse des Ankerpunktes herum. Die Grifflinien trennen sich dann. So sind besonders spitze Kurven möglich (Abbildung 34.26).

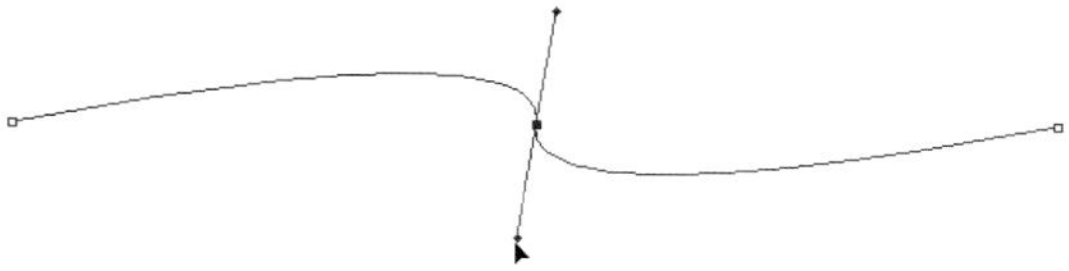

▴ **Abbildung 34.25**
Der Ankerpunkt wurde in einen Kurvenpunkt konvertiert. Der Cursor des Punkt-umwandeln-Werkzeugs wird nach der Umwandlung als schwarzer Pfeil angezeigt.

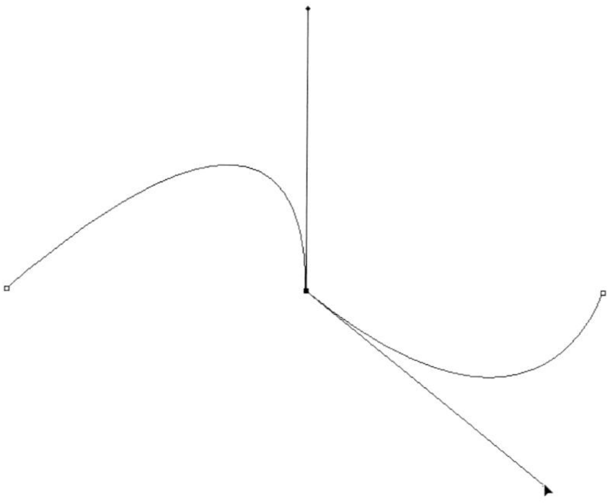

Abbildung 34.26 ▸
Das untere Ende der Grifflinie wurde mit dem Punkt-umwandeln-Werkzeug gefasst und nach oben geschwungen.

34.4.3 Arbeiten mit dem Direktauswahl-Werkzeug

Ein wichtiges Werkzeug zum Beareiten von Pfaden ist das Direktauswahl-Werkzeug A, das bisweilen auch abkürzend »weißer Pfeil« genannt wird. Mit ihm können Sie einzelne Segmente verschieben und dadurch die Pfadform ändern, einzelne Ankerpunkte und Grifflinien verändern oder auch größere Pfadbereiche mit mehreren Segmenten und Ankerpunkten bewegen.

Einzelne Pfadsegmente verschieben | Um einzelne Pfadsegmente zu verschieben und dadurch Kurven zum Beispiel flacher oder bauchiger zu machen, klicken Sie das betreffende Segment an und ziehen daran.

Anker- oder Griffpunkte bewegen | Um Anker- oder Griffpunkte zu bewegen, klicken Sie den betreffenden Ankerpunkt an und bewegen ihn oder die Griffpunkte, indem Sie sie mit der Maus »anfassen« und verschieben. Auch hier hilft zusätzliches Drücken von ⇧, um die Bewegung auf 45°-Winkel oder auf ein Vielfaches von 45° zu beschränken.

Mehrere Ankerpunkte markieren | Mit dem »weißen Pfeil« können Sie auch Auswahlrechtecke um einzelne Pfadbereiche ziehen. Damit werden alle Ankerpunkte im Auswahlbereich aktiviert und die Grifflinien eingeblendet. Sie können dann den ausgewählten Pfadteil mit dem Direktauswahl-Werkzeug A bewegen, während der nicht ausgewählte Rest des Pfades fixiert ist.

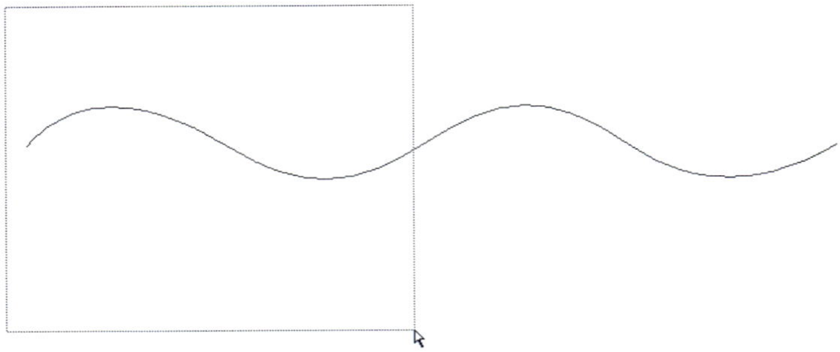

▲ **Abbildung 34.27**
Anlegen einer Auswahl um Teile eines Pfades. Anders, als Sie es von den normalen Auswahlwerkzeugen gewohnt sind, bleibt hier die Auswahllinie nicht sichtbar: Sobald Sie das Auswahlwerkzeug absetzen, wird sie wieder ausgeblendet. Sie erkennen dann an der Verteilung der aktiven und inaktiven Ankerpunkte, welche Pfadteile ausgewählt sind.

Segmente löschen | Um ganze Segmente zu löschen, nutzen Sie ebenfalls den »weißen Pfeil«. Wählen Sie das Segment, das Sie

TOPP-TIPP: Während des Zeichnens scharfe Kurven anlegen

Sie können auch schon, während Sie eine Kurve anlegen, deren Grifflinie teilen – ohne dass Sie den Ankerpunkt-Umwandler bemühen müssten. Dazu lassen Sie beim Zeichnen ausnahmsweise die Maustaste los und ziehen dann den Griffpunkt bei gehaltener Alt- bzw. ⌥-Taste in Richtung der Kurve. Lassen Sie dann alle Tasten (also Alt/⌥ und die Maustaste) los, setzen Sie den Mauszeiger an die Stelle, an der das Segment enden soll, und klicken und ziehen Sie dann in die entgegengesetzte Richtung, um das Segment fertigzustellen.

Schnell umschalten

Sie erreichen das wichtige Direktauswahl-Werkzeug von allen Zeichenwerkzeugen aus ohne Umweg, indem Sie Strg bzw. ⌘ drücken und halten.

Transformationen für Segmente oder Ankerpunkte

Auf Pfadsegmente und Ankerpunkte können Sie auch Transformationen anwenden. Sie finden die Transformationsbefehle in leicht modifizierter Form an gewohnter Stelle unter BEARBEITEN. Statt TRANSFORMIEREN heißt es nun PUNKTE TRANSFORMIEREN, und nicht alle der bekannten Transformationen stehen zur Verfügung. Auch komplette Pfade können transformiert werden. Wenn Sie als Werkzeug entweder ein Zeichenstift- oder eines der beiden Pfadauswahl-Werkzeuge gewählt haben, dann können Sie mit Strg+T bzw. ⌘+T das freie Transformieren auch für den Pfad aufrufen.

löschen wollen, durch Klicken aus, und drücken Sie die Rücktaste, um es zu löschen. Durch erneutes Drücken der Taste wird der Rest des Pfades gelöscht. Bei einem Pfad aus mehreren Komponenten wird dagegen der Rest der Komponente gelöscht.

34.4.4 Pfadauswahl-Werkzeug

Um komplette Pfade oder Pfadkomponenten auszuwählen oder zu verschieben, ist das Pfadauswahl-Werkzeug [A] das Tool der Wahl. Um mehrere Komponenten auszuwählen, halten Sie [⇧] gedrückt und klicken die Komponenten nacheinander an.

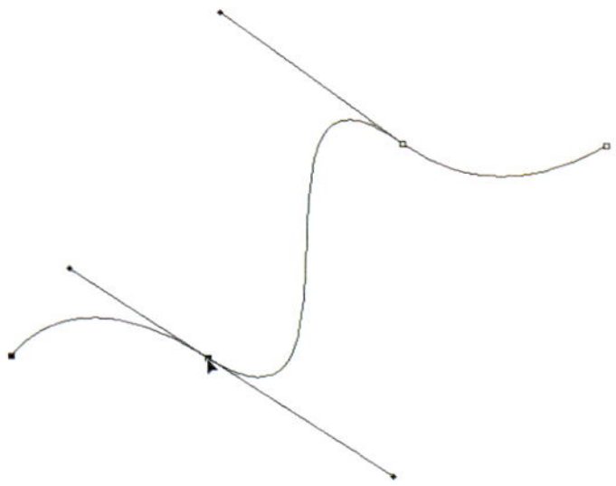

▲ **Abbildung 34.28**
Mittels Pfadauswahl ist das Verschieben einzelner Segmente des Pfades möglich. Dadurch können Sie Pfadformen entscheidend verändern.

34.5 Feine Unterschiede in der Pfade-Palette

Die Pfade-Palette hat für die Arbeit mit Pfaden keine so große Bedeutung wie die Ebenen-Palette für das Arbeiten mit Ebenen. Viele ihrer Funktionen haben Sie schon en passant kennengelernt bzw. werden Sie in Kapitel 35, »Mit Pfaden arbeiten«, im praktischen Einsatz kennenlernen. Sie erreichen die Palette erwartungsgemäß über FENSTER • PFADE, und standardmäßig ist die Palette neben der Ebenen- und der Kanäle-Palette angeordnet.

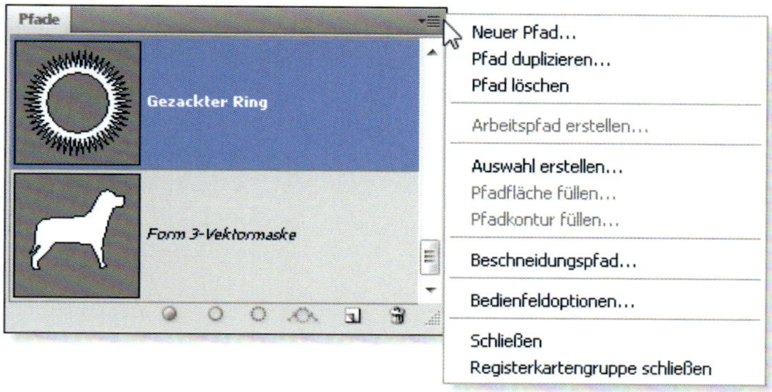

▲ **Abbildung 34.29**
Die Pfade-Palette samt Seitenmenü. Oben ein regulärer Pfad, darunter ein Arbeitspfad, erkennbar an der Kursivschrift.

34.5.1 Pfade und Arbeitspfade

Alle Pfade, die Sie erstellen – sei es mit den Formwerkzeugen, sei es durch Umwandeln einer Auswahl oder per Zeichenwerkzeug –, werden zunächst einmal als **Arbeitspfade** erstellt. In der Pfade-Palette sind sie am kursiv geschriebenen Titel *Arbeitspfad* erkennbar. Arbeitspfade sind in der Pfade-Palette immer an letzter Stelle (unten) zu finden.

Bestehende Pfade nicht verpfuschen!

Solange Sie nicht eigens einen neuen Pfad anlegen, arbeiten Sie immer auf demselben Pfad – derselben Pfad*ebene* gewissermaßen, die in der Pfade-Palette durch eine Zeile mit Miniatur repräsentiert ist. Selbst wenn Sie zwischenzeitlich ganz andere Werkzeuge benutzen und andere Arbeiten am Bild durchführen, sobald Sie wieder ein Zeichen- oder Formwerkzeug zur Hand nehmen, wird dem bestehenden Pfad allenfalls eine neue Komponente hinzugefügt. Neue Pfade werden jedoch nicht automatisch angelegt.

Arbeitspfade sind **temporär** und können verloren gehen. Sie sollten sie daher sichern:

- Doppelklicken Sie dazu auf den Titel, und benennen Sie den Arbeitspfad einfach um, oder
- ziehen Sie den Arbeitspfad auf das NEU-Icon am Fuß der Palette.

34.5.2 Reguläre Pfade anlegen

Besser ist es, von Anfang an nicht mit temporären Arbeitspfaden, sondern mit regulären Pfaden zu arbeiten. Dazu wählen Sie vor jedem Zeichnen, Anlegen von Formen oder sonstigen Aktivitäten, die einen Pfad generieren, einfach den Befehl NEUER PFAD im Palettenmenü oder klicken die NEU-Schaltfläche an. Übrigens werden neue Pfade immer an das untere Ende der Palette angefügt und nicht, wie von der Ebenen-Palette gewohnt, oberhalb der aktiven Ebene.

Was wollen Sie tun?	Windows	Mac
Mehrere Ankerpunkte auswählen	Direktauswahl-Werkzeug + Klick bei gedrückter ⇧-Taste	Direktauswahl-Werkzeug + Klick bei gedrückter ⇧-Taste
Gesamten Pfad auswählen	Direktauswahl-Werkzeug + Klick bei gedrückter Alt-Taste	Direktauswahl-Werkzeug + Klick bei gedrückter ⌥-Taste
Pfad duplizieren	Beliebiges Zeichenstift-Werkzeug oder Pfadauswahl- oder Direktauswahl-Werkzeug aktivieren + Strg+Alt + Ziehen mit der Maus	Beliebiges Zeichenstift-Werkzeug oder Pfadauswahl- oder Direktauswahl-Werkzeug aktivieren + ⌘+⌥ + Ziehen mit der Maus
Vom Pfadauswahl-, Zeichenstift-, Ankerpunkt-hinzufügen-, Ankerpunkt-löschen- oder Punkt-umwandeln-Werkzeug auf das Direktauswahl-Werkzeug umschalten	Strg	⌘
Vom Zeichenstift- oder Freiform-Zeichenstift-Werkzeug zum Punkt-umwandeln-Werkzeug wechseln, wenn der Mauscursor sich gerade auf einem Anker- oder Griffpunkt befindet	Alt	⌥
Bei der Arbeit mit magnetischem Freiform-Zeichenstift: Pfadlinie schließen	Doppelklick oder Pfad zu Ende zeichnen	Doppelklick oder Pfad zu Ende zeichnen
Bei der Arbeit mit magnetischem Freiform-Zeichenstift: Pfad mit geradem Segment schließen	Alt + Doppelklick	⌥ + Doppelklick
Pfad ausblenden	Strg+⇧+H	⌘+⇧+H

▲ **Tabelle 34.1**
Tastaturbefehle für die Arbeit mit Pfaden auf einen Blick

35 Mit Pfaden arbeiten

Dieses Kapitel enthält typische Anwendungsfälle bei der Arbeit mit Pfaden: Pfade machen sich bei Alltagsaufgaben nützlich und eröffnen neue kreative Horizonte.

Zum Weiterlesen: Weiche Vektormasken
Mehr zum Feintuning von Vektormasken lesen Sie in Abschnitt 14.3.3, »Konturbereiche in Masken nachbessern«.

35.1 Pfade und Auswahlen

Pfade lassen sich nicht nur zeichnen. Sie können auch Auswahllinien in Pfade verwandeln (und Pfade wieder in Auswahlen). Das hat den Vorteil, dass Sie Pfade – und daraus Formen – aus komplizierten Objektkonturen erstellen können, die manchmal nur unter Schwierigkeiten direkt als Pfad anzulegen sind. Das ist vor allem bei hart konturierten Auswahllinien sinnvoll: Weiche Übergänge können in Pfadform nicht erhalten bleiben. Auch wenn es seit CS4 möglich ist, Vektormasken nachträglich weichzuzeichnen – so differenzierte Transparenzübergänge wie mit Auswahlen und Ebenenmasken erhalten Sie mit Pfaden nicht.

Bild: dieblen.de

▲ **Abbildung 35.1**
Das Auswahl-Kontextmenü bietet auch einen Befehl, um aus Auswahlen Arbeitspfade zu erstellen.

35.1.1 Pfad aus Auswahl: Arbeitspfad erstellen

Um aus einer bereits bestehenden Auswahl einen Pfad zu machen, können Sie entweder den Befehl Arbeitspfad erstellen... aus dem Seitenmenü der Pfade-Palette wählen, oder Sie rufen bei aktivem Auswahlwerkzeug und einer aktiven Auswahl im Bild durch Rechtsklick bzw. `Ctrl` + Klick das Auswahl-Kontextmenü auf.

Sobald Sie den Befehl Arbeitspfad erstellen anklicken, erscheint ein Dialog, in dem Sie aufgefordert werden, einen Toleranzwert einzugeben.

Die Toleranz kann zwischen 0,5 und 10 Pixel liegen und bestimmt, mit wie vielen Ankerpunkten der Pfad angelegt wird. Je höher der Toleranzwert ist, desto weniger Ankerpunkte werden verwendet und desto stärker weicht der Pfad von der Originalkontur ab.

▲ **Abbildung 35.2**
Der Toleranzwert regelt die Umsetzungsgenauigkeit.

▲ **Abbildung 35.3**
Hier wurde aus einer Auswahl der Blume ein Pfad mit einer TOLERANZ von 0,5 erstellt. Der Toleranzwert ist eindeutig zu gering: Die vielen Ankerpunkte machen den Pfad unbrauchbar. Speichersparend ist ein solcher Pfad dann auch nicht mehr.

▲ **Abbildung 35.4**
Ein Toleranzwert von 10 lag diesem Pfad zugrunde – keine sonderlich genaue Umsetzung der Auswahl. Manchmal lässt sich der beste Wert nur durch Ausprobieren ermitteln.

35.1.2 Auswahl aus Pfad erstellen

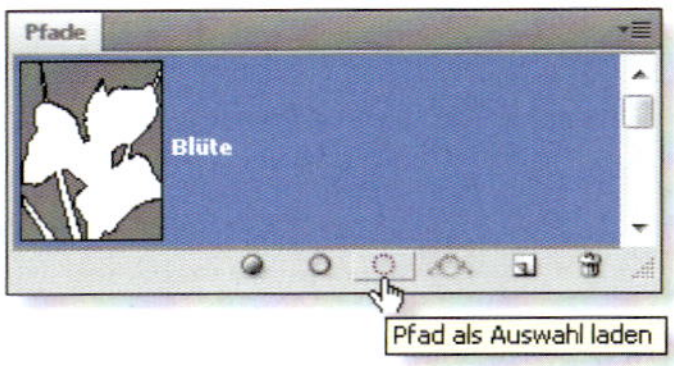

▲ **Abbildung 35.5**
Der schnellste Weg, um aus einem Pfad eine Auswahl zu generieren

Umgekehrt geht es auch: Aus jedem Pfad lässt sich eine Auswahl erstellen. Die Funktion AUSWAHL ERSTELLEN finden Sie wiederum im Seitenmenü der Pfade-Palette und auch als Schaltfläche an deren unterem Rand.

Nur wenn Sie den Seitenmenübefehl benutzen, werden Ihnen weitergehende Einstellungsmöglichkeiten angeboten. In den meisten Fällen ist es angebracht, die Glättung zu aktivieren.

Abbildung 35.6 ▶
GLÄTTEN ist eine praktische Option, um zu harten, kantigen Auswahlrändern vorzubeugen.

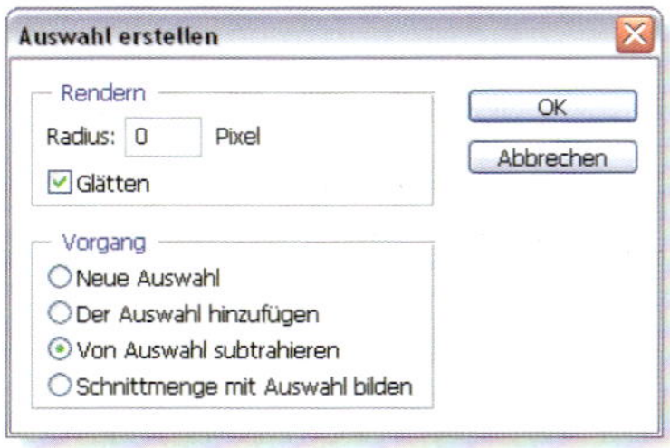

35.2 Pfade als Exportartikel

Pfade sind nicht in Photoshop eine nützliche Sache, sondern können auch für die Arbeit mit anderen Programmen interessant sein.

35.2.1 Beschneidungspfade

Eine Besonderheit, die für Sie nicht relevant ist, solange Sie ausschließlich in Photoshop arbeiten, stellen Beschneidungspfade dar (manchmal auch *Clipping Paths* oder *Freistellpfade* genannt).

Beschneidungspfade setzen bei Bildern, die für die Weitergabe an Layoutprogramme wie InDesign, QuarkXPress und andere gedacht sind, diejenigen Bildbereiche transparent, die im Layoutprogramm nicht angezeigt werden sollen. Unterstützt werden Beschneidungspfade nur vom Dateiformat EPS. Allerdings neigen manche Layoutprogramme dazu, auch normale Pfade, die in TIFF- oder JPG-Dateien gespeichert sind, als Beschneidungspfade zu interpretieren. Das kann zur Folge haben, dass auch Bildbereiche, die Sie gar nicht ausblenden wollten, nicht angezeigt werden. In solchen Fällen müssen Sie die Pfade löschen, die die Störung verursachen.

Schritt für Schritt: Beschneidungspfad erstellen

1 Pfad erstellen

Erzeugen Sie einen Pfad, der das Bildobjekt, das Sie per Pfad freistellen wollen, möglichst genau umzeichnet. Der Pfad muss geschlossen sein.

Falls Sie zunächst einen Arbeitspfad erzeugt haben, müssen Sie ihn in einen regulären Pfad umwandeln.

2 Beschneidungspfad anlegen

Wählen Sie dann im Seitenmenü der Pfade-Palette den Befehl Beschneidungspfad.

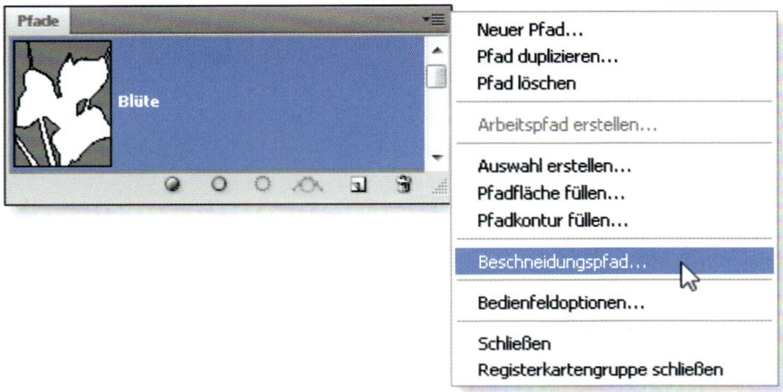

◂ **Abbildung 35.7**
Legen Sie einen Beschneidungspfad an.

Sie erhalten dann ein Dialogfeld, in dessen oberem Teil Sie wählen können, welcher Pfad – wenn mehrere im Bild vorhanden sind – als Beschneidungspfad herhalten soll, und in dem Sie die Kurvennäherung festlegen.

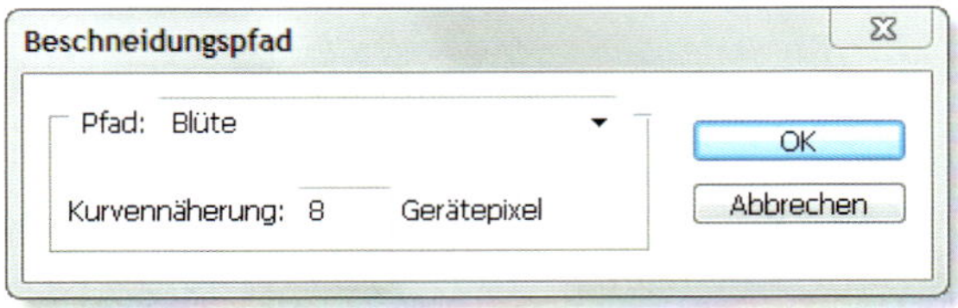

Abbildung 35.8 ▸
Optionen festlegen

Die KURVENNÄHERUNG hat Einfluss auf die spätere Umsetzung des Pfades beim Druck. Möglich sind Werte zwischen 0,2 und 100. OK schließt den Vorgang ab. ■

Kurvennäherung | Wenn Sie das Eingabefeld KURVENNÄHERUNG freilassen, wird das Bild mit den Standardeinstellungen des Druckers ausgegeben. Oft fährt man damit ganz gut. Treten Druckprobleme auf, müssen Sie manuell einen Wert festlegen, den der PostScript-Interpreter für die Kurvennäherung verwenden soll (nicht PostScript-fähige Drucker können mit Beschneidungspfaden nichts anfangen). Ein niedriger Wert führt zu einer etwas gröberen Interpretation des Beschneidungspfades, eliminiert jedoch auch Belichtungsfehler. Im Allgemeinen ist für eine hochauflösende Ausgabe (1200 bis 2400 dpi) ein Wert zwischen 8 und 10 empfehlenswert und für eine Ausgabe mit niedriger Auflösung (300 bis 600 dpi) ein Wert zwischen 1 und 3.

35.2.2 Pfade nach Adobe Illustrator exportieren

Für den Export von Pfaden nach Adobe Illustrator müssen Sie nicht mit Beschneidungspfaden operieren. Hier gibt es einen eigenen Befehl, nämlich unter DATEI • EXPORTIEREN • PFADE • ILLUSTRATOR.

Das Exportieren von Pfaden mit diesem Befehl erleichtert das Kombinieren von Photoshop- und Illustrator-Grafiken und vereinfacht das Anwenden von Photoshop-Funktionen auf Illustrator-Grafiken. So können Sie beispielsweise in Illustrator Text oder Objekte an Photoshop-Pfaden ausrichten. Sie können auch Arbeitspfade auf diese Art und Weise exportieren.

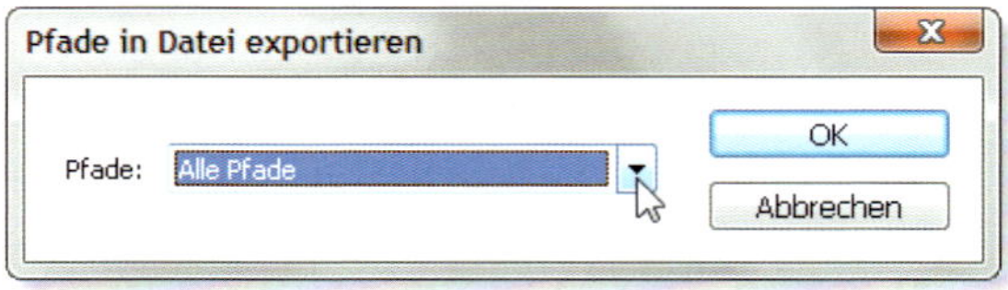

Abbildung 35.9 ▸
Pfade exportieren: Legen Sie fest, ob Sie alle Pfade einer Datei exportieren oder nur einen bestimmten.

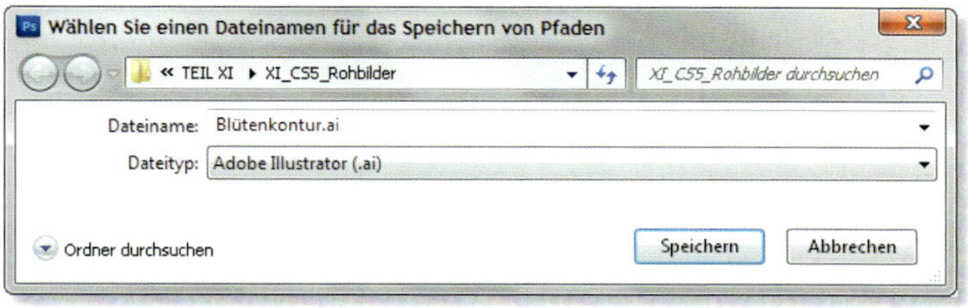

◂ **Abbildung 35.10**
So legen Sie den Speicherort beim Pfad-Export fest.

Das funktioniert ganz einfach: Wählen Sie einen Speicherort aus, und vergeben Sie einen Dateinamen. Stellen Sie sicher, dass unter PFADE die richtige Option bzw. der richtige Pfad ausgewählt ist. Sie können alle Pfade eines Bildes oder auch vereinzelte Pfade und Arbeitspfade exportieren. Klicken Sie dann auf SPEICHERN. Wenn Sie die Datei anschließend in Adobe Illustrator öffnen, können Sie den Pfad bearbeiten oder ihn verwenden, um Illustrator-Objekte auszurichten, die Sie der Datei hinzufügen.

35.3 Gefüllte Pfadkontur: Pfad plus Malwerkzeug

Pfade müssen keine undruckbaren und meist unsichtbaren Vektoren bleiben – Sie können sie auch mit Pixeln füllen. Besonders schöne und individuelle Ergebnisse erzielen Sie, wenn Sie die Wirkung der Pinselspitze vorher genau einstellen. Ich zeige Ihnen das Ganze wiederum anhand einer Schrift; Sie können aber auch andere Pfade so bearbeiten.

Schritt für Schritt: Pfad aus Text erstellen: Konfetti auf Pfad

1 Schrift anlegen

Diese Technik funktioniert mit allen Arten von Pfaden und allen Mal- und Retuschewerkzeugen mit unterschiedlichsten Werkzeugspitzen. Ich zeige Ihnen – stellvertretend für die vielen Möglichkeiten, die Sie haben –, wie Sie eine Textkontur mit einer bunten Konfettischrift belegen.

Dazu wird ein Pfad in Buchstabenform gebraucht. Ich lege als Erstes den Schriftzug an. Gebraucht wird entweder eine große, flächige Schrift oder ein nicht zu enger Handschriftenfont. Ich verwende die Schrift »Bradley Hand«, und zwar schon gleich in der richtigen Größe – die Umsetzungsgenauigkeit des Pfades ist

Datei auf der Buch-DVD: »Konfettischrift.tif«

besser, wenn er nicht mehr skaliert wird. Die Schriftfarbe ist irrelevant.

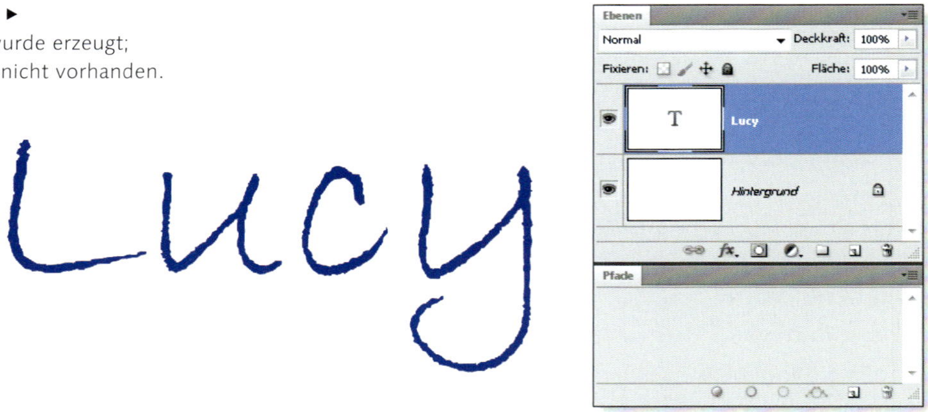

Abbildung 35.11 ▸
Die Textebene wurde erzeugt; Pfade sind noch nicht vorhanden.

2 Pfad aus Text erstellen

Aktivieren Sie die Textebene, und wählen Sie dann im Menü den Befehl EBENE • TEXT • ARBEITSPFAD ERSTELLEN. Die Textebene kann nun ausgeblendet oder ganz gelöscht werden.

Abbildung 35.12 ▸
Die Textebene wurde ausgeblendet. In der Pfade-Palette wird der neue Pfad angezeigt, und auch im Bild ist jetzt die Pfadkontur zu sehen.

3 Pinselspitze einstellen

Nun muss die Werkzeugspitze eingestellt werden. Zur Erinnerung: Um mit der Pinsel-Palette zu arbeiten, muss das Pinsel-Werkzeug aktiv sein!

Mein Ziel ist es, eine unregelmäßige Streuung unterschiedlich großer und verschieden gefärbter »runder Malpunkte« einzustellen. Dazu stelle ich eine scharfe, runde Pinselspitze mit erhöhtem Malabstand ein.

Zum Weiterlesen: Pinsel-Tuning
Schauen Sie in Abschnitt 25.3.1, »Die Pinsel-Palette«, nach, um mehr über das Definieren eigener Werkzeugspitzen zu erfahren.

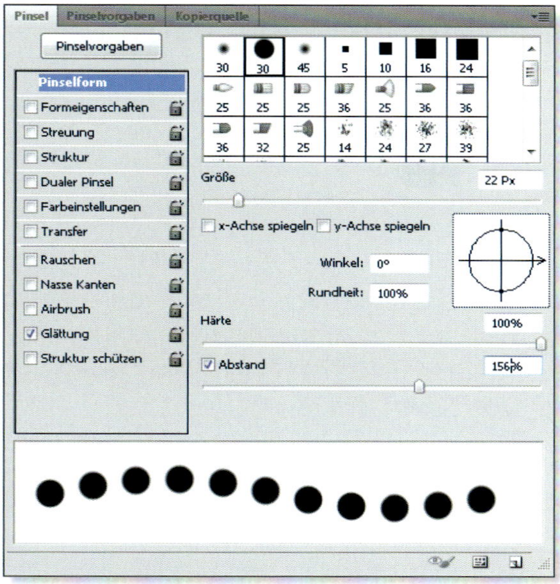

◂ Abbildung 35.13
Einstellungen unter Pinselform

Ein geringer Grössen-Jitter (unter Formeigenschaften) und eine moderate Streuung kommen dazu. Maßgeblich sind allerdings die Farbeinstellungen. Hier wird kräftig gejittert. Da auch der Vordergrund-/Hintergrundjitter zum Einsatz kommt, stelle ich zwei fröhliche, kräftige Farben in den beiden Farbfeldern der Werkzeugleiste ein. Für die Farbeinstellungen gibt es leider keine Vorschau – hier müssen Sie eventuell einige Probestriche machen, bis Sie die richtige Einstellung gefunden haben.

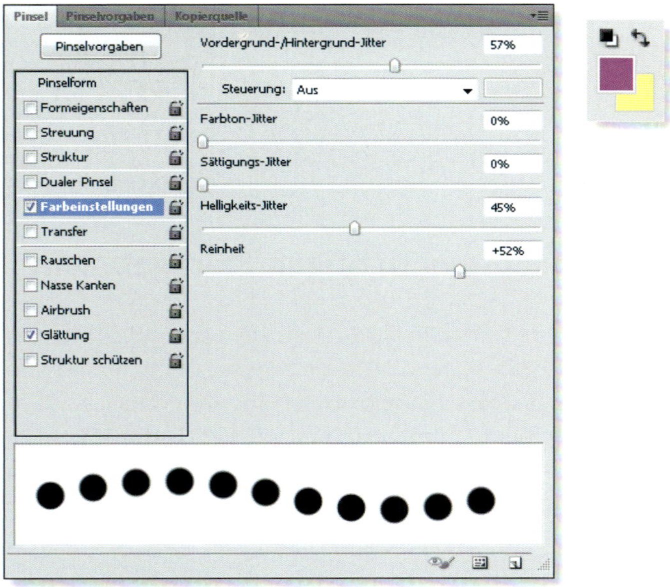

◂ Abbildung 35.14
Einstellungen unter Farbeinstellungen und die für die Konfettischrift benutzten Farben

4 **Für alle Fälle: Pinselspitze sichern**

Nun haben Sie den aktuellen Pinsel verändert. Diese Einstellungen sollen aber nicht verloren gehen. Der Befehl NEUE PINSELVORGABE im Palettenmenü der Pinsel-Palette fügt den Pinsel zur aktuell geladenen Pinsel-Bibliothek hinzu – temporär, bis Sie das nächste Mal eine andere Pinsel-Bibliothek aufrufen.

5 **Pfad mit Pixeln füllen**

Nun trennen mich nur noch zwei Klicks von der fertigen Schrift. Ich lege eine neue, leere Ebene an. Die neue Ebene sollte aktiv sein. Dann klicke ich in der Pfade-Palette das Icon PFADKONTUR MIT PINSEL FÜLLEN an.

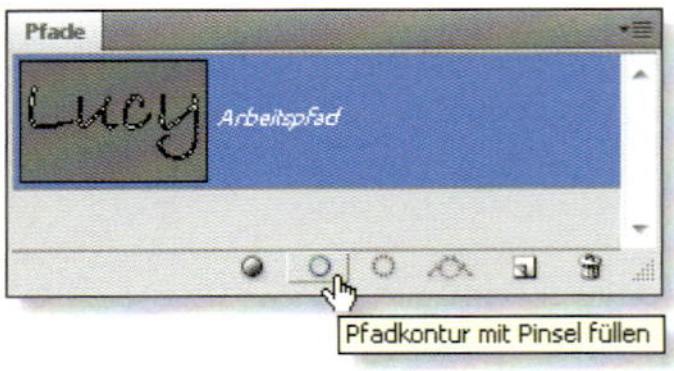

▲ **Abbildung 35.15**
Pfadkontur mit Pinsel füllen

Automatisch legen sich Pixel gemäß der zuvor definierten Pinselspitze entlang der Pfadkontur – genauer kann man von Hand nicht pinseln. Der Pfad kann nun gelöscht oder mit Strg + H (Windows) oder ⌘ + H (Mac OS) ausgeblendet werden. Nach Wunsch geben ein paar Ebeneneffekte dem Ganzen den letzten Schliff.

Abbildung 35.16 ▶
Fertig!

35.4 Text auf den richtigen Pfad gebracht

Mithilfe von Pfaden können Sie auch geschwungenen, wellenförmigen oder im Kreis laufenden Text erzeugen – eine interessante Gestaltungsmöglichkeit für Text. Der Pfad dient dabei als Führung für den Text, der Akzente setzen soll. Der Text bleibt dabei wie gewohnt editierbar. Ich zeige Ihnen hier, wie man Text in Kreisform bringt. Das Ganze funktioniert jedoch mit allen anderen offenen und geschlossenen Pfaden auch.

Datei auf der Buch-DVD: »typo_bsp.tif«

Schritt für Schritt: Im Kreis geschrieben

1 Kreisförmigen Pfad anlegen

Um einen kreisförmigen Pfad anzulegen, aktivieren Sie das Ellipse-Werkzeug [U] und stellen dort in den Detailoptionen Kreis und Vom Mittelpunkt aus ein. Aktivieren Sie außerdem die Option Pfade in der Optionsleiste. Ziehen Sie dann eine kreisförmige Pfadlinie auf.

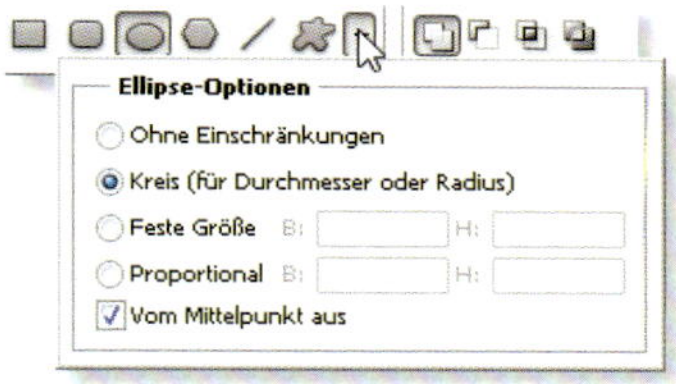

▲ **Abbildung 35.17**
Einstellungen in den Ellipse-Optionen

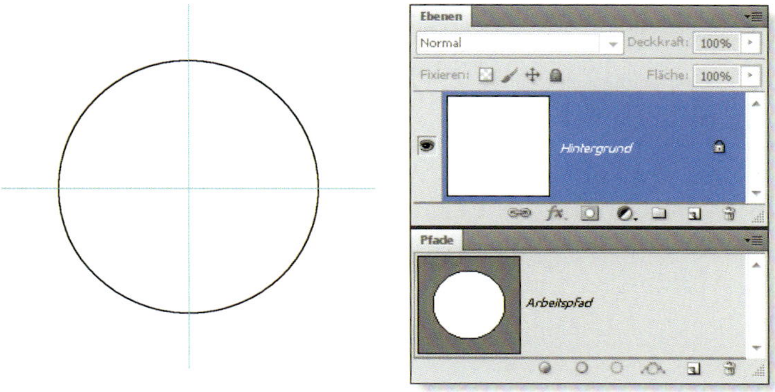

◄ **Abbildung 35.18**
Die kreisförmige Pfadlinie

2 Text eingeben

Wechseln Sie zum Text-Werkzeug [T] T, und stellen Sie in dessen Optionsleiste Schriftart, Größe, Glättung, Farbe und so weiter ein. Schlichte, klassische Schriften wirken bei so gewagter typografischer Anordnung übrigens oft am besten!

Nun ist schon alles zur Texteingabe bereit. Sie können direkt auf dem Pfad schreiben, und der Text lässt sich wie anderer Text auch bearbeiten. Allenfalls die ungewohnte Anordnung sorgt hier eventuell für Startschwierigkeiten.

Nähern Sie sich mit der Maus dem Pfad. Die Einfügemarke erscheint – allerdings mit diagonaler Grundlinienanzeige. In der Vergrößerung sehen Sie den Cursor, der Text auf Pfad schreiben anzeigt.

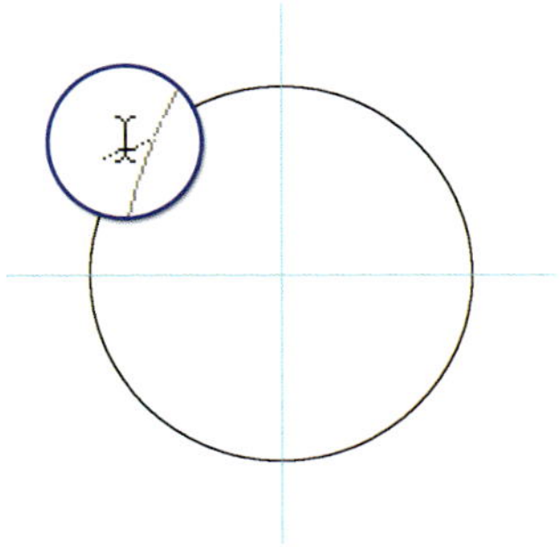

◄ **Abbildung 35.19**
Schreiben Sie auf dem Pfad.

Die Einfügemarke sollten Sie auf oder dicht über den Pfad setzen. Klicken Sie einmal: Es erscheint der bekannte blinkende Cursor, und Sie können losschreiben. Es ist auch möglich, Text aus der Zwischenablage einzufügen (mit [Strg]+[C] bzw. [⌘]+[C]).

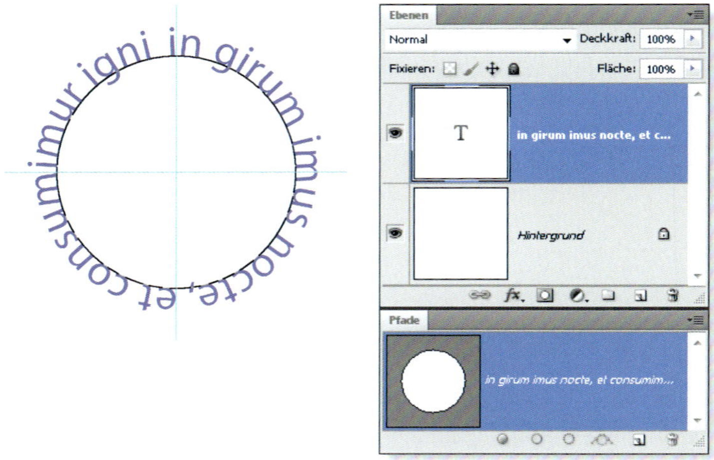

Abbildung 35.20 ▸
Das Bild und die Situation in den beiden hier maßgeblichen Paletten

3 Alternative: Vertikales Text-Werkzeug

Mit dem vertikalen Text-Werkzeug [T] legen Sie die Buchstaben parallel zum Pfad an. In vielen Fällen wird hier ein manueller Ausgleich des Zeichenabstandes der Lesbarkeit des Textes guttun.

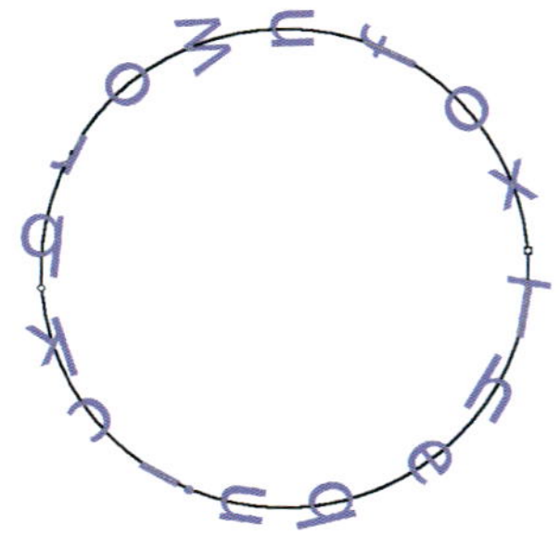

Abbildung 35.21 ▸
Texteingabe mit dem vertikalen Text-Werkzeug

4 Text auf Pfad verschieben

Wenn Sie die Texteingabe abgeschlossen haben, können Sie den Text auch noch **nachbearbeiten**: Er lässt sich am Pfad entlangschieben, auf die andere Pfadseite »umklappen« und mit dem Pfad verschieben. Um die Position der Schrift zu verändern, können Sie das Pfadauswahl- oder das Direktauswahl-Werkzeug aus der Werkzeugkiste benutzen (beide haben den Shortcut [A]).

Wenn Sie den Text einfach etwas **verschieben** wollen, aktivieren Sie eines der beiden Tools und führen den Mauszeiger über den Pfad, sodass er zu einer Einfügemarke mit Pfeil(en) daran wird. Bewegen Sie dann die Maus vorsichtig an dem Pfad entlang in die Richtung, in die Sie den Text schieben wollen (Abbildung 35.22).

Wenn Ihnen das zu kompliziert erscheint, können Sie die Textebene auch ganz einfach per freier Transformation (Strg/⌘+T) drehen.

5 Text »umklappen«

Um Text auf die andere Seite des Pfades zu spiegeln, gehen Sie ähnlich vor, ziehen dann aber die Maus auf die andere Seite des Pfades – hier des Kreisinneren.

▲ **Abbildung 35.22**
Der Text wurde verschoben.

▲ **Abbildung 35.23**
Der Text wurde gespiegelt.

6 Pfadform ändern

Pfade, auf denen Text liegt, lassen sich ebenso verändern wie andere Pfade auch. Am besten benutzen Sie das Direktauswahl-Werkzeug A, klicken damit auf einen Ankerpunkt auf dem Pfad und ändern mithilfe der Griffe dessen Form.

7 Kompletten Text im Bild verschieben

Um den Pfad und den Text im Bild zu verschieben, nutzen Sie das übliche Verschieben-Werkzeug V, die Pfeiltasten oder die Maus und bewegen die Textebene. Alternativ können Sie auch das Pfadauswahl-Werkzeug verwenden. ■

Text ohne Richtungswechsel umklappen | Wie Ihnen an den Beispielbildern vielleicht aufgefallen ist, klappt der Text nicht nur auf die andere Seite des Pfades um, sondern er ändert auch seine Richtung. Um Text auf die andere Seite des Pfades zu verschieben, ohne die Richtung umzukehren, können Sie die Option GRUNDLINIENVERSATZ ❶ in der Zeichen-Palette verwenden.

Wenn Sie zum Beispiel einen Text erstellt haben, der von links nach rechts außerhalb eines Kreises verläuft, können Sie in das Textfeld GRUNDLINIENVERSATZ einen negativen Wert eingeben. Der Text verläuft dann entlang der Innenseite des Kreises – ohne Richtungswechsel!

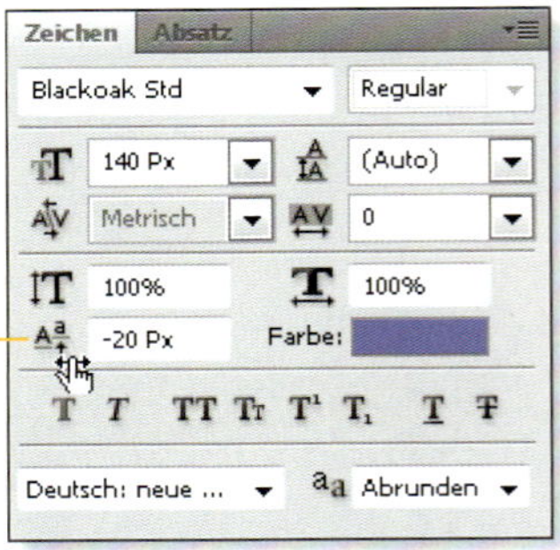

Abbildung 35.24 ▸
Das Eingabefeld für den Grundlinienversatz. Wenn Sie Text auf diese Art und Weise in das Innere eines Kreises oder unter eine Pfadlinie verlagern wollen, muss der eingegebene Wert an die Schrifthöhe angepasst sein.

Abbildung 35.25 ▸
Hier wurde die Grundlinie um 20 Pixel nach unten gesetzt.

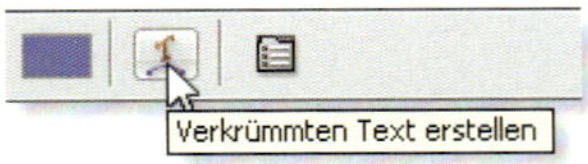

▴ Abbildung 35.26
Den Dialog TEXT VERKRÜMMEN starten (Button in der Optionsleiste des Text-Werkzeugs)

35.4.1 Verzerrter Text bei voller Editierbarkeit – das Textverkrümmungswerkzeug

Wenn Sie nicht nur entlang eines Pfades gebogenen, sondern auch verzerrten Text erstellen wollen, bietet sich die Arbeit mit dem Textverkrümmungswerkzeug an. Um es aufzurufen, aktivieren Sie das Text-Werkzeug. Sie finden den Button, um es aufzurufen, in der Text-Optionsleiste weit rechts.

Alternativ können Sie den Menübefehl EBENE • TEXT • TEXT VERKRÜMMEN wählen.

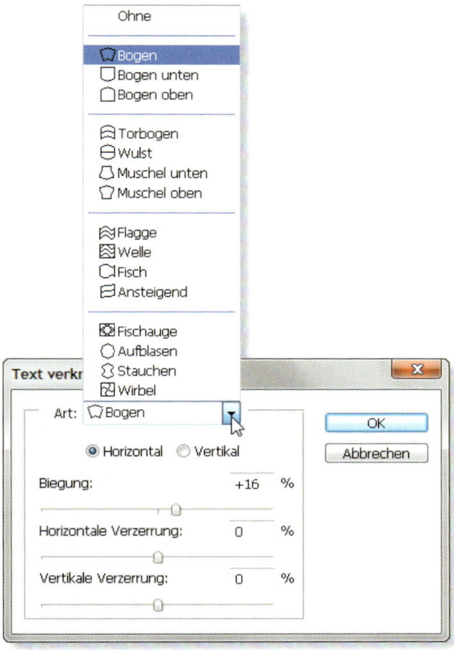

◂ **Abbildung 35.27**
Der Verkrümmungs-Dialog. Erkunden Sie seine Möglichkeiten am besten einmal mit etwas Zeit anhand eines Beispiels.

Um Textverkrümmungen anzuwenden, muss der Text bereits geschrieben und die Textebene aktiv sein. Den Rest erschließen Sie sich am besten durch Ausprobieren. Das Beste an dem Werkzeug ist, dass Sie den Text trotz wildester Verbiegungen jederzeit bearbeiten können.

Um eine Verkrümmung wieder aufzuheben, rufen Sie das Werkzeug erneut auf und wählen aus der Dropdown-Liste Art • Ohne.

Keine Verkrümmung bei Faux-Fettschrift

Das Werkzeug Text verkrümmen kann nicht arbeiten, wenn die Textebene zuvor mit der Funktion Faux Fett bearbeitet wurde. Bei Faux Kursiv funktioniert die Verkrümmung jedoch.

◂ **Abbildung 35.28**
Die Wirkung der Verkrümmungsstile Bogen, Flagge und Muschel

Teil XII
Bilder ausgeben

36 Bilder für das Internet optimieren

Die Veröffentlichung von Bildern im Internet und auf mobilen Medien stellt besondere Anforderungen. Mit der Funktion FÜR WEB UND GERÄTE SPEICHERN steht Ihnen in Photoshop ein wirkungsvolles Werkzeug zur Verfügung, mit dem Sie Ihre Bilder für Webseiten und für mobile Geräte optimieren können. Hier erfahren Sie, welches Bild für den Internet-Einsatz geeignet ist, wie Sie Ihre Bilddateien webgerecht »kleinkriegen« und was Sie beim Erstellen transparenter GIFs und mobiltauglicher WBMPs beachten müssen. Sie lesen, wie Sie mit gewichteter Optimierung relevante Bildinhalte in guter Darstellungsqualität zeigen, und Sie lernen, wie Sie in Minutenschnelle eine Web- oder PDF-Präsentation zusammenstellen.

Fotogalerien online und PDF-Präsentationen
Um größere Bildermengen zu präsentieren, können Sie eine Web-Fotogalerie erstellen. Für Bilder-Shows im Offline-Modus bietet sich die Funktion PDF-PRÄSENTATION an. Beide Tools finden Sie in Adobe Bridge. Sie werden in Kapitel 9, »Automatismen in Photoshop und Bridge«, ausführlich vorgestellt.

36.1 Welches Bild ist gut für das Web?

Trotz Kompression bleibt das Optimieren von Bildern für das Web ein Balanceakt zwischen geringer Kilobyte-Zahl und akzeptabler Bildqualität. Doch wenn Sie Bilder für den Internet-Einsatz vorbereiten, haben Sie nicht nur mit Kilobytes zu kämpfen – Sie sollten sich auch vor Augen halten, dass Bilder im Internet anders wirken als Bilder auf Zeitungs- oder Buchseiten oder gar als einzelne Fotoausdrucke. Sie werden wie **Inseln** oder **Signale** wahrgenommen. Daher sollten Sie sich bemühen, mit Ihrem Bild eine Aussage klar zu kommunizieren – Sie haben keine Ladezeit zu verschenken und sollten den kurzen Moment der Surfer-Aufmerksamkeit nutzen!

- Überlegen Sie, ob Ihr Bild die Aussage, die Sie treffen wollen, auch transportiert.
- Zeigen Sie das Wichtigste groß! Ein Porträt, das nur 70 Pixel hoch ist, sollte nicht noch Hintergrund, Lockenberge und Blusenknöpfe zeigen, sondern das Gesicht im Anschnitt.
- Wählen Sie Bilder, die der Stimmung und dem Anspruch der Site entsprechen, für die sie gedacht sind (weichgezeichnete

Gegenlichtaufnahmen sind in einem Info-Portal fehl am Platze, Trash-Collagen passen nicht zu einem Webauftritt, der Designermöbel vermarktet usw.).
- Arbeiten Sie heraus, worauf es im Bild ankommt – Photoshop bietet genug Möglichkeiten (Farbe und Schwarzweiß-Elemente, Weichzeichnung, Aufhellung oder Abdunkelung einzelner Bildpartien etc.).

Daneben gibt es natürlich auch noch technische Anforderungen. Wenn Sie Ihre Dateien mit dem Befehl FÜR WEB UND GERÄTE SPEICHERN sichern, werden Bildmodus und Auflösung automatisch angepasst.

36.1.1 Dateiformate

Dateien, die für das Internet bestimmt sind, müssen zwei Bedingungen erfüllen:
- Sie sollten von allen Browsern problemlos interpretiert werden, und
- sie sollten bei der Darstellung des Motivs mit einer möglichst geringen Datenmenge auskommen, um die Übertragungszeiten kurz zu halten.

Die Grafikformate, die das Web immer noch beherrschen, sind GIF und JPEG. Die Alternative PNG ist unbekannter und daher seltener im Einsatz.

JPG | JPG oder JPEG ist in der Regel das beste Dateiformat für Halbtonbilder wie Fotos. Das JPEG-Format kann pro Bild bis zu 16,7 Millionen Farben speichern – praktisch das gesamte vom menschlichen Auge wahrnehmbare Spektrum. JPGs werden von allen Browsern problemlos reproduziert. Kleingerechnet werden JPG-Dateien per Kompression: Je stärker die Kompression ist, desto geringer ist die Dateigröße. Der verwendete Kompressionsalgorithmus ist jedoch nicht verlustfrei. Das heißt, bei stark komprimierten JPG-Bildern muss man mit Qualitätsverlusten rechnen (siehe Abbildung 36.5).

[Halbtonbild]
Was umgangssprachlich »Foto« heißt, wird im Repro-Deutsch »Halbtonbild« genannt. Halbtonbilder enthalten Schwarz, Weiß und viele farbige oder graue Zwischenstufen. Halbtonbilder sind alle Bilder, die für die drucktechnische Reproduktion gerastert werden müssen. Gegensatz: Strichbild (es enthält nur Schwarz und Weiß bzw. einen Vollton und Weiß).

GIF | GIF-Dateien sind Webgrafik-Urgestein. Sie verbrauchen wenig Speicherplatz, was vor allem durch die Reduktion der Farbtöne im Bild erreicht wird. Maximal 256, minimal 2 Bildfarben sind darstellbar. Zusätzlich werden die GIF-Dateien auch noch komprimiert. Der Kompressionsalgorithmus ist verlustfrei. GIFs unterstützen Transparenz und können außerdem animiert werden. Für Fotos eignen sie sich nur in Ausnahmefällen. Motive, bei denen es auf Bildschärfe ankommt – zum Beispiel Schriftbanner – sind als GIF oft gut aufgehoben.

PNG | Das Web-Format PNG (Portable Network Graphics) wurde als Alternative zu den bewährten Formaten GIF und JPG entwickelt. PNG gibt es in zwei Varianten: PNG-8 ähnelt GIF-Dateien. Die Optimierung in Photoshop erfolgt auf gleiche Weise mit einer Farbtabelle. PNG-24 eignet sich für Halbtonbilder und unterstützt Transparenz, und zwar sogar in Abstufungen – anders als GIF, das nur eine Transparenzstufe kennt. PNG-24 erscheint also als ideale, ja sogar verbesserte Kombination der Dateiformate JPG und GIF. Und trotzdem ist Ihnen das Dateiformat PNG noch nie untergekommen? Kein Wunder. PNG-24-Dateien werden schnell sehr KB-lastig. In der Regel sind sie wesentlich größer als JPGs. Dazu kommt, dass das Format aufgrund seiner Vielseitigkeit lange Zeit nicht ohne Weiteres in Browsern dargestellt werden konnte. Zwar beherrschen die aktuellen Browser das PNG-Format inzwischen, doch gegen die Dominanz von JPG und GIF konnten sich PNGs nie richtig durchsetzen. So sind auch ganz normale PNGs ohne Transparenz (PNG-8), die bereits von älteren Browsern ab Version 4.0 problemlos verstanden werden, im Web eher selten anzutreffen.

Dateien auf der Buch-DVD: »goldfisch.jpg«, »webworte-logo.tif«

JPEG oder GIF? | Ihnen bleibt also in den meisten Fällen die Entscheidung zwischen JPEG und GIF. Die bekannte Faustregel

- **JPEG für Fotos,**
- **GIF für flächige Grafiken, Text und Strichzeichnungen**

trifft oft zu – sklavisch daran halten müssen Sie sich nicht. Es gibt kein Patentrezept, und welches Dateiformat passt, ist auch vom Motiv abhängig.

Bild: Fotolia, Scata

◄◄ **Abbildung 36.1**
Zweimal dasselbe Motiv: Hier als GIF mit 64 Farben, basierend auf der Perzeptiv-Farbpalette (siehe Seite 1027). Die Farbbeschränkung ist in der Vergrößerung deutlich erkennbar. Feine Details gehen verloren. Es gibt jedoch auch fotografische Motive, die als GIF gut funktionieren.

◄ **Abbildung 36.2**
So würde dasselbe Motiv als JPEG in mittlerer Qualität aussehen. Gegenüber dem Original ist das Bild zwar schon weniger brillant, es wirkt jedoch nicht so stark verflacht wie das GIF.

▲ **Abbildung 36.3**
Nicht jede Schrift verträgt das GIF-Format. Schatten, Spiegelungen und Farbverläufe werden im spartanischen GIF-Format nicht adäquat wiedergegeben. Am Bildschirm treten die unbeabsichtigten Verfremdungseffekte des GIF-Formats meist noch gnadenloser hervor als im gedruckten Buch.

▲ **Abbildung 36.4**
Dateien, die aufwendig gestaltete Schriften enthalten – so wie hier –, speichern Sie besser als hochwertige JPEG-Dateien.

Abbildung 36.5 ▶
Wenn ein JPEG mit zu geringer Qualität (und hoher Kompression) gespeichert wird, zeigen sich an den Kanten im Bild hässliche Kompressionsspuren.

36.2 Webspeichern im Überblick: Tools und Funktionen

Die Methoden, mit denen GIF und JPEG die Bilddateien komprimieren, sind sehr verschieden, und entsprechend unterscheiden sich die Speicheroptionen in Photoshop. Ich gebe Ihnen zunächst einen Überblick über das Webspeichern-Werkzeug und erkläre dann die jeweiligen Optimierungsmöglichkeiten für die unterschiedlichen Dateitypen.

Das Dialogfeld erreichen Sie über die Befehle DATEI • FÜR WEB UND GERÄTE SPEICHERN oder mit [Strg]+[Alt]+[⇧]+[S] bzw. ⌘+⌥+⇧+S. Es öffnet sich ein fast bildschirmfüllender Dialog, der Ihnen genaue Kontroll- und Vergleichsmöglichkeiten bietet.

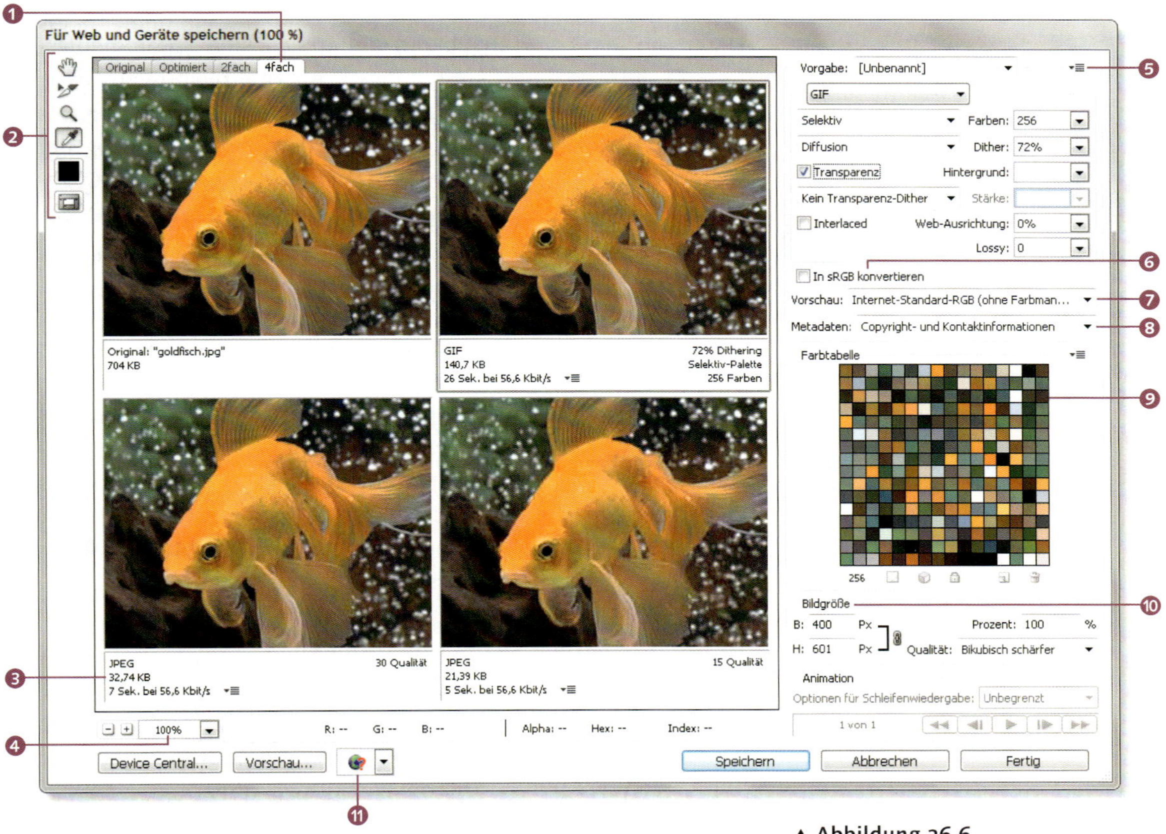

▲ **Abbildung 36.6**
Das riesige Dialogfeld Für Web und Geräte speichern. Je nach Dateityp, für den Sie Ihr Bild optimieren wollen, ändern sich auch die Speicheroptionen im rechten Bereich. Hier sind die Einstellungen für das GIF-Format zu sehen.

36.2.1 Bildansicht

Das Ansichtfenster ❶ ist das dominante Element im Webspeichern-Tool. Mithilfe der einzelnen Karteireiter können Sie zwischen verschiedenen Ansichtsvarianten wählen:

- Original zeigt nur das Ausgangsbild.
- Optimiert zeigt allein die optimierte Version.
- 2fach zeigt die originale Bildversion und das Bild mit den Optimiert-Einstellungen nebeneinander.
- 4fach (in der Abbildung zu sehen) schließlich zeigt das Original und drei Fenster für unterschiedliche Einstellungskonstellationen im direkten Vergleich. Das ist praktisch, nur werden die Vorschaufenster dann natürlich etwas kleiner.

Sich allein das Originalbild oder lediglich die optimierte Version anzeigen zu lassen, ist meines Erachtens nicht so praxistauglich. Besser ist die zwei- oder vierfache Vorschau. Dort können Sie

Dialog und Vorschaubilder vergrößern

Wenn Sie an der rechten unteren Ecke des Dialogfensters mit der Maus ziehen, vergrößert sich das gesamte Fenster, und damit werden auch die Vorschau-Abbildungen größer.

- Internet-Standard-RGB (ohne Farbmanagement) simuliert den unter Windows und Mac ab Version 10.6 benutzten Gammawert von 2,2.
- Dokumentprofil verwenden passt bei Dokumenten mit Farbverwaltung die Gamma-Werte an das angehängte Dokument-Farbprofil an.

Leider gibt es noch keine Möglichkeit, die Bildhelligkeit direkt im Webspeichern-Dialog zu korrigieren. Wenn Ihr Bild zu hell oder zu dunkel ist, müssen Sie nochmals zu Photoshop zurück und dort korrigieren.

Standard-Gamma unter Snow Leopard erhöht
Mit Mac OS X 10.6 – Snow Leopard – hat Apple den Standard-Gammawert erhöht. Rechner mit Snow Leopard haben nun das hellere Gamma 2.2 und ziehen zumindest in dieser Hinsicht mit Windows gleich. Das heißt, ein Bild, das auf einem Mac okay aussieht, auf Windows-Rechnern zu dunkel dargestellt wird und umgekehrt.

Farbmanagement
Was es mit dem Farbmanagement auf sich hat, erfahren Sie in Kapitel 37, »Farbmanagement«.

36.2.5 Metadaten

Die gängigen Dateiformate für Web-Images unterstützen auch die Einbindung von Metadaten ❽. Metadaten werden nicht im Bild selbst angezeigt, können jedoch mit geeigneten Applikationen – etwa Bildbetrachtern wie Bridge – ausgelesen (und verwaltet) werden. Einige Metadaten werden automatisch in eine Datei geschrieben, ohne dass Sie etwas dazu tun müssten, etwa Informationen zu den Aufnahmebedingungen und der verwendeten Kamera. Sie können aber auch urheberrechtliche Informationen oder Kontaktdaten in den Metadaten eines Bildes festhalten. Bei der Publikation von Bildern im Web ist das hilfreich: Content-Klau wird sicherlich nicht verhindert, doch machen solche Einträge deutlich, dass das Bild nicht frei verfügbar ist. Außerdem wird potenziellen Interessenten die Kontaktaufnahme zu Ihnen erleichtert.

Naturgemäß machen Metadaten Dateien etwas »schwerer«. Sie können sich entscheiden, ob Sie sie ins Bild aufnehmen oder nicht.

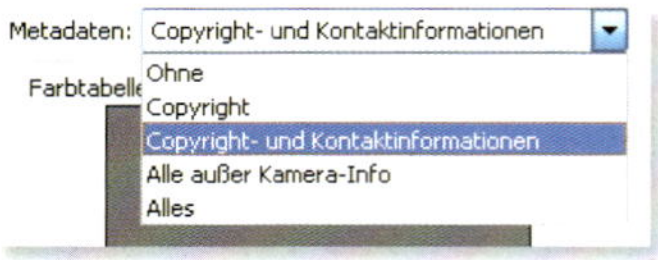

▲ **Abbildung 36.10**
Sie können entscheiden, welche Metadaten beim Speichern für das Web berücksichtigt werden sollen.

36.2.6 Bildgröße ändern

Unterhalb der Farbtabelle gibt es die Möglichkeit zur **Änderung der Bildmaße** ❿ auf die Schnelle – wenn Sie sehen, dass Sie Ihre Datei anders absolut nicht auf ein vernünftiges Maß schrumpfen können, können Sie diese Funktion nutzen.

Selbstverständlich gibt es nicht nur hier, sondern auch in Photoshop Funktionen, um die Bildgröße zu verändern.

Zum Nachlesen: Bildverwalter Bridge
Wie Sie mit Metadaten umgehen, lesen Sie in Kapitel 8, »Adobe Bridge: Die Ordnungsmacht«.

36.2.7 Werkzeuge

Oben links finden Sie eine Reihe hilfreicher Werkzeuge ❷. Die meisten kennen Sie schon aus der regulären Werkzeugleiste und von anderen Tools:

- Das Hand-Werkzeug [H] verschiebt große Bilder so im Vorschaufeld, dass Sie das entscheidende Detail im Blick behalten.
- Mit der Lupe [Z] können Sie wie gewohnt die Bildansicht zoomen (nehmen Sie [Alt]/[⌥] hinzu, wenn Sie die Ansicht verkleinern wollen). Die jeweilige Zoomstufe wird unten links nochmals in Prozenten angezeigt ❹ und kann auch dort aus einer Liste ausgewählt werden.
- Die Pipette [I] nimmt Farben aus dem Bild auf – diese Funktion ist für die GIF-Optimierung vorgesehen. Das darunter liegende Farbfeld zeigt stets die zuletzt aufgenommene Farbe.
- Das stilisierte Papiermesser (Slice-Auswahl-Werkzeug, [K]) und die unterste Schaltfläche (Slices einblenden/ausblenden [C]) dieser Reihe brauchen Sie nur, wenn Sie mit sogenannten Slices arbeiten. Slices sind ein Schritt von Adobe in Richtung Web-Publishing. Ein »geslictes«, das heißt in unterschiedliche Bereiche aufgeteiltes Bild kann in unterschiedliche Dateien gespeichert und automatisch per HTML-Code zu einer Webseite zusammengefügt werden. Meines Erachtens ist das keine empfehlenswerte Funktion, da Sie ohne Kontrollmöglichkeiten im Blindflug arbeiten!

Zum Weiterlesen: Bildgröße, Auflösung und Interpolation
Grundlegende Information über Bildauflösung finden Sie in Kapitel 6, »Bildbearbeitung: Fachwissen«. Tricks zum Verändern der Bildgröße und Informationen über die Interpolationsmethoden gibt es in Kapitel 20, »Bilder beschneiden, ausrichten und skalieren«.

36.2.8 Browservorschau

Unten rechts haben Sie über das Browser-Icon ⓫ (es erscheint entweder das Icon Ihres Standardbrowsers oder eine stilisierte Weltkugel) zudem die Möglichkeit, für Ihr Bild eine Vorschau direkt im Browser zu aktivieren. Die Browserliste lässt sich beliebig erweitern. Sich das Bild vor dem endgültigen Speichern im Browser anzusehen, kann sinnvoll sein, weil sich die Bilddarstellung – trotz weboptimierten Speicherns – im Browser leicht von der Photoshop-Vorschau unterscheiden kann, zum Beispiel bei der Darstellung von Verläufen.

36.2.9 Einstellungen dauerhaft sichern

Das Tool Für Web und Geräte speichern bietet fast endlose Möglichkeiten, um ein Bild für die Ausgabe im Web zu optimieren. So kann es schon einmal geraume Zeit dauern, bis die besten Settings gefunden sind – die Sie vielleicht auch auf andere Bilder anwenden wollen. Im Seitenmenü ❺ finden Sie über Einstellungen speichern die Möglichkeit, Optimierungseinstellungen als Set unter eigenem Namen abzuspeichern, um sie erneut zu verwenden.

Speicherort für Einstellungsdateien

Die Einstellungsdateien (Dateiendung ».irs«) landen in einem Ordner namens *Optimized Settings*. Wo dieser abgelegt ist, variiert je nach Betriebssystem.

- **Windows XP**: Dokumente und Einstellungen\[Benutzername]\Anwendungsdaten\Adobe\Adobe Photoshop CS5\Optimized Settings
- **Windows Vista und Windows 7:** Benutzer\[Benutzername]\AppData\Roaming\Adobe\Adobe Photoshop CS5\Optimized Settings
- **Mac OS:** Benutzer/[Benutzername]/Library/Preferences/Adobe Photoshop CS5 Settings/Optimized Settings

36.2.10 Vorgang beenden oder abbrechen?

Zum Abschließen oder Abbrechen des Vorganges bietet das Tool mehrere Möglichkeiten.

Webspeichern-Tool erzeugt Kopien

Das Webspeichern-Tool sichert immer eine Kopie der in Photoshop geöffneten Originaldatei – ganz egal, welches das Ausgangsdateiformat ist.

▲ **Abbildung 36.11**
Buttons, um die Arbeit mit dem Weboptimieren-Tool zu beenden

▲ **Abbildung 36.12**
Variation der Buttons durch Drücken von Alt/⌥

TOPP-TIPP: Webgerechte Dateinamen

Vergeben Sie am besten die Dateinamen gleich so, wie sie für Ihr Webprojekt benötigt werden. Zwar bieten die aktuellen Betriebssysteme die verführerische Möglichkeit, auch längere Dateinamen jenseits der Konvention 8+3 (Beispiel: »dokument.doc«) zu vergeben, die auch Umlaute oder sogar Leerzeichen und Sonderzeichen enthalten können. Beim Webeinsatz kann das jedoch zu Problemen führen, denn solche Namen werden von vielen Servern nicht korrekt verstanden. Halten Sie sich daher an die 8-Buchstaben-Regel, und vermeiden Sie »ä«, »ö« und »ü« sowie Sonderzeichen. Zudem sollten Sie auf strikte Kleinschreibung achten, weil einige Server Betriebssysteme nutzen, die zwischen Groß- und Kleinschreibung unterscheiden. Beispielsweise wird dann eine Datei namens »Image.GIF« nicht gefunden, wenn sie in Ihrem HTML-Code irrtümlich »image.GIF« heißt. Bei konsequenter Kleinschreibung können Sie gar nicht erst durcheinanderkommen.

- **Bildkopie sichern, Dialog schließen:** Wenn Sie sich für eine Einstellung entschieden haben, klicken Sie auf SPEICHERN. Der bekannte Speichern-Dialog erscheint. Achtung: Besonders dann, wenn Sie in der Vierfach-Ansicht arbeiten, müssen Sie darauf achten, dass diejenige Vorschau aktiv ist, für deren Optionen Sie sich entschieden haben. Die aktive Vorschau ist durch einen schmalen Rahmen hervorgehoben, der aber nicht immer gut zu erkennen ist.
- **Dialog ohne Änderungen schließen:** Ein Klick auf ABBRECHEN beendet den Dialog ohne Weiteres.
- **Einstellungen mit der Originaldatei sichern, Dialog schließen:** Über das Seitenmenü lassen sich Dateieinstellungen für den späteren Gebrauch speichern. In der Praxis dauert das aber oft zu lange. Mit dem Button FERTIG werden aktuelle Optimierungseinstellungen dauerhaft an das Originaldokument geknüpft – aber nicht angewandt – und der Dialog geschlossen. Es wird keine Dateikopie mit den Wunscheinstellungen erzeugt. Wenn Sie die Datei erneut im Webspeichern-Tool aufrufen, sind Ihre letzten Einstellungen dort aktiv.
- **Einstellungen zurücksetzen:** Wenn Sie sich im Optionen-Dschungel verirrt haben, drücken Sie Alt/⌥. Der Button ABBRECHEN wird zu ZURÜCKSETZEN. Damit können Sie alle Regler zurücksetzen, ohne dass die Dialogbox geschlossen wird.
- **Einstellungen mit der Datei sichern, Dialog nicht schließen:** Wenn Sie Alt/⌥ drücken, ändert der Button FERTIG seinen Namen und heißt MERKEN. Mit diesem Befehl werden Ihre aktuellen Optimierungseinstellungen direkt in der Datei gespeichert, der Webspeichern-Dialog wird jedoch nicht geschlossen.

36.3 GIF-Speicheroptionen

Die vom Graphics Interchange Format (GIF) verwendete LZW-Kompression funktioniert über das Erkennen sich wiederholender Pixelfolgen (also beispielsweise größerer einheitlicher Farbbereiche) innerhalb des Bildes und ist selbst verlustfrei. Wie Sie bereits wissen, können maximal 256 Farben von einem GIF wiedergegeben werden; zusätzliche Bytes lassen sich durch eine weitere Einschränkung der Farbanzahl sparen. Die »Knackpunkte« der GIF-Optimierung sind also die Verwandlung der ursprünglichen Bildfarben in 256 oder weniger Farben und eine weitere Einschränkung der Farbanzahl. Dabei sollte natürlich der Charakter des Bildes erhalten bleiben.

Hier folgt zunächst eine Übersicht über die Standardoptionen, die Eigenschaften seltenerer Funktionen finden Sie weiter unten.

PNG-8 wie GIF optimieren
Die Optionen für das Dateiformat PNG-8 unterscheiden sich nur in wenigen Details von den GIF-Optionen. Wenn Sie PNG-8 optimieren wollen, folgen Sie einfach den Erklärungen in diesem Abschnitt.

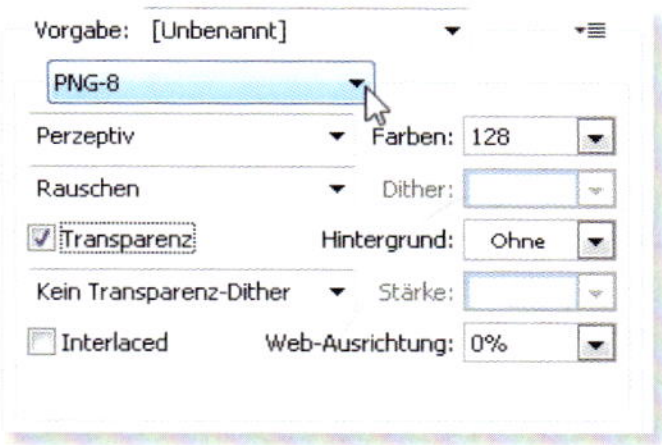

▲ **Abbildung 36.13**
PNG-8 beherrscht kein Dither. Ansonsten können Sie genau so vorgehen wie beim Optimieren von GIF-Dateien.

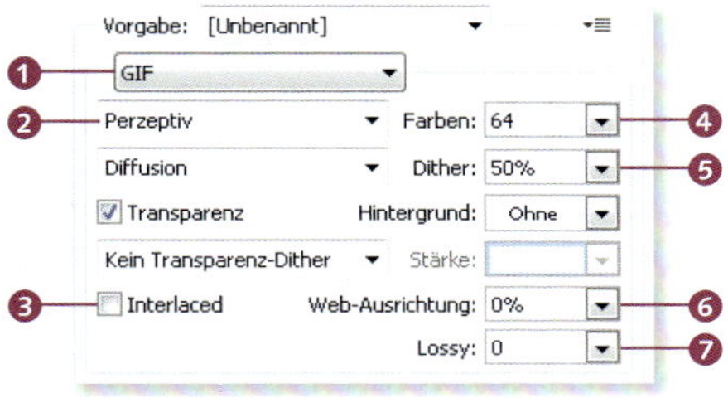

▲ **Abbildung 36.14**
Ein mächtiger Helfer, um aus vielen Farben 256 oder weniger Bildfarben zu machen. Das Seitenmenü enthält vor allem Befehle zur Bearbeitung der Farbtabelle. Viele davon lassen sich per Button (unterhalb der Farbtabelle) schneller anwählen.

Um ein Bild als GIF abzuspeichern, stellen Sie links oben ❶ als Dateiformat »GIF« ein. Sie erhalten damit die weiteren Optionen.

Farbreduktionsalgorithmus | Das Dropdown-Menü Farbreduktionsalgorithmus ❷ ermöglicht Ihnen die wichtige Einstellung verschiedener Farbtabellen bzw. Farbreduktionsalgorithmen, nach denen Ihr Bild bei der Farbreduktion gewissermaßen interpretiert wird. Damit sollten Sie die Bildoptimierung anfangen. Es gibt neun sogenannte **dynamische Farbtabellen**, die aus dem Bild selbst errechnet werden:

- Perzeptiv extrahiert die Farben aus dem Bild und errechnet eine Palette mit denjenigen Farbtönen, die das menschliche Auge verstärkt wahrnimmt. Diese Option ist einen Versuch wert – allerdings besteht hier die Gefahr, dass Farben nicht mehr mit dem Original übereinstimmen.

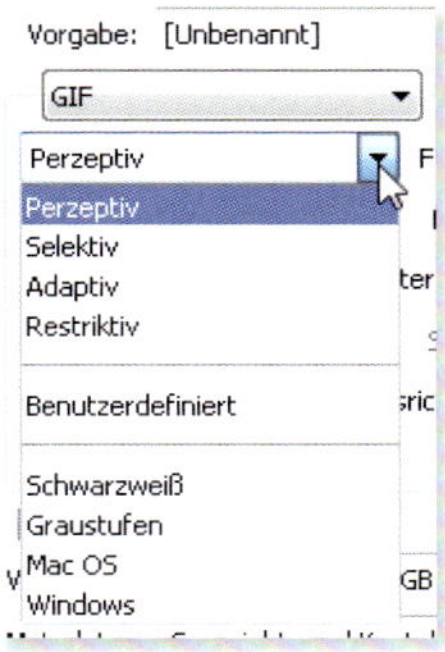

▲ **Abbildung 36.15**
Die Einstellungsmöglichkeiten unter Farbreduktionsalgorithmus

[Websichere Farben]
Als websichere Farben bezeichnet man eine sehr eingeschränkte Auswahl von Farben, die für Webdesigner eine gewisse Sicherheit bei der Arbeit mit Farben gewährleisten soll. Das Konzept geht auf die Anfangszeit des Internets zurück. Die websicheren Farben sollen auch bei unterschiedlichsten Systemvoraussetzungen (Grafikkarten, Monitore, Browser, Browsereinstellungen etc.) überall gleich angezeigt werden. Aus verschiedenen Gründen funktioniert die Farbechtheit im Web jedoch nicht – auch nicht mit der websicheren Farbpalette!

- Selektiv arbeitet ähnlich wie Perzeptiv, gewichtet aber zusätzlich noch die häufigsten Farben des Bildes. Diese Option ist für Bilder geeignet, deren Farbanzahl stark eingeschränkt werden muss, ohne dass man Farbverfremdungen in Kauf nehmen will: Es ist die Standardeinstellung.
- Adaptiv errechnet eine Palette mit Farben aus ein bis zwei Farbspektren, die im Bild am häufigsten vorkommen. Diese Option ist für Bilder geeignet, in denen einige wenige Farbtöne in vielen Abstufungen vorkommen.
- Restriktiv kann starke Farbverfremdungen bewirken – die Bildfarben werden an die sogenannte websichere Farbpalette angepasst.
- Benutzerdefiniert erscheint immer dann, wenn Sie die Farben der Tabelle manuell bearbeitet haben.
- Dann gibt es noch **statische Farbpaletten**, deren Farben unabhängig vom Bild schon feststehen und die Sie eher im Ausnahmefall benutzen sollten: Schwarzweiss, Graustufen, Mac OS und Windows.

Nach der Auswahl der Farbtabelle können Sie die **Farbanzahl zusätzlich beschränken** ❹. Wenn Sie mit KB knapsen müssen, sind Dateien mit bis zu 64 Farben sinnvoll – bei mehr Farben steigt die Dateigröße rasant an. Sieht Ihr Bild mit 64 Farben nicht gut aus, ist es eventuell ein Fall für das Format JPEG.

[Dithering]
Bei geringer Farbauflösung können zusätzliche Farben durch Verwendung eines Punktmusters simuliert werden. Wenn dieses Punktmuster ausreichend klein ist, nimmt das menschliche Auge die einzelnen Farbpunkte als Zwischenfarben wahr.

Dither | In GIFs können Farbabstufungen durch Dither ❺, d.h. das Anlegen verschiedener Farbraster, vorgetäuscht werden. Die Einstellung erfolgt in Prozent. Allerdings schwillt die Dateigröße dadurch an, weil die Kompression nicht mehr so gut greift, sodass der Vorteil, mit weniger Farben einige Byte gespart zu haben, eventuell wieder verloren geht. Wenn Sie dithern wollen, wählen Sie auf jeden Fall Diffusion aus. Die anderen Möglichkeiten führen zu schlechten Ergebnissen und bieten allenfalls Verfremdungseffekte. Auch ein Transparenz-Dither ist möglich.

Interlaced | Die frei zuschaltbare Option Interlaced ❸ ermöglicht den allmählichen Bildaufbau im Browser des Betrachters – das verkürzt die Zeit, bis überhaupt ein Bild angezeigt wird. Wenn Sie Grafiken für JavaScript-gestützte Mouse-over-Effekte erstellen, darf diese Funktion keinesfalls aktiviert sein – der Witz bei Mouse-over-Effekten ist ja gerade der unmittelbare Bildwechsel!

Web-Ausrichtung | Web-Ausrichtung ❻ ermöglicht ein dosiertes Verschieben der bestehenden Farben zur sogenannten websicheren Farbpalette. Je höher der Wert ist, desto mehr Farben werden verschoben. Dabei treten leicht siebdruck-artige Verfremdungseffekte im Bild auf.

▲ **Abbildung 36.16**
Wie funktioniert *Dithering*? Hier der Goldfisch mit 32 Farben und ohne Dither ...

▲ **Abbildung 36.17**
... und das Bild mit sonst gleichen Einstellungen, doch mit 100 % Dither. Unregelmäßige Punktstrukturen täuschen Farben vor, die in der eingeschränkten Farbpalette eigentlich nicht vorhanden sind.

Lossy | Lossy ❼ macht, wie der Name schon nahelegt, aus der bis dahin verlustfreien GIF-Kompression eine verlustbehaftete Kompression. So kann man ein paar weitere Kilobyte einsparen. Die Bildqualität kann dabei jedoch leiden.

36.3.1 Erweiterte Einstellungsmöglichkeiten für GIF-Farbtabellen

So weit die Standardeinstellungen. Durch Bearbeiten der Farbtabelle können Sie den Farbumfang und die Dateigröße weiter reduzieren oder das Aussehen des Bildes verbessern. Unterhalb der Tabelle wird Ihnen die jeweils aktuelle Farbanzahl gezeigt. Um die Farbtabelle zu modifizieren, nutzen Sie die kleinen Symbol-Schaltflächen am unteren Rand der Palette oder die entsprechenden Seitenmenübefehle.

Farbfelder auswählen | Um Farben für das Sperren, Löschen oder andere Befehle auszuwählen, klicken Sie entweder direkt in das entsprechende Farbfeld, oder Sie klicken mit der Pipette in das Vorschaubild, um die entsprechenden Farben in der Palette auszuwählen. Ausgewählte Farben sind in der Palette dann mit einem **weißen Rand** markiert. Das Drücken von Strg bzw. ⌘

Farbfelder sortieren
Neben anderen Befehlen finden Sie im Seitenmenü der Farbtabelle auch Befehle, um die Anordnung der Farbfelder in der Tabelle einzustellen. Das kann hilfreich sein, wenn Sie einzelne Farben aus der Tabelle bearbeiten wollen. So finden Sie zum Beispiel leichter Farben, die im Bild wenig vertreten sind, oder Farbtöne, die einander ähneln.

ermöglicht die Auswahl mehrerer Farben auf einmal, die dann zusammen bearbeitet werden können.

Farben sperren | Eine nützliche manuelle Anpassung ist das Sperren einzelner Farben; beispielsweise wenn Sie beim Reduzieren von 32 auf 16 Farben bemerken, dass Ihnen eine für das Bild wichtige Farbe verloren geht, oder wenn Sie verhindern wollen, dass diese Farbe von Photoshop gedithert wird. Aktivieren Sie die Farbe(n), und klicken Sie anschließend in das kleine Sperren-Icon, oder wählen Sie den Seitenmenübefehl GEWÄHLTE FARBEN FIXIEREN/LÖSEN.

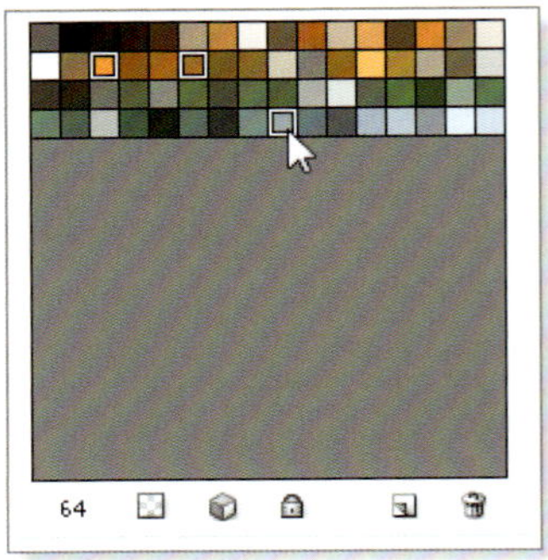

▲ **Abbildung 36.18**
Hier wurden einige Farben ausgewählt, wie die helle Umrandung der Farbfelder zeigt.

▲ **Abbildung 36.19**
Klicken auf das Schloss-Icon schützt Farben vor Veränderung. Die helle Ecke der Farbfelder zeigt, dass die betreffenden Farben fixiert sind.

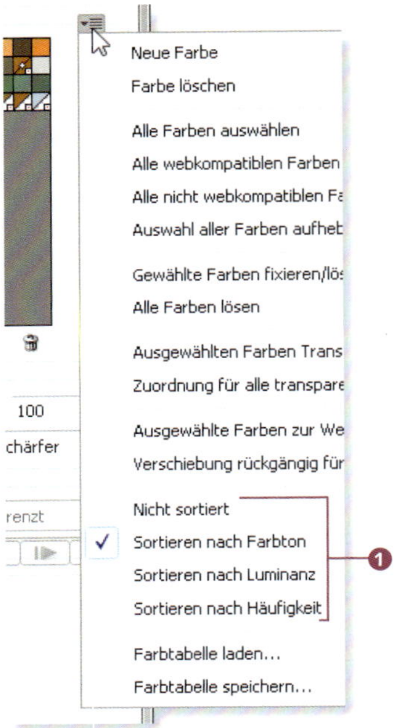

▲ **Abbildung 36.20**
Für GIF-Optimierungsprofis sind die Sortierbefehle (1) interessant.

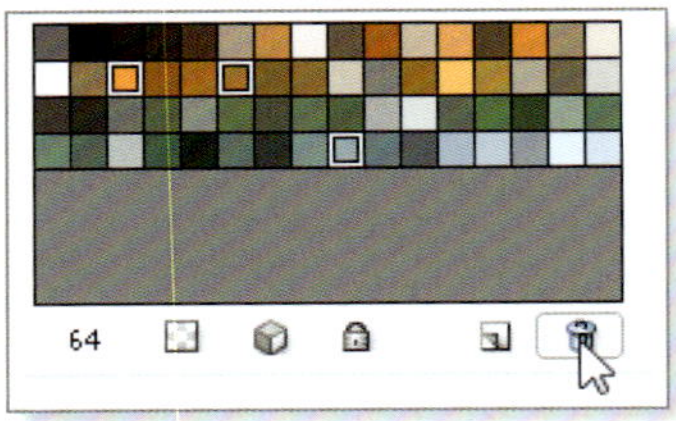

▲ **Abbildung 36.21**
So entfernen Sie zuvor markierte Farben aus der Tabelle.

Die gesperrte Farbe ist dann mit einer **weißen Ecke** markiert. Auf dieselbe Art und Weise heben Sie die Fixierung wieder auf. Achtung: Das Fixieren von Farben in der GIF-Palette unterbindet das Dithering durch Photoshop, nicht aber das Browser-Dithering!

Farben hinzufügen und löschen | Um Platz für andere Farben zu machen, können Sie auch Farben löschen: Markieren Sie sie einfach, und klicken Sie den kleinen Papierkorb an, oder wählen Sie den Befehl FARBE LÖSCHEN aus dem Seitenmenü.

Neue Farben fügen Sie hinzu, indem Sie mit der Pipette eine Farbe aus dem Vorschaubild anwählen. Meist ist es sinnvoll, das Vorschaubild ORIGINAL dazu heranzuziehen, denn Sie wollen ja mit dieser Operation in der Regel eine zusätzliche wichtige Bildfarbe in die Farbpalette aufnehmen, die bisher in der GIF-Version noch nicht vorhanden ist. Das Farbfeld unterhalb der Pipette zeigt die aufgenommene Farbe an. Dann wechseln Sie wieder in die Vorschau OPTIMIERT, der Sie diese Farbe hinzufügen wollen, und klicken auf das Symbol NEU unterhalb der Farbtabelle.

Wenn Sie mit der Palette BENUTZERDEFINIERT arbeiten, wird die Farbe sofort hinzugefügt; bei allen anderen Paletten müssen Sie zuvor durch Löschen einer anderen Farbe Platz gemacht haben. Andernfalls kann es passieren, dass eine der bereits bestehenden Bildfarben in Richtung der neuen Farbe verschoben (also verändert) wird. Die neue Farbe wird nicht an das Ende der Liste angefügt (wie Sie es etwa von der Palette FARBFELDER kennen), sondern entsprechend der im Seitenmenü eingestellten Anordnung. Nur wenn dort NICHT SORTIERT aktiviert ist, wird das neue Farbfeld hinten angefügt.

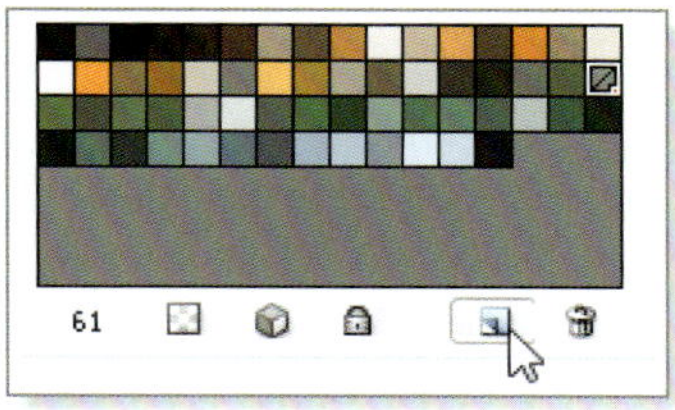

▲ **Abbildung 36.22**
Farbe zur Tabelle hinzufügen

Bildfarben transparent setzen | Sie können auch Bildfarben transparent setzen. Dazu wählen Sie wiederum die Farbe(n) aus und klicken auf das Transparent-Icon oder wählen den Befehl AUSGEWÄHLTEN FARBEN TRANSPARENZ ZUORDNEN/ZUORDNUNG AUFHEBEN im Seitenmenü. Beachten Sie auch, dass die Option TRANSPARENZ aktiviert sein muss (setzen Sie im oberen Bereich des Dialogs ein Häkchen)!

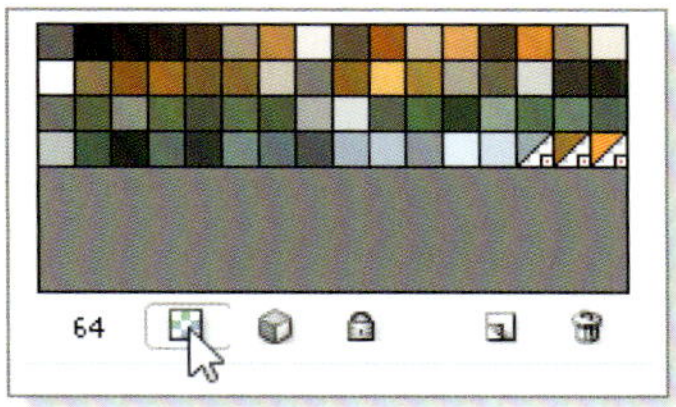

▲ **Abbildung 36.23**
Hier wurden drei Farben transparent gesetzt. Die Verriegelung transparenter Farben erfolgt automatisch.

◄ **Abbildung 36.24**
In der Bildvorschau sehen Sie die Wirkungen der transparent gesetzten Farben sofort.

Die Farbfelder werden nun diagonal unterteilt, und ihre untere Hälfte zeigt (kaum zu erkennen) das bekannte Transparenz-Schachbrettmuster. Farben nachträglich Transparenz zuzuordnen kann bei gerundeten oder unregelmäßig geformten Elementen sinnvoll sein, die schon auf transparentem Hintergrund stehen und »frei schwebend« in Websites eingebaut werden sollen. Es kann notwendig sein, dann einige Randpixel auszublenden, um einen besseren Übergang zu erzielen (siehe auch Abschnitt 36.3.2, »GIF und Transparenz«).

Farben verschieben | Um das **Browser-Dithering** (nicht das Dithern durch Photoshop) für einzelne Farben wirksam zu

Browser-Dithering

Nicht nur Photoshop dithert Farben, um Darstellungsproblemen im Web auszuweichen. Wenn die Grafik-Ausstattung eines Rechners nicht ausreicht, um alle Farben einer Website anzuzeigen, dithert auch der Browser – ganz selbstständig. Aus diesem Grund ist die Browser-Vorschau vor allem bei Verläufen und anderen sensiblen Farbabstufungen sinnvoll.

unterbinden, aktivieren Sie diese Farben wiederum in der Farbübersicht und klicken auf das würfelförmige Icon unterhalb der Farbpalette.

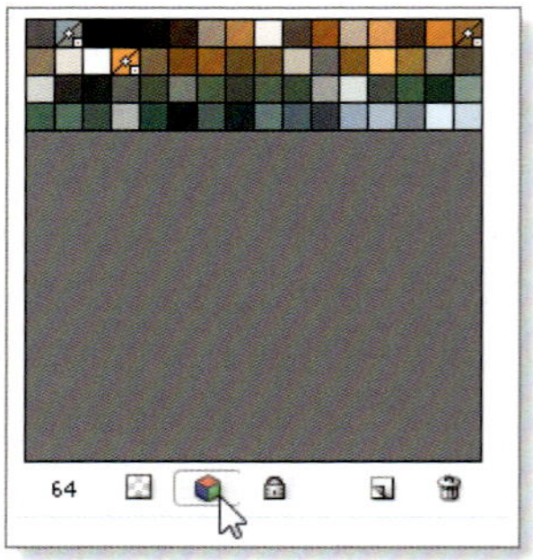

▲ **Abbildung 36.25**
Hier werden einige Farben zur Web-Palette verschoben. Sie sind durch eine diagonale Linie und Miniaturraute gekennzeichnet. Dieses Rautensymbol – ohne Diagonale – finden Sie bei allen Farbfeldern, die zur Web-Palette gehören.

Als Alternative gibt es die Befehle AUSGEWÄHLTE FARBEN ZUR WEB-PALETTE VERSCHIEBEN und für den Weg zurück VERSCHIEBUNG AUFHEBEN Das Bild kann sich durch dieses Manöver entscheidend verändern!

Bearbeitung der Farbtabellen rückgängig machen | Um Schritte beim Modifizieren der Farbtabellen rückgängig zu machen, gibt es keinen besonders großen Bearbeitungskomfort. (Das gewohnte Strg+Z bzw. ⌘+Z funktioniert hier nicht!) Einige Befehle stehen aber doch zur Verfügung:

- Verriegelungen lösen, Transparenz und Websicherheit zurücksetzen können Sie so, wie Sie sie auch eingestellt haben: Markieren Sie die Farbfelder, und klicken Sie erneut auf die Schaltfläche bzw. wählen Sie den entsprechenden Befehl im Seitenmenü .
- Um eine einzelne verschobene Farbe wieder zurückzusetzen, doppelklicken Sie auf das Farbfeld. Dadurch öffnet sich der Farbwähler, in dem die ursprüngliche Farbe angezeigt wird. Klicken Sie dann zum Zurücksetzen der Farbe auf OK, ohne weitere Änderungen im Farbwähler vorzunehmen.
- Um zur ursprünglich eingestellten Palette zurückkehren, stellen Sie entweder in der Farbtabellen-Liste statt EIGENE wieder eine der Standardtabellen ein oder wählen im Seitenmenü der Farbtabelle den Befehl VERSCHIEBUNG RÜCKGÄNGIG FÜR ALLE FARBEN.

Gewichtete Optimierung – Bye-bye

Bis zur Version CS3 konnte man Bilder »gewichtet optimieren« – ihnen also mithilfe von Masken unterschiedliche GIF- oder JPG-Optionen für verschiedene Bildteile zuweisen. Diese umständliche und selten benutzte Funktion ist seit der Programmversion CS4 nicht mehr vorhanden.

36.3.2 GIF und Transparenz: GIFs auf Site-Hintergrund abstimmen

GIF kann auch transparente Pixel speichern. Das ist ein Vorteil für den Einsatz im Web – so können auch gerundete oder unregelmäßig geformte Objekte (Logos, Buttons, Schriften), die nicht der vorgegebenen Rechteckform entsprechen, freischwebend auf einer Website platziert werden, indem man die Hintergrundpixel transparent setzt. Technisch ist das einfach: Üblicherweise erstellen Sie ja auch Webelemente wie Buttons zunächst im PSD-Format. Um dann GIFs mit Transparenz daraus zu machen, können Sie wie folgt vorgehen:

- Nehmen Sie unter Für Web und Geräte speichern den betreffenden Farbton mit der Pipette auf, und setzen Sie dann die Farbe durch einen Klick auf das Transparenz-Icon unterhalb der Farbpalette transparent oder
- blenden Sie die Hintergrundebene der Ausgangsdatei (PSD oder ein anderes Dateiformat, das Ebenen unterstützt) aus, bevor Sie zum weboptimierten Speichern schreiten. Dieses Verfahren bietet sich an, wenn die auszublendende Farbe auch noch an anderen Stellen des Bildes vorkommt, sodass ein pauschales Transparentsetzen dieser Farbe Löcher ins Bild reißen würde.

Datei auf der Buch-DVD: »testbuttons.psd«

▲ **Abbildung 36.26**
Wenn Sie die Pipette im Webspeichern-Werkzeug benutzen, um Bildfarben transparent zu setzen, kann es passieren, dass auch dort Transparenz auftritt, wo sie nicht erwünscht ist, so wie hier im Inneren der Button-Schrift.

▲ **Abbildung 36.27**
Im PSD sehen die Kanten noch gut aus. Die Vergrößerung zeigt rund um die Rundung des Buttons die Glättungspixel in verschiedenen Grautönen, die die »Pixeltreppen« kaschieren.

▲ **Abbildung 36.28**
Im GIF werden die Buttons ohne Glättungspixel an den Rundungen angelegt, wenn Sie nicht spezielle Einstellungen vornehmen. Entsprechend »pixelig« sehen die gerundeten Ränder aus.

Leider werden gerade an Rundungen oft unschöne »Treppenkanten« sichtbar. Um die GIF-Kanten zu glätten, müssen Sie Photoshop mitteilen, auf welchem Farbhintergrund Ihr GIF mit

Transparenz stehen soll – also die Hintergrundfarbe der späteren Website. Die stellen Sie im Dialog Für Web und Geräte speichern unter Hintergrund ❶ ein. Sie können die aktuelle Pipettenfarbe, Schwarz oder Weiß als Basis festlegen, und ein Klick auf Andere… ❷ öffnet den Farbwähler. Am schnellsten geht die Farbeinstellung, wenn Sie den BinHex-Farbwert der Hintergrundfarbe in das Eingabefeld unten links ❸ eintragen.

Abbildung 36.29 ▼
Festlegen der Hintergrundfarbe bei den GIF-Optionen

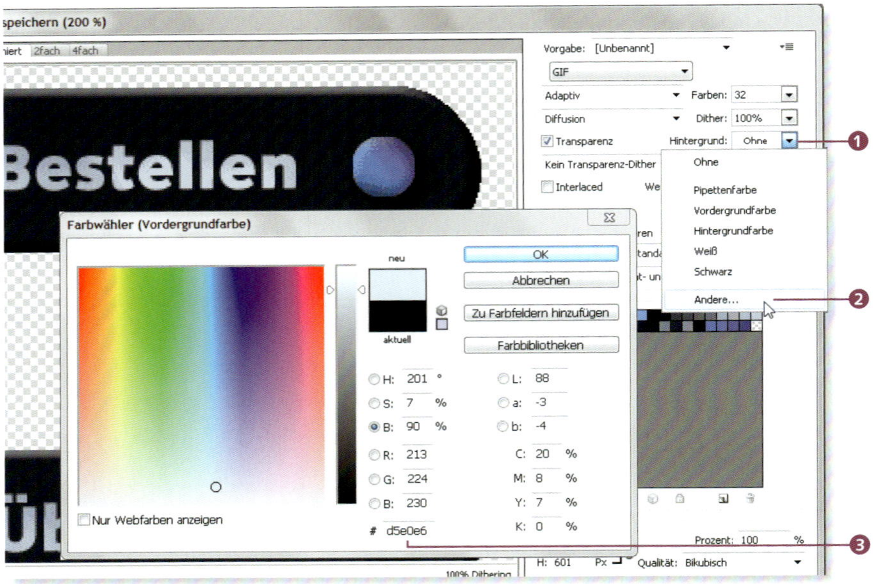

Sie sehen dann, dass Ihre Bildobjekte – hier die gerundeten Buttons – einen Rand in der eben eingestellten Farbe bekommen haben. Noch sieht das störend aus, sobald aber die Buttons (oder andere Bildobjekte) auf dem richtigen, also dem der Basisfarbe entsprechenden Hintergrund stehen, macht sich eine optische Glättung bemerkbar, die der PSD-Ansicht nur wenig nachsteht.

Abbildung 36.30 ▶
Für jeden geplanten Webseiten-Hintergrund muss die Grafik erneut mit einer angepassten Hintergrundfarbe abgespeichert werden, sonst werden die ergänzten Randpixel unschön sichtbar – so wie hier zu helle Glättungspixel vor dunklem Hintergrund.

Leider können Sie solche Transparenzobjekte immer nur für einen bestimmten Hintergrund optimieren. Setzen Sie die Buttons auf einen helleren Hintergrund, obwohl eine dunkle Basis vorgegeben war, werden die Glättungspixel als »Trauerrand« sichtbar (oder blitzen im ungekehrten Fall hell hervor).

Wenn Sie ein Objekt mit Transparenz auf gemusterte oder mehrfarbige Website-Hintergründe setzen wollen, sollten Sie als Basis eine Farbe einstellen, die sich an alle vertretenen Farben gut anpasst.

36.4 JPEG-Speicheroptionen

Am besten funktioniert der JPEG-Kompressionsalgorithmus, wenn das Foto weiche Farbübergänge, wenig Kontrast, sanfte Kurven und nur wenige harte Kanten hat. Schrift oder Strichzeichnungen vertragen die JPEG-Kompression nicht so gut und werden schnell unscharf. Große einheitliche Farbflächen zeigen schnell die typischen Kompressionsspuren (Artefakte), die als mehr oder weniger deutlich sichtbare kleine Quadrate das Bild überziehen. Umgekehrt kann man eine bessere JPEG-Kompression erzielen, indem man das Bild leicht weichzeichnet.

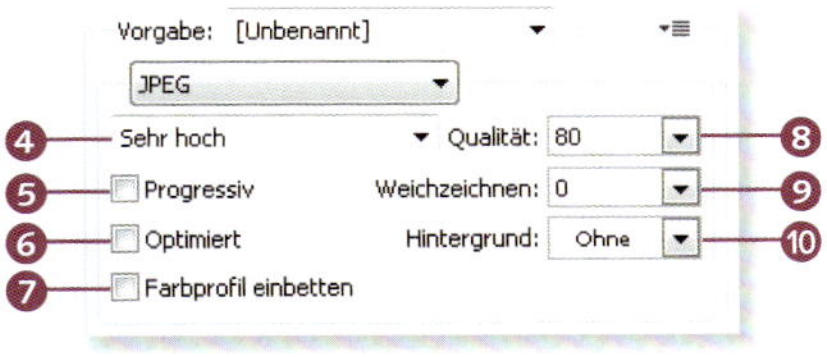

◀ **Abbildung 36.31**
Sobald Sie als Dateiformat JPEG einstellen, bieten sich Ihnen die passenden Optionen. Eine Farbtabelle gibt es hier nicht.

Komprimierungsqualität | Die wichtigste Einstellung, die Sie dann wählen müssen, ist der Grad der Kompression. Hier bedeutet ein hoher Wert hohe Bildqualität und niedrige Kompression, und umgekehrt führt ein niedriger Wert zu einem Bild mit hoher Kompression und geringer Dateigröße, aber weniger guter Qualität. Sie können im Dropdown-Menü ❹ auf eine grobe Einteilung zwischen NIEDRIG und MAXIMUM zurückgreifen oder im Feld QUALITÄT ❽ mit einem Schieberegler Prozentraten einstellen. Letzteres ermöglicht ein genaueres Austarieren.

Progressiv, Optimiert | Nicht aktivieren sollten Sie die Option OPTIMIERT ❻. Sie führt zwar zu kleinen Dateien, aber leider auch zu Darstellungsproblemen in vielen Browsern.

Die Einstellung PROGRESSIV ❺ wirkt ähnlich wie INTERLACED bei GIFs: Die späteren User sehen recht schnell eine unscharfe Version des Bildes auf ihrem Monitor, die dann nach und nach – eben in mehreren Durchgängen – verbessert wird. Allerdings wird diese Anzeige nicht von allen Browsern unterstützt.

Weichzeichnen | Mit der Option WEICHZEICHNEN ❾ können Sie dem Bild zu weicheren Kanten und besserer Komprimierbarkeit verhelfen. Dies ist keine Option, die Sie ständig nutzen sollten! Nutzen Sie sie nur, wenn sich das Bild sonst absolut nicht kleinkriegen lässt und das Motiv eine Weichzeichnung verträgt.

Farbprofil einbetten | FARBPROFIL EINBETTEN ❼ speichert Informationen zum Farbmanagement mit der Datei ab, die dann von einigen Browsern zur farbrichtigen Darstellung der Bilder genutzt werden sollen.

Hintergrund | HINTERGRUND ❿ funktioniert hier anders als beim GIF. Die Option bietet bei JPEG-Bildern die Möglichkeit, eventuell vorhandenen transparenten Pixeln eine (nicht transparente) Farbe zuzuweisen – in JPEGs können transparente Pixel ja nicht als solche gespeichert werden. Bessere Kontrolle über das Ergebnis haben Sie natürlich, wenn Sie diesen Schritt noch in der Arbeitsansicht vollziehen.

36.5 Animierte Bilder

Ansicht der Animationspalette: Zeitleisten-Animation
Normalerweise zeigt die Animation-Palette immer mindestens einen Frame des geöffneten Bildes. Sollte das bei Ihnen nicht der Fall sein, befinden Sie sich im Modus ZEITLEISTEN-ANIMATION. Wählen Sie dann im Seitenmenü der Palette den Befehl IN FRAME-ANIMATION KONVERTIEREN, und Sie können arbeiten, wie hier beschrieben.

Um Bewegung auf eine Webseite zu bringen, muss man nicht unbedingt Flash einbinden. Zwar sind animierte GIFs, die es fast seit der Steinzeit des WWW gibt, oft nicht besser als ihr Ruf. Doch es ist durchaus möglich, mit einer kleinen Animation einen krönenden Akzent auf einer Website zu setzen – ein Beispiel ist die Site des Verlags Galileo Press (*http://www.galileo-press.de*). Dort ist das Verlagslogo als animiertes GIF gestaltet.

Praktisch sind Animationen auch dann, wenn man auf einem Werbe- oder Informationsbanner viele Informationen unterbringen muss. In mehreren Phasen können dann unterschiedliche Informationen genannt werden.

Das Erstellen animierter GIFs ist recht einfach, und auch für die Nutzer der späteren Websites bieten solche Animationen Vorteile: Die Installation zusätzlicher Plug-ins, wie sie für die Anzeige von Flash-Animationen im Browser zuweilen nötig ist, entfällt bei GIFs. Mit Photoshop haben Sie ein schnelles und komfortables Werkzeug zur Hand, um animierte GIFs zu erstellen.

36.5.1 Animiertes GIF erstellen: Grundlagen und Arbeitsweise

Dateien auf der Buch-DVD: »Fisch-Animation.psd« und »Fisch-Animation-Frames.psd«

Um eine Animation zu erstellen, brauchen Sie neben der Ebenen- auch die Animation-Palette, die Sie über FENSTER • ANIMATION erreichen. Die Palette legt sich automatisch an den unteren Rand des Programmfensters, sie kann jedoch auch – wie alle Paletten – mit der Maus aus ihrem Dock gezogen und frei positioniert werden. Mithilfe der Palette legen Sie als Erstes verschiedene Animationsstadien für Ihr Bild an, die sogenannten Frames.

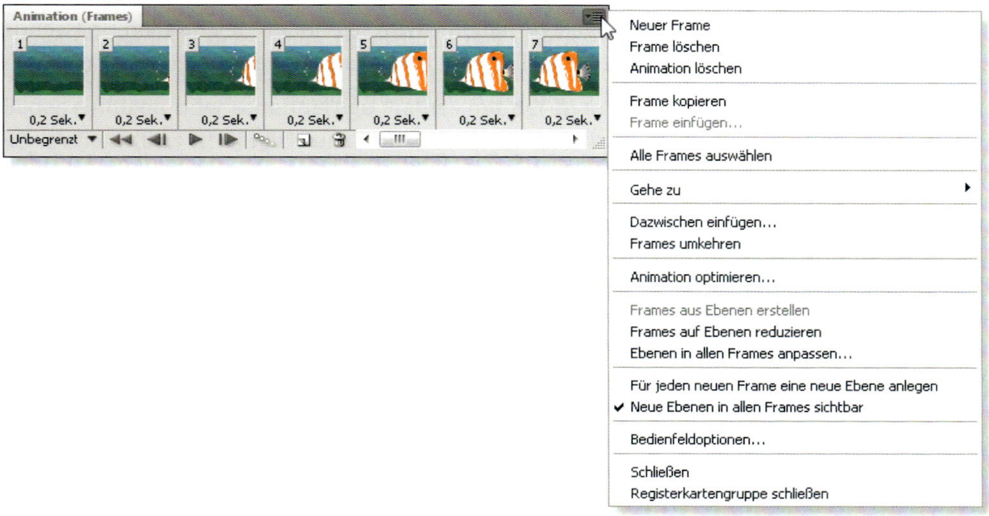

▲ **Abbildung 36.32**
Die Animation-Palette samt Seitenmenü

Am Anfang unterscheiden sich die Frames noch nicht voneinander. Erst durch Änderungen an der Ebenen-Palette ordnen Sie jedem Frame bestimmte Eigenschaften zu. Jeder Frame kann andere Konstellationen und Eigenschaften der Ebenen-Palette enthalten und sich von seinem Nachbarn grundlegend unterscheiden. Sie können Ebenen ein- und ausblenden, verschieben oder Deckkraftänderungen vornehmen. Wenn Sie die Ebeneneigenschaften geschickt den Frames zugeordnet haben, entstehen durch das spätere Abspielen der Frames – also der Animation – bewegte Bilder. Das heißt also auch, dass Sie Ihre Datei entsprechend vorbereiten müssen. Das ist aber gar nicht so schwierig, wie es sich anhört, wie Sie gleich sehen werden.

Grundsätzlich stehen Ihnen mit der Animation-Palette zwei verschiedene Methoden zur Verfügung, um den einzelnen Frames verschiedene Ebenenkonstellationen zuzuordnen:

- Sie können jeden Frame einzeln von Hand bearbeiten, oder
- Sie können per Tweening automatisch Frames mit bestimmten Eigenschaften einfügen und so stufenlos sanfte Bewegungen oder ein Fading (Ausblenden der Deckkraft) erzeugen.

Im Folgenden erfahren Sie, wie das geht, und Sie lesen, wie Sie Animationen optimieren und speichern.

Das Prinzip der Frames

Animationsframes haben nichts mit den Framesets zu tun, wie sie von HTML-Seiten bekannt sind, sondern sind ein aus dem Film-Vokabular entlehnter Begriff. Stellen Sie sich die Animationsframes einfach wie einzelne Filmbilder vor. Das schnelle Abspielen der einzelnen (Film-)Frames erzeugt dann den Eindruck der Bewegung.

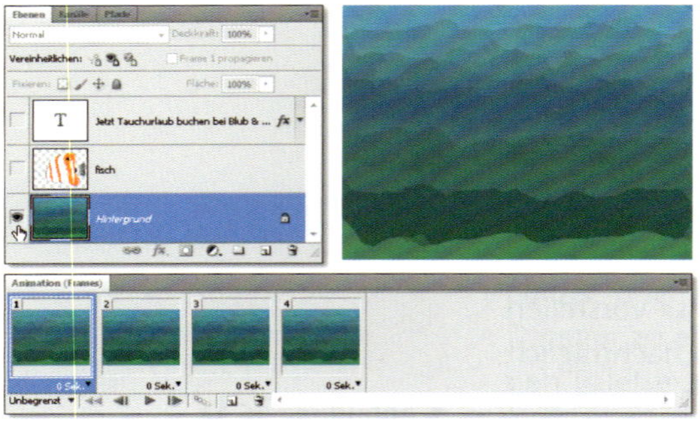

▲ **Abbildung 36.35**
Einstellungen für Frame 1

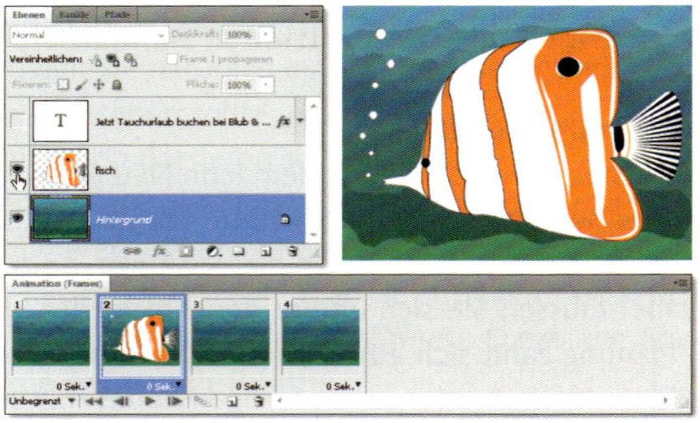

▲ **Abbildung 36.36**
Einstellungen für Frame 2

▲ **Abbildung 36.37**
Einstellungen für Frame 3

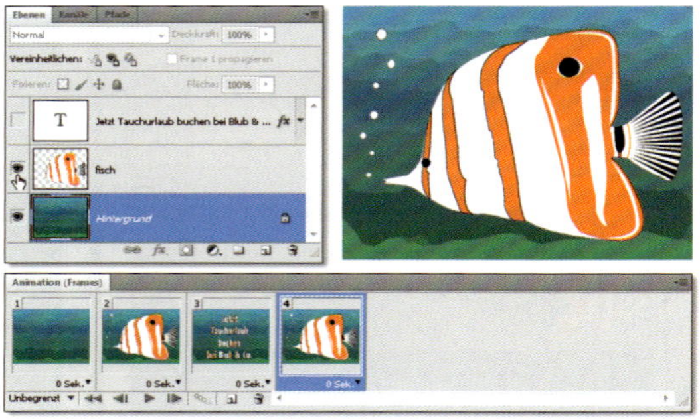

▲ **Abbildung 36.38**
Einstellungen für Frame 4

Fischmotiv: Fotolia, Ekaterina Lozanova

3 Testlauf

Die Animation ist nun im Wesentlichen fertig und kann getestet werden. Die kleinen Buttons am unteren Rand der Animation-Palette ermöglichen es Ihnen, zwischen einzelnen Frames zu springen (also verschiedene Frames zu aktivieren) und die Animation abzuspielen.

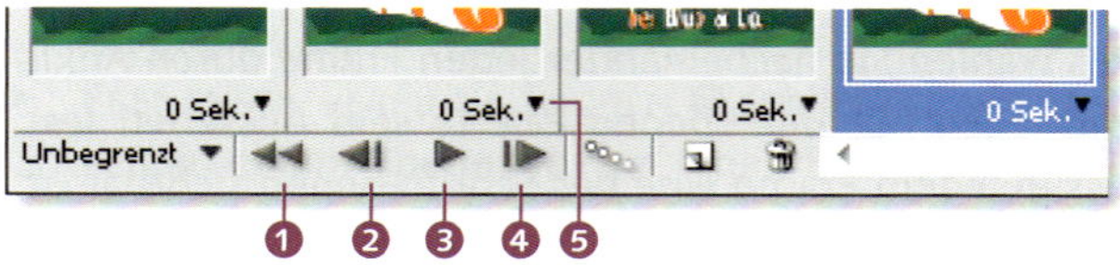

▲ **Abbildung 36.39**
Buttons zum Abspielen der Animation

❸ startet das Abspielen, ❹ springt einen Frame vor, ❷ springt einen Frame zurück, und ❶ aktiviert den allerersten Frame in der Animation (Zurückspulen). Klicken Sie also auf den einfachen Pfeil. Sie werden sehen, dass die Animation viel zu schnell abläuft.

4 Verzögerung einstellen

Wenn Sie auf einen der sehr kleinen Dreieckspfeile ❺ rechts neben der aktuellen Geschwindigkeitseinstellung (0 Sek.) klicken, öffnet sich ein Dialogfeld, in dem Sie andere Verzögerungszeiten auswählen können.

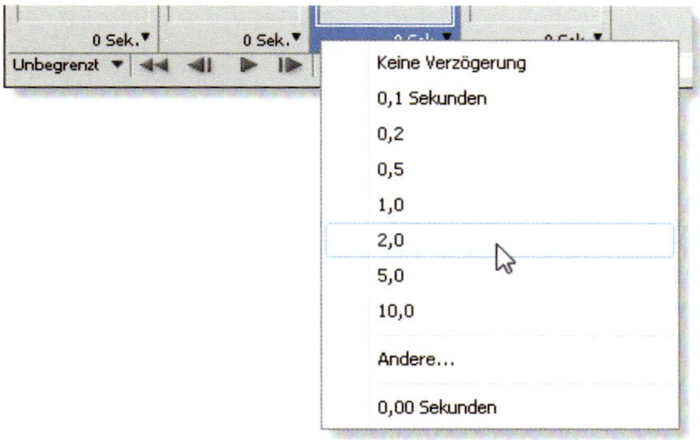

◀ **Abbildung 36.40**
Über ein Menü stellen Sie die Verzögerung für jeden einzelnen Frame ein.

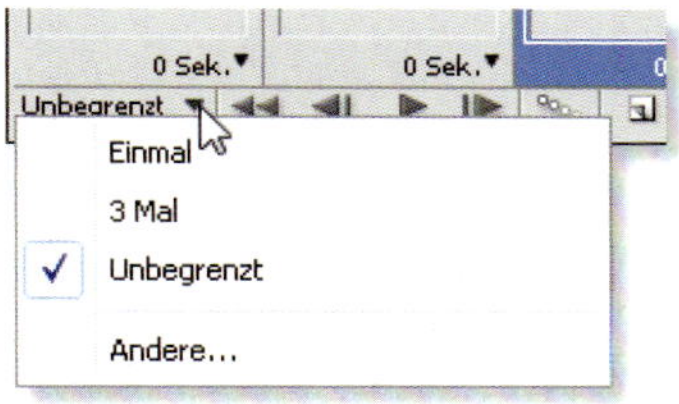

▲ **Abbildung 36.41**
Einstellungen für die Wiederholung einer Animation (Loop)

Verschiedene gängige Zeiten sind schon in der Liste aufgezählt, ein Klick auf ANDERE... erlaubt freie Eingaben. Der Seitenmenübefehl ALLE FRAMES AUSWÄHLEN oder mehrfache Klicks auf die Frames bei gehaltener Strg/⌘- oder ⇧-Taste markieren mehrere Frames. Die Zeiteinstellungen beziehen sich dann auf alle markierten Frames.

5 Wiederholung einstellen

Üblicherweise wird eine Animation unbegrenzt wiederholt. Wenn Sie dies aus irgendwelchen Gründen ändern wollen, klicken Sie auf den Befehl UNBEGRENZT unten links. Es öffnen sich andere Einstellungen.

6 Weitere Möglichkeiten für handgemachte Animationen

Nach der gleichen Methode können Sie auch Animationen mit Drehungen, Farbänderungen, Verzerrungen oder Skalierungen erzeugen, wenn Sie eine .psd-Datei haben, die alle gewünschten Stadien auf eigenen Ebenen enthält. ■

36.5.3 Animationen mit Tweening

Animationen wie stufenloses Auf- und Abblenden via Ebenendeckkraft oder gleichmäßige Bewegungen beispielsweise einer Schrift über das Bild erfordern viele Ebenen und viele, viele Klicks – oder Sie benutzen das sogenannte Tweening. Wie das geht, lässt sich wiederum am konkreten Beispiel am besten demonstrieren.

[Tweening]
Tweening ist ein Begriff aus der Animationstechnik, der auch in anderen Programmen verwendet wird. Er leitet sich ab von *in between(ing)*. Beim Tweening werden zwei von Ihnen zuvor festgelegte Frames mit bestimmten Eigenschaften als Schlüsselbilder benutzt, und die dazwischen liegenden Frames werden automatisch erstellt. Dabei werden die Informationen der Schlüsselframes hochgerechnet, um die neuen Frames mit Inhalt zu füllen. In Photoshop können Sie auf diese Art die Ebenenattribute POSITION, DECKKRAFT oder Effekteinstellungen gleichmäßig zwischen den neuen Frames abstufen (lassen).

Schritt für Schritt: Animation mit Tweening erstellen

1 Vorbereitungen

Die Ausgangslage unterscheidet sich kaum von der Arbeit an der handgemachten Animation. Auch hier sind die Ebenen-Palette und die Animation-Palette Ihre wichtigsten Helfer.

Datei auf der Buch-DVD: »Fisch-Animation.psd«

Abbildung 36.42 ▸
Der Fisch soll durch das Meer schwimmen.

2 Ersten Schlüsselframe anlegen

Aktivieren Sie den ersten Frame sowie in der Ebenen-Palette den Text, und bewegen Sie die Fisch-Ebene mit dem Verschieben-Werkzeug oder den Pfeiltasten ganz nach rechts. Es sollten gerade noch einige Luftblasen aus dem Fischmotiv zu sehen sein. Denken Sie wieder an die Option FRAME 1 PROPAGIEREN in der Ebenen-Palette: Sie sollte nicht aktiv sein.

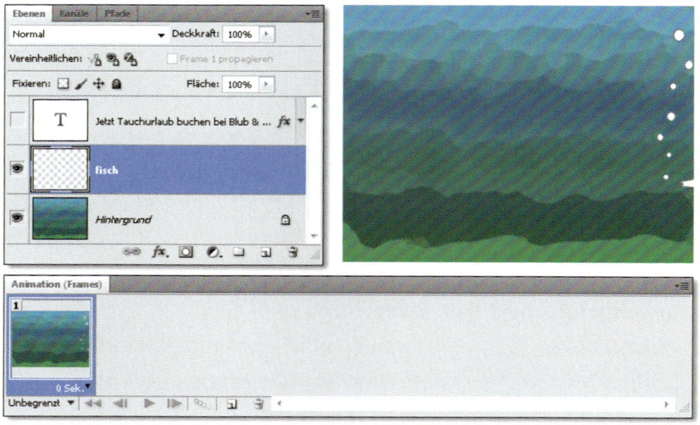

Abbildung 36.43 ▸
Frame 1: Die Fisch-Ebene wurde rechts aus dem Bild bewegt.

3 Zweiten Schlüsselframe erzeugen

Legen Sie ein Duplikat des ersten Frames an. Wiederholen Sie die Operation im zweiten Frame, aber schieben Sie hier den Fisch nun nach *links* heraus. In beiden Frames bewegen Sie dieselbe Ebene, nur jeweils in unterschiedliche Richtungen!

◂ Abbildung 36.44
Frame 2: Die Fisch-Ebene wurde links aus dem Bild heraus geschoben.

4 Tweening einfügen

Das war schon alles an Handarbeit. Jetzt kommt das sogenannte Tweening: Es wird eine von Ihnen festgelegte Anzahl von Frames eingefügt, und Photoshop berechnet die Zwischenstadien der Animation. Das erreichen Sie durch den Befehl DAZWISCHEN EINFÜGEN... aus dem Seitenmenü oder indem Sie auf die entsprechende Schaltfläche ❶ am unteren Palettenrand klicken. Achten Sie darauf, dass dabei der zweite Frame aktiviert ist und nicht der erste! Im Dialogfeld, das sich dann öffnet, finden Sie folgende Optionen. Übernehmen Sie genau die gezeigten Einstellungen.

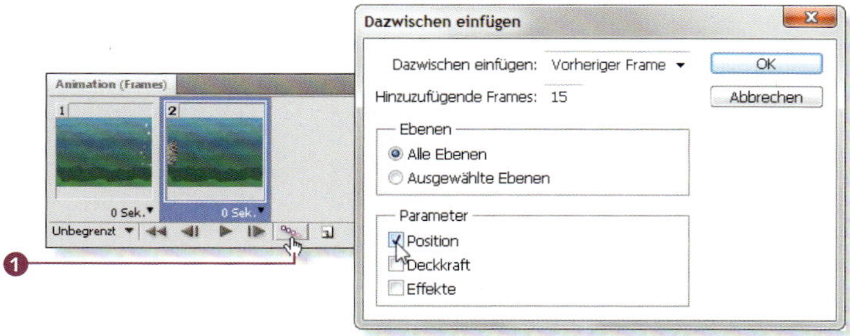

◂ Abbildung 36.45
Dialogfeld für das Einfügen von Tweening-Frames mit den benutzten Einstellungen

Mit DAZWISCHEN EINFÜGEN steuern Sie, wo genau die Frames eingefügt werden. ERSTER FRAME fügt zwischen dem letzten und dem ersten Frame weitere Frames ein. Diese Option ist nur verfügbar, wenn in der Animation-Palette der letzte Frame ausgewählt ist. VORHERIGER FRAME fügt zwischen dem ausgewählten Frame und dem vorherigen Frame weitere Frames ein. Wenn Sie in der Animation-Palette den ersten Frame gewählt haben, ist diese Option (logischerweise) inaktiv. Die Option LETZTER FRAME

Ebenen-Option im Tweening-Dialog

ALLE EBENEN und AUSGEWÄHLTE EBENEN bezieht sich auf die Ebenen, die bei der Berechnung der Zwischenbilder berücksichtigt werden. In unserem Beispiel muss ALLE EBENEN aktiviert sein, sonst fehlt die Hintergrundebene in den folgenden Frames.

ist nur aktiv, wenn der erste Frame der Animation ausgewählt ist. Sie fügt zwischen dem ersten und dem letzten Frame weitere Frames ein. Die Option NÄCHSTER FRAME ist nicht verfügbar, wenn Sie in der Animation-Palette den letzten Frame ausgewählt haben (wie es im Beispiel der Fall sein sollte). Sie fügt zwischen dem ausgewählten Frame und dem nächsten Frame weitere Frames ein.

Die Parameter POSITION, DECKKRAFT und EFFEKTE bezeichnen die Ebenentransformationen, die vom Tweening überhaupt unterstützt werden. Andere Bewegungen oder Effekte wie Drehungen, Verzerrungen oder Rotationen können Sie nicht per Tweening erzeugen. Da in diesem Beispiel eine Bewegung erzeugt werden soll, muss POSITION aktiv sein. Ob die anderen Parameter aktiv sind oder nicht, spielt keine Rolle, da sie in der Beispieldatei gar nicht vorkommen.

Unter HINZUZUFÜGENDE FRAMES stellen Sie die Anzahl der neuen Frames ein. Hier brauchen Sie ein wenig Erfahrung, um abzuschätzen, welche Werte gut sind. Je mehr Frames es gibt, desto sanfter ist das Tweening – und desto größer die Datei.

5 Testen, Verzögerung festlegen

Nun hat sich die Animation-Palette gefüllt. Mit dem Abspielbutton können Sie die Animation testen (und wieder stoppen) und anschließend die Verzögerung und gegebenenfalls Wiederholung einstellen.

Abbildung 36.46 ▼
Durch das Tweening wurde die eingestellte Anzahl Frames (hier: 17) automatisch erstellt.

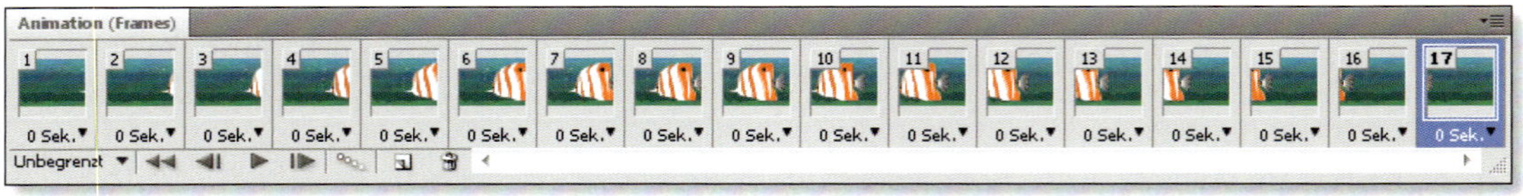

Wenn Sie möchten, können Sie in derselben Manier nun auch noch die Textebene in die Animation einbauen. Zum Beispiel könnte sie von oben einschweben, nachdem der Fisch durch das Bild geschwommen ist (wie in der Beispieldatei »Fisch-Animation-Frames.psd« zu sehen ist).

▲ Abbildung 36.47
Animation der Textebene ■

36.5.4 Optimieren von Animationen

Bevor Sie eine Animation mit Für Web und Geräte speichern sichern, sollten Sie sie noch optimieren. Dazu wählen Sie aus dem Seitenmenü der Animation-Palette den Befehl Animation optimieren.

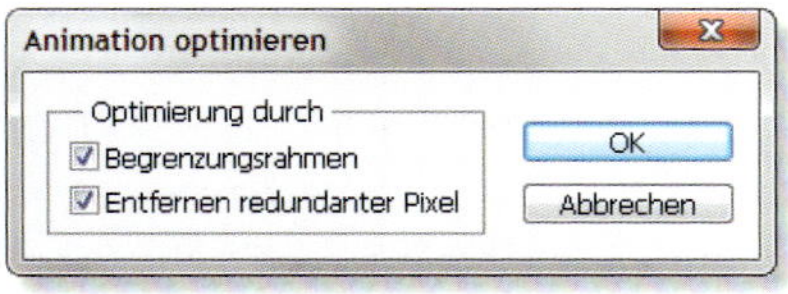

◂ **Abbildung 36.48**
Kleines Dialogfeld, aber wirksam

Begrenzungsrahmen stellt in jedem Frame den Bereich frei, der sich im Vergleich zum vorherigen Frame geändert hat. Mit dieser Option erstellte Animationsdateien werden kleiner. Es kann jedoch zu Schwierigkeiten kommen, wenn sie in anderen GIF-Editoren weiterverarbeitet werden sollen. Die Anzeige im Browser wird jedoch nicht beeinträchtigt.

Entfernen redundanter Pixel verleiht allen Pixeln in einem Frame, die sich im Vergleich zum vorherigen Frame nicht verändert haben, Transparenz. Achtung: Beim Speichern unter Für Web und Geräte speichern müssen Sie später Transparenz aktivieren, wenn Sie diese Option nutzen.

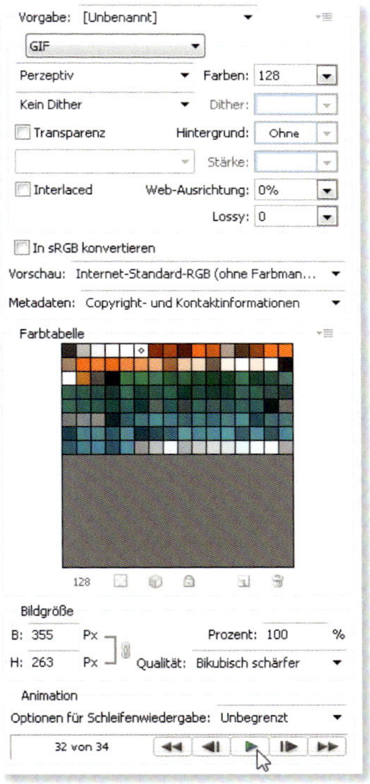

▴ **Abbildung 36.49**
Animationen speichern: Die Buttons ganz unten ermöglichen einen letzten Testlauf mit verschiedenen Optimierungseinstellungen.

36.5.5 Animation speichern

Um Animationen zu speichern, gehen Sie so vor wie beim Speichern gewöhnlicher GIF-Dateien auch. Als Farbpaletten sollten Sie Perzeptiv, Selektiv oder Adaptiv verwenden, denn nur diese gewährleisten gleiche Farben von Frame zu Frame. Das Verfahren zur Berechnung etwaigen Dithers ist bei Animationen etwas komplizierter als bei normalen GIFs, um Konsistenz zwischen den verschiedenen Frames zu erreichen. Daher kann der Speichervorgang etwas länger dauern. Nicht immer funktioniert das Dithern wirklich. Variiert das Dithermuster von Frame zu Frame, kommt es zu Darstellungsproblemen, und die Animation zeigt unerwünschte Effekte.

Unterhalb der GIF-Farbpalette finden Sie auch Abspielbuttons. Sie funktionieren wie die Buttons in der Animation-Palette auch. Auch die Anzahl der Durchläufe kann hier eingestellt werden (Optionen für Schleifenwiedergabe).

36.5.6 Häufige Bannergrößen

Banner sind sicherlich einer der wichtigsten Anwendungsbereiche für Animationen. Es müssen ja nicht immer schrillbunte Nervtöter sein – animierte Banner können auch einfach eine gute

Banner-Standards

Standards haben es schwer, sich im Internet durchzusetzen. Da Banner jedoch eine wichtige Werbeform im Netz sind, gibt es immerhin eine Reihe von Empfehlungen und Quasi-Konventionen für Bannergrößen. Deutsche Bannergrößen werden vom VDZ, dem *Verband Deutscher Zeitschriftenverleger*, empfohlen. Internationale Empfehlungen für die verschiedenen Bannergrößen gibt das *Interactive Advertising Bureau* (IAB) heraus.

Möglichkeit sein, um mehr Informationen unterzubringen, als der begrenzte Platz eigentlich zulässt.

An der folgenden Übersicht können Sie sich beim Anlegen von Bannern orientieren – der Austausch von Werbebannern kann dadurch erleichtert werden. Allerdings haben diese Quasi-Standardgrößen auch einen Nachteil: Programme, die die Anzeige von Werbung in Browsern unterdrücken sollen, blockieren unter Umständen alle Grafiken in diesen Formaten – auch wenn es sich nicht um Werbung handelt.

VDZ-Bezeichnung	IAB-Bezeichnung	Größe (Breite × Höhe in Pixeln)
Vollbanner	Full Banner	468 × 60
Halbbanner	Half Banner	234 × 60
–	Full Banner with vertical Navigation Bar	392 × 72
Drittelbanner	–	156 × 60
OMS-Banner	–	400 × 50
Großer Button	–	130 × 80
Kleiner Button	–	137 × 60
Großes Quadrat	Square Button	125 × 125
–	Vertical Banner	120 × 240
–	Button I	120 × 90
–	Button II	120 × 60
Kleines Quadrat	–	75 × 75
–	Micro Button (oder Button)	88 × 31
Sonderformat für Banner Exchanges		400 × 40

Tabelle 36.1 ▶
Bannergrößen und ihre Bezeichnungen

36.6 Zoomify: Fotos detailreich und ganz groß

Vor allem auf Webseiten, die Produkte zum Verkauf präsentieren, findet man solche Bilder: Fotos, die man mithilfe kleiner Buttons näher heranholen kann und die dann zahlreiche Bilddetails zeigen. Meist lassen sich die vergrößerten Ausschnitte dann noch mit der Maus bewegen. Der Detailreichtum solcher Aufnahmen ist ein sicheres Indiz dafür, dass die Bilder nicht einfach größer skaliert werden – dann wäre ja die Pixelstruktur des Bildes zu sehen. Es handelt sich hier um echtes Zoomen.

Hier steckt offensichtlich ein großformatiges Bild dahinter, das so aufbereitet ist, dass die Ladezeiten nicht unzumutbar lang werden. Dazu kommt eine kleine Bedienungskonsole mit den Buttons zum Herein- und Herauszoomen und Verschieben. So etwas ganz ohne technische Unterstützung »von Hand« zu erzeugen, ist ein mühsames Unterfangen. In Photoshop lassen sich solche zoombaren Bilder ganz einfach mit wenigen Handgriffen herstellen.

Das Dialogfenster »Zoomify« | Um das Zoomify-Werkzeug aufzurufen, wählen Sie Datei • Exportieren • Zoomify. Das Bild, das Sie bearbeiten wollen, muss ebenfalls geöffnet sein.

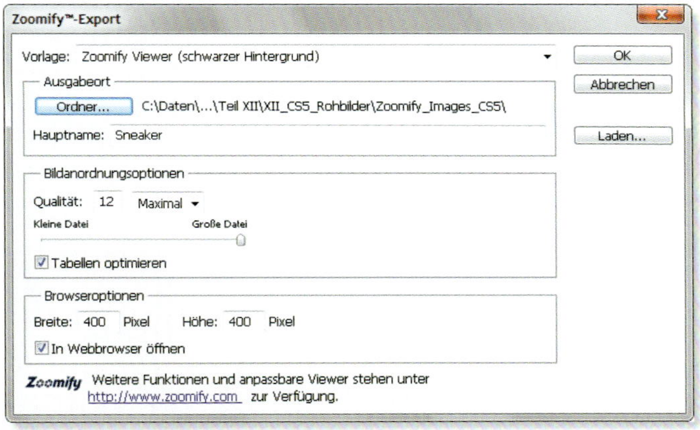

◂ **Abbildung 36.50**
Wenige Optionen, erstaunliche Wirkung: Zoomify

- Unter Vorlage stellen Sie ein, in welcher Umgebung das »zoomifizierte« Bild präsentiert werden soll. Sie haben die Wahl zwischen verschiedenen Hintergründen und können entscheiden, ob Sie zusätzlich einen Navigator einblenden möchten. Der Zoomify-Navigator funktioniert ähnlich wie die Palette Navigator in Photoshop und erleichtert späteren Betrachtern die Orientierung.
- Als Ausgabeort müssen Sie einen Ordner festlegen, der Hauptname wird dann der Name des Unterordners, in dem die unterschiedlichen Zoomify-Dateien landen. Die Funktion akzeptiert keine Umlaute und Sonderzeichen im Ordnernamen!
- Unter Bildanordnungsoptionen legen Sie die eigentlichen Arbeitsparameter von Zoomify fest. Ihre Einstellungen wirken sich auf Dateigröße und Bildqualität aus – ähnlich wie beim Speichern von JPEGs im Dialog Für Web und Geräte speichern, aber natürlich nicht so drastisch. Zoomify-Bilder

erscheinen im Vergleich zu normal weboptimierten JPEGs wegen ihrer höheren Auflösung immer als sehr hochwertig.

- Die Option TABELLEN OPTIMIEREN ist ein Hinweis auf das Funktionsprinzip von Zoomify: Große Bilder werden in kleine »Kacheln« zerlegt und im Browser wieder zusammengefügt – offenbar in einer Tabelle, die hier für noch kürzere Ladezeiten eben auch optimiert werden kann.
- Mit den BROWSEROPTIONEN bestimmen Sie, wie groß das Bildfenster im Browser werden soll. Die Maße sollten natürlich die Größe des Ausgangsbildes nicht überschreiten. Da das Bild später frei verschiebbar ist, müssen die Proportionen des Bildfensters allerdings nicht zwingend mit den Bildproportionen übereinstimmen.

Datei auf der Buch-DVD: »Schuh.tif«

Sobald Sie Ihre Einstellungen getätigt haben, klicken Sie auf OK, und der Export beginnt. Haben Sie zuvor IN WEBBROWSER ÖFFNEN aktiviert, wird die Datei auch sofort nach dem Export in Ihrem lokalen Browser angezeigt. Der Zoomify-Export geht so schnell, dass Sie verschiedene Vorlagen ausprobieren können.

Bild: stockexchng, Sundeip Arora

▲ **Abbildung 36.51**
Die Vorlage, ein Bild mit stattlichen 1125 × 1125 Pixeln, wird flott »zoomifiziert« und anschließend direkt im Browser angezeigt. Hier sehen Sie die Variante mit Navigator.

Ein Blick in den zuvor von Ihnen angegebenen Ordner zeigt, dass für jedes Zoomify-Bild eine HTML-Datei und ein Ordner namens [IHRDATEINAME]_IMG (im Beispiel also SCHUH_IMG) erzeugt wurde. Der Ordner enthält wiederum eine XML-Datei, eine SWF-Datei (Zoomify funktioniert auf Basis von Flash) und einen Unterordner. Wenn Sie den öffnen, können Sie die einzelnen Bildkacheln sehen.

Der Laden-Button hält nicht, was er verspricht
Mit der Schaltfläche LADEN sollen weitere Viewer-Vorgaben geladen werden können. Es gibt auch einen Photoshop-Preset-Ordner namens ZOOMIFY. Der enthält jedoch nur die schon bekannten Vorlagen. Auf der Website, deren Link Sie unten im Dialog finden, habe ich keine Freebie-Templates zum Download entdecken können. Allerdings kann sich der Besuch trotzdem lohnen: Es gibt dort Upgrades und für Zoomify-Poweruser ergänzende (kostenpflichtige) Software zum Modifizieren des Designs.

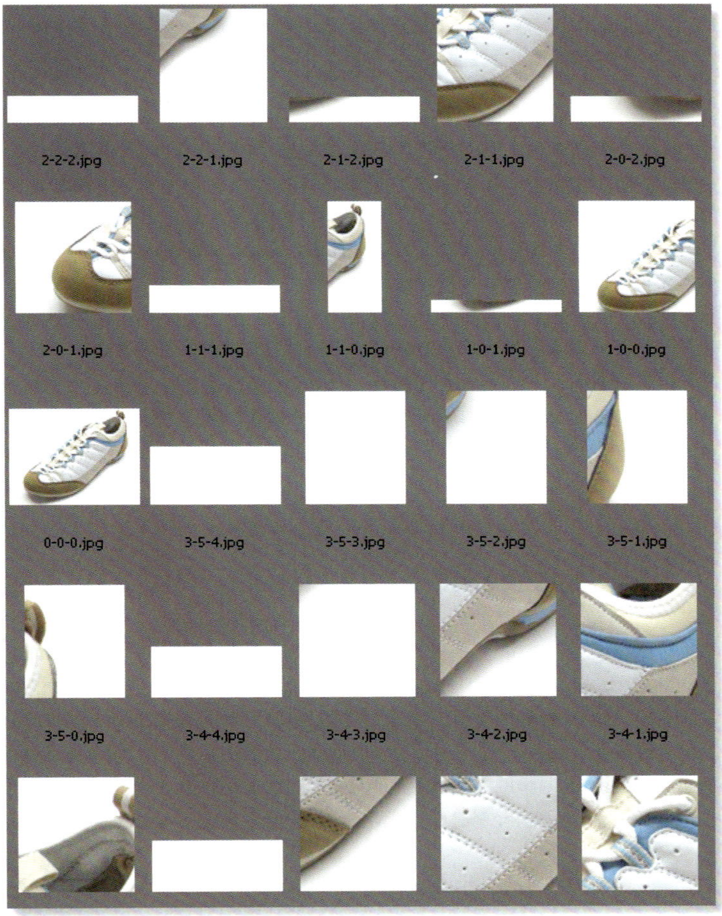

◄ **Abbildung 36.52**
Einige der von Zoomify erzeugten Einzeldateien aus dem Schuhbild (Ansicht in Bridge)

All diese Dateien und Ordner müssen Sie jetzt noch ins Web hochladen, wenn Sie das Foto online zeigen möchten.

Zum Nachlesen
Grundlegende Informationen über Farben und Farbsysteme finden Sie in Kapitel 6, »Bildbearbeitung: Fachwissen«.

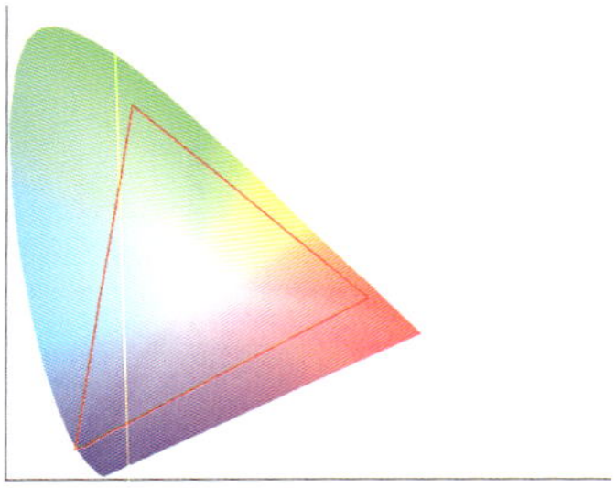

▲ **Abbildung 37.1**
Um den Umfang verschiedener Farbräume zu veranschaulichen, werden diese häufig in der sogenannten »Schuhsohle« ...

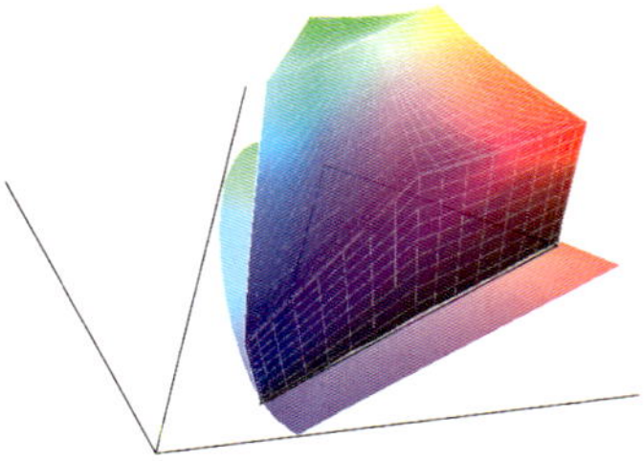

▲ **Abbildung 37.2**
... oder in 3D-Modellen dargestellt. Hier sehen Sie zwei unterschiedliche Darstellungsweisen des Farbraums »Adobe RGB« (Dreieckskontur) in Proportion zu allen sichtbaren Farben (Farbkörper).

Zwangsläufig unterscheiden sich beide Reproduktionsweisen: Die Farbfülle eines Fotos, die Sie am Bildschirm sehen, kann gar nicht in vollem Umfang auf Papier reproduziert werden. Werden ursprünglich digitale Farbdaten gedruckt, muss zwangsläufig mit Farbverschiebungen bzw. -verlusten gerechnet werden.

Farbe ist geräteabhängig | Problematisch hinsichtlich der Farbkonsistenz ist auch, dass jedes Gerät die RGB- oder CMYK-Farbdaten, die es erhält, ein wenig anders interpretiert. Woran liegt das? Genau genommen bezeichnen Farbwerte wie RGB 160/140/12 oder CMYK 40/44/60/30 nicht eine bestimmte Farbe. Diese Werte sind vielmehr Reproduktionsanweisungen für das Gerät, das die Farbe darstellen soll. Und diese Reproduktionsanweisungen werden von Gerät zu Gerät unterschiedlich umgesetzt (selbst zwei typgleiche Monitore oder Drucker werden selten dasselbe Bild genau gleich wiedergeben!).

Farbräume und Farbmodelle | Der Schlüsselbegriff, um Farbdarstellung und Farbmanagement zu verstehen, ist »Farbraum«. Ein Farbraum ist ganz allgemein eine Menge von Farben: die Menge aller Farben, die wir sehen können, bzw. alle Farben, die eine bestimmte Kamera aufnimmt, die ein Monitor anzeigt oder die ein Drucker auf Papier bringen kann. Gleichzeitig ist ein Farbraum (oder Farbraumsystem) aber auch ein mathematisches Konstrukt, mit dem die räumliche Anordnung von Farben beschrieben wird. Die verschiedenen Farbmodelle, mit denen Farbe erfasst oder reproduziert wird (RGB, CMYK und andere) haben unterschiedlich große, nicht übereinstimmende Farbräume.

Die Säulen der Farbmanagement-Systeme | Um diese Unterschiede aufzufangen und über den gesamten Arbeitsablauf hinweg für vorhersagbare, möglichst konstante Farbeigenschaften zu sorgen, wurde das Farbmanagement entwickelt. Einige wenige Annahmen bilden die wichtigsten Säulen von Farbmanagement-Systemen:

- Hinsichtlich ihrer Farbwiedergabe sind alle am Herstellungsprozess beteiligten Geräte (Kameras, Scanner, Monitore, Drucker und Druckmaschinen) mehr oder weniger unzuverlässig.
- Das spezielle Farbverhalten der einzelnen Geräte ist messbar.
- Die gemessene Farbcharakteristik von Geräten kann in Dateien festgehalten werden (sogenannten Profildateien, Profilen oder ICC-Profilen – mehr dazu folgt unten). Profile stellen Korrekturanweisungen für gerätespezifische »Falschfarben« dar.

- Profile werden als zusätzliche Information an Bilddateien angefügt, sodass deren eigene Farbeigenschaften bei der Reproduktion idealerweise unverändert bleiben.
- Mit Photoshop verwalten Sie die Profile.

Durch konsequent umgesetztes Farbmanagement wird die Darstellung von Farben innerhalb des Publishing-Arbeitsablaufs von den Geräten und deren speziellen Farbeigenschaften unabhängiger und liefert zuverlässigere Ergebnisse. Vor allem für die Überführung von Farben aus dem relativ großen RGB-Farbraum (bei Monitoren, Kameras, Scannern) in den kleineren Druck-Farbraum CMYK, die unweigerlich mit Verlusten einhergeht, bietet der Einsatz von Farbmanagement gute Steuerungsmöglichkeiten. Aber auch bei der Arbeit mit Farbmanagement geht nicht alles »von allein«: Es ist immer noch der menschliche Bildbearbeiter, der wichtige Entscheidungen treffen muss, und auch mit Farbmanagement bleibt Farbkonsistenz im DTP eine Herausforderung.

[ICC]
Das ICC (**International Color Consortium**) ist ein Zusammenschluss von ursprünglich acht Industrieunternehmen aus dem Bereich Druckvorstufe, Soft- und Hardware. Es wurde 1993 gegründet, um herstellerunabhängige, betriebssystem- und softwareübergreifende Standards für das Farbmanagement zu entwickeln. Inzwischen gelten die Farbmanagement-Spezifikationen des ICC als Standard (»ICC-Profile«).

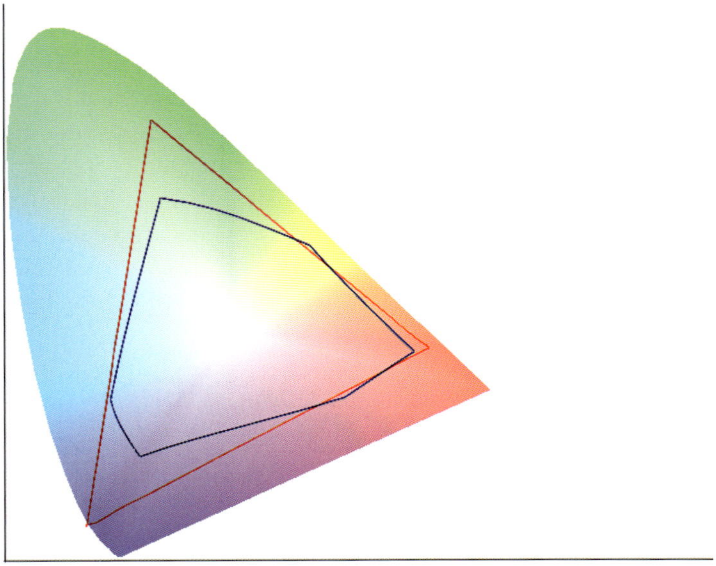

▲ **Abbildung 37.3**
Ein Vergleich der Farbräume RGB und CMYK macht deutlich, wieso gedruckte Farben anders aussehen *müssen* als Farben am Bildschirm. Die schuhsohlenförmige Normfarbtafel stellt den Farbraum des normalsichtigen menschlichen Auges dar. Die rote Linie zeigt den Umfang eines RGB-Farbraums, die blaue Linie zeigt den Farbraum, der sich beim Vierfarb-Druck auf hochwertigem Papier ergeben würde.

Ein komplexes System

Farbmanagement ist keine alleinige Erfindung von Adobe, und es findet nicht nur auf Photoshop- oder Creative-Suite-Ebene statt – auch wenn die verwendete Publishing-Software ein wichtiger Baustein ist und Adobe als ICC-Mitglied an der Entwicklung wichtiger Standards mitgewirkt hat. Es erstreckt sich über alle Arbeitsschritte der Bildbearbeitung und bezieht verschiedene Stationen und Geräte wie Scanner, Kamera, Monitor, die Bildbearbeitung in Photoshop und das Drucken ein. Daher geht es hier nicht allein um Photoshop, sondern auch um das »Drumherum«.

37.1.2 Wann sollten Sie mit Farbmanagement arbeiten?

Vom Farbmanagement können nicht nur Druckvorstufenprofis profitieren – auch in eine »halbprofessionelle« Arbeitsumgebung kann Farbmanagement integriert werden, wenn man möchte.

Für viele Anwender – auch gestandene Grafiker und andere im Prepress-Bereich Arbeitende – ist Farbmanagement ein Thema, um das sie einen weiten Bogen machen. Farbmanagement gilt als sehr trocken und theoretisch, überdies als in der Praxis schwer umsetzbar. In den Anfangstagen des Farbmanagements erschien dessen Integration in den Arbeitsablauf tatsächlich undurchschaubar, selbst für erfahrene Anwender: Anstelle des Workflows ohne Farbmanagement, der aber mit etwas Erfahrung einigermaßen vorhersehbare Ergebnisse produziert, hatte man mit Farbmanagement plötzlich eine Reihe neuer, unbekannter Probleme ...

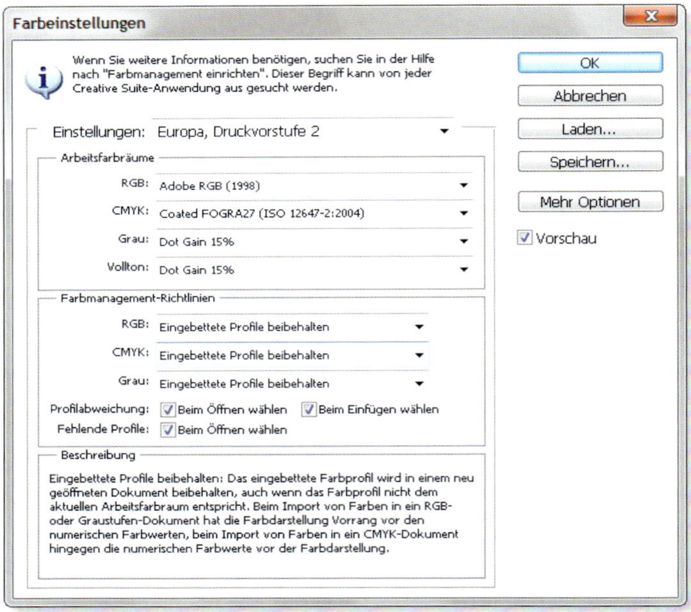

▲ **Abbildung 37.4**
Die »Kommandozentrale« für das Farbmanagement in Photoshop. Ein umfangreiches, aber aufgeräumtes Dialogfeld, hinter dem (inzwischen) auch recht schlüssige Konzepte stehen.

Inzwischen ist vieles erheblich einfacher geworden. Dennoch bleibt Farbmanagement ein komplexes Thema, mit dem man sich ein wenig beschäftigen sollte – sonst richtet man eher Schaden an, als Nutzen daraus zu ziehen. Ein perfekter Farbmanagement-Arbeitsablauf kostet auch Geld, zum Beispiel für Kalibrierungstools. Und nicht zuletzt: Die Entscheidung für die Arbeit mit Farbmanagement sollte von allen am Workflow Beteiligten – von den Lieferanten wie von den Empfängern der Daten – mitgetragen werden. Zwar bringt Farbmanagement wohl jedem Photoshop-Anwender Vorteile. Wegen der Anfangsinvestitionen (Zeit, Lernaufwand, Geld) scheint es jedoch nicht immer angemessen, Farbmanagement einzurichten.

Wer Farbmanagement nicht unbedingt braucht | Wer viel Erfahrung hat und in einer gut kontrollierten Produktionsumgebung für nur ein Medium arbeitet, kommt auch ohne Farbmanagement aus. Wenn Sie zum Beispiel immer mit demselben Druckhaus zusammenarbeiten und wenn entweder Sie selbst oder der Dienstleister die gelieferten CMYK-Daten so bearbeiten kann, dass sie für die festgelegten Druckbedingungen passen, können Sie auf Farbmanagement verzichten.

Auch für Anwender, die nur gelegentlich auf dem Desktop-Drucker Fotos zu Papier bringen wollen, ist es wohl meist zu aufwendig, ein vollständiges Farbmanagement-System einzurichten. Dasselbe gilt wohl auch für Grafik-Freiberufler, die als typische Einzelkämpfer auftreten: Bei nur einem Arbeitsplatz dauert es lange, bis sich die notwendigen Anschaffungen amortisieren.

Farbmanagement im Web?

Auch beim Publizieren für das Web brauchen Sie Farbmanagement in der Regel nicht. Da sich nie voraussagen lässt, auf welchem Monitor Ihre Farbdaten landen, bleiben farbechte Webbilder und Internetseiten weiterhin nur ein unerfüllter Wunsch der Designer. Grundkenntnisse im Farbmanagement sind aber auch Webdesignern anzuraten, um Probleme bei der Verarbeitung von Bildmaterial mit Farbprofilen zu vermeiden.

Für wen Farbmanagement sinnvoll ist | Professionelle Anwender sollten über die Integration von Farbmanagement in ihren Arbeitsablauf nachdenken. Vor allem dann, wenn Sie Farben auf einem Gerät mit einem relativ kleinen Farbraum – z. B. Vierfarbdruck – ausgeben wollen, ist Farbmanagement von Nutzen. Denn dabei ergeben sich unweigerlich Farbverschiebungen. Wenn Sie nicht gerade, wie oben beschrieben, in einem eingespielten und sehr begrenzten Produktionsrahmen arbeiten, hilft Ihnen Farbmanagement, etwaige Farbveränderungen zu begrenzen und besser zu kontrollieren.

Farbmanagement ist auch dann sinnvoll, wenn Sie häufig verschiedene Ausgabegeräte bedienen oder verschiedene Settings für die Ausgabe wählen (verschiedene Druckumgebungen, Papierarten usw.) oder wenn Sie Bildmaterial aus zahlreichen unterschiedlichen Quellen beziehen – insbesondere dann, wenn die Bilder, die Sie bekommen, ihrerseits Farbprofile haben, also mit Farbmanagement-Einstellungen gespeichert wurden. Auch, wenn Sie gar nicht wissen, auf welchem Ausgabegerät Ihre Daten später landen, ist Farbmanagement sinnvoll – zum Beispiel, wenn Sie Bilder für Bilddatenbanken produzieren.

Abbildung 37.5 ▸
Die Photoshop-Funktion FARBPROOF (unter ANSICHT) simuliert das spätere Druckergebnis am Bildschirm. Um hier eine halbwegs aussagekräftige Ansicht zu erhalten, sind Farbmanagement-Maßnahmen unverzichtbar. Hier sehen Sie links die RGB-Bilder, rechts die Simulation des (ungefähren) Druckergebnisses.

Bilder: Onno K. Gent

37.2 Farbmanagement einrichten

Wer arbeitet mit Ihnen? Sprechen Sie mit Bildlieferanten, Teamkollegen und Ihrer Druckerei!

Die schönste kalibrierte Arbeitsumgebung mit Farbmanagement bringt nichts, wenn nicht die Lieferanten und Abnehmer Ihrer Dateien mit in die Planung einbezogen werden. Bevor Sie weitere Maßnahmen treffen, klären Sie ab, ob die Lieferanten und vor allem die Empfänger Ihrer Dateien Ihren Farbmanagement-Workflow mittragen oder ob es eventuell sogar schon Farbmanagement-Maßnahmen gibt, an die Sie Ihre Strategie anpassen müssen. Dies betrifft vor allem die zu verwendenden Profile.

Farbmanagement ist – wie bereits erwähnt – nicht nur eine Frage bestimmter Photoshop-Einstellungen, sondern umfasst alle Arbeitsstationen des Desktop-Publishings, von der Digicam und dem Scanner über Ihren eigenen Bildschirm-Arbeitsplatz bis hin zur Druckerei oder zum Desktop-Drucker. Bevor ich Ihnen im nächsten Abschnitt erkläre, wie Farbmanagement in Photoshop funktioniert, folgen hier die wichtigsten Schritte für die Einrichtung eines farbsicheren Publishing-Workflows.

37.2.1 Ihre Arbeitsumgebung

Der Monitor | Der Monitor, an dem Sie arbeiten, ist kein besonders zuverlässiges Instrument für die Farbdarstellung. Bildschirme altern und verändern ihre Farbeigenschaften, und selten liefern zwei gleiche Monitore exakt dieselben Farben ab. Außerdem beeinflusst das Umgebungslicht die Farbwahrnehmung am Monitor erheblich. Dennoch ist der Monitor Ihr wichtigstes Arbeits- und Kontrollinstrument. Umso wichtiger ist, dass Sie dafür sorgen, dass seine Leistung so gut wie möglich ist. Dazu gehört das Kalibrieren des Monitors (siehe den nächsten Abschnitt), aber auch, dass Sie Ihre Arbeitsumgebung mit etwas Sorgfalt einrichten. Davon profitieren Sie nicht nur, wenn Sie Bilder für die Druckausgabe vorbereiten. Auch Korrekturen von Farbe und Kontrast, bei denen der Bildschirm ein wichtiges Kontrollinstrument ist, geraten besser.

Der optimale Arbeitsplatz | Der perfekte Bildbearbeiter- und Druckvorstufen-Arbeitsplatz wäre eine triste Angelegenheit: farbneutrales Grau rundum (auch Ihre Kleidung, die auf den Monitor reflektieren könnte!), kein Tageslicht, stattdessen gleichbleibende künstliche Beleuchtung, keine Blendungen durch Fenster oder Lampen. Damit wären die wichtigsten Fehlerquellen für menschliches Farbsehen ausgeschaltet, nämlich:

- bunte Farben in der Umgebung des Bildschirms (sie reflektieren in den Monitor und beeinträchtigen Ihr Farbempfinden)
- die Farbe (»Lichttemperatur«) des Umgebungslichts
- eventuell vorhandene Blendreflexe
- allgemein zu große Helligkeit am Arbeitsplatz

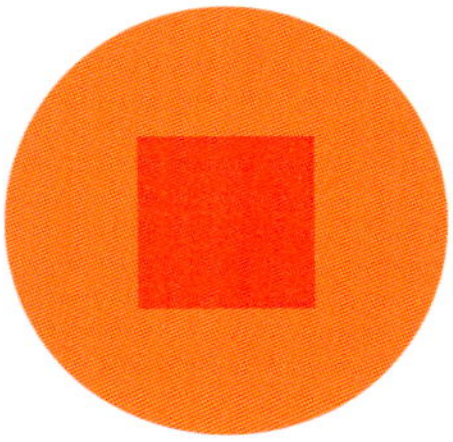

▲ **Abbildung 37.6**
Dreimal dasselbe rote Quadrat – dreimal eine andere Wirkung: Die Umgebung beeinflusst die Farbwahrnehmung.

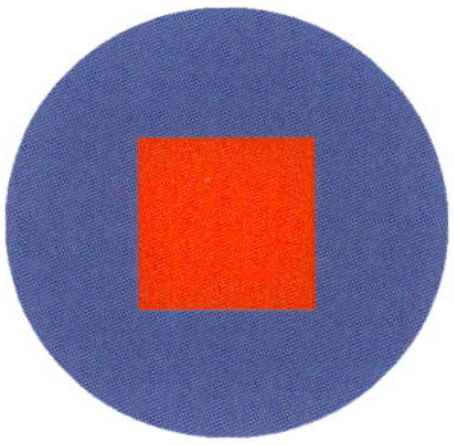

▲ **Abbildung 37.7**
Das lässt sich an dem kleinen Quadrat zeigen, ...

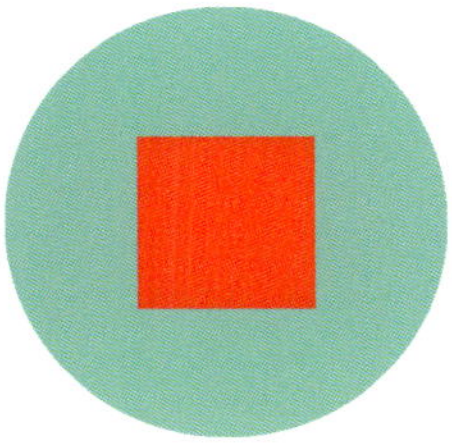

▲ **Abbildung 37.8**
... trifft aber auch für die Farben auf Ihrem Bildschirm zu!

Die Gegebenheiten des Arbeitsplatzes verbessern | Sie müssen sich nicht in einen mittelgrau gewandeten Höhlenbewohner verwandeln, aber bereits mit wenigen Änderungen können Sie die Qualität Ihres Arbeitsplatzes entscheidend verändern.

- Wechselnde Lichtverhältnisse – mal Tageslicht, mal Kunstlicht – führen zu unterschiedlicher Farbwahrnehmung. Für die Beleuchtung professioneller Grafik-Arbeitsplätze gibt es Leuchtmittel, die genormtes Kunstlicht ausstrahlen. Farbkritische Arbeiten sollten Sie lieber im Schein einer solchen Lampe erledigen als bei Tageslicht, das im Tagesverlauf wechselt. Für die gebräuchlichen Normlichtarten gibt es Lichtquellen im Handel.
- Bunte Farben im direkten Arbeitsumfeld können Ihre Farbwahrnehmung beeinflussen. Dazu gehören farbige Tischplatten, Plakate, aber auch die Desktop-Oberfläche Ihres Rechners und Ihre Kleidung. Die meisten solcher Störquellen lassen sich einfach ausschalten.
- Vermeiden Sie Blendungen durch Fenster oder Lampen und allgemein eine zu helle Beleuchtung (dadurch wirken Bildschirmfarben zu hell und zu »schlapp«). Das kommt nicht nur der Farbwahrnehmung zugute: Auch Ihre Augen werden es Ihnen danken.

Bild: EIZO

▲ **Abbildung 37.9**
Gegen Streulicht hilft ein Blendschutz am Bildschirm. High-End-Monitore werden gleich mit dieser sogenannten »Hutze« geliefert, mit etwas Geschick lässt sich so ein Blendschutz aber auch schnell selbst bauen.

37.2.2 Den Monitor kalibrieren und profilieren

[Normlicht]
Wie eine Farbe erscheint, ist entscheidend vom Umgebungslicht abhängig. Das gilt besonders für Gedrucktes: Schließlich entsteht Farbe hier ja durch Reflexion bzw. Absorption von Teilen des Lichtes, mit dem die bedruckte Fläche beleuchtet wird. Um gleichbleibende und vergleichbare Bedingungen für die grafische Industrie zu schaffen, wurden verschiedene Normen für Lichtquellen geschaffen. Heute sind die Normlichtfarben D50 (5000° K) und D65 (6500° K) am gebräuchlichsten. D50 soll dem Mittagslicht entsprechen, es wirkt zunächst etwas ungewohnt gelblich. D65 ist kühler. In Druckereien ist D50 als Proof-Beleuchtung vorgeschrieben. Sie können jedoch auch D65 benutzen und Ihren Arbeitsablauf darauf einstellen.

Monitore sind – neben Desktop-Druckern, deren Farbwiedergabe vom verwendeten Papier, aber auch von Parametern wie der Luftfeuchtigkeit oder der Patronencharge abhängen kann – die unzuverlässigsten Geräte im gesamten Publishing-Prozess: Ihre Farbdarstellung kann sich mit den geleisteten Betriebsstunden ändern und wird (siehe oben) vom Umgebungslicht stark beeinflusst. Dabei ist der Monitor Ihr wichtigstes Anzeigeinstrument. Deswegen sollte er kalibriert werden. Durch die Kalibrierung wird sichergestellt, dass die Farben einer Datei korrekt am Bildschirm angezeigt werden. Gleichzeitig wird dabei ein aktuelles Monitorprofil gewonnen.

Monitorprofile | Das Erzeugen individueller Profile – gleichgültig, ob beim Monitor oder anderen Geräten – läuft immer nach dem gleichen Schema ab: Sie ist der Abgleich von Soll (»Welche Farbe sollte eigentlich vom Gerät dargestellt werden?«) und Ist (»Welche Farbe wurde tatsächlich angezeigt?«).

Konkret geschieht das, indem Testfarben von einer genormten Vorlage ausgegeben oder eingelesen werden. Dann wird mit Hardwareunterstützung ermittelt, wo und wie stark das Ergebnis von der Vorlage abweicht. Diese Abweichung fließt dann in das individuelle Profil des Gerätes ein. So beschreibt das Profil die speziellen Ein- oder Ausgabeeigenschaften des Gerätes. Im Fall der Drucker- oder Kameraprofile spielen auch noch weitere Parameter wie verwendete Papiere oder Belichtung eine Rolle. Konkret heißt das, dass Sie beispielsweise ein für Papiersorte X erzeugtes Druckerprofil beim Drucken auf Papier Y nicht benutzen können und dass ein Kameraprofil für Fotos unter Studiobedingungen beim Waldspaziergang nichts taugt.

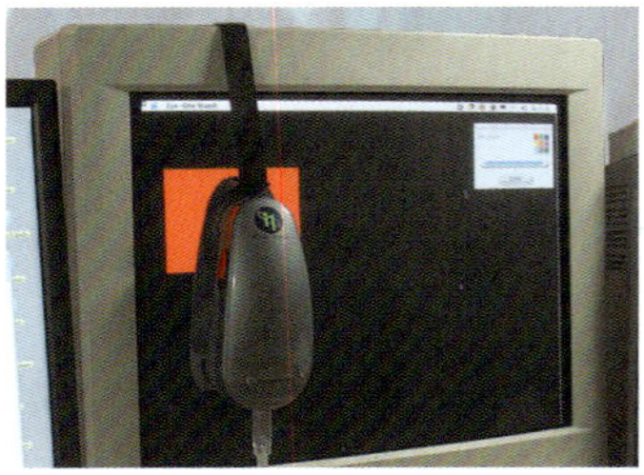

▲ Abbildung 37.10
Das Kolorimeter misst die dargestellten Farben (hier ein Gerät vom Hersteller Eye-One).

Kolorimeter | Um einen Bildschirm sachgerecht zu kalibrieren, brauchen Sie ein Kolorimeter. Das Kolorimeter kann Farben objektiver und genauer messen, als es »nach Augenmaß« möglich wäre. Dazu gehört außerdem immer passende Software, die genormte Referenzfarben auf den Bildschirm bringt, die dann vom Kolorimeter gemessen werden. Die Software verarbeitet die gemessenen Werte und speichert sie in einem Profil ab. Für Kalibrierungshard- und -software gibt es verschiedene Hersteller, das Funktionsprinzip ist jedoch immer ähnlich.

Kalibrierung | Danach beginnt die eigentliche Kalibrierung. Dazu wird das Kolorimeter direkt vor die Bildschirmoberfläche gehängt. Über USB ist es auch mit dem Rechner verbunden, auf dem die passende Software installiert ist. Die Kalibriersoftware stellt auf dem Bildschirm verschiedene Farben und Grauwerte dar. Das Kolorimeter misst die Werte, die auf dem Bildschirm »ankommen«, und liefert die Daten an den Rechner zurück. Die Software vergleicht dann die am Monitor dargestellten und gemessenen Werte mit den Referenzfarben, die eigentlich dargestellt werden sollten. Aus der Differenz kann die Software dann die Korrekturen errechnen, die künftig notwendig sind, damit Farben auf diesem Bildschirm korrekt dargestellt werden. Die Ergebnisse der Messung werden dann in einem ICC-Profil abgespeichert. Meist wird dieses Profil dann automatisch im richtigen Ordner abgelegt.

Vorbereitung

Viele Monitore – vor allem Röhrenmonitore – brauchen eine Weile, bis sie die volle Leistung erbringen. Lassen Sie Ihren Bildschirm also mindestens 30 Minuten warmlaufen. Bevor Sie mit der eigentlichen Kalibrierung anfangen, sollten Sie außerdem die Werkseinstellungen Ihres Bildschirms wiederherstellen. Bei einigen Kalibrierungspaketen stellen Sie zunächst unter Regie der Software Helligkeit und Kontrast des Bildschirms ein, um die besten Ergebnisse zu erhalten.

Nachbereitung | Nach der Kalibrierung dürfen die Monitor-Regler zur Einstellung von Farbwiedergabe, Helligkeit und Kontrast nicht mehr verändert werden. Doch auch dann, wenn Sie nicht an den Monitoreinstellungen herumspielen, sollten Sie den Kalibrierungsvorgang von Zeit zu Zeit wiederholen. Denn ob Röhre oder Flachbildschirm – Monitore altern und verändern ihre Farbwiedergabe unmerklich oder werden zunehmend dunkler. Etwa einmal im Monat sollten Sie Ihren Bildschirm neu kalibrieren und das Monitorprofil aktualisieren. Das ist nicht so viel Aufwand: Mit etwas Routine ist die Bildschirmkalibrierung in 10 bis 30 Minuten erledigt.

Fertige Bildschirmprofile | Wer das Verfahren zu aufwendig findet, muss nicht ganz auf das Geraderichten der Bildschirm-Farbausgabe verzichten. Manche Monitorhersteller bieten Profile zu ihren Geräten an. Wenn Sie für Ihren Monitor einen Treiber installiert haben, stehen die Chancen gut, dass sich auch das Profil schon im richtigen Systemordner befindet. Falls Sie einen Plug-and-Play-Monitor benutzen, müssen Sie die mitgelieferte Treiber-CD oder das Internet nach einem aktuellen Profil für Ihren Bildschirmtyp durchforsten.

Einstellung nach Augenmaß | Auch für die Pi-mal-Daumen-Einstellung per Sichtkontrolle gibt es Hilfen. Bis zur Version CS2 lieferte Adobe als Photoshop-Zubehör noch das Tool Adobe Gamma aus, mit dem man die Monitoreinstellungen schrittweise justieren konnte. Seit der Version CS3 wird Adobe Gamma nicht mehr mitgeliefert. Wer jedoch eine frühere Creative-Suite-Version installiert hatte, kann das Tool weiterhin benutzen. Es gibt jedoch auch noch weitere Quellen für solche Einstellungsassistenten – im Internet.

Bei Apple leistet außerdem das systemeigene ColorSync hilfreiche Dienste. Die Justierung nach Augenmaß ist allerdings deutlich ungenauer als die Vermessung mit dem unbestechlichen Kolorimeter.

Wenn Sie wirklich für die Druckvorstufe produzieren, ist dieses Verfahren keine echte Alternative zum hardwaregestützten Kalibrieren. Wenn Ihnen allerdings beispielsweise die Fotos von Ihrem Belichtungsdienst schon immer zu dunkel vorkamen oder Sie versuchen wollen, Ihre Druckausgabe am heimischen Tintenstrahler zu verbessern, kann Ihnen die »visuelle Kalibrierung« schon ein Stück weiterhelfen.

37.2.3 Weitere Profile – individuell erzeugt oder fix und fertig

Wie bereits erwähnt, benötigen Sie für alle beteiligten Geräte – nicht nur für den Monitor – Profil-Dateien (auch Profile, Farbprofile oder ICC-Profile genannt), die die besonderen Farbeigenschaften der jeweiligen Geräte beschreiben.

Während es noch nicht allzu kostspielig ist, ein individuelles Scannerprofil zu erstellen, reißt die Profilierung von Druckern schon eher Löcher in Ihr Budget. Ebenso wie bei Monitoren sollte man Druckerprofile häufig erneuern, da Drucker sehr instabile Farbeigenschaften haben können. Die Papiersorte, die Luftfeuchtigkeit und der Füllstand von Kartusche oder Patrone sind Gründe für Schwankungen.

Sie müssen die Profile jedoch nicht zwangsläufig alle selbst erzeugen, wenn Sie mit Farbmanagement arbeiten wollen.

Es gibt mehrere Möglichkeiten, die sich hinsichtlich des Aufwandes, aber auch in Hinblick auf die Genauigkeit unterscheiden.

Kameraprofile

Auch Kameras können Sie profilieren, allerdings brauchen Sie verschiedene Profile für unterschiedliche Lichtverhältnisse.

Individuelle Profile – alles selbst erstellt | Das funktioniert für alle Geräte ähnlich wie bei der Kalibrierung und Profilierung des Monitors: Das Farbverhalten wird bestimmt, indem man ein genormtes Farbmuster anzeigen oder ausgeben lässt, das Ergebnis mit speziellen Geräten misst und mit einer Kalibrierungssoftware auswerten lässt. Dieses Verfahren ist aufwendig und recht kostspielig, aber wenn Sie richtig arbeiten, ist es exakt.

- Um ein **Druckerprofil** zu generieren, brauchen Sie ein weiteres Messgerät – ein Spektrofotometer – samt Software oder eine teure Kombilösung, die Monitor und Drucker kalibrieren und profilieren kann.
- Um exakte **Scannerprofile** zu gewinnen, ist immerhin auch spezielle Software nötig. Außerdem brauchen Sie eine genormte Scanvorlage, ein sogenanntes Target.

- Auch manche **Digitalkameras** lassen sich profilieren. Dazu benötigen Sie ebenfalls ein Testchart und eine Software, die das Ergebnis auswertet. Es wird unter den Bedingungen fotografiert, für die das Kameraprofil später gelten soll. Vor allem in der Produktfotografie und für wissenschaftliche Aufgaben werden profilierte Kameras eingesetzt.

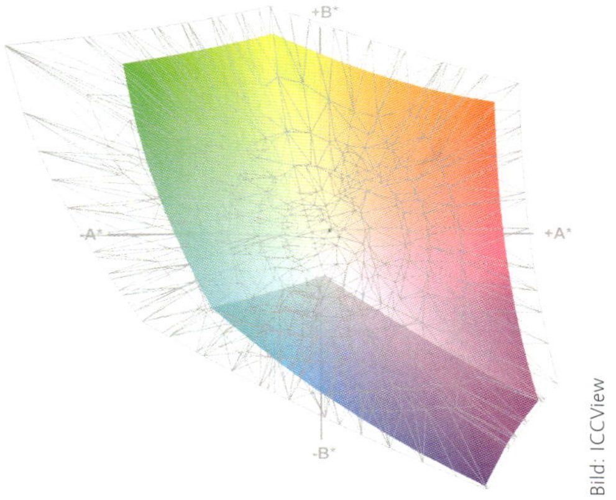

▲ **Abbildung 37.11**
Vergleich der beiden Farbräume sRGB (farbig, innen) und Adobe RGB (Wireframe-Darstellung außen). Es ist sofort zu sehen, dass der Adobe-RGB-Farbraum viel größer ist – und folglich mehr Farben umfassen kann – als sRGB.

Individuelle Profile – Auswertung machen lassen | Als preisgünstigere Alternative zum selbst gemachten Druckerprofil können Sie eine bereits gedruckte Normvorlage zu einem Dienstleister schicken, um das Ergebnis dort professionell ausmessen zu lassen. Sie bekommen dann ein fertiges Profil zurück. Sie sparen sich die Kosten für eigene Soft- und Hardware. Diese Variante ist allerdings nur dann zu empfehlen, wenn Sie nur gelegentlich farbkritische Jobs erledigen und Ihre Profile nicht ständig aktuell halten müssen.

Profile im Hardware-Lieferumfang | Vorgefertigte Profile gibt es nicht nur für Monitore. Oft lässt sich mit den Profilen, die im Zubehör etwas besserer Scanner oder Desktop-Drucker enthalten sind, brauchbare Qualität erreichen. Wenn Sie kein Profil auf dem mitgelieferten Installationsmedium finden, lohnt sich auch ein Blick auf die Hersteller-Webseite.

Profile von Dritten | Profile sollten möglichst exakt auf das Gerät angepasst sein, mit dem sie verwendet werden. Insofern hört es

Kamera-Farbeigenschaften mit wenig Aufwand verbessern

Auch wenn Ihnen individuelles Profilieren zu aufwendig ist, können Sie die Farbwiedergabe Ihrer Kamera (bei einigen Modellen) optimieren. Maßnahme eins: Machen Sie öfter einen **manuellen Weißabgleich**. Damit stellen Sie die Kamera auf die Lichttemperatur in der aktuellen Aufnahmesituation ein und sorgen so für »farbechtere« Bilder. Gerade bei Mischlicht zahlt sich das aus, denn dabei gerät die halbautomatische Weißabgleich-Vorwahl (mit Einstellungen wie »Tageslicht«, »Bewölkt«, »Innenaufnahme« etc.) schnell an ihre Grenzen.

Bisher war hier meist pauschal von »RGB« die Rede. RGB ist auch der Farbraum, in dem Digitalkameras üblicherweise arbeiten. Doch tatsächlich existiert mehr als nur *ein* RGB-Farbraum. Es gibt zahlreiche *verschiedene RGB-Farbräume* mit unterschiedlich großem Farbumfang. Um die Farbqualitäten Ihrer Kamera zu verbessern, können Sie versuchen, den Farbraum umzustellen, in dem Ihre Kamera arbeitet. Viele Kameras arbeiten standardmäßig im relativ kleinen **sRGB**-Farbraum. Wenn es bei Ihrem Modell möglich ist, sollten Sie **Adobe RGB** einstellen. Der Adobe-RGB-Farbraum enthält wesentlich mehr Farben als sRGB (siehe Abbildung 37.11).

Targets – Funktion und Bezugsquellen

Targets sind Testtafeln mit Referenz-Farbfeldern, deren genaue Farbwerte bekannt sind. Aus der Art und Weise, wie ein Gerät die Farben und Tonwerte des Targets interpretiert, lassen sich Rückschlüsse auf dessen Farbwiedergabe-Eigenschaften ziehen. Je nachdem, welches Gerät profiliert werden soll, sind die Targets unterschiedlich beschaffen. Eines ist allen Targets gemeinsam: Sie müssen sorgfältig behandelt und vor Knicken, Kratzern und vor allem vor Licht geschützt werden.

Auf der schlichten, aber sehr informativen Site **Coloraid** (*www.targets.coloraid.de*) finden sich auch Bezugsquellen für relativ günstige Targets.

Dort gibt es übrigens auch eine Reihe von Links zu Open-Source-Farbmanagement-Software, vor allem für Scanner (*www.coloraid.de*).

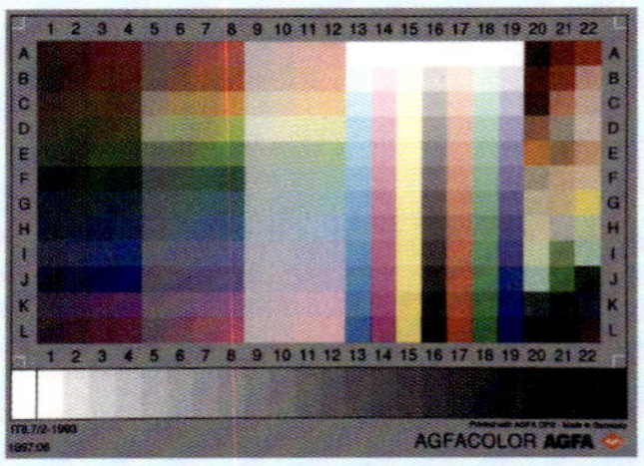

▲ **Abbildung 37.12**
Farbchart für die Kalibrierung, hier ein IT8-Target für Scanner

sich zunächst widersinnig an, Profile aus »fremden Quellen« zu benutzen. Doch gerade für Vierfarbdruck-Profile und Arbeitsfarbraum-Profile gibt es geeignete Bezugsquellen. Stellen wie das ICC oder das europäische Pendant, die **European Color Initiative**, und andere in Druck und Farbmanagement involvierte Firmen und Institutionen sind eine gute Anlaufstelle. Aber auch Ihr Drucker vor Ort hat unter Umständen genau das Profil, das Sie brauchen, wenn Sie auf seinen Maschinen drucken lassen wollen. Fragen Sie nach!

Linktipps: Quellen für ICC-Profile | Unter diesen Webadressen finden Sie nicht nur Farbprofile, sondern auch weiterführende, zum Teil sehr detaillierte Informationen zum Thema Farbmanagement:

- Die **European Color Initiative** stellt ICC-Profile für den Offsetdruck und den Arbeitsfarbraum ECI-RGB 1.0 zur Verfügung (*www.eci.org*).
- Das **International Color Consortium** (ICC) bietet zahlreiche sehr fachspezifische Informationen und unter dem Menüpunkt ICC Resource Center auch Profile zum Herunterladen an (*www.color.org*).
- Die Seite **ICCView** ermöglicht es, Farbraum-Modelle in 3D anzusehen und zu vergleichen. Die Modelle können gedreht und bewegt werden! Die Abbildungen machen das Grundproblem des Digital Publishing – die Arbeit in verschiedenen Farbräumen – sehr anschaulich. Auf der Site gibt es auch Profile zum Herunterladen (*http://www.iccview.de*).
- ZMG und Ifra, zwei Organisationen für Zeitungs- und Media-Publishing, haben die **Qualitätsinitiative Zeitungsdruck** (QUIZ) gestartet und bieten auch ein spezielles Profil für den Farbdruck in Zeitungen an. Sie können es unter *www.ifra.com/website/website.nsf/html/CONT_CONS_DL?OpenDocument&CTDL&G* herunterladen (scrollen Sie bis zum Ende des Screens).

Wohin mit den Profilen? | Profile können nur dann richtig funktionieren, wenn sie an der richtigen Stelle in Ihrem Computer gespeichert sind. Kalibrierungs- und Profilierungssoftware sorgt meist schon von selbst dafür, dass die Profildateien dort landen, wo sie hingehören. Auch beim Installieren neuer Geräte werden die Profile manchmal automatisch hinzugefügt. Profile, die Sie herunterladen oder vom Dienstleister bekommen, müssen Sie allerdings selbst in den richtigen Ordner befördern.

Zum Weiterlesen: Arbeitsfarbraum
Mehr über Arbeitsfarbräume finden Sie in Abschnitt 37.3.2.

- Unter **Windows** werden Profile standardmäßig unter C:\WINDOWS\SYSTEM32\SPOOL\DRIVERS\COLOR gespeichert. Je nach Herausgeber können Profildateien Endungen wie ».icm«, ».icc« oder ».cdmp« haben.
  Wenn Sie ein neues Profil heruntergeladen haben, können Sie es entweder manuell in den COLOR-Ordner verschieben oder per Rechtsklick auf den Dateinamen des neuen Profils ein Kontextmenü öffnen und dort den Befehl PROFIL INSTALLIEREN wählen. Außerdem müssen Sie Ihrem System meist auch noch mitteilen, dass das neue Geräteprofil benutzt werden soll. Das erledigen Sie mithilfe der Windows-Farbverwaltung.
- **Mac OS X** sichert Profile unter /LIBRARY/COLORSYNC/PROFILES.

Nach dem Installieren von Farbprofilen müssen Sie Photoshop und andere Adobe-Anwendungen neu starten.

37.3 Farbmanagement-Einstellungen in Photoshop

Sie haben die wichtigsten Randbedingungen Ihrer Produktion geklärt, Ihnen liegen Profile für alle beteiligten Geräte vor, und Sie haben sie korrekt installiert bzw. gespeichert? Dann kann es losgehen mit den Farbmanagement-Einstellungen in Photoshop.

Photoshop ist das Bindeglied zwischen allen Eingabe- und Ausgabegeräten und gleichzeitig die Steuerzentrale für das Farbmanagement. Mit dem Befehl BEARBEITEN • FARBEINSTELLUNGEN (⇧+Strg+K bzw. ⇧+⌘+K) rufen Sie das kompakte, aber sehr mächtige Dialogfeld auf.

Der Dialog gliedert sich in vier Blöcke:

- Im ersten Block stellen Sie die ARBEITSFARBRÄUME ❷ für RGB, CMYK, Graustufen und Volltonfarben ein.
- Wenn Sie eine Datei in Photoshop öffnen, hat sie bereits ein Profil – oder auch nicht. Unter FARBMANAGEMENT-RICHTLINIEN ❸ legen Sie fest, wie mit der Datei verfahren werden soll.
- Mit den KONVERTIERUNGSOPTIONEN ❹ steuern Sie, nach welchen Regeln die Umrechnung von einem Farbraum in den anderen erfolgt.
- Dazu kommen noch einige Funktionen, die zum Bedienungskomfort beitragen: Die Liste EINSTELLUNGEN ❶ dient zur Vorwahl von Einstellungskonstellationen, und es gibt auch Buttons zum SPEICHERN und LADEN eigener Einstellungen (rechts oben) sowie ein Feld BESCHREIBUNG (unten) mit erläuternden

Texten. Dessen Inhalt wechselt je nach Mausposition. Die ERWEITERTEN EINSTELLUNGEN werden in der Praxis eher selten genutzt, sie können die Monitordarstellung stark verändern.

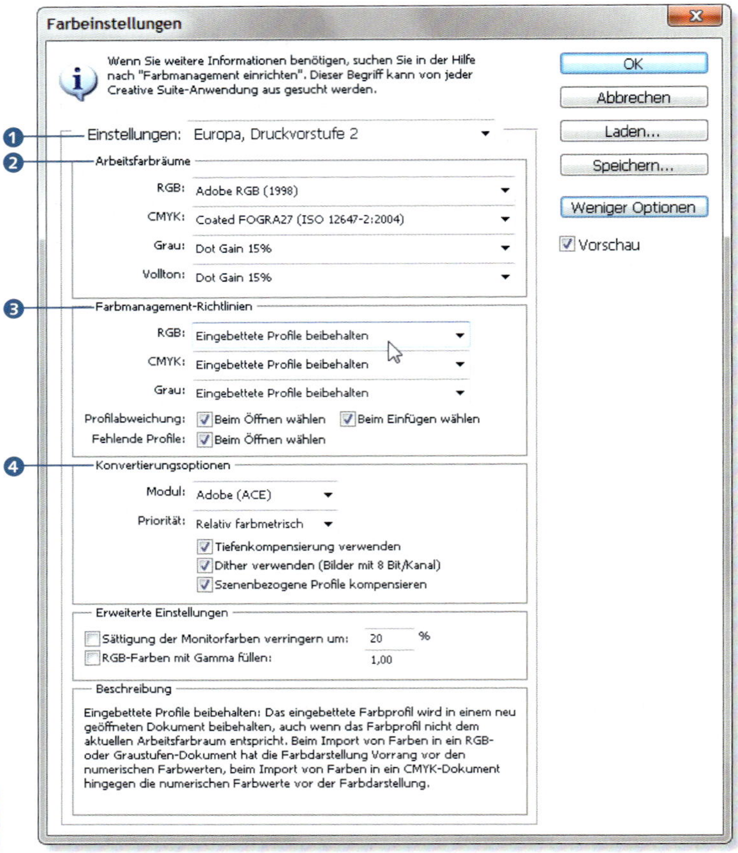

Abbildung 37.13 ▸
Die Einstellungen für das Farbmanagement in Photoshop. Sie müssen zunächst auf die Schaltfläche MEHR OPTIONEN klicken, um diese ausführliche Ansicht zu öffnen.

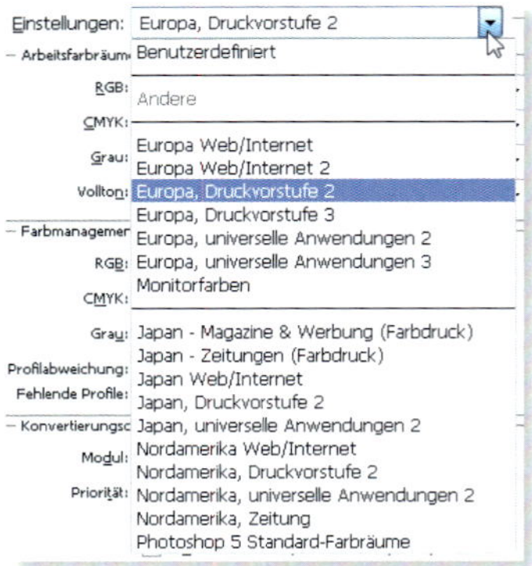

▴ Abbildung 37.14
Adobe liefert eine Reihe vorgefertigter Farbmanagement-Settings mit. Sie können jedoch auch eigene Einstellungen erstellen und sichern.

Was hat es nun mit den einzelnen Optionen und Funktionen auf sich?

37.3.1 Vordefinierte Settings unter »Einstellungen«

Im Dialog FARBEINSTELLUNGEN gibt es eine Vielzahl möglicher Konfigurationen. Welche Konstellation nun »die beste« ist, kann nicht pauschal beantwortet werden. Die Auswahl richtet sich danach, für welches Medium Sie aktuell produzieren. Photoshop bietet für die wichtigsten Workflows fertige Voreinstellungen. Dadurch sparen Sie nicht nur viele Klicks, die angebotenen Optionskonstellationen gelten als »narrensicher«: Sie sind von Adobe getestet worden und werden für weniger erfahrene Nutzer empfohlen. In der Liste unter EINSTELLUNGEN wählen Sie sie aus.

37.3.2 Arbeitsfarbräume

Arbeitsfarbräume sind ein anfangs schwer fassbares, aber dennoch sehr wichtiges Konstrukt: Sie ermöglichen die von konkreten Geräten unabhängige Beschreibung der Farben einer Datei. Sie sollen den Verlust von Farbinformationen bei der farbmanagement-gestützten Arbeit verhindern – oder zumindest verringern. Wie die profilierten Geräte haben auch Arbeitsfarbräume eigene Profile. Welches das »richtige« Arbeitsfarbraum-Profil ist, entscheidet sich jedoch nicht (anders als bei den Geräten) durch eine Messung. In welchem Arbeitsfarbraum Sie arbeiten, ist eine Festlegung (allerdings keine willkürliche). Photoshop liefert zahlreiche Profile für Arbeitsfarbräume mit.

Welche konkreten Vorteile das Konzept der Arbeitsfarbräume bringt, kann man am besten verstehen, wenn man etwas zurückblickt: Bis vor einigen Jahren war im Farbmanagement nämlich noch der RGB-Farbraum des aktuell verwendeten Monitors der Ausgangspunkt für die Umrechnung von den in RGB vorliegenden Bilddaten in den CMYK-Farbraum. Das war aus zwei Gründen problematisch: Der Farbraum eines durchschnittlichen Feld-Wald-und-Wiesen-Monitors enthält im Bereich der Grün- und Cyantöne meist deutlich weniger gesättigte Farben, als im hochwertigen Vierfarbdruck darstellbar sind (Monitore mit besonders großem Farbraum gibt es auch, sie sind aber selten). Wenn Farbkonvertierungen zu CMYK auf der Grundlage eines solchen durchschnittlichen Monitorfarbraums erfolgten, kam es bei den später gedruckten Farben fast zwangsläufig zu Verlusten oder Farbverfälschungen. Da außerdem kaum ein Monitor exakt dieselben Farben umfasst wie der andere, erbrachten CMYK-Umwandlungen an verschiedenen Rechnern mit unterschiedlichen Monitoren auch unterschiedliche Ergebnisse. Mit dem Konzept »Arbeitsfarbraum« ist es nun möglich, die Beschreibung von Farbe in einem Dokument von ihrer Darstellung am Bildschirm zu trennen – Monitor und Datei haben jeweils ein eigenes Profil!

Der Arbeitsfarbraum, den Sie in Photoshop einstellen, dient als Quellprofil für alle neuen Dateien, und er bestimmt das Erscheinungsbild von Bildern, die kein eigenes Profil mitbringen. Für den Umgang mit Dateien, deren Profile vom Arbeitsfarbraum abweichen, können Sie eigene Regeln festlegen (im Dialogfeld unter Farbmanagement-Richtlinien).

Wann nutzen Sie welchen Arbeitsfarbraum? | Für RGB und auch für CMYK, Graustufen und Volltonfarben können Sie im Farbeinstellungen-Dialog zwischen verschiedenen Arbeitsfarbräumen wählen. Die Einstellungen unter Grau und Vollton können

Farbmanagement-Einstellungen in Arbeitsteams

Die Funktionen Speichern und Laden können Sie auch nutzen, um sicherzugehen, dass alle Mitglieder eines Teams dieselben Farbmanagement-Einstellungen nutzen. Mit Speichern wird eine Datei erzeugt (Endung ».csf«). Diese Datei können Sie natürlich weitergeben und per Befehl Laden auf anderen Rechnern verfügbar machen.

- Unter **Mac OS** finden Sie die CSF-Datei hier: Benutzer/[Benutzername]/Library/Preferences/Adobe Photoshop CS5 Settings
- **Windows-XP**-Nutzer schauen in diesen Ordner: Dokumente und Einstellungen/[Benutzername]/Anwendungsdaten/Adobe/Adobe Photoshop CS5/Adobe Photoshop CS5 Settings
- **Vista** und **Windows 7** speichern die Farbsettings hier: C:\Users\[Benutzername]\AppData\Roaming\Adobe\Adobe Photoshop CS5\Adobe Photoshop CS5 Settings

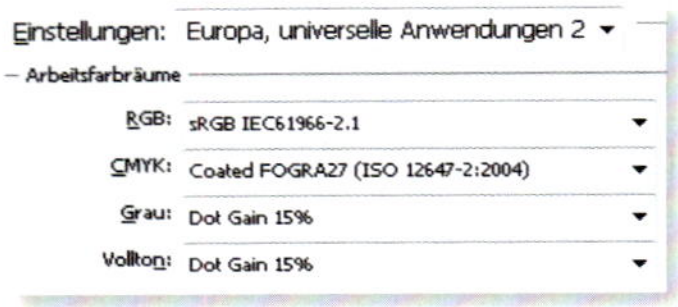

▲ Abbildung 37.15
Für RGB, CMYK, Graustufen und Volltonfarben können Sie einen Arbeitsfarbraum festlegen.

»Arbeits«farbraum CMYK?
Der Begriff »*Arbeits*«farbraum ist im Zusammenhang mit CMYK etwas irreführend, denn in CMYK wird selten gearbeitet. Die »Arbeits«farbraum-Einstellungen für CMYK betreffen die Art und Weise, wie die Konvertierung von RGB zu CMYK durchgeführt wird. Ähnlich ist es bei Graustufen und Volltonfarben. Der wichtigste Modus zum *Arbeiten* ist und bleibt RGB. In RGB liegen vermutlich die meisten Ihrer Dateien vor. In RGB können Sie mit Photoshop auch am bequemsten arbeiten: Nur in diesem Modus wird der volle Funktionsumfang unterstützt, und viele Bildmanipulationen sind in RGB einfacher als in anderen Modi (mehr dazu finden Sie in Teil V, »Korrigieren und optimieren«).

meist vernachlässigt werden; der Wahl des RGB- und CMYK-Farbraums hingegen sollten einige Überlegungen vorangehen.

RGB-Arbeitsfarbräume | Wenn Sie sich mit Farbmanagement befassen, wird Ihnen öfter die Empfehlung begegnen, sRGB als RGB-Arbeitsfarbraum für die Web- und Screenproduktion zu nutzen und größere Farbräume wie Adobe RGB oder auch ColorMatch-RGB oder ECI-RGB als RGB-Arbeitsfarbraum, wenn Sie Bilder für den Druck vorbereiten.

Hat diese Empfehlung ihre Berechtigung? Ja und nein. Um mit Arbeitsfarbräumen und insbesondere dem RGB-Arbeitsfarbraum richtig umzugehen, ist es hilfreich, sich vor Augen zu halten, was ein Arbeitsfarbraum – neben der oben schon angesprochenen Trennung der Dateiprofile vom Bildschirmprofil – leisten soll. Eigentlich könnte der RGB-Arbeitsfarbraum auch »Standardfarbraum« heißen. Es sollte der Farbraum sein, der für das anvisierte Ausgabemedium die besten Bedingungen bietet, *und* idealerweise auch der Farbraum, in dem die meisten Ihrer Dateien sowieso vorliegen – ein Standard-Arbeitsfarbraum eben, mit dem der Farbmanagement-Arbeitsfluss unterbrechungsfrei und gut funktioniert.

Leider sind diese beiden Anforderungen an den idealen RGB-Arbeitsfarbraum oft genug unvereinbar. Insbesondere dann, wenn Sie Ihre **Bilder für den Druck** vorbereiten. Eine wichtige Faustregel lautet: Wählen Sie den RGB-Arbeitsfarbraum so groß, dass die Farbräume aller Eingabegeräte und Ausgabegeräte hineinpassen. Wenn Sie Ihre Bilder später im Vierfarbdruck reproduzieren wollen, empfiehlt sich – eigentlich – ein großer RGB-Farbraum als Ausgangspunkt, also als Arbeitsfarbraum.

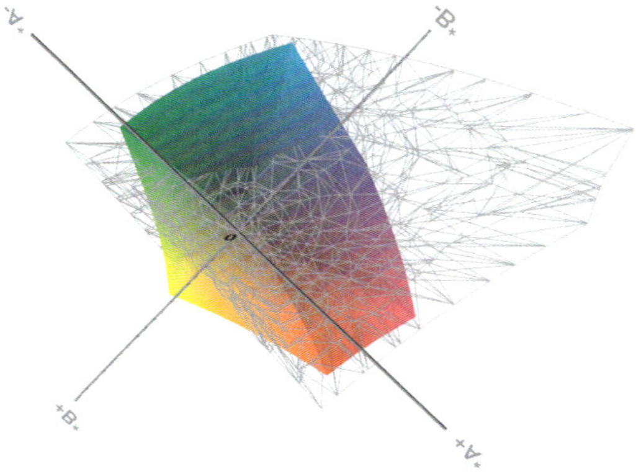

Bild: ICCView

Abbildung 37.16 ▸
Noch einmal zwei Farbräume im Vergleich. Das Drahtmodell markiert den Umfang des Farbraumes sRGB, und der farbige Kern stellt den Farbumfang eines typischen Druckprofils (ISOcoated) dar.

Abbildung 37.16 zeigt den relativ kleinen sRGB-Farbraum im Vergleich zu einem typischen Druckfarbraum. Es ist deutlich zu sehen, dass der Farbumfang von sRGB (Drahtmodell) zwar immer noch viel größer ist als der Farbraum, der mit den gedruckten Farben ausgefüllt werden kann (farbiger Körper). Allerdings ragt der Druckfarbraum auch an einigen Stellen aus dem sRGB-Farbraum heraus. Was folgt daraus? Wenn man sRGB zur Basis für die Konvertierung in CMYK-Druckdaten macht, kann der beim Drucken mögliche Farbumfang nicht vollständig ausgenutzt werden, denn an einigen Stellen fehlen die entsprechenden Farbdaten beim Ausgangsfarbraum schlichtweg. Die Lösung könnte darin bestehen, einen größeren RGB-Farbraum als Ausgangspunkt zu wählen!

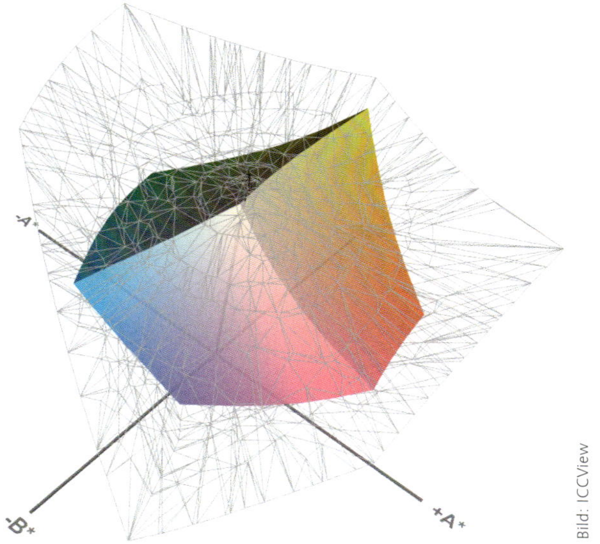

◂ **Abbildung 37.17**
Hier sehen Sie wieder den Farbumfang, der dem Druckprofil ISOcoated entspricht (aus etwas anderer Perspektive). Das umgebende Drahtmodell entspricht diesmal dem Umfang des ECI-Arbeitsfarbraumprofils.

Auf den ersten Blick scheinen mit dem ECI-Profil als Arbeitsfarbraum (dem Drahtmodell in Abbildung 37.17 alle Probleme beseitigt: Es umfasst den Druckfarbraum (bunter Kern) vollständig. Mit ECI-RGB (oder einem anderen, vergleichbar großen Farbraum wie Adobe- oder ColorMatch-RGB) scheint der Farbraum gefunden, der für das geplante Ausgabemedium Druck die besten Bedingungen bietet.

Doch halt, was ist eigentlich mit den Dateien, die in diesem Farbraum verarbeitet werden sollen?

Nur in seltenen Fällen liegen alle Bilder in einem der idealen, großen RGB-Farbräume vor. Bilder aus verschiedenen Quellen bringen ganz verschiedene Profile mit: Scans sind im besten Fall mit dem zuvor erstellten oder installierten Scannerprofil versehen, Bilder aus Bilddatenbanken (besonders den semi-professionellen) sind bunt gemischt und oft auch mit sRGB gespeichert.

Beherrscht Ihre Kamera Adobe RGB?

Wenn Ihre Digicam Adobe RGB oder einen anderen großen RGB-Farbraum beherrscht, lässt sich der ideale Farbmanagement-Workflow mit wenigen Klicks einstellen. Definieren Sie ADOBE RGB in den Kameraeinstellungen als Ausgabe-Farbraum der Kamera und in den Photoshop-FARBEINSTELLUNGEN als RGB-Arbeitsfarbraum.

Dann taucht eine neue Frage auf: Soll das ursprüngliche Profil des Bildes erhalten bleiben, oder werden »abweichende« Bilder in den Arbeitsfarbraum konvertiert? Letzteres ist machbar. Je nachdem, mit welchen Profilen gearbeitet wurde und welche KONVERTIERUNGSOPTIONEN eingestellt wurden, kann die Umrechnung der Farbwerte die Bildqualität jedoch durchaus beeinträchtigen.

Abbildung 37.18 ▸
Farbwertumrechnungen können in einigen Fällen bisher glatte Verläufe in solche Streifenmuster zerlegen (sogenanntes Banding). Eine Gegenmaßnahme ist die Option DITHER VERWENDEN (unter KONVERTIERUNGSOPTIONEN im FARBEINSTELLUNGEN-Dialog).

Zum Weiterlesen: Konvertieren oder nicht?
Dieser Frage gehen wir in Abschnitt 37.3.3, »Farbmanagement-Richtlinien: Wie wird mit Dateien und Profilen verfahren?«, genauer nach.

Und wenn das Gros der Dateien, die man bearbeitet, sowieso nicht mit dem gewählten – *eigentlich* idealen – Arbeitsfarbraum übereinstimmt, sollten Sie überlegen, ob der Arbeitsfarbraum tatsächlich geschickt gewählt ist. Bilder ohne Profil hingegen können in der Regel ohne Schwierigkeiten mit dem Arbeitsfarbraum-Profil versehen werden.

Schwierigkeiten mit ProPhoto RGB

Ein großer Umfang macht einen RGB-Farbraum nicht uneingeschränkt zum besten Arbeitsfarbraum für Foto- und Druckspezialisten: ProPhoto RGB, der speziell für Fotografen gedacht ist, ist nicht nur immens groß, sondern zeichnet sich auch durch besonders satte Farben aus. Bei der Konvertierung durch das Color Management Module (siehe unten) können jedoch durch Ungenauigkeiten Farbverluste entstehen.

Linktipps: Profile für RGB-Arbeitsfarbräume | Photoshop enthält von Haus aus zahlreiche Farbraum-Profile. Außerdem können Sie weitere ICC-Profile für spezielle Anforderungen herunterladen.

ECI-RGB wurde von der European Color Initiative speziell als Arbeitsfarbraum für die spätere CMYK-Ausgabe entwickelt. Adobe liefert dieses Arbeitsfarbraum-Profil nicht mit. Sie können es von *www.eci.org* herunterladen und wie oben beschrieben installieren. Es steht dann auch in der Liste unter FARBEINSTELLUNGEN zur Verfügung.

Die Arbeitsgruppe Photogamut (»gamut« bedeutet »Farbraum«) hat mit **PhotoGamutRGB** ein ICC-Profil entwickelt, das sich als RGB-Arbeitsfarbraum speziell für Fotografen, Fachlabore und Digitaldruck-Dienstleister eignet. Mehr Informationen und das Profil zum Herunterladen finden Sie unter *http://www.photogamut.org/*.

Bilder für die Bildschirmanzeige | Wer Bilder bearbeitet, die ausschließlich für die Wiedergabe am Bildschirm gedacht sind, also

Web- und Screendesigner ist, braucht sich um Farbmanagement im Allgemeinen und so auch um den Arbeitsfarbraum nicht so viele Sorgen machen. Hier kommt man mit sRGB als Arbeitsfarbraum gut zurecht. sRGB ist den meisten Monitorprofilen recht ähnlich, und fast alle Digitalkameras liefern Bilder mit diesem Farbraum (das schon erwähnte Adobe RGB wird nur von höherwertigen Modellen unterstützt). Außerdem ist sRGB vom W3C für die Darstellung von Inhalten im Web empfohlen worden und ist auch der Systemstandard für viele Treiber und andere Devices. Man kann zwar nie wissen, wie der Bildschirm des Surfers eingestellt ist, bei dem die Internetbilder dann landen – insofern ist Farbverbindlichkeit im Netz und für andere Bildschirm-Nutzungen ohnehin nicht zu gewährleisten. In gewisser Weise ist sRGB jedoch der kleinste gemeinsame Nenner und insofern ganz gut geeignet.

[W3C]
Das **World Wide Web Consortium** (W3C) ist ein Anfang der Neunzigerjahre gegründetes Gremium, das die Standardisierung der im Netz benutzten Techniken vorantreibt.

Arbeitsfarbräume für CMYK | Die Wahl des CMYK-Arbeitsfarbraums ergibt sich ziemlich logisch aus dem anvisierten Druckprozess respektive der zu bedruckenden Papierart. In jedem Fall empfiehlt es sich, mit Ihrem Druckdienstleister Rücksprache zu halten. Wenn Sie tatsächlich von Ihrer Druckerei Profile bekommen haben, sollten Sie sie hier nutzen.

Sie können das Profil trotz korrekter Installation in der Liste der CMYK-Arbeitsfarbräume nicht finden? Dann ist es unter Umständen notwendig, dass Sie in der Liste zunächst auf CMYK-Einstellungen laden klicken. Dann öffnet sich ein Dialog, der den Inhalt des (systemabhängigen) Profile-Ordners zeigt. Dort können Sie zum gewünschten Profil navigieren und es durch einen Klick auf Laden zur Liste im Farbeinstellungen-Dialog hinzufügen.

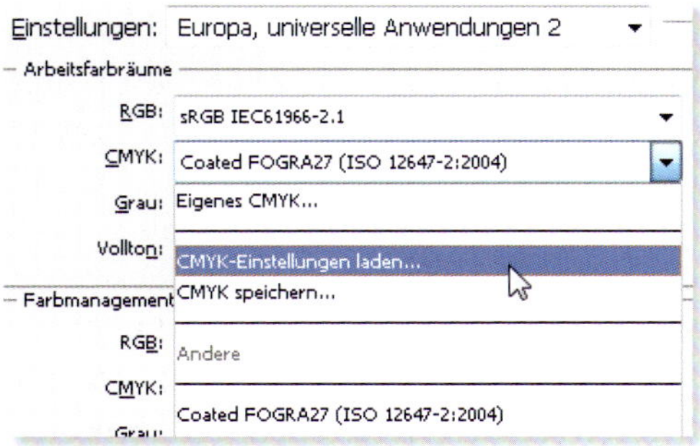

◂ Abbildung 37.19
Nicht alle vorhandenen CMYK-Arbeitsfarbraumprofile sind in der Liste zu finden. Profile können aber nachgeladen werden.

Wenn Sie kein spezielles Profil bekommen haben, müssen Sie sich eines aus der Liste aussuchen. Beachten Sie hierbei, dass sich in der Liste einige Profile tummeln, die für europäische

[Separation]
Ursprünglich wurde mit dem Begriff Separation die Herstellung von einzelnen Farbauszügen (Druckvorlagen) für die vier Durchgänge des Vierfarbdrucks (je ein Auszug für Cyan, Magenta, Gelb und Schwarz) bezeichnet. Heute wird auch das Umrechnen der (RGB-)Dokumentfarben in die vier Druckfarben als »Separation« bezeichnet. In dieser Bedeutung ist der Begriff nicht ganz korrekt, er hat sich aber eingebürgert.

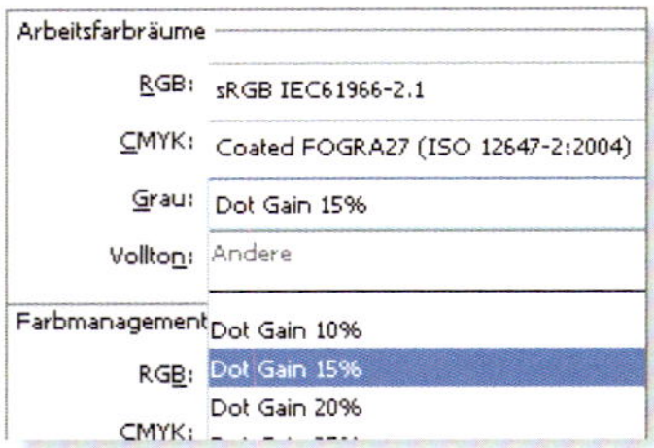

▲ **Abbildung 37.20**
»Arbeitsfarbraum«-Einstellungen für Graustufen

Druck-Gepflogenheiten nicht passen (so die US-Profile) oder die veraltet sind. **Euroskala**-Profile sind definitiv nicht mehr auf der Höhe der Zeit: Manche Druckereien nehmen keine Dateien mehr an, die nach Euroskala separiert worden sind. Mit **Coated FOGRA27** fahren Sie gut, wenn Sie Ihre Datei für den Druck auf gestrichenem Papier vorbereiten. Für den Zeitungsdruck tut es das oben erwähnte Profil der QUIZ.

Tonwertzuwachs für Graustufen und Volltonfarben | Unter GRAU und VOLLTON finden Sie nicht so viele Optionen wie bei den RGB- und CMYK-Arbeitsfarbräumen. Hier können Sie lediglich den Tonwertzuwachs festlegen. Er ist im Dialogfeld mit dem amerikanischen Terminus DOT GAIN bezeichnet.

Nur wenn Sie Graustufen oder Volltonfarben in Ihrer Datei verwenden, müssen Sie unter GRAU oder VOLLTON etwas einstellen. Sie sollten sich dann entweder mit Ihrer Druckerei absprechen oder den Wert wählen, der für den zuvor festgelegten CMYK-Arbeitsfarbraum gilt. Um den festzustellen, klappen Sie nochmals die CMYK-Arbeitsfarbraumliste auf und gehen dort auf EIGENES CMYK. Im Dialog, der sich dann öffnet, sehen Sie unter DRUCKFARBEN-OPTIONEN auch einen Eintrag bei TONWERTZUWACHS. Schließen Sie alle Fenster *ohne Änderung*, und prüfen Sie, dass nicht irrtümlich der CMYK-Arbeitsfarbraum verändert wurde.

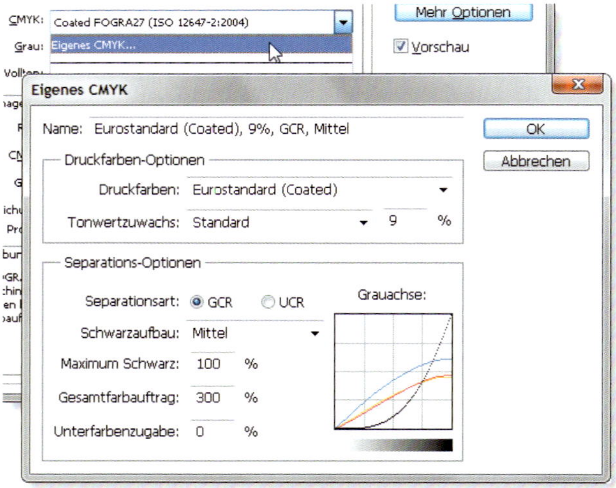

▲ **Abbildung 37.21**
Im Dialog EIGENES CMYK können Sie selbst die gewünschten CMYK-Eigenschaften festlegen, aber auch sehen, welche Parameter Ihr CMYK-Arbeitsfarbraum eigentlich nutzt. In Kapitel 39, »Dateien für den professionellen Druck«, lernen Sie ihn näher kennen. Die Einstellungen hier sind nur etwas für erfahrene Druckprofis!

[Tonwertzuwachs]
Der Tonwertzuwachs bewirkt das unbeabsichtigte »Nachdunkeln« von Bildern beim Drucken. Der Effekt kommt zustande, wenn die Farbe der gedruckten Rasterpunkte auf dem Papier verläuft. Bei guten Papierqualitäten gibt es weniger, bei schlechten mehr Tonwertzuwachs.

37.3.3 Farbmanagement-Richtlinien: Wie wird mit Dateien und Profilen verfahren?

Sie haben nun die Arbeitsfarbräume für die verschiedenen Modi festgelegt. Alle neu erzeugten Dateien verwenden automatisch den Farbumfang des Arbeitsfarbraum-Profils.

Mögliche Fälle | Bei allen anderen Dateien sind folgende Fälle denkbar:

- Ihnen liegt eine **Datei vor, deren eigenes Profil mit dem Profil des Arbeitsfarbraums übereinstimmt**. Dieser Fall ist völlig unkompliziert. Sie müssen sich nicht weiter darum kümmern.
- Sie erhalten eine Datei, deren **Profil vom Arbeitsfarbraum abweicht**. Die Datei kann mit einem abweichenden Scanner- oder Kameraprofil ausgestattet sein, oder der Bildlieferant arbeitet absichtlich oder irrtümlich mit anderen Voreinstellungen. (Muss der Workflow besser abgesprochen werden?)
- Sie bekommen eine **Datei ohne Profil**. Das kann passieren, weil entweder die Anwendung, mit der sie erzeugt wurde, kein Farbmanagement beherrscht oder weil die Farbmanagement-Optionen deaktiviert waren.
- Gelegentlich gibt es auch **Dateien mit einem falschen Profil**. Das heißt, jemand hat der Datei ein – irgendein – Profil zugewiesen, das aber nicht die Farbeigenschaften dieser Datei bzw. des Geräts beschreibt, mit dem die Datei erzeugt wurde. Wenn Ihr Monitor korrekt kalibriert und profiliert ist, stehen die Chancen gut, dass Ihnen solche Dateien durch ihre schräge Farbdarstellung auffallen.

Häufiges Missverständnis
Eigentlich ist es einfach und eindeutig: Das Profil, das an einer Datei hängt, soll die Farbcharakteristik *dieser Datei* beschreiben. Nicht jeder hält sich aber daran. »Große Farbräume sind prima und funktionieren immer«, scheinen sich manche Anwender zu sagen und versehen ihre RGB-Datei willkürlich mit dem Profil eines der großen RGB-Farbräume, die für Printbilder so ideal sind. Dieses Vorgehen wirft alle Intentionen des Farbmanagements über den Haufen!

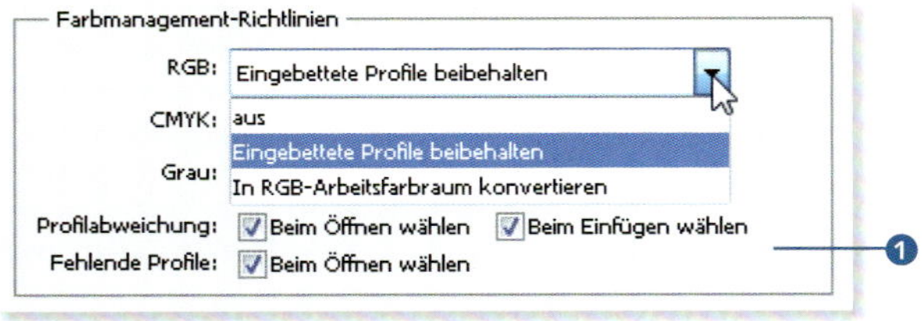

◂ **Abbildung 37.22**
Ausschnitt aus dem Dialog Farbeinstellungen: Wie soll mit abweichenden Profilen verfahren werden?

Optionen | In den Farbmanagement-Richtlinien legen Sie (für jeden Farbmodus bzw. Arbeitsfarbraum gesondert) fest, wie mit Dateien ohne Profil und mit Dateien, deren Profil von Ihrem Arbeitsfarbraum abweicht, verfahren wird. Die Farbmanagement-Richtlinien sind übrigens nicht nur beim regulären Öffnen von Dateien wirksam. Auch beim Import, bei Drag & Drop zwischen Dateien oder beim Datentransfer per Copy & Paste greifen die gewählten Optionen. Sie haben die Wahl zwischen drei Einstellungen:

- Die Option AUS ignoriert beim Öffnen oder Importieren von Dateien jegliche Profile. Auch beim späteren Speichern wird kein Profil an das Bild angehängt. Ein Farbmanagement findet nicht statt. Diese Option löscht beim Speichern der Datei auch alle eventuellen Profildaten, die ursprünglich in die Datei eingebettet waren. So werden Sie falsche Profile wieder los.
- EINGEBETTETE PROFILE BEIBEHALTEN erhält das – abweichende – Profil, mit dem die Datei versehen ist, die Sie gerade öffnen. Datei und Arbeitsfarbraum haben also weiterhin unterschiedliche Profile. Verfügt ein Bild über kein Profil, kann natürlich auch nichts erhalten werden.
- IN RGB-ARBEITSFARBRAUM KONVERTIEREN konvertiert die Daten eines geöffneten oder importierten Bildes in das aktuelle Arbeitsfarbraum-Profil. Auch Bilder, die kein eigenes Profil haben, werden nun in den Arbeitsfarbraum konvertiert.

Checkboxen | Im Feld FARBMANAGEMENT-RICHTLINIEN finden Sie drei Checkboxen ❶. Sind sie aktiv, erscheint eine zusätzliche Abfrage auf Ihrem Bildschirm, sobald Sie Bilder ohne Profil oder mit vom Arbeitsfarbraum abweichenden Profilen öffnen. Auch wenn die dann auftauchenden Hinweisfenster ein bisschen nerven, kann ich die Aktivierung dieser drei Optionen nur empfehlen. Denn trotz aller Theorie und im Hintergrund laufender Berechnungen – Farbmanagement ist kein rein mechanisch arbeitendes System, das man nur einmal in Gang bringen müsste. Ihre Entscheidungen und Ihre Kenntnisse sind nach wie vor gefragt! Die kleine Hinweisbox kann Ihr Bild vor einer gedankenlos durchgeführten Farbraum-Konvertierung bewahren.

Einstellungen bei Dateien mit abweichendem Profil | Bei Dokumenten, deren Profil mit dem Arbeitsfarbraum übereinstimmt, funktioniert der Farb-Workflow nahtlos. Dateien ohne Profil sind gewissermaßen nackt und liefern keine Anhaltspunkte dafür, wie sie eigentlich aussehen sollen – genau das wäre ja die Aufgabe des Dateiprofils. Bei Dateien mit falschem Profil verhält es sich ähnlich. Und bei Dateien mit abweichendem Profil? Grundsätzliche Empfehlungen pro oder contra Farbraum-Konvertierung zu geben ist unmöglich. An kaum einer anderen Stelle im Farbmanagement sind Ihre Entscheidungen so wichtig, und leider ist dieses auch der Punkt, an dem einiges schiefgehen kann.

Es sind Arbeitssituationen und Workflow-Konstellationen denkbar, in denen das Konvertieren besser ist, in anderen Fällen sollte man unbedingt davon Abstand nehmen – und manchmal muss man es einfach ausprobieren. Einige typische Fälle:

Kompakte Profilinfo in der Titel- und Statusleiste

Die Titelleiste von Dokumenten verrät Ihnen nicht nur, in welchem Farbmodus eine Datei vorliegt. Kleine Symbole – Sternchen und Rauten – zeigen auch an, ob das Bild ein Profil hat und wie sich dieses zum Arbeitsfarbraum verhält. Diese Information sollten Sie insbesondere dann im Blick behalten, wenn Sie die Profilwarnungen im Dialog FARBEINSTELLUNGEN deaktiviert haben.

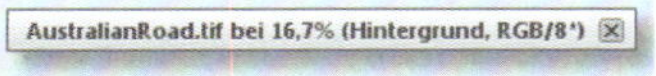

▲ **Abbildung 37.23**
Wenn Sie direkt hinter der Angabe zur Farbtiefe (hier: 8 Bit) ein Sternchen * sehen, stimmt das Farbprofil des Bildes nicht mit dem Arbeitsfarbraum überein.

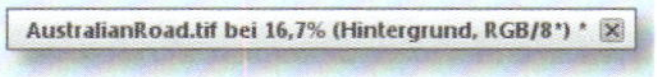

▲ **Abbildung 37.24**
Steht ein Sternchen in der Klammer und eines dahinter, sind Änderungen im Bild noch nicht gespeichert worden *und* das Farbprofil des Bildes weicht vom Arbeitsfarbraum ab.

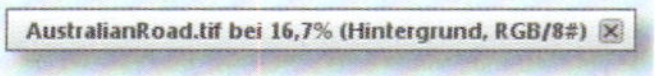

▲ **Abbildung 37.25**
Wenn hinter der Bit-Zahl eine Raute # erscheint, hat das Bild kein Farbprofil.

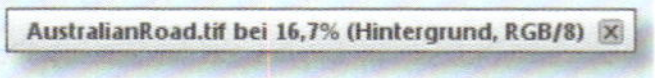

▲ **Abbildung 37.26**
Folgt auf die Bit-Zahl kein weiteres Symbol, stimmen das Farbprofil der Datei und der Arbeitsfarbraum überein. →

- **RGB-Datei mit einem Profil, das vom Arbeitsfarbraum abweicht:** Dokumentprofile transportieren in einem korrekten Farbmanagement-Workflow die notwendigen Informationen, damit das Bild so farbrichtig wie möglich dargestellt werden kann. Das sagt eigentlich alles: Ein Konvertieren ist nur in Ausnahmefällen nötig.
- **RGB-Datei ohne Profil:** Hier haben Sie keinerlei Vorgaben, wie die Bildfarben eigentlich aussehen sollen. Wenn es Ihnen nicht gelingt, durch Rücksprache mit dem Bildlieferanten zu klären, welches der genaue Bild-Farbraum sein könnte, müssen Sie der Datei versuchsweise verschiedene Profile anhängen (z. B. per BEARBEITEN • PROFIL ZUWEISEN) und schauen, welches Profil brauchbare Bildfarben erzeugt. Das hört sich nach viel Arbeit an, da aber sRGB der Standard von sehr vielen Applikationen und Geräten ist (stillschweigend auch von solchen, die kein Farbmanagement betreiben), hat die Suche oft bereits nach einem Versuch ein Ende. Bequemer ist es, eine solche Datei einfach in den Arbeitsfarbraum konvertieren zu lassen. Tatsächlich verwenden viele Nutzer den Arbeitsfarbraum als Fallback-Lösung für solche Fälle – dabei werden dann aber die Original-Bilddaten verändert.
- **RGB-Datei mit einem falschen Profil:** Hier entledigt man sich am besten des falschen Profils und geht dann so vor wie bei einer Datei ohne Profil. Vielleicht gelingt es Ihnen aber auch, mit dem Lieferanten des Bildes zu klären, was eigentlich beabsichtigt war.
- **CMYK-Datei mit abweichendem Profil:** Das Profil einer CMYK-Datei enthält Anweisungen für den Druck. Wenn Sie eine solche Datei einfach in den Arbeitsfarbraum konvertieren, gehen nicht nur die ursprünglichen Farbwerte, sondern auch die Informationen über den beabsichtigten Farbaufbau verloren. Können Sie davon ausgehen, dass der Urheber wusste, was er mit der Datei macht? Dann ändern Sie lieber nichts. Zu bedenken ist auch, dass CMYK-Farbräume ohnedies recht klein sind – bei der Umrechnung wird also eine geringere Genauigkeit erreicht als bei RGB. Allenfalls wenn zwischen dem Profil und dem beabsichtigten Druckverfahren eine große Abweichung besteht, sollten Sie konvertieren; zum Beispiel, wenn die Datei qua Profil für den Druck auf hochwertigem Papier eingerichtet ist, eigentlich aber auf Zeitungspapier gedruckt werden soll.
- **CMYK-Datei ohne Profil:** Auch in so einem Fall fischt man ein wenig im Trüben, denn über das eigentlich gewollte Erscheinungsbild des Dokuments gibt es keine Informationen. Auch

→ Wenn Sie noch genauere Informationen zum Dateiprofil brauchen, sehen Sie in der Bild-Statusleiste nach. Eventuell müssen Sie dort die Anzeige des Profils (durch Klick auf das Miniaturdreieck) erst aktivieren.

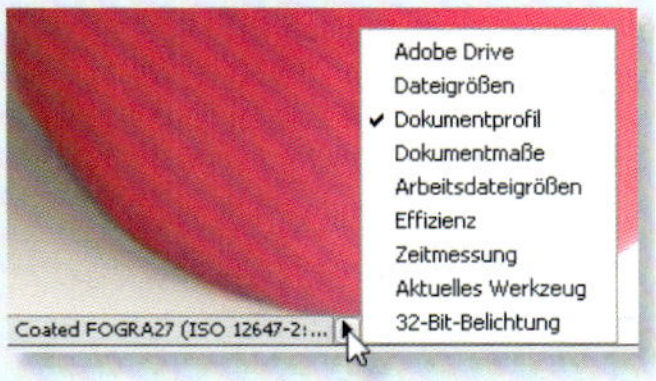

▲ **Abbildung 37.27**
So aktivieren Sie die Profil-Anzeige in der Bild-Statusleiste.

Zum Weiterlesen: Farbaufbau
Der Farbaufbau bestimmt das Farbergebnis im Druck entscheidend mit. Die Informationen dazu sind im Farbprofil einer Datei hinterlegt. Mehr über das Thema lesen Sie in Kapitel 39, »Dateien für den professionellen Druck«.

hier empfiehlt es sich, das Dokument nicht zu konvertieren, sondern ihm das Arbeitsfarbraum-Profil zuzuweisen. Falls Sie diese Datei zur weiteren Bearbeitung weitergeben, kann es allerdings besser sein, auf ein Farbmanagement zu verzichten und die Datei ohne Profil zu lassen. So vermeiden Sie, dass es zur falschen Farbumsetzung kommt, falls der Nächste, der die Datei anfasst, davon ausgeht, dass Ihr »Notfall«-Profil das eigentlich richtige ist.

Konvertieren oder neue Profile zuweisen? | Sofern Sie sich nicht dafür entscheiden, Farbmanagement ganz zu ignorieren (Option AUS), stellen die Farbmanagement-Richtlinien Sie vor die Wahl, die Dokumentfarben in den Arbeitsfarbraum zu konvertieren oder das eingebettete Profil zu verwenden. Es gibt jedoch noch eine weitere Möglichkeit: Sie können ein bestehendes Profil von der Datei entfernen und ihr ein neues Profil zuweisen. Dafür nutzen Sie den Befehl BEARBEITEN • PROFIL ZUWEISEN.

Abbildung 37.28 ▸
Profil zuweisen

Mit dem Befehl FARBMANAGEMENT AUF DIESES DOKUMENT NICHT ANWENDEN können Sie ein vorhandenes Profil aus dem Dokument entfernen. Das Arbeitsfarbraum-Profil weisen Sie durch einen Klick zu, Sie können aber auch ein beliebiges anderes aus einer Liste auswählen. Durch das Zuweisen eines neuen Profils bleiben die Farbwerte im Dokument unverändert; seine Darstellung am Monitor kann sich allerdings ändern. Umgekehrt verhält es sich beim Konvertieren einer Datei in den Arbeitsfarbraum: Dann bleibt die Farbdarstellung annähernd gleich, aber die Farbwerte ändern sich.

Auch das können Sie übrigens später noch erledigen – mit dem Befehl BEARBEITEN • IN PROFIL UMWANDELN. Sie finden im Dialog nicht nur eine Liste möglicher Umwandlungsziele, sondern auch die KONVERTIERUNGSOPTIONEN ❶. Die Funktion IN PROFIL UMWANDELN können Sie zum Beispiel nutzen, wenn Sie zwar ein Scannerprofil erstellt haben, Ihre Scannersoftware Ihnen aber nicht die Möglichkeit lässt, das passende Profil direkt an die Datei anzuhängen.

Speicheroptionen und Speicherformate

Wenn Sie mit Farbmanagement und folglich auch mit Dateien arbeiten, zu denen Profile gehören, achten Sie beim Speichern der Datei darauf, dass die Option FARBE: ICC-PROFIL: *[Name des Profils]* aktiv ist. Die folgenden Dateiformate lassen das Speichern mit Profilen zu: PSD, PDF, TIFF, JPEG, EPS und das große Dokumentformat PSB.

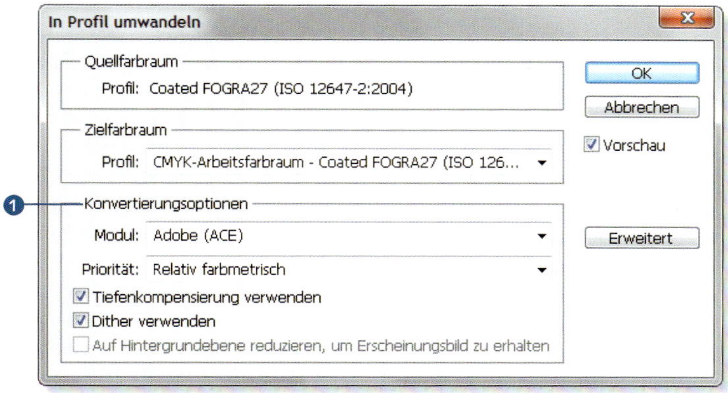

◄ **Abbildung 37.29**
In Profil umwandeln

37.3.4 Konvertierungsoptionen: Wie wird umgerechnet?

Die Profile allein bewirken natürlich noch nichts. Erst Photoshop (oder eine andere geeignete Anwendung) kann die in den Profildateien enthaltenen Informationen verwerten und umrechnen. Unter KONVERTIERUNGSOPTIONEN nehmen Sie die Einstellungen vor, die für diese Berechnungen maßgeblich sind.

Modul | Unter MODUL legen Sie fest, welche »Rechenmaschine« intern benutzt wird, um die Informationen aus den Profilen auszulesen und umzusetzen. Nicht nur Adobe-Anwendungen müssen Farbräume umrechnen, auch andere Applikationen tun das. Daher gibt es neben dem Adobe-eigenen Color-Management-Modul (so der gebräuchlichere Begriff für diese Softwarekomponente) auch Farbrechner auf Systembasis. Das Color-Management-Modul (CMM) von Adobe heißt **ACE** – Adobe Color Engine. Windows bietet das Image Color Matching (**ICM**), bei Apple ist es **ColorSync**, das im Hintergrund rechnet.

Die jeweiligen CMMs produzieren durchaus unterschiedliche Ergebnisse, aber es ist zu schwierig, vorherzusagen, wie diese Ergebnisse aussehen. Insofern gibt es auch hier keine Empfehlung, welche Einstellung »besser« ist. Zwei Grundregeln:

- Wenn Sie Daten zwischen verschiedenen Adobe-Anwendungen (bzw. -Anwendern) austauschen, fahren Sie mit Adobes ACE ganz gut. Das gilt insbesondere dann, wenn unterschiedliche Betriebssysteme involviert sind!
- Wichtiger als die Entscheidung, *welches* CMM man verwendet, ist, dass alle Beteiligten im Workflow *das gleiche* CMM benutzen.

Priorität | Interessanter wird es wieder bei der Einstellung der PRIORITÄT. Auch hier hat Adobe eine Bezeichnung gefunden, die sonst eher unüblich ist. Die »Priorität« ist andernorts eher als

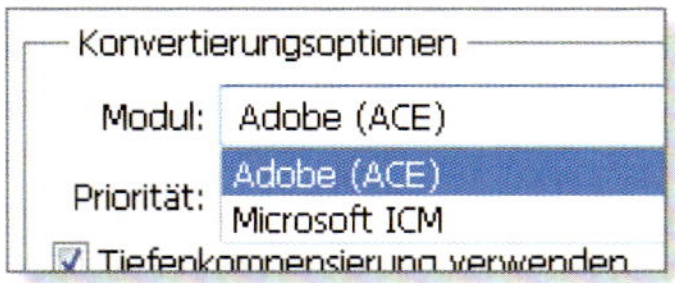

▲ **Abbildung 37.30**
In Photoshop finden Sie immer jeweils die Adobe-Engine und das jeweilige systemeigene CMM.

[Color-Management-Modul]
Color-Management-Module sind Farbrechner: Softwarekomponenten, die die Umrechnung von einem Farbraum in den anderen durchführen. Häufig werden sie auch mit »CMM« abgekürzt. Die Abkürzung ist missverständlich: Auch die PRIORITÄT heißt manchmal CMM – das steht dann aber für »Color Matching Method«.

»Renderpriorität«, »Wahrnehmungspriorität« oder häufiger noch als »Rendering Intent« bekannt. Der letzte Terminus – übersetzt bedeutet er etwa »Umrechnungsziel« – trifft den Kern der Sache ganz gut.

Bei der Umrechnung der Farbwerte von einem Farbraum in einen anderen ist häufig mehr als nur ein Ergebnis möglich. Sie haben ja nun bereits an mehreren Farbraum-Modellen gesehen, wie unterschiedlich Farbräume sein können: nicht nur hinsichtlich ihrer schieren Größe, sondern auch in der räumlichen Positionierung. Unter PRIORITÄT bestimmen Sie nun, wie gerechnet wird, und vor allem, wie mit den Farben des Ausgangsfarbraums verfahren wird, die sich nicht innerhalb des Umfangs des Zielfarbraums befinden. PRIORITÄT legt also letzten Endes fest, wie das Bild nach der Berechnung erscheint.

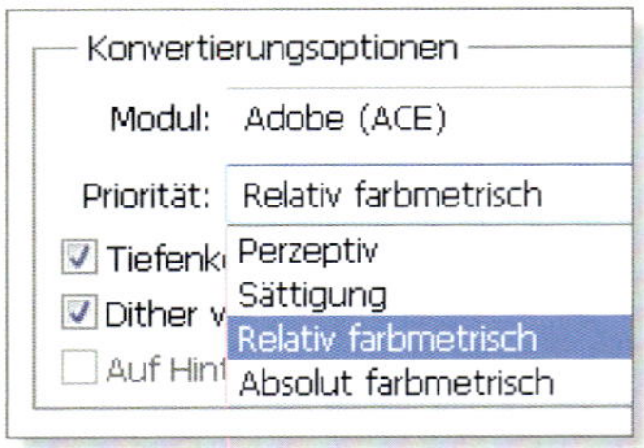

▲ **Abbildung 37.31**
(Wahrnehmungs-)PRIORITÄT: vier Optionen – vier mögliche Wege, um die Farben eines bestimmten Farbraums in einen anderen Farbraum zu überführen

- Ist die Option PERZEPTIV gewählt, orientiert sich die Umrechnung an der menschlichen Farbwahrnehmung: Die ursprünglichen Farben werden so in den Zielfarbraum umgerechnet, dass sie anschließend für uns sehr ähnlich *wirken*. Die *Farbwerte* können sich dabei ändern. Diese Option ist gut für Fotos geeignet, die zahlreiche Farbwerte außerhalb des Zielfarbraums aufweisen.
- Mit der Renderpriorität SÄTTIGUNG wird – wenig überraschend – versucht, vor allem die Sättigung der Bildfarben zu erhalten. Der Farbeindruck bleibt lebendig und lebhaft, die Relation der Farben zueinander wird jedoch nicht exakt in den Zielfarbraum überführt. Diese Einstellung eignet sich folglich für alle Fälle, in denen es eher auf helle, satte Farben ankommt als auf Genauigkeit, so zum Beispiel für Diagramme oder Schaubilder.
- RELATIV FARBMETRISCH gleicht den Weißpunkt von Quell- und Zielfarbraum ab und verschiebt *alle* Farben dementsprechend. Farben, die dann immer noch nicht im Farbumfang des Zielfarbraums liegen, werden in Richtung der ähnlichsten reproduzierbaren Farbe verschoben. Mit diesem Rendering Intent bleiben mehr Originalfarben erhalten als bei der perzeptiven Umrechnung. Insgesamt können die Bildfarben jedoch etwas weniger gesättigt wirken. RELATIV FARBMETRISCH ist die Standard-Renderpriorität für die Druckvorstufe in Europa.
- ABSOLUT FARBMETRISCH wirkt ähnlich wie RELATIV FARBMETRISCH. Hier wird allerdings darauf verzichtet, die Weißpunkte abzugleichen. Das hat zur Folge, dass die Ausgangsfarben, die ohnehin im Farbumfang des Zielfarbraums liegen, gar nicht verändert werden. Es bleiben also viele Originalfarben erhalten, dennoch kann sich die Relation der Farben zueinander

[Proofing, Softproof, Digitalproof]
Das Proofing liefert eine ungefähre Vorschau des zu erwartenden Druckergebnisses auf dem Bildschirm. In Photoshop rufen Sie dafür ANSICHT • FARBPROOF auf.

ändern, da einige verschoben werden, andere nicht. Diese Priorität eignet sich – laut Adobe – vor allem für das digitale Proofing, denn hier wird das Papierweiß (gemäß Festlegung im CMYK-Profil) simuliert.

Enthält mein Bild viele nicht-druckbare Farben?

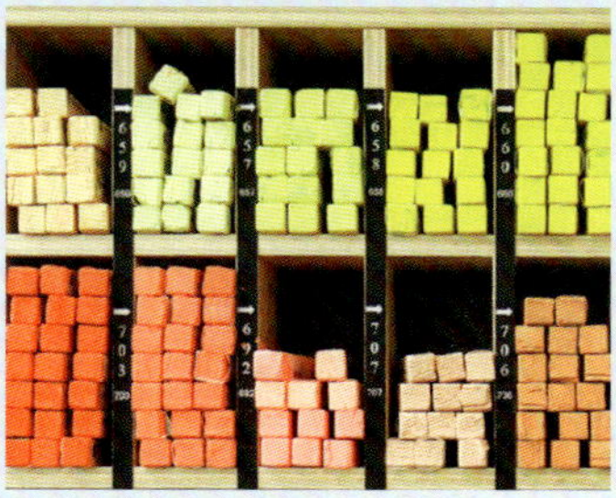

Bild: Onno K. Gent

▲ **Abbildung 37.32**
Nicht alle Farben dieses bunten Bildes könnten ohne Weiteres gedruckt werden. Wenn Sie die FARBUMFANG-WARNUNG aktivieren …

▲ **Abbildung 37.33**
… geben die grauen Bereiche Ihnen eine Übersicht darüber, wie viele Tonwerte bei einer Übertragung in den CMYK-Arbeitsfarbraum umgerechnet werden müssten.

Um zu überprüfen, wie viele Farben eines Bildes bei der Umwandlung in CMYK kritisch sind, wählen Sie ANSICHT • FARBUMFANG-WARNUNG. Die Bildfarben, die nicht im Farbraumumfang des Zielfarbraums enthalten sind, werden grau markiert. Der Anzeige wird offenbar der CMYK-Arbeitsfarbraum zugrunde gelegt.

Weitere Einstellungen zur Konvertierung | Unterhalb der PRIORITÄT-Einstellung finden Sie noch einige zusätzliche Optionen, die vor allem dazu gedacht sind, Defizite aufzufangen, die sich bei einigen Rendering Intents ergeben.

- Die Option TIEFENKOMPENSIERUNG VERWENDEN ist vor allem bei der relativ farbmetrischen Umrechnung sinnvoll. Denn dabei wird zwar der Weißpunkt angepasst, nicht aber der Schwarzpunkt. Daher kann es zu Verlusten der Tiefenzeichnung kommen (wenn der Schwarzpunkt des Zielfarbraums heller ist als der ursprüngliche Schwarzpunkt; das ist z. B. für den Zeitungsdruck typisch), oder aber der Farbumfang des Zielfarbraums wird in den Tiefen nicht ganz ausgenutzt, und Schwarz erscheint grau. Die Tiefenkompensierung passt die Schwarzpunkte an, sodass der volle Tonwertumfang des Ausgangsfarbraums im Zielfarbraum abgebildet werden kann.
- Wie schon erwähnt wurde, können glatte Farbverläufe bei der Umrechnung ungewollt zu streifigen Mustern werden. Das tritt vor allem bei Bildern mit 8-Bit-Farbkanälen auf. DITHER VERWENDEN wirkt dem entgegen, indem es ein Dither-Muster in die errechneten Farbwerte einstreut. Dadurch ist dieser Fehler weniger deutlich zu sehen.

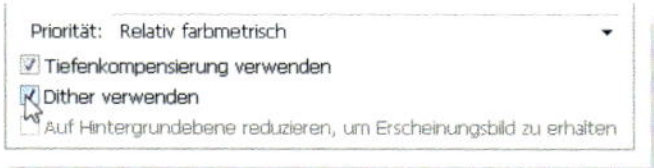

▲ **Abbildung 37.34**
Per Checkbox können Sie zusätzliche Optionen aktivieren.

Zum Nachlesen: Schwarzpunkt, Weißpunkt
Der Schwarz- und der Weißpunkt sind gewissermaßen die Eckdaten von Farbräumen und dem Farbumfang eines Bildes. In Kapitel 18, »Präzisionsarbeit am Histogramm: Die Tonwertkorrektur«, erfahren Sie mehr darüber.

38 Drucken auf dem Desktop-Drucker – Photoshops Druckbefehle

Für viele Anwender bedeut »ein Bild drucken« nichts anderes, als die Datei zum heimischen Drucker zu schicken – sei es nun ein Inkjet-, ein Laser- oder ein spezieller Fotodrucker. Und in der Tat ist es keine schlechte Möglichkeit, ein Bild auf Papier zu bringen: Inzwischen sind akzeptable Drucker zu erschwinglichen Preisen zu haben, und Papiere und Tinten gibt es in guter Qualität. Ein »selbst gedrucktes« Foto kann einem Bild vom Belichtungsdienst qualitativ sehr nahe kommen. Und auch wenn Online-Fotodienste flott arbeiten – das Selbstdrucken zu Hause geht noch schneller.

Photoshop bietet für den Druck am Desktop-Drucker zahlreiche gute Möglichkeiten. In diesem Kapitel lernen Sie den umfangreichen Druckdialog mit seinen Optionen kennen.

Der richtige Bildmodus: RGB!

Während Sie Bilder, die auf professionellen Vierfarb-Druckmaschinen reproduziert werden, immer in CMYK konvertieren – jeder Farbkanal entspricht dann einer Druckplatte –, sollten Sie dies unbedingt *unterlassen*, wenn Sie auf Ihrem eigenen Desktop-Drucker drucken. Der Drucker versteht RGB besser.

Druckbefehle und -optionen | Photoshop enthält zwei verschiedene Druckbefehle. Über DATEI • DRUCKEN erreichen Sie ein umfangreiches Dialogfeld mit zahlreichen Einstellungsmöglichkeiten. Bis man dort alle Optionen »durch« hat, ist man mitunter schon einige Minuten beschäftigt. Daher gibt es noch einen weiteren Druckbefehl für schnelles Ausdrucken. EINE KOPIE DRUCKEN druckt ein Exemplar des aktuellen Dokuments.

Achtung, Kollisionsgefahr

Druckerhersteller statten ihre Geräte oft mit Treibern aus, die selbst umfangreiche Druckeinstellungen erlauben. Häufig kommt es dabei zu Funktionsdoppelungen mit Photoshop, zum Beispiel bei der Seitenorientierung, bei Farbeinstellungen oder der Bildskalierung. Das ist nicht unproblematisch: Wird z. B. eine Skalierung des Druckmotivs in beiden Dialogen festgelegt, wird sie auch zweimal angewendet und das Bild nicht in der gewünschten Größe gedruckt. Wenn Sie sich an die Photoshop-Einstellungen halten, kann weniger schiefgehen: Die behalten Sie wenigstens leicht im Blick.

38.1 Der Befehl »Drucken« – üppige Einstellungen für den Desktop-Drucker

Der interessanteste Druckbefehl ist DRUCKEN (Strg+P bzw. ⌘+P). Hier können Sie die umfangreichen Photoshop-eigenen Ausgabeoptionen bearbeiten. Von hier erreichen Sie, wenn nötig, auch die Einstellungen des Druckertreibers. Die sind systemabhängig und können ganz unterschiedlich aussehen.

Ganz links sehen Sie (unverkennbar) eine **Druckvorschau**. Position und Größe des zu druckenden Bildes auf dem Papierformat werden anzeigt. Der graue Rand, den Sie dort sehen, markiert den Bereich der Seite, der nicht mehr bedruckbar ist. Die Breite dieses Bereichs ist hardware-abhängig.

In der Mitte finden Sie Einstellungen zum Einrichten des Drucks auf der Seite und einige Druckereinstellungen.

Welche Optionen im rechten Bereich des Dialogs angezeigt werden, hängt davon ab, ob Sie ganz oben ⑤ AUSGABE oder FARBMANAGEMENT gewählt haben. Unter AUSGABE können Sie verschiedene Druckmarken aktivieren, und FARBMANAGEMENT enthält die Farbmanagement-Einstellungen, die es Ihnen erleichtern sollen, Ihr Bild farbecht zu Papier zu bringen.

Abbildung 38.1 ▼
Es gibt zahlreiche Einstellungsmöglichkeiten unter DRUCKEN; links die AUSGABE-Optionen.

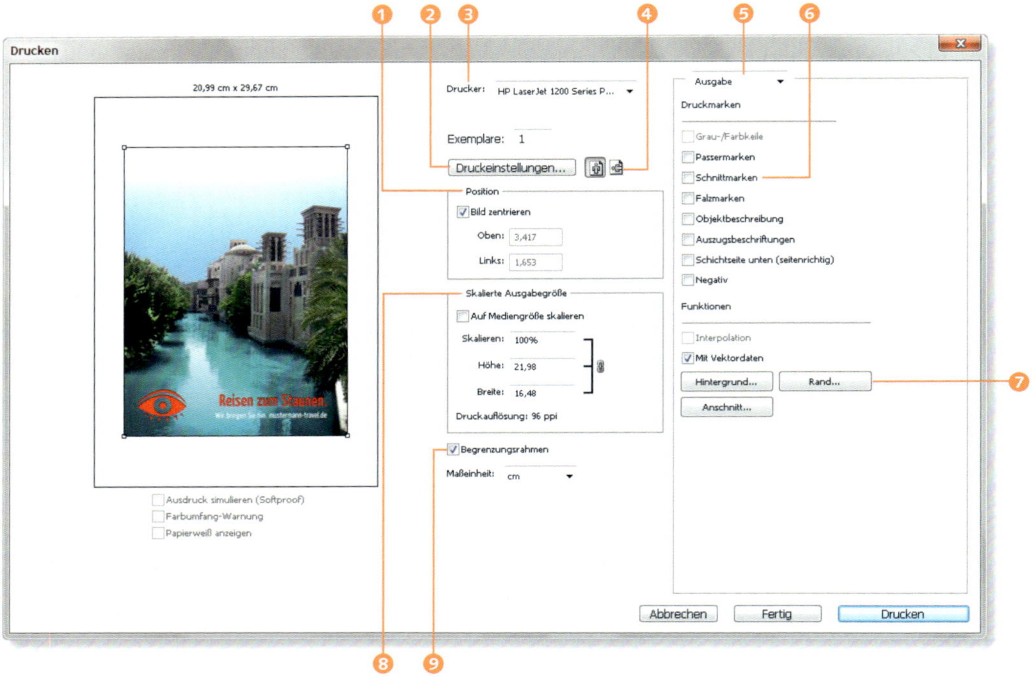

38.1.1 Drucker- und Seiteneinstellungen

Die Anordnung der Drucker- und Seiteneinstellungen suggeriert schon, in welcher Reihenfolge Sie die Optionen am besten abarbeiten (von oben nach unten).

- Im Menü DRUCKER ③ wählen Sie aus, auf welchem Drucker Ihr Bild ausgegeben werden soll, und direkt darunter legen Sie fest, in wie vielen Exemplaren es gedruckt wird.
- Mit den zwei Buttons ④ stellen Sie die Seitenausrichtung ein.
- Der Button DRUCKEINSTELLUNGEN ② führt zu den Einstellungen, die von der Druckersoftware bereitgestellt werden. Diese sind hersteller- und modellabhängig. Im Regelfall müssen Sie

hier nichts verändern. Ausnahme: Angaben zu Tinten- und Papierqualität.

- Unter POSITION ❶ können Sie die Lage des bedruckten Bereichs auf dem Blatt Papier verändern und sehen die Wirkung Ihrer Einstellungen auch gleich im Vorschaufenster. Zu Ihrer Orientierung: Der in der Bildvorschau weiß dargestellte Bereich entspricht dem bedruckbaren Teil der Seite. Wenn Sie die Lage des Bildes auf dem Papier ändern wollen, müssen Sie zunächst das Häkchen bei BILD ZENTRIEREN entfernen. Danach können Sie unter OBEN und LINKS eintragen, wie breit die Bildränder sein sollen. Alternativ lässt sich die Bildposition auch mit der Maus im Vorschaufenster ändern (siehe Abbildung 38.2).
- Zusätzlich können Sie die Ausgabegröße skalieren ❽. Besonders hilfreich ist hier die Option AUF MEDIENGRÖSSE SKALIEREN, mit der sich Bilder, die nur ein wenig zu groß sind, ohne viel Rechnerei auf die richtige Ausgabegröße bringen lassen. Sie können die Ausgabegröße aber auch manuell festlegen. Die Eingabefelder sind erst dann aktiv, wenn Sie den Haken bei AUF MEDIENGRÖSSE SKALIEREN entfernen. Bildgröße und Auflösung sind in dieser Einstellung gekoppelt: Wird zum Beispiel ein 72-ppi-Bild bei 50% gedruckt, ist die Druckauflösung 144 ppi. Die ursprünglichen Bildmaße, die Sie unter BILD • BILDGRÖSSE festgelegt haben, werden dadurch nicht verändert – die Skalierungseinstellungen betreffen immer nur den Druck.
- Die Option BEGRENZUNGSRAHMEN ❾ bezieht sich auf die Ansicht des Bildes im Druckdialog – die Linien werden nicht mitgedruckt. Sie können an den Anfassern des Begrenzungsrahmens mit der Maus ziehen, um das gedruckte Bild zu skalieren. Wenn Sie das Häkchen bei BILD ZENTRIEREN entfernen, lässt sich bei aktivem Begrenzungsrahmen auch die Bildposition per Maus verschieben.

Gedruckte Randmarkierungen

Wenn Sie wirklich einen Rahmen oder Schnittmarken im Ausdruck brauchen – zum Beispiel, um das Bild sauber zu beschneiden – wählen Sie die Ausgabe-Optionen SCHNITTMARKEN ❻ oder RAND ❼. Die anderen Druckmarken, die unter AUSGABE angezeigt werden, sind eher für den professionellen Vierfarbdruck gedacht.

38.1.2 Vektordaten auf PostScript-Druckern ausgeben

Sie haben in diesem Buch schon mehrfach gelesen, dass Daten, die auf Vektorinformationen basieren (wie zum Beispiel Photoshops Textebenen oder Formebenen), die positive Eigenschaft haben, »im Druck immer scharf« zu sein. Das stimmt nicht ganz: Sie *können* immer scharf sein. Man braucht dazu jedoch auch einen Drucker, der in der Lage ist, diese Daten zu interpretieren, also einen PostScript-Drucker.

Die Übermittlung von Vektordruckdaten an PostScript-Drucker funktioniert anders als das bekannte Drucken von

▲ **Abbildung 38.2**
Bei aktivem BEGRENZUNGSRAHMEN kann die Bildposition auf dem Blatt per Maus ❿ verändert werden. Die Anfasser ⓫ erlauben das Skalieren des gedruckten Bilds.

Nur-Pixeldaten. Dabei wird für jede Textebene und jede Vektorformebene ein separates Bild an den Drucker gesendet. Diese zusätzlichen Bilder werden auf das pixelbasierte Grundbild gedruckt und entlang der in Text- oder Vektorebenen vorgegebenen Vektorkontur beschnitten. Dadurch ist es möglich, dass die Ränder der Vektorelemente (Text oder Grafiken) mit der höchsten Auflösung des Druckers gedruckt werden, während der Inhalt der einzelnen Ebenen nur mit der Auflösung der Bilddatei gedruckt wird.

Vektordaten-Optionen inaktiv?

Wenn Ihr Drucker kein PostScript unterstützt oder wenn das Bild keine Vektordaten enthält oder nicht der korrekte Druckertreiber installiert ist, bleiben die Vektor-Optionen inaktiv.

Wie gehen Sie vor? | Wählen Sie Datei • Drucken, und aktivieren Sie dort die Option Ausgabe. Dann setzen Sie bei der Option Mit Vektordaten ein Häkchen.

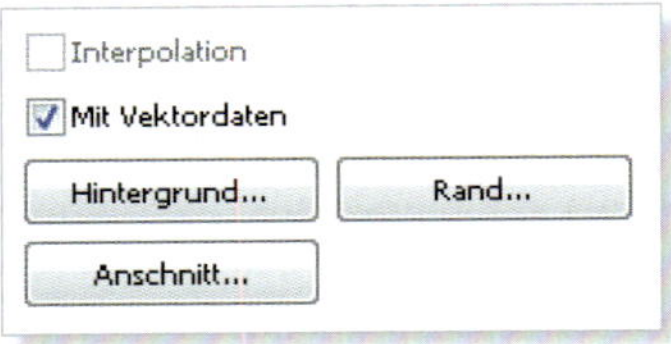

▲ **Abbildung 38.3**
Ihr Drucker ist PostScript-fähig? Dann können Sie die Option Mit Vektordaten nutzen.

38.1.3 Nur für den Mac: Drucken mit 16 Bit

Manche High-End-Drucker können Dateien verarbeiten, die mehr Bildinformationen als nur 8 Bit je Kanal aufweisen. Meist werden diese Drucker als »16-Bit-Drucker« bezeichnet, auch wenn in der Praxis oft nur 12 Bit Daten je Bildkanal verarbeitet werden.

Um auf solchen16-Bit-Druckern Bilder mit Photoshop ausgeben zu können, waren bisher spezielle Plug-ins notwendig. Nur für Mac-User gibt es seit CS4 im Druckdialog die Option 16-Bit-Daten senden. Per Häkchen kann sie aktiviert werden.

Photoshop zählt Bits ungenau

Seit CS3 baut Adobe die Unterstützung für Dateien mit höherer Datentiefe aus. In Photoshop werden solche Dateien immer mit »16-Bit« bezeichnet. Nicht immer ist das ganz korrekt: RAW-Dateien von der Digicam haben oft »nur« 12 Bit je Kanal. Während der Unterschied der Dateien mit höherer Auflösung zu normalen 8-Bit-Dateien innerhalb von Photoshop jederzeit deutlich erkennbar ist, unterscheidet Photopshop nicht zwischen 12 und 16 Bit und zeigt immer »16 Bit« an.

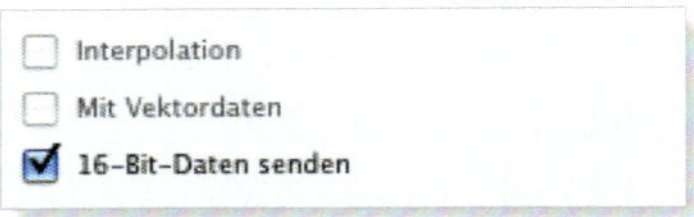

▲ **Abbildung 38.4**
Eine Option für Qualitätsfreaks: Drucken mit 16 Bit. Es gibt sie jedoch nur unter Mac OS.

Damit das funktioniert, müssen Sie jedoch 16-Bit-Bilder und einen geeigneten Drucker haben. Bringt diese Option einen entscheidenden Qualitätssprung? Professionelles Fotografieren, gutes Farbmanagement und die Verwendung vernünftiger Tinten und Papiere machen sicherlich den Hauptanteil eines guten Druckergebnisses aus. Wenn diese Parameter stimmen, wird mit der 16-Bit-Option aus einem sehr guten ein exzellenter Druck – vielleicht.

38.1.4 Einstellungen zur Farbwiedergabe

Der Druckdialog ist an das Farbmanagement gekoppelt. Sofern Sie Farbmanagement-Einstellungen benutzen, werden die Farben in der Druckvorschau entsprechend angezeigt und Sie haben detaillierte Einstellungsmöglichkeiten für den Umgang mit Farben.

Um die für die Farbqualität interessanten Optionen zu erreichen, müssen Sie im Dropdown-Feld ❶ FARBMANAGEMENT einstellen und darunter DOKUMENT ❷ – es soll ja tatsächlich ein Bild gedruckt werden und kein Proof (ein Testdruck, der eine bestimmte Druckmaschine und Druckkonstellation simuliert). Dann haben Sie die Wahl, ob Sie die Farbverwaltung dem Drucker überlassen oder Photoshop.

Zum Nachlesen: Farbmanagement
Eine Herausforderung bleibt beim Drucken immer: die Farben möglichst »echt« auf das Papier zu bringen. Die gedruckten Farben sehen meist anders aus als die Farben auf dem Monitor – meist sogar sehr anders, wie schon mancher enttäuscht feststellen musste –, und mit der Farbe des fotografierten Objekts stimmen sie auch nicht unbedingt überein. Photoshops Farbmanagement-System kann auch für viele Desktop-Drucker eingesetzt werden. Lesen Sie mehr dazu in Kapitel 37, »Farbmanagement«.

Farbverwaltung durch Drucker | Wenn Sie mit Farbmanagement nicht vertraut sind und kein spezielles Profil für Ihren Drucker angelegt wurde, empfiehlt sich unter FARBHANDHABUNG die Einstellung FARBMANAGEMENT DURCH DRUCKER ❸. Diese Einstellung wird auch von Adobe empfohlen. Der Druckertreiber wählt dann unter Berücksichtigung verschiedener Kriterien wie Papiersorte und Auflösung unter seinen internen, vorgefertigten Profilen das am besten geeignete aus. Die Treiber der meisten hochwertigen Fotodrucker enthalten bereits relativ exakte Profile – das Profil vom Drucker wählen zu lassen, spart also Zeit und verhindert Fehler.

Wenn Sie diese Option aktivieren, müssen Sie Druckoptionen in den Einstellungen des Druckers festlegen und gegebenenfalls das Farbmanagement im Druckertreiber aktivieren. Wie das geht, unterscheidet sich wiederum von Drucker zu Drucker – diese Optionen kommen nicht von Adobe, sondern vom Hersteller des Druckers. Sie erreichen die Druckereinstellungen über den Button DRUCKEINSTELLUNGEN im Druckdialog. Bei fast allen Druckertreibern öffnet sich nach dem Bestätigen des Adobe-Druckdialogs automatisch ein neues Fenster mit den druckereigenen Einstellungen. Sie müssen also gar nicht extra zu ihnen navigieren.

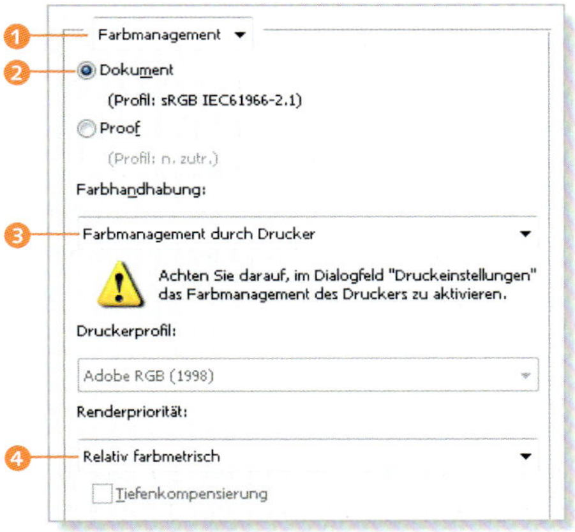

◂ Abbildung 38.5
Wenn Sie dem Drucker die Farbverwaltung überlassen ❸, müssen Sie sich nicht mehr um passende Profile zu kümmern.

Zum Weiterlesen: Renderprioritäten
In Kapitel 37, »Farbmanagement«, finden Sie Erklärungen und Empfehlungen zu den verschiedenen Renderprioritäten.

Die RENDERPRIORITÄT ④ hat beim Vierfarbdruck größeren Einfluss auf die Farbwiedergabe. Mit dieser Option wird festgelegt, in welcher Art und Weise die Bildfarben an den Farbraum des Druckers angepasst werden. Bei den meisten Desktop-Druckern ist diese Einstellung allerdings nicht so wichtig: Sie ignorieren diese Vorgabe schlicht und rechnen Farben ungefragt mit der Renderpriorität PERZEPTIV um.

Automatische Profilvorwahl
Wenn Sie unter DRUCKER einen Ihrer angeschlossenen Drucker anklicken, sollten unter DRUCKERPROFIL die passenden Profile automatisch gewählt werden. Zumindest stehen alle Profile, die zum gewählten Drucker passen, zuoberst in der Liste – vorausgesetzt, Ihr System verfügt über Druckerprofile.

Farbverwaltung durch Photoshop | In Ausnahmefällen – zum Beispiel, wenn Sie ungewöhnliche Konstellationen von Drucker, Tinte und Papier benutzen – kann es sinnvoll sein, Photoshop für die Druck-Farbverwaltung zu verwenden ①. Überprüfen Sie zuvor in jedem Fall die druckereigenen Einstellungen. Wenn Ihr Drucker ein eigenes Farbmanagement oder andere Einstellungen zur Farbverwaltung mitbringt, sollten diese in jedem Fall deaktiviert werden, um Konflikte mit Adobes Farbmanagement zu verhindern.

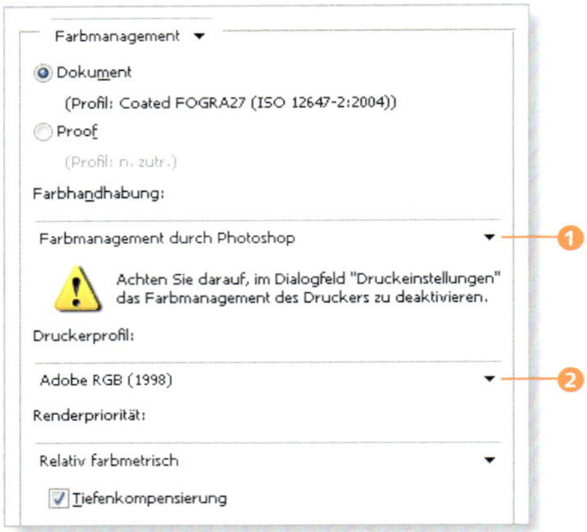

▲ **Abbildung 38.6**
Wenn Photoshop die Farbverwaltung übernimmt ①, können Sie ein eigenes Druckerprofil ② festlegen.

▲ **Abbildung 38.7**
So bekommen Sie einen Eindruck davon, wie das gedruckte Bild aussehen könnte. Die FARBUMFANG-WARNUNG zeigt problematische Bereiche in Grau an, der Farbton der Druckfarben und des Papiers wird simuliert.

Unter DRUCKERPROFIL ② stehen dann zahlreiche Profile – auch von verschiedenen Druckerherstellern – zur Auswahl.

Unterhalb des Vorschaubildes sind nun auch weitere Vorschauoptionen aktiv und können von Ihnen einzeln zugeschaltet werden.

- AUSDRUCK SIMULIEREN (SOFTPROOF): Aktivieren Sie diese Option, damit die Bildfarben im Vorschaubereich annähernd so gezeigt werden, wie sie im Druck ausfallen.
- FARBUMFANG-WARNUNG zeigt alle Bildbereiche grau hinterlegt an, deren Darstellung im Druck Probleme bereitet.

- PAPIERWEISS ANZEIGEN führt nicht bei allen Profilen zu einer Änderung der Bildanzeige. Wenn Sie aus der Profile-Liste jedoch eines der Profile wählen, in dem auch Papiereigenschaften hinterlegt sind, ändert sich das Vorschaubild. Der Papierfarbton wird nun ebenfalls dargestellt.

38.1.5 Qualitätsfaktor Papier und Tinte

Wenn man einen halbwegs vernünftigen Drucker zur Verfügung hat, lassen sich mit den heute erhältlichen Spezialpapieren und extra Fototinten auch zu Hause Fotos zu Papier bringen, die an die Qualität von Labor-Prints heranreichen. Jedoch helfen gutes Farbmanagement und exzellente Tinten und Papiere wenig, wenn Sie Ihren Drucker nicht wissen lassen, dass er nun Spezialpapier oder -farbe verarbeiten soll. Diese Einstellung ist immer wichtig – unabhängig davon, ob Sie nun die Farbhandhabung Photoshop oder dem Drucker überlassen! Alle modernen Drucker bieten in einem eigenen Dialog die Möglichkeit, zwischen verschiedenen Voreinstellungen für unterschiedliche Papiere und Tinten zu wählen. Nutzen Sie diese Möglichkeit!

38.1.6 Eingaben abschließen

Im komplexen Druckdialog ist es nicht einfach mit dem routinemäßigen OK-Klick getan. Zum Abschließen Ihrer Eingabe finden Sie unten rechts drei verschiedene Buttons.

▲ **Abbildung 38.8**
Mit diesen Buttons beenden Sie den Druck-Dialog.

- Wenn Sie das Dialogfeld schließen möchten, ohne dass Ihre Einstellungen gespeichert werden, klicken Sie auf ABBRECHEN.
- Mit FERTIG werden Ihre Einstellungen gespeichert, und das Dialogfenster wird geschlossen, ohne die Datei zu drucken.
- DRUCKEN startet den Druck.

38.1.7 Ohne Dialogbox: Eine Kopie drucken

Zu diesem Befehl gibt es eigentlich nicht viel zu sagen: Wenn Sie ein Bild mit den aktuellen Einstellungen »einfach so« ausdrucken wollen, dann ist der Befehl EINE KOPIE DRUCKEN (Alt+⇧+Strg+P bzw. ⌥+⇧+⌘+P) die richtige Wahl. Der Drucker legt dann ohne weitere Umstände direkt los. Sofern Sie für die Datei zuvor im Dialog DATEI • DRUCKEN bestimmte Druckoptionen festgelegt haben, werden diese verwendet.

TOPP-TIPP: Sparsame Vorabdrucke

Manchmal sind Probedrucke trotz präziser Farbeinstellungen unerlässlich. Doch wer verschleudert gern teure Tinte? In älteren Photoshop-Versionen gab es eine Option zum Drucken zuvor ausgewählter Bildbereiche. In CS5 ist diese praktische Checkbox leider verschwunden. Ein kleiner Umweg führt trotzdem zum sparsamen Vorabdruck. Es werden nämlich immer nur die Ebenen und Kanäle eines Bildes an den Drucker weitergereicht, die eingeblendet sind. Wenn Sie sich also eine Ebene anlegen, auf der alle Bildpartien versammelt sind, deren Druckqualität Sie prüfen wollen, und dann die restlichen Bildebenen ausblenden, bevor Sie drucken, geht es auch.

Handling von Druckeinstellungen

Zwei Neuerungen in CS5 betreffen den zeitsparenden Umgang mit Druckeinstellungen. Einmal im Druckdialog getroffene Einstellungen bleiben mit der jeweiligen Datei verknüpft. Wenn Sie das Bild erneut öffnen, können Sie den Ausdruck mit dem schnellen Befehl EINE KOPIE DRUCKEN starten – verwendet werden Ihre zuvor festgelegten Einstellungen. Außerdem ist es jetzt möglich, Druckereinstellungen als Teil einer Aktion aufzunehmen und auf andere Dateien zu übertragen.

39 Dateien für den professionellen Druck

39.1 Alle Farben aus C, M, Y und K

Sie haben Ihr Bild mit aller Sorgfalt bearbeitet, Farbmanagement eingerichtet und unter FARBEINSTELLUNGEN die hoffentlich richtigen Einstellungen gewählt. Nun geht es darum, die Datei für den professionellen Druck – also den Druck auf gewerblichen Druckmaschinen – vorzubereiten. Zwar kommt es äußerst selten vor, dass eine Datei direkt aus Photoshop zur Druckerei gesandt wird. Meist wird sie noch mit einem Layoutprogramm weiterverarbeitet. Die notwendigen Einstellungen sollten Sie jedoch schon jetzt vornehmen.

39.1.1 RGB-Daten in CMYK konvertieren

Das Wichtigste sollte Ihnen als aufmerksamem Leser schon längst klar sein: Die ursprünglichen RGB-Daten müssen in den CMYK-Modus gebracht werden. Das ist mit dem Befehl BILD • MODUS • CMYK-FARBE schnell getan.

▼ **Abbildung 39.1**
Der Kanalaufbau derselben Datei in RGB und CMYK zum Vergleich.

Bild: Onno K. Gent

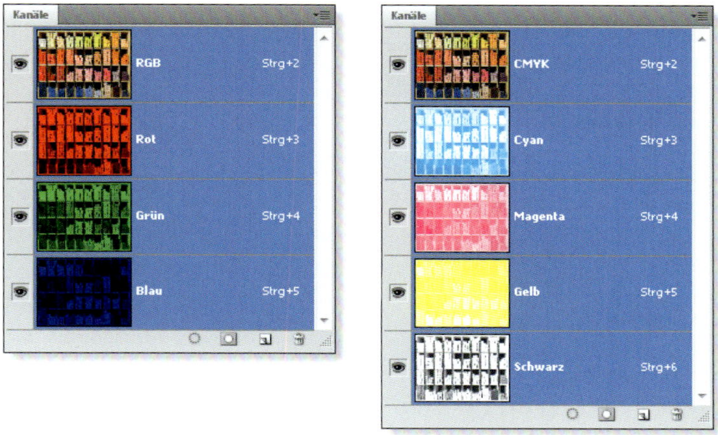

Zum Nachlesen: Farbeinstellungen
Informationen über Photoshops FARBEINSTELLUNGEN, über die Optionen zur Farbraum-Konvertierung und über die Rendering Intents finden Sie in Kapitel 37, »Farbmanagement«.

[Sonderfarben]
Sonderfarben werden auch als *Schmuckfarben* und bei Adobe als *Volltonfarben* bezeichnet. Sonderfarben werden in gewerblichen Druckverfahren als Alternative oder Ergänzung zu den vier Prozessfarben CMYK verwendet. Während die gewünschte Farbe im CMYK-Verfahren durch Farbmischung (Übereinanderdrucken) entsteht und daher nie vollkommen kontrolliert werden kann, sind Sonderfarben bereits vom Hersteller vorgemischt. Man verwendet sie zum Drucken von Farben, die sich nicht durch die Prozessfarben darstellen lassen, oder wenn auf Farbtreue besonders großer Wert gelegt wird.

CMYK-Profile ändern?

Nur in Ausnahmefällen sollten Sie sich an Änderungen der bewährten CMYK-Profilkonfigurationen machen – wenn Sie wissen, was Sie tun. Und auch dann werden selten alle Einstellungen umgeworfen, meist reichen kleine Änderungen im Dialog EIGENES CMYK. Solche Anpassungen werden eventuell bei Druckjobs mit hohen Qualitätsansprüchen fällig. Vornehmen müssen Sie sie natürlich *vor* der Konvertierung des Bildes in den CMYK-Modus, damit die neuen Einstellungen auch bei der Konvertierung angewandt werden. Worauf es ankommt, zeige ich Ihnen im nächsten Abschnitt.

Jede der vier CMYK-Farben entspricht dann einem Farbkanal in der Datei und später auch einem Farbauszug und einer gedruckten Farbe. Die Druckfarben sind lasierend, also »durchsichtig«, und durch Übereinanderdrucken der vier Farben in unterschiedlichen Anteilen und durch Rastern entstehen die bunten Bildfarben. Soll mit Sonderfarben gedruckt werden, müssen dafür in der Datei zusätzliche Farbkanäle angelegt werden.

Die Umrechnung der Bildfarben von RGB in CMYK erfolgt nach den Vorgaben des CMYK-Arbeitsfarbraums und der Konvertierungsoptionen, die Sie unter BEARBEITEN • FARBEINSTELLUNGEN (⇧+Strg/⌘+K bzw. einstellen. Nachdem Sie die Modusänderung durchgeführt haben, sehen Sie in der Titelleiste des Dokumentfensters und natürlich in der Kanäle-Palette die Änderung.

Farbauszüge – Vorschau in Photoshop | Für den Vierfarbdruck muss von einer Datei eine eigene Vorlage für jeden der vier Druckdurchgänge – in den Farben Cyan, Magenta, Gelb und Schwarz – angefertigt werden: der Farbauszug. In der Regel sind dies Filme. In Photoshop können Sie die Befehle FARBPROOF und PROOF EINRICHTEN nutzen (beide sind unter ANSICHT zu finden), um sich eine Vorschau der Auszüge anzeigen zu lassen. In den VOREINSTELLUNGEN unter BENUTZEROBERFLÄCHE können Sie eine farbige Anzeige der Auszüge aktivieren. Die Option wirkt sich auch auf die Darstellung der Kanäle aus (siehe Abbildung 39.1).

39.1.2 Hintergrundwissen

Was bei der Modus-Konvertierung passiert, ist komplexer, als es die drei notwendigen Klicks ahnen lassen.

RGB-Daten umrechnen | Der CMYK-Farbraum ist viel kleiner als ein RGB-Farbraum. RGB-Bildfarben, die nicht den CMYK-Farbraum passen, werden jedoch nicht einfach gekappt. Um den Farbeindruck zu erhalten, werden die Farben des Ausgangsfarbraums in den CMYK-Farbraum umgerechnet. Wie diese Umrechnung geschieht, legen Sie unter FARBEINSTELLUNGEN (⇧+Strg+K bzw. ⇧+⌘+K) fest. Wenn Sie das Farbmanagement-Kapitel gelesen haben, ist das nichts Neues für Sie.

Doch diese Informationen reichen für die drucktechnische Reproduktion noch nicht aus. Abhängig von der Papiersorte, den verwendeten Farben und überhaupt vom ganzen Druckverfahren müssen mit der Datei noch weitere Anweisungen an die Druckmaschine übergeben werden. Farbaufbau, Tonwertzuwachs, Schwarzanteil – das sind nur einige der Größen, die für das spätere Druckergebnis entscheidend sind. Gesteuert werden all diese Eigenschaften über das Dateiprofil, also in den meisten Fällen über Ihr CMYK-Arbeitsfarbraumprofil, das bei der RBG-in-CMYK-Konvertierung eingestellt war.

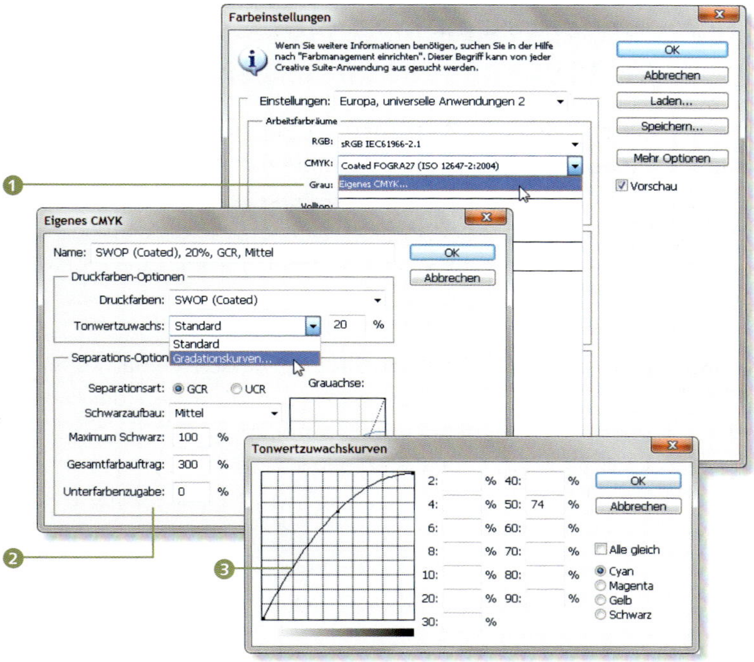

◂ **Abbildung 39.2**
Wählen Sie im Farbeinstellungen-Dialog unter Arbeitsfarbräume den Befehl CMYK • Eigenes CMYK ❶. Dann öffnet sich ein umfangreicher Dialog ❷, in dem Sie die Druckeinstellungen prüfen und detailliert einstellen können – zum Beispiel den Tonwertzuwachs mittels eigener Kurve ❸.

Farbaufbau | Die Rendering Intents (im Dialog Farbeinstellungen unter Priorität) bestimmen, wie die Farbwerte eines Bildes bei der Konvertierung umgerechnet werden. Doch damit sind die Farben noch lange nicht auf dem Papier! Beim Drucken gibt es nun ebenfalls mehrere Möglichkeiten, wie aus den zuvor errechneten Werten für C, M, Y und K die gewünschte Bildfarbe werden kann. Sehr ähnliche »Farben« – genau genommen eigentlich Farbeindrücke – können mit ganz unterschiedlichen Mischungen erzeugt werden. Die Art der Farbmischung nennt man **Farbaufbau**. Welche Methode des Farbaufbaus gewählt wird, bestimmt, in welchen Anteilen jede einzelne konkrete Druckfarbe auf dem Papier landet. Relevante Größen sind:

- der **Gesamtfarbauftrag**: Welche Menge an Druckfarbe wird überhaupt aufgebracht?
- der **Farbaufbau**: Wie viel Farbe aus jedem Farbtopf trägt dazu bei, die gewünschte Farbe im Druck zu mischen?
- Dazu kommen noch weitere Randbedingungen wie der erwartete **Tonwertzuwachs** und einige Optionen, um den Farbaufbau weiter zu verfeinern.

Sprechen Sie mit Ihrem Dienstleister
Auch hier gilt wieder: Reden Sie mit Ihrer Druckerei! Klären Sie, ob die Anpassung eines Standardprofils sinnvoll ist, und wenn ja, in welchem Maße. Im Allgemeinen beantworten Drucker lieber einige Fragen, anstatt verbogene Profile geradezurichten. Hier ist es sogar im Interesse des Dienstleisters: Falsche Einstellungen zum Farbauftrag können nicht nur grausige Drucke hervorbringen, sondern auch die Maschine verschmutzen.

Alle Parameter müssen auf das Motiv, den Druckprozess und die Papiersorte abgestimmt werden.

39.2 Anweisungen für die Druckmaschine: Einstellungen unter »Eigenes CMYK«

Nehmen wir das Dialogfeld und seine Optionen – und die Konzepte dahinter – einmal näher in Augenschein.

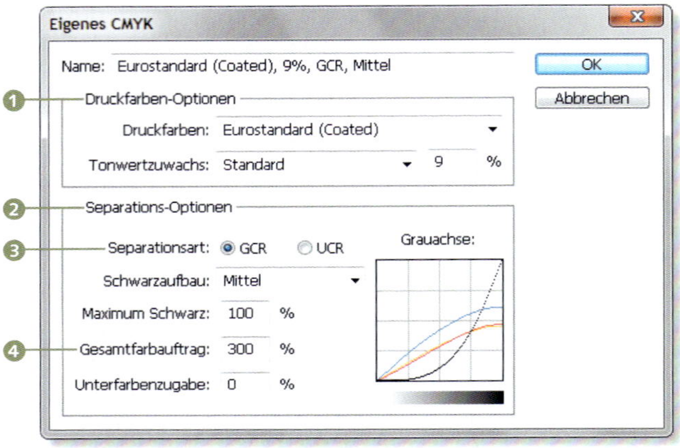

▲ **Abbildung 39.3**
Der Dialog Eigenes CMYK

Als Erstes sollten Sie unter Druckfarben-Optionen ❶ die **Druckfarben** festlegen, die verwendet werden sollen. Auch in dieser Liste finden sich einige Vorgaben, die nicht den in Europa üblichen Druckstandards entsprechen.

Mit den Einstellungen unter Separations-Optionen ❷ bestimmen Sie, wie der **Farbaufbau** aussieht, also mit welchem Anteil welcher Farbe die Bildfarben gedruckt – und durch Übereinanderdrucken gemischt – werden.

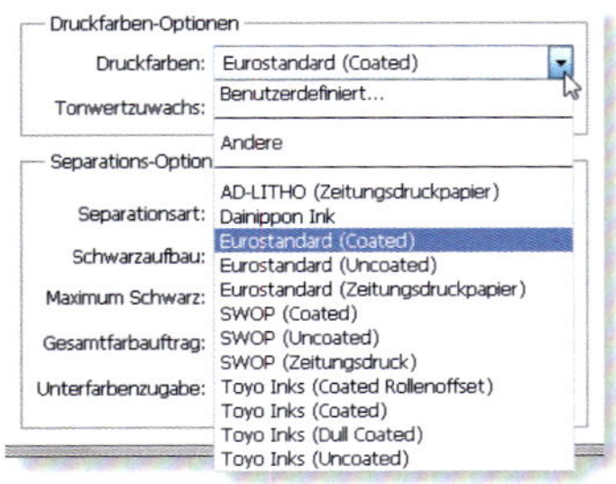

▲ **Abbildung 39.4**
Einstellungen unter Druckfarben

39.2.1 Druckfarben-Optionen

Die Photoshop-Standard-Einstellung SWOP (»Specifications for Web Offset Publications«, eine Standardisierungsstelle) bezeichnet US-amerikanische Druckfarben. Diese weichen ein wenig vom europäischen Standard ab. Obwohl in der Liste der CMYK-Arbeitsfarbräume (unter Farbeinstellungen) schon die zeitgemäßen FOGRA-Presets zu finden sind, fehlen sie in der Druckfarben-Übersicht noch. Hier muss man notgedrungen Eurostandard nehmen.

39.2.2 Tonwertzuwachs

Direkt darunter können Sie den erwarteten TONWERTZUWACHS einstellen. Die vordefinierten Werte, die automatisch in das Eingabefeld eingetragen werden, sind in der Regel ganz gut auf die Standard-Druckverfahren abgestimmt. Willkürlich etwas zu ändern bringt meist nur (ungute) Überraschungen. Allerdings ist dies ein Parameter, zu dem Ihnen der Druckdienstleister Ihres Vertrauens meist recht hilfreiche Angaben machen kann.

Was bewirkt die Einstellung Tonwertzuwachs hier?
Sie erinnern sich: Tonwertzuwachs ist das Auslaufen der Druckfarben auf dem Papier und das daraus resultierende Nachdunkeln des Bildes beim Drucken. Wie hoch der Tonwertzuwachs ist, hängt von der Qualität und Saugfähigkeit des bedruckten Materials ab. Der eingestellte Wert für den Tonwertzuwachs geht in die Berechnungen bei der Umwandlung des Bildes in CMYK ein: Je höher der Wert ist, desto heller werden die CMYK-Farben bei der Modusänderung. Durch den hohen Tonwertzuwachs beim Drucken erscheinen sie dann wieder dunkler und stimmen in etwa mit den erwarteten Farbtonwerten überein.

Bild: Onno K. Gent

▲ **Abbildung 39.5**
Photoshops Softproof-Darstellung eines gedruckten Bildes mit 9 % Tonwertzuwachs (üblich für den Druck auf gestrichenem Papier).

▲ **Abbildung 39.6**
Dasselbe Bild, wie es mit 40 % Tonwertzuwachs – ohne Kompensation – erscheinen würde. 40 % ist ein extremer Wert, den ich hier zur Demonstration gewählt habe. Mit 30 % im Zeitungsdruck kann jedoch gerechnet werden!

39.2.3 Gesamtfarbauftrag

Recht einleuchtend ist der GESAMTFARBAUFTRAG ④. Der Wert richtet sich nach dem Druckverfahren und vor allem dem bedruckten Material, meist also der Papierart. Er gibt die maximale Menge Druckfarbe an, die zum Erzeugen der gewünschten Farben benötigt wird oder, anders gesagt, benutzt werden darf. Problematisch ist nämlich meist nicht ein niedriger, sondern ein zu hoher Gesamtfarbauftrag – logisch: Auch das saugfähigste Papier kommt einmal an seine Grenzen. Auch Verarbeitungsgeschwindigkeit und Trocknungszeiten spielen eine Rolle. Angegeben wird der Gesamtfarbauftrag in Prozent; er errechnet sich aus den Prozentwerten für C, M, Y und K. Wenn alle Farben mit 100 % Deckung gedruckt würden, ergäbe sich ein Gesamtfarbauftrag von 400 %. Mit einem so hohen Wert kann jedoch nicht gearbeitet werden.

Brauchbare Richtwerte sind 300 % für gestrichenes Papier, rund 240 % beim Zeitungsdruck. Sehr gute Kunstdrucke vertragen 340 % bis 350 %. Die Menge der insgesamt aufgetragenen Farbe wird also begrenzt, um zu verhindern, dass das Papier beschädigt und die Druckmaschine verschmutzt wird.

39.2.4 GCR und UCR: Bunt und Schwarz in verschiedenen Anteilen

Man kann wohl sagen, dass die unterschiedlichen Ansätze zum Farbaufbau dieser technischen Gegebenheit geschuldet sind: Bei limitiertem Gesamtfarbauftrag soll aus den vier Druckfarben das beste Ergebnis herausgeholt werden. Hier gibt es zwei grundsätzliche Möglichkeiten. Sie sind im Dialogfeld durch die Radio-Button-Optionen GCR oder UCR ❸ (Abbildung 39.3) vertreten. Um diese Optionen zu erläutern, muss ich ein wenig ausholen.

Abbildung 39.7 (links) ▼
Das RGB-Ausgangsbild …

Abbildung 39.8 (rechts) ▼
… und die Farbwerte an vier verschiedenen Stellen im Bild

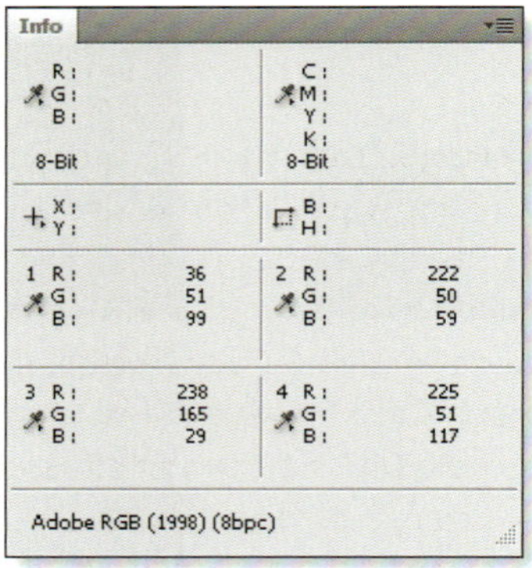

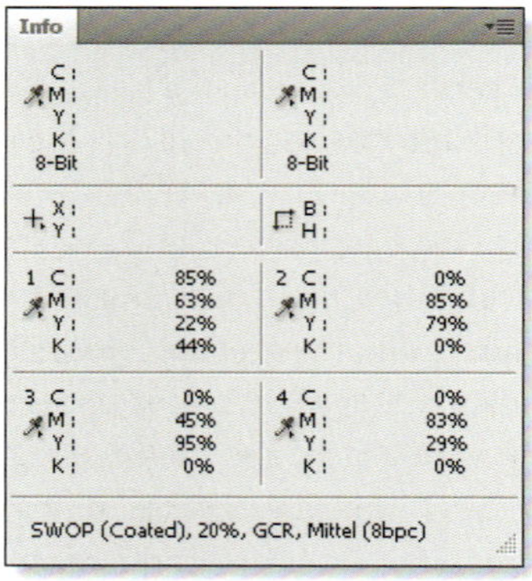

▲ Abbildung 39.9
Nochmals dasselbe Bild, diesmal in der Proof-Vorschau; simuliert wird der Druck auf gestrichenem Papier.

▲ Abbildung 39.10
Am CMYK-Bild mit **GCR**-Farbaufbau bei mittlerem Schwarzanteil – eine häufig gebrauchte »Universaleinstellung« – ergeben sich an denselben Messpunkten diese Werte.

▲ **Abbildung 39.11**
Eine weitere Bildvariante mit anderen Einstellungen

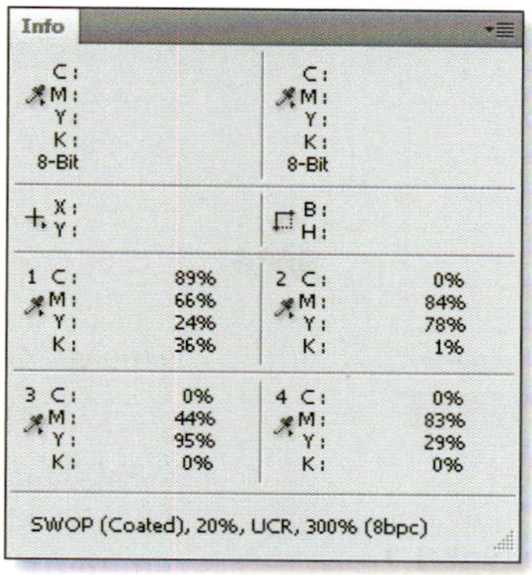

▲ **Abbildung 39.12**
Der **UCR**-Farbaufbau zeigt deutlich abweichende Messwerte, besonders der Schwarzanteil ist merklich höher. Der Gesamtfarbauftrag ist in beiden Beispielen gleich (300 %)!

Wie wird Schwarz gedruckt? | Der Knackpunkt beim Farbaufbau sind das Schwarz und die dunklen Bildfarben. Beim Drucken lassen sich ja aus Cyan, Magenta und Gelb fast alle Farben mischen, auch neutrale und recht dunkle Töne. Allerdings kommt man mit C, M und Y nur nahezu an Schwarz heran, das wird im Druckverfahren daher noch extra hinzugegeben. Dafür, wie nun aus allen vier Druckfarben die Bildfarben – vor allem die dunklen Farbtöne und Schwarz – erzeugt werden, gibt es mehrere Möglichkeiten. Diese haben unterschiedliche Schwarz- und Buntanteile, aber immer das Ziel, den zulässigen Gesamtfarbauftrag nicht zu überschreiten.

Bei Adobe werden die beiden grundsätzlichen Möglichkeiten zum Farbaufbau mit den englischsprachigen Kürzeln **GCR** und **UCR** bezeichnet.

GCR | GCR bedeutet **Grey Component Reduction**, also auf Deutsch ungefähr »Grauwertreduktion«. Die Idee: Der Dunkelanteil *jeder* zu druckenden Farbe wird errechnet. Dann senkt man den entsprechenden Anteil der Farben C, M und Y ungefähr zu gleichen Teilen und gibt stattdessen eine proportionale Menge Schwarz hinzu. Dadurch kann der Gesamtfarbauftrag deutlich gesenkt werden. In welchem Grad C, M und Y durch Schwarz ersetzt werden, steuern Sie mit der Option SCHWARZAUFBAU.

Das »K« in CMYK ...
... steht für »Key« und bedeutet Schwarz. Dass es nicht CMYB (mit »B« für »Black«) heißt, dient nur der Eindeutigkeit: Verwechslungen mit dem »B(lue)« aus RGB sollten vermieden werden.

Abkürzungen zu kompliziert?

Die Drei-Buchstaben-Kürzel sind nicht so gut zu merken, aber viel exakter als die deutschen Termini **Buntaufbau** (Farbmischungen mit viel Buntanteil) und **Unbuntaufbau** (geringer Bunt-, hoher Schwarzanteil), die ich folglich hier lieber vermeide.

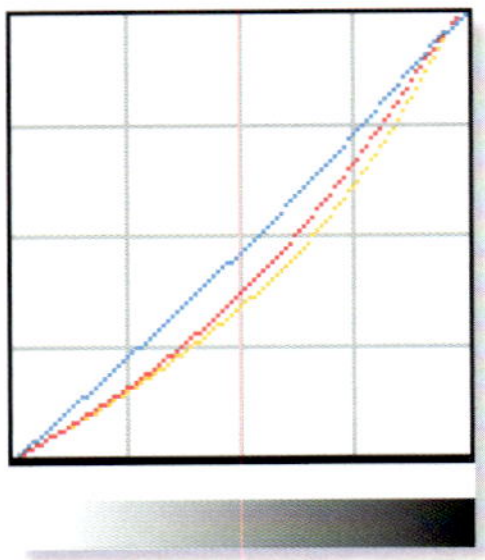

▲ **Abbildung 39.13**
Ohne GCR – hier werden alle Bildfarben, auch die dunklen (in der Kurve rechts und oben repräsentiert), nur durch C, M und Y gemischt. Das ist eine in der Praxis selten gebrauchte Einstellung und dient hier nur zur Demonstration.

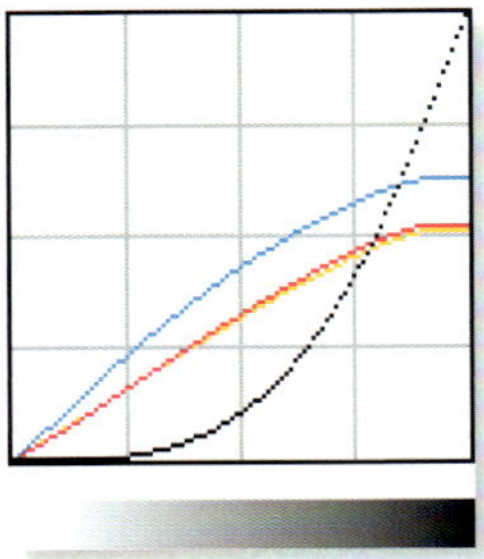

▲ **Abbildung 39.14**
GCR mit mittlerem Schwarzaufbau. Im rechten Teil des Diagramms, das für die dunklen Bildfarben steht, sieht man, wie der Anteil der Buntfarben abgesenkt ist, während die Kurve für den Schwarzanteil stark nach oben ragt.

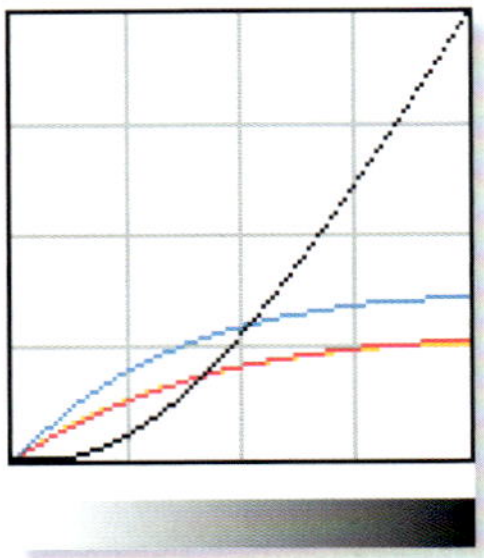

▲ **Abbildung 39.15**
GCR mit starkem Schwarzaufbau. Der steile Anstieg der Schwarzkurve setzt schon in den helleren Farben an, und die Buntfarben werden nachdrücklich gesenkt.

Grauachse
Die kleine Kurvenvorschau im Dialogfeld EIGENES CMYK zeigt den Anteil der Grauwertreduktion. Wenn Sie eine Gradationskurve lesen können, verstehen Sie auch diese Kurven!

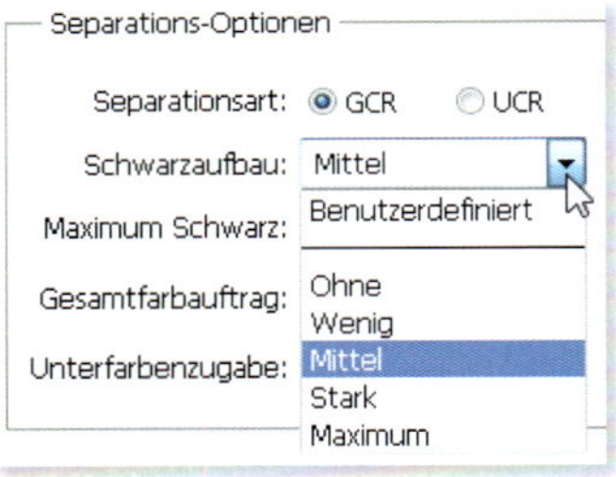

▲ **Abbildung 39.16**
Schwarzaufbau-Alternativen

Zum Nachlesen: Farbkorrekturen
Mehr zu Farbkorrekturen im Allgemeinen und zur Graubalance im Besonderen lesen Sie in Kapitel 19, »Universalhelfer für professionelle Ansprüche: Gradationskurven«.

GCR bietet eine Reihe von Vorteilen: Die Druckergebnisse sind recht stabil, und Farbschwankungen sind geringer, weil die Buntfarben teilweise durch Schwarz ersetzt werden. Man schafft mit GCR eine gute Reduktion des Gesamtfarbauftrags, was diese Separationsart für »schnelle« Druckverfahren mit kurzen Trocknungszeiten qualifiziert. Da schwarze Farbe auch preiswerter ist als bunte Druckfarbe, bietet GCR zumindest bei großen Auflagen auch einen Kostenvorteil.

Einen Nachteil hat das Verfahren allerdings auch: Bei stärkerem Schwarzaufbau können auch helle Bildfarben schnell fahl und grau wirken (»Ausgrauen«), wenn der Auftrag der Buntfarben beim Druck nach unten abweicht. Insbesondere auf Hauttöne kann sich das negativ auswirken. Daher setzt man in der Regel GCR allenfalls mit mittlerem Schwarzaufbau ein, zumindest bei Fotos. Diese Separationseinstellung macht es auch schwer, später am Bild Korrekturen vorzunehmen: Wenn der Schwarzanteil der Farben schon sehr hoch ist, lässt sich z. B. die Graubalance des Bildes kaum mehr ändern. Ein weiteres gutes Argument dafür, Bildkorrekturen lieber am RGB-Bild vorzunehmen!

GCR mit starkem Schwarzaufbau ist sinnvoll bei eher grafischen und technischen Motiven mit feinen Details, bei denen es auf die Schärfe und Lesbarkeit ankommt.

UCR | UCR bedeutet **Under Color Removal**. Es ist ein Spezialfall des GCR. Es wirkt sich nicht auf alle, sondern nur auf die neutralen Farben des Bildes aus, also auf Grautöne und Schwarz. Daher können hier auch keine Einstellungen zum Schwarzaufbau vorgenommen werden. Anders als GCR-Bilder lassen sich UCR-separierte Bilder ganz gut nachträglich korrigieren. Da in den hellen und mittleren Tönen wenig Schwarz ist, aber viele Buntfarben enthalten sind, können mit UCR sehr satte, kräftige Bilder umgesetzt werden. Es gibt jedoch auch hier eine Einschränkung: Bereits geringe Schwankungen im Farbauftrag können sensible Bildpartien wie Haut- und Pastelltöne farbstichig erscheinen lassen. Es fehlt stabilisierendes Grau.

Farbauftrag steuern | GCR oder UCR? Das ist gewissermaßen die Grundsatzentscheidung. Wie Sie bemerkt haben, gibt es bei beiden Verfahren Vor- und Nachteile. Haben Sie sich erst einmal für UCR oder GCR und in letzterem Fall noch für den Grad des Schwarzaufbaus entschieden, gibt es noch einige weitere Einstellungen, mit denen Sie den Farbauftrag und folglich die Wirkung des gedruckten Bildes steuern können.

- Die Unterfarbenzugabe, zuweilen auch **Under Color Addition** (ein weiteres Kürzel: **UCA**) genannt, ist ein gängiges Verfahren, um besonders satte Tiefen, also kräftige dunkle Tonwerte zu erzielen. Wenn Sie den Wert erhöhen, wird beim Druck den schwarzen Bildpartien Buntfarbe zugegeben. Während GCR und UCR die Bildfarben verändern können, bleiben die Farbtöne bei Unterfarbenzugabe praktisch unverändert. Unterfarbenzugabe eignet sich nicht für Texte oder andere Motive, bei denen Passerprobleme zu erwarten sind, wohl aber für fotografische Motive.
- Maximum Schwarz wirkt ähnlich wie die Tonwertbegrenzung bei der Tonwertkorrektur. Sie können diesen Wert senken, um Zeichnungsverlust in den Tiefen zu verhindern, vor allem bei GCR mit starkem Schwarzaufbau.

[Passer]
Passer – auch Register oder Farbregister genannt –sorgen für das akkurate Übereinanderdrucken aller Farbschichten im Vierfarbdruck. Eine Passerdifferenz bewirkt unscharfe, wie verschmiert wirkende Bilder. Passermarken erleichtern das Ausrichten der vier Farbvorlagen während des Drucks. Unter Datei • Drucken im Optionsfeld Ausgabe können Sie Ihrer Datei auch Passermarken und Ähnliches hinzufügen.

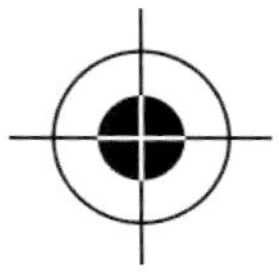

▲ **Abbildung 39.17**
Beispiel für eine Passermarke

39.2.5 Einstellungen sichern

Es kann eine ganze Weile dauern, alle Einstellungen zusammenzuklicken. Wenn Sie sie jetzt speichern, können Sie Ihre individuellen Separationseinstellungen später schneller und ohne Fehler erneut anwenden. Auch der Austausch von Einstellungen geht so einfacher.

Sobald Sie im Dialog Eigenes CMYK zur Bestätigung auf den Ok-Button klicken, kommen Sie zu den Farbeinstellungen zurück. Ihre CMYK-Einstellungen sichern (und laden) Sie nun nicht über die Buttons im Farbeinstellungen-Dialog, sondern über die Einträge CMYK speichern und CMYK-Einstellungen laden in der Liste der CMYK-Arbeitsfarbräume.

Zum Nachlesen: Tonwertkorrektur
Mehr über die Tonwertkorrektur und die Begrenzung des Tonwertumfangs lesen Sie in Abschnitt 18.5, »Tonwertumfang begrenzen – vor dem Druck«.

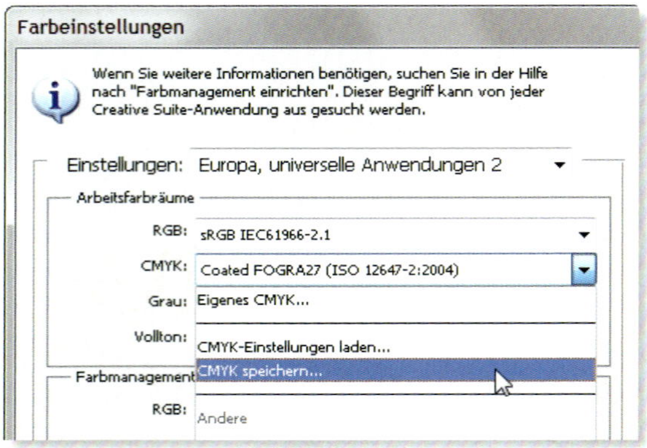

Abbildung 39.18 ▶
Eigene Separationseinstellungen speichern

Ihre eigenen Separationseinstellungen werden dann im systemeigenen Profilordner abgelegt (als normgerechte Profildatei mit der Endung ».icc«). Beim Speichern wird ein Dateiname vorgeschlagen, der die Eigenschaften des Profils recht genau umschreibt. Sie können hier auch einen eigenen Namen vergeben.

Seien Sie nicht irritiert, wenn Sie Ihre Einstellungen später erneut als CMYK-Arbeitsfarbraum laden: In der Anzeige unter dem CMYK-Arbeitsfarbraum taucht dann nicht der von Ihnen vergebene Dateiname auf (z. B. »Separation Druckerei Mustermann«), sondern wieder nur die Beschreibung der Profileigenschaften (»Eurostandard coated, GCR, mittel« oder dergleichen).

Teil XIII
Infoteil

40 Troubleshooting

In diesem Kapitel habe ich für Sie die nach meiner Erfahrung am häufigsten gestellten Fragen der Photoshop-Anwender gesammelt – und natürlich beantwortet.

40.1 Erste Hilfe

Das Bild kann nicht bearbeitet werden | Für diesen frustrierenden und gar nicht so seltenen Umstand gibt es – je nach konkreter Arbeitssituation – die unterschiedlichsten Gründe. Versuchen Sie, mit der folgenden Liste die Ursache einzugrenzen.

- Ist noch **eine Auswahl aktiv**? Auswahllinien können auch ausgeblendet sein oder sich außerhalb des sichtbaren Dokumentfensters befinden. Mit Strg+H bzw. ⌘+H können eventuell verborgene Auswahlen wieder eingeblendet werden, und mit Strg+0 bzw. ⌘+0 bekommen Sie das gesamte Bild in den Blick, um nach versteckten Auswahlen zu suchen. Strg+D bzw. ⌘+D hebt eventuell bestehende Auswahlen auf.
- In welchem **Modus** befindet sich das Bild? In den Modi BITMAP, LAB oder INDIZIERTE FARBEN sind viele Photoshop-Funktionen inaktiv. Kontrollieren Sie den Modus in der Bildtitelleiste, und ändern Sie den Bildmodus gegebenenfalls über den Befehl BILD • MODUS in RGB.
- Auch bei **16-Bit-Bildern** und **32-Bit-Bildern** ist der Funktionsumfang eingeschränkt. Wechseln Sie über BILD • MODUS zu 8-BIT-KANAL.
- Werfen Sie einen Blick in die **Ebenen-Palette**: Ist die Ebene fixiert? Ist wirklich die Ebene markiert, die Sie zu bearbeiten meinen? Befinden Sie sich womöglich auf einer Einstellungs-, Text-, Form- oder Füllebene?

- Kontrollieren Sie in der **Kanäle-Palette**, ob der Composite-Gesamtkanal (ganz oben in der Palette) eingeblendet ist (Augensymbol!).
- Wenn Ihr Bild **Masken** enthält: Ist anstelle der Ebene die Ebenenmaske aktiv? Sie können das anhand einer feinen Umrandung der Ebenen-/Maskenminiatur in der Ebenen-Palette und anhand des Eintrags in der Bildtitelleiste unterscheiden.
- Auf **Textebenen** sind längst nicht alle Arbeitsschritte anwendbar. Nutzen Sie gegebenenfalls den Befehl Ebene • Rastern • Text, um aus der Textebene eine normale Pixelebene zu machen, auf die alle Photoshop-Befehle anwendbar sind.
- Wenn eine **noch nicht bestätigte Textbearbeitung oder Transformation** (erkennbar an den jeweils noch offenen Text- oder Transformationsrahmen) im Bild vorhanden ist, sind alle anderen Funktionen und Befehle blockiert. Drücken Sie [Esc], um die Änderung/Transformation abzubrechen, und [↵], um sie abzuschließen.
- Photoshop kann sich drastisch – fast bis zum Stillstand – **verlangsamen**, wenn die Speicherbelegung nicht richtig aufgeteilt ist. Unter Voreinstellungen • Leistung sollten bei Speichernutzung mindestens 55–60% (Adobe-Empfehlung) festgelegt sein.

40.2 Aktionen

Beim Arbeiten mit Aktionen werden manche Befehle nicht ausgeführt | Das kann mehrere Ursachen haben. Kontrollieren Sie als Erstes, ob die Befehle auch aktiviert sind: Vor dem jeweiligen Befehl muss ein kleines Häkchen stehen!

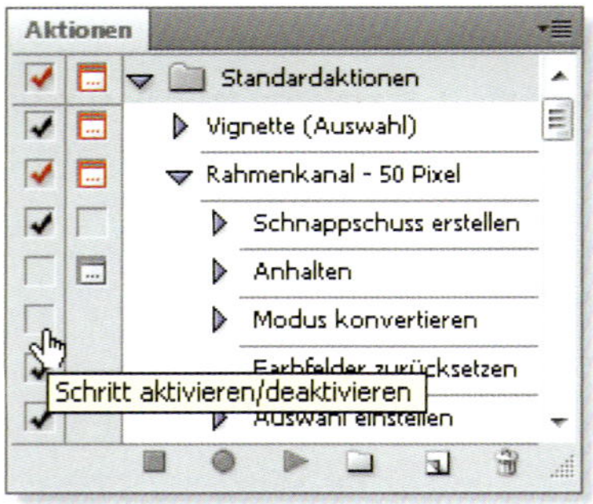

Abbildung 40.1 ▸
Haben Sie alle Befehle in der Aktion aktiviert?

Andere mögliche Fehlerquellen sind der Bildmodus (nicht alle Arbeitsschritte stehen in allen Modi zur Verfügung), eine eventuelle Ebenenverriegelung oder eine »falsche« aktive Ebene.

40.3 Animation

Ich will nur den ersten Frame ändern, aber alle anderen Frames ändern sich mit | Die in der Ebenen-Palette untergebrachte Option Frame 1 propagieren hat vermutlich Schuld. Entfernen Sie dort das Häkchen, wenn sich Änderungen am ersten Frame nur auf diesen beschränken sollen.

▲ **Abbildung 40.2**
Änderungen an Frame 1 propagieren

40.4 Arbeitsoberfläche

Die Photoshop-Titelleiste und die Dokument-Titelleiste sind weg | Haben Sie irrtümlich die Taste [F] gedrückt? Damit wechseln Sie zu anderen Bildschirmmodi. Drücken Sie so oft erneut auf [F], bis Sie den gewohnten Arbeitsbildschirm sehen, oder nutzen Sie die entsprechende Funktion in der Anwendungsleiste.

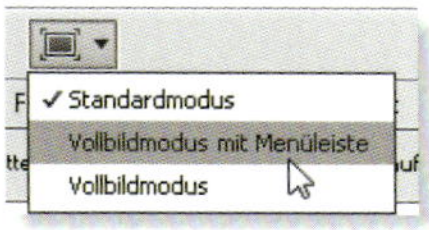

▲ **Abbildung 40.3**
Wechsel zwischen verschiedenen Ansichtsoptionen der Arbeitsfläche

Paletten und Optionsleiste sind nicht mehr sichtbar | Ein Druck auf [⇆] war vermutlich die Ursache – drücken Sie erneut auf die [⇆]-Taste, um alles wieder einzublenden.

40.5 Auswahlen

Meine Rechteck-Auswahl hat immer gerundete Ecken | Vermutlich ist in der Opionsleiste noch im Feld Weiche Kante ein Wert eingetragen. Deaktivieren Sie die misslungene Auswahl, markieren und löschen Sie den Eintrag für die Weiche Kante-Option, und versuchen Sie es erneut. Stellen Sie außerdem sicher, dass Sie nicht das Auswahlrechteck-Werkzeug ([M]) mit dem Abgerundetes-Rechteck-Werkzeug ([U]) verwechselt haben.

Ich kann meine Auswahl nicht mehr auf eine beliebige Größe aufziehen | Um Rechteck- oder Kreisauswahlen frei aufzuziehen, muss unter Art die Einstellung Normal stehen. Ist dies nicht der Fall, stellen Sie sie um.

40.6 Bildkorrektur

Ich habe einen Weißabgleich mit den Pipettenwerkzeugen gemacht, doch die Korrektur wirkt zu stark | Die Tools Tonwertkorrektur und Gradationskurven haben Pipetten an Bord, mit denen sich intuitiv ein Weißabgleich durchführen lässt.

Manchmal fällt die Korrektur zu hart aus. In solchen Fällen können Sie den Menübefehl BEARBEITEN • VERBLASSEN nutzen. Der wirkt nicht nur bei Filtern, sondern auch nach Pipetten-Korrekturen.

Wenn ich bei Porträts den Kontrast korrigiere, wirken die Abgebildeten wie Sonnenbrandopfer | Arbeiten Sie mit Einstellungsebenen, was empfehlenswert ist? Dann lassen sich unerwünschte Verschiebungen der Bildfarben verhindern, indem Sie die Füllmethode der Einstellungsebene von NORMAL auf LUMINANZ umstellen.

40.7 Ebenen

Ich kann eine Ebene nicht mit dem Verschieben-Werkzeug bewegen | Hier kommen mehrere Ursachen infrage: Ist die Ebene verriegelt? Oder ist sie mit einer anderen Ebene verkettet, die verriegelt ist? Ist tatsächlich die Ebene aktiv, die Sie zu verschieben versuchen? Manchmal bereitet auch die Option AUTOMATISCH AUSWÄHLEN (beim Verschieben-Werkzeug) Probleme. Ist sie aktiv und ist das Objekt, das Sie per Maus verschieben wollen, sehr klein, wird die darunter liegende Ebene (meist die Hintergrundebene) aktiviert, sobald Sie in das Bild klicken.

Die oben liegende Ebene wird unsichtbar, wenn die Farbe der darunter liegenden Ebene geändert wird | Kontrollieren Sie die Füllmethode der oberen Ebene. Stellen Sie sie auf NORMAL, um unerwünschte Effekte zu beheben.

Ich kann in der Ebenen-Palette keine Ebene mehr aktivieren | Wenn die Ebenenzeilen immer inaktiv bleiben, ist vermutlich der Maskierungsmodus aktiv. Drücken Sie [Q], oder klicken Sie auf das Symbol STANDARDMODUS in der Werkzeugpalette, um in den normalen Modus zurückzukehren.

Der gewohnte Befehl [Strg]+[E] bzw. [⌘]+[E], um eine Ebene mit der darunter liegenden auf eine Ebene zu reduzieren, funktioniert nicht | Entweder sind die Ebenen verriegelt, oder es handelt sich um Vektorebenen. Diese müssen erst *markiert* werden, bevor Sie sie mit diesem Befehl reduzieren können.

Beim Transformieren von Ebenen erhalte ich Ergebnisse in sehr schlechter Qualität | Möglicherweise haben Sie in den

Voreinstellungen • Allgemein unter Interpolationsverfahren statt der empfehlenswerten bikubischen Interpolation als Interpolationsmethode Pixelwiederholung eingestellt.

40.8 Filter

Filter funktionieren nicht oder werden nicht angeboten | Beim Anwenden von Filtern kann sich Photoshop manchmal bockig verhalten: Entweder zeigt der Filter scheinbar keine Wirkung, oder er erzielt völlig unerwartete Ergebnisse – oder wird gar nicht erst angeboten. Auch hier kommt wieder eine Reihe von Ursachen infrage:

- Nicht alle Filter funktionieren in allen **Modi**. Kontrollieren Sie unter Bild • Modus oder in der Bildtitelleiste, in welchem Modus das Bild vorliegt, und wandeln Sie es gegebenenfalls um. Im Modus RBG stehen alle Filter zur Verfügung!
- Bei Bildern mit **16 Bit** je Kanal ist nur eine eingeschränkte Auswahl von Filtern wählbar. Über Bild • Modus können Sie die Datei in eine 8-Bit-Datei umwandeln. Es empfiehlt sich, vom 16-Bit-Original zuvor eine Kopie anzulegen, denn einmal verlorene Informationen sind nicht mehr wiederzubeschaffen.
- Ist die richtige **Ebene** aktiv? Ist die Ebene, die Sie bearbeiten wollen, womöglich ausgeblendet, verdeckt oder aus dem Bild gerückt?
- Wenn **Masken** im Bild sind: Ist möglicherweise eine Maske (anstelle der Ebene) aktiv? Kontrollieren Sie die Bildtitelleiste. Ein Klick auf die Ebenen-Miniatur aktiviert die Ebene.
- Ist die **Ebene fixiert**? Auch die Verriegelungsoption Transparente Pixel schützen kann bei freigestellten Ebenen die Anwendung mancher Filter verhindern. (Vor allem trifft das bei Verzerrungs- und Weichzeichnungsfiltern zu, also bei allen Filtern, die zu einer Ausdehnung des ursprünglichen Ebeneninhalts führen.)

40.9 Hilfsmittel

Ich will Strecken messen, aber das Linealwerkzeug finde ich unhandlich und zu ungenau. Gibt es Alternativen? | Ein bewährter Workaround ist es, einfach eine Rechteckauswahl über die zu messende(n) Strecke(n) aufzuziehen und deren Größe in der Info-Palette abzulesen. Auf diese Art können Sie die Kantenlängen von rechteckigen Objekten in einem Arbeitsgang ermitteln.

Wie kann ich schnell zwei Hilfslinien anlegen, die sich genau im Bildmittelpunkt kreuzen? | Ganz ohne zu rechnen und sehr schnell lässt sich das in drei Schritten bewerkstelligen: Mit [Strg]+[A] bzw. [⌘]+[A] legen Sie eine Auswahl über das gesamte Bild an. Wählen Sie nun den Befehl AUSWAHL • AUSWAHL TRANSFORMIEREN, können Sie den dann angezeigten Drehmittelpunkt als Orientierung für die Position der Hilfslinien nehmen. Sie lassen sich wie gewohnt aus den Linealen herausziehen.

Abbildung 40.4 ▸
Hilfslinien können sich am Drehmittelpunkt orientieren.

40.10 Malen und Retusche

Ich sehe meinen Malstrich nicht oder nur ganz schwach | Haben Sie in den Werkzeugoptionen oder in der Ebenen-Palette für die betreffende Ebene die Deckkraft herabgesetzt? Ist in der Ebenen-Palette oder für das betreffende Werkzeug eine andere Füllmethode als NORMAL eingestellt? Kontrollieren Sie auch die Einstellungen für die Werkzeugspitze. Insbesondere in den erweiterten Werkzeugspitzeneinstellungen per Pinsel-Palette verbergen sich viele Optionen, die Pinselstriche zum Verschwinden bringen können. Der Befehl PINSEL-STEUERUNGEN LÖSCHEN im Seitenmenü der Pinsel-Palette setzt das Werkzeug wieder in den Urzustand zurück.

Ich kann die Vorder- und Hintergrundfarbe nicht einstellen; nur Schwarz, Weiß und Grau werden angezeigt | Kontrollieren Sie den Farbmodus des Bildes, und prüfen Sie, ob sich das Bild im Maskierungsmodus befindet oder ob eine Ebenenmaske (anstelle der Ebene) aktiv ist.

Wie kann ich die unterschiedlichen Komponenten einer Montage farblich aneinander anpassen? | Dazu gibt es verschiedene Möglichkeiten. Sie finden sie unter Bild • Korrekturen bzw. in der Korrekturen-Palette. Es eignen sich die Tools Farbbalance und Farbton/Sättigung. Gute Ergebnisse erzielt man auch mit dem Werkzeug Gleiche farbe.

Die Ergebnisse beim (Bereichs-)Reparaturpinsel sehen komisch aus | Ist der Modus Ersetzen aktiviert? Deaktivieren Sie ihn!

40.11 Pfade & Co.

Das Formwerkzeug lässt sich nicht benutzen | Das kommt vor, wenn die Option Pixelfüllung aktiv und eine Textebene, verriegelte Ebene oder Form- oder Füllebene markiert ist.

Der Befehl »Pfadfläche füllen« oder »Pfadkontur füllen« ist inaktiv | Als Erstes muss natürlich ein entsprechender Pfad angelegt sein ... und die aktive Ebene muss eine Pixelebene sein. Vektorebenen (Text-, Form- oder Füllebenen) lassen sich nicht füllen.

Ich will Pfadkomponenten oder Pfade zwischen zwei Dateien bewegen | Dazu öffnen Sie beide Bilder. Im Quellbild wählen Sie dann mit dem Pfadauswahl-Werkzeug (A) den Pfad oder die Pfadkomponenten aus, die Sie kopieren möchten. Dann ziehen Sie den Pfad oder die Pfadkomponente einfach in das Zielbild. Alternativ können Sie auch die Befehle Bearbeiten • Kopieren und Bearbeiten • Einfügen benutzen.

40.12 System

Ich benutze ein Mac-Notebook und zoome mit dem Trackpad immer wieder unbeabsichtigt ins Bild oder drehe es | Wenn Sie mit einem Mac-Notebook arbeiten, das ein Trackpad ohne Tasten hat (das Gesten unterstützt), passiert es leicht, dass die Bildansicht irrtümlich gezoomt oder gedreht wird. Mit einer Voreinstellung lässt sich das leicht abstellen. Wählen Sie Photoshop • Voreinstellungen • Benutzeroberfläche. Deaktivieren Sie dort die Option Gesten aktivieren.

Ich habe Vorgaben (Effekte, Muster etc.) gespeichert und finde die Dateien nicht mehr wieder | Damit gespeicherte Vorgaben in den Menüs und im Vorgabenmanager angezeigt werden, müssen Sie sie in den dafür vorgesehenen Ordner sichern. Wenn Sie Ihre Vorgaben aus früheren Photoshop-Versionen weiternutzen wollen, müssen Sie sie ebenfalls in diese Ordner kopieren.

Benutzerdefinierte Vorgaben gehören

- unter **Mac OS** in den Ordner Benutzer/[Benutzername]/Library/Application Support/Adobe/Adobe Photoshop CS5/Presets/[Name der Vorgabe] und
- unter **Windows Vista** und **Windows 7** in den Ordner Benutzer/[Benutzername]/AppData/Roaming/Adobe/Adobe Photoshop CS5/Presets/[Name der Vorgabe].
- Unter **Windows XP** sollten Sie Ihre Vorgaben in Dokumente und Einstellungen/[Benutzername]/Anwendungsdaten/Adobe Photoshop CS5/Presets [Name der Vorgabe] speichern.

Unter *http://kb2.adobe.com/de/cps/828/cpsid_82893.html* finden Sie eine detaillierte Aufstellung aller Voreinstellungsdateien, Zusatzmodule etc. und der jeweiligen Speicherorte.

40.13 Text

Beim Schreiben von Absatztext verschwindet der eingegebene Text (oder Teile davon) plötzlich | Schauen Sie im Palettenmenü der Zeichen-Palette nach, ob eventuell die Option Kein Umbruch ein Häkchen hat. Klicken Sie die Option an, um das Häkchen zu entfernen und die Option zu deaktivieren.

Ich kann keine neue Textebene in der Nähe einer bestehenden Textebene anlegen | Es wird immer nur die bestehende Textebene aktiviert, aber keine neue angelegt. Das ist normal. Um diesen Effekt zu unterbinden, halten Sie entweder mehr räumlichen Abstand zur ersten Ebene oder drücken zusätzlich zum Mausklick in das Bild die Taste ⇧.

40.14 Workflow

Wie kann ich Dateien beim Öffnen schneller finden? | Wenn Sie die ersten Buchstaben des Namens einer gesuchten Datei in das Namensfeld des Dialogs Datei öffnen eintippen, werden alle Dateien, die mit diesen Buchstaben anfangen, in einer Liste aufgeführt. Mit einem Klick können Sie dann die gewünschte Datei öffnen. Noch besser ist es natürlich, Dateien mithilfe von Adobe Bridge zu verschlagworten.

Ich arbeite mit mehreren geöffneten Dokumenten in Tabs. Wie kann ich sie zügig nacheinander aktivieren? | Schneller als mit dem bekannten Mausklick auf die Karteireiter geht der Wechsel zwischen verschiedenen Bildern per Tastenkürzel:

- ⌘/Strg+⇥ springt weiter nach **rechts**.
- ⇧+⌘ bzw. Strg+⇥ springt weiter nach **links**.

Die Zahleneingabe in Eingabefelder ist plötzlich nicht mehr möglich | Ist die NumLock-Funktion oder die Feststelltaste Ihrer Tastatur aktiviert?

In Paletten fehlen die MouseOver-Hinweise auf Vorgaben-Titel | Nicht nur in der Palette FARBFELDER helfen einem solche gelben Hinweise, die richtige Vorgabe zu finden, auch bei Stilen, Werkzeugspitzen und anderen Vorgaben wird Ihnen so die Orientierung erleichtert. Ist in den VORGABEN die Option QUICKINFOS ANZEIGEN deaktiviert, fehlen auch diese Hinweise.

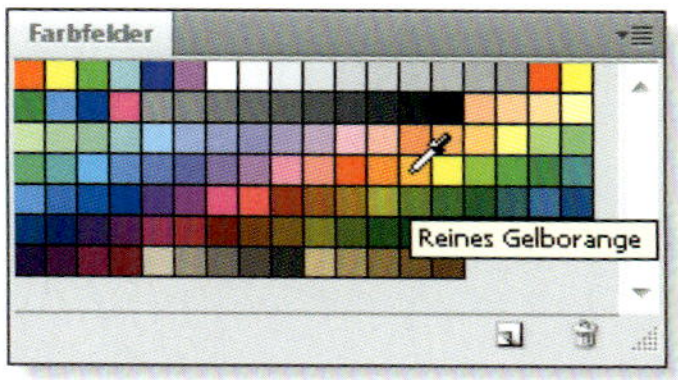

▲ **Abbildung 40.5**
QuickInfos können nützlich sein.

Meine selbst definierten Shortcuts funktionieren nicht mehr | Vermutlich haben Sie unter FENSTER • ARBEITSBEREICH einen anderen Arbeitsbereich eingestellt als den, dem die geänderten Shortcuts ursprünglich zugeordnet wurden. Wählen Sie BEARBEITEN • TASTATURBEFEHLE, und aktivieren Sie dort unter SET den Satz mit Ihren gewohnten Shortcuts.

CS5

Ich bearbeite mehrere Dateien parallel und will Änderungen effektiv speichern | Das Kürzel Strg/⌘+Alt+W gibt es schon lange. Damit lassen sich mehrere geöffnete Dateien schließen. Eine neue Option in Photoshop CS5 erlaubt das Schließen *und Speichern von Änderungen* »in einem Rutsch«. Klicken Sie wie gewohnt Strg/⌘+Alt+W. Wenn Sie dann gefragt werden, ob Sie Änderungen speichern möchten, setzen Sie ein Häkchen bei der Option AUF ALLE ANWENDEN und klicken auf JA.

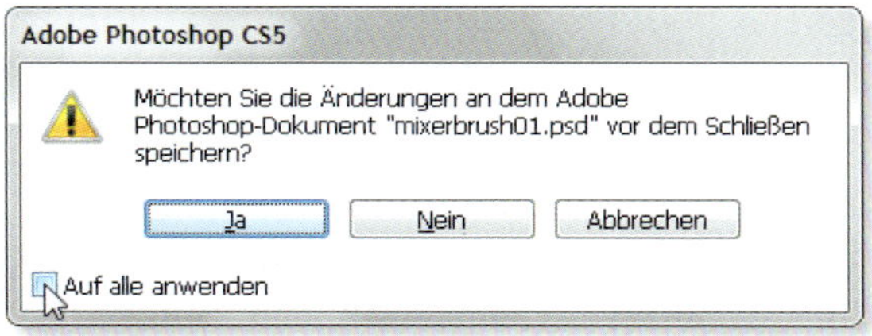

◀ **Abbildung 40.6**
Eine unauffällige Option spart Zeit, wenn Sie Änderungen an vielen geöffneten Dokumenten sichern wollen.

41 Praxishilfen: Werkzeuge und Tastenkürzel

41.1 Tastenkürzel Werkzeuge

Werkzeug	Tastenkürzel	Tastenkürzel kommt von ...
Abgerundetes-Rechteck-Werkzeug	U	
Abwedler-Werkzeug	O	
Anmerkungen-Werkzeug	I	
Ansichtdrehung-Werkzeug	R	**R**otate View
Ausbessern-Werkzeug	J	
Auswahlellipse-Werkzeug	M	**M**arquee
Auswahlrechteck-Werkzeug	M	**M**arquee
Bereichsreparatur-Pinsel-Werkzeug	J	
Bildschirmmodus ändern (Standardmodus, Vollbildmodus mit Menüleiste, Vollbildmodus)	F	
Buntstift-Werkzeug	B	**B**rush
Direktauswahl-Werkzeug	A	
Eigene-Form-Werkzeug	U	
Ellipse-Werkzeug	U	
Farbaufnahme-Werkzeug	I	
Farbe-ersetzen-Werkzeug	B	
Freiform-Zeichenstift-Werkzeug	P	
Freistellungswerkzeug	C	**C**rop
Füllwerkzeug	G	
Hand-Werkzeug	H	**H**and
Hintergrund-Radiergummi-Werkzeug	E	**E**raser
Horizontales Textmaskierungswerkzeug	T	**T**ext
Text-Werkzeug (Horizontal)	T	**T**ext

Werkzeug	Tastenkürzel	Tastenkürzel kommt von ...
Kopierstempel-Werkzeug	S	**S**tamp
Kunstprotokoll-Pinsel	Y	
Lasso-Werkzeug	L	**L**asso
Linealwerkzeug	I	
Linienzeichner-Werkzeug	E	**E**raser
Magischer-Radiergummi-Werkzeug	E	**L**asso
Magnetisches-Lasso-Werkzeug	L	
Mischpinsel-Werkzeug	B	**B**rush
Musterstempel-Werkzeug	S	**S**tamp
Nachbelichter-Werkzeug	O	
Pfadauswahl-Werkzeug	A	
Pinsel-Werkzeug	B	**B**rush
Pipette-Werkzeug	I	
Polygon-Lasso-Werkzeug	L	**L**asso
Polygon-Werkzeug	U	
Protokollpinsel-Werkzeug	Y	
Radiergummi-Werkzeug	E	**E**raser
Rechteck-Werkzeug	U	
Reparatur-Pinsel-Werkzeug	J	
Rote-Augen-Werkzeug	J	
Scharfzeichner-Werkzeug	–	
Schnellauswahlwerkzeug	W	
Schwamm-Werkzeug	O	
Slice-Auswahlwerkzeug	C	
Slice-Werkzeug	C	
Standard-/Maskierungsmodus auswählen	Q	**Q**uick Mask
Standardfarben für Vordergrund und Hintergrund	D	**D**efault Colors
Verlaufswerkzeug	G	**G**radient Tool
Verschieben-Werkzeug	V	**M**ove Tool
Vertikales Textmaskierungswerkzeug	T	**T**ext
Vertikales Text-Werkzeug	T	**T**ext
Vorder- und Hintergrundfarbe vertauschen	X	E**x**change

Werkzeug		Tastenkürzel	Tastenkürzel kommt von ...
Weichzeichner-Werkzeug		–	
Wischfinger-Werkzeug		–	
Zauberstab-Werkzeug		W	Magic **W**and
Zeichenstift-Werkzeug		P	**P**en
Zoomwerkzeug		Z	**Z**oom

41.1.1 Tastenkürzel Werkzeuge, alphabetisch

Tastenkürzel	Werkzeug	
A	Direktauswahl-Werkzeug	
A	Pfadauswahl-Werkzeug	
B	Buntstift-Werkzeug	
B	Farbe-ersetzen-Werkzeug	
B	Mischpinsel-Werkzeug	
B	Pinsel-Werkzeug	
C	Freistellungswerkzeug	
C	Slice-Auswahlwerkzeug	
C	Slice-Werkzeug	
D	Standardfarben für Vordergrund und Hintergrund	
E	Hintergrund-Radiergummi-Werkzeug	
E	Linienzeichner-Werkzeug	
E	Magischer-Radiergummi-Werkzeug	
E	Radiergummi-Werkzeug	
F	Bildschirmmodus ändern (Standardmodus, Vollbildmodus mit Menüleiste, Vollbildmodus)	
G	Füllwerkzeug	
G	Verlaufswerkzeug	
H	Hand-Werkzeug	
I	Anmerkungen-Werkzeug	
I	Farbaufnahme-Werkzeug	
I	Linealwerkzeug	
I	Pipette-Werkzeug	
J	Ausbessern-Werkzeug	

Tastenkürzel	Werkzeug
J	Bereichsreparatur-Pinsel-Werkzeug
J	Reparatur-Pinsel-Werkzeug
J	Rote-Augen-Werkzeug
L	Lasso-Werkzeug
L	Magnetisches-Lasso-Werkzeug
L	Polygon-Lasso-Werkzeug
M	Auswahlellipse-Werkzeug
M	Auswahlrechteck-Werkzeug
O	Abwedler-Werkzeug
O	Nachbelichter-Werkzeug
O	Schwamm-Werkzeug
P	Freiform-Zeichenstift-Werkzeug
P	Zeichenstift-Werkzeug
Q	Standard-/Maskierungsmodus auswählen
R	Ansichtdrehung-Werkzeug
S	Kopierstempel-Werkzeug
S	Musterstempel-Werkzeug
T	Horizontales Textmaskierungswerkzeug
T	Text-Werkzeug (Horizontal)
T	Vertikales Textmaskierungswerkzeug
T	Vertikales Text-Werkzeug
U	Abgerundetes-Rechteck-Werkzeug
U	Eigene-Form-Werkzeug
U	Ellipse-Werkzeug
U	Polygon-Werkzeug
U	Rechteck-Werkzeug
V	Verschieben-Werkzeug
W	Schnellauswahlwerkzeug
W	Zauberstab-Werkzeug
X	Vorder- und Hintergrundfarbe vertauschen
Y	Kunstprotokoll-Pinsel
Y	Protokollpinsel-Werkzeug
Z	Zoomwerkzeug

41.1.2 Werkzeuge, englisch – deutsch

Englisch	Deutsch
Add Anchor Point Tool	Ankerpunkt-hinzufügen-Werkzeug
Art History Brush Tool	Kunstprotokoll-Pinsel
Background Color Tool	Hintergrundfarbe
Background Eraser Tool	Hintergrund-Radiergummi-Werkzeug
Blur Tool	Weichzeichner-Werkzeug
Brush Tool	Pinsel-Werkzeug
Burn Tool	Nachbelichter-Werkzeug
Clone Stamp Tool	Kopierstempel-Werkzeug
Color Replacement Tool	Farbe-ersetzen-Werkzeug
Color Sampler Tool	Farbaufnahme-Werkzeug
Convert Anchor Point Tool	Punkt-umwandeln-Werkzeug
Crop Tool	Freistellungswerkzeug
Custom Shape Tool	Eigene-Form-Werkzeug
Default Colors	Standardfarben
Delete Anchor Point Tool	Ankerpunkt-löschen-Werkzeug
Direct Selection Tool	Direktauswahl-Werkzeug
Dodge Tool	Abwedler-Werkzeug
Ellipse Tool	Ellipse-Werkzeug
Elliptical Marquee Tool	Auswahlellipse-Werkzeug
Eraser Tool	Radiergummi-Werkzeug
Exchange Tool	Vorder- und Hintergrundfarbe vertauschen
Eyedropper Tool	Pipette-Werkzeug
Foreground Color	Vordergrundfarbe
Freeform Pen Tool	Freiform-Zeichenstift-Werkzeug
Gradient Tool	Verlaufswerkzeug
Hand Tool	Hand-Werkzeug
Healing Brush Tool	Reparatur-Pinsel-Werkzeug
History Brush Tool	Protokollpinsel-Werkzeug
Horizontal Type Mask Tool	Horizontales Textmaskierungswerkzeug
Horizontal Type Tool	Horizontales Text-Werkzeug
Lasso Tool	Lasso-Werkzeug
Line Tool	Linienzeichner-Werkzeug
Magic Eraser Tool	Magischer-Radiergummi-Werkzeug
Magic Wand Tool	Zauberstab-Werkzeug
Magnetic Lasso Tool	Magnetisches Lasso-Werkzeug
Mixer Brush	Mischpinsel-Werkzeug

Englisch	Deutsch
Move Tool	Verschieben-Werkzeug
Note Tool	Anmerkungen-Werkzeug
Paint Bucket Tool	Füllwerkzeug
Patch Tool	Ausbessern-Werkzeug
Path Selection Tool	Pfadauswahl-Werkzeug
Pattern Stamp Tool	Musterstempel-Werkzeug
Pen Tool	Zeichenstift-Werkzeug
Pencil Tool	Buntstift-Werkzeug
Polygonal Lasso Tool	Polygon-Lasso-Werkzeug
Polygon Tool	Polygon-Werkzeug
Quick Mask Mode	Maskierungsmodus
Quick Selection Tool	Schnellauswahlwerkzeug
Rectangle Tool	Rechteck-Werkzeug
Rectangular Marquee Tool	Auswahlrechteck-Werkzeug
Red Eye Tool	Rote-Augen-Werkzeug
Rotate View	Ansichtdrehung-Werkzeug
Rounded Rectangle Tool	Abgerundetes-Rechteck-Werkzeug
Ruler Tool	Linealwerkzeug
Sharpen Tool	Scharfzeichner-Werkzeug
Single Column Marquee Tool	Auswahlwerkzeug: Einzelne Spalte
Single Row Marquee Tool	Auswahlwerkzeug: Einzelne Zeile
Slice Select Tool	Slice-Auswahlwerkzeug
Slice Tool	Slice-Werkzeug
Smudge Tool	Wischfinger-Werkzeug
Sponge Tool	Schwamm-Werkzeug
Spot Healing Brush Tool	Bereichsreparatur-Pinsel-Werkzeug
Vertical Type Mask Tool	Vertikales Textmaskierungswerkzeug
Vertical Type Tool	Vertikales Text-Werkzeug
Zoom Tool	Zoomwerkzeug (Lupe)

41.1.3 Werkzeuge, deutsch – englisch

Deutsch	Englisch
Abgerundetes-Rechteck-Werkzeug	Rounded Rectangle Tool
Abwedler-Werkzeug	Dodge Tool
Ankerpunkt-hinzufügen-Werkzeug	Add Anchor Point Tool
Ankerpunkt-löschen-Werkzeug	Delete Anchor Point Tool
Anmerkungen-Werkzeug	Note Tool

Deutsch	Englisch
Ansichtdrehung-Werkzeug	Rotate View
Ausbessern-Werkzeug	Patch Tool
Auswahlellipse-Werkzeug	Elliptical Marquee Tool
Auswahlrechteck-Werkzeug	Rectangular Marquee Tool
Auswahlwerkzeug: Einzelne Spalte	Single Column Marquee Tool
Auswahlwerkzeug: Einzelne Zeile	Single Row Marquee Tool
Bereichsreparatur-Pinsel-Werkzeug	Spot Healing Brush Tool
Buntstift-Werkzeug	Pencil Tool
Direktauswahl-Werkzeug	Direct Selection Tool
Eigene-Form-Werkzeug	Custom Shape Tool
Ellipse-Werkzeug	Ellipse Tool
Farbaufnahme-Werkzeug	Color Sampler Tool
Farbe-ersetzen-Werkzeug	Color Replacement Tool
Freiform-Zeichenstift-Werkzeug	Freeform Pen Tool
Freistellungswerkzeug	Crop Tool
Füllwerkzeug	Paint Bucket Tool
Hand-Werkzeug	Hand Tool
Hintergrundfarbe	Background Color Tool
Hintergrund-Radiergummi-Werkzeug	Background Eraser Tool
Horizontales Textmaskierungswerkzeug	Horizontal Type Mask Tool
Horizontales Text-Werkzeug	Horizontal Type Tool
Kopierstempel-Werkzeug	Clone Stamp Tool
Kunstprotokoll-Pinsel	Art History Brush Tool
Lasso-Werkzeug	Lasso Tool
Linealwerkzeug	Ruler Tool
Linienzeichner-Werkzeug	Line Tool
Magischer-Radiergummi-Werkzeug	Magic Eraser Tool
Magnetisches Lasso-Werkzeug	Magnetic Lasso Tool
Maskierungsmodus	Quick Mask Mode
Mischpinsel-Werkzeug	Mixer Brush
Musterstempel-Werkzeug	Pattern Stamp Tool
Nachbelichter-Werkzeug	Burn Tool
Pfadauswahl-Werkzeug	Path Selection Tool
Pinsel-Werkzeug	Brush Tool
Pipette-Werkzeug	Eyedropper Tool
Polygon-Lasso-Werkzeug	Polygonal Lasso Tool
Polygon-Werkzeug	Polygon Tool
Protokollpinsel-Werkzeug	History Brush Tool

Deutsch	Englisch
Punkt-umwandeln-Werkzeug	Convert Anchor Point Tool
Radiergummi-Werkzeug	Eraser Tool
Rechteck-Werkzeug	Rectangle Tool
Reparatur-Pinsel-Werkzeug	Healing Brush Tool
Rote-Augen-Werkzeug	Red Eye Tool
Scharfzeichner-Werkzeug	Sharpen Tool
Schnellauswahlwerkzeug	Quick Selection Tool
Schwamm-Werkzeug	Sponge Tool
Slice-Auswahlwerkzeug	Slice Select Tool
Slice-Werkzeug	Slice Tool
Standardfarben	Default Colors
Verlaufswerkzeug	Gradient Tool
Verschieben-Werkzeug	Move Tool
Vertikales Textmaskierungswerkzeug	Vertical Type Mask Tool
Vertikales Text-Werkzeug	Vertical Type Tool
Vorder- und Hintergrundfarbe vertauschen	Exchange Tool
Vordergrundfarbe	Foreground Color
Weichzeichner-Werkzeug	Blur Tool
Wischfinger-Werkzeug	Smudge Tool
Zauberstab-Werkzeug	Magic Wand Tool
Zeichenstift-Werkzeug	Pen Tool
Zoomwerkzeug (Lupe)	Zoom Tool

41.2 Tasten

41.2.1 Tastaturen am Mac und am PC

Abbildung 41.1 ▼
Die Mac-Tastatur

◂ **Abbildung 41.2**
Die Windows-Tastatur

Die folgende Tabelle zeigt die Entsprechungen der Tasten Windows/Mac. Bitte beachten Sie, dass es für den Mac je nach Baujahr unterschiedliche Tastaturen gibt. Die Abbildung oben zeigt eine aktuelle Tastatur, auf der nur noch das (Befehl)-Zeichen verwendet wird.

▾ **Tabelle 41.1**
Windows und Mac: Tastenbelegungen und Entsprechungen

Windows			Mac		
Steuerungstaste	Strg	8	Befehls- oder Apfeltaste	⌘ oder command	5
Alt-Taste	Alt	10	Alt- oder Wahltaste	alt oder option oder ⌥	4
Umschalttaste	⇧	7	Umschalttaste	shift oder ⇧	2
Tabulator	⇆	6	Tabulator	tab oder ⇆	1
Rechte Maustaste			Control-Taste	Ctrl oder control	3
Windows-Taste	⊞	9	–		

41.3 Tastenkürzel Funktionen

Leider funktionieren am Mac einige Tastenkürzel mit Umlauten oder Sonderzeichen nicht. Weisen Sie das Tastaturkürzel in einem solchen Fall gegebenenfalls über Bearbeiten • Tastaturbefehle neu zu.

41.3.1 Aktionen

Was wollen Sie tun?	Windows	Mac
Aktuellen Befehl aktivieren und alle anderen deaktivieren oder **alle Befehle** aktivieren	Alt drücken und auf das Häkchen neben einem Befehl klicken	⌥ drücken und auf das Häkchen neben einem Befehl klicken
Aktuelles modales Steuerelement einschalten und zwischen allen anderen modalen Steuerelementen wechseln	Alt drücken und auf das Steuerelement-Icon klicken	⌥ drücken und auf das Steuerelement-Icon klicken
Aktion ausführen	Strg + Doppelklick auf Aktion	⌘ + Doppelklick auf Aktion
Alle Befehle einer Aktion anzeigen/verbergen	Alt + Klick auf das Dreieck	⌥ + Klick auf das Dreieck

Was wollen Sie tun?	Windows	Mac
Einzelnen Befehl aus einer Aktion ausführen	Befehl markieren, Strg + Klick auf die Ausführen-Schaltfläche (Play-Button)	Befehl markieren, ⌘ + Klick auf die Ausführen-Schaltfläche (Play-Button)
Neue Aktion erstellen und ohne Bestätigung aufzeichnen	Alt + Klick auf die Schaltfläche Neue Aktion (runder Button)	⌥ + Klick auf die Schaltfläche Neue Aktion (runder Button)

41.3.2 Arbeitsschritte zurücknehmen

Was wollen Sie tun?	Windows	Mac
Einen Arbeitsschritt zurücknehmen bzw. wiederholen	Strg+Z	⌘+Z
Zurückgenommenen Arbeitsschritt wiederherstellen	⇧+Strg+Z	⇧+⌘+Z
Mehrere Arbeitsschritte zurückgehen	Alt+Strg+Z	⌥+⌘+Z
Mehrere Arbeitsschritte vorgehen	⇧+Strg+Z	⇧+⌘+Z
Zurück zur zuletzt abgespeicherten Bildversion	F12	F12
Einstellungen in Dialogfeldern zurücknehmen, ohne den Dialog zu schließen	Alt (verwandelt die Schaltfläche Abbrechen in Zurücksetzen)	⌥ (verwandelt die Schaltfläche Abbrechen in Zurücksetzen)
Protokoll-Palette: **Rückwärts** durch Bildstadien navigieren	Alt+Strg+Z	⌥+⌘+Z
Protokoll-Palette: **Vorwärts** durch Bildstadien navigieren	⇧+Strg+Z	⇧+⌘+Z
Schnappschuss umbenennen	Doppelklick auf Schnappschuss-Miniatur	Doppelklick auf Schnappschuss-Miniatur
Protokollliste **reversibel** löschen	Protokoll löschen (im Menü der Protokoll-Palette)	Protokoll löschen (im Menü der Protokoll-Palette)
Protokoll **endgültig** löschen	Alt + Protokoll löschen (im Menü der Protokoll-Palette)	⌥ + Protokoll löschen (im Menü der Protokoll-Palette)

41.3.3 Auswahlen

Was wollen Sie tun?	Windows	Mac
Alles auswählen	Strg+A	⌘+A
Eine bestehende Auswahl löschen	Strg+D	⌘+D
Erneut wählen (aktiviert die zuletzt aufgehobene Auswahl erneut)	⇧+Strg+D	⇧+⌘+D
Auswahl umkehren	⇧+Strg+I	⇧+⌘+I
Auswahllinie (und andere Extras) ausblenden	Strg+H	⌘+H
Nachträglich weiche Auswahlkante hinzufügen	Strg+Alt+D	⌘+⌥+D

Was wollen Sie tun?	Windows	Mac
Eine Neue Auswahl erstellen (entfernt eine eventuell bestehende Auswahl)	Auswahlwerkzeug normal benutzen	Auswahlwerkzeug normal benutzen
Der Auswahl hinzufügen	Auswahlwerkzeug benutzen, dabei ⇧ drücken	Auswahlwerkzeug benutzen, dabei ⇧ drücken
Von Auswahl subtrahieren	Auswahlwerkzeug benutzen, dabei Alt drücken	Auswahlwerkzeug benutzen, dabei ⌥ drücken
Schnittmenge mit Auswahl bilden	Auswahlwerkzeug benutzen, dabei Alt+⇧ drücken	Auswahlwerkzeug benutzen, dabei ⌥+⇧ drücken
Exaktes Quadrat aufziehen – funktioniert nur mit der Option Neue Auswahl	Halten Sie beim Aufziehen der Form ⇧ gedrückt.	Halten Sie beim Aufziehen der Form ⇧ gedrückt.
Exakten Kreis aufziehen – klappt nur mit der Option Neue Auswahl	Halten Sie beim Aufziehen der Form ⇧ gedrückt.	Halten Sie beim Aufziehen der Form ⇧ gedrückt.
Auswahlform von der Mitte aus aufziehen	Alt	⌥
Auswahlform (vor dem Abschließen des Vorganges) bewegen	Halten Sie die Maustaste gedrückt, und drücken Sie zusätzlich die Leertaste.	Halten Sie die Maustaste gedrückt, und drücken Sie zusätzlich die Leertaste.
Auswahllinie verschieben	Aktives Auswahlwerkzeug und Pfeiltasten oder Maus	Aktives Auswahlwerkzeug und Pfeiltasten oder Maus
Auswahlinhalt ausschneiden und verschieben (auf derselben Ebene)	Aktives Verschieben-Werkzeug und Pfeiltasten oder Maus	Aktives Verschieben-Werkzeug und Pfeiltasten oder Maus
Auswahl kopieren und verschieben (auf derselben Ebene)	Aktives Verschieben-Werkzeug und Pfeiltasten oder Maus, zusätzlich Alt drücken	Aktives Verschieben-Werkzeug und Pfeiltasten oder Maus, zusätzlich ⌥ drücken
Inhalt einer Auswahl ausschneiden und auf neuer Ebene einfügen	⇧+Strg+J	⇧+⌘+J
Inhalt einer Auswahl kopieren und auf neuer Ebene einfügen	Strg+J	⌘+J
Ausgewählte Bildbereiche löschen	Entf	←
Deckende Pixel einer Ebene auswählen	Strg + Klick in die Ebenenminiatur	⌘ + Klick in die Ebenenminiatur
Deckende Pixel einer Ebene auswählen, Auswahl erweitern	Strg+⇧ + Klick in die Ebenenminiatur	⌘+⇧ + Klick in die Ebenenminiatur
Deckende Pixel einer Ebene auswählen, Auswahl verkleinern	Alt+Strg+⇧ + Klick in die Ebenenminiatur	⌥+⌘+⇧ + Klick in die Ebenenminiatur

41.3.4 Bildkorrekturen

Was wollen Sie tun?	Windows	Mac
Tonwertkorrektur durchführen	Strg + L	⌘ + L
Auto-Farbton durchführen	⇧ + Strg + L	⇧ + ⌘ + L
Auto-Kontrast durchführen	Alt + ⇧ + Strg + L	⌥ + ⇧ + ⌘ + L
Auto-Farbe durchführen	⇧ + Strg + B	⇧ + ⌘ + B
Gradationskurven	Strg + M	⌘ + M
Farbbalance	Strg + B	⌘ + B
Schwarzweiß	Alt + ⇧ + Strg + B	⌥ + ⇧ + ⌘ + B
Farbton/Sättigung	Strg + U	⌘ + U
Sättigung verringern	⇧ + Strg + U	⇧ + ⌘ + U
Bildgröße	Alt + Strg + I	⌥ + ⌘ + I
Arbeitsfläche	Alt + Strg + C	⌥ + ⌘ + C
Frei transformieren	Strg + T	⌘ + T
Erneut transformieren	⇧ + Strg + T	⇧ + ⌘ + T
Verblassen	⇧ + Strg + F	⇧ + ⌘ + F
Fläche füllen	⇧ + F5	⇧ + F5

41.3.5 Bildlauf

Was wollen Sie tun?	Windows	Mac
Hand-Werkzeug aufrufen	H	H
Hand-Werkzeug kurzzeitig aus anderen Werkzeugen heraus aufrufen	Leertaste	Leertaste
Handwerkzeug auf alle Bilder gleichzeitig anwenden	⇧ + Leertaste	⇧ + Leertaste
Bildausschnitt hochschieben	Bild ↑	⇞
Bildausschnitt herunterschieben	Bild ↓	⇟
Bildausschnitt langsam hochschieben	⇧ + Bild ↑	⇧ + ⇞
Bildausschnitt langsam herunterschieben	⇧ + Bild ↓	⇧ + ⇟
Bildausschnitt nach links schieben	Strg + Bild ↑	⌘ + ⇞
Bildausschnitt nach rechts schieben	Strg + Bild ↓	⌘ + ⇟
Bildausschnitt zur linken oberen Bildecke schieben	Pos1	Home
Bildausschnitt zur rechten unteren Bildecke schieben	Ende	End
Kurzfristig ganzes Bild mit Positionsrahmen einblenden	H + Maustaste drücken	H + Maustaste drücken

41.3.6 Datei

Was wollen Sie tun?	Windows	Mac
Datei öffnen	Strg+O	⌘+O
Datei anlegen	Strg+N	⌘+N
Bridge öffnen	Alt+Strg+O	⌥+⌘+O
Öffnen als…	⇧+Alt+Strg+O	–
Datei schließen	Strg+W	⌘+W
Alle Dateien schließen	Alt+Strg+W	⌥+⌘+W
Datei speichern	Strg+S	⌘+S
Datei speichern unter	Alt+Strg+S	⌥+⌘+S
Für Web und Geräte speichern	⇧+Alt+Strg+S	⇧+⌥+⌘+S
Zurück zur letzten Version gehen	F12	F12
Dateiinformationen anzeigen	⇧+Alt+Strg+I	⇧+⌥+⌘+I

41.3.7 Drucken

Was wollen Sie tun?	Windows	Mac
Drucken	Strg+P	⌘+P
Eine Kopie drucken	Alt+⇧+Strg+P	⌥+⇧+⌘+P
Farbproof	Strg+Y	⌘+Y
Farbumfang-Warnung	⇧+Strg+Y	⇧+⌘+Y

41.3.8 Ebenen erstellen

Was wollen Sie tun?	Windows	Mac
Neue leere Ebene **oberhalb** der aktiven Ebene anlegen	Klick auf das Icon NEU in der Ebenen-Palette	Klick auf das Icon NEU in der Ebenen-Palette
Neue leere Ebene **unterhalb** der aktiven Ebene anlegen	Mit gedrückter Strg-Taste auf das Icon NEU in der Ebenen-Palette klicken	Mit gedrückter ⌘-Taste auf das Icon NEU in der Ebenen-Palette klicken
Neue leere Ebene **mit Dialogfeld** anlegen	Mit gedrückter Alt-Taste auf das Icon NEU in der Ebenen-Palette klicken	Mit gedrückter ⌥-Taste auf das Icon NEU in der Ebenen-Palette klicken
Neue leere Ebene **mit Dialogfeld** anlegen	⇧+Strg+N	⇧+⌘+N

41.3.9 Ebenen aktivieren

Was wollen Sie tun?	Windows	Mac
Zur **nächsthöheren** Ebene im Ebenen-Schichtaufbau springen	Alt+. (Punkt)	⌥+. (Punkt)
Zur **nächstunteren** Ebene im Ebenen-Schichtaufbau springen	Alt+, (Komma)	⌥+, (Komma)
Zur **obersten** Ebene im Ebenen-Schichtaufbau springen	⇧+Alt+- (Minus)	⇧+⌥+- (Minus)
Zur **untersten** Ebene im Ebenen-Schichtaufbau springen	Alt+- (Minus)	⌥+- (Minus)
Zusätzlich zur aktuell aktiven auch noch die **darüberliegende Ebene** aktivieren	⇧+Alt+. (Punkt)	⇧+⌥+. (Punkt)
Zusätzlich zur aktuell aktiven auch noch die **darunterliegende Ebene** aktivieren	⇧+Alt+, (Komma)	⇧+⌥+, (Komma)
Mehrere Ebenen oder Gruppen auf einmal aktivieren	Mit Strg in der Ebenen-Palette entsprechende Ebenen(gruppen) per Maus auswählen	Mit ⌘ in der Ebenen-Palette entsprechende Ebenen(gruppen) per Maus auswählen
Mehrere aufeinanderfolgende Ebenen oder Ebenengruppen auf einmal aktivieren	Mit ⇧ in der Ebenen-Palette die erste und die letzte Ebene(ngruppe) anklicken, die Sie aktivieren wollen	Mit ⇧ in der Ebenen-Palette die erste und die letzte Ebene(ngruppe) anklicken, die Sie aktivieren wollen

41.3.10 Ebenen bearbeiten

Was wollen Sie tun?	Windows	Mac
Ebene ganz nach oben/unten verschieben	⇧+Strg+Ä/#	⇧+⌘+ß/#
Ebene einen Schritt nach oben/unten	Strg+Ä/#	⌘+ß/#
Markierte Ebene(ngruppe) mit darunterliegender Ebene(ngruppe) auf eine Ebene reduzieren	Strg+E	⌘+E
Mehrere markierte Ebenen(gruppen) auf eine Ebene reduzieren	Strg+E	⌘+E
Markierte Gruppe auf eine Ebene reduzieren (Gruppe zusammenfügen)	Strg+E	⌘+E
Alle sichtbaren Ebenen(gruppen) auf eine Ebene reduzieren. Wenn im Bild eine Hintergrundebene vorhanden ist, werden Ebenen auf die Hintergrundebene reduziert.	Strg+⇧+E	⌘+⇧+E
Eine Kopie aller sichtbaren Ebenen auf eine neue Zielebene reduzieren (Ebenen »stempeln«)	⇧+Strg+Alt+E	⇧+⌘+⌥+E

41.3.11 Ebenen ein- und ausblenden

Was wollen Sie tun?	Windows	Mac
Mehrere untereinanderliegende Ebenen(gruppen) ein- oder ausblenden	Mit gehaltener Maustaste Augen-Icons »abfahren«	Mit gehaltener Maustaste Augen-Icons »abfahren«
Alle *anderen* sichtbaren Ebenen(gruppen) außer der aktuell aktiven ein-/ausblenden	Alt + Klick auf das Auge	⌥ + Klick auf das Auge
Nur diese Ebenen(gruppe) oder alle Ebenen(gruppen) ein-/ausblenden	Klick auf das Auge	Klick auf das Auge

41.3.12 Ebenengruppen

Was wollen Sie tun?	Windows	Mac
Neue (leere) Ebenengruppe oberhalb der aktuellen Ebene(ngruppe) erstellen	Klick auf die Schaltfläche NEUE GRUPPE ERSTELLEN	Klick auf die Schaltfläche NEUE GRUPPE ERSTELLEN
Neue (leere) Ebenengruppe unter der aktuellen Ebene(ngruppe) erstellen	Strg + Klick auf die Schaltfläche NEUE GRUPPE ERSTELLEN	⌘ + Klick auf die Schaltfläche NEUE GRUPPE ERSTELLEN
Zuvor markierte Ebenen gruppieren	Strg + G	⌘ + G
Gruppierung von Ebenen aufheben	Strg + ⇧ + G	⌘ + ⇧ + G
Neue Ebenengruppe mit Dialogfeld erstellen	Alt + Klick auf die Schaltfläche NEUE GRUPPE ERSTELLEN	⌥ + Klick auf die Schaltfläche NEUE GRUPPE ERSTELLEN
Eigenschaften der Ebenengruppe anzeigen	Rechtsklick auf die Ebenengruppe, Doppelklicken auf das Ordnersymbol	Ctrl + Klick auf die Ebenengruppe, Doppelklicken auf das Ordnersymbol

41.3.13 Ebenenfüllmethoden

Was wollen Sie tun?	Windows	Mac
Durch Füllmethoden navigieren: in der Liste abwärts	Bei aktiver Dropdown-Liste in der Ebenen-Palette: ↓-Taste	Bei aktiver Dropdown-Liste in der Ebenen-Palette: ↓-Taste
Durch Füllmethoden navigieren: in der Liste aufwärts	Bei aktiver Dropdown-Liste in der Ebenen-Palette: ↑-Taste	Bei aktiver Dropdown-Liste in der Ebenen-Palette: ↑-Taste
Füllmethode NORMAL	⇧ + Alt + N	⇧ + ⌥ + N
Füllmethode SPRENKELN	⇧ + Alt + I	⇧ + ⌥ + I
Füllmethode DAHINTER AUFTRAGEN (nur Pinsel)	⇧ + Alt + Q	⇧ + ⌥ + Q
Füllmethode LÖSCHEN (nur Pinsel)	⇧ + Alt + R	⇧ + ⌥ + R

Was wollen Sie tun?	Windows	Mac
Füllmethode Abdunkeln	⇧+Alt+K	⇧+⌥+K
Füllmethode Multiplizieren	⇧+Alt+M	⇧+⌥+M
Füllmethode Farbig nachbelichten	⇧+Alt+B	⇧+⌥+B
Füllmethode Linear nachbelichten	⇧+Alt+A	⇧+⌥+A
Füllmethode Dunklere Farbe	Ohne Kürzel	Ohne Kürzel
Füllmethode Aufhellen	⇧+Alt+G	⇧+⌥+G
Füllmethode Negativ multiplizieren	⇧+Alt+S	⇧+⌥+S
Füllmethode Farbig abwedeln	⇧+Alt+D	⇧+⌥+D
Füllmethode Linear abwedeln	⇧+Alt+W	⇧+⌥+W
Füllmethode Hellere Farbe	Ohne Kürzel	Ohne Kürzel
Füllmethode Ineinanderkopieren	⇧+Alt+O	⇧+⌥+O
Füllmethode Weiches Licht	⇧+Alt+F	⇧+⌥+F
Füllmethode Hartes Licht	⇧+Alt+H	⇧+⌥+H
Füllmethode Strahlendes Licht	⇧+Alt+V	⇧+⌥+V
Füllmethode Lineares Licht	⇧+Alt+J	⇧+⌥+J
Füllmethode Lichtpunkt	⇧+Alt+Z	⇧+⌥+Z
Füllmethode Hart mischen	⇧+Alt+L	⇧+⌥+L
Füllmethode Differenz	⇧+Alt+E	⇧+⌥+E
Füllmethode Ausschluss	⇧+Alt+X	⇧+⌥+X
Füllmethode Subtrahieren	Ohne Kürzel	Ohne Kürzel
Füllmethode Unterteilen	Ohne Kürzel	Ohne Kürzel
Füllmethode Farbton	⇧+Alt+U	⇧+⌥+U
Füllmethode Sättigung	⇧+Alt+T	⇧+⌥+T
Füllmethode Farbe	⇧+Alt+C	⇧+⌥+C
Füllmethode Luminanz	⇧+Alt+Y	⇧+⌥+Y

41.3.14 Fenster (Paletten)

Was wollen Sie tun?	Windows	Windows
Aktionen-Palette	F9	⌥+F9
Ebenen-Palette	F7	F7
Farbe-Palette	F6	F6
Info-Palette	F8	F8
Pinsel-Palette	F5	F5

41.3.15 Filter

Was wollen Sie tun?	Windows	Mac
Neuen Filter über dem derzeit aktiven Filter anwenden	Alt + auf gewünschten Filter klicken	⌥ + auf gewünschten Filter klicken
Schaltfläche ABBRECHEN in ZURÜCKSETZEN verwandeln	Alt	⌥
Schaltfläche ABBRECHEN in STANDARD verwandeln	Strg	⌘
Rückgängig/Wiederherstellen	Strg+Z	⌘+Z
Schritt vorwärts	Strg+⇧+Z	⌘+⇧+Z
Schritt zurück	Strg+Alt+Z	⌘+⌥+Z

41.3.16 Gradationskurven

Was wollen Sie tun?	Windows	Mac
Dialogfeld GRADATIONSKURVEN aufrufen	Strg+M	⌘+M
Nächsten Kurvenpunkt auswählen	+	+
Vorherigen Kurvenpunkt auswählen	-	-
Mehrere Kurvenpunkte auswählen	⇧ + Klick auf die Punkte	⇧ + Klick auf die Punkte
Kurvenauswahl aufheben	Strg+D	⌘+D
Kurvenpunkt löschen	Entf	←
Tiefen- und Lichterbeschneidung anzeigen	Alt + Weiß- und Schwarzpunktregler ziehen	⌥ + Weiß- und Schwarzpunktregler ziehen
Rastergröße verändern	Alt + Klick auf das Raster	⌥ + Klick auf das Raster

41.3.17 Hilfsmittel ein- und ausblenden

Was wollen Sie tun?	Windows	Mac
Alle Extras	Strg+H	⌘+H
Lineale	Strg+R	⌘+R
Hilfslinien	Strg+,	⌘+,
Zilepfad	⇧+Strg+H	⇧+⌘+H
Raster	Alt+⇧+Strg+,	⌥+⇧+⌘+,

41.3.18 Kante verbessern

Was wollen Sie tun?	Windows	Mac
Dialogfeld KANTE VERBESSERN öffnen	Strg+Alt+R	⌘+⌥+R

Was wollen Sie tun?	Windows	Mac
Vorschaumodus vorwärts durchlaufen	F	F
Vorschaumodus rückwärts durchlaufen	⇧+F	⇧+F
Zwischen Original und Vorschau wechseln	X	X
Vorschau ein-/ausschalten	P	P

41.3.19 Kopierquelle

Was wollen Sie tun?	Windows	Mac
Kopierquelle ohne Werkzeugkontur zeigen	⇧+Alt	⇧+⌥
Kopierquelle drehen*	⇧+Alt+Ü oder +	⇧+⌥+Ü oder +
Kopierquelle vergrößern*	⇧+Alt+?	⇧+⌥+?
Kopierquelle verkleinern*	⇧+Alt+=	⇧+⌥+=

* funktioniert nur, wenn die Palette KOPIERQUELLE geöffnet ist

41.3.20 Lasso

Was wollen Sie tun?	Windows	Mac
Vorgang abbrechen	Esc	Esc
Lasso aufrufen	L	L
Kurzzeitiger Wechsel vom Lasso- zum Polygon-Lasso-Werkzeug (funktioniert auch umgekehrt)	Alt gedrückt halten	⌥ gedrückt halten
Mit Polygon-Lasso erstellte Auswahl-Ankerpunkte entfernen	Entf	←
Auswahlbereich endgültig schließen	Maus loslassen	Maus loslassen
Polygon-Lasso aufrufen	L	L
Letzten Ankerpunkt entfernen (kann die Gestalt der Auswahllinie gravierend verändern)	Entf	←
Auswahl-Liniensegmente exakt im 45°-Winkel ziehen (oder in Vielfachen von 45°)	⇧	⇧
Kurzzeitiger Wechsel vom Polygon- zum normalen Lasso (funktioniert auch umgekehrt)	Alt gedrückt halten und mit der Maus ziehen	⌥ gedrückt halten und mit der Maus ziehen
Auswahlbereich endgültig schließen	Doppelklick oder Strg + Klick	Doppelklick oder ⌘ + Klick
Magnetisches Lasso aufrufen	L	L
Kurzzeitiger Wechsel vom Magnet- zum normalen Lasso	Alt gedrückt halten, dann freihändig »zeichnen«	⌥ gedrückt halten, dann freihändig »zeichnen«
Kurzzeitiger Wechsel vom Magnet- zum Polygon-Lasso	Alt gedrückt halten, dann durch Klicks Liniensegmente anlegen	⌥ gedrückt halten, dann durch Klicks Liniensegmente anlegen

Was wollen Sie tun?	Windows	Mac
Kontrast erhöhen	[.] (Punkt)	[.] (Punkt)
Kontrast verringern	[,] (Komma)	[,] (Komma)
Breite erhöhen	[#]	[#]
Breite verringern (während die Auswahl angelegt wird)	[Ö]	(ohne Tastenkürzel) **Hinweis:** Laut Adobe-Handbuch ist der zuständige Shortcut das Akzentzeichen – das bewirkt aber gar nichts.
Bildzoom größer – ausnahmsweise ohne zusätzliches Drücken von [Strg] oder [⌘]	[+]	[+]
Bildzoom kleiner – ausnahmsweise ohne zusätzliches Drücken von [Strg] oder [⌘]	[-]	[-]
Breite des Erkennungsabstandes anzeigen (Mauscursor-Form ändern)	[⇪] arretieren	[⇪] arretieren
Auswahl auf kürzestem Weg schließen	Doppelklick oder [Strg] + Klick	Doppelklick oder [⌘] + Klick

41.3.21 Malen und Malwerkzeuge

Was wollen Sie tun?	Windows	Mac
Pinsel-Werkzeug aktivieren	[B]	[B]
Mischpinsel-Werkzeug aktivieren	[B]	[B]
Buntstift-Werkzeug aktivieren	[B]	[B]
Radiergummi-Werkzeug aktivieren	[E]	[E]
Magischer-Radiergummi-Werkzeug aktivieren	[E]	[E]
Bei allen Malwerkzeugen: Punkte durch eine gerade Linie verbinden (jeglicher Winkel)	[⇧] + auf den Start- und den Endpunkt der Linie klicken	[⇧] + auf den Start- und den Endpunkt der Linie klicken
Bei allen Malwerkzeugen: genau senkrechte oder waagerechte Linien ziehen (oder 15°-Winkel)	[⇧] + malen	[⇧] + malen
Bei allen Malwerkzeugen: Ebenen-Paletten-Option TRANSPARENTE PIXEL FIXIEREN ein- und ausschalten	[ß]	[ß]
Werkzeugspitze vergrößern	[#]	[#]
Werkzeugspitzen verkleinern	[Ö]	[Ö]
Zum nächstunteren Pinsel in der Pinselliste wechseln (funktioniert auch bei zugeklappter Liste)	[,] (Komma)	[,] (Komma)
Zum nächsthöheren Pinsel in der Pinselliste wechseln (funktioniert auch bei zugeklappter Liste)	[.] (Punkt)	[.] (Punkt)
Werkzeugspitzenanzeige: Fadenkreuz	[⇪]	[⇪]

41.3.22 Masken

Was wollen Sie tun?	Windows	Mac
Weiße Maske erstellen	 in der Ebenen-Palette  in der Masken-Palette	 in der Ebenen-Palette  in der Masken-Palette
Schwarze Maske erstellen	 + Alt in der Ebenen-Palette  + Alt in der Masken-Palette	 + ⌥ in der Ebenen-Palette  + ⌥ in der Masken-Palette
Graustufenansicht der Maske anzeigen	Alt + Klick auf die Maskenminiatur	⌥ + Klick auf die Maskenminiatur
Maskierungsfolie anzeigen	⇧ + Alt + Klick auf die Maskenminiatur	⇧ + ⌥ + Klick auf die Maskenminiatur
Maskenwirkung temporär ausschalten	⇧ + Klick auf die Maskenminiatur	⇧ + Klick auf die Maskenminiatur
Maske als Auswahl laden	Strg + Klick auf die Maskenminiatur	⌘ + Klick auf die Maskenminiatur
Maskenoptionen aufrufen	Doppelklick auf die Maskenminiatur oder Rechtsklick und Maskenoptionen...	Doppelklick auf die Maskenminiatur oder Ctrl +Klick und Maskenoptionen...

41.3.23 Pinsel und Pinsel-Palette

Was wollen Sie tun?	Windows	Mac
Pinselgröße ändern	Alt + Rechtsklick + Mausbewegung nach rechts oder links	⌥ + Rechtsklick (oder Ctrl) + Mausbewegung nach rechts oder links
Kantenschärfe der Pinselspitze verringern oder erhöhen	Alt + Rechtsklick + Mausbewegung nach oben oder unten	⌥ + Rechtsklick (oder Ctrl) + Mausbewegung nach oben oder unten
Fadenkreuz für Pinsel anzeigen	⇧	⇧
Airbrush-Option ein-/ausschalten	⇧ + Alt + P	⇧ + ⌥ + P
Pinsel aus Pinselvorgaben-Liste löschen	Alt + Klicken auf Pinsel in der Liste	⌥ + Klicken auf Pinsel in der Liste
Pinsel umbenennen	Doppelklick auf Pinsel in der Liste	Doppelklick auf Pinsel in der Liste
Zum ersten Pinsel in der Liste springen	⇧ + , (Komma)	⇧ + , (Komma)

41.3.24 Pfade

Was wollen Sie tun?	Windows	Mac
Mehrere Ankerpunkte auswählen	Direktauswahl-Werkzeug + Klick bei gedrückter ⇧-Taste	Direktauswahl-Werkzeug + Klick bei gedrückter ⇧-Taste
Gesamten Pfad auswählen	Direktauswahl-Werkzeug + Klick bei gedrückter Alt-Taste	Direktauswahl-Werkzeug + Klick bei gedrückter ⌥-Taste
Pfad duplizieren	Beliebiges Zeichenstift-Werkzeug oder Pfadauswahl- oder Direktauswahl-Werkzeug aktivieren + Strg+Alt + Ziehen mit der Maus	Beliebiges Zeichenstift-Werkzeug oder Pfadauswahl- oder Direktauswahl-Werkzeug aktivieren + ⌘+⌥ + Ziehen mit der Maus
Vom Pfadauswahl-, Zeichenstift-, Ankerpunkt-hinzufügen-, Ankerpunkt-löschen- oder Punkt-umwandeln-Werkzeug auf das Direktauswahl-Werkzeug umschalten	Strg	⌘
Vom Zeichenstift- oder Freiform-Zeichenstift-Werkzeug zum Punkt-umwandeln-Werkzeug wechseln, wenn der Mauscursor sich gerade auf einem Anker- oder Griffpunkt befindet	Alt	⌥
Bei der Arbeit mit magnetischem Freiform-Zeichenstift: Pfadlinie schließen	Doppelklick oder Pfad zu Ende zeichnen	Doppelklick oder Pfad zu Ende zeichnen
Bei der Arbeit mit magnetischem Freiform-Zeichenstift: Pfad mit geradem Segment schließen	Alt + Doppelklick	⌥ + Doppelklick
Pfad ausblenden	Strg+⇧+H	⌘+⇧+H

41.3.25 Text

Was wollen Sie tun?	Windows	Mac
Text im Bild verschieben	Textebene auswählen, Strg halten, Text mit Maus ziehen	Textebene auswählen, ⌘ halten, Text mit Maus ziehen
Ein **Zeichen** links/rechts auswählen: Cursor muss schon im Text stehen und ...	⇧+←/→	⇧+←/→
Eine **Zeile** oben/unten auswählen: Cursor muss schon im Text stehen und ...	↑/↓	↑/↓
Ein **Wort** links/rechts auswählen: Cursor muss schon im Text stehen und ...	Strg+←/→	⌘+←/→
Alle Zeichen zwischen blinkender Einfügemarke und Mausklick-Position auswählen	⇧ + in Text klicken	⇧ + in Text klicken
Beim Transformieren: Begrenzungsrahmen für Texttransformationen aktivieren, um den **Text zu verzerren**	Strg + dann an einem der Griffe ziehen	⌘ + dann an einem der Griffe ziehen

Was wollen Sie tun?	Windows	Mac
Textfeld beim Erstellen verschieben	Leertaste drücken, Textfeld ziehen	Leertaste drücken, Textfeld ziehen
Absatz linksbündig ausrichten (horizontales Textwerkzeug muss aktiv sein, Cursor im Text)	Strg+⇧+L	⌘+⇧+L
Absatz rechtsbündig ausrichten (horizontales Textwerkzeug muss aktiv sein, Cursor im Text)	Strg+⇧+R	⌘+⇧+R
Absatz im Blocksatz ausrichten (horizontales Textwerkzeug muss aktiv sein, Cursor im Text)	Strg+⇧+F	⌘+⇧+F
Absatz zentriert ausrichten (horizontales Textwerkzeug muss aktiv sein, Cursor im Text)	Strg+⇧+C	⌘+⇧+C
Bei vertikaler Schrift: zentrieren, oben oder unten ausrichten	Vertikales Text-Werkzeug + Strg+⇧+L, C oder R	Vertikales Text-Werkzeug + ⌘+⇧+L, C oder R
Silbentrennung ein/aus	Strg+⇧+Alt+H	⌘+Ctrl+⇧+⌥+H
Wechsel zwischen Einzeilen-Setzer und Alle-Zeilen-Setzer	Strg+⇧+Alt+T	⌘+⇧+⌥+T
Schriftgrad des ausgewählten Texts um 2 Schriftgrade (Punkt oder Pixel, je nach Voreinstellung) verkleinern	Strg+⇧+A	⌘+⇧+?
Schriftgrad des ausgewählten Texts um 2 Schriftgrade (Punkt oder Pixel, je nach Voreinstellung) vergrößern	Strg+⇧+W	⌘+⇧+\` (Akzentzeichen)
Schriftgrad des ausgewählten Texts um 10 Schriftgrade (Punkt oder Pixel, je nach Voreinstellung) verkleinern	Strg+Alt+⇧+A	⌥+⌘+⇧+?
Schriftgrad des ausgewählten Texts um 10 Schriftgrade (Punkt oder Pixel, je nach Voreinstellung) vergrößern	Strg+Alt+⇧+W	⌥+⌘+⇧+\` (Akzentzeichen)
Zeilenabstand des ausgewählten Texts um 2 Einheiten (Punkt oder Pixel, je nach Voreinstellung) verkleinern	Alt+↓	⌥+↓
Zeilenabstand des ausgewählten Texts um 2 Einheiten (Punkt oder Pixel, je nach Voreinstellung) vergrößern	Alt+↑	⌥+↑
Zeilenabstand des ausgewählten Texts um 10 Einheiten (Punkt oder Pixel, je nach Voreinstellung) verkleinern	Strg+Alt+↓	⌘+⌥+↓
Zeilenabstand des ausgewählten Texts um 10 Einheiten (Punkt oder Pixel, je nach Voreinstellung) vergrößern	Strg+Alt+↑	⌘+⌥+↑
Grundlinienverschiebung um 2 Einheiten (Punkt oder Pixel, je nach Voreinstellung) verkleinern	⇧+Alt+↓	⇧+⌥+↓
Grundlinienverschiebung um 2 Einheiten (Punkt oder Pixel, je nach Voreinstellung) vergrößern	⇧+Alt+↑	⇧+⌥+↑
Grundlinienverschiebung um 10 Einheiten (Punkt oder Pixel, je nach Voreinstellung) verkleinern	Strg+⇧+Alt+↓	⌘+⇧+⌥+↓
Grundlinienverschiebung um 10 Einheiten (Punkt oder Pixel, je nach Voreinstellung) vergrößern	Strg+⇧+Alt+↑	⌘+⇧+⌥+↑
Laufweite/Kerning um 20/1000 Geviert verkleinern	Alt+←	⌥+←
Laufweite/Kerning um 20/1000 Geviert vergrößern	Alt+→	⌥+→

41.3.26 Verflüssigen-Filter

Was wollen Sie tun?	Windows	Mac
2 × zoomen (vorübergehend)	X	X
Einzoomen	Strg + + (Ziffernblock)	⌘ + + (Ziffernblock)
Auszoomen	Strg + - (Ziffernblock)	⌘ + - (Ziffernblock)
Bildanzeige ins Vorschaufenster des Dialog anpassen	Doppelklick aufs Handwerkzeug; Strg + 0	Doppelklick aufs Handwerkzeug; ⌘ + 0
Bild in 100% Ansicht bringen und Mittelpunkt zentrieren	Doppelklick aufs Zoomwerkzeug	Doppelklick aufs Zoomwerkzeug
Auswahl und Ebenen ausblenden	Strg + H	⌘ + H
Auswahl in Schritten von einem Pixel verschieben	Pfeiltasten	Pfeiltasten
Auswahl in Schritten von 10 Pixeln verschieben	⇧ + Pfeiltasten	⇧ + Pfeiltasten
Auswahl in Schritten von einem Pixel verschieben	Pfeiltasten	Pfeiltasten
Auswahl in Schritten von 10 Pixeln verschieben	⇧ + Pfeiltasten	⇧ + Pfeiltasten
Auswahl mit Pixeln unter dem Mauszeiger füllen	Strg halten und Maus bewegen	⌘ halten und Maus bewegen
Beim Erstellen von perspektivebenen: letzten »Anfasser« löschen	←	Entf
Perspektivebene über gesamte Bildfläche erstellen, parallel zur Kameraperspektive	Doppelklick aufs Ebene-Erstellen-Werkzeug	Doppelklick aufs Ebene-Erstellen-Werkzeug

41.3.27 Zoom

Was wollen Sie tun?	Windows	Mac
Zoomwerkzeug aktivieren	Z	Z
Bildansicht vergrößern	Strg + +	⌘ + +
Bildansicht verkleinern	Strg + -	⌘ + -
Bildansicht in allen Dokumenten vergrößern	Klick mit der Lupe ins Bild + ⇧	Klick mit der Lupe ins Bild + ⇧
Bildansicht in allen Dokumenten verkleinern	Klick mit der Lupe ins Bild + Alt + ⇧	Klick mit der Lupe ins Bild + ⌥ + ⇧
Bildansicht mit Bildfenster vergrößern	Strg + Alt + +	⌘ + ⌥ + +
Bildansicht mit Bildfenster verkleinern	Strg + Alt + -	⌘ + ⌥ + -
Wenn in den Voreinstellungen die Option Zoom ändert Fenstergrösse aktiv ist und schwebende Fenster genutzt werden, die Größenänderung kurzfristig abstellen	⇧	⇧
Bildansicht auf 100 % stellen	Strg + Alt + 0 (Null)	⌘ + ⌥ + 0 (Null)

Was wollen Sie tun?	Windows	Mac
Maximale Bildgröße auf dem Monitor (Bildschirmgröße) darstellen	Strg + 0 (Null)	⌘ + 0 (Null)
Zoomwerkzeug kurzzeitig aus anderen Werkzeugen aufrufen und vergrößern	Leertaste + Strg	Leertaste + ⌘
Zoomwerkzeug kurzzeitig aus anderen Werkzeugen aufrufen und verkleinern	Alt + Leertaste (bzw. Strg + Alt + Leertaste bei der Bearbeitung von Text)	⌥ + Leertaste (bzw. ⌘ + ⌥ + Leertaste bei der Bearbeitung von Text)

41.3.28 3D (nur Photoshop Extended)

Was wollen Sie tun?	Windows	Mac
3D-Objekt-drehen-Werkzeug	K	K
3D-Objekt-rollen-Werkzeug	K	K
3D-Objekt-schwenken-Werkzeug	K	K
3D-Objekt-verschieben-Werkzeug	K	K
3D-Objekt-skalieren-Werkzeug	K	K
3D-Kamera-kreisen-Werkzeug	N	N
3D-Kamera-rollen-Werkzeug	N	N
3D-Kamera-schwenken-Werkzeug	N	N
3D-Kameragang-Werkzeug	N	N
3D-Kamerazoom-Werkzeug	N	N

KAPITEL 42

Glossar

8-Bit-Grafik
Die Bitzahl einer Datei gibt an, wie viele unterschiedliche Farben im Bild enthalten sein können. Je höher die Bitzahl, desto mehr Farben kann eine Grafikdatei enthalten. Eine 8-Bit-Datei ist ein Farb- oder Graustufenbild mit sehr geringem Speicherbedarf, es kann aber auch nur 256 Farben – oder weniger – enthalten.

16-Bit-Grafik
Eine Datei, in der maximal 65.536 Farben vorkommen.

24-Bit-Grafik
Ein Farbbild mit 16,7 Millionen Farben.

Abwedler
Dieses Photoshop-Werkzeug hellt Pixel auf. Der Name stammt von einem Verfahren der Analogfotografie.

Additive Farbmischung
Auf den additiven Grundfarben Rot, Grün und Blau basierendes Farbmodell. In der Mischung ergeben die Grundfarben Weiß. Das Verfahren lässt sich am besten durch die Mischung von Lichtfarben veranschaulichen. Fernseher und Computermonitore basieren auf der additiven Farbmischung.

Airbrush
Ursprünglich ein »analoges« Werkzeug für die Grafikbearbeitung, mit dem Farbe mittels Kompressor und Spritzpistole in einem Farb-Luft-Gemisch aufgetragen wird. In Photoshop haben einige Mal- und Retusche-Werkzeuge »Airbrush« als Option. Dadurch lassen sich Farbmenge und Farbdichte der aufgetragenen Pixel simulieren.

Aktion
Photoshop-Funktion, mit der sich häufige Arbeitsschritte automatisieren lassen. Aktionen sind mitgeschnittene und gespeicherte Befehlsfolgen, die sich immer wieder abspielen und so auf andere Bilder anwenden lassen.

Akzidenz
Druck- und Satzarbeit mit geringem Umfang (Anzeigen, Formulare, Briefbögen).

Alphakanal
Ein 8-Bit-Kanal, der von einigen Bildverarbeitungsprogrammen für die Bildmaskierung oder für zusätzliche Farbinformationen reserviert wird. Er wird ebenfalls verwendet, um einen bestimmten Transparenzgrad eines Bildes zu definieren, so dass ein anderes Bild unter dem darüber liegenden durchscheinen kann (→ Farbkanal).

Andruck
Probedruck zur Farb- und Rasterkontrolle.

Ankerpunkt
Bestandteil einer Vektorgrafik (→ Bézierkurve, → Vektor). Eine gebogene Bézierkurve wird in der Regel durch die Koordinaten von vier Punkten definiert, wobei zwei davon als sogenannte Stützpunkte Beginn und Ende des jeweiligen Kurvenzuges festlegen. Diese Punkte liegen daher immer auf der Kurve. Die beiden anderen nennt man Ankerpunkte; sie können auch außerhalb der Kurve liegen und bestimmen als Tangenten auf dem zugeordneten Stützpunkt den Verlauf der Kurve.

Anti-Aliasing
Die → Kantenglättung bei Pixeln, um einen Treppcheneffekt zu vermeiden.

Artefakt
Fehler in computergenerierten Bildern. Häufig als JPEG-Artefakt: Bei zu starker JPEG-Kompression auftretende unschöne, schwammige Pixelanordnungen oder Viereckmuster.

ASCII
Mit dem American Standard Code for Information Interchange (ASCII) wurde ein – mittlerweile vielfach erweiterter und technisch überholter – Standard geschaffen, um Zeichen (Buchstaben u.a.) auf dem Computer verarbeiten zu können. ASCII-Code umfasst 256 Zeichen, ist an der englischen Sprache orientiert und beinhaltet daher keine deutschen Umlaute und Sonderzeichen.

Auflösung
Eigenschaft von Grafikdateien (→ Bitmap), aber auch von Geräten wie Monitoren, Druckern, Scannern u.A. Wichtiges Kriterium für die technische Qualität eines Bildes und die Leistungsfähigkeit eines Ausgabegerätes: Die Auflösung legt fest, wie viele Bildpunkte sich auf der Strecke von einem Inch (Zoll) befinden. Bezeichnet wird die Auflösung mit den Kürzeln ppi – Pixel per Inch – (bei Bildern) und dpi – Dots per Inch – (bei Geräten). In der Praxis werden die Begriffe nicht mehr so sauber getrennt – »dpi« hat sich längst als universelle Maßeinheit eingeschlichen.

Auswahl
Wichtige Photoshop-Arbeitstechnik: Mit Auswahlen ist es möglich, nicht das gesamte Bild oder die gesamte Ebene zu bearbeiten, sondern nur einen Ausschnitt davon. Es gibt zahlreiche Werkzeuge, um möglichst passgenaue Auswahlen zu erzeugen.

Auswahlwerkzeug
Mit Hilfe der verschiedenen Auswahlwerkzeuge in Photoshop wie Auswahlrechteck (bzw. -ellipse oder Zeile/Spalte), Lasso, Zauberstab und Schnellauswahlwerkzeug können Sie einzelne Bildbereiche markieren und separat bearbeiten. Die nicht ausgewählten Bildpartien sind vor der Bearbeitung geschützt. Ausgewählte Bildbereiche sind durch eine laufende Strichellinie (»Ameisen«) gekennzeichnet.

Auszeichnung
Hervorhebung von Textteilen. Möglichkeiten hierzu sind z. B. **fette** oder *kursive* Schrift, S p e r r e n oder Kapitälchen.

Bedingte Modusänderung
Photoshop-Automatismus, um mehrere Dateien auf einmal automatisiert zu bearbeiten. Bei der bedingten Modusänderung werden Dateien umgewandelt, wenn sie einem vorgegebenen Kriterium entsprechen – anderenfalls nicht. So können z. B. alle RGB-Bilder in CMYK umgewandelt werden, die Graustufenbilder im gleichen Ordner werden aber übersprungen.

Beschneidungspfad
Beschneidungspfade setzen bei Bildern, die für die Weitergabe an Layoutprogramme wie InDesign, QuarkXPress und andere gedacht sind, diejenigen Bildbereiche transparent, die im Layoutprogramm nicht angezeigt werden sollen. Unterstützt werden Beschneidungspfade nur vom Dateiformat EPS.

Beschnittmarken
5 bis 10 mm lange feine Linien außerhalb des Endformates einer Drucksache, welche die Verlängerung der Endformatkanten darstellen und bei randabfallendem oder angeschnittenem Druck auf dem größeren unbeschnittenen Format als Markierung für den Stapelschnitt mitgedruckt werden.

Bézierkurve
Als → Vektor definierte Kurvenzüge zur Anlage von → Pfaden (Linien oder Flächenbegrenzungen). Eine Bézierkurve wird immer durch die Koordinaten von vier Punkten definiert, wobei zwei davon als sogenannte Stützpunkte Beginn und Ende des jeweiligen Kurvenzuges festlegen und diese Punkte dementsprechend immer auf der Kurve liegen müssen. Die beiden anderen nennt man → Ankerpunkte; sie können auch außerhalb der Kurve liegen und bestimmen als Tangenten auf dem zugeordneten Stützpunkt den Verlauf. Die Bézierkurven erhielten ihren Namen von ihrem Erfinder, dem französischen Ingenieur Pierre Bézier, der sie für Zwecke des Karosseriedesigns im Automobilbau entwickelte.

Bikubisch
→ Interpolationsmethode. Bei der einfachen bikubischen Interpolation werden die Werte benachbarter Pixel analysiert und mit weichen Farb- bzw. Tonwertabstufungen versehen.

Bikubisch glatter
→ Interpolationsmethode. Im Vergleich zur einfachen bikubischen Interpolation werden die Übergänge zusätzlich glatter. Diese Art der Interpolation ist bedingt auch zur Vergrößerung von Bitmap-Bildern (→ Bitmap) geeignet. Vergrößern kann Bilder unscharf machen.

Bikubisch schärfer
→ Interpolationsmethode. Diese Methode eignet sich vor allem zur Verkleinerung von Bildern, bei der zwangsläufig Pixel herausgerechnet werden müssen. Auch das führt zum Schärfeverlust, der jedoch häufig durch die Interpolationsmethode Bikubisch schärfer etwas kompensiert werden kann.

Bildformat
→ Dateiformat

Bildgröße
Die Anzahl der Bildpunkte eines digitalen Bildes. Aus der Auflösung und der Bildgröße ergibt sich die Größe, in der ein Bild ohne Qualitätsverluste maximal gedruckt werden kann.

Bildmodus
→ Farbmodus

Bildschirmauflösung
Die Bildschirmauflösung bezieht sich im Allgemeinen auf die Auflösung des Computerbildschirms. Früher lag der gängige Durchschnitt bei 72 bzw. 96 dpi; inzwischen gibt es – bedingt durch die

Verbreitung der Notebook-Bildschirme und Flachbildschirme in verschiedenen, auch »Breitwand«-Formaten – zahlreiche unterschiedliche Bildschirmauflösungen.

Bilinear
→ Interpolationsmethode, die beim Vergrößern oder Verkleinern von Pixelbildern angewendet wird. Bei der Hinzurechnung von Pixeln werden Durchschnittswerte hinzugefügt. Das Ergebnis ist meist mit einem Schärfeverlust behaftet.

Bitmap
Auch Pixelgrafik oder Pixelbild genannt. Häufigster Bildtyp, um Fotografien und ähnliche Halbtonbilder → digital wiederzugeben. Aus farbigen Flächen bestehende Bilder, jede Fläche entspricht einem Pixel und ist in einem gedachten Raster angeordnet. Pixelgrafiken wirken natürlicher als Vektorgrafiken, ihr Dateivolumen ist aber auch deutlich größer.

Blendenkorrektur
→ Objektivfilter

Blocksatz
Den Blocksatz kennen wir aus Büchern, Zeitschriften und Zeitungen. Links und rechts bündig, sieht Blocksatz ausgesprochen »ordentlich« aus, zumindest von weitem. Bei näherem Hinsehen jedoch entdeckt man die mehr oder weniger großen Löcher, die jeden Blocksatz auszeichnen.

BMP
Hierbei handelt es sich um ein Windows-Dateiformat für Bilddateien, das aber normalerweise auch unter Macintosh OS verarbeitet werden kann. Dieses Format eignet sich besonders für Desktop-Bilder und dergleichen.

Bold
Englisch; Begriff für einen fetten Schriftschnitt.

Browserunabhängige Farben
Manchmal auch »websichere Farben« genannt. 216 Farben, die sich zwischen Plattformen, Betriebssystemen und den meisten Webbrowsern nicht verschieben.

Browserunabhängige Mischfarben
Farben, die wie Farben außerhalb des 216-Farben-Spektrums aussehen, aber dennoch browserunabhängig sind. Sie werden erzeugt, indem mehrere Pixel mit jeweils einer bestimmten browserunabhängigen Farbe in einem Muster angeordnet werden.

Buntaufbau
Der Begriff Buntaufbau bezeichnet – wie auch → Unbuntaufbau und Schwarzaufbau eine bestimmte Methode zur → Separation. Beim Buntaufbau werden zu druckende dunkle Töne vorwiegend aus den Farben Cyan, Magenta und Gelb gemischt (aufgebaut). Auch neutrale Farben (Grau) lassen sich auf diese Weise aufbauen. Daher führen diese Begriffe nicht selten zu Verwirrung. Präziser sind die amerikanischen Kürzel → GCR, → UCA und → UCR.

Buntstift
Photoshop-Werkzeug: Mit dem Buntstift lässt sich pixelweise die zuvor eingestellte Vordergrundfarbe ins Bild zeichnen. Im Gegensatz zum → Pinsel werden Buntstift-Linien nicht geglättet (→ Kantenglättung) und haben daher häufig etwas raue Kanten.

Camera RAW
Sammelbegriff für (herstellerabhängig) verschiedene, von Digitalkameras erzeugte Dateiformate, die die Bilddaten im Rohzustand enthalten. RAW-Daten sind nicht komprimiert oder durch andere Kamera-Automatiken verändert. Die Bildinformationen liegen in voller Güte vor – so wie sie das Objektiv der Kamera »eingefangen« hat. Photoshop hat eine eigene RAW-Engine, mit der RAW-Dateien importiert und noch im Rohzustand bearbeitet und korrigiert werden können. RAW-Dateien enthalten meist mehr Bildinformationen als das standardisierte JPEG (nämlich 16 statt nur 8 Bit je Farbkanal). Daher können Bildkorrekturen direkt im RAW-Format weniger sichtbare Schäden wie z. B. Zeichnungsverluste hervorrufen. RAW-Dateien sind sehr speicherintensiv und lassen sich nur mit wenigen anderen Applikationen ansehen oder bearbeiten.

Chromatische Aberration
Ein Objektivfehler. Die chromatische Aberration ist ein normaler physikalischer Effekt, der beim Gebrauch optischer Linsen immer eintritt: Lichtbestandteile verschiedener Frequenzbereiche (»Farben«) werden unterschiedlich abgelenkt. Durch Benutzung mehrerer Linsen im Objektiv kann das ausgeglichen werden.

CIE
Eine internationale Normenkommission, die eine Reihe von Standards für die Farbdefinition entwickelt hat, z. B. den L*a*b*- oder L*u*v*-Farbraum. Diese Normvorgaben sind Grundlage für die Farbdefinition in DTP-Standards wie z. B. PostScript Level 2 und spielen zudem eine große Rolle beim Farbmanagement (→ Farbmanagement).

CMYK
Die vier Druckfarben Cyan, Magenta, Gelb (»Yellow«) und Schwarz (»Key«) des Vierfarbdrucks. Die drei farbigen Kompo-

nenten CMY ermöglichen die Darstellung von Farben durch subtraktive Farbmischung, wobei jedoch das hundertprozentige Übereinanderdrucken der drei Farben kein reines Schwarz ergibt, so dass zusätzlich als vierte Druckfarbe Schwarz verwendet wird.

Color Gamut
Gesamtumfang aller Farben in einem → Farbraum. Konkret: die Menge aller Farben, die ein Gerät (Drucker, Monitor, Druckmaschine, Scanner, Kamera etc.) aufnehmen oder wiedergeben kann. Es gehört zu den größten Herausforderungen des Farbmanagements, die unterschiedlichen Farbumfänge verschiedener Geräte, die am Publishing-Arbeitsablauf beteiligt sind, so zu synchronisieren, dass es bei der Reproduktion der Farben zu möglichst wenig spürbaren Farbverschiebungen kommt.

ColorSync
Apples Implementierung des Farbmanagements, das auf den Standards des International Color Consortiums (→ ICC) basiert. Die ICC-Farbprofile sorgen für eine weitestgehend standardisierte Darstellung und Wiedergabe von Farben auf verschiedenen Plattformen und Programmen.

Composite-Kanal
Dieser Kanal zeigt die Summe der Farbkanäle eines Bildes und damit das farbige Gesamtbild an.

Dateiformat
Dateien können in unterschiedlichen Dateiformaten gespeichert werden. Die gebräuchlichsten Dateiformate für Bilder sind TIFF, EPS, JPEG, PCX, BMP und PICT. Je nach Dateiformat haben Bilddateien unterschiedliche Eigenschaften und eignen sich für andere Zwecke. Einige Formate gestatten es, → Alphakanäle und andere Zusatzinformationen mit zu speichern. Zudem komprimieren manche Formate die Bilddatenmenge (→ Komprimierung).

Datenkompression
Das Reduzieren der Datenmenge einer Datei, insbesondere einer Bilddatei. Für die Datenkompression stehen unterschiedliche Berechnungsverfahren (Algorithmen) zur Verfügung. Es gilt zu unterscheiden zwischen verlustfreien und verlustbehafteten Kompressionsverfahren. Für Letztere gilt, dass eine geringe Komprimierung weitgehend ohne sichtbaren Qualitätsverlust vorgenommen werden kann, eine starke Komprimierung jedoch Verluste zur Folge haben kann.

Datentiefe
→ Farbtiefe, → 8-Bit-Grafik, → 16-Bit-Grafik, → 24-Bit-Grafik

DCS
→ Photoshop DCS

Deckkraft
Die Transparenz einer Ebene. Bei 100 % sind die Pixel deckend, bei 0 % durchsichtig.

Digimarc
Software, die von Photoshop zum Erstellen digitaler Wasserzeichen verwendet wird.

Digitalisieren
Umwandlung analog vorliegender Informationen (z. B. Fotos) in digitale Informationen.

Digitalisiertablett
→ Grafiktablett

Digitalkamera
Kamera, bei der die Bilddaten nicht auf Film, sondern direkt digital auf einen Datenträger gespeichert werden.

Digitalproof
Hochwertiger Farbdruck ohne vorherige Herstellung der Filmvorlagen, der das spätere Druckergebnis simuliert. Nachteil des Digitalproofs gegenüber den herkömmlichen Proofverfahren oder einem Andruck ist, dass Fehler durch falsche Rasterung der Filme nicht erkannt werden können.

Direktauswahl-Werkzeug
→ Pfeil-Werkzeuge

Dithering
Bei geringer Bit-Tiefe von Dateien (z. B. bei Dateien im Format GIF) können zusätzliche Farben durch Verwendung eines Punktmusters simuliert werden. Wenn dieses Punktmuster ausreichend klein ist, nimmt das menschliche Auge die einzelnen Farbpunkte als Zwischenfarben wahr.

DNG
Adobe Digital Negative, Dateiformat. Es enthält Rohdaten der Digitalkamera. Dieses Verfahren wurde entwickelt, um die Kompatibilität der unterschiedlichen Camera RAW-Formate zu erhöhen. Sie können Ihre RAW-Dateien aus dem Camera RAW-Dialog heraus als DNG speichern.

DPI
Dots per Inch. Maßeinheit für die → Auflösung eines Druckers, Monitors oder Scanners oder eines anderen Gerätes sowie (umgangssprachlich) von Bilddateien.

Drag & Drop
Wörtlich »ziehen und fallen lassen«. Häufige Arbeitstechnik in vielen Anwendungen: Ein Objekt wird mit der linken Maustaste angeklickt, wobei die Taste gedrückt bleibt. Nun kann das Objekt auf der Arbeitsoberfläche des Computers verschoben (transportiert) werden. Dort, wo die Maustaste

losgelassen wird, bleibt das Objekt liegen.

Droplet
Droplets sind kleine Java-Programme, die Sie mit Photoshop erzeugen. Sie können dann Dateien oder ganze Ordner auf diese EXE-Datei ziehen – der Rest läuft automatisch ab. Droplets eignen sich besonders gut für → Aktionen, bei denen Sie wenig Kontrolle brauchen und die Sie routinemäßig auf Bildmengen anwenden.

DTP
Desktop Publishing – wörtlich in etwa »Publizieren vom Desktop-PC«, das Herstellen professioneller Druckvorlagen mithilfe von (Personal-)Computern.

Duoton
→ Duplex

Duplex
Druckverfahren und → Bildmodus in Photoshop. Beim Duplexdruck wird in der Regel ein Graustufenbild (»Schwarz-Weiß-Bild«) mit einer zweiten Farbe gedruckt. Diese zusätzliche Farbe kann Grau sein, dann wird die Bildqualität durch Hinzufügen zusätzlicher Grauabstufungen besser. Duplex ist aber auch mit bunten Farben möglich – so entstehen farbig getönte Bilder. Es gibt auch Triplex- und Quadruplex-Bilder (mit drei bzw. vier Farben).

Ebenen
Wichtige Funktion in Photoshop. Stellen Sie sich Ebenen wie übereinander angeordnete Folien innerhalb eines Bildes vor. Diese Folien können ganz oder teilweise mit Inhalt (Pixeln) gefüllt sein. Diese Technik ermöglicht Ihnen die flexible und unabhängige Bearbeitung einzelner Bildteile.

Ebeneneffekt
→ Ebenenstil

Ebenenkomposition
Photoshop-Funktion: Mit Ebenenkompositionen können Sie mehrere Bildversionen in einer Datei abspeichern. Jede dieser Bildversionen können Sie nachträglich wieder aktivieren, um daran Änderungen vorzunehmen. Das unterscheidet sie von den einfachen Schnappschüssen in der Protokollpalette.

Ebenenmaske
→ Maske

Ebenenstil
Effekte, die einer Ebene zugewiesen werden können, wie z. B. Schattenwurf, Schein nach Außen, 3D-Effekte und vieles anderes. Effekte werden häufig verwendet, um verfremdete oder auffällige Schrift zu gestalten.

Einstellungsebene
Photoshop-Funktion, die das »zerstörungsfreie« und reversible Korrigieren von Bildern gestattet. Eine Einstellungsebene wirkt wie ein korrigierender Filter, durch den die darunterliegende Ebene angezeigt wird. Einstellungsebenen ermöglichen es, verschiedene Korrekturen an einer einzigen Datei bequem durchzuspielen, zu speichern und zu überarbeiten, ohne dass die Pixel des Bildes tatsächlich verändert werden. Mit ihrer Hilfe können fast alle wichtigen Bildkorrekturen vorgenommen werden. Einstellungsebenen lassen sich in beliebiger Anzahl in einer Datei kombinieren, werden mitgespeichert (sofern das gewählte Dateiformat Ebenen unterstützt), können aber jederzeit verändert, gelöscht oder ausgeblendet werden.

EPS
Encapsulated PostScript. Dateiformat für Bilder, Vektorgrafiken und einseitige Layouts, das intern PostScript verwendet und in der Regel für die Bildschirmdarstellung der Datei zusätzlich eine niedrig auflösende Voransicht umfasst. EPS-Daten lassen sich nur auf Geräten ausgeben, die PostScript-Befehle verarbeiten können. Alle anderen Ausgabegeräte stellen nur die Bildschirmansicht dar.

EXIF
EXIF bedeutet Exchangeable Image File Format und ist ein Standard, in dem moderne Digitalkameras die Kamerainformationen in den Bilddateien mitspeichern. Auf diese Weise können Informationen z. B. über Datum und Uhrzeit, Belichtungszeit, Blendeneinstellung oder die Lichtempfindlichkeit mit der Bilddatei gesichert und später angesehen werden. Adobe Bridge und zahlreiche andere Bildbetrachter können EXIF-Daten auslesen und anzeigen.

Farbauflösung
→ Farbtiefe

Farbkalibrierung
→ Kalibrierung

Farbkanal
Unverzichtbare interne Information in Bilddateien, maßgeblich für die im Bild enthaltenen Farben. In Photoshop können Farbkanäle auch angezeigt und bearbeitet werden. Je nachdem, in welchem → Farbmodus eine Datei vorliegt, variiert die Menge der vorhandenen Farbkanäle und die Art und Weise, wie die Farbigkeit des Bildes in den verschiedenen Kanälen aufgeteilt und dargestellt wird.

Farbmanagement
Mithilfe des Farbmanagements sollen Farb-Konsistenzprobleme ver-

mieden werden, die insbesondere dann auftreten, wenn im Laufe des Publishing-Prozesses mit mehreren verschiedenen → Farbmodellen gearbeitet wird (typischerweise sind dies → RGB und → CMYK). Das Farbmanagement versucht, die Konsistenz der Farben über verschiedene Ein- und Ausgabegeräte aufrechtzuhalten. Es erfolgt während der Arbeit mit den Dateien am Rechner. Wichtige Bausteine des Farbmanagements sind die → Profile sowie kalibrierte Geräte, zumindest ein kalibrierter Monitor (→ Kalibrierung).

Farbmanagementsystem
Software zur Anpassung der Farben beim Scannen, bei der Bildschirmanzeige und beim Drucken, so dass geräteabhängige Farbverfälschungen softwareseitig ausgeglichen werden (siehe auch → Farbmanagement).

Farbmodell
Ein Farbmodell beschreibt den → Farbraum, der von Ein- oder Ausgabegeräten wie Kameras, Scannern, Monitoren, Druckern und Druckmaschinen, aber auch dem menschlichen Sehsinn unter spezifischen Bedingungen dargestellt bzw. erkannt werden kann. Bekannte und oft gebrauchte Farbräume sind → RGB, → CMYK und → Lab.

Farbmodus
Zuweilen auch als Modus oder Bildmodus bezeichnet. Bezieht sich auf die Darstellung und Erfassung von Farben innerhalb einer Datei und das jeweils zugrunde liegende → Farbmodell. Die Farben von Bildern können in unterschiedlichen Farbmodellen interpretiert werden, denen jeweils ein anderer → Farbraum zugrunde liegt. Adobe verwendet den Sammelbegriff Farbmodus, um unterschiedliche Farbeigenschaften von Dateien zu bezeichnen. Die gebräuchlichsten Farbmodi basieren auf den Farbmodellen RGB, CMYK, Lab, indizierte Farben, Graustufen und Bitmap. Die einzelnen Farbmodi unterscheiden sich hinsichtlich der Farbenanzahl, die in einer Datei enthalten sein kann, in der Art und Weise, wie diese Farben in der Datei umgesetzt werden (→ Farbkanal) und nicht zuletzt hinsichtlich ihrer Eignung für unterschiedliche Reproduktionsarten (→ CMYK, → RGB).

Farbprofil
→ Profil

Farbproof
→ Proof

Farbraum
Ganz allgemein eine Menge von Farben. In der Bildbearbeitung vor allem relevant als Summe aller Farben, die eine Datei enthalten, ein Ausgabegerät darstellen oder ein Eingabegerät erfassen kann. Dazu die Farben, die vom menschlichen Auge wahrgenommen werden. Gleichzeitig ist ein Farbraum ein theoretischer, meist dreidimensional gedachter Raum, in dem alle Farben des Farbraums in einer bestimmten, logischen und geordneten Weise angeordnet sind. Farbräume und Farbraumsysteme unterscheiden sich nicht nur hinsichtlich der enthaltenen Farbanzahl, sondern auch in der Anordnung der Farben und ihrer Beschreibungsparameter. Bekannte Farbräume und -modelle: RGB, CMY, CMYK, Lab, HSB usw. Eine Datei wird im Laufe des Publishing-Prozesses meist in unterschiedlichen Farbräumen erfasst und dargestellt (z. B. Digitalkamera, Monitor, Druckerei) (→ Color Gamut).

Farbsättigung
→ Sättigung

Farbseparation
→ Separation

Farbspezifikation
Farbmesswerte, Chromatikkoordination und Luminanzwerte oder andere Farbskalenwerte, die verwendet werden, um eine Farbe in einem angegebenen Farbmodell numerisch zuzuweisen.

Farbstich
Oft unerwünschte, manchmal aber auch als gestalterisches Element bewusst herbeigeführte Fehlfarbigkeit eines Bildes. Abweichen der Farben eines Bildes von »der Wirklichkeit« durch einen zu hohen oder zu geringen Farbanteil einer Farbe (»der Himmel ist ja viel zu lila«). Kann durch Bildkorrektur meist gut behoben werden.

Farbtiefe
Die Anzahl von Bits, mit der die Farbinformation eines Pixels beschrieben wird (→ 8-Bit-Grafik, → 16-Bit-Grafik, → 24-Bit-Grafik).

Farbumfang
→ Color Gamut

Farbverlauf
Gestalterisches Mittel: Der weiche Übergang von einer Farbe in eine andere. Bei der Grafikbearbeitung kann mit diesem Vorgang innerhalb eines bestimmten Bereichs allmählich von einer Farbe zu einer anderen gewechselt werden (linear und logarithmisch, radial, konturiert).

Farbwert
Farben lassen sich in unterschiedlichen Farbmodellen mithilfe eines numerischen Werts bezeichnen. So hat ein Hellrot z. B. den RGB-Farbwert 255, 47, 19 – jedoch den CMYK-Wert 0 %, 89 %, 89 %, 0 oder den Lab-Wert 56, 75, 66. Nicht in allen Farbmodellen bezeichnet der Farbwert tatsächlich

ganz exakt eine bestimmte Farbe. Zum Beispiel ist ein RGB-Wert nur eine Farb-Reproduktionsanweisung, die von jedem Monitor ein wenig anders umgesetzt wird, weil dabei Charakteristika des individuellen Geräts eine Rolle spielen. Ähnlich verhält es sich mit CMYK-Farbwerten beim Drucken.

Faux-Funktionen
Option in Photoshops Zeichenpalette. Nicht jede Schrift bringt jeden Schriftschnitt, den man gerade benötigt, auch mit. Faux-Fett oder Faux-Kursiv stellen eine Fett- bzw. Kursivschrift digital nach – die ursprüngliche Grundschrift wird streng genommen verzerrt. Für eine korrekte Typografie ist die Verwendung von Faux-Funktionen nicht zu empfehlen.

Filter
Softwarefunktionen zur Veränderung bestimmter Bildeigenschaften (Scharfzeichnen, Weichzeichnen, Verzerren, Illustrations- und Maleffekte usw.). Photoshop bietet im Menü Filter jedoch auch einige mächtige Hilfs- und Korrekturwerkzeuge an, deren Leistung über bloße Bildverfremdung weit hinausgeht.

Fluchtpunkt-Filter
Der Photoshop-Filter FLUCHTPUNKT ist ein komplexes Werkzeug, das Sie bei der perspektivisch korrekten Bearbeitung von Bildern mit perspektivischen Elementen wie beispielsweise den Seiten eines Gebäudes unterstützt.

Fluss
Die Option FLUSS (z. B. bei Pinsel, Abwedler und Nachbelichter) gibt an, wie schnell Pixel aufgetragen werden – Sie können also einstellen, wie »dünnflüssig« oder »zäh« die virtuell aufgetragene Farbe bzw. Retuschepixel sein sollen. Je kleiner der Wert, desto geringer die Werkzeugwirkung.

Font
Eine Schriftart oder ein spezieller Schriftschnitt innerhalb einer → Schriftfamilie. Außerdem die digitale Umsetzung – also Datei – dieser Schrift, die notwendig ist, um Schriften auf dem Computer anzuzeigen, zu bearbeiten und später auszugeben.

Formebene
Funktion in Photoshop, die es ermöglicht, vektorbasierte Grafikelemente auch in Pixelbilder einzufügen. Formebenen enthalten Vektorinformationen (→ Bézierkurve, → Vektor) und sind dadurch stufenlos verlustfrei skalierbar. Formebenen werden mit dem Zeichenstift-Werkzeug oder den Form-Werkzeugen erzeugt. Sie bestehen aus zwei Komponenten: der eigentlichen Form, die durch eine Vektormaske definiert ist, und der Füllung (die sogenannte Füllebene). Formebenen können mit Verläufen, Mustern oder Pixeln einer einzigen Farbe gefüllt sein. Diese zwei Komponenten werden auch in der Ebenen-Palette grafisch dargestellt. Für jede Formebene ist links ein Symbol für die jeweilige Füllung, rechts die → Vektormaske zu sehen.

Form-Werkzeuge
Das Form-Werkzeug mit seinen sechs Varianten ermöglicht Ihnen das Erstellen eigener und das Anwenden vorgefertigter Vektorformen.

Fotofilter
Der Fotofilter legt digital einen Farbfilter vor das Kameraobjektiv und verändert so die Farbbalance und die Farbtemperatur des Fotos.

Frames
Photoshop-Terminus, aus dem Film-Vokabular entlehnt. Frames sind Grundbestandteil von animierten GIF-Dateien, die mithilfe der Palette Animation erzeugt werden können. Nicht zu verwechseln mit Framesets, wie sie von HTML-Seiten bekannt sind! Das schnelle Abspielen der einzelnen (Film- oder Animations-)Frames erzeugt den Eindruck der Bewegung.

Freistellen
Freistellen in Photoshop meint die Befreiung eines Motivs von seinem Hintergrund. Viele Bildelemente sind erst ohne die sie umgebenden Hintergrundpixel für Montagen brauchbar. zahlreicher hilfreicher Werkzeuge und Funktionen (z. B. → Auswahlen, → Masken, den → Filtern, das Hintergrund-Radiergummi-Werkzeug ist das Freistellen eine der schwierigsten Aufgaben der Bildbearbeitung).

Freisteller
Ein in einem Bild angelegter Pfad oder eine Maske, die bestimmte Bildbereiche ausblenden, so dass nur noch ein Teil des Motivs zu sehen ist und gedruckt wird.

Freistellpfad
→ Beschneidungspfad

Füllebene
→ Formebene

Füllmethode
Eigenschaft von → Ebenen in Photoshop oder auch von den »Malstrichen« bei Mal- und Retusche-Werkzeugen: Die Bildpixel zweier Ebenen oder von aufgetragenen Malstrichen liegen nicht immer nur einfach übereinander. Sie können auch auf unterschiedliche Weise miteinander verrechnet werden, indem Sie die Füllmethode ändern (Einstellung in der Ebenenpalette oder den Werkzeugoptionen). Die

Füllmethode bezieht sich immer auf das Verhältnis zweier *direkt* übereinander liegender Ebenen oder Pixel, und es ist in der Regel die Einstellung für die obere Ebene oder die oberen Pixel, die geändert werden muss.

Gamma
Ein tatsächlich sehr vielschichtiger, nicht ganz eindeutig zu definierender Begriff, der in verschiedenen Zusammenhängen gebraucht wird. Im Zusammenhang mit Bildbearbeitung meint Gamma die mittlere Helligkeit in einem Bild. Bei der Gammakorrektur verteilen sich die Tonwerte zwischen → Schwarz- und Weißpunkt neu. Die Korrektur wirkt sich hauptsächlich in den Mitteltönen aus, der gesamte Tonwertumfang wird nicht verändert.

Gammakorrektur
Das Verdichten oder Erweitern von Bereichen mit dunklen oder hellen Farbtönen in einem Bild. Eine Gammakorrektur kann jedoch auch an einem Ausgabegerät wie zum Beispiel einem Monitor vorgenommen werden.

GCR
Abkürzung für Grey Component Replacement (gelegentlich auch »Grauwertreduktion«). Begriff aus der Druckvorstufe, der eine bestimmte Methode des Farbaufbaus während des Drucks bezeichnet. Gesteuert wird der Farbaufbau durch Einstellungen, die während der → Separation der Datei festgelegt werden.
GCR ist ein Verfahren der Berechnung von → CMYK-Werten, das den → Gesamtfarbauftrag beim Drucken reduziert. Dies ist besonders dann erforderlich, wenn der Bedruckstoff nicht viel Farbe aufnehmen kann und schnell trocknen soll (z. B. Zeitungsdruck).
Bei GCR wird der Dunkelanteil jeder zu druckenden Farbe errechnet und durch Zugabe von Schwarz erreicht. Der entsprechende Anteil von Cyan, Magenta und Gelb wird dann während des Druckens weggelassen. Im Gegensatz zu → UCR (da sich nur auf die neutralen Graus und Schwarz bezieht) beeinflusst GCR auch die Mischung bunter Bildfarben mehr oder weniger. Das GCR kann unterschiedlich stark erfolgen. Ein starkes GCR greift auch schon bei helleren Farben, schwaches GCR nur bei sehr dunklen Tönen. Zu starkes GCR kann zu einem »Ausgrauen« heller Farben führen. Meist wird mit mittleren Werten gearbeitet.

Gemeine
Begriff der Druckersprache, geht auf die Zeit des Bleisatzes zurück: die Kleinbuchstaben einer Schrift (gemein = allgemein, sehr verbreitet).

Gesamtfarbauftrag
Begriff aus dem Vierfarbdruck, vor allem dem Offsetdruck. Dieser Wert gibt die maximale Menge Druckfarbe an, die zur Erzeugung der gewünschten Farben benötigt wird. Durch Einstellungen während der → Separation kann er beeinflusst werden. Er richtet sich nach dem erwünschten Ergebnis, den Produktionsbedingungen während des Druckens und der Papiersorte oder dem Trägermaterial, das bedruckt werden soll. Der empfohlene Gesamtfarbauftrag für ein Druckverfahren sollte nicht überschritten werden, da sonst Probleme mit der Farbaufnahme durch das bedruckte Material und den Trocknungszeiten entstehen können. Die Addition aller CMYK-Prozentwerte aller Farbkanäle eines CMYK-Bildes ergibt den Gesamtfarbauftrag eines Bildes. Es gibt verschiedene Separationsmethoden, um beim Druck die vier Prozessfarben CMYK in ausreichender, aber nicht zu hoher Menge auf den Bedruckstoff zu bringen (→ GCR, → UCA, → UCR).

GIF
Graphics Interchange Format. Schon etwas betagtes, aber immer noch weit verbreitetes Dateiformat, das vor allem im Internet verwendet wird. GIF kann maximal 256 Farben und eine Transparenzstufe darstellen und komprimiert die Daten mit dem verlustfreien LZW-Verfahren. Eine Besonderheit sind animierte GIFs, bei denen mehrere Varianten einer Abbildung in einer Datei gespeichert sind, die dann wie in einem Daumenkino nacheinander gezeigt werden (→ Frames).

Glättung
→ Anti-Aliasing, → Kantenglättung

Goldener Schnitt
Seit der Antike als ideal geltendes Proportionsmaß für Architektur und Malerei: Der kleinere Teil verhält sich zum größeren wie der größere Teil zur Gesamtstrecke. Die Proportion des Goldenen Schnitts wird im Allgemeinen als ästhetisch sehr ansprechend empfunden. Wird auch zum Beispiel im Layout für die Aufteilung einer gestalteten Seite verwendet.

Gradationskurve
Vielseitig einsetzbare Korrekturfunktion in Photoshop, mit der Korrekturen sehr exakt dosiert werden können. Die Gradationskurve dient zur Änderung von Helligkeit, Kontrast und Gamma. Die Gradation lässt sich auch in einzelnen Farbkanälen ändern, um Farbstiche auszugleichen.

Grafiktablett
Ein Eingabegerät, mit dem – unterstützt durch entsprechende Software – zeichnen kann. Funktioniert als zweidimensionale Oberfläche, von der die exakte Position eines

Stifts innerhalb des Arbeitsbereiches vom Computer abgefragt werden kann. In einfachen Systemen kann der Stift einen Schalter enthalten, der durch Drücken des Stifts auf das Tablett aktiviert wird. Auf diese Weise werden dem Computer die xy-Koordinaten mitgeteilt, an der die Aktion stattfinden soll. Wird für Konstruktionszeichnungen und Illustrationen verwendet.

Graustufen
→ Bildmodus mit 256 Farben, die das Bild in Abstufungen zwischen Weiß und Schwarz darstellen.

Grauwertreduktion
→ GCR

Griffpunkt
→ Pfad

Grundfarben
Farben, durch deren Mischung alle anderen Farben des vom jeweiligen Farbmodell abgedeckten Farbspektrums dargestellt werden können.

Haarlinie
Eine sehr dünne Linie. Beim Anlegen einer Haarlinie mit einer Layout-Software wird keine absolute Breite angegeben. Eine Haarlinie hat die geringste Breite, die auf dem jeweiligen Ausgabegerät gerade noch dargestellt werden kann.

Hand-Werkzeug
Photoshop: Die Hand verschiebt die Bildansicht im Dokumentenfenster.

HDR
HDR bedeutet High Dynamic Range, also »Bilder mit hohem Kontrastumfang«. Der ungewöhnlich hohe Kontrastumfang wird erreicht, indem mehrere Bilder, die mit unterschiedlicher Belichtung gemacht werden, zu einem Bild montiert werden. Dabei wird für jeden unterschiedlichen Helligkeitsbereich des Bildes die Version verwendet, die am besten belichtet ist. HDR-Aufnahmen weisen auch eine hohe Farbsättigung auf. Seit der Programmversion CS2 kann Photoshop HDR-Bilder montieren und in gewissem Umfang bearbeiten. Die Änderung der Belichtung eines HDR-Bildes in Photoshop hat denselben Effekt wie das Ändern der Belichtung beim Fotografieren.
Die ungeheure Informationsmenge eines HDR-Bildes kann nur in Dateien mit 32 Bit je Kanal (anstelle der üblichen 8 oder 16 Bit) gespeichert werden. Daher ist die Wiedergabe von HDR-Bildern im Druck, aber auch auf Monitoren nur beschränkt bzw. gar nicht möglich. Bisher werden HDR-Bilder vor allem für Kinofilme, Spezialeffekte und 3D-Grafiken genutzt.

Hexadezimal
Zahlensystem, das auf der Basis 16 aufbaut. Es wird mit den Ziffern 0 bis 9 und den Buchstaben A bis F geschrieben. Im Computerbereich weit verbreitet, da die Werte eines Bytes (2 hoch 8) auch mit exakt zwei Hexadezimalziffern (2 × 2 hoch 4) geschrieben werden können. Hexadezimalzahlen dienen u.a. dazu, beim Webdesign Farbwerte für Webbrowser anzugeben. So hat Schwarz den Wert #000000, Weiß #FFFFFF und ein Hellrot #FF2F13.

High Dynamic Range-Bild
→ HDR

High-Key-Aufnahmen
Bei diesen speziellen Aufnahmen befinden sich fast alle Tonwerte im Lichterbereich.

Hintergrundebene
Photoshop: Die Hintergrundebene ist immer die unterste Ebene einer Datei. Sie erkennen sie in der Ebenenpalette am kursiv geschriebenen Ebenentitel »Hintergrund«. Pro Bild kann es nur eine Hintergrundebene geben. Hintergrundebenen unterscheiden sich in einigen Details von normalen Bildebenen: Sie können nicht transparent sein, und nicht alle Arbeitstechniken sind auf sie anwendbar. Gedacht sind Hintergrundebenen als eine Art »Mal-Leinwand«, es ist jedoch auch möglich, Bilder ganz ohne Hintergrundebene, ausschließlich mit anderen Ebenentypen, zu erstellen.

Histogramm
Grafische Darstellung der Tonwertverteilung in einem Bild, wichtiges Hilfsmittel bei der Bildkorrektur. In Photoshop in die Funktion Tonwertkorrektur integriert und als eigene Palette vorhanden. Das Histogramm zeigt in Form eines Diagramms an, wie viele helle, mittlere und dunkle Tonwerte in einem Bild oder Bildkanal vorhanden sind. Diese Darstellung liefert wichtige Anhaltspunkte über mögliche und sinnvolle Korrekturen.

HKS
→ Sonderfarben

HSB
Farbmodell mit den Parametern Hue (Farbton), Saturation (Farbsättigung), Brightness (Helligkeit). HSB »beschreibt« Farben in den drei Parametern, die auch für die menschliche Farbwahrnehmung besonders wichtig sind. HSB spielt bei programminternen Berechnungen eine Rolle, nicht aber – anders als RGB oder CMYK — bei der Ausgabe auf Monitoren oder Druckern. Verwandte Systeme: HSV (Hue, Saturation, Value) und HSL (Hue, Saturation, Lightness).

Hyperlink
Bei Webseiten: Verknüpfung zwischen einem Layoutelement (Text, Bild) und einem anderen Element im selben Dokument, in anderen Dokumenten oder Internetadressen. Hyperlinks lassen sich beim Export in eine PDF- oder in eine HTML-Datei übernehmen und dienen dort zur Navigation.

ICC-Standard
Standard für ein geräteunabhängiges, aber auch programm- und plattformunabhängiges → Farbmanagement. Die spezifischen Farbausgabe-Eigenschaften von Geräten und ihre → Farbräume werden über ICC-Farbprofile (→ Profil) beschrieben und mit einem Color Management Module (CMM) ineinander umgerechnet. Referenzfarbraum ist der geräteunabhängige → Lab-Farbraum. Das ICC-Farbmanagement ist mit ColorSync (Mac OS) bzw. ICM (Windows) fester Bestandteil der Betriebssysteme.

Inch
Englisch für Zoll, Längeneinheit von genau 2,54 Zentimeter.

Indizierte Farben
Farbmodus für Bilder, die nur eine begrenzte Anzahl von Farben enthalten. Im 8-Bit-Modus sind dies 256 Farben, bei einer geringeren Farbtiefe entsprechend weniger. Verwendung findet dieser Farbmodus besonders bei Bildern, die für die Darstellung auf Bildschirmen mit geringer Farbtiefe vorgesehen sind (→ GIF).

Interlaced
Ursprünglich nur die Bezeichnung für Zeilensprung- oder Halbbildverfahren im Bereich Video. Es wird zunächst nur jede zweite Zeile dargestellt, die fehlenden Zeilen werden in einem zweiten Durchlauf ergänzt.
Im Photoshop-Dialog FÜR WEB SPEICHERN gibt es außerdem eine Option dieses Namens, die das schnellere stufenweise Laden von Internet-Bildern im Browser ermöglicht.

Interpolation
Interpolation bezeichnet das Neuberechnen der Bildpixel beim Vergrößern oder Verkleinern von Bildern. Dabei werden aus den originalen Bildpixeln neue Pixel »hinzuerfunden«, um fehlende Informationen zu ergänzen oder – beim Verkleinern – bestehende Pixel entfernt.
In Photoshop stehen drei verschiedene Verfahren zur Verfügung: → bikubisch, → bilinear und → Pixelwiederholung. Bei der bikubischen Interpolation geschieht die Neuberechnung durch die Bildung von Mittelwerten aus den umgebenden Pixeln, bei der Pixelwiederholung werden die vorhandenen Pixel mehrfach nebeneinander platziert und dadurch vergrößert. Bilinear könnte als Mischung der beiden Verfahren bezeichnet werden.

Interpolationsmethode
Methode, nach der die → Interpolation berechnet wird.

IPTC
IPTC ist ein vom International Press Telecommunications Council festgelegter Standard, der bestimmt, wie → Metadaten zum Urheber, zur Bildbeschreibung usw. in Bilddateien geschrieben werden.

Italic
Englische Bezeichnung für »kursiv«.

Jitter
Wörtlich: Variation. Bei Photoshop ist Jitter eine Option verschiedener Pinseleigenschaften. Es können Eigenschaften wie Größe, Durchmesser, Rundheit oder Winkel während des Malens »gejittert«, d.h. laufend variiert werden.

JPEG
Joint Photographic Experts Group. Nach seiner Entwicklergruppe benanntes, nicht verlustfreies Kompressionsverfahren für Farb- und Graustufenbilder. Niedrige Kompressionsstufen führen jedoch zu keinem sichtbaren Qualitätsverlust im Ausdruck.
Außerdem Bezeichnung für ein häufig verwendetes Dateiformat für Photos in Web-Dokumenten (.jpg oder .jpeg).

JPEG 2000
Weiterentwicklung des JPG-Dateiformats. JPEG 2000 bringt grundsätzlich bessere Ergebnisse als JPEG. Es ist zum gegenwärtigen Zeitpunkt jedoch nur mit Einschränkungen zu empfehlen, da das Plug-in im Browser des Betrachters installiert sein muss, um JPEG 2000-Dateien anzeigen zu können.

Kalibrierung
Das Einstellen von Geräten auf eine weitestgehend standardisierte Farbausgabe, um zuverlässige Ergebnisse zu produzieren. Ein Beispiel sind kalibrierte Farbmonitore. Ein kalibrierter Monitor ist eine Grundlage für erfolgreiches → Farbmanagement.

Kanal
→ Farbkanal

Kanalmixer
Photoshop-Werkzeug für RGB-Bilder, mit dem man die Tonwerte der einzelnen Kanäle mischen und daraus z. B. ein Schwarz-Weiß-Bild erzeugen kann.

Kantenglättung
Eine Technik, die bei Bitmap-Bildern auftretende zackige Grenzli-

nien vermindert. Dies geschieht gewöhnlich durch das Einfügen von Pixeln, welche die Farben an den Übergängen zwischen benachbarten Farben vermischen.

Kapitälchen
Eigenständige Stilvariante einer Schrift, bei der die Kleinbuchstaben auf den ersten Blick wie Großbuchstaben aussehen, aber in etwa die Höhe der Kleinbuchstaben (ohne Ober- und Unterlänge) haben. Auch in der Zeichengestalt unterscheiden sich Kapitälchen von normalen Großbuchstaben: Sie haben oft eigene Proportionen und Strichstärken – dies ist ein entscheidender Unterschied zu den nur am Computer aus den Großbuchstaben einer Schrift errechneten Kapitälchen, wenn die Schriftart keinen echten, eigenen Kapitälchen-Zeichensatz umfasst. »Unechte« Kapitälchen sind oft schlechter lesbar.

Kilobyte
Ein KB sind 1024 Byte.

Komprimierung
Reduktion der Datenmenge einer Datei, um Speicherplatz oder Übertragungszeiten zu sparen. Bekannte Standards für die Kompression von Bilddateien sind JPEG und LZW (→ Datenkompression).

Kontaktabzug
Photoshop-Funktion. Wie ihre analogen Vorbilder zeigen auch Photoshop-Kontaktabzüge eine Auswahl mehrerer Bilder verkleinert auf einer Seite.

Kontextmenü
Liste von möglichen Anweisungen, die durch einen Rechtsklick bzw. einen Mausklick bei gedrückter `Ctrl`-Taste (Macintosh) zugänglich gemacht wird. Das Kontextmenü ist je nach Werkzeugwahl und Ort der Aktivierung unterschiedlich bestückt.

Kontrast
Das Verhältnis zwischen den hellsten und den dunkelsten Bereichen eines Bildes.

Kursiv
Eigenständige Zeichen, die leicht nach rechts geneigt sind und so dem Handgeschriebenen etwas ähnlicher scheinen.

Kurvenpunkt
Bei der Pfaderstellung ein aktiver Ankerpunkt, er hat eine Grifflinie und kann dadurch Kurvenschwünge definieren (→ Bézierkurven).

Lab
Geräteunabhängiger Farbraum, bei dem Farben durch einen Kanal für die Helligkeit (L für Lightness) und zwei Buntheitskomponenten (Kanal a von Grün bis Magenta und Kanal b von Blau bis Gelb) dargestellt werden. Der Lab-Farbraum ist größer als der RGB-Farbraum, lässt sich aber ebenfalls mit 24 Bit kodieren. Er umfasst das gesamte Spektrum der sichtbaren Farben. Weitere Schreibweisen: LAB und L*a*b*.

Laufweite
Abstand zwischen den Buchstaben.

Layout
Englisch: Planung, Anordnung. Typografische Text- und Bildgestaltung einer Seite oder eines Dokuments. Auf dem Layout wird der Satzspiegel festgelegt, in dem Text und Abbildungen angeordnet werden.

Lichter
Lichter sind die hellsten Bereiche bzw. Pixel eines Bildes.

Ligatur
Kombination von zwei Buchstaben zu einer Einheit. In Zeichensätzen für den Mac gibt es standardmäßig Ligaturen für die Buchstabenkombinationen »fi« und »fl«. Auch das »ß« ist eigentlich eine Ligatur.

Linienstärke
Die in Millimetern oder Punkt gemessene Dicke einer Linie.

Linksbündig
Satzart für den Textsatz: Die Zeilen bilden links eine Kante und laufen nach rechts frei aus. Von allen Satzarten die unkomplizierteste, die meist recht gut zu lesende Ergebnisse liefert.

Luminanz
Die Helligkeitskomponente einer Farbe, die von der Farbe selbst unabhängig ist. Ein Schwarz-Weiß-Foto besteht aus einem Luminanzmuster der Szene, die auf dem Film festgehalten wurde. Es ist möglich, die Luminanz ohne Chrominanz (Farbkomponenten) anzuzeigen. Es ist jedoch nicht möglich, Farbe ohne Luminanz zu zeigen.

LZW
Nach seinen Entwicklern Lempel-Ziv-Welch benanntes, verlustfreies → Komprimierungsverfahren, das von den Dateiformaten TIF und GIF verwendet wird. Man erreicht damit ein Kompressionsverhältnis von rund 2:1.

Majuskel
Großbuchstabe, auch Versalie genannt.

Marginalien
Randbemerkungen, ergänzende Informationen (Text oder Illustrationen) zum Haupttext eines Buches, die in der Randspalte gesetzt sind.

Maske
Wichtige Photoshop-Arbeitstechnik. In einem Bild angelegter Bereich, der die bedeckten Bildteile ausblendet. Masken werden als Graustufenbilder im Alphakanal gespeichert. Eine Maske kann dazu benutzt werden, um Bildteile vom Rest des Bildes freizustellen, und kann auch in eine → Auswahl verwandelt werden.

Maskierungsmodus
Photoshop-Funktion (auch Quick Mask genannt). Der Maskierungsmodus ist eine temporär angelegte Maske und funktioniert auf der Basis von Alphakanälen. Er ermöglicht es, bestehende → Auswahlen auf recht einfache Weise manuell nachzuarbeiten und so zu verfeinern.

Mehrkanalmodus
→ Bildmodus bei Photoshop. Der Mehrkanalmodus bietet besondere Möglichkeiten für den Druck mit Sonderfarben. Sie können Duplex- und CMYK-Bilder in diesen Modus konvertieren. Dabei wird der Duplexkanal in mehrere Kanäle – sogenannte Volltonfarbkanäle – aufgesplittet. CMYK-Kanäle bleiben erhalten. Danach können Sie weitere Kanäle mit Sonderfarben hinzufügen, um zusätzliche Druckplatten festzulegen.

Metadaten
In den Metadaten von Fotos speichern Sie Dateieigenschaften oder Kameradaten zum Zeitpunkt der Aufnahme, um so Ihre Bilder besser katalogisieren zu können (→ EXIF, → IPTC).

Mittelton
Mitteltöne sind die mittleren Tonwertbereiche eines Bildes (insbesondere eines Fotos), also die zwischen → Lichtern und → Tiefen.

Modus
Der Begriff »Modus« taucht in Photoshop wiederholt auf: zum Beispiel als Ansichtsmodus der Arbeitsfläche, als Modus der Pixelverrechnung bei Mal- und Füllwerkzeugen und Ebenen (→ Füllmethode) oder als → Bildmodus.

Moiré
Unerwünschtes Muster auf Bildern. Es kann beim Vierfarbdruck oder auch auf Bildschirmen entstehen – durch die falsche Winkelung der Raster der einzelnen Druckfarben oder wenn Muster des Bildmotivs mit dem Druckraster oder den Bildschirmpixeln Interferenzen bilden. Die Moirébildung wird weitgehend vermieden, wenn die Farben mit versetzten Rasterwinkeln gedruckt werden.

Monitorkalibrierung
→ Kalibrierung

Monochrom
Wörtlich: einfarbig (auch: monochromatisch). Ein Bild, in dem alle Tonwerte durch Helligkeitsstufen einer Farbe dargestellt werden.

Mustergenerator
Photoshop-Funktion. Mit dem Mustergenerator können Sie aus dem aktuellen Bild, einem ausgewählten Bereich des Bildes oder dem Inhalt der Zwischenablage unendlich variierte Muster anlegen. Der Mustergenerator generiert Muster, indem er die Pixel des Bildes oder Bildteils neu anordnet und daraus einen mustergefüllten Bereich erstellt. Die Muster sind abstrakt, da sie aber auf den Pixeln des Ausgangsbildes beruhen, haben sie Ähnlichkeit mit ihm. Aus einer einzigen Vorlage können viele verschiedene Muster erstellt werden. Sie können dann als Dateien gespeichert oder aber in einer Musterbibliothek abgelegt werden.

Nachbelichter
Photoshop-Werkzeug. Der Nachbelichter dunkelt Pixel ab. Der Begriff stammt ursprünglich aus der Analogfotografie.

Objektivfilter
Photoshop-Filter aus der Version CS2. Er korrigiert häufige Bildfehler wie → chromatische Aberrationen, die abhängig von verwendeten Objektiven und Brennweiten entstehen können. Auch objektivbedingte perspektivische Verzerrungen lassen sich gut damit korrigieren.

Open-Type
Von Adobe und Microsoft entwickeltes Dateiformat für Schriften. OpenType ist ein plattformunabhängiges Dateiformat für → Fonts, das außerdem besonders umfangreiche Zeichensätze enthalten kann. Dadurch können zahlreiche Sonderzeichen (Schriftzeichen für bessere Sprachunterstützung, Ligaturen, besondere Layoutzeichen und Schmuckzeichen) ausgegeben werden. Zur Beschreibung der einzelnen Zeichen verwendet OpenType entweder PostScript oder TrueType; die Dateiendung lautet .otf oder ttf.

Optionsleiste
Element der Arbeitsfläche. Leiste unterhalb der Menüleiste. Die Optionsleiste ändert ihren Inhalt je nach gewähltem Werkzeug.

Palette
Element der Arbeitsfläche bei Adobe-Anwendungen. In den Paletten sind wichtige Kontroll- und Hilfsinstrumente untergebracht. So sind sie schnell zur Hand, ohne zu viel Platz zu beanspruchen.

Palettenmenü
An der oberen rechten Ecke jeder → Palette befindet sich eine kleine Dreieck-Schaltfläche. Klicken Sie darauf, um ein Flyout-Menü anzeigen zu lassen, das je nach aktivierter Palette passende Menüeinträge bereithält.

Pantone
→ Sonderfarben

PDF
Portable Document Format. Ein von Adobe auf der Basis von PostScript entwickeltes Dateiformat, das den plattformübergreifenden Austausch von Dokumenten bei gleichzeitiger Beibehaltung aller Gestaltungsmerkmale ermöglicht, was unter anderem durch die Einbettung der Schriften möglich ist. PDF-Dateien sind durch die Komprimierungsmöglichkeiten für Bilder und Schriften vergleichsweise klein. Ursprünglich nicht mit Blick auf die Druckindustrie entwickelt, ist PDF inzwischen zu einem Standardaustauschformat in der Druckvorstufe geworden.

Pfad
Pfade sind vektorbasierte, zunächst einmal nicht-druckende Linien innerhalb eines Bildes, die mit der Datei gespeichert werden können und als Hilfs- und Arbeitsmittel verschiedene Funktionen erfüllen. An Pfaden können Objekte und Schrift ausgerichtet werden, Pfade definieren beim Druck freizulassende Flächen (→ Beschneidungspfade), sie sind Bestandteil von → Formebenen oder → Vektormasken oder lassen sich mit Pinselstrichen (Pixeln) füllen.
Ein Pfad setzt sich nicht aus einzelnen Pixeln, sondern aus (Vektor-) Kurvenzügen zusammen. Die wesentlichen Bestandteile eines Pfads sind die Ankerpunkte, durch die er geformt wird. Geschlossene Pfade schließen einen Raum komplett ein, bei offenen Pfaden bilden sie eine Linienform.
Es gibt zwei Typen von Ankerpunkten: Eckpunkte, an denen der Pfad seine Richtung abrupt ändert, also eine Ecke ausbildet, und Übergangspunkte, an denen der Pfad kontinuierlich ins benachbarte Pfadsegment übergeht (Kurvenpunkte). Den Kurvenverlauf zwischen den Ankerpunkten bestimmen Kurventangenten, die Grifflinien, deren Länge und Ausrichtung durch Bewegen der Griffpunkte an ihrem Ende beeinflusst werden kann (→ Bézierkurve).

Pfadauswahl-Werkzeug
→ Pfeil-Werkzeuge

Pfeil-Werkzeuge
Photoshops »Pfeil-Werkzeuge« mit den umständlichen Namen Pfadauswahl-Werkzeug und Direktauswahl-Werkzeug helfen Ihnen, die mit dem Zeichenstift-Werkzeug oder den Form-Werkzeugen erstellten Zeichenobjekte zu bearbeiten.

Photomerge
Mit der Funktion Photomerge (Adobe Photoshop, seit Programmversion CS2) können Sie aus einzelnen Fotos Panoramabilder montieren. Um ein gutes Ergebnis zu erzielen, müssen Sie jedoch bereits bei der Aufnahme bestimmte Regeln (Motivwahl, Beleuchtungsverhältnisse, Stativ, Objektiv) beachten. Je besser die Ausgangsfotos, desto besser kann auch Photomerge arbeiten.

Photoshop DCS
Das Dateiformat DCS (Desktop Color Separations) ist eine Weiterentwicklung des Formates → EPS. DCS wurde für die Druckvorstufe entwickelt und eignet sich ausschließlich zum Speichern von CMYK-Dateien. Die Ausgabe erfordert einen PostScript-fähigen Drucker. Die Farbauszüge werden beim Speichern in DCS getrennt gesichert, außerdem können Rastereinstellungen und eine Druckkennlinie mitgespeichert werden. Das neuere Format DCS 2.0 unterstützt auch Kanäle mit → Sonderfarben. Die Ausgabe von DCS kann wegen der getrennten Farbauszüge sehr schnell erfolgen, der Nachteil sind die zum Teil sehr groben Vorschaubilder.

Pica-Point
Englisches typografisches Maß; ein Pica hat 12 Pica Points (4,233 mm); 6 Pica ergeben rund 1 Zoll.

Pinsel
Mit dem Photoshop-Werkzeug Pinsel lässt sich wie mit dem → Buntstift die Vordergrundfarbe auftragen. Der Pinsel erzeugt dabei immer Striche mit geglätteten Kanten, auf Wunsch auch weiche, unscharfe Malstriche.

Pipette
Werkzeug in Photoshop und anderen Programmen zum Ermitteln der Farbwerte von Bildpartien.

Pixel
Pixel ist die Kurzform von »Picture Element« und bezeichnet die Punkte einer digital gespeicherten Grafik. Jeder dieser Punkte ist bei der Darstellung auf dem Computermonitor in der Regel quadratisch und hat einen eindeutig definierten Farbwert. Es ist die kleinste Informationseinheit einer Bitmap-Grafik und nicht weiter unterteilbar.

Pixelbild
→ Bitmap

Pixel-Seitenverhältnis
Dass Pixel quadratisch sind, trifft auf die Bildbearbeitung zu. Sollten Sie sich im Bereich Videoschnitt

betätigen, werden Sie es jedoch auch mit rechteckigen Pixeln zu tun bekommen. Wenn Sie eine neue Datei erzeugen und auf den Button ERWEITERT klicken, kann seit Photoshop CS im Menü PIXEL-SEITENVERHÄLTNIS die gewünschte Form der Pixel festgelegt werden.

Pixelwiederholung
→ Interpolationsmethode, bei der die Pixel dupliziert werden. Es kommt dabei zur Treppenbildung und zu gezackten Linien. Die Methode ist nicht sehr präzise und eignet sich lediglich für Strichgrafiken.

PNG
Portable Network Graphics: Dateiformat für das Web, das als lizenzfreier Nachfolger für GIF entwickelt wurde. Es kann sowohl Abbildungen mit indizierten Farben als auch Vollfarbbilder darstellen und verfügt über eine verlustfreie Kompression.

PostScript
Programmiersprache zur Beschreibung von Text, Grafik und Bildern in einem Layout (»Seitenbeschreibungssprache«), die speziell für die Kommunikation zwischen Layoutprogramm und Drucker, Druckmaschine u. Ä. entwickelt wurde. Der Vorteil von PostScript liegt darin, dass bis auf eventuell im Layout enthaltene → Bitmapbilder alle Seitenelemente rein mathematisch definiert und deshalb auflösungsunabhängig sind. Erst bei der Ausgabe wird eine PostScript-Datei entsprechend dem Auflösungsvermögen des Ausgabegerätes im → RIP aufgerastert. Zudem bietet PostScript auch große Freiheiten bei der Verwendung verschiedener Schriften. Auf PostScript basierende Dateien sind plattformunabhängig, können von fast allen → DTP-Anwendungen bearbeitet werden und sind deshalb der Standard bei der Herstellung professioneller Druckvorlagen auf Desktop-Computern.
Dateiformate wie → EPS oder → PDF bauen auf PostScript auf.

PPD
PostScript Printer Description. Auch als Druckerbeschreibung bezeichnete Datei, die Informationen zu den Spezifikationen eines PostScript-Ausgabegerätes beinhaltet. Für jedes Gerät gibt es eine angepasste Druckerbeschreibung, die beim Ausdruck ausgewählt sein muss. Eine spezielle PPD gibt es für den Acrobat Distiller.

PPI
Pixel per Inch. Maßeinheit, die die → Auflösung von Ausgabegeräten wie Monitoren, Druckern, Druckmaschinen etc. bezeichnet, konkret die Menge der Druck- oder Bildpunkte, die das Gerät auf der einem Zoll (Inch) darstellen kann. Umgangssprachlich werden die Bezeichnungen → DPI und PPI meist nicht auseinandergehalten.

Profil
Wichtiger Baustein für ein geräteunabhängiges, aber auch programm- und plattformunabhängiges → Farbmanagement. Die Farbausgabeeigenschaften von Geräten werden in Profilen beschrieben. Mithilfe des systemeigenen Color Management Module (CMM) eines Rechners können die verschiedenen Profile aller Geräte, die am Publikationsprozess beteiligt sind (Scanner, Monitor, Drucker etc.), miteinander abgeglichen werden. Ziel des Profilierens ist es, eine möglichst konsistente Farbausgabe über den gesamten Publishing-Prozess hinweg zu erreichen. Im Idealfall sehen also z. B. Farben eines gescannten Fotos auf dem Monitor und im Druck immer gleich aus und stimmen auch noch mit der realen Aufnahmesituation überein. Dieses Ideal ist aber meist nur annäherungsweise zu erreichen. Profile für Geräte können mithilfe spezieller Prüfverfahren und -geräte individuell erstellt (aufwendig!) oder von Standardisierungsgremien wie dem ICC (International Color Consortium) oder eventuell der eigenen Druckerei bezogen werden.

Proof
Testdrucke, anhand derer die Druckqualität farbverbindlich festgelegt wird.

Prozessfarben
Die vier Farben Cyan, Magenta, Gelb und Schwarz, aus denen im Vierfarbdruck alle anderen Farben erzeugt werden (→ CMYK).

PSD
Photoshop Document. Das ist das »hauseigene« Photoshop-Datei-Format. Es unterstützt durchweg alle (Photoshop-)Spezialfunktionen wie Ebenen, Kanäle und Transparenzen. PSD-Dateien sind jedoch sehr groß und lassen sich vor allem mit Anwendungen aus Creative Suite bearbeiten. Das Dateiformat wird stetig weiterentwickelt. Die Kompatibilität lässt sich über einen Dialog maximieren. Damit kann das Dokument dann auch in älteren Versionen von Photoshop verwendet werden. Die Verwandlung von PSD in andere Dateiformate ist problemlos möglich.

Punkt
Typografisches Maß (Didot-Punkt). Er entspricht 0,375 mm.

QuickInfo
Wenn Sie über den Zweck eines Werkzeuges unsicher sind, verweilen Sie einfach kurz mit der Maus auf dem jeweiligen Button – ein erklärender Werkzeugtipp (»QuickInfo«) wird eingeblendet.

Quick Mask
→ Maskierungsmodus

Radio-Button
Optionsschaltfläche in Webseiten oder Anwendungen, die entweder den Wert 1 (= zutreffend) oder 0 (= nicht zutreffend) annehmen kann. In einer zusammengehörenden Gruppe von Radio-Buttons kann im Gegensatz zur Checkbox immer nur *ein* Element den Wert 1 annehmen, wodurch alle anderen auf 0 gesetzt werden.

Raster
Rastern (in Photoshop) bedeutet das Umrechnen der Vektorinformation einer Textebene oder Formebene in Pixel.

Rasterweite
Maßeinheit, die angibt, wie viele Rasterzellen ein Ausgabegerät pro gewählte Strecke ausgeben kann. Verwendet werden entweder die Einheiten Lines per Inch (lpi) oder Linien pro Zentimeter (lpcm oder L/cm).

Rendern
In Photoshop: Umrechnen der Vektorinformation einer Ebene in Pixel.

Retuschieren
Nachbessern von Fotos. Geschieht heutzutage in der Regel digital, es gibt jedoch auch eine Reihe »analoger« Retuschetechniken. Photoshop bietet eine Reihe von Retusche-Werkzeugen und -Filtern an, um Bildfehler wie Verschmutzungen, störende Bildelemente, rote »Blitzlichtaugen«, Schönheitsfehler etc. zu beheben.

RGB
RGB bezeichnet gleichzeitig ein physikalisches Farbmodell (additive Farbmischung) und die Möglichkeit, eine Farbe zu beschreiben und in einer Datei zu notieren (Farbmodus RGB). Farbmodell und Farbmodus sind eng miteinander verknüpft. Die Grundfarben von RGB sind Rot, Grün, Blau. RGB kommt vorzugsweise dort zum Einsatz, wo Farbe aus Lichtpunkten erzeugt wird (Lichtfarben; im Gegensatz zu Körperfarben, den Farbpigmenten der Druckfarbe). Alle drei additiven Grundfarben ergeben zusammen reines Weiß. Ist keine der drei Farben vorhanden, liegt reines Schwarz vor.
In einer digitalen RGB-Datei setzt sich das Bild aus Anteilen von Rot, Grün und Blau zusammen. Die Intensität jeder einzelnen Grundfarbe wird über einen eigenen → Farbkanal geregelt. Bei einem Wert von 0 ist die jeweilige Farbe nicht existent. Der Maximalwert eines 8-Bit-RGB-Kanals beträgt 255. Jeder Kanal kann also in 256 unterschiedlichen Farbabstufungen dargestellt. Da in RGB-Dateien drei Kanäle vorhanden sind, gibt es 16.777.216 verschiedene mögliche Farbwerte (256 × 256 × 256).

RIP
Raster Image Processor. Hard- oder Software, die PostScript- Daten für den Ausdruck in ein druckbares Raster umwandeln.

Sättigung
Beschreibt den Grauanteil einer Farbe. Eine stark gesättigte Farbe enthält wenig oder kein Grau, eine Farbe mit geringer Sättigung enthält viel Grau.

Satzspiegel
Wichtige Größe bei der Planung eines Seitenlayouts. Der Satzspiegel gibt vor, wie groß der zu bedruckende Raum einer Seite sein soll.

Scanauflösung
Die Auflösung (Anzahl der Pixel pro Längeneinheit), mit der ein Bild vom Scanner erfasst wird. Die Angabe erfolgt meist in → DPI oder → PPI.

Scannen
Das Erfassen von nicht-digitalen Bildern und anderen Dokumenten mit Hilfe eines Scanners und das anschließende Speichern der Daten als digitale Datei.

Schärfen
→ Scharfzeichnen

Scharfzeichnen
Eine durch Filter bewirkte Kontrastverstärkung an Kanten innerhalb eines Bildes, also z. B. dort, wo unterschiedliche Farbflächen aneinander angrenzen. Dadurch wirkt das Bild etwas schärfer. Digitales Scharfzeichnen ist mit dem Scharfstellen während des Fotografierens nicht zu vergleichen – es kommen dadurch nicht mehr Bilddetails in den Blick, das Bild wird lediglich optisch etwas »aufgepeppt«.

Schattierung
Grafischer Effekt, der den Eindruck erweckt, eine Schrift oder ein anderes Objekt würde leicht über dem Bildhintergrund schweben und einen Schatten werfen. Wird in Photoshop per → Ebenenstil erreicht.

Schmuckfarben
→ Sonderfarben

Schnittmaske
Photoshop-Arbeitstechnik mit → Ebenen. Das Prinzip kommt zur Anwendung, wenn Sie in Ihrer Datei zwei Ebenen oder mehr haben und bewirken wollen, dass sich eine Ebene nur auf die direkt unter ihr liegende Ebene bezieht – nicht auf die weiteren Ebenen unterhalb. Mit einer weiter unten liegenden Ebene wird die direkt darüber liegende Ebene maskiert. Die Anwendung von Schnittmasken ist

nur sinnvoll, wenn die untere (maskierende) Ebene auch transparente Bereiche enthält.

Schriftfamilie
Typografischer Begriff. Viele Schriftarten umfassen mehr als nur eine Variante: Es gibt kursive, fette, halbfette, leichte, besonders eng laufende etc. Versionen einer Schriftart. Die einzelnen Schriftvarianten haben übereinstimmende Formmerkmale und stammen oft auch vom selben Designer. Eine Schriftfamilie sind alle Schriftvarianten einer Schriftart. Gut ausgebaute Schriftfamilien können bis zu 60 Varianten (sogenannte Schriftschnitte) umfassen. Umgangssprachlich werden die Begriffe Schriftfamilie und Schriftschnitt öfters – unkorrekterweise – vermischt.

Schwarzanteil
Begriff aus der Druckvorstufe. Meist werden alle Bildfarben aus den vier beteiligten Druckfarben Cyan, Magenta, Gelb und Schwarz gemischt. Dabei sind verschiedene Möglichkeiten des Farbaufbaues möglich, die sich vor allem durch die Anteile von Schwarz und den verwendeten Buntfarben unterscheiden. Der Schwarzanteil kann unterschiedlich hoch sein. Je nach Separationseinstellung werden Farbanteile der Buntfarben Cyan, Magenta und Gelb ganz oder teilweise durch die Farbe Schwarz ersetzt (→ GCR, → UCR). Die Menge des verwendeten Schwarz in Proportion zum Anteil der Buntfarben hat Einfluss auf die Detailzeichnung, die Kontraste und die Sättigung dunkler Farben.

Schwarzpunkt
Der Bereich auf einer Gradationskurve oder im Histogramm, der einem 100%igen Schwarz entspricht. Durch Setzen des Schwarz- und Weißpunkts während der Bildkorrektur lassen sich die vorhandenen Tonwerte einer Bilddatei über die gesamte zur Verfügung stehende Tonwertskala verteilen. Dabei können Kontrastschwächen und leichte Farbstiche behoben werden.

Schwellenwert
Tonwertgrenze bei der Umwandlung von Graustufenbildern in den Bitmap-Modus: dunklere Töne werden schwarz, hellere weiß.

Separation
Umrechnen der während der Bildbearbeitung und des Layouts verwendeten Farben einer Datei (häufig RGB) in die vier einzelnen Farbauszüge der → Prozessfarben Cyan, Magenta, Gelb und Schwarz und der gegebenenfalls verwendeten → Sonderfarben. Separation ist notwendig, wenn eine Datei auf einer professionellen (Offset-) Druckmaschine im Vierfarbdruckverfahren wiedergegeben werden soll. Dabei wird die Datei in den Modus → CMYK gebracht. Zu berücksichtigen ist dabei nicht nur die Modus-Änderung; auch der → Gesamtfarbauftrag, die beste Methode für den Farbaufbau und die Rasterwinkel (→ Raster) der einzelnen Farbauszüge spielen eine Rolle.
Die Separation kann entweder durch das jeweilige Grafik- oder Layoutprogramm erfolgen oder bei modernen Geräten auch direkt im → RIP (In-RIP-Separation).

Slice-Werkzeug
Slice-Werkzeug und Slice-Auswahlwerkzeug können Sie für die Vorbereitung von Grafiken fürs Web einsetzen. Mit dem Slice-Werkzeug unterteilen Sie ein Bild in unsichtbare »Scheiben«, denen dann mit Photoshop und ImageReady (bei der Photoshop-Version CS2 und früher) unterschiedliche Eigenschaften oder Interaktivität zugeordnet werden können. Das Slice-Auswahlwerkzeug hilft Ihnen, einzelne Slices im Bild zu aktivieren.

Smartfilter
Diese Funktion gestattet die zerstörungsfreie Anwendung von Filtern auf Bildebenen. Während bei der gewöhnlichen Anwendung von Filtern die Pixel der gefilterten Ebene direkt und letzten Endes unwiderruflich verändert werden, schont die Anwendung von Smartfiltern die Ebenenpixel; Änderungen können leichter wieder rückgängig gemacht werden. Smartfilter funktionieren mit → Smart-Objekten.

Smart-Objekte
Photoshop-Funktion, die die zerstörungsfreie Bearbeitung von Ebenen ermöglicht. Smart-Objekte sind eine spezielle Art von → Ebenen, die Bilddaten von Raster- oder Vektorbildern (z. B. Photoshop- oder Illustrator-Dateien) enthalten. Smart-Objekte werden wie gewöhnliche Ebenen in der Ebenen-Palette und natürlich auch im Bild selbst angezeigt. Mit Smart-Objekten bleibt der Quellinhalt des ursprünglichen Bildes mit allen Eigenschaften erhalten, die Smart-Objekt-»Ebene« enthält lediglich eine Instanz der Originaldaten. Dies ermöglicht das zerstörungsfreie Bearbeiten der Ebene. Nicht alle, aber einige Arbeitstechniken sind auf Smart-Objekte anwendbar: Transformationen, Ebenenstile, Änderungen der Deckkraft und Füllmethode und Verkrümmungen, seit der Version CS3 auch Filter.
Erzeugt werden Smart-Objekte, indem Sie Dateien platzieren oder Adobe-Illustrator-Dateien per Kopie in eine Photoshop-Datei einfügen. Auch bestehende Ebenen lassen sich zu Smart-Objekten bündeln. Der Einsatz von Smart-

Objekten bietet sich immer dann an, wenn das Ausgangsformat in Photoshop nicht voll editierbar wäre (z. B. bei Dateien aus Illustrator), wenn eine im Smart-Objekt eingebettete Datei unbeschadet erhalten bleiben soll oder wenn mehrere Versionen (»Instanzen«) rationell bearbeitet werden müssen.

Softproof
Ungefähre Vorschau des zu erwartenden Druckergebnisses auf dem Bildschirm.

Solarisation
Ein Bildeffekt, mit dem sehr feine Farbänderungen durch kontinuierliche Farbtöne (Contone-Farben), aber auch durch völlig andere Farben ersetzt werden. Dies wird erreicht, indem man die Anzahl der verfügbaren Farben in einzelnen Schritten von gängigerweise 16 Millionen auf 10 bis 100 reduziert.

Sonderfarben
Auch als Schmuckfarben oder Volltonfarben bezeichnet. Sonderfarben werden in gewerblichen Druckverfahren als Alternative oder Ergänzung zu den vier → Prozessfarben CMYK verwendet. Sie werden als gesonderte, vorgemischte Farben über ein separates Farbwerk aufgetragen. Man verwendet sie zum Drucken von Farben, die sich nicht durch die Prozessfarben darstellen lassen oder wenn auf Farbtreue besonders großen Wert gelegt wird. Es gibt standardisierte Sonderfarbensysteme wie z. B. HKS und Pantone.

Spationieren
Verändern der Wort- und Buchstabenabstände in einem Text, um die Lesbarkeit zu verbessern.

Sperren
Sonderform des Spationierens: Einfügen von kleinen Zwischenräumen zwischen alle Buchstaben eines Textes oder eines Wortes. Wird z. B. bei Verwendung von Versalien oder Kapitälchen der besseren Lesbarkeit gemacht; zuweilen wird Sperrsatz auch als → Auszeichnung eingesetzt.

Stapelverarbeitung
Photoshop-Funktion zur automatischen Anwendung von → Aktionen auf eine größere Menge von Bildern.

Statusleiste
Element der Arbeitsfläche in der Creative Suite. Die Statusleiste, die Sie unterhalb eines jeden Dokumentenfensters finden, liefert wichtige Informationen zur Datei und hilft, sich im Programm zu orientieren.

Subtraktive Farbmischung
Farbaufbau durch die Reflexion bzw. Absorption von Licht-Bestandteilen unterschiedlicher Wellenlänge. Der Vierfarbdruck (CMYK-System) basiert auf subtraktiver Farbmischung. Durch Auftragen einer Druckfarbe auf weißes Papier werden aus dem Farbspektrum des reflektierenden Lichts alle übrigen Farben subtrahiert. Alle Druckfarben zusammen ergeben Schwarz.

Tiefen
Tiefen sind die dunklen Bereiche bzw. Pixel eines Bildes.

TIFF
Tagged Image File Format. Dateiformat für Pixelbilder. TIFF ist plattformübergreifend einsetzbar und wird von fast allen Programmen unterstützt. Kommt mit Ausnahme von Duplex mit allen Farbmodi sowie mit Pfaden und Masken zurecht und kann in der Variante »Layered TIFF« auch Ebenen speichern. Kompression ist über → LZW möglich. Photoshop kann auch TIFFs mit JPEG- und ZIP-Kompression erzeugen. Solche TIFF-Dateien lassen sich aber nur mit wenigen Programmen verarbeiten.

Tonwert
Helligkeitswert eines Pixels in einem Graustufenbild bzw. Farbkanal eines RGB- oder CMYK-Bildes. Bei »Standard«-RGB-Dateien mit 8 Bit Datentiefe je Kanal reicht die Tonwertskala von 0 (Schwarz) bis 255 (Weiß).

Tonwertangleichung
Eine Funktion von Photoshop, die automatisch einen neuen Weiß- und Schwarzpunkt setzt.

Tonwertkorrektur
Verfahren der Bildkorrektur zur Anpassung von Helligkeit und Kontrast. Wird sie bei einzelnen Farbkanälen durchgeführt, dient die Tonwertkorrektur auch zur Kompensation von Farbstichen.

Tonwertumfang
Der Bereich der Tonwerte eines Bildes, der die tatsächliche Zeichnung enthält.

Tonwertzuwachs
Phänomen, das beim Drucken, auftritt. Verdunklung eines gedruckten Farbtones durch Farbquetschung, Diffusion der Druckfarbe in die Papierstruktur und vor allem durch den optischen Effekt des Lichtfangs (Unterstrahlung eines Rasterpunkts) hervorgerufen. Der Tonwertzuwachs muss bei der Separation oder Belichtung durch invertierte Berechnung (Aufhellung) kompensiert werden, damit der Druck die Tonwerte in der vorgesehenen Helligkeit und Farbe wiedergibt.

Transparenz
Vollständige oder teilweise Durchsichtigkeit. In der Bildbearbeitung

können Bild- oder Ebenenpixel transparent sein. Der Grad der Transparenz innerhalb einer Datei wird über den → Alphakanal gesteuert.

True Color
Die durch 24 Bit Farbtiefe erzielte Farbqualität. 24 Bit führt zu 16,7 Millionen Farben, was für das menschliche Auge mehr als ausreichend sein sollte (→ 24-Bit-Grafik).

TrueType
Von Apple und Microsoft entwickeltes Dateiformat für → Fonts (Schriftdateien), das die Buchstaben wie bei → PostScript-Schriften mathematisch definiert und damit auflösungsunabhängig ist. Wird standardmäßig vom Mac OS und von Windows unterstützt.

TWAIN
Standardisierte Softwareschnittstelle für Scanner, über die der Anwender alle Scanfunktionen über eine Scan-Software steuern kann. Alle Scanner, die dem TWAIN-Standard entsprechen, können aus einer TWAIN-kompatiblen Software (beispielsweise Adobe Photoshop, Corel PhotoPaint, PageMaker) heraus gesteuert werden.

Tweening
Ein Begriff aus der Animationstechnik, der nicht nur in Photoshop, sondern auch in anderen Programmen verwendet wird. Er leitet sich ab von »in between(ing)«. Beim Tweening werden zwei zuvor festgelegte Einzelbilder zum Start- und Endbild der Animation, die dazwischen liegenden Bilder (→ Frames) werden automatisch erstellt. Dabei werden die Informationen der Schlüsselbilder hochgerechnet, um die neu hinzugefügten Frames mit Inhalt zu füllen. In Photoshop können Sie auf diese Art Position oder Deckkraft von animierten Objekten und → Ebenenstile in einer Animation gleichmäßig verändern.

Überblenden
Ein weicher Übergang zweier Farben oder Bildteile, der keine wahrnehmbare »Naht« an der Übergangsstelle aufweist.

Überdrucken
Begriff aus der Drucktechnik: Normalerweise muss ein in einer bestimmten Farbe definiertes Gestaltungselement einer Drucksache aus einem Untergrund, der mit anderen, von dem Element nicht benutzten Farben definiert wurde, ausgespart werden. Dadurch verhindert man, dass die Farbe des Elementes durch die Farbe des Untergrundes verfälscht wird. Es gibt jedoch Fälle, wo eine solche Aussparung nicht sinnvoll ist, beispielsweise bei schwarzer Schrift vor einem farbigen Hintergrund. Hier spricht man davon, dass das Objekt den Hintergrund überdrucken muss, also aus diesem nicht ausgespart wird, denn Schwarz kann durch einen hinterlegten Grund nicht mehr nennenswert verändert werden.

Überfüllung
Zur Vermeidung von kleinen weißen Lücken – sogenannten Blitzern – zwischen angrenzenden Farben, die durch Ungenauigkeiten beim Druck entstehen können, lässt man gedruckte, aneinander angrenzende Farbflächen leicht überlappen. Dies nennt man Überfüllen. Dabei entsteht zwar ein farbiger Saum, der vom Auge aber weniger wahrgenommen wird als das durchscheinende weiße Papier. Die Überfüllungen werden von Grafik- und Layoutprogrammen automatisch berechnet oder man erstellt sie mit Hilfe darauf spezialisierter Programme.

UCA
Abkürzung für Under Color Addition (»Unterfarbenaddition«). Begriff aus der Druckvorstufe, der eine bestimmte Methode des Farbaufbaus während des Drucks bezeichnet. Gesteuert wird der Farbaufbau durch Einstellungen, die während der → Separation der Datei festgelegt werden.
UCA ist ein Verfahren der Berechnung von → CMYK-Werten, das verwendet wird, um in den dunklen Partien eines gedruckten Bildes ein besonders sattes, tiefes Schwarz zu erzeugen. Anders als bei → UCR ist also die Veränderung eines Farbtones Ziel von UCA. Dabei wird in neutralen, dunklen Bereichen Cyan, Magenta und Gelb hinzugegeben (insbesondere die starke Beimischung von Cyan kann ein »fettes Schwarz« erzeugen). So kann durch die Separationseinstellungen aus einem nicht sehr kräftigen Schwarz mit den CMYK-Werten 0/0/0/100% ein sehr tiefer Schwarzton zum Beispiel mit Werten wie 50/0/0/100% entstehen.

UCR
Abkürzung für Under Color Removal (»Unterfarbenentfernung«). Begriff aus der Druckvorstufe, der eine bestimmte Methode des Farbaufbaus während des Drucks bezeichnet. Gesteuert wird der Farbaufbau durch Einstellungen, die während der → Separation der Datei festgelegt werden.
Es ist ein Verfahren der Berechnung von → CMYK-Werten, das vor allem beim Druck von Zeichnungen, Screenshots o.Ä. verwendet wird. Feine Striche und Linien werden so schärfer abgebildet. Gleichzeitig kann die Druckgeschwindigkeit erhöht werden. Außerdem ist UCR kostensparend: Die teueren CMY-Farben werden sparsam verwendet und durch die preiswertere schwarze Farbe er-

setzt. UCR gilt als Spezialfall des → GCR.
Durch UCR wird die Farbmischung in den neutralen Bereichen (Grau und Schwarz) beeinflusst. Mit UCR werden die neutralen Töne nicht mehr durch eine *Mischung* von Cyan, Magenta, Gelb und Schwarz, sondern allein durch Auftrag von Schwarz erzeugt. Dabei verändert sich der gedruckte Farbton praktisch nicht, sondern nur die Farbmischung (umgekehrt bei → UCA).

Umbruch
Begriff aus dem → DTP: die Anordnung von Text und Bildern in Seiten, Spalten oder Zeilen.

Unbuntaufbau
Der Begriff Unbuntaufbau bezeichnet – wie auch → Buntaufbau und Schwarzaufbau – eine bestimmte Methode zur → Separation. → GCR und → UCR sind zwei unterschiedliche unbunte Separationstechniken. Dieser Begriff ist weniger exakt als die amerikanischen Kürzel.

Unscharf Maskieren
Verfahren zur Scharfzeichnung eines Bildes. Die Qualität ist abhängig von der Güte des verwendeten Algorithmus.

Unterfarbenentfernung
Deutscher Terminus für → UCR

Unterschneiden
Typografischer Begriff: Verringern des Abstandes zwischen zwei Buchstaben, um optische Löcher zu vermeiden. Wird auch mit dem Begriff *Kerning* bezeichnet.

Vektor
Vektor ist ein allgemeiner Ausdruck für eine bestimmte Klasse von Grafiksystemen. Innerhalb eines solchen Grafiksystems wird ein Vektor durch eine Linie beschrieben, die durch Farbe, Start- und Endpunkt definiert ist. Vektoren werden daher im Normalfall bei der Erstellung von Strichvorlagen, typografischen Zeichen und Farbverläufen verwendet. (→ Bézierkurven)

Vektorgrafik
Aus mathematischen Formeln beschriebene Bilder. Programme wie Flash und Illustrator sind auf Vektorgrafiken basierende Zeichen- bzw. Animationsprogramme (→ Bézierkurven).

Vektormaske
Photoshop: Eine → Maske, die nicht durch Pixel, sondern durch Vektorinformationen definiert wird. Damit sparen Sie einerseits Speicherplatz und können frei skalieren, andererseits sind bei Vektormasken keine weichen Übergänge zwischen »maskiert« und »nicht maskiert« möglich.

Verlauf
→ Farbverlauf

Verlaufsumsetzung
Photoshop-Technik, um Bilder zu verfremden und zu kolorieren. Dabei werden die Tonwerte eines Bildes den Tonwerten eines → Farbverlaufs zugeordnet und durch die Tonwerte des Verlaufs ersetzt.

Versalhöhe
Höhe der Großbuchstaben einer Schriftart.

Versalie
Die Großbuchstaben einer Schrift (auch: Majuskel). Versalien sollten für Hervorhebungszwecke nur vorsichtig eingesetzt werden (besser sind → Kapitälchen) und für längere Lesetexte überhaupt nicht, denn sie sind wesentlich schlechter lesbar als → Gemeine.

Verschieben-Werkzeug
Photoshop-Tool: Mit dem Verschieben-Werkzeug können Sie die Position von ausgewählten Bereichen, Bildebenen, Masken oder Hilfslinien innerhalb des Bildes ändern.

Vierfarbdruck
Allgemein übliches Druckverfahren für farbige Druckprodukte mit den Grundfarben Cyan, Magenta, Gelb und Schwarz.

Vierfarbseparation
→ Separation

Vignette-Effekt
Als Vignette-Effekt bezeichnet man Verschattungen an den äußeren Rändern von Fotos. Sie rühren vom Objektivrand her.

Volltonfarben
→ Sonderfarben

Vordergrundfarbe
Photoshop: Die Vordergrundfarbe ist die aktuelle Arbeitsfarbe, mit der z. B. die Pinselwerkzeuge malen. Sie wird mithilfe der Werkzeugleiste eingestellt und kann dort jederzeit überprüft werden.

Websichere Farben
Sehr eingeschränkte Auswahl von Farben, die für Webdesigner eine gewisse Sicherheit bei der Arbeit mit Farben gewährleisten soll. Das Konzept geht auf die Anfangszeit des Internet zurück. Die websicheren Farben sollen mit unterschiedlichsten Systemvoraussetzungen (Grafikkarten, Monitore, Browser, Browsereinstellungen etc.) überall gleich angezeigt werden. Aus unterschiedlichsten Gründen funktioniert die Farbechtheit im Web jedoch nicht – auch nicht mit der websicheren Farbpalette.

Weiche Kante
Option von → Auswahlen in Photoshop: Für eine weiche Kante werden die Pixel an einer Auswahlkante weichgezeichnet und so ein fließender Übergang zwischen Pixeln und Umgebung hergestellt.

Weichzeichnen
Filter in Photoshop und zahlreichen anderen Bildbearbeitungsprogrammen: Beim Weichzeichnen wird die Bildschärfe gezielt reduziert. Zum Weichzeichnen gibt es zahlreiche unterschiedliche → Filter und das Weichzeichner-Werkzeug.

Weißpunkt
→ Schwarzpunkt

Weißraum
Unbedruckter Raum auf einer Seite, als Gegenpart zu den bedruckten Flächen ein wichtiges Element beim Layout.

WIA
Windows Image Acquisition. Mithilfe der WIA-Unterstützung können Bilder direkt von der Digitalkamera oder vom Scanner in Photoshop importiert werden.

Wischen
Ein Vorgang, der mit der digitalen Bildverarbeitung sehr einfach zu realisieren ist. Mithilfe des Photoshop-Werkzeugs Wischfinger können Bildpartien gezielt so bearbeitet werden, dass es aussieht, als wäre die Tinte oder Farbe noch feucht. Nützlich, um Bewegungsunschärfen darzustellen, um Flüssigkeit aus einer Flasche »fließen« zu lassen oder um andere künstlerische oder kreative Effekte zu erzeugen.

Wischfinger-Werkzeug
Dieses Werkzeug simuliert den Effekt von verwischter Farbe (→ Wischen).

Zauberstab
Photoshop: Ein Auswahlwerkzeug, mit dem gleichfarbige Flächen durch mehrfache Klicks direkt ins Bild ausgewählt werden können.

Zeichensatz
Die Summe der Zeichen, Buchstaben, Ziffern, Interpunktions- und Sonderzeichen eines → Fonts.

Zeichenstift
Photoshop-Werkzeug: Mit dem Zeichenstift können Sie Pfade erzeugen. Das Zeichenstift-Werkzeug hat zahlreiche Unterwerkzeuge und Optionen, die Sie dabei unterstützen, gerade Linien oder geschwungene Kurven zu zeichnen. Das manuelle Erzeugen von Pfaden wird in der Regel »Zeichnen« genannt, während die Anwendung von Werkzeugen wie → Pinsel oder → Buntstift als »Malen« bezeichnet wird.

Zoomwerkzeug
Alltägliche Arbeitshilfe in Photoshop (und zahlreichen anderen Applikationen): Mit Hilfe des Zoomwerkzeugs können Sie die Ansicht Ihres Bildes verkleinern oder vergrößern.

43 Die DVD zum Buch

Die DVD zum Buch ist eine wahre Fundgrube, die Ihnen viel Freude bei der Arbeit bereiten wird. Sie setzt sich aus folgenden Verzeichnissen zusammen:

- Beispieldateien
- Free- und Shareware
- Plug-ins
- Testversion Photoshop CS5
- Video-Training

Damit Sie einen Überblick über die einzelnen Ordner bekommen, möchte ich Ihnen die Inhalte kurz vorstellen.

Beispieldateien

Auf der DVD finden Sie neben vielen anderen Daten auch Bilder zum Buch. Die Bilder stammen von verschiedenen Online-Bilddatenbanken und von einigen Fotografen. Wie alle Bilder unterliegen auch sie dem Urheberrecht.

Beachten Sie: Die Bilder auf der DVD sind ausschließlich für Sie zum Üben vorgesehen! Sie dürfen nicht in kommerziellen Projekten verwendet und nicht weitergegeben werden.

Um mit den Bildern von der DVD zu arbeiten, empfiehlt es sich, Kopien anzulegen, mit denen Sie sorglos experimentieren können.

Free- und Shareware

DVD Cover Designer

Mit dem DVD Cover Designer können Sie einfach professionelle Cover für Ihre DVD- und CD-Hüllen erstellen.

- Info: *http://www.dvd-cover-designer.de/*
- Sprache: deutsch
- Windows

Irfan View

IrfanView ist einer der beliebtesten Bildbetrachter, mit dem Sie über 60 Bildformate lesen, sortieren und sogar bearbeiten können! Hierzu gibt es auch weitere Plugins, die Irfan View Plugins. Mit diesen Plugins können Sie die Leistungsfähigkeit von IrfanView erheblich steigern und so sogar Audio- und Video-Dateien lesen.

- Info: *http://irfanview.de*
- Sprache: deutsch
- Windows

Panorama Factory

Wenn Sie kein Weitwinkelobjektiv für Ihre Kamera besitzen, ist Panoramy Factory ein guter Ersatz! Sowohl Anfänger als auch Profis können mit diesem Programm aus Einzelbildern nahtlose Panoramen erstellen.

- Info: *www.panoramafactory.com*
- Sprache: deutsch
- Windows

Photoprint Calendar 2.03

Mit diesem Tool können Sie Ihren eigenen Wandkalender direkt auf dem PC erstellen. Dazu werden verschiedene Datumsformate und Sprachen zur Verfügung gestellt.

- Sprache: englisch
- Windows

Studio Line Photo Basic

StudioLine ermöglicht es, Bilder zu verwalten und direkt und gleichzeitig zu bearbeiten. Außerdem bietet die Software zahlreiche nützliche Funktionen, wie »Rote Augen-Korrektur« oder »automatische Tonwertanpassung«.

- Info: *www.studioline.biz/de/*
- Sprache: deutsch
- Windows

Talaphoto

Mit dieser Shareware können Sie schnell und einfach ansprechende Webalben, QuickTime-Slideshows und QuickTime VRs erstellen. Außerdem stehen Ihnen verschiedene Quick- und Multiprint-Funktionen zur Verfügung.

- Info: *www.talasoft.com/talaphoto*
- Sprache: englisch
- Windows, Mac

Tiny Pic

Ein einfaches Programm zur Verkleinerung Ihrer Fotos, u.a. für das Web.

- Info: *www.efpage.de/tinypic.html*
- Sprache: deutsch
- Windows

Plug-ins für Photoshop

Hier haben wir für Sie interessante Share- und Freeware zusammengestellt. Um die Plug-ins zu nutzen, folgen Sie entweder dem jeweiligen Installationsprozess oder – wenn es sich um reine Plug-in-Dateien mit der Dateiendung »8bf« handelt – speichern sie einfach im Verzeichnis PLUG-INS Ihres Photoshop-Programmordners ab.

Cybia Plugins

In diesem Ordner finden Sie ganze 16 kostenlose Filter und Effekte für Adobe Photoshop. Die »Works Series« bietet Plugins für die tägliche Arbeit wie Farbkorrektur, Eckeneffekte und Transparenzen. Die »Fotomatic Series« enthält Plug-ins speziell für Fotografen.

- Freeware
- Windows

Harry's Filters

Eine ganze Wundertüte von Gratis-Filtern für Photoshop bietet diese kostenlose Plug-in-Sammlung von Harald Heim.

- Freeware
- Windows

Luce

Dieses schlichte Photoshop-Plug-in zaubert Lichtstrahlen in jedes gewünschte Bild. Der Filter eignet sich gleichermaßen für Tag- und Nachtaufnahmen und auch die Position der Lichtquelle lässt sich einfach verändern.

- Freeware
- Windows

Plug-in Commander Light

Der Plug-in Commander ist ein einfacher Plug-in-Manager, mit dem Sie Ihre Plug-ins verwalten und neue Plug-ins bequem herunterladen können. Die Pro-Version bietet weitere Funktionen (http://www.thePlug-insite.com/products/picopro/index.htm).

- Freeware
- Windows

Plug-in Galaxy

Die Plug-in Galaxy bietet fast 20 Photoshop-Plug-ins, darunter zwei völlig kostenlos: Der Zoom-Filter legt eine Lupe über das Bild und vergrößert den Bereich darunter. Der Popart-Filter produziert Farbspielereien, die sich vielseitig einstellen lassen.

- Demo
- Windows und Mac

Thredgeholder und XPose

Thredgeholder zeichnet die Umrisse von Fotos nach. Zwei Regler helfen Ihnen dabei, das gewünschte Ergebnis zu erzielen. XPose ist für eine gute Kontrastgestaltung einsetzbar.

- Freeware
- Windows

Testversion Photoshop CS5

Das Verzeichnis enthält eine 30-Tage-Vollversion von Photoshop CS5 in deutscher Sprache für Mac und Windows.
Um das Programm zu installieren, müssen Sie zunächst die komplette Installationsdatei auf Ihre Festplatte kopieren. Klicken Sie dann unter Windows die exe-Datei doppelt bzw. entpacken Sie die dmg-Datei, wenn Sie am Mac arbeiten.

Sollten Sie bereits einmal eine Demoversion von Photoshop CS5 auf Ihrem Rechner installiert gehabt haben, so ist die erneute Installation einer Testversion nicht möglich.

Video-Training

In diesem Ordner finden Sie ein attraktives Special: Als Ergänzung zum Buch möchten wir Ihnen relevante Lehrfilme zur Verfügung stellen. So haben Sie die Möglichkeit, dieses neue Lernmedium kennenzulernen und gleichzeitig Ihr Wissen um Photoshop CS5 zu vertiefen. Sie schauen einem Trainer bei der Arbeit zu und verstehen intuitiv, wie man die erklärten Funktionen anwendet.

Training starten
Um das gewünschte Video-Training zu starten, klicken Sie als Windows-Benutzer die Datei »start.exe« auf der obersten Ebene doppelt an (als Mac-Anwender die Datei »start.app«). Alle anderen Dateien können Sie ignorieren.

Video-Training 1: Photoshop-Techniken
In diesem Video-Training wird Ihnen das nötige Fachwissen am praktischen Beispiel erklärt: So erhalten Sie einen intuitiven Einstieg in die Arbeit mit Photoshop. Die Lektionen stammen aus dem Video-Training »Adobe Photoshop CS5 für Fortgeschrittene« (ISBN 978-3-8362-1570-1) von Pavel Kaplun und Marianne Deiters:

Kapitel 1: Mit Kanälen arbeiten
1.1 Kanäle verstehen (14:20 Min.)
1.2 Kanalberechnungen (05:20 Min.)
1.3 Vollton-Farbkanäle (11:48Min.)

Kapitel 2: Freistellungstechniken
2.1 Kanten verbessern (06:00 Min)
2.2 Alpha-Freisteller erzeugen (06:36 Min.)
2.3 Freistellen mit Pfaden (07:35 Min.)

Kapitel 3: 3D-Grafik mit Photoshop Extended
3.1 3D-Objekte in Photoshop (03:07 Min.)
3.2 Hintergrund erzeugen (07:38 Min.)
3.3 3D-Elemente übertragen (04:42 Min.)
3.4 Materialien einsetzen (07:38 Min.)
3.5 Strukturen hinzufügen (03:39 Min.)
3.6 Die Schatten anpassen (02:25 Min.)

Video-Training 2: Photoshop & die digitale Fotografie

Ist Ihr Haupteinsatzgebiet von Photoshop die digitale Fotografie, erhalten Sie in diesem Video-Training einen ersten Einblick in die wichtigsten Techniken. Die Lektionen stammen aus dem Video-Training »Adobe Photoshop CS5 für digitale Fotografie« (ISBN 978-3-8362-1577-0) von Maike Jarsetz:

Kapitel 1: Lichtverhältnisse meistern

1.1 Bildkontrast aufbauen (04:05 Min.)
1.2 Schatten richtig aufhellen (05:27 Min.)
1.3 Lichter herauskitzeln (05:59 Min.)

Kapitel 2: Farben gekonnt optimieren

2.1 Farben einfach einsetzen (06:53 Min.)
2.2 Motivfarben steigern (03:59 Min.)
2.3 Farbbalancen übertragen (04:51 Min.)

Kapitel 3: Retusche und Montage

3.1 Panoramen retuschieren (05:21 Min.)
3.2 Sanfte Flächenretusche (03:56 Min.)
3.3 Das Formgitterwerkzeug (09:03 Min.)

Index

B

C

D

E

F

G

H

I

J

K

Q

R

S

T

U

V

W

X

Z

Video-Training

Pavel Kaplun, Marianne Deiters

Adobe Photoshop CS5 für Fortgeschrittene

Sie möchten Photoshop CS5 endlich richtig beherrschen und suchen Rezepte für einen effizienten Workflow? Dann liegen Sie mit diesem Training genau richtig. Der bekannte Fotokünstler Pavel Kaplun und die Grafikdesign-Expertin Marianne Deiters zeigen Ihnen anschaulich, wie Sie Photoshop CS5 professionell einsetzen. Mit vielen Tipps auch zur Arbeit in der Druckvorstufe.

DVD, Windows und Mac, 12 Stunden Spielzeit, 39,90 €, ISBN 978-3-8362-1570-1
www.galileodesign.de/2341

Video-Training

Alexander Heinrichs

Kreative Fotomontagen mit Photoshop

Aktuell zu Photoshop CS5

- Dem Fotodesigner über die Schulter geschaut
- Fotografische Spezialeffekte zum Nachbauen
- Photoshop-Techniken, mit denen Sie Ihre Zuschauer verblüffen

2 DVDs,, Windows und Mac, 9 Stunden Spielzeit, 39,90 €, ISBN 978-3-8362-1580-0
www.galileodesign.de/2371

Christian Westphalen

Die große Fotoschule

Digitale Fotopraxis

- Das umfassende Handbuch zur digitalen Fotografie
- Digitale Technik verständlich erklärt
- Mit vielen Tipps für die fotografische Praxis
- Auf der Buch-DVD: Beispielbilder, Testberichte, Software-Testversionen u. v. m.

601 S., 2011, mit DVD, 39,90 €
ISBN 978-3-8362-1311-0
www.galileodesign.de/1950

Video-Training

Pavel Kaplun

Faszinierende Composings mit Photoshop

Aktuell zu Photoshop CS5

- Die Composing-Schule zum Zuschauen und Mitmachen
- Professionelle Retusche- und Freistellungstechniken
- Alle Übungsbilder auf DVD

DVD, Windows und Mac, 9 Stunden Spielzeit, 39,90 €, ISBN 978-3-8362-1579-4
www.galileodesign.de/2350

Bücher & Video-Trainings zur CS4 sind weiterhin lieferbar:
www.galileodesign.de

Ps

DER PHOTOSHOP-PODCAST

www.Photoshop-Profis.de

Seien Sie dabei, wenn die »Photoshop-Profis« von Galileo Design **jede Woche** neue Rezepte, Tricks und Techniken aus der Photoshop-Welt enthüllen. Lernen Sie faszinierende Effekte und nützliche Funktionen aus den Bereichen Photoshop-Art und Fotodesign kennen!

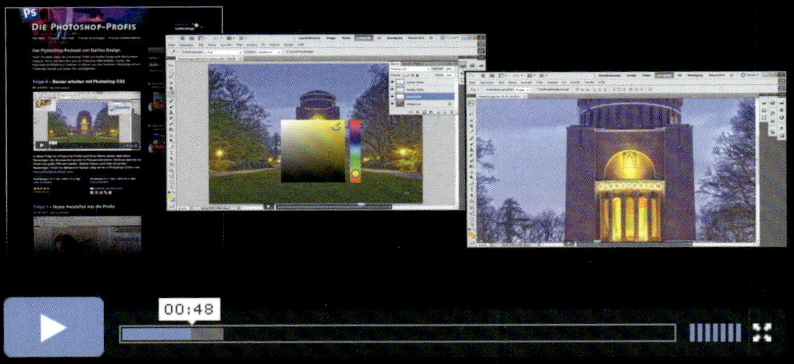

Der Photoshop-Podcast von Galileo Design

Adobe Certified Expert

Maike Jarsetz ist ausgebildete Fotografin, Grafikdesignerin, Beraterin und Trainerin. Sie ist Adobe Certified Expert für Photoshop, InDesign und Illustrator.

Maike Jarsetz

Das Photoshop-Buch für digitale Fotografie

Aktuell zu Photoshop CS5

- Das erfolgreichste Lösungsbuch zu Photoshop
- Fotos bearbeiten Schritt für Schritt – mit Vorher-nachher-Technik
- Mit Lösungsbildern und über 1 Stunde Video-Lektionen auf DVD

Mit diesem Buch lösen Sie Ihre Fotoprobleme, denn dieses Buch behandelt Photoshop so, wie auch Fotografen damit umgehen: Es stellt das Bild und die damit verbundenen Bearbeitungsfragen in den Vordergrund und zeigt, welche Möglichkeiten Photoshop bietet, und wie Sie es effizient einsetzen. Die Schritt-für-Schritt-Anleitungen können Sie direkt mit den Beispielbildern von der Buch-DVD nacharbeiten: »learning by doing« unter Anleitung der Fotografin und Photoshop-Expertin Maike Jarsetz! Es wird der gesamte fotografische Workflow behandelt: von der Bildorganisation über die Fehlerkorrektur und Optimierung bis hin zur Stilisierung und zur Ausgabe der Fotos.

520 S., 2010, mit DVD, 39,90 €, ISBN 978-3-8362-1647-0
www.galileodesign.de/2433

Video-Training

Maike Jarsetz

Adobe Photoshop CS5 für digitale Fotografie

- Über 100 Workshops
- Lösungen für alle Foto-Probleme
- Alle Werkzeuge Film für Film erklärt

Suchen Sie nach schnellen Wegen, um Schärfe, Belichtung und Farbe zu korrigieren? In diesem Training zeigt Ihnen die Photoshop-Expertin Maike Jarsetz Film für Film, wie Sie alles aus Ihren Bildern herausholen. Lernen Sie direkt am Bildschirm, wie Sie RAW-Dateien entwickeln, HDR-Bilder erstellen und die wichtigsten Photoshop-Funktionen für Fotografen optimal nutzen können.

DVD, Windows und Mac, 12 Stunden Spielzeit, 39,90 €, ISBN 978-3-8362-1577-0
www.galileodesign.de/2369

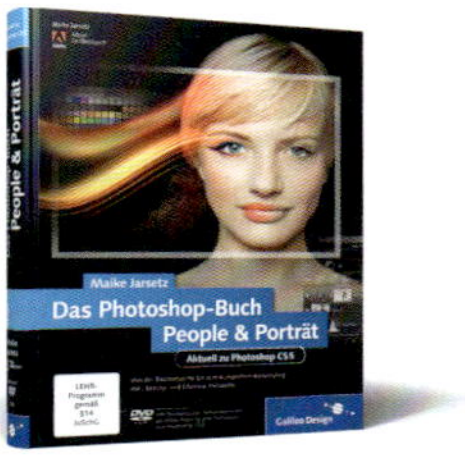

Maike Jarsetz

Das Photoshop-Buch People & Porträt

Aktuell zu Photoshop CS5

Der Intensivkurs für die Bearbeitung von Peoplefotos und Porträts in Photoshop! Lernen Sie an vielen kleinen Praxisbeispielen Schritt für Schritt alle Techniken der Porträtretusche kennen. Setzen Sie die erlernten Techniken an realen Projekten aus der Praxis eines Porträtfotografen um, und geben Sie Ihren Bildern den richtigen Feinschliff, von der Wahl des Bildausschnitts bis zur angepassten Schärfung. So entwickeln Sie das nötige Fingerspitzengefühl für die Porträtretusche.

443 S., 2. Auflage 2011, mit DVD, 39,90 €
ISBN 978-3-8362-1710-1
www.galileodesign.de/2528

Video-Training

Maike Jarsetz

Das Photoshop-Training für People & Porträt

Aktuell zu Photoshop CS5

So werden Ihre Porträtfotos perfekt! Mehr Ausdruck und Schönheit, feinerer Teint und bessere Proportionen – in diesem Training zeigt Ihnen die Foto-Expertin Maike Jarsetz die ganze Kunst der Porträtretusche. Schauen Sie einfach zu und lernen Sie, wie Sie mit Photoshop Haut und Haar retuschieren, Gesichter verschönern, Figurprobleme lösen und Ihre Peoplefotos optimal finishen.

DVD, Windows und Mac, 8 Stunden Spielzeit, 39,90 €, ISBN 978-3-8362-1578-7
www.galileodesign.de/2370

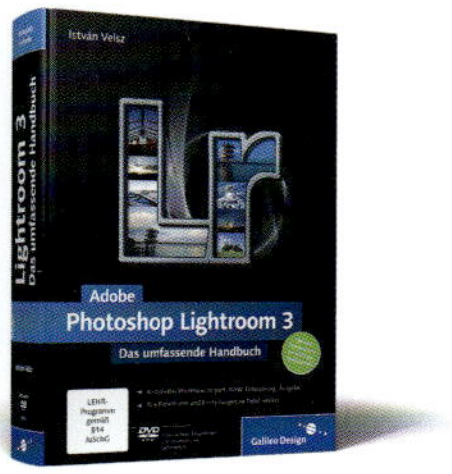

István Velsz

Adobe Photoshop Lightroom 3

Das umfassende Handbuch

- Vom Import über die RAW-Entwicklung bis zur Ausgabe in Web und Print
- Alle Funktionen und Einstellungen im Detail erklärt
- DVD mit RAW-Beispielbildern
- Inklusive Referenzkarte mit wichtigen Tastenkürzeln

Dieses umfassende Handbuch zu Lightroom lässt keine Frage offen, die Sie an das Programm haben! Der Fotograf István Velsz erklärt alle Funktionen und Werkzeuge von Lightroom: Sie erfahren, wie Sie Ihre Bildbestände sinnvoll archivieren und verwalten, RAW-Bilder umwandeln und bearbeiten, Ihre Bilder ansprechend präsentieren, veröffentlichen und drucken. Viele Schritt-für-Schritt-Anleitungen erleichtern den Einstieg in die Arbeit mit Lightroom.

678 S., 3. Auflage 2011, mit DVD und Referenzkarte, 49,90 €, ISBN 978-3-8362-1600-5
www.galileodesign.de/2365

Maike Jarsetz

Das Lightroom-Buch für digitale Fotografie

Aktuell zu Lightroom 3

- Lightroom meistern Schritt für Schritt
- Einen eigenen Foto-Workflow mit Lightroom aufbauen
- RAW-Fotos perfekt entwickeln, ausgeben und präsentieren

Die Lightroom- und Photoshop-Expertin zeigt Ihnen in diesem Buch in leicht nachvollziehbaren Schritt-für-Schritt-Anleitungen, wie Sie Ihre Bilder mit Lightroom gekonnt entwickeln, bearbeiten und archivieren können. So lernen Sie nicht nur, Lightroom effizient einzusetzen sondern auch, wie Sie Ihren fotografischen Praxis-Workflow optimieren können – von der Bildorganisation über die Fehlerkorrektur und Optimierung bis hin zur Ausgabe der Fotos.

466 S., 2011, mit DVD, 39,90 €
ISBN 978-3-8362-1601-2
www.galileodesign.de/2366

Torsten Kieslich

Einstieg in Lightroom 3

- Lightroom einsetzen und meistern
- RAW-Fotos perfekt entwickeln
- Der komplette Foto-Workflow

378 S., 2011, mit DVD, 29,90 €
ISBN 978-3-8362-1599-2
www.galileodesign.de/2364

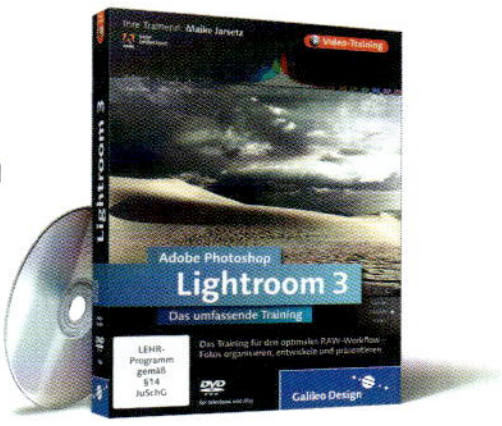

Video-Training

Maike Jarsetz

Adobe Photoshop Lightroom 3

Das Training für den digitalen Foto-Workflow

- Alle Funktionen und Werkzeuge im Einsatz erklärt
- Praxis-Tipps von Bestseller-Trainerin Maike Jarsetz
- Special: Die gesamte Oberfläche per Klick erklärt

Lassen Sie sich von der Foto-Expertin Maike Jarsetz Film für Film zeigen, wie Sie Ihre Bilder mit Lightroom 3 verwalten und entwickeln. Lernen Sie den Einsatz von allen Reglern und Werkzeugen durch Zuschauen, und probieren Sie die Beispiele selbst aus – der Katalog mit allen Übungsbildern liegt dem Training bei.

DVD, Windows und Mac, 9 Stunden Spielzeit, 39,90 €, ISBN 978-3-8362-1584-8
www.galileodesign.de/2367

www.galileodesign.de/fotografie

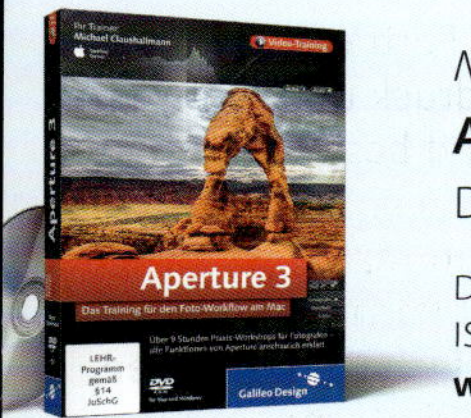

Michael Claushallmann

Video-Training

Aperture 3

Das Training für den Foto-Workflow am Mac

DVD, Mac und Windows, 9 Stunden Spielzeit, 39,90 €
ISBN 978-3-8362-1521-3
www.galileodesign.de/2276

So bekommen Sie Aperture in den Griff! Ihr Trainer Michael Claushallmann zeigt Ihnen in diesem Training besonders anschaulich Film für Film, wie Sie mit Aperture 3 das Beste aus Ihren Bildern herausholen und Ihren Foto-Workflow am Mac optimieren. Schauen Sie einfach zu und lernen Sie, wie Sie Ihre RAW-Bilder erfolgreich entwickeln und Ihre Möglichkeiten mit externen Plug-ins erweitern.

Der Name Galileo Press geht auf den italienischen Mathematiker und Philosophen Galileo Galilei (1564–1642) zurück. Er gilt als Gründungsfigur der neuzeitlichen Wissenschaft und wurde berühmt als Verfechter des modernen, heliozentrischen Weltbilds. Legendär ist sein Ausspruch *Eppur si muove* (Und sie bewegt sich doch). Das Emblem von Galileo Press ist der Jupiter, umkreist von den vier Galileischen Monden. Galilei entdeckte die nach ihm benannten Monde 1610.

Lektorat Katharina Geißler
Korrektorat Friederike Daenecke
Herstellung Iris Warkus
Einbandgestaltung Klasse 3b, Hamburg (*www.klasse3b.de*)
Coverbild Fotolia.com: Richard Lister 252264; insa krey 464254; robynmac 1135823; House of Unique 2574870; Yurok Aleksandrovich 4795275; screenexa 5807054; auris 6114072; Photosani 9358280; Ivan Bliznetsov 16821809; Okea 18911299; Gabi Moisa 708810
Satz SatzPro, Krefeld
Druck Himmer AG, Augsburg

Dieses Buch wurde gesetzt aus der Linotype Syntax (9,25 pt/13 pt) in Adobe InDesign CS4. Gedruckt wurde es auf mattgestrichenem Bilderdruckpapier (115 g/m²).

Gerne stehen wir Ihnen mit Rat und Tat zur Seite:
katharina.geissler@galileo-press.de
bei Fragen und Anmerkungen zum Inhalt des Buches

service@galileo-press.de
für versandkostenfreie Bestellungen und Reklamationen

julia.bruch@galileo-press.de
für Rezensions- und Schulungsexemplare

Bibliografische Information der Deutschen Nationalbibliothek
Die Deutsche Nationalbibliothek verzeichnet diese Publikation in der Deutschen Nationalbibliografie; detaillierte bibliografische Daten sind im Internet über *http://dnb.d-nb.de* abrufbar.

ISBN 978-3-8362-1586-2

1. Auflage 2011, 1., korrigierter Nachdruck 2011